# 労 働 法
〔第2版〕

# 労働法

〔第 2 版〕

川口 美貴

信山社

# 謝　　辞

　本書は、言うまでもなく、先人の数多くの研究業績、及び、多くの方のご指導・ご支援等に負うものである。大学・大学院時代の指導教員であり厳しくしかし暖かいご指導をいただいた野田進先生、大学院時代にゼミや合宿に参加させてくださった西谷敏先生、静岡大学に着任後公私にわたり親身になってご配慮いただいた坂本重雄先生、フランス留学中に研究と生活の両面にわたり本当にお世話になったJean-Pierre LABORDE教授、その他多くの方々に、心から感謝を申し上げたい。

　また、お忙しい中、本書の装丁を快くお引き受けいただき「田舎の秋」を描いてくださった安野光雅画伯、本書を買い求めやすい価格で出版していただきいろいろとご尽力・ご配慮してくださった信山社の稲葉文子さん、袖山貴さん、今井守さんに、厚く御礼を申し上げたい。

　そして、本書の執筆・編集・校正を手伝っていただいた古川景一弁護士に、心から感謝したい。本書の多くの部分は、参考文献として掲げている古川弁護士との共著の論文を基礎としてこれを発展させたものであり、労働法の形成と発展、労働安全衛生と職場環境、労働災害と法的救済等に関する部分は、古川弁護士の研究成果に負うものであり、その他数多くの貴重な助言をいただいた。また、図表・総括表、大目次・細目次、事項・判例索引の作成等の作業等も手伝っていただいた。本書は古川景一弁護士の助力を得て出版されたものである。

　最後に、私の父・川口洋一と母・川口昱子、そして、私の人生の良きのパートナーである夫・古川景一に、心から感謝の意を表したい。

　　2018年3月

　　　　　　　　　　　　　　　　　　　　　　　　川　口　美　貴
　　　　　　　　　　　　　　　　　　　　　　　　　（古　川）

# 大　目　次

第1部　総論　1
　第1章　労働法の目的と対象　3
　第2章　労働法の形成と発展　8
　第3章　労働法の位置づけと体系　44
　第4章　労働法の主体　59
　第5章　権利義務関係の決定システムと法源　92

第2部　個別的労働関係法　143
　第6章　個別的労働関係法総論　145
　　第1節　労働関係の基本原則と実効性の確保　145／第2節　個別労働関係紛争と紛争解決制度　157

　第1編　労働関係における人権保障　163
　　第7章　自由と人格権保障　163
　　　第1節　労基法・職安法の人権保障規定　163／第2節　労働者の人格的利益の保護　183
　　第8章　平等原則　194
　　　第1節　総論　194／第2節　性別による差別的取扱いの禁止　195／第3節　性別以外の理由による差別的取扱いの禁止　212

　第2編　労働基準　226
　　第9章　労働者と使用者の権利義務　226
　　第10章　賃金　242
　　　第1節　賃金の定義　242／第2節　賃金額と決定方法　245／第3節　賃金請求権と休業手当請求権　252／第4節　賃金の支払方法　263／第5節　労働債権の確保　270
　　第11章　労働時間と自由時間　276
　　　第1節　労働時間規制・自由時間保障の意義と方法　276／第2節　労働時間の概念・計算方法・賃金　278／第3節　労働時間の規制　286／第4節　自由時間の保障　317
　　第12章　労働安全衛生と職場環境　333
　　　第1節　安衛法の基本構造　333／第2節　安衛法による具体的規制　337／第3節　労衛法以外の法規制　342／第4節　安衛法等による規制と私法上の効果　344
　　第13章　労働と生活の調和　348
　　　第1節　未成年者・年少者・児童の保護　348／第2節　女性労働者の母性保護　352／第3節　男女労働者の家族的責任への配慮　358／第4節　休暇・休業等の取得と経済的不利益　370
　　第14章　労働災害と法的救済　374
　　　第1節　総論　374／第2節　労災補償・労災保険制度　377／第3節　民法上の損害賠償　397／第4節　上積み補償制度　414

## 第3編　労働契約　416

### 第15章　労働契約の成立　416
第1節　労働契約の定義・成立・分類　416／第2節　労働契約の締結に関する法規制　418／第3節　採用内定　430／第4節　試用期間　439

### 第16章　労働契約内容の設定と変更　447
第1節　総論　447／第2節　労働契約内容の設定　449／第3節　労働契約内容の集合的な変更　452／第4節　労働契約内容の個別的な変更(総論／配転　出向　転籍　降職・降格・降給　昇進・昇格・昇給　休職・休業　労働義務のある時間の変更)　464

### 第17章　懲戒処分　513
第1節　総論　513／第2節　効力の判断枠組み　517／第3節　効力をめぐる具体的論点　526

### 第18章　労働契約の終了　544
第1節　総論　544／第2節　期間の定めのない労働契約における解雇　547／第3節　有期労働契約における解雇・契約更新拒否　574／第4節　定年と継続雇用　591／第5節　使用者による一方的終了以外の労働契約終了事由　597／第6節　救済方法　606／第7節　解雇・契約更新拒否と「変更解約告知」　614

### 第19章　企業再編・企業グループと労働契約　621

### 第20章　非典型労働契約　640
第1節　有期労働契約　640／第2節　パートタイム労働契約　653／第3節　派遣労働契約　661

## 第3部　集団的労使関係法　687

### 第21章　集団的労使関係法総論　689

### 第22章　団結の結成と運営　702
第1節　団結体の概念と権利　702／第2節　労働組合の組織と運営　716／第3節　労働組合の組織変動　752

### 第23章　団体交渉　757
第1節　団体交渉権と団体交渉の機能・形態　757／第2節　団体交渉権により保障される団体交渉　759／第3節　正当な理由のない団体交渉拒否と法的救済　778

### 第24章　団結活動と争議行為　782
第1節　団結権・団体行動権と法律上の制限　782／第2節　団体行動権により保障される争議行為　785／第3節　団結権・団体行動権により保障される団結活動　812／第4節　正当性のない団結活動・争議行為と法的責任　824／第5節　団結活動・争議行為中の労働関係と賃金　830／第6節　使用者の対抗行為　839

### 第25章　労働協約　843
第1節　労働協約の定義・意義・機能・法的性質　843／第2節　労働協約の成立要件と期間　847／第3節　労働協約の法的効力と法的救済　856／第4節　労働協約の拡張適用制度　867／第5節　労働協約による労働契約内容の変更　888／第6節　労働協約の終了・承継と権利義務関係　895

### 第26章　不当労働行為と法的救済　899
第1節　概要と趣旨・目的　899／第2節　不当労働行為の主体である「使用者」　901／第3節　不当労働行為の成立要件　921／第4節　不当労働行為の法的救済　949

## 総括表　要件と効果　969

# 細 目 次

## 第1部　総論 ─────1

### 第1章　労働法の目的と対象 ……3
1　労働法の目的－労働力以外の商品を有していない人間の労働権保障　3
2　労働権保障の対象－自ら他人に有償で労務を供給する自然人　4
　(1) 雇用・労働条件保障の必要性　4
　(2) 人権保障を内包した雇用・労働条件保障の必要性　4
　(3) 交渉の非対等性　5
　(4) 公正競争の基盤の確立の必要性　5
　(5) 小括　5
　(6) 例外
　　　－「独立事業者」と「独立労働者」　6
　(7) 労働法の対象とする労働者　7
3　まとめ　7

### 第2章　労働法の形成と発展 ……8

#### 第1節　明治維新(1868年)からILO創立(1919年)まで ……8
1　労働法の前提となる近代的法基盤の整備　8
　(1) 所有権制度　8
　(2) 契約自由の原則と合意原則　8
2　官営事業における労働法制の初期形成　8
　(1) 官営事業における労使関係　8
　　ア　官吏と「雇員」「傭人」等　8
　　イ　「使用者」と「労働者」の形成／1870(明治3)年　9
　(2)「職工規則」「服務心得」／1872(明治5)年～　10
　(3) 労働関係法令の制定　10
　　ア　災害扶助制度／1875(明治8)年　11
　　イ　退職金制度／1876(明治9)年頃　11
　(4) 民営化に伴う労働条件承継と民営化後の就業規則制度　12
　　ア　官営事業の組織と労働条件の承継　12
　　イ　民営化後の職工採用時における労働条件決定　12
　　ウ　民営企業における就業規則制度の確立／1890(明治23)年　12
　　エ　就業規則制度の法制化／1890(明治23)年　13
3　憲法、刑罰法規、一般民事法令による労働分野の規律　13
　(1) 結社の自由と労働組合の結成　13
　　ア　大日本帝国憲法の規定／1889(明治22)年　13
　　イ　労働組合の結成、団体交渉・労働協約／1904(明治37)年頃　14
　(2) 民法・民事訴訟法による雇用全般の規律　14

　　ア　民事訴訟法による労働債権保護／1890(明治23)年　14
　　イ　民法による雇用・請負・委任等の規律／1896(明治29)年　14
　(3) 組合結成・組合活動と刑罰法規　14
　　ア　兇徒聚衆罪・騒擾罪／1880(明治13)年　14
　　イ　治安警察法17条／1900(明治33)年　14
　　ウ　運用実態　15
4　産業分野別法令の中の労働関係条項　15
　(1) 船員労働法制／1879(明治12)年　15
　　ア　海運事業の位置付けと労働関係法令　15
　　イ　船員労働法制の特徴　15
　(2) 鉱夫に関する労働基準の設定／1890(明治23)年　16
　　ア　鉱業条例による労働基準の法制化／1890(明治23)年　16
　　イ　労働安全衛生に関する法規制の開始／1892(明治25)年　17
　(3) 工場職工に関する労働基準の設定／1911(明治44)年　17
　　ア　工場法の内容と保護対象　17
　　イ　施行令と施行規則による具体的規律　18

#### 第2節　ILO創設(1919年)から終戦(1945年)まで ……18
1　ヴェルサイユ条約の批准、公布／1919(大正8)年　18
　(1) ILOの基本理念　18
　(2) ILOの創設　18
　(3) 日本の労働法制への影響　19
　(4) 内務省社会局の創設／1922(大正11)年　19
2　職業紹介・健康保険制度の整備　20
　(1) 職業安定行政に関する法整備／1921(大正10)年　20
　(2) 健康保険制度の創設／1922(大正11)年　21
3　労働組合の公認・規制と労働組合法案　21
　(1) 治安警察法17条の廃止／1926(大正15)年　21
　(2) 暴力行為等処罰ニ関スル法律の制定／1926(大正15)年　21
　(3) 労働争議調停法／1926(大正15)年　22
　(4) 労働組合法案の制定の動き　22
4　労働基準の段階的引上げ　22
　(1) 児童労働の規制強化／1923(大正12)年　22
　(2) 労働時間規制の強化／1923(大正12)年～1939(昭和14)年　23
　　ア　ILO第1号条約／1919(大正8)年　23

イ　保護職工の労働時間規制の強化
　　　　　　　　　　　　／1923(大正12)年　23
　　ウ　男性労働者に対する労働時間規制
　　　　　　　　　　　　／1928(昭和3)年　24
　(3)　解雇予告制度／1926(大正15)年　24
　(4)　労働安全衛生に関する規則整備
　　　　　　　　　　　　／1927(昭和2)年～　24
　(5)　女性の深夜労働規制の本格的実施
　　　　　　　　　　　　／1928(昭和3)年　24
　(6)　工場法適用対象工場の拡大
　　　　　　　　　　　　／1929(昭和4)年　25
　(7)　災害扶助対象の拡充と労災保険制度の
　　　　創設／1931(昭和6)年　25
　(8)　商業労働者の労働時間規制
　　　　　　　　　　　　／1938(昭和13)年　26
5　戦時体制と労働法　26
　(1)　国家総動員法と関連法
　　　　　　　　　　　　／1938(昭和13)年～　26
　(2)　厚生年金保険制度の発足
　　　　　　　　　　　　／1941(昭和16)年　26

## 第3節　終戦(1945年)から現在まで　…26

1　終戦及び日本国憲法と労働法制等　26
　(1)　旧労働組合法の制定
　　　　　　　　　　　　／1945(昭和20)年　26
　(2)　日本国憲法の制定／1946(昭和21)年　27
　(3)　労働基準法・職業安定法の制定
　　　　　　　　　　　　／1947(昭和22)年　27
　(4)　労働保険・社会保険制度　27
2　公務員の労働基本権の制限　27
　(1)　国家公務員法の制定
　　　　　　　　　　　　／1947(昭和22)年　27
　(2)　政令201号／1948(昭和23)年　28
　(3)　公務員の労働基本権の制限
　　　　　　　　　　　　／1948(昭和23)年～　28
3　労働関係における人権保障　28
　(1)　自由と人格権保障　28
　(2)　国籍・信条・社会的身分を理由とする
　　　　　　　　　　差別的取扱の禁止　28
　(3)　組合員等を理由とする
　　　　　　　　　　不利益な取扱いの禁止　29
　(4)　性別を理由とする
　　　　　　　　　　差別的取扱いの禁止　29
　　ア　労基法の男女同一賃金原則　29
　　イ　均等法による性差別禁止　29
　(5)　障害者の雇用保障と差別の禁止等　30
　　ア　身体障害者雇用促進法　30
　　イ　障害者の雇用の促進等に関する法律
　　　　　　　　　　　　　　　　　　30
　(6)　年齢と募集・採用における均等な機会
　　　　　　　　　　　　　　　　　　30
4　労働基準　31
　(1)　労働基準の制定と発展　31
　　ア　労基法の制定／1947(昭和22)年　31
　　イ　個別法の分離と制定　31
　　ウ　労働時間法制の変遷　31
　　エ　女性の就労制限の段階的緩和
　　　　と撤廃／1985(昭和60)年～　32
　(2)　労働者災害補償保険法の制定と発展　33

　　ア　労働者災害補償保険法の制定
　　　　　　　　　　　　／1947(昭和22)年　33
　　イ　長期療養者の生活保障と
　　　　給付の充実／1955(昭和30)年～　33
　　ウ　責任保険制度からの脱却
　　　　　　　　　　　　／1965(昭和40)年　34
　(3)　賃金の支払の確保等に関する法律
　　　　　　　　　　　　／1976(昭和51)年　34
　(4)　育児介護休業法の制定と発展
　　　　　　　　　　　　／1991(平成3)年　34
　(5)　次世代育成支援対策推進法
　　　　　　　　　　　　／2003(平成15)年　35
　(6)　石綿による健康被害の救済に関する
　　　　法律／2006(平成18)年　35
　(7)　過労死等防止対策推進法
　　　　　　　　　　　　／2014(平成26)年　35
5　労働契約　35
　(1)　民法改正／1947(昭和22)年　35
　(2)　労働契約法の制定／2007(平成19)年　36
　(3)　会社分割と労働契約承継法
　　　　　　　　　　　　／2000(平成12)年　36
　(4)　非典型労働契約　36
　　ア　労働者派遣と派遣労働契約　36
　　イ　パートタイム労働契約　37
　　ウ　有期労働契約　37
　　エ　職務に応じた待遇の確保　38
6　集団的労使関係　38
　(1)　労働組合法　38
　　ア　旧労働組合法の制定／1945(昭和20)年　38
　　イ　現行労組法の制定
　　　　　　　　　　　　／1949(昭和24)年　38
　(2)　労働関係調整法の制定
　　　　　　　　　　　　／1946(昭和21)年　39
　(3)　スト規制法の制定
　　　　　　　　　　　　／1953(昭和28)年　39
7　雇用保障・労働市場　39
　(1)　雇用の機会の確保　39
　(2)　雇用保険制度　39
　(3)　職業訓練・職業能力開発　40
　(4)　雇用対策の基本方針　40
　(5)　高年齢者の雇用の促進　40
　(6)　求職者支援　41
　(7)　青少年の雇用促進　41
　(8)　女性の職業生活における活躍の推進　41
　(9)　外国人労働者の受入れと技能実習制度
　　　　　　　　　　　　　　　　　　41
8　法的救済・紛争解決制度　41
　(1)　行政機関による救済制度　41
　(2)　裁判所における労働審判制度
　　　　　　　　　　　　／2004(平成16)年　42
9　民法一部改正(2017<平29>年)と労働法　42

## 第3章　労働法の位置づけと体系　…44

## 第1節　労働法の位置づけ　………………44

1　労働法と憲法　44
2　勤労権(労働権)　44
3　勤労条件の基準の法定　45

4　団結権・団体交渉権・団体行動権　46
　　　(1)　内容　46
　　　(2)　法的効果　47
　　　(3)　権利の主体　47
　　　　ア　勤労者(労働者)　47
　　　　イ　勤労者(労働者)の団結体　47

第2節　労働法の体系　……………………48
　　1　労働法の法領域　48
　　2　個別的労働関係法　48
　　　(1)　意義　48
　　　(2)　主な法律　49
　　3　集団的労使関係法　49
　　　(1)　意義　49
　　　(2)　主な法令　50
　　4　雇用保障法　50
　　　(1)　意義　50
　　　(2)　主な法律　51
　　　(3)　概要　51
　　5　公務員労働法　53
　　　(1)　意義　53
　　　(2)　主な法令　54
　　　(3)　国家公務員と法の適用関係　54
　　　(4)　地方公務員と法の適用関係　55
　　　(5)　公務員の団結権への制限　56
　　　(6)　労働基本権の制約に対する代償措置　57
　　6　「労働者個人」と「労働者全体」の
　　　　　　　　　　　　　労働権保障　57

第4章　労働法の主体　………………………59

第1節　労働者　………………………………59
　　1　「労働者」概念　59
　　2　労基法上の労働者　60
　　　(1)　労基法9条の「労働者」の定義　60
　　　(2)　適用除外　61
　　　(3)　「労基法上の労働者」に適用される
　　　　　　　　　　　　　　　　法律　61
　　3　労契法上の労働者　62
　　　(1)　労契法2条の「労働者」の定義　62
　　　(2)　適用除外　62
　　4　労組法上の労働者　63
　　　(1)　労組法3条の「労働者」の定義　63
　　　(2)　適用除外　63
　　　(3)　憲法28条の「勤労者」との関係　64
　　5　従来の学説・判例の判断基準　64
　　　(1)　概要　64
　　　(2)　労基法上の労働者　64
　　　(3)　労契法上の労働者　66
　　　(4)　労組法上の労働者　67
　　6　従来の学説・判例に対する批判　69
　　　(1)　指揮監督下の労働　70
　　　(2)　仕事ないし業務の依頼に対する
　　　　　　　　　　　　　諾否の自由　70
　　　(3)　業務遂行上の指揮監督　71
　　　(4)　(事業)組織への組入れ　71
　　　(5)　時間的場所的拘束性　72
　　　(6)　代替性　72

　　　(7)　専属性・当該収入への依存　72
　　　(8)　契約内容の一方的・定型的決定　73
　　　(9)　税、労働・社会保険、就業規則の
　　　　　　　　　　　　　　　適用等　73
　　　(10)　賃金・報酬　74
　　　(11)　事業者性　75
　　7　私見　75
　　　(1)　労基法上の労働者　75
　　　(2)　労基法上の労働者と労基法上の
　　　　　　　　　　　　　労働時間　76
　　　(3)　労契法上の労働者　77
　　　(4)　労組法上の労働者　77
　　　(5)　客観的基準による契約締結前の決定　78
　　　(6)　相対的・関係的概念　78
　　　(7)　「独立事業者」と「独立労働者」　79
　　　(8)　証明責任　79
　　　(9)　会社役員等　79
　　　(10)　「労働者」の類型別検討　80

第2節　事業主・事業者・使用者　………81
　　1　事業主　82
　　2　事業者　82
　　3　労基法上の使用者　82
　　　(1)　労基法10条の「使用者」の定義　82
　　　(2)　判断基準　83
　　　(3)　請負事業に関する例外　83
　　　(4)　労基法上の使用者の責任　83
　　　(5)　労基法上の使用者の射程距離　84
　　4　労契法上の使用者　84
　　5　労組法における使用者　84
　　6　労働契約上の使用者　85
　　　(1)　問題の所在　85
　　　(2)　労働契約　85
　　　(3)　共同使用　85
　　　(4)　企業グループ(集団)　86
　　　(5)　出向　86
　　　(6)　親子会社・グループ企業　86
　　　(7)　労働者派遣・請負・委任等　87
　　　(8)　会社解散と新会社設立、
　　　　　　　合併、事業譲渡、会社分割　87

第3節　労働者代表　…………………………88
　　1　労働組合　88
　　　(1)　定義　88
　　　(2)　機能　88
　　2　過半数代表　89
　　　(1)　定義　89
　　　(2)　機能　90
　　3　労使委員会　90
　　　(1)　定義　90
　　　(2)　機能　91

第5章　権利義務関係の
　　　　　決定システムと法源　……92

第1節　権利義務関係の決定システム　…92
　　1　労働者と使用者との権利義務関係　93
　　　(1)　法源　93

(2) 契約自由の原則の修正　93
　　(3) 権利義務関係の決定システム　94
　　(4) 労働協約と就業規則の有無　94
　2　労働組合と使用者（又は使用者団体）
　　　　　　　　　　　　　との権利義務関係　94
　　(1) 法源　94
　　(2) 権利義務関係の決定システム　95
　3　労働者と労働組合との権利義務関係　95
　　(1) 法源　95
　　(2) 権利義務関係の決定システム　95

第2節　労働法の法源 ………………95
第1款　労働契約　95
　1　定義　95
　2　内容・機能・効力　96
　3　合意（又は労働者の意思表示）と
　　　　　　　　　　　　　　労働契約　97
　　(1) 合意（又は労働者の意思表示）の意義　97
　　(2) 問題の所在－労働者に不利益を
　　　　　　　　　もたらしうる合意・意思表示　97
　　(3) 意思表示の成立（完成）　97
　　(4) 意思表示の効力－意思の不存在
　　　　　　　　　　　又は意思表示の瑕疵　98
　　(5) 意思表示の撤回　98
　　(6) 新たな意思表示の効力の判断枠組み
　　　　　－　効力発生要件と証明責任の転換　99
　4　民法上の労務供給契約と労働契約　102
　　(1) 定義　102
　　(2) 概念の意義　102
　　(3) 契約の範囲　102
　　(4) 「労働契約」と「雇用契約」の関係
　　　　　　　　　　　　　　　　　　103

第2款　労働協約　103
　1　定義　103
　2　機能　103
　3　対象事項　104
　4　成立要件　104
　5　有効期間　104
　6　労働協約の定め　104
　　(1) 規範的部分　105
　　(2) 債務的部分　105
　7　法的効力　105
　　(1) 債務的効力　105
　　(2) 規範的効力　105

第3款　就業規則　106
　1　定義　106
　　(1) 労基法及び労法法の適用される
　　　　　　　　　　　　　「就業規則」　106
　　(2) 理由　107
　2　機能　107
　3　適用対象労働者と規律対象事項　108
　　(1) 適用対象労働者　108
　　(2) 規律対象事項　108
　4　就業規則に関する使用者の義務　109
　　(1) 作成・届出義務　109
　　(2) 必要記載事項の記載義務　109
　　(3) 過半数代表の
　　　　　　意見聴取・意見書添付義務　109
　　(4) 周知義務　110

　5　就業規則と法令の効力関係　110
　6　就業規則と労働協約の効力関係　110
　7　就業規則の労働契約に対する法的効力
　　　　　　　　　　　　　　　　　　111
　8　最低基準効　112
　　(1) 最低基準効の内容　112
　　(2) 最低基準効の具体的効力　113
　　　ア　有利設定効　113
　　　イ　有利変更効　113
　　　ウ　不利益変更制限効　113
　　(3) 最低基準効の効力発生要件　113
　9　非有利設定効　114
　　(1) 非有利設定効の内容　114
　　(2) 非有利設定効の効力発生要件等　115
　10　不利益変更効　117
　　(1) 不利益変更効の内容　117
　　(2) 不利益変更効の効力発生要件等　117
　11　就業規則の法的効力に関する条文
　　　　　（12条、7条、9・10条）の関係　121
　　(1) 労契法12条の意義と射程距離　121
　　(2) 労契法12条と7条・10条の相互関係　122
　　(3) 理由　123
　12　労働契約内容の変更に関する条文
　　　　　　　（8条、9条、10条）の関係　124
　　(1) 労契法8条・9条の「合意」の意義　124
　　(2) 労契法8条、9条、10条の相互関係　125
　　(3) 理由　126

第4款　組合規約　127
　1　定義　127
　2　機能と効力　127
　3　必要記載事項　128

第5款　憲法・法令　129
　1　主な条文　129
　2　強行規定　129
　3　一般条項　130
　　(1) 労働契約と公序良俗　130
　　　ア　公序良俗の内容　130
　　　イ　公序良俗の機能　130
　　　ウ　公序良俗違反の効果　131
　　(2) 労働契約と信義誠実の原則（信義則）
　　　　　　　　　　　　　　　　　　132
　　　ア　信義則の内容　132
　　　イ　信義則の機能　132
　　　ウ　労働契約上の権利義務の内容と
　　　　　　　　　　　　　　　信義則　133
　　　エ　信義則が適用されることの効果　134
　　(3) 権利濫用の禁止　134
　　　ア　権利濫用の禁止の内容・機能　134
　　　イ　権利濫用の禁止違反の効果　134
　　(4) 権利義務の内容と公序良俗・信義則
　　　　　　　　　　　　　　　　　　135
　　(5) 権利の行使と信義則・権利濫用の禁止
　　　　　　　　　　　　　　　　　　135
　　(6) まとめ　136

第6款　労使慣行　137
　1　定義　137
　2　機能と効力　137

( 11 )

## 第7款　労使協定と決議　138
1　労使協定　138
　(1)　定義　138
　(2)　機能　138
　(3)　対象　138
　(4)　有効期間　139
　(5)　周知義務　139
　(6)　効力　139
2　労使委員会の決議　140
　(1)　定義　140
　(2)　機能　140
　(3)　対象　140
　(4)　効力　141

# 第2部　個別的労働関係法　──143

## 第6章　個別的労働関係法総論　……145

### 第1節　労働関係の基本原則と実効性の確保　……………145
1　労働関係の基本原則　145
　(1)　労働者の自由・人格権保障と平等原則　145
　(2)　労働条件の保障　145
　(3)　対等決定・合意原則と契約ルールの遵守　146
2　実効性の確保　146
3　私法上の強行性　146
4　付加金支払制度　148
　(1)　付加金支払義務の発生要件　148
　(2)　法違反後の手当・賃金の支払・請求・支払命令の可否　148
　(3)　付加金支払の肯否と額　150
　(4)　付加金支払の遅延損害金　151
5　罰則　151
　(1)　労基法　151
　(2)　最賃法　152
　(3)　安衛法、じん肺法、賃確法　152
6　労働基準監督行政　153
　(1)　組織　153
　(2)　権限　154
　(3)　使用者等の諸義務　155
　(4)　労働者の申告権　156
　(5)　労基法における「行政官庁」の意義　156

### 第2節　個別労働関係紛争と紛争解決制度　……………157
1　個別労働関係紛争と解決方法　157
　(1)　個別労働関係紛争の類型　157
　(2)　解決方法　157
2　行政機関による個別労働関係紛争解決制度　158
　(1)　個別紛争解決法上の解決制度］　158
　　ア　労働局長による情報の提供、相談、助言・指導等　158
　　イ　紛争調整委員会によるあっせん　159
　　ウ　地方公共団体による施策　159
　(2)　均等法、パート法、育介法、障雇法上の解決制度　159
3　労働審判手続　160
　(1)　概要と目的　160
　(2)　対象　161
　(3)　管轄裁判所　161
　(4)　労働審判委員会　161
　(5)　審理　162
　(6)　訴訟への移行　162

# 第1編　労働関係における人権保障　163

## 第7章　自由と人格権保障　……………163

### 第1節　労基法・職安法の人権保障規定　…163
1　不当な人身拘束の防止　163
　(1)　強制労働の禁止　164
　(2)　契約期間の上限　165
　(3)　賠償予定の禁止　166
　(4)　前借金相殺の禁止　168
　(5)　強制貯金の禁止・任意的貯蓄金管理の規制　169
2　中間搾取の排除　171
　(1)　法の趣旨と条文　171
　(2)　労基法6条の禁止する中間搾取の要件　171
　(3)　職安法による規制　172
　(4)　適法な業務処理請負・業務委託　173
　(5)　派遣法に基づく適法な労働者派遣　173
　(6)　偽装請負・違法派遣　174
　(7)　労基法6条違反の罰則と効果　178
　(8)　職安法違反の罰則と効果　178
3　公民権行使の保障　179
　(1)　法の趣旨と条文　179
　(2)　「公民としての権利」の内容　179
　(3)　「公の職務」の内容　180
　(4)　公民権行使・公の職務の執行の保障　180
　(5)　公務の就任と解雇・休職　180
　(6)　労基法7条違反の罰則と効果　181
4　寄宿舎における生活の自由・安全衛生　181
　(1)　法の趣旨と条文　181
　(2)　事業の附属寄宿舎　182
　(3)　生活の自由と安全衛生に関する規制　182
　(4)　罰則　182

### 第2節　労働者の人格的利益の保護　……183
1　業務命令と服務規律　183
　(1)　業務命令　183
　(2)　服務規律　184
2　使用者による労働者の監視・調査等の行為　185
3　労働者の個人情報の収集、管理、使用、告知　186
　(1)　使用者の配慮義務　186

(2) 法令・指針等　186
　4　職場における
　　　　　セクシュアル・ハラスメント　187
　　(1) 定義　187
　　(2) 使用者(事業主)の雇用管理上の義務
　　　　　　　　　　　　　　　　188
　　(3) 法的救済　189
　5　職場におけるいじめ・嫌がらせ　191
　　(1) 定義　191
　　(2) 使用者の雇用管理上の義務　192
　　(3) 法的救済　192
　6　深夜業に従事する労働者の
　　　　　就業環境への配慮　193

## 第8章　平等原則　194

### 第1節　総論　194
　1　人的理由による差別的取扱いの禁止　194
　2　雇用形態(契約類型)を理由とする
　　　　　差別的取扱いの禁止　194
### 第2節　性別による差別的取扱いの禁止　195
#### 第1款　賃金差別の禁止　195
　1　規制内容　195
　2　法違反の成立要件　196
　　(1) 「差別的取扱い」　196
　　(2) 「女性であることを理由として」　196
　　(3) 「賃金について」　197
　3　「賃金」差別の射程距離　198
　4　罰則　199
　5　労基法4条違反と民事救済　199
　　(1) 求めうる法的救済　199
　　(2) 主張立証方法　200
　　　ア　差別的取扱いか否か　200
　　　イ　請求しうる賃金額　201
　6　時効　202
#### 第2款　賃金以外の差別の禁止　202
　1　賃金以外の直接差別の禁止　203
　　(1) 規制内容　203
　　(2) 募集・採用　203
　　(3) 募集・採用以外の労働条件　204
　2　異なる取扱いが許容される場合　205
　　(1) ポジティブ・アクション　205
　　(2) 異なる取扱いの
　　　　　合理的な理由が存する場合　206
　3　間接差別の禁止　207
　　(1) 定義　207
　　(2) 実質的に性別を理由とする
　　　　　差別となるおそれがある措置　207
　　(3) 合理的な理由の有無　208
　4　婚姻・妊娠・出産等を理由とする
　　　　　不利益な取扱いの禁止　208
　　(1) 退職予定の禁止　208
　　(2) 解雇の禁止　208
　　(3) 不利益な取扱いの禁止　208
　　(4) 証明責任　209
　5　均等法違反と民事救済　210

　　(1) 労働協約、就業規則、労働契約　210
　　(2) 法律行為　211
　　(3) 以外の取扱い　211
　　(4) その他の不利益取扱い　212

### 第3節　性別以外の理由による
　　　　　　差別的取扱いの禁止　212
　1　国籍・信条・社会的身分　212
　　(1) 規制内容　212
　　(2) 「国籍、信条又は社会的身分」を
　　　　　　　　　　理由として　213
　　(3) 「賃金、労働時間その他の労働条件」
　　　　　　　　　　　　　　　　216
　　(4) 「差別的取扱」　217
　　(5) 罰則　217
　　(6) 労基法3条違反と民事救済　217
　　(7) 主張立証方法　219
　　　ア　差別的取扱いか否か　219
　　　イ　請求しうる賃金額等　219
　　(8) 時効　220
　　(9) 労働条件以外の差別的取扱い　220
　2　労働組合の組合員・団結活動等　220
　3　権利行使　221
　4　障害　221
　　(1) 差別的取扱いの禁止　222
　　(2) 合理的な配慮　223
　　(3) 法違反の法的効果　224
　　(4) 障害者雇用率制度　224
　5　年齢　225

## 第2編　労働基準　226

## 第9章　労働者と使用者の権利義務　226
　1　労働者の労働義務　226
　　(1) 労働義務の内容　226
　　(2) 法規制と論点　227
　　(3) 職務専念義務の内容　227
　　(4) 債務の本旨に従った履行の
　　　　　　　　　　　　提供の有無　228
　　(5) 労働者の損害賠償責任　229
　　(6) 就労請求権　230
　2　労働者の労働以外の義務　231
　　(1) 企業秩序遵守義務　231
　　(2) 兼業　232
　　(3) 秘密保持義務　232
　　(4) 競業避止義務　234
　　(5) 他の労働者の引き抜き　236
　3　使用者の報酬(賃金)支払義務　237
　　(1) 賃金支払義務の内容　237
　　(2) 法規制と論点　237
　4　使用者の賃金支払以外の義務　237
　　(1) 人格権保障に配慮する義務　238
　　(2) 平等取扱義務　238
　　(3) 労働者の健康と安全に関する
　　　　　配慮義務(安全配慮義務)　238
　　(4) 労働と生活の調和への配慮義務　240
　5　職務発明・著作に関する権利義務　240
　　(1) 職務発明　240

( 13 )

(2) 職務著作　241

# 第10章　賃金　……………………242

## 第1節　賃金の定義　………………242
　1　労契法上の賃金　242
　2　労基法上の賃金　242
　　(1)　「労働の対償」として使用者が「労働契
　　　　約上支払義務を負うもの」　243
　　(2)　「使用者が労働者に」支払うもの　244
　3　平均賃金　244
　　(1)　意義　244
　　(2)　定義　244

## 第2節　賃金額と決定方法　……………245
　1　賃金の構成要素　246
　　(1)　賃金の支払日毎に支払われる賃金　246
　　　ア　基準内(所定内)賃金　246
　　　イ　基準外(所定外)賃金　247
　　(2)　賃金の支払日毎に支払われる賃金
　　　　以外の賃金　247
　2　賃金の最低額の保障　247
　　(1)　最賃法　247
　　(2)　最賃法の適用対象と定義　247
　　(3)　最低賃金額の決定方式　248
　　(4)　最低賃金と
　　　　実際に支払われる賃金の比較　249
　　(5)　適用対象　249
　　(6)　私法上の効果　249
　　(7)　罰則　249
　3　家内労働者の最低工賃の保障　250
　　(1)　家内労働法　250
　　(2)　最低工賃の決定　250
　4　請負制の賃金額保障　250
　　(1)　労基法27条　250
　　(2)　保障給の額　251
　　(3)　私法上の効果　251
　　(4)　罰則　251

## 第3節　賃金請求権と休業手当請求権　…252
　1　賃金請求権と発生要件　252
　　(1)　契約上の根拠　252
　　(2)　契約の定めと労働義務の履行　253
　　(3)　民法536条2項に基づく賃金請求権　253
　　(4)　2017(平29)民法改正と
　　　　割合的賃金請求権　254
　2　「労働義務の履行」以外の
　　　　賃金請求権発生要件の効力　255
　　(1)　賞与の在籍条項　255
　　(2)　退職金の減額・不支給条項　256
　3　休業手当請求権と発生要件　258
　　(1)　休業手当　258
　　(2)　休業手当請求権の発生要件　258
　　(3)　休業手当の額と支払方法　259
　　(4)　私法上の効果　260
　　(5)　罰則　260
　4　履行不能と賃金請求権・休業手当請求権
　　　　260
　　(1)　民法536条2項前段と
　　　　労基法26条との関係　260
　　(2)　2017(平29)民法改正による新規定と
　　　　労基法26条との関係　262
　5　事後的処分・変更の可否　262
　6　請求権の消滅－時効　263

## 第4節　賃金の支払方法　……………263
　1　賃金の支払方法の諸原則　263
　2　通貨払の原則　264
　　(1)　趣旨　264
　　(2)　通貨　264
　　(3)　通貨払の例外　264
　3　直接払の原則　264
　　(1)　趣旨　264
　　(2)　「代理人」と「使者」　264
　　(3)　直接払の例外　265
　4　全額払の原則　265
　　(1)　趣旨　265
　　(2)　全額払の例外　265
　　(3)　相殺　266
　　(4)　調整的相殺(清算的相殺)　266
　　(5)　合意相殺・賃金債権の放棄　267
　5　毎月一回以上・一定期日払の原則　268
　　(1)　趣旨　268
　　(2)　毎月一回以上・一定期日払原則の
　　　　例外　268
　6　賃金の非常時払　269
　　(1)　趣旨　269
　　(2)　非常時払を請求しうる事由　269
　　(3)　非常時払の対象となる賃金　269
　　(4)　支払時期　270

## 第5節　労働債権の確保　……………270
　1　労基法における履行確保　270
　2　民法における先取特権　270
　　(1)　労務の対価に関する先取特権　270
　　(2)　一般先取特権の被担保債権　271
　　(3)　労働債権の回収方法　271
　3　倒産手続における労働債権保護　272
　　(1)　再生手続と特別清算手続　272
　　(2)　破産手続　273
　　(3)　更生手続　274
　4　賃確法による労働債権の保護　274
　　(1)　未払賃金の立替払制度　274
　　(2)　社内預金の保全措置　275
　　(3)　退職手当の保全措置　275
　　(4)　退職労働者の未払賃金に係る
　　　　遅延利息　275

# 第11章　労働時間と自由時間　………276

## 第1節　労働時間規制・
　　　　自由時間保障の意義と方法　……276
　1　意義　276
　2　方法　277
　　(1)　労働時間規制の方法　277
　　(2)　自由時間保障の方法　277

(14)

細目次

第2節　労働時間の概念・計算方法・賃金 278
　1　労働時間の概念 278
　2　労基法上の労働時間 279
　　(1)　判断基準 279
　　　ア　客観的画定 279
　　　イ　労働義務のある時間・労働義務を
　　　　　履行した時間 280
　　(2)　具体的該当性 281
　　　ア　業務の準備行為等 281
　　　イ　業務の後片付け等 282
　　　ウ　休憩時間中の作業服・防護具の
　　　　　着脱 283
　　　エ　研修・教育活動等への参加 283
　　　オ　「不活動時間」 283
　　　カ　「仮眠時間」 284
　3　労基法上の労働時間の計算方法 285
　　(1)　労働時間の通算 285
　　(2)　坑内労働の労働時間 285
　4　労基法上の労働時間と賃金 285
　　(1)　原則 285
　　(2)　例外 286

第3節　労働時間の規制 ................286
第1款　労働時間の長さ・配分方法・
　　　　時間帯の原則 286
　1　労働時間の長さ・配分方法 286
　　(1)　法定労働時間 286
　　(2)　法定労働時間の特例 287
　　(3)　法定労働時間による規制の法的効果
　　　　　 287
　　(4)　「労働契約上の労働時間」と
　　　　　「実労働時間」の規制 288
　2　労働時間帯(深夜労働の規制) 288
第2款　労働時間の長さに関する例外 289
　1　法定時間外労働 289
　　(1)　例外として許容される
　　　　　　　　　「法定時間外労働」 289
　　(2)　「法定時間外労働」と
　　　　　　　「所定時間外労働」の関係 289
　2　法定時間外労働を行わせる
　　　　　　　　　ことのできる要件 290
　　(1)　災害等による臨時の必要性 290
　　(2)　労使協定の締結と届出 290
　　(3)　労使協定の内容 291
　3　労基法33条1項を充足する場合の
　　　　　　　　法的効果と労働義務 292
　4　労使協定締結・届出の法的効果と
　　　　　　　　　　　労働義務 292
　　(1)　労使協定締結・届出の法的効果 292
　　(2)　労働義務の法的根拠 293
　5　法定時間外労働の効果
　　　　　　　　─割増賃金の支払 294
　　(1)　割増賃金の算定基礎となる
　　　　　　　　「通常の労働時間の賃金」 295
　　(2)　割増率 296
　　(3)　深夜労働又は法定休日労働にも
　　　　　　　　　該当する場合の割増率 297
　　(4)　法定時間外労働に対し支払う賃金額
　　　　　　　　　　　　　　　　 297

　　　ア　時間、日、週、月単位で
　　　　　決定される賃金 297
　　　イ　出来高払制その他の請負制に
　　　　　よって定められる賃金 298
　　(5)　法定時間外労働に対する賃金の
　　　　　支払方法 298
第3款　労働時間の配分方法に関する例外 300
　1　変形労働時間制・フレックスタイム制
　　　　　　　　　　　　　　　　 300
　2　一か月単位の変形労働時間制 301
　　(1)　制度の概要 301
　　(2)　要件 301
　　(3)　変形制開始後の勤務時間変更規定 302
　　(4)　法定時間外労働となる時間 302
　3　一年単位の変形労働時間制 303
　　(1)　制度の概要 303
　　(2)　要件 303
　　(3)　労働日数・労働時間等の制限 304
　　(4)　法定時間外労働となる時間 304
　　(5)　労働期間が対象期間よりも短い場合
　　　　　　　　　　　　　　　　 304
　4　一週間単位の非定型的変形労働時間制
　　　　　　　　　　　　　　　　 305
　　(1)　制度の概要 305
　　(2)　対象事業場 305
　　(3)　要件 305
　　(4)　法定時間外労働となる時間 306
　5　フレックスタイム制 306
　　(1)　制度の概要 306
　　(2)　他の変形制との相違 306
　　(3)　要件 307
　　(4)　法定時間外労働となる時間 307
　6　変形労働時間制・フレックスタイム制
　　　　　　　　　　　適用の法的効果 307
　7　変形労働時間制・フレックスタイム制と
　　　　　　　　　法定時間外労働 308
第4款　労働時間の長さ・配分方法の
　　　　規制対象となる時間の例外 308
　1　みなし労働時間制 308
　2　事業場外労働のみなし労働時間制 309
　　(1)　制度の概要 309
　　(2)　適用の要件 309
　　(3)　みなしの方法 309
　3　裁量労働制 310
　　(1)　専門業務型裁量労働制 310
　　　ア　対象労働者 310
　　　イ　適用の要件 311
　　　ウ　みなしの方法 311
　　(2)　企画業務型裁量労働制 312
　　　ア　対象労働者 312
　　　イ　適用の要件 312
　　　ウ　みなしの方法 313
　4　みなし労働時間制適用の法的効果 314
　5　みなし労働時間制と
　　　　労働時間規制の適用除外との相違 314
第5款　労働時間の長さ・
　　　　配分方法規制の適用除外 315
　1　適用除外される事項 315
　2　適用除外の対象者 315

( 15 )

(1) 農業、又は、畜産・養蚕・水産業に
　　　　　従事する労働者　315
　　　(2) 「監督若しくは管理の地位にある者」
　　　　　又は「機密の事務を取り扱う者」　315
　　　(3) 「監視又は断続的労働に従事する者」
　　　　　　　　　　　　　　　　　　　317

第4節　自由時間の保障　…………………317
第1款　休憩と休日　317
　1　休憩時間　317
　　　(1) 休憩時間の概念－法定休憩・
　　　　　所定休憩・法定外休憩　318
　　　(2) 休憩の長さと位置　318
　　　(3) 一斉付与の原則　318
　　　(4) 自由利用の原則　318
　　　(5) 適用除外　319
　2　休日　319
　　　(1) 休日の概念－
　　　　　法定休日・所定休日・法定外休日　319
　　　(2) 原則　319
　　　(3) 例外　320
　　　　ア　変形週休制　320
　　　　イ　法定休日労働　320
　　　(4) 適用除外　320
　　　(5) 休日振替　320
第2款　年次有給休暇　321
　1　年次有給休暇の概念－
　　　　法定年休・所定年休・法定外年休　321
　2　年休権の発生要件　322
　　　(1) 「雇入れの日」　322
　　　(2) 「継続勤務」　322
　　　(3) 「全労働日の8割以上出勤」　323
　3　年休権の内容　324
　　　(1) 年休日数　324
　　　(2) 有給　324
　　　(3) 年次有給休暇の取得単位　325
　4　年休の時季の特定方法　325
　　　(1) 労働者の時季指定権の行使　325
　　　(2) 使用者による時季変更権の行使　326
　　　　ア　勤務割による勤務日の時季指定　327
　　　　イ　長期かつ連続した時季指定　327
　　　　ウ　短期集中の訓練期間中の時季指定
　　　　　　　　　　　　　　　　　　　328
　　　　エ　直前の時季指定　328
　　　　オ　その他の論点　328
　　　(3) 計画年休制度　329
　5　年休の使途(利用目的)　329
　6　年休取得と不利益取扱い　331
　7　取得されなかった年休の処理　332

第12章　労働安全衛生と職場環境　…333

第1節　安衛法の基本構造　……………333
　1　安衛法の制定と対象　333
　2　目的　333
　3　「労働災害」の定義　334
　4　規制対象たる「事業者」　334
　5　刑事罰の対象　334

　6　元方事業者　335
　7　危険予防の主体としての労働者　336
　8　監督　336

第2節　安衛法による具体的規制　………337
　1　安全衛生管理体制　337
　2　危険・健康障害防止措置　338
　　　(1) 機械等による危険の防止　338
　　　(2) 作業方法、作業場所に関する
　　　　　危険の防止　338
　　　(3) 有害物質等による健康障害の防止　338
　　　(4) 作業場に関する健康、風紀、生命の
　　　　　保持　339
　　　(5) 元方事業者が講ずべき措置等　339
　3　機械・有害物・危険物の規制　339
　　　(1) 機械の製造許可制　339
　　　(2) 機械類の使用等の制限　340
　　　(3) 定期自主検査　340
　　　(4) 有害物の製造等の禁止　340
　　　(5) 有害物の製造許可制　340
　　　(6) 危険物の表示、文書交付　340
　4　安全衛生教育　340
　5　健康の保持増進措置　341
　　　(1) 健康診断　341
　　　(2) 健康診断実施後の措置　341
　　　(3) 長時間労働者への
　　　　　医師による面接指導　341
　　　(4) 労働者の受診義務　341
　6　労働者を退避させる義務　342

第3節　安衛法以外の法規制　……………342
　1　じん肺法　342
　2　その他の特別法　343
　　　(1) 安衛法を補完・補強する特別法　343
　　　(2) 安衛法の適用を排除する特別法　343

第4節　安衛法等による規制と
　　　　私法上の効果　……344
　1　事業者の義務　344
　　　(1) 安衛法と事業者の義務　344
　　　(2) 事業者の義務違反と法的救済　346
　2　元方事業者・特定元方事業者の義務　346
　3　労働者の義務　347

第13章　労働と生活の調和　…………348

第1節　未成年者・年少者・児童の保護　…348
　1　労働契約の締結・解除　348
　　　(1) 最低年齢　348
　　　(2) 年少者を使用する場合の証明書の
　　　　　備え付け　349
　　　(3) 労働契約の締結　349
　　　(4) 労働契約の解除・取消し　350
　2　労働時間　350
　　　(1) 児童　350
　　　(2) 年少者　350
　3　深夜労働　351
　　　(1) 原則　351

(2) 例外　351
　　　(3) 適用除外　352
　　4　業務内容　352
　　5　帰郷旅費　352

第2節　女性労働者の母性保護　………352
　　1　母性機能に有害な業務への就業禁止　353
　　2　生理日の就業が困難な場合の休暇　353
　　　(1) 休暇　353
　　　(2) 休暇中の賃金請求権の有無　353
　　3　妊産婦の保護　353
　　　(1) 就業制限・軽易業務への転換　353
　　　(2) 法定時間外労働・法定休日労働・
　　　　　　　　　　　　深夜労働の制限　354
　　　(3) 健康管理に関する措置　354
　　4　産前産後の休業　354
　　　(1) 休業期間　354
　　　(2) 休業中の賃金請求権の有無と所得保障
　　　　　　　　　　　　　　　　　　　356
　　5　育児時間　356
　　6　不利益取扱いの禁止　356
　　7　就業環境の整備　357

第3節　男女労働者の家族的責任への配慮　358
　　1　基本原則　358
　　2　家族的責任と配転　358
　　3　育児責任への配慮　359
　　　(1) 労働と育児の両立支援のための
　　　　　　　　　　　　　　制度・措置　359
　　　(2) 育児休業制度　360
　　　　ア　申出の要件　360
　　　　イ　有期労働者に関する要件　360
　　　　ウ　使用者の付与義務　361
　　　　エ　育児休業の回数・期間・手続　361
　　　　オ　休業中・休業後の労働者の
　　　　　　　　　　　　待遇・所得保障　362
　　　　カ　年次有給休暇の算定と
　　　　　　　　　　　　社会保険・労働保険　362
　　　(3) 所定労働時間の短縮措置等　362
　　　(4) 所定時間外労働の制限　363
　　　(5) 法定時間外労働・深夜労働の制限　363
　　　(6) 子の看護休暇　364
　　　(7) その他の事業主の努力義務　364
　　4　介護責任への配慮　365
　　　(1) 労働と介護の両立支援のための
　　　　　　　　　　　　　　制度・措置　365
　　　(2) 介護休業制度　365
　　　　ア　申出の要件　365
　　　　イ　有期労働者に関する要件　365
　　　　ウ　付与義務　365
　　　　エ　介護休業期間・手続　366
　　　　オ　休業中・休業後の
　　　　　　　　　　　取扱い・所得保障　366
　　　　カ　年次有給休暇の算定と
　　　　　　　　　　　社会保険・労働保険　366
　　　(3) 所定労働時間短縮等の措置　367
　　　(4) 所定時間外労働の制限　367
　　　(5) 法定時間外労働・深夜労働の制限　367
　　　(6) 介護休暇　368

　　　(7) その他の労働者に対する
　　　　　　　　　　　事業主の努力義務　368
　　5　不利益取扱いの禁止　368
　　6　就業環境の整備　369
　　7　実効性の確保　369

第4節　休暇・休業等の取得と
　　　　　　　　　　　　経済的不利益　……370
　　1　賃金請求権　370
　　2　年休権の発生要件との関係　371
　　3　平均賃金の算定　371
　　4　その他の経済的な不利益　371

第14章　労働災害と法的救済　………374

第1節　総論　…………374
　　1　労働災害に関する法的救済－併存主義
　　　　　　　　　　　　　　　　　　　374
　　2　現行制度の意義　375
　　　(1) 労災補償制度の意義・必要性　375
　　　　ア　損害賠償請求の困難さ　375
　　　　イ　過失責任の原則に対する批判　376
　　　(2) 労災保険制度の意義・必要性　376
　　　(3) 労災補償・労災保険制度と
　　　　　　　　　　損害賠償との併存　376
　　3　労災保険給付の受給要件と
　　　　　　　　　損害賠償請求権の発生要件　377

第2節　労災補償・労災保険制度　………377
　　1　労基法上の労災補償制度　377
　　　(1) 内容　377
　　　(2) 労災保険法上の労災保険制度
　　　　　　　　　　　　　　　との関係　378
　　2　労災保険法上の労災保険制度　378
　　　(1) 目的　378
　　　(2) 管掌者　378
　　　(3) 適用対象事業　378
　　　(4) 適用対象者　379
　　　(5) 財源　380
　　　(6) 保険給付の内容　380
　　　(7) 社会復帰促進等事業　381
　　　(8) 保険給付の手続　383
　　　(9) 保険給付に関する
　　　　　　事業主の意見申出・補助参加　384
　　　(10) 支給制限　385
　　　(11) 時効　385
　　3　「業務上」該当性　386
　　　(1) 「業務上」の判断基準　386
　　　(2) 事故による負傷・死亡　387
　　　　ア　業務遂行性　387
　　　　イ　業務起因性　388
　　　(3) 業務上の疾病　388
　　　(4) 業務上の負荷と基礎疾患等の競合　390
　　　(5) 業務上の負荷と精神障害　393
　　　(6) 自殺　393
　　4　「通勤災害」該当性　394
　　　(1) 「通勤災害」の定義　394
　　　(2) 「通勤による」負傷等の判断基準　394

( 17 )

　　　　(3)　「通勤」　395
　第3節　民法上の損害賠償 ……………397
　　1　使用者に対する損害賠償請求の法的根拠
　　　　　　　　　　　　　　　　　　　397
　　2　安全配慮義務　397
　　　(1)　信義則上・法律上の義務　397
　　　(2)　内容　398
　　　(3)　労働関係法規と安全配慮義務　400
　　3　損害賠償請求権の発生要件と肯定例　400
　　　(1)　安全配慮義務違反による
　　　　　　　損害賠償請求権の発生要件　400
　　　(2)　不法行為責任に基づく
　　　　　　　損害賠償請求権の発生要件　401
　　　(3)　肯定例　402
　　4　債務不履行(安全配慮義務違反)構成と
　　　　　　　不法行為構成の異同　403
　　　(1)　責任の有無　403
　　　(2)　責任の内容・程度　403
　　　(3)　主張・立証責任　403
　　　(4)　過失相殺　403
　　　(5)　消滅時効　404
　　　(6)　遺族固有の慰謝料　405
　　　(7)　遅延損害金の起算点　405
　　5　元方事業者、元請事業者、中間事業者、
　　　　　　発注者等に対する損害賠償請求　405
　　　(1)　不法行為責任(民709・710条)　406
　　　(2)　債務不履行責任(民415条)　406
　　　　ア　元方事業者等と安全配慮義務　406
　　　　イ　作業に関する管理と安全配慮義務
　　　　　　　　　　　　　　　　　　　407
　　　　ウ　鉱業権者と安全配慮義務　407
　　　(3)　使用者責任(民715条)　408
　　　　ア　特定元方事業者等　408
　　　　イ　元請負人　408
　　6　労災補償・労災保険と
　　　　　　　損害賠償の調整　409
　　　(1)　労災補償・労災保険給付との
　　　　　　　損益相殺的な調整　409
　　　(2)　損益相殺的な調整の具体的内容　410
　　　(3)　過失相殺と損益相殺の先後関係　411
　　　(4)　労災補償・労災保険給付と
　　　　　　　使用者による損害賠償　411
　　　(5)　労災補償・労災保険給付と
　　　　　　　第三者による損害賠償　413
　第4節　上積み補償制度 ……………414
　　1　上積み補償制度の法的性質　414
　　　(1)　労働協約上の上積み補償制度　414
　　　(2)　就業規則上の上積み補償制度　414
　　2　上積み補償制度と労災補償・労災保険、
　　　　　　　損害賠償との関係　415
　　　(1)　上積み補償制度と労災保険・労災保険
　　　　　　　　　　　　　　　　　　　415
　　　(2)　上積み補償制度と損害賠償　415

第3編　労働契約 ……………416
第15章　労働契約の成立 ……………416
　第1節　労働契約の定義・成立・分類 …416
　　1　労働契約の定義　416
　　2　労働契約の成立　417
　　　(1)　契約の成立と方式　417
　　　(2)　契約の成立時期　417
　　3　労働契約の分類　418
　第2節　労働契約の締結に関する法規制 …418
　　1　使用者による労働者の募集　418
　　　(1)　募集方法　418
　　　(2)　募集等の際に明示された労働条件と
　　　　　　　労働契約の内容　419
　　2　使用者による労働者の選択(採用)　420
　　　(1)　性別　420
　　　(2)　障害　420
　　　(3)　年齢　421
　　　(4)　思想・信条　421
　　　(5)　国籍・人種・民族・社会的身分・門地
　　　　　　　　　　　　　　　　　　　421
　　　(6)　団結活動等　422
　　　(7)　家族関係、私生活等　422
　　3　使用者による情報収集　422
　　　(1)　対象事項と方法　422
　　　(2)　職安法上の規制　423
　　4　使用者による労働契約締結の拒否と
　　　　　　　法的救済　424
　　　(1)　原則－採用拒否に対する
　　　　　　　法的救済の限界　424
　　　(2)　例外－みなし制度　424
　　5　労働条件の明示・説明　425
　　　(1)　明示すべき労働条件の範囲・方法　425
　　　(2)　労働条件を明示する時期　426
　　　(3)　明示された条件が事実と相違する場合
　　　　　　　　　　　　　　　　　　　426
　　　(4)　使用者の説明義務　427
　　6　労働契約の期間　427
　　　(1)　原則　427
　　　(2)　例外　427
　　　　ア　一定の事業の完了に必要な期間を
　　　　　　　定める場合　427
　　　　イ　上限5年の契約を
　　　　　　　締結することができる場合　428
　　　(3)　期間の下限　428
　　　(4)　契約期間の満了と就労の継続　429
　　　(5)　期間の上限を超える期間を定めた
　　　　　　　契約の効果　429
　第3節　採用内定 ……………430
　　1　問題の所在　430
　　2　「採用内定」の法的性質と
　　　　　　　労働契約の成否　430
　　　(1)　採用内定＝承諾である場合　430
　　　(2)　採用内定＝申込みである場合　431

```
　(3) 採用内定が申込み・承諾の
　　　　　いずれでもない場合　431
3　「採用内定取消」の法的性質・法的効果
　　　　　　　　　　　　　　　　　　432
　(1) 「採用内定取消」以前に
　　　　　労働契約が成立していない場合　432
　(2) 「採用内定取消」以前に
　　　　　労働契約が成立している場合　432
4　「採用内定取消」＝「解雇」の場合の
　　　　　　　　　　　　　　　　効力　433
　(1) 解雇権の法的根拠　433
　(2) 解雇権の行使の適法性　434
　　ア　「就業規則所定の解雇事由に
　　　　　該当する事実の存在」の要否　434
　　イ　労働協約・労働契約所定の要件　434
　　ウ　信義則上の義務の履行
　　　　　　　　　(信義則違反でないこと)　435
　　エ　解雇権濫用でないこと　435
　　オ　「解雇予告又は
　　　　　解雇予告手当の支払」の要否　435
　　カ　強行規定違反でないこと　436
　　キ　まとめ　436
　(3) 具体的判断基準　436
　　ア　人的理由による場合　436
　　イ　経営上の理由による場合　437
　(4) 新規学卒者の採用内定取消　438
5　内定期間中の法的関係　438
　(1) 契約の効力の発生の有無　438
　(2) 就業規則適用の有無　438
　(3) 研修・実習・報告書提出等の
　　　　　　　　　　　義務の有無　438

第4節　試用期間 …………………439
1　問題の所在　439
2　試用期間の長さ・延長、
　　　　　　　有期労働契約への設定　439
　(1) 試用期間の長さ　439
　(2) 試用期間の延長の可否　440
　(3) 有期労働契約への設定の可否　440
3　試用期間と契約期間　440
4　「本採用拒否」の法的性質・法的効果
　　　　　　　　　　　　　　　　　　442
　(1) 試用期間＝契約期間である場合　442
　(2) 試用期間＝解約権が留保された期間
　　　　　　　　　　　　　である場合　442
5　「本採用拒否」＝「解雇」の場合の
　　　　　　　　　　　　　　　　効力　442
　(1) 解雇権の法的根拠　443
　(2) 解雇権の行使の適法性　443
　　ア　就業規則所定の解雇事由に
　　　　　該当する事実の存在　443
　　イ　労働協約・就業規則・
　　　　　労働契約所定の要件の充足　443
　　ウ　信義則上の義務の履行
　　　　　　　　　(信義則違反でないこと)　443
　　エ　解雇権濫用に該当しないこと　444
　　オ　解雇予告又は解雇予告手当の支払
　　　　　　　　　　　　　　　　　　444
　　カ　強行規定違反でないこと　444

　　キ　まとめ　444
　(3) 具体的判断基準　444
　　ア　人的理由による場合　445
　　イ　経営上の理由による場合　446
　(4) 試用期間の中断　446

第16章　労働契約内容の設定と変更 …447

第1節　総論 …………………………447
1　労働契約の内容　447
2　労働条件の分類　447
3　労働契約内容の設定　448
4　労働契約内容の変更の類型　448
　(1) 集合的変更と個別的変更　448
　(2) 経営上の理由による変更と
　　　　　　　　人的理由による変更　448
　(3) 合意の有無及び変更主体　448

第2節　労働契約内容の設定 ………449
1　就業規則も労働協約も適用されない場合
　　　　　　　　　　　　　　　　　　449
2　就業規則のみが適用される場合　449
　(1) 原則―合意による設定　449
　(2) 例外　449
　　ア　就業規則の最低基準効　449
　　イ　就業規則の非有利設定効　450
3　労働協約のみが適用される場合　450
　(1) 労働協約が「最低基準」を
　　　　　　　　設定している場合　451
　(2) 労働協約が「統一的基準」を
　　　　　　　　設定している場合　451
4　就業規則と労働協約が適用される場合
　　　　　　　　　　　　　　　　　　451
　(1) 労働協約が「最低基準」を
　　　　　　　　設定している場合　451
　(2) 労働協約が「統一的基準」を
　　　　　　　　設定している場合　452

第3節　労働契約内容の集合的な変更 …452
1　労働協約による変更　452
2　就業規則による変更　453
3　就業規則による変更①
　　　　　　―合意がある場合　453
　(1) 合意による変更　453
　(2) 不利益な変更に同意する
　　　　　　労働者の意思表示の効力　454
　(3) 就業規則の変更自体の有効性　456
4　就業規則による変更②
　　　　　　―合意がない場合　457
　(1) 労働条件の有利変更　457
　(2) 労働条件の不利益変更　457
　　ア　原則―労働法9条　457
　　イ　例外―労働法10条　457
　　ウ　具体的事象　458
　(3) 新たな労働条件の設定　461
　　ア　問題の所在　461
　　イ　「新たな労働条件設定効」の
　　　　　　　　　　発生要件　461
```

　　　　ウ　労契法20条違反の有無　462
　　　　エ　「新たな労働条件設定効」が
　　　　　　　　　　　　　　肯定されない場合　462
　　5　企業年金(自社年金)の減額・廃止　463
　　(1)　現役労働者についての不利益変更　463
　　(2)　退職者についての不利益変更　463

第4節　労働契約内容の個別的な変更　…464
第1款　総論　465
　　1　変更時の合意　465
　　(1)　合意による変更　465
　　(2)　不利益な変更に同意する
　　　　　　　　　　労働者の意思表示の効力　465
　　2　労働者の権利行使　468
　　3　使用者による一方的な変更　468
　　(1)　有効となる要件　468
　　(2)　法的救済　469
　　(3)　労働条件変更権の行使と信義則　469
　　(4)　権利濫用(労契3条5項、14条)の
　　　　　　　　　　　　　　位置づけ　470
第2款　配転　470
　　1　定義　470
　　2　問題の所在　471
　　3　配転命令の効力　471
　　(1)　配転命令権の法的根拠　472
　　　　ア　事前の合意　472
　　　　イ　就業規則　472
　　　　ウ　労働協約　473
　　　　エ　配転命令権を有しない場合　473
　　(2)　配転命令権の行使の適法性　474
　　　　ア　要件　474
　　　　イ　権利濫用に関する判例の判断基準
　　　　　　　　　　　　　　　　　　474
　　　　ウ　判例・裁判例―特段の事情の有無
　　　　　　　　　　　　　　　　　　476
　　　　エ　私見―信義則による規制の必要性
　　　　　　　　　　　　　　　　　　477
第3款　出向　478
　　1　定義　478
　　2　問題の所在　479
　　3　出向命令の効力　479
　　(1)　出向命令と民法625条1項　480
　　(2)　出向命令権の法的根拠　480
　　　　ア　事前の合意　480
　　　　イ　就業規則　481
　　　　ウ　労働協約　482
　　　　エ　出向命令権がない場合　482
　　(3)　出向命令権の行使の適法性　482
　　　　ア　要件　482
　　　　イ　権利濫用に関する判断基準　483
　　　　ウ　私見―信義則による規制の必要性
　　　　　　　　　　　　　　　　　　483
　　4　出向期間中の権利義務関係　484
　　(1)　出向労働者と出向元・出向先の
　　　　　　　　　　　権利義務関係　484
　　(2)　安全配慮義務・職場環境調整義務
　　　　　　　　　　　・使用者責任　486
　　(3)　出向元の復帰命令　486

第4款　転籍　487
　　1　定義　487
　　2　問題の所在　487
　　3　解約型の転籍　487
　　4　譲渡型の転籍　488
第5款　降職・降格・降給　489
　　1　定義　489
　　2　問題の所在　490
　　3　降職・降格・降給の効力　490
　　(1)　降職・降格・降給権の法的根拠　491
　　　　ア　法的根拠の要否　491
　　　　イ　事前の合意　491
　　　　ウ　就業規則　492
　　　　エ　労働協約　493
　　　　オ　降職・降格・降給権がない場合　493
　　(2)　降職・降格・降給権の行使の適法性
　　　　　　　　　　　　　　　　　　494
　　　　ア　要件　494
　　　　イ　就業規則の定めの充足　494
　　　　ウ　私見―信義則による規制の必要性
　　　　　　　　　　　　　　　　　　495
　　4　配転とそれに伴う降職・降格・降給の
　　　　　　　　　　　　　　効力　496
第6款　昇進・昇格・昇給　497
　　1　定義　497
　　2　問題の所在　498
　　3　昇進・昇格・昇給が
　　　　　　　　なされなかった場合の救済方法　498
　　(1)　昇進・昇格・昇給措置を
　　　　　　　　とらないことの法的評価　498
　　　　ア　裁判例　498
　　　　イ　私見　499
　　(2)　救済方法　499
第7款　休職・休業　499
　　1　定義　499
　　2　問題の所在　500
　　3　賃金請求権の有無に関する判断枠組み
　　　　　　　　　　　　　　　　　　500
　　4　休職命令権の行使と賃金請求権　501
　　(1)　休職命令権の法的根拠　501
　　　　ア　事前の合意　501
　　　　イ　就業規則　502
　　　　ウ　労働協約　502
　　　　エ　休職命令権がない場合　503
　　(2)　休職命令権の行使の適法性　503
　　　　ア　要件　503
　　　　イ　就業規則の定めの充足　503
　　　　ウ　休職事由と該当事実の存在の
　　　　　　　　　　　　合理的限定的解釈　503
　　　　エ　私見―信義則による規制の必要性
　　　　　　　　　　　　　　　　　　504
　　5　労務の受領拒否と賃金請求権　505
　　(1)　債務の本旨に従った労務提供の有無
　　　　　　　　　　　　　　　　　　505
　　　　ア　事前の労務受領拒絶　505
　　　　イ　休業労働者の復職　505
　　(2)　「債権者の責めに帰すべき事由」
　　　　　　　　　　　　　　該当性　506
　　　　ア　人的理由による受領拒否　507

           イ　経営上の理由による受領拒否　507
　　　6　休業手当請求権の有無　508
　第8款　労働義務のある時間の変更　508
　　　1　変更の類型　508
　　　2　問題の所在　508
　　　3　労働義務のある時間の変更の効力　509
　　　(1)　法定時間外労働・法定休日労働の場合
　　　　　　　　　　　　　　　　　　　　　　509
　　　(2)　変更権の法的根拠　509
　　　　　ア　事前の合意　510
　　　　　イ　就業規則　510
　　　　　ウ　労働協約　511
　　　　　エ　変更権がない場合　511
　　　(3)　変更権の行使の適法性　511
　　　　　ア　要件　512
　　　　　イ　私見－信義則による規制の必要性
　　　　　　　　　　　　　　　　　　　　　　512

# 第17章　懲戒処分　……………………513

## 第1節　総論　…………………………………513
　　　1　「懲戒処分」の定義　513
　　　2　「懲戒処分」の種類　513
　　　(1)　戒告・譴責　514
　　　(2)　減給　514
　　　(3)　降給・降格・降職、配転、
　　　　　　　　　　　　　　昇給停止・延伸　514
　　　(4)　出勤停止・休職　515
　　　(5)　懲戒解雇　515
　　　(6)　賞与・退職金の減額・不支給　515
　　　3　懲戒処分の法的効果と類型　515
　　　4　人的理由による労働条件変更・
　　　　　　　　　　労働契約終了と懲戒処分　516
　　　5　問題の所在　516

## 第2節　効力の判断枠組み　………………517
　　　1　論点　517
　　　2　懲戒権の法的根拠　518
　　　(1)　判例　518
　　　(2)　私見－契約説　519
　　　3　懲戒処分が有効となる要件①
　　　　　　　　－判例法理を基礎とする構成　519
　　　(1)　懲戒権の法的根拠　520
　　　(2)　懲戒権の行使の適法性　520
　　　　　ア　就業規則の定めと内容・手続　520
　　　　　イ　懲戒事由に該当する事実の存在　521
　　　　　ウ　労働協約・就業規則・労働契約の
　　　　　　　　　　　　　　　　　　定めの充足　521
　　　　　エ　信義則上の義務の履行
　　　　　　　　　　　　(信義則違反でないこと)　521
　　　　　オ　権利濫用でないこと　521
　　　　　カ　強行法規違反でないこと　521
　　　(3)　懲戒解雇が有効となる要件　522
　　　(4)　証明責任　522
　　　4　懲戒処分が有効となる要件②
　　　　　　　－私見(契約説を基礎とする構成)　522
　　　(1)　懲戒権の法的根拠　522
　　　(2)　懲戒権の行使の適法性　523

　　　(3)　懲戒解雇が有効となる要件　524
　　　(4)　証明責任　524
　　　5　懲戒権濫用(労契15条)の位置づけ　525
　　　6　出向労働者に対する懲戒処分の
　　　　　　　　　　　　　　　　　有効性要件　525
　　　(1)　出向元による懲戒処分　525
　　　(2)　出向先による懲戒処分　526

## 第3節　効力をめぐる具体的論点　………526
　　　1　懲戒事由の適法性・合理性　527
　　　(1)　労務供給に関する事由　527
　　　　　ア　経歴詐称　527
　　　　　イ　遅刻・早退、欠勤、職務懈怠、
　　　　　　　　　　　　　　　　　業務過誤　528
　　　　　ウ　業務命令違反　529
　　　　　エ　服装等に関する規制違反　529
　　　　　オ　職場規律違反　530
　　　　　カ　業務の阻害　530
　　　　　キ　競業避止義務違反　530
　　　(2)　企業財産・施設の管理・保全等に
　　　　　　　　　　　　　　　　関する事由　531
　　　　　ア　企業財産への損害　531
　　　　　イ　所持品検査の拒否　531
　　　　　ウ　無許可の企業施設・物品利用、
　　　　　　　　　　　　　　　ビラ配布、ビラ貼り　532
　　　　　エ　調査協力の拒否　532
　　　(3)　職場外の職務遂行に関係のない行為
　　　　　　　　　　　　　　　　　　　　　　532
　　　　　ア　私生活上の非行　533
　　　　　イ　ビラ配布・出版　533
　　　　　ウ　兼業・二重就職　534
　　　　　エ　秘密保持義務違反　535
　　　(4)　内部告発・公益通報　535
　　　2　懲戒処分の規定の適法性・合理性　536
　　　3　懲戒事由に該当する事実の存否　536
　　　(1)　規定の解釈　536
　　　(2)　当該行為の評価　538
　　　(3)　判断の対象としうる行為　539
　　　　　ア　処分時に認識していなかった
　　　　　　　　　　　　　　　　　　非違行為　539
　　　　　イ　処分時に認識していたが
　　　　　　　　　　　告知されなかった非違行為　540
　　　4　労働契約・就業規則・労働協約の
　　　　　　　　　　　　　　　　　定めの充足　540
　　　5　信義則上の義務の履行の判断基準　541
　　　6　権利濫用でないことの判断基準　542

# 第18章　労働契約の終了　……………544

## 第1節　総論　…………………………………544
　　　1　労働契約終了の類型　544
　　　(1)　使用者による一方的な労働契約終了
　　　　　　　　　　　　　　　　　　　　　　544
　　　(2)　使用者による一方的労働契約終了
　　　　　　　　　　　　以外の労働契約の終了　544
　　　2　使用者による一方的な労働契約終了の
　　　　　　　　　　　　　　　　　　　　分類　545
　　　(1)　性質による分類　545

(2) 理由による分類　545
　3　規制の必要性　545
　4　労働契約終了をめぐる法的紛争　546
　5　労働契約終了後の権利義務　546
　　(1) 使用者の義務　546
　　　ア　労働者の請求に基づく
　　　　　退職時等の証明書の交付　546
　　　イ　金品の返還　547
　　　ウ　解雇された年少者の帰郷旅費の負担
　　　　　　　　　　　　　　　　　　547
　　(2) 労働者の義務　547

第2節　期間の定めのない労働契約
　　　　　　　　における解雇　…547
　1　解雇権の法的根拠　548
　2　解雇権の行使の適法性　548
　　(1) 業務災害・産前産後の場合の解雇制限
　　　　　　　　　　　　　　　　　　548
　　　ア　原則　548
　　　イ　例外　549
　　(2) 妊娠中及び産後1年以内の解雇の禁止
　　　　　　　　　　　　　　　　　　549
　　(3) 解雇予告又は解雇予告手当の支払　549
　　　ア　原則　549
　　　イ　例外　550
　　　ウ　行政官庁の認定を受けていない
　　　　　　　　　　　解雇の効力　550
　　　エ　解雇予告又は解雇予告手当の支払を
　　　　　欠く解雇の効力　551
　　(4) 解雇理由証明書　552
　　(5) 解雇理由の個別的規制　553
　　(6) 解雇の一般的な規制①－信義則　554
　　(7) 解雇の一般的な規制②－解雇権濫用
　　　　　　　　　　　　　　　　　　555
　　(8) 労働協約による制限　556
　　(9) 就業規則による制限　556
　　　ア　解雇事由　556
　　　イ　解雇事由に該当する事実の存在　557
　　　ウ　その他の定め　557
　　(10) 労働契約による制限　557
　3　解雇が有効となる要件と証明責任　557
　　(1) 解雇が有効となる要件　558
　　　ア　解雇権の法的根拠　558
　　　イ　解雇権の行使の適法性　558
　　(2) 証明責任　558
　　(3) 就業規則所定の解雇事由該当事実の
　　　　存在、信義則上の義務の履行、解雇
　　　　権濫用でないことの関係　559
　4　解雇権濫用（労契16条）の位置づけ　559
　5　具体的判断基準　560
　　(1) 労働者の人的理由による解雇
　　　　　　　　　　　　（普通解雇）　560
　　　ア　判断基準　560
　　　イ　職位・職種を特定して労働契約を
　　　　　締結した労働者の解雇　561
　　　ウ　休職期間満了後に行われた解雇・
　　　　　　　　　　　　「退職扱い」　562

　　(2) 使用者による人的理由による労働条件
　　　　変更の申込みに対し労働者が承諾しない
　　　　ことを理由とする解雇　564
　　　ア　普通解雇との相違　564
　　　イ　判断基準　564
　　(3) 雇用の廃止・削減等を理由とする
　　　　　　　　解雇（整理解雇）　565
　　　ア　判断基準－整理解雇の四要件　565
　　　イ　要件①－雇用の廃止・削減を行う
　　　　　　　　　　　経営上の必要性　566
　　　ウ　要件②－解雇の必要性
　　　　　　　　　（解雇回避義務の履行）　567
　　　エ　要件③－解雇対象者の選定基準と
　　　　　　　　　適用の合理性と客観性　67
　　　オ　要件④－説明・協議と理由の告知
　　　　　　　　　　　　　　　　　　568
　　　カ　不利益緩和義務　568
　　　キ　まとめ　569
　　(4) 使用者による経営上の理由による労働
　　　　条件変更の申込みに対し労働者が承諾し
　　　　ないことを理由とする解雇　569
　　　ア　整理解雇との相違　569
　　　イ　判断基準　570
　　(5) ユニオン・ショップ協定に基づく解雇
　　　　　　　　　　　　　　　　　　571
　6　懲戒解雇　572
　　(1) 懲戒権の法的根拠　572
　　(2) 懲戒権の行使の適法性　572
　　(3) 解雇に関する法規制　573
　　(4) 懲戒解雇の普通解雇への転換・
　　　　　予備的意思表示の可否　573

第3節　有期労働契約における
　　　　解雇・契約更新拒否　……574
第1款　期間途中の解雇　574
　1　解雇権の法的根拠　574
　　(1) 解雇権の根拠規定と
　　　　　　　労契法17条1項の意義　574
　　(2) 「やむを得ない事由」（労契17条1項）
　　　　　　　　　　　　　　の内容　575
　2　解雇権行使の適法性　576
　3　解雇が有効となる要件と証明責任　576
　　(1) 解雇が有効となる要件　576
　　　ア　解雇権の法的根拠　576
　　　イ　解雇権の行使の適法性　576
　　(2) 証明責任　577
　　(3) 「やむを得ない事由」と就業規則所定
　　　　の解雇事由該当事実の存在・信義則上の
　　　　義務の履行・解雇権濫用でないことの関
　　　　係　577
　4　具体的判断基準　578
　5　懲戒解雇　579
　　(1) 懲戒権の法的根拠　579
　　(2) 懲戒権の行使の適法性　579
　　(3) 解雇に関する法規制　579
　　(4) 懲戒解雇の普通解雇への転換・
　　　　　予備的意思表示の可否　580

第2款　契約更新拒否　580
　1　問題の所在　580

2　解雇制限規定の類推適用・
　　　　直接適用による制限　581
　　（1）継続が予定されている労働契約　581
　　（2）試用期間付労働契約　582
　　（3）「雇用の継続」にのみ
　　　　　　　合理的期待が認められる場合　583
　　3　有期労働契約締結・更新の
　　　　　　　承諾みなし制度　584
　　（1）みなしの要件　584
　　（2）要件①－有期労働契約の法的性質　585
　　　ア　法的性質の判断　585
　　　イ　「状態」・「合理的期待」の発生と
　　　　　　　　　　　　　　　消滅　585
　　　ウ　「不更新合意」・「更新限度合意」
　　　　　　　　　　　の意義と効力　586
　　（3）要件②－労働者の申込み　588
　　　ア　「申込み」の有無　588
　　　イ　契約更新(締結)申込権の
　　　　　　　放棄・不行使合意の効力　589
　　（4）要件③－申込みの拒絶の違法性　589
　　（5）承諾のみなしの法的効果　590
　　（6）従来の判例法理との関係　590

第4節　定年と継続雇用 ………………591
　　1　定年制　591
　　2　定年に関する法規制　591
　　（1）労基法14条との関係　591
　　（2）解雇制限規定の適用　591
　　（3）定年の下限　591
　　（4）65歳までの雇用確保措置　592
　　3　定年制の適法性　593
　　4　雇用確保措置がとられなかった場合の
　　　　　　　　　　　　　法的救済　593
　　5　継続雇用制度と法的論点　594
　　（1）継続雇用拒否、継続雇用後の
　　　　　解雇・契約更新拒否と法的救済　594
　　　ア　継続雇用の拒否　594
　　　イ　継続雇用後の解雇　596
　　　ウ　継続雇用後の契約更新拒否　596
　　（2）継続雇用期間中の労働条件　596
　　　ア　労働条件の決定　596
　　　イ　労契法20条違反の有無　596
　　6　65歳以降の再雇用　597

第5節　使用者による一方的終了以外の
　　　　　　　労働契約終了事由　597
　　1　当事者の消滅　598
　　2　解約合意　598
　　3　辞職（退職）　598
　　（1）辞職の意思表示の効力①
　　　　　－期間の定めのない労働契約　598
　　（2）辞職の意思表示の効力②
　　　　　　　　　－有期労働契約　599
　　4　労働者の意思に基づかない
　　　　　　労働契約終了からの保護　600
　　（1）問題の所在　600
　　（2）意思表示の成立（完成）　600
　　（3）意思の不存在・意思表示の瑕疵　601
　　（4）意思表示の撤回　603

　　（5）「退職勧奨」の規制　604
　　（6）意思表示の効力の判断枠組み
　　　　　－効力発生要件と証明責任の転換　604
　　（7）「意思表示の存在」と
　　　　　　　「意思の自由」の判断基準　605

第6節　救済方法 ………………………606
　　1　求めうる法的救済　606
　　（1）解雇又は契約の更新を拒否された
　　　　　　　　　　　　　　　労働者　606
　　（2）「解約合意」又に「辞職」した労働者
　　　　　　　　　　　　　　　　　607
　　2　地位確認　607
　　3　賃金支払請求　607
　　（1）民法536条2項に基づく賃金請求権　607
　　（2）中間収入の控除　608
　　　ア　論点　608
　　　イ　従来の最高裁判決　609
　　　ウ　私見　610
　　4　損害賠償請求　610
　　（1）解雇又は契約の更新を拒否された
　　　　　　　　　　　　　　　労働者　610
　　　ア　解雇・契約更新拒否の信義則違反・
　　　　　　　　　　　　不法行為該当性　610
　　　イ　精神的損害の有無　611
　　　ウ　財産的損害の有無　611
　　（2）「解約合意」又は「辞職」した労働者
　　　　　　　　　　　　　　　　　613
　　　ア　退職勧奨行為　613
　　　イ　退職を余儀なくされたこと　613
　　5　解雇予告手当支払請求　613

第7節　解雇・契約更新拒否と
　　　　　　　「変更解約告知」 ……614
　　1　論点の整理　614
　　（1）「変更解約告知」　614
　　（2）「変更解約告知」と現行法の関係　614
　　（3）「条件付承諾」に特別な法的効果を
　　　　　　　　　　　肯定する見解　615
　　（4）基本的論点　615
　　2　「条件付承諾」の意思表示と
　　　　　　　　「承諾」の効果の有無　615
　　（1）条件付承諾の意思表示の法的意味　615
　　（2）条件付承諾の意思表示に
　　　　　　　「承諾」の効力を認める見解　616
　　（3）検討　617
　　　ア　「停止条件」付「承諾」
　　　　　　　　　とする見解について　617
　　　イ　「遡及的解除条件」付「承諾」
　　　　　　　　　とする見解について　618
　　3　「条件付承諾」を承認する
　　　　　　　信義則上の義務の有無　618
　　4　労働者保護の機能の限界　619
　　5　総括－要件と証明責任の明確化　620

第19章　企業再編・
　　　　　企業グループと労働契約 …621
　　1　会社解散と新会社設立等　621

(1) 会社解散の類型　621
  (2) 論点　621
  (3) 真実解散の場合の解散会社　621
  (4) 真実解散以外の場合の新設会社　622
  (5) 親会社等　623
2 合併　624
  (1) 合併の類型　624
  (2) 合併の特徴　625
  (3) 論点　625
  (4) 合併時の労働契約と労働条件　625
  (5) 合併前後の解雇・契約更新拒否と
      合併後の労働条件変更　625
3 事業譲渡　626
  (1) 事業譲渡の類型　626
  (2) 事業譲渡の特徴　626
  (3) 論点　626
  (4) 譲渡会社の労働者の
          労働契約と労働条件　626
    ア 労働契約の承継ルール　626
    イ 承継後の労働条件　627
    ウ 労働契約の承継に関する問題の所在
           627
  (5) 労働者が労働契約の承継を望む場合の
          救済方法　627
    ア 実質的同一性　628
    イ 黙示の合意の推認　628
    ウ 合意内容の公序による修正　628
    エ 合意内容の信義則に則した解釈　629
    オ 労働契約の成立　629
4 会社分割　630
  (1) 会社分割の類型　630
  (2) 会社分割の特徴　631
  (3) 論点　631
  (4) 分割会社の労働者の
          労働契約と労働条件　631
    ア 労働契約の承継ルール　631
    イ 承継された労働者の労働条件　632
    ウ 労働契約の承継に関する問題の所在
           632
  (5) 労働者が労働契約の承継を
          望まない場合の救済方法　633
  (6) 労働協約の承継　634
  (7) 分割会社が履践すべき手続　634
    ア 過半数代表との協議(7条措置)　634
    イ 承継事業に従事している労働者との
          協議(5条協議)　634
    ウ 労働者への通知　635
    エ 労働組合への通知　635
    オ 「5条協議」の意義と効果　635
    カ 「7条措置」の意義と効果　636
  (8) 会社分割前後の解雇・契約更新拒否
           636
5 企業グループ(企業集団)　637
  (1) 問題の所在　637
  (2) 「親会社」の定義と判断基準　637
  (3) 子会社等の財務及び事業の方針の決定
          に関する支配　637

  (4) 企業グループの内部統制・
          財務経営状況報告義務等　638
  (5) 子会社の労働者に対する
                 信義則上の義務　638
  (6) 労組法7条の使用者性と不法行為責任
           638

## 第20章　非典型労働契約　………………640

### 第1節　有期労働契約　………………640
1 定義　640
2 問題の所在　640
  (1) 雇用の不安定さ　640
  (2) 労働条件格差　641
3 適用される法律・条文　641

4 労働契約の締結　641
  (1) 契約締結事由　641
  (2) 契約期間　642
  (3) 契約期間の配慮　642
  (4) 契約締結時の使用者の説明・明示　642
5 期間の定めのない労働契約への転換　642
  (1) 承諾みなしの要件　642
  (2) 要件①－通算契約期間の要件　643
    ア 「同一の使用者」　643
    イ 「二以上の有期労働契約」　643
    ウ 通算契約期間の計算と空白期間　644
    エ 通算契約期間の原則と例外　644
    オ 通算契約期間に算入されない期間
           645
  (3) 要件②－申込みの要件　645
    ア 申込み期間　645
    イ 「無期転換申込権」の
          放棄・不行使合意の効力　645
  (4) 承諾みなしの法的効果　646
  (5) 転換後の労働条件　647
6 解雇・契約更新拒否の規制　647
7 労働者の辞職　648
8 平等取扱いに関する規制　648
  (1) 平等取扱いに関する従来の裁判例　648
  (2) 労契法の制定と労契法3条2項　648
  (3) 期間の定めがあることによる
          不合理な労働条件の相違の禁止　648
  (4) 労契法20条違反の有無　649
    ア 「労働条件の相違」の有無　649
    イ 「期間の定めがあることにより」　649
    ウ 労働条件の相違が
                 「不合理であること」　650
    エ 証明責任　651
  (5) 労契法20条違反の法的効果・法的救済
           652

### 第2節　パートタイム労働契約　………………653
1 定義　653
2 問題の所在　654
  (1) 雇用の不安定さ　654
  (2) 労働条件格差　654

3　適用される法律・条文　654
4　労働契約の締結　655
　(1)　契約締結事由　655
　(2)　契約締結時の使用者の明示事項　655
　(3)　有期労働契約の締結に関する法規制　655
5　雇用の安定　655
6　労働者の辞職　656
7　平等取扱いに関する規制　656
　(1)　従来の裁判例と労契法3条2項　656
　(2)　パート法による規制　656
　(3)　短時間労働者の待遇の原則　657
　(4)　パート法8条違反の有無　657
　　ア　「待遇の相違」の有無　657
　　イ　待遇の相違が「不合理であること」　657
　　ウ　証明責任　658
　(5)　パート法8条違反の法的効果・法的救済　659
　(6)　「通常の労働者と同視すべき短時間労働者」に対する差別的取扱いの禁止　659
　(7)　パート法9条違反の有無　659
　　ア　「通常の労働者と同視すべき短時間労働者」　659
　　イ　差別的取扱い禁止の対象　660
　　ウ　証明責任　660
　(8)　パート法9条違反の法的効果・法的救済　660
　(9)　「通常の労働者と同視すべき短時間労働者」以外の短時間労働者に対する取扱い　661

## 第3節　派遣労働契約　661

1　定義　661
　(1)　「労働者派遣」　661
　　ア　労働者派遣の当事者　662
　　イ　労働者派遣を構成する契約関係等　662
　(2)　「紹介予定派遣」　662
　(3)　「派遣労働者」　663
　　ア　「無期雇用派遣労働者」と「有期雇用派遣労働者」　663
　　イ　「登録型」派遣労働者と「常用型」派遣労働者　663
2　問題の所在　664
　(1)　雇用の不安定さ　664
　(2)　労働条件格差　664
3　適用される法律と条文　665
　(1)　派遣労働者に適用される法律・条文　665
　(2)　使用者等としての義務の主体　665
　　ア　派遣元が義務を負う事項　666
　　イ　派遣元と派遣先に適用される規定　666
　　ウ　派遣先にのみ適用される規定　666
　(3)　団体交渉義務　667
4　労働者派遣事業　667
　(1)　事業の許可と事業報告　667
　(2)　対象業務　667
　(3)　労働者派遣の役務の提供を受けることのできる期間　668
　　ア　派遣可能期間に制限のない労働者派遣　668
　　イ　派遣可能期間に制限のある労働者派遣　668
　(4)　関係派遣先に対する労働者派遣の制限　669
　(5)　労働争議中の労働者派遣の制限　670
　(6)　日雇労働者についての労働者派遣の禁止　670
　(7)　離職した労働者についての労働者派遣の禁止　670
5　派遣元と派遣先：労働者派遣契約　671
　(1)　労働者派遣契約の締結手続　671
　(2)　労働者派遣契約の内容　671
　(3)　労働者派遣の際の義務　672
　(4)　派遣可能期間の遵守　672
　(5)　派遣労働者の派遣先に対する不法行為と派遣元の責任　672
　(6)　労働者派遣契約の解除　672
6　派遣元と派遣労働者：派遣労働契約　673
　(1)　派遣労働契約の締結と内容　673
　(2)　均等・均衡を考慮した派遣労働者の待遇の確保　674
　(3)　特定有期雇用派遣労働者等の雇用の安定　674
　(4)　その他派遣元事業主の講ずべき措置　675
　(5)　期間の定めのない派遣労働契約への転換　675
　(6)　休業期間中の賃金請求権と休業手当請求権　675
　(7)　派遣労働契約の終了　677
　　ア　労働者派遣契約の解除を理由とする期間途中の解雇　677
　　イ　労働者派遣契約の解除を理由とする契約更新拒否　678
7　派遣先と派遣労働者：労務の供給　679
　(1)　派遣先が派遣労働者の保護のために講ずべき措置　679
　(2)　派遣先が派遣労働者に対して負う信義則上の義務　679
　(3)　派遣労働者の直接雇用　680
　　ア　特定有期雇用派遣労働者の雇用　680
　　イ　派遣先に雇用される労働者の募集に係る事項の周知　680
　　ウ　労働契約締結の申込みのみなし制度　680
　(4)　派遣先と派遣労働者との間の労働契約の成否　681
　　ア　適法な労働者派遣の場合　682
　　イ　違法派遣・偽装請負の場合　682
8　法規制の実効性の確保　684

# 第3部　集団的労使関係法 ——687

## 第21章　集団的労使関係法総論 ……689
1　憲法28条と労組法の概要　689
2　団結権と団体行動権の関係　690
　(1)　「組合活動」という呼称の当否　690
　(2)　「争議行為」概念の要否と内容　690
　(3)　「内部運営・組織拡大的」行為と「対抗的」行為の区別の要否　691
　(4)　結論－「団結活動」と「争議行為」　691
3　団結権・団体交渉権・団体行動権保障の意義　692
　(1)　対等決定の実現と雇用保障・労働条件等の維持・向上　692
　(2)　労働関係法規と労働者の権利の実効性確保　692
　(3)　個別的労働関係及び集団的労使関係に関するルールの設定　693
　(4)　労働市場における公正競争の実現　693
　(5)　労働関係立法の整備・促進　693
　(6)　団結権等を行使する労働者の雇用・労働条件保障　693
4　団結権・団体交渉権・団体行動権保障の法的効果と法的救済　694
　(1)　刑事免責　694
　(2)　民事免責　695
　(3)　不利益な取扱いからの保護　696
　(4)　労働協約　697
　(5)　不当労働行為に対する法的救済　698
5　集団的労使紛争と紛争解決制度　698
　(1)　集団的労使紛争の類型　698
　(2)　解決方法　699
　(3)　労働委員会　699
　(4)　労働委員会の権限　700
　(5)　労働争議の調整　701

## 第22章　団結の結成と運営 …………702

### 第1節　団結体の概念と権利 …………702
1　憲法28条を享受する団結体　703
　(1)　要件　704
　(2)　分類　704
　　ア　「憲法上の労働組合」　704
　　イ　「憲法上の保護を受ける一時的団結体」　704
　(3)　「憲法上の労働組合」の分類　705
　　ア　「労組法上の労働組合」　705
　　イ　「憲法組合(自主性不備組合)」　705
2　労組法上の労働組合　705
　(1)　主体の要件　705
　(2)　自主性の要件　706
　(3)　自主性の要件をめぐる論点　707
　　ア　憲法28条との関係　707
　　イ　労組法2条本文と但書の関係と内容　707
　　ウ　管理職組合　708
　(4)　目的の要件　709
　(5)　団体性の要件　709
　(6)　労組法上の労働組合の分類　710
3　法適合認証組合　710
　(1)　民主性の要件　711
　(2)　民主性の要件をめぐる論点　711
　　ア　宗教　711
　　イ　性別　711
　　ウ　混合組合の手続　712
　(3)　労働委員会における資格審査と適合決定　712
　　ア　手続　712
　　イ　資格審査が行われる場合　712
　　ウ　資格審査の決定の時期　713
　　エ　資格審査における瑕疵と審査結果の誤り　713
4　労働組合・一時的団結体・労働者の権利　713
　(1)　憲法28条を享受する団結体　713
　　ア　憲法上の労働組合　713
　　イ　憲法上の保護を受ける一時的団結体　714
　(2)　労組法上の労働組合　714
　(3)　法適合認証組合　715
　(4)　労働者　715
　(5)　その他の団体　716

### 第2節　労働組合の組織と運営 ………716
1　法人である労働組合の組織・運営・管理・清算　716
　(1)　労組法における法整備　716
　(2)　法人格の取得　717
　(3)　法人である労働組合の組織・運営・管理　717
　(4)　法人である労働組合の清算　717
2　労働組合の設立と組織　718
　(1)　労働組合の設立－自由設立主義　718
　(2)　労働組合の組織形態　718
　　ア　組織対象範囲による分類　718
　　イ　構成員による分類　719
　(3)　労働組合の協議会・全国的中央組織(ナショナルセンター)　719
3　労働組合の機関　720
　(1)　労働組合の機関の種類　720
　(2)　組合に権利義務の帰属すべき行為の範囲　720
　(3)　組合の業務執行と代表行為　721
　(4)　労働組合の不法行為責任　721
　(5)　組合機関の労働組合に対する責任　721
　(6)　組合規約違反の会議運営に基づく決議の効力　721
　(7)　組合規約所定の大会を執行委員会が招集しない場合　722
4　組合員資格の得喪と組合員の権利義務　722
　(1)　加入　722
　(2)　二重加入　723
　(3)　組合員の権利と義務　724
　(4)　組合役員等の被選挙権　725
　(5)　脱退　725

(6) 脱退の間接的制限　727
(7) 除籍　727
(8) 除名・資格停止　728
5　ユニオン・ショップ　728
  (1) 「組織強制」とユニオン・ショップ　728
  (2) 「ユニオン・ショップ協定」の定義と論点　729
  (3) ユニオン・ショップ協定を締結しうる労働組合　729
  (4) ユニオン・ショップ協定の効力　730
    ア　憲法28条の「団結権」の内容　730
    イ　ユニオン・ショップ協定の効力の範囲　731
    ウ　ユニオン・ショップ協定の有効期間　732
  (5) ユニオン・ショップ協定に基づく解雇の効力　732
  (6) 除名が無効である場合のユ・シ協定に基づく解雇の効力　733
  (7) 組合加入資格のない労働者に対する解雇の効力　734
  (8) 組合加入を拒否された労働者に対する解雇の効力　734
6　労働組合の財政　735
  (1) 組合費納付義務　735
  (2) 組合費納付義務の有無の一般的判断基準　735
  (3) 組合費納付義務の有無の具体的判断基準　736
    ア　他組合の闘争支援　736
    イ　政治活動　736
    ウ　組合員の救援　737
    エ　特定の立候補者支援・政党への寄附　737
    オ　社会的活動　737
    カ　違法な争議闘争　737
  (4) 組合のなしうる支出の範囲　738
  (5) 組合財産の所有形態　738
    ア　法人である労働組合　738
    イ　法人格のない労働組合　739
  (6) 福利事業基金の流用　739
7　統制処分　740
  (1) 「統制処分」の定義と論点　740
  (2) 統制権の法的根拠　740
  (3) 統制権の行使の適法性　740
  (4) 行使の適法性①－組合規約の定めと周知　741
  (5) 行使の適法性②－統制事由の必要性・合理性　741
    ア　組合員の政治的活動・政治活動への参加拒否　742
    イ　組合員の言論・批判活動　743
    ウ　労働組合の方針に反する活動　744
    エ　違法な指令　744
  (6) 行使の適法性③－統制事由該当事実の存在　744

(7) 行使の適法性④－統制処分の組合規約適合性と相当性　744
(8) 行使の適法性⑤－手続　745
(9) まとめ－統制処分が有効となる要件　745
8　労働組合に対する使用者の便宜供与　746
  (1) 便宜供与の適法性と法的根拠　746
  (2) 「チェック・オフ」の定義と論点　747
  (3) チェック・オフ協定を締結しうる労働組合　748
    ア　「過半数組合」　748
    イ　「過半数組合」ではない労働組合　748
    ウ　まとめ　749
  (4) 対象組合員の同意の要否　750
  (5) チェック・オフ協定の効力の及ぶ範囲　751

第3節　労働組合の組織変動 ……………752
1　解散　752
  (1) 解散事由　752
  (2) 残余財産の帰属　752
2　組織変更　752
  (1) 構成員の範囲の変更　752
  (2) 単一組織組合から連合体への改組　753
  (3) 連合組合から単一組織組合への改組　753
  (4) 単位組合の連合組合への加入　753
  (5) 単位組合の連合組合からの離脱　753
  (6) 単位組合から別の単位組合の下部組織への改組　753
  (7) 下部組織の単一組織組合からの離脱　754
  (8) 組織変更の効果　754
3　合同　754
4　分裂　755
  (1) 問題の所在　755
  (2) 「分裂」概念導入の是非　755

## 第23章　団体交渉 ……………757

### 第1節　団体交渉権と団体交渉の機能・形態 ……………757

1　団体交渉権　757
  (1) 「団体交渉」の定義　757
  (2) 権利主体　757
2　団体交渉の機能　758
3　団体交渉の形態　758
  (1) 企業内交渉　758
  (2) 企業横断的交渉　758
  (3) 企業別交渉と企業横断的交渉の中間形態　759
  (4) 企業横断的な労働者代表と個別使用者の交渉　759

( 27 )

### 第2節　団体交渉権により保障される団体交渉 ………759
#### 第1款　団体交渉の主体　760
1　団体交渉権の権利主体と団体交渉の主体　760
2　団体交渉の主体と交渉権限を有する者　760
3　団体交渉の主体となる団結体　761
　(1)　憲法28条を享受する団結体　761
　　ア　憲法上の労働組合　761
　　イ　憲法上の保護を受ける一時的団結体　761
　(2)　労組法上の労働組合　762
　(3)　法適合認証組合　762
4　団体交渉の主体に関する論点　762
　(1)　連合組合　763
　(2)　適用法の異なる労働者を組織する労働組合　763
　(3)　単位組合の下部組織　763
　(4)　複数の労働組合の存在　764
　(5)　共同交渉　765
#### 第2款　団体交渉の対象事項と相手方　765
1　団体交渉権により保障される交渉事項　765
2　団体交渉権を行使しうる相手方　766
　(1)　「団体交渉権を行使しうる相手方」の判断基準　766
　　ア　労働関係法規上の義務に関する事項　766
　　イ　労働関係上の権利義務に関する事項　766
　　ウ　雇用・労働条件の維持改善等に関する事項　766
　　エ　集団的労使関係ルールに関する事項　767
　　オ　まとめ　767
　(2)　「団体交渉権を行使しうる相手方」該当性　767
　(3)　他の概念との異同　768
　　ア　団体交渉の担当者　768
　　イ　団体交渉・労働協約の当事者　769
　　ウ　労組法7条2号の「使用者」　769
3　団体交渉権を行使しうる相手方と義務的団交事項　770
　(1)　「義務的団交事項」と「任意的団交事項」　770
　(2)　「義務的団交事項」の定義　770
　(3)　義務的団交事項の具体的内容　771
　　ア　構成員である労働者　771
　　イ　雇用・労働条件その他の待遇　771
　　ウ　集団的労使関係の運営　772
　(4)　義務的団交事項に関する論点　772
　　ア　「労働協約に既定の事項」　772
　　イ　裁判所で係争中の事項・確定した事項　773
#### 第3款　団体交渉の手続　773
#### 第4款　求めうる団体交渉（団体交渉義務）の内容　774
1　誠実交渉義務　774
　(1)　誠実な対応を通じて合意達成の可能性を模索する義務　774
　(2)　平等取扱義務・中立保持義務　775
　(3)　誠実交渉義務違反とならない場合　776
2　論点　776
　(1)　統一集団交渉義務の有無　776
　(2)　団体交渉の打ち切りと再開　776
#### 第5款　団体交渉を求めうる時期　777
1　争議行為中の団体交渉　777
2　過去の行為についての団体交渉　777
3　懲戒処分前の団体交渉　778

### 第3節　正当な理由のない団体交渉拒否と法的救済 …778
1　正当な理由のない団体交渉拒否の違法性　779
2　私法上の法律関係　779
　(1)　団体交渉を求めうる法的地位と確認請求の可否　779
　(2)　団体交渉請求権と給付請求の可否　780
3　法的救済　781
　(1)　裁判所における救済　781
　(2)　労働委員会における救済　781

## 第24章　団結活動と争議行為 ………782

### 第1節　団結権・団体行動権と法律上の制限 …782
1　団結権・団体行動権と権利主体・概念　782
　(1)　団結権と団体行動権　782
　(2)　権利主体　782
　(3)　団結権と団体行動権により保障されうる行為と概念　783
2　争議行為の法律による制限　783
　(1)　労調法　783
　(2)　スト規制法　784
　(3)　船員法　785

### 第2節　団体行動権により保障される争議行為 ………785
1　主体　786
　(1)　一般的基準　786
　(2)　部分スト・指名スト　786
　(3)　山猫スト　786
　(4)　非公認スト　787
2　集団的意思の形成　787
　(1)　一般的基準　787
　(2)　同盟罷業の開始手続　787
3　目的　788
　(1)　一般的基準　788
　　ア　原則－労働契約上の使用者に対する要求の実現　788
　　イ　例外①－派遣労働者の争議行為　789
　　ウ　例外②－子会社等の労働者の争議行為　790
　(2)　人事・生産・経営に関する要求　791
　(3)　抗議　791

(4) 非組合員の雇用・労働条件に
　　　　関する要求　792
　(5) 政治的主張・要求の示威・実現　792
　(6) 他組合の支援　793
　(7) 労働義務の免除　794
4　手続　794
　(1) 一般的基準　794
　(2) 団体交渉を経ること　795
　(3) 相当な期間をおいた予告　796
　(4) 争議行為開始の通告　798
　(5) 平和義務・平和条項違反の争議行為
　　　　798
　(6) 労働委員会の調停中の争議行為　799
5　手段・態様　799
　(1) 一般的基準　799
　　ア　暴力の不行使　799
　　イ　生命・身体・健康に対する配慮　800
　　ウ　団体行動権の保障と使用者等の
　　　　自由権・財産権等の調和　801
　　エ　判例・裁判例　801
　　オ　私見　802
　(2) 同盟罷業（ストライキ）　803
　(3) 怠業（サボタージュ、スローダウン）
　　　　804
　(4) 順法（遵法）闘争　806
　(5) ボイコット　807
　(6) ピケッティング　807
　　ア　定義と問題の所在　807
　　イ　判例・裁判例　807
　　ウ　私見　809
　　エ　スキャップ禁止条項が存在する場合
　　　　810
　(7) 職場占拠　810
　(8) 生産管理（自主管理）　811
　(9) 争議行為に伴うビラ配布等　812

第3節　団結権・団体行動権により
　　　　保障される団結活動 ……812
1　主体　812
　(1) 未組織労働者　812
　(2) 憲法28条を享受する団結体　812
　(3) 組合員・構成員の自発的な活動　813
2　集団的意思の形成　813
3　目的　814
4　手続　814
5　手段・態様　815
　(1) 問題の所在　815
　(2) 就業時間内の団結活動　815
　　ア　一般的基準　815
　　イ　労働契約上の根拠又は使用者の同意
　　　　816
　　ウ　特段の事情がある場合　816
　　エ　労働義務に違反しない態様　817
　(3) 使用者の施設等を利用した団結活動
　　　　818
　　ア　一般的基準　818
　　イ　労働協約・就業規則・労働契約上の
　　　　根拠又は使用者の同意　819

　　ウ　労組法7条違反、信義則違反
　　　　又は権利濫用である場合　819
　(4) 情報宣伝活動・要請活動・抗議活動等
　　　　の団結活動　820
　　ア　一般的基準　820
　　イ　働きかけをなしうる相手方　821
　　ウ　活動場所　822
　　エ　内容　823
　　オ　方法　824

第4節　正当性のない団結活動・
　　　　争議行為と法的責任 ……824
1　損害賠償責任　825
　(1) 問題の所在　825
　(2) 従来の裁判例　826
　(3) 私見　826
2　不利益取扱い　827
　(1) 問題の所在　827
　(2) 不利益取扱いの可否　827
　(3) 正当性の判断基準と懲戒・解雇等が
　　　　有効となる要件　828
3　差止請求　829
4　第三者に対する不法行為責任　830

第5節　団結活動・争議行為中の
　　　　労働関係と賃金 ……830
1　就業時間中の団結活動参加労働者の
　　　　賃金請求権　831
2　労務の受領を拒否された労働者の
　　　　賃金請求権　831
　(1) リボン着用等を理由とする
　　　　労務の受領拒否　831
　(2) 怠業の通告を理由とする
　　　　労務の受領拒否　833
　(3) 争議行為終了後の労務の受領拒否　834
3　争議行為参加労働者の賃金請求権　835
　(1) 同盟罷業参加労働者の賃金請求権　835
　(2) 怠業参加労働者の賃金請求権　835
　(3) 生活保障的な賃金部分の請求権　835
　(4) 賞与　835
4　争議行為不参加労働者の
　　　　賃金・休業手当請求権　836
　(1) 賃金請求権　836
　　ア　使用者が労務を受領した場合　836
　　イ　使用者が労務の受領を拒否した場合
　　　　836
　　ウ　ピケにより就労できなかった場合
　　　　838
　　エ　まとめ　838
　(2) 休業手当請求権　838

第6節　使用者の対抗行為 ……839
1　争議行為中の操業・操業確保措置　839
2　ロックアウト　840
　(1) 問題の所在　840
　(2) 判例法理—争議行為としての
　　　　正当性と相当性　840
　(3) 私見—休業としての正当性と相当性
　　　　842

( 29 )

第25章　労働協約　　　　　　　　　　843

第1節　労働協約の定義・
　　　　意義・機能・法的性質　　　843
　1　定義　843
　2　意義　843
　3　機能　844
　　(1) 雇用・労働条件保障と福利厚生の拡充
　　　　　　　　　　　　　　　　　　844
　　(2) 団結の強化のための措置の
　　　　　　　　　　　拡大・具体化　844
　　(3) 集団的労使関係ルールの具体化　844
　　(4) 労使紛争処理システムの補充　845
　　(5) 公正競争の実現　845
　4　法的性質　845
　　(1) 債務的効力と規範的効力　845
　　(2) 規範的効力の意義　845
　　(3) 規範的効力の法的根拠　846

第2節　労働協約の成立要件と期間　　847
　1　当事者　847
　　(1) 「労働組合と使用者又はその団体」847
　　　ア　「労働組合」　847
　　　イ　「使用者又はその団体」　848
　　　ウ　協約締結権限と手続　848
　　(2) 「労組法上の労働組合」以外の組織と
　　　　　　　　　　使用者の合意　850
　　(3) 団体交渉の当事者と労働協約の当事者
　　　　　　　　　　　　　　　　　　850
　2　内容　850
　　(1) 「労働条件その他」　850
　　(2) 労働協約締結権限の限界
　　　　　　　　　　（協約自治の限界）851
　　　ア　労働者の既得の権利・訴権の行使
　　　　　　　　　　　　　　　　　　851
　　　イ　特定の労働者の労働条件と
　　　　　　　　　　　労働契約の終了　852
　　　ウ　企業内の政治的活動の制限の可否
　　　　　　　　　　　　　　　　　　852
　　　エ　退職金・定年年齢の
　　　　　　　　　　不利益変更の可否　853
　　　オ　労働条件変更権創設の可否　853
　3　要式　854
　　(1) 書面作成と署名又は記名押印　854
　　(2) 書面性・署名又は記名押印を欠く
　　　　　　　労使合意の規範的効力　854
　　(3) 同一書面に記載されていない
　　　　　　　労使合意の規範的効力　855
　　(4) 規範的効力を否定される
　　　　　　　労使合意の法的効力　855
　4　労働協約の有効期間　856

第3節　労働協約の法的効力と法的救済　856
　1　規範的部分と債務的部分　857
　　(1) 規範的部分　857
　　(2) 債務的部分　858
　2　債務的効力　858

　3　規範的効力　859
　　(1) 労組法16条の定め　859
　　(2) 規範的効力の内容　859
　　　ア　論点－設定しうる「基準」の内容
　　　　　　　　　　　　　　　　　　859
　　　イ　協約当事者による選択
　　　　　　　　－労使自治・協約自治　860
　　　ウ　設定される基準と法的効力　861
　　(3) 規範的効力の肯否　861
　　　ア　論点　861
　　　イ　強行法規・公序違反　861
　　　ウ　労働組合の目的の逸脱　862
　　(4) 労働協約の定めと労働契約の関係　862
　　　ア　論点－外部規律説と内容化体説　862
　　　イ　外部規律説と契約の合理的解釈　862
　4　規範的効力の及ぶ労働契約の範囲　863
　　(1) 問題の所在　863
　　(2) 協約当事者である使用者等と
　　　　　協約当事者組合員の労働契約　864
　　(3) 協約締結後加入した使用者・組合員の
　　　　　　　　　　　　　　労働契約　864
　　(4) 組合員資格を喪失した労働者の
　　　　　　　　　　　　　　労働契約　864
　　(5) 協約当事者以外の使用者・協約締結組
　　　　合員以外の労働者の労働契約　865
　　(6) まとめ　866
　5　求めうる法的救済　866
　　(1) 規範的部分についての違反　866
　　　ア　規範的効力に基づく救済　866
　　　イ　債務的効力に基づく救済　866
　　(2) 債務的部分についての違反　867

第4節　労働協約の拡張適用制度　　　　867
　第1款　工場事業場単位の拡張適用制度　868
　1　制度の趣旨・目的　868
　2　拡張適用の要件　869
　　(1) 「一の工場事業場」　869
　　(2) 「常時使用される」　870
　　(3) 「同種の労働者」　870
　　　ア　協約の適用対象労働者　870
　　　イ　問題の所在　871
　　　ウ　「使用者の利益代表者」と
　　　　　　　組合加入資格を有しない労働者　871
　　　エ　別組合員　872
　　(4) 「四分の三以上の数の労働者」が
　　　　　　　「一の労働協約の適用を受ける
　　　　　　　　　　　　　に至ったとき」　873
　　(5) 存続要件　874
　3　拡張適用の対象事項　874
　　(1) 規範的部分　874
　　(2) 協議・同意条項　874
　4　拡張適用の規範的効力の及ぶ
　　　　　　　　　　　　　　労働契約　875
　　(1) 問題の所在　875
　　(2) 組合加入資格を有しない者　875
　　(3) 別組合員　875
　　(4) 適用対象を組合員に限定することの
　　　　　　　　　　　　　　　可否　877

(5) まとめ　879
　5　拡張適用の法的効力　880
　　(1) 債務的効力　880
　　(2) 規範的効力　880
　　　ア　問題の所在　880
　　　イ　結論　880
　　　ウ　拡張適用制度の意義　881
　　　エ　拡張適用対象労働者の限定　881
　　　オ　拡張適用事項と効力を
　　　　　　　限定することの問題点　882
　　　カ　例外　882
　6　拡張適用の終了と権利義務関係　883
　　(1) 拡張適用の終了事由　883
　　(2) 拡張適用終了後の権利義務関係　883
第2款　地域的拡張適用制度　884
　1　制度の趣旨・目的　884
　2　拡張適用の要件　884
　　(1) 実質的要件　884
　　(2) 形式的要件　885
　3　拡張適用の期間　885
　4　拡張適用の対象事項　885
　5　拡張適用の法的効力　886
　6　拡張適用の効力(最低基準効)の及ぶ範囲
　　　　　　　　　　　　　　　　　886
　　(1) 労働者　886
　　(2) 使用者　888

第5節　労働協約による労働契約内容の変更
　　　　　　　　　　　　　　　…………888
第1款　組合員の労働契約内容の変更　888
　1　問題の所在　888
　2　組合員である労働者にとって
　　　　　　　有利な労働条件変更　889
　　(1) 最低基準として設定されている場合
　　　　　　　　　　　　　　　　　889
　　(2) 統一的基準として設定されている場合
　　　　　　　　　　　　　　　　　889
　3　組合員である労働者にとって
　　　　　　　不利な労働条件変更　889
　　(1) 最低基準として設定されている場合
　　　　　　　　　　　　　　　　　889
　　(2) 統一的基準として設定されている場合
　　　　　　　　　　　　　　　　　889
　　　ア　原則－労使自治・協約自治の必要性
　　　　　　　　　　　　　　　　　890
　　　イ　例外－労働組合の目的を逸脱して
　　　　　　　　　　締結された場合　891
　　　ウ　証明責任　891
第2款　工場事業場単位の拡張適用による
　　　　　　　労働契約内容の変更　891
　1　問題の所在　891
　2　未組織労働者にとって
　　　　　　　有利な労働条件変更　892
　　(1) 最低基準として設定されている場合
　　　　　　　　　　　　　　　　　892
　　(2) 統一的基準として設定されている場合
　　　　　　　　　　　　　　　　　892
　3　未組織労働者にとって
　　　　　　　不利な労働条件変更　892

　　(1) 最低基準として設定されている場合
　　　　　　　　　　　　　　　　　892
　　(2) 統一的基準として設定されている場合
　　　　　　　　　　　　　　　　　893
　　　ア　原則－協約自治と団結権の尊重　893
　　　イ　例外－特段の事情があるとき　893
　　　ウ　証明責任　894
　　　エ　組合員の労働条件の
　　　　　　　不利益変更との関係　894
第3款　地域的拡張適用による
　　　　　　　労働契約内容の変更　894

第6節　労働協約の終了・承継と権利義務関係
　　　　　　　　　　　　　　　…………895
　1　労働協約の終了　895
　　(1) 労働協約の終了事由　895
　　(2) 一部解約の可否　896
　2　労働協約の承継　897
　3　労働協約終了後の権利義務関係　897
　　(1) 債務的部分　897
　　(2) 規範的部分　897
　　(3) 単年度の労働協約　898
　　(4) 労働協約失効後の労働契約内容の変更
　　　　　　　　　　　　　　　　　898

# 第26章　不当労働行為と法的救済　…899

第1節　概要と趣旨・目的　…………899
　1　不当労働行為　899
　2　不当労働行為の救済方法　900
　　(1) 労働委員会による
　　　　　　　不当労働行為救済制度　900
　　(2) 裁判所による救済　900
　3　不当労働行為救済制度の趣旨・目的　900

第2節　不当労働行為の三体である「使用者」
　　　　　　　　　　　　　　　…………901
第1款　労組法7条の「使用者」　902
　1　問題の所在　902
　　(1)「使用者」概念の意義　902
　　(2) 労組法7条の「使用者」概念
　　　　　　　　　－「個別類型説」　902
　2　「労組法7条2号の使用者」の判断基準
　　　　　　　　　　　　　　　　　903
　　(1) 労組法7条2号の意義　903
　　(2) 交渉事項の類型と
　　　　　　　「使用者」の判断基準　904
　　(3)「労組法7条2号の使用者」該当性　906
　3　「労組法7条2号の使用者」該当性①
　　　　　　　－労働契約上の使用者　907
　　(1) 現在の労働契約上の使用者　907
　　(2) 出向先　907
　　(3) 過去の労働契約上の使用者　907
　　(4) 将来労働契約上の使用者となる
　　　　　　　　　可能性のある者　908
　　　ア　新規採用の抽象的可能性しかない者
　　　　　　　　　　　　　　　　　908
　　　イ　過去労働契約を締結していた者　909

( 31 )

ウ　労働契約成立の現実的かつ具体的な
　　　　　　　　　　　　可能性のある者　909
　4　「労組法7条2号の使用者」該当性②
　　　　　　　　　　　　　　　　　―「派遣先」　911
　　(1)　労働関係法規上の義務に関する事項
　　　　　　　　　　　　　　　　　　　　　911
　　(2)　労働関係上の権利義務に関する事項
　　　　　　　　　　　　　　―信義則上の義務　911
　　(3)　雇用・労働条件の
　　　　　　　　　　維持改善等に関する事項　912
　　(4)　集団的労使関係ルールに関する事項
　　　　　　　　　　　　　　　　　　　　　913
　　(5)　派遣元の使用者性(団体交渉義務)
　　　　　　　　　　　　　　　　との関係　914
　5　「労組法7条2号の使用者」該当性③
　　　　　　　　　　　　　　　　　―「親会社」　915
　　(1)　労働関係上の権利義務に関する事項
　　　　　　　　　　　　　　―信義則上の義務　915
　　(2)　雇用・労働条件の
　　　　　　　　　　維持改善等に関する事項　915
　　(3)　集団的労使関係ルールに関する事項
　　　　　　　　　　　　　　　　　　　　　916
　　(4)　子会社等の使用者性(団体交渉義務)
　　　　　　　　　　　　　　　　との関係　916
　6　「労組法7条2号の使用者」該当性④
　　　　　　　　　　　　　　　　―「使用者団体」　917
　7　「労組法7条1・4号の使用者」の
　　　　　　　　　　　　　　　　判断基準　918
　8　「労組法7条3号の使用者」の判断基準
　　　　　　　　　　　　　　　　　　　　　919
　　(1)　「支配介入」と「使用者」の判断基準
　　　　　　　　　　　　　　　　　　　　　919
　　(2)　「経費援助」と「使用者」の判断基準
　　　　　　　　　　　　　　　　　　　　　919
　9　まとめ　920
第2款　使用者の行為　920
　1　「使用者」と「現実の行為者」　920
　2　「使用者の行為」か否かの判断　920

第3節　不当労働行為の成立要件　………921
第1款　不利益取扱い等　922
　1　不利益取扱い　922
　　(1)　「使用者」　923
　　(2)　不利益取扱いの理由①
　　　　　―「労働組合の組合員であること」　923
　　　ア　「労働組合」　923
　　　イ　「組合員であること」　923
　　(3)　不利益取扱いの理由②
　　　　　　―「労働組合に加入し、若しくはこれ
　　　　　　　　を結成しようとしたこと」　923
　　(4)　不利益取扱いの理由③―「労働組合の
　　　　　　　　　　正当な行為をしたこと」　924
　　　ア　「労働組合」の行為　924
　　　イ　労働組合の「行為」　924
　　　ウ　「正当な」行為　924
　　　エ　当該行為が正当でない場合　924
　　(5)　解雇その他の
　　　　　　　　　「不利益な取扱い」の内容　925
　　　ア　採用拒否　926

　　　イ　契約の更新拒否・定年後の再雇用の
　　　　　　　　拒否・契約承継拒否等　927
　　　ウ　経済的な不利益を伴わない配転等
　　　　　　　　　　　　　　　　　　　　　927
　　(6)　「故をもって」の意義　927
　　　ア　「因果関係」の存在　927
　　　イ　理由の競合　928
　　　ウ　第三者の強要　929
　　(7)　査定差別と主張・立証　930
　　　ア　全体の査定差別　930
　　　イ　小規模・部分的査定差別　931
　2　黄犬契約　932
　　(1)　「使用者」　932
　　(2)　内容　932
　　(3)　労組7条1項但書により許容される場合
　　　　　　　　　　　　　　　　　　　　　932
　3　報復的不利益取扱い　933
第2款　団体交渉拒否　933
　1　「労働者の代表者」　933
　2　「使用者」　934
　3　「団体交渉をすることを
　　　　　正当な理由がなくて拒むこと」　934
　　(1)　「団体交渉をすることを拒むこと」　934
　　(2)　「正当な理由」　934
第3款　支配介入・経費援助　935
　1　支配介入　935
　　(1)　「使用者」　935
　　(2)　労働組合の結成・運営　935
　　(3)　支配・介入すること　935
　　　ア　定義と具体的態様　935
　　　イ　使用者の言論　937
　　　ウ　使用者による施設利用の不許可　938
　　　エ　解散命令・警告等　939
　　　オ　掲示物の撤去　940
　　　カ　便宜供与の中止・廃止　940
　　　キ　会社解散・企業再編と解雇　941
　　　ク　争議行為不参加労働者への
　　　　　　　　　　　　　特別手当の支払　941
　　(4)　因果関係、団結権侵害の
　　　　　　　　　　　意思・意図等の要否　942
　2　経費援助　943
　　(1)　「労働組合」　944
　　(2)　「使用者」　944
　　(3)　許容される経費援助　944
　　(4)　団結権侵害の意思・意図等の要否　944
第4款　複数組合間差別　944
　1　査定差別、昇格・昇給差別等　945
　2　便宜供与差別　945
　3　団体交渉における説明・協議　946
　4　併存組合との団体交渉を操作しての
　　　　　　　　　　　　不利益な取扱い　947
　5　別組合との労働協約の適用　949

第4節　不当労働行為の法的救済　………949
第1款　労働委員会による
　　　　　　　　　不当労働行為救済制度　949
　1　初審における申立人　949
　　(1)　不利益取扱い　950
　　(2)　黄犬契約　950

(3)　団体交渉拒否　950
　　　(4)　支配介入　951
　　　(5)　経費援助　951
　　　(6)　報復的不利益取扱い　951
　　　(7)　組合員が組合資格を喪失した場合　951
　　2　初審における被申立人　952
　　3　審査・救済機関－労働委員会　953
　　4　救済手続の枠組み　953
　　　(1)　概要　953
　　　(2)　初審－都道府県労働委員会　954
　　　(3)　再審査－中央労働委員会　955
　　　(4)　労働委員会の命令に対する司法審査(行政訴訟)　955
　　　　ア　事情の変更と命令の適法性　955
　　　　イ　事情の変更と命令の拘束力　955
　　　　ウ　緊急命令　956
　　5　救済命令の発出・内容と適法性　957
　　　(1)　救済命令の発出　957
　　　(2)　救済命令の内容　957
　　　　ア　救済の対象　957
　　　　イ　救済の内容　957
　　　(3)　救済命令の適法性　958
　　　(4)　バックペイと中間収入の控除　959
　　　(5)　再査定・直接是正命令　960
　　　(6)　組合費の組合への交付命令　961
　　　(7)　不作為命令　962
　　　(8)　ポスト・ノーティス　962
　　　(9)　条件付救済命令　963
　　　(10)　損害補償命令　963
　　　(11)　過小救済　963
　第2款　裁判所による救済　964
　　1　救済を求めうる者(原告)　964
　　2　相手方(被告)　964
　　3　労組法7条1・4号又は3号に該当する行為　964
　　4　労組法7条2号に該当する行為　965
　　5　労働委員会による救済との相違　966

## 総括表　要件と効果

表1　解雇が有効となる要件と判断基準(労働契約終了の肯否)　970
表2　期間の定めのある労働契約の契約更新拒否の効力(労働契約終了の肯否)　972
表3　試用期間中・試用期間満了時の本採用拒否の効力(労働契約終了の肯否)　973
表4　労働契約内容の個別的な変更が有効となる要件と判断基準①－配転・出向　974
表5　労働契約内容の個別的な変更が有効となる要件と判断基準②－降職・降格・降給　976
表6　労働契約内容の個別的な変更が有効となる要件と判断基準③－労働義務のある時間の変更　977
表7　休職・休業の場合の賃金請求権・休業手当請求権　978
表8　就業規則が設定・変更される(最低基準が設定・変更される)要件　980
表9　就業規則が労働契約の内容を設定・変更する要件　980
表10　懲戒処分が有効となる要件　982
表11　労働協約が労働契約の内容を設定・変更する要件(地域的拡張適用を除く)　983
表12　労働基本権の内容と労働者・団結体の行為の正当性　984
表13　統制処分が有効となる要件　985

# 凡　例　・　参考文献

1　法令名
　　　　　　＊　法令名は、現行の法令名であり、改題前の旧法令名は記載略
　　　　　　＊　〈〉内の太字は、当該法令の略語
(1)　「個別的労働関係法」の領域の法令
　① 労働基準法(昭22法49)〈**労基法**〉
　　　　労働基準法施行規則(昭22厚令23)〈**労基則**〉
　　　　女性労働基準規則(昭61労令3)〈**女性則**〉
　　　　年少者労働基準規則(昭29労令13)〈**年少則**〉
　　　　事業附属寄宿舎規程(昭22労令7)
　　　　建設業附属寄宿舎規程(昭42労令27)
　② 労働契約法(平19法128)〈**労契法**〉
　　　大学の教員等の任期に関する法律(平9法82)
　　　研究開発システムの改革の推進等による研究開発能力の強化
　　　　　　　及び研究開発等の効率的推進等に関する法律(平20法63)
　　　専門的知識等を有する有期雇用労働者等に関する特別措置法(平26法137)
　③ 雇用の分野における男女の均等な機会
　　　　　及び待遇の確保等に関する法律(昭47法113)〈**均等法**〉
　　　　　雇用の分野における男女の均等な機会
　　　　　　　　及び待遇の確保等に関する法律施行規則(昭61労令2)〈**均等則**〉
　④ 障害者の雇用の促進等に関する法律(昭35法123)〈**障雇法**〉
　⑤ 高年齢者等の雇用の安定等に関する法律(昭46法68)〈**高年法**〉
　④ 最低賃金法(昭34法137)〈**最賃法**〉
　　　　最低賃金法施行規則(昭34労令16)〈**最賃則**〉
　⑤ 賃金の支払の確保等に関する法律(昭51法34)〈**賃確法**〉
　　　　賃金の支払の確保等に関する法律施行令(昭51政令169)〈**賃確令**〉
　　　　賃金の支払の確保等に関する法律施行規則(昭51労令26)〈**賃確則**〉
　⑥ 家内労働法(昭45法60)〈**家労法**〉
　　　　家内労働法施行規則(昭45労令23)〈**家労則**〉
　⑦ 労働安全衛生法(昭47法57)〈**安衛法**〉
　　　　労働安全衛生法施行令(昭47政令318)〈**安衛令**〉
　　　　労働安全衛生規則(昭47労令32)〈**安衛則**〉
　⑧ じん肺法(昭35法30)
　⑨ 育児休業、介護休業等育児又は家族介護を行う労働者の
　　　　　　福祉に関する法律(平3法76)〈**育介法**〉
　　　　育児休業、介護休業等育児又は家族介護を行う労働者の
　　　　　　　福祉に関する法律施行規則(平3労令25)〈**育介則**〉
　⑩ 労働者災害補償保険法(昭22法50)〈**労災保険法**〉
　　　　労働者災害補償保険法施行令(昭52政令33)〈**労災保険令**〉
　　　　労働者災害補償保険法施行規則(昭30労令22)〈**労災保険則**〉
　　　労働保険の保険料の徴収等に関する法律(昭44法84)〈**徴収法**〉
　　　　労働保険の保険料の徴収等に関する法律施行規則(昭47労令8)〈**徴収則**〉
　　　失業保険法及び労働者災害補償保険法の一部を改正する法律
　　　　　　及び労働保険の保険料の徴収等に関する法律の施行に伴う
　　　　　　　　関係政令の整備等に関する政令(昭47政令47)〈**関係政令整備令**〉
　⑪ 会社分割に伴う労働契約の承継等に関する法律(平12法103)〈**承継法**〉
　　　　会社分割に伴う労働契約の承継等に関する法律施行規則(平12労令48)〈**承継則**〉
　⑫ 短時間労働者の雇用管理の改善等に関する法律(平5法76)〈**パート法**〉
　　　　短時間労働者の雇用管理の改善等に関する法律施行規則(平5労令34)〈**パート則**〉
　⑬ 労働者派遣事業の適正な運営の確保
　　　　　　及び派遣労働者の保護等に関する法律(昭60法88)〈**派遣法**〉
　　　　労働者派遣事業の適正な運営の確保
　　　　　　　及び派遣労働者の保護等に関する法律施行令(昭61政令95)〈**派遣令**〉

　　　　　　労働者派遣事業の適正な運営の確保
　　　　　　及び派遣労働者の保護等に関する法律施行規則(昭61労令20)<**派遣則**>
　　⑭　個別労働関係紛争の解決の促進に関する法律(平13法112)<**個別紛争法**>
　　　　　個別労働関係紛争の解決の促進に関する法律施行規則(平13厚労令191)
　　　　　　　　　　　　　　　　　　　　　　　　　　　　　　　　　　<**個別紛争則**>
　　⑮　労働審判法(平16法45)<**労審法**>
　　　　　労働審判規則(平16最裁規2)<**労審則**>
　　⑯　船員法(昭22法100)
　　　　　船員保険法(昭14法73)
(2)　「集団的労使関係法」の領域の法令
　　①　労働組合法(昭24法174)<**労組法**>
　　　　　労働委員会規則(昭24中労委規1)<**労委則**>
　　②　労働関係調整法(昭21法25)<**労調法**>
　　③　電気事業及び石炭鉱業における争議行為の方法の規制に関する法律(昭28法171)
　　　　　　　　　　　　　　　　　　　　　　　　　　　　　　　<**スト規制法**>
(3)　「雇用保障法」の領域の法令((1)で記載したもの以外)
　　①　雇用対策法(昭41法132)<**雇対法**>
　　②　職業安定法(昭22法141)<**職安法**>
　　　　　職業安定法施行規則(昭22労令12)<**職安則**>
　　③　雇用保険法(昭49法116)<**雇保法**>
　　④　職業能力開発促進法(昭44法64)<**能開法**>
　　⑤　青少年の雇用の促進等に関する法律(昭45法98)<**青少年法**>
　　⑥　職業訓練の実施等による特定求職者の就職の支援に関する法律(平23法47)
　　　　　　　　　　　　　　　　　　　　　　　　　　　　　<**求職者支援法**>
　　⑦　船員職業安定法(昭23法130)<**船員職安法**>
(4)　公務員・公企業等関係
　　①　国家公務員法(昭22法120)<**国公法**>
　　　　　国家公務員災害補償法(昭26法191)<**国公災法**>
　　②　独立行政法人通則法(平11法103)
　　　　　行政執行法人の労働関係に関する法律(昭23法257)<**行労法**>
　　③　地方公務員法(昭25法261)<**地公法**>
　　　　　地方公務員災害補償法(昭42法121)<**地公災法**>
　　　　　地方公営企業法(昭27法292)
　　　　　地方公営企業等の労働関係に関する法律(昭27法289)<**地公労法**>
　　　　　地方独立行政法人法(平15法118)
(5)　社会保障関係、その他
　　①　健康保険法(大11法70)<**健保法**>
　　②　厚生年金保険法(昭29法115)<**厚年法**>
　　③　勤労者財産形成促進法(昭46法92)<**財形法**>
　　④　次世代育成支援対策推進法(平15法120)
　　⑤　過労死等防止対策推進法(平26法100)
　　⑥　女性の職業生活における活躍の推進に関する法律(平27法64)

2　判決・決定・命令等
　(1)　裁判所名・労働委員会名
　　　　最大　　　　最高裁判所大法廷
　　　　最二小　　　最高裁判所第二小法廷
　　　　仙台高　　　仙台高等裁判所
　　　　東京地　　　東京地方裁判所
　　　　大阪地堺支　大阪地方裁判所堺支部
　　　　中労委　　　中央労働委員会
　　　　神奈川労委　神奈川県地方労働委員会(2004<平成16>年12月31日まで)
　　　　　　　　　　神奈川県労働委員会(2005<平成17>年1月1日以降)

(2) 出典
　　＊原則として、次の①から⑬までの番号の小さいものを優先して、2誌まで掲載
　①　民集　　　　最高裁判所民事判例集
　②　刑集　　　　最高裁判所刑事判例集
　③　集民　　　　最高裁判所裁判集民事
　④　労民　　　　労働関係民事裁判集
　⑤　労判　　　　労働判例
　⑥　判時　　　　判例時報
　⑦　判タ　　　　判例タイムズ
　⑧　－　　　　　中央労働時報
　⑨　－　　　　　別冊中央労働時報
　⑩　裁判所DB　　裁判例情報データベース
　　　　　　　　　　（http://www.courts.go.jp/app/hannrei_jp/search1）
　⑪　中労委DB　　労働委員会関係　命令・裁判例データベース（http://web.churoi.go.jp/）
　⑫　労旬　　　　労働法律旬報
　⑬　労経速　　　労働経済判例速報
　⑭　LLIDB　　　ＬＬＩ判例秘書データベース

3　省令・告示・通達
　(1) 省令（国家行政組織法12条1項）
　　　厚令　　　　厚生省令
　　　労令　　　　労働省令
　　　厚労令　　　厚生労働省令
　(2) 告示（国家行政組織法14条1項）
　　　労告　　　　労働大臣告示
　　　厚労告　　　厚生労働大臣告示
　(3) 通達
　　　発基　　　　事務次官発各都道府県労働局長宛通達（労働基準局関係）
　　　基発　　　　労働基準局長発各都道府県労働局長宛通達（法令解釈基準等）
　　　基収　　　　労働基準局長発各都道府県労働局長宛通達（疑義への回答等）

4　参考文献
　(1) 教科書等
　　荒木・労働法(2016)
　　　　荒木尚志『労働法［第3版］』有斐閣(2016)
　　荒木＝菅野＝山川・労契法(2014)
　　　　荒木尚志＝菅野和夫＝山川隆一『詳説労働契約法［第2版］』弘文堂(2014)
　　有泉・労基法(1963)
　　　　有泉亨『労働基準法』有斐閣・法律学全集47(1963)
　　石井・要説(1971)
　　　　石井照久『要説労働法』弘文堂(1971)
　　石井・新版(1973)
　　　　石井照久『新版労働法［第3版］』弘文堂(1973)
　　石井・総論(増補版)(1979)
　　　　石井照久(萩沢清彦増補)『労働法総論(増補版)』有斐閣・法律学全集(1979)
　　石川・労組法(1978)
　　　　石川吉右衛門『労働組合法』有斐閣・法律学全集46(1978)
　　片岡＝大沼・団体法(1991)
　　　　片岡昇＝大沼邦博『労働団体法　上巻』青林書院・現代法律学全集29(1991)
　　片岡(村中補訂)・労働法(1)(2007)／労働法(2)(2009)
　　　　片岡昇(村中孝史補訂)『労働法(1)［第4版］・(2)［第5版］』有斐閣(2007・2009)
　　四宮＝能見・民法総則(2010)
　　　　四宮和夫＝能見善久『民法総則［第8版］』弘文堂(2010)
　　菅野・労働法(2017)
　　　　菅野和夫『労働法［第11版補正版］』弘文堂(2017)

**角田=西谷=菊池・団体法(1985)**
　　角田邦重=西谷敏=菊池高志『労働法講義2　労働団体法』有斐閣(1985)
**土田・契約法(2016)**
　　土田道夫『労働契約法〔第2版〕』有斐閣(2016)
**土田・概説(2014)**
　　土田道夫『労働法概説〔第3版〕』弘文堂(2014)
**中窪=野田・世界(2017)**
　　中窪裕也=野田進『労働法の世界[第12版]』有斐閣(2017)
**西谷・労組法(2012)**
　　西谷敏『労働組合法〔第3版〕』有斐閣(2012)
**西谷・労働法(2013)**
　　西谷敏『労働法〔第2版〕』日本評論社(2013)
**沼田・要説(1975)**
　　沼田稲次郎『労働法要説　改訂版』法律文化社(1975)
**林・労働法(2014)**
　　林弘子『労働法〔第2版〕』法律文化社(2014)
**外尾・団体法(1975)**
　　外尾健一『労働団体法』筑摩書房(1975)
**水町・労働法(2016)**
　　水町勇一郎『労働法〔第6版〕』有斐閣(2016)
**三井・労働法Ⅰ(2012)／労働法Ⅲ(2014)**
　　三井正信『基本労働法Ⅰ・Ⅲ』成文堂(2012・2014)
**盛・労使関係法(2000)**
　　盛誠吾『労働法総論・労使関係法』新世社(2000)
**山川・雇用関係法(2008)**
　　山川隆一『雇用関係法〔第4版〕』新世社(2008)
**山川・紛争処理法(2012)**
　　山川隆一『労働紛争処理法』有斐閣(2012)
**山口・労組法(1996)**
　　山口浩一郎『労働組合法〔第2版〕』有斐閣(1996)
**吉田=名古=根本・労働法Ⅰ(2012)／労働法Ⅱ(2013)**
　　吉田美喜夫=名古道功=根本到編『労働法Ⅰ・Ⅱ〔第2版〕』法律文化社(2012・2013)
**我妻・民法総則(1965)**
　　我妻榮『新訂民法総則(民法講義Ⅰ)』岩波書店(1965)
**渡辺・労働法(上)(2009)／労働法(下)(2011)**
　　渡辺章『労働法講義(上)(下)』信山社(2009・2011)

(2) 注釈・コンメンタール
**青木=片岡編・労基法Ⅰ(1994)／労基法Ⅱ(1994)**
　　青木宗也=片岡曻編『労働基準法Ⅰ・Ⅱ』青林書院　注解法律学全集44・45(1994)
**吾妻編・註解労基法(1960)**
　　吾妻光俊編『註解労働基準法』青林書院(1960)
**石井他・註解労基法Ⅰ(1964)**
　　石井照久=団藤重光=間宮重一郎=井手成三=萩沢清彦『註解労働基準法Ⅰ』勁草書房(1964)
**注釈労基法(上)(2003)／注釈労基法(下)(2003)**
　　東京大学労働法研究会『注釈労働基準法(上)(下)』有斐閣(2003)
**労基法・労契法コンメ(2012)**
　　西谷敏・野田進・和田肇編『労働基準法・労働契約法』日本評論社　新基本法コンメンタール(2012)
**註釈労組法(1949)**
　　東京大学労働法研究会『註釈労働組合法』有斐閣(1949)
**菊池=林・労組法コンメ(1954)**
　　菊池勇夫=林　『労働組合法』日本評論新社　法律学体系コンメンタール篇20Ⅰ(1954)

**吾妻編・註解労組法(1959)**
　　吾妻光俊編『註解労働組合法』青林書院(1959)
**吾妻・労組法(1966)**
　　吾妻光俊『註解　労働組合法』青林書院新社(1966)
**吾妻編・条解労組法(1971)**
　　吾妻光俊編『条解労働組合法［改訂版］』弘文堂(1971)
**注釈労組法(上)(1980)／注釈労組法(下)(1982)**
　　東京大学労働法研究会『注釈労働組合法(上)(下)』有斐閣(1980・1982)
**労組法コンメ(2011)**
　　西谷敏・道幸哲也・中窪裕也編『労働組合法』日本評論社　新基本法コンメンタール(2011)
**注釈民法(1)～(28)(1988～)**
　　谷口ほか編『新版注釈民法(1)～(28)』有斐閣(1988～)

**厚労省労基法コンメ(上)(2011)／厚労省労基法コンメ(下)(2011)**
　　厚生労働省労働基準局編『労働基準法(上)［平成22年版］』労務行政　労働法コンメ③(2011)／『労働基準法(上)［平成22年版］』労務行政　労働法コンメ③(2011)
**賀来労組法詳解(1949)**
　　労働省労政局長賀来才二郎『改正労働組合法の詳解』中央労働学園(1949)
**労働省労組法・労調法コンメ(1964)**
　　労働省労働法規課編著『労働組合法・労働関係調整法［改訂版］』労務行政研究所　コンメンタール１(1964)
**厚労省労組法・労調法コンメ(2006)**
　　厚生労働省労政担当参事官室編『労働組合法・労働関係調整法[5訂新版]』労務行政　労働法コンメンタール①(2006)
**厚労省労組法・労調法コンメ(2015)**
　　厚生労働省労政担当参事官室編『労働組合法・労働関係調整法[6訂新版]』労務行政　労働法コンメンタール①(2006)
**厚労省労基法解釈総覧(2011)**
　　厚生労働省労働基準局編『労働基準法解釈総覧［改訂14版］』労働調査会(2011)
**厚労省労基法解釈総覧(2014)**
　　厚生労働省労働基準局編『労働基準法解釈総覧［改訂15版］』労働調査会(2014)
**労災保険法解釈総覧(2013)**
　　『労災保険法解釈総覧［改訂8版］』労務行政(2013)
**厚労省労使関係法解釈総覧(2005)**
　　厚生労働省労政担当参事官室監修『新訂　労使関係法解釈総覧』労働法令(2005)

**(3)　講座**
**講座(1)～(7)**
　　日本労働法学会編『労働法講座(1)～(7)』有斐閣(1956～1959)
**大系(1)～(5)**
　　石井照久＝有泉亨編『労働法大系(1)～(5)』有斐閣(1963)
**新講座(1)～(8)**
　　日本労働法学会編『新労働法講座(1)～(8)』有斐閣(1966～1967)
**現代講座(1)～(15)**
　　日本労働法学会編『現代労働法講座(1)～(15)』総合労働研究所(1980～1985)
**21世紀(1)～(8)**
　　日本労働法学会編『講座21世紀の労働法(1)～(8)』有斐閣(2000)
**再生(1)～(6)**
　　日本労働法学会編『講座労働法の再生(1)～(6)』日本評論社(2017)

**(4)　筆者の論文・著書(共著を含む)**
**川口・過半数代表(1992)**
　　川口美貴「『過半数代表』性の性格・機能」労働法学会誌79号(1992)48-92頁

川口・雇用保障義務(2000)
　　川口美貴「雇用構造の変容と雇用保障義務」日本労働法学会編『講座21世紀の労働法(4)』有斐閣(2000)232-253頁
川口・経営上の理由による解雇(2001)
　　川口美貴「経営上の理由による解雇規制法理の再構成」労働法学会誌98号(2001)29-45頁
川口=古川・労働条件変更(2003)
　　川口美貴・古川景一「労働条件変更法理の再構成」労働法学会誌102号(2003)70-98頁
川口＝古川・労働契約終了(2004)
　　川口美貴・古川景一「労働契約終了法理の再構成」季刊労働法204号(2004)34-75頁
川口＝古川・懲戒(2004)
　　川口美貴・古川景一「懲戒法理の再構成」季刊労働法206号(2004)146-185頁
川口・派遣先(2008)
　　川口美貴「派遣先に対する地位確認と損害賠償請求」季刊労働者の権利273号(2008)54-69頁
川口=古川・就業規則(2009)
　　川口美貴・古川景一「就業規則法理の再構成」季刊労働法226号(2009)158-172頁
古川＝川口・労働協約(2011)
　　古川景一＝川口美貴『労働協約と地域的拡張適用－ＵＩゼンセン同盟の実践と理論的考察』信山社(2011)
川口＝古川・民法改正と労働法(2011)
　　川口美貴＝古川景一「民法(債権関係)改正と労働法学の課題」季刊労働法232号(2011)149-161頁
川口・労働者概念(2012)
　　川口美貴『労働者概念の再構成』関西大学出版部(2012)
川口・解雇(2012)
　　川口美貴「解雇規制と経営上の理由による解雇」野田他編『解雇と退職の法務』商事法務(2012)221-242頁
川口・変更解約告知(2012)
　　川口美貴「解雇・更新拒否と変更解約告知」野田他編『解雇と退職の法務』商事法務(2012)243-256頁
川口・労働条件決定法理(2013)
　　川口美貴「労働条件決定法理の再構成－労働協約・就業規則・労働契約の意義と機能」根本他編『労働法と現代法の理論(上)』日本評論社(2013)125-151頁
川口=古川・民法改正と労働法(2013)
　　川口美貴＝古川景一「民法改正・中間試案の問題点と課題－労働法学の視点から」法律時報85巻9号(2013)75-82頁
川口・産業別労使交渉(2014)
　　川口美貴「日本における産業別労使交渉と労使合意」日本労働研究雑誌652号(2014)50-61頁。
川口・使用者概念(2015)
　　川口美貴「労組法7条の『使用者』概念の再構成」山田他編『毛塚勝利先生古稀記念論文集』信山社(2015)275-301頁
川口・権利義務(2017)
　　川口美貴「労働契約上の権利・義務－人権保障を内包した雇用・労働条件保障」日本労働法学会編『講座労働法の再生(2)　労働契約の理論』日本評論社(2017)157-178頁
川口・使用者と派遣先・親会社(2017)
　　川口美貴「労組法7条2号の『使用者』と派遣先・親会社」労働法学会誌130号(2017)60-73頁
川口・企業グループ(2018)
　　川口美貴「企業グループと不当労働行為救済法理－『親会社』と使用者性」労働法律旬報1905号(2018)7-20頁
川口・合意(2018)
　　川口美貴「労働契約終了と『合意』」労働法学会誌131号(2018)掲載予定

# 第1部　総論

第1章　労働法の目的と対象
第2章　労働法の形成と発展
第3章　労働法の位置づけと体系
第4章　労働法の主体
第5章　権利義務関係の決定システムと法源

# 第1章　労働法の目的と対象

## 1　労働法の目的
　　−労働力以外の商品を有していない人間の労働権保障

　労働法は、労働力以外の商品を有していない人間を中核的対象とし、その生存権(憲25条)保障を、労働権保障(人権保障を内包する雇用・労働条件の保障)という観点から実現することを目的とする「法分野」である(「労働法」という名称の法律はない)。

　独立した事業に必要な施設、工場、機械等(一般に生産手段といわれる)を有さず、労働力以外の商品を持たない人間は、第一に、労働力以外の商品を持たないが故に、自分の労働力を売って他人の下で働く以外に生活することができない。換言すれば、自ら他人に有償で労務を供給することによってしか生活することができない(他人の下での労働の必要性)。

　第二に、労働力は、その所有者である人間から切り離すことができないので、労働力商品の取引において、労働力の売手の基本的人権を保障しその生活との調和を図る必要がある。換言すれば、自ら他人に有償で労務を供給する者については、労働力商品の所有者である労務供給者の身体、生命、健康、自由、プライバシー、人格権、幸福追求権その他憲法で保障されている権利の尊重、及び、平等原則を内包した、雇用・労働条件を保障することが必要となる(労働力商品の特殊性①：人権保障を内包した雇用・労働条件保障の必要性)。

　第三に、労働力は、商品としてストックすることができず一般に供給過剰であるので、労働力の売手は労働力の交換過程において労働力の買手と実質的に対等に交渉することができない。換言すれば、自ら他人に有償で労務を供給する者は、労務の供給を受ける者と労務供給契約の内容について実質的に対等に交渉できない立場にある(労働力商品の特殊性②：交渉における非対等性)。そのため、自ら他人に有償で労務を供給する者は、労務の供給を受ける者と契約自由の原則(相手方選択の自由、契約内容の自由、期間の定めのない契約については一方当事者からの解除の自由)に基づいて個別に交渉したのでは、基本的人権の保障を内包する、人間らしい雇用・労働条件が保障されない。

　したがって、労働法は、労働力以外の商品を持たない人間を中核的対象として、基本的人権保障を内包した雇用・労働条件保障を行うことを目的とする。

本書では、「人権保障を内包した雇用・労働条件の保障」を、「労働権保障」と定義する。

契約相手方と対等に交渉できない立場にあるという「交渉における非対等性」は、零細企業と大企業との間の取引関係等、広く見られるところであるが、労働法は、特に労働力以外の商品を持たない「自然人」の労働力取引関係を対象とし、他人の下での労働の必要性、並びに、労働力商品の特殊性（①所有者である人間から切り離すことができないこと、及び、②労務の供給を受ける者と実質的に対等に交渉できないこと）に配慮して、その生存権保障を労働権保障を通じて実現するものである。

## 2　労働権保障の対象
### －自ら他人に有償で労務を供給する自然人

労働力以外の商品を持たない人間を中核的対象とし、その労働権を保障するという労働法の目的（→前記1）に鑑みれば、労働法が労働権保障の対象とする者は、第一次的には、「自ら他人に有償で労務を供給することにより生活する者（失業者も含む）」である。

しかし、労働権保障の対象は、労働力以外の商品を持たないか否か、また、自ら他人に有償で労務を供給することによってしか生活することができないか否かにかかわらず、原則として、労働市場に参入する人間全て、すなわち、「自ら他人に有償で労務を供給する者（自然人）」全てである。ただし、例外的に、労務の供給を受ける者と対等な立場で交渉できる者は除外される。

その理由は次の(1)～(7)で述べるとおりである。

(1) 雇用・労働条件保障の必要性

第一に、「自ら他人に有償で労務を供給する者」は、厳密に言えば「自ら他人に有償で労務を供給することによってしか生活することができない」とは言えなくても、すなわち、当該労務供給が主たる生計維持手段ではなくても（賃貸用不動産や株等の資産があっても、あるいは、親や配偶者の収入が主たる生計維持手段であっても）、また、別の職業活動を行っていても（兼業農家や兼業商店主であっても）、当該労務供給が生活のために必要な収入を得る手段であり、その報酬によって生活を維持あるいは補助していることが通常である。したがって、その雇用（労務供給先）と労働条件を保障することにより生存権を保障する必要がある。

(2) 人権保障を内包した雇用・労働条件保障の必要性

第二に、「自ら他人に有償で労務を供給する者」は、全て、その労働力を労

務供給者から切り離すことができない。したがって、労働関係において、その身体、生命、健康、自由、プライバシー、人格権、幸福追求権等の権利、及び、平等原則という、基本的人権が保障され、人権保障を内包した雇用・労働条件が保障されることが必要である。

 (3) 交渉の非対等性

 第三に、「自ら他人に有償で労務を供給する者」は、全て、労務を供給する場面では、労務の供給を受ける者と実質的に対等に交渉できない立場にあるので、個別に自由に交渉していたのでは人間らしい雇用・労働条件を獲得することは困難である。「資産がある者」や「配偶者や親の収入が主たる生計維持手段である者」や「兼業農家・兼業商店主」であっても、労務を供給する場面では、労務の供給を受ける者と実質的に対等に交渉できない立場にあることに変わりはない。

 また、自ら他人に有償で労務を供給する者それぞれの交渉力には差異があり、新卒者がいつもより「売手市場」であると言われるときや、一定の資格や専門技術を有する者の需要が多いときに、労働市場において賃金水準が上がったり、あるいは、労務供給者が一定の交渉力を有する場合もある。しかし、それは、労働市場における需給関係等により規定される相対的なものであって、基本的には、労務の供給を受ける者と実質的に対等に交渉できない立場である。

 (4) 公正競争の基盤の確立の必要性

 第四に、「自ら他人に有償で労務を供給することによってしか生活することができない」者も含め「自ら他人に有償で労務を供給する者」全体の労働権と生存権を保障するためには、たとえ、労働力以外に生産手段や資産を有する者であっても、労働市場に参入する者全て、すなわち、「自ら他人に有償で労務を供給する者」全てを労働法の対象とし、その雇用・労働条件を維持し、自ら他人に有償で労務を供給する者相互間と労務の供給を受ける事業者相互間の公正競争を保障しなければならない。賃金が安くてもいいという人間を放っておくと、その人に雇用を奪われ、また、自ら他人に有償で労務を供給する者の賃金水準全体が下がってしまうからである。

 (5) 小括

 以上のように、「自ら他人に有償で労務を供給する者」は、①その報酬によって生活を維持又は補助しているのが通常であり、その雇用・労働条件を保障する必要がある。また、②その労働力を自分自身から切り離すことができないが故に、人権保障を内包した雇用・労働条件保障が必要である。しかし、③労務の供給を受ける者と実質的に対等に交渉できない立場にあるので、個別に自

由に交渉していたのでは人間らしい雇用・労働条件を獲得することが困難である。そして、④その全ての者を労働法の対象としなければ、自ら他人に有償で労務を供給する者相互間と労務の供給を受ける事業者相互間の公正競争の基盤を確立し、その労働権と生存権を保障することはできない。

したがって、労働権保障の対象は、生活のために労働しなければならない必要性の有無、その労働が主たる生計維持手段か否か、別の職業活動をしているか否かを問わず、また、具体的な交渉能力を問わず、原則として、労働市場に参入する者全て、すなわち、「自ら他人に有償で労務を供給する者（自然人）」である。

ただし、「自ら他人に有償で労務を供給する者」であっても、例外的に、労務の供給を受ける者と実質的に対等に交渉できる立場にあり、公正競争の観点からも問題がない場合は、労働法の適用対象とはならない（→(6)）。

(6) 例外－「独立事業者」と「独立労働者」

自ら他人に有償で労務を供給する自然人であっても、例外的に、労務の供給を受ける者と実質的に対等に交渉できる立場にある場合は、労働法の対象とする労働者ではない。

具体的には、第一に、「独立事業者」である。すなわち、①独立した事業に必要な生産手段等を有し、当該生産手段を用いて労務を供給し（「事業者性」）、かつ、②消費者に直接労務を供給している場合、あるいは、事業者に労務を供給していても、供給する労務の内容が当該事業の内容の一部ではなく、かつ、専属的継続的な労務供給でもない場合（「独立性」）は、労務の供給を受ける者と対等に交渉できない立場にあるという「交渉の非対等性」が存在せず、公正競争の観点からも特に問題はない。それゆえ、当該労務供給契約において当該労務供給を受ける者との関係では、「独立事業者」であり、労働法の対象とする労働者ではない（例：法律事務所を経営する弁護士が顧客の一人である学校法人の訴訟業務を行う場合、会計事務所を経営する公認会計士が顧客の一人の確定申告業務を行う場合等）。

第二は、「独立労働者」である。すなわち、独立した事業に必要な生産手段を有していなくても、①労務供給の相手方が、事業者ではなく消費者であって、②当該消費者に専属的に労務を供給しているのでなければ（「独立性」）、労務の供給を受ける者と対等に交渉できない立場にあるという「交渉の非対等性」が存在しない。それゆえ、当該労務供給契約において当該労務供給を受ける消費者との関係では「独立労働者」であり、労働法の対象とする労働者ではない（例：英会話教師が生徒と直接契約して英会話のレッスンをする場合、大工が個人と直接

契約してその自宅を修理する場合等)。

　(7)　労働法の対象とする労働者

　したがって、労働法が労働権保障の対象とする者は、「自ら他人に有償で労務を供給する自然人で、労務の供給を受ける者との関係で独立事業者又は独立労働者でない者」である。これを、「労働法の対象とする労働者」と呼ぶことにする。

## 3　まとめ

　以上をまとめると、労働法は、労働者(自ら他人に有償で労務を供給する自然人で、労務の供給を受ける者との関係で独立事業者又は独立労働者でない者)を対象として、労働権保障(人権保障を内包した雇用・労働条件保障)という観点から、その生存権を実現することを目的とする法分野である。

# 第2章　労働法の形成と発展

本章では、日本の労働法の形成と発展について、①明治維新(1868年)からＩＬＯ創設(1919年)まで(→第1節)、②ＩＬＯ創設(1919年)から終戦(1945年)まで(→第2節)、③終戦(1945年)から現在まで(→第3節)の三段階に分けて検討する。

## 第1節　明治維新(1868年)からＩＬＯ創立(1919年)まで

### 1　労働法の前提となる近代的法基盤の整備

(1) 所有権制度

「地所永代売買ヲ許ス」(明5太政官布告50)は、「地所永代売買ノ儀従来禁制ノ處自今四民共売買致所持候儀被差許候事」と定めた。この布告により、「明治維新前ニアリテハ一私人ノ所有権ハ明確ニ認メラレタルコトナク明治5年2月15日(注：上記布告の公布日)ニ至リ其個人ノ所有権ヲ認メラレ自今處分ヲ許サレ」[*1]るに至った。これにより、事業者(使用者)が不動産を自由に取得し、諸設備等を設置し、労働者を使用して事業を行うことが可能となった。

(2) 契約自由の原則と合意原則

「地代店賃及奉公人雇夫等給料相対ヲ以テ取極メシム」(明5太政官布告240)は、「諸奉公人諸職人雇夫等給金雇料ノ儀是又自今雙方相對ヲ以テ取極メ候儀勝手次第タルヘシ」と定めた。これは、労務供給の対価である報酬に関して、「相対」すなわち両当事者が対等な立場で直接協議して取り決めることについて、「勝手次第」すなわち政府の不介入を宣言したものである。この太政官布告は、契約自由の原則を確認するものであり、労働契約法(平19法128)1・3条で明記された労働契約の合意原則の先駆けと位置づけることができる。

### 2　官営事業における労働法制の初期形成

(1) 官営事業における労使関係

　　ア　官吏と「雇員」「傭人」等

日本においては、近代産業の多くは、官営事業によって初期段階が形成され

---

[*1]　大審院第一民事部判大7・5・24民録24輯1010頁。

た。官営事業[*2]に従事する者は、官吏とそれ以外の者に二分される。

　官吏とは、明治以降、国家の特別の選任によって天皇及びその政府に対し忠実かつ無定量の勤務に服すべき公法上の義務を負うとされていた者であって、国庫から俸給を受ける者は親任官、勅任官、奏任官、判任官の4段階に区分され、これとは別に、国家から俸給の支給は受けないが、公の儀式で勅任官、奏任官、判任官に準ずる待遇を受ける「待遇官吏」がいた[*3]。

　この官吏とは別に、「雇員」(こいん)（主として事務労働）や「傭人(傭員)」(ようにん)(よういん)（主として肉体労働）等と呼ばれる多数の労働者が存在し、官営事業を実施する現業機関との間で労働契約を締結し民事的な契約上の義務として労務を供給していた[*4]。これらの労働者については、国との間で「公法関係」が設定されることはなかった[*5]。終戦後に日本国憲法が公布され、公務員の基本的性格は「天皇の官吏」から「全体の奉仕者」へと転換し、国家公務員法では、従前の官吏だけでなく「雇員」「傭人」等と呼ばれていた労働者も「公務員」に包摂された[*6]が、終戦後の制度変更までは、「雇員」「傭人」等と呼ばれる労働者の位置付けは、民間労働者と同じであった。

　　　イ　「使用者」と「労働者」の形成／1870(明治3)年

　官営事業を営む工部省は、1870(明3)年に創立され、省全体として損益収支の計算を行うと同時に各部門別にも損益収支計算がなされた。その中でも鉄道、電信、造船、製鉄、金銀山等は高い利益を生み出しており[*7]、国営企業コンツェルンと呼ぶべき存在であった。

　この官営事業では、各事業を実施する現業機関が使用者であり、官吏は国家から事業運営を受命して遂行する地位にある者であり、「雇員」(こいん)「傭人(傭員)」(ようにん)(よういん)

---

[*2]　金・銀・石炭等の鉱山、鉄道、電信、灯台、製鉄、ガラス製造．造船、官庁と皇居の営繕その他多くの官営事業は、1870(明3)年に創設された工部省が担った。これらの事業は順次、海軍省等の他省庁に移管されたり、民間企業に払下げがなされた。1885(明18)年に工部省が廃止される時点で残っていた鉱山関係の事務は農商務省、生野・佐渡・三池の三鉱山は大蔵省、電信灯台は逓信省、鉄道は内閣直轄に移された。
[*3]　日本公務員制度史研究会編著『官吏・公務員制度の変遷』第一法規(1989)53-54頁。例えば、警察組織で、警部補と警部は判任官、巡査と巡査部長は判任官待遇であった。
[*4]　官営鉄道を例にとると、一般的には、蒸気機関車の機関士や駅長は「判任官待遇」であり「官吏」に準ずる。蒸気機関車のボイラーに投炭する火夫(機関助手)、機関車の整備をする庫内員、駅業務を行う駅夫等は、各現業部局と労働契約を締結しており、「雇人(雇員・雇官)」「傭人(雇夫)」等と呼ばれる現業労働者であった。
[*5]　前注3『官吏・公務員制度の変遷』54頁。
[*6]　前注3『官吏・公務員制度の変遷』277頁。
[*7]　大内兵衛他編『明治前期財政経済史料集成　第17巻ノ1』(明治文献資料刊行会1964)により復刻刊行された『工部省沿革報告』大蔵省(1889)473-475頁。

等と呼ばれた者は現業機関と労働契約を締結した労働者であった。

　しかし、この「雇員」「傭人（傭員）」等の労働者が国家組織の一部である現業機関と対等交渉を行って労働条件を決定したわけではなく、日本の近代的労使関係の初期段階を形成した官営事業では、官吏が規則制定権を行使して労働条件を決定した。

　(2)　「職工規則」「服務心得」／1872(明治5)年～

　官営工場の運営を受命し労務管理を担当する官吏は、規則制定権に基づき「職工規則」「服務心得」等の諸規定を制定公布していた。これは、就業規則制度の原型ともいえよう。

　例えば、横須賀造船所（後の横須賀海軍工廠）では、造船所の「権頭（ごんのかみ）」（所長）が1872(明5)年に「職工規則」を制定し、職工は指揮に従うべきこと、及び、工場脱出者への制裁の内容等を定め、公布した[*8]。さらに、翌1873(明6)年に、横須賀造船所は「月給職工服務心得」を制定し、病気休業の場合における賃金補償（最初の100日間は賃金全額、これ以降は賃金の3分の1）、重病の場合の官費による手当、僅少の病気による欠勤の場合の減給、無断欠勤の場合の減給等を定めた[*9]。そして、海軍の工場部門（後の海軍工廠）に適用される「主船寮定　雇職工規則」（明9海軍省布達甲3）は、定雇職工（熟練技能労働者）[*10]の賃金、配置転換、有期雇用の更新、退職金等を定めた。

　また、製鉄、煉瓦製造、家具塗装等の事業を行っていた工部省赤羽工作分局では、本格的な操業開始前の1875(明8)年4月の時点で、「職工規則」を制定し、雇入時に提出させる就業人誓書・保証状等の書式を定めていた[*11]。

　そして、官営八幡製鉄所で1900(明33)年に制定された「製鐵所職工規則」は、附則以外の本則だけで115条もある膨大かつ詳細なものであった[*12]。

　(3)　労働関係法令の制定

　官営事業に従事する「雇員」「傭人（傭員）」等の労働条件に関して、基本的には、各現業機関毎に制定された「職工規則」や「服務心得」等により決定されていたが、全国的に統一的に処理する必要のある事項については、全国共通

---

[*8]　『横須賀海軍船廠史　第1巻』横須賀海軍工廠(1915)195-196頁。
[*9]　前注8『横須賀海軍船廠史　第1巻』231-234頁。なお、当該心得の適用対象は、「工技熟達若シクハ将来多望ノ者」として選抜され、月給制がとられた110人であった。
[*10]　明治11年度末(6月30日)時点での横須賀造船所の職工総数は1931人、その内の4割強の804人が定雇職工であり、これ以外に、日雇職工(961人)と定人足(166人)がいた。（前注8『横須賀海軍船廠史　第1巻』133頁）。
[*11]　前注7『工部省沿革報告』307頁。
[*12]　『製鐵所例規提要　全』製鐵所(1901年)135-150頁。

の法令が制定された。具体的には以下のとおりである。

　　　ア　災害扶助制度／1875(明治8)年

　1871(明4)年8月の時点で、新橋横浜間の鉄道工事を担当していた工部省鉄道寮で、鉄道建築に使役する「職工人足等」に関する「死傷手当内規」が定められたが、1873(明6)年7月に工部省の本省に同種の規定が置かれたことにより鉄道寮の内規は廃止されたとの記録がある[*13]。

　その後、全国全ての官営工事に共通して適用される官役人夫死傷手当規則(明8太政官達54)が制定された。これは、世界でも最も早い時期に制定された災害扶助(今日の労災補償)の規定であり、「官庁ノ諸工事ニ使役スル者」すなわち官営工事のために各事業実施機関に雇用される肉体労働者が「其職事ノタメニ死傷」したときの「傷痍(しょうい)」の程度を5段階に分け(1条)、「療養料」「扶助料」「埋葬料」を支給することを定めていた(5条)。

　同規則は、廃止制定手続により官役職工人夫扶助令(明40勅令186)となり、次に傭人扶助令(大7勅令382)となり、同令は1951(昭26)年に廃止された。

　これ以外にも、明治初期に国と労働契約を締結した技能労働者の災害扶助規定として、各庁技術巧芸ノ者就労上死傷手当規則(明12太政官達4)があり、雇員扶助令(昭3勅令109号)を経て、同令は1951(昭26)年に廃止された。

　官営事業で始まった災害扶助は、民営事業にも広がり、最初に、鉱業条例(明23法87)が鉱業人に対し鉱夫への災害扶助を義務付けた(72条→4(2)ア)。これが発展して労働基準法(昭22法49)所定の災害補償責任に至る。

　　　イ　退職金制度／1876(明治9)年頃

　「主船寮定雇職工規則」(明9海軍省布達甲3→前記(2))には、海軍の工場部門(後に海軍工廠と呼ばれる)で雇用する定雇職工の退職金制度が設けられていた(15～17条)。また、官営鉄道工場には、定雇職工であって「雇吏(こり)」の身分を与えられた「有等職工」等を対象に退職金制度が存在した[*14]。退職金制度は、輸入技術を習得し高い技能をもつ労働者が他の事業所に引き抜かれるのを防止し、事業所内に定着させるために生まれた[*15]。これらの退職金制度が作られた事業所では、職業訓練・技能者養成を専ら事業所内で行っており、職業教育訓練コストを回収するためにも、戦後に「終身雇用」と名付けられる長期雇用制度を明治初期から必要としていたと考えられる。

　この退職金制度は、民営事業にも広がった。例えば、民間海運事業者である

---

[*13]　前注7『工部省沿革報告』150頁。
[*14]　西成田豊『退職金の140年』青木書店(2009)25-26頁。
[*15]　前注14『退職金の140年』61頁。

日本郵船は、1894(明27)年に社員恩給規則を定めて、陸上勤務の社員のみならず、海上勤務の高級船員にも勤続慰労金等を支給している[*16]。日本の退職金制度は、世界にあまり類例を見ない制度であるが、その淵源は明治初期の官営事業にあり、これが民営事業にも広がっていった。

　(4)　民営化に伴う労働条件承継と民営化後の就業規則制度
　　　ア　官営事業の組織と労働条件の承継

　官営工場の払下げ又は貸付けによる民営化の時点で、官営工場の雇用と労働条件が承継された。例えば、工部省長崎工作分局の土地・工場・造船設備・機械・器具は1884(明17)年に25年分割払で三菱会社(岩崎彌太郎)に貸し付けられ、三菱長崎造船所となるが、その際に、職工(766人)だけでなく官吏も引き継がれ、官営工場時代の9時間労働制もそのまま引き継がれた[*17]。

　　　イ　民営化後の職工採用時における労働条件決定

　民営化された後の三菱長崎造船所の「定傭職工盟約書(じょうやというけいやくしょ)」には、雇用期間を3年とすること、所定労働時間(9時間)、休日、所定時間外労働の割増率(午後4時30分から午後12時まで25%、午前0時から午前7時までは50%)[*18]、会社都合による休業日における賃金の2分の1保障、就業中に工事のために負傷した場合における「負傷者取扱規則」の適用等の規定があった。そして、労働者が雇入時に三菱造船所長宛に差し入れる「定傭御請書(じょうやといおうけしょ)」には、「定傭職工盟約書」を遵守することが記載されていた[*19]。したがって、「定傭職工盟約書」は、採用時の労働条件の内容を定めて、労働者の同意により、これを労働契約の内容とする機能を有した。

　　　ウ　民営企業における就業規則制度の確立／1890(明治23)年

　三菱長崎造船所が1890(明23)年に制定した「工場規則」(1～31条)[*20]の内容は、前記の「定傭職工盟約書」に規定されていた事項以外に、残業命令、賃金計算締日、懲戒事由と懲戒内容等を詳細に規定したものであり[*21]、さらに、条文の配列方法や条文上の各文言の使用方法等の形式を見ても、今日における就業規

---

*16　日本郵船『70年史』日本郵船(1956)563頁。
*17　『長崎造船所労務史』(三菱長崎造船所職工課1930)第一編1-2頁、24-25頁、前注7『工部省沿革報告』314-315頁。
*18　前注17『長崎造船所労務史』によれば、時間外割増を設けた理由は、「労働苦痛ハ時間延長ト共ニ級数的ニ増加スル」とされている(第二編136頁)。
*19　前注17『長崎造船所労務史』第一編7-9頁。
*20　前注17『長崎造船所労務史』第一編45-55頁。
*21　前注17『長崎造船所労務史』によれば、1894(明27)年の「工場規則」改正により規則変更権の規定が追加され(第一編54-55頁)、1899(明32)年と1901(明34)年の改正により解雇と辞職の規定が追加されている(第二編21頁)。

第1節　明治維新(1868年)からＩＬＯ創立(1919年)まで

則と類似している。したがって、この時点で、三菱長崎造船所における就業規則制度は完成の域に達し、労働条件決定の役割を担った。

　　エ　就業規則制度の法制化／1890(明治23)年

　三菱長崎造船所が「工場規則」を制定したのと同じ年である1890(明23)年に、鉱山労働の分野では、就業規則制度が法制化された。すなわち、鉱業条例(明23法87号→4(2))は、鉱業権者に対し「鉱夫ノ使役規則」と「救恤規則」(労災補償規則)を制定して鉱山監督署長の認可を得ることを義務付け(64・72条)、鉱業警察規則(明25農商務省令7)は、「鉱夫使役規則」と「救恤規則」を「鉱夫ノ視易キ場所ニ掲ケ置ク」ことを義務付けた(21条)。

　その後、工場法施行令(大5勅令193)は、工業主の扶助規則作成・届出義務及び地方長官の変更命令権を定め(19条)、工場法施行規則(大5農務省令19)は、工業主に対して、就業時間、休憩及び休日に関する事項を工場内の見やすい場所に掲示すること(12条)、及び、扶助に関する事項の要点を平易に記述して職工に周知すること(13条)を義務付けた。

　さらに、工場法施行令の一部改正(大15勅令153)により、常時50人以上の職工を使用する工場の工業主に就業規則作成と届出の義務を課し(27条の4)、同時になされた工場法施行規則の一部改正(大15内務省令13)により、工業主に対し、就業規則を職工に周知し、始業終業時刻と休憩休日に関する事項を見やすい場所に掲示すべきことを義務付けた(12条)。

　これらの就業規則制度は、労働基準法(昭22法49)に承継された。

## 3　憲法、刑罰法規、一般民事法令による労働分野の規律

　明治維新から1919(大8)年の国際労働機関(ＩＬＯ)設立までの時期において、産業横断的に労働関係を規律する法令として、大日本帝国憲法、及び、太政官[22]又は司法省[23]が所管する刑罰法規と一般民事法令があった。

　(1)　結社の自由と労働組合の結成

　　ア　大日本帝国憲法の規定／1889(明治22)年

　大日本帝国憲法(1889<明22>年公布)は、その29条で「日本臣民ハ法律ノ範囲内ニ於テ言論著作印業集会及結社ノ自由ヲ有ス」と定めていた。

　旧労働組合法(昭20法51)が制定されるまでは、労働組合の組織・権限を定める法律は存在せず、これ以前に存在していた労働組合の法的根拠は大日本帝国

---

*22　政体書(明治元年)に基づく中央統治機構。1885(明18)年創設の内閣制度の前身。
*23　太政官職制(明4太政官達386)により設置。法務省及び裁判所の前身。

イ 労働組合の結成、団体交渉・労働協約／1904(明治37)年頃

労働組合が結成され、団体交渉が行われた最初の例として記録が残るのは、1904(明37)年頃の神戸の燐寸軸木同業組合と軸木職工組合との団体交渉であるとされ、また、団体交渉による合意が成立した最初の例は、1910(明43)年に欧文植字工組合が東京の秀英社、築地活版印刷等の欧文印刷工場との間で締結したクローズド・ショップ協定であるとされている[*24]。

(2) 民法・民事訴訟法による雇用全般の規律

ア 民事訴訟法による労働債権保護／1890(明治23)年

旧民事訴訟法(明23法29)は、官吏の収入と恩給、「職工、労役者又ハ雇人」の報酬について、差押の禁止又は制限を定めていた(618条)。これらの差押禁止・制限条項は民事執行法(昭54法4)の152条に引き継がれている。

イ 民法による雇用・請負・委任等の規律／1896(明治29)年

民法(明29法89)は、「雇人ノ給料」の一般先取特権について定め(306条、309条〈現308条〉)、「雇傭」(現代語化により「雇用」)に関して、定義(623条)、報酬の支払時期(624条)、使用者の権利の譲渡の制限等(625条)、期間の定めのある雇用の解除(626条)、期間の定めのない雇用の解約の申入れ(627条)、やむを得ない事由による雇用の解除(628条)、雇用の更新の推定等(629条)等を定め、また、請負、委任・準委任についても定められた。また、民法の公序良俗(90条)の規定も定められ、人身売買等を無効とする法的根拠とされた。

(3) 組合結成・組合活動と刑罰法規

ア 兇徒聚衆罪・騒擾罪／1880(明治13)年

労働運動取締のために使われた刑罰法規の主なものの一つとしては、刑法(明13太政官布告36)の兇徒聚衆罪(136〜138条)及びこれを承継した刑法(明40法45)の騒擾罪(106〜107条)がある。刑法の兇徒聚衆罪・騒擾罪は、労働運動だけでなく農民一揆や米騒動等にも適用された。

イ 治安警察法17条／1900(明治33)年

治安警察法(明33法36)は、政治結社と政治活動の規制を内容としていた集会及政社法(明23法53号、及び、明26法14)の規定を引き継いだ上で、労働運動を直接規制する目的をもつ17条を新設した。この17条は、労務の条件又は報酬に関し共同の行動をなすべき団結に加入させること(1号)、同盟罷業(ストライキ、

---

[*24] 東京区裁判所判事中村武「従業規則に関する研究」『司法研究第17号 報告集12』司法省調査課(1933)6-7頁。

2号)、労務の条件又は報酬に関し相手方の承諾を強いること(3号)のいずれかを目的として「公然誹毀」(誹謗したり、悪口を言って、名誉を言すること)した場合、又は、この2号若しくは3号を目的として他人を「誘惑」若しくは「扇動」することを禁止し、その違反を1月以上6月以下の重禁錮に処す(30条)と定めていた。この17条は、組合結成や組合活動それ自体を直ちに刑事罰の対象とするものではなく、組合結成や組合活動に関する「公然誹毀」「誘惑」「扇動」を刑事罰の対象とするものであったが、組合結成・加入や組合活動を構成要件の一部としていることから、これらを抑制する効果を有していた。

　　　ウ　運用実態

　1914(大3)年から1925(大14)年までの12年間において、労働争議参加者が検挙される際に適用された罪名毎に検挙者数をみると、刑法の騒擾罪が筆頭であり、その次が治安警察法17条違反であった[*25]。

## 4　産業分野別法令の中の労働関係条項

　明治維新から1919(大8)年の国際労働機関(ＩＬＯ)設立までの時期において、太政官、工部省、農商務省や逓信省は、産業分野別に、産業基盤整備のための法令を制定しており、その中に、労働関係条項が盛り込まれていた。

　　(1)　船員労働法制／1879(明治12)年

　　　ア　海運事業の位置付けと労働関係法令

　明治初期において、政府は、官営事業により近代産業の基盤形成を図った(→前記2)。その例外として、海運事業に関しては、官営事業によらず、政府助成の下で民間企業に事業を行わせた[*26]。このため、民営事業の中で労働関係法令の制定を最初に必要としたのは、海運事業であった。

　　　イ　船員労働法制の特徴

　船員労働に関する労働法制の特徴の一つは、今日に至るまで、退職の自由を制限し、船長の許可なく下船することを禁止し、長期人身拘束を可能としていることである。その淵源は、西洋形商船海員雇入雇止規則(明12太政官布告9)[*27]である。同規則は、「被雇者」が「雇入期限内」に「約定ヲ解ク」ことができ

---

[*25]　「自大正三年至昭和三年労働争議に伴う犯罪検挙表(警保局調査)」『労働運動年報昭和3年』内務省社会局労働部(1929)414-415頁によれば、1914年からの12年間で、騒擾罪単独が2002人、騒擾罪と他法令の併合が886人、治安警察法17条違反単独が913人、治安警察法17条違反と他法令の併合が218人、騒擾罪と治安警察法17条違反の併合が34人。

[*26]　三菱財閥が資本蓄積をなした起源となる事業は、海運事業である。

[*27]　明13太政官布告10により「西洋形船舶海員雇入雇止規則」に改題。

るのを、「苛虐ノ取扱」を受けた時又は飲食物若しくは給金の全部若しくは一部を給与されないときのいずれかに該当する場合のみに限定し(7条)、「脱船スル者(雇入期限内ニ逃亡スル者ヲ云フ)」は、100日以内の懲役に処することとされた(11条)。近代社会において、長期人身拘束を適法とする根拠は、徴兵又は徴用等の公権力行使以外には、本人の同意しかあり得ない。上記規則では、船員が乗船し長期人身拘束が開始される「雇入」の時点で、各船員の意思を公的に確認し認証する目的で、「雇入證書」を「浦役人」立会いの下で作成することを「雇主」に義務付けた(2条)。船員の意思を官公署が乗務開始の都度確認して認証する制度は、旧々船員法(明32法47)で「船員手帖」制度として整備され、現行の「船員手帳」の制度(船員法<昭22法100>50条、同法施行規則<昭22運輸省令23>第4章)に引き継がれている。

　旧々船員法(明32法47)には、船長の懲戒権の一つとして「監禁」が定められ(38条1号)[*28]。さらに、脱船した者について「船長ハ乗船ヲ強制スルコトヲ得」(44条)とされ、船長は命令に服従しない者がいる場合に、海軍艦船や地方官庁に援助を求めることができた(45条)。現行船員法(昭22法100)には、強制乗船の規定はないが、「外国において脱船したとき」に1年以下の懲役に処するとの罰則規定(128条)は、現存している。

　このように、労働者の退職の自由を制限し、無許可職場離脱を刑罰対象とする制度は、民間労働者の中で船員に関してのみ、明治初期から現在まで継続し続けている。その反面、商法(明32法48)は、雇用契約によって生じた船長その他の船員の債権に関して、抵当権・質権・諸税等に優先する特別な船舶先取特権を認め(制定時680条、現842条)、他の職種の労働債権とは異なる特別な保護を与え、現在に至っている。

　(2)　鉱夫に関する労働基準の設定／1890(明治23)年
　　ア　鉱業条例による労働基準の法制化／1890(明治23年)

　鉱山の開発と採掘を規律する日本坑法(明6太政官布告259)は、鉱物資源を土地の所有権から切り離して国家が所有して直接管理し(第1、第2)、試掘を行おうとする者は工務省鉱山寮に願い出て許可を得た上で、坑口の土地所有者に償金を支払えば試掘ができる(第5以下)こととした。

　民間事業者は、鉱物が賦存する鉱区の土地所有権を取得せずに、国から鉱業権(試掘権又は採掘権)を得れば採掘が可能となり、その反面として、国は、許認

---

[*28]　1898(明31)年5月25日開催の貴族院船員法案特別委員会の会議録によれば、海軍の軍艦にさえ監禁室はないのに商船にこれを設けることを疑問とする意見が出され、これを削除する修正提案が出されたが、可否同数、委員長判断で修正案は否決された。

可権限を通じて、民間事業者の鉱山経営に介入することが可能となった。

日本坑法を廃止して制定された鉱業条例(明23法87)には、鉱山監督署長の所管事務の一つとして鉱夫の生命及び衛生上の保護が挙げられ(58条)、鉱業人に対する「鉱夫ノ使役規則」の作成・届出の義務付けと行政認可(65条)、14日間の解雇予告制度(66条)、解雇事由(66条)、辞職事由(67条)、解雇証明書(68条)、賃金の通貨払原則(69条)、鉱夫名簿(70条)、総労働時間規制・女性就労制限の規則委任(71条)、災害扶助(72条)の規定が置かれた。

これらの条文の中には、日本で最初の就業規則制度に関する規定があり(→前記2(4)エ)、その他の規定をみても労働基準法の先駆けというべき内容であった。この鉱業条例の各規定は、鉱業法(明38法45)の75条から80条、及び、これに基づく鉱業法施行細則(明38農商務省令17)、鉱業警察規則(明38農商務省令19)、鉱夫労役扶助規則(大5農商務省令21)によって整備され、最終的に鉱夫の労働基準に関する事項のうち鉱山保安以外の部分は、現行の労働基準法(昭22法49)の中に発展的に取り込まれた。

　　イ　労働安全衛生に関する法規制の開始／1892(明治25)年

前記の鉱業条例に基づき、鉱業警察規則(明25農商務省令7)が制定された。同規則は、坑口2箇所を設置することによる通気確保(1条)、坑口に安全柵を設置することによる墜落防止(2条)、堅固なはしごの設置による昇降手段の確保(3条)、丸木はしごの禁止(5条)、90センチ以上の歩行通路確保(7条)、鉱夫一人一分間当たりの通気量の最低基準(9条)、不発爆薬の処理(15条)等を定めていた。これは、労働安全衛生に関する法規制の先駆けである。

　(3)　工場職工に関する労働基準の設定／1911(明治44)年

　　ア　工場法の内容と保護対象

15人以上の規模の工場の職工を対象とする工場法(明44法46)は、児童労働に関して、12歳未満の者の就業を禁止した(2条、例外あり)。また、保護職工(女性職工の全部と15歳未満の男性職工)に関して、様々な例外や猶予を設けながらも、原則として、①1日12時間を超える就業の禁止(3条)、②午後10時から午前4時の深夜労働禁止(4条)、③月2回の休日付与(7条)、④危険作業の禁止(9条)、⑤衛生上有害な業務に就かせることの禁止(10条、11条)を定めた。さらに、病者又は産婦の就労制限(12条)、労働安全衛生についての行政監督(13条)、官吏の臨検(14条)、災害扶助(15条)、職工の雇入・解雇・周旋取締に関する事項についての勅令委任(17条)を定めた。

工場法の主たる保護対象は年少者と女性の職工であり、年少者と女性以外の成年男子職工にも適用される規定は労働安全衛生監督(13条)と災害扶助(15条)

程度であった。この工場法の規定は、民営工場だけでなく、官立工場と公立工場にも適用されたが、官立工場の監督は所轄官庁が行った(25条)。

　　　イ　施行令と施行規則による具体的規律

　工場法に基づく規制の具体的内容は、その多くが行政委任されており、1916(大5)年に同法が施行される時点で制定された工場法施行令(大5勅令193)、及び、工場法施行規則(大5年農商務省令19)によって、規制の具体的内容が示された。工場法施行規則では、災害扶助制度の無過失責任原則と扶助内容(4～20条)、職工名簿作成義務(21条)、賃金の月1回以上通貨払い(22条)、雇入時の損害賠償予約の禁止(24条)、帰郷旅費(27条)等が定められた。

　これらの工場法と同法施行令・施行規則の内容は、労働基準法(昭22法49)の労働契約(第2章)、賃金(第3章)、安全及び衛生(第5章)、女子及び年少者(第6章〈当時〉)、災害補償(第8章)に発展的に承継された。

## 第2節　ＩＬＯ創設(1919年)から終戦(1945年)まで

### 1　ヴェルサイユ条約の批准、公布／1919(大正8)年

　(1)　ＩＬＯの基本理念

　日本は、第一次大戦の連合国の一員として、1919(大8)年6月、ヴェルサイユ条約(正式名称は「同盟及連合国ト独逸国トノ平和条約及附属議定書」)に調印し、翌年、これを批准し公布した(大9条約1)。同条約の「第13編　労働」「第1款　労働機関」には、前文が置かれ、「世界平和ハ社会正義ヲ基礎トスル場合ニ於テノミ之ヲ確立シ得ベキモノ」「多数ノ人民ニ對スル不正、困苦及窮乏ヲ伴フ現今ノ状態ハ大ナル不安ヲ醸成シ惹テ世界ノ平和協調ヲ危殆ナラシム」ことを指摘し、①労働時間の規制、特に、1日又は1週の労働時間の限定、②労働供給の調整、③失業の防止、④相応の生活を支えるに足りる賃金の制定、⑤労務障害及び疾病に対する労働者の保護、⑥児童年少者及び婦人の保護、⑦老年及び廃疾に対する施設、⑧自国外において使用される労働者の利益の保護、⑨結社の自由の原則の承認、⑩職業及び技術教育の組織等の手段により前記の労働状態を改善することが急務であると指摘し、さらに、一国が人道的労働条件を採用しないときには他の諸国が改善を企図しようとすることの障碍となることを指摘した上で、「正義人道ヲ旨トシ世界恒久ノ平和ヲ確保スルノ冀望」をもって、労働機関に関する条項を定めることを宣言した。

　(2)　ＩＬＯの創設

　ヴェルサイユ条約では、前文の目的を達するために常設機関を設定すること

(387条1項)、国際連盟の原締盟国はこの常設機関の原締盟国とすること(前同条2項)、常設機関は、労働総会、及び、労働理事会の管理下にある国際労働事務局により構成すること(388条)、労働総会は、各国から政府代表委員2名、使用者と労働者を代表する委員各1名の計4名の代表委員により構成することとし(389条1項)、締盟国は、労働者を最もよく代表する産業上の団体が存在する場合においては当該団体との協議により委員を任命することを約した(389条3項)。これらの条項に基づき、1919(大8)年に設立されたのが国際労働機関(ILO)である。

(3) 日本の労働法制への影響

日本政府は、ヴェルサイユ条約を1920(大9)年1月10日付官報に掲載する方法により天皇の名において公布し、国際社会の一員として、最低労働条件規制を行い、労働組合の存在を承認してその結社の自由を保障し、労働市場法制や社会保障法制を整備すること等を国際的・国内的に公約した。

この公約は、従前の日本の労働法制(→前記第1節)に対して大規模な修正と変革をもたらさざるを得ない性質のものであった。

(4) 内務省社会局の創設／1922(大正11)年

ヴェルサイユ条約の労働条項及び初期のILO条約の条約案作成等の国際会議には、外務省だけでなく農商務省も積極的に関与していた。しかし、農商務省は、今日の経済産業省に相当する経済政策官庁であり、工場法を管掌しているだけでなく、官営八幡製鉄所を経営する経営者・使用者でもあった。日本政府は、ILOにおいて日本に関する例外を設けるよう求め続け、批判を浴びていた。また、労働者代表委員の選任問題(→3(1))に関しても、国内外から強い批判を受けた。

かかる状況を打開するため、「社会局官制」(大11勅令460)が制定され、内務省の外局[*29]として社会局が設置され、内務省の内局であった旧社会局と警保局、農商務省や外務省等に分散していた労働行政事務の多くを集約させた[*30]。この内務省社会局の労働関係部門が、後に厚生省(1938-47年)、労働省(1947-2001年)

---

*29 業務の専門性・特殊性が高いため、府省に対する独立性が高く、規則制定や通達発出等の権限をもつ組織。

*30 鉱業法のうち鉱夫関係の部分は社会局に移され、それ以外は農商務省(現在の経済産業省)に残され、船員関係法令のうち船員保険法は社会局に移され、それ以外は通信省(現在の国土交通省)に残された。現在では、労働基準監督官とは別に、鉱山労働者の危害防止(鉱山保安法1条)については産業保安監督部長・鉱務監督官等(同法第3章)が担当し、船員に対する船員法と労働基準法の施行については船員労務官(船員法105-109条)が担当する。

を経て、今日における厚生労働省の労働関係部門となる。

## 2　職業紹介・健康保険制度の整備
(1)　職業安定行政に関する法整備／1921(大正10)年

有料職業紹介事業は、明治初期より各府県等で規制されていた[31]。全条文が残る「職工募集取締規則」(明32大阪府令73)と「労役者募集取締規則」(石川県令)[32]、及び、「労働者募集取締規則(大7朝鮮総督府令6)」[33]の主たる内容は、住所地から離れた遠隔地での就労を勧誘する募集人に対する監視・監督・取締であった。さらに、1911(明44)年以降、内務省の費用補助により東京市、大阪市等に無料職業紹介所が設置された[34]。

1919(大8)年の第1回国際労働総会で成立した失業に関するILO条約(第2号)は、条約批准国は、中央官庁の管理下に公の無料職業紹介所の制度を設け、公私の無料職業紹介所がともに存在する場合には、これら紹介所の運用を全国規模で調整することを定めていた(2条)。

ILO第2号条約の制定を受けて、職業紹介法(大10法55)が制定され、市町村が職業紹介所を設置して、無料の職業紹介を行うことができることとし(1～8条)、国はその費用の2分の1以内を補助し(9～10条)、有料又は営利目的の職業紹介事業に関する規制について命令で定めることとされた(14条)。また、労働者募集取締令(大13年内務省令36)は、募集主の募集業務に関する届出義務(3条)、募集業務従事者の許可制(4条)、募集業務の際の禁止行為(12条)等を定めていた。このように国内法が整備されたので、日本は、上記のILO第2号条約を批准して公布した(大11条約6)。

その後、全部改正により、職業紹介法(昭13法61)が制定された。同法は、何人も職業紹介を行うことはできないものとし(2条)、政府が職業紹介所を設置して無料で職業紹介事業を行うこととし(3～4条)、市町村長は職業紹介所の業務の一部を行う(5条)とした上で、労働者供給事業及び労働者募集は地方長官の許可を受けた者のみが行えること(8条)とした。

この職業紹介法の基本的な部分は職業安定法(昭22法141)に承継された。

---

[31]　労働省『労働行政史　第1巻』労働法令協会(1961)159頁には、営利職業紹介事業に関する最初の取締規則は1872(明5)年の東京府の雇人請宿規則であるとの記載がある。
[32]　農商務省商工局「綿糸紡績職工事情」(明治36年刊行、名著刊行会による復刻版1967年)56～61頁に掲載。但し、石川県令については制定年と県令番号の記載がない。
[33]　官報第1650号(大7.2.4)。
[34]　前注31『労働行政史　第1巻』161頁。

## (2) 健康保険制度の創設／1922(大正11)年

ヴェルサイユ条約では、労務障害及び疾病に対する労働者の保護、及び、老年及び廃疾に対応する施設の充実が謳われていた。その後、健康保険法(大11法70)が制定され、同法は改正を重ねて今日に至っている。

制定当初の健康保険法は、工場法の適用を受ける工場又は鉱業法の適用を受ける事業場・工場に使用される者(1年の報酬が1200円を超える者を除外)を被保険者(13条)とし、被保険者の疾病・負傷・死亡・分娩に関する給付を行うことを目的としており(1条)、業務上災害をも適用対象とし、後に整備される労災保険制度の療養補償給付の役割をも担っていた。

## 3 労働組合の公認・規制と労働組合法案

### (1) 治安警察法17条の廃止／1926(大正15)年

ILO総会の構成委員は、各国毎に政府代表委員2名、労働者代表委員1名、使用者代表委員1名で構成されており、労働者代表委員は各国の労働組合と協議の上で選出されなければならない(→前記1(2))。ところが、1922(大11)年の第4回国際労働総会までは、日本政府は労働者代表委員選出に関する条約の規定を履践せず、国内外でその正統性が問題とされた。そこで、政府は、内務省社会局設立後の1923(大12)年に、条約に従って労働組合と協議の上で労働者代表委員を選任することとし、労働組合の存在を公認した。

これに伴い、1926(大15)年、労働運動取締のために制定された治安警察法17条(→前記第1節3(3)イ)は削除され、労働組合の組合活動(団体加入の勧誘、団体交渉、争議行為等)を構成要件とする刑事罰はなくなった。

### (2) 暴力行為等処罰ニ関スル法律の制定／1926(大正15)年

1925(大14)年に治安維持法(大14法46)が制定された。同法は、「国体を変革し又は私有財産制度の否認することを目的」とする結社の組織・加入(1条)、目的事項の実行の協議(2条)、目的実行の扇動(3条)等を処罰対象としていた。

治安警察法17条の削除(→前記(1))に反対していた司法省は、これに代わる法律の制定を求め、暴力行為等処罰ニ関スル法律(大15法60)が制定された。その1条は、「団体若ハ多衆ノ威力ヲ示シ、団体若ハ多衆ヲ仮装シテ威力ヲ示シ又ハ兇器ヲ示シ若ハ数人共同シテ」刑法の暴行(208条)、脅迫(222条)、又は、器物損壊(261条)の罪を犯した者は3年以下の懲役又は500円(当時、現在は30万円)以下の罰金に処することを定めている。この規定は、労働組合とその活動を治安維持(国体護持)の観点から容認し得るものと容認し得ないものに峻別し、後者を検挙対象としやすくするために、治安警察法17条と比較してより抽象度の高い

構成要件を定めている。検挙者数をみると、暴力行為等処罰ニ関スル法律の制定後3年間における同法違反による検挙者総数は500人であり、同法成立前の3年間における治安警察法17条違反による検挙者総数(118人)の4倍以上になった[*35]。

この暴力行為等処罰ニ関スル法律は、今日まで存在し、戦後の労働組合活動に適用された例も少なからずある。

(3) 労働争議調停法／1926(大正15)年

治安警察法17条の削除と同時に、労働争議調停法(大15法38)が制定され、労働組合は同法に基づき行政官庁が行う調停手続の当事者適格を有することが認められた。小作調停法(大13法18)は、小作料その他小作関係に付き争議が発生したときに、当事者の申立てにより地方裁判所又は区裁判所で調停手続が開始されると定めていた(1条)のに対し、労働争議調停法は、裁判所での調停手続ではなく行政官庁による調停手続を定めており、当事者の申立てがなくとも行政官庁が必要と判断した場合には調停手続を開始することができた(1条)。

(4) 労働組合法案の制定の動き

1920(大9)年から1936(昭11)年にかけては、労働組合法案が、政府機関(内務省、農商務省、内務省社会局)の私案、政府の議会提出案、政党(憲政會、国民党、革新娯楽部、社会民衆党)の議会提出案、政党(社会民衆党、日本大衆党、労農党)の議会共同提出案、政党(日本大衆党、労農党、社会大衆党)の私案等として作成され[*36]、労働組合の設立方法、組合員であることを理由とする解雇の禁止、労働組合の損害賠償義務の有無、労働協約の効力と適用範囲等が論点となった。

これらの労働組合法案は、結局、議会で成立するには至らなかったが、終戦直後の1945(昭20)年に成立した旧労働組合法に結実することになった。

## 4 労働基準の段階的引上げ

(1) 児童労働の規制強化／1923(大正12)年

ＩＬＯの第1回総会(1919〈大8〉年10月招集)で決議された「工業に使用し得る児童の最低年齢を定むる条約」(第5号)は、原則として14歳未満の児童を「工業的企業」(鉱山等、物品の製造・修理・販売等、建設・土木等、運輸等)で使用することを禁止した(2条)。しかし、日本と英領インドについて例外規定が設けら

---

[*35] 前注25「自大正三年至昭和三年労働争議に伴う犯罪検挙表(警保局調査)」。
[*36] 内務省社会局『労働組合法案の沿革』内務省社会局(1930)、前注31『労働行政史第1巻』。各労働組合法案とこれら資料の対応表、及び、特に労働協約の効力をめぐる議論については、古川＝川口・労働協約27-33頁。

れ、日本では、12歳以上の児童であって尋常小学校の教科を修了した者等は使用可能とされた(3条)。

ILO条約を受けて、工業労働者最低年齢法(大12法34)が制定され、14歳未満の者(12歳以上で尋常小学校の教程を修了している者を除く)を工業、製造、土木・建築、運輸等で使用することの禁止(2条)、年少者に関する台帳作成義務(3条)、官吏による臨検(4条)等の規定が設けられた。国内法整備に伴い、日本はILO第5号条約を批准し公布した(大15条約1)。

この工業労働者最低年齢法は、労働基準法(昭22法49)第6章(女子及び年少者)(当時)に発展的に継承された。

(2) 労働時間規制の強化／1923(大正12)年～1939(昭和14)年

ア　ILO第1号条約／1919(大正8)年

ILOの第1回総会(1919年10月招集)で決議された「工業的企業における労働時間を1日8時間かつ1週48時間に制限する条約」(第1号)は、「工業的企業」に使用される者の労働時間に関して、原則として、1日8時間かつ1週48時間を超えることができないこととし(2条)、この制限を適用することができない場合には、労働者と使用者の団体間で協定し協定を政府に申告すべきこととした(3条)。しかし、日本や英領インド、中国等についての例外規定や適用除外規定が設けられ、日本に関しては、「工業的企業」の範囲について、全企業ではなく10人以上の労働者を使用する企業に限定され(9条(a))、15歳以上の「実際労働時間」は1週57時間を超えないこと、但し、生糸工業については1週60時間を超えないこと(9条(b))、鉱山の坑内作業に従事する鉱夫の『実際労働時間』は8時間を超えないこと等とされた。

イ　保護職工の労働時間規制の強化／1923(大正12)年

ILO条約を受けて、「工場法中改正法律」(大12法33)により、保護職工(年少者と女性)に関して、工場法(→前記第1節4(3)ア)の適用対象工場が職工10人以上の工場に拡大され(1条)、年少保護職工の範囲が満16歳未満に拡大され(2条)、保護職工の就業時間が原則12時間から11時間に短縮され(3条)、深夜業禁止の時間帯が「午前4時まで」から「午前5時まで」に延長され(4条)、交替制勤務の場合の深夜業禁止の施行時期に関する猶予規定(旧6条)が削除されて猶予期間を1929(昭4)年6月30日で終了させる(附則)等の改正がなされた。また、鉱夫労役扶助規則(大5年農務省令17)の一部改正(大15年内務省令17)により、16歳未満と女性の鉱夫について、就業時間の上限が11時間と定められた(6条)。しかし、これらの改正は、ILO条約の日本に関する特例の水準以下の内容であった。

ウ　男性労働者に対する労働時間規制／1928（昭和3）年

　鉱夫労役扶助規則の一部改正（昭3内務省令30）により、全鉱夫について、1日の労働時間の上限は10時間とされた（5条）。これは、年少者以外の男性労働者に適用された日本で最初の労働時間規制である。

　鉱山労働者以外の成年男子職工の実労働時間について、ＩＬＯ第1号条約9条で日本に関する特例（1週57時間）が定められていたが、日本は、条約を批准せず、これを全く実施しなかった。日本がＩＬＯを脱退した後、国家総動員体制の下で制定された工場就業時間制限令（昭14勅令127）は、大臣指定の工場における16歳以上の男性職工の労働時間の上限を12時間と定めた（2～3条）。これは成年男性職工に適用される労働時間規制の始まりであるが、1943（昭18）年に廃止された。

　ＩＬＯ第1号条約の定める1日8時間週48時間の原則が実現されるのは、終戦後の1947（昭22）年の労働基準法制定によってである。

　（3）解雇予告制度／1926（大正15）年

　工場法施行令の一部改正（大15勅令153）により、工業主が職工に対し雇用契約を解除しようとするときには少なくとも14日前に予告をなすか賃金14日分の予告手当を支払うべきことが規定された（27条の2／除外規定あり）。これは、労働基準法（昭22法49）の解雇予告制度（20条・21条）の原型である。

　（4）労働安全衛生に関する規則整備／1927（昭和2）年～

　工場法6条及び労働者災害扶助法（→(7)）の5条は、行政官庁に対し、安全衛生に関し必要な事項を工場主・事業主に命じる権限を付与していた。これを根拠に、工場寄宿舎規則（昭2内務省令26）、工場危害予防及衛生規則（昭4内務省令24）、土石採取場安全及衛生規則（昭9内務省令11）、土木建築工事場安全及衛生規則（昭12内務省令41）が制定された。

　工場法と労働者災害扶助法及びこれらに基づく各規則は、労働基準法（昭22法49）第5章（安全及び衛生）、及び、労働安全衛生規則（昭22労働省令9）その他の付属法令に発展的に継承された。

　（5）女性の深夜労働規制の本格的実施／1928（昭和3）年

　工場法は、適用対象工場に就労する女性に関して、原則として、午後10時から午前4時まで、後に午前5時まで（→前記(2)イ）の深夜労働を禁止した（4条）。この工場法の深夜労働禁止条項は、母性保護を目的としていた。

　鉱夫労役扶助規則は、一部改正（昭3内務省令30）により、女子（女性）に関して午後10時から午前5時までの深夜労働を原則禁止とした（7条1項）。この深夜労働禁止には、母性保護だけでなく、炭鉱の機械化・合理化のために女性労働者

を鉱山から排除するという目的もあった*37。

(6) 工場法適用対象工場の拡大／1929(昭和4)年

工場法の法制定当初は、適用対象工場を常時15人以上の職工を使用する工場と定め(1条)、例外的に、これ以下の小規模工場であって原動力(電動機、蒸気機関、エンジン等)を使用する工場については、主務大臣が安全衛生(9・13条)等の規定を適用することができると定めていた(24条)(→前記第1節4(3)ア)。その後、一部改正法(大12法33)により、適用対象工場は常時10人以上の職工を使用する工場に拡張された(1条)(→前記(2)イ)が、中小零細企業は未適用のままであり、適用工場と非適用工場との間の格差が広がった*38。

そこで、一部改正法(昭4法21)により、10人未満の職工を使用する工場であっても原動力を使用する工場に関しては、就業時間(3条)、深夜業禁止(4条)、休日及び休憩時間(7条)の規定を、主務大臣の判断で適用できることとした(24条)。

(7) 災害扶助対象の拡充と労災保険制度の創設／1931(昭和6)年

労働者災害扶助法(昭6法54)は、土木等の屋外作業に従事する労働者に対する使用者の災害扶助責任を定めた。これは、先行していた鉱業法と工場法の定める災害扶助制度に続くものであった。戦後、これらの産業分野別災害扶助制度は、労働基準法(昭22法49)第8章(災害補償)に統合された。

また、労働者災害扶助法制定と同時に、労働者災害扶助責任保険法(昭6法55)が制定された。同法は、労働者災害扶助法、工場法及び鉱業法に基づく使用者の災害扶助責任の実効性を強制保険制度により担保することを目的とするものである(1条)が、当面の強制保険制度の適用対象は土木・建設工事の一部だけに限定された(2条)。また、同法では、保険金受取人は保険契約者であって(4条)、被災労働者や遺族に保険給付請求権はなく、不支給処分を争う権利も認められなかった。さらに、保険契約者の保険料の遅滞(6条)や保険事故が保険契約者の故意重過失に起因すること(7条)等の被災労働者に帰責性のない出来事が保険金の全部又は一部の不支給事由とされており、同法は、使用者のために災害扶助責任の支払原資を確保する責任保険制度であった。同法は、戦後、

---

*37 北岡寿逸「旧社会局の思い出」『労働行政史　余録』(前注31『労働行政史　第1巻』の付録冊子)には、「(石炭鉱山で)能率の悪い女を使わないで機械を使った方がいいという技術革新が行われ」「法規で女性の坑内労働を禁止してもらった方がいいという要望が強くなって」「炭鉱の技術革新に労働者保護法規が利用されたという恰好にもなった」と記載されている(7頁)。

*38 前注31『労働行政史　第1巻』225頁。

全労働者を対象とする労働者災害補償保険法(昭22法50)に発展的に継承された。
　(8)　商業労働者の労働時間規制／1938(昭和13)年
　商店法(昭13法28)は、物品販売業及び理容業を営む店舗を対象とし(1条)、閉店時刻を原則午後10時と定め(3条)、使用人に対する月1回の休日付与義務(5条)、大型店舗における16歳未満と女性に関する就業時間の制限(上限11時間)と休憩時間付与義務(7条)等を定めていた。
　この商店法は、労働基準法(昭22法49)によって廃止された。

### 5　戦時体制と労働法
　(1)　国家総動員法と関連法／1938(昭和13)年〜
　国家総動員法(昭13法55)が制定されて以降、同法に基づく様々な労働関係の法令が作られるが、これ以前に作られていた労働法令は廃止されず、特別法である国家総動員関連の法令を優先して適用するという形式がとられた。
　(2)　厚生年金保険制度の発足／1941(昭和16)年
　労働者年金保険法(昭16法60)は、健康保険法適用対象の工場・事業場・事業に使用される労働者を適用対象としつつ、女子を適用除外していた(16条)。同法は、私傷病に起因する労働能力喪失や死亡のみならず、労働災害に起因する労働能力喪失や死亡についても、給付の対象としていた。
　同法は、一部改正法(昭19法21)により、改題されて厚生年金保険法となり、女子に関する適用除外条項は存在しなくなった(16条)。また、業務上災害に関して、健康保険法又は厚生年金保険法に基づく給付がなされたときには鉱業法、工場法又は労働者災害扶助法に基づく扶助責任を免れることとされ(一部改正法附則17〜19条)、この結果、健康保険法と厚生年金保険法は、使用者の災害扶助責任を代替して履行する役割を担った。

## 第3節　終戦(1945年)から現在まで

### 1　終戦及び日本国憲法と労働法制等
　(1)　旧労働組合法の制定／1945(昭和20)年
　終戦(1945〈昭20〉年)後、連合国総司令部による占領が本格化する前の同年10月から12月の時期に、治安維持法や治安警察法等の刑事弾圧法規が廃止され、終戦から4か月後の1945(昭20)年12月に、旧労働組合法〈旧労組法〉(昭20法174)が制定・公布された。

(2) 日本国憲法の制定／1946(昭和21)年

　終戦から15か月後の1946(昭21)年11月に、日本国憲法が公布された。日本国憲法は、基本的人権の不可侵性(11条)と個人の尊重(13条)、法の下の平等(14条)、生存権保障(25条)、勤労権と勤労条件の法定等(27条)、団結権・団体交渉権・団体行動権の保障(28条)等を定めるものであり、その後の労働法制の発展と解釈の基礎となるものであった。

(3) 労働基準法・職業安定法の制定／1947(昭和22)年

　終戦(1945<昭20>年)後、同年10月から12月の時期に、国家総動員法とその関連法の大半が廃止され、1938(昭13)年までに形成されていた労働基準に関する諸法令の適用が再開された。

　しかし、憲法は、勤労条件の法定(27条2項)を定めるところ、明治以来の産業分野別の労働基準関係法令の下ではいずれの法令の適用も受けることのないホワイトカラーを初めとする多数の労働者が存在していたことから、全労働者を適用対象として労働基準を定める法律が必要となり、1947(昭22)年に労働基準法<労基法>(昭22法49)が制定された。

　また、憲法25条の生存権保障及び27条の勤労権保障に基づき、職業紹介法(昭13法61)(→前記第2節2(1))等を再編成して、職業安定法<職安法>(昭22法141)が制定された。

(4) 労働保険・社会保険制度

　終戦前には失業保険制度は存在しなかったが、憲法25条の生存権保障の理念に基づき、失業手当法(昭22法145)と失業保険法(昭22法146)が制定されて、失業を対象とする給付の制度が創設された。

　これに対し、健康保険法(大11法70)は、業務上災害に関する保険給付の部分は労災保険制度に移されたが、それ以外の部分は今日まで存続しており、終戦と日本国憲法制定の影響を直接受けてはいない。また、厚生年金保険法(昭16法60)も、終戦と日本国憲法制定の影響を直接受けず、その後、全部改正により現行の厚生年金保険法(昭29法115)が制定された。

## 2　公務員の労働基本権の制限

(1) 国家公務員法の制定／1947(昭和22)年

　終戦後、国家公務員法<国公法>(昭22法120)が制定されたが、制定時は、憲法28条の労働基本権を制限する条項は存在せず、国家公務員は、民間労働者と同様に団体交渉権や争議権等を行使することができた。

### (2) 政令201号／1948(昭和23)年

政府は、「昭和23年7月22日付内閣総理大臣宛連合国最高司令官書簡に基づく臨時措置に関する政令」(昭23政令201)を発し、国又は地方公共団体の職員の地位にある公務員に関して、「国又は地方公共団体に対しては、同盟罷業、怠業的行為等の脅威を裏付けとする拘束的性質を帯びた、いわゆる団体交渉権を有しない」(1条1項)、「公務員は、何人といえども、同盟罷業又は怠業的行為をなし、その他国又は地方公共団体の業務の運営能率を阻害する争議手段をとってはならない」(2条1項)、これに違反した公務員に関しては、「国又は地方公共団体に対し、その保有する任命上又は雇傭上の権利をもって対抗することができない」(2条2項)と定めるとともに、1年以下の懲役又は5000円以下の罰金に処する(3条)と定めた。この政令201号の法的根拠は、終戦直後に発せられた「ポツダム宣言の受諾に伴い発する命令に関する件」(昭20年9月20日勅令542)であり、この勅令には「政府ハ『ポツダム』宣言ノ受諾ニ伴ヒ連合国最高司令官ノ為ス要求ニ係ル事項ヲ実施スル為特ニ必要アル場合ニ於テハ命令ヲ以テ所要ノ定メヲ為シ必要ナル罰則ヲ設クルコトヲ得」と定められていた。

### (3) 公務員の労働基本権の制限／1948(昭和23)年～

その後、国公法の一部改正(昭23法222)、及び、地方公務員法〈地公法〉(昭25法261)の制定等により、公務員の労働基本権は制限され[*39]、同制限は、1952(昭27)年のサンフランシスコ講和条約(昭27条約5)の締結・発効により連合国による占領が終わった後も、現在に至るまで続いている。

## 3 労働関係における人権保障

### (1) 自由と人格権保障

労働関係における労働者の自由と人格権を保障するために、労基法、及び、職安法は、①不当な人身拘束の防止(労基5条・14条・16条・17条18条、職安63条1号)、②中間搾取の排除(労基6条、職安44条等)、③公民権行使の保障(労基7条)、④寄宿舎における生活の自由と安全衛生(労基94条～96条の3)の規定を定め、現在に至っている。

### (2) 国籍・信条・社会的身分を理由とする差別的取扱の禁止

労基法3条は、国籍・信条・社会的身分を理由とする労働条件についての差別的取扱の禁止を定め、現在に至っている。

---

[*39] 詳細は、後記第3章第2節5(5)参照。

(3) 組合員等を理由とする不利益な取扱いの禁止

旧労組法は、使用者が、①労働者が労働組合の組合員であることの故をもって解雇その他不利益な取扱いをすること（11条1項）、及び、②労働者が労働組合に加入しないこと又は労働組合から脱退することを雇用条件とすること（11条2項）を禁止したが、労働関係調整法〈労調法〉（昭21法25）の制定に伴い、①は、労働者が労働組合の組合員であること、労働組合を結成し若しくは加入しようとしたこと又は労働組合の正当な行為をしたことの故をもって解雇その他不利益な取扱いをすることを禁止する条項に改められた（昭21法25）。1949（昭24）年に旧労組法を全部改正して制定された現行の労働組合法〈労組法〉（昭24法174）は、これを7条1号本文に継承し、現在に至っている。

(4) 性別を理由とする差別的取扱いの禁止

　ア　労基法の男女同一賃金原則

労基法は、制定当時、鉱業法や工場法の中にあった「女子保護」規定（＝女性の就労制限規定）を「第6章　女子及び年少者」（当時）に承継したことに対応して、労働者が女性であることを理由とする差別的取扱いの禁止対象は賃金のみに限定し、男女同一賃金原則のみを定めている（4条）。現在も同様であり、賃金以外の差別的取扱いは、民法の公序良俗（90条）を根拠とする判例法理により規制され、その後均等法（→イ）が規律することになった。

　イ　均等法による性差別禁止

1972（昭47）年に制定された「勤労婦人福祉法」（昭47法113）に、「基本的理念」として「勤労婦人は、…………、性別により差別されることなくその能力を有効に発揮して充実した職業生活を営むことができるように配慮されるものとする」と定めていたが、事業主の義務は「雇用する勤労婦人の福祉を増進するように努めなければならない」等の努力義務であった。

1985（昭60）年、「勤労婦人福祉法」（昭47法113）は、関係法律整備法（昭60法45）により改題され「雇用の分野における男女の均等な機会及び待遇の確保等女子労働者の福祉の増進に関する法律」となり、教育訓練、福利厚生、定年、及び、解雇に関して、女子であることを理由とする差別的取扱いが禁止された。また、募集と採用に関して「均等な機会を与える」努力義務、配置と昇進について「均等な取扱いをする」努力義務が規定された。

1997（平9）年、同法は、一部改正（平9法92）により再改題されて「雇用の分野における男女の均等な機会及び待遇の確保等に関する法律」〈均等法〉となり、募集と採用に関しても、「女性に対して男性と均等な機会を与えなければならない」との強行規定に改められ、また、配置と昇進に関しても、「労働者

が女性であることを理由として、男性と差別的取扱いをしてはならない」との禁止規定に改められた。

そして、2006(平18)年、均等法は改正され(平18法82)、法律の名称はそのままであるが、女性を保護対象とする片面的な女性差別禁止法から、男女双方を保護対象とする性差別禁止法に改められた。また、差別禁止事項として、募集、採用、配置、昇進、教育訓練、福利厚生、定年、退職、解雇に加えて、降格、職種・雇用形態の変更、退職の勧奨、及び、労働契約の更新が新たに定められ、間接差別も一部禁止されることになり、現在に至っている。

(5) 障害者の雇用保障と差別の禁止等
　ア　身体障害者雇用促進法

1960(昭35)年に制定された身体障害者雇用促進法(昭35法123)は、身体障害者のみを適用対象とし、精神障害者を適用対象とせず、また、一般雇用主が負担する義務は、身体障害者雇用率を達成する努力義務であった。

しかし、1976(昭51)年、一部改正法(昭51法36)により、一般事業主に対してその雇用する身体障害者である労働者の数を一定の障害者雇用率以上とする雇用義務が課され、達成事業主に身体障害者雇用調整金を支給し、未達成事業主から身体障害者雇用納付金を徴収することが定められた。

　イ　障害者の雇用の促進等に関する法律

1987(昭62)年、一部改正法(昭62法41)により、「身体障害者雇用促進法」は、「障害者の雇用の促進等に関する法律」＜障雇法＞に改題され、身体障害者だけでなく精神障害者にも適用が拡大された。これにより、精神障害者は、職業リハビリテーション制度の適用対象になったが、雇用義務に基づく雇用促進等の制度の適用対象にはされなかった。

1997(平9)年、同法の改正(平9法32)により、事業主が雇用義務を負う対象は、「身体障害者又は精神薄弱者」に拡大され、「精神薄弱者」の用語は、「精神薄弱の用語の整理のための関係法律の一部を改正する法律」（平10法110)により「知的障害者」に改められた。

2013(平25)年、同法の一部改正(平25法46)により、事業主が雇用義務を負う対象は、身体障害者と知的障害者に加えて精神障害者にも拡大され、2018(平30)年4月1日から施行されることとなった。また、障害を理由とする差別的取扱いの禁止、障害者に対する均等な機会・待遇の確保のための合理的な配慮、紛争解決制度が定められ、2016(平28)年4月1日から施行された。

(6) 年齢と募集・採用における均等な機会

雇用対策法＜雇対法＞(昭41法132)は、2001(平13)年に、一部改正法(平13法35)

により、事業主は、労働者の募集・採用について、その年齢にかかわりなく均等な機会を与えるよう努めなければならないと定め、2007(平19)年改正(平19法79)によりこれを義務規定とし、現在に至っている(雇用対策10条)。

### 4 労働基準
(1) 労基法の制定と発展
　ア　労基法の制定／1947(昭和22)年

労基法は、憲法27条に基づき全労働者を対象として制定され(→前記1(3))、その附則123～124条により工場法、工業労働者最低年齢法、労働者災害扶助法、及び、商店法の全部が廃止され、鉱業法の中の鉱夫保護に関する条項が削除された。労基法は、これらの廃止又は削除された法律及び諸規則等の付属法令の内容を継承し発展させつつ、整備の遅れていた労働時間規制に関する条文を新たに設けた。

　イ　個別法の分離と制定

第一に、1949(昭24)年に、鉱山労働者に対する危害を防止し鉱物資源の合理的開発を目的とする鉱山保安法(昭24法70)が制定された。これに伴い、労基法が制定時に承継した鉱業法の中の鉱夫の鉱山保安(鉱山警察)の部分については、労基法の第5章(安全及び衛生)の規定は適用しないこととされ(労基法旧55条の2)、鉱山の労働安全衛生監督行政は、労働省(現厚生労働省)から商工省(現経済産業省)に移管された。

第二に、1959(昭34)年に最低賃金法<最賃法>(昭34法137)が制定され、これに伴い、労基法の中の最低賃金に関する条項(28～31条)は削除された。

第三に、1970(昭45)年に家内労働法<家労法>(昭45法60)が制定され、「家内労働者」の「最低工賃」に関する規定が設けられた。これに伴い、最賃法の第3章(最低工賃)の家内労働者の最低工賃に関する規定は削除された。

第四に、1972(昭47)年に労働安全衛生法<安衛法>(昭47法57)が制定され、これに伴い、労基法の第5章(安全及び衛生)の具体的規定は削除された。

　ウ　労働時間法制の変遷

第一に、法定労働時間について、労基法は、制定当時、1日8時間・1週48時間と定めていた(32条)が、1987(昭62)年に、1日8時間・1週40時間に短縮され(昭62法99)、経過措置により段階的に実施された(附則2条)。

第二に、1987(昭62)年に、法定労働時間の短縮に伴い、変形労働時間制及びみなし労働時間制が導入され(昭62法99)、1か月単位の変形労働時間制(32条の2)、フレックスタイム制(32条の3)、3か月単位の変形労働時間制(32条の4、平5

法79により1年単位の変形労働時間制)、1週間単位の非定型的変形労働時間制(32条の5)、事業場外みなし労働時間制度(38条の2第1項)、「研究開発の業務その他の業務」に関する裁量労働制(38条の2第4項)の規定が設けられた。また、1998(平10)年に、従前の裁量労働制の規定(38条の2第4～5項)は削除され、これに代わる専門業務型裁量労働制(39条の3)、及び、企画業務型裁量労働制(39条の4)が定められた(平10法112)。

第三に、年次有給休暇について、労基法(昭22法49)は、年次有給休暇の発生要件の一つである勤続期間を1年以上とし、最低付与日数を6日と定めていた(39条)が、1987(昭62)年に、最低付与日数は6日から10日となり(39条1項)、短時間労働者に対する比例付与制度(39条3項)と計画年休制度(39条5項、現在は6項)が設けられ(昭62法99)、1998(平10)年に、勤続期間要件は6か月(39条1項)となった(平10法112)。

### エ　女性の就労制限の段階的緩和と撤廃／1985(昭和60)年～

労基法の第6章(女子及び年少者)は、鉱業法や工場法の中にあった「女子保護」規定(＝女性の就労制限規定)を承継し、女子(女性)に関する時間外労働の制限と休日労働の禁止(61条)、深夜業の禁止(62条)、危険有害業務の就業制限(63条)、産前・産後の保護(65条)、育児時間(66条)、生理休暇(67条)、帰郷旅費(68条)の規定を置いていた。

1985(昭60)年に、「女子に対するあらゆる形態の差別の撤廃に関する条約」(昭60条約7)の批准・公布に先立ち、労基法に第6章の2(女子)が新設されて年少者の条文(第6章)と女子(女性)の条文(第6章の2)が分離され、女子の時間外労働の制限と休日労働・深夜業・坑内労働の禁止について例外的に禁止されない場合を定める除外条項が追加され(64条の2～4)、危険有害業務の就業制限は妊産婦等に限定され(64条の5)、生理休暇を取得できる者として「生理に有害な業務に従事する女子」が除外された(64条の6)(昭60法45)。

1997(平9)年に、労働基準法の第6章の2の見出しは「女子」から「女性」に改められ、女性に関する時間外労働と休日労働の制限(64条の2)、及び、深夜業禁止(64条の3)は削除され、18歳以上の女性労働者は男性労働者と同じ時間外・休日労働及び深夜業の規定の適用を受けることになった(平9法92)。

そして、2006(平18)年に、労働基準法の第6章の2の見出しは「女性」から「妊産婦等」に改められ、坑内作業に関する就業制限の対象者に関しても「女性」から「妊産婦」等に改められた。この結果、永年存在してきた「女性保護」の規定は「母性保護」に必要な範囲に縮減された(平18法82)。

(2) 労働者災害補償保険法の制定と発展
　ア　労働者災害補償保険法の制定／1947(昭和22)年
　1947(昭22)年、労働者災害補償保険法＜労災保険法＞(昭22法50)と労働者災害補償保険特別会計法(昭22法51)は、労働者災害扶助責任保険法(昭6法55)と労働者災害扶助責任保険特別会計法(昭6法56)に基づく保険財政(保険料は使用者負担)と保険給付の制度を承継して、全労働者を対象とする制度に発展させるとともに、従来、工場法(明44法46)と鉱業法(明38法45)に基づく使用者の災害扶助責任を担保していた健康保険法(大11法70)による療養給付(保険料は労使折半)(→前記第2節2(2))を健康保険制度から切り離して労災保険制度(保険料は使用者負担)の中に取り込み、労基法第8章(災害補償)の定める使用者の災害補償責任を一元的に担保することとした。
　労働者災害扶助責任保険法(昭6法55)は、使用者の責任保険制度としての性質を有する規定があり(→前記第2節4(7))、労災保険法の法案要綱では、これを全部承継することとされていた。保険受取人については、占領軍当局から、これを保険契約者とすると使用者が保険金を中間搾取するおそれがあるとの指摘があり、被災労働者又は遺族とする修正がなされたが、それ以外の規定は承継され、責任保険の性質を強く残していた[*40]。
　イ　長期療養者の生活保障と給付の充実／1955(昭和30)年〜
　労災保険法の給付の内容と水準は、労基法の第8章(災害補償)の定めと同一内容同一水準であり、療養開始から3年を経過して治癒しない場合には、平均賃金の1200日分の打切補償費(12条1項6号)の支給によって、療養補償費(同1号)と休業補償費(同2号)の支給が打ち切られた。このため、じん肺[*41]又は脊髄損傷[*42]による長期療養患者のこれ以降の療養生活は、自己負担や生活保護等に依拠する状態で放置されており、その生活窮乏が社会問題化した。
　そこで、1955(昭30)年と1958(昭33)に、じん肺健康診断を実施してじん肺患

---

[*40]　前注31『労働行政史　第1巻』225頁、716〜720頁。
[*41]　じん肺とは、粉じん吸入により肺の組織が変性し酸素を取り込むのが困難になる疾病であり、ローマ時代から知られている古典的な職業病である。昭和初期に石炭鉱山・金属鉱山・トンネル掘進等に鑿岩機が導入され粉じんが大量発生したにもかかわらず、散水等の粉じん飛散防止措置が講じられず、さらに、戦争中と終戦後は安全衛生より増産が最優先されたため、戦後、じん肺患者が大量発生した。しかも、じん肺は、症状が軽快することなく悪化を続ける進行性・不可逆性の疾病であり、重症患者は死に至るまでの長期療養を必要とした。
[*42]　土木建設産業では墜落災害が多発し、これによる脊髄損傷・下肢麻痺患者が多発したが、日本ではリハビリテーション医療の普及が始まる1960年代以前、患者の多くは寝たきり状態で長期療養を必要としていた。

者を早期発見し作業転換を促進してじん肺患者の発生を抑制すること、及び、長期療養患者の医療と所得を保障することを目的として、「けい肺及び外傷性せき髄障害に関する特別保護法」(昭30法91)[*43]及び「けい肺及びせき髄障害の療養等に関する臨時措置法」(昭33法143)が制定された。

そして、1960(昭35)年に、労災保険法が一部改正され(昭35法29)、労働能力喪失率100%の被災労働者に一時金ではなく年金給付を行う第一種障害補償費の制度が創設され(12条1項3号)、療養開始から3年を経過しても疾病が治癒しない者に医療と所得を保障する長期傷病者補償の制度も作られ(12条の3～4)、上記特別保護法は廃止され、上記臨時措置法は失効した。また、じん肺健康診断を行うじん肺法(昭35法30)が制定された。

この後、労災保険法は、順次改正を重ねて、労働能力喪失率50%以上の被災労働者に対する障害補償年金制度(現15条)、遺族補償年金制度(現16条～16条の5)、労基法所定の災害補償水準の上積みを図る特別支給金制度(現29条1項2号、労働者災害補償保険特別支給金支給規則〈昭49年労働省令30号〉)、通勤災害制度(現7条1項2号、21～25条)が設けられ、労基法第8章(災害補償)を上回る保険給付をなすに至った。

　　　ウ　責任保険制度からの脱却／1965(昭40)年

1965(昭40)年に、労災保険法が旧労働者災害扶助責任保険法(昭6法55)から承継した責任保険制度的条項(保険加入者の保険料算定に関する不実告知〈17条〉・保険料支払の遅滞〈18条〉、保険事故における保険加入者の故意・重過失〈19条〉等、保険加入者の帰責事由を保険金の全部又は一部の不支給事由とする)が削除され(昭40法130)、使用者の労災補償責任の支払原資を確保する責任保険制度から脱却し、被災労働者と遺族の生存権保障のための制度としての基盤が整えられた。

　　(3)　賃金の支払の確保等に関する法律／1976(昭和51)年

1976(昭51)年に、賃金の支払の確保等に関する法律〈賃確法〉(昭51法34)が制定され、政府は未払賃金の立替払事業を開始した。この事業は、労災保険法に基づく社会復帰促進事業の一つと位置付けられている(労災保険旧23条1項4号〈現29条1項3号〉、賃確9条)。立替払が実施される対象は、労災保険の適用対象である事業主による賃金不払であり(賃確7条)、労災保険料収入を原資として運営されている。

　　(4)　育児介護休業法の制定と発展／1991(平成3)年～

勤労婦人福祉法(昭47法113)は、事業主に「勤労婦人」に対する育児に関する

---

[*43]　けい肺健康診断、けい肺の症状の程度の診断、罹患者の作業転換制度等を定めた。

便宜の供与の努力義務を課すものであり(11条)、同法が1985(昭60)年に「雇用の分野における男女の均等な機会及び待遇の確保等女子労働者の福祉の増進に関する法律」に改められた後も、「女子労働者」に対する育児に関する便宜供与の努力義務(旧28条)※44のみが定められていた。

しかし、1991(平3)年に制定された「育児休業等に関する法律」(平3法76)は、男女双方の労働者について、育児休業を取得する権利を定めた。

1995(平7)年、同法は、一部改正法(平7法107)により、「育児休業、介護休業等育児又は家族介護を行う労働者の福祉に関する法律」〈育介法〉に改題されて、介護休業に関する規定が追加された。その後、順次改正を重ね、2016(平28)年、2017(平29)にも一部改正され(平28法17、平29法14)、法定時間外・深夜労働規制、所定時間外労働の制限、短時間勤務制度、子の看護休暇や介護休暇等、育児・介護と労働生活の両立のための措置が拡充され、現在に至っている。

　(5) 次世代育成支援対策推進法／2003(平成15)年

2003(平15)年に、次世代育成支援対策推進法(平15法120)が制定され、急速な少子化が進行する状況の下で、国、地方公共団体、事業主が次世代育成対策を推進するために必要な事項を定めた。事業主は、「労働者の職業生活と家庭生活との両立が図られるようにするために必要な雇用環境の整備」の努力義務を負い(5条)、国は行動計画策定指針を作成し(7条)、市町村、都道府県、一般事業主(常時雇用する労働者が300人以上)、及び、特定事業主(国の機関等)は、行動計画を策定しなければならない(第2章)とされている。

　(6) 石綿による健康被害の救済に関する法律／2006(平成18)年

2006(平18)年制定の「石綿による健康被害の救済に関する法律」(平18法4)は、労災保険制度の対象外の者に対する救済給付、及び、労災補償を受けずに死亡した労働者の遺族に対する特別遺族給付金の制度を設けた。

　(7) 過労死等防止対策推進法／2014(平成26)年

2014(平26)年には、過労死等防止対策推進法(平26法100)が、「過労死等がなく、仕事と生活を調和させ、健康で充実して働き続けることのできる社会の実現に寄与すること」(1条)を目的として制定された。

## 5　労働契約

　(1) 民法改正／1947(昭和22)年

1947(昭22)年に、民法(明29法89)が一部改正され(昭22法222)、信義則(1条2項)

---

※44 「育児休業等に関する法律」(平3法76)の附則により削除。

及び権利濫用禁止(1条3項)の条文が新設された。

民法の信義則及び権利濫用禁止の一般条項は、公序良俗(民90条)とともに、労働契約法制が十分に整備されない状況の下で、法令の不備を補い、憲法の理念に則して権利義務関係を規律しあるいは補充する重要な役割を果たした。そして、労働契約法(平19法128)が制定され、同法に信義則(3条4項、5条等)及び権利濫用禁止(3条5項、14条、15条、16条)に関する規定が置かれた後も、労働者と労働契約関係のない注文者・元請人や派遣先との権利義務関係、あるいは、労働者と労働組合との権利義務関係等において重要な機能を有している。

(2) 労働契約法の制定／2007(平成19)年

労働契約に関する判例法理のうち、まず、解雇権濫用法理は、2003(平15)年の労基法の改正(平15法104)により明文化された(労基旧18条の2)。

そして、2007(平19)年に、労働契約法〈労契法〉(平19法128)が制定され、2008(平20)年3月1日に施行された。労契法は、労働契約の原則として、合意原則、均衡の考慮、仕事と生活の調和、信義則、権利濫用の禁止を定め(1条、3条1～5項、8条)、判例法理により形成された、安全配慮義務(5条)、就業規則の効力(7条、9・10条)、出向(14条)、懲戒(15条)等について新たに規定を設けた。労契法の制定に伴い、解雇権濫用に関する労基法旧18条の2、及び、就業規則の最低基準効に関する労基法旧93条は、労契法に移行された(16条・12条)。

2012(平24)年に、労契法が改正され(平24法56)、有期労働契約に関する条文(現18条～20条)が追加され(→(4)ウ)、19条は、2012(平24)年8月10日に施行され、18条・20条は、2013(平25年)4月1日に施行された。

(3) 会社分割と労働契約承継法／2000(平成12)年

企業組織再編の方法としては、従前から会社の合併(会社現2条27・28号、現748～756条)、及び、事業譲渡(会社現467～470条)があるが、これに加えて、2000(平12)年に、「会社分割」制度の創設(平12法90による商法一部改正、その後、会社法〈平17法86〉現2条29・30号、現757～766条)に伴い、会社分割に伴う労働契約の承継等に関して、「会社分割に伴う労働契約の承継等に関する法律」〈承継法〉(平12法103、平17法87により改題)、及び、「商法の一部を改正する法律」(平12法90)の附則5条が制定された。

なお、合併又は事業譲渡に伴う労働契約の承継等に関する法律は、現在も存在しない。

(4) 非典型労働契約

　ア　労働者派遣と派遣労働契約

1985(昭60)年に制定された「労働者派遣事業の適正な運営の確保及び派遣労

働者の就業条件の整備等に関する法律」(昭60法88)は、労務供給事業の禁止(職安44条)を部分的に解除し、法所定の要件を充足する労働者派遣を適法化した。同法の制定当時は、ポジティブ・リスト方式であり、労働者派遣はリストに登載された13業務に限定して例外的に許されたが、その後対象業務は順次拡大され、1999(平11)年の改正(平11法84)により、限定列挙された業務の労働者派遣のみを禁止するネガティブ・リスト方式となった。この法改正の際、派遣先が労働者派遣の役務の提供を受ける期間が限定されたが、2003(平15)年の一部法改正(平15法82)により規制が緩和された。

2012(平24)年の改正(平24法27)により、同法は「労働者派遣事業の適正な運営の確保及び派遣労働者の保護等に関する法律」<派遣法>に改題され、所定の禁止条項違反の場合、派遣先が派遣労働者に労働契約の申込みをしたとみなす制度(40条の6)等が新設され、派遣労働者の一定の保護が図られた。

しかし、2015(平27)年の改正(平27法73)により、労働者派遣事業は全て許可制となったものの、派遣先が労働者派遣の役務の提供を受ける期間の上限が事実上撤廃され、労働者派遣の規制は大幅に緩和されることになった。

　イ　パートタイム労働契約

パートタイム労働契約に関しては、1993(平5)年に「短時間労働者の雇用管理の改善等に関する法律」<パート法>(平5法76)が制定されたが、制定時点では、事業主の負う義務は、一定の努力義務のみであった。

2007(平19)年の同法改正(平19法72)により、事業主は、短時間労働者の雇入時に、全労働者共通の事項(労基15条1項、労基則5条)に加えて昇給・退職金・賞与の有無を文書で明示すること(パート6条、パート則<平5労働省令34>2条)が義務づけられ、通常の労働者と同視すべき短時間労働者に対する差別的取扱いが禁止された(パート現9条)。

2014(平26)年の改正(平26法27)では、労働契約法20条の有期労働契約者の不合理な労働条件禁止規定と平仄を合わせる形で、短時間労働者の待遇の原則が定められた(パート現8条)。

　ウ　有期労働契約

契約期間の定めのある労働契約(有期労働契約)に関しては、2007(平19)年に、労契法により、契約期間途中の解雇権の法的根拠等(17条)が定められ、2012(平24)年に、同法の一部改正(平24法56)により、有期労働契約の期間の定めのない労働契約への転換(18条)、有期労働契約の更新等(19条)、期間の定めがあることによる不合理な労働条件の禁止(20条)が追加された。ただし、期間の定めのない労働契約への転換(18条)については、その特例として、2014(平26)年に、「専

門的知識等を有する有期雇用労働者等に関する特別措置法」(平26法137)等も制定された。

　　　エ　職務に応じた待遇の確保

2015(平27)年に、「労働者の職務に応じた待遇の確保等のための施策の推進に関する法律」(平27法69)が制定され、雇用形態により労働者の待遇と雇用の安定性についてに格差が生じている状況を是正するために、労働者の職務に応じた待遇の確保等のための施策の基本理念と国の責務等(法制上の措置、調査研究等)が定められた。

## 6　集団的労使関係

　(1)　労働組合法

　　　ア　旧労組法の制定／1945(昭和20)年

終戦直後の1945(昭20)年10月から12月に、労働組合法の起草作業が行われ、12月に旧労働組合法(昭20法51)が制定された。その内容は、昭和初期に内務省社会局が準備していた労働組合法案等を基礎に、昭和初期に現実に締結され機能していた労働協約の内容も反映させたものであり、現行の労組法と同様、第1章総則、第2章労働組合、第3章労働協約、第4章労働委員会、第5章罰則と附則からなっていた[45]。

　　　イ　現行労組法の制定／1949(昭和24)年

旧労組法は、1949(昭24)年に全部改正され、現行の労働組合法(昭24法174)となった。従来の片仮名書き文語体が平仮名書き口語体に改められた他、主な改正点として、①労組法の目的規定の具体化、②労働組合の設立につき、届出主義(労働組合の要件に該当しない場合は労働委員会の決議に基づき行政官庁がその旨を決定)から自由設立主義に変更、③労働委員会の決議に基づく行政官庁による組合規約の変更命令、労働委員会の申立に基づく裁判所による労働組合の解散命令に関する規定の削除と労働委員会による資格審査制度の創設、組合規約の記載事項の詳細化、④不当労働行為の類型の拡大(不利益取扱い・黄犬契約の禁止のみならず、団体交渉拒否、支配介入・経費援助、報復的不利益取扱いの禁止)と、違反に対する科罰主義(労働委員会の請求による刑事制裁)から労働委員会による行政救済制度への変更、及び、それに伴う労働委員会の組織・権限・手続等に関する規定の整備、⑤旧労組法にあった労働協約の届出義務、遵守義務、平和維持義務、調停・仲裁条項がある場合の争議行為禁止に関する規定の削除、⑥中央

---

[45]　旧労組法の解説として、注釈労組法(上)(1980)18-22頁等。

労働委員会に対する労働委員会規則の制定権の付与等がある。

労組法は、その後、労働関係調整法等の一部を改正する法律(昭27法288)、行政事件訴訟法の施行に伴う関係法律の整備等に関する法律(昭37法140)、行政不服審査法の施行に伴う関係法律の整備等に関する法律(昭37法161)、労働組合法の一部を改正する法律(平16法140)、一般社団法人及び一般財団法人に関する法律及び公益社団法人及び公益財団法人の認定等に関する法律の施行に伴う関係法律の整備等に関する法律(平18法50)、行政不服審査法の施行に伴う関係法律の整備等に関する法律(平26法69)等による改正を経て、現在に至っている。

(2) 労働関係調整法の制定／1946(昭和21)年

1946(昭21)年に、旧労組法に引き続いて、労働関係調整法〈労調法〉(昭21法25)が、労働関係の公正な調整、労働争議の予防・解決を目的として制定され、労働争議調停法(大15法38)は廃止された。労調法は、一部改正法(昭24法175、昭27法288等)による改正を経て、現在に至っている。

(3) スト規制法の制定／1953(昭和28)年

1953(昭28)年に、電気事業及び石炭鉱業における争議行為の方法の規制に関する法律〈スト規制法〉(昭28法171)が、電気事業及び石炭鉱業の特殊性と重要性に鑑みその事業における争議行為を規制することを目的として制定された。その附則2項で政府は法施行から3年経過したとき法律を存続させるかどうかについて国会の議決を求めるべきことが定められているところ、国会でその存続が議決され(1956〈昭31〉・12・8)、現在に至っている。

## 7 雇用保障・労働市場

(1) 雇用の機会の確保

1947(昭22)年に、職安法(昭22法141)が、職業紹介法(昭13法61)を廃止し、その中核的内容を承継して制定された[*46](→前記1(3))。職安法は、国が無料で行う公共職業安定所等の職業安定機関による職業紹介制度等を定め、職業紹介事業、労働者供給事業等を規制するものであり、1999(平11)年の一部改正(平11法85)等、多くの改正を経て現在に至っている。

(2) 雇用保険制度

1947(昭22)年に、失業保険法(昭22法146)により失業保険制度が創設され、保険制度の本格的稼働までの過渡的経過措置を講ずるために失業手当法(昭22法

---

[*46] 職業紹介法の規定のうち、労働者募集の規制の部分は労働力配置を国家統制するためのものであり、戦後に制定された職業安定法では、規制が緩和された。

145)が制定された(→前記1(4))。

その後、1974(昭49)年に、雇用保険法〈雇保法〉(昭49法116)が制定され、失業保険法は廃止された。新たな雇用保険制度は、雇用保険料を原資にして、失業給付を行うだけでなく、雇用改善事業、能力開発事業及び雇用福祉事業を行う制度とされた。その後、順次法改正がなされ、保険給付の拡充、及び、適用対象者の拡大が行われ、現在に至っている。

(3) 職業訓練・職業能力開発

1958(昭33)年に、職業訓練法(昭33法133)が制定されて、公共職業訓練と事業内職業訓練の二つが規定された。後者の事業内職業訓練の規定は、労基法の「技能者養成の規定」(旧70～74条)が分離して移されたものであり、労基法には事業内職業訓練が行われる場合の特例が残された(現70～73条)[*47]。

1969(昭44)年に、従前の職業訓練法が廃止されて職業訓練法(昭44法64)が新たに制定され、1985(昭60)年に、一部改正法(昭60法60)により「職業能力開発促進法」〈能開法〉に改題され、その後の改正を経て現在に至っている。

(4) 雇用対策の基本方針

1966(昭41)年に、雇用対策法〈雇対法〉(昭41法132)が制定され、雇用と労働力市場に関する国の基本方針等を定めた。雇対法は、2007(平19)年の一部改正(平19法79)等多くの改正を経て、現在に至っている。

(5) 高年齢者の雇用の促進

1971(昭46)年に、「中高年齢者等の雇用の促進に関する特別措置法」(昭46法68)が制定され、中高年齢者の失業者増大に対処するため、事業主に中高年齢者の雇用率達成の努力義務が課された。

1986(昭61)年に、同法は「高年齢者等の雇用の安定等に関する法律」〈高年法〉に改題されるとともに定年を60歳以上とする事業主の努力義務が定められ(昭61法61)、1990(平2)年には、60歳以上65歳までの定年に到達した者を65歳まで再雇用する事業主の努力義務が定められた(平2法60)。

その後、高年法は、1994(平6)年に、60歳未満の定年を原則として禁止し(平6法34)、2004(平16)年に、65歳までの安定雇用を確保するため、65歳未満の定年の定めをしている事業主に対し、①当該定年の引上げ、②継続雇用制度、③当該定年の定めの廃止のいずれかを講じることを義務付ける規定が設けられた(平16法103)。但し、②の継続雇用制度に関しては、労使協定締結により適用対

---

[*47] 同法制定から現在に至るまで、文部科学省所管の学校における職業訓練・職業教育は、厚生労働省所管の職業訓練・職業能力評価と連携していない。

象者の基準を定めれば、65歳まで希望者の全員を雇用しないことも可能とされていたが、2012(平24)年の一部改正(平24法78)により、事業主は、定年到達者のうち雇用継続を希望する者全員を原則として継続雇用することが義務付けられた。

　(6)　求職者支援

　2011(平23)年に、「職業訓練の実施等による特定求職者の就職の支援に関する法律」〈求職者支援法〉(平23法47)が制定され、雇用保険を受給できない求職者(雇止めされた派遣労働者や有期雇用労働者、失業給付の期間が切れた長期失業者等)に対する支援が定められた。

　(7)　青少年の雇用促進

　2015(平27)年に、勤労青少年福祉法等の一部を改正する法律(平27法72)により、「勤労青年福祉法」(昭45法98)が抜本的に改正されて題名も「青少年の雇用の促進等に関する法律」に改められ、青少年の雇用の促進等を図るため、国・地方公共団体と事業主等の責務、厚生労働大臣による青少年の雇用対策基本方針の策定、青少年の適職の選択、職業能力の開発及び向上等に関する措置等が定められた。また、併せて、職業能力開発促進法〈能開法〉も一部改正され、職業能力の開発及び向上の支援のため、ジョブ・カード(職務経歴等記録書)の普及・促進等が定められた。

　(8)　女性の職業生活における活躍の推進

　2015(平27)年に、「女性の職業生活における活躍の推進に関する法律」(平27法64)が制定され、女性の職業生活における活躍の推進についての基本原則、国・地方公共団体と事業主の責務、政府による基本方針等の策定、事業主行動計画の策定等が定められた。

　(9)　外国人労働者の受入れと技能実習制度

　外国人の入国・滞在・就労については、「出入国管理及び難民認定法」〈入管法〉(昭26政319)がその枠組みを定めており、職業活動に従事しうる在留資格等についても数多くの改正が行われている。また、外国人の技能実習の適正な実施及び技能実習生の保護を図るため、「外国人の技能実習の適正な実施及び技能実習生の保護に関する法律」(平28法89)が制定された。

## 8　法的救済・紛争解決制度

　(1)　行政機関による救済制度

　集団的労使紛争については、1949(昭24)年に、現行労組法により、労働委員会による労働争議調整と不当労働行為救済に関する手続が設けられた。

個別労働紛争については、1998(平10)年に、労基法の一部改正(平10法112)により、都道府県労働局長の労働者と使用者の紛争解決援助に関する規定(旧105条の3)が設けられたが、その後、2001(平13)年に「個別労働関係紛争の解決の促進に関する法律」〈個別紛争解決法〉(平13法112)が制定され、都道府県労働局長による紛争解決の援助、紛争調整委員会によるあっせん等が行われることになり、同法附則により労基法の上記規定は削除された。また、その後、均等法、パート法、育介法、障雇法にも、それぞれの法律に関する紛争について、都道府県労働局長による紛争解決の援助、紛争調整委員会による調停等の制度が定められた。

　(2)　裁判所における労働審判制度／2004(平成16)年

司法制度改革[*48]の一環として、2004(平16)年に、労働審判法〈労審法〉(平16法45)が制定され、個別労働関係民事紛争に関して、職業裁判官だけでなく労働関係に関する専門的な知識経験を有する労使双方の実務経験者が参加して判定及び調整を行う労働審判制度が創設された。

## 9　民法一部改正(2017〈平29〉年)と労働法

2017(平29)年に「民法の一部を改正する法律」(平29法44)により、民法の一部が、第三編(債権)及びこれに関連する部分を中心に改正された(以下「2017(平29)民法改正」という。)。

労働法に関連する主要な改正点としては、第一に、総則的事項として、①意思表示の効力発生時期に関する規定(97条・526条)の改正、②公序良俗に関する規定(90条)の改正、③心裡留保(93条)、錯誤(95条)、詐欺又は強迫(96条)の規定の改正、④時効に関する規定(145条、161条、166条～174条の2、724条)の改正、⑤法定利率の規定(404条)の改正と中間利息の控除に関する規定の新設、⑥賠償額の予定の規定(420条)の改正、⑦更改に関する規定(513条～518条)の改正、⑧契約の成立と方式に関する規定の新設、⑨申込みと撤回に関する規定(521条・524条)の改正、⑩危険負担に関する規定(534条～536条)の改正、⑪契約上の地位の移転に関する規定の新設等がある。

第二に、労務供給契約について、1)雇用に関しては、①履行の割合に応じた報酬に関する規定の新設、②期間の定めのある雇用の解除の規定(626条)の改正、③期間の定めのない雇用の解約の申入れの規定(627条)の改正、2)請負に関しては、注文者が受ける利益の割合に応じた報酬に関する規定の新設等、3)委

---

[*48]　刑事司法の分野では裁判員裁判制度が作られて国民の司法参加が図られた。

任に関しては、受任者の報酬に関する規定(648条)の改正がある。

第三に、労働債権保護(債権の回収)に関連して、①債権者代位権の規定(423条)の改正、②詐害行為取消権の規定(424条)の改正、③債権譲渡の規定(466条～473条)の改正、④併存的債務引受、及び、免責的債務引受の規定の新設等がある。

これらの具体的な内容は、後記第3章以下の関連部分で論じる。

なお、同改正により、第3編「債権」第2章「契約」の中に、新たに第5款「定型約款」(新548条の2～548条の4)が設けられることになった。新条文では、「ある特定の者が不特定多数の者を相手方として行う取引であって、その内容の全部又は一部が画一的であることがその双方にとって合理的なもの」を「定型取引」と定義し(新548条の2第1項)、「定型取引において、契約の内容とすることを目的としてその特定の者により準備された条項の総体」を「定型約款」と定義(新548条の2第1項)した上で、定型取引を行うことの合意をした者は、一定の要件の下に、定型約款の個別の条項について合意をしたものとみなし(新548条の2、新548条の3)、また、定型約款準備者は、一定の要件の下に、定型約款の変更をすることにより契約の内容を変更することができるとしている(新548条の4)。しかし、「定型取引」に労働契約が含まれないことはその定義上明らかであり、定型約款に関する新条項は、労働契約には適用されない。

# 第3章　労働法の位置づけと体系

本章では、現行法体系における労働法の位置づけ（→第1節）、及び、労働法の体系（→第2節）を検討する[*1]。

## 第1節　労働法の位置づけ

### 1　労働法と憲法

労働法は、現行法体系においては、第一に、憲法25条の生存権保障をその理念とし、憲法27条及び28条の労働基本権に関する規定、すなわち、①憲法27条1項の勤労権（労働権）保障、②同条2項・3項の勤労条件（労働条件）に関する規定の法定と児童の酷使の禁止、③憲法28条の団結権・団体交渉権・団体行動権保障を具体化し、労働者の雇用・労働条件を保障する法分野であると位置づけることができる[*2]。

また、第二に、憲法13条及び憲法第3章の定める生命、自由、幸福追求等に対する権利、並びに、憲法14条の定める平等原則を内包した雇用・労働条件を保障し、憲法の定める基本的人権保障を労働関係において具体化する法分野と位置づけることもできる。

以下では、憲法の保障する権利の内容と位置づけを確認する（→2～4）。

### 2　勤労権（労働権）

憲法27条1項は、「すべて国民は、勤労の権利を有し、義務を負ふ」と定める。

同条文は、国に対し、国民の勤労権（労働権）を保障するための措置を講ずることを求めるものであり、同条文の定める勤労権（労働権）保障は、労働法の中の「雇用保障法」の法領域（→第2節4）の基本原則と位置づけることができる。

同条文は、直接私人間効力を有するものではないが、労働者の労働契約上の

---

[*1] 労働法の体系等に関する近年の論考として、荒木尚志「労働法の現代的体系」再生(1)(2017)3-26頁、倉田原志「憲法と労働法」再生(1)(2017)27-46頁、山川隆一「民法と労働法」再生(1)(2017)47-69頁、同論文引用文献等。

[*2] ただし、前記第2章で検討したように、労働法分野に属する現行の法律は、明治時代から形成されきた法令・規則等を継承しつつ発展してきたものであり、日本国憲法の制定に伴い全く新たに創設された「天から降ってきた法律」ではない。

使用者及び一定の関係者が、労働者の労働権を尊重すべきことは「公序」（民90条）であり、また、使用者及び一定の関係者は、労働者の労働権保障のために配慮する義務を信義則上の義務として負う[*3]。

なお、憲法27条1項は、勤労義務(労働義務)も規定しているが、国が国民に強制的労働義務を課しているわけではなく(むしろ、憲法18条、労基法5条は強制労働を禁止している)、国は労働能力があるのに労働しない者の生存権を保障する義務を負わないとの方針の表明と解される。

図3.1　憲法と労働法の関係

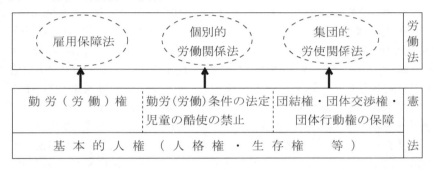

### 3　勤労条件の基準の法定

憲法27条2項は、「賃金、就業時間、休息その他の勤労条件に関する基準は、法律でこれを定める」と規定し、同条3項は、「児童は、これを酷使してはならない」と定める。

憲法27条2項は、国に対し、「勤労条件に関する基準」[*4]について「法律」で定めることを求め、憲法27条1項は、国が児童の酷使を防止することを求めるものであり[*5]、同条文の定める勤労条件(労働条件)の基準の法定、及び、児童

---

[*3]　川口・雇用保障義務(2000)232-244頁。
[*4]　「勤労条件に関する基準」の中には、①労働契約内容(賃金、労働時間等)の最低基準及び基本的人権保障規定、並びに、②労働者が労務の供給を受ける者と実質的に対等に交渉できない立場にある(交渉における非対等性)ことに配慮した、労働契約の成立・内容の設定と変更・終了に関するルール等が含まれると解される。これに対し、荒木・労働法(2016)は、個別的労働関係法を労働保護法と(広義の)労働契約法に区分し、労働契約法は憲法27条2項の授権によるというより民法の雇用に関する規定の特別法に位置づけられるとする(24頁)が、支持できない。
[*5]　これに対応して、労基法56〜64条・69条において、労働者の最低年齢、労働時間・安全衛生等、年少者保護が規定されている。

の酷使の禁止は、労働法の中の「個別的労働関係法」の法領域(→第2節2)の基本原則と位置づけることができる。

### 4　団結権・団体交渉権・団体行動権

(1) 内容

憲法28条は、「勤労者の団結する権利及び団体交渉その他の団体行動をする権利は、これを保障する」と定める[*6]。

「団結権」は、労働者が雇用・労働条件の維持改善その他経済的地位の向上を図ることを主たる目的として、一時的又は継続的な団結体(労働組合のみではない)を結成し、又はこれに加入し、運営し、強化・拡大する権利である[*7]。

「団体交渉権」は、労働者が、その代表者(団結体)を通じて、雇用・労働条件その他の待遇(労働関係法規違反の是正や実効性の確保、労働関係上の権利紛争の解決や労働者の権利の実現、雇用・労働条件その他の待遇の維持改善等を含む)や集団的労使関係の運営(ルール)について、使用者その他労働関係の当事者と交渉する権利である[*8]。労働者の代表(団結体)と使用者等が合意にいたった場合、一定の要件を充足するものは「労働協約」として特別の法的効果を有する[*9]。

「団体行動権」は、労働者が雇用・労働条件その他の待遇や集団的労使関係の運営に関する要求を示威又は実現するために、一定の団体行動を行う権利であり、「団体行動」の中には、労務の不提供又は不完全な提供である同盟罷業(ストライキ)・怠業(サボタージュ)、ピケッティング、ビラ貼り、ビラ配布、集会

---

*6　旧東京第一陸軍造兵廠事件・最大判昭24・5・18刑集3巻6号772頁は、「勤労者がその労働条件を適正に維持改善しようとしても、個別的にその使用者である企業者に対立していたのでは、一般に企業者の有する経済的実力に圧倒せられ対等の立場においてその利益を主張しこれを貫徹することは困難なので」、「勤労者は公共の福祉に反しない限度において、多数団結して労働組合等を結成し、その団結の実力を利用し必要な団体行動をなすことによって適正な労働条件の維持改善を計らなければならない必要があ」り、「憲法28条はこの趣旨において、企業者対勤労者すなわち使用者対被使用者というような関係に立つものの間において、経済上の弱者である勤労者のために団結権乃至団体行動権を保障したものに外ならない」と判示する。また、全逓東京中郵事件・最大判昭41・10・26刑集20巻8号901頁/判時460号10頁は、憲法28条は、憲法25条に定める生存権保障を基本理念とし、勤労者に対して人間に値する生存を保障すべきものとの見地に立ち、経済的に劣位にある勤労者に対して実質的な自由と平等とを確保するための手段として、団結権、団体交渉権、団体行動権を保障するものと判示している。

*7　後記第22章「団結の結成と運営」・第24章「団結活動と争議行為」。
*8　後記第23章「団体交渉」。
*9　後記第25章「労働協約」。

等が含まれる*10。

同条文の定める、団結権、団体交渉権、団体行動権の保障は、労働法においては、「集団的労使関係法」の法領域（→第2節3）の基本原則と位置づけられる。

(2) 法的効果

憲法28条は、その法的効果として、第一に、団結の結成・運営、団体交渉、団体行動を合理的理由なく制限・禁止する立法・行政行為を違憲・無効とする自由権的効果を有する。

第二に、団結の結成と運営、団体交渉、団体行動については、正当性が認められる限り、刑事上・民事上の違法性を阻却する刑事・民事免責付与の効果を有する。

第三に、使用者その他の関係者が、同条の定める労働者の団結権・団体交渉権・団体行動権を尊重することは、少なくとも民法90条にいう公序であり、信義則（民1条2項、労契3条4項）上の義務でもある。したがって、団結権・団体交渉権・団体行動権を侵害する法律行為は無効であり、また、これらを侵害する行為は不法行為に該当しうる。

(3) 権利の主体

　ア　勤労者（労働者）

憲法28条の権利主体は、第一次的には「勤労者」である。「勤労者」は、労働法の適用対象とする労働者、すなわち、「自ら他人に有償で労務を供給する自然人で、労務の供給を受ける者との関係で独立事業者又は独立労働者でない者」*11と解され、公務員を含む*12。

また、憲法28条を具体化した労組法の適用対象である「労働者」（労組3条）も、憲法28条の享受主体となる「勤労者」と同じであり、公務員もこれに該当する*13。

　イ　勤労者（労働者）の団結体

憲法28条の保障する団結権・団体交渉権・団体行動権は、団結体への加入を除き、権利の性質上、集団的に行使される。

したがって、憲法28条は、「勤労者（労働者）」の権利を保障するとのみ定め

---

*10　後記第24章「団結活動と争議行為」。
*11　前記第1章「労働法の目的と対象」2。
*12　全逓東京中郵事件・最大判昭41・10・26刑集20巻8号901頁/判時460号10頁、全農林警職法事件・最大判昭48・4・25刑集27巻4号547頁/判時175号10頁等。
*13　中労委（大阪府教委・大阪教育合同労組）事件・東京高判平26・3・18労旬1814号59頁/中労委DB：H-H26-030。後記第4章「労働法の主体」4。

ているが、第二次的には、勤労者(労働者)の団結体が団結権・団体交渉権・団体行動権の権利主体となる。具体的には、労組法上の労働組合、憲法組合、及び、憲法上の保護を受ける一時的団結体である[*14]。

## 第2節　労働法の体系

### 1　労働法の法領域

労働法は、憲法の労働基本権に関する条文との関係、及び、その目的を実現する方法と機能により、①個別的労働関係法(→2)、②集団的労使関係法(→3)、③雇用保障法(→4)の三つの「法領域」に分類することができる(これらは「法領域」の名称で、法律の名称ではない)。

また、国家公務員と地方公務員の労働条件・労働関係については、別途法律に詳細な規定があり、④「公務員労働法」(→5)として一つの法領域を形成している。

本書は、労働法のうち、①個別的労働関係法、及び、②集団的労使関係法を中心に検討する。③雇用保障法は、政策的領域で法改正も頻繁に行われるので、後記4でその概要を紹介し、①の関連部分で触れるにとどめ、④「公務員労働法」は、後記5でその概要を紹介するにとどめる。

### 2　個別的労働関係法

#### (1) 意義

労働者は、労務の供給を受ける者と実質的に対等に交渉できない立場にある(交渉における非対等性)ので、労務の供給を受ける者と契約自由の原則に基づいて個別に交渉すれば、人間らしい雇用・労働条件が保障されない。

「個別的労働関係法」は、憲法27条2・3項の定める勤労条件の法定と児童酷使の禁止を具体化し、契約自由の原則を制限して、労働者及びその契約相手方である使用者等が遵守すべき人権保障規定、雇用・労働条件の最低基準、労働契約の成立・内容変更・終了等に関するルール、紛争解決制度等を設定することにより、直接、労働者の雇用・労働条件と人権保障を図ることを目的とする法領域である。

具体的には、1)労働関係における人権保障と平等原則、2)賃金、労働時間、休憩・休日・休暇、母性保護、育児・介護等家族的責任との両立、労働安全衛

---

[*14]　後記第22章「団結の結成と運営」第1節1参照。

生、労災補償、人格権保障等の労働条件基準、3)労働契約の成立・内容の設定と変更・終了、懲戒処分等の契約ルール、4)労働者と使用者の紛争解決制度[*15]等に関する、法令及び関連する判例法理・学説等が含まれ、主として労働者と使用者の関係を規律する(→第2部)。

(2) 主な法律

個別的労働関係法の領域に属する具体的な法律としては、雇用保障法の領域にも属するものもあるが、①労働基準法〈労基法〉(昭22法49)、②労働契約法〈労契法〉(平19法128)、③職業安定法〈職安法〉(昭22法141)、④雇用の分野における男女の均等な機会及び待遇の確保等に関する法律〈均等法〉(昭47法113)、⑤女性の職業生活における活躍の推進に関する法律(平27法64)、⑥最低賃金法〈最賃法〉(昭34法137)、⑦賃金の支払の確保等に関する法律〈賃確法〉(昭51法34)、⑧労働時間等の設定の改善に関する特別措置法(平4法90)、⑨過労死等防止対策推進法(平26法100)、⑨労働安全衛生法〈安衛法〉(昭47法57)、⑩じん肺法(昭35法30)、⑪労働者災害補償保険法〈労災保険法〉(昭22法50)、⑫育児休業、介護休業等育児又は家族介護を行う労働者の福祉に関する法律〈育介法〉(平3法76)、⑬次世代育成支援対策推進法(平15法120)、⑭労働者派遣事業の適正な運営の確保及び派遣労働者の保護等に関する法律〈派遣法〉(昭60法88)、⑮短時間労働者の雇用管理の改善等に関する法律〈パート法〉(平5法76)、⑯労働者の職務に応じた待遇の確保等のための施策の推進に関する法律(平27法69)、⑰船員法(昭22法100)、⑱家内労働法〈家労法〉(昭45法60)、⑲高年齢者等の雇用の安定等に関する法律〈高年法〉(昭46法68)、⑳障害者の雇用の促進等に関する法律〈障雇法〉(昭35法123)、㉑青少年の雇用の促進等に関する法律(昭45法98)、㉒外国人の技能実習の適正な実施及び技能実習生の保護に関する法律(平28法89)、㉓会社分割に伴う労働契約の承継等に関する法律〈承継法〉(平12法103)、㉔公益通報者保護法(平16法122)、㉕個別労働関係紛争の解決の促進に関する法律〈個別紛争解決法〉(平13法112)、㉖労働審判法〈労審法〉(平16法45)等がある。

## 3 集団的労使関係法

(1) 意義

個別的労働関係法の領域の法令等により設定される労働条件基準や労働契約ルール等は、大企業であれ零細企業であれ、日本において就労している全ての

---

[*15] 近年の論考として、村中孝史「個別労働紛争解決制度の展開と課題」再生(1)(2017)181-204頁、同論文引用文献等。

労働者に適用されるので、その水準は必ずしも高いものではなく、また、全ての産業部門・職種・企業の労働者に適用されるので、その内容は基本的事項にとどまり、各産業部門・職種・企業の特殊性や具体的な経営内容から生じる雇用・労働条件等に対応するものではない。

「集団的労使関係法」は、憲法28条の定める労働者の団結権・団体交渉権、団体行動権の保障を具体化し、労働者が使用者と実質的に対等に交渉することができる法的枠組みを整備し、法令の定める水準よりも高く、各産業部門・職種・企業の特殊性や経営内容に対応した詳細な内容で、よりよい雇用・労働条件を労働者が獲得することを可能にする法分野である。

具体的には、1)団結の成立と運営、2)団体交渉、3)団結活動と争議行為、4)労働協約、5)不当労働行為、6)労働者・労働者代表と使用者又は使用者団体の紛争解決制度[*16]等に関する、法令及び関連する判例法理・学説等が含まれ、a)労働者代表と使用者又は使用者団体との関係、b)労働組合と労働者の関係、c)労働者と使用者の関係を規律する(→第3部)。

(2) 主な法令

集団的労使関係法の領域に属する具体的な法令としては、①労働組合法〈労組法〉(昭24法174)、②労働委員会規則〈労委則〉(昭24中労委規1)、③労働関係調整法〈労調法〉(昭21法25)、④電気事業及び石炭鉱業における争議行為の方法の規制に関する法律〈スト規制法〉(昭28法171)等がある。

### 4 雇用保障法

(1) 意義

労働者は、自ら他人に有償で労務を供給することにより生活を維持・補助しているのが通常であるので(他人の下での労働の必要性)、その雇用(労務供給先)を確保し、また、雇用喪失時、労務供給を行っていない期間(休業期間)、賃金が低下した時等の生活保障が必要である。

「雇用保障法」は、憲法27条1項の労働権保障を具体化し、労働者の雇用の確保・促進と失業・休業時等における生活保障等を行う法領域である。

具体的には、1)職業紹介・教育訓練・就職支援制度等の整備による雇用の確保・促進、2)失業・休業等に対応する雇用保険制度の整備等を行う法令及び関連する判例法理・学説等が含まれ、a)国と使用者の関係、b)国と労働者の関係、

---

*16 近年の論考として、岩村正彦「集団的労働紛争解決システムの展開と課題」再生(1)(2017)205-224頁、同論文引用文献等。

c) 労働者と使用者の関係を規律する。
　(2) 主な法律
　雇用保障法の領域に属する具体的な法律としては、①雇用対策法〈雇対法〉(昭41法132)、②職業安定法〈職安法〉(昭22法141)、③職業能力開発促進法〈能開法〉(昭44法64)、④雇用保険法〈雇保法〉(昭49法116)、⑤職業訓練の実施等による特定求職者の就職の支援に関する法律〈求職者支援法〉(平23法47)、⑥女性の職業生活における活躍の推進に関する法律(平27法64)、⑦高年齢者等の雇用の安定等に関する法律〈高年法〉(昭46法68)、⑧障害者の雇用の促進等に関する法律〈障雇法〉(昭35法123)、⑨青少年の雇用の促進等に関する法律(昭45法98)、⑩外国人の技能実習の適正な実施及び技能実習生の保護に関する法律(平28法89)、⑪船員職業安定法〈船員職安法〉(昭23法130)等がある。
　(3) 概要
　　ア　雇用対策の基本方針(雇対法)
　雇用対策に関する基本方針等を定める雇用対策法〈雇対法〉(昭41法132)は、国が充実すべき施策(4条)として、職業指導・職業紹介、職業訓練・職業能力検定、職業転換・地域間移動・職場への適応への援助、事業規模縮小の際の失業予防・再就職促進、女性の就業促進、青少年の雇用促進、高齢者の就業、障害者の職業生活における自立促進、不安定な雇用形態の是正、高度な専門知識技術を有する外国人の雇用管理の改善等、雇用機会不足地域での雇用の促進等を挙げている。また、事業主に対し、大量雇用変動の発生前の届出義務(27条)、外国人雇用状況の届出義務(28条)等を課している。
　　イ　就職の機会の確保(職安法)
　各人にその能力に適合する職業に就く機会を付与するため、職業安定法〈職安法〉(昭22法141)は、公共職業安定所等、職業安定機関の行う職業紹介及び職業指導の内容(2章)、職業安定機関以外の者が行う職業紹介(有料職業紹介・無料職業紹介)についての規制(3章)、労働者の募集に関する規制(3章の2)、労働者供給事業の禁止(3章の3)等を定めている。
　　ウ　職業能力の開発・向上(能開法)
　職業に必要な労働者の能力の開発・向上を促進するために、職業能力開発促進法〈能開法〉(昭44法64)は、国及び都道府県による職業能力開発計画の策定(2章)、職業能力開発の促進のための措置(3章)、職業訓練法人(4章)、技能検定(5章)、職業能力開発協会(6章)等について定めている。
　　エ　所得保障と再就職支援(雇保法)
　労働者の失業、育児・介護休業、高年齢者の賃金の低下に対応し、賃金の喪

失又は減少に対する所得保障と再就職支援のために、雇用保険法〈雇保法〉(昭49法116)は、所定の要件を充足する被保険者(①一般被保険者〈被保険者で以下の②〜④以外の者〉、②高年齢継続被保険者〈37条の2第1項〉、③短期雇用特例被保険者〈38条1項〉、④日雇労働被保険者〈43条1項〉)に対し、「失業等給付」として、a)求職者給付(①一般被保険者:基本手当、技能習得手当、寄宿手当、傷病手当、②高年齢継続被保険者:高年齢求職者給付金、③短期雇用特例被保険者:特例一時金、④日雇労働被保険者:日雇労働求職者給付金)、b)就職促進給付(就業促進手当、移転費、広域休職活動費)、c)教育訓練給付、d)在職者に対する雇用継続給付(高年齢雇用継続基本金及び高年齢再就職給付金〈高年齢者雇用継続給付〉、育児休業給付金、介護休業給付金)を支給している(10条)。

オ　特定求職者支援(求職者支援法)

雇用保険の受給資格がない者(雇止めされた派遣労働者や有期雇用労働者、失業等給付の期間が切れた長期失業者、自営業を廃業した者等)を支援するため、職業訓練の実施等による特定求職者の就職の支援に関する法律〈求職者支援法〉(平23法47)は、「特定求職者」(2条)に対して、認定職業訓練の実施、職業訓練受講給付金の支給等を行っている。

カ　高年齢者の雇用促進(高年法)

高年齢者等の雇用の安定等に関する法律〈高年法〉(昭46法68)は、60歳未満の定年を原則として禁止し(8条)、65歳までの安定雇用の確保のために、65歳未満の定年の定めをしている事業主に対し、①当該定年の引上げ、②継続雇用制度の導入、③当該定年の定めの廃止のいずれかを講じることを義務づけている(9条)[*17]。また、国及び事業主による高年齢者の再就職促進措置等を定め(第3章)、シルバー人材センター(第6章)を制度化すること等を定めている。

キ　障害者の雇用促進(障雇法)

障害者の雇用の促進等に関する法律〈障雇法〉(昭35法123)は、事業主に対し、一定の雇用率以上の障害者の雇用義務を課し(第3章)、障害を理由とする差別的取扱いの禁止と障害者に対する均等な機会・待遇の確保のための合理的な配慮(2章の2)、紛争解決制度(3章の2)を定めている[*18]。また、職業リハビリテーションの推進(第2章)等を定めている。

ク　女性の職業生活における活躍の推進

女性の職業生活における活躍の推進に関する法律(平27法64)は、国及び地方

---

[*17]　詳細は、後記第18章「労働契約の終了」第4節。
[*18]　詳細は、後記第8章「平等原則」第3節4。

公共団体による必要な施策の策定、事業主による行動計画の策定・届出等を定めている。
　　ケ　青少年の雇用の促進
　青少年の雇用の促進等に関する法律(昭45法98)は、厚生労働大臣による青少年雇用対策基本方針の策定、青少年の適職選択のための公共職業安定所による職業指導、労働者の募集を行う者等による情報提供、青少年の職業能力の開発・向上、無業青少年の職業生活における自立促進等を定めている。
　　コ　外国人労働者
　出入国管理及び難民認定法(昭26政319)は、外国人が日本に在留して職業活動に従事するためには一定の在留資格を取得することを要求し、各在留資格について在留することができる期間が定められている(2条の2・別表第1・第2、同法施行規則3条・別表第2)。
　また、外国人の技能実習の適正な実施及び技能実習生の保護に関する法律(平28法89)は、技能実習の適正な実施及び技能実習生の保護を図り、もって人材育成を通じた開発途上地域への技能、技術又は知識の移転による国際協力を推進することを目的として、技能実習制度の整備、技能実習生の人権保護のための規定等を定めている。

### 5　公務員労働法
　(1)　意義
　公務員も、労働法の適用対象とする労働者(自ら他人に有償で労務を供給する自然人で、労務の供給を受ける者との関係で独立事業者又は独立労働者でない者)である。また、先に述べたように、公務員も憲法28条の権利主体である「勤労者」に含まれ、これを具体化した労組法における「労働者」(労組3条)に該当する。
　しかし、公務員については、その従事する職務の特殊性等から、その労働条件・労働関係の全部又は一部については別途法律により定められ、その中で、団結権・団体交渉権・団体行動権が制限されている。
　最高裁は、公共の福祉、勤務条件法定主義と議会制民主主義、市場の抑制力の欠如等の観点等の理由を挙げて、国家公務員の団体協約締結を認めない法律上の規定について憲法28条には違反しないとの判断を示しており[19]、また、公務員の争議行為禁止規定に関しても、憲法28条に違反しないとの判断を示し

---

[19]　国立新潟療養所事件・最三小判昭53・3・28民集32巻2号259頁/労判295号9頁。

ている[*20]。これらの合憲性判断については疑問があるが、本書は公務員以外の労働者を対象とする関係上、以下では、公務員に対する法律の適用関係と法律上の団結権等の制限の内容を概観するにとどめる[*21]。

(2) 主な法令

公務員労働法の領域に属する具体的な法令としては、①国家公務員法<国公法>(昭22法120)、②職員の任免(平21人規8-12)、③職員の懲戒(昭27人規12-0)、④政治的行為(昭24人規14-7)、⑤一般職の職員の給与に関する法律(昭25法95)、⑥一般職の職員の勤務時間、休暇等に関する法律(平6法33)、⑦国家公務員退職手当法(昭28法182)、⑧恩給法(大12法48)、⑨国家公務員災害補償法(昭26法191)、⑩行政執行法人の労働関係に関する法律<行労法>(昭23法257)、⑪地方公務員法<地公法>(昭25法261)、⑫地方公営企業等の労働関係に関する法律<地公労法>(昭27法289)、⑬地方公務員災害補償法(昭42法121)等がある。

(3) 国家公務員と法の適用関係

第一に、国家公務員は、一般職(国公2条2項)と特別職(国公2条3項)に大別され、一般職は、①「行政執行法人[*22]の職員」と、②「行政執行法人の職員以外の職員」に大別される。

上記②「行政執行法人の職員以外の職員」の労働条件・労働関係については、国公法、人事院規則等が定めている。同職員には、労組法、労調法、労基法、船員法、最賃法、じん肺法、安衛法等の規定は適用されない(国公附則16条)。ただし、労基法及び船員法並びにこれに基づく命令は、別に法律が制定実施されるまでの間、国公法の精神にてい触せず、国公法に基づく法律又は人事院規則に矛盾しない範囲内で準用される(一部改正法<昭23法222>により加えられた「第

---

[*20] 全農林警職法事件・最大判昭48・4・25刑集27巻4号547頁/労判175号10頁、岩手県教組事件・最大判昭51・5・21刑集30巻5号1178頁/労判250号9頁、全逓名古屋中郵事件・最大判昭52・5・4刑集31巻3号182頁/労判274号12頁、福岡労委(北九州市交通局)事件・最一小判昭63・12・8民集42巻10号739頁/労判530号6頁、福岡県教組・高教組事件・最一小判平5・4・8労判639号12頁、全農林人勧スト事件・最二小判平12・3・17集民197号465頁/労判780号6頁、熊本県教組・高教組事件・最二小判平12・12・15労判803号5頁等。

[*21] 公務員労働法に関する近年の論考として、下井康史「公共部門労使関係法制の課題」再生(1)(2017)249-267頁、同論文引用文献等。

[*22] 独立行政法人通則法(平11法103)に基づく独立行政法人(2条1項)の一つであり、一部改正法(平26法66、施行は2015<平27>年4月1日)による改正前は「特定独立行政法人」と呼ばれ、改正後の2条4項に定義規定がある。内閣府所管の国立公文書館、総務省所管の統計センター、財務省所管の造幣局と国立印刷所、農林水産省所管の農林水産消費安全技術センター、経済産業省所管の製品評価技術基盤機構、及び、防衛省所管の駐留軍等労働者労務管理機構の7法人が存在する。独立行政法人通則法51条により、行政執行法人の役員及び職員の身分は、国家公務員とされている。

一次改正法律附則」3条1項)。労契法は適用されない(労契22条1項)。

　これに対し、上記①「行政執行法人の職員」の身分は国家公務員である(独立行政法人通則法51条)から、労働条件・労働関係については、国公法、人事院規則等が適用されるのが原則であるが、その適用除外事項が詳細に定められ(同法59条)、さらに、行労法が適用され、同法人の職員には、国家公務員に関する労組法等の適用除外の規定(国公附則16条・国公第一次改正附則3条)が適用されない(行労37条1項)。その結果、労組法、労調法、労基法、最賃法、じん肺法、安衛法等の適用を受ける。ただし、労組法については、行労法に定めのないものの一部のみが適用される(行労3条1項)。労契法は適用されない(労契22条1項)。

　なお、行政執行法人以外の独立行政法人[*23]の職員、2004(平16)年4月に発足した国立大学法人の教職員、2007(平19)年10月に日本郵政公社から民営化された日本郵政グループの職員は、国家公務員ではないので、民間部門の労働者と同じ労働関係法規の適用を受ける。

　(4) 地方公務員と法の適用関係

　第二に、地方公務員は、一般職(地公3条2項)と特別職(地公3条3項)に大別され、一般職は、①「地方公営企業[*24]の職員、特定地方独立行政法人[*25]の職員、及び、単純労務職員(地公57条)」と、②「①以外の職員」に大別される。

　上記②「①以外の職員」の労働条件・労働関係は、地公法、条例等が定めている。同職員には、労組法、労調法、最賃法は適用されず(地公58条1項)、労基法、安衛法、船員法、船員災害防止活動の促進に関する法律に一部適用されない(地公58条2・3項)。また、労契法は適用されない(労契22条1項)。

　これに対し、上記①のうち「地方公営企業の職員、特定地方独立行政法人の職員」の労働条件・労働関係については、地公法、条例等の他、地公労法が適用される(地公労3条4号)。また、上記①のうち「単純労務職員(地公57条)」については、地公労法が準用される(地公労附則5項)。これらの職員には、地公労法に定めのないものについては、労組法・労調法の一部が適用される(地公労4条)。

---

[*23] 2017(平29)年4月1日現在、独立行政法人は、行政執行法人が7法人、国立研究開発法人が27法人、中間目標管理法人が53法人、併せて87法人が存在する。
[*24] 水道、工業用水道、軌道、自動車運送、鉄道、電気、ガスの事業を行う地方公共団体が経営する企業と定義されている(地方公営企業法<昭27法292>2条1項)。その職員は、地公法3条1項括弧書きにより地方公務員である。
[*25] 「地方独立行政法人」(地方独立行政法人法<平15法118>2条1項)の一つであり、これが行う業務の範囲は、試験研究、管理、水道事業・軌道事業・自動車運送事業・鉄道事業・病院事業等の経営、社会福祉事業の経営等であり、その役員及び職員に地方公務員の身分を与える必要があるものとして定款で定められているものである(同法21条、2条2項)。その職員は、地公法3条1項括弧書きにより地方公務員である。

また、特定地方独立行政法人の職員には労基法は一部適用されない(地公58条3項)が、地方公営企業の職員及び単純労務職員には労基法のうち14条2項及び災害補償の規定以外の全条項が適用される(地方公営企業39条1項、地公労附則5項)。労契法は適用されない(労契22条1項)。

　なお、特定地方独立行政法人以外の一般地方独立行政法人[*26](公立大学法人[*27]を含む)の職員は、地方公務員ではなく、民間部門の労働者と同じ労働関係法規の適用を受ける。

　(5) 公務員の団結権等の制限

　先に述べたように、公務員も憲法28条の権利主体である「勤労者」に含まれる。しかし、現行法上、公務員については、その団結権、団体交渉権、団体行動権が法律により制限されており、制限されている内容は、当該公務員の地位及び職務内容により異なる。

　具体的には、第一に、国家公務員の一般職(管理職員等及び警察職員等を除く)について、①「行政執行法人の職員」は、労働組合を結成・加入することができ(行労4条)、管理運営事項以外の事項については団体交渉を行い労働協約を締結することができる(行労8条)。しかし、争議行為又はその共謀・唆し・あおりは禁止されている(行労17条1項)[*28]。

　これに対し、②「行政執行法人の職員以外の職員」は、職員の勤務条件の維持改善を図ることを目的とする職員団体を結成・加入することができるが(国公108条の2)、登録制が設けられ(国公108条の3)、当局は登録された職員団体に対してのみ交渉義務を負い(国公108条の5第1項)、国の事務の管理及び運営に関する事項は交渉の対象とはできず(国公108条の5第3項)、団体協約を締結する権利は否定されている(国公108条の5第2項)。職員は争議行為等をなすことを禁止され[*29]、また、何人も争議行為の企て又はその遂行の共謀・そそのかし・あおりを禁止されている(国公98条2項)[*30]。警察職員・海上保安庁職員・刑事施設職員は、職員の勤務条件の維持改善を図ることを目的とし、かつ当局と交渉する団体の結成・加入も禁止されている(国公108条の2第5項)[*31]。さらに、国家公務

---

[*26] 地方独立行政法人法2条1項、8条3項、55条〜58条。
[*27] 一般地方独立行政法人である大学は、「公立大学法人」という文字を用いることが義務付けられている(地方独立行政法人68条1項)。
[*28] 違反した職員は解雇(行労18条)。
[*29] 違反した職員は、その行為の開始とともに、国に対し法令に基づいて保有する任命又は雇用上の権利をもって対抗することができない(国公98条3項)。
[*30] 違反には罰則が適用される(国公110条1項17号)。
[*31] 違反には罰則が適用される(国公110条1項20号)。

員の特別職である防衛省職員に関しては、自衛隊法に特別規定が設けられている[*32]。

第二に、地方公務員の一般職について、①「地方公営企業の職員、特定地方独立行政法人の職員、及び、単純労務職員(地公57条)」は、労働組合を結成・加入することができ(地公5条1項)、管理運営事項以外の事項については団体交渉を行い労働協約を締結することができる(地公労7条)が、争議行為又はその共謀・唆し・あおりは禁止されている(地公労11条1項)[*33]。

これに対し、②「①以外の職員」は、職員団体の結成・加入はできるが(地公52条)、登録制が設けられ(地公53条)、当局は登録された職員団体に対してのみ交渉義務を負い(地公55条1項)、地方公共団体の管理及び運営に関する事項は交渉の対象とはできず(地公55条3項)、団体協約を締結する権利は否定されている(地公55条2項)。ただし、法令、条例、地方公共団体の規則・規程にてい触しない限りにおいて書面による協定を締結することは可能である(地公55条9項)。職員は争議行為等を禁止され[*34]、また、何人も争議行為の企て又はその遂行の共謀・そそのかし・あおりを禁止されている(地公37条1項)[*35]。また、警察職員及び消防職員は、職員団体の結成・加入も禁止されている(地公52条5項)。

(6) 労働基本権の制約に対する代償措置

国家公務員の労働基本権制約に対する代償措置として、人事院による報告・勧告制度(国公28条、67条、22条等)、国家公務員の勤務条件に関する措置要求と審査・判定制度(国公86条〜88条)[*36]がある。また、地方公務員の労働基本権制約に対する代償措置として、人事委員会による給料表に関する報告・勧告制度(地公26条)、地方公務員の勤務条件に関する措置要求と審査・判定制度(地公46条〜48条)等が置かれている。

## 6 「労働者個人」と「労働者全体」の労働権保障

労働法は、第一に、①「個別的労働関係法」において、雇用・労働条件の内

---

[*32] 勤務条件等に関し国の代表者と交渉するための組合その他の団結の結成・加入、及び、争議行為等を禁止され(自衛隊64条1項、2項)、また、何人も争議行為の企て又はその遂行の共謀・教唆・せん動を禁止され(自衛隊64条3項)、これらの違反には罰則がある(自衛隊119条1項2・3号、2項等)。

[*33] 違反した職員は解雇されうる(地公労18条)。

[*34] 違反した職員は、その行為の開始とともに、地方公共団体に対し法令又は条例等に基づいて保有する任命又は雇用上の権利をもって対抗することができない(地公37条2項)。

[*35] 違反には罰則が適用される(地公61条4号)。

[*36] 行政執行法人の職員には適用されない(行労37条1項1号)。

容と契約ルールを直接規制し、②「集団的労使関係法」において、労働者が労務の供給を受ける者と実質的に対等に交渉できる制度を整備し、③「雇用保障法」において、労働者の雇用確保の促進と雇用喪失・休業時等の生活保障等を行い、もって、「労働者個人」の労働権を保障する。

　労働法は、第二に、①労働者の雇用・労働条件に強行的・統一的な最低基準を適用し、また、労働者に団結権・団体交渉権・団体行動権を保障することにより、労働者相互間の労働条件引下げ競争を限定し、②労務の供給を受ける事業者に対して労働力の利用に関する最低限の労働法・社会保障法上の義務を負担させ、一定水準以下に労働コストを引き下げることを防ぐことにより、労働者相互間と事業者相互間のそれぞれの公正競争の基盤を確立し、もって、「労働者全体」の労働権を保障する。

# 第4章　労働法の主体

本章では、労働法における主体である、労働関係の当事者につき、①「労働者」（→第1節）、②「事業主・事業者・使用者」[*1]（→第2節）、③「労働者代表」（→第3節）の順に検討する。

なお、特に断りのない限り、「事業者」は、消費者契約法2条2項の定める事業者（「法人その他の団体及び事業として又は事業のために契約の当事者となる場合における個人」）、「消費者」は、消費者契約法2条1項の定める消費者（「個人〈事業として又は事業のために契約の当事者となる場合におけるものを除く〉」）を意味する。

## 第1節　労働者

### 1　「労働者」概念

労働法における「労働者」[*2]は、労働契約の当事者であるとともに、労働法分野の法律の適用対象となる労務供給者を画定する概念である。

労働法の分野において、「労働者」一般を定義する規定は存在せず、「労働者」概念は、①労基法上の労働者、②労契法上の労働者、③労組法上の労働者の三つに大別される。

①「労基法上の労働者」は、労基法、及び、その他の個別的労働関係法の領域に属する法律（労契法を除く）の適用を受ける労働者である。

②「労契法上の労働者」は、労契法の適用を受ける労働者である。

③「労組法上の労働者」は、労組法の適用を受け、労働組合等の団結体を結成し、これを通じて使用者その他労働関係の当事者と団体交渉を行うことができ、また、団結活動・争議行為を行うことができる労働者である。

以下、これらの労働者概念の定義と適用範囲（→2～4）、従来の学説・判例の判断基準と問題点（→5・6）を検討し、私見（→7）を提示する。

---

[*1]　「使用者団体」も団体交渉及び労働協約の当事者、並びに、不当労働行為の主体として登場する。詳細は、第23章「団体交渉」第2節第2款2(3)イ、第25章「労働協約」第2節第1款(1)イ、第26章「不当労働行為」第2節第1款6参照。

[*2]　近年の論考として、皆川宏之「労働法上の労働者」再生(1)(2017)73-94頁、同論文引用文献等。

図4.1　労働者概念

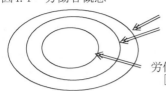

労働組合法上の労働者　[失業者を含む]
労働契約法上の労働者
　[労働契約の相手方である使用者は
　　事業者だけでなく消費者も含む]
労働基準法上の労働者
　[労働契約の相手方である使用者は事業者のみ]

## 2　労基法上の労働者

### (1) 労基法9条の「労働者」の定義

労基法の適用対象となる、労基法上の「労働者」について、労基法9条は、「この法律で、『労働者』とは、職業の種類を問わず、事業所又は事務所(以下『事業』という。)に使用される者で、賃金を支払われる者をいう」と定義している。日本国内に存在する「事業」[*3]に使用されこの定義に該当する者は、その国籍にかかわらず、労基法が適用される。

同条が労基法上の労働者の判断基準としているのは、①「職業の種類を問わず」、②「事業に使用される者」で、③「賃金を支払われる者」の三つである。

①「職業の種類を問わず」は、労基法上の労働者の外延を開放する意義を有するが、その内包を定めたものではない。

②「事業に使用される者」は、消費者ではなく事業者に労務を供給する者で、自ら労務を供給する自然人であるが、それ以上は明らかではない。

③「賃金を支払われる者」について、労基法11条は、「賃金とは、賃金、給料、手当、賞与その他名称の如何を問わず、労働の対償として使用者が労働者に支払うすべてもの」と定義しているので、労働の対象として報酬を支払われる者である(無償のボランティアではない)ことを明らかにするにとどまる。

したがって、労基法9条及び関連条文からは、「労基法上の労働者」は、「自ら事業者に有償で労務を供給する自然人」であることは導かれるが、それ以上に限定されるのかどうか、またその判断基準は明らかではなく、解釈で補充することが必要である(→後記5～7)。

---

*3　事業とは、「工場、鉱山、事務所、店舗等の如く、一定の場所において相関連する組織のもとに業として継続的に行われる作業の一体」(昭22・9・13発基17)であり、全ての事業が労基法の適用対象となるが、各事業については、労基法の別表第1の1～15号に列挙されている。

### (2) 適用除外

　他方、第一に、労基法は、①「船員」（船員1条1項）については、労基法の総則規定（1～11条）とこれに関する罰則を除き、適用を除外し、また、②同居の「親族」（民725条）のみを使用する事業、及び、③家事使用人についても適用除外としている（労基116条）。

　第二に、特別法により、公務員については労基法の適用が全部又は一部除外される場合がある。①国家公務員の一般職のうち、行政執行法人の職員以外の職員については、労基法は全て適用されず（国公付則16条）[*4]、②地方公務員の一般職については、労基法の規定は一部適用除外とされる（地公58条3項）。しかし、③国家公務員の一般職のうち、行政執行法人の職員には労基法の適用があり（行労法37条1項は国公付則16条の適用を除外している）、また、④地方公務員の一般職のうち、地方公営企業の職員及び単純労務職員にも労基法の14条2項、3項及び災害補償の条文以外の条項が適用される（地方公営企業39条1項、地公労付則5項）。

### (3) 「労基法上の労働者」に適用される法律

　「労基法上の労働者」は、安衛法（同法2条2号参照）、じん肺法（同法2条4号参照）、最賃法（同法2条1号参照）、賃確法（同法2条2項参照）の適用対象となる労働者をも定める概念である。

　また、労災保険法は、労働者を使用する事業を適用事業としているところ（同法3条1項）、労災保険法には、その給付の対象となる労働者の定義についての明文規定は存在しないが、労災保険法は、保険の適用は労基法に規定する災害補償事由が発生したときに行うと定め（労災保険12条の8第2項）、労基法は、労基法の規定する災害補償につき、労災保険法に基づき労基法の災害補償に相当する給付が行われるべきものである場合においては、使用者は補償の責を免れる旨規定している（労基84条1項）こと等に鑑みると、「労災保険法上の労働者」は、「労基法上の労働者」と同一と解される[*5]。

　さらに、労基法と同じく雇用・労働条件の最低基準や平等原則等を定め、事業主を規制対象とし、労基法を補充する関係にある、均等法、育介法、パート法、派遣法等の法律（労契法を除く個別的労働関係法の領域に属する法律）の対象となる労働者も「労基法上の労働者」と同一と解される。

---

[*4] 国公法「第一次改正法律附則」3条1項により労基法の一部が準用されることはある。
[*5] 新宿労基署長（青銅プロダクション）事件・東京地判平13・1・25労判802号10頁、藤沢労基署長（H木材）事件・横浜地判平16・3・31労判876号41頁等。横浜南労基署長（旭紙業）事件・最一小判平8・11・28集民180号857頁/労判714号14頁、藤沢労基署長（H木材）事件・最一小判平19・6・28集民224号701頁/労判940号11頁等もこれを肯定する。

したがって、「労基法上の労働者」は、労基法のみならず、労契法を除く個別的労働関係法の領域の法律(労災保険法を含む)が適用される労働者である[*6]。

### 3　労契法上の労働者

(1)　労契法2条の「労働者」の定義

労契法の適用対象となる、「労契法上の労働者」について、労契法2条1項は、「この法律において、『労働者』とは、使用者に使用されて労働し、賃金を支払われる者をいう」と定義している。

同項が労契法上の労働者の判断基準としているのは、①「使用者に使用されて労働する者」、②「賃金を支払われる者」の二つである。

①「使用者に使用されて労働する者」について、労契法2条2項が「使用者」を「その使用する労働者に対して賃金を支払う者」と定義していることに鑑みれば、「使用者」は他人であること以上に明らかではなく、また、「使用されて労働する」は、自ら労務を供給すること以上に明らかではなく、したがって、「自ら他人に労務を供給する自然人」であることを明らかにするにとどまる。

②「賃金を支払われる者」について、「賃金」は労基法上の賃金をいうと解されるが、労基法11条は「賃金」を「賃金、給料、手当、賞与その他名称の如何を問わず、労働の対償として使用者が労働者に支払うすべてのもの」と定義しているので、「賃金を支払われる者」は、「労働の対償として報酬が支払われる者」であることを明らかにするにとどまる。

したがって、労契法2条1項及び関連条文からは、「労契法上の労働者」は、「自ら他人に有償で労務を供給する自然人」であることは導かれるが、それ以上に限定されるのかどうか、また、その判断基準は明らかではなく、解釈で補充することが必要である(→後記5～7)。

(2)　適用除外

他方、労契法22条は、①国家公務員と地方公務員、及び、②使用者が同居の親族のみを使用する場合の労働契約については同法の適用除外とし、同法21条は、船員法の適用される「船員」については同法12条、17条～20条を適用しないと定めている。

---

[*6]　雇用保険の被保険者となりうる「労働者」(雇用保険4条1項)の範囲も、労基法上の労働者と同じと解される。

### 4　労組法上の労働者

(1)　労組法3条の「労働者」の定義

労組法の適用対象となる、「労組法上の労働者」については、労組法3条が、「この法律で、『労働者』とは、職業の種類を問わず、賃金、給料その他これに準ずる収入によって生活する者をいう」と定義している。

同条が、労組法上の労働者の判断基準としているのは、①「職業の種類を問わず」、②「賃金、給料その他これに準ずる収入によって生活する者」の二つである。

①「職業の種類を問わず」は、労組法上の労働者の外延を開放する意義を有するが、その内包を定めたものではない[*7]。

②「賃金、給料その他これに準ずる収入によって生活する者」は、労組法上の労働者が、自らの労務供給の対償（賃金、給料その他これに準ずる収入）により生活を維持・補助する者であることを明らかにするにとどまる。

したがって、労組法3条の文言からは、「労組法上の労働者」は、自らの労務供給の対償により生活を維持・補助する自然人であることは導かれるが、それ以上に限定されるのか、また、その判断基準は明らかではなく、解釈により補充することが必要である（→後記5～7）。

(2)　適用除外

国家公務員及び地方公務員は、労組法上の労働者に該当する[*8]が、特別法により、労組法の適用が全部又は一部除外されている。

第一に、①国家公務員の一般職で、行政執行法人の職員以外の者、及び、②地方公務員の一般職で、地方公営企業・特定地方独立行政法人の職員と単純労務職員以外の職員については労組法は適用されず、その集団的労使関係は、①は国公法、②は地公法の定めるところによる（国公付則16条、地公58条1項）。

第二に、①行政執行法人の職員については、行労法が、②地方公営企業・特定地方独立行政法人の職員と単純労務職員については、地公労法が適用され、労組法はこれら特別法に定めのないものの一部が適用される（行労3条1項、地公労4条）。

---

[*7]　注釈労組法（上）（1980）227頁。
[*8]　中労委（大阪府教委・大阪教育合同労組）事件・東京高判平26・3・18労旬1814号59頁／中労委DB：H-H26-030は、一般職の地方公務員が労組法3条の「労働者に該当することはその定義上明らかであり、地公法58条はこれを前提として、その従事する職務の特殊性から、労働基本権について合理的な範囲で制限をし、他方で、それに応じた範囲内で労働基本権の保護を規定し、その限りにおける労組法の排除を規定している」と判示する。

### (3) 憲法28条の「勤労者」との関係

憲法28条は、「勤労者の団結する権利及び団体交渉その他の団体行動をする権利は、これを保障する」と定めるところ、労組法は、憲法28条による団結権・団体交渉権・団体行動権の保障を法律レベルで具体化するものと位置づけられる[*9]。したがって、「労組法上の労働者」は、憲法28条の享受主体となる「勤労者」[*10]と対象を同じくすると解される。ただし、公務員は、憲法28条の「勤労者」及び労組法上の「労働者」に該当するが、国公法、地公法、行労法、地公労法により、労組法の適用が全部又は一部除外される（→前記第3章5(3)(4)）。

## 5 従来の学説・判例の判断基準

### (1) 概要

従来の学説・判例は、①労基法上の労働者、②労契法上の労働者、③労組法上の労働者のいずれも、①「指揮監督下の労働」、②「仕事ないし業務の依頼に対する諾否の自由」、③「業務遂行上の具体的な指揮監督の存在」、④「事業組織への組入れ」、⑤「時間的場所的拘束性」、⑥「代替性」、⑦「専属性・その収入への依存」、⑧「契約内容の一方的決定」、⑨「使用者がその者を自らの労働者と認識していると推認させる点（採用過程、税、保険、就業規則・退職金制度の適用等）」（の一部）を判断基準として「労働者」の範囲を限定している。

### (2) 労基法上の労働者

#### ア 労基研報告(1985)

「労基法上の労働者」の判断基準として学説・判例に大きな影響を与えているのが、労働大臣（当時）の私的諮問機関である労働基準法研究会の報告書「労働基準法の『労働者』の判断基準について」（1985年12月19日）（以下「労基研報告(1985)」という。）である。労基研報告(1985)は、第一に、労基法上の労働者性の基本的判断基準を「使用従属性」とし、具体的には、1)「使用される＝指揮監督下の労働」という労務提供の形態、及び、2)「賃金支払」という報酬の労務対償性により判断し、1)「指揮監督下の労働」か否かの判断基準としては、「仕事の依頼や業務従事の指示等に対する諾否の自由の有無」、「業務遂行上

---

[*9] 注釈労組法（上）(1980) 220頁等。
[*10] 中小企業等協同組合法は、事業協同組合及び事業協同小組合がその組合員のために団体協約を締結する権利(9条の2第1項6号)と協約締結のために交渉する権利(9条の2第12項)を規定して、その組合員(8条1項)の中には憲法28条の「勤労者」も含まれるが、同法は、憲法28条の「勤労者」に該当しない「小規模の事業者」(8条1項)たる「組合員」をも含めてその保護のため、法律レベルで団体協約締結権・交渉権を付与したと解される。

の指揮監督の有無」又は「事業組織への組入れ」、「拘束性(勤務場所、時間の指定・管理)」の有無を挙げ、「代替性の有無」を補強要素とし、2)報酬の労務対償性については、「指揮監督下の労働の対価かどうか」により判断する。第二に、限界的事例については、「事業者性の有無(機械、器具の負担関係、報酬の額、業務遂行上の損害に対する責任負担、独自の商号使用等)」、「専属性の程度(報酬の生活保障的要素を含む)」、「使用者がその者を自らの労働者と認識していると推認させる点(採用、委託等の際の選考過程、源泉徴収、労働保険の適用、服務規律の適用、退職金制度、福利厚生の適用等)」を考慮して判断する。

近年の学説の多くは、労基研報告(1985)の判断基準・判断要素をほぼそのまま踏襲する[*11]。

　　イ　判例・裁判例

近年の下級審裁判例においても、その労基法上の労働者性の判断基準は、労基研報告(1985)の判断基準・判断要素とほぼ同じものが多い[*12]。

これに対し、最高裁判決は、労基法上の労働者性を肯定した判決[*13]及びこれ

---

[*11] 菅野・労働法(2017)175-177頁、荒木・労働法(2016)53-55頁、土田・契約法(2016)53-59頁、山川・雇用関係法(2008)23-24頁、中窪=野田・世界(2017)18頁等。

[*12] 新宿労基署長(青銅プロダクション)事件・東京地判平13・1・25労判802号10頁(映画カメラマンの労働者性を否定)、同事件・東京高判平14・7・11労判832号13頁(映画カメラマンの労働者性を肯定)、藤沢労基署長(H木材)事件・横浜地判平16・3・31労判876号41頁及び同事件・東京高判平17・1・25労判940号22頁(作業場を持たず一人で工務店の仕事を請け負う「一人親方大工」の労働者性を否定)、アンダーソンテクノロジー事件・東京地判平18・8・30労判925号80頁(取締役兼営業部長の労働者性を肯定)、磐田労基署長(ヤマハ)事件・東京地判平19・4・26労判955号37頁及び同事件・東京高判平19・11・7労判955号32頁(モーターサイクルのレースライダーの労働者性を否定)、ソクハイ事件・東京地判平22・4・28労判1010号25頁、ソクハイ(契約更新拒絶)事件・東京地判平25・9・26労判1123号91頁、同事件・東京高判平26・5・21労判1123号83頁(メッセンジャー即配便と称し自転車で書類等配送業務を行う会社の配送員の労働者性を否定)、東陽ガス事件・東京地判平25・10・24労判1084号5頁(LPガスボンベ配送・保安点検業務従事者の労働者性を肯定)、川越労基署長(C工務店)事件・大阪地判平28・11・21労判1157号50頁(宮大工の労働者性を否定)等。

[*13] 大平製紙事件・最二小判昭37・5・18民集16巻5号1108頁/集民60号727頁(塗料製法の指導、染料の研究をする嘱託の労働者性を肯定)、関西医科大学事件・最二小判平17・6・3民集59巻5号938頁/労判893号14頁(指導医の指導の下に医療行為等に従事していた研修医について、①研修医の臨床研修は、教育的な側面を有しているが、臨床研修指導医の下に研修医が行う医療行為等は病院の開設者のための労務の遂行という側面を有し、病院の開設者の指揮監督の下に行われたと評価できる限り、研修医は労基法上の労働者に当たる、②当該研修医は病院開設者の定めた時間及び場所で指導医の指示に従って医療行為等に従事し、源泉徴収されており、指揮監督の下での労務提供であることを理由に、労働者性を肯定)。

を否定した判決*14のいずれも事例判断であって、一般的判断基準は提示せず、また、「使用従属性」概念を用いていない。しかし、直近の最高裁判決*15は、事例判断ではあるものの、1)「指揮監督の下での労務の提供」と、2)「労務提供の対価としての報酬の支払」を基本的考慮要素とし、1)「指揮監督の下での労務の提供」については「業務遂行方法に関する指示」と「場所的・時間的拘束性」を、2)「労務提供の対価としての報酬の支払」については「報酬の決定方法・支払方法」を考慮要素とし、3)その他の要素として「機械・器具の所有関係」「専属性」「報酬額」「就業規則の適用、税・社会保険上の取扱」等を考慮要素とし、使用従属性の判断基準・判断要素を考慮していることは否めない。

(3) 労契法上の労働者

「労契法上の労働者」について、第一に、厚生労働省は、その通達「労働契約法の施行について」*16において、労契法上の労働者は、使用従属関係が認められるか否かにより判断されるものであり、「労基法上の労働者」の判断と同様であるとしている。

第二に、労契法が制定されて以降の少なくない学説*17、及び、少なくない裁

---

*14 山崎証券事件・最一小判昭36・5・25民集15巻5号1322頁/集民51号133頁(証券会社の外務員の労働者性を否定)、横浜南労基署長(旭紙業)事件・最一小判平8・11・28集民180号857頁/労判714号14頁(自己所有のトラックを持ち込み会社の指示に従って会社の製品の運送業務に従事していた運転手につき、①当該運転手は業務用機械であるトラックを所有し、自己の危険と計算の下に運送業務に従事していた(トラックの購入代金、ガソリン代、修理費、高速道路料金等をトラック運転手が負担)、②運送会社の指揮監督の下で労務を提供していたと評価するには足りない(運送会社は運送という業務の性質上当然に必要とされる指示以外は業務の遂行に関し特段の指揮監督を行っておらず、時間的、場所的拘束も一般の従業員に較べて緩やか)、③報酬の支払方法は出来高払、④所得税の源泉徴収、社会保険料及び雇用保険の保険料の控除は行われておらず、報酬は事業所得として確定申告されていた等を理由に、労働者性を否定)。

*15 藤沢労基署長(H木材)事件・最一小判平19・6・28集民224号701頁/労判940号11頁(作業場を持たず一人で工務店の仕事を請け負う形態で稼働している、いわゆる「一人親方大工」について、当該大工が、具体的な工法や作業手順の指定を受けないこと、作業時間にある程度の裁量があること、他の工務店での仕事は禁じられず本件の仕事を始めてから8ヶ月ほどしか経っていないこと、請求書により報酬の請求をし出来高払いで報酬は相当高額であること、大工道具一式を自ら所有していたこと、就業規則・年休・退職金制度の適用を受けず社会・労働保険の被保険者ではなく所得税の源泉徴収は行われていないこと等から、指揮監督下の労務提供ではなく、報酬は仕事の完成に対する支払で労務提供の対価としての支払ではないと判示し、その労基法上の労働者性〈及び労災保険法上の労働者性〉を否定)。

*16 平20・1・23基発第0123004。

*17 荒木=菅野=山川・労契法(2014)79-81頁、菅野・労働法(2017)170・176-177頁、荒木・労働法(2016)53-55頁、土田・契約法(2016)53-59頁、山川・雇用関係法(2008)10頁、中窪=野田・世界(2017)18頁等。西谷・労働法(2013)47頁は、労基法上の労働者以外にも労契法の各規定の適用可能性があるとするが、それ以上は述べていない。

判例[*18]も、事業に使用されるという要件が含まれていないことを除けば、「労契法上の労働者」は「労基法上の労働者」と同じであると解し、かつ、その基本的判断基準を「使用従属性」又は「指揮命令下の労働」とし、労基研報告(1985)の示す具体的判断基準(→前記(2)ア)をほぼ支持・踏襲している。

(4) 労組法上の労働者

　　ア　学説

「労組法上の労働者」についても、従来の学説の多くは、「指揮監督(命令)下の労働」、又は、「労務遂行において使用者に支配され従属していること」を労働者性の判断基準(の一部)とする[*19]。

そして、論者により、使用従属性という概念を用いるかどうか、また、何をどのように組み合わせ、どの程度重視するか、どの程度緩和するかは異なるものの、「使用従属性」の判断基準・判断要素(のいくつか)を、労組法上の労働者性の判断基準・判断要素として使用し[*20]、労働者性を総合的に判断する。

　　イ　労働委員会

労働委員会は、従来、自宅で賃加工を行う家内労働の職人[*21]、プロ野球選手[*22]、映画俳優[*23]等を労組法上の労働者と判断してきたが、中央労働委員会は労組法

---

[*18] NHK神戸放送局事件・神戸地判平26・6・5労判1098号5頁(放送受信料の集金・放送受信契約の締結等を行う地域スタッフの労働者性を肯定)、同事件・大阪高判平27・9・11労判1130号22頁(労働者性を否定)、NHK堺営業センター事件・大阪地判平27・11・30労判1137号61頁(放送受信料の集金・放送受信契約の締結等を行う地域スタッフの労働者性を肯定)、同事件・大阪高判平28・7・29労判1154号57頁(労働者性を否定)等。ソクハイ(契約更新拒絶)事件・東京地判平25・9・26労判123号91頁、同事件・東京高判平26・5・21労判1123号83頁もそのように述べる。
[*19] 菊池=林・労組法コンメ(1954)62-63頁、吾妻編・註解労組法(1959)127-128頁、吾妻編・条解労組法(1971)44-45頁、外尾・団体法(1975)30頁、角田=西谷=菊池・団体法(1985)45頁、盛・労使関係法(2000)138-140頁等。
[*20] 片岡=大沼・団体法(1991)107-109頁、片岡(村中補訂)・労働法(1)(2007)4-7頁、西谷・労組法(2012)80頁、西谷・労働法(2013)534頁、菅野・労働法(2017)784-788頁、荒木・労働法(2016)573-577頁、土田・概説(2014)349頁等。
[*21] 東京ヘップサンダル工組合資格審査事件・中労委昭35・8・17中央労働時報357号43頁。業者から部品・材料を支給され、サンダル製造工程のうち一ないし数工程の賃加工を自宅で行っている職人の組合の資格審査において、都労委が昭35年1月21日に職人の労働者性を否定して労組法2条に適合しない旨の決定を行ったので、組合が再審査申立てをなし、中労委が都労委決定を覆して労組法2条及び5条2項に適合する旨の決定を行った(東京都地方労働委員会編『東京都地方労働委員会40年史』<1987>364頁)。
[*22] 東京労委昭60・11・14(前注『東京都地方労働委員会40年史』365〜366頁)。
[*23] 東映俳優クラブ組合資格審査事件・京都労委昭40・7・9季刊労働法57号(1965)156頁(片岡昇「映画俳優は労働者か」)。

上の労働者の判断基準を、2010(平22)年の中労委命令[*24]により、以下のように定式化した。

すなわち、労組法上の労働者は、「団体交渉の保護を及ぼす必要性と適切性という観点から、『使用され』ることへの対価である『賃金、給料』に『準ずる収入』をもたらす労務供給によって生活する者を含む」概念であり、その判断要素として、「事業組織への組入れ」「契約内容の一方的・定型的・集団的決定」「報酬の労務供給に対する対価性」を、また、「事業組織への組入れ」を判断する要素として、「諾否の自由がないこと」「日時・場所・態様についての拘束ないし指示」「専属性」を挙げる。

　　ウ　判例・裁判例

近年の下級審裁判例は、「労基研報告(1985)」が「労基法上の労働者」性の判断基準とする「使用従属性」及びその判断要素(→前記(2)ア)を、「労組法上の労働者」の判断基準・判断要素としていた[*25]。

これに対して、「労組法上の労働者」性を判断した最高裁判決[*26]は、いずれも事例判断で一般的判断基準は提示せず、「使用従属性」概念は用いていない。

しかし、2011(平23)年と2012(平24)年の最高裁の3判決[*27]は、「諸事情」を「総

---

[*24] ソクハイ事件・中労委平22・7・7別冊中央労働時報1395号11頁/中労委DB：M-H22-063(メッセンジャー即配便と称し自転車を用いて書類等配送業務を行う会社の配送員の労働者性を肯定)。

[*25] 眞壁組事件・大阪高判平10・10・23労判758号76頁(ミキサー運転手の労働者性を否定)、加部建材・三井道路事件・東京地判平15・6・9労判859号32頁(ダンプ持込運転手の労働者性を否定)、大阪労委(アサヒ急配)事件・大阪地判平19・4・25労判963号68頁(貨物自動車運転手の労働者性を肯定)、中労委(新国立劇場運営財団)事件・東京地判平20・7・31労判967号5頁及び同事件・東京高判平21・3・25労判981号13頁(オペラ合唱団員の労働者性を否定)、中労委(INAXメンテナンス)事件・東京地判平21・4・22労判982号17頁/判時2054号154頁(住宅設備機器修理補修業務等に従事するカスタマーエンジニアの労働者性を肯定)、同事件・東京高判平21・9・16労判989号12頁(労働者性を否定)、中労委(ビクターサービスエンジニアリング)事件・東京地判平21・8・6労判986号5頁及び同事件・東京高判平22・8・26労判1012号86頁(音響製品等の出張修理業務従事者の労働者性を否定)等。

[*26] 最初の判断は、愛知労委(CBC管弦楽団)事件・最一小判昭51・5・6民集30巻4号437頁/労判252号27頁。同判決の意義と評価については、古川景一「労働組合法上の労働者－最高裁判例法理と我妻理論の再評価」季刊労働法224号(2009)165-178頁。

[*27] 中労委(新国立劇場運営財団)事件・最三小判平23・4・12民集65巻3号943頁/労判1026号6頁(オペラ合唱団員の労働者性を肯定)、中労委(INAXメンテナンス)事件・最三小判平23・4・12民集236号327頁/労判1026号27頁(住宅設備機器の出張修理補修業務従事者の労働者性を肯定)、中労委(ビクターサービスエンジニアリング)事件・最三小判平24・2・21民集66巻3号955頁/労判1043号5頁(音響製品等の出張修理補修業務従事者の労働者性を否定した原審を破棄差戻し、差戻審判決<東京高判平25・1・23労判1070号87頁>は労働者性を肯定)。

合考慮」する事例判断ではあるものの、労働者性の判断において総合考慮した諸事情は、「組織への組入れ」「契約内容の一方的決定」「申込み・依頼に基本的に応ずべき関係（諾否の自由）」「指揮監督の下での労務提供」「時間的場所的一定の拘束」「労務提供の対価」であり、また「会社に対する専属性・当該収入に生活を依存していること」を考慮するもの[*28]もあり、使用従属性の判断基準・判断要素を考慮していることは否定できない。ただし、そのあてはめは緩やかであるように思われる。

　また、前記最高裁３判決のうち直近のもの[*29]は、第一に、労務供給者の機材・経費負担につき、少なくとも自動車の保有やその諸費用負担程度のものは労働者性を否定する事情ではないこと、第二に、労働者性は客観的に決定されるものであり、労務供給者が源泉徴収や社会保険料等の控除を受けておらず自ら確定申告していることは労働者性の否定的事情ではないと判示している。

エ　労使研報告(2011)

　厚生労働大臣の私的諮問機関である労使関係法研究会が2011年に提出した「労使関係法研究会報告書（労働組合法上の労働者性の判断基準について）」（「労使研報告(2011)」）は、「労働組合法における労働者は、労働条件の最低基準を実体法上強行的に、罰則の担保を伴って設定する労働基準法上の労働者や、労働契約における権利義務関係を実体法上設定し、かつ一部に強行法規を含んだ労働契約法上の労働者とは異なり、団体交渉の助成を中核とする労働組合法の趣旨に照らして、団体交渉法制による保護を与えるべき対象者という視点から検討すべき」とし、労組法の労働者性の判断要素として、第一に労働者性の基本的判断要素として「事業組織への組入れ」「契約内容の一方的・定型的決定」「報酬の労務対価性」を、第二に補充的判断要素として「業務の依頼に応ずべき関係」「広い意味での指揮監督下の労務提供」「一定の時間的場所的拘束」を、第三に消極的判断要素として「顕著な事業者性」を挙げる。

## 6　従来の学説・判例に対する批判

　しかし、「労基法上の労働者」、「労契法上の労働者」「労組法上の労働者」のいずれについても、「自ら他人に有償で労務を供給する自然人」であれば、それに加えて、①「指揮監督下の労働」、②「仕事ないし業務の依頼に対する

---

[*28]　中労委（INAXメンテナンス）事件・最三小判平23・4・12集民236号327頁／労判1026号27頁。

[*29]　中労委（ビクターサービスエンジニアリング）事件・最三小判平24・2・21民集66巻3号955頁／労判1043号5頁。

諾否の自由」、③「業務遂行上の具体的な指揮監督の存在」、④「事業組織への組入れ」、⑤「時間的場所的拘束性」、⑥「代替性」、⑦「専属性・その収入への依存」、⑧「契約内容の一方的・定型的決定」、⑨「使用者がその者を自らの労働者と認識していると推認させる点（採用過程、税、保険、就業規則・退職金制度の適用等）」を判断基準として労働者の範囲を限定することは誤りであり、⑩「賃金」又は「報酬」は、単に労務の対価であることで足り、⑪「事業者性」については、労働者性を否定するためには、単に道具等を持っているだけではなく、独立した事業に必要な生産手段等を有しそれを利用して労務を供給することが必要である。

その理由は、以下(1)～(11)で述べるとおりである[*30]。

(1) 指揮監督下の労働

「指揮監督下の労働」か否かの区別は不可能である。自ら他人に有償で労務を供給する場合、全ての労務供給契約において、契約に基づき、労務供給に関する一定の義務があり、労務の供給を受ける者による一定の指示があり、一定の時間的場所的拘束があるところ、どの程度まで義務と指示と拘束があれば、「指揮監督下の労働」となるのか、その客観的基準はないし、それ以外の労働との区別ができない。また、そもそも、なぜ、「指揮監督下の労働」でなければ労基法・労契法・労組法等の法律が適用されないのか、合理的な説明はない。

(2) 仕事ないし業務の依頼に対する諾否の自由

労務供給者は、契約上、履行義務を負っている労務については履行しなければならず、基本的に諾否の自由はないが、履行する義務を負っていない労務については当然履行する必要はなく、諾否の自由がある。したがって、「諾否の自由があること」は、労働者性を否定する理由とはならない。

また、供給すべき労務ないし業務の内容が特定されており、応ずべき労務の範囲が狭いこと、換言すれば、「諾否の自由の範囲が広いこと」は、労働者性を否定する理由とはならない。労務供給者が履行義務を負う労務の内容・範囲は、契約当事者の合意を媒介として決定されるところ、職種・職務内容や企業の経営政策等により、業務内容が特定され、諾否の自由の範囲が広い場合もあるが、諾否の自由の範囲が広いからといって、その雇用・労働条件や人格権等の保障を必要とし、労務の供給を受ける者と実質的に対等に交渉できない立場にあること（交渉における非対等性）に変わりはないからである。

---

[*30] 詳細は、川口・労働者概念(2012)132-151・192-204・307-321頁。

(3) 業務遂行上の指揮監督

「業務遂行上の指揮監督」が、業務の性質や契約の内容に照らし、労務の供給を受ける者が労務供給者に対して契約に基づいて行う、労務供給のために必要な指示を意味するのであれば、業務の内容・性質に照らし契約に基づき一定の指示があるのは当然のことである。したがって、当該労務供給者が「自ら他人に有償で労務を供給する自然人」であること、あるいは、当該労務供給契約が「自ら他人に有償で労務を供給する契約」であることに加えて「業務遂行上の指揮監督」という概念を用いる必要はない。

また、「業務遂行上の指揮監督」が、業務の遂行方法に関する具体的・詳細な指示を意味するのであれば、この判断基準により「労働者」の範囲を限定することは失当である。職種・職務内容や企業の経営政策等により、業務の具体的遂行方法等につき労務供給者が大きな裁量を有していることは少なくなく、裁量・独立性が高い専門・技術職（研究・開発者、大学教員、大工、技術者等）等については、具体的遂行方法の指示が行われないことが普通であるが、業務の具体的遂行方法等につき指示を受けないからといって、その雇用・労働条件や人格権等の保障を必要とし、労務の供給を受ける者と実質的に対等に交渉できない立場にあることに変わりはないからである。

(4) （事業）組織への組入れ

「（事業）組織への組入れ」に関しては、労務供給者の供給する労務が労務の供給を受ける者にとって必要な労働力であるということで足りるのであれば、労務の供給を受ける者は当該労務が必要であるから労務供給契約を締結するのであるから、当該労務供給者が「自ら他人に有償で労務を供給する自然人」であること、あるいは、当該労務供給契約が「自ら他人に有償で労務を供給する契約」であることに加えて、あえて、「（事業）組織への組入れ」を労働者性を判断するにあたり考慮する必要はない。

また、「（事業）組織への組入れ」が、「恒常的に不可欠な労働力」等、「一定以上の（事業）組織への組入れ」の存在を要求するのであれば、主要な業務や恒常的業務に従事していない労働者や、一時的・臨時的労働者等を除外する結果になる。しかし、むしろ、これらの「非正規労働者」こそ、自ら他人に有償で労務を供給する者の中でも労務の供給を受ける者と対等に交渉できない弱い立場にあり、労基法・労契法・労組法等の適用が必要とされるから、「一定以上の（事業）組織への組入れ」の基準により「労働者」の範囲を限定することは失当である。

(5) 時間的場所的拘束性

「時間的場所的拘束」が、業務の性質や契約の内容に由来して、一定の時間的場所的拘束を受けていることを意味するのであれば、自ら他人に有償で労務を供給する者が、労務の供給を行うために、契約に基づく一定の時間的場所的拘束を受けていることは当然である。したがって、当該労務供給者が「自ら他人に有償で労務を供給する者」であること、あるいは、当該労務供給契約が「自ら他人に有償で労務を供給する契約」であることに加えて、「時間的場所的拘束」を労働者性の判断にあたり考慮する必要はない。

また、「時間的場所的拘束が少ないこと」は、労働者性を否定する理由とはならない。時間的場所的拘束の内容は職種・職務内容や企業の経営政策等に基づき契約により定まり、時間的場所的拘束が少ない場合もあるが、時間的場所的拘束が少なくても、その雇用・労働条件や人格権等の保障を必要とし、労務の供給を受ける者と実質的に対等に交渉できない立場であることに変わりはないからである。

(6) 代替性

「代替性があること」は労働者性を否定する理由とはならない。本人に代わって他の者が労務を供給すること、あるいは、本人が自らの判断によって補助者を使うことを認めるかどうかは、契約当事者が自由に決めることができ、職種・職務内容や会社の経営方針により、代替性が認められる場合もあるが、代替性が認められるからといって、労働権・人格権の保障を必要とし、労務の供給を受ける者と実質的に対等に交渉できないという立場に変わりはないからである。

(7) 専属性・当該収入への依存

自ら他人に有償で労務を供給する者が、制度上又は事実上兼業が認められていても、当該労務の供給を受ける者に対してのみ労務を供給しているわけではなく複数の相手方と労務供給契約を締結し労務を供給していても（たとえば午前中はローソン、午後はセブンイレブンで働いていても）、兼業商店主や兼業農家であっても、また、当該労務の供給を受ける者から支払われる報酬にその生活を依存していなくても、その雇用・労働条件や人格権を保障すべき必要性があり、当該労務の供給を受ける者と実質的に対等に交渉できない立場であることに変わりはない。

また、「専属性」や「当該収入への依存」を判断要素とすると、一時的・臨時的労務供給者や複数の労務供給先を有する者を除外する結果となるところ、むしろ、これらの「非正規労働者」こそ労働者の中でも対等に交渉できない弱

い立場にあり、労基法、労契法、労組法等の適用が必要とされるから、「専属性」や「当該収入への依存」により「労働者」の範囲を限定することは失当である。

(8) 契約内容の一方的・定型的決定

「契約内容の一方的・定型的決定」が、「契約内容が実質的に一方的に決定されている(同意せざるをえない)こと」、あるいは、「報酬等の諸条件の決定過程において交渉の可能性が実際に(ほとんど)存在していなかったこと」を意味するものであるとしても、これは、労働者性の判断要素ではない。

第一に、労基法・労契法・労組法上の労働者かどうかは、少なくとも労務供給契約を締結する前に決定されていなければならず(そうでなければ、契約締結に関する労基法・労契法の規定が適用されるかどうか、契約締結に際し団体交渉を行うことができるかどうかを決定することができない)、「労務供給契約の内容がどの程度実質的に一方的に決定されたかどうか、当該労務供給契約についての交渉・成立経緯等により、事後的に決定される」ものではない。

したがって、「労務供給の相手方と実質的に対等に交渉できない立場にある」ということは、「自ら他人に有償で労務を供給する者であって、労務の供給を受ける者との関係で独立事業者又は独立労働者でない者」であることに尽きるのであって、①締結しようとする労務供給契約の内容と、②契約相手方との関係で、労務供給契約締結前に決定される。

第二に、「契約内容が実質的に一方的に決定されている(同意せざるをえない)こと」を労働者性の判断基準とすると、当該労務供給者がすでに「労働組合」に加入し、「団体交渉」が行われ、契約内容が実質的に対等に決定されていた場合、当該労務供給者は、労働者ではないことになってしまう。この帰結が合理的でないことは明らかである。この点に関し、「すでに労務供給者の団体が結成され、それが交渉に関与している場合には、仮にそうした団体が存在しないとしたら諸条件はどのように決定されたであろうかという仮定的事実の問題となる」との見解[*31]もあるが、具体的事実により主張立証することのできない仮定に基づく推論は、単なる弁論であって、裁判所において判断指標とすることはできない。

(9) 税、労働・社会保険、就業規則の適用等

労務の供給を受ける事業者が、当該労務供給者の報酬から所得税の源泉徴収や社会保険・雇用保険の保険料の控除をしていないこと、当該労務供給者に就

---

[*31] 西谷敏「労組法上の『労働者』の判断基準」労旬1734号(2010)35頁。

業規則や退職金制度等を適用していないこと、労務供給者がその報酬を事業所得として確定申告していたこと等は、当事者が主観的に当該労務供給者を労働者と判断していない（取り扱わない）ことを示すものであるとしても、労働者性を否定する理由とはならない。

　なぜなら、労基法・労契法・労組法等は、自ら他人に有償で労務を供給する者全体の労働権・生存権保障を目的とするものであるから、労基法・労契法・労組法等の適用範囲は客観的基準により決定され、当事者の意思により「労働者」の範囲を縮小・拡大することはできないからである。

　また、客観的に労基法、所得税法、健康保険法、厚生年金保険法、雇用保険法所定の要件に該当すれば、労務の供給を受ける者（使用者・給与等支払者・事業主）に、就業規則の適用、所得税の源泉徴収、保険料の控除と納付の義務が発生するのであるから、労務の供給を受ける者が当該労務供給者に就業規則を適用していない、あるいは、源泉徴収・保険料納付を行っていないから当該労務供給者が「労働者」に該当しないという見解は、思考順序が逆であり、その意味でも失当である[*32]。

　(10)　賃金・報酬

　前記のように、「指揮監督下の労働」等は労働者性の判断基準ではないから、当該報酬が「指揮監督下の労働」の対価である必要はなく、賃金又は報酬は、単に労務の対価であることで足り、当該労務供給契約が有償労務供給契約であることで足りる。

　また、報酬の額が「高額」であろうと、また、報酬の決定方法（時間当たり単価、出来高、委任業務の履行等）、報酬の名称（賃金、委託料、請負工事代金等）、報酬の請求方法・支払形式（請求書に基づく支払等）、支払方法等がどのようなものであろうと、自ら他人に有償で労務を供給する者がその労働権・人格権等の保障を必要とすること、及び、労務の供給を受ける者と実質的に対等に交渉できないという立場に変わりはないから、報酬の額・決定方法・請求方法・支払形式・支払方法等は労働者性の判断基準とはならない。

　なお、当該労務供給者が労基法上の労働者であれば、最賃法、労基法24条等が適用されるが、賃金額や支払方法がこれらの法律の定めと異なる（法違反がある）からといって、当該労務供給者が労基法上の労働者性を否定されるわけではないことはいうまでもない。

---

[*32]　就業規則が適用されていなかったことにつき、このように述べる裁判例として、J社ほか1社事件・東京地判平25・3・8労判1075号77頁。

(11) 事業者性

　第一に、労務の供給を受ける者との関係で、労働者性を否定しうる「事業者」、すなわち、「独立事業者」であると認められるためには、①独立した事業に必要な生産手段等を有し、それを利用して労務を供給し、かつ、②労務の供給を受ける者が消費者である場合、又は、労務の供給を受ける者が事業者であるが、供給される労務の内容が労務の供給を受ける事業者の事業内容の一部ではなく、専属的・継続的な労務供給でもないことが必要である。パソコン、大工道具一式、修理器具・工具、自家用車、トラック、バイク等は、労務供給者本人が支配管理しその手足を用いて使う単なる「道具」であって、「独立した事業に必要な生産手段」ではない。

　第二に、自ら他人に有償で労務を供給する者が独自の商号・屋号等を有していたとしても、だからといって労務の供給を受ける者と対等に交渉できる立場にあるわけではなく、当該労務供給者が属する労働力市場の歴史的慣行や習俗として商号・屋号等を使用しているにすぎないから、労働者性を否定することはできない。

　第三に、自ら他人に有償で労務を供給する者が、修理器具・工具等を用意したり、一定の費用負担をしたり（工具の購入、自家用車の使用、ガソリン代・高速道路料金支払等）、損害が発生したときに賠償責任を負担することになっていたとしても、それはむしろ弱い立場であるがためにコストやリスクを負担させられている場合も多く、労働者性を否定する理由とはならない。

## 7　私見

(1) 労基法上の労働者

　労基法は、第一に、労働法分野の中で、他の個別的労働関係法の領域の法律と相俟って、自ら他人に有償で労務を供給する自然人の雇用・労働条件の最低基準とルール、人権保障規定等を定め、もって、自ら他人に有償で労務を供給する自然人個人及び全体の、人権保障を内包した雇用・労働条件を保障することを目的とする法律である。

　けだし、自ら他人に有償で労務を供給する自然人は、人権保障を内包した雇用・労働条件の保障が必要であるが、労務の供給を受ける者と実質的に対等に交渉できない立場にあり、また、公正競争の確保が必要だからである[33]。

　第二に、労基法は、労契法及び労組法とは異なり、「事業」に使用される者

---

*33　前記第1章「労働法の目的と対象」2。

を適用対象とし(労基9条)、「事業主(又は事業主のために行為する者)」を「使用者」(労基10条)として規制対象とする「事業主規制法」である。この「事業主規制法」たる性質は、労契法を除く他の個別的労働関係法の領域の法律及び労災保険法等も同様である。

　第三に、労基法は、労働契約の締結・内容・終了(終了後の関係を含む)、労働関係における人権保障規定等を定めるものであるから、対象とする労働者として、契約締結過程にある者・契約を締結している者・契約を締結していた者は含まれうるが、特定の労務供給契約と全く関係のない「失業者」は含まれない。

　したがって、「労基法上の労働者」は、「労働法の対象とする労働者」[34]たる「自ら他人に有償で労務を供給する自然人で、労務の供給を受ける者との関係で独立事業者[35]又は独立労働者[36]ではない者」のうち、事業者に労務を供給する自然人を対象とし、失業者を含まない。

　すなわち、「自ら事業者に有償で労務を供給する自然人で、労務の供給を受ける事業者との関係で『独立事業者』ではない者(失業者は含まない)」である。

　(2) 労基法上の労働者と労基法上の労働時間

　労基法の労働時間規制[37]は、労基法による労働条件規制の中核的内容の一つであるが、最高裁判決[38]は、規制対象となる「労基法上の労働時間」は、「労働者が使用者の指揮命令下に置かれている時間」と解している。

　しかし、労働時間規制は、①労基法上の労働者の債務が「自らの他人に対する労務供給」であること、及び、②労働者が実質的に対等に交渉できない立場にあることに着目し、労働時間の長さ・配分方法・時間帯を限定し、また、労務から解放される自由時間(休憩・休日・休暇)を確保し、もって労働者の健康・安全と人間らしい生活を確保することを目的として行われているのであって、当該労務供給が「指揮監督(命令)下の労働」であるから行われているわけではない。

　この労働時間規制の意義に鑑みれば、「労基法上の労働時間」は、「労務を履行する時間」、あるいは、「債務の本旨に従って労務を提供する時間」であり[39]、労働時間規制の対象となる「労基法上の労働者」を、「自ら事業者に有

---

[34]　前記第1章「労働法の目的と対象」2。
[35]　概要は前記第1章「労働法の目的と対象」2(6)、詳細は後記(7)。
[36]　概要は前記第1章「労働法の目的と対象」2(6)、詳細は後記(7)。
[37]　後記第11章「労働時間と自由時間」。
[38]　三菱重工長崎造船所(一次訴訟・会社上告)事件・最一小判平12・3・9民集54巻3号801頁/労判778号11頁。
[39]　詳細は、後記第11章「労働時間と自由時間」第2節2(1)。

償で労務を供給する自然人で、労務の供給を受ける事業者との関係で独立事業者でない者」と定義することと論理的に整合する。

(3) 労契法上の労働者

労契法は、第一に、労働法分野の中で、自ら他人に有償で労務を供給する自然人の労務供給契約の成立・内容の設定と変更・懲戒・終了等に関するルールを定め、他の個別的労働関係法の領域の法律とともに雇用・労働条件の最低基準とルール等を直接規制し、もって、自ら他人に有償で労務を供給する自然人個人及び全体の雇用・労働条件を保障するものである。

けだし、自ら他人に有償で労務を供給する自然人は、人権保障を内包した雇用・労働条件の保障が必要であるが、労務の供給を受ける者と実質的に対等に交渉できない立場にあり、また、公正競争の確保が必要だからである。

第二に、労契法は、労基法及び他の個別的労働関係法の領域の法律とは異なり、対象とする労働者の範囲を「事業者」に労務を供給する者に限定しておらず、「消費者」に労務を供給する者も含まれうる。

第三に、労契法は、労働契約の締結・内容の設定と変更・終了等に関するルールを定めるものであるから、対象とする労働者として、契約締結過程にある者、契約を締結している者、及び、契約を締結していた者は含まれうるが、特定の労務供給契約と全く関係のない「失業者」は含まれない。

したがって、「労契法上の労働者」は、「労働法の対象とする労働者」である「自ら他人に有償で労務を供給する自然人で、労務の供給を受ける者との関係で独立事業者又は独立労働者ではない者」のうち、労基法の場合とは異なり事業者に労務を供給する者に限定はされないが、失業者は含まない。

すなわち、「自ら他人に有償で労務を供給する自然人で、労務の供給を受ける者との関係で『独立事業者』又は『独立労働者』に該当しない者（失業者は含まない）」である。

(4) 労組法上の労働者

労組法は、第一に、労働法分野の中で、憲法28条とともに、自ら他人に有償で労務を供給する自然人に対し、団結権、団体交渉権、団体行動権を保障し、労働協約の規範的効力を及ぼし、また、不当労働行為からの救済等を制度化し、もって、自ら他人に有償で労務を供給する人間個人及び全体の雇用・労働条件を保障するものである。

けだし、自ら他人に有償で労務を供給する自然人は、人権保障を内包した雇用・労働条件の保障が必要であるが、労務の供給を受ける者と実質的に対等に交渉できない立場にあるので、個別に交渉していたのではその雇用・労働条件

は保障されず、また、国による雇用保障や法律による雇用・労働条件規制のみでは、労働者に対する十分な雇用保障、産業・職種・企業の状況に応じたきめ細かくかつ高いレベルの雇用・労働条件保障、労働者の経済的地位の向上のための十分な活動を行うことは困難だからである。

第二に、労組法は、労基法及び他の個別的労働関係法の領域の法律(労契法を除く)とは異なり、対象とする労働者の範囲を、事業者に労務を供給する者に限定していない。

第三に、労組法は、団結権を保障し労働者が自らその雇用を確保し労働条件を維持改善すること等の活動を行うことを保障するものであるから、自ら他人に有償で労務を供給する契約を締結したいと思っているが締結していない状態にある、失業者も対象とする必要がある。

したがって、「労組法上の労働者」は、「労働法の対象とする労働者」と同じく、「自ら他人に有償で労務を供給する自然人であって、労務の供給を受ける者との関係で『独立事業者』又は『独立労働者』ではない者」であり、自ら他人に有償で労務を供給する契約を締結したいと思っているが締結していない状態にある、「完全失業者」及び「部分失業者」[*40]を含む。

(5) 客観的基準による契約締結前の決定

前記(1)(3)(4)で検討したように、①労基法上の労働者、②労契法上の労働者、③労組法上の労働者は、いずれも、(a)「自ら他人に有償で労務を供給する自然人」であること、及び、(b)労務の供給を受ける者と実質的に対等に交渉できない立場にあるという「交渉の非対等性」が基本的判断基準である。

「労務の供給を受ける者と実質的に対等に交渉できない立場にある」ということは、「自ら他人に有償で労務を供給し、労務の供給を受ける者との関係で独立事業者又は独立労働者でないこと」に尽きるのであって、①締結しようとする労務供給契約の内容(自ら他人に有償で労務を供給する契約)と、②労務の供給を受ける者との関係(独立事業者又は独立労働者でないこと)という客観的基準によって、労務供給契約の締結前に決定される。

(6) 相対的・関係的概念

また、「労働者」は、具体的な労務供給契約のもとで、労務の供給を受ける

---

[*40] 「完全失業者」は、全く職業活動を行っておらず、自ら他人に有償で労務を供給する契約を締結したいと思っているが締結していない状態にある者、「部分失業者」は、職業活動を行っており、さらに自ら他人に有償で労務を供給する契約を締結したいと思っているが締結していない状態にある者(農業経営者でさらに企業でも働きたいと思っている者等)である。

者との関係で、労働者かどうか(失業者であれば具体的な労務供給契約がない状態において労働者かどうか)という観点から定まる相対的・関係的概念である。それゆえ、「労働者」に該当し労働関係法規が適用されるかどうかは具体的場面により異なり、一人の人間がある場面では「労働者」であり、ある場面では「労働者」ではないということは当然ありうる。

(7) 「独立事業者」と「独立労働者」

労務供給者が「自ら事業者又は他人に有償で労務を供給する自然人」である場合は、「労働者」に該当するかどうかの争点は、当該労務供給者が、例外的に、労務の供給を受ける者との関係で、「独立事業者」又は「独立労働者」[*41]に該当するかどうかである。

第一に、「独立事業者」に該当するためには、(a)独立した事業に必要な生産手段等を有しそれを利用して労務を供給すること、及び、(b)①労務の供給を受ける者が消費者であること、又は、②労務の供給を受ける者が事業者である場合は、供給される労務が労務の供給を受ける事業者の事業内容の一部ではなく、専属的継続的な労務供給でもないことが必要であり、(a)と(b)の二つの要件をいずれも充足することが必要である(例:開業医等)。

第二に、「独立労働者」に該当するためには、独立した事業に必要な生産手段等を有しそれを利用して労務を供給する者ではないが、①労務の供給を受ける者が消費者であること、及び、②当該消費者に対する専属的な供給ではないことの二つの要件をいずれも充足することが必要である(例:ピアノ教師が生徒と直接契約してレッスンをする場合等)。

(8) 証明責任

当該労務供給者が労基法又は労契法・労組法上の労働者であることを主張する者が、当該労務供給者が「自ら事業者又は他人に有償で労務を供給する自然人」であることを主張立証した場合は、その労働者性を争う者が、当該労務供給者が労務の供給を受ける者と実質的に対等に交渉することができる立場にあること、すなわち、「労務の供給を受ける事業者との関係で独立事業者であること」(労基法上の労働者性を争う場合)又は「労務の供給を受ける者との関係で独立事業者又は独立労働者であること(労契法・労組法上の労働者性を争う場合)を主張立証しない限り、当該労務供給者は、労働者に該当すると判断される。

(9) 会社役員等

株式会社の役員等(取締役・会計参与・監査役・執行役・会計監査人)や、一般社

---

[*41] 前記第1章「労働法の目的と対象」2(6)。

団法人、一般財団法人、公益社団法人、公益財団法人等の役員等(理事・監事・会計監査人)は、会社あるいは社団・財団の「機関」であり、その「機関としての行為」は、「会社あるいは社団・財団の意思・行為」であって、少なくとも「他人(会社あるいは社団・財団)に対する労務供給」ではないから、「機関」として行為する限りにおいては、労基法・労契法・労組法上の労働者ではない。

ただし、株式会社の取締役は「使用人」(部長、工場長、一般従業員等)を兼務することが認められているところ、「使用人」としての行為は「他人(会社)に対する労務供給」であるから、「使用人」として行為する部分については、労基法・労契法・労組法上の労働者である[*42]。

(10) 「労働者」の類型別検討

それでは、従来より、労働者性の有無が問題となっている労務供給者(自然人[*43])の類型につき、前記(1)(3)(4)の基準に照らして検討しよう[*44]。

第一に、労務の供給を受ける者が事業者である場合(次に掲げる①⑨は全てそうであるが)は、①外勤型(生命保険・証券会社の外務員、営業・販売・外交・集金員[*45]、電気・ガスの検針員等)、②運動・芸術・芸能型(スポーツ選手、音楽家、俳優[*46]、モデル、タレント[*47]等)、③対人サービス型(美容師、ネイリスト、ホステス等)、④技術・技能・専門職型(弁護士、医師、デザイナー、翻訳、インストラクター、講師[*48]、サービス・システムエンジニア、庭師・園芸師、記者等)、⑤看護・介護・保育・家事労働型(看護・介護・保育者、ベビーシッター、ヘルパー等)、⑥運送型(トラック・

---

[*42] 詳細は、川口・労働者概念(2012)391-392頁。ただし、労組法2条但書1号の「使用者の利益代表者」に該当するので、団結権の行使に一定の制限を受け(第22章「団結の結成と運営」第1節2(2)(3))、また、その具体的権限等に鑑み、信義則上、団体交渉権・団体行動権の行使に制限を受けることになろう。

[*43] 一人法人のように契約当事者が形式的には法人であるが、資本の規模が零細であり、実質的には自然人である場合を含む。

[*44] 類型毎の判例・裁判例、労働委員会命令と具体的判断基準の詳細は、川口・労働者概念(2012)第2部第5章。

[*45] NHKと業務委託契約を締結しNHKと受信者との間の放送受信契約の取次業務や放送受信料の集金、収納業務等を行っていた「地域スタッフ」の労組法上の労働者性を肯定した労働委員会命令として、日本放送協会(水戸局)事件・東京労委平27・1・20中労委DB:M-H27-031。

[*46] 所属する会社のプロダクション業務(俳優としての業務、イベントの司会、スタッフ業務等)を行っていた俳優の労組法上の労働者性を肯定した労働委員会命令として、プラグ・イン事件・東京労委平22・9・21中労委DB:M-H22-038。

[*47] アイドルグループメンバーの労基法・労契法上の労働者性を肯定した裁判例として、元アイドルほか(グループB)事件・東京地判平28・7・7労判1148号69頁。

[*48] 音楽教室のピアノ講師の労組法上の労働者性を肯定した労働委員会命令として、河合楽器事件・福岡労委平22・8・20中労委DB:M-H22-048。

タクシー運転手、宅急便、バイク便、バイシクル便*49、新聞配達等)、⑦建設土木・林業型(大工、建設関連職人、溶接・電気職人、木材伐採職員等)、⑧案内労働・在宅勤務型(自宅での物品の製造・加工、ソフトウエアの開発、文書処理等で、それが「売買」ではなく「労務供給」であることを前提とする)、⑨親族型(企業経営者の親族)*50、⑩研修生・実習生(その行為が社会通念上有償の労務供給である場合)*51、⑪シルバー人材センターの就労者*52、⑫店舗経営型(キオスク店長、コンビニエンスストア店主等で、当該フランチャイズ契約等が有償労務供給契約である場合)*53)のいずれの労務供給者も、労務供給者が労務の供給を受ける事業者との関係で事業者性と独立性を有するごく例外的な場合(法律事務所を経営している弁護士が顧客の一人である会社の訴訟業務を行う等)を除き、労基法・労契法・労組法上の労働者である。

それに対して、第二に、労務の供給を受ける者が消費者である場合は、労基法上の労働者ではなく、その専属的使用人である場合を除き、労契法・労組法上の労働者でもない。

# 第2節　事業主・事業者・使用者

労働法においては、労働法分野の法律又は条文の適用対象となる者を画定する概念として、「事業主」(→1)、「事業者」(→2)、「使用者」概念が、用いら

---

*49　メッセンジャー即配便と称し自転車で書類等配送業務を行う会社の配送員の労組法上の労働者性を肯定した労働委員会命令として、ソクハイ事件・中労委平22・7・7中労委DB：M-H22-063/別冊中央労働時報1395号11頁。
*50　ただし、「同居の親族のみを使用する事業(場合)」(労基116条2項、労契22条2項)においては、労基法・労契法上の労働者ではないが、労組法上の労働者ではある。
*51　外国人研修生の労基法上の労働者性を肯定した裁判例として、スキール ほか事件・熊本地判平22・1・29労判1002号34頁、三和サービス事件・名古屋高判平22・3・25労判1003号5頁、デーバー加工サービス事件・東京地判平23・12・6労判1044号21頁、ナルコ事件・名古屋地判平25・2・7労判1070号38頁等。
*52　シルバー人材センターの根拠法は高年法41条以下であり、その主要業務は、「臨時的かつ短期的な就業(雇用によるものを除く。)」に関する「就業の機会を確保し、及び組織的に提供すること」(42条1項1号)、及び、「臨時的かつ短期的な雇用による就業」に関する「職業紹介事業」(前同2号)である。前者の業務に関しては、職安法違反に問われることを回避するため、就労者の労務供給先はシルバー人材センターとされることが多く、当該就労者に関しては労働者性を否定し、労働保険の適用対象としない実務運用がなされている。後者の業務による就労者は、センターの職業紹介を経て、労務供給先と契約を結ぶのが通例である。
*53　フランチャイズ契約を締結している加盟者でコンビニエンスストアの店主の労組法上の労働者性を肯定した労働委員会命令として、セブン-イレブン・ジャパン事件・岡山労委平26・3・13中労委DB：M-H26-086、ファミリーマート事件・東京労委平27・3・17中労委DB：M-H27-005。

れ、「使用者」概念は、①「労基法上の使用者」（→3）、②「労契法上の使用者」（→4）、③「労組法における使用者」（→5）の三つに大別される。

また、労働者との労働契約の当事者として労働契約上の権利義務関係の主体となる者を、「労働契約上の使用者」（→6）と呼ぶ。

以下、これらを順に検討する。

### 1　事業主

労基法は、「事業主又は事業の経営担当者その他その事業の労働者に関する事項について、事業主のために行為をするすべての者」を「使用者」と定義し（労基10条）、最賃法は、労基法10条の使用者を「使用者」と定義している（最賃2条2号）が、賃確法、育介法、均等法、パート法、高年法、労災保険法等においては、「使用者」ではなく、「事業主」という概念が用いられている。

「事業主」の定義は条文上存在しないが、当該法律の適用される「労働者」と労務供給契約を締結する事業者であると解されるところ、上記の法律の適用される労働者は、いずれも「労基法上の労働者」である。

したがって、労基法及び最賃法の「使用者」の定義の中の「事業主」、及び、賃確法、育介法、均等法、パート法、高年法、労災保険法等における「事業主」は、「労基法上の労働者と労務供給契約を締結する事業者」である。

### 2　事業者

安衛法は、「事業主」ではなく「事業者」概念を使用しているところ、同法は、「事業者」を「事業を行う者で、労働者を使用するもの」と定義し（安衛2条3号）、数次の下請負関係があり一つの場所において行う事業の仕事の一部を請負人に請け負わせている事業者の中で最も先順位に位置する事業者を「元方事業者」と定義し（安衛15条1項）、「労働者」を「労基法9条の労働者」と定義している（安衛2条2号）。

また、じん肺法も「事業者」概念を使用しているところ、同法は、「事業者」を「安衛法2条3号に規定する事業者で、粉じん作業を行う事業に係るもの」と定義している（じん肺2条1項5号）。

### 3　労基法上の使用者

(1)　労基法10条の「使用者」の定義

労基法の適用対象となり、労基法に定められた義務を負う「労基法上の使用者」について、労基法10条は、「事業主又は事業の経営担当者その他その事業

の労働者に関する事項について、事業主のために行為をするすべての者」と定義している。

すなわち、労基法上の使用者は、①事業の主体でありかつ労働契約の当事者である「事業主」にとどまらず、②「事業の経営担当者」、及び、③「その他その事業の労働者に関する事項について、事業主のために行為をするすべての者」を広くその対象に含む概念であり、労基法の規制の実効性を確保するために、労基法の規制に関する実質的な責任者を「使用者」としてその定める義務を遵守させることとした。

したがって、労基法・労契法・労組法上の労働者と労基法上の使用者はその範囲が重なる場合があり、②「事業の経営担当者」も使用人としての行為を行っている者はその限りでは労基法・労契法・労組法上の労働者であり、③「その他その事業の労働者に関する事項について、事業主のために行為をするすべての者」も、労基法・労契法・労組法上の労働者である。

(2) 判断基準

①「事業主」とは、「労基法上の労働者」[*54]と労務供給契約を締結する事業者(法人又は自然人)であり、「労基法上の労働者」が画定されれば、その労務供給契約の相手方として画定される。

②「事業の経営担当者」とは、株式会社の取締役・執行役、社団法人・財団法人の理事、支配人等である。

③「その他その事業の労働者に関する事項について、事業主のために行為をするすべての者」とは、労基法の定める事項について実質的に決定権限を有する者であり、各条文ごとに決定されることになる。

(3) 請負事業に関する例外

労基法別表第1の3号(土木、建築その他工作物の建設等の事業)が数次の請負によって行われる場合においては、災害補償についてはその元請負人が下請負人(さらにその下請負人がいればそれも含む)と労務供給契約を締結している労働者との関係で労基法上の使用者とみなされ、元請人が書面による契約で下請負人に補償を引き受けさせた場合は、その下請人も使用者である。ただし、二以上の下請負人に同一の事業について重複して補償を引き受けさせることはできない(労基87条1・2項、労基則48条の2)。

(4) 労基法上の使用者の責任

労基法は、違反に対する刑罰を定めており、また、労基法の条文の多くは「使

---

[*54] 前記第1節2・7(1)。

用者」を各条の義務者と規定している(「使用者」以外を名宛人としているのは、6条、58条、59条)。

　したがって、労基法が使用者を義務者とする規定の違反があった場合、労基法上の使用者は、行為者として同法117条以下の刑罰の対象となりうる。

　なお、違反行為をした者が、当該事業の労働者に関する事項について、事業主のために行為した代理人、使用人その他の従業者である場合においては、事業主に対しても各条の罰金刑が科せられる(ただし、事業主<法人の場合はその代表者>が違反の防止に必要な措置をした場合を除く)(労基121条1項)。いわゆる両罰規定である。また、事業主(法人の場合はその代表者)が、違反の計画を知りその防止に必要な措置を講じなかった場合、違反行為を知りその是正に必要な措置を講じなかった場合又は違反を教唆した場合においては、事業主(法人の場合はその代表者)も行為者として罰せられる(労基121条2項)。

　　(5)　労基法上の使用者の射程距離

　最賃法の適用される「使用者」は、労基法上の「使用者」と同一である(最賃2条2号)。

　これに対し、最賃法以外の個別的労働関係法の領域の法律(労契法を除く)の適用対象は「事業主」又は「事業者」のみである(→前記2)。

　なお、派遣先については、労基法、安衛法、じん肺法、作業環境測定法、均等法、育介法の一部の規定が適用される(派遣法44条～47条の3)[*55]。


### 4　労契法上の使用者

　労契法の適用対象となる「労契法上の使用者」について、同法は、「その使用する労働者に対して賃金を支払う者」と定義している(労契2条2項)。

　したがって、「労契法上の使用者」は、「労契法上の労働者と労務供給契約を締結する者」であり、「労契法上の労働者」[*56]に対応して決定される。

　労契法上の使用者は、事業者に限定されていないので、消費者も労契法上の使用者となりうる。


### 5　労組法における使用者

　労組法において、「使用者」概念は、①不当労働行為の主体(労組7条1号～4号)、②団体交渉の当事者(労組6条)、③労働協約の締結当事者(労組14条)等として登

---

[*55]　後記第20章「非典型労働契約」第3節3(2)イ・ウ。
[*56]　前記第1節3・7(3)。

場する。

　「労基法上の使用者」（労基10条）及び「労契法上の使用者」（労契2条2項）の定義規定はあるが、労組法においては、「使用者」の定義規定はなく、労組法の各条に定められた「使用者」の具体的範囲は異なる。そこで、労組法における「使用者」概念については、①「不当労働行為」、②「団体交渉」、③「労働協約」のそれぞれの該当部分[*57]において検討する。

## 6　労働契約上の使用者
### (1) 問題の所在

　労働契約上の使用者[*58]、すなわち、労働契約の当事者として労働契約上の義務を負う者が誰かは、特に、①共同使用、②企業グループ（集団）、③出向、④親子会社・グループ企業等、⑤労働者派遣、請負・委任等の労務供給関係、⑥企業再編（会社解散と新会社設立、合併、事業譲渡、会社分割）の場合に問題となる（→(3)～(8)）が、まず前提として、「労働契約」の概念を確認する（→(2)）。

### (2) 労働契約

　「労働契約」は、「労働者」の締結する「労務供給契約」である。労働法分野の法律の適用される「労務供給契約」の範囲を画定する概念でもあり、「労働者」概念[*59]に対応して定まる。すなわち、①「労基法上の労働者」の締結する労務供給契約は、労基法等が適用される労働契約であり、②「労契法上の労働者」の締結する労務供給契約は、労契法が適用される労働契約であり、③「労組法上の労働者」の締結する労務供給契約は、労組法が適用される労働契約である。

　したがって、「労働契約」は、厳密に言えば、①労基法上の労働契約、②労契法上の労働契約、③労組法上の労働契約の三種類存在する[*60]。

### (3) 共同使用

　複数の者が同一場所で労働する労働者の労務の供給を受ける「共同使用」の場合、例えば2人の弁護士ＡとＢが共同で事務所を持ち1人の事務員Ｘから労務の供給を受ける場合は、①ＡとＢが共同でＸと1個の労働契約を締結し、共同

---

[*57]　後記第26章「不当労働行為と法的救済」第2節第1款、第23章「団体交渉」第2節第2款2(3)イ、第25章「労働協約」第2節1(1)イ。
[*58]　近年の論考として、本久洋一「労働契約上の使用者」再生(1)(2017)95-114頁、同論文引用文献等。
[*59]　前記第1節参照。
[*60]　後記第5章「権利義務関係の決定システムと法源」第2節第1款1。

で使用者となる場合*61と、②AとX、BとXがそれぞれ別個の労働契約を締結し、AとBのそれぞれがXとの関係で別個の労働契約上の使用者である場合が想定される。

(4) 企業グループ(集団)

企業グループ(集団)が企業グループとして応募者Xを募集・採用して、グループ内で出向等によりその労働力を利用する場合、法人格のない企業グループが労働契約の当事者となることはできないので、企業グループの中の一又は複数の企業が単独ないし共同でXの労働契約の当事者(使用者)となる。

(5) 出向

労働者Xが、A会社と労働契約を締結した後、同じ企業グループあるいは関連会社のB会社に出向*62してB会社の事業場で労務を供給している場合、XとA会社の労働契約は存続しているが、A会社のXから労務の供給を受ける権利(労務供給請求権)は全部又は一部*63B会社に譲渡され、その他のXとA会社の労働契約上の権利義務も、一部、A、B、Xの合意等によりB会社に権利譲渡又は債務引受される場合がある。

したがって、Xが労働契約上の権利を有する地位にあるのはA会社であるが、B会社も部分的にではあるが労働契約上の権利義務の主体であり、B会社が賃金の全部又は一部につき併存的に債務を引き受けている場合*64は、その部分につきB会社もXに対して賃金支払義務を負う。

(6) 親子会社・グループ企業

法人格は別だが親子会社あるいはグループ企業の関係にある複数企業のうち、子会社又はグループ企業の一つと労働契約を締結した労働者については、当該企業のみが労働契約上の使用者であって、親会社又は他のグループ企業は労働契約上の使用者ではない。

しかし、例外的に、当該労働者が、親会社又は他のグループ企業に対し、賃請求権を有したり、労働契約上の権利を有する地位にある場合がある。

---

*61 弁護士AとBが組合(民667〜688条)を結成していると解されることが少なくない。
*62 「出向」とは、法律の条文上の規定はないが、労働者が労働契約の相手方である出向元企業との労働契約は存続させつつ、別の出向先企業に対して労務を供給することである(後記第16章「労働契約内容の設定と変更」第4節第3款1)。
*63 例えば、一日のうち午後のみ、一週間のうち数日間のみ、出向先で労務を供給するということもあり得る。
*64 A会社は労基法24条により賃金全額の支払義務を負うのでB会社に免責的債務引受させることはできない。

第一は、当該企業の、①法人格が形骸化している場合（法人格の形骸化）[*65]、又は、②法人格が法律の適用を回避するために濫用されている場合（法人格の濫用）[*66]であって、「法人格否認の法理」[*67]により当該企業の法人格が否認され、親会社あるいは他のグループ企業が労働契約上の義務を負う場合又は労働契約の当事者と認められる場合である[*68]。

第二は、当該労働者と親会社あるいは他のグループ企業との間に「黙示の労働契約の成立」（労務供給とその対価としての報酬の支払の意思の合致）が認められる場合である[*69]。

(7) 労働者派遣・請負・委任等

労働者派遣・請負・委任等の労務供給関係においては、派遣先・注文者・委任者等が、派遣元・請負人・受任者等の労働者として取り扱われている者の労働契約上の使用者と認められるかどうかが重要な論点の一つとなる（→第20章「非典型労働契約」第3節「派遣労働契約」7(4)）。

(8) 会社解散と新会社設立、合併、事業譲渡、会社分割

企業の外部的再編、すなわち、①会社解散と新会社設立、②合併、③事業譲

---

[*65] 単に当該会社の業務に対し他の会社又は株主らが株主たる権利を行使し利用することにより当該株式会社に対し支配を及ぼしているというだけではなく、当該会社の業務執行、財産管理、会計区分等の実態を総合考慮して、法人としての実体が形骸にすぎないことが必要である（黒川建設事件・東京地判平13・7・25労判813号15頁）。

[*66] 法人格濫用による法人格否認の法理は、法人格を否認することにより、法人の背後にあってこれを道具として利用し支配する者に法律効果を帰属させ、又はその責任追及を可能にするものであるから、その適用に当たっては、法人を道具として意のままに使用しているという「支配」の要件とともに、法的安定性の要請から「違法又は不当な目的」という「目的」の要件も必要である（大阪空港事業事件・大阪高判平15・1・30判時845号5頁、マイスタッフ・一橋出版事件・東京高判平18・6・29労判921号5頁/判タ1243号88頁）。

[*67] 最一小判昭44・2・27民集23巻2号551頁/判時551号80頁（山世志商会事件）。

[*68] 法人格否認の法理（法人格の形骸化）により、親会社に対する賃金・退職金支払請求を認容した裁判例として、川岸工業事件・仙台地判昭45・3・26労判99号42頁、黒川建設事件・東京地判平13・7・25労判813号15頁。法人格否認の法理（法人格の濫用）により、親会社に対し労働契約上の権利を有する地位にあることの確認請求を認容した裁判例として、船井電機事件・徳島地判昭50・7・23労民26巻4号580頁/労判232号24頁、中本商事事件・神戸地判昭54・9・21労判328号47頁/判時955号118頁、第一交通産業（本訴）事件・大阪高判平19・10・26労判975号50頁等、親会社に対する賃金支払請求を認容した裁判例として、布施自動車教習所・長尾商事事件・大阪高判昭59・3・30判時1122号164頁。グループ中心企業から分社化された企業に法人格否認の法理の適用を否定した裁判例として、サン・ファイン（サンファインテキスタイル）事件・名古屋地判平14・11・29労判846号75頁。

[*69] 「出向」先の他のグループ企業との黙示の労働契約の成立を肯定した例として、ウップスほか事件・札幌地判平22・6・3労判1012号43頁。

渡、④会社分割の場合、誰が、関係労働者の労働契約上の使用者となるかが重要な論点の一つとなる（→後記第19章「企業再編・企業グループと労働契約」1～4）。

## 第3節　労働者代表

　日本の集団的労使関係制度において、労働者の労働条件を決定・変更する労働者代表は、「労働組合」等、労働者の「自主的な団結」である。

　国によっては、「自主的な団結」である「労働組合」と企業や事業場単位で選出された「選出代表」である「従業員代表」の両者が労働者の労働条件の決定・変更に関与する、二元的代表システムが採用されているが、日本では、包括的な従業員代表制度は存在しない。

　しかし、労基法等においては、「選出代表」である「過半数代表」及び「労使委員会」が労働条件に関与しうる規定が存在し、具体的な労働条件の決定・変更に実質的に大きな影響を与えている。

　以下では、労働者代表について、①労働者の自主的な団結体の中心的存在である「労働組合」（→1）、②「過半数代表」（→2）、③「労使委員会」（→3）の定義と機能を確認する。

### 1　労働組合

#### （1）定義

　労組法上の「労働組合」は、「労働者が主体となって自主的に労働条件の維持改善その他経済的地位の向上を図ることを主たる目的として組織する団体又はその連合団体」（労組2条本文）であって、「使用者の利益を代表する者」が参加しておらず（労組2条但書1号）、使用者の経理上の援助を受けていないもの（労組2条但書2号）である[*70]。

#### （2）機能

　労働組合の主な機能は、①法令の定める労働条件の最低基準の引上げ、②労働契約の内容の決定・変更、③集団的労使関係ルールの設定である。

　第一に、労働組合は、「労働協約」により、労基法等の法律の定める労働条件の最低基準を、労働者により有利な方向で規制することができる（「上積み規制」）（労組16・17・18条）。例えば、労基法32条は1日の最長労働時間を8時間と定めるが、労働協約により、その適用を受ける労働者の1日の最長労働時

---

[*70]　後記第22章「団結の結成と運営」第1節2。労働組合についての詳細は同章参照。

間を7時間とすることができる。

　第二に、労働組合は、「労働協約」により、法令に抵触しない範囲内で、その適用を受ける労働者の労働契約の内容(権利義務)を決定・変更することができる(労組16・17条)。すなわち、労働協約が最低基準を設定し、労働者により有利な労働契約の定めを許容する場合(例えば1時間当たりの賃金額2000円以上)は、労働協約の定める基準よりも労働者に不利な労働契約については、その部分を無効とし、労働協約の定める基準により労働契約の内容を規律する。ただし、労働協約の定める基準より労働者に有利な労働契約は、そのままである。これに対し、労働協約が統一的基準を設定し、労働者に不利な労働契約の定めのみならず労働者に有利な労働契約の定めも許容しない場合は、労働協約が設定する基準より労働者に不利な労働契約のみならず有利な労働契約も原則として無効となり、労働協約の定める基準が労働契約の内容を規律する。

　第三に、労働組合は、「労働協約」により、使用者又は使用者団体との間の集団的労使関係のルール(団体交渉や争議行為の手続、企業内で行いうる団結活動、労働組合への便宜供与、苦情処理機関の設置等)を設定することができる。

　しかし、労働組合は、「労働組合」としては、過半数代表(→2)や労使委員会(→3)とは異なり、法令の定める最低基準を緩和・解除する、労働条件の「下方修正」を行うことはできない。ただし、労働組合が、事業場の労働者の過半数を組織する労働組合である「過半数組合」である場合は、「過半数代表」でもあり、それとして所定の「労使協定」を締結することにより、法令の定める事項について、法令上の最低基準を緩和・解除することができる。

## 2　過半数代表

### (1)　定義

　「過半数代表」は、「当該事業場に、労働者の過半数で組織する労働組合があるときはその労働組合、労働者の過半数で組織する労働組合がないときは労働者の過半数を代表する者」(労基18条2項等参照)であり、事業場毎に決定される労働者代表である。

　「過半数代表」のうち、「事業場の労働者の過半数を組織する労働組合」を「過半数組合」、「事業場の労働者の過半数を代表する者(自然人)」を「過半数代表者」と呼ぶ。「過半数組合」は、「労働組合」であるとともに「過半数代表」でもあり、双方の権限を有することになる。

　当該事業場に過半数組合が存在する場合は、過半数組合が自動的に「過半数代表」となるが、過半数組合が存在しない場合は、過半数代表者が「過半数代

表」となるから、過半数代表者を選出することが必要である。

　過半数代表者は、①当該事業場の労働者で、労基法41条2号に規定する「監督又は管理の地位にある者」に該当しない者で、②労基法に規定する労使協定等をする者を選出することを明らかにして実施される投票、挙手等の方法による手続により選出された者であることが必要である(労基則6条の2第1項)[*71]。但し、①に該当する者がいない事業場においては、一定の規定(労基18条2項、24条1項但書、39条4・6・7項但書、90条1項)については、②のみが要件となる(労基則6条の2第2項)。

　使用者は、労働者が過半数代表者であること若しくは過半数代表者になろうとしたこと又は過半数代表者として正当な行為をしたことを理由として不利益な取扱いをしないようにしなければならない(労基則6条の2第3項)。

　　(2) 機能

　過半数代表は、①労働時間、休憩・休日・年休・休業、②賃金・手当、③安全・衛生、④貯蓄・財形、⑤雇用保障、⑥就業規則の作成・変更、の大別六つの領域の各事項につき、①労使協定、②委員推薦、③労使協議、④意見聴取の四つのいずれかの方法により関与する。

　過半数代表の機能で特に重要なのは労使協定の締結であり、過半数代表と使用者が所定の事項につき「労使協定」を締結し使用者がこれを行政官庁に届け出ると、強行法規による規制が解除・緩和・修正され、法令上の最低基準が下方修正され又は存在しなくなる[*72]。

### 3　労使委員会

　　(1) 定義

　「労使委員会」は、賃金、労働時間その他の当該事業場における労働条件に関する事項を調査審議し、事業主に対して当該事項について意見を述べることを目的とする委員会で、使用者及び当該事業場の労働者を代表する者を構成員とするもの(労基38条の4第1項)である。

---

　*71　トーコロ事件・東京高判平9・11・17労民48巻5=6号633頁/労判729号44頁(最二小判平13・6・22労判808号11頁も維持)は、「過半数代表者」が適法に選出されたといえるためには、当該事業場の労働者にとって、選出される者が労働者の過半数を代表して労使協定を締結することの適否を判断する機会が与えられ、かつ、当該事業場の過半数の労働者がその候補者を支持していると認められる民主的な手続がとられていることが必要であり、会社役員を含む親睦団体の代表者は過半数代表者ではないと判断しており、支持しうる。

　*72　後記第5章「権利義務関係の決定システムと法源」第2節第7款1参照。

したがって、労使委員会の委員は、使用者及び当該事業場の労働者を代表する者であり、委員の半数は、過半数代表が任期を決めて労基法41条2号「監督又は管理の地位にある者」以外のものを指名する（労基38条の4第2項1号、労基則24条の2の4第1項）。

(2) 機能

　労使委員会は、委員の5分の4以上の賛成に基づく「決議」により、①企画業務型裁量労働制を導入することができ（労基38条の4第1項）、また、②労働時間・休日・有給休暇に関する労使協定（労基32条の2第1項、32条の3、32条の4第1項・2項、32条の5第1項、34条2項但書、36条1項、37条3項、38条の2第2項、38条の3第1項、39条4項・6項、7項但書）に代替することができる（労基38条の4第5項）。

　労使委員会の決議は、これを行政官庁へ届け出ることにより、過半数代表による労使協定の締結・届出と同様、法所定の事項につき、強行法規による規制を解除・緩和・修正し、法令上の最低基準を下方修正することができる[73]。

---

[73] 後記第5章「権利義務関係の決定システムと法源」第2節第7款2参照。

# 第5章　権利義務関係の決定システムと法源

本章では、労働法における権利義務関係の決定システム(→第1節)、及び、労働法の法源(→第2節)を検討する。

## 第1節　権利義務関係の決定システム

労働法の対象とする私法上の権利義務関係は、①労働者と使用者との権利義務関係、②労働組合と使用者・使用者団体との権利義務関係、③労働者と労働組合との権利義務関係に大別することができる。以下、これらの権利義務関係の決定システムを検討する(→1～3)。権利義務関係を決定する法源の詳細は、後記第2節で説明する。

図5.1　権利義務関係決定システム

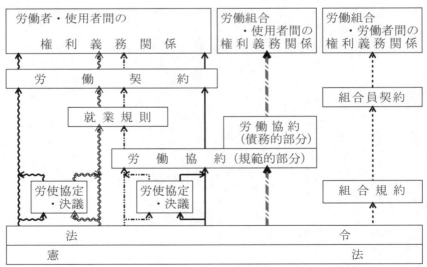

## 1　労働者と使用者との権利義務関係

（1）法源

労働者と使用者の権利義務関係を決定する主な法源[*1]は、①労働者と使用者が締結する［労働契約］、②使用者の作成する［就業規則］、③労働組合と使用者又は使用者団体が締結する［労働協約］、④［憲法・法令］である。⑤〈労使慣行〉は、権利義務関係を直接決定するものではないが、黙示の合意により、又は、事実たる慣習（民92条）として労働契約の内容となる。⑥使用者と過半数代表の締結する〈労使協定〉、及び、⑦労使委員会の〈決議〉も権利義務関係を直接決定するものではないが、強行法規の定める枠組みを当該事業場において修正する機能を有する。

（2）契約自由の原則の修正

近代社会における個別的労働関係は、［労働契約］によって成立し、形式的には、自由平等な二つの人格（労働者と使用者）の自由意思に基づく合意によって権利義務関係・労働条件が決定される。

しかし、実際には、労働者は使用者と対等な立場で交渉することはできず、労働契約のみでは、労働者にとって不利な権利義務関係の設定となり、労働条件は劣悪なものとなる（低賃金、長時間労働、苛酷な労働規律等）。

したがって、現在の日本においては、労働者の労働権と生存権を保障するため、第一に、国家が直接、［憲法・法令］によって労働条件の最低基準やルールを設定し、労働契約の内容を直接規律する。ただし、一定の労働条件については、〈労使協定〉、又は、労使委員会の〈決議〉により当該事業場において規制の緩和・解除・修正を行うことが可能である。また、常時10人以上の労働者を使用する事業場においては、使用者に［就業規則］の作成を義務づけ、これが、一定の要件のもとに、当該事業場の労働条件の最低基準を設定する。

第二に、労働者に対し、団結権、団体交渉権、団体行動権を保障することにより、労働者と使用者の実質的に対等な交渉を実現させ、［労働協約］が、法令より労働者に有利でかつ詳細な労働条件により、労働契約の内容を規律することを可能とする。

第三に、事業場における統一的画一的労働条件の決定の必要性に対応するために、［就業規則］が、厳格な要件のもとにではあるが、労働契約で定められていない労働条件について、労働者にとって有利でない定めであっても労働契

---

[*1]　厳密に言えば、法の存在形式の意味で、法の解釈・適用にあたり援用することができる法形式。特に裁判官が判決理由で援用して裁判の理由としうる法形式を意味する。

約の内容となることを許容し、また、労働契約の内容を労働者に不利益に変更することを肯定する。

(3) 権利義務関係の決定システム

以上を整理すると、労働者と使用者との権利義務関係は、原則として、［労働契約］によりその内容が定められる。＜労使慣行＞も、黙示の合意又は事実たる慣習(民92条)として、労働契約の内容となる場合がある。

しかし、［労働契約］は、［憲法・法令］の定める最低基準・ルールに反することはできない。ただし、法令上の最低基準・ルールのうち一定のものは、＜労使協定＞、又は、労使委員会の＜決議＞により、当該事業場においてその規制を緩和・解除・修正される。

また、当該労働者に適用される［労働協約］が存在する場合は、当該労働協約の規範的部分が、憲法・法令に反しない限りで、その規範的効力により、労働契約内容を規律する。

また、就業規則作成義務のある事業場(常時10人以上の労働者を使用する事業場)においては、［就業規則］が、憲法・法令及び労働協約に反しない限りで、一定の要件のもとで、最低基準を設定して労働契約の内容となり、また、一定の要件のもとで、労働契約の定めのない部分につき労働契約の内容となりあるいは労働契約の内容を不利益に変更する。

(4) 労働協約と就業規則の有無

労働者と使用者の権利義務関係を検討するにあたり、労働契約と憲法・法令は必ず参照されるが、労働協約と就業規則については、当該労働契約に適用される労働協約又は就業規則が存在しない場合もある。

したがって、労働者と使用者の権利義務関係は、①労働契約と憲法・法令による決定、②労働契約と就業規則と憲法・法令による決定、③労働契約と労働協約と憲法・法令による決定、④労働契約と就業規則と労働協約と憲法・法令による決定の四通りが想定される。

換言すれば、労働者と使用者の間の権利義務関係は、労働契約の内容のみならず、労働協約と就業規則の有無と内容を確定させなければ判断を下すことはできず、これが労働者と使用者の権利義務決定システムの特徴の一つである。

## 2 労働組合と使用者(又は使用者団体)との権利義務関係

(1) 法源

労働組合と使用者又は使用者団体の権利義務関係の主な法源は、①［労働協約］、及び、②［憲法・法令］であるが、③＜労使慣行＞も黙示の合意により又

は事実たる慣習として権利義務関係を設定しうる。
　(2)　権利義務関係の決定システム
　労働組合と使用者又は使用者団体の権利義務関係は、［憲法・法令］に反しない限りで、［労働協約］により決定される（労働協約以外の「契約」により決定される場合もある）が、〈労使慣行〉もその内容となる場合がある。

### 3　労働者と労働組合との権利義務関係
　(1)　法源
　労働者と労働組合の権利義務関係の主な法源は、①労働組合の定める［組合規約］、②労働組合と労働者との［組合員契約］、③［憲法・法令］である。
　(2)　権利義務関係の決定システム
　労働者と労働組合との権利義務関係は、［憲法・法令］に反しない限りで、［組合規約］とそれに基づく決議等、及び、［組合員契約］により決定される。

## 第2節　労働法の法源

　本節では、労働法における主な法源(権利義務関係の法的根拠)である、①労働契約(→第1款)、②労働協約(→第2款)[*2]、③就業規則(→第3款)[*3]、④組合規約(→第4款)、⑤憲法・法令(→第5款)、⑥労使慣行(→第6款)、及び、⑦労使協定及び決議(→第7款)の内容とそれぞれの関係について説明する。

### 第1款　労働契約

#### 1　定義
　「労働契約」は、「労働者」[*4]の締結する「労務供給契約」である。
　「労働契約」[*5]は、労働関係法規の適用関係により、①労基法上の労働契約、②労契法上の労働契約、③労組法上の労働契約の三種類に区別され、その内容は「労働者」概念に応じて定まる。
　「労基法上の労働契約」、すなわち、労基法等の個別的労働関係法の領域の

---

[*2]　詳細は後記第25章「労働協約」。また、古川＝川口・労働協約(2011)参照。
[*3]　就業規則についての詳細は、川口＝古川・就業規則(2009)。
[*4]　前記第4章「労働法の主体」第1節参照。
[*5]　労契法上の労働契約については労契法6条がその成立要件を定めている。

法律（労契法は除く）が適用される労働契約は、「労基法上の労働者」[*6]が締結する労務供給契約である。

「労契法上の労働契約」、すなわち、労契法が適用される労働契約は、「労契法上の労働者」[*7]の締結する労務供給契約である。

「労組法上の労働契約」、すなわち、労組法が適用される労働契約は、「労組法上の労働者」[*8]の締結する労務供給契約である。

労契法上の労働契約と労組法上の労働契約は同じであり、労基法上の労働契約は、労契法・労組法上の労働契約のうち、労務の供給を受ける者が事業者である労働契約である。

労基法上の労働契約、労契法上の労働契約、労組法上の労働契約のいずれも、①労務供給者（自然人）が自ら労務を供給する契約であり、②労務の供給と報酬の支払が対価関係にある有償双務契約である。また、いずれも、③諾成・不要式契約である[*9]」。

特に断りのない限り、「労働契約」という場合は、労働関係法規が全て適用される「労基法上の労働契約」を指すこととする。

図5.2　労働契約概念　┌労働組合法・労働契約法上の労働契約┐
　　　　　　　　　　　┌──労働基準法上の労働契約──┐

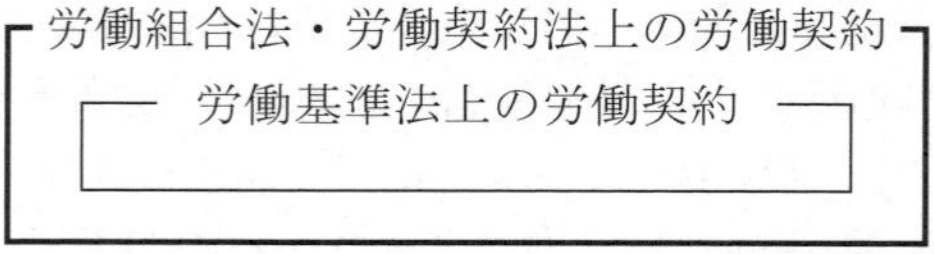

## 2　内容・機能・効力

労働契約は、労働者の使用者に対する労務の供給と使用者の労働者に対する報酬の支払が対価関係にある、有償双務契約である[*10]。

労働契約（労働契約当事者の合意）は、憲法・法令に反しない限りで、契約当事者である労働者と使用者の権利義務関係（労働条件等）を決定する。ただし、労

---

[*6]　私見では「自ら事業者に有償で労務を供給する自然人で、労務の供給を受ける事業者との関係で独立事業者ではない者」である（→前記第4章「労働法の主体」第1節7(1)）。

[*7]　私見では「自ら他人に有償で労務を供給する自然人で、労務の供給を受ける者との関係で独立事業者又は独立労働者ではない者」である（→前記第4章「労働法の主体」第1節7(3)）。

[*8]　私見では「自ら他人に有償で労務を供給する自然人で、労務の供給を受ける者との関係で独立事業者又は独立労働者ではない者（失業者を含む）」である（→前記第4章「労働法の主体」第1節7(4)）。

[*9]　労契法上の労働契約については労契法6条の規定から明らかであり、労基法上の労働契約、労組法上の労働契約も要式に関する規定はない。

[*10]　労働契約の内容の詳細は、後記第9章「労働者と使用者の権利義務」参照。

働協約が、一定の要件のもとに、労働契約の内容を規律し、また、就業規則が、一定の要件のもとに、労働契約の内容となる場合がある[*11]。

### 3 合意（又は労働者の意思表示）と労働契約
(1) 合意（又は労働者の意思表示）の意義

労働契約は、労働者と使用者の合意により、①成立し、②その内容を決定することができ、③その内容を変更することができ、④終了させることができる。①及び③については、労契法6条及び8条にも規定があるが、契約の一般原則によっても明らかであろう。また、労働者の意思表示（形成権の行使）により、労働契約内容の変更（育児休業の取得による労働義務の免除等）や、労働契約の終了（辞職等）という法律効果が生じる場合もある。

(2) 問題の所在－労働者に不利益をもたらしうる合意・意思表示

合意や労働者の意思表示のうち、労働契約内容の不利益な変更や労働契約の終了という法律効果をもたらす労働者の意思表示については、それが労働者の自由な意思に基づくものかどうかが慎重に検討される必要がある。

しかし、労働者と使用者には情報・交渉力格差があり、労働者が十分かつ適切な情報を得て納得・理解し、使用者と実質的に対等に交渉し、熟慮した上で慎重に意思決定を行うことが困難な場合も多い。

そこで、労働者の自由な意思に基づかない労働契約内容の不利益な変更や労働契約の終了から労働者を保護するために、当該意思表示の成立・効力・撤回等については以下のような点が指摘されてきた（→(3)～(6)）。

(3) 意思表示の成立（完成）

労働者に不利益をもたらしうる「意思表示の成立（完成）」については、確定的な意思表示か等に照らし、慎重に判断すべきである。

しかし、意思表示の存在の否定は、表示行為が黙示、口頭、又は意思表示の内容が明記されていない書面による場合は比較的容易であるが、意思表示の内容を記載し労働者の署名又は押印のある書面が存在する場合は、その「真正な成立」が推定され（民訴228条4項）[*12]、さらに意思表示を記載した書面は処分証

---

[*11] 労働協約と労働契約の関係及び就業規則と労働契約の関係については、後記第2款・第3款で説明する。

[*12] 押印については文書上の印影が本人等の印章によるとの事実の証明によって本人等の意思に基づく押印が事実上推定され（最三小判昭39・5・12民集18巻4号597頁）（第一段の推定）、さらに民訴法228条4項の推定規定（法定証拠法則）により、文書の真正が推定される（第二段の推定）。相手方は、事実上の推定及び法定証拠法則の双方に対し反証をなしうる（伊藤眞『民事訴訟法（第5版）』有斐閣<2016>415-416頁）。

書*13であるので、その「意思表示の存在」が推定され、反証により文書の真正の推定が覆らなければ当該意思表示の存在が認定されることになる*14。

(4) 意思表示の効力－意思の不存在又は意思表示の瑕疵

「意思表示の効力」について、労働者の意思表示は、存在し成立しても、「意思の不存在又は意思表示の瑕疵(心裡留保〈民93条〉、錯誤〈民95条〉、詐欺又は強迫〈民96条〉)」により、無効となり又は取り消しうる*15。

しかし、要件の厳格さ*16及び労働者による証明責任の負担から、無効又は取消しの範囲は必ずしも広くはなく、その範囲を拡張する貴重な研究*17も多く存在するが、解釈論として困難な部分や拡張の限界を指摘しうる*18。

(5) 意思表示の撤回

「意思表示の撤回」について、労働者の意思表示が、①「辞職」であれば、使用者に到達した時点で解約告知としての効力が生じ(民97条1項参照)、撤回できず(民540条2項)、②「合意解約の承諾」であれば、使用者への到達により合

---

*13 「処分証書」は「意思表示その他の法律的行為が行われたことを示す文書」等と定義され、それ以外の報告文書(証書)と区別される。処分証書においては、文書作成の意思と記載内容たる行為の意思が直接に関係しているので、文書の真正(作成者の意思に基づく文書作成)が証明されたときは、記載されている行為そのものの存在が認定される(前注12・伊藤『民事訴訟法(第5版)』411-412頁等)。

*14 この点を指摘するものとして、浅野高広「賃金減額合意の認定方法とその効力要件」季刊労働法237号(2012)154-155頁、加藤正佳「雇止め事由の正当性についての錯誤と転籍合意の成否」季刊労働法241号(2013)177-178頁等。

*15 2017(平29)民法改正により、民法新95条(錯誤)は、動機の錯誤を明文化し、また、錯誤の法律効果を無効ではなく取り消し得るものと改めている。

*16 「心裡留保」については、使用者の悪意・過失が、「動機の錯誤」については、誤信の存在・動機の使用者に対する表示等が、「詐欺による意思表示」については、1)詐欺者の故意(①相手方を欺罔し錯誤に陥れようとする故意、及び、②錯誤により意思表示をさせようとする故意)、2)欺罔行為とその違法性、3)欺罔行為により錯誤に陥ったこと、4)錯誤と意思表示の因果関係が、「強迫による意思表示」については、1)強迫者の故意(①相手方を強迫し恐怖心を生ぜしめようとする故意、及び、②恐怖心により一定の意思表示をさせようとする故意)、2)強迫行為〈将来害悪を生ずべきことを告知して相手方に恐怖心を生じさせる行為〉とその違法性、3)強迫行為により恐怖心を生じたこと、4)恐怖心と意思表示の因果関係が要件とされている(注釈民法(3)(2003)289頁[稲本洋之助]、406-421頁[川井健]、470-478頁[下森定]、504-508頁[下森定]等参照)。

*17 小西國友『解雇と労働契約の終了』有斐閣(1995)特に169-179頁(初出は1976年)、森戸英幸「辞職と合意解約－いわゆる『みなし解雇』に関する考察とともに－」21世紀(4)(2000)227-228頁、三井正信「準解雇の法理(1)～(5・完)」広島法学27巻1号53頁、2号111頁(以上2003)、3号1頁、4号31頁、28巻73頁(以上2004)、根本到「合意解約の有効性判断と情報提供義務・威迫等不作為義務－労働法における『合意の瑕疵』論を考える素材として－」『水野勝先生古稀記念論集 労働保護法の再生』信山社(2005)57-89頁等。

*18 小宮文人『雇用終了の法理』信山社(2010)204-205頁等参照。

意が成立し、撤回できない*19が、③「合意解約の申込み」であれば、使用者の承諾の意思表示がなされるまでは信義に反する等の特段の事情がない限り自由に撤回することができる*20*21。

しかし、③の場合でも、使用者からの承諾の意思表示の到達により解約合意が成立しその後は撤回できず、「撤回」をなしうる範囲は限定されている。

(6) 新たな意思表示の効力の判断枠組み
　　　　－効力発生要件と証明責任の転換

前記(3)～(5)の視点は重要であるが、労働者の保護という観点からは限界があるので、労働者に不利益を与えうる意思表示の効力の判断枠組みそのものの再検討が必要であろう。

「意思」は「自由に形成された意思」であるから法律効果が肯定され、「意思が自由に形成されたこと(意思の自由)」が意思表示の効力が肯定されるための要件であることは自明の前提であり、明文規定はないものの、「条理」(裁判実務心得<明8太政官布告103>3条*22)にもその法的根拠を求めることができる。

ただし、意思の形成は内心の問題であるから、一般的には、意思表示が存在し成立する場合は、当事者が対等に交渉しうることを前提に、「意思の自由」と意思表示の効力がいわば推定され、その効力を争う者が意思表示の瑕疵(意思の形成過程に自由が欠けていたこと：意思の不自由)等の「効力障害要件」の充足を主張立証しない限り、意思表示の効力が肯定される*23。

しかし、労働関係における労働者と使用者の情報・交渉力格差に鑑みれば、

---

*19　八幡製鉄所事件・最一小判昭36・4・27民集15巻4号974頁。
*20　国鉄青函船鉄道管理局事件・函館地判昭47・12・21労判171号59頁/判タ295号344頁、昭和自動車事件・福岡高判昭53・8・9労判318号61頁/判時919号101頁、大隅鉄工所事件・名古屋高判昭56・11・30判時1045号130頁/判タ459号113頁、山崎保育園事件・大阪地決平元・3・3労判536号41頁、白頭学院事件・大阪地判平9・8・29労判725号40頁等。大隅鉄鋼所事件・最三小判昭62・9・18労判504号6頁もこれを前提としている。
*21　2017(平29)民法改正により、承諾の期間を定めてした申込みは、申込者が撤回権を留保した場合を除き、撤回できず(新523条1項)、承諾の期間を定めないでした申込みは、申込者が撤回権を留保した場合を除き、相当な期間を経過するまでは撤回できない(新525条1項)と定められたが、退職届等の提出については、労働者は撤回権を留保しているとの解釈が合理的であろう。
*22　「一　民事ノ裁判ニ成文ノ法律ナキモノハ習慣ニ依リ習慣ナキモノハ条理ヲ推考シテ裁判スヘシ」。この「裁判事務心得」は現行法令として存在する。
*23　法律行為は、1)①当事者の存在、②意思表示の存在、③必要な方式の具備(要式行為)を成立要件とし、2)①当事者の意思能力・行為能力、②内容の確定性・不能ではないこと、③意思の不存在(欠缺)・意思表示の瑕疵がないこと、⑦強行法規・公序良俗違反でないこと等が効力が発生する要件であり、成立要件の充足は法律効果を肯定する側が、効力障害要件の充足は法律効果を否定する側が主張立証責任を負担するとされている(注釈民法(3)(2003)49-53頁[平井宣雄]等)。

労働契約内容の不利益な変更又は労働契約の終了について、労働者がその効力を争う場合は、労働者の意思表示が存在・成立しても、当該意思表示の効力は、「意思の不自由」（意思表示の瑕疵）等の「効力障害要件」の充足を労働者が主張立証する場合を除き肯定されるのではなく、「意思の自由」を「効力発生要件」とし、使用者が意思の自由を裏付ける事実として「自由な意思に基づくものと認めるに足りる合理的な理由の客観的存在」を根拠付ける事実を主張立証した場合に肯定することとすべきである。そしてこのように、意思表示の効力を肯定するための要件である「意思の自由」に関する証明責任を転換し、「意思の不自由」を意思表示の「効力障害要件」としてその証明責任を労働者に負担させるのではなく、「意思の自由」を意思表示の「効力発生要件」としてその証明責任を使用者に負担させることが、証明責任分配の基本思想である衡平の理念に合致するといえよう[*24]。

それゆえ、退職届等の処分証書が存在する場合も、民訴法228条4項による推定は「意思表示の存在」にとどまり「意思の自由」には及ばないので、さらに、「意思の自由」を裏付ける事実を使用者が主張立証する必要がある。

以上をまとめると、労働者に不利益をもたらしうる労働者の意思表示の効力は、労働者がその効力を争う場合は、①「意思表示の存在」等の「意思表示の成立要件」の充足、②「意思の自由」という「効力発生要件」の充足（当該行為が「自由な意思に基づくものと認めるに足りる合理的な理由の客観的存在[*25]」を根拠付ける事実の存在）、③意思の不存在、強行法規違反等の「効力障害要件」を充足しないことの①〜③を要件として肯定されるべきであり、①意思表示の成立要件

---

[*24] 「意思の自由」を意思表示の新たな「成立要件」と解することも可能であろうが、そうすると、意思表示の成立要件は効力を肯定する者が負担するところ、労働者が労働契約の終了を望む場合に、労働者が意思表示の成立のみならず「意思の自由」の主張立証も負担することになり妥当ではない。また、「新たな成立要件」の設定は意思表示理論との乖離が大きい（労働者の自由な意思に基づくものと認めるに足りる合理的な理由の客観的存在が意思表示の成立要件であることを否定する裁判例として、NTT東日本－北海道ほか1社事件・札幌地判平24・9・5労判1061号5頁）。したがって、労働者が労働契約の終了を否定する場合における、労働者の意思表示の「効力要件における証明責任の一部転換（意思の自由について）」の問題と位置づけた方が、結果的妥当性及び意思表示理論との整合性を肯定しうるように思われる。

[*25] 浅野高広「就業規則の最低基準効と労働条件変更（賃金減額）の問題について」山口他編『安西愈先生古稀記念論文集　経営と労働法務の理論と実務』（中央経済社、2009）301頁、同「賃金減額合意の認定方法とその効力要件」季刊労働法237号（2012）163頁、本久洋一「労働者の個別同意ある就業規則の不利益変更の効力」法律時報82巻12号（2010）143頁等は「自由な意思に基づくものと認めるに足りる合理的な理由の客観的存在」を労働条件の不利益変更への労働者の同意の効力を肯定するための要件と位置づけていると思われる。

に加えて、②効力発生要件の証明責任も使用者が負担し、③効力障害要件の証明責任を労働者が負担することとすべきである*26。

最高裁は、労働者の、賃金債権の放棄*27、賃金債権との相殺への同意*28、妊娠中の軽易業務転換を契機とする降格への同意*29、就業規則の不利益変更に伴う退職金の減額への同意*30の効力を肯定するために、「自由な意思に基づくものと認めるに足りる合理的な理由の客観的存在」を根拠付ける事実を使用者が主張立証することを要していると思われ、また、労働者の労働条件の個別的な不利益変更への同意の効力についてもこれを要求する裁判例*31が存在するが、いずれも、「意思の自由」を意思表示の「効力発生要件」とし、これを裏付ける事実として「自由な意思に基づくものと認めるに足りる合理的な理由の客観的存在」を根拠付ける事実を使用者に主張立証させるものと解することができよう*32*33。ただし、「意思の自由」の具体的な判断基準は、意思表示の効力が問題となる場面*34により異なりうる。

---

*26 この私見では、労働者が労働契約の終了を否定する場合、使用者が抗弁で「意思の自由」を主張立証することになるので、労働者の再抗弁における「意思の不自由」（動機の錯誤、詐欺、強迫）の主張立証は事実上使用者の抗弁に吸収されることになり、労働者の再抗弁としては、「意思の不存在」（動機の錯誤を除く錯誤及び心裡留保）と「強行法規違反」等が残ることになる。
*27 シンガー・ソーイング・メシーン・カムパニー事件・最二小判昭48・1・19民集27巻1号27頁。
*28 日新製鋼事件・最二小判平2・11・26民集44巻8号1085頁。
*29 広島中央保健生協協同組合事件・最一小判平26・10・23民集68巻8号1270頁。
*30 山梨県民信用組合事件・最二小判平28・2・19民集70巻2号123頁/労判1136号6頁。
*31 更生会社三井埠頭事件・東京高判平12・12・27労判809号82頁、NEXX事件・東京地判平24・2・27労判1048号72頁等。
*32 ①労働者の労働債権の放棄や合意相殺、②労働条件不利益変更への労働者の同意等につき、その意思表示が「自由な意思に基づくと認められる合理的な理由の客観的存在」を要するとする最高裁判例・下級審裁判例について、①につき「自由な意思表示の慎重な認定枠組み」と位置づけるものとして、荒木尚志「就業規則の不利益変更と労働者の合意」法曹時報64巻9号(2012)2269-2270頁、①につき放棄の意思表示及びそれが労働者の自由意思に基づくものと認めうる合理的な理由の客観的存在（の評価根拠事実）を、自由意思による債権放棄という抗弁の要件事実と位置づけるものとして、山川・紛争処理法(2012)230-231頁、①と②につき、効果意思を表明した意思表示の有無の認定を慎重に行う枠組みと位置づけるものとして、山川隆一「労働条件変更における同意の認定」荒木・山川・岩村編『労働法学の展望』有斐閣(2013)272頁。
*33 山梨県民信用組合事件・最二小判平28・2・19民集70巻2号123頁/労判1136号6頁につき、「自由な意思に基づくものと認めるに足りる合理的な理由の客観的存在」を意思表示の新たな成立要件と解するものとして、土田・契約法(2016)596-597頁、池田悠「判批」労働法学会誌128号(2016)200頁、土岐将仁「判批」法学教室436号(2017)8頁等。
*34 相殺合意・賃金債権の放棄は、後記第10章「賃金」第4節4(5)、労働契約内容の不利益な変更(集団的・個別的)は、後記第16章「労働契約内容の設定と変更」第3節3、第4節第1款1、労働契約の終了は、後記第18章「労働契約の終了」第5節4参照。

## 4　民法上の労務供給契約と労働契約

（1）定義

民法においては、労務供給契約について、典型契約として、雇用（623条以下）、請負（632条以下）、委任（643条以下）、準委任（656条）、寄託（657条以下）を定めており、これらの混合契約や無名契約もありうる。

「雇用契約」は「当事者の一方が相手方に対して労働に従事することを約し、相手方がこれに対して報酬を与えることを約する」契約（民623条）、「請負契約」は「当事者の一方がある仕事を完成することを約し、相手方がその仕事の成果に対してその報酬を支払うことを約する」契約（民632条）、「委任契約」は「当事者の一方が法律行為をすることを相手方に委託し、相手方がこれを承諾する」契約（民643条）、「準委任」は「当事者の一方が法律行為以外の事務を相手方に委託し、相手方がこれを承諾する」契約である（民656条参照）。

これに対して、「労働契約」は「労働者」が締結する労務供給契約である。

（2）概念の意義

民法上の労務供給契約の典型契約は、労務供給者が約する「労務供給の内容」によって労務供給契約を分類するものであり（「雇用」は「労働に従事」〈民623条〉、「請負」は「仕事の完成」〈民632条〉、「委任」は「法律行為」〈民643条〉、「準委任」は「法律行為でない事務」〈民656条参照〉）、労働法分野の法律が適用されるか否かという観点からの分類ではもちろんない。

これに対して、「労働契約」は、労働法分野の法律の適用範囲を画定する概念である。

（3）契約の範囲

労働法の対象となる労働者は自然人であるところ、「雇用」については、労務を供給する者は自ら他人に有償で労務を供給する自然人であり（それゆえ「労働者」という文言が用いられる）、自ら所有する生産手段等を利用しての労務供給ではないのが通常であるから、労務の供給を受ける者が事業者であれば、労働法の対象とする労働者に該当し当該契約は労働契約に該当する。しかし、労務の供給を受ける者が消費者である場合（家事使用人等）は、少なくとも労基法上の労働者ではないので当該契約は労基法上の労働契約ではなく、また、労契法上・労組法上の労働者にも該当しない場合（不特定多数の消費者に対し家事・育児・介護サービスを供給する者等）は、当該契約は労契法・労組法上の労働契約でもない。

これに対して、「請負」「委任・準委任」等については、労務を供給する者（請負人・受任者等）が法人の場合もあり（それゆえ、「労働者」ではなく「請負人」「受任

者」という文言が用いられている)、その場合は、法人は労働法の対象となる労働者ではないから当該契約は労働契約ではない。しかし、労務を供給する者が自ら有償で労務を供給する自然人であれば、その約する労務供給の内容が、「労働に従事」(雇用)ではなく「仕事の完成」(請負)又は「法律行為・それ以外の事務」(委任・準委任)であっても、また、それ以外の内容(無名契約)であっても(そもそもこれらの区別は相対的であるが)、労務の供給を受ける者(注文者、委任者等)が事業者であれば、原則として、労働法の対象とする労働者に該当し、当該契約は労働契約である[*35]。

それゆえ、「雇用」であっても、労働契約に該当しない場合があり、他方、実質的に「請負」「有償委任・準委任」、混合契約、無名契約であっても、労務供給者が自然人で相手方が事業者であれば、労働契約に該当することが多い。

(4) 「労働契約」と「雇用契約」の関係

したがって、「労働契約」と「雇用契約」は、範囲が重なる部分もあるが、①定義も、②概念の意義も、③契約の範囲も異なる、全く別の概念である[*36]。

また、労働法分野の法律の適用範囲の画定という点からは、ある労務供給契約が民法上の「雇用契約」に該当するかどうか、あるいは、民法上のどの労務供給契約に該当するかどうかを特定する必要はない。

## 第2款　労働協約

### 1　定義

労働協約は、「労働組合と使用者又はその団体との間の労働条件その他に関する協定であって、書面に作成され、両当事者が署名し、又は記名押印したもの」と定義することができる(労組14条参照)。

### 2　機能

労働協約は、協約当事者である労働組合の組合員の雇用保障と労働条件の維持・向上のために、憲法・法令に反しない限り、①労働者の雇用・労働条件、及び、②集団的労使関係の運営に関するルールや労使紛争処理手続等を定め、

---

[*35] 例えば、「事務作業への従事」が契約内容であれば「雇用」であり、「書類を100部コピーすること」が契約内容であれば「請負」ともいえようが、前者であれば労働法の対象となる労働者であり、後者は労働者ではないとする合理的理由はない。

[*36] それゆえ、「労働契約」と「雇用契約」につき、基本的に同一の概念との見解(菅野・労働法(2017)144頁、荒木・労働法(2016)47-49頁等)や契約類型としては同一との見解(土田・契約法(2016)39-40頁)は支持できない。またこれらの見解は、結果として労働契約の範囲を合理的な理由なく狭める危険性がある。

①と②の双方を、協約当事者である労働組合と使用者との間の契約として権利義務関係を決定するとともに、①については労働契約を直接規律して労働者と使用者の間の権利義務関係を決定する。

### 3　対象事項

労働協約の対象事項について、労組法は「労働条件その他」（労組14条）と表現しているのみで特に限定していないので、基本的に協約当事者の自由に委ねられ、①労働条件その他の労働者の待遇に関わる事項（事業所の新設・移転、下請・外注等、経営、生産に関する事項であるが雇用・労働条件に関連するものも含む）のみならず、②集団的労使関係の運営に関する事項（組合員の範囲、団結活動への便宜供与、団体交渉の手続、労使協議制、苦情処理手続、争議行為の手続等）等も内容とすることができる。

### 4　成立要件

労働協約の成立要件は、①労働協約の当事者が、労組法上の労働組合（労組2条）と使用者又はその団体であること、②「労働条件その他」についての合意であること、③書面に作成され、両当事者が署名し又は記名押印（協約両当事者の名称、協約締結権限を有する者の名称）していることである（労組14条）。

それ以外の労働協約の締結手続については、労働組合の自治に委ねられているが、組合規約所定の手続等を履践したことが必要である。

### 5　有効期間

労働協約は、第一に、有効期間の定をする場合は3年を限度とし、3年を超える有効期間の定めをした労働協約は、3年の有効期間の定をした労働協約とみなされる（労組15条1・2項）。

第二に、有効期間の定をしない場合、又は、有効期間の定をするが期間経過後も期限を定めず効力を存続する旨の定がある場合は、当事者一方が署名又は記名押印した文書により、少なくとも90日前に相手方に予告することによって解約することができる（労組15条3・4項）。

### 6　労働協約の定め

労働協約の定めは、その法的効力（→7）により、①債務的部分と、②規範的部分のいずれかに分類される。

(1) 規範的部分

「規範的部分」は、労働協約の定めのうち、「労働条件その他労働者の待遇に関する基準」（労組16条）を定めるものである。

規範的部分は、対象となる労働契約に対する「規範的効力」と、労働協約当事者間の契約としての「債務的効力」を併せもつ。

(2) 債務的部分

「債務的部分」は、労働協約の定めのうち、「労働条件その他労働者の待遇に関する基準」以外を定めるものであり、労働組合と使用者の集団的労使関係の運営に関する事項等が含まれる。

債務的部分は、協約当事者間の契約としての「債務的効力」のみを有する。

## 7　法的効力

労働協約の法的効力としては、①債務的効力と、②規範的効力がある。

(1) 債務的効力

労働協約は、協約当事者である労働組合と使用者又は使用者団体の間の契約である。したがって、労働協約の全ての定め（規範的部分及び債務的部分）は、協約当事者である労働組合と使用者又は使用者団体の間で、契約としての効力を有する。具体的には、協約当事者は規定内容につきこれを遵守し履行する義務を負い、一方当事者は、他方当事者が協約の規定に違反すれば、その履行を請求し、又は、不履行（違反）によって生じた損害賠償を請求できる。この労働協約の協約当事者間の契約としての効力が「債務的効力」である。

(2) 規範的効力

労働協約の定めのうち、規範的部分（「労働協約に定める労働条件その他の労働者の待遇に関する基準」を定めた部分）は、①それに違反する労働契約の部分については、これを無効とし（強行的効力）、無効となった部分は当該基準の定めるところによることとなり（直律的効力）、②労働契約に定がない部分についても、当該基準の定めるところによる（直律的効力）（労組16条）。

このように、労働協約の規範的部分が、①強行的直律的効力により、労働協約の定めに違反する労働契約の部分を修正する効力、及び、②直律的効力により、労働契約に定めのない部分を補充する効力が、「規範的効力」である。

労働協約は、強行法規に反しない限りは、その定める基準を、①協約よりも労働者に不利な労働契約は許容しないがより有利な労働契約に認める「最低基準」とするか、②労働者に不利な労働契約も有利な労働契約も認めない「統一的基準」とするか、③労働契約に定めがなければ契約内容を補充して規律する

が、労働契約当事者が特約により逸脱することを認める「任意法規的基準」とするかを自由に選択することができ、その結果、労働協約の規範的効力を、①最低基準効とするか、②両面的規範的効力とするか、③任意法規的効力とするかを選択することができる。

労働協約の規範的部分の規範的効力が及ぶ労働契約は、原則として、労働協約が適用対象とし、かつ、当該労働協約の当事者組合の組合員と、協約当事者である使用者（又は使用者団体の構成員である使用者）との間の労働契約である[*37]。

## 第3款　就業規則

### 1　定義

(1)　労基法及び労契法の適用される「就業規則」

就業規則に関する規定のある労基法及び労契法のいずれの法律にも、これらの法律が適用される「就業規則」の定義はない。

しかし、両法の規定の仕方に鑑みれば[*38]、両法にいう「就業規則」の規定は同一であり、両法の適用される「就業規則」は、「労基法89条に基づき作成義務のある事業場（常時10人以上の労働者を使用する事業場）において使用者が作成した規則類のうち、同条所定の必要記載事項（使用者が作成を義務づけられる労働条件に関する基準）を定めた部分」である。

したがって、労基法89条に基づく作成義務のない事業場で作成された規則類、又は、同条所定の必要記載事項[*39]以外の事項について定めた部分は、労基法及び労契法の適用される「就業規則」ではなく、労契法の就業規則の効力に関する規定（労契7条、9・10条、12条）は適用されない[*40]。

---

[*37]　労組法17条・18条は、例外的に、労働協約の規範的効力を、「協約当事者組合の組合員と協約当事者である使用者又は使用者団体の構成員である使用者との間の労働契約」以外の労働契約に及ぼす拡張適用制度を定めている（後記第26章「労働協約」第4節）。

[*38]　①就業規則の作成・届出義務は労基法89条・90条に規定されており、労契法11条は、就業規則の変更の手続に関しては労基法89条と90条の定めるところによるとしており、②労基法92条は、就業規則は法令又は労働協約に反してはならないと定め、労契法13条は、同規定に対応して法令又は労働協約に反する就業規則の部分は労働契約に対して労契法7条・10条・12条の定める効力を有さない旨を定めており、③労基法93条は、労働契約と就業規則の関係については労契法12条の定めによると規定している。

[*39]　労基法89条10号にいう「当該事業場の労働者のすべてに適用される定め」は当該事業場の労働者の中で一定の要件を充足する労働者に適用される定めも含むと解される。

[*40]　平20・1・23基発0123004「労働契約法の施行について」第3の2 (2)イ(ェ)、荒木＝菅野＝山川・労契法(2014)102頁、菅野・労働法(2017)190頁、荒木(労働法)(2016)343頁、山下昇「就業規則と労働契約」再生(2)(2017)92頁等は、労基法89条に基づく作成義務のない事業場の使用者が作成する規則も「就業規則」と解し労契法に基づく法的効力を肯定するが支持できない。

その理由は、以下のとおりである。
　(2) 理由
　第一に、労契法は、就業規則の効力に関する判例法理を立法化したものであるところ、判例法理の基礎となる秋北バス事件・最高裁大法廷判決[*41]は、①多数の労働者が使用されている企業における労働条件の統一的かつ画一的決定の必要性と、②就業規則の合理性を担保する届出義務と意見聴取・意見書添付義務（労基89・90条）の存在を前提として、就業規則の効力として、最低基準効のみならず、労働者にとって有利でない規定が労働契約の内容となる効力（非有利設定効、現在の労契法7条）及び、労働契約の内容を不利益に変更する効力（不利益変更効、現在の労契法10条）を、一定の要件のもとで肯定している。しかし、就業規則作成義務のない事業場において使用者が作成する規則類は、同判決が就業規則の非有利設定効及び不利益変更効を肯定する前提条件とする、①事業規模と統一的かつ画一的な処理の必要性、及び、②労基法上の手続規制を充足していない。また、労基法89条所定の必要記載事項以外の労働条件は、「統一的かつ画一的に決定する必要」がない。
　したがって、同判決は、最低基準効のみならず非有利設定効及び不利益変更効を肯定しうる「就業規則」を、労基法89条に基づき使用者が作成した規則類のうち同条所定の必要記載事項につき定めた部分に限定し、労契法7条及び10条は、これを継承したと解される。
　第二に、理論的にも、合意原則の例外として、就業規則の最低基準効のみならず非有利設定効及び不利益変更効を肯定する根拠は、一定数の労働者を使用しその労働条件を統一的・画一的に決定する必要性、及び、内容の適法性・合理性が行政監督、過半数代表の意見聴取等により担保されうることに求めるべきである。労基法89条に基づく就業規則作成義務のない事業場で作成された規則類等は、これらの必要性及び適法性・合理性担保措置を伴っていない。

## 2　機能

　就業規則は、第一に、憲法・法令及び労働協約に反しない限りで（労基92条1項、労契13条）、一定の要件のもとで、当該事業場の全てあるいは一定のカテゴリーの労働者の労働条件の最低基準を設定し、これを明示する。
　第二に、憲法・法令又は労働協約に反しない限りで（労基92条1項、労契13条）、一定の要件の下で、当該事業場の労働者の労働契約の内容を決定する。

---

[*41]　秋北バス事件・最大判昭43・12・25民集22巻13号3459頁/判時542号14頁。

第三に、行政官庁への届出が義務づけられることにより、行政機関が当該事業場の労働条件の法令・労働協約違反の有無及び就業規則違反の有無を監督することを容易なものとする。

## 3　適用対象労働者と規律対象事項
### (1)　適用対象労働者
　就業規則が適用対象とする労働者は、当該就業規則が作成されている事業場で労働している労働者である。

　同一企業の複数の事業場にそれぞれ異なる内容の就業規則が制定されている場合に、その複数の事業場の複数の職務を兼務している労働者がいるときは、各就業規則の中に適用関係を調整する規定が設けられていればそれにより、調整規定がないときは、ある事業場の職務に関しては当該事業場の就業規則を適用するのが原則となる。ただし、同原則の適用により不合理な結果となる場合や複数の事業場の職務が明確に区別できない場合等は、各就業規則の合理的、調和的解釈により、当該労働者に適用すべき規定内容を整理・統合して決定することになる[*42]。

### (2)　規律対象事項
　就業規則が規律対象とする事項は、①労基法89条所定の必要記載事項とされている労働条件等(→後記4(2))であり、かつ、②当該事業場の労働者全て又はある一定の範囲の労働者全てに適用される基準である。

　就業規則の規律対象となる労働条件等には、第一に、福利厚生に関するもの、当該事業場の従業員として利用しうる制度(海外留学支援制度、住宅資金貸付制度等)等も、労基法89条10号(当該事業場の労働者のすべてに適用される事項)等として定めれば、含まれると解される。

　第二に、労働契約展開中の労働条件(権利義務関係)のみならず、労働契約終了後の労働者と使用者の権利義務関係(秘密保持義務・競業避止義務や退職年金等)についても、労働契約展開中の労働条件と密接に関連する限りは、労基法89条10号等として定めれば、規律対象とできると解すべきである。そして、労働契約終了後の権利義務関係に関する就業規則の規定については、労働契約展開中の労働条件も考慮してその法的効力を判断すべきであろう。

---

[*42]　済生会・東京都済生会中央病院事件・東京高判平12・12・25労判812号71頁。

## 4 就業規則に関する使用者の義務

使用者（労基法上の使用者）は、就業規則に関し、①作成・届出義務（労基89条）、②必要記載事項の記載義務（同条）、③過半数代表の意見聴取・意見書添付義務（労基90条）、④周知義務（労基106条1項）を負う。

### (1) 作成・届出義務

使用者は、常時10人以上の労働者を使用する事業場[*43]においては、必要記載事項について就業規則を作成し、行政官庁に届けなければならない。必要記載事項について就業規則を変更した場合も同様である（労基89条）。

### (2) 必要記載事項の記載義務

使用者が就業規則に記載しなければならない必要記載事項としては、1) 絶対的必要記載事項（必ず記載しなければならない事項）と、2) 相対的必要記載事項（定めをする場合は記載しなければならない事項）がある。

1) 絶対的必要記載事項は、①始業及び終業の時刻、休憩時間、休日、休暇、就業時転換に関する事項、②臨時の賃金等を除く賃金について、その決定・計算及び支払の方法、締切及び支払の時期、昇給に関する事項、③退職に関する事項（解雇の事由を含む）であり（労基89条1号～3号）、2) 相対的必要記載事項は、①退職手当の適用労働者の範囲、決定、計算及び支払の方法、支払の時期に関する事項、②退職手当を除く臨時の賃金等及び最低賃金額に関する事項、③労働者の食費、作業用品その他の負担に関する事項、④安全及び衛生に関する事項、⑤職業訓練に関する事項、⑥災害補償及び業務外の傷病扶助に関する事項、⑦表彰及び制裁の種類及び程度に関する事項、⑧その他当該事業場の労働者のすべてに適用される事項である（労基89条3の2号～10号）。⑧については、「すべて」と記載されているが「一定の範囲・カテゴリー」の労働者に適用される事項も含まれると解される。

### (3) 過半数代表の意見聴取・意見書添付義務

使用者は、就業規則の作成又は変更について、過半数代表（当該事業場に労働者の過半数で組織する労働組合がある場合においてはその労働組合、労働者の過半数で組織する労働組合がない場合においては労働者の過半数を代表する者）の意見を聴かなければならず（労基90条1項）、行政官庁への就業規則の作成・変更の届出をなすに

---

[*43] 労基法89条柱書は「常時10人以上の労働者を使用する使用者」と規定しているが、同条10号、90条、92条は「当該事業場」という文言を使用していることに照らし、就業規則は事業場単位で作成されることが明らかであるから、使用者は、「常時10人以上の労働者を使用する事業場」において、事業場毎に、就業規則作成義務を負う。

あたり、その意見を記した書面を添付しなければならない（労基90条2項）。ただし、この意見聴取義務は過半数代表との協議又は過半数代表の同意を要求するものではない。

(4) 周知義務

使用者は、就業規則を、常時各作業場の見やすい場所に掲示し、又は備え付けること、書面を交付すること、磁気テープ、磁気ディスク等に記録し、かつ、各作業場に労働者が当該記録の内容を常時確認できる機器を設置することのいずれかによって、労働者に周知させなければならない（労基106条1項、労基則52条の2）。

## 5 就業規則と法令の効力関係

就業規則は法令に反してはならない（労基92条1項）。

法令のうち、任意法規はそれと異なる定めを許容するから異なる定めの就業規則も「法令に反する」ことにはならないが、強行法規についてはその定めに従うことが必要である。

したがって、労働条件について、労働者にとってより不利な労働条件は許容しないがより有利な労働条件は認める「最低基準」を設定する強行法規との関係では、「反してはならない」というのは、労働者にとって不利な労働条件であってはならないという意味であり、当該強行法規よりも労働者にとって有利な労働条件を定める就業規則はむしろ望ましい。

法令に反する就業規則は、当該反する部分については、当該法令の適用を受ける労働者の労働契約に対しては法的効力を有さず契約内容とはならない（労契13条）。

## 6 就業規則と労働協約の効力関係

就業規則は、当該事業場に適用される労働協約に反してはならない（労基92条1項）。

労働協約は、強行法規に反しない限りは、その定める基準を、①労働者にとってより不利な労働条件は許容しないがより有利な労働条件は認める「最低基準」として設定すること、②労働者にとってより不利な労働条件もより有利な労働条件も認めない「統一的基準」として設定すること、③労働者にとってより不利な労働条件の定めもより有利な労働条件の定めも許容する「任意法規的基準」として設定することのいずれも可能であり、労働協約の当事者がその労

使自治・協約自治として自由に決定することができる[*44]。

したがって、「反してはならない」というのは、労働協約の設定する基準の内容により、①労働協約の定める基準が「最低基準」であれば、「労働者にとって労働協約よりも不利な定めであってはならない」、②労働協約の定める基準が「統一的基準」であれば、「労働協約と異なる定めであってはならない」[*45]、③労働協約の定める基準が「任意法規的基準」であれば、「異なる定めであってもよい」、ということを意味する。

労働協約に反する就業規則は、当該反する部分については、当該労働協約の適用を受ける労働者の労働契約に対して法的効力を有さず契約内容とはならない(労契13条)。

したがって、労働協約が事業場の労働者の一部にのみ適用される場合は、労働協約に反する就業規則は、労働協約の適用対象者以外の労働者の労働契約に対しては、法的効力を有しその契約内容となりうる。

## 7　就業規則の労働契約に対する法的効力

就業規則は、過半数代表の意見聴取・意見書添付義務(労基90条)があるとはいえ、使用者が一方的に作成・変更するものである。

また、労働契約内容の設定と変更は、契約当事者の合意によって行われることが原則である(労契1条、3条1項、8条)。

したがって、就業規則は、法令及び労働協約に反していなくても、原則として、それだけでは単なる「紙切れ」であり、何の法的効力も有さず、権利義務関係に影響を及ぼさない。

しかし、例外的に、一定の要件を充足する場合、就業規則は、①最低基準効(労契12条)、②非有利設定効(労契7条)、又は、③不利益変更効(労契10条)を有し、その定める労働条件[*46]を労働契約の内容とする旨の労働者と使用者の合意がなくても、労働契約の内容を設定・変更することができる。

以下、当該就業規則が法令及び労働協約に反していないことを前提として、就業規則の、①最低基準効(労契12条)(→8)、②非有利設定効(労契7条)(→9)、

---

[*44]　前記第2款7(2)、後記第25章「労働協約」第3節3(2)。

[*45]　明石運輸事件・神戸地判平14・10・25労判843号39頁(労基法92条1項の「反してはならない」は、当該労働協約が就業規則によってより有利な定めをすることを許容する趣旨でなければ有利にも不利にも異なる定めをしてはならない趣旨であると判示)。

[*46]　労働契約終了後の権利義務関係(競業避止義務・秘密保持義務、退職年金支払等)も含まれると解される。

③不利益変更効(労契10条)(→10)について、その内容と効力発生要件等を説明し、就業規則の法的効力に関する労契法の条文(12条、7条、9・10条)の関係(→11)、及び、労働契約内容の変更に関する労契法の条文(8条、9条、10条)の関係(→12)を確認する。

なお、労契法7条及び10条に基づく就業規則の法的効力の名称につき、①労契法7条及び10条の効力を併せて「労働契約規律効」と呼ぶ見解[*47]もあるが、労契法12条の最低基準効もその効力の一部として労働契約の内容を規律する効力を有する(→8)。また、②労契法7条及び10条の効力を併せて「労働契約規律効」とした上で、労契法7条の効力を「契約内容補充効」、10条の効力を「契約内容変更効」と呼ぶ見解[*48]もあるが、労契法12条の最低基準効もその効力の一部として契約内容補充効及び契約内容変更効(有利変更効)を有するし(→8)、10条の契約内容変更効は不利益変更効だけで有利変更は含まない(→10)。それゆえ、本書では、非有利設定効(労契7条)・不利益変更効(労契10条)という名称を使用する。

## 8　最低基準効

### (1) 最低基準効の内容

労契法12条は、「就業規則の定める基準に達しない労働条件を定める労働契約は、その部分については、無効とする。この場合において、無効となった部分は、就業規則で定める基準による」と規定する。

この労契法12条の定める、①「就業規則が就業規則の定める基準に達しない労働条件を定める労働契約の部分を無効とする効力」が「強行的効力」であり、②「無効となった部分(但し、当該労働条件についての合意がない場合には当該空白部分)については就業規則の基準がその内容となる効力」が「直律的効力」であり、「①強行的効力と②直律的効力のいずれか又は双方により、労働契約上の労働条件を就業規則の定める基準まで引き上げ・維持する効力」が、就業規則の「最低基準効」である。

就業規則の定めよりも労働者に有利な労働契約の内容は、不利益変更効(→10)により就業規則の定めが労働契約の内容となる場合を除き、有効である[*49]。

---

[*47]　菅野・労働法(2017) 198・201頁。
[*48]　荒木・労働法(2016) 347・365・391頁、土田・契約法(2016) 161・559頁。
[*49]　シオン学園(三共自動車学校)事件・横浜地判平25・6・20労判1098号56頁、同事件・東京高判平26・2・26労判1098号46頁もこれを前提としている。

(2) 最低基準効の具体的効力

最低基準効の具体的効力は、その機能する場面により、①「有利設定効」、②「有利変更効」、③「不利益変更制限効」の三つに大別される。

　　ア　有利設定効

最低基準効の具体的効力の第一は、労働契約締結時に既に存在する就業規則が、①就業規則の定める労働条件が労働契約の定める労働条件よりも労働者に有利であるときに、労働契約を修正し（修正的効力）、②就業規則の定める労働条件が労働契約に定めのない状態よりも労働者に有利であるとき（例：賞与についての合意がない場合における賞与支払規定）に、労働契約を補充し（補充的効力）、労働契約上の労働条件を就業規則の定める基準にまで引き上げる効力である。これを「有利設定効」（修正的効力による有利設定効・補充的効力による有利設定効）と定義する。

　　イ　有利変更効

最低基準効の具体的効力の第二は、労働契約締結後に変更又は新規作成された就業規則が、①就業規則の定める労働条件が労働契約の定める労働条件よりも労働者に有利であるときに、労働契約を修正し（修正的効力）、②就業規則の定める労働条件が労働契約に定めのない状態よりも労働者に有利であるとき（例：退職手当についての合意がない場合における退職手当支払規定）に、労働契約を補充し（補充的効力）、労働契約上の労働条件を就業規則の定める基準にまで引き上げる効力である。これを「有利変更効」（修正的効力による有利変更効・補充的効力による有利変更効）と定義する。

　　ウ　不利益変更制限効

最低基準効の具体的効力の第三は、就業規則が存続している間、労働者と使用者が労働条件の変更に合意しても、合意により定められた労働条件が就業規則の定める労働条件を下回るときは、就業規則の定める基準を下回る範囲で当該合意を無効として、合意により就業規則の定める基準を下回る労働条件の不利益変更の効力が発生するのを制限し、就業規則の定める労働条件を維持する効力である。これを、「不利益変更制限効」と定義する。

(3) 最低基準効の効力発生要件

最低基準効の効力発生要件は、①有利性要件と、②手続要件に大別される。

　　ア　有利性要件

第一の要件は、就業規則の定める基準が、労働契約上の定め、又は、労働契約上定めがない状態よりも、労働者にとってより有利であることである（有利性要件）。

イ　手続要件
　第二の要件は、就業規則が、労働者に実質的に周知されている(知ろうと思えば知りうる状態におかれている)か、又は、行政官庁への届出がなされていることである(手続要件)。
　就業規則の作成・変更に関し、労基法は、使用者に意見聴取と添付(90条)、届出(89条)、周知(106条1項)の義務を課しているところ、労契法12条は、同条の効力発生要件として特に手続要件は明記していない。労基法所定の手続は、就業規則の合理性を担保するための重要な措置であるが、最低基準効は労働者にとって有利な効力であるから、労基法所定の手続全ての履践を最低基準効の効力発生要件とすることは、労働者保護のために最低基準効を定めた労契法12条の趣旨に合致しない。しかし、事業場の規範として機能しうる状態にない就業規則に最低基準効を認めることも妥当ではない。したがって、最低基準効は、就業規則が事業場の規範として公示されている場合、すなわち、①事業場の従業員に対する実質的周知(知ろうと思えば知りうる状態)がなされている場合、又は、②行政官庁に届出がなされている場合に肯定すべきである[*50]。

## 9　非有利設定効
　(1)　非有利設定効の内容
　労契法7条は、「労働者及び使用者が労働契約を締結する場合において、使用者が合理的な労働条件が定められている就業規則を労働者に周知させていた場合には、労働契約の内容は、その就業規則で定める労働条件によるものとする。ただし、労働契約において、労働者及び使用者が就業規則の内容と異なる労働条件を合意していた部分については、第12条に該当する場合を除き、この限りではない。」と規定している。
　この労契法7条の定める、「労働契約締結時に存在している就業規則の定める労働条件が、使用者と労働者との合意によってではなく、また、最低基準効(有利設定効)によってでもなく(すなわち、就業規則の定める基準が労働契約上の定めがない状態よりも労働者にとって有利であるという理由に基づくものではなく)、当該労働条件について合意がない状態よりも労働者にとって不利又は少なくとも有利とは言えない労働条件であるにもかかわらず、労働契約の内容となる効力」を、就業規則の「非有利設定効」と定義する。

---

[*50]　荒木＝菅野＝山川・労契法(2014)149頁、荒木・労働法(2016)349頁、山下昇「就業規則と労働契約」再生(2)(2017)96頁等も同じ結論である。

「当該労働条件について合意がない状態よりも労働者にとって不利又は少なくとも有利とはいえない条項」とは、具体的には、①使用者に対して、出向命令権、配転命令権、時間外労働・休日労働命令権、降格・降給権、懲戒権等を付与する条項、②競業避止、秘密保持、兼業禁止、企業秩序維持、服務規律、健康診断受診等、労働者に義務を課す条項、③始業・終業時刻等労働義務のある時間に関する条項等である。

　(2)　非有利設定効の効力発生要件等

　非有利設定効の効力が肯定される要件は、①非有利性要件、②時期の要件、③合理性要件、④労契法所定の手続要件、⑤労基法所定の手続要件、⑥異なる合意の不存在に大別される。

　　ア　非有利性要件

　第一の要件は、就業規則の定めが、労働契約上定めがない状態よりも労働者にとって有利ではないことである（非有利性要件）。

　　イ　時期の要件

　第二の要件は、当該就業規則が労働契約締結時に存在することである（時期の要件）。

　　ウ　合理性要件

　第三の要件は、就業規則の定める労働条件の内容の合理性である（合理性要件）。

　労働者にとって有利とは言えない労働条件が、労働者の同意なしに労働契約の内容となることを肯定するためには、労働者本人の判断の代わりに労働契約内容の適正さを担保するため、その内容が合理的であることが必要だからである。

　内容の「合理性」の具体的判断基準は、当該労働条件の内容（配転命令権、時間外労働命令権等）毎に関連部分で検討する[*51]。

　　エ　労契法所定の手続要件

　第四の要件は、労働契約締結時の労働者に対する周知である（労契法所定の手続要件）。

　ここでいう「労働者」とは、①すでに労働契約を締結している当該事業場の労働者、及び、②新たに労働契約を締結する労働者の両方を意味する[*52]。秋北

---

[*51]　後記第16章「労働契約内容の設定と変更」第4節第2款3(1)イ・第3款3(2)イ・第5款3(1)ウ・第7款4(1)イ・第8款3(2)イ等。

[*52]　平20・1・23基発0123004「労働契約法の施行について」第3の2(2)イ(カ)。荒木＝菅野＝山川・労契法(2014)115頁、荒木・労働法(2016)370頁も同旨。

バス事件・最高裁判決[*53]が判示しているように、就業規則の非有利設定効は、就業規則により労働条件が「統一的かつ画一的に決定され」、就業規則が「一種の社会的規範としての性質」を有することを前提としているから、新たに労働契約を締結する労働者のみならず、すでに労働契約を締結して就労している労働者にも周知されている必要がある[*54]。

また、「周知」は、就業規則の定める労働者にとって有利ではない労働条件が労働契約の内容となる前提条件であるので、①就業規則の存在を知らせて、労働者が知ろうと思えば知りうる状態にすることのみならず、②周知される情報が適切・的確であること[*55]、さらに、③その具体的内容を説明することが必要と解すべきである。

オ　労基法所定の手続要件

第五の要件は、労契法7条には明記されていないが、労基法の定める意見聴取と意見書を添付しての届出（労基89・90条）、周知（労基106条1項）である（労基法所定の手続要件）。

就業規則に関する労基法所定の手続の履践は、非有利設定効の要件ではないとの見解[*56]もあるが、労基法所定の手続が履践されていない就業規則は非有利設定効を有しないと解すべきである[*57]。なぜなら、労基法所定の意見聴取・届出は、秋北バス事件・最高裁判決[*58]も述べているように、就業規則の内容の適法性と合理性を担保するために必要な最低限の手続であり、形式的周知は規範性を確保するために必要な公示であり、これらの手続の履践は、使用者の信義則（労契3条4項）上の義務であるとともに、労契法7条にいう「合理性」の要件の一つと解されるからである。

カ　異なる合意の不存在

第六の要件は、就業規則の定める労働条件に関して当事者間で異なる内容の合意が存在しないことである（労契7条但書）。

---

[*53]　秋北バス事件・最大判昭43・12・25民集22巻13号3459頁/判時542号14頁。
[*54]　契約締結時に周知がなされなかった場合、規定内容に合理性があり、契約締結後に周知がなされたとしても、労契法は、合意原則の例外として、労契法7条所定の要件を充足した場合にのみ非有利設定効の発生を認めたものであるから、契約締結時に周知されなかった就業規則の規定は、労働者の同意なく契約内容とはならないと解すべきである。ただし、労契法10条の不利益変更効の規定（→10）を類推適用し、所定の要件を充足すれば労働契約の内容となると解することは可能であろう。
[*55]　荒木＝菅野＝山川・労契法(2014)114頁、荒木・労働法(2016)370頁。
[*56]　菅野・労働法(2017)200頁、西谷・労働法(2013)165頁等。
[*57]　土田・契約法(2016)170頁も同旨。
[*58]　秋北バス事件・最大判昭43・12・25民集22巻13号3459頁/判時542号14頁。

就業規則の定める労働条件に関して当事者間に異なる内容の合意が存在する場合、労契法7条に基づく就業規則の非有利設定効は生じない。したがって、非有利設定効は、就業規則の定める労働条件に関して、労働契約上空白である場合に、労働契約の空白部分を埋めて労働条件を創設する「補充的効力」のみを有し、労働契約上の合意を修正する「修正的効力」を有しない。

この場合、原則として、合意された労働条件が労働契約の内容となる(労契7条但書)。ただし、当該合意が就業規則の定める基準に達しない場合は、労契法12条に基づき、就業規則の最低基準効(修正的効力に基づく有利設定効)が生じ、就業規則の定めが労働契約の内容になることが確認的に規定されている(労契7条但書中の除外条項)。したがって、就業規則と異なる労働条件についての合意は、就業規則の定める基準を下回らない労働条件を定める場合に限り有効である。

## 10　不利益変更効

### (1) 不利益変更効の内容

労契法10条は、「使用者が就業規則の変更により労働条件を変更する場合において、変更後の就業規則を労働者に周知させ、かつ、就業規則の変更が、労働者の受ける不利益の程度、労働条件の変更の必要性、変更後の就業規則の内容の相当性、労働組合等との交渉の状況その他の就業規則の変更に係る事情に照らして合理的なものであるときは、労働契約の内容である労働条件は、当該変更後の就業規則の定めるところによるものとする。ただし、労働契約において、労働者及び使用者が就業規則の変更によっては変更されない労働条件として合意していた部分については、第12条に該当する場合を除き、この限りではない。」と規定している。

この労契法10条が定める、「労働契約締結後の就業規則の変更により、労働条件が労働者に不利益に変更される場合、就業規則の変更時点で当該労働条件の不利益変更につき労働者との合意がないにもかかわらず、変更後の就業規則が労働条件を労働者に不利益に変更する効力」を、就業規則の「不利益変更効」と定義する。

### (2) 不利益変更効の効力発生要件等

不利益変更効の効力が肯定される要件は、①不利益性要件、②時期の要件、③就業規則の変更の要件、④合理性要件、⑤労契法所定の手続要件、⑥労基法所定の手続要件、⑦特約の不存在に大別される。

#### ア　不利益性要件

第一の要件は、就業規則の変更による「労働条件の変更」であることである

が、労契法9条との関係で「労働条件の不利益な変更」に限定されている（不利益性要件）*59。

「不利益」な変更かどうかは、賃金・退職金の減額、労働時間の延長、休日数の減少等、客観的に判断できる場合もあるが、賃金決定方法の変更（例：年功序列型賃金から成果型賃金への変更）のように個別労働者毎に不利益性の評価の分かれるものもあるところ、それが全労働者から見て客観的に不利益な変更であることの主張立証は必要ではなく、当該労働条件の変更に同意しない労働者が不利益と評価する点の主張・立証で足りる。例えば、年功序列型賃金から成果型賃金への変更については、従来よりも昇格・昇給する可能性もあるが降格・降給となる可能性も存在する点において、同意しない労働者にとっては不利益な変更と評価することができる*60。

不利益変更の対象となる「労働条件」は、就業規則の不利益変更効が当該事業場における労働条件の統一的かつ画一的な決定・変更のために一定の要件の下に肯定されることに鑑みれば、①就業規則で定められている労働条件のみならず、②労使慣行により定められた労働条件、③個別労働者毎に労働契約で定められていた労働条件も含まれ*61、④就業規則・労使慣行・労働契約のいずれでも定められていなかった労働条件にも及ぶ。

　　　イ　時期の要件

第二の要件は、「労働契約締結後」に就業規則の変更により労働条件を変更することである（時期の要件）。

　　　ウ　就業規則の変更の要件

第三の要件は、「就業規則の変更」により労働条件を変更することである（就業規則の変更の要件）。

「就業規則の変更」とは、「すでに存在する就業規則における規定の新設・改廃」を意味する。労契法10条は「すでに存在する就業規則において新設・改廃された規定」の不利益変更効を定める条文であり、「就業規則が作成されていなかった事業場において新規作成された就業規則」の不利益変更効を定めるものではない。

この点につき、第一に、①事業場の労働者数の増加により就業規則作成義務

---

*59 　菅野・労働法（2017）204頁、荒木・労働法（2016）383頁等。
*60 　ハクスイテック事件・大阪高判平13・8・30労判816号23頁、ノイズ研究所事件・東京高判平18・6・22労判920号5頁等。
*61 　シオン学園（三共自動車学校）事件・横浜地判平25・6・20労判1098号56頁、同事件・東京高判平26・2・26労判1098号46頁。

を負うこととなった事業場、又は、②従来から就業規則作成義務があったが作成していなかった事業場において、新規作成された就業規則の不利益変更効の有無が問題となる。労契法10条を類推適用して判断するという見解[*62]も多いが、労基法89条が常時10人以上の労働者を使用するにいたった時点で使用者に就業規則作成義務を負わせているのは、当該事業場における労働条件の最低基準を設定・明示させるためであって、労働条件を不利益に変更させるためではない。したがって、使用者は、就業規則作成義務を負うに至った時点で、まず当該事業場の労働条件の最低基準を設定・明示するために、従前の労働条件と同一内容の就業規則を作成し、その上で、就業規則の変更により労働条件を不利益に変更することを欲するときは、就業規則の規定を新設・改廃すべきである。そして、その不利益変更効の肯否は、労契法10条の直接適用により判断される。

第二に、労働契約の内容が就業規則の定めよりも労働者にとって有利であり、使用者が、就業規則の定めは変えずに労働契約の内容を就業規則の定めと同じ内容に不利益に変更したいと考える場合、文言上は従前と同一の就業規則を現在の労働契約の内容を就業規則の定める内容に変更する趣旨で労働者に周知する行為は、「就業規則の変更」に準ずる行為として取り扱い、労契法10条を類推適用すべきであろう[*63]。

### エ　合理性要件

第四の要件は、変更の合理性である（合理性要件）。労契法10条は、就業規則の変更が合理的なものであるか否かの判断要素として、①労働者の受ける不利益の程度、②労働条件の変更の必要性、③変更後の就業規則の内容の相当性、④労働組合との交渉の状況、⑤その他の就業規則の変更に係る事情を挙げる。

労契法10条は、従前の判例法理に変更を加えるものではなく[*64]、同条の掲げる上記の①から⑤の判断要素は、第四銀行事件・最高裁判決[*65]で判示された就業規則の変更の合理性の有無を判断するための7つの判断要素、すなわち、「就業規則の変更によって労働者が被る不利益の程度、使用者側の変更の必要性の内容・程度、変更後の就業規則の内容自体の相当性、代償措置その他関連する

---

[*62]　山川・雇用関係法(2008)37頁、荒木＝菅野＝山川・労契法(2014)46頁、菅野・労働法(2016)203-204頁、荒木・労働法(2016)394-395頁、土田・契約法(2016)569頁(注44)等。
[*63]　シオン学園(三共自動車学校)事件・横浜地判平25・6・20労判1098号56頁、同事件・東京高判平26・2・26労判1098号46頁。
[*64]　2007(平19)年11月20日の参議院厚生労働委員会における小林議員の質問に対する青木政府参考人の確認答弁。
[*65]　第四銀行事件・最二小判平9・2・28民集51巻2号705頁/労判710号12頁。

他の労働条件の改善状況、労働組合等との交渉の経緯、他の労働組合又は他の従業員の対応、同種事項に関する我が国社会における一般的状況等」を整理・統合したものである。「労働組合との交渉の状況」は、合理性の判断要素の一つであり、（多数派）労働組合が就業規則変更に合意したからといって、就業規則の合理性が「推定される」わけではない。

なお、変更の合理性に関して、大曲市農協事件・最高裁判決[*66]は、「当該就業規則の作成又は変更が、その必要性及び内容の両面からみて、それによって労働者が被ることになる不利益の程度を考慮しても、なお当該労使関係における当該条項の法的規範性を是認できるだけの合理性」であり、「特に、賃金、退職金など労働者にとって重要な権利、労働条件に関し実質的な不利益を及ぼす就業規則の作成又は変更については、当該条項が、そのような不利益を労働者に法的に受忍させることを許容できるだけの高度の必要性に基づいた合理的な内容」であることを要すると判示した。これは労契法に条文化されていないが、労契法10条の解釈方法及び解釈基準を示す判例法理として残っている[*67][*68]。

　　オ　労契法所定の手続要件

第五の要件は、労契法所定の周知（労契法所定の手続要件）である。「周知」の具体的内容に関する規定はないが、少なくとも、①就業規則が変更されること及びその変更の具体的内容について事業場の労働者全員に対して適切かつ的確に説明し[*69]、かつ、②就業規則の全文を、いつでも、事業場の外でも見ることが可能な状態にすることが必要であると解すべきである。

　　カ　労基法所定の手続要件

第六の要件は、労契法10条には明記されていないが、労基法の定める意見聴取と意見書を添付しての届出（労基89・90条）、周知（労基106条1項）である（労基法所定の手続要件）。

労契法11条は、就業規則変更の手続に関して、労基法89条及び90条（意見聴取と意見書を添付しての届出）の定めるところによると規定しているが、これらの労

---

[*66]　大曲市農協事件・最三小判昭63・2・16民集42巻2号60頁／労判512号7頁。
[*67]　平20・1・23・基発0123004「労働契約法の施行について」第3の4(3)オ(カ)。
[*68]　変更の「合理性」が問題となった具体例については、後記第16章「労働契約内容の設定と変更」第3節4(2)ウ。
[*69]　労契法施行前の事案であるが、就業規則変更後の具体的な賃金額、算定根拠等について説明がなく労基法106条1項の周知義務を尽くしていないとした裁判例として、NTT西日本事件・大阪高判平16・5・19労判877号41頁、適格退職年金廃止と中小企業退職金共済制度・養老保険への移行に伴う退職金規定変更につき、変更後の退職金の決定・計算につき説明がなく就業規則にも定がないことから実質的周知がないとして不利益変更効を否定した例として、中部カラー事件・東京高判平19・10・30労判964号72頁。

基法所定の手続が履践されなかった場合の不利益変更効の肯否について、明文規定は存在しない。この点について、意見聴取と届出の履践は不利益変更効の要件ではないが、10条所定の合理性判断に際して考慮される事項[*70]、あるいは、プラスの材料[*71]との見解がある。

しかし、労基法所定の意見聴取と届出は、秋北バス事件・最高裁判決[*72]も述べているように、就業規則の内容の適法性と合理性を担保するために必要な最低限の手続である。また、労基法所定の周知（形式的周知）は、規範性を確保するために必要な公示である。したがって、これらの手続の履践は、使用者の信義則（労契3条4項）上の義務であるとともに、労契法10条にいう「合理性」の要件の一つと解されるから、端的に不利益変更効の発生要件と解すべきである[*73]。

キ　特約の不存在

第七の要件は、当該労働条件について就業規則の変更によって変更されないとの合意が存在しないことである（労契10条但書）。

このような特約が存在する場合、原則として、合意されていた労働条件が就業規則の変更後も労働契約の内容となる（労契10条但書）。ただし、当該合意が就業規則の定める基準に達しない場合は、労契法12条に基づき、就業規則の最低基準効（修正的効力に基づく有利変更効）が生じ、就業規則の定めが労働契約の内容になることが確認的に規定されている（労契10条但書中の除外条項）。したがって、当該労働条件について就業規則の変更によっては変更されないとの合意は、労働契約の定めが就業規則の定める基準を下回らない限度で有効である。

## 11　就業規則の法的効力に関する条文（12条、7条、9・10条）の関係

(1)　労契法12条の意義と射程距離

学説上、就業規則の定める労働条件について労働者と使用者との合意が存在しない（労働契約上の定めがない）場合（例：就業規則には退職金規程が存在するが、退職金支払義務についての個別合意は存在しないとき）[*74]には全て、労契法7条が適用さ

---

[*70]　平20・1・23基発0123004「労働契約法の施行について」第3の5(2)ウ、荒木・労働法(2016)385-387頁。
[*71]　菅野・労働法(2017)209頁。
[*72]　秋北バス事件・最大判昭43・12・25民集22巻13号3459頁/判時542号14頁。
[*73]　結論が同じものとして、西谷・労働法(2013)171頁、土田・契約法(2016)570頁等。労契法9・10条施行(2008<平20>年3月1日)前の事案であるが、NTT西日本事件・大阪高判平16・5・19労判877号41頁には、周知とともに、意見聴取と行政官庁への届出がなかったことも不利益変更効を否定する理由として挙げる。
[*74]　「退職金を支給しない」という個別合意があれば、就業規則と異なる合意が存在することになり、「労働契約上の定めがない」状態ではない。

れるとの見解が存在している[*75]。

しかし、労契法12条の定める最低基準効の中には、①「修正的効力」（就業規則の定める労働条件につき異なる定めが労働契約上存在し、就業規則の定める基準が労働契約上の定めより労働者に有利であるときに、労働契約上の当該定めを無効とし、労働契約上の労働条件を就業規則の定める基準に変更する効力）のみならず、②「補充的効力」（就業規則の定める労働条件について労働契約上の定めがない場合も、労働契約上の定めがない空白の状態と就業規則の定める基準とを比較すると就業規則の定める基準を適用した場合の方が労働者に有利であるときには、就業規則の定める基準で労働契約上の労働条件の空白部分を補充する効力）も含まれている（→前記8）。

したがって、労働契約に定めがない場合には、当該労働条件につき労働契約上の定めがない状態と就業規則の定めとを比較し、就業規則の定める基準を適用した場合の方が労働者に有利であるときには、労契法12条に基づき就業規則の定める基準が労働契約の内容となり、労働契約の内容を労働者に有利に設定又は変更する。他方、就業規則の定める基準が労働者にとって有利でないとき又は不利益な変更であるときは、当該基準が労働契約の内容になるかどうかは、労契法7条又は10条の要件を充足するかどうかにより判断される。その理由は、後記(3)で述べる。

(2) 労契法12条と7条・10条の相互関係

労契法12条と7条・10条の相互関係を整理すれば、労契法12条は「最低基準効」の根拠規定であり、同条所定の「最低基準効」は、就業規則の定めが、労働契約の定め又は労働契約に定めがない状態よりも労働者に有利である場合に、その「修正的効力」又は「補充的効力」により、労働契約上の労働条件を就業規則の定める基準に引き上げ、労働条件を労働者に有利に設定又は変更する効力（「有利設定効」・「有利変更効」）を有する（→前記8）。

これに対して、労契法7条は、労働契約締結時に存在する就業規則の定めが、労働契約に定めがない状態と比較して労働者にとって有利でないにもかかわらず、一定の要件の下で、労働契約上の労働条件を就業規則の定める基準に設定する効力（「非有利設定効」）の根拠規定である（→前記9）。

また、労契法10条は、労働契約締結後に変更された就業規則の定めが、労働契約の定め又は労働契約に定めがない状態よりも労働者に不利であるにもかかわらず、一定の要件の下で、労働契約上の労働条件を就業規則の定める基準に

---

[*75] 労旬1669号（2008）「労働契約法逐条解説」46頁（藤内和公執筆部分）、荒木＝菅野＝山川・労契法（2014）149-150頁等。

不利益に変更する効力(「不利益変更効」)の根拠規定である[*76](→前記10)。

(3) 理由

第一に、労基法旧93条及びこれを継承した労契法12条は、就業規則の定める基準を事業場の最低労働基準として労働者に保障するために最低基準効を定める。その趣旨に照らし、労働契約上就業規則と異なる定め(例：就業規則より低い基準の退職金の定め)があるときは最低基準効が働くが、労働契約上定めがないとき(例：就業規則には退職金の定めがあるが労働契約上の定めはない)は最低基準効が働かず、労契法7条の厳格な要件(契約締結時の周知と内容の合理性等)を充足しなければ労働契約上の労働条件とならないと解するのは論理整合性がない。

第二に、労働契約締結の際に、労働者と使用者が労働条件の詳細について合意する例は少なく、合意のいない労働条件の「白地部分」が多い。したがって、労働契約上定めのない労働条件についても就業規則の最低基準効(補充的効力)が認められなければ、就業規則の最低基準効を定めた意義が著しく減殺される。

第三に、労働契約上定めがない労働条件については労契法7条により就業規則の定めが労働契約の内容となるかどうかを判断するとすると、労働者にとって有利な定めも有利でない定めも同じ要件(判断基準)で判断されることになり妥当ではない。労契法7条は、就業規則の定めが労働者にとって有利ではない場合に適用されるからこそ、契約締結時の周知と内容の合理性の要件を明文化しているのである(労働者にとって有利な定めであれば、厳格な手続や内容の合理性を要件とする必要はない)。

第四に、労働契約上定めがない労働条件については労契法12条の適用がないとすると、労働契約上定めがない労働条件について、労働契約締結後に、就業規則の新設・変更により労働者に有利な規定が創設された場合、当該規定の効力(有利変更効)を定める条文がないことになってしまう。けだし、労契法7条は、「労働契約締結時に存在する」就業規則の効力を定めた規定であり、労契法10条は、労働契約締結後の就業規則の変更により、「労働条件を不利益に変更する効力」を定めた規定だからである。

---

[*76] 「就業規則による労働契約の内容の変更」の標題は9条と10条の共通の標題であって9条と10条は一体のものであり、9条所定の「労働者の不利益に」労働契約の内容である労働条件を労働者との合意なく変更することはできないとの原則の例外として、10条の規定が存在することは、9条の但書によっても明らかである。また、10条は不利益変更効の根拠規定だからこそ、周知と厳格な合理性の要件を明文化しているのである(有利変更であれば、厳格な合理性を要件とする必要はない)。したがって、10条の条文は、法律の形式及び実質的内容の両面に照らし、労働条件を不利益に変更する場合に適用される規定であり、労働者に有利な変更の場合には適用されない。

第五に、労働契約に定めのない事項について労契法12条が適用されないことの論拠として、労組法16条にはある「労働契約に定がない部分についても、同様とする」との明文規定が労契法12条及び労基法旧93条にはないことを挙げる見解[77]もある。しかし、労組法16条は、労働協約の労働契約に対する効力の唯一の根拠条文であり、労働契約上の労働条件等を有利に設定・変更する効力(最低基準効)のみならず不利益に設定・変更する効力(非有利設定効・不利益変更効)をも肯定している(労働協約の両面的規範的効力)。これに対し、就業規則の労働契約に対する効力の根拠条文は三条文ある(労契法12・7・10条)から、労契法12条の意義と射程距離は、法の趣旨をふまえて合理的に解釈されるべきである。

　第六に、労基法89条所定の就業規則制度は、工場法施行令(大5勅令193)19条により災害扶助に関し工業主に作成・届出が義務付けられた扶助規則の制度、及び、工場法施行令一部改正(大15勅令153)により新設された27条の4により常時50人以上の職工を使用する工場の工業主に作成・届出が義務付けられた就業規則の制度を承継したものである。災害扶助に関して、扶助規則と異なる定めが労働契約にあることは想定しがたく、工場法施行令に基づく扶助規則は、労働者と家族の生存権保障のために、労働契約上の空白部分を最低労働基準として補充する役割を担って誕生した。沿革的にみても、労働契約上の空白部分を最低労働基準として補充する扶助規則の機能が、労基法旧93条及び労契法12条の定める就業規則の最低基準効に引き継がれていることは明らかである。

## １２　労働契約内容の変更に関する条文(8条、9条、10条)の関係

### (1)　労契法8条・9条の「合意」の意義

　労契法9条の「合意」について、「使用者に、将来就業規則の変更により労働契約内容を労働者の不利益に変更する権利(以下、「就業規則不利益変更権」という)を付与する合意」も含み、使用者が事前の合意に基づき就業規則不利益変更権を有しこれを行使して就業規則の変更により労働条件を労働者に不利益に変更した場合は、労契法8条及び9条の反対解釈により労働条件の不利益変更の効果が発生し、その権利行使は権利濫用法理により規制される(したがって、労契法10条所定の要件を充足する必要はない)との見解[78]も存在する。

　しかし、同見解は支持できない。労契法8条における「合意」及び労契法9条における「合意」は、いずれも「具体的労働条件変更についての変更時点での

---

\*77　荒木＝菅野＝山川・労契法(2014)149頁。
\*78　荒木＝菅野＝山川・労契法(2014)129頁。

合意」のみを意味しているのであって、「使用者に就業規則不利益変更権を付与する事前の合意」は含まれない。その理由は、後記(3)で述べる。

(2) 労契法8条、9条、10条の相互関係

労契法8条と9条と10条の相互関係を整理すれば、第一に、具体的労働条件の不利益変更について、変更時点で労働者と使用者の合意が存在する場合(ただし、合意の効力については、一部証明責任の転換等がなされる)[*79]、労契法8条により、当該合意に基づき、労働条件の不利益変更の効果が発生する。

第二に、就業規則による変更対象となっている労働条件の不利益変更についても、就業規則の変更時点で労働者と使用者の合意が存在する場合(ただし、合意の効力については、一部証明責任の転換等がなされる)[*80]、労契法8条により、当該合意に基づき労働条件の不利益変更の効果が発生する(ただし、その前提として就業規則自体の変更が有効になされたこと[*81]が必要である)[*82]。

就業規則の不利益変更に同意した労働者には労契法9条の反対解釈により不利益変更の効力が生じるとする下級審裁判例[*83]・学説[*84]もあるが、労契法9条は、労働条件の不利益変更について労働者の同意がない場合の、就業規則の不利益変更効に関する条文(原則として不利益変更は否定される)であり、変更時点で労働者の同意がある場合に、労働契約内容の不利益変更が肯定される根拠は、労契法9条の反対解釈ではなく、労契法8条である。

第三に、就業規則による変更対象となっている労働条件の不利益変更について、就業規則の変更時点で労働者と使用者の合意がない場合は、労契法8条による労働契約内容変更の効果は発生しない[*85]。この場合、労契法9条により、原則として労働条件の不利益変更は否定され、例外的に労契法10条所定の要件等を充足しなければ、労働条件の不利益変更の効果は発生しない。換言すれば、

---

[*79] 詳細は、後記第16章「労働契約内容の設定と変更」第4節第1款1(2)。
[*80] 詳細は、後記第16章「労働契約内容の設定と変更」第3節3(2)。
[*81] 就業規則の変更が有効になされたか否か、すなわち、最低基準効の働く基準(最低基準)が変更されたか否かは、当該変更が、①労働者に有利な変更である場合(最低基準の引き上げ)と、②不利な変更である場合(最低基準の引き下げ)に区別し、①は実質的周知又は行政官庁への届出により肯定されるが、②は労基法所定の手続全ての履践と一定の合理性が必要である(後記第16章「労働契約内容の設定と変更」第3節3(3))。
[*82] 山梨県民信用組合事件・最二小判平28・2・19民集70巻2号123頁/労判1136号6頁もこのように解していると思われる。
[*83] 協愛事件・大阪高判平22・3・18労判1015号83頁。
[*84] 菅野・労働法(2017)202頁、荒木・労働法(2016)378頁、土田・契約法(2016)581頁。
[*85] 仮に、労働者と使用者の合意がある場合は労契法9条の反対解釈により労働契約内容の不利益変更を肯定しうるとしても、労働条件変更時点での合意がなければ、労働契約内容の変更の効果は発生しない。

使用者に就業規則不利益変更権を付与する事前の合意があっても、就業規則の変更時点で当該具体的労働条件変更に労働者が同意していなければ、労契法10条所定の要件等を充足しない限り不利益変更の効果は発生しない。

　　(3) 理由

　第一に、使用者に就業規則不利益変更権を付与する合意は、変更の時期・対象となる労働条件・範囲・要件が特定されておらず、使用者による一方的な労働条件の不利益変更を包括的・白紙委任的に認めるものであり、変更権の範囲が不特定かつ広範にすぎる。したがって、使用者に就業規則不利益変更権を付与する合意それ自体が、労契法1条及び3条1項の定める合意による労働契約内容の対等決定・変更原則に著しく反するものであり、公序(民90条)違反又は信義則(労契3条4項)違反で無効である。

　第二に、仮に使用者に就業規則不利益変更権を付与する合意それ自体は有効であると解しても、労契法1条及び3条1項の定める、合意による労働契約内容の対等決定・変更原則に鑑みれば、労契法8条及び9条における「合意」とは、「労働条件を変更する時点での具体的な労働条件変更に関する合意」であると解すべきである。換言すれば、変更対象となる労働条件又は変更後の具体的な労働条件の内容が特定されていない事前の合意(使用者が、就業規則不利益変更権、配転命令権、時間外労働命令権等を有する旨の事前の合意)は、両条文における「合意」には該当しない[*86]。

　第三に、労契法9・10条が、就業規則の変更による労働条件の不利益変更に関する従来の判例法理(原則と例外、合理性の判断基準等)を条文化したものであることは立法経緯上明らかであるが、従来の判例法理は、労働条件の「不利益変更」であれば、使用者の就業規則不利益変更権の有無を問題とすることなく、労契法10条で整理された合理性判断基準により不利益変更の効力を判断してきた。したがって、「使用者に就業規則不利益変更権を付与する事前の合意がある場合は、権利濫用に該当しない限り不利益変更の効果が発生し、労契法10条

---

[*86] 使用者が労働条件変更権を有すること(変更権留保)についての合意も労契法8条の合意に含まれ、当該合意を根拠とする労働条件変更も労契法8条の合意による労働条件変更である(したがって、当該労働条件変更の効力は労契法8条を根拠に発生する)との荒木・労働法(2016)377頁の見解は支持できない。使用者が、事前の合意等に基づき配転命令権・時間外労働命令権等を有している場合、配転命令、時間外労働命令による労働条件変更の効果は、労契法8条所定の「合意」の効果として生じるものではなく、変更権(形成権)の行使の効果として生じるのであり、その行使の適法性は、法令・労働協約・就業規則・労働契約違反の有無、信義則違反・権利濫用の有無、その他強行法規違反の有無により判断される(後記第16章「労働契約内容の設定と変更」第4節)。

所定の要件を充足する必要がない」という見解は、労契法の基礎となった判例法理とは無縁の独自の見解である。

第四に、使用者に就業規則不利益変更権を付与する事前の合意があれば、労契法10条所定の要件等を充足する必要がないとすると、使用者は労働契約締結時点で、就業規則不利益変更権について労働者の同意を得ようとし、労働者は同意せざるをえないであろう（同意しなければ使用者は当該労働者と労働契約を締結しないであろう）。同見解は、労契法10条の規制を免れるための脱法的手法を容認するものと言わざるをえない。

## 第4款　組合規約

### 1　定義

組合規約は、法律上の定義はないが、労働組合が作成する、労働組合の組織・運営、組合員資格、組合員の権利・義務に関する基本的事項を定めたものである。

### 2　機能と効力

組合規約については、就業規則や労働協約とは異なり、その法的効力に関する法律上の規定は存在しない。

このため、組合規約の「法的性質」については、①法規範である(団体の自治的法規範であって、国家法秩序の枠内で法的効力を有する)との見解[*87]、②契約(ないし契約内容として取り込まれることにより拘束力を得る契約条件)であるとの見解[*88]、③法規範的様相を呈する組合規約と契約的色彩の強い組合規約が存在するという意味で、法規範的性格と契約的性格を併有した中間的性格のものとの見解[*89]が存在する[*90]。

思うに、憲法28条の保障する団結権は、労働組合がその団結活動を行うために、当該労働組合の組織・運営に関するルールや、組合員資格、組合員の権利・義務を設定する権利を含むものと解される。また、組合規約の内容は、労働協約の締結権限、組合役員の選挙の方法、規約改正の要件等、必ずしも労働組合と組合員の個別的な権利義務関係に帰着しない(契約条件と位置づけることのできない)組織運営上の規定も存在する。

---

*87　菅野・労働法(2017)795頁等。
*88　西谷・労組法(2012)105頁等。
*89　注釈労組法(上)(1980)208頁。
*90　学説等の詳細は、注釈労組法(上)(1980)207-209頁等。

したがって、組合規約は、当該労働組合の自治的法規範であって、憲法・法令の枠内で法的効力を有するものと解すべきであろう。

　そして、組合規約が、どのような法的根拠により、労働組合と組合員との間の権利義務関係を設定しうるかという点については、労働者が、労働組合の設立又は労働組合への加入の際に、当該組合規約の内容を労働組合との権利義務関係として設定することに同意すれば、当該同意により、憲法・法令の枠内で権利義務関係が設定されることに異論はなく、実際上そのように解釈しうる場合は多いと思われるが、そのような同意がなくても、労働者が当該労働組合を「設立」又は当該労働組合に「加入」する（組合員契約を締結する）ことにより、組合規約所定の権利義務関係が設定される（労働組合と組合員との間の組合員契約の内容となる）と解すべきであろう。

　したがって、組合規約は、憲法・法令に反しない限り、組合規約に反した決議、選挙、規約改正等を無効とし、また、労働組合と組合員との間の権利義務関係（組合員契約の内容）を設定する。

## 3　必要記載事項

　労組法5条2項は、憲法14条の定める平等取扱原則と組合員の組合運営への参加権及び組合の民主的運営を保障するために、労働組合が、組合規約に記載しなければならない事項として、①名称、②主たる事務所の所在地の他、③連合団体である労働組合以外の労働組合（単位労働組合）においては、組合員の、労働組合のすべての問題に参与する権利及び均等の取扱を受ける権利の保障、④人種、宗教、性別、門地又は身分により組合員たる資格を奪われないこと、⑤単位労働組合の役員については、組合員の直接無記名投票により選挙されること、連合団体である労働組合及び全国的規模をもつ労働組合の役員については、単位労働組合の組合員又はその組合員の直接無記名投票により選挙された代議員の直接無記名投票により選挙されること、⑥総会は少なくとも毎年一回開催すること、⑦すべての財源及び使途、主要な寄附者の氏名並びに現在の経理状況を示す会計報告は、組合員によって委嘱された職業的資格を有する会計監査人による正確であることの証明書とともに、少なくとも毎年一回組合員に公表されること、⑧同盟罷業は、組合員又は組合員の直接無記名投票により選挙された代議員の直接無記名投票の過半数による決定を経なければ開始しないこと、⑨単位労働組合においては、その規約は、組合員の直接無記名投票による過半数の支持を得なければ改正しないこと、連合団体である労働組合又は全国的規模をもつ労働組合にあっては、その規約は、単位労働組合の組合員又は

その組合員の直接無記名投票により選挙された代議員の直接無記名投票による過半数の支持を得なければ改正しないことを規定している。

## 第5款　憲法・法令

### 1　主な条文

憲法・法令は、労働法において、労働契約、就業規則、労働協約、組合規約で決定しうる権利義務関係の枠組みを設定する機能を有する。労働法においては、憲法の条文のうち、特に、27条(労働権・労働義務、労働条件の基準の法定、児童の酷使の禁止)、28条(団結権、団体交渉権、団体行動権)、人権保障規定が重要である。また、法令としては、労働法分野の法律・命令(施行規則等)[91]の他、民法、「条理」[92]も重要な法源である。

### 2　強行規定

労働法分野の法律には、私法上強行規定と解される条文が多い。

当該条文が強行規定か任意規定かは、当該条文の趣旨に照らし解釈により定まるが、当該強行規定の効力は、当該規定の趣旨及び規定の規律対象となる行為により定まると解すべきであろう。

例えば、第一に、当該行為が形成権の行使(解雇、契約内容<労働条件>変更権の行使)や権利の放棄であれば、強行規定に反する行為は無効である。

第二に、当該規定が最低基準(差別的取扱い禁止を含む)を定めるもので、当該行為が合意である場合、強行規定に反する合意(部分)を無効にするだけでは最低基準の設定という法の趣旨を実現することができないので、当該強行規定は無効となった部分を補充する直律的効力も有すると解すべきであろう[93]。

第三に、当該規定が労働者の権利や利益を定めるものである場合、労働者は、権利の行使や給付請求をなすことができる。

第四に、当該規定に反する行為は不法行為に該当し、損害賠償請求の原因となる場合がある。

---

[91]　前記第3章「労働法の位置づけと体系」第2節。
[92]　裁判事務心得(明8太政官布告103／現行法令)の3条は、「民事ノ裁判ニ成文ノ法律ナキモノハ習慣ニ依リ習慣ナキモノハ条理ヲ推考シテ裁判スヘシ」と規定しており、これに基づき、「条理」も法源となる。例えば、日鉄鉱業(労働者上告)事件・最三小判平6・2・22民集48巻2号441頁／労判646号7頁は、じん肺管理区分4の患者の蒙った精神的損害の慰謝料に関する原審認定額を「経験則又は条理に反」するとして破棄差戻した。
[93]　労基法13条はその旨を明記・確認するものと位置づけることができる。

## 3 一般条項

　法令上の具体的規定や労働協約・就業規則による保護的規律がなされていない場合については、①公序良俗[*94](民90条)（→(1)）、②信義誠実の原則(信義則)[*95]（民1条2項、労契3条4項）（→(2)）、③権利濫用の禁止[*96]（民1条3項、労契3条5項）（→(3)）等の一般条項に照らして、労働権保障の観点から、労働契約上の権利・義務を画定し、権利の行使の適法性と義務の履行の有無を判断する必要がある[*97]。

### (1) 労働契約と公序良俗

#### ア　公序良俗の内容

　民法現90条は、「公の秩序又は善良の風俗に反する事項を目的とする法律行為は、無効とする」と定める[*98]。

　労働契約においては、労働者は賃金によって生活を維持又は補助しているのが通常であること、また、労務は労働者自身から切り離すことができないことから、特に、労働者の労働権保障は、労働契約当事者及び派遣先等の一定の労働関係当事者の公序である。

#### イ　公序良俗の機能

　個々の具体的な強行法規(公の秩序に関する法規)に違反する法律行為は、当然にそして民法91条の反対解釈等により無効であり[*99]、労基法13条は、労基法の

---

*94　公序良俗については、鳩山秀夫「法律問題としての公序良俗」同『債権法における信義誠實の原則』有斐閣(1955)319-329頁、我妻・民法総則(1965)270-285頁、内田貴『民法Ⅰ［第4版］』東大出版会(2008)281-288頁、四宮＝能見・民法総則(2012)265-277頁、注釈民法(3)(2003)・94-219頁［森田修］等参照。

*95　信義誠実の原則については、鳩山秀夫「債権法に於ける信義誠實の原則」同『債権法における信義誠實の原則』有斐閣(1950)251-318頁、我妻・民法総則(1965)34-35頁、四宮＝能見・民法総則(2010)15-17頁、注釈民法(1)［改訂版］(2002)73-148頁［安永正昭］等参照。信義誠実の原則(民1条2項)は、1947年に民法(明29法89)の一部改正(昭22法222)により新設される以前から債権法を支配する基本原則と考えられており、大判・大9・12・18民禄26輯1947頁は、「債権関係ヲ支配スル信義ノ原則」と明示している。

*96　権利濫用の禁止については、末川博『権利濫用の研究』岩波書店(1949)、我妻・民法総則(1965)35-38頁、四宮＝能見・民法総則(2010)17-19頁、注釈民法(1)［改訂版］148-217頁［安永正昭］等参照。

*97　労働契約上の権利義務における一般条項の意義については、川口・権利義務(2017)。

*98　2017(平29)民法改正は、民法90条の「事項を目的とする」の文言を削除し、「公の秩序又は善良の風俗に反する法律行為は、無効とする」（新90条）とした。その理由は、現在の判例・学説は当該法律行為が公序良俗に反する事項を目的としているかどうかではなく法律行為が行われた過程その他の諸事情を考慮して公序良俗に反しているかどうかを判断しておりこれを条文上明確にするため、と説明されており(法制審議会・民法(債権関係)部会資料12-2第1、2(3)<10頁>)、同条の内容を変更するものではない。

*99　我妻・民法総則(1965)262頁、注釈民法(3)(2003)223頁［森田修］、四宮＝能見・民法総則(2010)261頁等。

定める最低基準に達しない労働条件を定める労働契約はその部分については無効であることを明記しているが、公序良俗に反する法律行為は、個々の具体的な強行法規に反していなくても民法90条により無効である[*100]。

したがって、具体的な強行法規のみならず、公序良俗に反する労働契約の部分は無効であるから、労働者の労働権を侵害する労働契約の部分は、公序に反し無効である。

また、労働協約(契約の一種でもあり、法律行為であることに異論はないであろう)[*101]の規範的部分も、具体的な強行法規又は公序良俗に反する部分は無効であり、労働契約を規律しない。

これに対して、就業規則は、少なくとも現行法においては、それだけではただの紙切れであり、労契法所定の要件等を充足することにより労働契約の内容となるものと位置づけられるから、「法律行為」[*102]には該当しないと解される。しかし、労契法13条は、法令に反する就業規則の部分については労契法7条・10条・12条は当該法令の適用を受ける労働者との間の労働契約については適用しないと定め、したがって、法令に反する就業規則の部分は労働契約の内容とならないことからすれば、具体的強行法規に反していなくても、公序良俗に反する就業規則の部分は、労働契約の内容とはならない。

　　ウ　公序良俗違反の効果

民法90条は、公序良俗に違反する法律行為は「無効」としているが、契約中の一部のみが公序良俗違反とされる場合等、法律行為が公序良俗と部分的に抵触する場合は、当該法律行為を全部無効ではなく一部無効とすることができるかどうかが問題となる[*103]。

労働契約については、具体的強行法規違反については、労基法13条が労基法の定める最低基準に達しない労働条件を定める労働契約は「その部分については」無効である(したがって他の部分は有効である)ことを明記していること、労働者の労働権保障という観点から解釈する必要があることから、労働権保障の観点から妥当であれば当該公序良俗違反の部分のみが無効となり、信義則に則

---

[*100]　鳩山「法律問題としての公序良俗」同『債権法における信義誠實の原則』有斐閣(1955)326-327頁、我妻・民法総則(1965)270頁、四宮＝能見・民法総則(2010)265頁等。
[*101]　四宮＝能見・民法総則(2010)179頁は、労働協約を、単独行為、契約、合同行為と並ぶ法律行為の一種として記述している。
[*102]　法律行為の詳細については、注釈民法(3)(2003)1-93頁［平井宜雄］等参照。
[*103]　注釈民法(3)(2003)206-210頁［森田修］等参照。

した合理的意思解釈等により、契約内容が修正・補充されることになろう[*104]。

また、労働協約の規範的部分も、労働者・労働組合の団結権保障と労働者の労働権保障の観点から妥当である場合は、当該公序良俗違反の部分のみが無効となり、信義則に則した合理的解釈等により修正・補充されることになろう。

就業規則は、労契法13条の規定から、具体的強行法規又は公序良俗に反する部分のみが、労契法7条・10条・12条により労働契約の内容となることはないということになる（→前記イ）。

(2) 労働契約と信義誠実の原則（信義則）

　ア　信義則の内容

民法1条2項は「権利の行使及び義務の履行は、信義に従い誠実に行わなければならない」と定めている[*105]。

労契法3条4項は、これを労働契約の原則として具体化し、「労働者及び使用者は、労働契約を遵守するとともに、信義に従い誠実に、権利を行使し、及び義務を履行しなければならない」と定めている。また、労契法3条2・3項、4条1項、5条、育介法26条等は、従来、信義則上の義務として位置づけられていた使用者の義務の一部を法律上の義務として明文化したものである。

労働契約においては、労働者は賃金によって生活を維持又は補助しているのが通常であること、また、労務は労働者自身から切り離すことができないことから、特に、労働者の労働権保障は、労働契約当事者及び派遣先等の一定の労働関係当事者の信義則でもある。

　イ　信義則の機能

民法1条2項は「権利の行使及び義務の履行」と定めているが、信義則は、権利の行使と義務の履行のみならず、法律及び契約の解釈により当事者間の権利義務を決定するにあたってもその標準となるもので[*106]、民法1条2項を労働契

---

[*104] 我妻・民法総則(1965)257-258・255頁は、法律行為の一部が無効なときはその部分を法律の規定・慣習・条理(信義則)などにより補充して合理的な内容に改造し、これを強制することが当事者の目的に明らかに反する場合にのみ全部を無効とすべきとする。

[*105] 信義誠実とは、社会共同生活の一員として、互いに相手の信頼を裏切らないように、誠意を持って行動することとされている(我妻・民法総則(1965)34頁、四宮＝能見・民法総則(2010)15頁。

[*106] 我妻・民法総則(196534-35・256頁、注釈民法(1)[改訂版]86-92頁[安永正昭]等。最高裁も「信義誠実の原則は、ひろく債権法の領域に適用されるものであって、ひとり権利の行使、義務の履行についてのみならず、当事者のした契約の趣旨を解釈するにもその基準となるべきものである」と判示している(最二小判昭32・7・5民集11巻7号1193頁)。

約の原則として具体化した労契法3条4項も、同様と解される[*107]。したがって、第一に、信義則は、①労働契約上の権利の行使の適法性、及び、②労働契約上の義務の履行の有無の判断基準として機能し、権利の行使又は義務の履行に伴う信義則上の義務を発生させるのみならず、③労働契約当事者間の権利義務関係の内容の解釈基準として機能し、権利義務を信義則に則して修正又は補充する（→ウ）。

また、民法1条2項の定める信義則は、債権関係存続中のみならず、債権発生以前、及び、債権消滅以後においても適用される[*108]。したがって、第二に、労働契約当事者は、労働契約の締結過程及び労働契約終了後も一定の権利を有し義務を負う場合がある。

また、民法1条2項の定める信義則は、ある法律関係に基づいて特別な社会的接触の関係に入った当事者間にも適用される[*109]。したがって、第三に、労働者とその労働契約上の使用者との間のみならず、労働者とある法律関係に基づいて特別な社会的接触の関係に入った者（派遣先、発注企業、元請事業者等）との間でも、信義則上一定の権利義務関係が発生する場合がある。

　　　ウ　労働契約上の権利義務の内容と信義則

労働契約上の権利義務の確定において、信義則は以下のように機能する。

第一に、信義則に反する労働契約、労働協約の部分を無効とし、信義則に則してこれらを解釈することにより、権利義務関係を限定・修正する。

第二に、信義則に反する就業規則の部分は、労契法13条により、法令に反する就業規則の部分として労働契約の内容とならない。したがって、就業規則は、信義則に則し労働者の労働権保障等の観点から合理的に解釈される。

第三に、使用者は、労働者の労働権等に配慮する信義則上の義務（安全配慮義務、職場環境調整義務、雇用保障義務、労働条件維持義務等）を負う。その一部（安全配慮義務等）は具体的な法律の条文として規定され使用者が法律上の義務として負い、また、労働協約、就業規則又は労働者と使用者の合意の内容となっている場合もあるが、具体的な法律の条文又は労働協約、就業規則、労働者と使用者の合意に根拠を求めることができない場合でも、使用者は労働者の労働権等に配慮する一定の義務を信義則上の義務として負う。

---

[*107]　「条理」（明治8年太政官布告103号（裁判事務心得）3条）も権利義務を設定する法源として機能する。

[*108]　鳩山秀夫「債権法に於ける信義誠實の原則」同『債権法における信義誠實の原則』有斐閣(1950)251-318頁、我妻栄『新訂債権総論』岩波書店(1964)14頁。

[*109]　自衛隊車両整備工場事件・最三小判昭50・2・25民集29巻2号143頁。

エ　信義則が適用されることの効果

信義則が適用されることにより、第一に、労働契約当事者の権利義務の内容は信義則に則して解釈され、修正・補充されることになる。

第二に、権利の行使は信義則に則して行われなければならず、権利の行使の適法性は信義則に則して判断される。信義則に反する場合は、権利の行使としての法律的効果を生じない(権利の内容はそうした行使を含んでいない)[110]。したがって、①他人に損害を与えた場合、違法性阻却の効果が生じないので、不法行為として損害賠償責任を負い、②解除権その他の形成権の行使については、新たな法律関係は発生しないことになる、

第三に、義務の履行は信義則に則して行われなければならず、義務の履行の有無は信義則に則して判断される。信義則に反する場合には、義務を履行したことにはならないから、義務不履行の責任を負わなければならない(義務不履行の効果は義務の種類・内容により異なる)[111]。

(3)　権利濫用の禁止

ア　権利濫用の禁止の内容・機能

民法1条3項は「権利の濫用は、これを許さない」と定めている。

労契法3条5項は、これを労働契約の原則として具体化し、「労働者及び使用者は、労働契約に基づく権利の行使に当たっては、それを濫用することがあってはならない」と定めている。また、労契法14条、15条、16条は、出向命令、懲戒、解雇について、権利の濫用であると認められる場合の要件及び効果(無効とすること)を定めている。

権利濫用の禁止は、権利の行使を制限する機能を有する。

イ　権利濫用の禁止違反の効果

権利の濫用は許されないとは、権利の行使としての法律効果を生じない(権利の内容はそこまで及んでいない)ということである[112]。具体的には、①他人の形式的な侵害行為を排斥する効力がなく(例：土地所有権に基づく除去請求[113])、②他人に損害を与えた場合、違法性阻却の効果が生じないので、不法行為として損害賠償責任を負い、③解除権その他の形成権の行使については、新たな法律関

---

[110]　我妻榮「公共の福祉・信義則・権利濫用の相互の関係」末川先生古稀記念『権利の濫用(上)』有斐閣(1962)57頁。
[111]　我妻・民法総則(1965)34頁。
[112]　我妻榮「公共の福祉・信義則・権利濫用の相互の関係」末川先生古稀記念『権利の濫用(上)』有斐閣(1962)57頁、同・民法総則(1965)35頁。
[113]　大判昭10・10・5民集14巻22号1965頁(宇奈月温泉木管除去請求事件)等。

係は発生しないことになる*114。

(4) 権利義務の内容と公序良俗・信義則

労働契約当事者の権利義務の内容を画定する一般条項としては、公序良俗と信義則が存在する。先に述べたように、労働者の労働権保障は、労働契約当事者及び派遣先等の一定の労働関係当事者の公序であり信義則でもあるので、その内容は重複する部分もあり、両者の関係が問題となる。

公序良俗は、これに違反する部分の労働契約及び労働協約を無効とし、また、これに違反する就業規則の部分は労働契約の内容とならないとすることにより、権利義務の範囲を限定する効力のみを有する。これに対して、信義則は、公序良俗と同様に権利義務の範囲を限定する効力を有するのみならず、労働契約当事者の合意、就業規則、労働協約、具体的法律の条文に根拠を見いだすことのできない権利義務を補充する効力も有する。したがって、第一に、権利義務の補充という点については、信義則のみがその機能を有する。

第二に、権利義務の範囲を限定する効力について、公序良俗違反であるが信義則違反ではないという場合は想定し難く、公序良俗違反である場合は信義則違反でもあろう。しかし、公序良俗違反とまでは言えないが当該当事者の関係や具体的状況に照らし信義則違反であるとの評価はありえるので、信義則違反の方が射程距離が広いということができよう。

公序良俗違反と信義則違反の双方又は信義則違反に該当する場合は、その部分は労働契約と労働協約であれば無効となり、就業規則であれば労働契約の内容とはならない。

(5) 権利の行使と信義則・権利濫用の禁止

権利の行使に関しては、①信義に従い誠実に行使しなければならないという、信義則と、②権利を濫用してはならないという、権利濫用の禁止の双方により規制されることになり、信義則と権利濫用の禁止の双方の関係が問題となる。

この点について、民法2条2項と3項に関する見解は様々であり*115、1)信義則と権利濫用の禁止は、本来共通なものを違った方向から規定しているという見解*116、2)信義則は、賃貸借・労働契約の当事者等特別の権利義務関係にある者の利害関係の調節を、権利濫用の禁止は特別の権利義務で結ばれていない私

---

*114 末川博『権利濫用の研究』岩波書店(1949)41-42頁、我妻・民法総則(1965)36頁。
*115 注釈民法(1)[改訂版]82-86頁[安永正昭]等参照。
*116 末川博「民法の改正をつらぬく二つの理念」『権利濫用の研究』岩波書店(1949)所収293頁。

人間の利害の調節を目的とするという見解[*117]等が存在する。

　しかし、労働契約については、労契法に信義則(3条4項)と権利濫用の禁止(3条5項)規定の双方が存在し、また、出向、懲戒、解雇については別途権利濫用の禁止規定が存在するから(14・15・16条)、労働契約上の権利の行使については、信義則と権利濫用の禁止の双方が適用される。

　したがって、労働契約上の権利の行使については、信義則と権利濫用の禁止の関係が問題となるところ、使用者の権利行使が信義則違反かどうかは、権利の行使に伴う信義則上の義務の履行の有無により判断し、信義則上の義務の履行は当該権利行使(例：解雇権の行使)に伴う法律効果(例：労働契約の終了)の効力発生要件であると解すべきである。そして、信義則上の義務を履行し信義則違反でないこと(効力発生要件の充足)の証明責任は権利を行使する使用者が負担し、それでもなお権利濫用であること(想定し難いが)(効力障害要件の充足)の証明責任は権利を行使された労働者が負うと解すべきであろう。

　(6)　まとめ

　前記(1)〜(5)をまとめると、労働契約上の権利義務の内容、権利の行使、義務の履行について、一般条項は以下のような機能を有する。

　第一に、労働契約上の権利義務の内容について、①公序良俗又は信義則に反する労働契約及び労働協約はその部分は無効であり、公序良俗又は信義則に反する就業規則の部分も労働契約の内容とはならない。また、②労働契約の当事者は、具体的な法律の条文、合意、労働協約、就業規則に法的根拠がない場合であっても、一定の信義則上の義務を負い、使用者は、労働者の労働権保障に配慮する信義則上の義務を負う。また、③労働契約、労働協約、就業規則の内容は、信義則に則して合理的に解釈される。

　第二に、労働契約上の権利の行使は、信義則に反するものであってはならず、また、権利の濫用であってはならない。信義則に反する場合又は権利の濫用である場合は、権利行使の効果が発生せず、場合により債務不履行又は不法行為責任を負う。

　第三に、労働契約上の義務の履行は信義則に則して行われなければならず、義務の履行の有無は信義則に則して判断され、信義則に反する場合には、債務不履行の責任を負う。

---

[*117]　我妻榮「公共の福祉・信義則・権利濫用の相互の関係」末川先生古稀記念『権利の濫用(上)』有斐閣(1962)46-59頁、同・民法総則(1965)38-41頁。

## 第6款　労使慣行

### 1　定義

「労使慣行」は、一般に、労働者の雇用・労働条件や、労働組合と使用者・使用者団体等との集団的労使関係の運営等について、明示の合意、就業規則、あるいは、労働協約に基づかない取扱いないし処理方法が反復・継続して行われ、それが使用者と労働者又は労働組合の双方に対し事実上の行為準則として機能している場合のその取扱いないし処理方法をいう[*118]。

### 2　機能と効力

労使慣行は、それ自体は直接権利義務関係を決定するものではないが、①黙示の合意により、あるいは、②事実たる慣習として(民92条)、労働契約の内容、あるいは、労働組合と使用者の契約内容となる場合がある。

ただし、労働協約に反する労使慣行又は就業規則の定めより労働者に不利な労使慣行は、労働契約の内容となっても、労働協約の規範的効力(労組16条)又は就業規則の最低基準効(労契12条)により修正され、法的効力を有しない。

労使慣行が、民法92条に基づき事実たる慣習としての法的効力を認められる要件は、①同種の行為又は事実が一定の範囲において長期間反復継続して行われていたこと、②労使双方が明示的に当該慣行によることを排除・排斥していないこと、③当該慣行が労使双方の規範的意識によって支えられ、使用者側においては、当該労働条件についてその内容を決定しうる権限を有している者か、又はその取扱いについて一定の裁量権を有する者が規範意識を有していたことであると解されている[*119]。

労働契約の内容となっている労使慣行を変更して労働契約の内容を変更することができるかどうかは、特に労働者にとって不利益な変更である場合に問題となる。使用者による取扱いの変更につき、労契法10条を参考として、周知と

---

[*118]　菅野・労働法(2017)161頁等参照。
[*119]　商大八戸の里ドライビングスクール事件・大阪高判平5・6・25労判679号32頁(特定休日が祝日と重なった場合振り替えるとの事実たる慣習の成立を否定<最一小判平7・3・9労判679号30頁も維持>)、日本大学事件・東京地判平14・12・25労判845号33頁(教授会の議決があれば教員の65歳定年が70歳まで延長されるとの事実たる慣習の成立を肯定)、高見澤電気製作所事件・長野地上田支判平16・2・27労判871号14頁(毎年定期昇給を実施するとの事実たる慣習の成立を否定)、立命館大学事件・京都地判平24・3・29労判1053号38頁(事実たる慣習としてかどうかは不明だが、少なくとも1年に給与月額の6か月の一時金を支払うことが労働契約の内容となっていたと判断)等。

変更の合理性により変更の可否と労働契約内容の変更の肯否を判断するという裁判例[*120]もあるが、労働契約内容の変更であるから、①労働協約の締結又は規定の新設により変更後の労働条件を定める[*121]、②就業規則の変更により変更後の労働条件を定める（就業規則の不利益変更効が肯定される要件の充足が必要である）（→前記第3款10）、③変更後の労働条件につき労働者と合意する、のいずれかが必要であり、これらの措置をとらずに使用者が一方的に労働契約の内容を変更することはできないと解すべきであろう[*122]。

## 第7款　労使協定と決議

### 1　労使協定

(1) 定義

「労使協定」は、「過半数代表」と使用者の、法所定の事項についての書面による協定である。

「過半数代表」とは、①当該事業場に労働者の過半数で組織する労働組合がある場合においては、その労働組合（過半数組合）、②当該事業場に労働者の過半数で組織する労働組合がない場合においては、労働者の過半数を代表する者（過半数代表者）である。

なお、「過半数代表」が「過半数組合」である場合、その締結する労使協定が労組法14条の定める労働協約の成立要件を充足する場合は、当該「労使協定」は労組法上の「労働協約」でもあり[*123]、労働協約としての性質も併せ持つことになる。

(2) 機能

労使協定の重要な機能は、強行法規の定める労働契約に対する規制を、当該事業場について、緩和・解除・修正することである。

(3) 対象

労使協定により強行法規の規制の緩和・解除・修正を行うことができる事項は、法律所定の事項に限定されている。具体的には、①法定時間外労働・法定休日労働の許容（労基36条1項）、②一か月単位変形労働時間制の導入（労基32条の2第1項）、③フレックスタイム制の導入（労基32条の3）、④一年単位変形労働時

---

[*120]　労契法施行（2008〈平20〉年3月1日）前の事案について、労契法10条に明文化された従来の就業規則の不利益変更効に関する判例を判断基準として当該労使慣行の不利益変更を否定した例として、立命館大学事件・京都地判平24・3・29労判1053号38頁。

[*121]　後記第25章「労働協約」第5節参照。

[*122]　日本システム開発研究所事件・東京地判平18・10・6労判934号69頁。

[*123]　九州自動車学校事件・福岡地小倉地判平13・8・9労判822号78頁。

制の導入（労基32条の4第1項）、⑤一週間単位非定型的変形労働時間制の導入（労基32条の5第1項）、⑥事業場外労働のみなし時間制の導入（労基38条の2第2項）、⑦専門業務型裁量労働のみなし時間制の導入（労基38条の3第1項）、⑧割増時間に代えての割増休暇の付与（労基37条3項）、⑨休憩の一斉付与原則の例外の許容（労基34条2項但書）、⑩年休の時間単位取得（労基37条4項）、⑪計画年休の導入（労基39条6項）、⑫年休手当を標準報酬月額とすること（労基39条7項但書）、⑬賃金の一部控除の許容（労基24条1項但書）、⑭一部労働者に対する育児休業付与義務の免除（育介6条1項但書）、⑮一部労働者に対する介護休業付与義務の免除（育介12条2項）等がある。

　法所定の事項以外について、過半数代表と使用者が書面による協定を締結しても、それは「労使協定」としての法的効力を有しない。

　(4)　有効期間

　労使協定の有効期間は、①の法定時間外・法定休日労働協定、⑥の事業場外労働のみなし時間制導入協定、⑦の専門業務型裁量労働のみなし労働時間制導入協定については定める必要がある（ただし期間の上限はない）が、それ以外は定めを必要としない。

　(5)　周知義務

　労使協定が締結された場合は、使用者はそれを当該事業場の労働者に周知しなければならない（労基106条1項）。

　(6)　効力

　労使協定は、締結と行政官庁への届出により、当該強行法規の規制を、①労使協定の締結された事業場において、②労使協定の対象とする労働者について、③労使協定の許容する範囲内で、緩和・解除・修正する効力を有する[*124]。

　具体的には、第一に、公法上の効力として、当該強行法規違反について刑事罰が科せられる場合は、これを免責する「免罰的効力」を有する（前記(3)の①〜⑤、⑧〜⑬）[*125]。例えば、労基法32条は、1日8時間1週40時間を超えて労働させてはならないと定め、これを超えて労働させた場合は使用者に刑事罰が科せられる（労基119条）が、労基法36条所定の労使協定が締結・届出された場合は、当該事業場で労使協定の対象とする労働者につき労使協定が許容する範囲内（例えば1日9時間）であれば、1日8時間を超えて労働させても刑事罰を科されない。

---

[*124]　詳細は、後記第2部「個別的労働関係」の関連部分で説明する。
[*125]　前記(3)の⑥⑦は、労基法32条の労働時間規制の対象となる時間を「協定時間」とし、「実労働時間」が法定労働時間を超過しても、協定時間が法定労働時間以下であれば罰則を科されないという意味での免罰的効果を有する。

第二に、私法上の効力として、当該強行法規が労働条件の最低基準・ルールを設定し、強行的直律的効力を有している場合は、当該強行法規に反する労働契約を有効とする「強行性排除効」を有する（前記(3)の①〜⑤、⑪⑬）。また、当該強行法規が直接使用者の義務を発生させている場合は、その義務を免除する「義務免除効」（前記(3)の⑨⑭⑮）、又は、義務の内容を修正する「義務内容修正効」を有する（前記(3)の⑧⑩⑫）。

　第三に、当該強行法規が労働時間の計算方法を定めている場合は、これを修正する（前記(3)の⑥⑦）。

　しかし、労使協定自体は、計画年休協定（労基39条6項）を除き、直接、労働契約の内容（権利義務）を決定・変更する効力を有しない。したがって、労使協定の範囲内で労働契約の内容を決定・変更するためには、別途、法的根拠（労働契約、労働協約、又は、就業規則）が必要となる（→前記第1〜3款）。

## 2　労使委員会の決議

### (1) 定義

　「決議」は、「労使委員会」がその委員の5分の4以上の多数による議決により決定し、議事録として作成されたものである。

　「労使委員会」は、賃金、労働時間その他の当該事業場における労働条件に関する事項を調査審議し、事業主に対して当該事項について意見を述べることを目的とする委員会で、使用者及び当該事業場の労働者を代表する者を構成員とするもの（労基38条の4第1項）である。

　議事録は保存され、当該事業場の労働者に周知が図られていることを要し（労基38条の4第2項2号）、使用者は当該事業場の労働者に対する周知義務を負う（労基106条1項）。

### (2) 機能

　決議は、強行法規の定める労働契約に対する規制を、当該事業場について、緩和・解除・修正する機能を有する。

### (3) 対象

　決議の対象としうる事項は、企画業務型裁量労働制におけるみなし労働時間制の導入（労基38条の4）である。

　また、決議は、以下の労使協定、すなわち、①法定時間外・法定休日労働の許容協定（労基36条1項）、②一か月単位変形労働時間制の導入協定（労基32条の2第1項）、③フレックスタイム制導入協定（労基32条の3）、④一年単位変形労働時間制導入協定（労基32条の4第1項・2項）、⑤一週間単位非定型的変形労働時間制

導入協定(労基32条の5第1項)、⑥事業場外労働のみなし時間制導入協定(労基38条の2第2項)、⑦専門業務型裁量労働のみなし時間制導入協定(労基38条の3第1項)、⑧割増賃金に代えての割増休暇の付与(労基37条3項)、⑨一斉休憩原則の例外の許容(労基34条2項但書)、⑩年休の時間単位取得(労基39条4項)、⑪計画年休導入協定(労基39条6項)、⑫年休手当を標準報酬月額とする協定(労基39条7項但書)に代替することができる(労基38条の4第5項)。

(4) 効力

決議とその行政官庁への届出の法的効力は、労使協定の締結・届出の法的効力(→前記1(6))と同じである。

すなわち、①公法上の効力として、免罰的効力を有し、②私法上の効力として、強行性排除効、義務内容修正効を有し、③当該強行法規が労働時間の計算方法を定めている場合は、これを修正する。

また、決議自体は、計画年休(労基39条6項)に関する決議を除き、直接、労働契約の内容(権利義務)を決定・変更する効力を有しない。したがって、決議の範囲内で労働契約の内容を決定・変更するためには、別途、法的根拠(労働契約、労働協約、又は、就業規則)が必要となる(→前記第1～3款)。

# 第2部　個別的労働関係法

第6章　個別的労働関係総論

第1編　労働関係における人権保障
　第7章　自由と人格権保障
　第8章　平等原則

第2編　労働基準
　第9章　労働者と使用者の権利義務
　第10章　賃金
　第11章　労働時間と自由時間
　第12章　労働安全衛生と職場環境
　第13章　労働と生活の調和
　第14章　労働災害と法的救済

第3編　労働契約
　第15章　労働契約の成立
　第16章　契約内容の設定と変更
　第17章　懲戒処分
　第18章　労働契約の終了
　第19章　企業再編・企業グループと労働契約
　第20章　非典型労働契約

# 第6章　個別的労働関係法総論

本章では、個別的労働関係法の総論として、労働関係の基本原則と実効性の確保[*1]（→第1節）、及び、個別労働紛争と紛争解決制度（→第2節）を検討する。

## 第1節　労働関係の基本原則と実効性の確保

### 1　労働関係の基本原則

労働関係における基本原則は、①労働者の自由・人格権保障と平等原則、②人たるに値する生活を営むための必要を充たすべき労働条件の保障、③労働条件の対等決定・合意原則と契約ルールの遵守である。

（1）労働者の自由・人格権保障と平等原則

労働者の労務供給は、労働者自身と切り離すことができないため、労働関係において労務の自由と人格権が保障されることが必要である。

また、労働関係における平等原則は、労働者の自由と人格権を保障するものであるとともに、労働者が人間らしい生活を営むために必要な労働条件を保障するものでもある。

そのため、個別的労働関係法においては、労働関係における労働者の自由・人格権保障と平等原則のための規定等がおかれている（→第1編「労働関係における人権保障」）。

（2）労働条件の保障

労働条件は、労働者が人たるに値する生活を営むための必要を充たすべきものでなければならない（労基1条1項）。

そのため、個別的労働関係法においては、賃金、労働時間、労働安全衛生等の労働条件について、一部の例外を除き、労働契約、就業規則、労働協約により下回ることのできない最低基準等が法令により設定されている（→第2編「労働基準」）。なお、法律が定める労働条件の基準は、あくまで最低基準であり、労働関係の当事者はこの基準を理由として労働条件を低下させてはならないこ

---

[*1] 近年の論考として、鎌田耕一「労働法の実効性確保」再生(1)(2017)225-248頁、同論文引用文献等。

とはもとより、その向上を図るように努めなければならない（労基1条2項）。

　　(3) 対等決定・合意原則と契約ルールの遵守

　労働契約は、労働者と使用者が、合意により締結し、内容を決定・変更しなければならず、また、労働者保護に配慮した法的ルールが設定され遵守されなければならない。

　そのため、個別的労働関係法においては、労働契約は合意により成立し、労働契約の内容は、法令、労働協約、就業規則に反しない限りであるが、労働者と使用者が対等の立場でなす合意により設定・変更されることが定められ、また、労働者保護に配慮した、労働契約の成立・内容の設定と変更・終了、懲戒処分等についての、契約ルールを設定している（→第3編「労働契約」）。

## 2　実効性の確保

　個別的労働関係法においては、その領域に属する法律[*2]が設定する基準・規範の履行を確保するため、以下のような方法・措置が採用されている。

　第一に、個別的労働関係法の領域に属する法律の条文の多くが強行規定であり、その設定する基準は、強行的直律的効力を有するものも多い（→3）。

　第二に、一定の手当・賃金については、その支払の実効性確保のため、未払の場合の付加金支払制度がある（→4）。

　第三に、一部の規定の違反については罰則が定められている（→5）。

　第四に、一部の規定についてはその実効性を確保するために、専門的行政機関による行政監督が行われ、労働者の申告権が保障され、使用者に様々な義務が課せられている（→6）。

　なお、労働者と使用者の紛争解決制度も、個別的労働関係法の実効性確保措置と位置づけることができるが、節を改めて検討する（→第2節）。

## 3　私法上の強行性

　個別的労働関係法の領域に属する法律の条文は、第一に、その多くが強行規定（強行法規）であり、いかなる場合においても、また、いかなる理由があろうとも、当事者の合意により規定から逸脱することが許されないという意味にお

---

[*2]　前記第3章「労働法の位置づけと体系」第2節2参照。

ける私法上の強行性を有する*3。

　第二に、当該基準に達しない労働条件を定める労働契約を無効にするという「強行的効力」と無効となった部分をその定める基準で補充するという「直律的効力」を有する条文も多い。労基法13条は、「この法律で定める基準に達しない労働条件を定める労働契約は、その部分については無効とする。この場合において、無効となった部分は、この法律で定める基準による。」と定め、労基法において労働条件を定める条文が強行的直律的効力を有することを明記し、最賃法4条も、最賃法に基づき定められた最低賃金の強行的直律的効力を明記している。また、明文規定がなくても、当該条文が強行規定かどうかが条文の解釈により決定されるのと同様、直律的効力を有するかどうかは条文の趣旨により決定されるべきである。

　第三に、強行規定の定める労働者の権利は、法律の定める労働条件の最低基準の一つであり、当該労働者個人のためだけではなく、労働者間の公正競争を実現し労働者全体の労働条件の引き上げのために規定されている。それゆえ、強行規定の定める労働者の権利の放棄は、権利発生前後のいずれであっても、労働者相互間の公正競争の基盤を破壊するものとして許されない*4。

　したがって、第一に、強行規定である労働関係法規に反する法律行為は無効であり、場合により当該規定により労働契約の内容が補充され、あるいは、当該規定に基づき直接請求権が発生する。第二に、強行規定の定める労働者の権利の放棄は当該強行規定に反し無効である。第三に、当該規定に反する取扱いは、不法行為（民709・710条）又は信義則違反・債務不履行（民415条）に該当し損

---

*3　大内伸哉「有期労働契約の不更新条項と雇止め制限法理」季刊労働法244号（2014）125-127頁は、労働法上の強行規定は、労働者の人的従属性に関わる強行性の強い「完全な強行規定（derogationが認められない）」と労働者の真に自由な意思があればderogationが可能な「半強行規定」があるとし、同「従属労働者と自営労働者の均衡を求めて—労働保護法の再構成のための一つの試み」『中嶋士元也先生還暦記念論集　労働関係法の現代的展開』信山社（2004）47-69頁は、公序良俗により根拠付けられる労働者の人的保護を主たる目的とする規定や判例法理を強行規定群、適用除外や労使協定による例外が認められているものを労働者の実質的対等性の欠如に着目したルールを半強行規定群とするが、支持できない。当事者の合意により逸脱可能であればそれは「任意規定」であり、「半強行規定」という概念は観念し得ない。
*4　例えば、強行規定を根拠とする、最低賃金（最賃4条1項）、休業手当（労基26条）、法定時間外・法定休日・深夜労働の割増賃金（労基37条）等の請求権の放棄は、当該強行規定に反し無効である。荒木尚志「有期労働契約法理における基本概念考」根本到他編『西谷敏先生古稀記念論文集　労働法と現代法の理論（上）』日本評論社（2013）412-413頁は、「強行規定によって与えられた権利を事後に放棄することが可能」と述べるが、支持できない。

害賠償請求の原因となる場合もある。
　また、私法上の強行性がない条文の定め（努力義務規定等）も、使用者等の信義則上の義務（労契3条4項、民1条2項）となる場合がある。
　詳細は、後記第7章〜第20章の当該基準・規範の説明部分で検討する。

### 4　付加金支払制度

　使用者が、解雇の際の解雇予告手当（労基20条・21条）、休業手当（労基26条）、法定時間外・法定休日・深夜労働の割増賃金（労基37条）、有給休暇期間中の賃金（労基39条7項）の支払義務に反した場合、裁判所は、労働者の請求により、これらの規定により使用者が支払わなければならない金額の未払金のほか、これと同一額の付加金の支払を命ずることができる（労基114条）[*5]。
　この付加金支払制度の趣旨は、①労働者保護の観点から、これらの手当・賃金の支払義務を履行しない使用者に対し一種の制裁として経済的な不利益を課し、支払義務の履行を促すことにより当該規定の実効性を高めること、及び、②使用者による手当等の支払義務の不履行により労働者に生ずる損害を填補することにある[*6]。

　（1）付加金支払義務の発生要件

　使用者の付加金支払義務は、①上記労基法違反により当然に発生するわけではなく、これに加え、②労働者の請求により、③裁判所がその支払を命じ、当該判決が確定することにより生じる[*7]。換言すれば、付加金支払義務の発生要件は、①上記労基法違反に該当する事実の存在、②労働者の裁判所における請求、③裁判所の支払命令判決の確定である。
　なお、労働者の請求は、違反があったときから2年以内に行わなければならず（労基114条但書）、この2年という期間は、時効期間ではなく除斥期間と解されている[*8]。

　（2）法違反後の手当・賃金の支払と請求・支払命令の可否

　付加金については、1）法所定の期日を過ぎた後に使用者が手当・賃金を支払

---

*5　割増賃金の未払に対し付加金支払を命じた近年の裁判例として、無洲事件・東京地判平28・5・30労判1149号72頁。
*6　最三小決平27・5・19民集69巻4号635頁／判時2270号128頁。
*7　細谷服装事件・最二小判昭35・3・11民集14巻3号403頁／判時218号6頁、江東ダイハツ自動車事件・最一小判昭50・7・17集民115号525頁／労判234号17頁、新井工務店事件・最二小判昭51・7・9集民118号249頁／判時819号91頁、杉本商事事件・広島高判平19・9・4労判952号33頁／判時2004号151頁等。
*8　厚労省労基法コンメ（下）（2011）1036頁。

った場合、労働者は裁判所に付加金支払を請求できるか、2)裁判において口頭弁論終結時までに使用者が手当・賃金を支払った場合、裁判所は付加金支払を命じることができるか、3)付加金支払を命じた原審判決後、使用者が手当・賃金を支払った場合、控訴審裁判所は付加金支払を命じることができるかという論点がある。

1)に関し、細谷服装事件・最高裁判決[*9]は、使用者に労基法20条違反があっても、使用者が既に予告手当に相当する金額の支払を完了し使用者の義務違反の状況が消滅した後は、労働者は労基法114条による付加金請求の申立てをすることができないと判示し、2)に関し、新井工務店事件・最高裁判決[*10]は、裁判所の命令があるまでに使用者が未払金の支払を完了しその義務違反の状況が消滅したときは、裁判所は付加金の支払を命じることはできないと判示し、3)に関し、前記両最高裁判決を引用した上で、控訴審裁判所は付加金の支払を命じることはできないと判示する裁判例[*11]が存在する。

たしかに、付加金支払義務は、①法違反のみにより発生するわけではなく、②労働者の請求と、③裁判所の支払命令の確定がその発生要件であることは法文上明らかである。しかし、使用者が後に当該手当・賃金を支払ったからといって、②労働者の請求、あるいは、③裁判所の支払命令ができなくなるという帰結が当然に導かれるわけではない。

思うに、労基法114条の付加金支払制度は、単に一定の手当・賃金の「未払」に対して制裁を課し、「支払」を確保して労働者の権利を保護する制度ではなく、「所定の期日における未払」に対して制裁を課し、「所定の期日までの支払」を確保して労働者の権利を保護する制度である。けだし、労働者の生活保障のためには、所定の期日までに当該手当・賃金が支払われることが重要だからである。にもかかわらず、使用者は口頭弁論終結時までに当該手当・賃金を支払えば付加金支払を免れるというのであれば、付加金支払制度による「所定の期日までの支払」の確保はその実効性を大きく減殺される。また、付加金支払制度は、労働者の損害の填補もその趣旨とするところ[*12]、当該手当・賃金が所定の期日に支払われなかったことにより、労働者の損害はすでに発生してい

---

[*9] 細谷服装事件・最二小判昭35・3・11民集14巻3号403頁/判時218号6頁。
[*10] 新井工務店事件・最二小判昭51・7・9集民118号249頁/判時819号91頁。甲野堂薬局事件・最一小判平26・3・6労判1119号5頁も同旨。杉本商事事件・広島高判平19・9・4労判952号33頁/判時2004号151頁も裁判所が付加金の支払を命ずるには、口頭弁論終結時に不払の事実が必要と判示する。
[*11] 三和交通事件・札幌高判平24・2・16労判1123号121頁。
[*12] 最三小決平27・5・19民集69巻4号635頁/判時2270号128頁。

る。

　したがって、法違反の事実があれば、1)使用者がその後所定の手当・賃金(遅延損害金を含む、以下同じ)を支払った後でも、労働者は付加金支払請求の申立てをすることができ、2)裁判の口頭弁論終結時までに使用者が所定の手当・賃金を支払った場合でも、裁判所は付加金支払を命ずることができ、3)原審の付加金支払命令後使用者が所定の手当・賃金を支払った場合でも、控訴審裁判所は付加金支払を命ずることができ、使用者が労働者の請求前又は口頭弁論終結時まで又は原審命令後に所定の手当・賃金を支払ったということは、付加金支払を命ずるか否か、また、その額を決定するにあたり、斟酌されうる事情にすぎないと解すべきである。

　(3) 付加金支払の肯否と額

　労基法114条は、「裁判所は………未払金のほか、これと同一額の付加金の支払を命ずることができる」と規定しているので、裁判所は、その裁量により、付加金支払を命じるか否かを決定することができると解される。また、金額についても、未払金と同一額でなくても、これを上限として決定することが可能である(すなわち減額することができる)と解される。

　従来の裁判例も、労基法違反の程度や態様、労働者が受けた不利益の性質や内容、違反に至る経緯やその後の使用者の対応などの諸事情を考慮して、付加金支払の肯否と金額を決定することができると解しており[13]、未払賃金と同一額の付加金支払請求を認容した裁判例[14]のみならず、付加金支払請求を認容しなかった裁判例[15]、付加金を減額して認容した裁判例[16]が存在する。

---

[13] 共立メンテナンス事件・大阪地判平8・10・2労判706号45頁/判タ937号153頁、松山石油事件・大阪地判平13・10・19労判820号15頁。

[14] ゴムノイナキ事件・大阪地判平17・3・10労判933号82頁〈要旨〉、同事件・大阪高判平17・12・1労判933号69頁(ただしいずれも違反時点から2年を超えない部分)、Aラーメン事件・仙台地判平20・3・18労判968号32頁、同事件・仙台高判平20・7・25労判968号29頁、医療法人大正会事件・大阪地判平22・7・15労判1014号35頁等。

[15] 共立メンテナンス事件・大阪地判平8・10・2労判706号45頁/判タ937号153頁、松山石油事件・大阪地判平13・10・19労判820号15頁、大林ファシリティーズ(オークビルサービス)事件・東京地判平15・5・27労判852号26頁、同事件(差戻控訴審)・東京高判平20・9・9労判970号17頁、藤ビルメンテナンス事件・東京地判平20・3・21労判967号35頁。

[16] 付加金を減額して認容した裁判例として、彌榮自動車事件・京都地判平4・2・4労判606号24頁、オフィステン事件・大阪地判平19・11・29労判956号16頁、日本マグドナルド事件・東京地判平20・1・28労判953号10頁/判時1998号149頁、H会計事件・東京高判平23・12・20労判1044号84頁等。

### (4) 付加金支払の遅延損害金

付加金支払義務は、支払を命ずる判決の確定（労基法違反事実の発生ではない）により発生するので、当該判決確定前は、付加金支払義務は発生せず、したがってこれに対する遅延損害金も発生する余地はないが、判決確定後、使用者が付加金の支払をしないときは、使用者は履行遅滞の責を免れず、労働者に対し、民法所定の遅延損害金の支払義務を負う[*17][*18]。

## 5 罰則

労基法及び労働基準関係法規（最賃法、賃確法、安衛法、じん肺法等）、並びに、職安法等の一定の条文の違反については、その定める労働条件の最低基準や労働者供給事業の禁止等の実効性を確保するために、「罰則」の章がおかれ、刑罰が定められている（労基13章、安衛12章、じん肺6章、最賃5章、賃確5章、職安5章等）。

### (1) 労基法

労基法において、罰則付の条文の多くは「使用者」を義務者と規定しており[*19]、当該規定の違反につき刑罰の対象となるのは、第一に「労基法上の使用者」である。「労基法上の使用者」は、「事業主又は事業の経営担当者その他その事業の労働者に関する事項について、事業主のために行為をするすべての者」（労基10条）である。すなわち、①事業の主体でありかつ労働契約の当事者である「事業主」のみならず、②「事業の経営担当者」、及び、③「その他その事業の労働者に関する事項について、事業主のために行為をするすべての者」をその対象とする。

第二に、事業の利益の帰属主体であり労働契約の当事者である事業主の責任も問うため、違反行為をした者が、当該事業の労働者に関する事項について、事業主のために行為した代理人、使用人その他の従業者である場合においては、事業主[*20]に対しても各条の罰金刑が科せられる（労基121条1項本文）。ただし、事

---

[*17] 江東ダイハツ自動車事件・最一小判昭50・7・17集民115号525頁/労判234号17頁、新井工務店事件・最二小判昭51・7・9集民118号249頁/判時819号91頁。
[*18] なお、賃金支払の遅延損害金については、商人たる使用者との労働契約から生じる賃金債権に関しては商事法定利率（商514条）が適用される。2017(平29)民法一部改正法に伴う関連法整備法では、商法514条が削除されており、改正民法施行後は、商人以外の場合と同様に民事法定利率が適用される。
[*19] 「使用者」以外が名宛人となっているのは、6条（中間搾取の禁止）の「何人も」、58条・59条（未成年者の労働契約）の「親権者又は後見人）」である。
[*20] 事業主が法人である場合は当該法人である。

業主[*21]が違反の防止に必要な措置をした場合はこの限りではない(労基121条1項但書)。いわゆる両罰規定である。

第三に、事業主[*22]が違反の計画を知りその防止に必要な措置を講じなかった場合、違反行為を知り、その是正に必要な措置を講じなかった場合又は違反を教唆した場合においては、事業主[*23]も行為者として罰せられる[*24](労基121条2項)。

(2) 最賃法

最賃法において、罰則付の条文の多くは「使用者」を義務者と規定しており、当該規定の違反につき刑罰の対象となるのは、第一に「使用者」である。最賃法上の「使用者」は、労基法上の「使用者」と同一であり(最賃2条2号)、「事業主又は事業の経営担当者その他その事業の労働者に関する事項について、事業主のために行為をするすべての者」である。

第二に、法人の代表者又は法人若しくは人の代理人、使用人その他の従業者が、その法人又は人の業務に関して、最賃法39～41条の罰則の対象となる違反行為をしたときは、行為者が罰せられるほか、その法人又は人に対しても各条の罰金刑が科せられる(最賃42条)。いわゆる両罰規定である。

(3) 安衛法、じん肺法、賃確法

労基法、最賃法とは異なり、安衛法、じん肺法において、具体的義務内容を定める条文において義務を負う主体は、事業主体である「事業者」[*25]等であり、賃確法では「事業主」である。これに伴い、刑罰の対象となるのは、第一に、事業主体である「事業者」「事業主」等である。しかし、法律に特別の規定がある場合を除き故意がなければ刑罰を科すことはできない(刑38条1項)ところ、「事業者」「事業主」等が法人である場合、その故意は想定し得ず、自然人の場合もその故意の認定は困難な場合が多いので、「事業者」「事業主」等に対して責任を問うことができる事案は限られる。

そこで、第二に、「法人の代表者又は法人若しくは人の代理人、使用人その

---

*21 事業主が法人である場合はその代表者、事業主が営業に関し成年者と同一の行為能力を有しない未成年者又は成年被後見人である場合においてはその法定代理人(法定代理人が法人であるときはその代表者)であり(労基121条1項但書)、事業主を代表して違法行為の防止に必要な措置を講じうる自然人である(厚労省労基法コンメ(上)(2011)1055頁)。
*22 前注と同じ(労基121条1項但書)。
*23 前注と同じ(労基121条1項但書)。
*24 行為者ではないが、行為者に科する罰則が適用されるので、現実の行為者の違反罰条によっては、罰金刑のみならず懲役刑を科せられうる。
*25 それぞれの法における「事業者」の定義規定は、安衛法2条3号とじん肺法2条1項5号に定められている(→前記第4章「労働法の主体」第2節2)。

他の従業者」が、その法人又は人の業務に関して、所定の違反行為(安衛116・117・119・120条、じん肺45条、賃確17～19条)を故意に行ったときは、当該行為者を罰し、さらに、その「事業者」又は「事業主」等に対しても各条の罰金刑を科するという、両罰規定[*26]が設けられている(安衛122条、じん肺46条、賃確20条)[*27]。「法人の代表者又は法人若しくは人の代理人、使用人その他の従業者」は、各義務付け条文において義務を負う主体とされていないが、当該両罰規定に基づき、両罰規定に掲げられている違反行為に該当する行為をしてはならない義務を負うことを前提としている[*28]。

## 6　労働基準監督行政

労基法及び労働基準関係法規(安衛法、じん肺法、最賃法、賃確法等)の規制の実効性を確保するために、労基法及び労働基準関係法規は、専門的行政機関による行政監督制度を定めている。

### (1) 組織

労働基準監督行政の組織として、①厚生労働省の内部部局として労働基準主管局(具体的組織名は「労働基準局」)[*29]が、②各都道府県に都道府県労働局が、③全国343箇所[*30]に労働基準監督署が置かれている。

これら①～③の監督機関には、専門職の監督行政官である労働基準監督官、及び、必要な職員が配置されている(労基97条1項)[*31]。

これらの監督機関は、国の直属機関であり、指揮監督の系統は、①厚生労働大臣 → ②労働基準主管局長(具体的官職名は、厚生労働省の内部部局として置かれ

---

[*26] 事業者が個人である場合に関する入場税法(昭23法律110)の両罰規定の法的性質について、最大判昭32・11・27刑集11巻12号3113頁/判時134号12頁があり、事業者が法人である場合に関する外国為替及び外国貿易管理法(昭24法律228)の両罰規定の法的性質について、最二小判昭40・3・26刑集19巻2号83頁/判時418号66頁がある。

[*27] 職安法67条にも同様の規定がある。

[*28] 最一小決昭34・6・4刑集13巻6号851頁は、安衛法に先行して制定された鉱山保安法の違反につき、従業者に当該行為を義務づける規定がないことを根拠に従業者が無罪を主張した事案において、鉱山保安法58条(現63条、安衛法122条と同様の両罰規定)に基づき、従業者等も、両罰規定に掲げられた違反行為に該当する行為をしてはならない義務を負うと判示している。

[*29] 厚生労働省組織令(平12政令252)2条・7条。

[*30] 厚生労働省組織規則(平13厚令1)789条、別表第四。

[*31] この他、安衛法の規制の実施のために、産業安全専門官及び労働衛生専門官が置かれており(安衛93条1項)、事業者等に対する勧告、指示、指導、援助や、立ち入り検査等の権限を有する(安衛93条・94条)。

る「労働基準局」の「労働基準局長」）[*32] → ③都道府県労働局長 → ④労働基準監督署長である（労基99条）。②～④は労働基準監督官を充てる（労基97条2項）。

ただし、労基法中、女性に特殊な規定（労基64条の2～68条）の施行に関する事項については、厚生労働省の女性主管局（具体的組織名は「雇用均等・児童家庭局」[*33]）の局長が、厚生労働大臣の指揮監督を受けて、労働基準主管局長及びその下級官庁に勧告を行い、労働基準主管局長がその下級官庁に対して行う指揮監督に援助を与える（労基100条1項）。

(2) 権限

労働基準主管局長（労働基準局長）、都道府県労働局長、労働基準監督署長、及び、労働基準監督官は、労基法、安衛法、じん肺法、最賃法、賃確法、家内労働法等の施行に関する事務を行い（労基99条、安衛90条、じん肺41条、最賃31条、賃確10条、家内労働29条等）、その主要な権限としては次のものがある。

第一に、労働基準監督署長は、労基法上の権限として、事業場等の臨検、書類提出要求、尋問（労基101条）、許可（労基33条1項・労基則13条、労基41条3号・労基則38条、労基56条2項・年少則1条、労基64条・年少則10条1項、労基61条3項・年少則5条）、認定（労基19条2項・労基則7条、労基20条3項〈19条2項準用〉、労基78条・労基則41条）、審査及び仲裁（労基85条）その他労基法の実施に関する事項をつかさどり、所属の職員を指揮監督する（労基99条3項）[*34]。

第二に、都道府県労働局長は、労基法上の権限として、許可（労基71条・労基則34条の4）を有し、管内の労働基準監督署長を指揮監督し、監督方法の調整等を行う（労基99条2項）。

第三に、都道府県労働局長又は労働基準監督署長は、安衛法違反がある場合に使用停止命令等を発することができる（安衛98条1項）。安衛法違反、又は、寄宿舎に関する安全衛生基準違反があり、労働者に切迫・急迫した危険があるときには、労働基準監督官は都道府県労働局長又は労働基準監督署長の権限を即時行使できる（労基103条、安衛98条3項）。

第四に、労働基準主管局長（労働基準局長）及び都道府県労働局長は、上記第一から第三で例示したものをはじめとする下級官庁の権限を自ら行い、又は所

---

[*32] 一般中央官庁においては、局長は、内部部局の長として大臣を補佐すべき機関であり、大臣の補佐機関として大臣の名において下部機関を指揮監督するが、労働基準主管局長である労働基準局長は、大臣の指揮監督のもとに自らの名において下部機関を指揮監督する権限を与えられている（労基99条1項）。

[*33] 厚生労働省組織令2条・10条。

[*34] その他、賃確法13条の定める立入検査等の権限も有する。

属の労働基準監督官をして行わせることができる(労基99条4項)。*35

　第五に、労働基準監督官(労働基準監督署に配置されている監督官だけでなく、労働基準局長、都道府県労働局長、労働基準監督署長、及び、労働基準局と都道府県労働局に配置されている労働基準監督官をも含む)は、労基法上、①行政上の権限として、事業場、寄宿舎その他の附属建設物に臨検し、帳簿及び書類の提出を求め、使用者又は労働者に対して尋問を行うことができる(労基101条1項)*36。また、②労基法違反の罪について、刑事訴訟法に規定する司法警察官*37としての職務を行う(労基102条)。刑事訴訟法上、労働基準監督官は、特別司法警察職員(刑訴190条)*38として扱われる。労基法違反の疑いがあると思料するときは犯人及び証拠を捜査するものとされ(刑訴189条2項参照)、刑事訴訟法「第2編　第一審」「第1章　捜査」に規定されている司法警察員の権限(逮捕、令状による差押え・捜索・検証等を含む)を行使して、捜査を行った上で、速やかに書類及び証拠物とともに事件を検察官に送致しなければならない(刑訴246条)。

　また、労働基準監督官は、安衛法、じん肺法、最賃法、賃確法上も、同様の行政上の権限を有し(安衛91条1・2項、じん肺42条1項、最賃32条1項、賃確13条1項)*39、また、法違反の罪について、刑事訴訟法の規定による司法警察員の職務を行なう(安衛92条、じん肺43条、最賃33条、賃確11条)。

　労働基準監督官は、在職中及び退官後も、職務上知り得た秘密の漏洩を禁止されている(労基105条)。

　(3)　使用者等の諸義務

　労基法の規制遵守及び監督行政の実効性の確保のため、労基法は、使用者に対して、①法令(労基法、労基則、年少則、女性則等)、就業規則、全ての労使協定、企画業務型裁量労働制の導入時の労使委員会の決議の周知義務(具体的には、常時見やすい場所への掲示、備え付け、書面の交付、磁気テープ・磁気ディスクその他これ

---

*35　上級官職の者が下級官職に権限のある事務を自ら行使できることとする例は、労働基準監督官制度以外に、検察官制度(検察庁法12条)に見られる。
*36　これらの権限を行使するにあたっては、その身分を証明する証票を携帯しなければならない(労基101条2項)。
*37　現行法では、「司法警察『員』」(刑訴39条3項等)の文言を使うのが通例であり、「司法警察『官』」の文言が使用されているのは労基法や陪審法程度である。司法警察職員等指定応急措置法(昭23法234)2条により、法令中に「司法警察官」とある場合、「司法警察員」に読み替えることとされている。よって、労基法102条にある「司法警察官」の文言は、「司法警察員」に読み替える必要がある。
*38　「司法警察職員」とは、司法警察員及び司法巡査をいう(刑訴39条3項)。
*39　これらの権限を行使するにあたっても、その身分を証明する証票を携帯し、関係者に提示しなければならない(安衛91条3項、じん肺42条2項、最賃32条2項、賃確13条3項)。

に準ずるものへの記録とこれを確認する機器の設置による周知義務〈労基106条1項・労基則52条の2〉)、②労働者名簿の調製義務(労基107条・労基則53条)、③賃金台帳の調製義務(労基108条・労基則54条)、④労働者名簿、賃金台帳、労働関係に関する重要な書類の保存義務(労基109条・労基則56条)、⑤行政官庁、労働基準監督官に対する使用者及び労働者の報告・出頭義務(労基104条の2)等を課している。

また、安衛法は、事業者等に対する報告・出頭命令権限(安衛100条1項)、事業者の書類保存義務(安衛103条1項)を、じん肺法は、事業者のエックス線写真等の提出や記録の作成・保存(じん肺16条の2・17条)の義務を、最賃法は、使用者の労働者に対する最低賃金の概要の周知(最賃8条)の義務を、賃確法は、事業主及び労働者等の報告・出頭(賃確12条)の義務を定めている。

これらの違反には、いずれも罰則が付されている。

(4) 労働者の申告権

労働者は、労基法又は同法に基づく命令に違反する事実を、行政官庁又は労働基準監督官に申告することができ(労基104条1項)、安衛法、じん肺法、最賃法、賃確法又はこれらの法律に基づく命令に違反する事実を、都道府県労働局長、労働基準監督署長又は労働基準監督官に申告して是正のため適当な措置をとるように求めることができる(安衛97条1項、じん肺43条の2第1項、最賃34条1項、賃確14条1項)[40]。

使用者(事業者)がこの申告を理由として労働者に対し解雇その他の不利益な取扱いをすることは禁止されている(労基104条2項、安衛97条2項、じん肺43条の2第2項、最賃34条2項、賃確14条2項)。

(5) 労基法における「行政官庁」の意義

労基法においては、様々な行政権限行使の主体、様々な届出や許可申請の提出先、及び、審査請求の取扱組織について、「行政官庁」とのみ記載され、特定の組織名が記載されていない。その理由は、労基法においては、労働基準監督署長が、都道府県労働局長の指揮監督を受けて、労基法の実施に関する事項をつかさどるのが原則である(労基99条3項)が、厚生労働省の労働基準主管局長(労働基準局長)及び都道府県労働局長も、下級官庁の権限を自ら行い、又は所属の労働基準監督官に行わせることができる(労基99条4項)とされており、労働基準監督署長に分掌させている行政権限を労働基準主管局長(労働基準局長)及び都道府県労働局長が自ら行うことも可能であるからである。

---

[40] 職安法違反については、求職者又は労働者は、その事実を厚生労働大臣に申告し、適当な措置を執るべきことを求めることができる(職安48条の4第1項)。

しかし、届出や許可申請等の提出先は、明確にしておく必要があるので、届出や許可申請の提出先となる「行政官庁」については、労基法の各条文毎に、労基則、年少則、事業附属寄宿舎規程、及び、建設業附属寄宿舎規程で定めている。これらの規則では、多くが「行政官庁＝所轄労働基準監督署長」と定められており、唯一の例外として、労基法71条・73条の職業訓練に関する許可と取消については、「行政官庁＝都道府県労働局長」と定められている(労基則34条の4〜5)[*41]。

また、労基法第8章所定の災害補償の実施に関して異議のある者が行うことができる審査又は仲裁を取り扱う行政官庁(労基85条)は、労働基準監督署長である(労基99条3項)。

## 第2節　個別労働関係紛争と紛争解決制度

### 1　個別労働関係紛争と解決方法

(1) 個別労働関係紛争の類型

個々の労働者と使用者の個別的労働関係において生じる紛争である「個別労働関係紛争」は、①解雇の効力と労働契約上の権利を有する地位の有無、未払賃金の有無等、権利義務関係の有無と内容に関する紛争である「権利紛争」と、②賃金引き上げ、労働時間の短縮等、新たな権利義務関係の形成に関する紛争である「利益紛争」に区別することができる[*42]。

(2) 解決方法

個別労働労働紛争は、権利紛争であれ利益紛争であれ、当事者による自主的な解決(個別労働者と使用者との話し合い・交渉、企業内における苦情処理制度・労使協議制の利用、団体交渉等)が可能であり[*43]、第三者による解決も可能であるが[*44]、当事者間又は第三者の援助により解決できない場合は、公的機関により解決さ

---

[*41] もともと、職業訓練は、労働基準監督署長の所轄事項ではない。
[*42] 労働組合等と使用者(団体)との間の集団的労使関係において生じた紛争である「集団的労使紛争」も、同様に、権利紛争と利益紛争に区別することができる。
[*43] 個別紛争解決法2条は、個別労働関係紛争につき、紛争当事者が自主的解決に努めるよう定め、均等法15条、パート法22条、育介法52条の2、障雇法74条の4は、事業主に対し、労働者からの苦情の自主的解決に努めるよう定めている。
[*44] 第三者による解決制度として、労働団体、弁護士グループ等による相談や調整サービスが存在する。仲裁法に基づく仲裁制度もあるが、労働者と使用者は対等な立場になく、紛争発生前の仲裁合意(仲裁2条参照)においては使用者に都合の良い仲裁人が選定される危険性があるので、将来において生ずる個別労働関係紛争(個別紛争解決1条)を対象とする仲裁合意は、当分の間、無効とされている(仲裁附則4条)。

れることになる。
　以下では、①行政機関による紛争解決制度（→2）、及び、②司法機関（裁判所）による紛争解決制度として、労働審判手続（→3）を検討する。
　なお、労働災害に関する、労災保険法上の保険給付に関する労働基準監督署長の不支給決定の取消を求める行政訴訟、及び、使用者に対する民事訴訟については、後記第14章「労働災害と法的救済」第2節2(8)・第3節を参照されたい。

## 2　行政機関による個別労働関係紛争解決制度

　行政機関による個別労働関係紛争の解決制度としては、①個別紛争解決法上の解決制度、②均等法、パート法、育介法、障雇法に関する紛争の解決制度が存在する。

　（1）　個別紛争解決法上の解決制度

　個別紛争解決法は、「個別労働関係紛争」を、「労働条件その他労働関係に関する事項についての個々の労働者と事業主との間の紛争（労働者の募集及び採用に関する事項についての個々の求職者と事業主の間の紛争を含む）」と定義し（個別紛争解決1条）、これを対象として、①労働局長による情報の提供、相談、助言・指導等、②紛争調整委員会によるあっせん、③地方公共団体による施策を定めている。

　「個別労働関係紛争」は、特に権利紛争に限定されているわけではないので、権利紛争及び利益紛争の双方を対象としていると解される。

　　　ア　労働局長による情報の提供、相談、助言・指導等

　都道府県労働局長は、個別労働関係紛争を未然に防止し、及び個別労働関係紛争の自主的な解決を促進するため、労働者、求職者又は事業主に対し、労働関係に関する事項並びに労働者の募集・採用に関する事項についての情報の提供、相談その他の援助を行う（個別紛争解決3条）。

　また、都道府県労働局長は、個別労働関係紛争（労調法6条所定の労働争議に当たる紛争及び行労法26条1項規定の紛争を除く）に関し、当該個別労働関係紛争の当事者の双方又は一方からその解決につき援助を求められた場合には、当該個別労働関係紛争の当事者に対し、必要な助言又は指導をすることができる（個別紛争解決4条1項）。

　ただし、均等法、パート法、育介法、障雇法に関する紛争については、それぞれの法律の定めにより労働局長による助言・指導を行う（→(2)～(5)）。

　援助を求めた労働者に対する事業主による不利益な取扱いは、禁止されてい

る（個別紛争解決4条3項）。

　　　イ　紛争調整委員会によるあっせん

　都道府県労働局長は、個別労働関係紛争（労働者の募集・採用に関する事項についての紛争を除く）に関して当該個別労働関係紛争の当事者の双方又は一方からあっせんの申請があった場合において、当該個別労働関係紛争の解決のために必要があると認めるときは、紛争調整委員会にあっせんを行わせる（個別紛争解決5条1項）。

　紛争調整委員会は、厚生労働大臣が任命する委員（非常勤で任期2年）3人以上で構成され、事件毎に会長から指名されたあっせん委員が、紛争当事者から意見を聴取しあっせん案の提示等を行い（個別紛争解決促進6～19条参照）、当事者の合意形成を援助する。

　ただし、均等法、パート法、育介法、障雇法に関する紛争については、それぞれの法律の定めにより紛争調整委員会による調停を行う（→(2)～(5)）。

　あっせんの申請をした労働者に対する事業主による不利益な取扱いは禁止されている（個別紛争解決5条2項）。

　　　ウ　地方公共団体による施策

　地方公共団体は、個別労働関係紛争の予防と自主的な解決の促進のための、労働者、求職者又は事業主に対する情報の提供、相談、あっせんその他の必要な施策を推進する努力が求められている（個別紛争解決20条1項）。都道府県によっては、労働委員会にあっせんを行わせているところもある。

　　(2)　均等法、パート法、育介法、障雇法上の解決制度

　都道府県労働局長は、均等法、パート法、育介法、障雇法の定めに関する紛争について、①紛争当事者の一方又は双方から紛争解決の援助を求められた場合は、紛争当事者に対し、必要な助言、指導又は勧告をすることができ（均等17条1項、パート24条1項、育介52条の4第1項、障雇74条の6第1項）、②紛争当事者の双方又は一方から調停の申請があり、紛争の解決に必要であると認めたときは、紛争調整委員会に調停を行わせることができる（均等18条1項、パート25条1項、育介52条の5第1項、障雇74条の7第1項）。

　労働局長による紛争解決の援助又は調停の対象となるものは、①均等法の定める、募集・採用、配置・昇進・降格・教育訓練、福利厚生、職種及び雇用形態の変更、定年・退職・解雇・労働契約の更新に関する性別を理由とする差別の禁止（5・6条）、間接差別の禁止（7条）、婚姻、妊娠、出産等を理由とする不利益取扱いの禁止（9条）、セクシュアル・ハラスメントの防止対策措置（11条1項）、妊娠中及び出産後の健康管理に関する措置（12条・13条1項）（ただし、募集・採用に

関するものは調停の対象からは除かれる)、②パート法の定める、労働条件に関する文書交付(6条1項)、通常の労働者と同視すべき短時間労働者に対する差別的取扱いの禁止(9条)、教育訓練(11条1項)、福利厚生施設(12条)、通常の労働者への転換(13条)、事項説明(14条)、③育介法の定める、育児休業(2章)、介護休業(3章)、子の看護休暇(4章)、介護休暇(5章)、所定外労働の制限(6章)、時間外労働の制限(7章)、深夜業の制限(8章)、所定労働時間の短縮等の措置(23条)、所定労働時間短縮等の措置を申出あるいは取得した労働者に対する不利益取扱いの禁止(23条の2)、労働者の配置に関する配慮(26条)、④障雇法の定める、募集・採用における均等な機会の付与と賃金等についての差別的取扱いの禁止(34・35条)、募集・採用と職務の遂行等についての合理的配慮(36条の2・36条の3)(ただし、募集・採用に関するものは調停の対象からは除かれる)についての、労働者(④については障害者である労働者)と事業主との間の紛争である。

　紛争解決の援助を求めた労働者又は調停の申請をした労働者に対する、事業主による不利益取扱いは禁止されている(均等17条2項・18条2項、パート24条2項・25条2項、育介52条の4の第2項・52条の5第2項、障雇74条の6第2項・74条の7第2項)。

　この他、厚生労働大臣は、均等法又は育介法の施行に関し必要があるときは、事業主に対して、報告を求め、又は助言、指導、勧告をすることができ(均等29条1項、育介56条)、均等法又は育介法所定の規定に違反している事業主で勧告を受けた者がこれに従わなかったときは、その旨を公表することができる(均等30条、育介56条の2)。

### 3　労働審判手続

　個別労働紛争のうち、権利紛争は、最終的には裁判所で解決される。
　司法機関(裁判所)による個別労働関係民事紛争の解決制度としては、2004年に労審法が制定され(2006〈平18〉年4月1日施行)、民事訴訟又は民事調停という、一般的な司法手続に加えて、労働審判手続[45]も利用できることになった。
　(1) 概要と目的
　労働審判手続は、民事訴訟と併存する制度であり、当事者はどちらを選択してもよい。労働審判手続については、労審法に関連して、労審則、及び、労働

---

[45] 労働審判手続については、最高裁判所事務総局行政局監修『条解労働審判規則』法曹会(2006)、同『労働審判手続に関する執務資料』法曹会(2006)、菅野ほか『労働審判制度(第2版)』弘文堂(2007)、山川・紛争処理法(2012)152-170頁、菅野・労働法(2017)1089-1106頁、シンポⅠ「労働審判制度の実態と課題」日本労働法学会誌120号(2012)所収論文等。

審判員規則が定められている。

労働審判手続は、個別労働関係民事紛争について、原則として3回以内の期日で、裁判官(労働審判官)1名と労働関係に専門的な知識経験を有する者(労使の労働審判員)2名から構成される労働審判委員会が審理を行い、調停による解決の見込みがある場合にはこれを試みつつ、それにより解決されない場合には、合議によって、当事者間の権利関係をふまえつつ、事案の実情に即した解決のために必要な審判を行う手続である[*46]。紛争の実情に即した迅速、適正かつ実効的な解決を図ることを目的として設けられている(労審1条参照)。

(2) 対象

労働審判手続の対象となる紛争は、「個別労働関係民事紛争」すなわち、「労働契約の存否その他の労働関係に関する事項につき労働者と事業主との間に生じた民事に関する紛争」である(労審1条)。具体的には、解雇、配転等の効力や賃金請求権の有無等に関する労働者と事業主の間の権利紛争が対象となる。

(3) 管轄裁判所

労働審判手続に関する事件(労働審判事件)を管轄するのは、①相手方の住所、居所、営業所若しくは事務所の所在地を管轄する地方裁判所、②個別労働関係民事紛争が生じた労働者と事業主との間の労働関係に基づいて当該労働者が現に就業し若しくは最後に就業した当該事業主の事業所の所在地を管轄する地方裁判所、又は、③当事者が合意で定める地方裁判所である(労審2条1項)。当事者は①〜③のいずれかに労働審判手続の申立てをすることができる。

①について、日本国内に相手方(法人その他の社団又は財団を除く)の住所及び居所がないとき、又は住所及び居所が知れないときは、その最後の住所地を管轄する地方裁判所が管轄裁判所となり(労審2条2項)、日本国内に相手方(法人その他の社団又は財団)の事務所若しくは営業所がないとき、又にその事務所若しくは営業所の所在地が知れないときは、代表者その他の主たる業務担当者の住所地を管轄する地方裁判所が管轄裁判所となり(労審2条3項)、相手方が外国の社団又は財団である場合で、日本国内にその事務所又は営業所がないときは、日本における代表者その他の主たる業務担当者の住所地を管轄する地方裁判所が管轄裁判所となる(労審2条3項)。

(4) 労働審判委員会

労働審判手続は、労働審判委員会により行われる。「労働審判委員会」は、

---

[*46] 講学上「争訟的非訟事件」と位置づけられている非訟事件手続であり、非訟事件手続法の多くの規定が準用されている(労審29条1項)。

①地方裁判所が当該裁判所の裁判官の中から指定する「労働審判官」1名と、②労働関係の専門的知識を有する者のうちから任命された「労働審判員」2名（一般に労使それぞれから1名ずつ、非常勤）により構成される合議体である（労審7～10条）。したがって、労働審判手続には、職業裁判官以外の審判員が関与する。

労働審判員は、中立かつ公正な立場で労働審判事件を処理するために必要な職務を行う者であり（労審9条1項）、労働審判官と労働審判員はそれぞれ平等な評決権をもち、決議は過半数の意見により行われる（労審12条1項）。労働審判委員会の評議は秘密とされる（労審12条2項）。

(5) 審理

労働審判手続は、原則として3回以内の期日において審理を終結しなければならず（労審15条2項）、紛争の迅速かつ集中的な解決を図るものである。

労働審判手続では、調停による解決の見込みがある場合にはこれを試みることとされ（労審1条）、調停において当事者間に合意が成立し調書に記載されたときは、調停が成立し、その記載は、裁判上の和解と同一の効力を有する（労審29条2項、民事調停16条）。

調停によって紛争を解決できないときは、審査の結果認められる当事者間の権利関係及び労働審判手続の経過を踏まえて、労働審判を行う（労審20条1項）。労働審判においては、当事者間の権利関係を確認し、金銭の支払、物の引渡しその他の財産上の給付を命じ、その他個別労働関係民事紛争の解決のために相当と認める事項を定めることができる（労審20条2項）。労働審判に対し、当事者から適法な異議の申立てがないときは、労働審判は裁判上の和解と同一の効力を有する（労審21条4項）。

(6) 訴訟への移行

当事者は、審判を受諾できないときは、審判書の送達又は労働審判書の告知を受けた日から2週間の不変期間内に、裁判所に異議申立てをすることができる（労審21条1項）。

適法な異議の申立てがあれば労働審判はその効力を失い（労審21条3項）、労働審判手続の申立てに係る請求については、労働審判手続の申立ての時に当該労働審判が行われた際に労働審判事件が継続していた地方裁判所に訴えの提起があったものとみなされ（労審22条1項）、訴訟手続に自動的に移行する。

労働審判委員会が、事案の性質に照らし、労働審判手続を行うことが紛争の迅速かつ適正な解決のために適当ではないと認め、労働審判手続を終了させるとき（労審24条1項）も、同様に訴訟手続に移行する（労審24条2項）。

# 第1編　労働関係における人権保障

## 第7章　自由と人格権保障

　本章では、労働関係における労働者の自由と人格権保障[*1]のために、①労基法及び職安法にどのような人権保障規定がおかれているか(→第1節)、また、それ以外に、②労働者の人格的利益の保護のためにどのようなことが論点となっているか(→第2節)を検討する。

### 第1節　労基法・職安法の人権保障規定

　明治初期以来、手配師、労働ブローカー等による労務供給機構により労働者の募集が行われ、不当な人身拘束が行われるとともに、労務供給機構による賃金のピンハネ等の不当な賃金搾取や、労働者の人格を無視した労務管理が行われ、これに対し様々な立法的規制がなされてきた[*2]。

　さらに、労基法(昭22)及び職安法(昭22)[*3]においては、憲法13条の個人の尊重及び憲法の人権保障規定を具体化し、労働関係における労働者の自由と人格権を保障するために、①不当な人身拘束の防止(→1)、②中間搾取の排除(→2)、③公民権行使の保障(→3)、④寄宿舎における生活の自由と安全衛生(→4)の観点から、規制が行われている。

#### 1　不当な人身拘束の防止

　労働者の意思に反する労働を制限するために、労基法は、①強制労働の禁止(労基5条)、②契約期間の上限(労基14条)、③賠償予定の禁止(労基16条)、④前借金相殺の禁止(労基17条)、⑤強制貯金の禁止・任意的貯蓄金管理の規制(労基

---

[*1] 論考として、和田肇「労働者の人権保障―人格権、雇用平等、家族責任関する法理の新たな展開」再生(4)(2017)1-26頁及び同論文引用文献等。
[*2] 前記第2章「労働法の形成と発展」第2節2(1)。
[*3] 雇用保険法等の一部を改正する法律(平29法14)により一部改正され、2017(平29)年4月1日又は2018(平30)年1月1日から施行されている。

18条)を定め、また、職安法は、不当な拘束手段による職業紹介等を行った者に対する罰則を定めている(職安63条1号)。

(1) 強制労働の禁止

憲法18条が、「何人も、いかなる奴隷的拘束も受けない。又、犯罪に因る処罰の場合を除いては、その意に反する苦役に服せられない。」と定めているのを労働関係において具体化し、労働者の自由意思に基づく労働を保障することを目的として[*4]、労基法5条は、「使用者は、暴行、脅迫、監禁その他精神又は身体の自由を不当に拘束する手段によつて、労働者の意思に反して労働を強制してはならない」と定めている。

①「暴行、脅迫、監禁その他精神又は身体の自由を不当に拘束する手段」とは、暴行(刑208条)、脅迫(刑222条)、監禁(刑220条)、その他社会通念上是認し難い手段で、労働者の意思に反して労働を強制し得る程度のものと解され[*5]、明治初期以降の「監獄部屋」「たこ部屋」制度に典型的に見られるような、暴行、脅迫、監禁といった物理的手段のほか、労働者の労務提供に先行して経済的給付を与え、一定期間労働しない場合は当該給付を返還する等の約定を締結し、一定期間労働関係の下に拘束するという、いわゆる経済的足止め策も、その経済的給付の性質、態様、当該給付の返還を定める約定の内容に照らし、それが当該労働者の意思に反して労働を強制することになるような不当な拘束手段であるときは、同条違反に該当する[*6]。また、②「労働者の意思に反して労働を強制する」とは、労働者が現実に労働することを必要としない。

同条違反には罰則(労基117条)があり、また、同条違反の規定等は、同条の直接的効果(又は労基13条及び民90条を根拠)として、私法上無効である。なお、同条と関連して、職安法は、暴行、脅迫、監禁その他精神又は身体の自由を不当に拘束する手段による職業紹介、労働者の募集若しくは労働者供給を行った者又はこれらに従事した者に対する罰則を定めている(職安63条1号)。

---

[*4] 昭23・3・2基発381。
[*5] 昭23・3・2基発381。
[*6] 日本ポラロイド(サイニングボーナス)事件・東京地判平15・3・31労判849号75頁(契約締結時にサイニングボーナス200万円を支払い1年以内に労働者が自発的に退職したときは同額を返還する旨の規定は労働者の意思に反して労働を強制する不当な拘束手段で労基法5条〈及び16条〉に違反し、労基法13条、民法90条により無効と判断)、東箱根開発事件・東京地判昭50・7・28労民26巻4号692頁/労判236号40頁、同事件・東京高判昭52・3・31労判274号43頁(賃金15万円のうち7万円を勤続奨励手当とし、勤続期間1年の満了時に支給されるものを前渡しで無利子で貸与し、中途退職者又は被解雇者はこの貸付金を返還する旨の約定は、労働者を強制的に足留めさせることを禁じている労基法5条〈及び17条〉に違反し民法90条違反で無効と判示)。

## (2) 契約期間の上限

民法上の「雇用」について、期間の定めのある雇用の期間の上限はなく、雇用の期間が5年を超え、又は、「雇用が当事者の一方若しくは第三者の終身の間継続すべきときは」[*7]、当事者の一方は、5年[*8]を経過した後、いつでも契約の解除をすることができると定められているにすぎず(民626条1項)、やむを得ない事由がある場合を除き期間途中で契約を解除することができない(民628条)。この規定は、契約期間中、使用者からの解除を制限し労働者の雇用保障に資する反面、労働者の退職の自由も制限するものである。

そこで、契約期間の上限をより短期とすることを目的として、労基法14条は、労働契約は、期間の定めのないものを除き、一定の事業の完了に必要な期間を定めるもののほかは、3年(ただし、①厚生労働大臣が定める基準[*9]に該当する高度の専門的知識等を有する労働者が当該高度の専門的知識等を必要とする業務に就く場合に締結される労働契約、及び②満60歳以上の労働者の締結する労働契約については5年)を超える期間について締結してはならないと定めた[*10]。

すなわち、労働契約は、期間の定めのないものとして締結することもできるが、期間を定める場合は、一定の事業の完了に必要な期間を定める場合[*11]を除き、その上限が、原則として3年と定められている[*12]。

なお、労基法附則137条は、契約期間の上限が3年の労働契約について、1年を超える期間の契約をした労働者は、労働契約の期間の初日から1年を経過した日以後においては、民法628条の規定にかかわらず、いつでも退職できるとする暫定措置を規定しているが、現在もこの暫定措置は継続している。

労基法14条の違反には罰則(労基120条1号)がある。ただし、処罰の対象は、

---

[*7] 民法現626条1項本文の「雇用が当事者の一方若しくは第三者の終身の間継続すべきときは」の部分について、2017(平29)民法改正により、「その終期が不確定であるときは」と改正されることになった。

[*8] 民法現626条1項但書により、商工業の見習を目的とする雇用については、5年ではなく10年と定められているが、2017(平29)民法改正により、この但書は削除されることとなった。

[*9] 「労働基準法第14条第1項第1号の規定に基づき厚生労働大臣が定める基準」(平20・11・28厚労告532)。

[*10] 詳細は、後記第15章「労働契約の成立」第2節6。

[*11] 労基法上の契約期間の上限規制は適用されないが、民法上の「雇用」であれば、民法626条に基づき、5年を超えれば、労働者は契約を解除することができる。

[*12] 労基法制定時(1947〈昭22〉年)は、一定の事業の完了に必要な期間を定める場合を除き、契約期間の上限は1年であったが、その後の改正を経て、2003〈平15〉年の労基法一部改正(平15法104)で現行法の規定となった。

労基法の立法趣旨に照らし使用者だけである[*13]。

　また、同条違反の労働契約の私法上の効果につき、①その契約期間は労基法13条により無効となり、労基法14条に基づき、契約期間上限の3年（又は5年）に修正されるという見解と[*14]、②端的に期間の定めのない労働契約になるという見解[*15]等があるが、労基法14条は契約期間の上限を定めた条文で有期労働契約を締結しうる事由を定めた条文ではないので、同条違反の効果としては、①が妥当であろう[*16]。

　（3）賠償予定の禁止

　違約金の定めや損害賠償額の予定は民法上は有効である（民420条1項・3項）。しかし、契約期間の満了以前に労働者が退職する場合の違約金の約定や、労働者の契約違反や不法行為につき賠償額を予定する定めは、労働者の自由意思を不当に拘束し労働関係の継続を強要することことになる。

　労基法16条は、工場法施行令（大5勅令193）24条を継承し、「使用者は、労働契約の不履行について違約金を定め、又は損害賠償額を予定する契約をしてはならない」と定めている。

　「違約金」とは、債務不履行の場合に債務者が債権者に支払うべきものとして予め定められた金銭であり[*17]、労働者の債務不履行の場合に違約金を定めることは禁止される。また、「損害賠償額の予定」とは、賠償すべき損害額を実際の損害額如何に関わらず一定の金額として予め定めておくことであり、労働者の債務不履行のみならず不法行為に基づく損害賠償についても賠償額の予定は禁止される[*18]。したがって、自己都合退職時又は一定期間前の退職時に、違約金を支払う旨の約定又は金員を返還する旨の約定は、同条違反で（又は労基

---

[*13]　昭22・12・15基発502、昭23・4・5基発535。
[*14]　旭川大学事件・札幌高判昭56・7・16労民32巻3=4号502頁、同事件・旭川地判昭53・12・26労民29巻5=6号957頁/判時919号108頁、角川文化振興財団事件・東京地決平11・11・29労判780号67頁、自警会東京警察病院事件・東京地判平15・11・10労判870号72頁、平15・10・22基発1022001、菅野・労働法(2017)309頁、荒木・労働法(2016)482頁等。
[*15]　中窪＝野田・世界(2017)74頁。
[*16]　ただし、労基法14条の上限を超える契約期間が約定され（契約期間は3年又は5年に修正される）、労基法14条の上限を超える期間経過後も労働者が引き続き労働に従事し、使用者がこれを知りながら異議を述べないとき、当該労働契約が民法上の雇用である場合は、黙示の更新の規定（民629条1項）により、期間の定めのない契約として存続することになる（→後記第15章「労働契約の成立」第2節6(5)）。
[*17]　違約金は賠償額の予定と推定される（民420条3項）。
[*18]　労基法コンメ（上）244頁、石井他・註解労基法Ⅰ(1964)236頁。

13条若しくは民90条により）無効である[*19]。ただし、禁止されているのは賠償額の予定であり、使用者が現実に生じた損害につき労働者に賠償請求することを禁止する趣旨ではない[*20]。

近年では、留学・研修等の費用を使用者が労働者に貸与し、留学・研修後一定期間勤続の場合はその返還を免除するが勤続しない場合は返還を求める契約が、一定期間勤務する約定についての違約金の定めとして賠償予定の禁止に違反しないかが問題となっている。

この点については、当該留学・研修を業務又は業務命令により行われるものとみることができず、労働者が当該留学・研修の参加をその自由意思により選択し、当該貸与契約も自由意思に基づき締結し、当該留学・研修費用が本来労働者が負担すべき修学費であれば、労働契約とは別に、一定期間勤務後は返還義務を免除する旨の特約付の金銭消費貸借契約が成立しているにすぎず、労基法16条には違反しない[*21]。労働者にとってもその能力開発の支援システムとして利益となろう。ただし、労働者が一定期間勤務しなかった場合、労働者には費用返還義務が発生するが、その範囲については、留学・研修後の勤務期間や使用者への貢献度等を考慮し、信義則上限定すべき場合もあろう[*22]。

これに対して、当該留学・研修が業務又は業務命令により行われるものであってその費用は業務遂行に必要な費用として使用者が負担すべきものである場合は、費用返還を求めることは単なる違約金の定めであり、労基法16条違反で

---

*19 サロン・ド・リリー事件・浦和地判昭61・5・30労民37巻2=3号298頁/労判489号85頁（美容師が「勝手わがままに」退職した場合は採用時に遡って一か月4万円の美容指導料を支払う旨の約定は労基法16条に違反し無効と判断）、アール企画事件・東京地判平15・3・28労判850号48頁（3年間勤務しない場合は違約金を支払う旨の約定は労基法16条に違反し無効と判断）、日本ポラロイド（サイニングボーナス等）事件・東京地判平15・3・31労判849号75頁（契約締結時に支払ったサイニングボーナスを1年以内に労働者が自発的に退職したときは返還する旨の規定は労基法16条〈及び5条〉に違反し、労基法13条、民法90条により無効と判断）。

*20 昭22・9・12発基17。ただし、労働者に対する損害賠償請求は、諸般の事情に照らし、損害の公平な分配という見地から信義則上相当と認められる限度に制限される（茨城石炭商事事件・最一小判昭51・7・8民集30巻7号689頁/判時827号52頁）（後記第9章「労働者と使用者の権利義務」1(5)）。

*21 長谷工コーポレーション事件・東京地判平9・5・26労判717号14頁/判時1611号147頁、野村證券事件・東京地判平14・4・16労判827号40頁、明治生命保険事件・東京地判平16・1・26労判872号46頁、コンドル馬込交通事件・東京地判平20・6・4労判973号67頁、東亜交通事件・大阪高判平22・6・2労判1008号15頁。

*22 長谷工コーポレーション事件・東京地判平9・5・26労判717号14頁/判時1611号147頁（結論としては使用者の請求を全額認容したが、信義則により返還義務の範囲を限定すべき事例があると判示）。

ある*23。また、使用者がその業務に関する技能者の養成のために使用者の費用で修学させ、修学後に当該使用者と労働契約を締結し一定期間就労すれば修学費用を免除する場合も、労働者を確保するために貸与契約の締結を強制し一定期間の勤務を約束させるものは同法違反である*24。

労基法16条違反には罰則（労基119条1号）がある。また、同条違反の契約部分はその直接的効果（又は民90条）により無効であり、支払われた違約金等は無効な法律行為に基づくものとして（不当利得として）返還請求することができる。

(4) 前借金相殺の禁止

明治初期以降は、紡績企業や風俗営業主などが女性労働者を採用するに際しその親と前借金契約を結び、前借金は労働者がその後の賃金によって弁済するが途中退職した場合は利息及び違約金とともに即時返還することが約され、労働者を拘束する例が見られた。

しかし、前借金が「給料の前借り」という庶民金融の1つの形態であることも考慮し、労基法17条は、前借金等そのものの禁止ではなく、前借金等と賃金を相殺することを禁止することとし*25、「使用者は、前借金その他労働することを条件とする前貸の債権と賃金を相殺してはならない」と定めた。

賃金債権については、民事執行法152条において、一支払期における4分の3（民事執行法施行令2条に定める額を超えるときはこれに相当する額）の差押えを禁止し、当該差押えを禁止された額について民法510条が相殺を禁止しているが、本条は、労働者保護の観点から、「労働することを条件とする前貸の債権」に限り、賃金との相殺を一切禁止したものである。また、「労働することを条件とする前貸の債権」については、労基法24条但書に基づく労使協定（賃金全額払原則の例外を許容する賃金控除協定）が締結されても、相殺することはできない*26。

「前借金その他労働することを条件とする前貸の債権」とは、労働契約の締結時又はその後に、労働することを条件として使用者から借り入れ、将来の賃

---

*23 富士重工業事件・東京地判平10・3・17労判734号15頁/判時1653号150頁、新日本証券事件・東京地判平10・9・25労判746号7頁/判時1664号145頁、徳島生活協同組合事件・高松高判平15・3・14労判849号90頁。

*24 和幸会事件・大阪地判平14・11・1労判840号32頁（病院が関連看護学校の学生に授業料等を貸与する契約は、入学手続後に貸与契約を締結しなければ入学できないとして締結させたもので、卒業後一定期間の就労を約束させるのが実質で、当該病院への就労を強制する経済的足止め策であるとして、労基法16条〈及び14条〉違反で無効と判断）。

*25 厚労省労基法コンメ（上）(2011) 246頁。

*26 厚労省労基法コンメ（上）(2011) 249頁。したがって、労基法17条は、罰則の強化及び例外の不許容という点で、労基法24条1項の賃金全額払の原則により禁止される相殺禁止原則（後記第10章「賃金」第4節4(3)）の特則と位置づけられる。

金により弁済することを約する金銭であり、使用者がこれと賃金を一方的に相殺することのみならず、使用者が労働者と相殺契約を締結して相殺することも禁止されると解され、労働者からの相殺の意思表示であっても実質的に使用者の強制によるものは本条違反となる[*27]。

賃金との相殺を禁止される「労働することを条件とする前貸の債権」は、文字通りに解せば、後の賃金で弁済すること（したがって後の賃金を得るため労働すること）を条件として労働者が使用者から受ける全ての借金を包含することになる[*28]。しかし、この「労働することを条件とする前貸の債権」は、金銭貸借関係に基づく身分的拘束関係と労働の強制を防止するという同条の趣旨から限定的に解釈され、①労働者が使用者から人的信用に基づいて受ける金融、弁済期の繰上げ等で明らかに身分的拘束を伴わないもの[*29]、②使用者が労働組合との労働協約の締結あるいは労働者からの申出に基づき、生活必需品の購入等のための生活資金を貸し付け、その後この貸付金を賃金より分割控除する場合においても、その貸付の原因、期間、金額、金利の有無等を総合的に判断して労働することが条件となっていないことが極めて明白な場合[*30]、③事業主が育児休業期間中に、社会保険料の被保険者（労働者）負担分を立て替え、復職後に賃金から控除する制度（著しい高金利が付される等により当該貸付が労働することを条件としていると認められる場合を除く）や、一定年限労働すれば当該債務を免除する旨の取扱い[*31]等は、これに該当しない。

なお、「労働することを条件とする前貸の債権」以外の債権であっても、賃金と相殺するためには、労基法24条但書所定の労使協定の締結が必要である[*32]。

同条違反には罰則（労基119条1号）がある。

(5) 強制貯金の禁止・任意的貯蓄金管理の規制

明治初期以降、使用者が労働者の賃金の全部又は一部を強制的に貯金させ労働者の足留め策とすることや、労働者の貯蓄金を企業の事業資金として転用し経営危機により払戻が困難又は不可能となる例が見られた。

そこで、労基法18条は、そのような人身拘束を防止し労働者の財産を保全するために、①強制貯蓄制度を全面的に禁止し（1項）、②使用者が労働者の任意

---

[*27] 厚労省労基法コンメ（上）(2011) 249頁、吾妻編・註解労基法(1960) 91頁、石井他・註解労基法Ⅰ(1964) 144頁。
[*28] 菅野・労働法(2017) 236頁。
[*29] 昭23・9・13基発17、昭33・2・13基発90。
[*30] 昭23・10・15基発1510、昭23・10・23基収3633、昭63・3・14基発150。
[*31] 平3・12・20基発712。
[*32] 後記第10章「賃金」第4節4 (2)。

の委託を受けて貯蓄金を管理する任意的貯蓄金管理についての規制を行っている(2～7項、労基則5条の2～6条の3、57条3項)。また、③社内預金の保全措置は事業主の法律上の義務とされている(賃確3・4条)[*33]。

　第一に、強制貯蓄制度の禁止として、労基法18条1項は、「使用者は、労働契約に附随して貯蓄の契約をさせ、又は貯蓄金を管理する契約をしてはならない」と定める。①「労働契約に付随して」とは、労働契約の締結又は存続の条件とすることであり、②「貯蓄の契約をさせ」とは、労働者に使用者以外の第三者と貯蓄の契約をさせることであり、③「貯蓄金を管理する契約」とは、使用者自身が直接労働者の預金を受け入れ自ら管理する契約(いわゆる社内預金)と、使用者が受け入れた労働者の預金を(一括して自己名義で又は)労働者個人の名義で銀行その他の金融機関に預け入れ、その通帳、印鑑を保管する契約(いわゆる通帳保管)が含まれる。同条2項以下で任意の貯蓄金管理は認められているので、禁止されている③「貯蓄金を管理する契約」は、②「貯蓄の契約」と同様、①「労働契約に付随して」行われる、強制的貯蓄金管理契約である[*34]。

　第二に、使用者は、労働者の貯蓄金を労働者の委託を受けて管理しようとする場合は、①過半数代表との労使協定の締結・所定の定めと行政官庁(所轄労働基準監督署長)への届出(労基18条2項、労基則5条の2・6条)、②貯蓄金管理規程の定めと周知(労基18条3項)、③預金を自ら直接受け入れる場合は厚生労働省令で定める一定利率[*35]以上の利子を付すこと(同条4項)、④労働者の返還請求には遅滞なく応じること(同条5項)、⑤労働基準監督署長への預金管理状況の報告(労基則57条3項)が要求され、⑥行政官庁(所轄労働基準監督署長)による中止命令の権限とその場合の即時返還義務(労基18条6・7項、労基則6条の3)が定められている。

　第三に、使用者は、貯蓄金の保全措置として、①金融機関による保証契約の締結、②労働者を受益者とする信託契約の信託会社等との締結、③預金債権についての質権又は抵当権の設定、④預金保全委員会の設置等のいずれかを講じ、労使協定に定めなければならない(賃確3条、賃確則2条、労基則5条の2第5号)。

　労基法18条1項・7項違反には罰則(労基119条1号・120条1号)がある。

---

[*33] 詳細は、厚労省労基法コンメ(上)(2011)249～264頁、厚労省労基法解釈総覧(2011)166～211頁。
[*34] 厚労省労基法コンメ(上)(2011)253～255頁。
[*35] 「労働基準法第18条第4項の規定に基づき使用者が労働者の預金を受け入れる場合の利率を定める省令」(昭27労令24)4条は利率の下限を0.5%とする。

## 2　中間搾取の排除

### (1) 法の趣旨と条文

　賃金の中間搾取を防止し、労務の供給を受ける者から労働者に本来支払われるべき賃金額を確保し、労働者の生活と雇用・労働条件を保障するため、労基法6条は、「何人も、法律に基いて許される場合の外、業として他人の就業に介入して利益を得てはならない」と定め、また、職安法にも関連規定がある。

### (2) 労基法6条の禁止する中間搾取の要件

　労基法6条の禁止する中間搾取の要件は以下の通りである。

　第一に、行為主体(「何人も」)は、他人の就業に介入して利益を得る第三者であって、個人、団体又は公人、私人を問わず、公務員も違反行為の主体となりうる[*36]。法人が業として他人の就業に介入して利益を得た場合、法人の従業者が違反行為を計画し実行したときは、当該法人のために実際の介入行為をした行為者たる従業員も処罰される[*37]。

　第二に、「業として」とは、営利の目的で、同種の行為を反復継続することをいい、1回の行為であっても反復継続して利益を得る意思があればこれにあたり、主業としてなされるか副業としてなされるかを問わない[*38]。

　第三に、「他人の就業に介入」するとは、「労働関係の当事者間に第三者が介在して、その労働関係の開始、存続等について媒介又は周旋をなす等その労働関係について、何らかの因果関係を有する関与をなす場合」である[*39]。労働関係の開始、存続等に関する介入としては、①職業紹介、②労働者募集、③労働者供給の他、労働者募集人が自己の募集した労働者の在職期間中その人数に応じて保有手当を受け取ることや炭鉱納屋の納屋頭が日々坑内に送り込んだ労働者の人数に応じて繰込手当を受け取ること[*40]、労務係等が配下の労働者の賃金を一括受領してその一部を着服横領しているような場合[*41]が挙げられる。

　第四に、「利益」とは、その名称、有形無形を問わず、また、使用者より利益を得る場合のみならず労働者又は第三者より利益を得る場合を含む[*42]。

　第五に、本条の適用除外となる「法律に基いて許される場合」としては、①職

---

[*36]　昭23・5・2基発381。
[*37]　昭34・2・16基収8770。
[*38]　昭23・3・2基発381。
[*39]　最一小決昭31・3・29刑集10巻3号415頁/判タ59号63頁、昭23・3・2基発381、昭63・3・14基発150、平11・3・31基発168。
[*40]　寺本・解説166頁、昭23・基発381、昭63・3・14基発150、平11・3・31基発168。
[*41]　労基法コンメ(上)97頁。
[*42]　昭23・3・2基発381。

業紹介については、許可を得た有料職業紹介事業者が所定の手数料を受け取ること（職安30条1項、32条の3、職安則20条・別表）、②労働者の募集については、募集従事者が許可を受けた労働者募集者から所定の報酬を受けること（職安36条1・2項及び職安則28条2項）、③労働者供給については、労働者派遣法に基づく労働者派遣[*43]等が定められている。

(3) 職安法による規制

労基法6条に関連して、職安法は、①職業紹介の規制、②労働者の募集の規制、③労働者供給事業の禁止を行っている。

第一に、職安法において、「職業紹介」は、「求人及び求職の申込みを受け、求人者と求職者との間における雇用関係の成立をあつせんすること」（職安4条1項）、「無料の職業紹介」は、「職業紹介に関し、いかなる名義でも、その手数料又は報酬を受けないで行う職業紹介」（職安4条2項）、「有料職業紹介」は、「無料の職業紹介以外の職業紹介」（職安4条3項）と定義されている。

そして、国の職業安定機関が行う無料職業紹介以外の職業紹介については、①学校、地方公共団体等の行う無料職業紹介は届出制である（職安33条の2～33条の4）が、それ以外の無料職業紹介及びすべての有料職業紹介は許可制とし（職安33条1項、30条1項）、②有料職業紹介は、港湾運送業務及び建設業務等については禁止され（職安32条の11第1項、職安則24条の3）、③有料職業紹介の手数料は規制されている（職安32条の3、職安則20条・別表）。

第二に、職安法において、「労働者の募集」とは、「労働者を雇用しようとする者が、自ら又は他人に委託して、労働者となろうとする者に対し、その被用者となることを勧誘すること」と定義されている（職安4条5項）。

そして、被用者以外の者に労働者の募集に従事させる「委託募集」は、①報酬を与えるものは許可制（職安36条1項）でその報酬額は認可制（同条2項）、与えないものは届出制（同条3項）とし、②労働者の募集を行う者及び募集従事者（募集受託者）が応募労働者から報酬を受けることは禁止され（職安39条）、③募集者が募集受託者に賃金等及び認可された報酬以外の報酬を与えることは禁止されている（職安40条）。

第三に、職安法において、「労働者供給」とは、「供給契約に基づいて労働者を他人の指揮命令を受けて労働に従事させることをいい、労働者派遣法2条1号に規定する労働者派遣に該当するものを含まない」と定義され（職安4条7項）、派遣法2条1号は、「労働者派遣」を「自己の雇用する労働者を、当該雇用関係

---

[*43] 後記第20章「非典型労働契約」第3節。

の下に、かつ、他人の指揮命令を受けて、当該他人のために労働に従事させることをいい、当該他人に対し当該労働者を当該他人に雇用させることを約してするものを含まない」と定義している。

そして、労働組合等が許可を受けて行う無料の労働者供給事業(職安45条)を除き、労働者供給事業を行い、又は、労働者供給事業を行う者から供給される労働者を自らの指揮命令の下に労働させることは禁止されている(職安44条)。

(4) 適法な業務処理請負・業務委託

請負(あるいは、業務委任・業務委託等)で、請負人が注文者に対して請け負った業務を遂行するために、労働者を注文者の事業場において労働させる場合、単に形式的に請負人と注文者との間の請負契約及び請負人と労働者との間の労働契約が締結されているだけではなく、労働者を指揮命令し労働者の労務を受領する者が請負人であれば、請負人が「他人の就業に介入」して利益を得ているものではなく、労基法6条違反ではない。また、職安法44条違反でもない。しかし、労働者を指揮命令し労働者の労務を受領している者が注文者であれば、請負人は「他人の就業に介入」して利益を得ている者であり、労基法6条違反である。また、「労働者供給事業を行う者」として、職安法44条違反である。

労働者の労務を受領している者は請負人か注文者か、すなわち、労基法6条違反、及び、職安法44条違反の有無の判断基準は、職安法4条7項所定の「労働者供給」の定義を補充して職安則4条1・2項が定める「労働者供給の事業を行う者か否かの判断基準」に則して、「1)①作業の完成について事業主としての財政上及び法律上のすべての責任を負うものであること、②作業に従事する労働者を指揮監督するものであること、③作業に従事する労働者に対し、使用者として法律に規定されたすべての義務を負うものであること、④自ら提供する機械、設備、器材(業務上必要なる簡易な工具を除く)若しくはその作業に必要な材料、資材を使用し又は企画若しくは専門的な技術若しくは専門的な経験を必要とする作業を行うものであって、単に肉体的な労働力を提供するものではないことの4つの要件を全て充足し、かつ、2)それが法違反を免れるために故意に偽装され真の目的が労働者供給にあるのではない場合」に該当するときには、当該請負人が労務を受領する適法な請負事業等であり、労基法6条違反、職安法44条違反ではないと解すべきである。

(5) 派遣法に基づく適法な労働者派遣

供給元が、労働者をして他人(供給先)の指揮命令を受けて労働に従事させ、これを業として利益を得ている場合であっても、それが派遣法の規制に従った適法な「労働者派遣」であれば、①労基法6条違反ではなく、また、②職安法44条

違反でもない。

　第一に、労基法6条違反につき、行政解釈は、「労働者派遣法で定める労働者派遣は、労働者派遣契約に基づき、派遣元が雇用する労働者が派遣先に派遣され、派遣先の指揮命令の下に労働するものである。この場合には、派遣元と労働者との間の労働契約関係及び派遣先と労働者の間の指揮命令関係を合わせたものが、全体として当該労働者の労働関係となるものであり、したがって派遣元による労働者の派遣は、労働関係の外にある第三者が他人の労働関係に介入するものではない」という理由で、労基法6条違反を否定している[*44]。

　しかし、後記(7)で述べるとおり、「供給元が、労働者をして他人(供給先)の指揮命令を受けて労働に従事させ、これを業として利益を得ること」は、供給元と供給先との間の労働者供給契約の有無、及び、供給元と労働者との間の「契約」の有無にかかわらず、「法律に基いて許される場合」を除き禁止され、供給元と供給先との間に労働者供給契約があり、供給元と労働者との間に「契約」がある場合であっても、「法律に基づいて許される場合」を除き、禁止されていると解すべきである。

　したがって、派遣法に基づく適法な労働者派遣は、労基法6条の定める「業として他人の就業に介入して利益を得」るものであるが、同条の定める「法律に基いて許される場合」に該当するが故に同条違反ではないと解すべきである。

　第二に、職安法44条違反につき、派遣法の規制に従った適法な労働者派遣は、当然、派遣法2条1号の定める「労働者派遣」の定義に該当し、職安法4条7項の定める「労働者供給」から除外されるので、「労働者供給事業」を禁止する職安法44条違反にも該当しない。

(6) 偽装請負・違法派遣
　　ア　問題の所在[*45]

　それでは、第一に、「業務処理請負」又は「業務委託契約」等の形式をとっているが、職安則4条1・2項の要件(→前記(4))を充足しておらず、実質的には、注文者・委任者が労働者に指揮命令しその労務を受領する者であると評価できる、いわゆる「偽装請負」は、労基法6条違反、あるいは、職安法44条違反に

---

[*44] 厚労省労基法コンメ(上)(2011)96頁、昭61・6・6基発333、昭63・3・14基発150、平11・3・31基発168。
[*45] ここでは、労基法6条・職安法44条違反該当性のみを検討する。偽装請負・違法派遣の場合の注文者・派遣先が、請負人・派遣元の労働者とされている労働者の労働契約上の使用者かという論点については、後記第20章「非典型労働契約」第3節7(4)、適法な労働者派遣の場合も含め、その代表者に対し団体交渉義務を負う使用者かという論点については、後記第26章「不当労働行為と法的救済」第2節第1款4参照。

該当するであろうか。

図7.1 請負、労働者派遣、偽装請負

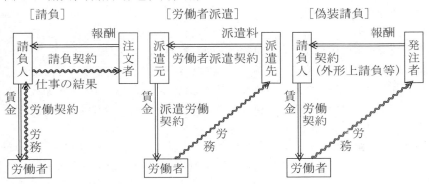

第二に、労働者を他人の指揮命令を受けて労働に従事させこれを業として利益を得ている場合であって、「労働者派遣」という形式をとってはいるが、派遣法に違反している、いわゆる「違法派遣」である場合、具体的には、①派遣先と派遣元との間の労働者派遣契約、又は派遣元と労働者との間の派遣労働契約が締結されていない場合、②派遣先が派遣労働者を派遣禁止業務に従事させる場合（派遣4条3項違反）、③派遣先が無許可の派遣事業者から労働者派遣の役務提供を受ける場合（派遣24条の2違反）、④派遣先が派遣可能期間を超えて労働者派遣の役務の提供を受ける場合（派遣40条の2第1項違反）等において、当該「違法派遣」は、労基法6条違反、あるいは、職安法44条違反に該当するであろうか。

　　　イ　労基法6条違反の有無

偽装請負・違法派遣が労基法6条違反かどうかについて、請負人・派遣元と労働者の間に労働契約関係があり、注文者・派遣先との間にない場合は、派遣元が第三者として労働関係に介入したとはいえず、禁止された中間搾取には該当しないとの見解[*46]がある。また、「労働者供給を行う者と供給される労働者との間にも労働関係が成立していると認められる場合には、労働者供給を行う者は労働関係のなかにいることになり、他人の就業に介入することにはならな

---

*46　菅野・労働法（2017）238頁。

い」という行政解釈[*47]も同じ結論となろう。

　しかし、「請負人・派遣元と労働者との間に『労働契約関係』があれば、『他人の就業に介入』することには該当せず、労基法6条違反ではない」という見解は支持できない。

　第一に、そもそも、請負人・派遣元と労働者との関係が「労働契約関係」か「事実上の支配関係」なのかを明確に区別することはできない。

　第二に、請負人・派遣元と労働者との関係が「事実上の支配関係」であっても「契約関係」であっても、請負人・派遣元が労働者をして注文者・派遣先に労務を供給させ、それによって利益を得ていること、及び、労働者を中間搾取から保護すべき必要性に何ら変わりはない。

　第三に、労働者は弱い立場にあるから、注文者・派遣先に労務を供給することを請負人・派遣元に対して同意せざるをえず、請負人・派遣元と労働者との間の「契約」は容易に締結されるところ、請負人・派遣元と労働者との間の「契約」があれば労基法6条違反とはならないという解釈は、労働者に労務供給の対価を全て受領させ、労働者の生活を保障するという中間搾取禁止の法の趣旨と労基法の強行法規性に反する。

　したがって、請負人・派遣元と労働者との間の「契約」に基づき労働者が注文者・派遣先に対し労務を供給する場合も、「業として他人の就業に介入して利益を得」るものに該当し、「法律に基いて許される場合」（適法な労働者派遣）を除き禁止されていると解釈すべきである。

　　　　ウ　職安法44条違反の有無

　偽装請負・違法派遣が職安法44条違反かどうかにつき、請負人・派遣元と労働者との間の関係を、「事実上の支配関係」と「労働契約関係」に区別し、前者であれば同条に違反するが、後者であれば、派遣法2条1号の「労働者派遣」（「自己の雇用する労働者を、当該雇用関係の下に、かつ、他人の指揮命令を受けて、当該他人のために労働に従事させること」）に該当し、職安法4条7項の定める「労働者供給」に該当せず、「労働者供給事業」の禁止する職安法44条違反に該当しないという見解[*48]があり、最高裁判決[*49]もこの見解を支持する。

　しかし、「請負人・派遣元と労働者との間に『労働契約関係』があれば、『労働者派遣』であって『労働者供給』ではなく、職安法44条違反ではない」とい

---

[*47]　厚労省労基法コンメ（上）(2011) 96頁、昭61・6・6基発333、昭63・3・14基発150号、平11・3・31基発168。
[*48]　菅野・労働法(2017) 380-381頁、荒木・労働法。
[*49]　松下PDP事件・最二小判平21・12・18民集63巻10号2754頁/労判993号5頁。

う見解と最高裁判決は支持できない。

　第一に、職安法44条の定める労働者供給事業の禁止は、労基法6条と相まって、中間搾取を防ぎ、労働者の生活と雇用・労働条件を保障するための規制である。したがって、職安法4条7項の定める「労働者供給」に関する定義すなわち「供給契約に基づいて労働者を他人の指揮命令を受けて労働に従事させることをいい、派遣法2条1号に規定する労働者派遣に該当するものを含まない」との文言のうち「派遣法2条1号に規定する労働者派遣」とは、派遣法の規制に従うことを前提とした, 適法な労働者派遣であると解するのが合理的解釈である。

　第二に、先に述べたように、①請負人・派遣元と労働者との関係が「事実上の支配関係」なのか「契約関係」なのかを明確に区別することはできず、②請負人・派遣元と労働者との関係が「事実上の支配関係」であっても「契約関係」であっても、請負人・派遣元が労働者をして注文者・派遣先に労務を供給させ、それによって利益を得ていること、及び、労働者を中間搾取から保護すべき必要性に何ら変わりはなく、③労働者は弱い立場にあるから、注文者・派遣先に労務を供給することを請負人・派遣元に対して同意せざるをえず、請負人・派遣元と労働者との間の「契約」は容易に締結されるところ、「請負人・派遣元と労働者との間の『契約』があれば職安法44条違反とはならない」という解釈は、労働者に労務供給の対価を全て受領させ、労働者の生活を保障するという中間搾取禁止の法の趣旨と職安法の強行法規性に反する。

　第三に、派遣法違反の一部にも罰則があるが[*50]、観念的競合は無論ありうるし、職安法44条違反の罰則（職安64条）と同じ量刑は派遣法4条1項（派遣禁止業務）違反のみで射程は狭く、かつ、派遣法違反の罰則の多くは派遣法の定める手続違反に対するもので、職安法違反に対する罰則に代替するものではない。

　したがって、請負人・派遣元と労働者との間の「契約」に基づき労働者が注文者・派遣先に対し労務を供給することも「労働者供給」に該当し、派遣法の規制に従った適法な労働者派遣を除き、禁止されていると解すべきである[*51]。

　　　エ　結論
　第一に、「請負」等の形式をとっているが職安則4条1・2項所定の要件を充足していない「偽装請負」の場合、請負人と注文者の契約は、形式的には請負契約等であっても実質的には労働者供給契約であり、労働者を指揮命令し労務を受領しているのは注文者であり、請負人は労働者をして注文者に労務を供給さ

---

[*50] 荒木・労働法(2016)524-527頁は、これを理由に派遣法2条1号の労働者派遣は適法か否かに関わらない（違法派遣も職安法4条6号の「労働者供給」に当たらない）とする。
[*51] 西谷・労働法468-469頁及び同469頁注98引用文献等。

せることにより注文者から報酬を得、利益を得ているのであり、かつ、派遣法の規制に従った適法な労働者派遣ではない。したがって、当該偽装請負は、請負人と労働者との間に「契約」があるか否かにかかわらず、労基法6条の禁止する「業として他人の就業に介入して利益を得る」中間搾取に該当し、「法律に基いて許される」場合（労基6条所定の除外要件）には該当しないから、労基法6条違反である[*52]。また、当該偽装請負は、請負人と労働者との間に「契約」があるか否かにかかわらず、職安法44条の禁止する「労働者供給事業」に該当し、同条違反である。

　第二に、「労働者派遣」の形式をとっているが、派遣法の規制に従った適法な労働者派遣ではない「違法派遣」は、労働者を他人の指揮命令を受けて労働に従事させこれを業として利益を得ている。したがって、派遣元と労働者との間に「契約」があるか否かにかかわらず、労基法6条の禁止する「業として他人の就業に介入して利益を得る」中間搾取に該当し、「法律に基いて許される」場合には該当しないから、労基法6条違反である。また、当該違法派遣は、派遣元と労働者との間に「契約」があるか否かにかかわらず、職安法44条の禁止する「労働者供給事業」に該当し、同条違反である。

　(7)　労基法6条違反の罰則と効果

　労基法6条違反には罰則（労基118条1項）があり、同時に職安法違反となる場合は、両罪の関係は観念的競合に該当しより重い刑罰により処罰される[*53]。

　また、労基法6条の定める中間搾取の禁止は、強行法規である。そして、供給元と供給先の間に「労働者供給契約」があり、供給元と労働者との間に、労働者が供給先に労務を供給するという「契約」があったとしても、それらは、中間搾取のための契約である。したがって、これらの契約は労基法6条に反し、少なくとも派遣法の定める労働者派遣の基本的な規制内容に反している偽装請負・違法派遣の場合は強度の違法性を帯び、労基法6条違反又は公序違反で無効である。

　(8)　職安法違反の罰則と効果

　前記(3)の、職安法による職業紹介、労働者の募集、労働者供給に関する規制等については、罰則規定がある（職安64条、65条）。

---

*52　松下PDP事件・最二小判平21・12・18民集63巻10号2754頁/労判993号5頁は、偽装請負の事案につき、請負企業と労働者との間に「雇用契約」があることを前提に当該事業は「労働者派遣」で職安法4条6号の定める「労働者供給」ではないと判断したが、労基法6条違反の有無については判断していない。

*53　最三小判昭33・5・6刑集12巻7号1297頁、最一小判昭33・6・19刑集12巻10号2236頁。

また、職業紹介、労働者募集、労働者供給を、①暴行、脅迫、監禁その他精神又は身体の自由を不当に拘束する手段によって行うこと、②公衆衛生又は公衆道徳上有害な業務に就かせる目的で行うこと、③虚偽の広告をなし又は虚偽の条件を呈示して行うこと、④労働条件が法令に違反する工場事業場等のために行うことについては、特別の罰則がある（職安63条1・2号、65条8号・9号）。

　また、職安法44条の定める「労働者供給事業及び同事業から労働者供給を受けることの禁止」は強行法規である。供給元と供給先の間に「労働者供給契約」があり、供給元と労働者との間に、労働者が供給先に労務を供給するという「契約」があったとしても、それらは、「労働者供給という目的達成のための契約」である。したがって、これらの契約は職安法44条に反し、少なくとも派遣法の定める労働者派遣の基本的な規制内容に反している偽装請負・違法派遣の場合は強度の違法性を帯び、同条違反又は公序違反で無効である。

### 3　公民権行使の保障

#### (1) 法の趣旨と条文

　憲法15条及びこれを具体化する法律は、基本的人権の一つとして国民の参政権を保障しており、労働者にとって、選挙権その他公民としての権利の行使や公の職務の執行が保障されることはいうまでもなく重要である。

　そこで、労基法7条は、「使用者は、労働者が労働時間中に、選挙権その他公民としての権利を行使し、又は公の職務を執行するために必要な時間を請求した場合においては、拒んではならない。但し、権利の行使又は公の職務の執行に妨げがない限り、請求された時刻を変更することができる。」と定め、使用者に対し、労働時間中であっても、労働者が選挙権その他公民としての権利を行使し又は公の職務を執行するために必要な時間を認めることを求めている。

#### (2) 「公民としての権利」の内容

　「公民」とは、「国家又は公共団体の公務に参加する資格のある国民」、「公民としての権利」は、「公民に認められる国家又は公共団体の公務に参加する権利」であり、具体的には、法令に根拠のある公職の選挙権及び被選挙権、最高裁判所裁判官の国民審査（憲79条）、特別法の住民投票（憲95条）、憲法改正の国民投票（憲96条）、地方自治法に基づく住民の直接請求が含まれ、住民監査請求（地方自治242条）も含まれる[*54]。被選挙権の行使は、立候補届出のみならず、法定期間中の選挙活動も被選挙権の行使に必然的に伴うものとして含むが、自

---

[*54]　厚労省労基法コンメ（上）(2011) 104頁。

らの被選挙権の行使ではない他の立候補者のための選挙活動は含まない[*55]。

訴権は、一般的には、公民として有する公務に参与する権利ではないので含まれないが、民衆訴訟（行政事件訴訟5条）、選挙人名簿に関する訴訟、及び、選挙又は当選に関する訴訟（公職選挙25条・203条・204条・207条・208条・211条）は含まれる[*56]。

(3) 「公の職務」の内容

「公の職務」とは、法令に基づく公の職務の全てをいうものではなく、①国又は地方公共団体の公務に民意を反映してその適正を図る職務、例えば、衆議院議員その他の議員、労働委員会の委員、陪審員[*57]、検察審査員、労働審判員、裁判員、法令に基づいて設置される審議会の委員等の職務、②国又は地方公共団体の公務の公正妥当な執行を図る職務、例えば、民訴法190条による証人・労働委員会の証人[*58]等の職務、③地方公共団体の公務の適正な執行を監視するための職務、例えば、公職選挙法38条1項の選挙立会人等の職務等である。単に労務の提供を目的とする職務はこれに該当せず、予備自衛官の防衛又は訓練招集等はこれに該当しない[*59]。

(4) 公民権行使・公の職務の執行の保障

公民権行使又は公の職務の執行に必要な時間は、各々の権利又は職務の内容・性質により当然異なり、労働者が必要な時間を請求した場合、使用者はこれを拒むことはできないが、時刻及び日にち[*60]を変更することはできる。

また、労働者に必要な時間を付与した場合、その時間に対応する賃金の支払までは要求されず、賃金支払の有無は当事者間の自由に委ねられている[*61]。

なお、時間の付与そのものの拒否ではないが、公職の就任を使用者の承認にかからしめ、その承認を得ずして公職に就任した者を懲戒解雇に付する旨の就業規則の規定は、労基法7条の規定の趣旨に反し、無効である[*62]。

(5) 公務の就任と解雇・休職

公民権の行使や公の職務の執行自体を理由とする解雇、休職、懲戒処分等の

---

[*55] 石井他・註解労基法Ⅰ（1964）102頁、厚労省労基法コンメ（上）（2011）103頁。
[*56] 昭63・3・14基発150。
[*57] 陪審法（大12法50）。陪審法ノ停止ニ関スル法律（昭18法88）により施行停止。
[*58] 大阪労委（日本貨物鉄道）事件・大阪地判平10・10・26労判755号32頁/判タ1010号262頁、同事件・大阪高判平11・4・8労判769号72頁。
[*59] 昭63・3・14基発150、平17・9・30基発0930006。
[*60] 厚労省労基法コンメ（上）（2011）106頁、石井他・註解労基法Ⅰ（1964）109頁、有泉・労基法（1963）82頁。
[*61] 昭22・11・27基発399、石井他・註解労基法Ⅰ（1964）109頁、有泉・労基法（1963）82頁。
[*62] 十和田観光電鉄事件・最二小判昭38・6・21民集17巻5号754頁/判時339号15頁。

不利益取扱いは、法律行為であれば労基法7条の趣旨に反し、あるいは、公序違反、信義則違反で無効である。

また、公務に就任することが会社業務の遂行を著しく阻害する虞れのある場合であっても、それが労働者に認められた権利の行使であることに鑑みれば、制裁罰である懲戒処分を行うことはできない[*63]。

しかし、例えば議員活動のように、職務の執行に一定の時間を必要とする場合、労働義務を遂行することが困難となり、使用者の業務遂行が著しく阻害されるときは、これを理由に普通解雇や休職処分を行うことは、認められうる[*64]。ただし、普通解雇や休職が有効となる要件を充足していることが必要である[*65]。

(6) 労基法7条違反の罰則と効果

労基法7条違反には罰則(労基119条1号)がある。また、同条に違反する使用者の拒否行為は不法行為であり、同条の趣旨に反する就業規則は効力を有さず、同条の趣旨に反する法律行為(解雇、懲戒処分等)は無効である。

## 4 寄宿舎における生活の自由・安全衛生

(1) 法の趣旨と条文

使用者が自ら所有又は管理する建物を労働者に貸与するものとして、社宅、寮、寄宿舎があるが、戦前、特に寄宿舎において、労働者の自由が不当に制約されたり、安全衛生に配慮されなかった例が見られ、昭和初期以降、法令による規制がなされた。

そして、労基法は、第10章「寄宿舎」(労基94条~96条の3)において、事業附属寄宿舎を対象として、寄宿舎における労働者の生活の自由と安全衛生を確保するための法規制を行っている[*66]。

---

[*63] 十和田観光電鉄事件・最二小判昭38・6・21民集17巻5号754頁/判時339号15頁は、制裁罰である懲戒解雇を行うことはできないと判示するが、その理に、懲戒処分全体に適用されると思われる。

[*64] 十和田観光電鉄事件・最二小判昭38・6・21民集17巻5号754頁/判時339号15頁、社会保険新報社事件・浦和地判昭55・3・7労民31巻2号287頁/労判337号34頁、同事件・東京高判昭58・4・26労民34巻2号263頁(市議会議員就任により業務の運営等に支障があることを理由に普通解雇を有効と判断)、森下製薬事件・大津地判昭58・7・18労民34巻3号508頁/労判417号70頁(町会議員就任により業務の正常な運営を妨げられることを理由に休職処分を有効と判断)。

[*65] 後記第18章「労働契約の終了」第2節・第3節第1款、第16章「労働契約内容の設定と変更」第4節第7款参照。

[*66] 詳細は、労基法・労契法コンメ(2012)267-273頁[根岸忠]等。行政解釈については、厚労省労基法解釈総覧(2011)595~643頁参照。

(2) 事業の附属寄宿舎

「事業の附属寄宿舎」（労基94条1項）の定義規定はないが、①「寄宿舎」とは、常態として相当人数の労働者が宿泊し、共同生活の実態を備えるもの、②「事業に附属する」とは、事業の経営の必要上その一部として設けられているような事業との関連を持つことをいい、社宅のように労働者がそれぞれの独立の生活を営むもの、少人数の労働者が事業主の家族と生活を共にするいわゆる住込のようなもの、福利厚生施設として設置されるいわゆるアパート式寄宿舎はこれに含まれないとされている[*67]。

(3) 生活の自由と安全衛生に関する規制

第一に、使用者は、事業の附属寄宿舎に寄宿する労働者の私生活の自由を侵してはならず（労基94条1項）、寄宿舎生活の自治に必要な役員の選任に干渉してはならない（労基94条2項）。

第二に、事業の附属寄宿舎に労働者を寄宿させる使用者は、起床、就寝、外出、外泊、行事、食事、安全衛生、建設物及び設備の管理について、寄宿する労働者の過半数を代表する者の同意を得て寄宿舎規則を作成・変更し、行政官庁（所轄労働基準監督署長[*68]）に届け出なければならず、使用者及び寄宿する労働者は当該規則を遵守しなければならない（労基95条）。

第三に、使用者は、事業の附属寄宿舎の換気、採光、証明、保湿、防湿、清潔、避難、定員の収容、就寝に必要な措置その他労働者の健康、風紀及び生命の保持に必要な措置を講じなければならない（労基96条）。以上の措置の具体的な基準は、事業附属寄宿舎規程（昭22労令7）、及び、建設業附属寄宿舎規程（昭42労令27）で定められている。

第四に、使用者は、一定の寄宿舎の設置等については所定の計画を事前に行政官庁（所轄労働基準監督署長）に届け出なければならず（労基96条の2第1項、労基則50条の2、事業附属寄宿舎規程3条の2）、行政官庁は必要と認める場合は工事の着手の差し止めや計画変更を命ずることができる（労基96条の2第2項）。

第五に、事業附属寄宿舎が安全衛生に関する基準に反する場合、行政官庁は使用者にその全部又は一部の使用の停止、変更等を命じることができ（労基96条の3第1項）、必要な事項を労働者に命じることができる（労基96条の3第2項）。

(4) 罰則

前記(3)の労基法94条2項違反につき同法119条1号、95条1項又は2項違反につ

---

[*67] 昭23・3・30基発508。
[*68] 事業附属寄宿舎規程3条の2、建設業附属寄宿舎規程2条。

き120条1号、96条違反につき119条1号、96条の2第1項違反につき120条1号、96条の2第2項の規定による命令違反につき119条2号、96条の3第1項の規定による命令違反につき119条2号、96条の3第2項の規定による命令違反につき120条3号の罰則規定があり、各条柱書所定の刑罰が科せられる。

## 第2節　労働者の人格的利益の保護

　労働者の自由と人格権保障のためには、前記第1節で検討した労基法等で定められた人権保障以外についても、使用者の行為について、①業務命令と服務規律の内容(→1)、②労働者に対する監視・調査(→2)、③労働者の個人情報の収集・管理・使用等(→3)に関し、労働者の人格権保障の観点から限定、配慮されることが必要である[*69]。

　また、労働者は、使用者のみならず顧客や他の労働者から人格権を侵害されてはならず、また、使用者は、自身が労働者の人格権を侵害する行為をしてはならないのみならず、労働者が顧客や他の労働者等から人格権を侵害されることのないよう職場環境に配慮しなければならない。したがって、④職場におけるセクシュアル・ハラスメントの防止対策(→4)、⑤職場におけるいじめ・嫌がらせの防止対策(→5)、⑥深夜業に従事する労働者の就業環境への配慮(→6)等も重要である。

### 1　業務命令と服務規律

　使用者が労働者に命じうる業務命令の範囲や労働者が遵守すべき服務規律の内容については、①業務命令の効力、及び、労働者の遵守義務の有無も重要な論点である[*70]が、②当該業務命令又は服務規律が人格権侵害等に該当しないかどうか[*71]、また、使用者の不法行為責任と損害賠償義務の有無の観点からも問題となる。

#### (1)　業務命令

　業務命令については、命じられた職務・作業の内容、降職・降格等が労働者

---

[*69]　プライバシー権と個人情報の保護に関する先行研究、課題等につき、長谷川聡「プライバシーと個人情報の保護」再生(4)(2017)29-48頁及び同論文引用文献等。
[*70]　後記第16章「労働契約内容の設定と変更」第4節、第17章「懲戒処分」。
[*71]　①と②の判断基準は言うまでもなく別であり、例えば、当該服務規律や業務命令が人格権侵害に該当する場合は、当該服務規律に従う義務はなく当該業務命令は公序(民90条)等に反し無効であるが、当該服務規律や業務命令が人格権侵害に該当しなくても、服務規律に従う義務の存在が否定されたり、業務命令が無効とされることはある。

の人格権保障との観点から問題となる。

　命じられた職務・作業の内容については、業務命令が発せられた目的、経緯、その内容、必要性の程度、労働者が被る不利益、契約上の根拠の有無等に照らし、①業務上の必要性がない場合や、懲罰、報復のために、ことさら労働者に不利益を課すために、労働者を退職させるために、あるいは、思想・信条や組合活動等を理由とする差別的取扱いとして命じられた場合等、違法・不当な目的で行われた場合、又は、②社会通念上相当な程度を越える身体的・精神的苦痛を伴う場合等、違法・不当な態様のものである場合は、労働者の人格権や団結権等を侵害し、不法行為に該当すると解すべきである[*72]。

　また、降職・降格も、業務上・組織上の必要性の有無・程度、労働者の能力・適性、降職・降格後の労働条件、労働者の受ける不利益の性質・程度等に照らし、前記のような、①違法・不当な目的、又は、②違法・不当な態様である場合は、労働者の人格権や団結権等を侵害し、不法行為に該当すると解すべきである[*73]。

　(2) 服務規律

　服務規律について、労働者の人格的利益との関係から、所持品検査[*74]、服装

---

*72　判例・裁判例も、主として目的と態様の点から人格権侵害の有無を判断している。国鉄鹿児島自動車営業所事件・鹿児島地判昭63・6・27労民39巻2=3号216頁/労判527号38頁、同事件・福岡高宮崎支判平元・9・18労民40巻4=5号505頁/労判582号83頁(組合員バッジの取外し命令を拒否した旧国鉄職員に対して、8月に10日間一人で一日中営業所内に降り積もった火山灰除去作業に従事させたことを人格権侵害の不法行為と判断、しかし、同事件・最二小判平5・6・11民集169号117頁/労判632号10頁はこれを否定)、JR東日本(本荘保線区)事件・秋田地判平2・12・14労判690号23頁、同事件・仙台高秋田支判平4・12・25労判690号13頁、同事件・最二小判平8・2・23労判690号12頁(国労マーク入りベルトを着用して就労した組合員に対し就業規則の全文の書き写しを命じたことを人格権侵害の不法行為と判断)、ネッスル(専従者復職)事件・神戸地判平元・4・25労判542号54頁/判タ709号195頁、同事件・大阪高判平2・7・10労判580号42頁(組合専従から復職後の組合員に、労働協約の原職復帰条項に反してコーヒー回収作業やメモ用紙作成作業に従事させたことを人格権侵害の不法行為と判断)、JR西日本(森ノ宮電車区)事件・大阪地判平19・9・19労判959号120頁(日勤教育としての車両天井清掃、除草作業を業務上の必要性がなく違法と判断)、K化粧品販売事件・大分地判平25・2・20労経速2181号3頁(ウサギの耳の形をしたカチューシャ等のコスチュームを研修会で着用させたことを人格権侵害の不法行為と判断)等。

*73　バンク・オブ・アメリカ・イリノイ事件・東京地判平7・12・4労判685号17頁(課長職から課長補佐職への降格後さらに受付業務に配転したことは、人格権<名誉権>を侵害し、退職させることを意図した不法行為と判断)。

*74　労働者が所持品検査受忍義務を負う判断基準を提示し当該事案で肯定した例として、西日本鉄道事件・最二小判昭43・8・2民集22巻8号1603頁/労判74号51頁(→第17章「懲戒処分第3節1(2)イ」)。

・身だしなみ[*75]に関する規制、健康診断の受診義務・受診命令[*76]等が、問題となる。これらの服務規律は、労務の遂行や企業秩序の維持のために必要かつ合理的な範囲を超え、又は、労働者の人格的利益に配慮した適切な方法で実施されない場合は、人格権侵害等の不法行為に該当しうる。

## 2　使用者による労働者の監視・調査等の行為

使用者が労働者に対して行う監視・調査等の行為も、その目的及び手段・態様により人格権侵害の不法行為となりうる。

例えば、使用者が、共産党員又はその同調者であることのみを理由として、職場の内外で当該労働者を監視し、当該労働者と接触・交際しないよう他の従業員に働きかけて当該労働者を職場で孤立させ、尾行し、ロッカーを無断で開けて私物を写真撮影する等の行為は、当該労働者の職場における自由な人間関係を形成する自由や名誉・プライバシーを侵害し[*77]、労働者の思想・信条を侵害する行為であり[*78]、人格的利益を侵害する不法行為を構成する。

また、使用者は、企業秩序違反に対し制裁を行うため事実関係の調査を行うことができるが、それは、企業の円滑な運営上必要かつ合理的であり、その方法態様が労働者の人格や自由に対する行きすぎた支配や拘束ではないことを要し、調査等の必要性を欠いたり、調査の態様等が社会的に許容しうる限界を超えている場合は、労働者の精神的自由を侵害した違法な行為として不法行為を構成することがある[*79]。

会社のネットワークシステムを用いた労働者の電子メールの閲覧は、使用者が私的使用を禁止し、かつ、閲覧することがある旨を周知していた場合は、そ

---

[*75]　髪型やひげに関する含む規律は私生活にも及びうるので、事業遂行上の必要性があり具体的な制限の内容が合理的な限度で拘束力を認められるとし、髪型とひげを理由とし夜勤の郵便物区分業務のみを命じた担務指定を違法と判断したものとして、郵便事業事件・神戸地判平22・3・26労判1006号49頁、同事件・大阪高判平22・10・27労判1020号87頁。

[*76]　就業規則に基づく、合理性・相当性の認められる総合精密検診受診義務を肯定した例として、電電公社帯広局事件・最一小判昭61・3・13集民147号237頁/労判470号6頁。

[*77]　関西電力事件・最三小判平7・9・5集民176号563頁/労判680号28頁。

[*78]　関西電力事件・神戸地判・昭59・5・18労民35巻3=4号301頁/労判≒33号43頁、同事件大阪高判平3・9・24労民42巻5号752頁/労判603号45頁。

[*79]　日経クイック事件・東京地判平14・2・26労判825号50頁(同事件では、労働者に対する事情聴取とメールファイルの点検は、調査の必要性と相当性があるとして、精神的自由の侵害と不法行為性を否定した)。

の目的と態様の点での違法性はないと解される[*80]。

### 3　労働者の個人情報の収集、管理、使用、告知
#### (1)　使用者の配慮義務

労働者の個人情報については、使用者は、労務遂行に必要かつ合理的な範囲で、適切な手段・態様により、収集、管理、使用しなければならず、特に健康情報については労働者への告知についても配慮しなければならない。

これらの労働者の個人情報の収集、管理、使用、告知についての配慮は、使用者の労働者に対する信義則上の義務（労契3条4項）であり、義務違反は、債務不履行、又は、人格権侵害の不法行為に該当すると解すべきである。

したがって、例えば、HIV感染については、①その有無の検査は、合理的かつ客観的な必要性が認められ、かつ、検査内容の必要性を労働者に予め告知しその同意を得た上で行われなければならず[*81]、②同意の下に取得された情報も第三提供の制限（個人情報保護法23条1項）や利用目的による制限（同法16条1項）に反してはならず[*82]、③HIV感染の事実の本人に対する告知は、被告知者の受ける衝撃の大きさに配慮するならば医療者が行うべきであり[*83]、これらに反する場合は、労働者のプライバシー・人格権を侵害する不法行為に該当する。

#### (2)　法令・指針等

労働者の個人情報に関して、派遣法は、派遣元事業主は、労働者の個人情報はその業務の目的の達成に必要な範囲内で収集し、収集の目的の範囲内でこれを保管し使用しなければならないが、本人の同意がある場合その他正当な理由がある場合はこの限りではないとしている（派遣24条の3第1項）。

---

[*80]　荒木・労働法(2016)278頁等。電子メールのモニタリングと労働者のプライバシーについては、竹地潔「電子メールのモニタリングと嫌がらせメール」日本労働法学会誌90号(1997)43-58頁等。F社Z事業部（電子メール）事件・東京地判平13・12・3労判826号76頁は、上司による電子メールの閲読につき、社内ネットワークシステムを用いた私的電子メールのプライバシー保護は電話よりも相当軽減され、監視の目的、手段及びその態様等を総合考慮し監視される側の不利益と比較考量の上、社会通念上相当な範囲を逸脱した監視に限りプライバシーの侵害であると判示する（同事案ではプライバシー侵害を否定）。

[*81]　T工業(HIV)事件・千葉地判平12・6・12労判785号10頁、東京都（警察学校・警察病院HIV検査）事件・東京地判平15・5・28労判852号11頁／判タ1136号114頁（東京都の国家賠償法1条1項に基づく責任を認め、また、検査を実施した医療機関についても、本人の同意を確認しなかったこと等を理由にプライバシー侵害の不法行為該当性を肯定）。

[*82]　社会医療法人A会事件・福岡地久留米支判平26・8・8労判1112号11頁、同事件・福岡高判平27・1・29労判1112号5頁（同法違反を理由に不法行為性を肯定）。

[*83]　HIV感染者解雇事件・東京地判平7・3・30労判667号14頁／判時1529号42頁。

しかし、労働者は特に労働契約を締結する際は使用者(派遣元事業主)に対して弱い立場にあり、情報の収集に同意せざるを得ない場合もあるから、「本人の同意」の存在を理由に情報収集等の範囲の限定を解除することは立法論としては妥当ではなく、解釈論としては少なくとも同意の存在を合理的限定的に解釈すべきであろう。

労働者の個人情報に関する行政の指針としては、①「職場におけるエイズ問題に関するガイドライン」[84]は、事業者に対し、労働者に対しあるいはその採用選考に際しHIV検査をしないこと、証明が必要な国への海外勤務の場合はその旨労働者に周知し派遣の希望を確認し任意で検査を受診させること等を求め、②「職業紹介事業者、労働者の募集を行う者、募集受託者、労働者供給事業者等が均等待遇、労働条件等の明示、求職者等の個人情報の取扱い、職業紹介事業者の責務、募集内容の的確な表示等に関して適切に対処するための指針」[85]は、職業紹介事業者等の、求職者等の個人情報の収集、保管、使用、管理、個人情報の保護に関する法律の遵守等に関する指針を定め、③「雇用管理分野における個人情報保護に関するガイドライン」[86]は、個人情報の保護に関する法律(平15法57)の制定・改正(平27法65・平28法51等)[87]を受けて、雇用管理の観点から同法上事業者が講ずべき措置に関する指針を作成し、特に健康情報については、「雇用管理分野における個人情報のうち健康情報を取り扱うに当たっての留意事項について」[88]が事業者が留意すべき事項を追加している。

### 4　職場におけるセクシュアル・ハラスメント
#### (1)　定義

セクシュアル・ハラスメントは、一般に、「相手方の意に反する性的な言動」と定義される。

「職場におけるセクシュアル・ハラスメント」[89]は、「事業主が職場におけ

---

[84]　平7・2・20基発75/職発97(平22・4・30基発0430第2/職発0430第7により一部改正)。
[85]　平11・11・17労告141(平28・10・19厚労告378等により一部改正)第4。
[86]　平16・7・1厚労告259(平24・5・14厚労告357、平27・11・25厚労告454号により改正)。
[87]　個人情報の保護に関する法律と労働者の個人情報保護については、土田・契約法(2016)136-141頁及び同136頁注133引用文献等参照。
[88]　平29・5・29基発第529003号/個情第749号(「雇用管理に関する個人情報のうち健康情報を取り扱うに当たっての留意事項について<平16・10・29基発第1029009>と規律程度は変わらないとされている)。
[89]　近年の研究書として、山崎文夫『セクシュアル・ハラスメントの法理(改訂版)』労働法令(2004)、同『セクシュアル・ハラスメント法理の諸展開』信山社(2013)等。

る性的な言動に起因する問題に関して雇用管理上配慮すべき事項についての指針[*90]では、「①職場において行われる性的な言動に対する労働者の対応により当該労働者がその労働条件につき不利益を受け、又は、②当該性的な言動により労働者の就業環境が害されること」であり、①「職場において行われる性的な言動に対する労働者の対応により当該労働者がその労働条件につき不利益を受けること」は、「対価型セクシュアル・ハラスメント」、②「職場における性的な言動により労働者の就業環境が害されること」は、「環境型セクシュアル・ハラスメント」と定義されている[*91]。

　「職場」とは、労働者が通常就業している場所のみならず、取引先の事務所、取引先と打ち合わせをするための飲食店、顧客の自宅等も業務を遂行する場所であれば含まれる[*92]。

　「性的な言動」とは、「性的な内容の発言」及び「性的な行動」を指し、「性的な内容の発言」には、性的な事実関係を尋ねること、性的な内容の情報を意図的に流布すること等が、「性的な行動」には、性的な関係を強要すること、必要なく身体に触ること、わいせつな図画を配布すること等が含まれる[*93]。

　「対価型セクシュアルハラスメント」の例としては、「事業所内において事業主が労働者に対して性的な関係を要求したが、拒否されたため、当該労働者を解雇すること」等が、また、「環境型セクシュアル・ハラスメント」の例としては、「労働者が抗議をしているにもかかわらず、事務所内にヌードポスターを掲示しているため、当該労働者が苦痛に感じて業務に専念できないこと」等がある[*94]。

　(2)　使用者(事業主)の雇用管理上の義務

　均等法は、「事業主は、職場において行われる性的な言動に対するその雇用する労働者の対応により当該労働者がその労働条件につき不利益を受け、又は当該性的な言動により当該労働者の就業環境が害されることのないよう、当該労働者からの相談に応じ、適切に対応するために必要な体制の整備その他の雇用管理上必要な措置を講じなければならない」(均等11条1項)と規定し、使用者の職場におけるセクシュアル・ハラスメントの防止対策義務を定めている。派

---

　*90　平18・10・11厚労告615(平25・12・24厚労告383、平28・8・2厚労告314等により一部改正、本項では、以下、「指針」という)1・2(1)。
　*91　「指針」1・2(1)。
　*92　「指針」2(2)。
　*93　「指針」2(4)。
　*94　「指針」2(5)(6)。

遣労働者については、派遣元と派遣先にも同規定が適用される（派遣47条の2）。

　使用者（事業主）及び派遣先は、その労働者及び派遣労働者がその尊厳と人格権を保障され、快適な職場環境で労働することができるよう配慮すべき信義則上の義務（労契3条4項、民1条2項）を負うと解されるから、職場におけるセクシュアル・ハラスメントの防止対策義務は、使用者及び派遣先がその労働者及び派遣労働者に対して負う信義則上の義務と位置づけられる。

　具体的に使用者及び派遣先が講ずべき措置は、①職場におけるセクシュアル・ハラスメントに対する使用者の方針の明確化及び労働者に対するその方針の周知・啓発、②労働者からの相談に応じ、適切に対応するために必要な体制の整備、③職場におけるセクシュアル・ハラスメントが生じた場合の迅速かつ適切な対応、④相談者、行為者等のプライバシーを保護するために必要な措置を講じること及び労働者に対するその措置の周知、⑤労働者が相談や事実確認に協力したことにより不利益取扱いを受けないことを定めること及び労働者に対するその旨の周知等であろう[95]。

　(3) 法的救済

　職場におけるセクシュアル・ハラスメントについて、その被害者である労働者は、一定の場合、①行為者（加害者）、②管理監督的立場にある者、③使用者のそれぞれの責任を追及し、法的救済を求めることが可能である[96]。

　被害労働者は、第一に、セクシュアル・ハラスメントの行為者（加害者）に対しては、その行為が、被害労働者の名誉感情、プライバシー、性的自己決定権、働きやすい職場環境の中で働く権利等の人格権を侵害する不法行為（民709・710条）に該当する場合は、損害賠償を求めることが可能である[97]。下級審裁判例

---

[95]　「指針」3参照。
[96]　セクシュアル・ハラスメントについては、行為者（加害者）に対する使用者の懲戒処分・解雇等の効力が問題となる場合もある（L館事件・最一小判平27・2・26集民249号109頁／労判1109号5頁〈懲戒処分・降格処分を有効と判断〉、東芝ファイナンス事件・東京地判平23・1・18労判1023号91頁〈譴責処分を有効と判断〉、Y社〈セクハラ・懲戒解雇〉事件・東京地判平21・4・24労判987号48頁〈懲戒解雇を無効と判断〉等）。
[97]　損害賠償請求を認容した事案として、福岡SH事件・福岡地判平4・4・16労判607号6頁／判時1426号49頁（異性関係を中心とする私生活に関する批判等の行為）、三重SH（厚生農協連合会）事件・津地判平9・11・5労判729号54頁／判時1647号125頁（性的発言、強制猥褻的行為）、横浜SH事件・東京高判平9・11・20労判728号12頁／判時1673号89頁（身体的接触）、岡山SH（労働者派遣会社）事件・岡山地判平14・5・15労判832号54頁（性的関係を迫る行為、性的な虚偽の風評の流布）、岡山SH（リサイクルショップ）事件・岡山地判平14・11・6労判845号73頁（性的発言、身体的接触、強制猥褻行為）、東京SH（破産出版社）事件・東京地判平15・7・7労判860号64頁（一連の性的発言等）、航空自衛隊自衛官事件・東京高判平29・4・12労判1162号9頁（性的関係の強要等）。

では、身体接触型セクシュアル・ハラスメントの不法行為該当性について、接触行為の対象となった相手方の身体の部位、接触の態様・程度、接触行為の目的、相手方に与えた不快感の程度、行為の場所・時刻、勤務中の行為か否か、行為者と相手方との職務上の地位・関係等の諸事情を総合的に考慮し、当該行為が相手方に対し性的意味を有する身体的接触行為であって、社会通念上許容される限度を超えるときは、相手方の性的自由又は人格権侵害に当たり、違法性を有すると判示している[*98]。

　第二に、被害労働者又は行為者(加害労働者)を選任監督する立場にある者に対しては、職場が労働者にとって働きやすい環境を保つよう配慮する注意義務(職場環境調整義務)を怠った不法行為(民709・710条)に該当する場合は、損害賠償を求めることが可能である[*99]。

　第三に、使用者に対しては、①行為者がその被用者であってその行為が不法行為であり「事業の執行につき」行われた場合は、使用者責任(民715条)に基づく損害賠償を請求することが可能である[*100]。行為者が出向労働者であって出向先企業の事業の執行につき出向先企業の労働者に対してセクシュアル・ハラスメントを行った場合は、出向先が民法715条の使用者責任を負う[*101]。また、②被害労働者又は行為者(加害労働者)を選任監督する立場にある者が職場環境調整義務を怠りその者に被害労働者に対する不法行為が成立する場合は、当該選任監督者の使用者として、使用者責任(民715条)に基づく損害賠償を請求することが可能である[*102]。また、③使用者、派遣先、出向先等は、労働者に対して、その人格権が保障され働きやすい職場環境を保つよう配慮する職場環境配慮義務を信義則上の義務(労契3条4項、民1条2項)として負うと解されるので、

---

*98　横浜SH事件・東京高判平9・11・20労判728号12頁/判時1673号89頁。
*99　福岡SH事件・福岡地判平4・4・16労判607号6頁/判時1426号49頁。
*100　肯定例として、福岡SH事件・福岡地判平4・4・16労判607号6頁/判時1426号49頁、大阪SH(S運送)事件・大阪地判平10・12・21労判756号26頁、東京SH(破産出版会社)事件・東京地判平15・7・7労判860号64頁、岡山SH(労働者派遣会社)事件・岡山地判平14・5・15労判832号54頁等。東京SH(T菓子店)事件・東京高判平20・9・10労判969号5頁/判時2023号27頁では、職務中ないしその延長線上の慰労会・懇親会での上司の部下に対する性的発言を「事業の執行につき」行われたと判断した。
*101　横浜SH事件・東京高判平9・11・20労判728号12頁/判時1673号89頁(出向元の使用者責任は否定)。
*102　福岡SH事件・福岡地判平4・4・16労判607号6頁/判時1426号49頁(被害者である女性労働者の上司である専務と代表者につき、早期に事実関係を確認する等して問題の性質に見合った他の適切な職場環境調整の方途を探り、被害労働者あるいは加害労働者のいずれかの退職という最悪の事態の発生を極力回避する方向での努力が十分でなく、主として女性である被害労働者の譲歩、犠牲において職場関係を調整しようとした点で、職場環境調整義務を怠り、不法行為が成立する〈民709条〉と判示)。

職場環境調整義務が履行されなかった場合は、債務不履行責任(民415条)*103又は不法行為責任(民709・710条)*104に基づく損害賠償を求めることも可能である。

## 5　職場におけるいじめ・嫌がらせ
### (1) 定義

労働者の人格権保障という観点からは、職場におけるセクシュアル・ハラスメントのみならず、それ以外の「職場におけるいじめ・嫌がらせ」*105もまた労働者の尊厳や人格を侵害する許されない行為である。

「職場におけるいじめ・嫌がらせ」は、「同じ職場で働く者に対して、目的又は態様の点において業務の適正な範囲を超えて、精神的・身体的苦痛を与える又は職場環境を悪化させる行為」と定義することができ、特に職場内で優位な立場にある者が行うときは「パワー・ハラスメント」とも言いうる*106。

「いじめ・嫌がらせ」と「業務上の指導・通常の人間関係」との区別は、①「業務の適正な範囲」内か否かという目的・手段と、②「精神的・身体的苦痛を与える又は職場環境を悪化させる行為」か否かという態様により行うべきであろう。

「職場におけるいじめ・嫌がらせ」「職場のパワー・ハラスメント」の行為類型としては、①暴行・傷害(身体的な攻撃)、②脅迫・名誉毀損・侮辱・ひどい暴言(精神的な攻撃)、③隔離・仲間外し・無視(人間関係からの切離し)、④業務上明らかに不要なことや遂行不可能なことの強制、仕事の妨害(過大な要求)、⑤業務上の合理性なく、能力や経験とかけ離れた程度の低い仕事を命じることや仕事を与えないこと(過小な要求)、⑥私的なことに過度に立ち入ること(個の

---

*103　使用者は信義則上職場環境配慮義務を負うと判示し、同義務違反の債務不履行責任を肯定したものとして、京都SH(呉服販売会社)事件・京都地判平9・4・17労判716号49頁/判夕951号214頁、三重SH(厚生農協連合会)事件・津地判平9・11・5労判729号54頁/判時1648号125頁、岡山SH(リサイクルショップ)事件・岡山地判平14・11・6労判845号73頁。派遣元のセクシュアル・ハラスメント救済義務違反を肯定したものとして、東レエンタープライズ事件・大阪高判平25・12・20労判1090号21頁。
*104　下関SH(食品会社営業所事件)・広島高判平16・9・2労判881号29頁(職場環境整備義務を怠った結果発生したSHにつき、使用者は不法行為責任(民709条)を負うと判示)。
*105　議論状況、裁判例、先行研究等については、根本到「職場のパワーハラスメントと人格権」再生(4)(2017)49-73頁及び同論文引用文献・裁判例等参照。
*106　「職場のいじめ・嫌がらせ問題に関する円卓会議」の「職場のパワーハラスメントの予防・解決に向けた提言」(平成24・3・15)は「職場のパワーハラスメント」を「同じ職場で働く者に対して、職務上の地位や人間関係などの職場内の優位性を背景に、業務の適正な範囲を超えて、精神的・身体的苦痛を与える又は職場を悪化させる行為」と定義する。

侵害)等が挙げられる*107。
　(2) 使用者の雇用管理上の義務
　職場でのいじめ・嫌がらせについては、職場におけるセクシュアル・ハラスメントとは異なり、特に法律の条文上、使用者の防止対策義務が明記されているわけではない。
　しかし、使用者、派遣先等は、その労働者及び派遣労働者が人格権を保障され、快適な職場環境で労働しうるよう配慮すべき信義則上の義務を負うと解されるから、職場のいじめ・嫌がらせの防止対策義務は、職場におけるセクシュアル・ハラスメントの防止対策義務と同様、使用者、派遣先等が労働者に対して負う信義則上の義務であると位置づけられる。具体的には、職場におけるセクシュアル・ハラスメントに関し使用者が雇用管理上講ずべき措置(→前記4(2))と同様の措置をとることが、信義則上の義務の内容となろう。
　(3) 法的救済
　職場のいじめ・嫌がらせについては、セクシュアル・ハラスメントと同様、その被害者である労働者は、①行為者(加害者)に対し、その行為が、目的又は態様において業務の適正な範囲を超え、精神的・身体的苦痛を与える又は職場環境を悪化させる行為であり、名誉感情、プライバシー、健康・安全等の人格権を侵害する不法行為(民709条)に該当する場合は、損害賠償を求めることができ*108、②管理監督的立場にある者に対し、職場環境調整義務を怠った不法行為(民709条)に該当する場合は損害賠償を求めることが可能であり、③使用者に対しては、行為者の使用者としての責任(民71・7105条)*109、選任監督者の使用者としての責任(民715条)、信義則上の職場環境調整義務(労契3条4項、民1条

---

*107　前注の「職場のパワーハラスメントの予防・解決に向けた提言」参照。
*108　損害賠償請求を認容した裁判例として、　東芝事件・東京地八王子支判平2・2・1労判558号68頁/判時1339号140頁(製造長による従業員に対する叱責、反省書の要求が上司の指導監督権の行使としての裁量の範囲を逸脱し違法と判断)、A保険会社上司(損害賠償)事件・東京高判平17・4・20労判914号82頁(所長が課長代理について本人及びその同僚に「意欲がない、やる気がないならやめるべき………」等の内容のメールを送ったことが、目的は相当だが表現において著しく相当性を欠くと判断)、富国生命保険事件・鳥取地米子支判平21・10・21労判996号28頁(営業所長、支社長による営業所班長・マネージャーに対する叱責等が不法行為であると判断)等。
*109　使用者責任を肯定した裁判例として、　東芝事件・東京地八王子支判平2・2・1労判558号68頁/判時1339号140頁、富国生命保険事件・鳥取地米子支判平21・10・21労判996号28頁、サン・チャレンジほか事件・東京地判平26・11・4労判1109号35頁、暁産業ほか事件・福井地判平26・11・28労判1110号34頁等。代表者の行為についての会社責任(会社350条)を肯定した例として、メイコウアドヴァンス事件・名古屋地判平26・1・15労判1096号76頁。

2項)違反・債務不履行責任(民415条)*110に基づく損害賠償を求めることが可能である*111。

## 6　深夜業に従事する労働者の就業環境への配慮

深夜業に従事する労働者については、その健康、母性保護(女性労働者の場合)や家族的責任(育児・介護責任等)への配慮*112が必要である他、特に、防犯上の配慮、休憩室や仮眠室等の就業環境への配慮が必要である。

この点につき、「深夜業に従事する女性労働者の就業環境等の整備に関する指針」*113は、深夜業に従事する女性の労働者の就業環境等の整備のために事業主が講ずべき措置として、①通勤及び業務の遂行の際における安全の確保(送迎バス、公共交通機関の運行時間に配慮した勤務時間の設定、駐車場の防犯灯、防犯ベルの貸与、一人作業の回避努力等)、②育児・介護責任への配慮、③男性用と女性用に区別した仮眠室、休養室等の整備、④定期的な健康診断等を定めているが、これらはいずれも使用者の労働者に対する信義則上の義務(労契3条4項、5条)と位置づけられ、また、女性労働者のみならず男性労働者に対しても同様の配慮が必要と解される。

---

*110　使用者の安全配慮義務違反を否定した事案として、医療法人財団健和会事件・東京地判平21・10・15労判999号54頁(健康管理室での管理職による事務総合職労働者に対する指摘・指導等は業務上の指示の範囲内と判断)。
*111　職場のいじめ・嫌がらせは、当該労働者の思想・信条や組合活動等を理由として使用者が従業員等に命じて行わせる場合は、思想・信条や組合活動等を理由とする不利益取扱いとしての違法性も認められる。
*112　後記第13章「労働と生活の調和」第2節・第3節参照。
*113　平10・3・13労告21。

# 第8章　平等原則

本章では、労働関係における平等原則について、①総論(→第1節)、②性別による差別的取扱いの禁止(→第2節)、③性別以外の人的理由による差別的取扱いの禁止(→第3節)の順に検討する。

## 第1節　総論

労働関係における平等原則としては、①人的理由による差別的取扱いの禁止、及び、②雇用形態(契約類型)を理由とする差別的取扱いの禁止が問題となる。

### 1　人的理由による差別的取扱いの禁止

憲法14条1項は、「すべて国民は、法の下に平等であって、人種、信条、性別、社会的身分又は門地により、政治的、経済的又は社会的関係において、差別されない」という法の下の平等原則を定めている。

したがって、これを労働関係において具体化し、人種、信条、性別、社会的身分又は門地等の、個人の属性(人的理由)による、労働関係における差別的取扱いを禁止し、平等を実現することが重要である[*1]。

現行法においては、①性別について最も詳細に差別的取扱いの禁止規定が定められている(→第2節)が、それ以外にも、②国籍・信条・社会的身分、組合員・団結活動等、権利行使、障害を理由とする差別的取扱いが禁止され、年齢についても一定の規制がある(→第3節)。

### 2　雇用形態(契約類型)を理由とする差別的取扱いの禁止

労働契約は、「期間の定めのない・フルタイムの・使用者に対して労務を供給する通常の労働契約」を「典型労働契約」、それ以外の労働契約を「非典型

---

[*1] 「雇用平等法」(憲法14条の平等理念を労働関係の場で具体化)の理論研究の展開と意義・課題、裁判例等については、柳澤武「雇用平等法の形成と展開」再生(4) (2017) 117-136頁及び同論文引用文献、日本労働法学会誌117号(2011)「雇用平等法の新たな展開」所収論文等。アメリカの雇用差別については相澤美智子『雇用差別の法的挑戦－アメリカの経験・日本への示唆－』創文社(2012)。

労働契約」と定義することができる。

典型労働契約を締結している労働者は一般に「正規労働者」と呼ばれ、非典型労働契約を締結している労働者は一般に「非正規労働者」と呼ばれているが、正規労働者と非正規労働者の間の大きな労働条件格差(特に賃金)と非正規労働者の増大は重要な社会問題となっており、人的理由による差別的取扱いの禁止のみならず、雇用形態(契約類型)の相違による合理的な理由のない不利益な取扱いを制限することも、重要な課題となっている。

雇用形態(契約類型)を理由とする差別的取扱いの禁止については、後記第20章「非典型労働契約」のそれぞれの契約類型(有期労働契約、パートタイム労働契約、派遣労働契約)の中で検討する。

## 第2節　性別による差別的取扱いの禁止

現行の性差別禁止法制[*2]は、①性別を理由とする賃金差別については、労基法4条が規制している(→第1款)が、②それ以外の差別については、均等法[*3]がこれを規制している(→第2款)。

### 第1款　賃金差別の禁止

#### 1　規制内容

「使用者は、労働者が女性であることを理由として、賃金について、男性と差別的取扱いをしてはならない」(労基4条)。

労基法4条は、①「女性であること」を理由として、②「賃金」について、③男性と「差別的取扱い」をすることを禁止する、「男女同一賃金原則」を定めるものである。全ての人は同一(価値)労働に対して同一の賃金を支払われなければならないという「同一(価値)労働同一賃金原則」を定めるものではない(同一労働でも、扶養家族の有無や勤続年数等により賃金が異なることを禁止するものではない)。

---

[*2]　性差別禁止法に関連する近年の研究書として、浅倉むつ子『男女雇用平等法論－イギリスと日本』ドメス出版(1991)、同『労働とジェンダーの法律学』有斐閣(2000)、同『労働法とジェンダー』勁草書房(2004)、同『雇用差別禁止法制の展望』有斐閣(2016)、森ます美＝浅倉むつ子『同一価値労働同一賃金原則の実施システム』有斐閣(2010)等。妊娠差別に関する研究書として、富永晃一『比較対象者の視点からみた労働法上の差別禁止法理－妊娠差別を題材として』有斐閣(2013)。

[*3]　均等法の到達点と課題については、労働法学会誌126号(2015)「男女雇用機会均等法をめぐる理論課題の検討」所収の論文及び引用文献等参照。

## 2 法違反の成立要件

### (1) 「差別的取扱い」

第一に、労基法4条の禁止する「差別的取扱い」は、「異なる取扱い」をいい、不利に取り扱う場合のみならず、有利に取り扱う場合も含まれる[*4]。したがって、女性であることを理由として賃金について男性よりも有利に扱うことも同条に違反し、同条の定める男女同一賃金の原則は、男性・女性の双方を保護対象とする両面的性質の原則である[*5]。

### (2) 「女性であることを理由として」

#### ア 「女性であること」

第二に、「労働者が女性であることを理由として」であるが、「女性であること」とは、労働者が女性であることの他、当該事業場において女性労働者が一般的・平均的に勤続年数が短いこと、あるいは、主たる生計の維持者ではないこと等も含まれる[*6]。

「世帯主（共働き夫婦の場合はいずれか収入の多い者）」のように性別とは関係のない基準により家族手当の支給の有無を決定することは、それだけでは「女性であること」を理由とする差別的取扱いではない[*7]。しかし、男性労働者には妻の収入とは無関係に家族手当を支給し、女性労働者には夫の収入が一定以下でなければ家族手当を支給しないという取扱いは、「女性であること」を理由とする差別的取扱いである[*8]。

また、「世帯主・非世帯主」の基準、又は、「勤務地無限定・限定」の基準により異なる基本給表を適用することは、それだけでは「女性であること」を理由とする差別的取扱いではないが、男性は世帯主か否か、又は、勤務地限定の有無にかかわらず高い基本給表を適用する取扱いは、「女性であること」を理由とする差別的取扱いである[*9]。

また、「総合職」と「一般職」で異なる賃金表を適用することは、それだけでは「女性であること」を理由とする差別的取扱いではないが、総合職と一般

---

*4 昭22・9・13発基17、昭25・11・22婦発311、昭63・3・14基発150、平9・9・25基発648。例えば、女性の方が高額の退職金は本条に違反すると指摘されている（菅野・労働法(2017)249頁）。
*5 菅野・労働法(2017)249頁。
*6 昭22・9・13発基17、平9・9・25基発648。
*7 日産自動車事件・東京地判平元・1・26労民40巻1号1頁/労判533号45頁。
*8 岩手銀行事件・仙台高判平4・1・10労民43巻1号1頁/労判605号98頁。
*9 三陽物産事件・東京地判平6・6・16労判651号15頁/判時1502号32頁。

職の区別が事実上性別によりなされているのであれば、「女性であること」を理由とする差別的取扱いである[*10]。

他方、産前産後休業又は生理休暇につき有給とすることは、出産又は生理という身体的理由による休業に対して無給としないという取扱いであり、それだけでは「女性であること」を理由とする有利な取扱いとはいえない[*11]。

なお、職務、能率、技能、勤続年数等により、賃金に差異があることは、同条にいう差別的取扱いには該当しない[*12]。

　　　イ　「理由として」

「理由として」は、「女性であること」と「賃金についての差別的な取扱い」の間に因果関係が存在することを意味すると解される[*13]。

　　(3)　「賃金について」

第三に、差別的取扱い禁止の対象となる「賃金」とは、労基法11条にいう「賃金」[*14]である。

「賃金について」の差別的取扱いとは、賃金の額（賃金体系、賃金形態等を含む）についての差別的取扱いである。従来の裁判例では、男女で適用される賃金表が異なり、基本給、手当、賞与、退職金等の額が異なること[*15]、同期入社・同年齢・同学歴で同等の職務である男性と比較して女性の賃金が低いこと[*16]、同期入社・同年齢で職務の価値に格差がない男性と比較して女性の賃金が低いこと[*17]、男性と女性とで家族手当支給基準が異なること[*18]、事実上女性の年齢給のみを26歳で頭打ちにする制度基準・運用[*19]等が、労基法4条違反であると判

---

[*10]　東和工業事件・金沢地判平27・3・26労判1128号76頁、同事件・名古屋高金沢支判平28・4・27LLIDB:L07120178。
[*11]　労基法コンメ（上）84頁、有泉・労基法（1963）79頁。
[*12]　昭22・9・13基収17、昭25・11・22婦発311、昭63・3・14基発150、平9・9・25基発648。
[*13]　同条文に限らず、差別的取扱い（不利益取扱い）を禁止する条文における「理由として」は、差別禁止事由と差別的取扱い（不利益取扱い）との間の因果関係の存在を意味すると解すべきであろう。
[*14]　後記第10章「賃金」第1節2参照。
[*15]　秋田相互銀行事件・秋田地判昭50・4・10労民26巻2号388頁/労判226号10頁、内山工業事件・岡山地判平13・5・23労判814号102頁/判タ1207号178頁、同事件・広島高岡山支判平16・10・28労判884号13頁、日本オートマチックマシン事件・横浜地判平19・1・23労判938号54頁。
[*16]　日ソ図書事件・東京地判平4・8・27労判611号10頁/判時1433号3頁、塩野義製薬事件・大阪地判平11・7・28判平770号81頁/判タ1032号107頁。
[*17]　京ガス事件・京都地判平13・9・20労判813号87頁〈ダイジェスト〉。
[*18]　岩手銀行事件・仙台高判平4・1・10労民43巻1号1頁/労判605号5頁、日本オートマチックマシン事件・横浜地判平19・1・23労判938号54頁。
[*19]　三陽物産事件・東京地判平6・6・16労判651号15頁/判時1502号32頁。

断され、差額賃金又は差額賃金相当額の損害賠償請求が認容されている。また、例えば、男性は月給制、女性は日給制とし、男性は労働日数にかかわらず賃金が一定であるのに女性は労働日数により賃金が男性の一定額と異なること、男性にのみ住宅手当・家族手当等を支給することも挙げられる。

### 3 「賃金」差別の射程距離

労基法4条にいう「賃金」差別に該当するかどうかについては、大別、以下の三点が問題となる。

第一に、職種・職能等級等に応じた賃金等級が整備され、賃金等級の格付けにより賃金(基本給)が決定される場合、性別を理由として低く格付されたり昇格が遅れたりする、いわゆる「格付け・昇格差別」において、結果として賃金格差が生じることになるが、かかる格差が「賃金」差別かどうか。

第二に、責任・権限がより重い職位につく「昇進」に関し、性別を理由として昇進させられなかったり昇進が遅れたりする、いわゆる「昇進差別」において、通常、昇進の有無により基本給又は手当が異なるので、結果として賃金格差が生じることになるが、かかる格差が「賃金」差別かどうか。

第三に、例えば、男性は基幹労働者(総合職等)、女性は補助労働者(一般職等)として区分して採用・育成・処遇する「男女別雇用管理(男女別コース制等)」において、通常、格付け・昇格等の格差とともに、賃金格差が生じることになるが、かかる格差が「賃金」差別かどうか。

これらの問題は、以下のように解されるべきである。

格付け・昇格差別、昇進差別、男女別雇用管理に伴う賃金格差は、実際の職務内容(責任・権限を含む)が同じ又は同等である(昇格・昇進の有無や雇用管理の区分にかかわらず、実際は職務内容が同じ又は同等であることはありうる)が性別を理由として賃金格差が存在する場合、あるいは、実際の職務内容は同じ又は同等ではないが、性別を理由として職務内容の相違以上に賃金格差が存在する場合は、性別を理由とする賃金格差であり、労基法4条にいう「賃金」差別に該当する[*20]。

これに対して、実際の職務内容が異なり又は同等ではなく(例えば、易しい職務、責任の軽い職務等)、その職務内容の相違に対応して賃金格差が生じている場合、性別を理由とする格付け・昇格差別、昇進差別、男女別雇用管理自体、

---

[*20] 格付け・昇格差別の結果の賃金格差を労基法4条違反と判断した裁判例として、シャープエレクトロニクスマーケティング事件・大阪地判平12・2・23労判783号71頁、昭和シェル石油事件・東京地判平15・1・29労判846号10頁、日本オートマチックマシン事件・横浜地判平19・1・23労判938号54頁。

すなわち、性別を理由として難しい職務や責任の重い職務を行わせないことは、配置・昇格・昇進・募集採用差別として、均等法6条・5条違反で違法である（→後記第2款1）。しかし、それに伴う賃金格差を労基法4条違反の「賃金」差別とは直ちに評価できない。けだし、職務内容の相違に対応して賃金格差を設け、例えば、易しい職務の賃金を難しい職務の賃金よりも低くすること自体は違法ではないからである。

### 4 罰則

労基法4条違反には罰則がある（労基119条1号）。

### 5 労基法4条違反と民事救済

(1) 求めうる法的救済

第一に、労基法4条に違反する賃金制度や賃金額決定基準（女性の賃金を低く設定する賃金表や女性には支給しないとする家族手当支給基準等）を定める労働協約及び就業規則の部分は、同条違反で無効であり、労基法4条違反のない賃金制度や賃金額決定基準に修正される。そして、修正された内容（男性と同じ賃金表や家族手当支給基準等）が、客観的かつ明確な基準であれば（多くはそのように合理的に解釈することが可能であろう）、所定の要件の充足により最低基準効を有し、労働契約を規律し（労働協約：労組16条）、あるいは、労働契約の内容となる（就業規則：労契12条）。この場合、賃金差別を受けた労働者は、労働契約に基づき差額賃金を請求することができる。

第二に、労基法4条に違反する賃金制度や賃金額決定基準を定める労働契約の定めは、同条違反で無効、あるいは、同条の定める基準（性別による賃金差別がないこと）に達しない労働条件を定める労働契約部分として無効（労基13条）であり、同条の定める基準（性別による賃金差別がないこと）によりその内容が補充され（労基4条[*21]又は労基13条）、労働契約に基づき差額賃金（未払賃金）を請求することができると解すべきである。

第三に、労基法4条違反の賃金差別が、①個別に賃金額が決定される制度において性別を理由として低い賃金額である場合、あるいは、②賃金制度や賃金額決定基準が存在しそれ自体は労基法4条違反ではないが、性別を理由とする低査定、低い格付け、昇格・昇進させられないことにより低い賃金額である場

---

[*21] 労基法4条は、差別がない基準を契約内容とする補充的効力を有すると解することが可能である。

合、これらの賃金額(労働契約の内容)は、労基法4条違反で無効、あるいは、同条の定める基準(性別による賃金差別がないこと)に達しない労働条件を定める労働契約部分として無効(労基13条)であり、労基法4条の定める基準(性別による賃金差別がないこと)によりその内容が補充され(労基4条又は13条)、労働契約に基づき差額賃金(未払賃金)を請求することができると解すべきである。なお、この場合、勤続年数等の客観的条件の充足のみにより昇給・昇格するのではなく、使用者の判断・評価により賃金が決定される場合は、差別がなければ得られる賃金額についての明確な基準がない場合も多いであろう。しかし、だからといって無効となった賃金額を補充することができず差額賃金請求権が発生しないと解することは失当である。少なくともこれだけの賃金額を請求しうると認定し、無効部分を補充することは可能である。

　第四に、前記第一〜第三のいずれの場合も、使用者が性別を理由に賃金格差を生じさせたこと及びその格差を是正しなかったこと(具体的には、低い賃金額での契約の申込みをしたこと、賃金引き上げの申込みをしなかったこと、使用者が賃金額を引き上げる労働条件変更権を有している場合においてその変更権を行使しなかったこと＝昇格・昇給させなかったこと等)が、不法行為に該当するとして、その財産的損害(差別がなければ得られたであろう賃金額との差額等)、及び、精神的損害について賠償請求することも可能である[22]。

　(2) 主張立証方法
　　ア　差別的取扱いか否か
　賃金格差が性別を理由とする差別的取扱いであることの証明責任は、差額賃金(未払賃金)の支払を請求する原告労働者が負う。

　賃金格差が、男女で異なる賃金制度(学歴・勤続年数等により賃金が決定されるが女性の賃金を低く設定する男女別賃金表等)や賃金・手当決定基準(男性のみ家族手当支給)に基づくものである場合は、性別を理由とする差別的取扱いであることの立証は比較的容易であろう。

---

[22] 女性であることを理由とする賃金格差につき、不法行為に基づく損害賠償請求を認容した裁判例として、塩野義製薬事件・大阪地判平11・7・28労判770号81頁/判タ1032号107頁、シャープエレクトロニクスマーケティング事件・大阪地判平12・2・23労判783号71頁、内山工業事件・岡山地判平13・5・23労判814号102頁/判タ1207号178頁、同事件・広島高岡山支判平16・10・28労判884号13頁、昭和シェル石油事件・東京地判平15・1・29労判846号10頁、同事件・東京高判平19・6・28労判946号76頁/判時1981号101頁、名糖健康保険組合事件・東京地判平16・12・27労判887号22頁、日本オートマチックマシン事件・横浜地判平19・1・23労判938号54頁、阪急交通社事件・東京地判平19・11・30労判960号63頁。

しかし、賃金格差が、①職務内容や能力により個別に賃金額が決定される制度において生じている場合、あるいは、②同じ賃金制度・賃金決定基準の適用のもとで、低査定、低い格付け、昇格・昇進させられないことによって生じている場合等は、それが性別を理由とする差別的取扱いであることの立証は困難である。

賃金決定制度や人事評価等に関する資料を有しているのは使用者であることに鑑みれば、性別を理由とする差別的取扱いであることの証明責任は原告労働者が負うとしても、具体的事実の主張立証責任は、以下のように分配することが信義則に則するといえよう。すなわち、原告労働者が女性である場合、原告が男性労働者との賃金格差の存在を主張立証し、それが主張立証された場合は、使用者が、その賃金格差につき、職務内容、職務能力、勤務態度、学歴、勤続年数等の合理的理由が存在することを主張立証しなければならないとすべきであろう[23]。

なお、裁判所が労働者の申立てを受け、使用者に対し、差別の立証に必要な賃金台帳、労働者名簿、人事管理データ等の文書提出命令（民訴223条）を発する事例[24]も増加している。

イ　請求しうる賃金額

賃金格差が性別を理由とする差別的取扱いである場合、差額賃金（未払賃金）額の証明責任は、原告労働者が負う。

賃金格差が、男女で異なる賃金制度や賃金・手当決定基準に基づくものである場合は、差別的取扱いがなければ得られたであろう賃金額の基準が存在するので、主張立証は比較的容易であろう。

それに対して、賃金格差が、①職務内容や能力により個別に賃金額が決定される制度において生じている場合、あるいは、②同じ賃金制度・賃金決定基準の適用のもとで、低査定、低い格付け、昇格・昇進させられないことによって生じている場合等は、差別的取扱いがなければ得られたであろう賃金額を何らかの方法で特定する必要がある。

従来の裁判例では、年齢、勤続年数、職務内容等が同じ男性労働者の平均賃

---

[23]　内山工業事件・岡山地判平13・5・23労判814号102頁/判タ1207号178頁は、男女間に有意な賃金格差が存在する場合には、それが不合理な差別であることが推認され、使用者側で同格差が合理的理由に基づくものであることを示す具体的かつ客観的事実を立証できない限り、その格差は女子であることを理由として設けられた不合理な差別であると推認するのが相当であると判示している。

[24]　藤沢薬品工業事件・大阪高決平17・4・12労判894号14頁等。

金額[*25]（職務内容が同じになった時期以降）、同期同給与年齢の男性労働者のほぼ全員が昇格した時期に昇格していれば支払われたであろう賃金額[*26]、同期入社・同年齢で同等の価値の職務に従事している男性労働者の賃金額の少なくとも85％[*27]、同じ職務・同学歴・同年齢の男性労働者と同じように格付けされていれば得られたであろう賃金額[*28]が、差別的取扱いがなければ得られたであろう賃金額として認定されている（ただし、いずれも、差額賃金ではなく、不法行為に基づく差額賃金相当額の損害賠償の支払を命じている）。

　　(3)　時効

　差額賃金請求権は、2年間これを行使しなければ時効により消滅する（労基115条）[*29]。

　また、不法行為に基づく損害賠償として差額賃金相当額を請求する場合は、月例賃金及び一時金（賞与）については、各支給日に相当する日に損害としての差額が発生し[*30]、請求権は損害及び加害者を知ったときから3年間行使しなければ時効により消滅する（民724条）[*31]。

## 第2款　賃金以外の差別の禁止

　均等法は、賃金以外の差別について、①性別を理由とする賃金以外の直接差別の禁止（→1）、②ポジティブ・アクション等の異なる取扱い（→2）、③性別を理由とする間接差別の禁止（→3）、④婚姻・妊娠・出産等を理由とする不利益取扱いの禁止（→4）を定めており（均等5条、6条、7条、9条及び均等則）、この他、紛争解決の援助及び実効性確保のための措置[*32]も定められている。

　また、これに関連して、「労働者に対する性別を理由とする差別の禁止等に

---

[*25]　日ソ図書事件・東京地判平4・8・27労判611号10頁／判時1433号3頁。
[*26]　芝信用金庫事件・東京地判平8・11・27労判704号21頁／判時1588号3頁、同事件・東京高判平12・12・22労判796号5頁／判時1766号82頁。
[*27]　京ガス事件・京都地判平13・9・20労判813号87頁〈ダイジェスト〉。
[*28]　昭和シェル石油事件・東京地判平15・1・29労判846号10頁。
[*29]　提訴時より2年以前の部分につき消滅時効の援用を認めた例として、秋田相互銀行事件・秋田地判昭50・4・10労民26巻2号388頁／労判226号10頁、三陽物産事件・東京地判平6・6・16労判651号15頁／判時1502号32頁。
[*30]　阪急交通社事件・東京地判平19・11・30労判960号63頁。
[*31]　提訴時又はそれに先立つ民事調停の提起時より3年以前の部分につき消滅時効の援用を認めた例として、昭和シェル石油事件・東京高判平19・6・28労判946号76頁／判時1981号101頁、名糖健康保険組合事件・東京地判平16・12・27労判887号22頁、阪急交通社事件・東京地判平19・11・30労判960号63頁。
[*32]　前記第6章「個別的労働関係法総論」第2節2 (2)。

関する規定に定める事項に関し、事業主が適切に対処するための指針」[*33]（以下「性別を理由とする差別の禁止等に関する指針」という。）、「コース等で区分した雇用管理を行うに当たって事業主が留意すべき事項に関する指針」[*34]、及び、「改正雇用の分野における男女の均等な機会及び待遇の確保等に関する法律の施行について」[*35]（以下「均等法施行通達」という。）が策定されている。

以下、これらの内容（→1～4）と法的救済方法（→5）を検討する[*36]。

## 1 賃金以外の直接差別の禁止

(1) 規制内容

均等法は、性別を理由とする賃金以外の直接差別に関し、第一に、募集・採用について、均等な機会の付与を定め（均等5条）、第二に、①配置・昇進・降格・教育訓練、②福利厚生、③職種・雇用形態の変更、④退職の勧奨・定年・解雇・労働契約の更新について、差別的取扱いを禁止している（均等6条）。

(2) 募集・採用

「事業主は、労働者の募集及び採用について、その性別にかかわりなく均等な機会を与えなければならない」（均等5条）。

「性別を理由とする差別の禁止等に関する指針」は、均等法5条に違反する措置として、一の「雇用管理区分」（職種、資格、雇用形態、就業形態等の区分その他の労働者についての区分であって、当該区分に属している労働者について他の区分の労働者と異なる雇用管理を行うことを予定して設定しているもの）[*37]において、労働者の募集又は採用にあたり、①その対象から男女いずれかを排除すること（例：「総合職」の採用対象を男女いずれかのみとする）、②その条件を男女で異なるものとすること（例：女性のみ未婚であることを条件とする）、③採用方法や基準につき男女で異なる取扱いをすること（例：男女で異なる採用試験を実施する、男女のいずれかを優先する）、④情報の提供について男女で異なる取扱いをすること（例：説明会

---

[*33] 平18・10・11厚労告614（平25・12・14厚労告382、平27・11・30厚労告458号等により一部改正）。

[*34] 平25・12・24厚労告384。同指針は、「コース別等雇用管理」（事業主がその雇用する労働者について、労働者の職種、資格等に基づき複数のコースを設定し、コース毎に異なる募集、採用、配置、昇進、教育訓練、職種の変更等の雇用管理を行うもの）が、性差別にならないよう、事業主が留意すべき事項を定めている。

[*35] 平18・10・11雇児発1011002（平28・8・2雇児発0802第1号により改正）。

[*36] 均等法上の規定であるが、妊娠・出産に関し事業主が講ずべき措置については、後記第13章「労働と生活の調和」第2節3(3)、セクシュアル・ハラスメントに関し事業主が講ずべき措置については、前記第7章「自由と人格権保障」第2節4参照。

[*37] 「性別を理由とする差別の禁止等に関する指針」第二の1。

の対象を男女のいずれかのみとする)を挙げ、それぞれについて詳細な例示を行っている[*38]。

(3) 募集・採用以外の労働条件

事業主は、次に掲げる事項について、労働者の性別を理由として、差別的取扱いをしてはならない(均等6条)[*39]。

「性別を理由として」とは、例えば、労働者が男性であること又は女性であることを理由として、あるいは、男性労働者と女性労働者の間に一般的又は平均的に、勤続年数、主たる生計の維持者である者の割合等に格差があることを理由とすることを意味する。

差別的取扱いが禁じられている事項は、労働者の、①配置(業務の配分及び権限の付与を含む)・②昇進・③降格・④教育訓練(均等6条1号)、⑤住宅資金の貸付けその他これに準ずる福利厚生の措置であって厚生労働省令で定めるもの(均等6条2号)、⑥職種の変更・⑦雇用形態の変更(均等6条3号)、⑧退職の勧奨、定年、解雇、労働契約の更新(均等6条4号)についてである。

①「配置」は、従事すべき職務における業務の内容及び就業の場所を主要な要素とし、労務提供の相手方の変更(出向)[*40]も含まれる。

②「昇進」は、下位の職階から上位の職階への移動を意味し、責任や権限の増大等を伴う職制上の地位の上昇である「昇進」のみならず、職制上の地位の上昇は伴わないが賃金格付け等が上がる「昇格」も含まれる。

③「降格」は、上位の職階から下位の職階への移動を意味し、責任や権限の縮小等を伴う職制上の地位の下降である「降職」(「昇進」の反対)と、職制上の地位の下降は伴わないが賃金格付け等が下がる「降格」(「昇格」の反対)の双方が含まれる。

④「教育訓練」は、事業主が労働者に対し、その業務の遂行過程内又は過程外で、現在及び将来の業務の遂行に必要な能力を付与するために行うものである。

⑤「住宅資金の貸付けその他これに準ずる福利厚生の措置であって厚生労働省令で定めるもの」に該当するものとしては、1)生活資金、教育資金その他労働者の福祉の増進のために行われる資金の貸付け、2)労働者の福祉の増進のために定期的に行われる金銭の給付、3)労働者の資産形成のために行われる金銭

---

[*38] 「性別を理由とする差別の禁止等に関する指針」第二の2、均等法施行通達1(2)。

[*39] 内容の詳細は「性別を理由とする差別の禁止等に関する指針」第二の3〜13、均等法施行通達1(3)〜(9)も参照。

[*40] 後記第16章「労働契約内容の設定と変更」第4節第3款参照。

の給付、4)住宅の貸与が定められている(均等則1条)。

⑥「職種の変更」の「職種」としては、「営業職」「技術職」「事務職」の別や、「総合職」「一般職」の別なども含まれる。

⑦「雇用形態の変更」の「雇用形態」は、労働契約の期間の定めの有無、労働時間の長さ、労務提供の相手方等により決定され、「無期契約労働者」と「有期契約労働者」、「フルタイム労働者」と「パートタイム労働者」、「通常の労働者」と「派遣労働者」等に分類される。

⑧「退職の勧奨、定年、解雇、労働契約の更新」は、具体的には、退職勧奨の基準、定年年齢、解雇の対象者や解雇基準、労働契約の更新の有無や基準や条件等につき、男女で異なる取扱いをすることが該当する。

## 2　異なる取扱いが許容される場合

男女異なる取扱いであっても、禁止される性差別に該当せず、均等法5・6条違反とはならない場合として、以下の大別二つが存在する。①実質的平等を確保するために女性に有利な取扱いをすること、すなわち、ポジティブ・アクションに該当する場合と、②異なる取扱いを行うことにつき合理的な理由が存在する場合である。

(1) ポジティブ・アクション

性差別を禁止するだけでは、過去の女性労働者に対する取扱い等が原因で、労働の場において男性労働者との間に格差が生じている状況(一定の職種・職務において女性労働者が少ないこと、管理職に女性労働者が少ないこと等)を改善することは困難である。

そこで、均等法は、「事業主が、雇用の分野における男女の均等な機会及び待遇の確保の支障となっている事情を改善することを目的として女性労働者に関して行う措置を講ずることを妨げるものではない」(均等8条)と定め、ポジティブ・アクション(積極的格差是正措置)を肯定している。

具体的には、①女性労働者が男性労働者と比較して相当程度少ない[*41]雇用管理区分における「募集・採用」、②一の雇用管理区分において女性労働者が男性労働者と比較して相当程度少ない職務に新たに労働者を「配置」する場合、

---

[*41] 均等法施行規則3(6)では、「相当程度少ない」は「4割を下回っていること」をいうものとされ、4割を下回っているかどうかは、①募集・採用は雇用管理区分又は役職毎に、②配置は一の雇用管理区分における職務毎に、③昇進は一の雇用管理区分における役職毎に、④教育訓練は一の雇用管理区分における職務又は役職毎に、⑤職種・雇用形態の変更は、一の雇用管理区分における職種・雇用形態毎に判断するとしている。

③一の雇用管理区分において女性労働者が男性労働者と比較して相当程度少ない役職への「昇進」、④一の雇用管理区分において女性労働者が男性労働者と比較して相当程度少ない職務又は役職に必要とされる能力を付与する「教育訓練」、⑤一の雇用管理区分において女性労働者が男性労働者と比較して相当程度少ない「職種又は雇用形態への変更」の①～⑤において、女性に有利な取扱いをすることは、「雇用の分野における男女の均等な機会及び待遇の確保の支障となっている事情を改善することを目的とする措置（ポジティブ・アクション）」として、均等法5・6条違反とはならないとされている[*42]。

なお、「女性の職業生活における活躍の推進に関する法律」（平27法64）（女性活躍推進法）が制定・施行（2016〈平成28〉年4月1日）され、301人以上の労働者を雇用する事業主に対して、内閣総理大臣、厚生労働大臣及び総務大臣が定める「事業主行動計画策定指針」に基づき、自社の女性の活躍状況の把握と課題分析、行動計画の作成と届出等を義務付けている[*43]。

　(2) 異なる取扱いの合理的な理由が存する場合

募集・採用、配置、昇進に関する、男女異なる取扱いであっても、その合理性が認められ、禁止される性差別に該当しない場合として、以下のような事例がある[*44]。

第一は、特定の職務であり、①俳優、モデルのような、芸術、芸能の分野における表現の真実性等の要請から男女いずれかのみに従事させることが必要な職務、②守衛、警備員等のうち、防犯上の要請から男性に従事させることが必要な職務、③宗教上、風紀上、スポーツにおける競技の性質とその他の業務の性質上、男女のいずれかのみに従事させることについて①②と同程度の必要性が認められる職務である。

第二は、法律上の制限に基づき異なる取扱いを行う必要がある場合であり、①労基法の定める18歳未満の労働者（交替制で就業する16歳以上の男性労働者を除く）の深夜業禁止（労基61条1項）、妊産婦及びその他の女性についての坑内・危険有害業務の就業制限（労基64条の2・女性則1条、労基64条の3・女性則2～3条）により女性労働者を就業させることができないこと、又は、②保健師助産師看護師法3条（助産師を女子に限定）により男性を就業させることができないことにより、通常の業務を遂行するために、労働者の性別に関わりなく均等な機会を与え又

---

[*42] 「性別を理由とする差別の禁止等に関する指針」第二の14(1)。
[*43] 同法の内容・意義、実践的取り組み等については、菅野・労働法(2017)264-272頁、日本労働法学会誌130号(2017)「女性活躍推進法と労働法」所収論文等。
[*44] 「性別を理由とする差別の禁止等に関する指針」第二の14(2)。

は均等な取扱いをすることが困難である場合である。

　第三は、風俗、風習等の相違により男女のいずれかが能力を発揮し難い海外での勤務が必要な場合その他特別の事情により、労働者の性別に関わりなく均等な機会を与え又は均等な取扱いをすることが困難である場合である。

### 3　間接差別の禁止
#### (1)　定義

　雇用の分野における性別に関する「間接差別」とは、①性別以外の事由を要件とする措置であって、②他の性の構成員と比較して、一方の性の構成員に相当程度の不利益を与えるものを、③合理的な理由がないときに講ずることと定義されている[*45]。

　均等法は、このように、外見上は性中立的要件に基づく取扱いであるが、一方の性に不利益を与えるものであり、かつ、その要件に合理性がない間接差別については、性差別の禁止の実効性を確保するため、その一定のものを禁止している。

　具体的には、「①均等法5・6条に掲げる事項（募集・採用、配置・昇進・降格・教育訓練、福利厚生、職種又は雇用形態の変更、退職勧奨・定年・解雇・労働契約の更新）に関する措置であって、②労働者の性別以外の事由を要件とするものであるが、③措置の要件を満たす男性及び女性の比率その他の事情を勘案して実質的に性別を理由とする差別となるおそれがある措置のうち、④厚生労働省令（均等則）で定めるもの」については、当該措置の対象となる業務の性質に照らして当該措置の実施が当該業務の遂行上特に必要である場合、事業の運営の状況に照らして当該措置の実施が雇用管理上特に必要である場合その他の合理的な理由がある場合を除き、これを講じることを禁止している（均等7条）。

#### (2)　実質的に性別を理由とする差別となるおそれがある措置

　実質的に性別を理由とする差別となるおそれがある措置であって、合理的な理由がある場合を除き禁止されるものとしては、以下の三つが限定列挙されている（均等則2条1～3号）。

　第一は、労働者の募集・採用に関する措置であって、労働者の一定の身長、体重又は体力を要件とするものである。

　第二は、労働者の募集・採用、昇進、又は職種の変更に関する措置について、住居の移転を伴う配置転換に応じることができることを要件とするものであ

---

*45　「性別を理由とする差別の禁止等に関する指針」第三の1(1)。

る。

　第三は、労働者の昇進に関する措置であって、勤務する事業場とは異なる事業場に配置転換された経験があることを要件とするものである。

　上記三つの類型に該当する具体例は、「性別を理由とする差別の禁止等に関する指針」に示されている(第3の2～4の(1))。

　　(3) 合理的な理由の有無

　上記(2)に掲げる三つの類型のいずれかに該当する措置は、使用者が、「当該措置の対象となる業務の性質に照らして当該措置の実施が当該業務の遂行上特に必要である場合、事業の運営の状況に照らして当該措置の実施が雇用管理上特に必要である場合その他の合理的な理由」の存在を主張立証しない限り、均等法7条違反の間接差別となる。

　合理的な理由がない場合の具体例は、「性別を理由とする差別の禁止等に関する指針」に示されている(第3の2～4の(2))。

### 4　婚姻・妊娠・出産等を理由とする不利益な取扱いの禁止

　均等法は、以下のように、事業主が、女性労働者の婚姻・妊娠・出産等を理由として不利益な取扱いをすることを禁止している(均等9条)。

　　(1) 退職予定の禁止

　第一に、「事業主は、女性労働者が婚姻し、妊娠し、又は出産したことを退職理由として予定する定めをしてはならない」(均等9条1項)。

　　(2) 解雇の禁止

　第二に、「事業主は、女性労働者が婚姻したことを理由として、解雇してはならない」(均等9条2項)。

　　(3) 不利益な取扱いの禁止

　第三に、「事業主は、その雇用する労働者が妊娠したこと、出産したこと、労働基準法第65条第1項の規定による休業(注：産前休業)を請求し、又は同項若しくは同条第2項規定による休業(注：産後休業)をしたことその他の妊娠又は出産に関する事由であって厚生労働省令で定めるものを理由として、当該女性労働者に対して解雇その他不利益な取扱いをしてはならない」(均等9条3項)。

　「妊娠又は出産に関する事由」としては、①妊娠、②出産、③妊産婦(妊娠中の女性及び出産後1年経過前の女性)について均等法12条・13条1項が定める母性健康管理措置(保健指導や健康診査の受診、妊娠中の時差通勤等)を請求し又は受けたこと、④妊産婦が労基法の定める母性保護措置を請求し又は受けたこと、具体的には、坑内業務又は危険有害業務(労基64条の2第1号、64条の3第1項)に就業

できず又はしなかったこと等、産前産後休業(労基65条1・2項)を請求し又は取得したこと、軽易業務への転換(労基65条3項)を請求し又は転換したこと、法定時間外労働・休日労働・深夜労働をさせないこと(労基66条)を請求し又は従事しなかったこと、育児時間(労基67条)を請求し又は取得したこと、⑤妊娠又は出産に起因する症状により労務提供ができないこと若しくはできなかったこと又は労働能率が低下したことが含まれる(均等則2条の2)。

また、「不利益な取扱い」とは、①解雇、②契約の更新拒否、③退職強要、④雇用形態の変更の強要・命令、⑤降職・降格、⑥休業の強要・命令、⑦不就労期間や労働能率の低下分を超えて、若しくは、同じ期間休業した疾病等や同程度労働能率が低下した疾病等と比較して、賃金・賞与を減額すること、又は、昇進・昇格等における不利益な取扱い、⑧合理的な理由のない不利益な配置転換、⑨産休からの復帰にあたり、合理的な理由なく原職又は原職相当職に就けないこと、⑩合理的な理由なく教育訓練を受けさせないこと、⑪合理的な理由なく福利厚生給付をしないこと等の行為が含まれると解すべきである。

最高裁判決[*46]は、女性労働者を妊娠中の軽易業務への転換を契機として降格(降職)させる事業主の措置が均等法9条3項違反となるかどうかの判断基準として、原則として同項の禁止する取扱いにあたるが、①当該労働者が軽易業務への転換及び上記措置により受ける有利な影響並びに上記措置により受ける不利な影響の内容や程度、上記措置に係る事業主による説明の内容その他の経緯や当該労働者の意向等に照らして、当該労働者につき自由な意思に基づいて降格を承諾したものと認めるに足りる合理的な理由が客観的に存在するとき、又は、②事業主が当該労働者につき降格の措置を執ることなく軽易業務への転換をさせることに円滑な業務運営や人員の適正配置の確保などの業務上の必要性から支障がある場合であって、その業務上の必要性の内容の程度及び上記の有利又は不利な影響の内容や程度に照らして、同項の趣旨及び目的に実質的に反しないものと認められる特段の事情が存在するときは、同項の禁止する取扱いに当たらないとしている。

(4) 証明責任

第四に、「妊娠中の女性労働者及び出産後1年を経過しない女性労働者に対してなされた解雇は、無効とする。ただし、事業主が当該解雇が前項に規定する

---

*46 広島中央保健生協事件・最一小判平26・10・23民集68巻8号1270頁/労判1100号5頁(理学療法士の妊娠・軽易業務への転換に伴う降職につき適法と判断した原審に差し戻し)。差戻審(広島高判平27・11・17労判1127号5頁/判時2284号120頁)は、本文の①②をいずれも否定し、本件降格措置を均等法9条3項違反・無効で不法行為と判断した。

事由を理由とする解雇でないことを証明したときは、この限りではない」（均等9条4項）と定められている。すなわち、解雇理由についての証明責任が転換されており、妊娠中又は出産後1年を経過しない女性労働者に対する解雇は、女性労働者が妊娠・出産等を理由とする解雇であることを主張立証した場合に無効となるのではなく、使用者が妊娠・出産等を理由とする解雇ではないこと（それ以外の正当な解雇理由があること）を主張立証しない限り、無効となる。

### 5　均等法違反と民事救済

均等法の定める、性別を理由とする直接差別の禁止、間接差別の禁止、婚姻、妊娠、出産等を理由とする不利益取扱いの禁止、セクシュアル・ハラスメントの防止対策措置の実施[47]、妊娠中及び出産後の健康管理に関する措置の実施[48]（均等5～7条、9条、11条1項、12条、13条1項）は、いずれも強行規定である[49]。また、これらは、使用者の信義則上の義務（労契3条4項）でもあると解される。

したがって、均等法に違反する、①労働協約、労働契約、就業規則は以下のように解され、②法律行為、③それ以外の取扱いについては、以下のような民事救済が可能である[50]。

(1) 労働協約、就業規則、労働契約

均等法に違反する労働協約、労働契約の部分は無効であり、また、同法に違反する就業規則の部分は労働契約の内容とはならない。そして、同法に違反する労働協約、労働契約、及び、就業規則の部分は、当該条文に則して修正され、合理的に解釈された上で法的効力を有すると解すべきである。

したがって、例えば、男性67歳女性65歳という定年年齢を定める労働協約は、その定めのうち「女性の定年年齢65歳」という部分は均等法6条4号違反で無効であり、同号に則して定年年齢は男女ともに67歳に修正された上で、法的効力を有する。

また、例えば、一定の教育訓練の対象を合理的理由なく男性労働者に限定する就業規則は、対象者を男性労働者に限定する部分は均等法6条1号違反で無効

---

[47]　前記第7章「自由と人格権保障」第2節4(2)。
[48]　後記第13章「労働と生活の調和」第2節3(3)。
[49]　広島中央保健生協事件・最一小判平26・10・23民集68巻8号1270頁／労判1100号5頁は、均等法9条3項は強行規定で、同項違反の不利益な取扱いは違法・無効と判示。
[50]　均等法違反については、行政機関による紛争解決の援助措置として、都道府県労働局長の紛争の解決の援助、紛争調整委員会の調停、厚生労働大臣による事業主に対する報告の徴収・助言・指導・勧告、違反事業主の公表制度が存在する（均等17条1項、18～27条、29条、30条）（前記第6章「個別的労働関係法総論」第2節2(2)）。

であり、同号に則して対象者は男女労働者に修正され、女性労働者も男性労働者と同じ基準で教育訓練の実施を請求することができる。

また、例えば、出産を退職事由とする女性労働者の労働契約の定めは、均等法9条1項違反で無効であり、出産によって労働契約は終了しない。

(2) 法律行為

均等法に違反する取扱いで法律行為であるもの、すなわち、①解雇、②配転、③降職・降格、④休業命令、⑤職種・雇用形態の変更等は無効である。

したがって、当該法律行為が無効であることを前提とした請求、すなわち、①労働契約上の権利を有する地位にあることの確認と未払賃金の支払(民536条2項)、②配転先での労働義務の不存在確認、③労働契約上降職・降格前の地位にあることの確認と降給を伴った場合は未払賃金の支払、④休業期間中の賃金支払(民536条2項)、⑤労働契約上変更前の職種・雇用形態であることの確認と降給を伴った場合は未払賃金の支払等を請求することができる。

また、⑥契約の更新拒否も、労契法19条の要件を充足する場合は、労働契約の更新又は締結をしたものとみなされる。したがって、労働契約上の権利を有する地位にあることの確認と未払賃金の支払請求が可能である。

また、上記①～⑥が不法行為であることを理由とする損害賠償請求も可能である。未払賃金を請求する場合は、財産的損害はそれにより補償されることになろうが、これに加えて精神的損害につき不法行為に基づき請求することも可能である。

(3) それ以外の取扱い

均等法に違反する取扱いで法律行為でないもの、すなわち、①昇進・昇格させないこと、②産休からの復帰にあたり原職又は原職相当職に就かせないこと、③教育訓練を受けさせないこと、④福利厚生措置を行わないこと、⑤退職勧奨等は、不法行為である。

したがって、財産的損害が生じた場合、例えば、①について、昇進・昇格していれば得られたであろう賃金額と現実に支払われた賃金額との差額が生じている場合、②について、原職又は原職相当職に復帰していれば得られたであろう賃金額と現実に支払われた賃金額との差額が生じている場合等は、差額賃金相当額の賠償請求が可能である。また、精神的損害につき、賠償請求することも可能である。

さらに、労働協約、就業規則、労働契約の定めに基づき、あるいは、均等法の各条文に則して修正された労働協約、就業規則、労働契約の定めに基づき、①昇進・昇格、②原職又は原職相当職復帰という労働契約内容の変更の効果が

発生する場合、あるいは、③教育訓練を受ける権利、④福利厚生を受ける権利が発生する場合は、労働者は、①昇進・昇格した地位にあることの確認及びそれに基づく賃金請求権、②原職又は原職相当職にあることの確認及びそれに基づく賃金請求権、③教育訓練の請求権、④福利厚生措置の請求権を有する。

しかし、①昇進・昇格、②原職又は原職相当職復帰、③教育訓練、④福利厚生措置等につき、労働協約、就業規則、労働契約上の根拠がなく、これらの行為が使用者の裁量に委ねられている場合、地位確認や具体的請求権が発生するかどうかが問題となるが、均等法の各該当条文は労働契約の最低基準を設定するものであり（性別等を理由とする差別的取扱いを受けないということが労働契約の最低基準である）、当該条文から差別のない取扱いを受ける権利（具体的請求権）が発生すると解することも可能であろう。

(4) その他の不利益取扱い

均等法には、①男性労働者が婚姻したことを理由とする解雇、②労働者の婚姻を理由とする解雇以外の不利益取扱いを禁止する規定はないが、これらの不利益な取扱いも不法行為（民709・710条）となりうるものであり、また、法律行為（解雇、配転、降職・降格・降給等）であれば公序（民90条）違反で無効である。

## 第3節　性別以外の理由による差別的取扱いの禁止

性別以外の理由による差別的取扱いの禁止としては、①国籍・信条・社会的身分（→1）、②組合員・団結活動等（→2）、③権利行使（→3）、④障害（→4）、⑤年齢（→5）に関する規定がおかれている[*51]。

### 1　国籍・信条・社会的身分

(1) 規制内容

「使用者は、労働者の国籍、信条又は社会的身分を理由として、賃金、労働時間その他の労働条件について、差別的取扱をしてはならない」（労基3条）。

労基法3条は、①「労働者の国籍、信条又は社会的身分」を理由として、②「労働時間その他の労働条件」について、③「差別的取扱」をすることを禁止し、

---

[*51] この他、具体的な法規制はまだ存在しないが、新たな差別形態として、複合差別・結合差別（人種と性別あるいは年齢と性別といった複合的な要因の差別）、関連差別・関係差別（当該事由に関連する事由による差別：差別される特性を持った者の友人・家族等）、誤認差別・憶測差別（特定の国籍と誤認しての差別等）が、新たな差別事由として、性的マイノリティー（LGBT）、遺伝子情報等が問題となっていると指摘されている（柳澤武「雇用平等法の形成と展開」再生（4）〈2017〉130-136頁等）。

均等待遇の原則を定めている。

　したがって、法違反の成立要件は、①「労働者の国籍、信条又は社会的身分」を理由として、②「労働時間その他の労働条件」について、③「差別的取扱」をすることである。

　　　(2)　「国籍、信条又は社会的身分」を理由として

　労基法3条は、禁止される差別事由として、①国籍、②信条、③社会的身分の三つを定める。

　　　　ア　「国籍」

　第一に、「国籍」とは、ある国の所属員たる資格を言い、国籍要件は各国により異なるが、日本では憲法10条に基づき国籍法により定められている。また、労基法3条の「国籍」には「人種」も含まれ[52]、また、「民族」や「出身国」も含むと解される。

　国籍による差別的取扱かどうかが問題となった事案として、採用内定取消(＝解雇)[53]、外国人の教師・記者と労働契約において賃金面で優遇しつつ契約期間を定めたこと[54]、外国人研修生・技能実習生の、日本人従業員よりも低い賃金[55]や日本人従業員よりも高額の寮費(住宅費・水道光熱費)を徴収する合意[56]等がある。

　　　　イ　「信条」

　第二に、「信条」とは、思想、信念、その他人の内心におけるものの考え方を意味し、宗教的信条のみならず、政治的信条・政治的意見その他の諸々の思想を含む[57]。

　信条を理由とする差別的取扱については、賃金、昇格・昇給等での不利益取

---

[52]　菅野・労働法(2017)229頁。

[53]　日立製作所事件・横浜地判昭49・6・19労民25巻3号277頁/労判206号46頁(真の決定的理由は、在日朝鮮人であること(国籍)であり、労基法3条に抵触し民法90条に反し無効と判断)。

[54]　東京国際学園事件・東京地判平13・3・15労判818号55頁、ジャパンタイムズ事件・東京地判平17・3・29労判897号81頁(期間の定めが専ら国籍又は人種による差別ではなく、無効ではないと判断)。

[55]　デーバー加工サービス事件・東京地判平23・12・6労判1044号21頁(使用者が外国人研修生・技能実習生を受け入れるための負担等に照らすと賃金格差は合理的な範囲内で適法と判断)。

[56]　デーバー加工サービス事件・東京地判平23・12・6労判1044号21頁(差額部分の合意は労基法3条違反で労基法13条により無効として差額賃金請求認容)、ナルコ事件・名古屋地判平25・2・7労判1070号38頁(当該取扱いは労基法3条に反し合理性を欠く部分は公序違反として不法行為に基づく損害賠償請求認容)。

[57]　菅野・労働法(2017)229-230頁、注釈労基法(上)(2003)95頁。

扱いが、共産党員又はその支持者であることを理由とするもので、労基法3条に違反する不法行為[*58]、あるいは、労基法3条の趣旨に照らし公序に反する不法行為[*59]とされた事案が数多く存在する。

他方、配偶者を有する者のみに配偶者の収入に関わらず配偶者手当（家族手当）を支給することは、当該制度の経緯・内容（生活補助給付としての経済的性格）、画一的基準の必要性、家族手当制度を有する企業の半数が同様の制度であること等に照らし、結婚するか否かの人生観に属する「信条」を理由とする差別的取扱いではないとした事案がある[*60]が、これは、当該人生観は「信条」に該当するが、当該取扱いが「差別的取扱い」ではない（合理的理由がある）と判断したものと位置づけられる。

使用者の営む事業が特定の思想・信条と密接に結びついている場合（いわゆる「傾向経営」又は「傾向事業」）、使用者は、当該思想・信条と異なる思想・信条を有する労働者を不利益に取り扱うことが例外的に許容されるかどうかが問題となるが、特定の信条の承認・支持を労働契約の要素とすることは、政党や宗教団体のように、事業目的と特定の信条が本質的に不可分でその承認・支持を存立の基盤とし、しかも労働者に対してその信条の承認、支持を求めることが事業の本質からみて客観的に妥当である場合にのみ許容され、事業目的と信条が単に関連性を有するのみでは足りない（ただし、労働者の信条に基づく行動が事業に明白かつ現在の危害を及ぼすべき具体的危険を発生させたときは、その行動を理由とする不利益取扱いが可能となる場合がある）[*61]。

なお、労基法3条が禁止しているのは、「信条」そのものを理由とする差別的取扱いであって、「信条」に基づく労働者の行為が労働義務違反や企業秩序違反に該当する場合（例えば労働時間中にビラを配布するなど）にその「行為」を理由

---

[*58] 富士電機事件・横浜地横須賀支決昭49・11・26労判225号47頁/判時767号105頁、倉敷紡績事件・大阪地判平15・5・14労判859号69頁、東京電力（神奈川）事件・横浜地判平6・11・15労判667号25頁、東京電力（千葉）事件・千葉地判平6・5・23労判661号22頁/判時1507号53頁等。

[*59] 松坂鉄工所事件・津地判平12・9・28労判800号61頁、東京電力（群馬）事件・前橋地判平5・8・24労民44巻4=5号567頁/労判635号22頁、東京電力（山梨）事件・甲府地判平5・12・22労判651号33頁/判時1491号3頁、中部電力事件・名古屋地判平8・3・13判時1579号3頁。

[*60] ユナイテッド航空事件・東京地判平13・1・29労判805号71頁。

[*61] 日中旅行社事件・大阪地判昭44・12・26労民20巻6号1806頁/判時599号90頁（中国との国交未回復の状態において希望者が友好的に同国を訪問できるように同国国営企業と特約を結び同国への旅行について斡旋業務を行っている企業が、労働者が当時の中国政府と敵対関係にあった日本共産党及び日中友好協会に所属していることを理由として行った解雇は無効と判断）。

　　　　　ウ　「社会的身分」
　第三に、「社会的身分」とは、生来的なもの、あるいは、後天的なもので、自己の意思により離れること(逃れること)のできない社会的分類・地位であり[*62]、受刑者、破産者や、非嫡出子、母子家庭、父子家庭、独身者、既婚者、子供のいる者といった、出生・家族状況も含まれると解すべきである。
　配偶者を有する者のみに対する配偶者手当(家族手当)の支給が、「独身者」であるという「社会的身分」を理由とする差別的取扱いではないと判断された事案[*63]があるが、これは、「独身者」が「社会的身分」ではないと判断したものではなく、当該取扱いが「差別的取扱い」ではない(合理的理由がある)と判断したものと位置づけられる。
　これに対して、契約形態に基づく分類(パートタイム労働者、有期雇用労働者、派遣労働者等)、あるいは、職種や職務内容に基づく分類(職員と工員、総合職と実務職・一般職)のような、労働契約の内容の相違に基づく労働契約上の地位は、労基法3条の「社会的身分」には含まれないと解される[*64]。
　　　　　エ　「理由として」
　労基法3条は、「国籍、信条、社会的身分」自体を理由とする差別的取扱いを禁じている。したがって、例えば共産党員である労働者の解雇が、その労働者の企業の生産を阻害する具体的言動を根拠とする場合は、当該解雇は共産党員であること自体を理由とする解雇ではなく、同条違反ではない[*65]。
　それでは、当該取扱い(例えば解雇)の理由として、「国籍、信条、社会的身分」と、正当な理由(例えば無断欠勤が多い)が競合している場合(いわゆる「理由の競合」)、労基法3条違反の有無はどのように判断すべきか。
　この点につき、1)「国籍、信条、社会的身分」と正当な理由のどちらが決定的な理由かにより判断する見解(決定的動機説)[*66]と、2)「国籍、信条、社会的

---

*62　石井他・註解労基法Ⅰ(1964)63頁、菅野・労働法(2017)231頁、荒木(2016)84頁、丸子警報器事件・長野地上田支判平8・3・15労判690号32頁/判タ905号276頁。
*63　ユナイテッド航空事件・東京地判平13・1・29労判805号71頁。
*64　丸子警報器事件・長野地上田支判平8・3・15労判690号32頁/判タ905号276頁、日本郵便逓送事件・大阪地判平14・5・22労判830号22頁。
*65　大日本紡績事件・最三小判昭30・11・22民集9巻12号1793頁/判時66号28頁。
*66　東京急行電鉄事件・東京地決昭25・5・11民集5巻5号220頁/労民2巻3号438頁、厚労省労基法コンメ(上)(2011)75-76頁、土田・契約法(2016)等。

身分」がなければ当該取扱いはなされなかったかどうかにより判断する見解(因果関係説)がありうる*67が、「理由として」は、①当該労働者の国籍、信条、又は社会的身分と、②差別的取扱との間の、因果関係の存在を示す概念と解されるから、2)の因果関係説が妥当であろう。

したがって、第一に、当該労働者の「国籍、信条、社会的身分」がなければ当該取扱いはなされなかったと認定される場合は、労基法3条違反と解すべきである。第二に、当該「国籍、信条、社会的身分」でなかったとしても当該取扱いがなされたと認定される場合は、労基法3条違反ではないが、当該取扱いが有効・適法かどうかについては、別途、当該取扱いが有効となる要件・適法となる要件を充足しているかどうかが判断され、要件を充足していなければ、無効あるいは違法となる。

　　(3)　「賃金、労働時間その他の労働条件」

労基法3条は、禁止される差別的取扱いの内容を、「賃金、労働時間その他の労働条件」と定める。

この「賃金、労働時間その他の労働条件」の内容としては、第一に、労働契約締結後、労働契約展開中の賃金・労働時間その他の全ての労働条件(労働者の待遇の全て)が含まれる。

また、第二に、労働契約の終了(解雇、定年、契約更新、労働契約成立後の採用内定取消、試用期間終了後の本採用拒否等)、及び、それに関する基準も含まれると解される*68。

これに対し、第三に、労働契約の成立に関する事項(募集・採用)について、最高裁判決*69は、1)憲法は、思想、信条の自由や法の下の平等を保障すると同時に、財産権の行使、営業その他広く経済活動の自由をも基本的人権として保障しているので、企業者は、経済活動の一環として契約締結の自由を有し、「法律その他による特別の制限がない限り」、特定の思想、信条を有する者をそのゆえをもって雇入れることを拒んでも当然に違法とすることはできないとし、

---

*67　「国籍、信条、社会的身分」を除く正当な理由だけで当該取扱いが容認されるかどうかにより判断する見解(石井他・註解労基法Ⅰ(1964)64頁)もあるが、労基法3条違反の有無という論点と当該取扱いの効力・適法性という論点を混同しているように思われる。

*68　三菱樹脂事件・最大判昭48・12・12民集27巻11号1536頁/労判189号16頁は、特定の信条を有することを解雇の理由として定めることも労基法3条違反であると述べている。また、昭23・6・16基収1365、昭63基発150は、「その他の労働条件」には解雇、災害補償、安全衛生、寄宿舎等に関する条件も含む趣旨であるとしている。

*69　三菱樹脂事件・最大判昭48・12・12民集27巻11号1536頁/労判189号16頁。同判決を批判する近年のものとして和田肇『人権保障と労働法』日本評論社(2008)1-33頁等。

2)憲法14条は私人の行為に直接適用できないとして「法律その他による特別の制限」の有無を検討し、特に理由を述べることなく、①労基法3条は「雇入れ後における労働条件についての制限であって、雇入れそのものを規制する規定ではない」から、思想・信条を理由とする採用拒否は労基法3条違反ではなく(労基法3条は採用拒否には適用されず)[*70]、②思想・信条を理由とする採用拒否は民法90条違反ではないとする。

しかし、労基法は、労働者の労働権を保障するために、労働契約の締結・展開・終了に関し、強行的・直律的な最低基準とルールを設定する法律であること、労基法3条は「労働条件」という文言を用いているが、労働契約の締結及びそれに関する基準も「労働条件」と解することは可能であること、労働者の労働権保障という観点からは、労働契約締結時に差別されないことが重要であることから、労基法3条は労働契約の締結及びその基準も規制対象としており、思想・信条を理由とする採用拒否[*71]は労基法3条違反と解すべきである。

また、仮に、労基法3条は労働契約の締結時に適用されないとしても、労働契約締結時において使用者が労働者の思想・信条の自由を尊重すべきことは、憲法14条、19条に照らし、民法90条にいう公序であり、その思想・信条を理由として労働契約の締結を拒否することは、民法90条の公序違反であり、不法行為と判断すべきである[*72]。

(4) 「差別的取扱」

労基法3条が禁じる「差別的取扱」は、同条所定の事項を理由として、当該労働者を他の者に比して有利又は不利益に取り扱うことである[*73]。有利な取扱いも、それにより他の労働者が不利益に取り扱われたことになるので禁止されると解される。

(5) 罰則

労基法3条違反には罰則がある(労基119条1号)。

(6) 労基法3条違反と民事救済

第一に、労基法3条違反の差別的取扱いが、解雇、配転、懲戒処分、降格・降給等の法律行為(形成権の行使)である場合は、当該法律行為は無効であり、

---

[*70] これを肯定する学説として、菅野・労働法(2017)229頁、土田・契約法(2016)92頁等。従来の学説については、注釈労基法(上)94頁(両角道代)。
[*71] ただし、やや区別が難しい面もあるが、「性格」を判断材料とすることは可能であるし、当該思想・信条に起因する「具体的な行動」が問題となる場合は当該行動を判断対象とすることはできる。
[*72] 西谷・労働法(2013)136頁、土田・契約法(2016)92・207頁。
[*73] 石井他・註解労基法Ⅰ(1964)64頁、厚労省労基法コンメ(上)(2011)77頁。

これを前提とした救済(労働契約上の権利を有する地位確認、配転後の勤務場所又は職務内容での労働義務不存在確認、降格前の地位にあることの確認、未払賃金の支払請求等)を求めることができる。また、当該行為は不法行為でもあり、不法行為に基づく財産的・精神的損害に関する賠償請求も可能である。

　第二に、労基法3条違反の差別的取扱いが、賃金等の労働契約の内容である場合は、当該労働契約は無効であるとともに差別のない賃金額等が労働契約の内容となり(労基3条又は労基13条)、労働者は差別のない賃金等を請求できる。

　第三に、労基法3条違反の差別的取扱いが、昇給・昇格・昇進させないという、昇給・昇格・昇進差別、あるいは、昇給・昇格・昇進や賞与額等を決定するにあたって当該労働者を低く査定する査定差別等の行為である場合は、当該行為は、民法90条違反でもあり、また、期待的利益の侵害等の不法行為にも該当するので、昇給・昇格・昇進させられなかった結果又は低査定の結果等に基づく賃金格差(財産的損害)、及び、精神的損害につき、不法行為に基づく損害賠償を請求することが可能である[*74]。

　この場合、昇給・昇格・昇進した地位の確認請求と当該地位に基づく賃金請求は可能かどうかが問題となる。1)労働協約、就業規則、労働契約の定めに基づき、あるいは、労基法3条に則して修正された労働協約、就業規則、労働契約の定めに基づき、昇給・昇格・昇進等の労働契約内容の変更の効果が発生する場合は、労働者は、昇給・昇格・昇進した地位にあることの確認及びそれに基づく賃金請求権を有する。これに対し、2)昇給・昇格・昇進・査定が使用者の裁量に委ねられている場合は、使用者が昇給・昇格・昇進の決定や差別のない査定を行っていないにもかかわらず、地位確認や賃金請求が可能かが問題となるが、労基法3条は労働契約の最低基準を設定するものである(国籍等を理由とする差別的取扱いを受けないということが労働契約の最低基準である)から、労基法3条の直律的効力(労基3条又は労基13条)に基づき、差別のない取扱いを受ける権利(具体的請求権)が発生し、昇給・昇格・昇進した地位と当該地位に基づく賃

---

[*74] 財産的損害と精神的損害の双方の賠償を認めた例として、東京電力(山梨)事件・甲府地判平5・12・22労判651号33頁/判時1491号3頁、東京電力(千葉)事件・千葉地判平6・5・23労判661号22頁/判時1507号53頁、東京電力(神奈川)事件・横浜地判平6・11・15労判667号25頁、中部電力事件・名古屋地判平8・3・13判時1579号3頁/労判706号95頁〈ダイジェスト〉、倉敷紡績事件・大阪地判平15・5・14労判859号69頁等、財産的損害賠償を認めた例として、富士電機事件・横浜地横須賀支決昭49・11・26労判225号47頁/判時767号105頁、福井鉄道事件・福井地武生支判平5・5・25労判634号35頁等、精神的損害賠償のみを認めた例として、東京電力(群馬)事件・前橋地判平5・8・24労民44巻4=5号567頁/労判635号22頁、東京電力(長野)事件・長野地判平6・3・31労判660号73頁/判時1497号3頁、松坂鉄工所事件・津地判平12・9・28労判800号61頁等。

金請求権を有すると解すべきであろう。

第四に、労基法3条違反の差別的取扱いが、採用拒否である場合、当該行為は不法行為にも該当するので、一定期間の賃金相当額（財産的損害）、及び、精神的損害につき損害賠償を請求することが可能であるが、労働契約が締結されていない以上、労働契約上の権利を有する地位にあることの確認を求めることはできない。

(7) 主張立証方法

　ア　差別的取扱いか否か

当該取扱いが国籍等を理由とする差別的取扱いであることは、地位確認・賃金支払や、損害賠償等を請求する労働者が証明責任を負う。

しかし、当該取扱いが国籍等を理由とする差別的取扱いであることを労働者が立証することは、特に、賃金、昇給・昇格・昇進、査定等で使用者が一定の裁量を有している場合は困難である。

賃金決定制度や人事評価等に関する資料を有しているのは使用者であることに鑑みれば、賃金、昇給・昇格・昇進、査定等に関し、国籍等を理由とする差別的取扱いであることの証明責任は原告労働者が負うとしても、具体的事実の主張立証責任は、以下のように分配するのが信義則に則るものといえよう。すなわち、原告労働者が、①他の国籍、信条、社会的身分の労働者との賃金、昇給・昇格・昇進、査定等に関する格差の存在、あるいは、②他の労働者との格差の存在と使用者の当該国籍等に対する否定的評価の存在を主張立証した場合は、原告労働者に対する当該国籍等を理由とする差別的取扱いであることが推定され、使用者が、その格差につき、職務内容、職務能力、勤務態度、学歴、勤続年数等の合理的理由が存在することを主張立証しなければ、当該国籍等を理由とする差別的取扱いであると認定すべきである[*75]。

　イ　請求しうる賃金額等

労基法3条違反の差別的取扱いが、賃金差別、昇給・昇格・昇進差別、査定

---

[*75] 松坂鉄工所事件・津地判平12・9・28労判800号61頁は、共産党員であることを理由とする人事考課の差別的取扱いの有無が問題となった事案につき、人事考課は、諸般の事情を総合的に評価して行われ、かつ、使用者の裁量を伴うもので、他の従業員との比較という相対評価的な側面を否定できず、一従業員である労働者が、人事考課の全体を把握して自らが他の従業員と比較して不当な差別的扱いを受けていることを立証することは不可能であるので、差別的取扱いの有無の判断に当たっては、労働者の賃金査定が同期従業員に比して著しく低いこと及びその言動等を使用者側が嫌忌している事実が認められれば、当該労働者に対する差別の事実が事実上推定され、低い人事考課について使用者の裁量逸脱ではないとする合理的理由が認められない場合には、不当な差別的取扱いと認めるのが相当と判示している。

差別である場合、損害賠償又は賃金支払、地位確認を求めるにあたり、差別的取扱いがなければ得られたであろう賃金額や地位を何らかの方法で特定する必要がある。

従来の裁判例では、賞与、昇給、昇格につき標準的な取扱いを受けた場合の賃金額との差額[*76]、同期・同学歴入社の標準的な従業員の平均賃金額との差額[*77]、同期・同学歴入社の標準的な従業員の平均賃金額との差額の一部[*78]に相当する額が財産的損害として認められ、損害賠償の支払が命じられている。

(8) 時効

差額賃金請求権は、2年間これを行使しなければ時効消滅する(労基115条)。

また、不法行為に基づく損害賠償として差額賃金相当額を請求する場合は、月例賃金及び一時金(賞与)については、各支給日に相当する日に損害としての差額が発生し、請求権は損害及び加害者を知ったときから3年間行使しなければ時効により消滅する(民724条)。

(9) 労働条件以外の差別的取扱い

労働条件以外の差別的取扱いは、国籍、社会的身分又は信条を理由とするものであっても、労基法3条違反ではないが不法行為となりうる。

例えば、共産党員ないしその同調者であることを理由とする、職場において孤立させようとする行為、尾行、ロッカーの無断開扉等の行為は、職場における自由な人間関係を形成する自由、名誉、プライバシー等の人格的利益を侵害する不法行為と判断されている[*79]。

## 2　労働組合の組合員・団結活動等

「労働者が労働組合の組合員であること、労働組合に加入し、若しくはこれを結成しようとしたこと若しくは労働組合の正当な行為をしたことの故をもって、その労働者を解雇し、その他これに対して不利益な取扱いをすること」は、

---

*76　富士電機事件・横浜地横須賀支決昭49・11・26労判225号47頁/判時767号105頁。
*77　東京電力(山梨)事件・甲府地判平5・12・22労判651号33頁/判時1491号3頁、中部電力事件・名古屋地判平8・3・13判時1579号3頁/労判706号95頁〈ダイジェスト〉、倉敷紡績事件・大阪地判平15・5・14労判859号69頁。
*78　東京電力(千葉)事件・千葉地判平6・5・23労判661号22頁/判時1507号53頁、東京電力(神奈川)事件・横浜地判平6・11・15労判667号25頁。
*79　関西電力事件・最三小判平7・9・5集民176号563頁/労判680号28頁。他方、東京電力(塩山営業所)事件・最二小判昭63・2・5労判512号12頁は、営業所長が女性職員に対し共産党員か否かを問い質し、かつ、共産党員ではない旨を書面にして提出するよう求めた行為は相当とは言いがたいが、社会的に許容しうる限界を超えて当該職員の精神的自由を侵害した違法行為とまでは言えないと判断している。

「不当労働行為」として禁止されている(労組7条1号)。

また、労働者が労働委員会に申立てをしたこと等を理由として、その労働者を解雇し、その他これに対して不利益な取扱いをすることも「不当労働行為」として禁止されている(労組7条4号)。

これらに違反する不利益取扱いについては、裁判所において民事救済を求めることが可能であるとともに、不当労働行為救済制度を利用し、独立専門行政委員会である労働委員会において救済を求めることが可能である[80]。

## 3 権利行使

労働者が、育児・介護休業の申出又は取得等、労基法に基づく行政機関への申告、均等法等に基づく行政機関への援助・調停の申請、労組法上の申告や労働委員会での証拠開示・発言等の権利を行使したことを理由として、「解雇その他不利益な取扱いをすること」は禁止されている(育介10・16条、労基104条2項、均等17条2項・18条2項、労組7条4号等)[81]。

「解雇その他不利益な取扱い」の具体的内容としては、①労働契約展開中の全ての労働条件(待遇に関わる一切の条件)、②労働契約の終了(解雇、定年、契約更新等)及びその基準のみならず、③労働契約の締結及びその基準も含まれると解すべきであろう。

## 4 障害

障雇法[82]は、障害者[83]の雇用促進のために、第一に、①障害を理由とする差別的取扱いの禁止、②障害者の雇用の均等な機会・待遇確保のための合理的な配慮の提供を定め[84]、③行政機関による紛争解決制度[85]も定めている。

また、障雇法は、第二に、障害者雇用率制度を定め、国、地方公共団体、事

---

[80] 後記第26章「不当労働行為と法的救済」。
[81] 後記第13章「労働と生活の調和」第3節5、前記第6章「個別的労働関係法総論」第1節6(4)、第2節2、後記第26章「不当労働行為と法的救済」第3節第1款3参照。
[82] 同法については、永野仁美ほか編『詳説障害者雇用促進法』弘文堂(2016)(補正版:2018)等参照。障害者雇用に関連する近年の研究書として、永野仁美『障害者の雇用と所得保障』信山社(2013)、所浩代『精神疾患と障害差別禁止法』旬報社(2015)等。
[83] 障雇法は、「障害者」を「身体障害、知的障害、精神障害(発達障害を含む)その他の心身の機能の障害があるため、長期にわたり、職業生活に相当の制限を受け、又は職業生活を営むことが著しく困難な者」と定義している(障雇2条1号)。
[84] 障害者の権利に関する条約(日本は2014〈平26〉年1月20日批准、同12月19日発効)の批准に向けた対応として、2013(平25)年に障雇法が一部改正され設けられた規定であり、同法34条～36条の6は、2016(平28)年4月1日から施行されている。
[85] 前記第6章「個別的労働関係法総論」第2節2(2)。

業主に対し、一定の率の障害者を雇用する義務を課している。現行法ではその対象は身体障害者と知的障害者に限定されているが、2018(平30)年4月1日より、精神障害者を含む全ての対象障害者に適用対象が拡大される。

(1) 差別的取扱いの禁止

第一に、事業主は、労働者の募集及び採用について、障害者に対して、障害者でない者と均等な機会を与えなければならない(障雇34条)。

第二に、事業主は、賃金の決定、教育訓練の実施、福利厚生施設の利用その他の待遇について、労働者が障害者であることを理由として、障害者でない者と不当な差別的取扱いをしてはならない(障雇35条)。

これらの条文に関しては、障雇法36条1項に基づき「障害者に対する差別の禁止に関する規定に定める事項に関し、事業主が講ずべき措置に関する指針」(「障害者差別禁止指針」)[86]が策定されている。

これらの条文が禁止しているのは、「障害者であること」を理由とする差別(直接差別)であり、車いす、補助犬その他の支援器具等の利用、介助者の付添い等の社会的不利を補う手段の利用等を理由とする、不当な不利益取扱いを含む[87]。

禁止されている差別的取扱いは、募集及び採用、賃金、配置(業務の配分及び権限の付与を含む)、昇進・昇格、降職・降格、教育訓練、福利厚生、職種の変更、雇用形態の変更、退職の勧奨、定年、解雇、労働契約の更新等について、障害者であることを理由に障害者を排除することや障害者に対してのみ不利な条件とすること等である[88]。

募集に際して一定の能力を有することを条件とすることは、当該条件が業務遂行上特に必要なものと認められる場合には、障害者であることを理由とする差別に該当しないが、当該条件を充足しているか否かの判断は後記(2)で述べる過重な負担にならない範囲での合理的配慮の提供を前提として行われる[89]。

なお、①積極的差別是正措置として障害者を有利に取り扱うこと、②合理的配慮を提供し、労働能力等を適正に評価した結果として障害者でない者と異なる取扱いをすること、③合理的配慮に係る措置を講ずること(その結果として障害者でない者と異なる取扱いとなること)、④障害者専用の求人の採用選考又は採用後において、仕事をする上での能力及び適性の判断、合理的配慮の提供のた

---

[86] 平27・3・25厚労告116。
[87] 「障害者差別禁止指針」第2。
[88] 「障害者差別禁止指針」第3の2〜13。
[89] 「障害者差別禁止指針」第3の1(3)(4)。

めなど、雇用管理上必要な範囲で、プライバシーに配慮しつつ、障害者に障害の状況等を確認することは、障害者であることを理由とする差別に該当しない[*90]。

(2) 合理的な配慮

第一に、事業主は、労働者の募集及び採用について、障害者と障害者でない者との均等な機会の確保の支障となっている事情を改善するため、労働者の募集及び採用に当たり障害者からの申出により当該障害者の障害の特性に配慮した必要な措置を講じなければならない。ただし、事業主に対して過重な負担を及ぼすこととなるときはこの限りでない(障雇36条の2)。

第二に、事業主は、障害者である労働者について、障害者でない労働者との均等な待遇の確保又は障害者である労働者の有する能力の有効な発揮の支障となっている事情を改善するため、その雇用する障害者である労働者の障害の特性に配慮した職務の円滑な遂行に必要な施設の整備、援助を行う者の配置その他の必要な措置を講じなければならない。ただし、事業主に対して過重な負担を及ぼすこととなるときはこの限りではない(障雇36条の3)。

第三に、事業主は、これらの措置を講ずるに当たっては、障害者の意向を十分に尊重しなければならず、雇用する障害者である労働者の相談に応じ適切に対応するために必要な体制の整備その他の雇用管理上必要な措置を講じなければならない(障雇36条の4)。

これらの条文については、障雇法36条の5第1項に基づき「雇用の分野における障害者と障害者でない者との均等な機会若しくは待遇の確保又は障害者である労働者の能力の有効な発揮の支障となっている事情を改善するために事業主が講ずべき措置に関する指針」(「合理的配慮指針」)[*91]が策定されており、事業主が講ずべき措置を「合理的配慮」と定義している[*92]。

合理的配慮の事例としては、①募集及び採用時については、募集内容について、音声等で提供すること(視覚障害)、面接を筆談等により行うこと(聴覚・言語障害)等が、②採用後については、机の高さを調節すること等作業を可能にする工夫を行うこと(肢体不自由)、本人の習熟度に応じて業務量を徐々に増やしていくこと(知的障害)、出退勤時刻・休暇・休憩に関し、通院・体調に配慮すること(精神障害)等が挙げられている[*93]。

---

[*90] 「障害者差別禁止指針」第3の14。
[*91] 平27・3・25厚労告117。
[*92] 「合理的配慮指針」第1。
[*93] 「合理的配慮指針」別表。合理的配慮の事例が詳細に挙げられている。

事業主にとって「過重な負担」に当たるかどうかは、①事業活動への影響の程度、②実現困難度、③費用・負担の程度、④企業の規模、⑤企業の財務状況、⑥公的支援の有無を総合的に勘案しながら個別に判断される*94。

(3) 法違反の法的効果

障雇法は、事業主が、差別的取扱いの禁止（障雇34・35条）、又は、合理的配慮の提供（障雇36条の2〜36条の4）に違反した場合の法的効果を特に規定していない。

しかし、同規定は強行規定であり、使用者の信義則（民1条2項、労契3条4項）上の義務の内容にもなる*95と解されるから、債務不履行又は不法行為に基づく損害賠償請求が可能であり、また、法律行為であれば、無効を前提とした法的救済を求めることができるであろう。

(4) 障害者雇用率制度

障雇法は、障害者の雇用の促進のために、①国、地方公共団体及び事業主に対し、一定比率の身体障害者・知的障害者・精神障害者の雇用を義務づける障害者雇用率制度を定め（障雇37条〜48条）*96、②未達成企業（常時雇用100人を超える企業）からは障害者雇用納付金*97を徴収し（障雇53条〜56条）、③逆に、雇用率を超えて障害者を雇用している企業（常時雇用100人を超える企業）には、障害者雇用調整金*98を支給し（障雇49条〜52条）、④100人以下の企業でも、常用労働者の4％以上又は6人を超える障害者を雇用している場合は、報奨金*99を支給することとしている（障雇附則4条）。

---

*94 「合理的配慮指針」第5。
*95 阪神バス（仮処分）事件・神戸地尼崎支決平24・4・9労判1054号38頁／判タ1380号110頁は、改正障雇法施行前の事案であるが、事業主が障害者に対し必要な勤務配慮を合理的理由なく行わないことは憲法14条の趣旨に反し公序良俗（民90条）ないし信義則（民1条2項）に反する場合があり得ると判示し、当該事案で公序良俗ないし信義則違反を認めた（同（本訴）事件・神戸地尼崎支判平26・4・22労判1096号44頁はこの点はふれていない）。
*96 2013（平25）年4月1日以降の障害者雇用率は、国・地方公共団体、特殊法人は、100分の2.3、都道府県等の教育委員会は、100分の2.2、一般事業主（常用労働者50人以上）は100分の2.0である（障雇令2条、10条の2、9条）。2018（平30）年以降、及び、2023（平35）年以降は、それぞれ新たな算定基準により雇用率が設定される。
*97 月5万円×未達成人数、ただし、200人超300人以下の企業は2017年6月まで、100人超200人以下の企業は2020年3月までは月4万円。
*98 月2万7千円×超えている人数。
*99 月2万1千円×超えている人数。

## 5　年齢

年齢[100]を理由とする差別的取扱い[101]を禁止する包括的な規定は存在しない[102]。

しかし、募集・採用については、「事業主は、労働者がその有する能力を有効に発揮するために必要であると認められるときとして厚生労働省令で定めるときは、労働者の募集及び採用について、厚生労働省令で定めるところにより、その年齢にかかわりなく均等な機会を与えなければならない」と定められ（雇対10条）、以下の場合以外は年齢にかかわりなく均等な機会を付与しなければならないとされている。

すなわち、募集及び採用において年齢による制限を設けることができるのは、①定年年齢を下回ることを条件に、期間の定めのない労働契約の締結を目的として、募集・採用する場合、②労基法等により特定の年齢の労働者の就業が禁止又は制限されている業務に就労させるために当該年齢以外の者を募集・採用する場合、③長期間の継続勤務による職務に必要な能力の開発及び向上を図り、期間の定めのない労働契約の締結を目的として、新規学卒者等を募集・採用するとき、④特定職種において特定年齢層の労働者が少ない場合に当該職種の技能・知識を継承するために当該特定年齢層の者を募集・採用する場合、⑤芸能の分野における表現の真実性の確保等のため必要な場合、⑥高年齢者（60歳以上）又は特定の年齢の労働者の雇用促進のために高年齢者等を募集・採用する場合である（雇対則1条の3第1項）。

また、事業主は、労働者の募集及び採用をする場合において、やむを得ない理由により一定の年齢（65歳以下の者に限る）を下回ることを条件とするときは、求職者に対し当該理由を示さなければならない（高年18条の2第1項・高年則6条の5）。

---

[100]　年齢に関連する定年制及び継続雇用制度については、後記第18章「労働契約の終了」第4節参照。
[101]　年齢差別に関する近年の研究書として、柳澤武『雇用における年齢差別の法理』成文堂(2006)、櫻庭涼子『年齢差別禁止の法理』信山社(2008)等。
[102]　車両管理者のうち、満60歳に達しない者と専任嘱託契約社員（全て満60歳以上）の賃金格差につき、当該事案では、社会通念上相当と認められる程度を逸脱した不合理な差別で不法行為の権利侵害とはいえないと判断した裁判例として、L社事件・東京地判平28・8・25労判1144号25頁。

# 第2編　労働基準

## 第9章　労働者と使用者の権利義務

　労働契約は、労働者の使用者に対する労働と使用者の労働者に対する報酬（賃金）の支払が対価関係にある、有償双務契約である。

　したがって、その内容として、労働者の労働義務（→1）、及び、使用者の賃金支払義務（→3）が含まれるが、労働者は労働以外の義務も負い（→2）、使用者は賃金支払以外の義務も負う（→4）[*1]。

　また、労働者と使用者との間の権利義務としては、特許法・著作権法に基づく職務発明・著作に関するものもある（→5）。

### 1　労働者の労働義務

　(1)　労働義務の内容

　労働者の労働義務は、債務の本旨に従って労働する義務である。

　労働義務の内容は、具体的には、①労務の内容（職種、職務内容[*2]、労務の履行方法、服装等）、②労務の量（総労働時間、出来高等）と配分方法（労働日・始業終業時間、休憩・休日・休暇）、③労務の履行場所（勤務場所）、④労働環境（施設設備、安

---

*1　契約上の義務は、中心的な債務を給付義務、中心的な債務の履行に付随して生じる義務を付随義務と呼ぶこともあると説明されるが（例えば、内田貴『民法Ⅲ〔第3版〕』〈東大出版会、2005年〉14頁）、労働契約上の労働者の義務を「給付義務」と「付随義務」に明確に区別することは困難で区別の実益に乏しく、他方、使用者の賃金支払義務以外の義務の多く（安全配慮義務、職場環境調整義務等）は賃金支払義務の履行に付随して生じる義務ではなく賃金支払義務とは別個の独立した義務である。また、労働契約上の義務は全て、その法的根拠として合意、労働協約、就業規則、法令（信義則を含む）がありえ、ある義務の根拠は合意である義務の根拠は信義則と区分できるわけではないから、信義則上の義務を信義則上の義務という以上に「付随義務」という必要はない。したがって、本稿では特に「付随義務」という概念は用いない。

*2　電電公社（当時）の海底線布設船の朝鮮海峡における布設作業のための出航は、米海軍艦艇の護衛が付され安全措置が講じられたにせよ、実弾射撃演習に遭遇する可能性もあり、海底線布設船の乗組員の本来予想すべき海上作業に伴う危険の類いではなく、乗組員の意に反して強制できないとする最高裁判決として、電電公社千代田丸事件・最三小判昭43・12・24民集22巻13号3050頁／労判74号48頁。

全衛生等)、⑤労務供給の相手方(労働契約の当事者か派遣先か)、⑤労働義務の内容の変更(配転・出向・所定時間外・所定休日労働等)の可否及びその範囲等について、法令(一般条項を含む)、労働協約、就業規則等に抵触しない範囲で、労働契約に基づき画定される。したがって、労働契約を締結することのみによって、使用者が労働者の労働義務の履行に関する権利(「労務指揮権」「指揮命令権」等)を当然に取得するわけではない。

(2) 法規制と論点

労働義務に関しては、①労基法が、労務の内容について、年少者・母性保護のために一定の就業制限等を定め[*3]、②労基法及び育介法が、労働時間と自由時間(休憩・休日・休暇)について、労働者の健康と安全、児童・年少者・母性保護、及び、労働生活と妊娠・出産・家族的責任の両立の観点から、規制を行い[*4]、③安衛法、じん肺法等が、労働者の安全衛生と快適な職場環境のために、規制を行っている[*5]。

労働者の労働義務に関しては、これらの法規制に関わる論点の他、①職務専念義務の内容(→(3))、②債務の本旨に従った履行の提供の有無(→(4))、③労働者の損害賠償責任(→(5))、④就労請求権(使用者の労務受領義務)の有無等が論点となる。

(3) 職務専念義務の内容

職務専念義務の内容は、就業時間内の団結活動の正当性判断[*6]等にあたり問題となるところ、「職務専念義務」を「その身体的精神的活動を職務の遂行にのみ集中しなければならない義務」と解する判例・裁判例も存在する[*7]。

しかし、労働者は人間であり、労働時間中その身体的精神的活動力の全てを職務にのみ完全に傾注させることは不可能であり、また、労働義務の内容は、憲法13条の人格権保障の趣旨に照らし、公序又は信義則により限定される。

---

*3 後記第13章「労働と生活の調和」第1節4、第2節1・3(1)。
*4 後記第11章「労働時間と自由時間」、第13章「労働と生活の調和」。
*5 後記第12章「労働安全衛生と職場環境」。
*6 後記第24章「団結活動と争議行為」第3節5(2)エ。
*7 公務労働者につき、目黒電報電話局事件・最三小判昭52・12・13民集31巻7号974頁、国鉄鹿児島自動車営業所事件・鹿児島地判昭63・6・27労民39巻2=3号216頁、同事件・福岡高宮崎支判平元・9・18労民40巻4=5号505頁(最二小判平5・6・11労判632号10頁もこの点は維持)、民間部門の労働者につき、東京労委〈JR東海〈新幹線支部〉〉事件・東京高判平9・10・30労判728号49頁(最二小判平10・7・17労判744号15頁も維持)、神奈川労委〈JR東日本〈神奈川・国労バッジ〉〉事件・東京高判平11・2・24・労判763号34頁。東京労委〈大成観光〈ホテルオークラ〉〉事件・最三小判昭57・4・13民集36巻4号659頁もリボン闘争は就業時間中の組合活動で組合の正当な行為に当たらないとした原審の判断を是認(特に理由は述べず)。

それゆえ、就業時間内の団結活動(服装闘争等)は、労働義務の履行としてなすべき身体的精神的活動と矛盾せず、かつ、業務に支障を及ぼすおそれのない場合は、労働義務に違反せず正当な団結活動であり[*8][*9]、労働義務違反かどうかは、使用者の業務の内容、当該労働者の職務の性質・内容、当該行動の態様など諸般の事情を勘案して判断される[*10]。

　また、服装等を必要かつ合理的な範囲を超えて禁止する就業規則の規定は、労働者の団結権(団結活動として行われる場合)又は人格権侵害となる場合があり、その場合は公序及び信義則違反で労働契約の内容とならず(労契13条)、同内容の労働契約は、公序及び信義則違反で無効と解される。

　(4) 債務の本旨に従った履行の提供の有無

　債務の本旨に従った労務提供の有無は、使用者が労務受領を拒否した場合の賃金請求権の有無の前提[*11]として問題となり、病気等で休職していた労働者が従来とは別の業務内容での復職を申し出た場合も問題となるが、信義則に則して判断されるべきであろう。

　具体的には、第一に、労働契約上職種や業務内容が特定されていない場合、①当該労働者を現実的に配置可能な他の業務があり、かつ、②当該労働者がその労務提供を申し出ているならば、債務の本旨に従った履行の提供があり[*12]、第二に、職種が特定されている場合も、①同じ職種で当該労働者を現実に配置可能な負担の少ない業務があり、かつ、②当該労働者がその労務提供を申し出ているならば、債務の本旨に従った履行の提供があると解される[*13]。

　これに対して、第三に、労働契約上職種や業務内容が特定され、かつ、労働者が当該職種や業務に全く従事できない場合は、債務の本旨に従った履行の提供はない。しかし、使用者は、労働者の雇用と賃金保障に配慮する信義則上の義務を負うと解されるから、①当該労働者を現実に配置可能な他の業務があり、かつ、②労働者が当該業務への配置転換を申し出ているとき(契約内容変更の申込み)は、これを承諾する信義則上の義務を負い、使用者が承諾と労務受領を

---

*8　菅野・労働法(2017)924・926-927頁、西谷・労組法(2012)254-255頁等。
*9　JR東日本(本荘保線区)事件・仙台高秋田支判平4・12・25労判690号13頁(組合マーク入りベルト着用〈第二小判平8・2・23労判690号12頁も維持〉)、神奈川労委(JR東日本〈神奈川・国労バッジ〉)事件・横浜地判平9・8・7判タ957号114頁(組合バッジ着用)。
*10　東京労委(大成観光〈ホテルオークラ〉)事件・最三小判昭57・4・13民集36巻4号659頁における伊藤正己裁判官の補足意見。
*11　後記第10章「賃金」第3節1 (3)。
*12　片山組事件・最一小判平10・4・9集民188号1頁/労判736号15頁。独立行政法人N事件・東京地判平16・3・26労判876号56頁も同旨(当該事案では否定)。
*13　カントラ事件・大阪高判平14・6・19労判839号47頁。

拒否した場合は、労働者は信義則違反に基づき損害賠償を請求できると解すべきであろう*14。

(5) 労働者の損害賠償責任

労働者は使用者に対し、債務不履行(民415条)又は不法行為(民709・710条)に基づく損害賠償責任*15を負う場合があり、労働者が第三者に与えた損害につき使用者が使用者責任(民715条1項)に基づく賠償を当該第三者に行ったときには、使用者から労働者に対する求償権行使(民715条3項)も認められる。

しかし、労働者は人間であるから、労務の履行に伴いその過失による一定の損害発生は軽微なものも含めれば不可避である(事務職員のコピーミス、飲食店員の食器の破損等)。また、使用者が事業者であれば、労働者は使用者の指示に従って事業のために労務を履行し、使用者は事業により経済的利益を得ているのであるから、事業に伴う危険(損害の発生)も使用者が負担すべきである*16。

判例*17は、使用者は、その事業の執行につきなされた労働者の加害行為により、損害を被った場合は、①事業の性格、規模、施設の状況、②労働者の業務の内容、労働条件、勤務態度、加害行為の態様、③加害行為の予防又は損失の分散についての使用者の配慮の程度、④その他諸般の事情に照らし、損害の公平な分担という見地から信義則上相当と認められる限度において、労働者に対し損害の賠償又は求償の請求をすることができるとしている。

裁判例でも、諸般の事情を考慮して労働者の損害賠償責任を軽減しており、具体的には、労働者の重過失までは認められない事案では、諸般の事情を考慮して、使用者による損害賠償請求や求償請求が棄却され又は賠償額が大幅に減額されている*18。また、重過失が認められる事案でも、諸般の事情を考慮して、

---

*14 神奈川都市交通事件・最一小判平20・1・24労判953号5頁は、タクシー乗務員として採用された労働者からの事務職としての就労申し入れの拒否は使用者の責に帰すべき事由による休業(労基26条)ではないと判断したが、配置可能なポストがあれば信義則違反による損害賠償を請求できると解すべきであろう。
*15 近年の研究書として、細谷越史『労働者の損害賠償責任』成文堂(2014)等。また、争点(2014)42-43頁(細谷越史)及び同引用参考文献等も参照。
*16 エーディーディー事件・京都地判平23・10・31労判1041号49頁/判タ1373号173頁。
*17 茨城石炭商事事件・最一小判昭51・7・8集民30巻7号689頁/判時827号52頁。
*18 K興業事件・大阪高判平13・4・11労判825号79頁/判時1770号101頁(トラックを側壁に衝突させ車両を損傷、損害賠償額は信義則上損害額の5%であるところ、すでに当該額は賠償済)、M運輸事件・福岡高那覇支判平13・12・6労判825号72頁(クレーンのブームを歩道橋に衝突、損害額の約4分の1は賠償済)、つばさ証券事件・東京高判平14・5・23労判834号56頁/判タ1101号174頁(証券会社外務員のワラント取引における注意義務違反、使用者が顧客に損害賠償)、エーディーディー事件・京都地判平23・10・31労判1041号49頁/判タ1373号173頁(売上減少等は本来使用者が負担すべきリスクと判示)。

労働者の損害賠償責任は4分の1や2分の1に軽減されている[*19]。

「請求しうる額」を信義則（労契3条4項、民1条2項）により限定するという判例法理を否定するものではないが、「債務の本旨に従った履行」（民415条）の有無、及び、不法行為法上の注意義務は信義則により判断されるところ、労務の履行については、労働者の不注意と損害の発生があっても、社会通念上相当な範囲であれば、「債務の本旨に従った履行」があり、又は、注意義務違反がなかったと判断すべき（したがって、損害賠償責任は負わない）であろう。

また、労働者が労務の履行により得る利益（賃金）に比較して債務不履行等により発生しうる損害が巨額となる可能性が大きいこと等に鑑みれば、使用者は、自動車事故や窃盗など、損害の発生につき予見可能性がありかつ結果回避・損害額軽減の可能性（長時間労働の抑制や保険の利用等）があるにもかかわらず当該措置をとらなかった場合は、それにより発生しないし拡大した損害については、信義則上損害賠償請求権を行使できないと解すべきであろう。

(6) 就労請求権

労働者は労働義務を負うが、労働する「権利」すなわち「就労請求権」[*20]を有し、使用者は「労務受領義務」を負うであろうか。

この点につき、学説上は肯定説と否定説があり、裁判例は、1) 労働契約においては、労働者の労働義務と使用者の賃金支払義務が基本的な法律関係であるので、①労働者の就労請求権につき労働契約等に特別の定めがある場合、又は、②業務の性質上労働者が労務の提供につき特別の合理的な利益を有する場合を除き、労働者は就労請求権を有しないとするもの[*21]、逆に、2) 労働者が就労を望んでいない等の特別の事情がある場合を除き、使用者は信義則に基づき

---

[*19] 茨城石炭商事事件・最一小判昭51・7・8民集30巻7号689頁／判時827号52頁（タンクローリー運転中の追突事故に関わる損害につき、賠償額を損害額の4分の1に限定）、大隅鉄工所事件・名古屋地判昭62・7・27労民38集3=4号395頁／労判505号66頁（深夜労働中に居眠りをして高額の機械を破損したことにつき、賠償額を損害額の4分の1に限定）、丸山宝飾事件・東京地判平6・9・7判時1541号104頁（貴金属宝石の入った鞄を窃取された営業員の賠償額を損害額の2分の1に限定）、N興業事件・東京地判平15・10・29労判867号46頁／判タ1146号247頁（請求書未提出による債権回収不能の賠償額を損害額の4分の1に限定）、株式会社G事件・東京地判平15・12・12労判870号42頁（自動車販売店長が代金なしに車を引き渡したことにつき、賠償額を損害額の2分の1に限定）、T事件・東京地判平17・7・12労判899号47頁（会社の貸付基準に反する貸付による未回収金の発生につき、賠償額を損害額の1割に限定）。

[*20] 労働法の争点（新）40-41頁（新屋敷恵美子執筆部分）及び同引用の参考文献等参照。

[*21] 読売新聞社事件・東京高決昭33・8・2民9巻5号831頁／判タ83号74頁（特別の合理的利益の存在を認めず、就労請求権を否定）、レストランスイス事件・名古屋地判昭45・9・7労判110号42頁（調理人について、労務の提供につき特別の合理的利益を肯定し、就労妨害禁止の仮処分命令申請を認容）。

労務受領義務を負い、労働者は就労請求権を有するとするもの[*22]がある。

しかし、就労請求権と労務受領義務の有無は、当該労働契約の解釈の問題と解すべきであり、労務の履行について当該労働者が有する利益(労働能力・技術の維持、人格的利益等)、労務の内容、労働者と使用者の具体的労働関係等、諸般の事情に照らし、信義則に則して解釈されるべきである。

したがって、労働契約等に特別の定めがある場合のみならず、当該労働契約の合理的解釈として、労働者の就労請求権が肯定される場合もあり、業務の性質上労働者が労務の提供について特別の合理的利益を有する場合は就労請求権が肯定される可能性が高いであろうが、それに限られない。

就労請求権(労務受領義務)が肯定される場合、使用者の労務受領拒否は、過去については債務不履行として損害賠償責任を負い、将来については労働者は履行請求(就労妨害禁止等)を求めることができる[*23]。また、当該就労妨害ないし就労禁止の措置は不法行為として損害賠償義務を負う場合もあろう[*24]。

## 2 労働者の労働以外の義務

労働者の労働以外の義務としては(労働義務と密接に関連する場合も多いが)、①企業秩序遵守義務(→(1))、②兼業に関する義務(→(2))、③秘密保持義務(→(3))、④競業避止義務(→(4))、⑤他の労働者の引き抜き(→(5))等が問題となる。

### (1) 企業秩序遵守義務

労働者は、信義則上、一定の企業秩序遵守義務[*25]を負うと解される[*26]が、多くの場合は、労働者の遵守すべき企業秩序は、服務規律として就業規則に定められており、服務規律違反(の一部)は懲戒事由として懲戒処分の対象とされている。

---

[*22] 高北農機事件・津地上野支決昭47・11・10労判165号36頁/判時698号107頁(労働者が就労自体を特に望んでいない等の特別の事情がある場合を除き、使用者には信義則に基づく労務受領義務があるとの理由で就労請求権を肯定、就労妨害禁止の仮処分命令を発した)。

[*23] レストランスイス事件・名古屋地判昭45・9・7労判110号42頁、高北農機事件・津地上野支決昭47・11・10労判165号36頁/判時698号107頁。

[*24] 秋田経済法科大学事件・仙台高秋田支判平10・9・30判タ1014号220頁。

[*25] 詳細は後記第17章「懲戒処分」第3節1で検討する。その一部は労働義務と重複するであろう。

[*26] ただし、義務違反に対し使用者が当然に懲戒権を有するわけではなく(使用者の義務違反に対し労働者が当然に制裁権を有してないのと同様である)、懲戒権は労働契約上の法的根拠を要する(→後記第17章「懲戒処分」第2節2(2))。

しかし、企業秩序遵守義務の具体的内容、及び、服務規律、懲戒事由は、労働者の労働権保障という観点から、企業秩序維持のために必要かつ合理的な範囲に限定されることが必要であり、企業秩序遵守義務を設定する就業規則の規定は、企業秩序の維持のために必要かつ合理的な内容でなければ、公序又は信義則違反で労働契約の内容とならない(労契13条)。

　(2) 兼業

就業時間外は労働者の自由な時間であるので、就業時間外の兼業を禁止・制限する就業規則の定めは、職業選択又は営業の自由を制限するものである。したがって、就業規則の「兼業禁止・制限」規定は、兼業により労務の履行が不能又は不完全となったり企業秘密が漏洩するなど、合理的な理由がある場合でなければ、公序又は信義則に反し労働契約の内容とならず(労契13条)、同内容の合意は無効である。

これに対し、使用者が、労働者の兼業による労務提供上の支障や企業秩序への影響を事前に判断することには合理性があるから、労働者に事前に兼業の許可を申請させ使用者がその許否を判断するという「兼業許可制」を定める就業規則の規定は、労契法等所定の要件を充足すれば契約内容となる[*27]。ただし、兼業の許否は、兼業を制限する趣旨に従って判断されるべきであるので、使用者は、兼業を制限する合理的な理由がない場合は兼業を許可する信義則上の義務を負い、同義務違反については損害賠償責任を負う[*28]。

　(3) 秘密保持義務

秘密保持義務(守秘義務とも言われる)[*29]は、使用者の事業上の秘密やノウハウ等をその承諾なく使用又は開示してはならない義務である。

　　ア　有無と内容

第一に、労働契約存続中については、労働者の秘密保持義務を設定する就業規則の規定は、少なくともその内容が必要かつ合理的である限りにおいて、公序又は信義則に違反するものではなく、労契法等所定の要件を充足すれば労働契約の内容となり、合意は、その内容が必要かつ合理的な範囲であれば、公序違反ではなく有効である。

---

　*27　小川建設事件・東京地決昭57・11・19労民33巻6号1028頁/労判397号30頁、マンナ運輸事件・京都地判平24・7・13労判1058号21頁参照。

　*28　マンナ運輸事件・京都地判平24・7・13労判1058号21頁参照(使用者の兼業不許可の一部を単なる許可義務違反を超えた不法行為・不当労働行為として、慰謝料請求を認容)。

　*29　争点(2014)68-69頁(竹地潔)・252-253頁(土田道夫)及び同引用の参考文献等参照。

また、特に定めがなくても、労働者は、信義則上の義務として、必要かつ合理的な範囲においては、使用者の事業上の秘密保持義務を負う。
　これに対して、第二に、労働契約終了後については、使用者にとって事業秘密が重要な価値を有し、労働契約終了後も一定の範囲で秘密保持義務を存続させることが労働契約の成立と維持に不可欠の前提である場合もあろうが、秘密保持義務は労働者の職業選択又は営業の自由を制限することになる。したがって、労働契約終了後の労働者の秘密保持義務を設定する就業規則の規定又は合意は、その秘密の性質・範囲、価値、労働者の退職前の地位等に照らし、その内容の合理性が認められなければ、公序又は信義則に反し、就業規則の規定は契約内容とはならず(労契13条)、合意は無効である[*30]。
　他方、就業規則の規定や合意がない場合でも、一定の秘密保持義務は信義則上の義務として残存するであろうし、同義務違反は不法行為に該当する場合もあろう。
　　イ　効果
　労働契約上(信義則も含まれる)の秘密保持義務違反、又は、不法行為については、使用者は、労働契約の存続中は、懲戒処分又は解雇が有効となる要件を充足すれば当該労働者を懲戒処分又は解雇の対象となしうる[*31]。また、労働契約の存続中又は終了後のいずれも、当該労働者に対する債務不履行や不法行為に基づく損害賠償請求[*32]、又は、秘密保持義務違反行為の差止めが可能である。
　また、不正競争防止法[*33]は、労働者が事業者から示された事業者の保有する「営業秘密」を不正の競業その他の不正の利益を得る目的で、又はその保有者に損害を加える目的で、使用ないし開示する行為は、営業秘密(秘密として管理されている生産方法、販売方法、その他の事業活動に有用な技術上又は営業上の情報で公然と知られていないもの：2条6項)[*34]に関する不正行為の一類型(2条1項7号)である

---

[*30]　ダイオーズサービシーズ事件・東京地判平14・8・30労判838号32頁参照(当該誓約書に基づく合意は合理性があり有効と判断)。
[*31]　後記第17章「懲戒処分」、第18章「労働契約の終了」第2節・第3節第1款。
[*32]　エム・シー・エル事件・東京地判昭62・3・10判時1265号103頁/判タ650号203頁(退職した従業員が誓約書に反し企業の技術を漏洩したことを債務不履行としてその損害賠償責任を肯定)。
[*33]　不正競争防止法に基づく秘密保持義務(守秘義務)については、土田・契約法(2016)118-123頁等参照。
[*34]　薬局経営者が元従業員が当該薬局で使用していた薬品リストを使用して別の薬局を開設したと主張し営業の差し止めと薬品リストの廃棄を求めた事案において、当該薬品リストは不正競争防止法2条6項の営業秘密に該当しないと判断した裁判例として、わかば事件・東京地判平17・2・25判時1897号98頁/判タ1195号258頁。

とし、使用者による侵害の停止又は予防の請求（差止め）（3条1項）、損害賠償請求（4条）、侵害行為を組成した物の廃棄、侵害行為に供した設備の除却その他侵害の停止又は予防に必要な行為の請求（3条2項）、信用回復の措置（14条）等の救済を求めることができると定めている。したがって、同法に基づく損害賠償請求又は差止めも可能である。

(4) 競業避止義務

「競業」とは、同業他社への就職、同業他社の開業、競業会社への協力等であり、「競業避止義務」[*35]は競業行為をしない義務である。

　　　ア　有無と内容

第一に、労働契約の存続中については、労働者の競業避止義務を設定する、就業規則の規定は、少なくともその内容が必要かつ合理的である限りにおいて、公序又は信義則違反ではなく、労契法等所定の要件を充足すれば労働契約の内容となり、合意は、その内容が必要かつ合理的な範囲であれば、公序違反ではなく有効である。また、労働者は、特に定めがなくても、信義則上の義務として、必要かつ合理的な範囲においては、使用者の利益に反する競業行為を差し控える義務を負うと解される[*36]。

これに対して、第二に、労働契約終了後については、競業避止義務は、使用者の営業の秘密を保護するために必要な場合もあろうが、労働者の職業選択又は営業の自由を制限しうる。したがって、退職後の競業を制限する就業規則の規定[*37]又は合意[*38]は、1) 競業制限の期間、活動の範囲等が明確であり、かつ、2) ①その制限の必要性（使用者の企業秘密等保護のための必要性、当該労働者の地位・立場・職務内容）、②制限の範囲（制限の期間、場所的範囲、制限の対象となる職種や行

---

[*35] 争点（2014）66-67頁（石橋洋）・252-253頁（土田道夫）及び同引用の参考文献等参照。

[*36] 協立物産事件・東京地判平11・5・28判時1727号108頁、ジャクバコーポレーション事件・大阪地判平12・9・22労判794号37頁。在職中に同種事業の新会社設立を計画し従業員の勧誘や会社設立を積極的に行った支社次長の誠実義務違反を理由とする損害賠償責任を肯定した裁判例として、日本コンベンションサービス事件・大阪高判平10・5・29労判745号42頁。

[*37] 競業避止義務を新設する就業規則の不利益変更効を肯定した裁判例として、東京リーガルマインド事件・東京地決平7・10・16労判690号75頁/判時1556号83頁、否定した裁判例として、東京貨物社事件・東京地判平12・12・18労判807号32頁。

[*38] 退職の意思表明後提出を求められる競業避止義務を定める誓約書は任意のものであるか疑問であり内容も合理性がないとして効力を否定した裁判例として、ジャクバコーポレーション事件・大阪地判平12・9・22労判794号37頁、労働者の職業選択の自由を制限する合意の成立は慎重に判断する必要があるとして、制限される再就職先の範囲が不明確である等を理由に合意の成立を否定した裁判例として、A特許事務所事件・大阪高決平18・10・5労判927号23頁。

為の範囲)、③労働者の被る不利益(転職、再就職、起業の不自由)、④代償措置の有無と内容(補償金等)、その他の事情(独占の虞れや一般消費者の利害等の社会的利害)に照らし、必要かつ合理的な範囲でなければ、公序(民90条)又は信義則に反し、就業規則の規定は労働契約の内容とならず(労契13条)、かかる合意は無効である*39。

　他方、特に定めがなくても、一定の競業避止義務は信義則上の義務として残存する*40。

　また、退職後の競業行為は、社会通念上自由競争の範囲を逸脱したものでなければ不法行為ではない*41が、著しく社会的相当性を欠く手段、態様において行われた場合等は、不法行為に該当する*42。

　　イ　効果

　労働契約上(信義則も含まれる)の競業避止義務違反、又は、不法行為については、労働契約の存続中は、懲戒処分又は解雇が有効となる要件を充足すれば懲

---

*39　フォセコ・ジャパン・リミテッド事件・奈良地判昭45・10・23判時624号78頁(当該合意は公序に反せず有効)、東京リーガルマインド事件・東京地決平7・10・16労判690号75頁/判時1556号83頁(当該合意は原告の一人については公序に反し無効、一人については有効)、キヨウシステム事件・大阪地判平12・6・19労判791号8頁(当該合意は必要性もなく代償措置もなく公序に反し無効)、東京貨物社事件・東京地判平12・12・18労判807号32頁(当該合意は競業避止義務を課すことに対する代償措置が全くなく公序に反し無効)、ダイオーズサービシーズ事件・東京地判平14・8・30労判838号32頁(当該合意は公序に反せず有効)、新日本科学事件・大阪地判平15・1・22労判846号39頁(当該合意は公序に反し無効)、ヤマダ電機事件・東京地判平19・4・24労判942号39頁(当該合意は公序に反せず有効)参照。

*40　信義則違反を肯定する裁判例として、チエスコム秘書センター事件・東京地判平5・1・28労判651号161頁/判時1469号93頁(特約がなくても、退職後、労働契約継続中に獲得した取引の相手方に関する知識を利用して使用者が取引継続中のものに働きかけをすることは労働契約上の債務不履行であると判示し、損害賠償義務を肯定)。

*41　三佳テック事件・最一小判平22・3・25民集64巻2号562頁/労判1005号5頁(労働者が、金属工作機械部分品の製造業を営む旧使用者を退職後、同種の事業を営む別会社を設立し旧使用者の取引先から継続的に仕事を受注した行為は、旧使用者の営業担当であったことに基づく人間関係等を利用し、当該取引先に対する売上高が別会社の売上高の8〜9割を占め旧使用者の当該取引先からの受注額を減少させるものであっても、①旧使用者の営業秘密に係る情報を用いたりその信用をおとしめたりするなどの不当な方法で営業活動を行ったものではなく、②旧使用者と当該取引先との自由な取引が阻害された事情はうかがわれず、退職直後に旧使用者の営業が弱体化した状況を殊更利用したともいえないという事情の下では、社会通念上自由競争の範囲を逸脱するものではなく、不法行為ではないと判示し、信義則違反にも該当しないとした)。

*42　ジャクバコーポレーション事件・大阪地判平12・9・22労判794号37頁(旧使用者と競合する幼稚園の体育指導等を行う事業の設立、旧使用者の従業員に対する転職の勧誘、旧使用者と解約した幼稚園への契約締結の働きかけは不法行為に該当しないと判断)。

戒処分又は解雇の対象となしうる*43。

また、労働契約の存続中又は終了後のいずれでも、債務不履行責任に基づく損害賠償請求*44や不法行為に基づく損害賠償請求、差止めが可能である*45。

ただし、競業行為の差止めは、直接職業選択の自由を制限するものであるから、当該行為により使用者が営業上の利益を現実に侵害され、又は侵害される具体的おそれのある場合に限り請求することができ、単なる事実上の不利益が生じるにとどまる場合には請求できない*46。

(4) 他の労働者の引き抜き

労働者は、信義則上の義務として、使用者の正当な利益を不当に侵害してはならない義務を負うと解されるので、そのように配慮することなく、使用者に内密に移籍の計画を立て、一斉、かつ、大量にその労働者を引き抜く等、その引き抜き行為が単なる転職の勧誘の域を越え、極めて背信的方法で行われ、社会的相当性を逸脱した場合は、信義則上の義務に違反したものとして、債務不履行又は不法行為に基づく損害賠償義務を負う*47。社会的相当性を逸脱しているかどうかは、引き抜かれた労働者の当該会社における地位や引き抜かれた人

---

*43　後記第17章「懲戒処分」、第18章「労働契約の終了」第2節・第3節第1款。

*44　エム・シー・エル事件・東京地判昭62・3・10判時1265号103頁/判タ650号203頁(退職後誓約書に反し企業の技術を漏洩したことを債務不履行として損害賠償責任を肯定)、東京学習協力会事件・東京地判平2・4・17労判581号70頁/判時1369号112頁(学年度途中で他の従業員とともに学習塾を退職し、その近くに学習塾を開校し、生徒の多くを入会させたことを就業規則上の競業避止義務違反として損害賠償責任を肯定)、協立物産事件・東京地判平11・5・28判時1727号108頁(在職中の別会社設立・競業事業開始を債務不履行として損害賠償責任肯定)、ダイオーズサービシーズ事件・東京地判平14・8・30労判838号32頁(退職後誓約書に反し同業の事業を起こし退職した企業の顧客に営業活動を行ったことを債務不履行として損害賠償責任を肯定)、エープライ事件・東京地判平15・4・25労判853号22頁(在職中、自己又は競業会社の利益を図る目的で、競業会社に情報提供したり競業会社を顧客に紹介した行為等が不法行為又は債務不履行に該当するとして損害賠償責任を肯定)。

*45　退職後の同業他社就職や競業避止義務違反の場合の退職金の減額・不支給条項の効力については、後記第10章「賃金」第3節2(2)参照。

*46　東京リーガルマインド事件・東京地決平7・10・16労判690号75頁/判時1556号83頁(差止め請求却下)。差止めの肯定例として、新大阪貿易事件・大阪地判平3・10・15労判596号21頁(労働者が退職後旧使用者が顧客情報を利用できないようにして旧使用者の顧客を奪う競業行為の差止め認容)、エックスヴィン事件・大阪地判平22・1・25労判1012号74頁/判時2080号46頁(弁当宅配に関するフランチャイズ契約に基づく同契約終了後の同種営業の差止めと損害賠償請求認容)。

*47　メディア・トレイディング・カンパニー事件・東京地判平3・2・25労判588号74頁/判時1399号69頁(英語教材販売会社の幹部従業員でセールスマンを大量に引き抜いた労働者の損害賠償責任、及び、当該労働者を使って引き抜きを行った同業会社の不法行為〈引き抜かれた会社と労働者との間の労働契約上の債権侵害〉に基づく損害賠償責任を肯定)。

数、引抜きが会社に及ぼした影響、引抜きの際の勧誘の方法・態様等に照らして判断される[*48]。

また、労働者が退職後当該会社の労働者の引き抜き行為をする場合も、その引き抜き行為が社会的相当性を著しく欠くような方法・態様で行われた場合は、当該会社に対して不法行為責任を負う[*49]。

### 3 使用者の報酬（賃金）支払義務

(1) 賃金支払義務の内容

使用者は、労働者の労務に対し報酬（賃金）支払義務を負う。これに対応して、労働者は賃金請求権を有する。

使用者の賃金支払義務の内容は、具体的には、①賃金の構成要素（賃金・手当・賞与・退職金等）、②賃金額の決定・計算・支払方法、③賃金の締切・支払の時期、④賃金額と決定方法等の変更（昇格・昇給、降格・降給等）の有無と方法等について、法令、労働協約、就業規則等に抵触しない範囲で、労働契約によって決定される[*50]。

また、賃金支払義務以外にも、様々な福利厚生（社宅・寮の貸与、食堂や会社施設の利用、貸付等）に関する義務を負う場合もある。

(2) 法規制と論点

賃金については、労働者の生活保障という観点から、①最賃法が、賃金の最低額を保障し、②家内労働法が、家内労働者の工賃の最低額を保障し、③労基法が、休業手当の支払、請負制の場合の一定額の賃金保障、賃金の支払方法等を定め、④賃確法が、賃金債権保護のための立替払制度等を定めている。

使用者の賃金支払義務（労働者の賃金請求権）については、これらの法規制に関する論点や賃金請求権の発生要件等が論点となる[*51]。

### 4 使用者の賃金支払以外の義務

使用者は、賃金支払（及び労務受領）以外にも、①労働者の人格権保障に配慮する義務（→(1)）、②平等取扱義務（→(2)）、③労働時間・自由時間に関する義

---

[*48] フレックスジャパン事件・大阪地判平14・9・11労判840号62頁。
[*49] フレックスジャパン事件・大阪地判平14・9・11労判840号62頁（労働者の在職中と退職後の引き抜き行為につき損害賠償責任を肯定）。
[*50] 後記第10章「賃金」、第16章「労働契約内容の設定と変更」。
[*51] 後記第10章「賃金」。

務*52、④労働者の健康・安全に配慮する義務(安全配慮義務)(→(3))、④労働と生活の調和への配慮義務(→(4))等を、法律上、信義則上(労契3条2・3・4項、5条)、又は労働契約上の義務として負う。

また、⑤労働契約の締結、労働契約内容の設定・変更、懲戒処分、労働契約の終了に関する信義則上の義務(労契3条1・2・3・4項、4条)等も負う*53。

(1) 人格権保障に配慮する義務

憲法の人権保障規定を具体化し、労働関係における労働者の人格権を保障するために、労基法、職安法、均等法に関連規定がおかれている*54。これらの義務は、使用者の信義則上の義務でもあると位置づけることができるが、これに加えて、使用者は、労契法3条4項を根拠として、業務命令(労務の履行請求)の内容、労働者の個人情報、労働者の職場環境等につき、労働者の人格権保障に配慮する信義則上の義務を負う。

これらの義務に反する法律行為は無効であり、また、同義務違反につき、使用者は債務不履行又は不法行為に基づく損害賠償義務を負う。

(2) 平等取扱義務

憲法14条1項の定める法の下の平等を労働関係において具体化し、個人の属性(人的理由)による差別的取扱いを禁止するために、労基法、均等法、労組法、障雇法等により、一定の差別禁止事由について不利益な取扱い禁止等が定められ*55、また、労契法、パート法、派遣法により、雇用形態を理由とする一定の不利益な取扱い禁止等が定められており*56、「労働契約内容の均衡」は労働契約の原則として明記されている(労契3条2項)。法律の具体的条文上の義務は、使用者の信義則上の義務でもあると位置づけることができるが、これ以外にも、使用者は、労契法3条2項・4項を根拠として、合理的な理由のない不利益な取扱いをしないよう配慮する信義則上の義務を負うと解される。

これらの義務に反する法律行為は無効であり、また、同義務違反につき、使用者は債務不履行又は不法行為に基づく損害賠償責任を負う。

(3) 労働者の健康と安全に関する配慮義務(安全配慮義務)

労働者の健康と安全保障のために、労基法は、労働時間規制・自由時間保障

---

*52 後記第11章「労働時間と自由時間」。
*53 後記第3編「労働契約」の関連箇所。
*54 前記第7章「自由と人格権保障」。
*55 前記第8章「平等原則」。
*56 後記第20章「非典型労働契約」第1節8、第2節7、第3節6(2)・7(1)。

と年少者・母性保護のための規制を行い*57、安衛法・安衛則等は、労働者の安全衛生と快適な職場環境のための規制を行い*58、また、使用者が労働契約上「安全配慮義務」を負うことが法律上明記されている（労契5条）。

労基法のみならず、安衛法・安衛則等の定める義務は、事業者の国に対する公法上の義務でもあるが、その目的は労働者の安全と健康の確保にあるから、労働契約上の使用者の安全配慮義務の最低基準としてその具体的内容をなすと解すべきである*59。また、当該規定の定めは最低基準であるから、当該規定の遵守のみにより使用者が安全配慮義務を尽くしたということにできない*60。安全配慮義務は、使用者が事業遂行に用いる物的設備ないし物的環境の整備だけでなく、十分な安全衛生教育を行い、職務内容や職場の状況に応じ適正な人員構成ないし人員配置を行う等の人的環境を整備し、労働時間の適正な管理をなし健康診断を実施する等の広範な義務を含むものである*61。

安全配慮義務は、労契法5条に基づく法律上の義務でもあり、賃金支払義務とは別個の独立した義務であること、労務は労働者自身と切り離すことができないところ、労働者の生命や健康は失われた場合取り返しがつかないことに鑑みると、一定の安全配慮義務の履行（職場の安全確保等）が労働義務の発生要件であると信義則上解すべきことから、安全配慮義務違反がある場合、労働者は使用者に対し、①損害が発生した場合に、債務不履行又は不法行為に基づく損害賠償請求ができるのみならず、②労務の履行の前提として安全配慮義務の履行を請求することができると解すべきである*62。また、安全配慮義務違反がある場合、又は、安全配慮義務に反した業務命令が出された場合*63、若しくは、災害発生の急迫した危険がある場合*64、①労働者は労働義務を負わず、債務不履行責任を負わないとともに、②労働者が労務を提供せず履行不能となっても、

---

*57　後記第11章「労働時間と自由時間」、第13章「労働と生活の調和」。
*58　後記第12章「労働安全衛生と職場環境」。
*59　喜楽鉱業事件・大阪地判平16・3・22判時1866号100頁、内外ゴム事件・神戸地判平2・12・27労判596号69頁、ジャムコ立川工場事件・東京地八王子支判平17・3・16労判893号65頁。
*60　日鉄鉱業事件・福岡高判平元・3・31労判541号50頁/判時1311号36頁。
*61　川義事件・最三小判昭59・4・10民集38巻6号557頁等参照。
*62　前注(65)・内外ゴム事件は、被用者も使用者の安全配慮義務の履行義務に対応する安全配慮請求権を有すると判示。
*63　電電公社千代田丸事件・最三小判昭43・12・24民集22巻13号3050頁/労判74号48頁。
*64　第68回国会参議院社会労働委員会会議録第17号（昭47・5・25）7頁で、政府委員（渡邊健二）は、災害の発生が客観的に見て差し迫っているときに、事業者の退避の指示がなくても、労働者が就労を中止し現場から退避できることは条理上当然のことと答弁している。

それが債権者(使用者)の責めに帰すべき事由による場合は、労働者は当該期間の賃金請求権を有し(民536条2項前段)、使用者の責に帰すべき事由による場合は、労働者は当該期間中の休業手当請求権を有する(労基26条)。

(4) 労働と生活の調和への配慮義務

労働者の労働と生活(妊娠・出産、家族的責任)の調和のために、労基法及び育介法は使用者の様々な義務を定めており[*65]、「仕事と生活の調和」は労働契約の原則として明記されている(労契3条3項)。労基法及び育介法上の義務は、使用者の信義則上の義務としても位置づけることができるが、これ以外にも、使用者は、労契法3条3項・4項を根拠として、労働者の労働と生活の調和に配慮する信義則上の義務を負うと解される。

これらの義務に反する法律行為は無効であり、また、同義務違反につき、使用者は債務不履行又は不法行為に基づく損害賠償責任を負う。

## 5　職務発明・著作に関する権利義務

(1) 職務発明

「職務発明」[*66]とは、「従業員等」(従業者、法人の役員、国家公務員又は地方公務員)が、その性質上「使用者等」(使用者、法人、国又は地方公共団体)の業務範囲に属し、かつ、その発明をするに至った行為がその使用者等における従業者等の現在又は過去の職務に属する発明である(特許35条1項)。

従業者等が、その職務発明につき特許を受けたときは、使用者等がその特許権について通常実施権を有する(特許35条1項)。

従業員等がした職務発明については、あらかじめ、使用者等に特許を受ける権利を取得させ、使用者等に特許権を承継させ、又は、使用者等のため仮専用実施権若しくは専用実施権を設定することを定めた契約、勤務規則その他の定めの条項は有効であり(特許35条2項)、契約、勤務規則その他の定めにおいてあらかじめ使用者等に特許を受ける権利を取得させることを定めたときは、特許を受ける権利は、その発生したときから当該使用者等に帰属する(特許35条3項)が、この場合、従業者等は、「相当の利益」(相当の金銭その他経済上の利益)[*67]を

---

[*65]　後記第13章「労働と生活の調和」第2～4節。

[*66]　争点(2014)252-253頁(土田道夫)、土田・契約法(2016)144-152頁及び同引用の参考文献等参照。

[*67]　オリンパス光学工業事件・最三小判平15・4・22民集57巻4号477頁/労判846号5頁(当時は「相当の対価」と定められていたが、従業者は勤務規則等で定められた対価額が「相当の対価」に満たないときは、相当の対価に不足する分を請求することができると判示)。

受ける権利を有する(特許35条4項)*68。

「相当の利益」について、契約、勤務規則その他の定めにおいて定める場合には、相当の利益の内容を決定するための基準の策定に際して使用者等と従業者等との間で行われる協議の状況、策定された当該基準の開示の状況、相当の利益の内容の決定について行われる従業者等からの意見の聴取の状況等を考慮して*69、その定めたところにより対価を支払うことが不合理と認められるものであってはならず(特許35条5項)、相当の利益についての定めがない場合又はその定めたところにより相当の利益を与えることが特許法35条5項の規定により不合理と認められる場合は、特許法35条4項により受けるべき相当の利益の内容は、その発明により使用者等の受けるべき利益の額、その発明に関連して使用者等が行う負担、貢献及び従業者等の処遇その他の事情を考慮して定めなければならないとされている(特許35条7項)。

なお、相当の利益を受ける権利の消滅時効については、勤務規則等に対価の支払時期に関する条項がある場合はその支払時期が起算点となる*70。

(2) 職務著作

法人等(法人その他使用者)の発意に基づきその業務に従事する者*71が職務上作成する著作物(プログラムの著作物を除く)で、その法人等が自己の名義で公表するものの著作者は、その作成時に契約、勤務規則その他に別段の定めがない限り、その法人等である(著作権15条1項)。

また、法人等(法人その他使用者)の発意に基づきその業務に従事する者が職務上作成するプログラムの著作物の著作者は、その作成時に契約、勤務規則その他に別段の定めがない限り、その法人等である(著作権15条2項)。

---

*68 2004(平16)年の改正(平16法79)を経て、2015(平27)年に特許法等の一部を改正する法律(平27法55)により特許法35条2項以下が改正された。
*69 経済産業大臣は、発明を奨励するため、産業構造審議会の意見を聴いて考慮すべき状況等に関する事項についての指針を定め公表するとされ(特許35条6項)、「特許法第35条第6項に基づく発明を奨励するための相当の金銭その他の経済上の利益について定める場合に考慮すべき使用者等と従業者等との間で行われる協議の状況等に関する指針」(平28・4・22経産告131号)が公表されている。
*70 オリンパス光学工業事件・最三小判平15・4・22民集57巻4号477頁/労判846号5頁。
*71 エーシーシープロダクション制作スタジオ事件・最二小判平15・4・11集民209号469頁/労判849号23頁(「法人等の業務に従事する者」に当たるか否かは、法人等の指揮監督のもとで労務を提供しその対価を受けているかどうかを、業務態様、指揮監督の有無、対価の額及び支払方法に関する具体的事情を総合的に考慮して判断すべきと判示、これに該当しないとした原判決を破棄差し戻し)。

# 第10章　賃金

　本章では、最も重要な労働条件の一つである賃金とその法規制に関し、①賃金の定義（→第1節）、②賃金額と決定方法（→第2節）、③賃金請求権と休業手当請求権（→第3節）、④賃金の支払方法（→第4節）、⑤労働債権の確保（→第5節）の順に検討する。

## 第1節　賃金の定義

　賃金の定義としては、①労契法上の賃金、②労基法上の賃金、③平均賃金が重要である。

### 1　労契法上の賃金

　労契法は、労契法上の賃金につき特に定義していないが、労契法6条は、労働契約の成立要件につき、「労働契約は、労働者が使用者に使用されて労働し、使用者がこれに対して賃金を支払うことについて、労働者及び使用者が合意することによって成立する」と定めており、この条文から、「労契法上の賃金」とは、「労働の対価として契約当事者間で合意され使用者により支払われるもの」と定義することができる。
　ただし、労契法は、賃金に関する規制は特に定めていない。

### 2　労基法上の賃金

　これに対して、労基法は、11条において、「労基法上の賃金」とは、「賃金、給料、手当、賞与その他名称の如何を問わず、労働の対償として使用者が労働者に支払うすべてのもの」と定義している。
　「労基法上の賃金」については、その最低額、支払方法、債権確保等につき、規制が行われており[*1]、何が「労基法上の賃金」に該当するかが重要である。
　「労基法上の賃金」は、それに該当するもののみが最賃法の定める最低賃金額以上の賃金が支払われているかどうかの判断の対象となる賃金であることに

---

*1　後記第2節・第4節・第5節参照。

鑑みれば（→後記第2節2）、その範囲は労働者の生活保障の観点から厳格に確定されるべきである。したがって、①「労働の対償」として使用者が「労働契約上支払義務を負うもの」（→(1)）であり、かつ、②「使用者が労働者に」支払うもの（→(2)）と解すべきであり、この点から、賃金以外のものと区別される。

(1) 「労働の対償」として使用者が「労働契約上支払義務を負うもの」

「労基法上の賃金」は「労働の対償」として使用者が「労働契約上支払義務を負うもの」であり、①任意的・恩恵的給付、②福利厚生給付、③企業施設・業務費は「賃金」ではない。

第一に、労働者が使用者から支払われるものは、基本給の他、慶弔禍福の給付、家族手当、通勤手当、退職金[*2]・退職年金、一時金、賞与等、様々であるが、支給基準、支給内容などが予め明確に定められており[*3]、それに従い使用者に労働契約上支払義務のあるものは「賃金」である。それに対し、使用者に支払義務のないものは任意的・恩恵的給付（贈与）であり、賃金ではない。

第二に、家族手当や住宅手当は、福利厚生的な性格も有するが、使用者に労働契約上支払義務のあるものは「賃金」である。それに対して、使用者が労働者の福利厚生のために貸与するもの（資金貸付、住宅貸与）は、労働契約とは別の消費貸借契約等に基づき給付されるものであり、利用を認めるもの（諸施設利用等）は、労働者の所有に帰するものではなく「支払われるもの」ではないから、福利厚生給付であり「賃金」ではない。また、ストック・オプション[*4]は、権利を行使するか否か、また、行使するとして株式購入時期や株式売却時期は、権利付与を受けた労働者の判断に委ねられているので、予め明確に定められた基準に従い使用者が支払義務を負うものではなく、「賃金」ではない[*5]。

---

[*2] 退職金が労基法11条の賃金に該当することを肯定した例として、住友化学事件・最三小判昭43・5・28集民91号133頁/判時519号89頁等。

[*3] 昭22・9・13発基17、新日本製鐵室蘭製鉄所事件・札幌地室蘭支判昭50・3・14労民26巻2号148頁/労判223号13頁（当該賞与は労働協約で明確に支給要件が定められ使用者が任意的恩恵的に支払うものではなく労基法11条の賃金であると判断）、中部日本広告社事件・名古屋高判平2・8・31労民41巻4号656頁/労判569号37頁（広告会社の営業担当者への奨励金の一部は支給条件が明確でなく支給対象者と支給額が代表者の裁量により決定されていたことを理由に賃金に該当しないと判断）。

[*4] 企業の役員や従業員が、一定期間内に、あらかじめ決められた価格で、所属する企業から自社株式を購入できる権利。

[*5] 平9・6・1基発412は「労働の対償」ではないとする。ストック・オプションの権利を行使して得た利益は所得税法上は給与所得と解されている（荒川税務署長＜日本アプライド・ストックオプション＞事件・最三小判平17・1・25民集59巻1号64頁/労判885号5頁）。

第三に、通勤手当・通勤定期券は、労働者に住居選択の自由がありそれに伴い通勤費用が異なる以上、使用者が当然に負担すべき費用とは言えないので、「賃金」である。それに対して、使用者が業務遂行のために負担すべき費用（作業服、作業用品代、出張旅費、社用交際費等）は、「労働の対償」ではなく、企業施設・業務費であり「賃金」ではない。
　（2）　「使用者が労働者に」支払うもの
　「労基法上の賃金」は「使用者が労働者に」支払うものである。
　したがって、第一に、客が労働者に直接支払うチップは「賃金」ではない[*6]。ただし、客が支払うサービス料を使用者がいったん回収した後で労働者に分配することになっており使用者が支払義務を負うものは「賃金」である[*7]。
　第二に、厚生年金基金制度、中小企業退職金共済制度、確定拠出年金制度、確定給付制度などに基づき支払われる退職年金等は、支払義務主体が使用者ではないので「賃金」ではない。
　第三に、労働者が死亡時に遺族に支払われる死亡退職金で遺族が直接請求権を有するものは「賃金」ではない。

## 3　平均賃金

　（1）　意義
　労基法12条は「賃金」とは別に「平均賃金」という概念を定義している。「平均賃金」は、解雇予告手当（労基20条・21条）、休業手当（労基26条）、年次有給休暇手当（労基39条7項）、災害補償（労基76条〜82条）の算定基礎であり、労働者の通常の1日当たりの生活資金を算出するという観点から定義されている。
　（2）　定義
　「平均賃金」とは「算定すべき事由の発生した日（賃金締切日がある場合は直前の賃金締切日）以前3か月間に当該労働者に対し支払われた賃金の総額をその期間の総日数で除したもの」（労基12条1・2項）である。
　ただし、当該期間に、①業務上[*8]の負傷・疾病の療養のための休業（通勤災害の場合は含まない）、②産前産後休業（労基65条1・2項）、③使用者の責に帰すべき事由による休業、④育児休業・介護休業（育介2条1・2号）、⑤試みの使用期間が含まれる場合は、①〜⑤の期間の日数及びその期間中の賃金は、平均賃金の算定期間及び算定基礎となる賃金総額から控除しなければならない（労基12条3項）

---

[*6]　昭23・2・3基発164。
[*7]　菅野・労働法（2017）407頁。
[*8]　後記第14章「労働災害と法的救済」第2節3。

*9。けだし、これらの期間中は賃金が支払われないか又は賃金額が通常の賃金額より低いので、これらの期間と期間中の賃金を平均賃金の算定において考慮すると、平均賃金額が労働者の通常の1日当たりの生活資金より低くなるからである*10。

また、臨時に支払われる賃金、3か月を超える期間毎に支払われる賃金、通貨以外のもので支払われるもの(労基法24条1項但書の規定による令<現行法では存在しない>又は労働協約の定めに基づいて支払われるものを除く)は、平均賃金の算定基礎となる賃金総額に算入しないとされている(労基12条4項・5項、労基則2条)*11。

「平均賃金」については、自己都合の休業が多く賃金総額が少なかった人に配慮し、その最低保障額が定められている。すなわち、平均賃金額は、①賃金額が労働日若しくは労働時間により算定され又は請負制により定められた場合は、賃金総額をその期間中の労働日で除した金額(労働日1日当たりの賃金額)の60%、②賃金の一部が月、週、その他一定の期間によって定められた場合は、その部分の総額をその期間の総日数で除した金額と①で算定された金額の合算額を下回ってはならない(労基12条1項但書)。

## 第2節　賃金額と決定方法

賃金額及び賃金の決定方法については、原則として、労働契約当事者が、労働協約又は就業規則に抵触しない範囲内で自由に約定することができ、賃金の構成要素も多様である。しかし、労働者の生活保障、及び、平等取扱原則*12の観点から一定の法規制*13が行われている*14。

以下では、まず、①賃金の構成要素(→1)の主なものを示し、次に、労働者の生活保障という観点からの規制である、②賃金の最低額の保障(→2)、③家

---

*9　しかし、試用期間中に平均賃金を算定すべき事由が発生した場合には、労基法12条3項の規定にかかわらず、その期間中の日数及びその期間中の賃金は、同条1・2項の期間及び賃金総額に算入する(労基則3条)。
*10　立法政策的には、通勤災害による休業期間、私傷病による休業期間、日給・時給の場合の年末年始・お盆の休日等についても、除外を検討すべきであろう。
*11　立法政策的には、特に賞与は平均賃金の算定基礎に反映させるべきであろう。
*12　前記第8章「平等原則」第2節・第3節、後記第20章「非典型労働契約」第1節8、第2節7、第3節6(2)・7(1)参照。
*13　賃金の支払方法、休業手当等に関する論点、議論等については、浜村彰「労基法上の賃金規制」再生(3)(2017)25-44頁及び同論文引用文献参照。
*14　賃金政策の歴史的展開と特徴、賃金の法原則と法政策等に関する研究として、唐津博「賃金の法政策と法理論」再生(3)(2017)3-24頁及び同論文引用文献等。

内労働者の最低工賃の保障(→3)、④請負制の賃金額保障(→4)を検討する。

なお、法定時間外労働・法定休日労働・深夜労働の場合の割増賃金制度は、後記第11章「労働時間と自由時間」(第3節第2款5)で検討する。

## 1　賃金の構成要素

賃金の構成要素としては、①賃金の支払日毎に支払われる賃金と、②それ以外の賃金の二つに大別することができる。

(1)　賃金の支払日毎に支払われる賃金

賃金の「算定単位」となる期間は、1時間、1日、1週、1月等、自由に決定することができ、いわゆる、「年俸制」のように、労働者に対する賃金の全部又は相当部分を当該労働者の業績等に関する目標達成度の評価により年単位で設定することも可能である。

しかし、労基法上の労働者に対しては、賃金は少なくとも月に1回支払うことが必要である(労基24条)(→後記第4節5)ので、賃金の「支払単位」期間(いつからいつまでの期間についての賃金を支払うか:「締切日」から「締切日」まで)は1月以内、支払日は月に1回以上で設定される。

それゆえ、例えば、賃金の算定単位期間は1時間・1日であるが賃金の支払は月に1回である場合(「時給月給制」「日給月給制」とも呼ばれる)や、年俸制であるが月1回以上賃金の支払日が設定される場合もある。

賃金の支払日毎に支払われる賃金は、さらに、賃金の支払単位期間に、①労働契約上定められた労働(所定労働時間における労働)に対して支払われる「基準(所定内)賃金」と、②予め定められた労働以外の労働(所定労働時間外・所定休日における労働)に対して支払われる賃金「基準外(所定外)賃金」に区別される。

### ア　基準内(所定内)賃金

基準内(所定内)賃金は「基本給」と「諸手当」により構成される場合が多い。

「基本給」の決定方法は、①労働時間に対応して決定される「定額給」として、年齢、学歴、勤務年数等により賃金額が決定される「年功給(属人給)」、職務内容により賃金額が決定される「職務給」、当該企業での職務遂行能力の種別(職能資格)とその中でのランク(級)により賃金額が決定される「職能給」等があり、②成果・売上げや業績等に対応して決定される「出来高給」「請負給」、③「定額給」と「出来高給」「請負給」が組み合わされた「総合給」、④「職務等級制」(企業内の職務を職務価値に応じて等級に分類し、各等級ごとに賃金額の上限・中間・下限額による給与範囲を設定する制度)に基づく賃金等がある。

「諸手当」としては、職務・労働内容に関連するものとして、役職手当、技

能手当、特殊作業手当、交替手当等があり、労働者及び家族の生活保障的性質を有するものとして、家族手当、住宅手当、通勤手当、地域手当、単身赴任手当等がある。

　従来、賃金の引き上げ方法としては、定期昇給[*15]、ベースアップ[*16]等が行われてきた。

　　　イ　基準外(所定外)賃金

　基準外(所定外)賃金としては、所定時間外労働に対する賃金、所定休日労働に対する賃金、それらが深夜に行われた場合の深夜労働に対する賃金等がある。

　(2)　賃金の支払日毎に支払われる賃金以外の賃金

　賃金の支払日毎に支払われる賃金以外の賃金としては、①一時金・賞与、②特別手当、③退職金(退職手当)・退職年金等がある[*17]。金額及び算定方法は、原則として労働契約当事者の合意等により自由に決定することができるが、①の金額の決定方法の典型例としては、基本給にその時々の状況で決まる係数(何か月分)、支給対象期間の出勤率、成績係数等を乗じて算定するもの、③の金額の決定方法の典型例としては、算定基礎賃金に勤続年数別の支給率を乗じて算定するもの等が挙げられる。

## 2　賃金の最低額の保障

　(1)　最賃法

　最低賃金法<最賃法>は、労働条件の改善を図り、もって、労働者の生活の安定、労働力の質的向上、及び、事業の公正競争の確保に資するとともに、国民経済の健全な発展に寄与することを目的として、賃金の低廉な労働者について、賃金の最低額を保障し(最賃1条)、最低賃金制度[*18]を定めている。

　(2)　最賃法の適用対象と定義

　最賃法上の「労働者」、「使用者」、「賃金」は、労基法上の「労働者」(労基9条、同居の親族のみを使用する事業又は事務所に使用される者及び家事使用人を除く)、「使用者」(労基10条)、「賃金」(労基11条)と同じである(最賃2条1～3号)。

---

[*15]　賃金算定方法や算定基準に変更はないが、毎年の基準日時点での年齢や勤続年数等の増加に対応して賃金額が上昇する制度がとられていることにより、基準日を経過する都度、労働者各自の賃金が定期的に上昇すること。
[*16]　賃金算定方法や算定基準を変更し、企業の賃金水準全体の引き上げを行うこと。
[*17]　退職金と賞与に関する論点、現代的課題等については、島村暁代「退職金と賞与」再生(3)(2017)45-64頁及び同論文引用文献等参照。
[*18]　神吉知郁子「最低賃金」再生(3)(2017)87-104頁及び同論文引用文献等参照。

### (3) 最低賃金額の決定方式

最低賃金額は、最低賃金審議会の調査審議に基づき、厚生労働大臣又は都道府県労働局長により、時間によって定められ(最賃3条)、①毎年、1時間当たりの都道府県毎の「地域別最低賃金」が必ず決定され、②1時間当たりの「特定最低賃金」が場合により「地域別最低賃金」に上積みする形で決定される[*19]。

第一に、「地域別最低賃金」(最賃9〜14条)は、毎年10月頃、1時間当たりの都道府県毎の最低賃金(時間給)という形で必ず決定される。具体的には、中央最低賃金審議会が目安額を提示し、これに基づき、都道府県毎に決定される地域別最低賃金を、各都道府県最低賃金審議会が提示し、都道府県労働局長が決定する。この地域別最低賃金は、地域における労働者の生計費及び賃金並びに通常の事業の賃金支払能力を考慮し(最賃9条2項)、労働者の生計費を考慮するに当たっては、労働者が健康で文化的な最低限度の生活を営むことができるよう、生活保護に係る施策との整合性に配慮するものとされている(最賃9条3項)[*20]。

第二に、「特定最低賃金」[*21](最賃15〜19条)は、労働者又は使用者の全部又は一部を代表する者が、厚生労働大臣又は都道府県労働局長に対し、当該労働者若しくは使用者に適用される一定の事業の若しくは職業に係る最低賃金(特定最低賃金)の決定又は当該労働者若しくは使用者に適用されている特定最低賃金の改正若しくは廃止を申し出たときに、厚生労働大臣又は都道府県労働局長が、必要があるときは最低賃金審議会の調査審議を求め、その意見を聴いて、その決定・改正・廃止を決定する。この特定最低賃金の額は、当該特定最低賃金の適用を受ける使用者の事業場が属する地域の地域別最低賃金の額を上回るものでなければならない(最賃16条)[*22]。

派遣労働者には、派遣先事業場の存在する都道府県の地域別最低賃金、及び、派遣先事業場に適用される特定最低賃金が適用される(最賃13条・18条)。

---

[*19] 従来は、労働協約に基づく最低賃金の決定制度が存在したが(最賃旧11条)、同規定は、2007(平19)年の改正により、削除された。

[*20] 2017(平29)年10月現在の各都道府県の地域別最低賃金は、最も高い東京都が時間給958円、神奈川県が時間給956円、大阪府が時間給909円、最も低い高知、宮崎、沖縄等が時間給737円である。地域別最低賃金の全国一覧については、厚生労働省のホームページ(http://www.mhlw.go.jp/stf/seisakunitsuite/bunya/koyou_roudou/roudoukijun/minimumichiran/)参照。

[*21] 2007(平19)年の最賃法一部改正以前は「産業別最低賃金」と呼ばれていた。

[*22] 2007(平19)年の最賃法一部改正施行日に効力を有する、従来の産業別最低賃金制度に基づく小くくり産業別最低賃金は、一定の事業に関する特定最低賃金とみなされて効力を持続する(改正法附則5条)。すなわち、特定最低賃金は、当面は、従来の産業別最低賃金を内容とする。

(4) 最低賃金と実際に支払われる賃金の比較

労働者が、最賃法に基づき定められた最低賃金額以上の賃金を支払われているかどうかは、以下のように判断される。

第一に、最低賃金との比較対象となる賃金は、毎月支払われる基本的な賃金である。具体的には、実際に支払われる賃金から、①臨時に支払われる賃金(結婚手当等)、②1か月を超える期間毎に支払われる賃金(賞与等)、③所定時間外労働、所定休日労働に対して支払われる賃金、④深夜労働に対して支払われる賃金のうち通常の労働時間の賃金の計算額を超える部分(割増部分)、⑤当該最低賃金において算入しないことを定める賃金(通常、精皆勤手当、通勤手当及び家族手当である)を除外したものである(最賃法4条3項、最賃則1条)。

第二に、比較方法は、①時間によって定められている賃金については、実際に支払われる時間給と最低賃金額を比較し、②日、月によって定められている賃金については、それぞれその金額を1日、1週、1月の所定労働時間数(日、週、月によって所定労働時間数が異なる場合は、それぞれ、1週、4週、1年における1日、1週、1月の平均所定労働時間数)で除した所定労働時間1時間当たりの賃金額と最低賃金額を比較し、③出来高制その他の請負制で定められた賃金の場合は、当該賃金算定期間において計算された賃金の総額を総労働時間数で除した労働時間1時間当たりの賃金額と最低賃金額を比較する(最賃則2条)。

(5) 適用対象

最賃法の定める最低賃金は、日本で労働する全ての労働者に適用される。ただし、①精神又は身体の障害により著しく労働能力の低い者、②試みの使用期間中の者、③職業能力開発促進法24条1項に基づく認定職業訓練を受ける者のうち一定の者、④軽易な業務に従事する者及び断続的労働に従事する者については、使用者は、都道府県労働局長の許可を受けたときは、最低賃金の減額特例の適用を受けることができる(最賃7条、最賃則3～5条)。

(6) 私法上の効果

最賃法の私法上の効果として、①使用者は、労働者に対し最低賃金額以上の賃金を支払う義務を負う(最賃4条1項)。そして、②最賃法4条2項は、労働契約に対する強行的・直律的効力を有し、労働契約で最低賃金に達しない賃金を定めるものは、その部分については無効であり、無効となった部分は最低賃金と同様の定をしたものとみなされる(最賃4条2項)。

(7) 罰則

地域別最低賃金違反には罰則がある(最賃40条)。特定最低賃金違反には、船員に係るもの(最賃40条)を除き、罰則規定はない。

## 3　家内労働者の最低工賃の保障
### (1) 家内労働法
　家内労働法は、「家内労働者」を、物品の製造・加工等若しくは販売又はこれらの請負を業とする者から、主として労働の対償を得るために、その業務の目的物たる物品(物品の半製品、部品、付属品又は原材料を含む)について委託を受けて、物品の製造又は加工等に従事する者で、その業務について同居の親族以外の者を使用しないことを常態とするものと定義し(家労2条2項)、家内労働者の工賃の最低額その他の就業条件の最低保障を行っている。

　私見では、家内労働者は、労基法・労契法・労組法上の労働者に該当する場合も多く[*23]、その場合は「労働者」として労働関係法規の適用を受けるが、家内労働法は家内労働者に適用される特別法と位置づけることができる。

### (2) 最低工賃の決定
　厚生労働大臣又は都道府県労働局長は、一定の地域内において一定の業務に従事する工賃の低廉な家内労働者の労働条件の改善を図るため必要があると認めるときは、労働政策審議会又は都道府県労働局におかれる審議会の調査審議を求め、その意見を聴いて、当該業務に従事する家内労働者及びこれに委託をする委託者に適用される最低工賃を決定することができる(家労8条)。最低工賃は、当該最低工賃にかかる一定の地域と同一の地域内において同一又は類似の業務に従事する労働者に適用される最低賃金(当該最低賃金が決定されていない場合は当該労働者の賃金)との均衡を考慮し、家内労働者の製造又は加工等に係る物品の一定の単位によって定められる(家労13条)。

　委託者は、最低工賃の適用を受ける家内労働者に対しては、その最低工賃額以上の工賃を支払わなければならない(家労14条)。この規定は、家内労働者の契約に対し強行的・直律的効力を有し、契約で最低工賃に達しない工賃を定めるものは、その部分については無効であり、無効となった部分は最低工賃と同様の定めをしたものとなる(家労16条)。また、違反には罰則がある(家労34条)。

## 4　請負制の賃金額保障
### (1) 労基法27条
　賃金は、最賃法及び労基法の定める割増賃金支払義務に違反しなければ、労働時間に比例して支払われる必要はなく、賃金を出来高払制その他の請負制により支払うことも適法である。

---

　[*23]　前記第4章「労働法の主体」第1節7参照。

しかし、賃金が出来高払制その他の請負制により支払われる場合、同じ労働時間数でも賃金額が変動するため、賃金が低くなり労働者の生活が不安定となる危険性がある。そこで、労基法27条は、「出来高払制その他の請負制で使用する労働者については、使用者は、労働時間に応じ一定額の賃金の保障をしなければならない」と定め、最賃法と相まって時間当たりの最低賃金額を保障するとともに、賃金額の変動(低下)と労働者の生活の不安定化を防止している。

(2) 保障給の額

保障給の額について、労基法27条は「一定額」としか定めておらず、具体的な額や率の規定はない。しかし、最賃法の定める最低賃金以上でなければならないことはいうまでもなく、また、労働者が就業している場合の規定であるから、少なくとも労働者が休業している場合の規定である労基法26条の休業手当(平均賃金の6割)以上を保障すべき[24]と解することが、労基法26条及び27条の整合的解釈であろう。

(3) 私法上の効果

保障給が労働協約若しくは就業規則に定められた場合又は合意された場合は、労基法27条によらなくとも、労働協約の規範的効力(労組16条)、就業規則の最低基準効(労契12条)又は合意に基づき請求権が発生し、使用者が当該保障給を支払わない場合には労働者はこれを請求することができる。

これに対して、保障給の定めがなく使用者がこれを支払わない場合、労基法27条は保障給の額を定めていないので労働者は支払を請求できないとの見解[25]、あるいは、裁判所が保障給として相当な額を定めてその支払を命ずることはできないとの下級審裁判例[26]もあるが、労基法27条の最低基準効(労基13条)及び合理的解釈により保障給の最低基準を確定することは可能であり、労働者は保障給の請求権を有すると解すべきであろう。

(4) 罰則

保障給の定めがない場合、又は、定めをした場合でもその額が労基法27条の定める保障給と認められない場合は労基法27条違反となり、罰則がある(労基120条1号)。定められた保障給を支払わない場合も同条違反が成立するが、同条の定める保障給も労基法11条の賃金であるから、同時に労基法24条違反を構成し、法条競合となって労基法24条違反のみが成立する。

---

[24] 昭22・9・13基発17、昭63・3・14基発150。
[25] 石井他・註解労基法Ⅰ(1964)404頁、厚労省労基法コンメ(上)(2011)380頁。
[26] 三宝商事事件・東京地判昭43・1・19労民19巻1号1頁/判タ218号230頁。

## 第3節　賃金請求権と休業手当請求権

賃金請求権と休業手当請求権については、①賃金請求権と発生要件(→1～2)、②休業手当請求権と発生要件(→3)、③履行不能の場合の賃金請求権と休業手当請求権の関係(→4)、④賃金請求権の事後的処分又は変更の可否(→5)、⑤時効(→6)が主な論点となる[27]ので、以下、順に検討する。

### 1　賃金請求権と発生要件
(1) 契約上の根拠

賃金請求権は、原則として、労働契約上の根拠に基づき発生する[28]。したがって、例えば、賞与[29]や退職金[30]についても、労働契約上の根拠(労働協約、就業規則、事実たる慣習である労使慣行の存在、合意)がなければ請求権はなく[31]、請

---

[27] 団結活動・争議行為と賃金請求権・休業手当請求権については、後記第24章「団結活動と争議行為」第5節、第6節2で、派遣労働者の休業期間中の賃金請求権・休業手当請求権については、後記第20章「非典型労働契約」第3節6(6)で、賃金請求権の変動については、後記第16章「労働契約内容の設定と変更」第4節第5款～第7款で検討する。

[28] ただし、労働契約上の根拠の有無と内容に関わらず、少なくとも強行法規を根拠とする最低賃金請求権(最賃4条2項)、休業手当請求権(労基20条)、割増賃金請求権(労基37条)は発生する。また、商法512条(「商人がその営業の範囲内において他人のために行為をしたときは、相当な報酬を請求することができる」)を労働契約に類推適用することもあり得よう。

[29] 労働契約上の根拠の有無を判断し、賞与請求権を肯定した裁判例として、浦添交通事件・那覇地判昭62・3・27労判497号101頁、浦添タクシー事件・那覇地判昭62・3・27労判497号110頁、毅峰会事件・大阪地判平11・1・29労判777号54頁、ノース・ウエスト航空事件・千葉地決平14・11・19労判841号15頁、否定した裁判例として、小暮釦製作所事件・東京地判平6・11・15労判666号32頁、松原交通事件・大阪地判平9・5・19労判725号72頁、UBSセキュリティーズ・ジャパン事件・東京地判平21・11・4労判1001号48頁。

[30] 労働契約上の根拠の有無を判断し、退職金請求権を肯定した裁判例として、丸一商店事件・大阪地判平10・10・30労判750号29頁、否定した裁判例として、創栄コンサルタント事件・大阪地判平14・5・17労判828号14頁。

[31] ノース・ウエスト航空事件・千葉地決平14・11・19労判841号15頁は、賞与請求権につき、使用者が申し入れた賞与支払の前提条件(定期昇給不実施等)を労働組合が承諾しない限り合意が成立せず請求権が発生しないのではなく、従前から支給されていた経緯、支給金額、他の従業員に対する支給状況、会社の経営内容、従前支給されていた賞与の性格等の諸事情を考慮し、支給しないことが従前の労使関係に照らし合理性がなく労働者に経済的に著しい不利益を与える場合は、前提条件の主張自体が信義則違反となり、使用者による無条件の賞与支払の申込みとなり、労働組合の承諾により合意が成立し、賞与請求権が発生すると判示しており、支持しうる。

求権を肯定するためには、支払時期、具体的額やその算定方法が明確でなければならない[*32]。

(2) 契約の定めと労働義務の履行

賃金請求権の発生要件は、基本的には労働契約で定められることとなる。

しかし、賃金は労務と対価的関係に立ち、一般には労働義務の履行により発生する後払的性格を有する[*33]。したがって、異なる定めがある場合を除き、賃金請求権は労働義務の履行後に発生するとの解釈が当該労働契約の合理的解釈である場合が多いであろう[*34]。

(3) 民法536条2項に基づく賃金請求権

労働義務が履行されなくても、その履行不能が「債権者(使用者)の責めに帰すべき事由」(民536条2項)によるときは、労働者は、民法536条2項に基づき、反対給付である賃金全額の請求権を有する[*35]。

しかし、使用者の責めに帰すべき事由による履行不能であることの前提として、労働者が「債務の本旨に従った労務(履行)の提供」をしたこと(労働者の責めに帰すべき履行不能ではないこと)[*36]が原則として必要となる。ただし、労働者が労務を提供しない理由が使用者の安全配慮義務違反等にある場合は、当該履行不能は使用者の責めに帰すべき履行不能である[*37]。

---

[*32] 福岡雙葉学園事件・最三小判平19・12・18集民226号539頁/労判951号5頁は、当該事案につき、期末勤勉手当の支給については、就業規則に「その都度理事会が定める金額を支給する」との定めがあるにとどまり、具体的な支給額又はその算定方法の定めがなく、前年度を下回らない額を支給する旨の労使慣行が存在したなどの事情がうかがわれないので、同手当の請求権は理事会が支給額を定めることにより初めて具体的権利として発生すると判示している。

[*33] 宝運輸事件・最三小判昭63・3・15民集42巻3号170頁/労判523号6頁。

[*34] 民法は、雇用、請負(物の引渡しを要しないとき)、委任について報酬の後払原則を定め(民624条1項・633条但書・648条2項本文)、雇用及び委任について期間によって定めた報酬は期間経過後に請求することができる旨を定めている(民624条2項・648条2項但書)が、624条と633条の条文見出しが「報酬の支払時期」であることに照らしても、これらの条文は、報酬の支払時期を定めたもので、報酬請求権の発生要件を定めるものではないと解される。

[*35] 民法現536条2項前段は「債権者の責めに帰すべき事由によって債務を履行することができなくなったときは、債務者は、反対給付を受ける権利を失わない」と定めている。2017(平29)民法改正により、新536条2項前段は「債権者の責めに帰すべき事由によって債務を履行することができなくなったときは、債権者は、反対給付の履行を拒むことはできない」と改正されたが、要件と効果は実質的に同じである。

[*36] 債務の本旨に従った履行の提供の有無は、特に、休職していた労働者が復職を申し出た場合に問題となるので、後記第16章「労働契約内容の設定と変更」第4節第7款5(1)で検討する。

[*37] 前記第9章「労働者と使用者の権利義務」4(3)、後記第12章「労働安全衛生と職場環境」第4節1(2)。

労働者による債務の本旨に従った履行の提供があった場合、「債権者の責めに帰すべき事由（使用者の責めに帰すべき事由）」による履行不能が肯定される典型的な例は、使用者のなす労務受領拒否（休職・休業命令、出勤停止措置、解雇、契約更新拒否、ロックアウト等）による労務の履行不能で、当該労務受領拒否が無効又は違法である場合である。したがって、当該休職・休業命令、出勤停止措置、解雇、契約更新拒否、ロックアウト等の効力又は適法性が問題となる[*38]。

(4) 2017（平29）民法改正と割合的賃金請求権

2017（平29）民法改正により、新たに、「債権者の責めに帰することができない事由」による履行不能、及び、履行の途中で契約が終了した場合について、労務供給契約の類型毎に（①雇用、②請負、③委任・準委任）、報酬請求権の帰趨について定められた。具体的内容は次のとおりである。

第一に、「雇用」の場合、労働者は、①使用者の責めに帰することができない事由によって労働に従事することができなくなったとき、又は、②雇用が履行の中途で終了したときは、既にした履行の割合に応じて報酬を請求することができる（民新624条の2）。

第二に、「請負」の場合、請負人は、①注文者の責めに帰することができない事由によって仕事を完成することができなくなったとき、又は、②請負が仕事の完成前に解除されたときであって、既にした仕事の結果のうち可分な部分の給付によって注文者が利益を受けるときは、注文者が受ける利益の割合に応じて報酬を請求することができる（民新634条）。

第三に、有償の「委任・準委任[*39]」の場合、受任者は、1)原則として、「雇用」と同様、①委任者の責めに帰することができない事由によって委任事務の履行をすることができなくなったとき、又は、②委任が履行の中途で終了したときは、既にした履行の割合に応じて報酬を請求することができる（民新648条3項、656条）。ただし、2)委任事務の履行により得られる成果に対して報酬を支払うことを約した場合は、先に述べた「請負」の場合の報酬請求権に関する規定（民新634条）が準用される（民新648条の2第2項、656条）。

したがって、2017（平29）民法改正の施行後は、労働者は、その契約類型に応じて、割合的賃金請求権を有することになる。

---

[*38] 後記第16章「労働契約内容の設定と変更」第4節第7款、第17章「懲戒処分」、第18章「労働契約の終了」第2・3節、第24章「団結活動と争議行為」第5・6節。

[*39] 委任に関する規定は、法律行為でない事務の委託（準委任）に準用される（民656条）。この規定は改正されていない。

## 2 「労働義務の履行」以外の賃金請求権発生要件の効力

労働契約当事者が、賃金請求権の発生要件として、「労働義務の履行」以外の要件を設定することも可能である。しかし、特に、①賞与について、賞与支給日・算定対象全期間の在籍を要件とする条項(→(1))、②退職金について、懲戒解雇や非違行為、退職後の競業避止義務違反を理由としてこれを減額・不支給とする条項(→(2))の効力が問題とされてきた。

### (1) 賞与の在籍条項

賞与支給日や算定対象全期間に在籍していた者に賞与を支給する旨の条項・約定、すなわち、賃金である賞与請求権の発生要件[*40]として、「賞与の支給日[*41]における在籍」又は「算定対象全期間の在籍」を設定する労働協約・就業規則の規定又は契約当事者の合意等は有効であろうか。

最高裁判決[*42]、下級審裁判例[*43]には、これらの要件を定める就業規則又は慣行には合理性があるとしてその効力を肯定するものがある。

しかし、第一に、「賞与支給日における在籍」又は「算定対象全期間の在籍」を賞与請求権の発生要件とすると、第一に、労働者は、賞与支給日前、又は、賞与算定期間途中に退職すれば、賞与対象期間の全期間又は一定期間労務を履行しても一切賞与請求権を有しないことになり、賞与の労務の対価としての性格と平等原則の観点から問題となる。これは、特に、一定年齢の誕生日が定年退職日であったり、解雇・契約期間満了の場合など、賞与支給日前又は賞与対象期間中の退職が労働者の自発的意思によらない場合に問題となる。第二に、労働者の自発的意思による退職(辞職)の場合でも、労働者は、賞与支給日前又は賞与算定期間終了前に辞職すると賞与を請求できないので、間接的にではあるが、労働者の退職の自由を制限する。

したがって、第一に、支給日等に在籍していないことが労働者の自発的意思によらない場合(解雇、定年退職等)に、賞与支給日等の在籍を賞与請求権の発生

---

*40 いったん請求権の発生した賞与を支払わないとする条項は、労基法24条1項の賃金の全額払原則(→後記第4節4)に反し無効である。
*41 銀行口座振込の手続との関係から、支給日の数日前の「基準日」に在籍していることが要件とされる場合もある。
*42 京都新聞社事件・最一小判昭60・11・28集民146号165頁/労判469号6頁(支給日在籍要件の慣行は合理性を欠くとは言えず事実たる慣習として効力を有するとして、嘱託期間満了により退職した労働者の賞与請求権を否定)。
*43 カツデン事件・東京地判平8・10・29判タ938号130頁/労経速1639号3頁(支給日在籍要件は受給資格者を明確な基準で確定する必要から合理性があるとして、定年退職者の賞与請求権を否定)。

要件とすることは、公序良俗（民90条）違反であり[*44]、したがって、他の要件を充足していればその限りで賞与請求権が発生すると解すべきである。また、第二に、労働者による自発的退職の場合でも、賞与支給日在籍等を一定程度考慮する（賞与額に若干差をつける）ことは公序違反とまでは言えないが、一切賞与請求権が発生しないというのは公序に反し無効であり、基本的に労務履行期間に対応した割合の賞与請求権が発生すると解すべきであろう。

(2) 退職金の減額・不支給条項

①懲戒解雇や労働契約終了以前の一定の非違行為・義務違反（競業避止義務・秘密保持義務違反等）の場合は、退職金を減額又は不支給とする旨の労働協約・就業規則の規定又は契約当事者の合意は、退職金請求権の発生要件として「懲戒解雇を受けず一定の非違行為や義務違反を行っていないこと」を設定し、これを充足しないときは退職金の一部又は全部の請求権が発生しないとするものと位置づけうる場合がある。

また、②退職後の競業避止義務違反（一定期間内に同業他社に就職したり競業事業を立ち上げる等）の場合は退職金を減額・不支給とする旨の労働協約・就業規則の規定又は契約当事者の合意は、退職金請求権の解除条件として、「競業避止義務違反」を設定し、これに該当するときは退職金の一部又は全部の請求権が発生しないとするものと位置づけうる場合がある[*45]。

これらの労働協約の規定又は合意は有効で、就業規則の規定は労働契約の内容となるであろうか。

退職金は功労報償的性格を有する場合もあり[*46]、使用者が、懲戒解雇による

---

[*44] 大和銀行事件・最一小判昭57・10・7集民137号297頁／労判399号11頁は、賞与の支給日在籍要件が従来から慣行となっており、退職時期を任意に選択できない者には日割計算により賞与が支給されていた事案において、賞与の支給日在籍要件の慣行を明文化した就業規則の改訂を合理性があるとして、任意退職した労働者の賞与請求権を否定しており、コープ神戸事件・神戸地判平15・2・12労判853号80頁は、算定対象期間の継続勤務要件は賞与が対象期間中の人事考課に基づいて行われること等から一定の合理性があり、退職日を任意に選択できない者については公序違反との議論もあるが任意退職者については公序違反ではないとして、途中の希望退職者の賞与請求権を否定している。

[*45] いったん請求権の発生した退職金を支払わないとする条項は、労基法24条1項の賃金の全額払原則（→後記第4節4）に反し無効である。

[*46] 退職後の競業避止義務違反につき、三晃社事件・最二小判昭52・8・9集民121号225頁／労経速958号25頁（本件退職金が功労報償的性格を併せ有することにかんがみれば、広告代理業等を営む会社が営業担当社員に対し退職後の同業他社への就職をある程度の期間制限し、その制限に反して同業他社に就職した退職社員に支給すべき退職金につき、支給額を一般の自己都合による退職の場合の半額と定めることも、合理性のない措置であるとすることはできないと判示）。

退職でないこと、あるいは、営業機密や顧客リストの流出等を防ぐために競業避止義務違反でないこと等を功労として評価することに一定の合理性はある。

しかし、一般に退職金は賃金の後払的性格をも有し退職後の労働者の生活保障の重要な一部である。また、競業避止義務違反を理由とする退職金の減額・不支給は、労働者の職業選択の自由実質的に大きく制限する（同業の方がそれまでの知識・技術・経験をより生かしやすい可能性が高い）。

したがって、退職金の減額・不支給条項は、「労働の対償を失わせることが相当である重大な背信性がある場合に限り退職金請求権は発生せず[*47]、それ以外の場合は背信性に応じて退職金請求権の一部が発生しない」と合理的限定的に解釈する限りにおいて、公序又は信義則に違反しないと解される。

重大な背信性の有無と内容については、①「懲戒解雇や退職前の非違行為等」については、当該非違行為の内容と当該労働者の勤続の功等の諸般の事情を総合考慮して判断し[*48]、②「退職後の競業避止義務違反」については、a)退職後の同業他社就職等を制限する必要性と制限の範囲（期間、地理的範囲、業種の範囲）、b)退職労働者の退職に至る経緯、c)退職の目的、d)退職労働者が競業関係に立つ業務に従事したことによって、前使用者の被った損害などの諸般の事情を総合的に考慮して判断すべきである[*49]。

そして、合理的限定的に解釈された退職金減額・不支給条項等に該当する事実が存在する場合に限り、退職金請求権の一部[*50]又は全部[*51]が発生しない。

なお、懲戒解雇による退職でないことが退職金請求権の発生要件である場合、

---

[*47] 中部日本広告社事件・名古屋高判平2・8・31労民41巻4号656頁／労判569号37頁。三田エンジニアリング事件・東京高判平22・4・27労判1005号21頁は、当該競業禁止規定により禁止されるのは、従業員が退職後に行う競合事業の実施あるいは競業他社への就職のうち、それにより会社の営業機密を開示、漏洩し、あるいはこれを第三者のために使用するに至るような態様のものに限定され、そのように解してのみ効力を認めることができると判示。

[*48] 小田急電鉄事件・東京高判平15・12・11労判867号5頁／判時1853号145頁は、特にそれが業務上の横領や背任など会社に対する直接の背信行為とはいえない職務外の非違行為である場合には、それが会社の名誉信用を著しく害し、会社に無視し得ないような現実的損害を生じさせるなど、上記のような犯罪行為に匹敵する場合に退職金不支給を相当とする強度の背信性を肯定すべきとする（結論として退職金の3割の請求認容）。

[*49] 中部日本広告社事件・名古屋高判平2・8・31労民41巻4号656頁／労判569号37頁。

[*50] 退職金請求権の一部を肯定した例として、本文①について、小田急電鉄事件・東京高判平15・12・11労判867号5頁／判時1853号145頁参照（退職金の3割の請求認容）、橋元運輸事件・名古屋地判昭47・4・28判時680号88頁／判タ280号294頁（退職金の4割の請求認容）、旭商会事件・東京地判平7・12・12労判688号33頁（退職金全額の請求認容）、東京貨物社事件・東京地判平15・5・6労判857号64頁（退職金の5割5分の請求認容）。

[*51] 本文①について、イーライフ事件・東京地判平25・2・28労判1074号47頁（在職中の競業行為等への加担が重大な背信行為に該当するとして退職金請求を棄却）。

懲戒解雇前に労働者が辞職すれば退職金請求権が発生する（辞職し労働契約が終了した者を「懲戒解雇」することはできず、懲戒解雇による退職ではない）が、当該労働者に重大な背信行為があったときは、当該労働者の退職金支払請求は、信義則違反又は権利濫用で認められないと解すべきであろう[*52]。

### 3 休業手当請求権と発生要件

#### (1) 休業手当

労基法26条は、「使用者の責に帰すべき事由による休業の場合においては、使用者は、休業期間中当該労働者に、その平均賃金の百分の六十以上の手当を支払わなければならない」と定め、「使用者の責に帰すべき事由による休業」の場合、休業期間中[*53]、当該労働者に対し、平均賃金の6割以上の休業手当の支払を使用者に義務づけ、当該休業による賃金の低下と労働者の生活の不安定さを緩和し、「使用者の責に帰すべき事由による休業」時の労働者の生活保障を行っている。

#### (2) 休業手当請求権の発生要件

休業手当請求権は、「使用者の責に帰すべき事由」による「休業」の場合に発生する。

第一に、「使用者の責に帰すべき事由」は、いかなる事由による休業の場合に労働者の生活保障のため使用者に平均賃金の6割以上の限度での負担を要求するのが社会的に正当かを考量し、過失責任主義とは異なる観点をも踏まえた概念であり、民法536条2項の「債権者の責めに帰すべき事由」（故意、過失又は信義則上これと同視すべきもの）よりも広く、使用者側に起因する経営、管理上の障害を含む[*54]。①原料、資材、事業場設備等の欠乏又は欠陥（経営障害）は、原則として使用者の責に帰すべき休業であり[*55]、親工場の経営難から下請工場が資材、資金の獲得ができずなした休業は使用者の責に帰すべき休業である[*56]。行政解釈は、休電・計画停電[*57]、汽罐（ボイラー）検査[*58]、製品の移動への法律

---

[*52] ピアス事件・大阪地判平21・3・30労判987号60頁、アイビ・プロテック事件・東京地判平12・12・18労判803号74頁（いずれも退職金請求は権利濫用に当たるとして棄却）。
[*53] 労働義務のある日であったが休業とされた日であり、労働契約上休日とされていた日は含まない（昭24・3・22基収4077）。
[*54] ノースウエスト航空＜会社上告＞事件・最二小判昭62・7・17民集41巻5号1283頁／労判499号6頁。
[*55] 厚労省労基法コンメ（上）(2011) 370頁。
[*56] 昭23・6・11基収1998。
[*57] 昭22・12・1基発29、昭26・10・11基発696、平23・3・15基監発1。
[*58] 昭23・3・17基発461。

上の制限*59、雨天等（就業させることが不可能な港湾労働者）*60を理由とする休業は、使用者の責に帰すべき休業ではないとし、また、元請が雨天の天気予報の場合に工事を中止したため下請労働者が就労できなかったことは使用者（下請）の責に帰すべき休業ではないとの下級審裁判例*61もある。しかし、これらは一般に起こりうる経営障害であるところ、経営障害に基づく休業はその危険を一定割合で使用者（と労働者）が負担するのが本条の趣旨と解されるから*62、使用者の責に帰すべき事由と判断すべきであろう。

②予告なしの解雇を有効と思い労働者が予告期間中就労しなかったこと*63、③法人の解散後解雇手当支払日までの休業*64及び倒産後の解雇予告期間中の休業*65、④子の死亡等により育児休業が終了した労働者を就労開始日が定められていない日に休業させること*66、⑤経営不振・操業短縮等による休業（労働契約成立後の採用内定者の就労時期の繰り下げ〈自宅待機〉を含む）*67は、使用者の責に帰すべき休業であり、⑥事故を起こしたタクシー運転手の特別休職処分*68、及び、懲戒審査中の休職*69を、使用者の責に帰すべき休業とした下級審裁判例がある。

第二に、「休業」は、労働契約が存続していることを前提として、労働義務のある時間につき労務が履行されないことであり*70、期間、人数を問わず、労働日の一部について労務が履行されなかった場合も含まれる*71。解雇が無効である場合は労働契約が存続しているから、解雇無効の場合の解雇期間（労働者は労務を履行していない）も「休業」に含まれ、労基法26条の適用がある*72。

(3) 休業手当の額と支払方法

休業手当は平均賃金（労基12条）の6割以上であり、休業期間中、労働者が他の使用者の下で労働するなどして収入があっても（中間収入）、当該中間収入によ

---

*59　昭24・2・5基収4142。
*60　昭41・6・21基発630。
*61　最上建設事件・東京地判平12・2・23労判784号58頁。
*62　吾妻編・註解労基法(1960)243頁、石井・新版(1973)387〜389頁。
*63　昭24・7・27基収1702。
*64　昭24・2・8基収77。
*65　東洋ホーム事件・東京地判昭51・12・14判時845号112頁。
*66　平3・12・20基発712。
*67　昭63・3・14基発150。
*68　相互交通事件・函館地判昭63・2・29労判518号70頁。
*69　日通大阪支店事件・大阪地判昭47・10・13判時697号93頁。
*70　昭24・3・22基収4077参照。
*71　厚労省労基法コンメ(上)(2011)375頁、石井・新版(1973)386頁。
*72　米軍山田部隊〈労働者上告〉事件・最二小判昭37・7・20民集16巻8号1656頁/判時309号2頁。

り休業手当が減額されることはない*73。

所定労働時間が他の労働日（例：8時間）より短い労働日（例：4時間）が使用者の責に帰すべき休業となった場合も、その日につき平均賃金の6割以上の支払が必要であり、一労働日の一部が使用者の責に帰すべき休業となった場合（例：8時間のうち4時間休業）も実労働に対応する賃金が平均賃金の6割未満であれば平均賃金の6割以上の支払が必要である*74。

休業手当は労基法11条の賃金であり、労基法24条が適用され、休業期間の属する賃金算定期間につき定められた賃金支払日に支払われる*75。

(4) 私法上の効果

使用者が労基法26条の休業手当を支払わないときは、労働者は同条又は労働契約（労基13条参照）に基づき使用者に支払を求めることができ、裁判所は、労働者の請求により使用者に未払金の他これと同一額の付加金の支払を命ずることができる（労基114条）。

(5) 罰則

労基法26条違反には罰則がある（労基120条1号）。

## 4　履行不能と賃金請求権・休業手当請求権

(1) 民法536条2項前段と労基法26条との関係

民法536条2項前段によれば、労働者は、労務の履行不能が「債権者（使用者）の責めに帰すべき事由」によるときは、「反対給付（賃金全額）」の請求権を有する（→前記1(3)）。したがって、民法536条2項前段と労基法26条の異同と両者の関係が問題となる。

第一に、民法536条2項は契約一般を対象とするが、労基法26条は、「労基法上の労働契約」を対象とする。

第二に、労基法上の労働契約について、労基法26条は民法536条2項の適用を排除するものではなく、労基法26条に基づく休業手当請求権と民法536条2項に基づく賃金請求権は競合する*76。したがって、民法536条2項に基づき賃金を請求しうる場合は、労働者は金額が高いこちらを主位的に請求することになろう。

---

*73　米軍山田部隊〈労働者上告〉事件・最二小判昭37・7・20民集16巻8号1656頁/判時309号2頁。
*74　昭27・8・7基収3445。
*75　昭25・4・6基収207、昭62・3・14基発150、厚労省労基法コンメ（上）（2011）377頁。
*76　昭22・12・15基発502、米軍山田部隊〈労働者上告〉事件・最二小判昭37・7・20民集16巻8号1656頁/判時309号2頁、ノースウエスト航空〈会社上告〉事件・最二小判昭62・7・17民集41巻5号1283頁/労判499号6頁。

第三に、民法536条2項の「債権者の責めに帰すべき事由」と労基法26条の「使用者の責に帰すべき事由」の異同については、最高裁判決*77は、労基法26条の「使用者の責に帰すべき事由」は、いかなる事由による休業の場合に労働者の生活保障のために使用者に平均賃金の6割の限度での負担を要求するのが社会的に正当とされるかという考量を必要とするもので、取引における一般原則たる過失責任主義とは異なる観点をも踏まえた概念であり、民法536条2項の「債権者の責めに帰すべき事由」よりも広く、使用者側に起因する経営、管理上の障害を含むと判示しており、支持しうる。

　第四に、労働者の労務提供の要否について、最高裁判決*78は、労基法26条は民法536条2項の特別規定であり履行の提供を要しないとするが、民法536条2項についても、使用者が労務受領拒否の意思を事前に明示している場合は口頭の提供は不要(就労する意思と能力の主張立証は必要)と解すべきであろう*79。

　第五に、労基法26条は強行規定で特約は排除されるが、民法536条2項は任意規定で特約が可能と解されている*80。しかし、民法536条2項についても、労契法上の労働契約につき使用者の賃金支払義務を免除する特約は、公序(民90条)と信義則(労契3条4項)に反し無効と解すべきであろう。

　第六に、休業期間中労働者に中間収入がある場合、最高裁判決*81は、民法536条2項後段に基づく償還義務を負う場合も、労基法26条の休業手当については中間収入は控除されず、使用者は少なくとも平均賃金の6割以上の賃金支払義務を負うと解している。労基法26条の休業手当について中間収入は控除されないという点は妥当であるが、休業期間中の労働者の中間収入は、民法536条2項後段の「債務を免れたことによって得た利益」に該当せず、民法536条2項に基づく賃金支払を請求する場合でも償還義務はないと解すべきであろう*82。

　第七に、労基法26条違反には罰則(労基120条1号)があり、付加金制度(労基

---

*77　ノースウエスト航空<会社上告>事件・最二小判昭62・7・17民集41巻5号1283頁/労判499号6頁。石井・新版(1973)384頁、厚労省労基法コンメ(上)(2011)367頁も同旨。
*78　米軍山田部隊<国上告>事件・最二小判昭37・7・20集民61号737頁、同旨石井・新版(1973)384頁。
*79　ペンション経営研究所事件・東京地判平9・8・26労民48巻4号349頁/労判734号75頁、本四海峡バス事件・神戸地判平13・10・1労判820号41頁、本山製作所(別棟就労命令拒否)事件・仙台地判平15・3・31労判849号42頁。
*80　厚労省労基法コンメ(上)(2011)366頁、日通大阪支店事件・大阪地判昭47・10・13判時697号93頁、相互交通事件・函館地判昭63・2・29労判518号70頁等。
*81　米軍山田部隊<労働者上告>事件・最二小判昭37・7・20民集16巻8号1656頁/判時309号2頁。
*82　後記第18章「労働契約の終了」第6節3 (2) も参照。

114条)が適用されるが、民法536条2項に基づく賃金の支払義務(労基24条)違反は、罰則(労基120条1号)のみが適用される[*83]。

(2) 2017(平29)民法改正による新規定と労基法26条との関係

2017(平29)民法改正により新設された624条の2・634条・648条3項・648条の2第2項によれば、労働者は、労務の履行不能が「債権者の責めに帰することができない事由」によるときでも、割合的賃金請求権を有する(→前記1(4))。

労基法26条の「使用者の責に帰すべき事由」は、民法536条2項の「債権者の責めに帰すべき事由」よりも広い[*84]ので、民法新624条の2等の規定する「債権者の責めに帰することができない事由」と重なる部分があり、民法新624条の2等の規定する「債権者の責めに帰することができない事由」であるが、労基法26条の「使用者の責に帰すべき事由」に該当する場合も想定される。労基法26条に基づく休業手当請求権と民法新624条の2等に基づく割合的賃金請求権は競合しうると解されるから、いずれも可能である場合は、労働者は、金額の高い方を主位的に請求することになろう。

図10.1 2017(平29)民法改正施行後の
　　　　労働契約における履行不能と賃金請求権

| 債権者(使用者)の責めに帰すべき事由(民536条2項による履行不能)　⇒　賃金請求権 | 債権者(使用者)の責めに帰することができない事由(民新624条の2、新634条、新648条3項)による履行不能　⇒　割合的賃金請求権 |

　　使用者の責に帰すべき事由による休業(労基26条)
　　　　　　　⇒　休業手当請求権

## 5 事後的処分・変更の可否

具体的に発生した賃金請求権(及び休業手当請求権)は、事後に締結された労働協約や事後に作成・変更された就業規則の遡及適用により、処分又は変更することができない[*85]。

---

[*83] 注釈労基法(上)(2003)426頁[大内伸哉]。
[*84] ノースウエスト航空<会社上告>事件・最二小判昭62・7・17民集41巻5号1283頁/労判499号6頁。石井・新版(1973)384頁、厚労省労基法コンメ(上)(2011)367頁も同旨。
[*85] 香港上海銀行事件・最一小判平元・9・7集民157号433頁/労判546号6頁、朝日火災海上保険(高田)事件・最三小判平8・3・26民集50巻4号1008頁/労判691号16頁。

### 6　請求権の消滅－時効

労基法の規定による賃金（退職手当を除く）、災害補償その他の請求権は2年間、労基法の規定による退職手当の請求権は5年間行わない場合においては、時効によって消滅する（労基115条）。

労基法の適用を受けない労働者（家事使用人等）の賃金請求権の時効は、民法により規律されるところ、2017（平29）民法改正により、使用人の給料に係る債権等に関する1年の短期消滅時効制度（民現174条）は廃止され、一般債権の消滅時効（民新167条により原則5年）が適用されることになった。同改正施行後は、労基法の適用を受ける労働者の方が適用外の労働者より労働債権保護の範囲が縮減されるという逆転現象が発生する。それゆえ、立法論としては、労基法115条を改正し、少なくとも一般債権の消滅時効（5年）と同じにすべきであろう。

## 第4節　賃金の支払方法

### 1　賃金の支払方法の諸原則

賃金の支払方法について、労基法は、「賃金は、通貨で、直接労働者に、その全額を支払わなければならない」（労基24条1項本文）、「賃金は、毎月一回以上、一定の期日を定めて支払わなければならない」（労基24条2項本文）と規定し、①通貨払の原則、②直接払の原則、③全額払の原則、④毎月一回以上・一定期日払の原則の四原則を定めている[*86]。

この原則は、賃金が一般に労働者及びその家族の重要な生活の糧であるので、交換価値のある通貨により、確実に、全て、あまり間隔の空くことなく安定的に労働者に支払われることを確保することを目的としている。

しかし、④の一定期日払の原則は、労働者が臨時の出費を要する場合、不利益となることもあるので、労基法は、その例外として、⑤賃金の非常時払を規定している（労基25条）。

以下では、賃金の支払方法の諸原則である、①通貨払の原則、②直接払の原則、③全額払の原則、④毎月一回以上・一定期日払の原則、及び、④の一定期日払の例外である、⑤賃金の非常時払について、順に検討する。

なお、労基法24条・25条違反には罰則がある（労基120条1号）。

---

[*86]　家労法も、委託者が家内労働者に支払う工賃（家労2条5項）について、通貨払・全額払・一月以内払の原則を定め（家労6条）、同規定に違反する工賃の支払を定める委託に関する契約に対し、同規定は強行的直律的効力を有する（家労16条）。

## 2　通貨払の原則

### (1) 趣旨

賃金は「通貨で」支払わなければならない（労基24条1項本文）。これは、賃金を、労働者にとって最も安全で便利で交換価値のある「通貨」により支払わせ、労働者の生活を安定させることを目的として設けられた規定である。

### (2) 通貨

「通貨」とは、日本国で通用する貨幣であり、現物給与は禁止されている。

### (3) 通貨払の例外

通貨払の例外として認められているのは、①法令に別段の定めがある場合（現在存在せず）、②「労働協約」に別段の定めがある場合、③命令で定める賃金について確実な支払の方法で命令で定めるものによる場合であり（労基24条1項但書）、具体的には、労働者の同意を要件として、労働者が指定する銀行その他の金融機関に対する当該労働者の預金又は貯金への振込み等や、退職手当を銀行等の金融機関が自己宛に振り出し若しくは支払保証をした小切手又は郵便為替等により支払うことが認められている（労基則7条の2）。

## 3　直接払の原則

### (1) 趣旨

賃金は、「直接労働者に」支払わなければならない（労基24条1項本文）。これは、職業仲介者、親権者・後見人等が労働者の代わりに賃金を受領し、中間搾取したり横取りしたりすることを排除し、確実に労働者が賃金を受領することを保障するために設けられた規定である[87]。

### (2) 「代理人」と「使者」

労働者の代理人に支払うことは労基法24条違反となり、賃金受領の代理権を与える委任や代理等の法律行為も無効である[88]。賃金債権が譲渡された場合、最高裁は、債権譲渡自体は有効だが、使用者は直接労働者に賃金を支払わなければならず、賃金債権の譲受人が使用者に支払を求めることはできない[89]とす

---

[87]　関連して、労基法59条は、「未成年者は、独立して賃金を請求することができる。親権者又は後見人は、未成年者の賃金を代わって受け取ってはならない。」と定めている。

[88]　訴訟代理人（民訴54条）には、委任を受けた民事訴訟事件に関する訴訟代理権の一部として弁済を受領する権限が付与されており（民訴55条）、訴訟代理権に基づき賃金を代理受領することは可能であるが、訴訟代理以外の一般代理として賃金を代理受領することを肯定する法令は存在しない。

[89]　日本電信電話公社事件・最三小判昭43・3・12民集22巻3号562頁／判時511号23頁、住友化学工業事件・最三小判昭43・5・28集民91号133頁／判時519号89頁。

るが、端的に、労基法上の賃金債権の譲渡は無効と解すべきであろう。
　しかし、これを厳格に解すると、労働者が病気や出張等で賃金を直接受け取ることができない場合に不都合が生じるので、単に労働者の意思を伝達して賃金を受け取り本人に手渡すという事実行為を行うにすぎない「使者」への支払は可能とされている[*90]。ただし、「代理人」と「使者」の区別は実際上困難であるので、慎重な判断が必要であり、「使者」と判断されるのは、本人が直接受領できない事情があり配偶者や子供が取りに来た場合等に限定されよう[*91]。
　(3)　直接払の例外
　直接払の例外として認められるのは、労基法24条に特段の規定はないが、①国税徴収法に基づく行政官庁の差押処分、及び、②民事執行法155条に基づく差押えにおける差押債権者への支払である。ただし、民事執行法152条は、原則として賃金の4分の3に相当する部分の差押えを禁止し、また、国税徴収法76条・同施行令34条も差押えの対象とならない範囲を定めている。

## 4　全額払の原則
　(1)　趣旨
　賃金は「その全額を」支払わなければならない（労基24条1項本文）。労働者の賃金は、労働者の生活を支える重要な財源で、日常必要とするものであるから、これを労働者に確実に受領させ、その生活に不安のないようにする必要があるからである[*92]。
　全額払の原則が禁止するのは、賃金からの控除であり、「控除」とは使用者が既に発生し履行期にある賃金債権から一部を差し引いて労働者に支払わないことである。したがって、請求権の発生していない賃金を支払わないことは、当然ながら全額払原則に違反しない[*93]。
　(2)　全額払の例外
　全額払の例外として認められるのは、第一に、法令に別段の定めがある場合

---

[*90]　昭63・3・14基発150。
[*91]　ただ、現在では、賃金の口座振込が普及しているので、使者が問題となる事例はあまり多くないかもしれない。
[*92]　日本勧業経済会事件・最大判昭36・5・31民集15巻5号1482頁/判時261号17頁。
[*93]　賞与の在籍条項や退職金減額・不支給条項は、賞与・退職金請求権の発生要件を設定し当該要件を充足しなければ「請求権が発生しない」とするもので「請求権が発生しているものを支払わない」とするものでなければ、労基法24条1項の全額払原則に違反しない（ただし、当該条項が公序・信義則違反かどうかは別途問題となる）（→前記第3節2）。

である（労基24条1項但書）。具体的には、給与所得税の源泉徴収（所得税183条）、社会保険料の源泉控除（厚年84条、健保167条）、労働保険料の控除（徴収32条、徴収則60条）、勤労者財産形成貯蓄契約等に基づく預入等の控除（財形6条1項1号ハ他）等が認められている。

第二は、過半数代表との書面協定（労使協定）がある場合である（労基24条1項但書）。ただし、労使協定は、免罰的効力と私法上の強行性の排除効のみを有するので、労使協定があれば、賃金の一部控除につき労働者と使用者が合意して使用者が賃金の一部を控除して支払っても労基法24条違反とならず、当該合意は有効で使用者は刑事制裁を科せられないこととなるにとどまる。したがって、実際に使用者が労働者の賃金の一部を控除するためには、労使協定に加えて、法的根拠、すなわち、労働者の同意が必要である。

全額払の例外については、解雇無効の場合の中間収入の控除[*94]、組合費のチェック・オフ[*95]の他、①相殺、②調整的相殺、③合意相殺・賃金債権の放棄が全額払原則の例外として認められるか否かが論点となる。以下、順に検討する。

(3) 相殺

労働者の賃金は、労働者の生活を支える重要な財源で、日常必要とするものであるから、これを労働者に確実に受領させ、その生活に不安のないようにする労基法24条1項の趣旨から、使用者の債権（貸付金債権、債務不履行・不法行為に基づく損害賠償債権等）を自働債権とする賃金との相殺は、全て禁止される[*96]。

(4) 調整的相殺（清算的相殺）

計算ミス等による賃金の過払や、欠勤やストライキが賃金支払日に接着してなされ計算上その賃金支払期間の賃金から労務不提供分を減額できなかった場合のように、ある賃金支払期間に生じた過払賃金を、後の期間の賃金から控除するという「調整的相殺（清算的相殺）」（使用者の労働者に対する不当利得返還請求権を自働債権とする次期以降の賃金債権との相殺）は認められるであろうか。

この点につき、最高裁判決[*97]は、過払が生ずることは不可避であり、また、支払われるべき賃金は支払われたことになるのであるから、調整的相殺は、労使協定がなくても、「その行使の時期、方法、金額等からみて労働者の経済生

---

[*94] 後記第18章「労働契約の終了」第6節3(2)。
[*95] 後記第22章「団結の結成と運営」第2節8(2)〜(5)。
[*96] 関西精機事件・最二小判昭31・11・2民集10巻11号1413頁／判時95号12頁、日本勧業経済会事件・最大判昭36・5・31民集15巻5号1482頁／判時261号17頁。
[*97] 福島県教組事件・最一小判昭44・12・18民集23巻12号2495頁／労判103号17頁、群馬県教組事件・最二小判昭45・10・30民集24巻11号1693頁／判時613号89頁。

活の安定との関係上不当と認められないものであれば」労基法24条1項の禁止するところではないと判示し、具体的に調整的相殺が許容される場合として、①過払のあった時期と賃金の清算調整の実を失わない程度に合理的に接着した時期になされ、②予め労働者に予告され、③額が多額でないこと等、労働者の経済生活の安定をおびやかすおそれがない場合としている。

しかし、賃金過払については、予め労使協定を締結することにより対応できるのであるから、調整的相殺も労使協定の締結(24条1項但書)と調整的相殺に関する労働者の同意がなければできないと解し、上記判決の示す「調整的相殺が許容される場合」は、調整的相殺に関する労使協定の規定が労基法24条1項の趣旨に照らし適法であるかどうかの判断基準として採用すべきであろう[*98]。

(5) 合意相殺・賃金債権の放棄

合意による相殺(相殺合意・相殺契約)に関する最高裁判決[*99]、及び、賃金債権の放棄に関する最高裁判決[*100]は、賃金全額払の原則の趣旨は、使用者が一方的に賃金を控除することを禁止し、もって労働者に賃金の全額を確実に受領させ、労働者の経済生活を脅かすことのないようにしてその保護を図るものであるから、労働者の自由意思に基づく合意相殺又は賃金債権の放棄を禁止するものではないとし、合意相殺及び労働者の賃金債権の放棄は、労基法24条1項の禁止の対象に含まれないと判断する[*101]。ただし、労働者の意思表示の効力については、「労働者の自由な意思に基づいてされたものであると認めるに足りる合理的な理由が客観的に存在するとき」に肯定する。

---

[*98] 賃金計算の事実上の不能から生じたやむを得ない場合でも労基法24条1項但書所定の労使協定がある場合に限って控除しうるとする裁判例として、東武鉄道事件・東京地判昭41・9・20労民17巻5号1100頁/労判32号11頁。

[*99] 日新製鋼事件・最二小判平2・11・26民集44巻8号1085頁/労判584号6頁。全日本空輸事件・東京地判平20・3・24労判963号47頁も同旨、本譲事件・神戸地姫路支判平9・12・3労判730号40頁も労使協定を要求していない。いずれも合意相殺を有効と判断。

[*100] シンガー・ソーイング・メシーン事件・最二小判昭48・1・19民集27巻1号27頁/判時695号107頁(当該事案においては、当該意思表示が労働者の自由な意思に基づくものと認めるに足りる合理的な理由が客観的に存在していたとして、放棄の意思表示の効力を肯定)。同旨、北海道国際航空事件・最一小判平15・12・18労判866号14頁(放棄を否定)、テックジャパン事件・最一小判平24・3・8集民240号121頁/労判1060号5頁(放棄を否定)。

[*101] すなわち、同判決は、相殺合意又は賃金債権の放棄は強行法規違反(労基法24条1項違反)ではないと判断するものであるが、同判決を、労働者の自由意思による強行法規からの逸脱を認めるものと解する見解(大内伸哉「労働契約における対等性の条件－私的自治と労働者保護」根本到他編『西谷敏先生古稀記念論文集 労働法と現代法の理論(上)』〈日本評論社、2013年〉416・421頁)は支持できない。そもそも、自由意思による逸脱が認められるものは任意法規であり強行法規ではない。

同判決については、労働者の意思表示の効力につき、「労働者の自由な意思に基づいてされたものであると認めるに足りる合理的な理由の客観的存在」が認められる場合に肯定する点は支持しうる。しかし、労働者の意思表示の存在・効力を慎重かつ厳格に判断するだけでは労働者の保護は十分とは言えない。

　したがって、合意相殺及び賃金債権の放棄も労基法24条1項が全額払原則により禁止する対象に含まれ、労使協定（24条1項但書）の締結がなければ行うことはできないと解すべきである[102]。そして、労使協定が締結されたときの、労働者の同意又は賃金債権放棄の意思表示の効力については、①意思表示の存在については、労働者の署名又は押印のある書面による明示的表示行為の存在、②意思表示の効力を肯定するための要件である意思の自由については、「労働者の自由な意思に基づいてされたものであると認めるに足りる合理的な理由の客観的存在」を根拠付ける事実が存在する場合に肯定すべきであろう[103]。

## 5　毎月一回以上・一定期日払の原則

### (1)　趣旨

　「賃金は、毎月一回以上、一定の期日を定めて支払わなければならない」（労基24条2項本文）。

　民法は、雇用、請負（物の引渡しを要しないとき）、委任について報酬の支払時期に関する後払原則を定め（民624条1項・633条但書・648条2項）、雇用及び委任について期間によって定めた報酬は期間経過後に請求できる旨を定めており（民624条2項・648条2項但書）、異なる定めがなければこれに従うことになる[104]。

　労基法24条2項所定の毎月一回以上・一定期日払の原則は、民法所定の原則を修正して労務の履行前の賃金支払を義務づけるものではなく、賃金の支払期間及び支払期日を規制することにより、賃金の支払を安定させるものである。

　年俸制の場合も同原則の適用があるので、年俸額を12等分するなどして毎月一回以上・一定期日に賃金を支払うことを要する。

### (2)　毎月一回以上・一定期日払原則の例外

　毎月一回以上・一定期日払原則の例外として認められるのは、①臨時に支払

---

[102]　労基法24条1項は、使用者に原則として「いったん確定的に発生した賃金全額」を労働者に支払うことを義務付けているという理由でこのように述べるものとして、浜村彰「労基法上の賃金規制」再生(3)(2017)37頁。

[103]　前記第5章「権利義務関係の決定システムと法源」第2節第1款3(6)参照。

[104]　これらは任意規定であるので、異なる定め（期間途中の支払、例えば、6月中の労働に対する賃金を6月20日に支払う等）も可能である。

われる賃金、②賞与、③その他これに準ずるもので命令で定める賃金であり、具体的には、1か月を超える期間の出勤成績によって支給される精勤手当、1か月を超える一定期間の継続勤務に対して支給される勤続手当、1か月を超える期間にわたる事由によって算定される奨励加給又は能率手当である（労基24条2項但書、労基則8条）。

## 6 賃金の非常時払

### (1) 趣旨

「使用者は、労働者が出産、疾病、災害その他厚生労働省令で定める非常の場合の費用に充てるために請求する場合においては、支払期日前であっても、既往の労働に対する賃金を支払わなければならない」（労基25条）。

労基法24条2項の定める毎月一回以上・一定期日払の原則に、賃金の支払回数及び支払期日を規制することにより、賃金の支払を安定させるものであるが、既に履行された労働に対する賃金についても支払期日まで請求することはできないことになり、労働者が臨時の出費を要する場合不利益となることがある。そこで、労基法25条は、一定の場合、支払期日前でも既往の労働に対する賃金を支払うべきものとした[105]。

### (2) 非常時払を請求しうる事由

労働者（労働者本人の死亡の場合は、相続人等賃金請求権を有する者）が非常時払を請求しうる事由は、①労働者本人の、出産・疾病・災害（労基25条）、結婚・死亡（労基則9条2号）、又は、労働者本人がやむを得ない事由によって1週間以上にわたって帰郷する場合（労基則9条3号）、②労働者の収入によって生活を維持する者（扶養義務のある親族に限らず同居人も含む[106]）の、出産・疾病・災害（労基則9条1号）、結婚・死亡（労基則9条2号）、又は、労働者の収入によって生活を維持する者がやむを得ない事由によって1週間以上にわたって帰郷する場合（労基則9条3号）である。「疾病」は、業務上・外を問わず全て対象となり、「災害」は、天災、地変、事変による一切の自然災害・人的災害を含む[107]。

### (3) 非常時払の対象となる賃金

非常時払の対象となる賃金は、「既往の労働に対する賃金」である。「既往

---

[105] 労基法23条においても、労働者の死亡又は退職の場合の賃金支払の特例が定められている（後記第18章「労働契約の終了」第1節5(1)イ）。
[106] 厚労省労基法コンメ（上）(2011) 364頁。
[107] 石井他・註解労基法Ⅰ(1964) 381頁。

の労働」とは、支払の時以前の労働と解すべきであろう[*108]。

既往の労働に対する賃金の算定は、日によって定められた賃金以外の賃金についても全て日割計算に換算して算定すべきところ、換算の方法は特に定められていないが、労基則19条に定める方法により、一定の期間を平均化して換算するのが妥当であろう[*109]。

なお、本条による賃金の支払にも、労基法24条1項(通貨払・直接払・全額払原則)が適用される。

### (4) 支払時期

労基法25条には、労基法23条と異なり、請求があったときから何日以内に賃金を支払わなければならないかについての定めがない。しかし、非常時払の趣旨からして緊急を要することは明らかであり、請求があれば使用者は請求の趣旨に応じて遅滞なく支払わなければならない[*110]。遅滞なく支払われたかどうかは、諸般の事情を考慮して合理的に判断される。

## 第5節　労働債権の確保

労働者にとって重要な労働債権を確保する措置として、①労基法における履行確保(→1)、②民法における先取特権(→2)、③倒産手続における労働債権の確保(→3)、④賃確法による労働債権の保護(→4)の制度が存在する。

### 1　労基法における履行確保

労基法においては、賃金支払四原則(労基24条)が規定され、違反については刑事制裁が科せられ(労基120条1号)(→前記第4節)、また、同規定の遵守については労働基準監督官による監督が行われる[*111]が、これらは、労働債権を確保するための規定と位置づけることができる。

### 2　民法における先取特権

#### (1) 労務の対価に関する先取特権

民法は、①給料その他債務者と使用人との間の雇用関係に基づき生じた債権

---

[*108]　有泉・労基法(1963)254頁、青木=片岡編・労基法Ⅰ(1994)354頁［金子征史］。
[*109]　石井他・註解労基法Ⅰ(1964)382頁、厚労省労基法コンメ(上)(2011)365頁。
[*110]　石井他・註解労基法Ⅰ(1964)381頁、青木=片岡編・労基法Ⅰ(1964)354頁［金子征史］、厚労省労基法コンメ(上)(2011)364頁。
[*111]　前記第6章「個別的労働関係法総論」第1節6。

を有する者は、債務者の総財産の上に一般先取特権を有し(民306条・308条)、②農業労働者は最後の一年間の賃金につき、工業労働者は最後の3か月間の賃金につき、その労役により生じた果実又は製作物の上に動産先取特権を有する(民311条・323条・324条)と定める。

先取特権は法定の担保権であり、判決正本その他の債務名義がなくとも、「その存在を証する文書」(民執181条1項4号、190条2項、193条1項)を裁判所に提出することにより、担保権の実行としての競売手続等が開始される。

しかし、上記②の動産先取特権は、果実又は製作物を労働者が直接管理し占有しているような特別な場合以外には、活用しがたい。また、上記①の一般先取特権は、特別の先取特権や抵当権等の担保権、租税や社会保険料に劣後しており、労働債権保護の制度としては不十分といえよう。

(2) 一般先取特権の被担保債権

一部改正(平15法134)以前の民法306条及び308条は、一般先取特権の生じる債権を「雇人の給料」に限定していたが、法改正により「債務者と使用人との間の雇用関係に基づいて生じた債権」に改められた。この改正後は、実態として債務者に対して労務を提供している者が受け取るものであれば、賃金、給料、報酬、委託費又は外注費等々の名称にかかわらず、請負契約や外注委託契約等の法形式や名称にかかわらず、実質的な雇用関係にあって労務提供の対価として受け取るものである限り、一般先取特権の被担保債権となり、さらに、退職金や身元保証金も「債務者と使用人との間の雇用関係に基づいて生じた債権」に含まれる[*112]。これに加えて、安全配慮義務違反や職場環境整備義務違反を理由とする債務不履行構成の損害賠償請求権についても、「債務者と使用人との間の雇用関係に基づいて生じた債権」に含まれる。

(3) 労働債権の回収方法

日本では、企業の経営破綻が生じても、当該企業に対し、倒産手続(民事再生法上の再生手続、会社法上の特別清算手続、会社更生法上の更生手続、破産法上の破産手続)を開始することを義務付けておらず、また、倒産手続において、労働者代表が手続に参加し、労働債権を回収するために必要な措置を講じ債権者である労働者に配分するといった制度も存在しない。

---

*112 2003(平15)年6月6日の衆議院法務委員会における政府参考人(法務省民事局長)房村精一の確認答弁(第156回国会衆議院法務委員会議録第22号〈平15・6・6〉22〜23頁)。

このため、第一に、倒産法上の手続が開始されない場合[*113]、労働者が自らの雇用関係の先取特権を行使する等して労働債権の回収を図る必要がある。

第二に、民事再生法(平11法225)に基づく再生手続が開始された場合、再生手続開始前に発生した賃金・退職金等の雇用関係の債権は、再生手続の中に取り込まれておらず、これらの債権を有する者は、権利行使の制限を受けない代わりに民事再生手続上の保護も与えられていないので、手続開始前に発生した雇用関係の債権を有する労働者は、再生手続によらずに、いつでも随時弁済を受けることができ(民事再生122条1〜2項)、弁済がないときには、自ら一般先取特権を行使する等して、債権回収を図る必要がある。

第三に、会社法(平17法86)510条以下の特別清算手続が開始された場合においても、一般先取特権の行使は原則として制限されず(会社515条1項但書)、例外的な場合に中止命令が発せられることがある(会社516条)にとどまる代わりに特別清算手続上の保護も与えられていないので、会社が任意に労働債権の弁済をしないときは、労働債権を有する労働者は自ら一般先取特権を行使する等して債権回収を図る必要がある。

これに対し、第四に、破産法(平16法75)に基づく破産手続が開始された場合、破産債権者が個別に権利行使をなすことは禁止され(破産100条)、また、会社更生法(平14法154)に基づく更生手続では、手続開始申立がなされると遅くとも開始決定までのいずれかの時点で一般先取特権の行使はできなくなり(会社更生24条、25条、47条、50条)、雇用関係の先取特権の存在を前提にして、管財人が債権者全体の利害を調整しながら雇用関係に基づいて生じた債権の弁済を順次行う。したがって、破産手続及び更生手続が開始された場合は、労働者は、自ら一般先取特権等を行使して労働債権を回収するのではなく、裁判所に債権届出書を提出した上で、管財人による弁済を待つことになる。

### 3　倒産手続における労働債権保護

(1) 再生手続と特別清算手続

前記2(3)で述べたように、民事再生法に基づく再生手続、及び、会社法に基づく特別清算手続では、労働者は労働債権の弁済を受けるため自ら一般先取特権を行使する等の措置を講じなければならない。これらの手続の下では、特別清算に関する特殊な場合(会社516条)を除き、一般先取特権その他の権利の行

---

*113　「任意整理」と呼ばれる私的整理がなされる場合、債権者による原料や在庫商品の争奪戦が起きる場合、跡形もなく「夜逃げ」がなされる場合等、多様である。

使を妨げられることもない代わりに、労働債権保護のための手続もなく、意見聴取等の特別な場合(民事再生42条3項)を除き手続に参加する機会もない。

したがって、この二つの手続の開始決定がなされた場合、労働債権を回収するために利用しうる手段は、民法所定の一般先取特権(→前記2)、債権者代位権の行使(民423条)、詐害行為取消権の行使(民424条〜426条)[114]、使用者からの債権譲渡(民466条)、保証(民446条)、又は民事訴訟法に基づく訴訟手続や民事執行法に基づく強制執行手続等の一般的な債権回収方法である。

(2) 破産手続

破産法(平16法75)は、支払不能又は債務超過にある債務者の財産等の清算に関する手続を定める法律であり(破産1条)、原則として、労働者は解雇され、労働債権の清算がなされるが、破産管財人の処分権限の一つとして営業又は事業の譲渡(破産78条2項3号)があるので、例外的に当該営業又は事業に従事する労働者の雇用が譲渡先に承継されることがある。

民法の定める一般先取特権は、特別の先取特権や抵当権等の担保権、租税や社会保険料に劣後しており、労働債権保護の制度としては不十分である。この不十分さを補うため、2004(平16)年の破産法全部改正の際に、破産手続開始前3か月間[115]の破産者の使用人の給料については、財団債権とされ(破産149条1項)、破産債権に優先して(破産151条)、破産手続の外で随時弁済を受けることができることとされた[116]。また、破産手続終了までに発生した退職手当に関しても、原則として退職前3か月間の給料の総額に相当する額、例外的に破産手続開始後に給料が減額されている場合には破産手続開始前3か月間の給料の総額に相当する額の範囲で、財団債権とされ(破産149条2項)、破産債権に優先して(破産

---

[114] 2017(平29)民法改正により、債権者代位権に関する大幅改正(新427条〜423条の7)、及び、詐害行為取消権に関する大幅改正(新423条〜426条)が行われたが、労働債権保護の視点からは現在よりも活用しにくい制度となろう。

[115] 賃金締切日や賃金支払日とは無関係に破産手続開始決定の前日から3か月前までの期間の日々の労務の対価の合計である。

[116] 解雇予告手当について、破産法上の「給料」に当たらないと解釈する見解や、破産管財人が裁判所に「『給料』に当たるので財団債権として扱いたい」旨の申請をした場合には適法と扱う実務運用例もある。しかしながら、解雇予告手当は、解雇により労働者が喪失する賃金を補填し解雇に伴う不利益を緩和するというその趣旨・目的に鑑み、破産法上の「給料」に該当すると解すべきである。また、民事再生法の手続に取り込まれない一般優先債権たる「賃金」の範囲に関する1999(平11)年12月3日開催の衆議院法務委員会における政府参考人(法務省民事局長)細川清の確認答弁(第146回国会衆議院法務委員会議録第11号〈平11・12・3〉15頁)でも、「解雇予告手当は、その性質上、賃金の一部」とされているのであるから、倒産法制においては、解雇予告手当は「賃金」「給料」に該当すると解される。

151条)、破産手続外で随時弁済を受けることができることとされた。
　　(3) 更生手続
　先に述べたように、民法の定める一般先取特権は、労働債権保護の制度としては不十分であるので、これを補うため、2002(平14)年の会社更生法全部改正の際に、一部の労働債権について、共益債権として扱い、更生計画の定めによらずに、他の債権に優先して随時弁済できることとされた(会社更生132条1項・2項)。その対象となる主要なものは、株式会社について更生手続開始の決定があった場合における、①更生手続開始前6か月間の当該株式会社の使用人の給料の請求権(会社更生130条1項)②更生計画認可の決定前に退職した当該株式会社の使用人の退職手当の請求権(ただし、退職前6か月間の給料の総額に相当する額又はその退職手当の額の3分の1に相当する額のいずれか多い額)(会社更生130条2項)、がある。

## 4　賃確法による労働債権の保護

　賃金の支払の確保等に関する法律<賃確法>は、賃金債権を保護するための特別法であり、①未払賃金の立替払制度、②社内預金の保全措置、③退職手当の保全措置、④退職労働者の未払賃金に係る遅延利息を規定している。
　　(1) 未払賃金の立替払制度
　未払賃金の立替払制度は、労災保険事業である社会復帰促進等事業の一つ(労災保険29条1項3号)であり、労災保険料を財源として、労働者の未払賃金の一部を労災保険の保険者である政府が当該労働者の請求に基づき立替払(事業主に代わって弁済)する制度である(賃確7条)。
　第一に、未払賃金の立替払制度の適用を受ける使用者は、労災保険の適用事業(労災保険3条)の事業主で、1年以上の期間にわたって当該事業を行っていた者が、次のいずれかに該当することである。①破産手続の開始決定を受け、又は、特別清算の開始命令を受けたこと、②会社更生手続開始の決定、又は、民事再生手続の決定があったこと、③中小企業事業主であって、その事業活動が停止し、再開の見込みがなく、かつ、賃金の支払能力がないことが労働基準監督署長に認定されたこと(賃確7条、賃確令2条、賃確則7～10条)。
　第二に、立替払の適用を受ける労働者は、前記①②の最初の申し立てがあった日、又は、③の認定の最初の申請が労働者からなされた日の6か月前の日以降2年間に、前記第一の要件を充足する事業主から退職した労働者である(賃確7条、賃確令3条、賃確則12～14条)。

第三に、立替払の対象となる賃金は、前記退職[*117]した日の6か月前以後立替払の請求日の前日までの期間において支払期が到来している定期給与及び退職金でその総額が2万円以上であるものである（賃確7条、賃確令4条2項、賃確則16条）。ただし、実際に立替払が行われる賃金額は、立替払対象賃金中の未払分（年齢に応じた上限額がある〈110～370万円〉）の80％に相当する額である（賃確令4条1項）。
　第四に、立替払の請求者は、所定の証明書等を添付した請求書を独立行政法人労働者健康福祉機構に提出しなければならない（賃確則17条）。
　政府は、民法499条（任意代位、債権者の承諾に基づく債権者代位）に基づき、当該弁済（立替払）に係る賃金請求権を労働者から代位取得し、当該事業主に賃金請求権を行使するか、破産手続又は会社更生手続において債権届出をする等の方法により立替払した賃金を回収することになる。
　(2) 社内預金の保全措置
　事業主は、労働者の貯蓄金をその委託を受けて管理する場合、貯蓄金の管理が預金の受入れであるときは、毎年3月31日における受入預金額について同日後1年間にわたる貯蓄金の保全措置（その払戻債務を銀行その他金融機関において保障することを約する契約の締結その他の措置）を講じなければならない（賃確3条）。
　義務違反については、労働基準監督署長は是正命令を出すことができ（賃確4条）、是正命令違反には罰則がある（賃確18条）。
　(3) 退職手当の保全措置
　事業主が労働契約又は労働協約により退職手当を支払うことを明らかにした場合は、退職手当の支払に充てるべき額につき、社内預金の保全に準ずる措置を講ずる努力義務を負う（賃確5条）。
　(4) 退職労働者の未払賃金に係る遅延利息
　事業主が退職労働者の賃金（退職手当を除く）を退職日又は支払期日までに支払わなかった場合は、その翌日から支払をする日までの期間につき、未払賃金の額に年14.6％を乗じて得た金額を遅延利息として支払わなければならない（賃確6条1項、賃確令1条）。ただし、賃金支払の遅滞が天災地変、その他やむを得ない事由（破産手続開始決定等）による場合は、その事由が存在する期間は適用しない（賃確6条2項、賃確則6条）。

---

[*117] 労働契約の終了のみならず労働者が事実上就労しなくなった場合も含まれる（茨木労基署長〈豊中管材〉事件・大阪地判平10・7・29労判747号45頁）。

# 第11章　労働時間と自由時間

　本章では、賃金と並び最も重要な労働条件の一つである、労働時間[*1]と自由時間に関する法規制[*2]につき、①労働時間規制・自由時間保障の意義と方法(→第1節)、②労働時間の概念・計算方法・賃金(→第2節)、③労働時間の規制(→第3節)、④自由時間の保障(→第4節)の順に検討する。

　なお、労働時間と自由時間規制については、年少者(18歳未満の者)、妊産婦、家族的責任を有する者に関する特別規制があるが、これは、後記第13章「労働と生活の調和」(第1節2・3、第2節3(2)、第3節3(5)・4(5))で検討する。

## 第1節　労働時間規制・自由時間保障の意義と方法

### 1　意義

　労働者の労働時間を規制し、その自由時間を保障する意義は、主として三つ挙げられる。

　第一は、労働者の健康・安全の保障である。労働者は言うまでもなく生身の人間であるから、労働できる時間には限界があり、また、睡眠、食事、休息等の時間が必要である。したがって、労働者の健康・安全を保障するためには、労働する時間を限定し、労働から解放された自由時間を保障することが不可欠である。

　第二は、労働以外の、個人として楽しみ、家族や友人と共に過ごし、社会活動等を行う時間の保障である。労働者は人間として、幸福追求権を有し、家族生活を営む権利を有し、また、政治的・社会的活動を行う権利・自由を有している。したがって、労働者の労働以外の生活や活動等を保障するためには、労働時間を限定し、労働から解放された自由時間を保障することが必要である。

　第三は、雇用の創出(ワークシェアリング)である。必要とされる労働力が同じであるとすると、一人当たりの労働時間が短縮されれば、必要とされる労働者の人数は増加する。したがって、雇用を創出し、失業者を減少させるために、

---

[*1]　近年の研究書として、荒木尚志『労働時間の法的構造』(有斐閣、2001)等。
[*2]　労働時間の法政策を論じるものとして、緒方桂子「労働時間の法政策」再生(3)(2017)107-127頁、同論文引用文献等。

労働時間の短縮は有効な政策となりうる。

## 2　方法

　労働時間を規制し、自由時間を保障するために、現行法制は以下のような方法を採用している。なお、現行法上、規制対象となる「時間」は、「労働時間」かそれ以外の時間（「自由時間」）かのいずれかに分類され、「労働時間」と「自由時間」のいずれにも該当しない「第三の時間」は存在しない。

　(1)　労働時間規制の方法

　「労働時間」の規制として、具体的には、①労働時間の「長さ」（量）、②労働時間の「配分方法」、③労働時間の「時間帯」の規制を行っている。

　第一に、前記1の労働時間規制の意義に照らし、①労働時間の「長さ」（量）の規制は当然必要である。

　第二に、労働者は生身の人間であり、その健康・安全の観点からも、連続して労働することはできず、また、その生活は基本的に1日・1週間を一つのサイクルとして行われるから、労働時間全体の長さを規制するだけではなく、1日当たり・1週間当たりの労働時間を規制することが必要である。そのため、1日・1週間当たりの最長労働時間が規制され、②労働時間の「配分方法」も規制されている。

　第三に、労働者の健康・安全及び生活を考えると、深夜労働は望ましいものではない。そのため、深夜労働に関する法規制も行われ、③労働時間の「時間帯」も規制されている。

　(2)　自由時間保障の方法

　「自由時間」の保障として、具体的には、①休憩、②休日、③年次有給休暇が保障されている[*3]。

　第一に、労働者の1日の労働時間が一定以上の場合は、その間に、食事や休息をとる時間が必要である。そのため、1日の労働時間の途中で、「休憩」をとることが保障されている。

　第二に、労働者の健康と生活の観点からは、労働から解放される日が必要である。そのため、原則として1週間に一度の「休日」が保障されている。

　第三に、労働者が旅行したり家族や友人とゆっくり過ごしたりして生活を楽しむためには、休日だけではなく、さらにまとまった休暇が必要である。その

---

*3　一般的な自由時間の他、労働者の労働と家族的責任と両立させるために育児・介護休業等も保障されているが、これは後記第13章「労働と生活の調和」第3節で検討する。

ため、1年に一定日数の「年次有給休暇」が保障されている。

なお、国によっては、労働日の労働の終業時刻から次の労働日の労働の始業時刻までの時間を「休息時間」（「勤務間インターバル」）とし、一定時間以上の休息時間を法律により保障しているところもあるが、日本においては「休息時間」保障は一般的にはまだ採用されていない[*4]。

## 第2節　労働時間の概念・計算方法・賃金

### 1　労働時間の概念

「労働時間」に関する概念として、①「労働契約上の労働時間」（「所定労働時間」）、②「実労働時間」、③「労基法上の労働時間」の三つがあり[*5]、労働時間に関する法規制を検討する際には、これらを区別して理解する必要がある。

第一に、「労働契約上の労働時間」（「所定労働時間」とも呼ばれる）は、労働契約上、労働義務のある時間として約定された時間である。したがって、「労働契約上の労働時間」は、労務（労働義務）履行前に確定されることになる。労働義務のある時間かどうかは、実質的に判断されるべきであり、例えば、就業規則に、始業午前9時、終業午後2時と規定されていたとしても、午前8時半から作業の準備が義務づけられている場合は、労働契約上の労働時間は午前8時半から午後2時までである。

第二に、「実労働時間」とは、現実に労務が履行（提供・受領）された時間である。したがって、「実労働時間」は、労務履行後に確定される。この「実労働時間」は、「労働契約上の労働時間」と一致するのが通常であるが、一致しないときもある。例えば、労働者が「労働契約上の労働時間」における労務を一部又は全部履行しなかったとき（遅刻又は早退したとき等）は、「労働契約上の労働時間」ではあるが「実労働時間」ではない時間が存在する。逆に、労働者が「労働契約上の労働時間」以外の時間に労働した場合（所定時間外労働）、「労働契約上の労働時間」ではないが「実労働時間」である時間が存在する。

第三に、「労基法上の労働時間」とは、労基法の規制対象とする労働時間である。労基法は、労基法上の労働者の「労働契約上の労働時間」と「実労働時

---

[*4] タクシー、バス、トラック等の自動車運転手については、「自動車運転者の労働時間等の改善のための基準」（平元・2・9労告7、平12・12・25労告120号等により改正）が、1日の拘束時間や休息時間の制限を定めている。

[*5] この他、労働時間と休憩時間を合わせて「拘束時間」と呼ぶときがある。

間」の双方を規制対象とする*6（→第3節）。

図11.1　労働契約上の労働時間と実労働時間

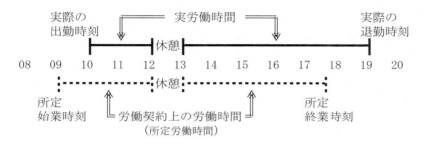

## 2　労基法上の労働時間
### (1)　判断基準
#### ア　客観的画定

労働時間*7について、労基法32条は、労働時間の長さと配分方法を直接規制し（1日8時間・1週40時間を労働時間の上限とする）、労基法37条は、労働時間の長さと配分方法と時間帯を間接的に規制している（1日8時間・1週40時間を超える労働、又は、午後10時から午前5時までの労働について、使用者に割増賃金の支払を義務づけている）。これらの条文は強行規定であり、労働契約、就業規則、労働協約、労使慣行等の内容に関わりなく、労働時間に関する最低基準として規範的効力をもって日本における全ての事業場に統一的に適用される（労基13条）。

したがって、その規制対象である「労働時間」（労基法上の労働時間）の範囲も、労働契約、就業規則、労働協約、労使慣行等により各労働者や各事業場毎に相対的に決定されるのではなく、労基法の解釈として客観的に定まる*8。

---

*6　荒木・労働法(2016)は、労基法上の労働時間を「現実の労働の長さを規制する場合の対象となる実労働時間」と定義するが、労基法は、実労働時間のみならず労働契約上の労働時間も規制するので、対象を実労働時間に限定する必要はないように思われる。日立製作所事件・最一小判平3・11・28民集45巻8号1270頁/労判594号7頁の味村治裁判官の補足意見も、労基法32条は、「労働時間の最長限を定めていて、同条に違反した者は刑事責任を負うとともに、この最長限を超えて労働する労働契約ないし労働協約の定めは、原則として、効力を生じない」と述べている。

*7　労働時間の概念の議論状況等については、石橋洋「労基法上の労働時間の概念と判断基準」21世紀(5)(2000)223-225頁、長谷川珠子「労働時間の法理論」再生(3)(2017)137-152頁、同論文引用文献等。

*8　荒木・労働法(2016)183頁等。

最高裁判決*9も、労基法32条の労働時間(労基法上の労働時間)は、「客観的に定まるものであって、労働契約、就業規則、労働協約等の定めのいかんにより決定されるべきものではない」と判示している。

　　イ　労働義務のある時間・労働義務を履行した時間

それでは、「労基法上の労働時間」とは、どのような時間と解すればよいだろうか。最高裁判決*10は、労基法上の労働時間とは、「労働者が使用者の指揮命令下に置かれている時間」であり、これに該当するか否かは、「労働者の行為が使用者の指揮命令下に置かれたものと評価することができるか否かにより客観的に定まる」と判示する。

しかし、労働時間規制は、労働者の健康・安全と人間らしい生活・自由時間の確保のために、「労働義務のある時間」と「労働義務を履行した時間」の長さ・配分方法・時間帯を規制対象としているところ、労働義務の履行の方法・内容は職種・職務内容・具体的状況により多種多様であり、あえて、「労働義務」を「使用者の指揮命令下に置かれている」と言い換える必要性はない*11。

したがって、「労基法上の労働時間」は、端的に、「労働義務のある時間」と「労働義務を履行した時間」と定義すべきである。

具体的には、第一に、「労働契約上の労働時間」が労基法違反かどうかを判断する場合は、当該時間が「労働義務のある時間」かどうかを、当該行為の性質や使用者の業務上の指示の有無と内容等にも照らして、労働契約の内容を信義則に則して解釈し、決定すべきである。

第二に、「実労働時間」が労基法違反かどうかを判断する場合は、当該時間が「労働義務を履行した時間」と評価されるかどうかを、当該行為の性質や使用者の業務上の指示の有無と内容等も踏まえ、信義則に則して解釈された労働契約の内容と現実の労働者の行為に照らして判断すべきである。

---

*9　三菱重工長崎造船所(一次訴訟・会社上告)事件・最一小判平12・3・9民集54巻3号801頁/労判778号11頁、同(一次訴訟・組合上告)事件・最一小判平12・3・9民集197号75頁/労判778号8頁、同(二次訴訟)事件・最一小判平12・3・9労判778号14頁。

*10　三菱重工長崎造船所(一次訴訟・会社上告)事件・最一小判平12・3・9民集54巻3号801頁/労判778号11頁、同(一次訴訟・組合上告)事件・最一小判平12・3・9民集197号75頁労判778号8頁、同(二次訴訟)事件・最一小判平12・3・9労判778号14頁、大林ファシリティーズ事件・最二小判平19・10・19民集61巻7号2555頁/労判946号31頁。

*11　労基法上の労働時間の判断基準(の一部)を「使用者の指揮命令下に置かれている時間」)とする見解は、労基法上の労働者の判断基準(の一部)を「使用従属性(指揮命令<監督>下の労働)」とすることから導かれていると思われるが、既に述べたように、労基法上の労働者の判断基準(の一部)を「使用従属性(指揮命令<監督>下の労働)」とすること自体が妥当ではない(→前記第4章「労働法の主体」第1節6)。

そして、当該行為が「労働義務」の一部かどうか、「労働義務のある時間・労働義務を履行した時間」かどうかは、労基法32条の趣旨に照らし客観的に判断されるので、所定労働時間外・休日・休憩時間とされている時間でも「労働義務のある時間・労働義務を履行した時間」と評価される場合は、当該時間は労基法上の労働時間である[*12]。

(2) 具体的該当性

具体的に、当該行為が「労働義務」の一部であり、「労基法上の労働時間（労働義務のある時間／労働義務を履行した時間）」に該当するかどうかについては、①業務の準備行為等、②業務の後片付け等、③休憩時間中の作業服・防護具の着脱、④不活動時間（実作業に従事していない時間）、⑤仮眠時間、⑥所定労働時間外の研修・教育活動等への参加等が論点となる[*13]。以下、順に検討する。

　　ア　業務の準備行為等

労働者が、就業を命じられた業務の準備行為等を事業所内において行うことを使用者から義務付けられ、又は、これを余儀なくされたときは、当該行為を所定労働時間外において行うものとされている場合でも、当該行為は、約定された労務の履行に必要不可欠ないし不可分の行為であり、特段の事情のない限り、労働義務の一部と評価することができる。したがって、当該行為に要する時間は、それが社会通念上必要と認められるものである限り、労基法上の労働時間に該当する[*14]。

具体的には、使用者から義務付けられ、又は、これを余儀なくされる、出勤

---

[*12] 所定労働時間外・休日・休憩とされている時間を労基法上の労働時間と判断した最高裁判決・下級審裁判例として、大林ファシリティーズ事件・最二小判平19・10・19民集61巻7号2555頁／労判946号31頁（マンションの住込み管理人が休日に、照明の点消灯、ごみ置き場扉の開閉等、使用者に明示又は黙示に指示された業務に現実に従事した時間）、京都銀行事件・大阪高判平13・6・28労判811号5頁（銀行員の金庫の開扉、会議等）、新日本管財事件・東京地判平18・2・3労判916号64頁／判時1926号141頁（マンション住込み管理員の所定労働時間外の実作業時間（ゴミ収集等））、昭和観光事件・大阪地判平18・10・6労判930号43頁（始業時刻前、就業時刻後で業務に従事していた時間）。

[*13] その他、「全社員販売」（労働者が知人等に使用者の企業グループの商品を購入してもらう取り組み）と「web学習」（労働者が業務関連技能を習得するための学習活動）が使用者の業務上の指示によるもので労基法上の労働時間と判断した裁判例として、NTT西日本ほか事件・大阪地判平22・4・23労判1009号31頁。

[*14] 三菱重工長崎造船所（一次訴訟・会社上告）事件・最一小判平12・3・9民集54巻3号801頁／労判778号11頁（「労働者が、就業を命じられた業務の準備行為等を事業所内において行うことを使用者から義務付けられ、又はこれを余儀なくされたときは、当該行為を所定労働時間外において行うものとされている場合であっても、当該行為は、特段の事情のない限り、使用者の指揮命令下に置かれたものと評価することができ、当該行為に要した時間は、それが社会通念上必要と認められるものである限り、労働基準法上の労働時間に該当する」と判示）。

報告・待機[*15]、資材等の受け出し・粉じん防止の散水[*16]、交替引き継ぎ、朝礼[*17]・点呼・点呼後の勤務場所への移動[*18]、作業上の指示を受ける時間、機械等の点検・整備、清掃・整頓、作業衣への着替え・保護具の着用と作業場への移動[*19]等に要する時間は、「労基法上の労働時間」である。

また、一定時刻までに入構すること、又は、タイムカードに打刻することが義務づけられているときは、通常、労務の履行のためにその時間以降その場所にいることが義務付けられていると評価しうるから、その場合は、当該行為も労働義務の一部であり、「労基法上の労働時間」の起算点となる。

### イ 業務の後片付け等

労働者が、就業を命じられた業務の後片付け等を事業所内において行うことを使用者から義務付けられ、又は、これを余儀なくされたときは、当該行為を所定労働時間外において行うものとされている場合でも、当該行為は、約定された労務の履行に必要不可欠ないし不可分の行為であり、特段の事情のない限り、労働義務の一部と評価することができる。したがって、当該行為に要する時間は、それが社会通念上必要と認められるものである限り、労基法上の労働時間に該当する。

具体的には、作業後に必要な後始末・後片付け、報告書の作成・送信[*20]、交替引き継ぎ、作業場から更衣所への移動と義務的な作業服からの着替え・保護具の脱具等に要する時間[*21]は、「労基法上の労働時間」である。

また、最高裁判決[*22]は、実作業終了後の洗面・入浴は、事業場内の施設において行うことを義務づけられておらず、また、特に洗面・入浴をしなければ通勤が著しく困難であるともいえないときは、「労基法上の労働時間」に該当しないと判示しているが、その判断基準自体は支持しうる。

---

[*15] 東京シーエスピー事件・東京地判平22・2・2労判1005号60頁（労働時間性を肯定）。
[*16] 三菱重工長崎造船所（一次訴訟・会社上告）事件・最一小判平12・3・9民集54巻3号801頁/労判778号11頁（労働時間性を肯定）。
[*17] ビル代行事件・東京地判平17・2・25労判893号113頁、イオンディライトセキュリティ事件・千葉地判平29・5・17労判1161号5頁（両事件とも朝礼と制服への更衣時間につき労働時間性を肯定）。
[*18] 東京急行電鉄事件・東京地判平14・2・28労判824号5頁（労働時間性を肯定）。
[*19] 三菱重工長崎造船所（一次訴訟・会社上告）事件・最一小判平12・3・9民集54巻3号801頁、同（二次訴訟）事件・最一小判平12・3・9労判778号14頁（労働時間性を肯定）。
[*20] 東京シーエスピー事件・東京地判平22・2・2労判1005号60頁（労働時間性を肯定）。
[*21] 三菱重工長崎造船所（一次訴訟・会社上告）事件・最一小判平12・3・9民集54巻3号801頁/労判778号11頁（労働時間性を肯定）。
[*22] 三菱重工長崎造船所（一次訴訟・組合上告）事件・最一小判平12・3・9集民197号75頁/労判778号8頁。

### ウ　休憩時間中の作業服・防護具の着脱

　造船所の作業員の装着が義務づけられている作業服・防護具の着脱について、最高裁判決[*23]は、始業時刻前及び終業時刻後の作業服・防護服の着脱は労基法上の労働時間であるが、休憩時間中の着脱については、「使用者は、休憩時間中、労働者を就業を命じた業務から解放して社会通念上休憩時間を自由に利用できる状態に置けば足りる」と判示して、作業服・防護具の着脱に要する時間は、特段の事情のない限り労基法上の労働時間ではないと判断した。

　しかし、食事や休息をとるにあたり、当該作業服・防護具（の一部）を着替え・脱ぐことが社会通念上必要とされる場合は、当該作業服・防護具（の一部）を着けているときは「休憩時間を自由に利用できる状態にある」とは言えず、したがって、労働義務の一部に含めて解すべきであり、「作業服・防護具（の一部）の着脱に要する時間は、「労基法上の労働時間」と解すべきである。

### エ　研修・教育活動等への参加

　研修・教育活動等への参加は、それが労働義務の内容であるか、又は、使用者から命じられたものであれば、労働義務の一部であり、「労基法上の労働時間」である[*24]。

### オ　「不活動時間」

　実作業に従事していない時間（「不活動時間」）であっても、当該時間において労働契約上の役務の提供が義務づけられていると評価される場合（「手待時間」とも呼ばれる）は、労働からの解放が保障されているとはいえず、実質的に役務の提供が義務づけられていないと認めることができる特段の事情がある場合を除き、労働義務があり労働義務を履行した時間であり、労基法上の労働時間であるといえる[*25]。

　それゆえ、現実に作業に従事していなくても、使用者の指示があれば作業に従事しなければならず、又は、来客・顧客があれば対応しなければならない時間は、労働義務があり労働義務を履行した時間であり、「労基法上の労働時間」

---

[*23]　三菱重工長崎造船所（一次訴訟・組合上告）事件・最一小判平12・3・9集民197号75頁／労判778号8頁。
[*24]　労基法上の労働時間と判断した裁判例として、八尾自動車興産事件・大阪地判昭58・2・14労判405号64頁。
[*25]　大林ファシリティーズ事件・最二小判平19・10・19民集61巻7号2555頁／労判946号31頁（不活動時間について、当該時間において労働契約上の役務の提供が義務づけられている場合は、労働からの解放が保障されているとはいえず、労基法上の労働時間に当たると判示）。

である*26。

　　カ　「仮眠時間」

　宿直勤務等における仮眠時間は、実作業に従事する時間は、労働義務があり労働義務を履行した時間であり、労基法上の労働時間である。

　また、実作業に従事していない仮眠時間（「不活動仮眠時間」）であっても、当該時間において労働契約上の役務の提供が義務づけられていると評価される場合は、労働からの解放が保障されているとはいえないので、実質的に役務の提供が義務づけられていないと認めることができる特段の事情がある場合を除き、労働義務があり労働義務を履行した時間であり、「労基法上の労働時間」である*27*28。

---

*26　労基法上の労働時間性を肯定した判例・裁判例として、大林ファシリティーズ事件・最二小判平19・10・19民集61巻7号2555頁／労判946号31頁（マンションの住み込み管理人が、使用者から、照明の点消灯、ごみ置き場扉の開閉等の断続的な業務の他、宅配物の受け渡し等住民等からの要望への対応につき黙示の指示を受けていた時間）、すし処「杉」事件・大阪地判昭56・3・24労経速1091号3頁（飲食店の客が途切れたときの休息時間）、大阪淡路交通事件・大阪地判昭57・3・29労判386号16頁（観光バスの運転手の待機・駐車時間等）、互光建物管理事件・大阪地判平17・3・11労判898号77頁（マンションの住込み管理人の管理事務取扱時間とされている休憩時間）、中央タクシー事件・大分地判平23・11・30労判1043号54頁（タクシー運転手の指定場所以外での30分を超える客待ち待機時間、債務の本旨に従った労働と認められないほどの信義則違反はないと判断）、否定した裁判例として、互光建物管理事件・大阪地判平17・3・11労判898号77頁（マンションの住込み管理人が所定労働時間外に管理員居室に駐在している時間）、新日本警財事件・東京地判平18・2・3労判916号64頁／判時1926号141頁（マンションの住込み管理人の所定労働時間外で作業の指示がない時間）、大虎運輸事件・大阪地判平18・6・15労判924号72頁（トラック運転手の荷下ろし後次の指示を待つ時間）、大道工業事件・東京地判平20・3・27労判964号25頁（ガス修理工事会社の従業員が事実上会社の寮で待機を余儀なくされている時間）。

*27　大星ビル管理事件・最一小判平14・2・28民集56巻2号361頁／労判822号5頁（不活動仮眠時間について、当該時間において労働契約上の役務の提供が義務づけられている場合は、そのような対応をすることが皆無に等しいなど実質的に役務の提供が義務づけられていないと認めることができる事情がある場合を除き、労働からの解放が保障されているとはいえず、労基法上の労働時間に当たると判示）。

*28　労基法上の労働時間であることを肯定した判例・裁判例として、大星ビル管理事件・最一小判平14・2・28民集56巻2号361頁／労判822号5頁（ビル管理会社の技術員）、日本貨物鉄道事件・東京地判平10・6・12労判745号16頁／判時1655号170頁（警備員）、日本郵便逓送事件・京都地判平12・12・22労判806号43頁（郵便運送の大型運転士）、ビル代行事件・東京地判平17・2・25労判893号113頁（警備員）、井之頭病院事件・東京地判平17・8・30労判902号41頁（病棟の深夜勤の看護職員）、ジェイアール総研サービス事件・東京高判平23・8・2労判1034号5頁（守衛）、イオンディライトセキュリティ事件・千葉地判平29・5・17労判1161号5頁（警備員）、否定した裁判例として、新生ビルテクノ事件・大阪地判平20・9・17労判976号60頁（建物管理・警備、仮眠時間中に何か対応することは皆無に等しい状況であると判断）。

## 3　労基法上の労働時間の計算方法

### （1）労働時間の通算

1人の労働者が、2つ以上の事業場で労働する場合、労基法上の労働時間はそれぞれの事業場における労働時間を通算して計算される（労基38条1項）[*29]。これは、1人の労働者が、2以上の異なる使用者のもとで労働する（従って2つ以上の事業場で労働する）場合も同じである。

### （2）坑内労働の労働時間

炭鉱あるいは、金・銀・銅山等における坑内労働については、労働者が坑口に入った時刻から出た時刻までの時間を休憩時間を含め、労基法上の「労働時間」とみなす（労基38条2項）[*30]。

## 4　労基法上の労働時間と賃金

### （1）原則

賃金請求権の有無と請求しうる額は、原則として、労働契約の内容により決定される。したがって、労基法上の労働時間に該当するからといって当然に当該時間につき賃金請求権が発生するわけではなく、賃金請求権の有無と請求しうる額は、労働契約の内容による[*31]。

もっとも、労働契約は労働者の労務履行と使用者の賃金支払に基礎を置く有償双務契約であり、労働と賃金の対価関係は労働契約の本質的部分を構成しているというべきであるから、労働契約の合理的解釈としては、労基法上の労働時間に該当すれば、通常は労働契約上の賃金支払の対象となる時間としているものと解するのが相当である[*32]。

また、最賃法の適用はあるから、最賃法に基づき算定された1時間当たりの賃金額は、最賃法の定める最低賃金額以上でなければならない[*33]。

---

[*29] 労働時間の通算制に関する論考として、河野尚子「兼職をめぐる労働時間の通算制・契約上の兼職禁止義務のあり方－ドイツ法との比較研究－」労働法学会誌124号（2014）195-208頁。

[*30] ただし、この場合、後述（→第4節第1款1(3)(4)）のように、労基法34条2・3項の休憩の一斉付与及び自由利用の原則は適用されない（労基38条2項但書）。

[*31] 大星ビル管理事件・最一小判平14・2・28民集56巻2号361頁/労判822号5頁も、労基法上の労働時間と判断された不活動仮眠時間の賃金請求権について、このように述べている。

[*32] 大星ビル管理事件・最一小判平14・2・28民集56巻2号361頁/労判822号5頁。荒木・労働法（2016）180頁等。

[*33] 前記第10章「賃金」第2節2。

### (2) 例外

しかし、労基法37条は、①法定労働時間(労基32条)を超える労働、②法定休日(労基35条)における労働、及び、③深夜(午後10時から午前5時まで)における労働につき、使用者の割増賃金支払義務を定めており、同条は強行規定である。

したがって、当該労基法上の労働時間が、①法定労働時間(労基32条)を超える労働時間、②法定休日(労基35条)における労働時間、又は、③深夜(午後10時から午前5時まで)における労働時間である場合は、労働契約の定めの有無にかかわらず、また、当該労働が適法か否かを問わず、使用者は、労基法37条、又は、労基法13条に基づき、少なくとも労基法37条所定の割増賃金支払義務を負う[*34]。

## 第3節　労働時間の規制

労働時間の規制内容については、労働時間の、①長さ・配分方法・時間帯の原則(→第1款)、②長さに関する例外(→第2款)、③配分方法に関する例外(→第3款)、④長さ・配分方法の規制対象となる時間の例外(→第4款)、⑤長さ・配分方法規制の適用除外(→第5款)の順に検討する[*35]。

## 第1款　労働時間の長さ・配分方法・時間帯の原則

### 1　労働時間の長さ・配分方法

#### (1) 法定労働時間

労働時間の長さ・配分方法を規制するのは、1日及び1週の最長労働時間を定める「法定労働時間」(労基32条)である。労基法32条は、「使用者は、労働者に、休憩時間を除き一週間[*36]について四十時間を超えて、労働させてはならない。」「使用者は、一週間の各日については、労働者に、休憩時間を除き一日[*37]につ

---

[*34] 大星ビル管理事件・最一小判平14・2・28民集56巻2号361頁／労判822号5頁。詳細は後記第3節第2款5。
[*35] 本節及び第4節で検討する労働時間の規制・自由時間の保障に関する法令を遵守するため、使用者はその前提として、労働者の労働時間を適正に把握し適切に管理する義務をうが、この点につき、厚労省は「労働時間の適正な把握のために使用者が講ずべき措置に関するガイドライン」(平29・1・20)を策定している。
[*36] 就業規則その他に特段の定めがない限り、日曜日から土曜日までのいわゆる歴週をいう(昭63・1・1基発1号)。
[*37] 午前0時から午後12時までのいわゆる暦日をいうものであり、継続勤務が2暦日にわたる場合には、たとえ暦日を異にする場合でも一勤務として取扱い、当該勤務は始業時刻の属する日の労働として、当該日の「一日」の労働とする(昭63・1・1基発1号)。

いて八時間を超えて、労働させてはならない。」と定める[*38]。

したがって法定労働時間は、①1日8時間（労基32条2項）、②1週40時間（労基32条1項）である。

これにより、労働時間全体の「長さ」（例えば52週間であれば、40時間×52週＝2080時間）が規制されるとともに、1日当たり・1週当たりの労働時間の「配分方法」（1日当たり8時間まで・1週当たり40時間まで）が規制されることになる。

(2) 法定労働時間の特例

法定労働時間については、零細規模の商業・サービス業においてその特例が認められている。

具体的には、①物品の販売、配給、保管若しくは賃貸又は理容の事業（労基別表一の8号）、②映画の映写、演劇その他興行の事業（同10号）、③病者又は虚弱者の治療、看護その他保健衛生の事業（同13号）、④旅館、料理店、飲食店、接客業又は娯楽場の事業（同14号）の、①〜④の事業のうち、常時10人未満の労働者を使用するものにおいては、その最長労働時間は、1日8時間、1週44時間とされている（労基40条、労基則25条の2）。

(3) 法定労働時間による規制の法的効果

法定労働時間による労働時間規制は、大別して二つの法的効果を有する。

第一は、公法上の効果である。使用者が労働者を法定労働時間を超えて労働させた場合、すなわち、「実労働時間」が「法定労働時間」を超えた場合は、罰則（労基119条1号）の定める刑罰が科せられる。ただし、労基法33条又は36条1項の規定に基づき、法定労働時間を超える労働が行われた場合に、この刑罰は科せられない（→後記第2款3・4）。

第二は、私法上の効果である。具体的には、①労基法32条に、労基法の適用される労働契約に対し強行的・直律的効力を有するので、「法定労働時間」を超えて労働する旨の約定は無効となり、労働義務のある時間に法定労働時間の枠内となる（労基32条、労基13条）[*39]。ただし、労基法36条1項の定める労使協定

---

[*38] 1暦日の労働か2暦日の労働かが争われた事案として、無洲事件・東京地判平28・5・30労判1149号72頁（3時間半程度の間隔があることから2暦日の労働と判断したが、法定労働時間による労働者保護の趣旨等に照らし1暦日の労働と判断すべきだったであろう）。

[*39] 労基法32条により労働契約における労働時間の定めが1日8時間に修正（短縮）された場合、賃金額の定めがどうなるかが問題となりうるが、一般に賃金は労働時間に比例して定められるものとはいえないから、労働の性質や契約内容などから時間給であることが明らかな場合の外は、賃金の部分については修正されない（橘屋事件・大阪地判昭40・5・22労民16巻3号371頁／判タ178号174頁）。

が締結された場合は、当該労使協定の定める範囲内であれば、法定労働時間を超えて労働する旨の約定も有効である（→後記第2款4）。

また、②使用者が労働者を法定労働時間を超えて労働させた場合、すなわち、「実労働時間」が「法定労働時間」を超えた場合は、当該超過時間について、使用者は割増賃金支払義務を負う（労基37条1項）（→後記第2款5）。この割増賃金支払義務は、当該労働の適法性とは無関係に発生するものであり、適法な労働でも違法な労働でも、使用者は割増賃金支払義務を負う[40]。

(4) 「労働契約上の労働時間」と「実労働時間」の規制

法定労働時間の公法上の効果及び私法上の効果を併せると、労基法は、「労働契約上の労働時間」及び「実労働時間」を以下のように制限していると整理することができる。

第一に、「労働契約上の労働時間」は、労基法32条の強行的・直律的効力により、労基法36条1項所定の労使協定が締結された場合を除き、その上限が法定労働時間（1日8時間・1週40時間）に制限されている。

第二に、「実労働時間」は、それが法定労働時間を超えた場合は、適法になされた場合を除き刑罰が科されるとともに、適法・違法に関わらず使用者の割増賃金支払義務が発生し、刑事・民事の両面から規制されている。

## 2　労働時間帯（深夜労働の規制）

午後10時から午前5時までの労働は、一般に「深夜労働」（「深夜業」）と呼ばれている。

現行法において、深夜業は、18歳未満の年少者（労基61条）、妊産婦・一定の家族的責任を有する労働者が請求した場合[41]を除き、禁止されておらず、深夜労働をさせることができる事由又は時間数について一般的規制はない。

しかし、深夜労働については、使用者は、2割5分以上の割増率で計算した割増賃金[42]の支払義務を負う（労基37条4項）。このような経済的コストを使用者に負担させることにより、深夜労働は間接的に制限されている。

また、「深夜業に従事する女性労働者の就業環境等の整備に関する指針」（平10・3・13労告21）が作成されている[43]。

---

[40]　小島撚糸事件・最一小判昭35・7・14刑集14巻9号1139頁／判時230号6頁。
[41]　詳細は、後記第13章「労働と生活の調和」第1節3、第2節3(2)、第3節3(5)・4(5)。
[42]　割増賃金の詳細は後記第2款5。
[43]　詳細は、前記第7章「自由と人格権保障」第2節6。

## 第2款　労働時間の長さに関する例外

### 1　法定時間外労働

(1) 例外として許容される「法定時間外労働」

前記のように、労基法32条は法定労働時間として、1日8時間・1週40時間を最長労働時間として定め、労働時間の長さを制限している。

しかし、一定の要件を充足する場合は、法定労働時間を超える労働、すなわち「法定時間外労働」（単に「時間外労働」とも呼ばれる）を行わせることが許容される（→2）。

(2) 「法定時間外労働」と「所定時間外労働」の関係

「労働契約上の労働時間」は、「所定労働時間」とも呼ばれ、これを超える労働を、一般に「所定時間外労働」と呼ぶ（「所定外労働」とも呼ばれる）。

「所定労働時間」が1日8時間・1週40時間であれば、これを超える「所定時間外労働」は、全て、「法定時間外労働」である。

これに対して、「所定労働時間」が1日8時間・1週40時間よりも短ければ、「所定時間外労働」が全て「法定時間外労働」となるわけではない。例えば、所定労働時間が1日7時間・1週35時間である場合、1日7時間を超え8時間まで、かつ、1週35時間を超え40時間までの時間は、「所定時間外労働」ではあるが、「法定時間外労働」ではない。

図11.2　法定時間外労働と所定時間外労働

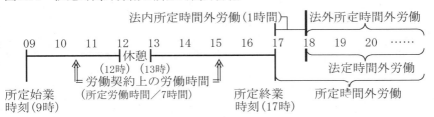

したがって、「所定時間外労働」は、①法定労働時間を超えない所定時間外労働である「法内所定時間外労働」と、②法定労働時間を超える所定時間外労働である「法外所定時間外労働」に区別する必要がある。

「法内所定時間外労働」については、労基法32条違反の問題は発生しない。ただし、使用者が労働者に法内所定時間外労働を義務づけるためには、所定時

間外労働を命ずる法的根拠と権利行使の適法性が必要である[*44]。

それに対して、「法外所定時間外労働」を行わせるためには、その前提として、労基法32条の例外として適法に法定時間外労働を行わせることができる要件を充足しなければならない(→2)。

## 2　法定時間外労働を行わせることのできる要件

法定時間外労働を行わせることができるのは、①災害等による臨時の必要性がある場合(労基33条1・2項)、又は、②法定時間外労働に関する労使協定の締結と届出がなされた場合(労基36条1項)である[*45]。

### (1) 災害等による臨時の必要性

「災害その他避けることのできない事由によって、臨時の必要性がある場合」においては、使用者[*46]は、行政官庁(所轄労働基準監督署長)の許可[*47]を受けて、その必要の限度において、法定時間外労働、又は、法定休日労働をさせることができる(労基33条1項本文、労基則13条1項)。

ただし、「事態急迫のために行政官庁の許可を受ける暇がない場合においては、事後に遅滞なく」、行政官庁(所轄労働基準監督署長)に届け出なければならない(労基33条1項但書、労基則13条1項)。この届出があった場合、行政官庁(所轄労働基準監督署長)がその法定時間外労働又は法定休日労働を不適当と認めたときは、その後にその時間に相当する休憩又は休日を与えるべきことを命じることができる(労基33条2項、労基則14条)。

### (2) 労使協定の締結と届出

使用者は、事業場の過半数代表と書面による協定(労使協定)を締結し、所定の様式により行政官庁(所轄労働基準監督署長)に届け出た場合(労基則17条1項)は、その協定の定めるところに従い、当該事業場において、労働者に法定時間外労

---

[*44]　詳細は、後記第16章「労働契約内容の設定と変更」第4節第8款。
[*45]　労基法33条3項はこれが適用される公務員に関する規定であるので本書では取り扱わない。
[*46]　派遣労働者の場合、許可又は届出義務を負うのは、派遣先の使用者である(昭61・6・6基発333)。
[*47]　解釈例規は、許可基準として、労基法33条1項は、災害、緊急、不可抗力その他客観的に避けることのできない場合の規定であるから、①単なる業務の繁忙その他これに準ずる経営上の必要は認めない、②急病、ボイラーの破裂その他人命又は公益保護のための必要は認める、③事業の運営を不可能ならしめる突発的な機械の故障は認めるが、通常予見される部分的な修理、定期的な手入は認めない、④電圧低下により保安等の必要がある場合は認める、としている(昭22・9・13発基17、昭26・10・411基発696)。

働をさせることができる(労基36条1項本文)。ただし、坑内労働その他厚生労働省令で定める健康上特に有害な業務(労基則18条)[48]の労働時間の延長は、1日について2時間を超えてはならない(労基36条1項但書)[49]。

(3) 労使協定の内容

労基法36条所定の労使協定では、①時間外労働を必要とする具体的事由、②その業務の種類、③労働者の数、④1日及び1日を超える期間(1日を超え3か月までの期間及び1年)についての延長することのできる時間、⑤労使協定の有効期間(同協定が労働協約でもある場合を除く)を協定しなければならない(労基則16条・17条・様式第9号〜第9号の4)。

この労使協定による法定時間外労働の限度について、厚生労働大臣は、労使協定で定める労働時間の延長の限度等に関する基準を定めることができるとされ(労基36条2項)、「労働基準法第36条第1項の協定で定める労働時間の延長の限度等に関する基準」[50](以下、「延長限度基準」という。)は、法定労働時間を超えて延長することができる限度(法定時間外労働の上限時間数)を、1週間15時間、2週間27時間、4週間43時間、1か月45時間、2か月81時間、3か月120時間、1年360時間と定めている(3条1項本文・別表第一)。また、一年単位の変形労働時間制が適用される場合は、別途延長限度が定められている(4条1項・別表第二)[51]。

労基法36条1項本文所定の労使協定の内容は、「延長限度基準」に適合したものとなるようにしなければならないとされており(労基36条3項)、また、「延長限度基準」の定めは労基法36条2項に根拠を有する基準であるから、それ自体

---

[48] 業務内容の詳細は、昭43・7・24基発472。

[49] 労基法36条の規定は、年少者(満18歳未満の者)には適用されず(労基60条1項)、妊産婦、家族的責任を有する労働者には特別規制がある(詳細は、後記第13章「労働と生活の調和」第1節2(2)、第2節3(2)、第3節3(5)と4(5))。

[50] 「労働基準法第36条第2項の規定に基づき労働基準法第36条第1項の協定で定める労働時間の延長の限度等に関する基準を定める告示」(平10・12・28告示154、平21・5・29厚労告316等により一部改正)。

[51] ただし、予め、限度時間以内の時間の一定期間についての延長時間を定め、かつ、限度時間を超えて労働時間を延長しなければならない特別の事情(臨時的なものに限る)が生じたときに限り、一定期間についての延長時間を定めた当該一定期間ごとに、労使当事者間において定める手続を経て、限度時間を超える一定の時間まで労働時間を延長することができる旨及び限度時間を超える時間の労働に係る割増賃金の率を定める場合は、この限りではないとされている(「延長限度基準」3条1項但書)。このような労使協定は、「特別条項付36協定」とも呼ばれている。また、工作物の建設事業、自動車運転業務、新技術・新商品開発同の研究開発業務等については適用除外とされている(「延長限度基準」5条)。

が労使協定に対し強行的直律的効力を有すると解される[*52]。したがって、「延長限度基準」の定める法定時間外労働の上限時間数を超えて上限時間数を定める労使協定は、その定める上限時間数が「延長限度基準」の定める上限時間数に縮減され、その限りで、免罰的効力と私法上の強行性排除効を有すると解すべきである。

### 3　労基法33条1項を充足する場合の法的効果と労働義務

労基法33条1項を充足する場合（→前記2(1)）の法的効果は、大別二つある。

第一に、公法上の効果として、「法定労働時間」を超えて労働させても（「実労働時間」が「法定労働時間」を超えても）、労基法32条違反とならず、罰則（労基119条1号）の定める刑罰を科されないという、免罰的効果が発生する。

第二に、私法上の効果として、法定労働時間を超えて労働する旨の約定は無効とはならないという、強行性排除効が発生する。

ただし、労基法33条1項を充足する場合、直ちに労働者の法定時間外労働義務が発生するわけではなく、当該法定時間外労働を行わせる時点で労働者と使用者の合意がない場合は、事前の合意、労働契約の内容となった就業規則の定め、労働契約の内容を規律する労働協約の定めのいずれかの法的根拠が必要となるが、これらの法的根拠がない場合でも、信義則上、労働者が当該労働義務を負う場合も多いであろう。

### 4　労使協定締結・届出の法的効果と労働義務

（1）労使協定締結・届出の法的効果

労基法36条所定の労使協定の締結・届出（→前記2(2)(3)）の法的効果も、大別二つある。

第一は、公法上の効果である。当該労使協定が適用される労働者については、「法定労働時間」を超えて労働させても（「実労働時間」が「法定労働時間」を超えても）、労使協定の定める範囲内であれば[*53]、労基法32条違反とならず、罰則（労基119条1号）の定める刑罰を科されないという、免罰的効果、及び、適法な法定時間外労働の枠の設定効果である。

---

[*52]　菅野・労働法(2017)489-490頁、土田・契約法(2016)326頁は、「延長限度基準」の労使協定に対する強行的直律的効力を立法趣旨等により否定するが支持できない。

[*53]　労使協定の定める範囲を超え、協定時間の上限を超えて労働させれば、労基法32条違反の罪が成立する（小島撚糸事件・最一小判昭35・7・14刑集14巻9号1139頁／判時230号6頁）。

第二は、私法上の効果である。当該労使協定が適用される労働者については、「法定労働時間」を超えて労働する旨の約定は、労使協定の定める範囲内であれば、労基法32条違反とならず、無効とはならないという、強行性排除効、及び、有効な労働契約の枠の設定効果である。
　労基法36条所定の労使協定の締結・届出がない場合は、法定労働時間を超える労働義務は発生しない[*54]。また、労基法36条所定の労使協定の締結・届出がなされても、以上の法的効果を有するのみで、労働者の法定時間外労働義務を発生させるわけではなく、労働義務を発生させるためには、別途それを労働契約上の義務とする法的根拠が必要である（→後記(2)）。
　(2)　労働義務の法的根拠
　労働契約上の労働時間（所定労働時間）は、法定労働時間の枠内で設定される[*55]から、法定時間外労働は法外所定時間外労働であり、法内所定時間外労働と同様、「所定時間外労働」として行われる。
　所定労働時間を超えて労働させるということは、労働義務のある時間を延長するということであるから、労働契約内容（労働条件）の変更である。
　したがって、労働者の法定時間外労働義務が発生するかどうかという問題は、労働時間の延長という労働契約内容の変更の効果が肯定されるかどうかという問題に帰着する。
　労働者の法定時間外労働義務の発生要件（労働時間の延長という労働契約内容変更が有効となる要件）は以下のように解される[*56]。
　第一に、当該法定時間外労働を行わせる時点で労働者の同意がある場合は、労働者と使用者の合意に基づき、時間外労働義務が発生する（労契8条）。
　第二に、当該法定時間外労働を行わせる時点で労働者の同意がない場合、1)使用者に時間外労働命令権があり、かつ、2)当該権利の行使が適法であれば、労

---

[*54]　トーコロ事件・東京高判平9・11・17労民48巻5=6号633頁／労判729号44頁（労使協定の労働者側締結者が親睦団体の代表者で「過半数代表者」ではなく、当該労使協定は無効であるとして、法定時間外労働義務を否定〈最二小判平13・6・22労判808号11頁もこれを維持〉）。

[*55]　労基法36条所定の労使協定の締結・届出後、労働契約上、法定労働時間を超える労働時間を予め組み込んで始業・終業時刻を設定することが明文上禁止されているわけではないが、法定労働時間を超える労働は例外的・臨時的にのみ認められるのが労基法32条及び36条の趣旨であると考えられるから、法定労働時間を超える労働時間を予め組み込んで始業・終業時刻を設定し労働契約上の労働時間（所定労働時間）を決定しても、労基法32条・36条の法の趣旨に照らし、原則として無効である。労基則19条（法定時間外労働等の割増賃金の算定に関する規定）もそれを前提としていると解される。

[*56]　詳細は後記第16章「労働契約内容の設定と変更」第4節第8款。

働時間が延長され、労働者の時間外労働義務が発生する。

使用者の時間外労働命令権の法的根拠となるのは、①使用者に時間外労働命令権を付与するという労働者と使用者の事前の合意、②時間外労働命令権を定める就業規則の規定（所定の要件を充足し労働契約の内容となるもの）[57]、又は、③時間外労働命令権を定める労働協約の規定（所定の要件を充足し労働契約の内容を規律するもの）[58]である。

また、時間外労働命令権の行使が適法であるためには、①労働協約・就業規則・労働契約に時間外労働命令権の行使に関する定めがある場合はこれを充足すること、②信義則違反、権利濫用に該当しないこと（労契3条3・4・5項）、③その他、差別的取扱禁止等の強行規定に違反しないことが必要である。

### 5　法定時間外労働の効果－割増賃金の支払

労基法33条又は36条1項に基づき法定時間外労働が行われた場合[59]、使用者は、通常の労働時間の賃金の計算額の2割5分以上又は5割以上の率で計算した割増賃金を支払わなければならない（労基37条1項、「労働基準法第37条第1項の時間外及び休日の割増賃金に係る率の最低限度を定める政令」〈平6政令5、平12政令309等により一部改正〉）。

---

[57]　労契法施行（2008〈平成20〉年3月1日）前においても、判例は、使用者が、労基法36条に基づく労使協定を締結し所轄労働基準監督署長に届け出た場合において、当該事業場に適用される就業規則に当該労使協定の範囲内で一定の業務上の事由があれば労働契約に定める労働時間を延長して労働者を労働させることができる旨定めているときは、当該就業規則の規定の内容が合理的なものである限り、それが具体的労働契約の内容をなすから、右就業規則の規定の適用を受ける労働者は、その定めるところに従い、労働契約に定める労働時間を超えて労働する義務を負うと判示し（日立製作所事件・最一小判平3・11・28民集45巻8号1270頁／労判594号7頁）、就業規則の規定が時間外労働命令権の法的根拠となりうることを肯定していた。

[58]　使用者の時間外労働命令権を定める労働協約の規定は協約自治の限界を超え無効との見解もあるが、就業規則の規定が根拠となりうることとの均衡等を考慮すれば、労働協約の規定も根拠となりうると解すべきである（詳細は後記第25章「労働協約」第2節2(2)オ）。日立製作所事件・最一小判平3・11・28民集45巻8号1270頁／労判594号7頁の味村治裁判官の補足意見も、法定労働時間を超えて労働時間を延長することは労働者にとって不利であるが、労働協約は団体交渉の結果締結されるもので、団体交渉の結果によっては、労働者にとって有利な定めと不利な定めとが相まって全体としての労働条件その他の労働者の待遇に関する基準とされるなど、労働者にとって不利な定めが労働協約に含まれる場合もあり得るから、労働者にとって不利であるとの理由のみで労働協約の規範的効力を否定されることはないと述べている。

[59]　法内所定時間外労働には、労基法37条に基づく割増賃金支払義務はないが、法外所定時間外労働と同じく割増賃金を支払うことが労働契約の内容となっていれば支払義務を負う（当該合意を肯定した裁判例として、千里山生活協同組合事件・大阪地判平11・5・31労判772号60頁／判タ1040号147頁）。

労基法33条又は36条の要件を充足しない違法な法定時間外労働・法定休日労働について、労基法37条1項は割増賃金支払義務を明記していない。しかし、労基法37条は法定労働時間を超えた労働又は法定休日の労働に対する割増賃金の支払義務を定めたものであり、また、適法な法定時間外労働等に対し割増賃金支払義務があるならば、違法な法定時間外労働等に対しても割増賃金支払義務を認めるのが当然であるから、違法な法定時間外労働等についても使用者は労基法37条所定の割増賃金支払義務を負う[*60](違法な場合は、加えて刑事制裁の対象となる)。

割増賃金の算定方法及び支払方法は、下記の通りである。

(1) 割増賃金の算定基礎となる「通常の労働時間の賃金」

割増賃金を算定するためには、その算定基礎となる「通常の労働時間の賃金」を算定しなければならない。

「通常の労働時間の賃金」は、①時間によって定められた賃金については、その金額、②日によって定められた賃金については、その金額を1日の所定労働時間数(日によって所定労働時間数が異なる場合には、1週間における1日平均所定労働時間数)で除した金額、③週によって定められた賃金については、その金額を週における所定労働時間数(週によって所定労働時間数が異なる場合には、4週間における1週平均所定労働時間数)で除した金額、④月によって定められた賃金については、その金額を月の所定労働時間数(月によって所定労働時間数が異なる場合には、1年間における1月平均所定労働時間数)で除した金額、⑤月、週以外の一定の期間によって定められた賃金については、①～④に準じて算定した金額、⑥出来高払制その他の請負制によって定められた賃金については、その賃金算定期間の賃金総額を当該賃金算定期間の総労働時間数で除した金額、⑦賃金が①～⑥の二つ以上の賃金よりなる場合は①～⑥により算定した金額の合計額であり(労基則19条1項)、休日手当その他上記①～⑦に含まれない賃金は月によって定められた賃金とみなされる(労基則19条2項)。

ただし、割増賃金の算定基礎となる賃金に算入されない賃金(「除外賃金」とも呼ばれる)として、1)家族手当[*61]、通勤手当、別居手当、子女教育手当、住宅

---

[*60] 小島撚糸事件・最一小判昭35・7・14刑集14巻9号1139頁/判時230号6頁、橘屋事件・大阪地判昭40・5・22労民16巻3号371頁/判タ178号174頁、昭63・3・14基発150、平11・3・31基発168。年俸制適用者には法定時間外労働に対する割増賃金を支払わない旨の就業規則は労基法37条に反し無効とする裁判例として、システムワーク事件・大阪地判平14・10・25労判844号79頁。

[*61] 除外賃金となる「家族手当」は、扶養家族数を基礎として算出された手当である(昭22・11・5基発231)。

手当*62、2)臨時に支払われた賃金(結婚手当等)、3)1か月を超える期間ごとに支払われる賃金(賞与、勤続手当等)*63が定められている(労基37条5項、労基則21条)。1)の手当は割増賃金が労働の内容と量に関係のない労働者の個人的事情により影響を受けるのは相当でないことから、2)の賃金は通常の労働時間の賃金とはいえないことから除外されたものである*64。これらは限定列挙であり、1)に該当するかどうかは名称に関わらずその実質で判断され*65、労働者の個人的事情の存否等にかかわらず一律に支給されているものは除外賃金に該当しない*66。

(2) 割増率

法定時間外労働の場合の割増率は2割5分以上である(労基37条1項、労働基準法第37条第1項の時間外及び休日の割増賃金に係る率の最低限度を定める政令)*67。

ただし、1か月60時間を超える法定時間外労働については、5割以上の割増率となる(労基37条1項但書)。この点について、資本金の額又は出資の総額が3億円(小売業又はサービス業を主たる事業とする事業主については5千万円、卸売業を主たる事業とする事業主については1億円)以下である事業主、及び、その常時使用する労働者の数が300人(小売業を主たる事業とする事業主については50人、卸売業又はサービス業を主たる事業とする事業主については100人)以下である事業については、当分の間、適用が猶予されている(労基附則138条)。

*62 　除外賃金となる「住宅手当」は、住宅に要する費用に応じて算定される手当であり、要する費用にかかわらず一律に定額で支給される手当はこれに当たらず(平11・3・31基発170)、年齢、地位等に応じて支給される手当もこれに当たらない(アクティリンク事件・東京地判平24・8・28労判1058号5頁)。

*63 　ただし、年俸制において「賞与」と称されていても支給額があらかじめ確定していれば、除外される賃金には当たらない(平12・3・8基収78)。年俸額の15分の1を毎月支給し15分の1.5を7月と12月に支給する場合、7月と12月に支給されるものも支給時期と支給金額が予め確定しており毎月支給される金員と性質は異ならないとして、これを除外することはできないとする裁判例として、システムワークス事件・大阪地判平14・10・25労判844号79頁、年俸額を労働者の希望により月例給与と賞与に割り振って支給する場合は賞与を除外することは相当でないとする裁判例として、中山書店事件・東京地判平19・3・26労判943号41頁。

*64 　エスエイジロム事件・東京地判平12・11・24労判802号45頁(困難な業務の対価として支給される業務手当と乗務回数等に応じて支給される加算手当は除外賃金に該当しないと判示)。

*65 　小里機材事件・東京高判昭62・11・30労判523号14頁(最一小判昭63・7・14労判523号6頁も維持)。

*66 　壺坂観光事件・奈良地判昭56・6・26労判372号41頁/判時1038号348頁(従業員に一律に支給されていた家族手当、通勤手当、一定の皆勤者に支給されていた手当は除外賃金に該当しないと判示)。

*67 　法定休日労働の場合の割増率は3割5分以上(労基37条1項、労働基準法第37条第1項の時間外及び休日の割増賃金に係る率の最低限度を定める政令)、深夜労働(10時〜5時)の場合の割増率は2割5分以上(労基37条4項)とされている。

また、1か月60時間を超える法定時間外労働に対する賃金のうち、2割5分を超える割増部分については、労使協定の締結により、希望する労働者に、1日又は半日単位で、代替休暇を与えることも可能である(労基37条3項、労基則19条の2)。

(3) 深夜労働又は法定休日労働にも該当する場合の割増率

法定時間外労働が、深夜労働にも該当する場合、労働時間の長さの規制の側面と労働時間帯の規制の側面からこれを補償しなければならないから、割増率は、時間外労働+深夜労働＝5割以上(ただし、1か月60時間を超える法定労働時間外労働については7割5分以上)となる(労基則20条1項)[*68]。

法定時間外労働が、法定休日労働にも該当する場合、明文規定はない。法定休日における労働には、法定休日労働に関する規制のみが及び法定時間外労働に関する規制は及ばないので割増率は3割5分以上でよいとの行政解釈及び学説もある[*69]。

しかし、労基法32条は健康保護等のための規定であり、これが法定休日労働には適用されないと解する根拠はなく、また、労働時間の長さの規制の側面と自由時間保障の側面からこれを補償しなければならないから、割増率は、時間外労働+休日労働＝6割以上と解すべきである。

(4) 法定時間外労働に対し支払う賃金額

　ア　時間、日、週、月単位で決定される賃金

法定時間外労働に対し支払うべき賃金額は、時間、日、週、月単位で決定される賃金については、以下の通りである。

第一に、1か月60時間を超えない法定時間外労働の部分については、支払われるべき割増賃金は、「通常の労働時間の賃金」×(1+割増率)×(法定労働時間を超えて労働した時間数)以上の賃金額となる[*70]。例えば、通常の労働時間の賃金＝1000円、法定労働時間を超えて労働した時間数＝8時間で、深夜労働や法定休日労働に該当しないときは、当該8時間の法定時間外労働に支払う賃金は、1000円×1.25×8時間＝10000円以上の額となる。

第二に、1か月60時間を超える法定時間外労働の部分については、支払われ

---

[*68] 法定休日労働が深夜労働にも該当する場合は、休日労働+深夜労働＝6割以上の割増率となる(労基則20条2項)。

[*69] 菅野・労働法(2017)498頁、昭22・11・21基発366、昭33・2・12基発90、平6・3・31基発181、平11・3・31基発168。

[*70] 三好屋商店事件・東京地判昭63・5・27労判519号59頁、昭23・3・17基発461号。法定時間外労働(深夜労働や法定休日労働に該当しない場合)であれば、当然、1時間につき通常の労働時間の賃金の125%以上の額の賃金の支払が必要であり、25%ではない。

るべき割増賃金は、「通常の労働時間の賃金」×(1＋割増率)×(1か月60時間を超える法定時間外労働の時間数)以上の賃金額となる。例えば、通常の労働時間の賃金＝1000円、1か月60時間を超える法定時間外労働の時間数＝8時間で、深夜労働や法定休日労働に該当しないときは、当該8時間の法定時間外労働に支払う賃金は、1000円×1.5×8時間＝12000円以上の額となる。

　　　　イ　出来高払制その他の請負制によって定められる賃金

　法定時間外労働に対し支払うべき賃金額は、出来高払制その他の請負制によって定められる賃金については、以下の通りである。

　出来高払制その他の請負制によって定められる賃金(例：タクシーの運転手の水揚げ(売り上げ)の40％が賃金となる)については、通常の労働時間の賃金は、賃金算定期間の賃金総額を当該賃金算定期間の総労働時間数で除した金額であり(労基則19条1項6号)、賃金算定期間の賃金総額には法定時間外労働等に対する「通常の労働時間の賃金」部分は既に含まれている。

　したがって、通常の労働時間の賃金算出の基礎とした賃金算定期間の賃金総額に加えて、支払われるべき割増賃金は、第一に、1か月60時間を超えない法定時間外労働の部分については、「通常の労働時間の賃金」×(割増率)×(法定労働時間を超えて労働した時間数)以上の額となる[*71]。例えば、通常の労働時間の賃金＝1000円、法定労働時間を超えて労働した時間数＝8時間で、深夜労働や法定休日労働に該当しないときは、当該8時間の法定時間外労働に支払う割増賃金は、1000円×0.25×8時間＝2000円以上の額となる。

　第二に、1か月60時間を超える法定時間外労働の部分については、「通常の労働時間の賃金」×(割増率)×(1か月60時間を超える法定時間外労働の時間数)以上の額となる。例えば、通常の労働時間の賃金＝1000円、1か月60時間を超える法定時間外労働の時間数＝8時間で、深夜労働や法定休日労働に該当しないときは、当該8時間の法定時間外労働に支払う割増賃金は、1000円×0.5×8時間＝4000円以上の額となる。

　　(5)　法定時間外労働に対する賃金の支払方法

　法定時間外労働等に対する賃金(割増賃金)の支払については、①法定時間外労働、法定休日労働、深夜労働に対して支払われる割増賃金部分[*72]が、通常の

---

[*71]　昭23・11・25基収3052、昭63・3・14基発150、平6・3・31基発181、平11・3・31基発168。

[*72]　「割増賃金部分」は、時間・日・週・月により定められる賃金の場合には、(通常の労働時間の賃金)×(1＋割増率)×(時間数)、出来高払制その他の請負制により定められる賃金の場合には、(通常の労働時間の賃金)×(割増率)×(時間数)　〈→前記(4)〉。

労働時間に対応する賃金とは明確に区別され*73、それぞれの労働の時間数及びそれに対して支払われた賃金の額が明確に示されていること*74、②当該賃金部分が法定時間外労働、法定休日労働、又は、深夜労働に対する割増賃金相当部分であることにつき、労働者と使用者の合意又は労働契約上の根拠があること*75（したがって、当該賃金部分が労基法37条所定の賃金額に足りない場合は、別途その分が支払われる旨の合意もあること*76）、③労基法37条所定の計算方法により算定された金額以上の額を支払うこと*77が必要である。

①と②の要件は、労基法37条所定の賃金が支払われたかどうかを判断する前提となるものである。

したがって、①と②の要件を充足していなければ、法定時間外労働等に対する割増賃金は全く支払われていないことになり、使用者は、別途、前記(1)〜(4)の算定方法に従い、法定時間外労働等に対して割増賃金を支払う義務を負う*78。

また、①と②の要件が充足されていても、③の要件を充足していないときは、前記(1)〜(4)の労基法37条所定の計算方法により算定された金額と実際に支払

---

*73 高知観光事件・最二小判平6・6・13集民172号673頁/労判653号12頁（タクシーの運転手に対する歩合給が、通常の労働時間の賃金に当たる部分と法定時間外労働及び深夜労働に対する割増賃金に当たる部分とを判別することができず、当該歩合給とは別に割増賃金支払義務があると判示）、テックジャパン事件・最一小判平24・3・8集民240号121頁/労判1060号5頁（基本給につき通常の労働時間の賃金に当たる部分と法定時間外労働に当たる割増賃金部分が判別できず、基本給とは別に割増賃金支払義務があると判示）、国際自動車事件・最三小判平29・2・28集民255号1頁/労判1152号5頁、医療法人社団Y事件・最二小判平29・7・7裁判所DB平成28(受)222/LLIDB:L07210044等。
*74 テックジャパン事件・最一小判平24・3・8集民240号121頁/労判1060号5頁の櫻井龍子裁判官の補足意見、無洲事件・東京地判平28・5・30労判1149号72頁、ジャパンレンタカー事件・津地判平28・10・25労判1160号5頁、同事件・名古屋高判平29・5・18労判1160号5頁。
*75 徳島南海タクシー事件・高松高判平11・7・19労判775号15頁（最三小決平11・12・14労判775号14頁も維持）（当該超勤深夜手当が労基法37条の定める時間外・深夜割増賃金の実質を有さず、これに割増賃金を含める旨の実質的合意はなかったと判示）。昭和観光事件・大阪地判平18・10・6労判930号43頁が当該職務手当の法定時間外労働及び深夜労働の対価としての性格を否定するのもこの趣旨（合意の欠如）と解される。
*76 小里機材事件・東京高判昭62・11・30労判523号14頁（最一小判昭63・7・14労判523号6頁も維持）、テックジャパン事件・最一小判平24・3・8集民240号121頁/労判1060号5頁の櫻井龍子裁判官の補足意見、ジャパンレンタカー事件・津地判平28・10・25労判1160号5頁、同事件・名古屋高判平29・5・18労判1160号5頁。
*77 国際自動車事件・最三小判平29・2・28集民255号1頁/労判1152号5頁等。
*78 高知観光事件・最二小判平6・6・13集民172号673頁/労判653号12頁、テックジャパン事件・最一小判平24・3・8集民240号121頁/労判1060号5頁、システムワークス事件・大阪地判平14・10・25労判844号79頁等。

われた賃金額との差額の支払が必要である[*79]。

法定時間外労働等に対する賃金を、賃金として一括して支給する場合[*80]、基本給（と手当）に含めて支給する場合[*81]（例：法定時間外労働10時間分を基本給に含める）、歩合給に含めて支給する場合[*82]（例：基本給相当額と法定時間外労働等に対する手当を全て含む）、定額で支給する場合[*83]（例：定額の手当・月2万円）もあるが、いずれも、上記①〜③の要件を充足することが必要である。

## 第3款　労働時間の配分方法に関する例外

### 1　変形労働時間制・フレックスタイム制

労基法32条の定める労働時間の配分方法（1日当たり8時間、1週あたり40時間）の例外として、「変形労働時間制」及び「フレックスタイム制」がある。

「変形労働時間制」とは、一定期間の労働時間の総量が一定時間（週平均40時間又は週40時間）以下であれば、期間内の特定の日又は特定の週の労働時間が1日又は1週の法定労働時間を超えても、所定労働時間の限度で法定労働時間を超えたとの取扱いをしないという制度である。具体的には、①一か月単位の変形労働時間制、②一年単位の変形労働時間制、③一週間単位の非定型的変形労働時間制の三つが認められている。

また、「フレックスタイム制」とは、変形労働時間制の一種であるが、労働時間の労働日への配分、労働の開始・終了時刻を労働者の自主的決定に委ねる労働時間制度である。

---

[*79]　関西ソニー販売事件・大阪地判昭63・10・26労判530号40頁（当該事案では差額支払義務を否定）、国際自動車事件・最三小判平29・2・28集民255号1頁/労判1152号5頁等。

[*80]　創栄コンサルタント事件・大阪地判平14・5・17労判828号14頁（法定時間外労働の割増賃金部分の区別ができないとして、別途割増賃金支払義務を肯定）、システムワーク事件・大阪地判平14・10・25労判844号79頁（賃金の一部が法定時間外労働の賃金であることの合意はなく、割増賃金部分が明確に区別されないとして、別途割増賃金支払義務を肯定）。

[*81]　小里機材事件・東京高判昭62・11・30労判523号14頁（最一小判昭63・7・14労判523号6頁も維持）、三好屋商店事件・東京地判昭63・5・27労判519号59頁、国際情報産業事件・東京地判平3・8・27労判596号29頁、千里山生活協同組合事件・大阪地判平11・5・31労判772号60頁/判タ1040号147頁（いずれも法定時間外労働の割増賃金部分の区別ができないとして、別途割増賃金支払義務を肯定）。

[*82]　大虎運輸事件・大阪地判平18・6・15労判924号72頁（法定時間外労働・法定休日労働の割増賃金部分の区別ができないとして、別途割増賃金支払義務を肯定）。

[*83]　イーライフ事件・東京地判平25・2・28労判1074号47頁（当該手当が法定時間外労働の割増賃金であることの合意はないとして、別途割増賃金支払義務を肯定）、鳥伸事件・京都地判平28・9・30労判1155号12頁、同事件・大阪高判平29・3・3労判1155号5頁（当該手当が割増賃金である旨が労働契約の内容となっておらず通常の労働時間の賃金との明確な区別もないとして、別途割増賃金支払義務を肯定）。

以下では、①一か月単位の変形労働時間制、②一年単位の変形労働時間制、③一週間単位の非定型的変形労働時間制、④フレックスタイム制の内容と法的効果等を検討する（→2～7）[*84]。

## 2　一か月単位の変形労働時間制

### (1)　制度の概要

一か月単位の変形労働時間制は、労働時間の規制の単位を「1日及び1週」から「1か月以内の一定期間」に拡大するものであり、使用者は、労使協定又は就業規則その他これに準ずるもの[*85]により、1か月以内の一定期間を平均し1週間当たりの労働時間が週の法定労働時間（40時間）を超えない定めをしたときは、その定めにより、特定された週又は特定された日に法定労働時間（1週40時間又は1日8時間）を超えて労働させることができるという労働時間制度である（労基32条の2、労基則12条・12条の2・12条の2の2）[*86]。

### (2)　要件

一か月単位の変形労働時間制を適用する要件は、第一に、労使協定、又は、就業規則その他これに準ずるものに、法所定の定めをおき、労使協定又は就業規則に定めた場合はこれを行政官庁（所轄労働基準監督署長）に届出をし（労基32条の2第2項、労基則12条の2の2第2項、労基89条、労基則49条）、常時10人に満たない労働者を使用する使用者が就業規則に準ずるものに定めた場合はこれを労働者に周知させること（労基則12条）である。

法所定の定めとして、具体的には、①単位期間（変形期間）（1か月以内の一定期間）を、期間の起算日を明らかにして特定（労基則12条の2）し、②単位期間を平均し1週間当たりの労働時間が週法定労働時間（40時間）を超えないように、単位期間内の各週・各日の所定労働時間を特定（労基32条の2第1項）し[*87]、③就業規則作成義務のある事業場であれば、始業・終業時刻は絶対的必要記載事項であるから（労基89条1号）、単位期間内の毎労働日の始業・終業時刻を特定し[*88]、④労

---

[*84]　変形労働時間制、みなし労働時間制、適用除外制度の適用要件が問題となった裁判例を分析するものとして、柳屋孝安「多元的な労働時間規制」再生（4）(2007) 156-172頁。
[*85]　就業規則作成義務のない事業場においては労基法・労契法にいう「就業規則」は存在しないから、これに準ずる書面によることとなる。
[*86]　労基則25条の2第1項が定める特例事業については、1か月以内の一定期間の週平均労働時間が週44時間を超えない定めをしたときは、その定めにより、特定の日又は週に1日8時間又は1週44時間を超えて労働させることができる（労基則25条の2第2項）。
[*87]　大星ビル管理事件・最一小判平14・2・28民集56巻2号361頁/労判822号5頁、JR西日本事件・広島高判平14・6・25労判835号43頁。
[*88]　JR西日本事件・広島高判平14・6・25労判835号43頁。

使協定には有効期間を定めることが必要である（労基則12条の2の2第1項）。

第二に、労使協定の定めは具体的な権利義務関係の法的根拠とはならず、就業規則も一定の要件を充足しなければ労働契約の内容とはならないので、これらを労働契約の内容とするためには、①労働者との合意、②労契法等所定の要件を充足し労働契約の内容となる就業規則の定め、又は、③労働契約の内容を規律する労働協約の定めが必要である。

(3) 変形制開始後の勤務時間変更規定

一か月単位の変形労働時間制においては、労使協定等で、単位期間内の各週・各日の所定労働時間を特定し、就業規則作成義務のある事業場では各労働日の始業・終業時刻を事前に特定することが必要であるが、変形制開始後、勤務時間（労働義務のある時間）を変更しうる旨の就業規則等の規定は、労基法32条の2の要求する「特定」の要件に照らし適法であろうか。

特に公共輸送事業等、公共性を有する事業の事業場においては、勤務指定前に予見することが不可能なやむを得ない事由が発生した場合は使用者は勤務指定後もこれを変更しうると就業規則等で定めても違法ではないが、勤務変更は労働者の生活に影響を与え不利益を及ぼすおそれがあるから、変更が許される例外的、限定的事由を具体的に記載し、その場合に限って勤務変更を行う旨定められた場合に限り、当該規定は適法と解すべきであろう[*89]。

(4) 法定時間外労働となる時間

一か月変形労働時間制が導入された場合、法定時間外労働となる時間（労基法37条1項所定の割増賃金支払の対象となる時間）は、①法定労働時間を超えた所定労働時間が定められた週又は日については、その所定労働時間を超えた時間であり[*90]、②法定労働時間以下の所定労働時間が定められた週又は日については、法定労働時間を超えた時間であり[*91]、③前記①②に該当する労働時間を除いた後、単位期間の法定労働時間の総枠を超えた労働時間がある場合は、当該労働時間である。

---

[*89] JR西日本事件・広島高判平14・6・25労判835号43頁（JR西日本の列車乗務員の就業規則の勤務指定変更規定につき「業務上の必要がある場合は指定した勤務を変更する」という一般的抽象的な規定で、勤務変更命令が発せられる場合を予測することは著しく困難であり、労基法32条の2の勤務時間の「特定」の要件を充たさず効力を有しないと判断）。同旨、JR東日本事件・東京地判平12・4・27労判782号6頁／判時1723号23頁。

[*90] 大星ビル管理事件・最一小判平14・2・28民集56巻2号361頁／判時822号5頁。

[*91] JR東日本事件・東京地判平12・4・27労判782号6頁／判時1723号23頁（単位期間中の総法定労働時間の枠内に収まることを前提とする）。

第3節　労働時間の規制

### 3　一年単位の変形労働時間制

(1) 制度の概要

一年単位の変形労働時間制は、労働時間の規制の単位を「1日及び1週」から「1か月を超え1年以内の一定期間」に拡大するものであり、労使協定により、所定の事項を定めたときは、対象期間として定められた期間(1か月を超え1年以内の一定期間)を平均し1週間当たりの労働時間が週の法定時間(40時間)を超えない範囲内において、当該労使協定の定めるところにより、特定の週又は特定の日において、法定労働時間(1週40時間又は1日8時間)を超えて労働させることができるという労働時間制度である(労基32条の4、労基則12条の4)[*92]。

(2) 要件

一年単位の変形労働時間制を適用する要件は、第一に、労使協定を締結し、所定の事項を定め、これを行政官庁(所轄労働基準監督署)に届け出ること(労基32条の4第4項が準用する労基32条の2第2項、労基則12条の4第6項)である。

所定の定めとして、具体的には、①労使協定により対象労働者の範囲を定め、1か月を超え1年を超えない対象期間を、その起算日を明らかにして定めること(労基32条の4第1項1・2号、労基則12条の2第1項)、②対象期間を平均して1週間当たりの労働時間が40時間を超えないように、対象期間中の労働日と当該労働日ごとの所定労働時間を定めること(ただし、対象期間を分割して1か月以上の区分期間を設けて最初の区分期間の労働日と当該労働日ごとの労働時間を定め、残りの区分期間については各期間の労働日数と総労働時間数のみを定め、各区分期間の開始30日前に過半数代表の同意を得て当該区分期間の労働日と各労働日の労働時間を書面で定めてもよい)(労基32条の4第1項4号、第2項、労基則12条の4第2項)、③特定期間(対象期間の中の、特に業務が繁忙な期間)(労基32条の4第1項3号)、④労使協定の有効期間(労基32条の4第1項5号、労基則12条の4第1項)である。また、⑤就業規則作成義務のある事業場であれば、始業・終業時刻は絶対的必要記載事項であるから(労基89条1号)、対象期間内の各労働日の始業・終業時刻を特定する必要がある。

第二に、労使協定の定めは具体的な権利義務関係の法的根拠とはならないので、これを労働契約の内容とするためには、①労働者との合意、②労契法等所定の要件を充足し労働契約の内容となる就業規則の定め、又は、③労働契約の内容を規律する労働協約の定めが必要である。

---

*92　特例事業(労基則25条の2第1項)であっても、一年単位の変形労働時間制をとる場合は、対象期間を平均し1週間当たりの労働時間が40時間を超えない範囲内においてのみ、当該協定の定めるところにより、特定の週又は特定の日において、1週40時間又は1日8時間を超えて労働させることができる(労基則25条の2第4項)。

(3) 労働日数・労働時間等の制限

一年単位の変形労働時間制の場合、平均週労働時間が40時間以下という制限だけでは、各週や各日の労働時間に大きな偏りができ、週や日によっては労働時間が長くなって、労働者の健康・安全や生活に支障を来す危険性が大きい。また、このような変形的労働時間の配分方法による労働者の健康・安全や生活への支障を緩和するためには、一定の休日を確保する必要がある。

そこで、一年単位の変形労働時間制については、①対象期間における労働日数の限度（対象期間が3か月を超える場合は、原則として対象期間について1年当たり280日）、②1日及び1週間の労働時間の限度（1日10時間・1週52時間）、③対象期間が3か月を超える場合の週労働時間の特別規制（対象期間においてその労働時間が48時間を超える週が連続する場合の週数が3以下であり、かつ、対象期間をその初日から3か月ごとに区分した各期間（3か月未満の期間を生じたときは当該期間）において労働時間が48時間を超える週の初日の数が3以下であること）、④対象期間（特定期間を除く）において連続して労働させる日数の限度（6日）、⑤特定期間において連続して労働させる日数の限度（1週間に1日の休日が確保できる日数）が定められている（労基32条の4第3項、労基則12条の4第3～5項）。

(4) 法定時間外労働となる時間

一年単位の変形労働時間制において、法定時間外労働となる時間（労基法37条1項所定の割増賃金支払の対象となる時間）は、①1週40時間又は1日8時間を超えた所定労働時間が定められた週又は日については、その労働時間を超えた時間、②1週40時間又は1日8時間以下の所定労働時間が定められた週又は日については、法定労働時間を超えた時間、③前記①②の労働時間を除き、単位期間の法定労働時間の総枠を超えた労働時間がある場合は、当該労働時間である。

法定時間外労働をさせるためには、別途労基法36条に基づく労使協定の締結・届出が必要であるが、労使協定で定める法定時間外労働の上限については、「労働基準法第36条第1項の協定で定める労働時間の延長の限度等に関する基準」（→前記第2款2(3)）が、一年単位の変形労働時間制が適用される場合の特別の基準として、1週間14時間、2週間25時間、4週間40時間、1か月42時間、2か月75時間、3か月110時間、1年320時間と定めている（第4条・別表第2）。

(5) 労働期間が対象期間よりも短い場合

入退社・転勤等により、労働者が一年単位の変形労働時間制の対象期間の一部のみ対象部門で就労した場合、当該労働者が変形制のもとで就労した期間における労働時間が平均週40時間を超えたときは、前記(4)の①②により法定時間外労働とされた時間に加えて、当該超過時間部分（前記(4)の①②の労働時間

を除く)について、労基法37条に基づく割増賃金を支払わなければならない(労基32条の4の2)。

### 4 一週間単位の非定型的変形労働時間制

(1) 制度の概要

一週間単位の非定型的変形労働時間制は、労働時間の規制の単位を「1日及び1週」から「1週」へと変更するものであり、特定の事業場につき、労使協定により、所定の事項を定めたときは、週の労働時間が法定労働時間(40時間)以内であれば、特定の日に1日の法定労働時間(8時間)を超えて10時間まで労働させることができ、かつ、1週間の各日の労働時間の特定を当該週の始まる前の通知で足りるとする労働時間制度である(労基32条の5、労基則12条の5)[*93]。

(2) 対象事業場

一週間単位の非定型的変形労働時間制を適用することのできる事業場は、日ごとの業務に著しい繁閑の差が生ずることが多く、かつ、これを予測した上で就業規則その他これに準ずるものにより各日の労働時間を特定することが困難であると認められる厚生労働省令で定める事業で、常時使用する労働者の数が厚生労働省令で定める数未満のもの(労基32条の5第1項)である。

具体的には、小売業、旅館、料理店、飲食店の事業で、常時使用する労働者の数が30人未満の事業場である(労基則12条の5第1・2項)。

(3) 要件

一週間単位の非定型的変形労働時間制を適用する要件は、第一に、労使協定を締結し、一週間単位の非定型的変形労働時間制を採用すること、週の所定労働時間、変形労働時間制による期間等を定め、これを行政官庁(所轄労働基準監督署)に届出ることである(労基32条の5第3項が準用する労基32条の2第2項、労基則12条の5第4項・様式第5号)。

1週間の各日の労働時間については、当該1週間の開始する前に書面であらかじめ労働者に通知しなければならない(労基32条の5第2項、労基則12条の5第3項本文)。ただし、緊急でやむを得ない事由がある場合は、変更しようとする日の前日までに書面により当該労働者に通知することによりあらかじめ通知した労働時間を変更することができる(労基則12条の5第3項但書)。

第二に、労使協定の定めは具体的な権利義務関係の法的根拠とはならないの

---

[*93] 特例事業(労基則25条の2第1項)であっても、一週間単位の非定型的変形労働時間制をとる場合は、週の労働時間を40時間以内としなければ、特定の日に1日8時間を超えて10時間まで労働させることができない(労基則25条の2第4項)。

で、これを労働契約の内容とするためには、①労働者との合意、②労契法等所定の要件を充足し労働契約の内容となる就業規則の定め、又は、③労働契約の内容を規律する労働協約の定めが必要である。

(4) 法定時間外労働となる時間

一週間単位の非定型的変形労働時間制において、法定時間外労働となる時間（労基法37条1項所定の割増賃金支払の対象となる時間）は、①週40時間を超える労働時間がある場合は、当該労働時間、②8時間を超える所定労働時間が通知された日については通知された時間（それが10時間を超える場合は10時間）を超える時間、③8時間以下の所定労働時間が通知された日については8時間を超える時間である。

## 5　フレックスタイム制

(1) 制度の概要

フレックスタイム制は、労働時間の規制の単位を「1日及び1週」から1か月以内の「清算期間」に拡大するものであり、就業規則その他これに準ずるもの[*94]により、その労働者に係る始業及び終業の時刻をその労働者の決定に委ねることとした労働者について、労使協定により、法所定の事項を定めたときは、清算期間を平均し1週間当たりの労働時間が週法定労働時間（40時間）を超えない範囲内において、1週間又は1日において、法定労働時間（1週40時間又は1日8時間）を超えて労働させることができる労働時間制度であり、また、労働時間の労働日への配分、労働の開始・終了時刻を労働者の自主的決定に委ねる労働時間制度である（労基32条の3、労基則12条の2・12条の3）[*95]。

(2) 他の変形制との相違

一か月単位の変形労働時間制、一年単位の変形労働時間制、一週間単位の非定型変形労働時間制の場合は、労働日の所定労働時間は事前に決定され、従って、労働者は始業・終業時刻を一方的に変更することはできないが、フレックスタイム制の場合は、労働者は、コアタイムを除き、労働日の始業・終業時刻を自由に決定しその労働時間を自由に配分することができる。

---

[*94] 就業規則作成義務のない事業場においては労基法・労契法にいう「就業規則」は存在しないから、これに準ずる書面によることとなる。

[*95] 労基則25条の2第1項が定める特例事業については、フレックスタイム制をとる場合は、清算期間を平均し1週間当たりの労働時間が44時価を超えない範囲内において、1週44時間又は1日8時間を超えて労働させることができる（労基則25条の2第1・3項）。

第3節　労働時間の規制

(3) 要件

　フレックスタイム制を適用する要件は、第一に、就業規則その他これに準ずるものにおける所定事項の定めと、所定事項を定めた労使協定の締結である。

　具体的には、1)就業規則その他これに準ずるものに、労使協定でフレックスタイム制の適用対象と定めた労働者の始業・終業時刻は当該労働者の決定に委ねることを定めることである（労基32条の3）。

　また、2)労使協定を締結し、これに、①フレックスタイム制の対象労働者の範囲、②清算期間（フレックスタイム制の適用単位となる期間：1か月以内）、③清算期間における総労働時間（1週間当たりの平均労働時間が法定労働時間〈40時間〉以下）、④標準となる1日の労働時間の長さ（年次有給休暇取得の際の賃金計算の算定基準となる時間数）、⑤労働者が労働しなければならない時間帯（コアタイム）を定める場合にはその時間帯の開始・終了時刻、⑥労働者がその選択により労働することのできる時間帯（フレキシブルタイム）に制限を設ける場合には、その開始・終了時刻を定めることである（労基32条の3、労基則12条の3）。

　第二に、労使協定の定めは具体的な権利義務関係の法的根拠とはならないので、これを労働契約の内容とするためには、①労働者との合意、②労契法等所定の要件を充足し労働契約の内容となる就業規則の規定、又は、③労働契約の内容を規律する労働協約の規定が必要である。

(4) 法定時間外労働となる時間

　フレックスタイム制を適用した場合、法定時間外労働となる時間は、清算期間における法定労働時間の総枠を超えた時間である。

## 6　変形労働時間制・フレックスタイム制適用の法的効果

　変形労働時間制・フレックスタイム制適用の法的効果は大別二つある。

　第一は、公法上の効果である。具体的には、特定の日又は週に法定労働時間を超える労働をさせても、適法な労使協定又は就業規則等の定める範囲内であれば、労基法32条違反とならず罰則（労基119条1号）の定める刑罰を科されないという、免罰的効果、及び、適法な法定時間外労働の枠の設定効果である。

　第二は、私法上の効果である。具体的には、適法な労使協定又は就業規則等の定める範囲内であれば、①特定の日又は週に法定労働時間を超えて労働するとの約定は労基法32条違反ではなく無効とならないという、強行性排除効、及び、有効な労働契約の枠の設定効果、並びに、②特定の日又は週の実労働時間が法定労働時間を超えても、当該労働時間は「法定時間外労働」とはならず、労基法37条1項に基づく割増賃金支払義務が発生しないという効果である。

それゆえ、使用者は、弾力的な労働時間配分により、繁忙期に労働力を集中することができ、かつ、特定の日又は特定の週に法定労働時間を超えて労働させても、適法な労使協定の定める範囲内であれば、労基法37条1項の割増賃金を支払う義務がないので、支払賃金総額を増やすことなく効率的な労働力配分を行うことができ、経済的メリットが大きい。しかし、労働者にとっては、フレックスタイム制を除き、労働時間の配分方法が偏ってその健康・安全・生活への支障を来すおそれがあり、また、割増賃金の支払を受ける時間が減り、デメリットが大きいと言えよう。

　なお、変形労働時間制・フレックスタイム制が適用されていても、深夜労働に関する規制（→前記第1款2）は適用されるから、深夜労働が行われた場合は、労基法37条4項に基づく割増賃金支払義務がある。

　また、休憩・休日・有給休暇に関する規制と法定休日労働に対する割増賃金支払義務も適用される（→後記第4節）。

### 7　変形労働時間制・フレックスタイム制と法定時間外労働

　変形労働時間制・フレックスタイム制が適用されている場合でも、法定時間外労働をさせることは可能である（ただし、法定時間外労働となる時間が通常と異なることは前記2～5で検討した通りである）。

　しかし、そのためには、別途、①労基法36条所定の労使協定の締結・届出、②時間外労働命令権の法的根拠（労働者との合意、労契法等所定の要件を充足し労働契約の内容となる就業規則の定め、又は、労働契約の内容を規律する労働協約の定め）、③当該権利行使の適法性が必要である（→前記第2款4）。また、労基法37条1項に基づく割増賃金の支払も必要である（→前記第2款5）。

## 第4款　労働時間の長さ・配分方法の規制対象となる時間の例外

### 1　みなし労働時間制

　労基法32条の規制対象となる時間の一つは、「実労働時間」である。

　しかし、一定の要件を充足する、①「事業場外労働」と、②「裁量労働」については、実労働時間数にかかわらず、一定の時間数だけ労働したものとみなし、このみなし時間を実労働時間にかえて労基法の規制対象とすることを許容する「みなし労働時間制」を適用することができる。

　以下では、「事業場外労働」及び「裁量労働」における「みなし労働時間制」を検討し（→2～4）、「みなし労働時間制」と労基法41条による「労働時間規制の適用除外」との相違（→5）を確認する。

## 2 事業場外労働のみなし労働時間制

### (1) 制度の概要

事業場外労働のみなし労働時間制は、労働者が労働時間の全部又は一部について事業場外で業務に従事し、かつ、労働時間が算定し難い場合に、①所定労働時間、②当該業務の遂行に通常必要とされる時間、又は、③労使協定で定める時間のいずれかを労働したものとみなす制度である（労基38条の2、労基則24条の2）[96]。

### (2) 適用の要件

事業場外労働のみなし労働時間制を適用する要件は、①労働者が労働時間の全部又は一部について事業場外で業務に従事し、かつ、②労働時間が算定し難い場合[97]である。例えば、取材記者や外勤営業社員等が該当しうる。

「労働時間を算定し難いとき」に該当するかどうかについて、最高裁判決[98]は、①業務の性質・内容やその遂行の態様、状況等、②使用者と労働者の間の業務に関する指示及び報告の方法やその実施の態様、状況等を判断要素としている。そして、海外旅行の派遣添乗員について、①業務の内容はあらかじめ具体的に確定され、添乗員が自ら決定できる事項の範囲及び決定に係る選択の幅は限られていたこと、②使用者は添乗員との間で予め定められた旅程の管理等の業務を行うことを具体的に指示し、旅行日程の途中で変更が必要な場合はその時点で個別に指示するものとされ、旅行終了後は添乗日報により業務の遂行状況等につき詳細に報告を受けるものとされていることから、「労働時間を算定し難いとき」に該当しないと判断しており、支持しうる。

### (3) みなしの方法

原則として、所定労働時間労働したものとみなす（労基38条の2第1項本文）。

ただし、当該業務を遂行するために通常所定労働時間を超えて労働すること

---

[96] 情報通信機器を活用した在宅勤務に関する事業場外労働のみなし時間制の適用については、「情報通信機器を活用した在宅勤務の適切な導入及び実施のためのガイドライン」（平20・7・28基発第0728001号）が出されている。

[97] 展示会での展示販売は業務に従事する場所及び時間が限定され上司もいること等から「労働時間を算定し難いとき」に該当しないとした裁判例として、ほるぷ事件・東京地判平9・8・1労判772号62頁、実際の始業時刻や終業時刻等を把握し業務上の連絡を密にとっていたので「労働時間を算定し難いとき」に該当しないとした裁判例として、ハイクリップス事件・大阪地判平20・3・7労判971号72頁。

[98] 阪急トラベルサポート（派遣添乗員・第2）事件・最二小判平26・1・24集民246号1頁／労判1088号5頁参照。同事件・東京高判平24・3・7労判1048号6頁は、「労働時間を算定し難いとき」とは、「使用者の具体的な指揮監督が及ばないと評価され、客観的にみて労働時間を把握することが困難である例外的場合」と判示していたが、最高裁はこの判断基準を採用しなかった。

が必要となる場合には、①当該業務の遂行に通常必要とされる時間労働したものとみなす（労基38条の2第1項但書）か、又は、②労使協定により、みなし労働時間数と労使協定の有効期間等を定め、みなし労働時間数が法定労働時間を超えるときは行政官庁（所轄労働基準監督署長）に届出た場合は、労使協定で定めた時間が「当該業務の遂行に通常必要とされる時間」となる（労基38条の2第2・3項、労基則24条の2第2・3項・様式第12号）[*99]。

労使協定により定めたみなし労働時間が法定労働時間を超える場合は、別途、労基法36条に基づく労使協定の締結・届出が必要である。その場合、労基法36条に基づく労使協定に事業場外労働のみなし時間数に関する労使協定を付記して届けることも可能である（労基則17条1項・24条の2第4項）。

### 3　裁量労働制

裁量労働制は、事業場外労働のみなし労働時間制とは異なり、使用者が実労働時間を把握することは困難ではないが、労働の遂行の仕方について労働者の裁量の幅が大きい労働形態につき、実労働時間に代えてみなし労働時間を規制対象とするものである。

裁量労働制には、①専門業務型裁量労働制（労基38条の3）と、②企画業務型裁量労働制（労基38条の4）の二つがある。

(1) 専門業務型裁量労働制

ア　対象労働者

専門業務型裁量労働制の適用対象としうる労働者は、研究開発の業務など業務の性質上その遂行の方法を大幅に労働者の裁量に委ねる必要があるため、当該業務の遂行の手段及び時間配分の決定等に関し使用者が具体的な指示をするのが困難なものとして厚生労働省令で定められる業務のうち労使協定で定めた業務（対象業務）に従事する労働者である。

対象業務（19業務）は、①新商品・新技術の研究開発の業務、人文・自然科学の研究、②情報処理システムの分析又は設計[*100]、③新聞・出版の事業における記事の取材・編集、放送番組制作のための取材・編集、④衣服、室内装飾、

---

[*99]　事業場外労働のみなし規定の適用範囲は、労基法第4章の労働時間に関する規定に限定され（労基32条の2第1項、労基則24条の2第1項）、第6章の年少者及び第6章の2の妊産婦等の労働時間に関する規定には適用されない。

[*100]　当該労働者の業務がこれに含まれないと判断した裁判例として、エーディーディー事件・京都地判平23・10・31労判1041号49頁/判タ1373号173頁、同事件・大阪高判平24・7・27労判1062号63頁。

工業製品、広告等の新たなデザインの考案、⑤放送番組、映画等の制作のプロデューサー又はディレクター、⑥その他厚生労働大臣の指定する業務(労基則24条の2の2第2項)であり、この⑥として、コピーライター、情報処理システムコンサルタント、インテリアコーディネーター、ゲーム用ソフトウエアの創作、証券アナリスト、金融工学等を用いて行う金融商品開発、大学における教授研究(主として研究に従事する者に限る)、公認会計士、弁護士、建築士、不動産鑑定士、弁理士、税理士[*101]、中小企業診断士の14業務が指定されている(「労働基準法施行規則第24条の2の2第2項第6号の規定に基づき厚生労働大臣の指定する業務」[*102])。

　　イ　適用の要件

　専門業務型裁量労働制の適用要件は、対象労働者が前記アに該当することに加え、第一に、法所定の事項、すなわち、①対象業務(前記アの19業務のいずれかに限る)、②対象業務に従事する労働者の労働時間として算定される時間(みなし労働時間)、③対象業務の遂行の手段及び時間配分の決定等に関し、当該対象業務に従事する労働者に対し使用者が具体的指示をしないこと、④健康福祉確保措置を使用者が講ずること、⑤苦情処理措置を使用者が講ずること、⑥労使協定(労働協約による場合を除く)の有効期間、⑦労働者毎の労働時間の状況や行った健康福祉確保措置、苦情処理措置に関する記録の保存(協定の有効期間及び満了後3年間)であり(労基38条の3第1項、労基則24条の2の2第3項)を定めた労使協定を締結し、行政官庁(所轄労働基準監督署長)に届出をなし(労基38条の3第1項、労基38条の3第2項が準用する労基38条の2第3項、労基則24条の2の2第4項)[*103]、かつ、③〜⑦を現実に実施していることである[*104]。また、②みなし時間は、適切な時間数の設定が法制度上当然に要求され、実労働時間と乖離したみなし時間の定めは労使協定における法所定の定めを欠くものと評価され、従って、みなし時間制適用要件を充足しないと解すべきであろう。

　この労使協定の締結・届出・定めの実施は、①「実労働時間」が法定労働時

---

[*101] 当該労働者の業務がこれに含まれないと判断した裁判例として、レガシィほか1社事件・東京地判平25・9・26労判1086号12頁、同事件・東京高判平26・2・27労判1086号5頁。

[*102] 平9・2・14労告7(平15・10・22厚労告354等により一部改正)。

[*103] 専門業務型裁量労働制の適用を否定した裁判例として、ドワンゴ事件・京都地判平18・5・29労判920号57頁(労使協定は当該事業場毎の締結・届出が必要であるところ、当該労働者の所属する事業場での労使協定の締結・届出がなかった)、K工房事件・京都地判平29・4・27LLIDB:L072506(過半数代表者が適法に選出されなかった)等。

[*104] 条文上明記されていないが、法の趣旨から当然そのように解される。

間を超過しても、「労使協定で定めたみなし労働時間」が法定労働時間以下であれば刑罰を科されないという、免罰的効果、及び、②「実労働時間」を規制対象とするという労基法32条の例外として、「みなし労働時間」を規制対象とすることを許容するという、私法上の強行性排除効を有するが、権利義務関係の法的根拠となるものではない。

したがって、これを労働者に適用し労働契約の内容とするためには、第二に、その法的根拠が必要である。通常であれば、労働者との合意の他に、就業規則や労働協約の定めも根拠となりうるが、労働者自身が労働時間の配分方法を決定するという裁量労働の性質上、裁量労働制適用時点での労働者との合意のみが、法的根拠となりうると解される。

なお、労使協定で定めたみなし労働時間が法定労働時間を超える場合は、別途、労基法36条に基づく労使協定の締結・届出が必要である。

### ウ　みなしの方法

専門業務型裁量労働制においては、労使協定で定める時間労働したものとみなされる（労基38条の3第1項）[*105]。

### (2) 企画業務型裁量労働制

#### ア　対象労働者

企画業務型裁量労働制の適用対象としうる労働者は、①賃金・労働時間その他の当該事業場における労働条件に関する事項を調査・審議し事業主に意見を述べる委員会（「労使委員会」[*106]）が設置された事業場において、②事業運営に関する事項についての企画・立案、調査・分析の業務であって、当該業務の性質上これを適切に遂行するにはその遂行の方法を大幅に労働者の裁量に委ねる必要があるため、当該業務の遂行の手段及び時間配分の決定等に関し使用者が具体的な指示をしないこととする業務（対象業務）に従事し、かつ、③当該業務を適切に遂行するための知識、経験等を有する労働者である（労基38条の4第1項）。

#### イ　適用の要件

企画業務型裁量労働制の適用要件は、当該労働者が前記アに該当することに加えて、第一に、法所定の事項、すなわち、①対象業務（前記アの②の業務に限る）、②対象労働者の範囲、③対象労働者の労働時間として算定される時間（みなし労働時間）、④健康福祉確保措置を使用者が講ずること、⑤苦情処理措置を

---

[*105]　専門業務型裁量労働制の適用範囲は、労基法第4章の労働時間に関する規定に限定され（労基38条の3第1項、労基則24条の2の2第1項）、労基法第6章の年少者及び第6章の2の妊産婦等の労働時間に関する規定には適用されない。

[*106]　前記第4章「労働法の主体」第3節3参照。

使用者が講ずること、⑥当該労働者の同意を得なければならないこと、及び、同意しない労働者に対する不利益取扱いの禁止、⑦決議の有効期間、⑧労働者毎の労働時間の状況や行った健康福祉確保措置、苦情処理措置と同意に関する記録の保存（決議の有期期間及び満了後3年間）（労基38条の4第1項、労基則24条の2の3第3項）に関して、当該事業場の過半数代表により任期を定めて指名された労働者委員を少なくとも半分の構成員とする「労使委員会」がその5分の4以上の多数による議決により「決議」[*107]を行い、行政官庁（所轄労働基準監督署長）に届出をし（労基38条の4第1・2項、労基則24条の2の3第1項）、かつ、④〜⑧を現実に実施していることである[*108]。また、③みなし時間は、適切な時間数の設定が法制度上当然に要求され、実労働時間と乖離したみなし時間の定めは決議における法所定の定めを欠くものと評価され、従って、みなし時間制適用要件を充足しないと解すべきであろう[*109]。

この決議とその届出・実施は、①「実労働時間」が法定労働時間を超過しても、「決議で定めたみなし労働時間」が法定労働時間以下であれば刑罰を科されないという、免罰的効果、及び、②「実労働時間」を規制対象とするという労基法32条の例外として、「みなし労働時間」を規制対象とすることを許容するという、私法上の強行性排除効を有するが、権利義務関係の法的根拠となるものではない。

したがって、これを労働者に適用し労働契約の内容とするためには、第二に、その法的根拠として、裁量労働制適用時点での労働者との合意が必要である。通常であれば、労働者との合意の他に、就業規則や労働協約の定めも根拠となりうるが、企画型裁量労働制においては、当該労働者の同意を得なければならないことは決議の必要記載事項となっている（労基38条の4第1項3号）ことから、労働者の同意なくして適法に企画業務型裁量労働制で就労させることはなし得ず、裁量労働制適用時点での労働者との合意のみが、法的根拠となる。

なお、決議で定めたみなし労働時間が法定労働時間を超える場合は、別途、労基法36条に基づく労使協定の締結・届出が必要である。

　　　ウ　みなしの方法

企画業務型裁量労働制においては、決議で定める時間労働したものとみなさ

---

[*107] 前記第5章「権利義務関係の決定システムと法源」第2節第7款2参照。
[*108] 土田・契約法(2016)365頁。条文上明記されていないが、法の趣旨から当然そのように解される。
[*109] みなし時間数が実労働時間と乖離している場合は裁量労働制の適法性を失うとするものとして、土田・契約法(2016)365頁等。

れる(労基38条の4第1項)[*110]。

### 4  みなし労働時間制適用の法的効果

みなし労働時間制の適用の要件を充足している場合、みなし労働時間が法定労働時間を超えていなければ、実労働時間が法定労働時間を超えても、罰則の対象とならず、労基法37条1項所定の割増賃金支払義務もない。

みなし労働時間が法定労働時間を超えている場合、「みなし労働時間－法定労働時間」の時間数についてのみ労基法37条1項所定の割増賃金を支払えばいいので、割増賃金の定額払制と同じ効果をもつことになる。

### 5  みなし労働時間制と労働時間規制の適用除外との相違

後記第5款で検討するように、労基法41条により「適用除外」とされる場合は、労基法第4章、6章、6章の2の労働時間、休憩・休日に関する規定が適用されない(深夜労働及び年次有給休暇に関する規定は適用される)。したがって、労働時間の長さと配分方法、休憩・休日に関する規制が行われないことになる(労働時間の時間帯と年次有給休暇に関する規制は適用される)。

これに対して、事業場外労働のみなし労働時間制と裁量労働制については、労基法上の労働時間と自由時間(休憩・休日、年次有給休暇)に関する規制は全て適用される。ただし、規制対象となる「労働時間」が、「実労働時間」ではなく、「みなし労働時間」(事業場外労働であれば、①所定労働時間、②当該業務の遂行に通常必要とされる時間、又は、③労使協定で定めた時間のいずれかであり、裁量労働であれば、労使協定又は決議で定めた時間)となるので、法定労働時間による労働時間の長さと配分方法に関する規制方法が異なることになる(労働時間の時間帯と休憩・休日、年次有給休暇に関する規制は影響を受けない)。

したがって、みなし労働時間が実労働時間よりも短い場合は、法定労働時間による労働時間規制が事実上緩和されることになるが、先に述べたように、みなし労働時間が実労働時間と乖離して短く設定されている場合は、法所定の事項を定める労使協定又は決議を欠き、みなし労働時間制は適用されないと解すべきである。

---

[*110] 企画業務型裁量労働制の適用範囲は、労基法第4章の労働時間に関する規定に限定され(労基38条の4第1項、労基則24条の2の3第2項)、労基法第6章の年少者及び第6章の2の妊産婦等の労働時間に関する規定には適用されない。

## 第5款　労働時間の長さ・配分方法規制の適用除外

### 1　適用除外される事項

労基法41条は、労基法第4章、第6章、及び、第6章の2で定める労働時間、休憩、休日に関する規定は、同条1〜3号に該当する労働者については適用しないと定めている。

具体的には、法定労働時間、休憩、休日に関する規制の適用が除外される。これに対して、深夜労働に関する規制（労基37条3項、61条）は適用され[*111]、年次有給休暇に関する規律（労基39条）（→後記第4節第2款）も適用される[*112]。

### 2　適用除外の対象者

(1)　農業、又は、畜産・養蚕・水産業に従事する労働者

適用除外の第一は、農業、又は、畜産・養蚕・水産の事業に従事する労働者である（労基41条1号・別表第1の6、7号）。これらの事業は、自然条件に強く影響されるため、適用除外とされている。

(2)　「監督若しくは管理の地位にある者」
　　　　又は「機密の事務を取り扱う者」

適用除外の第二は、事業の種類にかかわらず、「監督若しくは管理の地位にある者」又は「機密の事務を取り扱う者」である（労基41条2号）。

ア　「監督若しくは管理の地位にある者」

「監督若しくは管理の地位にある者」（「管理監督者」とも呼ばれる）とは、労働条件の決定その他労務管理について経営者と一体的立場にある者であり、名称にとらわれず、実体に即して判断される[*113]。

労基法が管理監督者に対して、労働時間、休憩及び休日に関する規定を適用しないと定めている趣旨は、管理監督者は、①その職務の性質上、雇用主と一体となり、あるいはその意を体して、その権限の一部を行使する関係上、②自らの労働時間を中心とした労働条件の決定等について相当な程度の裁量権を認

---

[*111]　ことぶき事件・最二小判平21・12・18集民232号825頁/労判1000号5頁（深夜労働に関する割増賃金支払義務を定めた労基法37条は、労働が一日のうちのどのような時間帯に行われるかに着目して深夜労働に関し一定の規制をする点で労働時間に関する労基法の他の規定とは趣旨を異にする等を理由に、労基法41条2号の管理監督者も深夜労働に対する割増賃金請求権を有すると判示）、昭63・3・14基発150、平11・3・31基発168。
[*112]　昭22・11・26基発389。
[*113]　ゲートウェイ21事件・東京地判平20・9・30労判977号74頁、東和システム事件・東京地判平21・3・9労判981号21頁/判タ1307号164頁等。

められ、③その地位に見合った相当な待遇を受けている者であるため、労基法所定の労働時間等に関する厳格な規制を及ぼす必要がなく、かつ、相当でもないとするところにある。

したがって、管理監督者に該当するかどうかを判断するに当たっては、当該労働者が、①雇用主の経営に関する決定に参画し、労務管理に関する指揮監督権限を認められているか、②自己の出退勤を初めとする労働時間について一般の従業員と同様の規制管理を受けず裁量を有しているか、③賃金体系を中心とした処遇が、一般の従業員と比較して、その職位と職責にふさわしい厚遇といえるか等の具体的な勤務実態に即して判断すべきであろう[*114]。

従来の裁判例においても、ほぼこのような判断基準で「管理監督者」該当性を厳格に判断しており、「管理監督者」該当性が肯定された例は少なく[*115]、多くは該当性を否定している[*116]。

　　　イ　「機密の事務を取り扱う者」

「機密の事務を取り扱う者」とは、秘書その他職務が経営者又は監督若しくは管理の地位にある者の活動と一体不可分であって厳格な労働時間の管理にな

---

[*114]　育英舎事件・札幌地判平14・4・18労判839号58頁/判タ1123号145頁等。

[*115]　肯定する裁判例として、徳洲会事件・大阪地判昭62・3・31労判497号65頁(看護婦募集業務に従事する人事課長)、日本プレジデントクラブ事件・東京地判昭63・4・27労判517号18頁(総務局次長)、スカイピュアルネッサンス事件・東京地判平24・5・16労判1057号96頁(会社取締役)等。

[*116]　否定する裁判例として、静岡銀行事件・静岡地判昭53・3・28労民29巻3号273頁/労判297号39頁(銀行支店長代理)、サンド事件・大阪地判昭58・7・12労判414号63頁(課長)、ケー・アンド・エル事件・東京地判昭59・5・29労判431号57頁(アート・ディレクター)、レストラン・ビュッフェ事件・大阪地判昭61・7・30労判481号51頁(レストラン店長)、彌榮自動車事件・京都地判平4・2・4労判606号24頁(タクシー営業センター係長)、国民金融公庫事件・東京地判平7・9・25労判683号30頁(金融機関の業務役)、ほるぷ事件・東京地判平9・8・1労判722号62頁(販売主任)、キャスコ事件・大阪地判平12・4・28労判787号30頁(債権回収等担当主任)、風月荘事件・大阪地判平13・3・26労判810号40頁(カラオケ店店長)、育英舎事件・札幌地判平14・4・18労判839号58頁/判タ1123号145頁(学習塾の営業課長)、神代学園ミューズ音楽院事件・東京高判平17・3・30労判905号72頁(事業部長と教務部長)、岡部製作所事件・東京地判平18・5・26労判918号5頁(営業開発部長)、セントラル・パーク事件・岡山地判平19・3・27労判941号23頁(ホテルのレストランの料理長)、丸栄西野事件・大阪地判平20・1・11労判957号5頁(デザイナー職)、日本マクドナルド事件・東京地判平20・1・28労判953号10頁/判時1998号149頁(ファーストフード・チェーン店店長)、エイテイズ事件・神戸地尼崎支判平20・3・27労判968号94頁(課長)、ゲートウェイ21事件・東京地判平20・9・30労判977号20頁(支社長)、東和システム事件・東京地判平21・3・9労判981号21頁(課長代理・プロジェクトリーダー)、ボス事件・東京地判平21・10・21労判1000号65頁/判タ1307号164頁(コンビニエンスストアの店長)、穂波事件・岐阜地判平27・10・22労判1127号29頁(飲食店店長)、プレナス事件・大分地判平29・3・30労判1158号32頁(弁当チェーン店店長)等。

じまない者である[*117]。

　(3)　「監視又は断続的労働に従事する者」

　適用除外の第三は、「監視又は断続的労働に従事する者」で使用者が行政官庁の許可を受けたもの[*118]である（労基41条3号）[*119]。

　　ア　「監視に従事する者」

　「監視に従事する者」は、原則として、一定部署にあって監視するのを本来の業務とし、常態として身体又は精神的緊張の少ない者である[*120]。

　　イ　「断続的労働に従事する者」

　「断続的労働に従事する者」は、休憩時間は少ないが手待時間が多い者である[*121]。

## 第4節　自由時間の保障

　自由時間の保障については、①休憩と休日（→第1款）、②年次有給休暇（→第2款）の順に検討する。

### 第1款　休憩と休日

#### 1　休憩時間

　「休憩時間」とは、労働者が労働時間の途中で労働義務から完全に解放されることを保障されている時間である。

　手待時間、電話の収受、監視等を義務付けられている時間等は、労働義務から完全に解放されていないので、「休憩時間」ではなく、「労働時間」（労基法上の労働時間）（→前記第2節2）である。

---

[*117]　昭22・9・13発基17。
[*118]　行政官庁の許可は適用除外の効力発生要件であり、その労働実態に関わらず許可を受けていない者は適用除外の対象とならない（共立メンテナンス事件・大阪地判平8・10・2労判706号45頁／判タ937号153頁）。
[*119]　当該労働基準監督署長の許可が労基法41条3号の許可基準を充たしておらず違法として、宿日直勤務を余儀なくされた労働者の国に対する損害賠償請求を認容した裁判例として、中央労基署長（大島町診療所）事件・東京地判平15・2・21労判847号45頁／判時1835号101頁。
[*120]　交通関係の監視、車両誘導を行う駐車場等の監視等精神的緊張の高い業務、プラント等における計器類を常態として監視する業務、危険又は有害な場所における業務は許可しないとされている（昭22・9・13発基17、昭63・3・14基発150）。
[*121]　例えば、修繕係等で通常は業務閑散であるが事故発生に備えて待機する者、寄宿舎の賄人等で作業時間が手待時間以下で実労働時間が8時間を超えない者、1日交通量10往復程度までの鉄道踏切番等は許可するとされている（昭22・9・13発基17、昭23・4・5基発535、昭63・3・14基発150）。

(1) 休憩時間の概念－法定休憩・所定休憩・法定外休憩

休憩時間は、労基法上付与が義務づけられている「法定休憩」と、当該労働契約上労働義務から解放されている「所定休憩」を区別することができる。

「法定休憩」については、後記(2)～(5)のような法規制があるが、「所定休憩」のうち、法定休憩以外の休憩時間（「法定外休憩」）については、それを付与するかどうかとその内容は、労働契約に委ねられる。

(2) 休憩の長さと位置

使用者は、①労働時間が6時間を超える場合は少なくとも45分、②労働時間が8時間を超える場合は少なくとも1時間の休憩時間を、労働時間の途中に与えなければならない（労基34条1項）。

休憩時間の上限に関する規制はなく、また、休憩時間の分割制限、位置の特定・一定性は法律上要求されていないが、法の趣旨に照らして付与方法の適法性が判断される（例えば、1分の休憩を60回与えるという方法は、法の趣旨に照らし労基法34条1項違反であろう）。

また、同条自体は休憩時間の特定を要求していないが、休憩時間は労働条件の絶対的明示事項の一つ（労基15条1項前段、労基則5条1項2号）であるから、何時から何時までが休憩時間であるのか、事前に特定・明示をすることが必要である。

(3) 一斉付与の原則

使用者は、休憩時間を一斉に与えなければならない（労基34条2項本文）。

ただし、①公衆の不便を避けるために必要なものその他特殊の必要のあるもので厚生労働省令で定めるもの、具体的には、旅客又は貨物の運送、物品の販売・配給・保管若しくは賃貸又は理容、金融・保険・媒介・周旋・集金・案内又は広告、映画の制作又は映写、演劇その他興行、郵便・信書便又は電気通信、治療・看護その他保健衛生、旅館・料理店・飲食店・接客・娯楽場の事業、並びに、官公署の事業（労基40条1項・別表第1、労基則31条）、②坑内労働（労基38条2項但書）、③使用者と当該事業場の過半数代表の締結する労使協定に異なる定めがある場合（労基34条2項但書）については、一斉に付与しなくてもよい。

(4) 自由利用の原則

使用者は、休憩時間を自由に利用させなければならない（労基34条3項）[122]。

ただし、①公衆の不便を避けるために必要なものその他特殊の必要のあるもので厚生労働省令で定めるもの、具体的には、警察官、消防吏員、常勤の消防

---

[122] 休憩時間の自由利用の原則との関係では、使用者が休憩時間中の労働者の行為を制約（例：企業施設内でのビラ配布や署名活動等の禁止）し、その違反を懲戒事由として懲戒処分を行うことができるかどうかが問題となる（→後記第17章「懲戒処分」）。

団員、児童自立支援施設の職員で児童と起居をともにする者（労基40条1項、労基則33条1項1号）、及び、予め所轄労働監督署長の許可を受けた乳児院、児童養護施設、障害児入所施設の職員で児童と起居をともにする者（労基40条1項、労基則33条1項2号・2項）、②坑内労働（労基38条2項但書）については、この限りではない。

また、休憩時間の自由な利用が企業施設内で行われる場合に、使用者の企業施設に対する管理権の合理的な行使として是認される範囲内の適法な制約を免れることはできず、また、企業秩序維持の要請に基づく規律による制約を免れることはできず、使用者の許可がなければ演説、集会、貼紙、掲示、ビラ配布等をできないとすることは合理的な制約となりうる[*123]。

(5) 適用除外

休憩時間に関する規制の適用が除外され、休憩付与の必要性がないとされている労働者は、①労基法41条1～3号に該当する者（法定労働時間・法定休日に関する規制の適用除外と同一）（→前記第3節第5款）、②公衆の不便を避けるために必要なものその他特殊の必要のあるもので厚生労働省令で定めるもの、具体的には、旅客・貨物運送又は郵便・信書便の事業の長距離乗務員、屋内勤務者30人未満の日本郵便株式会社の営業所で郵便業務に従事する者（労基法40条1項、労基則32条1項)、③上記②に該当しないがその業務の性質上休憩時間を与えることができないと認められる乗務員で、勤務中の停車時間、折り返しの待合わせ時間等の合計が法定休憩時間に相当するとき（労基法40条1項、労基則32条2項）である。

## 2　休日

「休日」とは、労働者が労働契約上労働義務を負わない日である。

(1) 休日の概念－法定休日・所定休日・法定外休日

休日は、労基法上付与が義務づけられている「法定休日」と、当該労働契約上労働義務を負わない日である「所定休日」を区別することができる。

「法定休日」については、後記(2)～(5)のような法規制があるが、「所定休日」のうち、法定休日以外の休日（「法定外休日」）については、それを付与するかどうかとその内容は、労働契約に委ねられる。

(2) 原則

使用者は、労働者に対して、毎週少なくとも1回の休日を与えなければならない（労基35条1項）。週休一日制である。

---

[*123]　目黒電報電話局事件・最三小判昭52・12・13民集31巻7号974頁／労判287号26頁。

「休日」とは、暦日（午前0時から午後12時まで）である[*124]。

「毎週」とは、7日間の期間毎と解されている[*125]。

労基法35条1項は、休日を毎週同じ曜日とすること、又は、休日を特定の曜日（例：日曜日）とすることは要求していない。また、同条自体は休日の特定を要求していないが、休日は労働条件の絶対的明示事項の一つ（労基15条1項前段、労基則5条1項2号）であるから、いつを休日とするのか、事前にその特定・明示をすることが必要である。

(3) 例外

　ア　変形週休制

週休1日制の第一の例外は、変形週休制である。使用者は、4週間を通じ4日以上の休日を与えれば、週休一日制の適用を受けない（労基35条2項）。したがって、日本の休日制度は、実質は、四週四休制ともいえよう。

　イ　法定休日労働

第二の例外は、法定休日労働である。①法定休日労働を行わせることのできる要件、②労基法33条1項を充足する場合の法的効果と労働義務、③法定休日労働を許容する労使協定締結・届出の法的効果と労働義務、④法定休日労働を行った場合の法的効果（法定休日労働に対する割増賃金支払）等は「法定時間外労働」の場合と同一である（労基33条・36条）（→前記第3節第2款2〜5）。ただし、法定休日労働が行われた場合に支払わなければならない割増賃金の割増率は3割5分以上である（労基37条1項、「労働基準法第37条第1項の時間外及び休日の割増賃金に係る率の最低限度を定める政令」〈平6政令5、平12政令309等により一部改正〉）。

(4) 適用除外

法定休日に関する規制の適用除外とされるのは、労基法41条1〜3号に該当する労働者（法定労働時間・法定休憩の適用除外と同一）（→前記第3節第5款）である。

(5) 休日振替

休日については振替が行われることがあるが、①事前の振替と、②事後の振

---

[*124] 昭23・4・5基発535。なお、行政解釈では、例外的に、一定の条件を充たす場合には、連続24時間又はこれ以上の一定時間をもって「休日」と認める扱いをしている（三交替連続作業における交替制勤務〈昭63・3・14基発150〉、旅館業〈昭57・6・30基発446、昭63・3・14基発150、平11・3・31基発168〉、自動車運転者〈「自動車運転者の労働時間等の改善のための基準」平元・2・9告了、平12・12・25労告120号等により改正〉）が、連続24時間等との解釈は法律の文言から乖離しており、また、刑事罰を科す際の構成要件である「休日」のダブル・スタンダードは妥当ではなく、同行政解釈は支持できない。

[*125] 菅野・労働法(2016) 469頁。

替がある。

第一の「事前の振替」は、予め振替休日の日を指定した上で特定の休日を労働日とすることであり、労働契約上特定されている休日を他の日に変更すること（労働契約内容の変更）である。

第二の「事後の振替」は、休日に労働をさせた後に代休日を付与することであり、労働契約上特定されていた休日を労働日とすること（労働契約内容の変更）である。

休日の「事前振替」も「事後振替」も、振替後に1週1休又は4週4休の要件を充たす場合は、当初休日とされていた日の労働は法定休日労働ではないので、当該労働について労基法36条所定の労使協定の締結・届出や、割増賃金の支払（労基37条1項）を要しない。これに対して、振替後に1週1休又は4週4休の要件を充たさなくなる場合は、当初休日とされていた日の労働は法定休日労働となるので、労基法33条1項の充足（災害等による臨時の必要性）又は労基法36条に基づく労使協定の締結・届出と、割増賃金の支払（労基37条1項）が必要であり、労基法33条1項の充足又は労使協定の締結・届出がなければ、休日振替は労基法35条違反で違法・無効である。

また、当該休日振替による当初休日とされていた日の労働が法定休日労働ではない場合、又は、法定休日労働であっても労基法33条1項の充足若しくは労基法36条に基づく労使協定の締結・届出がある場合、当該休日振替は労基法35条違反ではないが、使用者が労働契約内容を変更し休日振替を行うためには、休日振替権の法的根拠が存在し、かつ、当該権利行使が適法であることが必要である[126]。

## 第2款　年次有給休暇

### 1　年次有給休暇の概念－法定年休・所定年休・法定外年休

「年次有給休暇」（年休）とは、労働者の健康で文化的な生活の実現に資するために、労働者が、休日の他に、毎年有給で取得することができる休暇である。

年次有給休暇は、労基法上付与が義務づけられている「法定年休」と、当該労働契約上労働者が権利を有する「所定年休」を区別することができる。

「法定年休」については、後記2～7のように、年休を取得する権利（年休

---

[126]　後記第16章「労働契約内容の設定と変更」第4節第8款。

権)[*127]の発生要件、最低日数、支払われるべき賃金、年休の時期の特定方法等につき法律で定められているが、「所定年休」のうち、法定年休以外の年休(「法定外年休」)については、それを付与するかどうかとその内容(成立要件、日数、特定方法等)は、労働契約により決定される[*128]。

## 2 年休権の発生要件

労働者が年次有給休暇を取得する権利(年休権)は、「その雇入れの日から起算して6か月間継続勤務し全労働日の8割以上出勤」するという客観的要件を充足することにより、法律上当然に発生する[*129](労基39条1項)。

雇入れの日から起算して1年6か月以上継続勤務した労働者については、継続勤務した期間を雇入れ日から起算して6か月経過日から1年ごとに区分した各期間の出勤した日数が当該期間の全労働日の8割以上であれば、次の1年間について年休権が発生する。これに対して、1年ごとに区分した各期間の出勤した日数が当該期間の全労働日の8割未満であれば、次の1年間については年休権は発生しない(労基39条2項)。

(1) 「雇入れの日」

労基法39条1項にいう「雇入れの日」は、「労働契約が成立した日」ではなく、「契約期間の開始日」と解すべきであろう(ただし、両者が同じ日である場合もある)。

(2) 「継続勤務」

労基法39条1項にいう「継続勤務」は、継続出勤ではなく、労働契約が継続している期間と解されるから、出向期間、休職期間も含まれる。また、労働契約の継続は、実質的に判断されるべきであり[*130]、形式的には労働契約がいったん終了していても、定年退職後の再雇用、日々雇用、期間の定めのある労働契約の更新[*131]・断続的締結[*132]、解雇後の再採用等は、労働契約が継続していると判断されうるし、使用者が変更しても、労働契約が新会社に包括承継され

---

*127 年休権の法的構造に関する学説については、土田・契約法(2016)178-180頁等。年休権の法的構造と計画年休に関する論考として、武井寛「年休の制度と法理」再生(4)(2017)255-274頁及び同論文引用文献等。
*128 昭23・3・31基発513、昭23・10・15基収3650。
*129 林野庁白石営林署事件・最二小判昭48・3・2民集27巻2号191頁/労判171号16頁、国鉄郡山工場事件・最二小判昭48・3・2民集27巻2号210頁/労判171号10頁。
*130 昭63・3・14基発150号。
*131 国際協力事業団事件・東京地判平9・12・1労判729号26」頁/判タ984号174頁(継続勤務を肯定)。
*132 日本中央競馬会事件・東京高判平11・9・30労判780号80頁(継続勤務を肯定)。

た場合は、労働契約が継続していると判断される。ただし、同一使用者との労働契約でも、従前の契約内容と新労働契約とで契約内容(職務、労働日数等)が大きく異なる場合は、同じ労働契約が継続しているとは言えず、「継続勤務」には該当しないと判断される場合がある[*133]。

　(3) 「全労働日の8割以上出勤」

　労基法39条1項・2項が年休権の発生要件の一つとする「全労働日の8割以上出勤」の要件は、労働者の責めに帰すべき事由による欠勤率が特に高い者をその対象から除外する趣旨で定められたものである[*134]。

　「全労働日」は、1年の総暦日の数のうち、労働者が労働契約上労働義務を負う日数であり[*135]、派遣労働者の場合は、派遣先で労働する義務を負う日数である[*136]。しかし、①正当な同盟罷業により労働者が労務を履行しなかった日は、労働者が憲法上の権利を行使した日であり、②生理休暇(労基68条)を取得した日は、労基法上保障された休暇であり、いずれも、当該労働日の労働義務を消滅させるのと同様の効果を有するから、「全労働日」から除外される。

　「出勤した日」は、労働者が労務を履行した日である。しかし、労務を履行していなくても、①業務上の負傷・疾病の療養のための休業期間[*137]、②産前産後休業期間、③育児・介護休業期間は出勤したものとみなすことが労基法上明記されており(労基39条8項)、④年休を取得した日も賃金支払が保障され出勤日と同様に取り扱われるから、「出勤した日」に算入されると解される[*138]。

　問題は、労働日のうち、労働者の責めに帰すべき事由以外の事由により労務が履行されなかった日の取扱いであるが、最高裁判決[*139]は、1)無効な解雇の場合のように労働者が使用者から正当な理由なく就労を拒まれたために就労できなかった日は出勤した日に算入される(全労働日にも含まれる)が、2)不可抗力や使用者側に起因する経営、管理上の障害による休業日は、当事者間の衡平等の観点から出勤日数に算入するのは相当でなく全労働日から除かれる(出勤した

---

[*133] 東京芝浦食肉事業公社事件・東京地判平2・9・25労判569号28頁(常勤正規職員が定年退職後非常勤嘱託職員となったことにつき、勤務日数の減少により実質的に勤務関係が切断されているとして定年退職前との継続勤務であることを否定)。
[*134] 八千代交通事件・最一小判平25・6・6民集67巻5号1187頁/労判1075号21頁。
[*135] エス・ウント・エー事件・最三小判平4・2・18民集164号67頁/労判609号12頁。
[*136] ユニ・フレックス事件・東京高判平11・8・17労判772号35頁。
[*137] 通勤による負傷・疾病の療養のための休業期間は含まれない。通勤による負傷・疾病の療養のための休業期間は、私傷病による休業と同じく、欠勤日(労働日に含まれ出勤日に含まれない)として取り扱われることになる。
[*138] 昭22・9・13発基17、平6・3・31基発181。
[*139] 八千代交通事件・最一小判平25・6・6民集67巻5号1187頁/労判1075号21頁。

日からも当然除かれる)と判示する。

1)に異論はなく、また、裁判所において解雇が無効と確定した場合のみならず、労働委員会の救済命令により労働者が復職した場合の解雇期間(不就労期間)も出勤した日に算入されるであろう[*140]。しかし、2)については、当該休業を、民法536条2項前段の「債権者の責めに帰すべき事由による履行不能」とそれ以外に区別し、前者は労働者が賃金全額の請求権を有する日であるから「出勤した日」として取り扱い、後者は「全労働日」から除外するとの取扱いが論理整合的であろう。

### 3　年休権の内容
(1)　年休日数

年休権が発生した場合、その内容は、第一に、①雇入れの日から起算して6か月間継続勤務し、全労働日の8割以上を出勤するという客観的要件を充足した時点で、その後の1年間に10労働日の年休を取得する権利である。

その後は、②1年6か月継続勤務しその前の1年間全労働日の8割以上を出勤した労働者は11労働日、③2年6か月継続勤務しその前の1年間全労働日の8割以上を出勤した労働者は12労働日、④3年6か月継続勤務しその前の1年間全労働日の8割以上を出勤した労働者は14労働日、⑤4年6か月継続勤務しその前の1年間全労働日の8割以上を出勤した労働者は16労働日、⑥5年6か月継続勤務しその前の1年間全労働日の8割以上を出勤した労働者は18労働日、⑦6年6か月以上継続勤務しその前の1年間全労働日の8割以上を出勤した労働者は20労働日の有給休暇を、その後の1年間に取得することができる(労基39条1・2項)。

ただし、所定労働日数の少ない労働者については、同じ基準を適用すると労働日に占める年休日の割合が相対的に大きくなってしまうので、週所定労働日数又は1年間の所定労働日数に比例した年休日数が定められている(労基39条3項、労基則24条の3)。

(2)　有給

年休権が発生した場合、その内容として、第二に、使用者は、①当該年次有給休暇1日当たり、又は、②年次有給休暇の1時間当たり(後記(3)で述べるように時間単位で有給休暇を取得することも可能である)について、労働者に対し、1)就業規則その他これに準ずるもので定めるところにより、①については平均賃金若しくは所定労働時間労働した場合に支払われる通常の賃金、②については平均

---

[*140]　平25・7・10基発0710第3号。

賃金若しくは所定労働時間労働した場合に支払われる通常の賃金をその日の所定労働時間数で除したものを支払うか、又は、2)過半数代表と労使協定を締結し、①については健康保険法99条1項所定の標準報酬日額(同法40条所定の標準報酬月額の30分の1の額)に相当する金額、②については標準報酬日額をその日の所定労働時間数で除したものを支払わなければならない(労基39条7項、労基則25条)。

(3) 年次有給休暇の取得単位

年次有給休暇は、1日単位で取得することが原則であるが、当該事業場の過半数代表と使用者との間で労使協定が締結され、①時間を単位として有給休暇を付与できる労働者の範囲、②時間を単位として与えることができる有給休暇の日数(5日以内)、③時間を単位として与えることができる有給休暇1日の時間数(1日の所定労働時間数〈日によって所定労働時間数が異なる場合は1年における平均所定労働時間数〉を下回らないもの)、④1時間以外の時間数を単位として付与する場合はその時間数(1日の所定労働時間数に満たないもの)が定められた場合は、当該労働者は、時間単位で年次有給休暇を取得できる(労基39条4項、労基則24条の4)。

## 4 年休の時季の特定方法

年休については、年休を取得する権利(年休権)が発生した後、具体的に年休を取得する日が特定されなければならない。

年休日の特定は、原則として、労働者による年休の時季の指定(時季指定権の行使)により行われ、使用者の適法な時季変更権の行使を解除条件として当該指定日が年休として成立する(労基39条5項)。使用者が適法な時季変更権を行使した場合は、労働者の指定した日に年休は成立せず、労働者は、別途、別の日を指定することになる(→(1)・(2))。

しかし、例外的に、年休日数の一部については、労使協定所定の方法により年休日を特定することができ、この特定方法を「計画年休制度」と呼ぶ(→(3))。

(1) 労働者の時季指定権の行使

労働者がその有する休暇日数の範囲内で、具体的な休暇の始期と終期を特定して年休の時季指定をしたとき(時季指定権の行使)は、客観的に労基法39条5項但書所定の事由(事業の正常な運営を妨げる場合)が存在し、かつ、これを理由として使用者が時季変更権を行使しないかぎり、当該時季指定によって年次有給休暇が成立し、当該労働日における労働義務の消滅と所定の賃金請求権の取得という効果が発生する。これを端的にいえば、年次有給休暇は、労働者による年次有給休暇の時季指定により、使用者の適法な時季変更権の行使を解除条件

として成立する[*141]。

　ただし、年休の時季指定権の行使が、例えば特定の業務を免れることを目的として時季指定をするなどして信義則違反又は権利濫用に該当する場合は、当該時季指定は無効で年休の効果は発生しない[*142]。

　なお、労働者の時季指定権の行使を侵害する行為は、不法行為（民709・710条）に該当しうる[*143]。また、使用者は、少なくとも、労基法39条に基づき労働者がその権利として有する有給休暇を享受することを妨げてはならないとの不作為義務を負う[*144]ので、使用者が時季指定権の行使を侵害する行為は、法律上の義務違反であり、また、信義則上の義務違反ということも可能であるので、債務不履行（民415条）にも該当する[*145]。

　(2) 使用者による時季変更権の行使

　労働者の時季指定権の行使に対する使用者の時季変更権の行使は、労働者の年休取得が「事業の正常な運営を妨げる場合」（労基39条5項但書）に該当すれば適法である。

　したがって、どのような場合、年休取得が「事業の正常な運営を妨げる場合」に該当するかどうかが問題となるが、労基法39条は、使用者に対し、できるだけ労働者が指定した時季に休暇を取れるよう状況に応じた配慮をすることを要請している[*146]ということを前提とした上で、類型毎に判断基準を考える必要がある（→ア〜エ）。

---

[*141] 林野庁白石営林署事件・最二小判昭48・3・2民集27巻2号191頁／労判171号16頁、国鉄郡山工場事件・最二小判昭48・3・2民集27巻2号210頁／労判171号10頁。近年では、日能研関西ほか事件・神戸地判平23・10・6労判1055号43頁、同事件・大阪高判平24・4・6労判1055号28頁等。

[*142] 日本交通ほか事件・東京地判平9・10・29労民48巻5=6号510頁／労判731号28頁（タクシー乗務員が割り当てられたナイト乗務を拒否する目的で年休の時季指定を行ったことは権利の濫用で無効と判断）。他の権利と同様、時季指定権もその行使が信義則違反又は権利濫用となりうることは理論上否定できず、使用者に時季変更権があることもこれを否定する理由にはならないと思われる。

[*143] 日能研関西ほか事件・神戸地判平23・10・6労判1055号43頁、同事件・大阪高判平24・4・6労判1055号28頁（有給休暇の申請に対する取得は望ましくないとの上司の発言を不法行為と判断）、

[*144] 林野庁白石営林署事件・最二小判昭48・3・2民集27巻2号191頁／労判171号16頁、国鉄郡山工場事件・最二小判昭48・3・2民集27巻2号210頁／労判171号10頁。近年では、日能研関西ほか事件・神戸地判平23・10・6労判1055号43頁、同事件・大阪高判平24・4・6労判1055号28頁等。

[*145] 出水事件・東京地判平27・2・18労判1130号83頁（使用者による有給休暇日数・理由の限定を労働契約上の債務不履行と判断）。

[*146] 弘前電報電話局事件・最二小判昭62・7・10民集41巻5号1229頁／労判499号19頁、横手統制電話中継所事件・最三小判昭62・9・22集民151号657頁／労判503号6頁。

ア　勤務割による勤務日の時季指定

　第一は、勤務割(シフト表)による勤務体制をとる事業場において、労働者が勤務割により予め定められていた勤務予定日に1日あるいは2日の年休を時季指定した場合である。この場合でも、使用者は、できるだけ労働者が指定した時季に休暇を取ることができるよう配慮が要請されているところ、代替勤務者配置の難易は重要な判断要素であるから、使用者として通常の配慮をすれば、勤務割を変更して代替勤務者の配置が客観的に可能であるにもかかわらず、使用者がそのための配慮をしないことにより代替勤務者が配置されないときは、必要配置人数を欠き事業の正常な運営を妨げる場合に当たるということはできない。また、年次有給休暇の利用目的は労基法の関知しないところであるから、勤務割を変更し代替勤務者の配置が可能であるにもかかわらず、休暇の利用目的のいかんによりその配慮をせずに時季変更権を行使することはできない[*147]。そして、使用者として通常の配慮をすれば代替勤務者を確保し勤務割を変更することが客観的に可能であったか否かは、当該事業場における年次休暇の時季指定に伴う勤務割の変更の方法と行われる程度、年休の時季指定に対する使用者の従前の対応、当該労働者の作業の内容・性質・欠務補充要員の作業の繁閑等に照らしての他の者の代替勤務の可能性、時季指定の時期(代替勤務者を確保しうる時間的余裕の有無)、週休制の運用等を考慮して判断するとされている[*148]。

　イ　長期かつ連続した時季指定

　第二は、労働者が長期かつ連続した年休の時季指定を行った場合である。労働者が長期かつ連続の年次有給休暇を取得する場合は、それが長期であればあるほど、使用者の業務計画、他の労働者の休暇予定等との事前の調整を図る必要が生ずる。しかも、使用者は、労働者が時季指定をした時点で、事業活動の正常な運営の確保に関わる諸般の事情を正確に予測することは困難である。したがって、労働者が事前の調整を経ることなく、その有する年次有給休暇の日数の範囲内で始期と終期を特定して長期かつ連続の時季指定をした場合、これに対する使用者の時季変更権の行使については、当該休暇が事業運営にどのような支障をもたらすか、休暇の時期、期間につきどの程度の修正、変更を行うかに関し、使用者にある程度の裁量的判断の余地を認めざるを得ず、使用者の

---

[*147]　弘前電報電話局事件・最二小判昭62・7・10民集41巻5号1229頁、横手統制電話中継所事件・最三小判昭62・9・22集民151号657頁/労判503号6頁(いずれも現場の保守・建設作業員に対する時季変更権の行使を無効と判断)。

[*148]　電電公社関東電気通信局事件・最三小判平元・7・4民集43巻7号767頁/労判543号7頁(現場の保守・建設作業員に対する時季変更権の行使を適法と判断)。

裁量的判断が、労基法39条の趣旨に反し、使用者が労働者に休暇を取得させるための状況に応じた配慮を欠くなど不合理であると認められるときに限り、時季変更権の行使は違法と判断される[*149]。

　　　ウ　短期集中の訓練期間中の時季指定
　第三は、労働者が、職場の代表として短期間に集中的に高度な知識、技能を修得し所属の職場に持ち帰ることにより、職場全体の業務の改善、向上に資することを目的として参加する訓練期間中に、年休の時季指定を行った場合である。このような期間、目的の訓練においては、特段の事情がない限り、参加者が訓練を一部でも欠席することは、予定された知識、技能の修得に不足を生じさせ、訓練の目的を十全に達成できない結果を招くので、使用者は、当該請求に係る年休の期間における具体的な訓練の内容が、これを欠席しても予定された知識・技能の修得に不足を生じさせないと認められない限り、年休取得が事業の正常な運営を妨げるものとして時季変更権を行使することができる[*150]。

　　　エ　直前の時季指定
　第四は、労働者が指定する休暇期間の直前に当該年休の時季指定を行った場合である。この場合、使用者の時季変更権の行使が労働者の指定した休暇期間が開始又は経過した後にされた場合でも、使用者が時季変更権を行使するか否かを事前に判断する時間的余裕がなかったときには、それが事前にされなかったことのゆえに直ちに時季変更権の行使が不適法となるものではなく、客観的に時季変更権を行使しうる事由が存在し、かつ、その行使が遅滞なくなされた場合には、時季変更権の行使は適法と判断される[*151]。

　　　オ　その他の論点
　その他、郵便局の外務事務（郵便物の収集・配達）については、当日配達すべき郵便物の滞留が平常時と著しくかけ離れる場合は、業務の正常な運営が阻害される場合に該当し、時季変更権行使が適法と判断されている[*152]。

---

[*149]　時事通信社事件・最三小判平4・6・23民集46巻4号306頁/労判613号6頁（科学技術庁の記者クラブに単独配置されている通信社の社会部記者の事前の調整のない約1か月の連続休暇の時季指定に対する、休暇後半部分の時季変更権の行使を適法と判断）。
[*150]　日本電信電話事件・最二小判平12・3・31民集54巻3号1255頁/労判781号18頁。同事件差戻審・東京高判平13・11・28労判819号18頁は、当該時季変更権行使を適法と判断。
[*151]　電電公社此花局事件・最一小判昭57・3・18民集36巻3号366頁（使用者が、当該休暇の請求は事業の正常な運営を妨げるおそれがあったが、労働者が休暇を必要とする事情によってはこれを認めようと考え休暇の理由を聴取するため時季変更権の行使を差し控え、その後労働者が理由を明らかにすることを拒否した時点で遅滞なく時季変更権の行使をしたことは適法と判断）。
[*152]　津山郵便局事件・岡山地判昭55・11・26労民31巻6号1143頁/労判353号36頁。

時季変更権の行使は、使用者が他日を年休日として指定しなければ不適法となるわけではない[*153]。

また、年休の利用目的により時季変更権を行使するか否かを差別して取り扱うことは許されないが、競合する年休の請求が業務の正常な運営を妨げるためいずれも時季変更の必要がある場合、一の請求についてはあらわれた資料から社会通念上時季を変更することが妥当でないと判断して変更権を行使せず（例：冠婚葬祭、子供の病気等）、事情の明らかでない他の請求（例：労働者が理由を開示しない場合）についてはこれを行使しても、その判断が合理的である限り、権利濫用とはならない[*154]。

(3) 計画年休制度

使用者は、①有給休暇の日数のうち5日を超える部分について、②過半数代表と労使協定を締結し、年次有給休暇を付与する時季に関する定めをしたときは、当該事業場の労働者に対し、労使協定の定めにより年休を付与することができる（労基39条6項）。

具体的な年休日の特定方法に関しては、特に法律上の規定にないが、一般的には、①事業場全体の休業による一斉年休方式、②班別の交代制年休方式、③計画表による個人別年休方式等があり、いずれも可能であろう[*155]。

この計画年休に関する労使協定の法的効力については、他の労使協定とは異なり例外的に、特段の事情がない限り、労使協定の定めが労働契約の内容になり具体的権利義務関係を発生させると解される。すなわち、労使協定により年休の取得時季が特定されると、その内容自体が著しく不公正であるといった特段の事情がない限り、その日が当該労働者の年休日となり、労働義務の消滅と賃金請求権の取得という効果が生じる[*156]。

## 5　年休の使途（利用目的）

年次有給休暇の利用目的は、労基法の関知しないところであり、休暇をどの

---

[*153]　JR東日本事件・東京高判平12・8・31労判795号28頁。
[*154]　津山郵便局事件・岡山地判昭55・11・26労民31巻6号1143頁／労判353号36頁。
[*155]　全日本空輸事件・大阪地判平10・9・30労判748号80頁は、計画年休に関する労使協定は、休暇の時季及び具体的日数の明確な規定を要するとするが、労使協定では年休日の特定方法・手続を定めるだけでもよいと解される。当該事案で労使協定で定められた「長期休暇制度」が労基法39条6項の計画年休制度（法定休暇）と評価しえない理由は、当該制度が「前年度の労働日の8割以上出勤」という法定年休権の発生要件に加えて当該年度の長期欠勤者等でないこと等の要件を付加している点に求めるべきである。
[*156]　三菱重工長崎造船所事件・福岡高判平6・3・24労民45巻1=2号123頁。

ように利用するかは、使用者の干渉を許さない労働者の自由である[*157]。

しかし、「労働者がその所属の事業場において、その業務の正常な運営の阻害を目的として、全員一斉に休暇届を提出して職場を放棄・離脱する」という「一斉休暇闘争」の場合、すなわち、年休取得の目的が、「自由時間の確保」にあるのではなく、年休取得＝「労務不提供」により当該事業場の業務の正常な運営を阻害することにある場合は、一斉休暇闘争における「年休取得（時季指定）」は、年次有給休暇に名を借りた同盟罷業（ストライキ）である。したがって、それは年休権の行使（時季指定権の行使）ではないから[*158]、当該年休指定日に年休は成立せず、一斉休暇の名の下に同盟罷業に入った労働者の全部について、賃金請求権が発生しないことになる[*159]。休暇闘争に当該事業場の労働者の一部のみが参加する「割休闘争」の場合も、それが当該事業場における業務の正常な運営の阻害を目的とするものであれば同様である[*160]。

これに対して、当該年休取得自体により当該事業場の業務の正常な運営を阻害することを目的としているのでなければ、それは年休権の行使（時季指定権の行使）であり、年次有給休暇を取得し自由時間を得た労働者が、その自由時間に、労働組合の集会やデモ行進に参加しても[*161]、他の事業場における団結活動等に協力しても[*162]（例：ビラ配布の手伝い）、あるいは、所属事業場のストに関連して行われた職場集会等に参加しても[*163]、それは自由であり、当該年次有給休暇の成否に影響しない。

労働者による年休の時季指定が、年休の時季指定権の行使か同盟罷業かは、使用者の時季変更権を無視しようとしていたか否かではなく（同盟罷業でなくても労働者が例えば旅行のために時季変更権を無視するつもりでいることはあり得る）、年休の取得＝労務不提供により当該事業場の業務の正常な運営の阻害を目的とし

---

[*157] 林野庁白石営林署事件・最二小判昭48・3・2民集27巻2号191頁／労判171号16頁、国鉄郡山工場事件・最二小判昭48・3・2民集27巻2号210頁／労判171号10頁。近年では、出水商事事件・東京地判平27・2・18労判1130号83頁。
[*158] 時季指定権行使が信義則違反又は権利濫用であるということもできよう。
[*159] 林野庁白石営林署事件・最二小判昭48・3・2民集27巻2号191頁／労判171号16頁、国鉄郡山工場事件・最二小判昭48・3・2民集27巻2号210頁／労判171号10頁。
[*160] 南夕張高校事件・最一小判昭61・12・18集民149号341頁／労判487号14頁。
[*161] 南夕張高校事件・最一小判昭61・12・18集民149号341頁／労判487号14頁（年休権の行使であると判断）。
[*162] 林野庁白石営林署事件・最二小判昭48・3・2民集27巻2号191頁／労判171号16頁、国鉄郡山工場事件・最二小判昭48・3・2民集27巻2号210頁／労判171号10頁（いずれも年休権の行使であると判断）。
[*163] 国鉄直方自動車営業所事件・福岡高判平4・9・24労判702号30頁（最二小判平8・9・13労判702号23頁も維持）（年休権の行使と判断）。

ていたかどうかにより判断される。

　また、年休取得の目的は、年休の時季指定時点で判断されるべきであり、年休の時季指定は事業の正常な運営を妨げる目的で行ったわけではなく、その後ストライキが繰り上げられ年休と重なったときに事業の正常な運営を阻害する目的で年休の請求を「維持」し労務を提供しなかった[164]としても、労働者に年休指定を撤回する義務があるわけではなく、本来の年休時季指定権の行使の枠内であり、使用者が適法な時季変更権を行使しなければ年休が成立すると解すべきである。

### 6　年休取得と不利益取扱い

　年次有給休暇を取得した労働者に対する不利益な取扱い[165]について、労基法附則136条は、有給休暇を取得した労働者に対して、賃金の減額その他不利益な取扱いを「しないようにしなければならない」と規定している。

　最高裁判決[166]は、当該条文は、それ自体としては努力義務規定であり、労働者の年次有給休暇の取得を理由とする不利益取扱いの私法上の効果を否定する効力を有しないとしている。しかし、年次有給休暇の取得を何らかの経済的不利益と結びつける措置は、その趣旨、目的、労働者が失う経済的利益の程度、年次有給休暇の取得に対する事実上の抑止力の強弱等諸般の事情を総合して、年次有給休暇を取得する権利の行使を抑制し、労基法が労働者に年休権を保障した趣旨を実質的に失わせるものと認められる場合は、公序に反して無効となると判示している[167]。その上で、タクシー乗務員が月毎の勤務予定表作成後に年休の時季指定をして年休を取得した場合に皆勤手当を減額ないし不支給とする取扱いについては、年休の取得一般を抑制する趣旨ではなく（勤務予定表作成前に年休の時季を指定し年休を取得すれば不利益はない）、又、皆勤手当の額が相対的に大きなものではないこと等から、公序に反し無効ではないと判断した。

---

[164]　津田沼電車区事件・最三小判平3・11・19民集45巻8号1236頁／労判599号6頁はこれを理由に本来の年休権の行使ではないと判断したが支持できない。
[165]　学説の詳細は、労基法・労契法コンメ (2012) 176頁 (竹内〈奥野〉寿) 等。
[166]　沼津交通事件・最二小判平5・6・25民集47巻6号4585頁／労判636号11頁。
[167]　労基法附則136条制定以前の事案につき、日本シェーリング事件・最一小判平元・12・14民集43巻12号1895頁／労判553号16頁は、当該制度が、労基法又は労組法上の権利の行使により経済的利益を得られなくすることによって権利の行使を抑制し、各法が労働者に各権利を保障した趣旨を実質的に失わせるものと認められるときに、当該制度を定めた労働協約は公序に反し無効になると判示し、年休取得日を昇格上の要件たる出勤率の算定にあたり欠勤日扱いとすることは公序に反し無効と判断している。

しかし、労基法39条7項が年休取得日に賃金支払を義務づけている趣旨からすれば、年休取得日は出勤日と同様に取り扱われるべきであるから、年休「取得」を理由とする不利益な取扱いは全て、労基法39条に基づき禁止され同条違反である[168]。また、労基法附則136条は強行規定と解すべきであるから、136条違反でもある[169]。

ただし、前記タクシー乗務員のような事案は、「年休を取得したことを理由とする不利益な取扱い」というよりも、「労働者の時季指定権を行使する時期に関する間接的な制限」であるから、労働者が時季指定権を行使する時期を制限する客観的に合理的な理由が存在し、かつ、不利益の程度が社会通念上相当である場合は、労基法39条・同法附則136条違反ではないと解すべきであろう。

## 7 取得されなかった年休の処理

発生した年休権が全部又は一部行使されなかった場合（当該年度に取得されなかった年休が存在する場合）、当該年度中に権利を行使すべき旨を定めた法令はなく、また、労働者に休息等の機会を確保し労働者の健康で文化的な生活の実現に資するという年休制度の趣旨に照らせば、当該年休権は翌年度への繰り越しができる（当該年度に取得しなかった年休分を翌年度に取得することができる）と解すべきである[170]が、2年間の時効により消滅する（労基115条）。したがって、翌々年度以降に取得することはできない。なお、繰越年休と当該年度の年休がある場合は、労働者の時季指定権行使は繰越分からなされたと推定すべきである[171]。

使用者が、年休の「買上げ」を予約し、予約された日数について年休取得を認めないとすることは労基法39条違反である[172]が、結果的に取得されず時効で消滅する年休に対して手当を支給することは適法であろう[173]。

---

[168] エス・ウント・エー事件・最三小判平4・2・18集民164号67頁/労判609号12頁は、使用者に対し年次有給休暇の期間に一定の賃金支払を義務付けている労基法39条4項（現7項）の規定の趣旨からすれば、使用者は年次休暇の取得日の属する期間に対応する賞与の計算上年休取得日を欠勤として扱うことはできないと判示し、労基法39条の規定の趣旨から不利益取扱いを違法と判断している。

[169] 菅野・労働法(2017)545頁、土田・契約法(2016)等は、労基法39条違反とした上で、附則136条は年休権保障に含まれる不利益取扱い禁止の私法規範を確認したものとする。

[170] 国際協力事業団事件・東京地判平9・12・1労判729号26頁/判タ984号174頁、昭22・12・15基発501。就業規則で年休は翌年度に繰り越してはならない旨定めても当該規定に法的効力はなく年休権は消滅しない（昭23・5・5基発686）。

[171] 菅野・労働法(2017)544頁。

[172] 昭30・11・30基収4718。

[173] 菅野・労働法(2017)544頁。

# 第12章　労働安全衛生と職場環境

　本章では、労働者の労働安全衛生の確保と快適な職場環境の形成のための法規制について、①その中心的な法律である安衛法の基本構造（→第1節）、②安衛法による具体的な規制（→第2節）、③安衛法以外の法規制（→第3節）、④安衛法等による規制と私法上の効果（→第4節）を検討する[*1]。

## 第1節　安衛法の基本構造

### 1　安衛法の制定と対象

　労働安全衛生法〈安衛法〉（昭47法57）、安衛令（昭47政令318）、安衛則（昭47労令32）等は、1972（昭47）年に労基法（昭22法49）の「第5章　安全及び衛生」と旧安衛則（昭22労令9）等を基礎に、これを発展させて制定された[*2]。

　安衛法の適用対象労働者は、労基法9条の労働者[*3]（但し、同居の親族のみを使用する事業又は事業所に使用される者及び家事使用人を除く）である（安衛2条2号）。しかし、安衛法は、鉱山における保安（鉱山保安法2条2項・4項）、及び、船員法の適用を受ける船員の船内作業及び船内衛生には適用されず（安衛115条、船員81条）、国家公務員の一般職（国公2条）にも適用されない（国公附則16条）。

### 2　目的

　安衛法は、「職場における労働者の安全と健康を確保するとともに、快適な職場環境の形成を促進することを目的とする」法律である（安衛1条）。

　安衛法は安全と健康確保のために必要な最低基準を定めるだけでなく、より進んで快適なレベルの職場環境を実現することをも目指している[*4]。

---

[*1]　近年の研究書として、三柴丈典『労働安全衛生法論序説』信山社（2000）、平成27年度厚生労働科学研究（労働安全衛生総合研究事業）『リスクアセスメントを核とする諸外国の労働安全衛生制度の背景・特徴・効果とわが国への適応可能性に関する調査研究報告書』（主任研究者：三柴丈典）等。
[*2]　前記第2章「労働法の形成と発展」第3節4(1)イ。
[*3]　前記第4章「労働法の主体」第1節2。
[*4]　1992（平4）年の一部改正（平4法55）により付加された。

## 3　「労働災害」の定義

　安衛法において、「労働災害」とは、「労働者の就業に係る建設物、設備、原材料、ガス、蒸気、粉じん等により、又は作業行動その他業務に起因して、労働者が負傷し、疾病にかかり、又は死亡することをいう」と定義されている（2条1号）。このうち「労働者の就業に係る建設物、設備、原材料、ガス、蒸気、粉じん等により、又は作業行動その他」の部分は例示であり、「業務に起因して、労働者が負傷し、疾病にかかり、又は死亡すること」が「労働災害」であり、これは、労基法の「業務上」の負傷、疾病、障害、又は死亡（労基75条、77条、79条等）、及び、労災保険法の「業務災害」（労災保険7条1項1号）と同一と解される。

## 4　規制対象たる「事業者」

　安衛法において規制対象とされるのは「事業者」であり、「事業者」は「事業を行う者で、労働者を使用するものをいう」と定義されている（安衛2条3号）。

　労基法における規制対象は「使用者」であり、「使用者」とは「事業主又は事業の経営担当者その他その事業の労働者に関する事項について、事業主のために行為をするすべての者をいう」と定義されている（労基10条）[*5]が、安衛法上の規制対象である「事業者」は、事業活動の主体が法人である場合には法人、事業活動の主体が自然人である場合には当該自然人を意味し、これらのために行為する者を含まない。

## 5　刑事罰の対象

　安衛法の義務づけ条項においてその義務を負う主体の多くは「事業者」であり、第一に、事業者が刑事罰の対象となる。しかし、安衛法違反について刑罰を科すためには安衛法違反についての故意が必要であるところ（刑38条1項）、事業者が法人である場合その故意は想定し得ず、事業者が自然人の場合もその故意の認定は困難な場合が多い。

　そこで、第二に、安衛法122条は、「法人の代表者又は法人若しくは人の代理人、使用人その他の従業者」が、その法人又は人の業務に関して、所定の違反行為（安衛116・117・119・120条）をしたときは、当該行為者を罰し、さらに、その「事業者」たる法人又は人に対しても各条の罰金刑を科すという、両罰規定

---

[*5]　前記第4章「労働法の主体」第2節3。

を定めている*6。「法人の代表者又は法人若しくは人の代理人、使用人その他の従業者」は、安衛法の各義務づけ条項においては義務を負う主体とされていないが、当該両罰規定に基づき、両罰規定に掲げられている違反行為に該当する行為をしてはならない義務を負うものと解される*7ので、刑罰の対象となる。

## 6 元方事業者

　安衛法には「元方事業者」という概念があるが、これは、安衛法とその付属法令の中だけに存在する独自の概念であり、下請負人に使用される労働者の安全衛生を確保するために、規定されたものである。

　「元方事業者」とは、一の場所において行う事業の仕事の一部を請負人に請け負わせ、残余の仕事は自ら行う者である（安衛15条1項本文）。そして、下請契約が数次にわたる重層下請の場合には、最も上位にある請負契約の注文者であって、自らも仕事をし、かつ、仕事の一部を他の者に請け負わせている者が元方事業者となる（安衛15条1項括弧書き）*8。元方事業者のうち、特に災害発生頻度の高い「特定事業」である建設業又は造船業に属する事業を行う者であって、かつ、常時50人以上の労働者を使用する者（トンネル、橋梁、圧気工法の場合には常時30人以上）が、「特定元方事業者」である（安衛15条1項、安衛令7条）*9。

　安衛法は、元方事業者及び特定元方事象者に対し、安全衛生確保のために必要な措置を講ずるよう様々な義務付けを行っている*10。

---

*6　事業者が個人である場合に関する入場税法（昭23法律110）の両罰規定の法的性質について、最大判昭32・11・27刑集11巻12号3113頁／判時134号12頁があり、事業者が法人である場合に関する外国為替及び外国貿易管理法（昭24法律228）の両罰規定の法的性質について、最二小判昭40・3・26刑集19巻2号83頁／判時418号66頁がある。

*7　最一小決昭34・6・4刑集13巻6号851頁は、安衛法に先行して制定された鉱山保安法の違反につき、従業者に当該行為を義務づける規定がないことを根拠に従業者が無罪を主張した事案において、鉱山保安法58条（現63条、安衛法122条と同様の両罰規定）に基づき、従業者等も、両罰規定に掲げられた違反行為に該当する行為をしてはならない義務を負うと判示している。

*8　例えば、発注者が自ら仕事の一部を行い、他の仕事を元請負人に請け負わせる場合には、発注者が元方事業者となる。これに対し、発注者が自ら仕事を行わず、仕事の全部を元請負人に請け負わせ、当該元請負人が仕事の一部を自分で行い、他の部分を下請負人に行わせる場合には、当該元請負人が元方事業者となる。

*9　発注者等が現場監督者のみを出して作業者を出さず、この現場監督者が下請負人の行う工事作業の施工管理をおこなう場合、当該発注者は「特定事業を行う者」に含まれる。しかし、工事の設計監理（=設計図書どおりか確認する業務）のみを行っている場合には、その発注者は「特定事業を行う者」に含まれない。

*10　後記第2節1、2(5)。

## 7　危険予防の主体としての労働者

労働者は、危険予防の客体であると同時に、自分自身及び同僚の労働者の生命・身体・健康を守る主体でもあり、それに伴う権利を有し義務を負う。

労働者が自分自身を守る主体として判断し行動するためには、第一に、安全衛生に関わる情報や法令を知る権利の保障が必要であり、危険物等の表示（安衛57条）、危険物等の文書交付（安衛57条の2）、安全衛生教育（安衛59条）、法令や危険物等の通知事項等の周知（安衛101条）、有機溶剤や特別管理物質の作用・注意事項等の掲示（有機溶剤中毒予防規則24条、特定化学物質障害予防規則38条の3）等の規定がおかれている。第二に、安全衛生の確保と快適な職場環境を実現する制度に参加する権利の保障が必要であり、事業者に対する諮問機関である安全委員会・衛生委員会・安全衛生委員会は、当該事業場の労働者も参加する労使参加機関とされている（安衛17条～19条）。第三に、安衛法等の違反の是正を求める権利の保障が必要であり、労働基準監督署長等に申告し是正のための適当な措置をとるように求めることができる（安衛97条）[*11]。

他方、労働者は、労働災害を防止するために必要な事項を守るほか、事業者その他の関係者が実施する労働災害の防止に関する措置に協力するように努めなければならず（安衛4条）、また、危険又は健康障害を防止するために事業者が講ずる措置（安衛20条～25条の2第1項）に応じて、必要な事項を守らなければならない（安衛26条）[*12]。安衛法26条に基づき労働者が遵守すべき事項は、安衛則等の規則の中に各項目毎に詳細に定められており、労働者が遵守事項に違反した場合には、安衛法26条違反として刑事罰の対象となる（安衛120条1号、50万円以下の罰金）。労基法に労働者処罰規定がないのに対し、安衛法にこれがあるのは、自分自身のみならず同僚の労働者の生命・身体・健康を守るためには労働者自身が安全確保事項を遵守することが必要だからである。

## 8　監督

安衛法の施行に関する事務をつかさどるのは、労働基準監督署長及び労働基

---

*11　申告に関する安衛法97条の政府原案は、「労働者は、事業場にこの法律又はこれに基づく命令の規定に違反する事実があるときは、その事実を…………申告することができる」であったが、衆議院社会労働委員会の質疑の過程で「違法の是正を労働者が要求するという権利を確保すべきである」との意見が出され（第68国会衆議院社会労働委員会議録第20号〈昭47・4・25〉15頁）、全会派一致で、97条の条文は「……申告して是正のため適当な措置をとるように求めることができる」に修正された（前同16頁）。

*12　昭55法78による一部改正により義務化された。

準監督官[*13]である(安衛90条)。労働基準監督官は、事業場立ち入り、質問、帳簿・書類などの検査、作業環境測定、検査に必要な限度内での製品・原材料等の無償収去の権限を有する(安衛91条1項)。都道府県労働局長と労働基準監督署長は、法に違反した事業者等に対し、作業の停止命令や建設物等の使用停止命令等を発する権限を有し、労働基準監督官も労働者に急迫した危険があるときには即時にこれらの権限を行使することができる(安衛98条1〜3項)。

監督権限の発動を容易にし、かつ、法の履践を確実にするため、安衛法は、次の定めを置いている。①危険性の高い機械類や工事現場の存在を掌握するための、動力プレスや大容量の溶解炉等の危険性の高い機械の設置・変更等や大規模建築物又は工作物の建設や長大トンネル建設等の危険性の高い工事に関する、計画の事前届出義務(安衛88条、安衛令24条、安衛則84条の2〜92条)、②高度の技術的検討を要し法所定の要件を充足するもの等に関する、厚生労働大臣と都道府県労働局長の審査権限(安衛89条・89条の2、安衛則93条〜94条の4)、③労働災害の発生又はその発生の可能性を掌握するための、「有害物ばく露作業報告」、火災・爆発や倒壊等の「事故報告」、労働者の就業中又は施設内での負傷、窒息・急性中毒による死亡、又は休業に関する「労働者死傷病報告」の提出義務(安衛100条、安衛則95条の6〜97条)、④監督官等が事業場へ臨検したときに法の遵守状況を確認するための、ボイラー等の定期自主検査結果の記録と保存(安衛45条)、作業環境測定結果の記録と保存(安衛65条)、健康診断結果の記録(安衛66条の3)、安衛則で作成保存を義務づけられている書類(例えば、安衛則23条4項で作成保存を義務付けられている安全衛生委員会等の議事記録)の保存(安衛103条)等である。

## 第2節　安衛法による具体的規制

### 1　安全衛生管理体制

事業者に対しその業種と事業場の規模により選任・設置が義務付けられている安全衛生管理組織として、①総括安全衛生管理者(安衛10条、安衛令2条、安衛則2条〜3条の2)、②安全管理者(安衛11条、安衛令3条、安衛則4条〜6条)、③衛生管理者(安衛12条、安衛令4条、安衛則7条〜12条)、④安全衛生推進者及び衛生推進者(安衛12条の2、安衛則12条の2〜12条の4)、⑤産業医(安衛13条、安衛令5条、安衛則13条

---

[*13] 労働基準監督署に置かれている者だけでなく、厚生労働省の労働基準局及び都道府県労働局に置かれている労働基準監督官も含む(労基97条)。

〜15条の2)、⑥作業主任者(安衛14条、安衛令6条、安衛則16条〜18条)があり、調査諮問機関として、⑦安全委員会(安衛17条、安衛令8条、安衛則21条、23条〜23条の2)、⑧衛生委員会(安衛18条、安衛令9条、安衛則22条〜23条の2)、⑨安全衛生委員会(安衛19条、安衛則21条〜23条の2)がある。

また、複数の事業者が請負契約関係にある場合に、特定元方事業者が選任・設置を義務付けられている安全衛生管理組織として、⑩統括安全衛生責任者(安衛15条、安衛令7条、安衛則18条の2)、⑪元方安全衛生管理者(安衛15条の2、安衛則18条の3〜5)、⑫店社安全衛生管理者(安衛15条の3、安衛則18条の6〜18条の8)、⑬安全衛生責任者(安衛16条、安衛則19条)、⑭協議組織(安衛30条1項1号)がある。

## 2 危険・健康障害防止措置

### (1) 機械等による危険の防止

安衛法は、事業者に対し、①機械・器具その他の設備による危険、②爆発性の物、発火性の物、引火性の物等による危険、③電気、熱その他エネルギーによる危険を防止するために必要な措置を講じることを義務付け(安衛20条)、必要な措置の具体的内容は厚生労働省令で定める(安衛27条1項)。

これを受けて、安衛則の「第2編 安全基準」では、事業者が講ずべき具体的措置に関して、①について101条〜247条、②について248条〜322条の4、③について329条から354条等の多数の条文で詳細に定めている。また、クレーン等安全規則(昭47労令34)、ゴンドラ安全規則(昭47労令36)も定められている。

### (2) 作業方法、作業場所に関する危険の防止

安衛法は、事業者に対し、①掘削、②採石、③荷役、④伐木等の作業方法に起因する危険について防止措置を講じることを義務付け(安衛21条1項)、また、⑤墜落災害の恐れのある場所、⑥生き埋め事故のおそれのある場所等の作業場所に起因する危険について防止措置を講じることを義務付け(安衛21条2項)、必要な措置の具体的内容は厚生労働省令で定めることとしている(安衛27条)。

これを受けて、安衛則の「第2編 安全基準」では、事業者が講ずべき具体的措置に関して、①について355条〜398条、②について399条〜416条、③について417条〜476条、④について477条〜497条、⑤について497条、518条〜533条、⑥について534条〜535条等の多数の条文で詳細に定めている。

### (3) 有害物質等による健康障害の防止

安衛法は、事業者に対し、①原材料、ガス、蒸気、粉じん、酸素欠亡空気、病原体等、②放射線、高温、低温、超音波、騒音、振動、異常気圧等、③計器監視、精密工作等、③排気、廃液又は残さい物による健康被害を防止するため

に必要な措置を講じることを義務付け(安衛22条)、必要な措置の具体的内容は厚生労働省令で定めることとしている(安衛27条1項)。

これを受けて、安衛則の「第3編　衛生基準」の576条から612条が具体的措置を定めているだけでなく、有機溶剤中毒予防規則(昭47労令36)、鉛中毒予防規則(昭47労令37)、四アルキル鉛中毒予防規則(昭47労令38)、特定化学物質障害予防規則(昭47労令39)、高気圧作業安全衛生規則(昭47労令40)、電離放射線障害防止規則(昭47労令41)、酸素欠乏症等防止規則(昭47労令42)、事務所衛生基準規則(昭47労令43)、粉じん障害防止規則(昭54労令18)、石綿障害予防規則(平17厚労令21)が詳細な規定を設けている。

(4) 作業場に関する健康、風紀、生命の保持

安衛法は、事業者に対し、労働者を就業させる建設物その他の作業場について、通路、床面、階段等の保全並びに換気、採光、照明、保温、防湿、休養、避難及び清潔に必要な措置その他労働者の健康、風紀及び生命の保持のため必要な措置を講じることを義務付け(安衛23条)、必要な措置の具体的内容は厚生労働省令で定めることとしている(安衛27条1項)。

これを受けて、安衛則に540〜558条、600条から634条等の規定がおかれ、また、特定化学物質障害予防規則や事務所安全衛生基準規則等にも規定がある。

(5) 元方事業者が講ずべき措置等

安衛法は、下請負人の労働者の安全衛生の確保のため、①元方事業者に対し、関係請負人及びその労働者が安衛法に違反しないよう必要な指導を行い、違反があったときには是正のため必要な指示を行うことを義務付け(安衛29条1・2項)、②建設業の元方事業者に対し、土砂の崩壊・機械等の転倒・土石流・感電等のおそれがある場所等での技術上の指導を義務付け(安衛29条の2、安衛則634条の2)、③特定元方事業者に対し、協議組織の設置運営、作業間の連絡調整、合図や警報の統一その他の措置を講じること等を義務付け(安衛30条、安衛則635条〜642条の2)、④製造業等の元方業者に対し作業間の連絡調整を義務付ける(安衛30条の2、安衛643条の2)等している。

## 3　機械・有害物・危険物の規制

(1) 機械の製造許可制

安衛法は、特に危険な作業を必要とする特定機械(ボイラー、つり上げ荷重3トン以上のクレーン、積載荷重が1トン以上のエレベーター等)の製造について予め都道府県労働局長の許可を得ることを義務付け(安衛37条、安衛令12条1項)、製造時等に検査を行い(安衛38条)、検査に合格したものに検査証を交付し(安衛39条)、検

査証のない機械の使用を禁止している(安衛40条)。

そして、これらの許可基準や許可手続は、ボイラー及び圧力容器安全規則(昭47労令33)、クレーン等安全規則(昭47労令34)、ゴンドラ安全規則(昭47労令35)により詳細に定められている。

(2) 機械類の使用等の制限

前記(1)の特定機械以外の機械等であって、危険有害な作業を必要とするもの(プレス機械等)、危険な場所において使用するもの(絶縁用保護具等)、危険又は健康障害を防止するため使用するもの(保護帽、防じんマスク、防毒マスク等)については、厚生労働大臣が定める規格又は安全装置を具備し、ものによっては検定を受け合格したものでなければ、使用してはならない(安衛42条〜44条の4、安衛令13条〜14条の2)。

具体的な規格や安全装置については、それぞれの機械・器具等毎に、労働省告示又は厚生労働省告示で定められている。

(3) 定期自主検査

事業者は、ボイラー、動力駆動のプレス機械、化学設備、巻き上げ装置等に関して定期自主検査を行い、その結果を記録し、記録を保存しなければならない(安衛45条、安衛令15条、安衛則134条の3〜135条の3等)。

(4) 有害物の製造等の禁止

労働者に重度の健康障害を生じさせる物(黄りんマッチ、ベンジジン、石綿等)については、原則として、製造、輸入、譲渡、提供、使用が禁止されている(安衛55条、安衛令16条)。

(5) 有害物の製造許可制

労働者に重度の健康障害を生じさせるおそれのある物質(ジクロルベンジジン、PCB等)を製造しようとする者は、厚生労働大臣の許可を得なければならない(安衛56条、安衛令17条、特化則48条〜50条の2)。

(6) 危険物の表示、文書交付

爆発性の物、発火性の物、引火性の物その他労働者に危険を生じさせるおそれのある物等については、危険物の表示や文書の交付等が義務付けられている(安衛57条〜57条の2、安衛令18条〜18条の2)。

## 4　安全衛生教育

事業者は、①労働者を雇い入れたとき、②労働者の作業内容を変更したとき、及び、③危険有害業務につかせるときに、安全衛生教育を行わなければならない(安衛59条、安衛則35〜39条)。

## 5 健康の保持増進措置

### (1) 健康診断

事業者は、労働者に対して、医師による健康診断を行わなければならない。具体的には、①常時使用する労働者の雇入時の健康診断、②常時使用する労働者に対する定期健康診断(1年以内毎に1回)、③有害危険な作業環境の下で作業に従事する特定業務従事者に対する健康診断(配置替えの時及び6か月以内毎に1回)等を行う必要がある(安衛66条1～3項、安衛令22条、安衛則43～48条)。

### (2) 健康診断実施後の措置

事業者は、健康診断の結果について医師等から意見聴取(安衛66条の4)をした上で、その必要があると認めるときは、当該労働者の実情を考慮して、就業場所の変更、作業の転換、労働時間の短縮、深夜業の回数の減少等の措置を講じなければならない(安衛66条の5)。

### (3) 長時間労働者への医師による面接指導

事業者は、休憩時間を除き1週間当たり40時間を超えて労働させた場合における超過時間が1か月当たり100時間を超え、かつ、疲労の蓄積が認められる労働者が自ら申し出たときには、医師による面接指導を行わなければならない(安衛66条の8、安衛則52条の2～52条の7)。

### (4) 労働者の受診義務

前記(1)で述べたように、事業者は労働者に対し健康診断を行わなければならないが(安衛66条1～3項、安衛則43～48条)、労働者も、これらの健康診断を受ける義務を負う(安衛66条5項本文、受診の指示違反について120条2号〈罰則〉)[*14]。ただし、労働者が事業者の指定する医師が行う健康診断の受診を希望しない場合、他の医師の行うこれらの規定による健康診断に相当する健康診断を受け、その結果を証明する書面を事業者に提出したときは、事業者の実施する健康診断等を受診する義務を負わない(安衛66条5項但書)。

労働者に受診義務を課すことについては、労働者のプライバシー保護との関係で、慎重な配慮が必要である。安衛法の一部改正法(平26法82)により、医師による心理的負担の程度を把握するための検査の実施を事業者に義務付けることとされた(安衛66条の10第1項)が、メンタル・ヘルスは労働者個人のプライバシーに深く関わる問題であることから、この検査結果の労働者に対する通知は医師等から労働者に直接なされ(安衛66条の10第2項)、また、この検査について

---

[*14] 愛知県教委(減給処分)事件・最一小判平13・4・26集民202号173頁/労判804号15頁(公立中学校教諭がエックス線検査を拒否した事案に関して、エックス線検査に限定せず定期健康診断全部について、安衛法66条5項により受診義務があると判示)。

労働者に受診を義務付ける条項はない[*15]。

### 6 労働者を退避させる義務

事業者は、労働災害発生の急迫した危険があるときは、直ちに作業を中止し、労働者を作業場から退避させる等の必要な措置を講じなければならない（安衛25条）[*16]。

この「労働者を退避させる義務」は、安衛法に基づく規則において具体化され、爆発・火災等による労働災害発生の急迫した危険があるときの作業中止と退避（安衛則274条の2）、地下作業で可燃性ガス濃度が高いときの作業中止と退避（安衛則322条2号）、トンネル建設の際の落盤・出水等による労働災害発生の急迫した危険があるときの作業中止と退避、及び、可燃性ガス濃度が高いときの退避（安衛則389条の7〜389条の8）、土石流による労働災害発生の急迫した危険があるときの作業中止と退避（安衛則575条の13）、事故発生時の作業中止と退避（有機溶剤中毒予防規則27条、四アルキル鉛中毒予防規則20条）、化学物質漏洩時の作業中止と退避（特定化学物質障害予防規則23条）、放射性物質に関する事故の場合の退避（電離放射線障害防止規則42条）等が定められている。

## 第3節　労衛法以外の法規制

### 1　じん肺法

じん肺法（昭35法30）[*17]は、安衛法に先行して制定された労働安全衛生に関する特別法であり[*18]、じん肺健康診断の実施、じん肺管理区分の決定、健康管理のための措置、政府の援助等について定めている。

---

[*15] 安衛法66条1項では同項の「医師による健康診断」から安衛法66条の10第1項の規定する心理的負担に関する検査が除外されており、この検査は安衛法66条5項所定の労働者の受診義務の対象にならない。

[*16] 政府が国会に提出した法案にこの条文は存在せず、事業者が労働者を退避させる義務は、条理（裁判事務心得〈明8太政官布告103〉3条「一　民事ノ裁判ニ成文ノ法律ナキモノハ習慣ニ依リ習慣ナキモノハ条理ヲ推考シテ裁判スヘシ」〈この裁判事務心得は現行法令として存在する〉）に位置付けられていたが、全党派一致で提出された修正案（第68回国会衆議院社会労働委員会議録第20号〈昭47・4・25〉16頁）により明文化された。

[*17] じん肺とは、粉じんを吸入することによって肺に生じた線維増殖性変化を主体とする疾病である。ローマ時代から知られている古典的な職業病であり、不可逆性・進行性（症状が悪くなる一方で軽快することなく、重度の場合は、呼吸困難、死亡に至る）という特徴がある。

[*18] 安衛法とじん肺法は、厚生労働省労働基準局が所管する。じん肺法の制定については、前記第2章「労働法の形成と発展」第3節4(2)イ。

じん肺法の適用対象労働者は安衛法の適用対象労働者（→前記第1節1）と同一である（じん肺2条1項4号）。じん肺法の適用対象事業者は、安衛法2条3号の事業者（→前記第1節4）であって粉じん作業を行う事業に係るもの（じん肺2条1項5号）であるが、じん肺法は、安衛法と異なり鉱山保安法2条所定の鉱山にも適用される。

## 2 その他の特別法

### (1) 安衛法を補完・補強する特別法

安衛法と併存し、相互補完的な役割を果たす法令として、第一に、危険物・有害物を規制対象とする法令としては、農薬取締法（昭23法82）の農薬登録（2条）等、消防法（昭23法186）の危険物規制（第3章）、毒物及び劇物取締法（昭25法303）の製造業登録を受けた者以外の販売・授与目的製造等の禁止（3条）等、「核原料物質、核燃料物質及び原子炉の規制に関する法律」（昭32法166）の製錬事業規制（第2章）、加工事業規制（第3章）、原子炉の設置運転規制（第4章）等、「放射性同位元素等による放射線障害の防止に関する法律」（昭32法167）による許可届出制度（第2・3章）や放射線取扱主任者制度（第4章）等、「廃棄物の処理及び清掃に関する法律」（昭45法137）による廃棄物処理の規制、「化学物質の審査及び製造等の規制に関する法律」（昭48法117）による届出・規制等、「特定化学物質の環境への排出量の把握等及び管理の改善の促進に関する法律」（平11法86）等がある。

第二に、安全確保の機材・設備・装置に関する法令として、船舶安全法（昭8法11）が船舶の構造等について全般的に定め、また、航空法（昭27法231）による安全確保に必要な装置の装備の義務付け（60条）もある。

第三に、建設業に関する法令として、建設業法（昭24法100）の22条は、建設業者が一括下請負に出すこと、及び、一括下請を受けることを禁止し、もって、建設業者が下請負人を使用する場合には、自ら施工に実質的に関与し、具体的には、工事の企画、調整、工程管理・安全管理、下請負人に対する技術指導を行うことを義務付けている。

### (2) 安衛法の適用を排除する特別法

第一に、船舶安全法（昭8法11）の適用を受けるボイラー・第一種圧力容器、電気事業法（昭39法170）の適用を受けるボイラー・第一種圧力容器、高圧ガス保安法（昭26法204）等の適用を受ける第一種圧力容器、「医薬品、医療機器等の品質、有効性及び安全性の確保等に関する法律」（昭35法145）に規定する医療機器であって大臣指定にかかるガンマ線照射装置等については、当該法律とそれに基づく規則類が優先適用され、安衛法による規制を受けない（安衛37条1項・42条

・別表第2、安衛令12条〜13条）*19。

　第二に、鉱山保安法（昭24法70）の2条2項と4項の規定による鉱山における保安については、同法が適用され、安衛法の適用は排除される（安衛115条1項）。

　第三に、船員法（昭22法100）は、「船内作業による危害の防止及び船内衛生の保持に関する措置」について、国土交通省令の定める事項を遵守することを船舶所有者に義務付け（船員81条1項）、船員労働安全衛生規則（昭39運令53）が船舶所有者の遵守事項を具体的に定めており、船員法の適用を受ける船員の船内作業と船内衛生については安衛法は適用されない（安衛115条2項）*20。

　第四に、国家公務員法（昭22法120）は、同法2条の一般職に属する職員には安衛法、じん肺法等が適用されないことを定め（附則16条）、服務に関する勤務条件は人事院規則で定めることができるとしている（106条）。

## 第4節　安衛法等による規制と私法上の効果

### 1　事業者の義務

（1）安衛法と事業者の義務

　労基法13条は、労基法の定める基準の強行的直律的効力（労働契約中の労基法の定める基準に達しない部分を無効とし、無効となった部分は労基法の定める基準による）を定めている*21が、安衛法等それ自体には、労基法13条に相当する規定（安衛法の定める基準の強行的直律的効力を定める規定）がない。

　しかし、安衛法は、1972（昭47）年に、労基法の第5章（安全及び衛生）を発展させて制定されたもの（昭47法57）であり*22、労基法42条は労働者の安全及び衛生に関しては安衛法の定めるところによると規定し、安衛法1条は同法律は労基法と相まって労働者の安全と健康を確保し快適な職場環境の形成を促進することを目的とすると規定していること、労働者の安全衛生は言うまでもなく賃金や労働時間とともに重要な労働条件であること等に鑑みれば、安衛法（及びその

---

*19　例えば、船舶の中で、ボイラーに関しては「特定機械」から除かれている（安衛令12条）ので安衛法37条から42条の規制を受けず、都道府県労働局長の監督の下にはないが、それ以外の動力により駆動される装置については安衛法43条の適用があり、都道府県労働局長の監督下にある。したがって、一つの工場や一つの船舶の中の機械であっても、機械毎に、各省庁毎のいわゆる『縦割り行政』の下にあることが少なくない。

*20　したがって、一つの企業内で、船員資格を有する者が運航管理部門等で就労するときには安衛法の適用を受け、船内作業に従事するときには船員法と船員労働安全衛生規則の適用を受ける。

*21　最賃法4条2項も最低賃金の強行的直律的効力を定める。

*22　前記第2章「労働法の形成と発展」第3節4(1)イ。

特別法→前記第3節2)の定める基準は、労基法と一体のものとして、労基法13条に基づき、労基法の定める基準と同様、私法上の強行的直律的効力を有すると解するべきように思われる[*23]。

　また、仮に、安衛法の定めに強行的直律的効力がないとしても、また、安衛法等の定めを労働契約の内容とする合意、就業規則の定め(所定の要件を充足し労働契約の内容となるもの)、労働協約の定め(所定の要件を充足し労働契約を規律するもの)がなくても(あれば当然、安衛法の定める使用者の義務は労働契約上の義務となる)、労契法の適用を受ける事業者(使用者)は、労働契約の相手方である労働者に対し安全配慮義務[*24]を負う(労契5条)。また、当該事業者と労働者が労働契約関係になくとも、ある法律関係に基づき特別な社会的接触の関係に入った場合は、当該事業者は当該労働者に対し信義則(民1条2項)上の安全配慮義務を負う[*25]。

　そえゆえ、安衛法が労働者の安全と健康確保のためにその遵守を事業者に義務付けている条項は、その違反が刑事罰の対象となるか否かを問わず[*26]、当該事業者が当該労働者に対して労働契約上又は関係上の信義則に基づき負担する安全配慮義務の最低基準をなすものと位置づけることができ、安全配慮義務の

---

[*23] 渡辺章「判批」ジュリスト564号(1974)118頁、和田肇「雇傭と安全配慮義務」ジュリスト828号(1985)122-123頁、西谷・労働法(2013)358頁等。異なる見解として、小畑史子「労働安全衛生法規の法的性質(1)〜(3・完)」法協112巻2号212頁、3号355頁、5号613頁(1995)、同「労働安全衛生法の労働関係上の効力」労働法学会誌88号(1996)57-69頁、土田・契約法514-515頁等(安衛法を安全配慮義務の内容を斟酌する基準と位置づける)。
[*24] 安衛法に照らして使用者の健康配慮義務・安全配慮義務を再構成する論考として、三柴丈典「使用者の健康・安全配慮義務」再生(3)(2017)273-296頁。
[*25] 自衛隊車両整備工場事件・最三小判昭50・2・25民集29巻2号143頁/労判222号13頁。元請企業と下請企業の労働者との関係について、三菱重工神戸造船所事件・最一小判平3・4・11集民162号295頁/労判590号14頁は、下請企業の労働者が元請企業の作業場で元請企業の管理する設備、工具等を用い、事実上元請企業の指揮、監督を受けて稼働し、作業内容も元請企業の従業員とほとんど同じという事実関係の下では、元請企業は下請け企業の労働者と特別な接触の関係に入ったもので信義則上当該労働者に対し安全配慮義務を負うと判示し、発注企業と下請企業労働者の関係について、筑豊じん肺訴訟・福岡高判平13・7・19判時1785号89頁/判タ1077号72頁は、「発注者たる鉱業権者においても、当該炭鉱内での労働災害のうち、少なくとも保安法(注：鉱山保安法)の規定する保安に関しては、下請企業の従業員に対して指揮監督の権利及び義務を有していたものであって、信義則上安全配慮義務を負担していたというべきである」と判示し、最三小判平16・4・27集民214号119頁/労判872号13頁もこれを維持している。
[*26] 例えば、元方事業者の講ずべき措置等(安衛29条)は、罰則がないが、安全配慮義務の内容になると解される。

具体的内容の一部を構成すると解すべきであろう[*27]。ただし、あくまで安全配慮義務の最低基準・一部であるから、安衛法等の定めの履行により安全配慮義務を全て履行されたと評価されるわけではないことに留意すべきである。

(2) 事業者の義務違反と法的救済

したがって、第一に、安衛法上の義務違反(安全配慮義務違反である)、又は、それ以外の安全配慮義務違反があった場合、労働者は当該事業者に対し、安全配慮義務の履行を請求することができる[*28]。

第二に、安衛法上の義務違反、又は、それ以外の安全配慮義務違反により損害が発生した場合は、債務不履行に基づく損害賠償を請求することができる。

第三に、安衛法上の義務違反若しくはそれ以外の安全配慮義務違反がある場合、安全配慮義務に反した業務命令が出された場合[*29]、又は、災害発生の急迫した危険がある場合[*30]、労働者はそのような状況下での労働義務を負わず、債務不履行責任を負わない。

第四に、労働者が労務を提供せず履行不能となっても、その理由が使用者の安全配慮義務違反、又は、災害発生の急迫した危険にあり、それが債権者(使用者)の責めに帰すべき事由による場合は、労働者は当該期間の賃金請求権を有し(民536条2項前段)、それが使用者の責に帰すべき事由による場合は、労働者は休業手当請求権を有する(労基26条)。

## 2 元方事業者・特定元方事業者の義務

安衛法は、下請負人の労働者の健康と安全確保のために、元方事業者・建設

---

[*27] 内外ゴム事件・神戸地判平2・12・27労判596号69頁、真備学園事件・岡山地判平6・12・20労判672号42頁、ジャムコ立川工場事件・東京地八王子支判平17・3・16労判893号65頁、喜楽鉱業事件・大阪地判平16・3・22労判883号58頁/判時1866号100頁(安衛法、安衛則、有期中毒予防規則等の規定する内容は、私法上の安全配慮義務の内容ともなり、その最低限の基準となると判示)等。なお、行政通達(指針)は、安全配慮義務の内容を判断するにあたり十分斟酌すべきものと位置づけられる(おきぎんビジネスサービス事件・那覇地沖縄支判平18・4・20労判921号75頁。三菱重工業事件・神戸地判昭59・7・20労判440号75頁も安衛法・安衛則・解釈例規を含めて十分斟酌すべきと述べる)。

[*28] 内外ゴム事件・神戸地判平2・12・27労判596号69頁。

[*29] 電電公社千代田丸事件・最三小判昭43・12・24民集22巻13号3050頁/労判74号48頁は、労使が努力しても制御し得ない危険があり、労働者の予想すべき業務上の危険に属さない場合は、労働者本人の同意なしに労働契約上の就労義務が生じないと判示した。

[*30] 第68回国会参議院社会労働委員会会議録第17号(昭47・5・25)7頁、政府委員(渡邊健二)は、災害の発生が客観的に見て差し迫っているときに事業者の退避の指示がなくても労働者が就労を中止し現場から退避できることは、条理上当然のことと答弁している。

業の元方事業者・特定元方事業者に一定の措置を義務付けているところ(→前記第2節1・2(5))、これらの義務は、下請負人の労働者との安衛法に基づく「特別な社会的接触の関係」を基礎付けるものであり、また、かかる義務は直接的には国に対する公法上の義務であるとしても、その究極の目的は下請負人の労働者の健康と安全確保を目的とするものであるから、下請負人の労働者に対する信義則上の安全配慮義務の最低基準としてその具体的内容の一部をなすと解すべきであろう。

### 3 労働者の義務

安衛法は、労働者についても、危険又は健康障害を防止するために事業者が講ずる措置(安衛20条〜25条の2第1項)に応じ必要な事項を遵守する義務(安衛26条)や健康診断の受診義務(安衛66条5項)(→前記第2節5(4))を定めているところ、これらを労働契約の内容とする合意、就業規則の定め(所定の要件を充足し労働契約の内容となるもの)、労働協約の定め(所定の要件を充足し労働契約を規律するもの)があれば、安衛法の定める労働者の義務は労働契約上の義務となる。

また、安衛法の定めに限らず、例えば、就業規則に労働者に受診命令を発することができる旨の条項があり、当該条項が所定の要件を充足し労働契約の内容となり、かつ、当該受診命令を発する必要性と合理性があり信義則違反や権利濫用でなければ、使用者は、就業規則を根拠として、労働者に受診命令を発して受診義務を課すことが可能である[*31]。

しかし、それらがなくても、労働者は、事業者に対し、信義則上、必要かつ合理的な範囲内で、当該事業における安全確保・危険防止義務(所定の健康診断受診義務も含まれる)を負うと解されるところ、安衛法の定めは信義則上の義務の内容の一部となると解されるから、使用者は、安衛法の定める労働者の安全確保・危険防止義務又はそれ以外の安全確保・危険防止義務の履行を請求する(業務命令を出す)ことが可能であろう。

---

[*31] 帯広電報電話局事件・最一小判昭61・3・13集民147号237頁/労判70号6頁。例えば、運輸事業で運転操縦業務に従事する労働者であって、脳・心臓疾患等の突発的な疾病が生じて運転操縦操作が不能になると直ちに重大事故に至る危険がある場合等には、就業規則によって、必要な範囲での健康診断を受けることを労働者に義務付けることが可能である。

# 第13章　労働と生活の調和

本章では、労働者の属性に着目した保護、及び、労働と生活の調和、ワーク・ライフ・バランス[*1]（労働と妊娠・出産、家族的責任等との調和[*2]）という観点から、①未成年者・年少者・児童の保護（→第1節）、②母性保護（→第2節）、③労働者の家族的責任への配慮（→第3節）、③休暇・休業等の取得と経済的不利益（→第4節）について、検討する。

## 第1節　未成年者・年少者・児童の保護

未成年者は、身体的・精神的に発展途上にあり、成年者とは異なる特別の配慮が必要である。

労基法は、未成年者を、その年齢により、1)「児童」（満15歳に達した日以後の最初の3月31日が終了するまでの者）、2)「年少者」（満18歳未満の者）、3)「未成年者」（満20歳未満の者〈民4条〉）の3段階に区別し、①労働契約の締結・解除（→1）、②労働時間（→2）、③深夜労働（→3）、④業務内容（→4）、⑤帰郷旅費（→5）について、特別の保護を行っている。

### 1　労働契約の締結・解除
#### (1) 最低年齢

年齢の低い者については、その健全な成長や教育の機会の確保のため、その労働を制限することが必要である。そこで、原則として、使用者は、児童が満15歳に達した日以後の最初の3月31日が終了するまで、これを使用することを禁止され（労基56条1項）、義務教育（中学校）終了（相当）の時点までは、労働者として労働させることができない。

しかし、例外として、第一に、工鉱業・建設・運送・貨物取扱等以外の事業

---

[*1] ワーク・ライフ・バランスの展開・意義・労働法に関する論考として、名古道功「ワーク・ライフ・バランスと労働法」再生(4)(2017)237-254頁及び同論文引用文献等。
[*2] 労働と生活の調和、ワーク・ライフ・バランスという観点からは、労働時間の制限と自由時間の確保も重要である（→前記11章「労働時間と自由時間」）。

(労基法別表第1の1～5号以外の事業)に係る職業で、児童の健康及び福祉に有害でなく、かつ、その労働が軽易なものについては、行政官庁(所轄労働基準監督署長)の許可を受けて、満13歳以上の児童をその者の修学時間外に使用することができる(労基56条2項前段、年少則1・2条)。ただし、所轄労働基準監督署長は、年少者(満18歳未満の者)の就労が禁止されている危険有害業務・坑内労働(労基62・63条、年少則7・8条)の他、曲馬・軽業・路上での演技、旅館や飲食店等における業務等については前記許可をしてはならない(年少則9条)。

第二に、映画の制作又は演劇の事業については、満13歳に満たない児童であっても、行政官庁(所轄労働基準監督署長)の許可を受けて、その者の修学時間外に使用することができる(労基56条2項後段、年少則1・2条)。

使用者は、これらの許可を受けようとする場合は、使用しようとする児童の年齢を証明する戸籍証明書、その者の修学に差し支えないことを証明する学校長の証明書及び親権者又は後見人の同意書を所轄の労働基準監督署長に提出しなければならない(年少則1条)。

(2) 年少者を使用する場合の証明書の備え付け

使用者は、第一に、年少者(満18歳未満の者)を事業場で使用する際、その年齢を証明する戸籍証明書を事業場に備え付けなければならない(労基57条1項)。

第二に、労基法56条2項の規定により所轄労働基準監督署長の許可を得て使用する児童については、修学に差し支えないことを証明する学校長の証明書及び親権者又は後見人の同意書を事業場に備え付けなければならない(労基57条2項)。

(3) 労働契約の締結

第一に、親権者又は後見人は、未成年者に代わって労働契約を締結してはならない(労基58条1項)。民法上は、親権者又は後見人は、未成年者の同意を得れば未成年者に代わり労働契約を締結することができる(民824条・859条)が、労基法は未成年者を保護するためにこれを修正し、親権者又は後見人は、未成年者の同意を得ても未成年者に代わり労働契約を締結することができない[*3]。

第二に、未成年者が労働契約を締結するには、法定代理人の同意(民5条1項)及び親権者による職業の許可(民823条1項)を要する。

未成年者が、法定代理人の同意を得て労働契約を締結した場合は、未成年者が営業を許された場合の規定(民6条1項)を準用して、労働契約上の諸行為につ

---

[*3] 意思能力のない幼児を映画、演劇等の子役として演じさせる契約は、使用者と親権者間の無名契約となろう(菅野・労働法(2017)576頁)。

き、未成年者は成年者と同一の行為能力を有すると解される。したがって、未成年者は労働契約上の権利を独立して行使することができ、そのための訴訟につき訴訟能力を有する（民訴31条参照）[*4]。

また、未成年者は、独立して賃金を請求することができる（労基59条前段）。賃金の支払方法については、直接払の原則が労基法24条1項に定められており、親権者又は後見人であっても、未成年者の賃金を代わって受け取ってはならない（労基59条後段〈罰則：120条1項〉）。

(4) 労働契約の解除・取消し

第一に、民法では、「未成年者がその営業に堪えることができない事由があるとき」に限定して、法定代理人は営業の許可を取り消すか制限することができ（民6条2項）、親権者も職業の許可を取り消すか制限することができる（民823条2項）のであるが、労基法では契約解消の要件を緩和するとともに、契約解消の主体を拡げており、法定代理人の同意を得て未成年者が締結した労働契約であっても、親権者若しくは後見人又は行政官庁（所轄労働基準監督署長）は、労働契約が未成年者に不利であると認める場合においては、将来に向かって解除することができる（労基58条2項、年少則3条）。

第二に、未成年者が法定代理人の同意を得ないで締結した労働契約は、法定代理人がこれを取り消しうる（民5条2項）[*5]。

## 2 労働時間

(1) 児童

満15歳に達した日以降の最初の3月31日が終了していない児童を労基法56条2項に基づき所轄労働基準監督署長の許可を得て使用する場合、修学時間を通算して1週間に40時間・修学時間を通算して1日に7時間を超えて労働させてはならない（労基60条2項）。

また、変形労働時間制・フレックスタイム制（労基32条の2～32条の5）、労使協定に基づく法定時間外労働・法定休日労働（労基36条）、事業の特殊性による労働時間及び休憩の特例（労基40条）の適用は排除される（労基60条1項）。

(2) 年少者

満15歳に達した日以降の最初の3月31日が終了した者で満18歳未満の年少者についても、変形労働時間制（労基32条の2・32条の4・32条の5）、フレックスタイ

---

[*4] 菅野・労働法（2017）576頁。
[*5] 取消しがなされても労働関係が実際に展開されていれば、労基法等の適用を受ける。

ム制(労基32条の3)、労使協定に基づく法定時間外労働・法定休日労働(労基36条)、事業の特殊性による労働時間及び休憩の特例(労基40条)の適用が排除されている(労基60条1項)。

ただし、①1週間の労働時間が法定労働時間(40時間<労基32条1項>)を超えない範囲において、1週間のうち1日の労働時間を4時間以内に短縮する場合において、他の日の労働時間を10時間まで延長することができ、又、②1週間について48時間、1日について8時間を超えない範囲内において、一か月単位の変形労働時間制(労基32条の2)、又は、一年単位の変形労働時間制(労基32条の4・32条の4の2)により労働させることができる(労基60条3項、労基則34条の2)。

年少者についても、非常事由又は公務による法定時間外労働(労基33条)は可能であり、変形週休制(労基35条2項)も可能である。

また、年少者であっても、労働時間・休憩・休日に関する規制の適用が除外される者(労基41条)に該当すれば、これらの規制は適用されない[*6]。

### 3 深夜労働

(1) 原則

満18歳以上の者については、深夜労働(午後10時から午前5時まで)は禁止されず、使用者に2割5分以上の割増率の割増賃金の支払を義務づける(労基37条4項)ことにより間接的に規制しているにすぎない。

しかし、年少者については、これを保護するため、深夜労働(午後10時から午前5時まで、厚生労働大臣が必要と認める場合は地域又は期間を限って午後11時から午前6時まで)は原則として禁止されている(労基61条1項本文・2項)。

また、満15歳に達した日以降の最初の3月31日が終了していない児童が、労基法56条2項に基づき所轄労働基準監督署長の許可を得て労働する場合、禁止される「深夜労働」は午後8時〜午前5時(厚生労働大臣が必要と認める場合は地域又は期間を限って午後9時〜午前6時)である(労基61条5項)。

(2) 例外

年少者について、例外として、第一に、交替制(同一労働者が一定期日毎に昼間勤務と夜間勤務とに交替につく勤務[*7])[*8]によって使用する満16歳以上の男性につい

---

[*6] 年少者もそれ以外の者も深夜労働及び年次有給休暇に関する規制は適用される。
[*7] 昭23・7・5基発971、昭63・3・14基発150。
[*8] 午前7時から翌日午前0時分まで労働しその日は非番とし翌日午前7時から労働させることを反復する隔日勤務は労基法62条1項但書の交替制には該当しない(植村魔法瓶工業事件・大阪高判昭48・8・30判夕304号270頁)。

ては、深夜労働をさせることができる(労基61条1項但書)。この場合、割増賃金(労基37条4項)の支払は当然必要である。

第二に、交替制によって労働させる事業については、行政官庁(所轄労働基準監督署長)の許可を受けて、午後10時30分まで(労基61条2項が適用される場合は午前5時30分から)労働させることができる(労基61条3項、年少則5条)。この場合、午後10時から10時30分までの30分(労基61条2項が適用される場合は午前5時30分から6時までの30分)については、当然割増賃金(労基37条4項)の支払が必要である[*9]。

(3) 適用除外

前記(1)(2)の深夜労働に関する規制は、①非常事由により法定時間外労働・法定休日労働をさせる場合(労基33条1項)、又は、②労基法別表第1の6号(農林)・7号(畜産・養蚕・水産業)・13号(病院保健衛生業)の事業、若しくは電話交換の業務については適用されない(労基61条4項)。

なお、いずれの場合も割増賃金(労基37条4項)の支払は必要である。

### 4 業務内容

年少者は、身体的にも精神的にも発達途上にあり、また、技術的にも未熟なことが多いので、一定の危険有害業務に就業させることは禁止されており(労基62条、年少則7・8条)、坑内労働も禁止されている(労基63条)。

### 5 帰郷旅費

年少者が解雇の日から14日以内に帰郷する場合においては、使用者は必要な旅費を負担しなければならない。ただし、年少者がその責めに帰すべき事由に基づいて解雇され、使用者がその事由について行政官庁(所轄労働基準監督署長)の認定を受けたときはこの限りではない(労基64条、年少則10条)。

## 第2節　女性労働者の母性保護

女性は、基本的人権の一つとして妊娠・出産の権利を有する。

したがって、女性労働者については、その妊娠・出産・哺育という母性機能を保護し、また、女性労働者が妊娠・出産と労働生活を両立することができるよう(妊娠・出産による一時的な労務不能や労働能力の低下により退職を余儀なくされることのないよう)、特別の配慮が必要である。

---

[*9] 昭23・2・20基発297、昭63・3・14基発150。

このため、労基法、女性則、均等法、均等則は、①母性機能に有害な業務への就業制限(→1)、②生理日の就業が困難な場合の休暇(→2)、③妊産婦の保護(→3)、④産前産後の休業(→4)、⑤育児時間(→5)、⑥妊娠・出産等を理由とする不利益取扱いの禁止(→6)、⑦就業環境の整備(→7)に関する規定をおいており、⑦については、「事業主が職場における妊娠、出産等に関する言動に起因する問題に関して雇用管理上講ずべき措置についての指針」[*10]が定められている。

## 1 母性機能に有害な業務への就業禁止

妊産婦(妊娠中の女性及び産後1年を経過しない女性)以外の満18歳以上の女性については、坑内業務の一部(労基64条の2第2号、女性則1条)、及び、女性の妊娠・出産機能に有害な業務(労基64条の3第2・3項、女性則3条<女性則2条1項1～18号で列挙されている業務>)への就業が禁止されている。

## 2 生理日の就業が困難な場合の休暇

(1) 休暇

使用者は、生理日の就業が著しく困難な女性が休暇を請求したときは、その者を生理日に就業させてはならない(労基68条)。

(2) 休暇中の賃金請求権の有無

労基法68条の趣旨は、当該労働者が休暇の請求をすることによりその間の労働義務を免れ、その労務の不提供につき労働契約上債務不履行の責めを負うことのないことを定めたにとどまり、休暇が有給であることまでをも保障したものではない。したがって、休暇を取得した労働者は、その間就労していないのであるから、労使間に特段の合意がない限り、その不就労期間に対応する賃金請求権を有しない[*11]。

## 3 妊産婦の保護

(1) 就業制限・軽易業務への転換

妊産婦については、第一に、すべての坑内業務(産後1年を経過しない女性については坑内業務に従事しない旨を使用者に申し出た者に限られる)(労基64条の2第1号)、及び、妊産婦の妊娠、出産、哺育等に有害な業務への就業が禁止されている(労

---

[*10] 平28・8・2厚労告312。
[*11] エヌ・ビー・シー工業事件・最三小判昭60・7・16民集39巻5号1023頁/労判455号16頁。

基64条の3第1・3項、女性則2条)。

　第二に、使用者は、妊娠中の女性が請求した場合は、他の軽易な業務に転換させなければならない(労基65条3項)。

　　(2) 法定時間外労働・法定休日労働・深夜労働の制限

　使用者は、妊産婦が請求した場合においては、①変形労働時間制(労基32条の2・32条の4・32条の5)が適用されている場合でも、1日・1週の法定労働時間(労基32条)を超えて労働させることはできず(労基66条1項)、②非常事由・公務(労基33条1・3項)又は労使協定(労基36条)に基づく法定時間外労働・法定休日労働をさせることはできず(労基66条2項)、③深夜労働(午後10時から午前5時までの労働)をさせてはならない(労基66条3項)。

　　(3) 健康管理に関する措置

　事業主は、①厚生労働省令が定めるところにより、その雇用する女性労働者(妊産婦)が母子保健法の規定による保健指導又は健康診査を受けるために必要な時間を確保できるようにしなければならず(均等12条、均等則2条の3)、また、②その雇用する女性労働者(妊産婦)が保健指導又は健康診査に基づく指導事項を守ることができるよう、勤務時間の変更、勤務の軽減等必要な措置をとらなければならない(均等13条1項)。厚生労働大臣は、②に基づき事業主が講ずべき措置に関して指針を定めることとされ(均等13条2項)、「妊娠中及び出産後の女性労働者が保健指導又は健康診査に基づく指導事項を守ることができるようにするために事業主が講ずべき措置に関する指針」[*12]が定められている。

## 4　産前産後の休業

　　(1) 休業期間

　使用者は、第一に、6週間(多胎妊娠の場合は14週間)以内に出産する予定の女性が休業を請求した場合においては、その者を就業させてはならない(労基65条1項)。この産前休業(6週間又は14週間)[*13]は、本人の請求を待って与える休業である(請求がなければ付与しなくてもよい)。

　使用者は、第二に、産後8週間を経過しない女性を就業させてはならない。

---

　[*12]　平9・9・25労告105(平19・3・30厚労告94等により一部改正)。
　[*13]　産前休業の休業期間の算定は自然の分娩予定日を基準として行われる(昭26・4・2婦発113)。したがって、現実の出産が予定より早ければそれだけ産前休業は短縮され、予定日より遅ければその遅れた期間も産前休業として扱われる。

この産後休業(8週間)[*14]は、本人の請求の有無を問わず付与しなければならない。ただし、産後6週間を経過した女性が請求した場合、その者について医師が支障がないと認めた業務に就かせることは差し支えない(労基65条2項)。

表13.1 妊娠から産休、育児休業、復職後の流れ

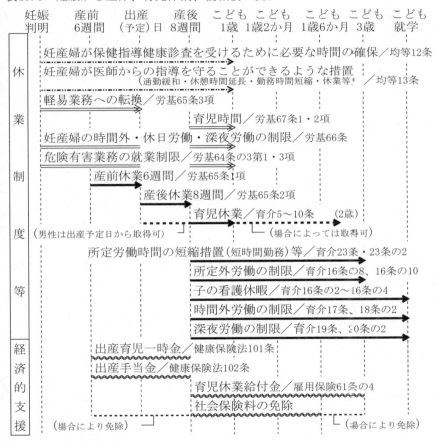

---

[*14] 産後休業の休業期間算定は、現実の出産日を基準に行われ(昭26・4・2婦発113)、出産当日は産前休業期間に含まれる(昭25・3・31基収4057)。「出産」には、妊娠第4月以降の流産・早産及び人工妊娠中絶が含まれ、生産・死産を問わない(昭23・12・23基発1885、昭26・4・2婦発113)。

(2) 休業中の賃金請求権の有無と所得保障

労基法65条は、産前産後休業を定めているが、産前産後休業中の賃金については何らの定めも置いていないので、産前産後休業が有給であることまでも保障したものではない[*15]。したがって、労働契約上当該期間が有給であるとされていなければ、使用者は賃金支払義務を負わない。

ただし、健康保険から、①出産育児一時金が支給され（原則40万4000円、一定の要件を充足する場合は3万円までの額を加算）（健保101条、健保令36条）、②出産の日（出産日が出産予定日後であるときは出産予定日）以前42日（多胎妊娠の場合98日）から、出産の日後56日を限度として、休業期間1日につき標準報酬日額の3分の2に相当する額が出産手当金として支給される（健保102条、日雇特例被保険者に関しては138条も参照）。

5 育児時間

生後満1歳に達しない生児を育てる女性は、休憩時間（労基34条）[*16]の他に、1日2回、各々少なくとも30分、その生児を育てるための時間を請求することができ、使用者はその時間中はその女性を使用してはならない（労基67条1・2項）。

この1日2回、各々少なくとも30分という基準は8時間労働制を前提したものであるので、1日の労働時間が4時間以内のパートタイマーは1日1回少なくとも30分でよいとされている[*17]。

また、事業場から生児のいる場所まで遠い場合もあるので、育児時間を勤務時間の初めと終わりに請求してもよいとされ[*18]、また1日1回少なくとも60分という請求でも良いと解される。

使用者は、異なる約定がなければ育児時間につき賃金支払義務を負わない[*19]。

6 不利益取扱いの禁止

労働者の母性保護及び妊娠・出産と労働生活の両立の実効性を確保するため、労働者の妊娠・出産又は休業取得等を理由とする不利益な取扱いは禁止されている。

具体的には、第一に、産前産後休業中及び休業後30日以内の解雇は、天災事

---

[*15] 東朋学園事件・最一小判平15・12・4集民212号87頁/労判862号14頁。
[*16] 前記第11章「労働時間と自由時間」第4節第1款1参照。
[*17] 昭36・1・9基収8996。
[*18] 昭33・6・25基収4317。
[*19] 昭33・6・25基収4317。

変その他やむを得ない事由のために事業の継続が不可能となり行政官庁(所轄労働基準監督署長)の認定を受けた場合を除き、禁止されている(労基19条、労基則7条)。

　第二に、女性労働者が、妊娠又は出産したことを退職理由として予定する定め(妊娠・出産退職制)は禁止されている(均等9条1項)。

　第三に、①妊娠、②出産、③健康管理に関する措置(均等12条・13条1項)を請求し又は受けたこと、④妊産婦が坑内業務や妊産婦に有害な業務(労基64条の2第1号・64条の3第1項、女性則2条)に従事できず又は従事しなかったこと等、⑤産前産後休業(労基65条)の請求・取得、⑥軽易業務への転換(労基65条3項)の請求・転換、⑦妊産婦が法定時間外労働・法定休日労働・深夜労働の免除(労基66条)を請求し又はこれらの労働をしなかったこと、⑧育児時間(労基67条)の請求・取得、⑨妊娠又は出産に起因する症状により労務の提供ができないこと若しくはできなかったこと又は労働能率が低下したことを理由とする、解雇その他不利益な取扱いは禁止されている(均等9条3項、均等則2条の2)。

　そして、第四に、妊娠中又は出産後1年を経過しない女性労働者に対してなされた解雇は、事業主が前記①～⑨を理由とする解雇でないことを証明しない限り、無効である(均等9条4項)[20]。

## 7　就業環境の整備

　事業主は、前記6の①～⑨に関する職場における言動により、当該女性労働者の就業環境が害されることのないよう、当該女性労働者からの相談に応じ、適切に対応するために必要な体制の整備その他の雇用管理上必要な措置を講じなければならない(均等11条の2第1項、均等則2条の3)[21]。

　この「事業主」には、派遣先も含まれる(派遣47条の2)。

　厚生労働大臣は、この規定に基づき事業主が講ずべき措置に関して、その適切かつ有効な実施を図るために必要な指針を定めることとされ(均等11条の2第2項)、定められた「事業主が職場における妊娠、出産等に関する言動に起因する問題に関して雇用管理上講ずべき措置についての指針」では、妊娠・出産等に関する職場における言動により女性労働者の就業環境が害されることを「職場における妊娠、出産等に関するハラスメント」と定義し、ハラスメント

---

[20]　これら第二から第四を定める均等法9条は、2006(平18)年に一部改正法(平18法82)により追加して定められた。

[21]　「雇用保険法等の一部を改正する法律(平28法17)により新設され、2017(平29)年1月1日より施行されている。

の内容及び事業主が講ずべき措置の内容を詳細に定めている。

## 第3節　男女労働者の家族的責任への配慮

　男女労働者の多くは、少なくとも人生の一定期間は、育児・介護といった家族的責任を負うことになる。また、育児・介護を行う権利は、基本的人権の一つであるとも言える。

　したがって、男女労働者が育児・介護といった家族的責任を負っている場合は、労働とその家族的責任を両立することができるよう（育児・介護による一時的な労務不能や労働しうる時間の減少等を理由として退職を余儀なくされることのないよう）、特別の配慮が必要である。

　このため、労契法、育介法[22]、育介則は、①労働と生活の調和に関する基本原則（→1）、②家族的責任と配転（→2）、③育児責任への配慮（→3）、④介護責任への配慮（→4）、⑤不利益取扱いの禁止（→5）、⑥就業環境の整備（→6）、⑦実効性の確保（→7）に関する規定をおいており、②～⑥に関連しては、「子の養育又は家族の介護を行い、又は行うことになる労働者の職業生活と家庭生活との両立が図られるようにするために事業主が講ずべき措置に関する指針」[23]が策定されている。

　また、次世代育成支援対策推進法（平15法120）も制定され、事業主に対し労働者の職業生活と家庭生活の両立のための雇用環境整備のための行動計画策定等を求めている。

### 1　基本原則

　労契法3条3項は、「労働契約は、労働者及び使用者が仕事と生活の調和にも配慮しつつ締結し、又は変更すべきものとする」と定める。

　したがって、使用者は、労働契約の内容（労働条件）の決定・変更について、労働者の「仕事と生活の調和」に配慮する信義則上の義務を負う。

### 2　家族的責任と配転

　育児休業，介護休業等育児又は家族介護を行う労働者の福祉に関する法律〈育介法〉26条は、「事業主は、その雇用する労働者の配置の変更で就業の場所の変

---

　[22]　育介法の評価と課題に関する論考として、柴田洋二郎「育児介護休業法の課題」再生(4) (2017) 275-295頁及び同論文引用文献等。

　[23]　平21・12・28厚労告509（平29・厚労告307等により改正）。

更を伴うものをしようとする場合において、その就業の場所の変更により就業しつつその子の養育又は家族の介護を行うことが困難となることとなる労働者がいるときは、当該労働者の子の養育又は家族の介護の状況に配慮しなければならない」と定める。

したがって、使用者は、配転・出向による労働者の就業場所の変更を検討するにあたり、配転・出向を命じるかどうか、どこを配転・出向先とするか、不利益を緩和するための措置等について、労働者の育児・介護等の家族的責任に配慮しなければならず、配転・出向による就業場所の変更（労働条件の変更）に関し労働者の家族的責任を配慮する信義則上の義務を負う。

信義則上の義務の具体的内容は個別事案毎に定まり、これに違反があった場合は、当該配転・出向命令は信義則に反し無効と解すべきである[24]。

### 3 育児責任への配慮

(1) 労働と育児の両立支援のための制度・措置

育介法は、男女労働者の労働と育児の両立支援のために、多様な制度・措置を定めている。

具体的には、子[25]を養育する労働者の就業場所の変更に関する配慮（育介26条）（→前記2）の他、1)1歳未満（又は1歳6か月未満・2歳以下）の子を養育する労働者を対象とする育児休業制度（育介5条〜10条、育介則5〜22条）（→(2)）、2)3歳未満の子を養育する労働者の、①所定労働時間の短縮措置等（育介23条・23条の2、育介則73〜75条）（→(3)）、②所定時間外労働の制限（育介16条の8・16条の10、育介則44〜47条）（→(4)）、3)小学校就学の始期に達するまでの子を養育する労働者の、①法定時間外労働・深夜労働の制限（育介17条・19条、18条の2・20条の2、育介則52〜55条・60〜64条）（→(5)）、②子の看護休暇制度（育介16条の2〜16条の4、育介則32〜37条）（→(6)）、4)その他の事業主の努力義務（育介24条1項、27条）（→(7)）である。

---

[24] 後記第16章「労働契約内容の設定と変更」第4節第2款3(2)エ、第3款3(3)ウ。
[25] 「子」には、実子・養子の他、①労働者が特別養子縁組の成立（民817条の2第1項）を家庭裁判所に請求した者（当該請求に係る家事審判事件が裁判所に係属している場合に限る）で当該労働者が現に監護するもの、②里親（児童福祉6条の4第1項）である労働者に委託されている児童のうち、当該労働者が養子縁組により養親となることを希望している者、③これらに準ずる者として、育介則1条1項で定める者に同2項で定めることにより委託されている者〈当該労働者を養子縁組里親として委託することが適当であると認められるが実親等が反対したことにより当該労働者を養育里親として委託された者〉が含まれる（育介2条1号・育介則1条）。ただし、①〜③は、育介法2条4号の定義する「対象家族」の中の「子」には含まれないので（育介2条1号）、労働と介護の両立支援制度の対象には含まれない。

ただし、日々雇用される者は、これらの措置の対象外である（育介2条1号）。
　(2)　育児休業制度
　　　ア　申出の要件
　第一に、1歳に満たない子を養育する男女労働者は、当該子が1歳に達する日（誕生日の前日）までの一の期間を特定して育児休業を事業主に申し出ることができる（育介5条1項・6項、育介則7条）。1人の子につき父親の労働者と母親の労働者が共に育児休業を取得することも可能である。

　第二に、配偶者が子が1歳に達する日以前のいずれかの日において当該子を養育するために育児休業をしている場合は、1歳2か月未満の子を養育する男女労働者は、当該子が1歳2か月に達するまでの一の期間を特定して育児休業を事業主に申し出ることができる。すなわち、父母の労働者がともに育児休業を取得する場合は、育児休業の子の年齢に係る取得制限が緩和され、父母の労働者による育児休業取得が奨励されている（パパ・ママ育休プラス）（育介9条の2）。

　第三に、1歳から1歳6か月に達するまでの子を養育する男女労働者であって、①当該労働者又は配偶者が当該子が1歳に達する日において育児休業をしており（パパ・ママ育休プラス＜育介9条の2＞の場合は、本人又は配偶者が1歳到達日後の育児休業終了予定日において育児休業をしており）、かつ、②当該子の1歳以降の期間について保育所での保育の申込みを行っているが当面実施されないとき、又は、1歳以降に養育を行う予定だった配偶者が死亡、傷病、障害、婚姻解消による別居、産前6週間（多胎妊娠は14週間）産後8週間の期間にあるときは、育児休業の申し出をすることができる（育介5条3項、育介則6条）。

　第四に、1歳6か月から2歳に達するまでの子を養育する男女労働者であって、①当該労働者又は配偶者が当該子の1歳6か月に達する日において育児休業をしており、かつ、②当該子の1歳6か月以降の期間について保育所での保育の申込みを行っているが当面実施されないとき、又は、1歳6か月以降に養育を行う予定だった配偶者が死亡、傷病、障害、婚姻解消による別居、産前6週間（多胎妊娠は14週間）産後8週間の期間にあるときは、育児休業の申し出をすることができる（育介5条4項、育介則6条の2）[26]。

　　　イ　有期労働者に関する要件
　日々雇用される者は育児休業を申し出ることができない（育介2条1号）。
　また、期間を定めて雇用される者については、①当該事業主に引き続き雇用された期間が1年以上であり、かつ、②その養育する子が1歳6か月に達する日

---

[26]　2017（平29）年に追加され（平29法14）、2017（平29）年10月1日より施行されている。

までに、その労働契約(労働契約が更新される場合にあっては、更新後のもの)が満了することが明らかでない者[*27]は、育児休業の申出をすることができる(育介5条1項但書)。

  ウ 使用者の付与義務

 事業主は、要件を充たす労働者の休業申出を拒むことができない(育介6条1項)。

 ただし、事業主は、以下の労働者については、過半数代表との書面による協定(労使協定)で育児休業を付与しないものと定めれば、休業申出を拒否することができる。すなわち、①当該事業主に引き続き雇用された期間が1年に満たない労働者、②休業申出の日から起算して1年(1歳から1歳6か月に達するまで又は1歳6か月から2歳に達するまでの子を養育する男女労働者が、育介法5条3項又は4項に基づき申し出る場合は6か月)以内に雇用関係が終了することが明らかな者、③1週間の所定労働日数が2日以下である者である(育介6条1項但書、育介則8条、平23・3・18厚労告58号)。

  エ 育児休業の回数・期間・手続

 第一に、育児休業は、特段の事情がある場合を除き、1人の子について1回に限られ、申し出る休業は連続した1つの期間のものでなければならない(育介5条2項・6項、育介則5条)。

 ただし、母親である労働者の産後休業期間内に当該子を養育する者(父親)である労働者が育児休業を取得した場合は、特別の事情がなくても、再度育児休業を取得することが可能である(育介5条2項括弧書き)。これにより、典型的には父親である労働者が、柔軟に育児休業を取得することが可能となった。

 第二に、育児休業期間は、労働者が申し出た休業開始予定日から終了予定日までであるが、①子の死亡・離縁・別居等により子を養育しなくなった場合や休業申出をした労働者が負傷・疾病・障害等により当該子を養育できない状態となった場合、②子が1歳(1歳から1歳6か月に達するまでの子を養育する男女労働者が育介法5条3項に基づき申し出る場合は1歳6か月、1歳6か月から2歳に達するまでの子を養育する男女労働者が育介法5条4項に基づき申し出る場合は2歳)に達したとき、③産前産後休業、新たな育児休業、又は、介護休業が始まったときは、育児休業は終了する(育介9条2項、育介則21条)。

 第三に、申出の時期(原則として休業開始1か月前、1歳以上1歳6か月までの子については2週間前)、手続、申出をすべき事項等については、育介法・育介則が詳細

---

[*27] ②は2016(平28)年に改正され(平28法17)、2017(平29)年1月1日より施行されている。

に定めており(育介5条6項・6条3項、育介則7条)、休業内容変更の申出、休業申出の撤回等についても詳細な規定が存在する(育介7条・8条、育介則13条～20条)。

　　　オ　休業中・休業後の労働者の待遇・所得保障

　育児休業期間中の賃金・賞与・定期昇給等の取扱い、育児休業後の職務・昇給・退職金・職場復帰の助成等について、事業主は、①労働者の育児休業中の待遇及び休業後の賃金、配置その他の労働条件、子の死亡等により育児休業時間が終了した労働者等の労務提供の開始時期等、につき予め定め、周知し、労働者はその配偶者が妊娠・出産したことを知ったときに当該労働者に知らせること、②休業を申し出た労働者に対し①の取扱いを明示すること、を努力義務として求められているが(育介21条、育介則70・71条)、具体的内容についての法令上の定めはなく、労働契約により決定されることになる。

　したがって、異なる定めがなければ、使用者は育児休業期間中賃金支払義務を負わない。

　しかし、当該労働者が一定の要件(育児休業開始前2年間に賃金支払基礎日数が11日以上ある月が通算して12か月以上あること等)を充足する場合は、雇用保険から、「育児休業給付金」として、育児休業開始から180日までは休業開始時賃金日額の67％が支給され、181日からは休業開始時賃金日額の50％が支給される(雇保61条の4〈本則〉、附則12条〈暫定措置〉)。

　　　カ　年次有給休暇の算定と社会・労働保険

　第一に、育児休業期間は、年次有給休暇の発生要件の一つである「全労働日の8割以上出勤」を充足するかどうかの算定にあたり、「出勤した日」とみなされる(労基39条8項)。

　第二に、育児休業期間中は、①健康保険・厚生年金保険については、被保険者資格は継続し、保険料支払義務(労使折半)があるが、事業者から保険者等に申出があるときには、育児休業を開始した日の属する月から育児休業が終了した日の翌日が属する月の前月までの期間の保険料徴収は、労使いずれの負担分についても行われない(健保159条、厚年81条の2)。②労災保険については、被保険者資格は継続し、保険料支払義務(使用者のみ)があるが、保険料は、原則として、保険年度に支払われた全労働者の賃金総額が算定基礎であるから、育児休業中に賃金支払がなければ、その分の保険料負担は生じない。③雇用保険については、被保険者資格は継続し、保険料(労使折半)は育児休業中に支払われる賃金により決定され、賃金の支払がないときには、保険料負担はない。

　　(3)　所定労働時間の短縮措置等

　3歳未満の子を養育する労働者で、育児休業をしていない労働者(1日の所定労

働時間が6時間以下の労働者を除く）が、子を養育するために請求した場合は、1日の所定労働時間を原則として6時間とする措置を含む所定労働時間の短縮措置を講じなければならない（育介23条1項、育介則74条1項）。

ただし、以下の労働者は、労使協定により請求できない者と定められたときは、所定時間短縮措置を請求できない。すなわち、①当該事業主に引き続き雇用された期間が1年に満たない者、②1週間の所定労働日数が2日以下の者、③所定労働時間短縮措置を講ずることが困難と認められる業務に従事している者である（育介23条1項但書、育介則73条）。この場合、③の労働者については、フレックスタイム制度、1日の所定労働時間を変更しない始業又は終業の時刻の繰り上げ・繰り下げ制度、3歳に満たない子に係る保育施設の設置運営等のいずれかの措置を講じなければならない（育介23条2項、育介則74条2項）。

(4) 所定時間外労働の制限

事業主は、3歳未満の子を養育する労働者が子を養育するために請求した場合は、事業の正常な運営を妨げる場合を除き、所定労働時間を超えて労働させてはならない（育介16条の8第1項）。

ただし、以下の労働者は、労使協定により請求できない者と定められたときは、所定時間外労働の制限を請求できない。すなわち、①当該事業主に引き続き雇用された期間が1年に満たない労働者、②1週間の所定労働日数が2日以下である者である（育介16条の8第1項、育介則44条）。

(5) 法定時間外労働・深夜労働の制限

事業主は、小学校就学の始期に達するまでの子を養育する労働者が当該子を養育するために請求した場合は、事業の正常な運営を妨げる場合を除き、労使協定の締結・届出（労基36条1項本文）により法定時間外労働をさせることができる場合においても、制限時間（1月24時間、1年150時間）を超えて法定時間外労働をさせてはならず（育介17条1項）、また、深夜（午後10時から午前5時まで）において労働させてはならない（育介19条1項）[28]。

ただし、法定時間外労働の制限については、①当該事業主に引き続き雇用された期間が1年に満たない者、及び、②1週間の所定労働日数が2日以下の者は、

---

[28] 国際線の客室乗務員のように、所定労働時間に深夜労働を含む乗務が多い場合、結果として乗務割当のない日が従来よりも増加し賃金減額となりうるが、使用者はできる限り深夜労働免除者に公平に深夜労働のない乗務を割り当てる信義則上の義務を負うと解され、信義則に違反して乗務が割り当てられなかった日は、債権者の責めに帰すべき履行不能（民536条2項前段）として労働者は賃金請求権を有すると解すべきであろう（参考：日本航空インターナショナル事件・東京地判平19・3・26労判937号54頁）。

請求することができない（育介17条1項、育介則52条）。また、深夜労働の制限については、①当該事業主に引き続き雇用された期間が1年に満たない者、②当該請求に係る深夜に「同居の16歳以上の家族であって、深夜の就業日数が1月あたり3日以内であり、健康かつ産前産後ではない者」がいる者、③1週間の所定労働日数が2日以下の者、④所定労働時間の全部が深夜にある労働者は請求できない（育介19条1項、育介則60条・61条）。

(6) 子の看護休暇

小学校就学の始期に達するまでの子を養育する労働者は、事業主に申し出ることにより、一の年度において5労働日（小学校就学の始期に達するまでの子が2人以上の場合は10労働日）を限度として、負傷し若しくは疾病にかかったその子の世話又は予防接種若しくは健康診断を受けさせるための休暇（子の看護休暇）を取得することができる（育介16条の2第1項、育介則32条）。

子の看護休暇は、一日の所定労働時間が4時間未満の労働者を除き、半日（1日の所定労働時間数の2分の1）単位（始業の時刻から連続し又は終業時刻まで連続するもの、ただし、労使協定によりこの制限を除外しうる）で取得することができる（育介16条の2第2項、育介則33条・34条）。

事業主は、要件を充足する労働者の看護休暇の申出を拒むことができない（育介16条の3第1項）。ただし、事業主は、以下の労働者については、労使協定に定めることにより、その看護休暇の申出を拒否することができる。すなわち、①当該事業主に引き続き雇用された期間が6か月に満たない労働者、②1週間の所定労働日数が2日以下である者、③半日単位で子の看護休暇を取得することが困難と認められる業務に従事する労働者（半日単位で取得しようとする者に限る）である（育介16条の3第2項、育介則36条・8条2号・平23・3・18厚労告58）。

(7) その他の事業主の努力義務

事業主は、小学校就学の始期に達するまでの子を養育する労働者に対し、子の看護休暇以外の育児を目的とする休暇を付与するよう努めなければならず、また、法律上の義務事項について、各制度毎に設定されている子の上限年齢を超えた後においても、始業時刻変更、育児休業制度、所定労働時間の短縮措置等、所定時間外労働の制限を講ずるよう努めなければならない（育介24条1項）。

また、妊娠・出産、育児を理由として退職した者について、再雇用特別措置等を実施するよう努めなければならない（育介27条）。

## 4　介護責任への配慮

### (1) 労働と介護の両立支援のための制度・措置

　育介法は、男女労働者の労働と介護の両立支援のために、多様な制度・措置を定めている。

　具体的には、家族の介護を行う労働者の就業場所の変更に関する配慮（育介26条）（→前記2）の他、1)要介護状態にある対象家族を介護する労働者を対象とする、①介護休業制度（育介11～16条、育介則23～31条）（→(2)）、②所定労働時間の短縮措置等（育介23条・23条の2、育介則73条3項・75条）（→(3)）、③所定時間外労働の制限（育介16条の9・16条の10、育介則44・48～51条）（→(4)）、④法定時間外労働・深夜労働の制限（育介18条・18条の2、20条・20条の2、育介則57～59条・65～69条）（→(5)）、⑤介護休暇制度（育介16条の5～16条の7、育介則38条～43条）（→(6)）、及び、2)その他の労働者に対する事業主の努力義務（育介24条2項、27条）（→(7)）である。

　ただし、日々雇用される者は、これらの措置の対象外である（育介2条1号）。

### (2) 介護休業制度

#### ア　申出の要件

　介護休業の申出は、「要介護状態」にある「対象家族」を介護する労働者が、要介護者1人につき、通算3回、通算93日を限度として行うことができる（育介11条・12条・15条）[*29]。

　「要介護状態」とは、負傷、疾病、又は身体上若しくは精神上の障害により、2週間以上にわたり常時介護を必要とする状態をいう（育介2条3号、育介則2条）。

　「対象家族」とは、配偶者（事実上の婚姻関係と同様の事情にある者を含む）、父母、子、及び、労働者が同居しかつ扶養している祖父母・兄弟姉妹・孫、並びに、配偶者の父母をいう（育介2条4号、育介則3条）。

#### イ　有期労働者に関する要件

　期間を定めて雇用される者は、①当該事業主に引き続き雇用された期間が1年以上であり、かつ、②介護休業開始予定日から起算して93日を経過する日から6月を経過するまでに労働契約（労働契約が更新される場合は更新後のもの）が満了することが明らかでない者は、介護休業の申出ができる（育介11条1項但書）[*30]。

#### ウ　付与義務

　事業主は、要件を充足する労働者からの休業申出を拒むことができない（育介12条1項）。

---

[*29]　2016（平28）年に改正され（平28法17）、2017（平29）年1月1日より施行されている。
[*30]　2016（平28）年に改正され（平28法17）、2017（平29）年1月1日より施行されている。

ただし、以下の労働者については、労使協定に定めることにより、その休業申出を拒否することができる。すなわち、①当該事業主に引き続き雇用された期間が1年に満たない労働者、②休業申出の日から起算して93日以内に雇用関係が終了することが明らかな者、③1週間の所定労働日数が2日以下である者である（育介12条2項、育介則24条・8条2号、平23・3・18厚労告58号）。

　　エ　介護休業期間・手続

介護休業期間は、要介護者1人につき、通算3回、通算93日を限度とする（育介11条2項・15条）。

申出の手続、申出るべき事項、休業開始予定日の指定、休業申出の撤回、休業の終了等については、育介法・育介則が詳細に定めている（育介11条3項・12条3項・13条〜15条、育介則23条・25条〜31条）。

　　オ　休業中・休業後の取扱い・所得保障

介護休業期間中の賃金・賞与・定期昇給等の取扱い、介護休業後の職務・昇給・退職金・職場復帰の助成等について、事業主は、①労働者の介護休業中の待遇及び休業後の賃金、配置その他の労働条件、労働者が介護休業期間に負担すべき社会保険料を事業主に支払う方法につき予め定め、周知すること、②休業を申し出た労働者に対する①の取扱いの明示を努力義務として求められているが（育介21条1・2項、育介則70・71条）、具体的内容についての法令上の定めはなく、労働契約により決定されることになる。

したがって、異なる定めがなければ、使用者は介護休業期間中賃金支払義務を負わない。

しかし、当該労働者が一定の要件（介護休業開始日前2年間に賃金支払基礎日数が11日以上ある月が通算して12か月以上あること等）を充足する場合は、雇用保険から、「介護休業給付金」として、介護休業期間中、休業開始時の賃金日額の67％が支給される（雇保61条の6〈本則〉、附則12条の2〈暫定措置〉）[31]。

　　カ　年次有給休暇の算定と社会保険・労働保険

第一に、介護休業期間は、年次有給休暇の発生要件の一つである「全労働日の8割以上出勤」を充足するかどうかの算定にあたり、「出勤した日」とみなされる（労基39条8項）。

第二に、介護休業期間中は、①健康保険・厚生年金保険については、被保険者資格は継続し、保険料支払義務（労使折半）があり、②労災保険については、被保険者資格は継続し、保険料支払義務（使用者のみ）があるが、保険料は年間

---

[31]　2016（平28）年に改正され（平28法17）、2016（平28）年8月1日より施行されている。

の賃金総額に対応して決定され、③雇用保険については、被保険者資格は継続し、保険料（労使折半）は介護休業中に支払われる賃金により決定される。

(3) 所定労働時間短縮等の措置

事業主は、要介護状態にある対象家族を介護する労働者で介護休業をしていないものに対して、労働者が就業しつつ要介護状態にある対象家族を介護することを容易にするために、連続する3年の期間以上利用できる措置として、①所定労働時間の短縮制度、②フレックスタイム制度、③所定労働時間を短縮することなく始業又は終業時刻を繰り上げ又は繰り下げる制度、④労働者が利用する介護サービスの費用の助成その他これに準じる制度のいずれかを講じなければならず、①～③は2回以上利用できるものでなければならない（育介23条3項本文、育介則74条3項）。

ただし、①当該事業主に引き続き雇用された期間が1年に満たない労働者、及び、②1週間の所定日数が2日以下の労働者は、労使協定で当該措置を講じないと定められた場合は、同措置を受けることができない（育介23条3項但書、育介則75条）。

(4) 所定時間外労働の制限

事業主は、要介護状態にある対象家族を介護する労働者が当該対象家族を介護するために請求した場合は、事業の正常な運営を妨げる場合を除き、所定労働時間を超えて労働させてはならない（育介16条の9第1項が準用する18条の8第1項本文）。

ただし、①当該事業主に引き続き雇用された期間が1年に満たない労働者、及び、②1週間の所定日数が2日以下の労働者は、労使協定で当該措置を講じないと定められた場合は、同措置を受けることができない（育介16条の9第1項が準用する18条の8第1項但書、育介則44条）。

(5) 法定時間外労働・深夜労働の制限

事業主は、労使協定の締結・届出（労基36条1項本文）により法定時間外労働をさせることができる場合において、要介護状態にある対象家族を介護する労働者が当該対象家族を介護するために請求した場合は、事業の正常な運営を妨げる場合を除き、制限時間（1月24時間、1年150時間）を超えて労働させてはならず（育介18条1項が準用する17条1項）、深夜（午後10時から午前5時まで）に労働させてはならない（育介20条1項が準用する19条1項）。

ただし、法定時間外労働の制限については、①当該事業主に引き続き雇用された期間が1年に満たない者、及び、②1週間の所定労働日数が2日以下の者は、請求することができない（育介18条1項が準用する17条1項、育介則56条が準用する

52条)。また、深夜労働の制限については、①当該事業主に引き続き雇用された期間が1年に満たない者、②当該請求に係る深夜に「同居の16歳以上の家族であって、深夜の就業日数が1月あたり3日以内であり、健康かつ産前産後ではない者」がいる者、③1週間の所定労働日数が2日以下の者、④所定労働時間の全部が深夜にある労働者は請求できない（育介20条1項が準用する19条1項、育介則65条が準用する60条、同66条が準用する61条）。

(6) 介護休暇

要介護状態にある対象家族の介護その他の世話を行う労働者は、事業主に申し出ることにより、一の年度において5労働日（要介護状態にある対象家族が2人以上の場合は10労働日）を限度として、その世話を行うための休暇（介護休暇）を取得することができる（育介16条の5第1項、育介則38条）。

介護休暇は、1日の所定労働時間が4時間以下の労働者を除き、半日（1日の所定労働時間数の2分の1）単位（始業の時刻から連続し又は終業時刻まで連続するもの、ただし、労使協定によりこの制限を除外しうる）で取得することができる（育介16条の5第2項、育介則39・40条）。

事業主は、要件を充足する労働者の介護休暇の申出を拒むことができない（育介16条の6第1項）。ただし、事業主は、以下の労働者については、労使協定に定めることにより、その介護休暇の申出を拒否することができる。すなわち、①当該事業主に引き続き雇用された期間が6か月に満たない労働者、②1週間の所定労働日数が2日以下である者である（育介16条の6第2項、育介則42条・8条2号、平23・3・18厚労告58号）。

(7) その他の労働者に対する事業主の努力義務

事業主は、家族を介護する労働者に対し、当該家族が「要介護状態」（育介2条3号により常時介護が必要な状態）か否かを問わず、その介護を必要とする期間、回数等に配慮して、育介法所定の介護休業、介護休暇、所定労働時間の短縮等の措置に準ずる措置を講ずるよう努めなければならない（育介24条2項）。

また、介護を理由として退職した者に対して、再雇用特別措置等を講ずるよう努めなければならない（育介27条）。

## 5　不利益取扱いの禁止

事業主は、労働者が、育介法が定める、①育児休業[32]、②介護休業、③子の

---

[32] 育児休業取得後復帰した女性労働者に対する担務変更と役割グレード・年俸額の引き下げを、均等法と育介法の趣旨に反し人事権の濫用で違法と判断した裁判例として、コナミデジタルエンタテインメント事件・東京高判平23・12・27労判1042号15頁。

看護休暇、④介護休暇、⑤所定時間外労働の制限、⑥法定時間外労働の制限、⑦深夜労働の制限、⑧所定労働時間の短縮措置について、①〜④の取得を申出若しくは取得したこと、又は、⑤〜⑧を請求若しくは労働しなかったこと等を理由として、当該労働者に対して解雇その他の不利益な取扱いをすることを禁止されており（育介10条、16条・16条の4・16条の7が準用する10条、16条の10、18条の2、20条の2、23条の2）[*33]、「事業主」には派遣先も含まれる（派遣47条の2）[*34]。

また、事業主は、労働者が、都道府県労働局長による紛争解決の援助、又は、紛争調整委員会による調停の申請をしたことを理由として、当該労働者に対して解雇その他の不利益な取扱いをすることも禁止されている（育介52条の4第2項及びこれを準用する52条の5第2項）。

これらの規定はいずれも強行規定と解される[*35]。

## 6　就業環境の整備

事業主は、前記5の①〜⑧の制度又は措置の利用に関する職場における言動により、当該労働者の就業環境が害されることのないよう、当該労働者からの相談に応じ、適切に対応するために必要な体制の整備その他の雇用管理上必要な措置を講じなければならない（育介25条、育介則76条）。「事業主」には、派遣先も含まれる（派遣47条の3）。

## 7　実効性の確保

労働者の労働と家族的責任の両立を支援するための育介法上の措置については、その実効性を確保するために、①事業主による労働者の苦情の自主的な解決の努力（育介52条の2）、②都道府県労働局長の紛争解決援助（育介52条の4第1項）と紛争調整委員会の調停（育介52条の5第1項）、③厚生労働大臣の報告要求・助言・指導・勧告（育介56条）、公表（育介56条の2）の制度が定められている[*36]。

---

[*33] 本文中の①と②についての解雇の禁止は1995（平7）年の改正（平7法107）により、①と②についての解雇以外の不利益取扱いの禁止は2001（平13）年の改正（平13法118）により、③についての解雇その他の不利益取扱いの禁止は2004（平16）年の改正（平16法160）により、④〜⑧についての解雇その他の不利益取扱いの禁止は2009（平21）年の改正（平21法65）等により定められた。

[*34] 2016（平28）年に改正され（平28法17）、2017（平29）年1月1日より施行されている。

[*35] 社会福祉法人全国重症心身障害児（者）を守る会事件・東京地判平27・10・2労判1138号57頁（育介法23条の2を強行規定と判示）。

[*36] 詳細は、前記第6章「個別的労働関係法総論」第2節2(2)参照。

## 第4節　休暇・休業等の取得と経済的不利益

　第2節・第3節で検討したように、労働と、母性保護・妊娠・出産・家族的責任の両立支援の観点から、労働者には、一定の要件を充足する場合、①生理休暇、②産前産後休業、③育児時間、④育児休業、⑤子の看護休暇、⑥介護休業、⑦介護休暇、⑧所定労働時間の短縮等を取得する権利が保障されている。これらは、労働義務を、当該期間、全部消滅(休業・休暇)又は一部消滅(労働時間の短縮)させる権利である。
　②〜⑧については、これらの権利を行使しようとしたこと又は行使したことを理由とする解雇その他の不利益取扱いが明文で禁止されている(均等9条3項、均等則2条の2、育介10条、16条、16条の4、16条の7、16条の10、18条の2、20条の2、23条の2)。しかし、労働者はその期間又は時間は労務を履行していないのであるから、「労務を履行していないこと」に対応する経済的な不利益が全て禁止されているわけではない。
　それでは、どのような経済的不利益が許容され、どのような経済的不利益が禁止されるのか、具体的に、①当該期間の賃金請求権(→1)、②年次有給休暇権の発生要件との関係(→2)、③平均賃金の算定(→3)、④その他の経済的不利益(→4)の順に検討する。

### 1　賃金請求権

　年次有給休暇については、休暇中の賃金請求権がある(労基39条7項)。しかし、生理休暇、産前産後休業、育児時間、育児休業、子の看護休暇、介護休業、介護休暇、所定労働時間の短縮期間については、労働者がその期間又は時間中賃金請求権を有する旨の法律上の規定はない。
　したがって、これらの期間中は、労働者の労働義務が消滅するにとどまり、賃金請求権の有無と賃金額は、労働契約上の定めによる。
　なお、生理休暇と産前産後休業と所定労働時間の短縮措置については、最高裁判決[37]があり、労務が履行されなかった時間の賃金請求権の有無と額は、労働契約上の定めによると判断されている。

---

[37]　生理休暇について、エヌ・ビー・シー工業事件・最三小判昭60・7・16民集39巻5号1023頁/労判455号16頁、産前産後休業と所定労働時間の短縮措置について、東朋学園事件・最一小判平15・12・4集民212号87頁/労判862号14頁。

## 2　年休権の発生要件との関係

年次有給休暇権の発生要件の一つである「全労働日の8割以上出勤」（労基39条1項）を充足しているか否かの算定にあたり、産前産後休業、育児休業、介護休業については、「出勤した日」とみなす旨の明文規定がある（労基39条8項）。

これに対し、生理休暇、子の看護休暇、介護休暇、育児時間、所定労働時間の短縮については、明文規定はない。しかし、労働者には法律上これらを取得し当該日・時間は労働しない権利が保障されているところ、その権利は形成権であり、その適法な行使により当該日・時間の労働義務が消滅すると解される。したがって、これらの日・時間[*38]は「全労働日（労働義務のある日）」から除外して（当然出勤した日からも除外される）出勤率を算定すべきである。

## 3　平均賃金の算定

平均賃金（労基12条）[*39]の算定にあたり、産前産後休業、育児休業、介護休業の日数及びその間の賃金は、平均賃金の算定基礎となる日数及び賃金総額から除外される旨の明文規定がある（労基12条3項2・4号）。

これに対し、生理休暇、子の看護休暇、介護休暇、育児時間、所定労働時間の短縮については、明文規定はなく、使用者の責に帰すべき事由による休業（労基12条3項3号）にも該当しないから、これらの期間・時間及びその間の賃金は、平均賃金の算定基礎となる日数及び賃金総額にそのまま算入される。

## 4　その他の経済的な不利益

それでは、昇格・昇給の対象者、精勤手当・賞与等の支給対象者を一定の出勤率以上の労働者とし、あるいは、昇給額や手当・賞与額等の算定等において出勤率を用い、生理休暇、産前産後休業、育児時間、育児休業、子の看護休暇、介護休業、介護休暇、所定労働時間の短縮等において労務が履行されなかった日・時間を「欠勤扱い」する（出勤率の算定にあたり、分母となる労働義務のある日・時間に含め、分子となる労働した日・時間に含めない）という取扱いは、禁止されている「不利益な取扱い」に該当するであろうか。

この点に関して、最高裁判決は、①不利益取扱い禁止の明文規定のない生理

---

[*38]　育児時間と所定労働時間の短縮部分については、所定労働時間との割合で、例えば0.2日と計算して除外する。

[*39]　前記第10章「賃金」第1節3。

休暇*40、並びに、②不利益取扱いの禁止規定がなかった時期における産前産後休業と育児時間*41、及び、③不利益取扱いの禁止規定がなかった時期における産前産後休業と育児に伴う所定労働時間の短縮*42について、これらの休業等の日・時間を「欠勤扱い」とし経済的不利益を被らせる制度は、その制度の趣旨、目的、労働者が失う経済的利益の程度、権利行使に対する事実上の抑止力の強弱等諸般の事情を総合して、これらの権利の行使を抑制し権利を保障した趣旨を実質的に失わせるものと認められる場合は、これらの休業等の日・時間を「欠勤扱い」とする労働協約、就業規則、労働契約は、労基法67条（現68条）に反し（生理休暇）、又は、公序に反し（産前産後休業、育児時間、所定労働時間の短縮）、無効と判示している*43。

思うに、これらの休業等を定めた労基法・育介法の条文は、労働者が労働義務を消滅させる権利を保障するにとどまり賃金請求権を保障するものではなく、これらの労務が履行されていない日・時間が、労務が履行された日・時間

---

*40 エヌ・ビー・シー工業事件・最三小判昭60・7・16民集39巻5号1023頁／労判455号16頁（欠勤者には精勤手当を減額ないし支給せず生理休暇を欠勤扱いする労働協約の規定は、生理休暇の取得を一般的に抑制する趣旨ではなく、労働者の失う経済的利益の程度を勘案しても労基法が生理休暇に関する規定を設けた趣旨を失わせるものとは認められず、労基法67条〈現68条〉に違反しないと判断）。

*41 日本シェーリング事件・最一小判平元・12・14民集43巻12号1895頁／労判553号16頁（賃金引上げの対象者を80％以上の出勤率の者とし、年休、産前産後休業、育児時間、労災休業、団交・労働争議による欠務を全て「欠勤扱い」と定めた労働協約の部分を公序に反し無効と判断）。産前産後休業の取得、育児時間の取得等を理由とする不利益取扱いを禁止する均等法9条3項は、2006（平18）年の改正（平18法82）により追加して定められ、同事件当時は存在していなかった。

*42 東朋学園事件・最一小判平15・12・4集民212号87頁／労判862号14頁。産前産後休業の取得等を理由とする不利益取扱いを禁止する均等法9条3項は、2006（平18）年に一部改正法（平18法82）により追加して定められ、所定労働時間の短縮措置を理由とする不利益取扱いを禁止する育介法23条の2は2009（平21）年に一部改正法（平21法65）により追加して定められ、同事件当時は存在していなかった。

*43 ③について東朋学園事件・最一小判平15・12・4集民212号87頁／労判862号14頁は、第一に、賞与の支給対象者を出勤率90％とし、産前産後休業、及び、所定労働時間の短縮部分を「欠勤扱い」した就業規則の規定（90％条項）は、①出勤率が90％未満の場合には一切賞与が支給されないという不利益を被らせるもので、②従業員の年間総収入額に占める賞与の比重は相当大きく、③90％という出勤率は、産前産後休業取得又は勤務時間短縮措置を受けるだけで同条項に該当し賞与の支給を受けられなくなる可能性が高く、権利行使に対する事実上の抑止力が相当強いものであるから、労基法等が同権利を保障した趣旨を実質的に失わせるもので公序に反し無効であるが、第二に、賞与の支給計算基準として、産前産後休業の日数と勤務時間短縮措置による短縮時間分を欠勤扱いすること（すなわち賞与額が減額されること）は、権利行使を抑制し、労基法等が同権利を保障した趣旨を実質的に失わせ公序に反するものではなく有効と判示しており、結論は支持しうる。

と全く同様に取り扱われることまでも保障するものではない。

　しかし、労基法・育介法がこれらの権利を保障した趣旨、及び、現行法においては、生理休暇以外の休業・休暇等についてはその請求・取得を理由とする解雇その他の不利益取扱いが明文で禁止されていることに鑑みれば、「これらの休業・休暇等の日・時間の労務の不履行」に対応する不利益以上の経済的不利益を被らせる取扱いは全て、禁止されている「不利益な取扱い」に該当し、当該法律の条文及び不利益取扱い禁止規定に反し違法又は無効である。

　したがって、労務を履行しなかった日の通勤手当不支給や、労務の履行時間に対応して決定される手当・賞与につき、労務が履行されなかった時間に対応してこれを減額するという規定・約定は適法である。しかし、それ以上に減額したりあるいは一切手当・賞与を支給しないという規定・約定は無効である。また、昇格・昇給については、将来の労働に対して支払われる賃金の決定であるので、その対象者を決定するにあたり当該休業等の取得を不利益に取り扱う規定・約定は、合理的理由がある場合を除き、無効であり[*44]、不利益な取扱いは、債務不履行又は不法行為に該当しうる[*45]。

---

[*44] 医療法人稲門会（いわくら病院）事件・大阪高判平26・7・18労判1104号71頁は、育介法10条につき、同法が労働者に保障した育児休業取得の権利を抑制し権利保障の趣旨を実質的に失わせる取扱いは公序に反し不法行為法上も違法となると判示した上で、育休取得者の翌年度の職能給不昇給規定（就業規則）は合理的理由がなく公序違反で無効と判断した。結論は支持しうるが、端的に育介法10条違反で無効とすべきであろう。

[*45] 社会福祉法人全国重症心身障害児（者）を守る会事件・東京地判平27・10・2労判1138号57頁（育児短時間勤務制度利用者の昇給抑制につき、不法行為に基づく損害賠償請求を認容）。

# 第14章　労働災害と法的救済

　労働者の健康・安全を保障し、労働災害を予防するために、労働法制においては、労働時間規制・自由時間保障のための規定が労基法等におかれ[*1]、また、安全・衛生、健康管理、労働環境等のための使用者の義務が、安衛法、労基法、均等法等に置かれている[*2]。しかし、不幸にして労働災害が発生した場合は、それに対応するための法的救済制度が設けられている。

　本章では、労働災害と法的救済について、①総論（→第1節）、②労災補償・労災保険制度（→第2節）、③民法上の損害賠償（→第3節）、④上積み補償制度（→第4節）の順に検討する。

## 第1節　総論

### 1　労働災害に関する法的救済－併存主義

　労働災害に関する被災労働者又は遺族の法的救済としては、①労基法上の労災補償制度、②労災保険法上の労働者災害補償保険（労災保険）制度、国家公務員災害補償法による補償制度、及び、地方公務員災害補償法による補償制度[*3]、③使用者又は第三者による損害賠償があり、④労働協約又は就業規則により労災補償又は労災保険給付に上積みして使用者が補償をする制度が設けられている場合もある。

　上記①の労基法上の労災補償制度は、労働者の「業務上」の負傷・疾病・障害・死亡に関して、使用者が、被災労働者又は遺族に対し定型的な補償をなす制度である。

　上記②のうち、労災保険法上の労災保険制度は、制度発足当初は、労基法が定める各補償を保険化し、政府が被災労働者又は遺族に対し定型的な保険給付をなす制度として作られ、その後に、労基法には規定のない通勤災害、介護（補

---

[*1]　前記第11章「労働時間と自由時間」・第13章「労働と生活の調和」参照。
[*2]　前記第7章「自由と人格権保障」・第12章「労働安全衛生と職場環境」参照。
[*3]　本書では、国家公務員災害補償法と地方公務員災害補償法に基づく補償制度については、その存在を指摘するにとどめ、特に必要ある場合を除き記述を省略する。

償)給付*4、特別支給金等の制度が加えられた。

上記③のうち、使用者による損害賠償は、被災労働者又は遺族に対し、使用者の債務不履行責任(民415～422条)、又は、不法行為責任(民709～724条)に基づき行われる*5。

日本においては、上記②の労災保険法に基づく保険給付を労働者が受けることができるときには、使用者は上記①の労基法所定の補償責任を免れる(労基84条1項)が、労働者の使用者に対する訴権の制限(上記③の損害賠償請求権の行使の制限)はなされていない。

したがって、被災労働者又は遺族は、労災保険給付を受けることができる場合において、使用者に対し、民事上の損害賠償請求をなすことも可能であり、この二つの制度は併存している。

## 2 現行制度の意義

それでは、①なぜ、民法上の損害賠償制度に加えて、労基法上の労災補償制度が存在するのか(→(1))、②なぜ、労基法上の労災補償制度のみならず、労災保険法上の労災保険制度が存在するのか(→(2))、また、③なぜ、労災補償・労災保険と損害賠償の併存主義をとっているのであろうか(→(3))。

### (1) 労災補償制度の意義・必要性

労基法上の労災補償制度が存在する理由は、大別二つある。

#### ア 損害賠償請求の困難さ

一つは、使用者に対する損害賠償請求が困難であることである。

被災労働者又は遺族が、使用者に対し、民法上の損害賠償を請求する場合においては、使用者の責任を主張立証しなければならないが、設備等の欠陥や指示・管理の問題等の情報の大半を掌握している使用者はこれを開示しないのが通例であり、被災労働者らがこれらの情報を入手するのは困難であって、使用者の責任や因果関係について主張立証をなすことは容易でない*6。

---

*4 労災保険給付は、業務災害の場合「〇〇補償給付」、通勤災害の場合「〇〇給付」という名称であり、本書では、この両方を指す場合「〇〇(補償)給付」という。

*5 民事損害賠償に関する特例として、原子力損害の賠償に関する法律(昭36法147)が、原子炉の運転等による原子力損害についての原子力事業者の無過失責任(3条1項)や原子力事業者以外の者の免責(4条1項)等を定めており、これらの規定は原子炉の運転等による放射線の作用等の労働災害の民事損害賠償にも適用される。

*6 福岡区裁判所判事相島一之「鉱山労働者の災害に対する賠償の研究」『司法研究 報告書第24輯13』(司法省調査部 1938)は「民法上の損害賠償の基本的原因たる過失責任主義は災厄の爲悲惨極まる生活苦に呻吟する多数の労働者に対しこれを救済すること無く冷淡にして放置して顧みざるの不正義を爲しつつある。」(241頁)と指摘する。

また、被災労働者側に過失があれば過失相殺による賠償額の減額もありうる（民418条[*7]・722条2項）。そこで、労基法上の労災補償制度においては、補償責任の発生要件に関して使用者の過失の有無を問わずに業務上の災害であれば使用者の補償責任が生じることとし、また、労働者の通常の過失は補償の減額事由としないこととされている。

### イ　過失責任の原則に対する批判

　もう一つの理由は、過失責任の原則に対する批判である。

　すなわち、労働災害は企業の営利活動に伴う現象である以上、企業活動によって利益を得ている使用者はそのリスクも負うべきであり、使用者の過失の有無及び被災労働者や遺族による過失等の立証の成否いかんにかかわらず当然に被災労働者や遺族が蒙った損失の補填を行い労働者を保護すべきであるという考え方である。

　そのため、労働者の業務上の負傷・疾病・障害・死亡については、使用者は当然に被災労働者又はその遺族に定型的な補償を行う労基法上の労災補償制度（個別使用者による補償制度）が存在する。

### (2) 労災保険制度の意義・必要性

　しかし、労基法上の労災補償制度には大きな問題がある。個別使用者の責任であるので、当該使用者に支払能力がない場合は、被災労働者又は遺族は補償を受けることができないという点である。

　そこで、個別使用者が負う補償責任を保険化し、国（政府）が保険制度を管掌し、使用者を強制的に加入させて保険料を徴収し、被災労働者又は遺族に定型的な保険給付を行う労災保険制度（使用者全体による補償制度）が存在する。

### (3) 労災補償・労災保険制度と損害賠償との併存

　労災補償・労災保険給付は定型的であり、民事的な損害の全範囲を補填するものではない。例えば、療養に伴う休業損害や死亡・障害による逸失利益の一部しか補填されないことが多く、精神的損害を補填する慰謝料に相当する補償や保険給付はない。

　また、一部の国にみられる訴権制限（労災保険給付を労働者が受けることができるときには使用者に対する損害賠償請求はできないこととする）を採用すると、使用者は、

---

[*7]　民法現418条では「債務の不履行に関して債権者に過失があったときは、裁判所は、これを考慮して、損害賠償の責任及びその額を定める」と定めているが、2017（平29）民法改正により、新418条として「債務の不履行又はこれによる損害の発生若しくは拡大に関して債権者に過失があったときは、裁判所は、これを考慮して、損害賠償の責任及びその額を定める」と定めることとなった。

保険料さえ払えば損害賠償責任を負わないことになり、経済的観点からの労災予防のためのインセンティブが働かない危険性がある。かかる問題が生じるのを防ぐためには、使用者に対する刑事制裁の強化及び行政取締の強化により労災予防を図る必要があるが、その実現は容易でない。

よって、使用者に安全配慮義務違反・不法行為等がある場合は労働者の全損失を補填するために、また、使用者のモラル・ハザードを防ぎ労災の発生を予防又は抑制するために、労災補償・労災保険制度と損害賠償の併存主義を採用することには合理性があるといえよう。

### 3　労災保険給付の受給要件と損害賠償請求権の発生要件

労災保険給付の受給要件は、①被災労働者が「労災保険法上の労働者」（労基法9条の労働者）で適用事業（労災保険3条、昭44法83の附則12条、関係政令整備令〈昭47政令47〉17条）の労働者であること、又は、労災保険の特別加入者（労災保険33条～36条）であること、及び、②「業務災害」（労働者の業務上の負傷、疾病、障害又は死亡：労災保険7条1号）、又は、「通勤災害」（労働者の通勤による負傷、疾病、傷害、又は死亡：労災保険7条2号）が生じたことである。

これに対して、使用者に対する損害賠償請求権の発生要件は、①使用者の責任（債務不履行責任、不法行為責任等）、②損害の発生と因果関係である。

## 第2節　労災補償・労災保険制度

本節では、労基法上の労災補償制度（→1）と、労災保険法上の労災保険制度（→2）を確認し、労基法上の労災補償責任と労災保険法に基づく保険給付に共通する受給要件である「業務上」（→3）、及び、労災保険法にのみ存在する受給要件である「通勤による」（→4）の内容を検討する[*8]。

### 1　労基法上の労災補償制度
（1）内容

労基法上の労災補償制度は、①使用者の無過失責任と、②損失補填の定型化を特徴とする制度であり、労働者の「業務上」の負傷・疾病・障害・死亡について、使用者が、場合に応じて、療養補償、休業補償、障害補償、遺族補償、

---

[*8] 近年の論考として、有田謙司「安全衛生・労災補償の法政策と法理論」再生(3)(2017)203-224頁、岩村正彦「労災保険政策の課題」21世紀(7)(2000)19-41頁、石田眞「作業関連疾患」88-108頁、同論文引用文献等。

葬祭料、打切補償を行う制度である(各補償の内容と根拠条文は図14.1参照)。

土木建築等の事業が数次の請負によって行われる場合は、元請負人が使用者としての補償責任を負う(労基87条1項、労基則48条の2)[*9]。

(2) 労災保険法上の労災保険制度との関係

労基法と労災保険法は、同じく1947(昭22)年に制定公布された法律であるが、労基法の規定する災害補償事由について、労災保険法に基づいて労基法の災害補償に相当する給付が行われるべきものである場合においては、使用者はその価額の限度において補償の責を免れる(労基84条1項)。

その後、労災保険法は、その強制適用事業が拡大され(1972〈昭47〉年からは全事業、ただし、例外として小規模個人経営農林水産業は暫定任意適用事業)、保険給付内容を拡大・改善し、労基法の災害補償が対象としない通勤途上災害も保険給付の対象とすることになった。

したがって、労基法の労災補償制度は、労災補償の基本法であるが、実際上の機能は限られており(給付水準の下限設定、業務上の疾病の例示、障害等級区分、民事損害賠償との調整、最初の3日間の休業補償、暫定任意適用事業であって加入手続が未了の事業における労災補償等)、労災補償の大部分は、労災保険法上の業務災害に関する保険給付が代替している。

## 2　労災保険法上の労災保険制度

(1) 目的

労災保険法上の労災保険制度の目的は、①業務上の事由又は通勤による労働者の負傷・疾病・障害・死亡等に対して迅速・公正な保護をするために必要な保険給付を行うこと(→(6))、及び、②負傷・疾病にかかった労働者の社会復帰の促進、当該労働者及びその遺族の援護、労働者の安全及び衛生の確保等を図るため社会復帰促進等事業を行い(→(7))、もって、労働者の福祉の増進に寄与することである(労災保険1条)。

(2) 管掌者

労災保険の管掌者は、政府である(労災保険2条)。

(3) 適用対象事業

労災保険の適用対象事業は、労働者を使用する全事業であり(労災保険3条1項)、従来別制度であった船員法上の船員についても2010(平22)年から労災保

---

[*9]　労基法には、元請負人が書面による契約で下請負人に補償を引き受けさせた場合に関する条項(労基87条2〜3項)が存在するが、建設業法(昭24法100)が一括下請を禁止している(22条)ため、この条項が使われることはほとんどない。

険制度に統合されている[*10]。

ただし、国の直営事業及び官公署の事業（労基法別表第1に掲げる事業を除く）には労災保険法は適用されない（非適用事業）（労災保険3条2項）。これらのうち、一般職の国家公務員及び地方公務員については、それぞれ、国家公務員災害補償法、地方公務員災害補償法が適用される。

また、個人経営の農林・畜産・水産事業でごく小規模なもの（労働者5人未満）については、暫定任意適用事業とされている（一部改正法〈昭44法83〉附則12条、関係政令整備令〈昭47政令47〉17条）。

事業主は、保険関係成立日から10日以内に保険関係成立届を所轄労働基準監督署長等に提出しなければならない（徴収4条の2、徴収則4条第2項）。しかし、非適用事業及び暫定任意適用事業以外の全事業は、強制適用事業であり、事業の開始された日に労災保険関係が成立する（徴収3条）から、保険関係成立届を提出していない事業主又は保険料を納めていない事業主のもとで労働災害にあった労働者に対しても、強制適用事業で使用される労働者であれば、保険給付等が支給される。その場合、政府は、保険給付に要した費用に相当する額の全部又は一部を、保険関係成立届の未提出について故意又は重過失のある事業主又は督促状指定期限を過ぎて保険料を納付していない事業主から徴収することができる（労災保険31条1項1・2号）。

(4) 適用対象者

労災保険の適用対象者は、第一に、「労災保険法上の労働者」であり、「労基法上の労働者」（労基9条）と同一である[*11]。実際に、「労基法上の労働者」該当性が問題となるのは、労災保険の適用対象となり保険給付を受けることができるかどうかをめぐる紛争[*12]が多い。

第二に、「労災保険法上の労働者」でなくても、①中小事業主、自動車運送業・土木建築業等の個人事業主・一人親方、これら事業主の事業の従事者、家内労働者等は、労災保険に任意に特別加入することができる。また、②日本国内で事業を行い労災保険法の適用を受ける事業者は、国外で行われる事業に従事させるために国外の事業場に所属させる労働者に関して、特別加入すること

---

[*10] 平19法30による船員保険法及び労災保険法の改正。ただし、船員保険法には、労災保険給付とは別に、独自の給付規定が残されている。
[*11] 前記第4章「労働法の主体」第1節2・7(1)。
[*12] 横浜南労基署長（旭紙業）事件・最一小判平8・11・28集民180号857頁/労判714号14頁、藤沢労基署長（H木材）事件・最一小判平19・6・28集民224号701頁/労判940号11頁等。

ができる（労災保険33条〜37条、労災保険則46条の16〜27）[*13]。

(5) 財源

労災保険の財源は、事業主から徴収する保険料である。保険料負担は事業主のみで、労働者の負担はない。

保険料は徴収法により決定される（労災保険30条）が、一定規模以上の事業については、当該事業の過去3年間の業務災害による保険給付の額に応じて次年度の業務災害保険料率を40％の範囲内で増減させるメリット制（徴収12条3項）が採用されている。

(6) 保険給付の内容

労災保険給付の内容は、第一に、「業務災害」に関する保険給付として、①療養補償給付[*14]、②休業補償給付、③障害補償給付、④遺族補償給付[*15]、⑤葬祭料、⑥傷病補償年金、⑦介護補償給付があり（労災保険12条の8〜20条、労災保険則12条〜18条の3の5）、第二に、「通勤災害」に関する保険給付（内容は「業務災害」に関する保険給付と同じ）として、①療養給付、②休業給付、③障害給付、④遺族給付、⑤葬祭料、⑥傷病年金、⑦介護給付があり（労災保険21条〜25条、労災保険則18条の4〜18条の15）、第三に、業務上の事由による脳血管疾患及び心臓疾患の発生の予防に資することを目的とする二次健康診断等給付（労災保険26条〜28条、労災保険則18条の16〜18条の19）も行われている。

労災保険法に基づく休業、障害、遺族、傷病の各（補償）給付の算定基礎とな

---

[*13] 日本国内の事業場に所属する労働者が日本国外に出張する場合は、労災保険法も国内での就労の場合と同様に適用される。これに対し、日本国内の事業場に所属していた労働者が新たに国外の事業場に所属することとなる場合には、労働基準法の適用除外とされることから、「労災保険法上の労働者」に該当せず、国内の事業者が特別加入しない限り労災保険法は適用されない。

[*14] 健保法に基づく給付は、給付対象となる医療行為について制限があり、診療報酬の点数制がとられている。健康保険給付の対象外の医療を受ける場合には、自由診療料金を自己負担しなければならない。これに対し、労災保険法に基づく療養（補償）給付は、給付対象となる医療行為に限定がなく、医学的に必要で有益なものであれば労災保険給付の対象となり、自己負担はない。また、医療機関が請求する診療報酬についても、健康保険の診療報酬の点数制によらずに自由診療扱いすることが可能である。

[*15] 労災保険法16条の2第1項但書1号及びこれを準用する22条の4第3項は、遺族（補償）年金の受給権者である配偶者のうち夫にのみ年齢要件（被災労働者死亡時点で60歳以上、但し、特例として当分の間は同法附則〈昭40法130〉43条1項により55歳以上、同条3項により60歳まで支給停止）を付しているところ、地公災基金大阪支部長（市立中学校）事件・大阪地判平25・11・25労判1088号32頁／判時2216号122頁は、同様の定めをおく地方公務員災害補償法32条1項但書1号は憲法14条1項に反し違憲無効と判示したが、大阪高判平27・6・19労判1125号27頁は同地裁判決を取り消し、最三小判平29・3・21集民255号55頁／労判1162号5頁は、遺族補償年金制度は憲法25条の趣旨実現のための社会保障の性格を有する制度で憲法14条1項に違反しないと判示して上告を棄却した。

る給付基礎日額[*16]については、労基法12条による平均賃金に相当する額を基本としつつ、業務外の事由による負傷・療養による休業期間及びじん肺による配置転換期間等の扱いに関する特例、労働者全体の平均給与額の変動に対応するスライド制、並びに、年齢階層別最低限度額と最高限度額が設けられている（労災保険8条～8条の5、労災保険則9条～9条の5）。これは、労災保険給付の役割が、被災労働者と遺族が被った損失を補填するだけでなく、生活保障の役割をも担うように変化していることの表れである。

業務災害と通勤災害に関する各保険給付の内容、及び、これらと労基法上の災害補償との関係については、図14.1記載のとおりである。

(7) 社会復帰促進等事業

社会復帰促進等事業として、政府は、①被災労働者の円滑な社会復帰の促進のための事業、②被災労働者及びその遺族の援護のための事業、③労働者の安全及び衛生の確保等のための事業（労働時間等設定改善推進助成金、職場意識改善助成金、受動喫煙防止対策助成金）、④賃金の支払の確保を図るための事業（未払賃金立替払等）を行うことができる（労災保険29条、労災保険則24条～29条）。

「業務災害」及び「通勤災害」について各保険給付（→前記(5)）が支給されるときには、これに連動して、社会復帰促進等事業（労災保険29条1項）として休業特別支給金、障害特別支給金、遺族特別支給金、傷病特別支給金、障害特別年金、遺族特別年金、遺族特別一時金、及び、傷病特別年金が支給される（労働者災害補償保険特別支給金支給規則〈昭49労令30〉2条）。各保険給付と各特別支給金の内容、及び、相互関係は、図14.1記載のとおりである。

---

[*16] 各保険給付の算定の基礎として用いる「給付基礎日額」（労災保険8条）は、労基法12条の平均賃金を基礎にして修正を加えたものであるところ、同時期に複数の使用者から賃金を得ている労働者について、王子労基署長(凸版城北印刷)事件・東京高判昭60・12・26労判489号8頁（同事件・最三小判昭61・12・16労判489号6頁もこれを維持）は、労基法上の補償責任を負う使用者から得ていた賃金のみを基礎に平均賃金を算定し、他の使用者から得ていた賃金は平均賃金の算定基礎としない（従って給付基礎日額の算定基礎には含まれない）とする。しかし、労基法上の補償責任は個別使用者が負うものであるから労基法の災害補償規定における「平均賃金」は当該使用者が支払っていた賃金のみが算定基礎であるが、労災により労働者が休業し、障害が残り、あるいは死亡すれば、他の使用者から得ていた賃金も得られなくなるのであるから、労災保険法8条の給付基礎日額である「平均賃金」は複数の使用者から得ていた賃金を基礎として算定するとの解釈が法の趣旨に照らし合理的であり、このように解しても特に矛盾は生じないと思われる。

図14.1　労基法に基づく労災補償と労災保険給付の内容、相互関係
（ⅰ）療養、休業、障害、遺族

| | | 労基法 業務上の災害 | 労災保険法 保険給付（第3章） | | 社会復帰促進事業 |  |
|---|---|---|---|---|---|---|
| | | | 業務災害 | 通勤災害 | 業災・通災共通　法29 | |
| 療養 | | 療養補償 法75 則36.39 | 療養補償給付 法13 則11〜12の2 | 療養給付 法22 則18の4〜6 | | |
| 休業 | 3日迄 | 休業補償 法76 則37の2〜39 日額＝A×0.6 | | | | |
| | 4日以降 | | 休業補償給付 法14,14の2 則12の4〜13 日額＝B×0.6 | 休業給付 法22の2　則18の6の2,18の7 日額＝B×0.6 | 休業特別支給金 特則3 日額＝B×0.2 | |
| 障害 | 1｜7級 | 障害補償 法77 則40 | 障害補償給付〈障害補償年金〉 法15　則14,14の2 年額＝C×313〜131 | 障害給付〈障害年金〉 法22の3　則18の8 年額＝C×313〜131 | 障害特別年金／特則7 年額＝E×313〜131 | 障害特別支給金 特則4 一時金342〜8万円 |
| | 8｜14級 | 一時金＝A×1340〜50 | 障害補償給付〈障害補償一時金〉 法15　則14,14の2 一時金＝D×503〜56 | 障害給付〈障害一時金〉 法22の3　則18の8 一時金＝D×503〜56 | 障害特別一時金／特則8 一時金＝E×503〜56 | |
| 遺族 | 年金対象者 | 遺族補償 法79 則42〜45 | 遺族補償給付〈遺族補償年金〉 法16〜16の5,43 則14の4〜15の3 年額＝D×245〜153 | 遺族給付〈遺族年金〉 法22の4 則18の9 年額＝D×245〜153 | 遺族特別年金 特則9 年額＝E×245〜175 | 遺族特別支給金 特則5 一時金300万円 |
| | それ以外 | 一時金＝A×1000 | 遺族補償給付〈遺族補償一時金〉 法16、16の6〜8 則16 一時金＝D×1000 | 遺族給付〈遺族一時金〉 法22の4 則18の10 一時金＝D×1000 | 遺族特別一時金 特則10 一時金＝E×1000 | |

(ⅱ) 葬祭料、長期療養、介護

| | 労基法 業務上の災害 | 労　災　保　険　法 | | 社会復帰促進事業 |
|---|---|---|---|---|
| | | 保　険　給　付（第3章） | | |
| | | 業　務　災　害 | 通　勤　災　害 | 業災・通災共通　法29 |
| 葬祭料 | 葬祭料 法80 A×60 | 葬祭料 法17、則17、17の2 315,000円+B×30 又は　B×60 | 葬祭料 法22の5 315,000円+B×30 又は　B×60 | |
| 長期療養 | 打切補償 法81 一時金＝ A×1200 | 傷病補償給付 法18　則18、18の2 年額＝D×313 　　　～245 | 傷病給付 法23　則18の13 年額＝D×313 　　　～245 | 傷病特別支給金 特則5の2 一時金114～100万円 傷病特別年金 特則11 年額＝E×313～245 |
| 介護 | | 介護補償給付 法19の2 則18の3の2～4 月額104,290 　　～56,600円 | 介護給付 法24 則18の14～15 月額104,290 　　～56,600円 | |

注）特則：労働者災害補償保険特別支給金支給規則（昭49・12・28労令30）
　　A：平均賃金（労基12条、労基則2条～4条／災害発生前3箇月の平均日額）
　　B：休業補償給付基礎日額（労災保険8条、8条の2、労災保険則9条～9条の4／Aを基礎に、賃金水準変動スライド、療養開始から1年6箇月経過後に年齢階層別に最低限度額・最高限度額）
　　C：年金給付日額（労災保険8条、8条の3、労災保険則9条の5／Aを基礎に、災害発生の翌々年度から毎年度8月分以降について賃金水準変動スライド、年齢階層別に最低限度額・最高限度額）
　　D：一時金の給付日額（労災保険8条、8条の4／Aを基礎に、災害発生の翌々年度8月時点で賃金水準変動スライド）
　　E：算定基礎日額（特則6／災害前1年間において3箇月を超える期間毎に支払われた賃金〈賞与・ボーナス等〉の総額を算定基礎とする日額）

(8) 保険給付の手続

保険給付は、被災労働者又はその遺族等の請求により行われる（労災保険12条の8第2項、22条1項、22条の2第1項、22条の3第1項、22条の4第1項、22条の5第1項、24条1項）[*17]。

被災労働者又は遺族等の請求について、当該労働者の事業場の所轄労働基準監督署長が支給又は不支給の決定を行う（労災保険則1条3項）。労働基準監督署長

---

[*17] 保険給付の支給請求書には事業主の証明欄があり、事業主には速やかに証明する義務が課されている（労災保険則23条2項）。事業主が証明を拒否した場合には、その経緯を記した上申書を支給請求書に添付することにより、請求することができる。

の支給決定により、被災労働者又は遺族は政府に対し保険給付を請求する具体的な権利を取得する*18。

被災労働者又は遺族は、労働基準監督署長の決定（「原処分」という）について不服のある場合（不支給決定に不服のある場合や、支給決定の中の給付基礎日額や障害等級等の具体的決定内容に不服のある場合）は、①当該労働基準監督署の所在地を管轄する都道府県労働局内の労働者災害補償保険審査官に対し、原処分のあったことを知った翌日から3か月以内に審査請求をすることができ（労災保険38条1項、労働保険審査官及び労働保険審査会法〈昭31法126〉*19 7条・8条）、②さらに審査官の決定に不服がある場合、又は、審査請求をした日から3か月を経過しても審査請求についての決定がない場合（審査請求が棄却されたとみなすことができる〈労災保険38条2項〉）は、決定書謄本の送付を受けた日の翌日から2か月以内に労働保険審査会に再審査請求をするか、又は、国を被告として労働基準監督署長の行った原処分の取消を求める行政訴訟を提起するかのいずれかを選択することができることになる（労災保険38条1項・40条、労災保険審査官及び労働保険審査会法38条）*20。

(9) 保険給付に関する事業主の意見申出・補助参加

事業主は、当該事業主の事業に係る業務災害又は通勤災害に関する保険給付の請求について、所轄労働基準監督署長に意見を申し出ることができる（労災保険則23条の2）が、労働基準監督署長の支給決定を不服としてその取消しを求めることはできない。

また、労働基準監督署長による不支給処分を受けた被災労働者や遺族が国を被告として行政処分取消訴訟を提起した場合、事業主が国の敗訴を防ぐために補助参加することができるか（事業主は「訴訟の結果により権利を害される第三者」〈行訴22条1項〉又は「訴訟の結果について利害関係を有する第三者〈民訴42条〉に該当するか）という点については、①不支給決定の取消判決が確定して支給決定により保険給付が行われると、労災保険のメリット制（徴収12条3項）の適用により労災保険

---

*18　正木土建事件・最二小判昭29・11・26民集8巻11号2075頁／判タ44号22頁。なお、国家公務員災害補償法の場合には、労災保険法と異なり、実施機関の支給決定を待たずに、法所定の支給要件を充足すれば直ちに補償の給付請求が可能であり、処分取消の行政訴訟と同時に補償の給付請求訴訟も併合して提起できる。

*19　審査請求及び再審査請求には、行政不服審査法の主要な規定は適用されず（労災保険39条）、労働保険審査官及び労働保険審査会法（昭31法126）がその手続を定める。

*20　行政不服審査法の施行に伴う関係法律の整備に関する法律（平26法69）による労災保険法、及び、労災保険審査官及び労働保険審査会法の一部改正によりこのように定められ、2016（平28）年4月1日より施行されている。

料率が引き上げられる可能性がある場合においては、事業主に国の敗訴を防ぐことに法律上の利害関係を有し補助参加が認められるが、②安全配慮義務違反を理由とする損害賠償請求訴訟を提起されたときに自己に不利益な判断がなされる可能性があるという主張については、取消訴訟における業務起因性の判断は判決理由中の判断であるにすぎず、不支給決定取消訴訟と損害賠償請求訴訟は、訴訟当事者、審判の対象、及び、内容を異にし、事業主に取消訴訟の結果について利害関係を有するものではないから、その主張に基づく補助参加は認められない[*21]。

(10) 支給制限

労災保険の保険給付については、以下のような支給制限規定がある。

第一に、労働者が故意に負傷、疾病、障害若しくは死亡又はその直接の原因となった事故を生じさせたときは、政府は保険給付を行わない（労災保険12条の2の2第1項）。これは、業務と災害との間に因果関係がないか、又は、業務と災害との間の因果関係が労働者の故意に基づく行為によって切断されたときは、政府は保険給付を行わないことを注意的に規定したものである[*22]。

第二に、労働者が故意の犯罪行為若しくは重大な過失により、又は正当な理由がなく療養に関する指示に従わないことにより、負傷等若しくはそれらの原因となった事故を生じさせ、又は負傷等の程度を増進させ、若しくはその回復を妨げたときは、政府は保険給付の全部又は一部を行わないことができる（労災保険12条の2の2第2項）。これは、保険給付の公平性・公正性を確保するために設けられた規定である。

(11) 時効

療養（補償）給付、休業（補償）給付、葬祭料、介護（補償）給付、及び二次健康診断等給付を受ける権利は2年を経過したとき、障害（補償）給付、遺族（補償）給付を受ける権利は5年を経過したときは、時効により消滅する（労災保険42条）[*23]。但し、ここで保険給付を受ける権利として時効消滅するのは当該保険給付

---

[*21] レンゴー事件・最一小決平13・2・22集民201号201頁／労判806号12頁。
[*22] 岸和田労基署長（廣道興産）事件・大阪地判平9・10・29労民48巻5=6号584頁／労判728号72頁。
[*23] 同条にいう「権利」は労働基準監督署長に支給決定処分を求める請求手続をする権利であり、同条は除斥期間ではなく消滅時効を定めた規定であり、消滅時効の起算点は、権利の行使が客観的に可能となったときで、かつ、労働者において負傷又は疾病が業務に起因することを知った時（一般人ならば給付を請求しうると判断するに足りる事実、すなわち、業務遂行性及び業務起因性を基礎付ける事実を認識したこと）である（和歌山労基署長（東商）事件・和歌山地判平3・11・20労判598号17頁、大垣労基署長（山林労働者）事件・名古屋高判平3・4・24労民42巻2号335頁／労判591号48頁も参照）。

の支給決定請求権であり、すでに支給決定されている保険給付の支払請求権の時効消滅期間は5年である（会計法〈昭22法35〉30条後段）。

### 3 「業務上」該当性

(1) 「業務上」の判断基準

労基法上の災害補償は、労働者の「業務上」の負傷・疾病（労基75条）、休業（労基76条）、障害（労基77条）、死亡（労基79・80条）の場合になされ[*24]、また、労災保険法は、「業務災害」を、労働者の「業務上」の負傷、疾病、障害又は死亡と定義し（労災保険7条1項1号）、「業務災害」に関して保険給付を行うことを定める（労災保険12条の8第1項）が、「業務上」の定義規定はない。

それゆえ、「業務上」の判断基準は解釈に委ねられている[*25]が、判例は、当該疾病等が「業務上」のものと認められるためには、当該業務と当該疾病等との間に「相当因果関係」が存在することが必要であるところ[*26]、相当因果関係の存否は、当該疾病等が「業務に内在する危険が現実化したことによるもの」かどうかにより判断されるとし[*27]、その理由として、労災保険制度が、労基法の危険責任の法理（業務に内在する各種の危険が現実化して労働者に疾病等の結果がも

---

[*24] この他、労基法19条1項は、労働者が「業務上」負傷し、又は疾病にかかり療養のために休業する期間及びその後30日間の解雇を原則として禁止している（→後記第18章「労働契約の終了」第2節2(1)）。

[*25] 労災保険の支給決定権者は全国の労働基準監督署長であり（→前記2(8)）、全国で統一的な行政運用を行う必要があるので、厚生労働省労働基準局長は、『基発第○号』と題する通達により「業務上外」の判断に関する一般的解釈基準を示したり、個別事件の処理に関する疑義に回答する『基収第○号』と題する通達により具体的解釈例を示している。これらの通達は実務運用の参考資料にはなるが、拘束力が及ぶのは厚生労働省内部の組織に限られ、裁判所を拘束しないことは言うまでもない。なお、厚生年金保険給付の裁定者は、2015（平27）年9月30日までは厚生労働大臣、被用者年金の一元化がなされる同年10月1日以降は実施機関（厚生労働大臣、国家公務員共済組合等）であり（厚年33条）、中央集権的に一元的な裁定が行われている。

[*26] 公務起因性について、国（裁判所事務官）事件・最二小判昭51・11・12集民119号189頁／判時837号34頁、地公災基金岡山県支部長（倉敷市）事件・最二小判平6・5・16集民172号509頁／判時651号13頁、地公災基金東京都支部長（町田高校）事件・最三小判平8・1・23集民178号83頁／判時687号16頁、業務起因性について、大館労基署長（四戸電気工事店）事件・最三小判平9・4・25集民183号293頁／判時722号13頁、横浜南労基署長（東京海上横浜支店）事件・最一小判平12・7・17集民198号461頁／判時785号6頁、地公災基金鹿児島県支部長（内之浦町教育委員会）事件・最二小判平18・3・3集民219号657頁／判時919号5頁等。

[*27] 地公災基金東京都支部長（町田高校）事件・最三小判平8・1・23集民178号83頁／労判687号16頁、地公災基金愛知県支部長（瑞鳳小学校）事件・最三小判平8・3・5集民178号621頁／判時689号16頁等。最近の裁判例としては、半田労基署長（医療法人B会D病院）事件・名古屋高判平29・3・16労判1162号28頁等。

たらされた場合には、使用者に過失がなくてもその危険を負担して損失の補填にあたる）に基づく使用者の災害補償責任を担保する制度であることを挙げる*28。

結論に異論はないが、民法上の損害賠償責任を肯定しうるかどうかの判断基準である「相当因果関係」という概念を使用することには疑問があり、当該疾病等が「業務上」のものかどうかは、端的に、当該疾病等が「業務に内在する危険が現実化したことによるもの」かどうかにより判断すべきであろう。また、疾病は複数の使用者（異なる時期又は同時期）の下での業務上の負荷の蓄積によっても発症しうるので、「業務」は、単独の使用者の下での業務に限らず、複数の使用者の下での業務も含む概念であると解すべきであろう。

当該労働者の負傷・疾病・障害・死亡が「業務上」のものであるか否かの具体的な判断枠組みや判断方法は、①業務との関連で発生した「事故」による負傷・死亡(→(2))と、②労働者が業務との関連で疾病に罹患した場合(→(3)～(5))とで基本的に異なり、また、③「自殺」が業務上の死亡かどうかが問題となる場合(→(6))もあるので、以下これを検討する。

(2) 事故による負傷・死亡

事故すなわち被災労働者にとって外的な突発的出来事による負傷・死亡が「業務上」のものであるか否かは、「業務起因性」があるかどうかで判断され、「業務遂行性」のあることがその前提となる。すなわち、労働者が労働関係に基づいて事業主の支配ないし管理下にある状態が「業務遂行性」であり、労働者が労働関係に基づいて事業主の支配管理下にあることに伴う内在的危険が顕在化したものと経験則上認められることが「業務起因性」である。

ア　業務遂行性

業務遂行性が認められる災害（負傷・死亡）は、次の三つに大別される。

第一は、①事業主の支配下にあり、かつ、②その（施設）管理下にあって、③業務に従事している際に生じた災害（事業場内で作業に従事中の災害であり、作業に通常伴う生理的理由による用便、飲水等の中断を含む）である。

第二は、①事業主の支配下にあり、かつ、②その（施設）管理下にあるが、③業務には従事していない時の災害（休憩中や始業前・終業後の行動の際の災害）である。

第三は、①事業主の支配下にあるが、②その（施設）管理を離れて、③業務に

---

*28　静岡労基署長（日研化学）事件・東京地判平19・10・15労判950号5頁／判タ1271号136頁、足立労基署長（クオーク）事件・東京地判平23・4・18労判1031号16頁、島田労基署長（静岡県生活科学センター）事件・静岡地判平26・4・18労判1111号37頁、半田労基署長（医療法人B会D病院）事件・名古屋高判平29・3・16労判1162号28頁等。

従事している時の災害である[*29]。

　　　イ　業務起因性

　前記アの業務遂行性が認められる災害について、業務起因性の有無は次のように判断される。

　前記アの第一の場合については、原則として業務起因性が認められる。例外として、本人の私的逸脱行為や同僚からの私怨に基づく暴力等による場合は業務起因性が認められない[*30]。

　第二の場合について、事業場施設や設備・機材等の不備・欠陥による墜落、感電、引火、火災等の場合、あるいは、事業場が直営する給食による食中毒や工場構内歩行中のマムシ咬傷事故等の事業の管理運営上の問題に起因する場合には、業務起因性が認められる。

　第三の場合について、危険にさらされる範囲が広いので、積極的私的行動による災害を除き、業務起因性は広く認められる[*31]。

　(3)　業務上の疾病

　「業務上の疾病」、すなわち、業務に内在する危険が現実化したことによる(業

---

[*29] 業務遂行性が肯定された例として、大分労基署長(大分放送)事件・大分地判平4・3・2労判613号63頁(宿泊を伴う出張では出張の全過程について事業主の支配下にあり、夕食時の飲酒行為により事業主の支配下にある状態から逸脱したとはいえないと判示)、行橋労基署長(テイクロ九州)事件・最二小判平28・7・8集民253号47頁/労判1145号6頁(業務途中に歓送迎会に参加し終了後研修生を送っていって事故に遭った際事業主の支配下にあったと判断)、不参加者は欠勤扱いされ日給が減額される職場慰安旅行で登山中の転落事故(労働保険審査会会長中村博編著『新訂　労災保険の裁決例』〈三信図書1982〉58頁)等。なお、使用者主催の運動会等の諸行事については、業務命令により運営業務に従事し出勤扱いとなる担当者は業務遂行性が肯定されるが、無給かつ任意の一般参加者は業務遂行性が否定されよう。

[*30] 天災地変であることをもって直ちに業務起因性が否定されることはない。例えば、伊豆半島沖地震(1974〈昭49〉年)の際に発生した土砂崩壊、ブロック塀倒壊、作業場倒壊、岩石落下等による死傷に関して、作業環境や作業場所に内在した危険が現実化したものとして業務起因性が肯定されている(昭49・10・25基収2950)。その後の阪神淡路大震災(1995〈平7〉年)及び東日本大震災(2011〈平23〉年)についても同様の運用がなされた。また、外部の力であることをもって直ちに業務起因性が否定されることもない。例えば、十字路四つ角の事務所内で就業中の労働者がダンプカーの飛び込みにより負傷したことについて業務起因性が肯定された例がある(昭35・12・22基収5828)。これは事務所の立地条件という業務に内在する危険が具体化した災害であるからである。

[*31] 例えば、大分労基署長(大分放送)事件・福岡高判平5・4・28労判648号82頁/判タ832号110頁は、出張の宿泊先で階段から転倒して死亡した事故につき、それが宿泊を伴う業務遂行に随伴ないし関連して発生したものであることが肯認されているところ、その理由中で「業務と全く関連のない私的行為や恣意的行為ないし業務遂行から逸脱した行為によって自ら招来した事故として、業務起因性を否定すべき事実関係はない」として、業務上の事由による死亡と判断している。

務と相当因果関係がある)疾病については、労基法75条2項に基づき、労基則35条及び「別表第1の2」が、医学的知見等に基づき有害因子毎に例示列挙し(1〜10号)[*32]、「その他業務に起因することの明らかな疾病」(11号)と定めている。脳・心臓疾患に関する8号、及び、精神及び行動の障害に関する9号は、「過労死」[*33]や「過労自殺」[*34]「精神障害・自殺」[*35]等の業務上外認定において社会的関心を集めた疾病であり、2010(平22)年に追加[*36]された。

「別表第1の2」に列挙されているのは、次のものである。

①業務上の負傷に起因する疾病(1号)
②物理的因子(紫外線、赤外線、レーザー光線、気圧、熱、騒音等)による一定の疾病(2号)(「紫外線にさらされる業務による前眼部疾患又は皮膚疾患」等)
③身体に過度の負担のかかる作業態様(重量物を取り扱う業務、チェーンソー等の機械器具の使用により身体に振動を与える業務等)に起因する一定の疾病(3号)(「重激な業務による筋肉、腱、骨若しくは関節の疾患又は内臓脱」等)
④化学物質等(弗素樹脂、塩化ビニル樹脂、すす、鉱物油、タンパク分解酵素等)による一定の疾病(4号)(「石綿にさらされる業務による良性石綿胸水又はびまん性胸膜肥厚」等)
⑤粉じんを飛散する場所における業務によるじん肺症又はじん肺則1条各号の疾病(5号)
⑥細菌、ウイルス等の病原体による一定の疾病(6号)(「湿潤地における業務によるワイル病等のレプトスピラ症」等)
⑦がん原性物質若しくはがん原性因子又はがん原性工程における業務による一定の疾病(7号)(「ベンジジンにさらされる業務による尿路系腫瘍」等)
⑧長期間にわたる長時間の業務その他血管病変等を著しく増悪させる業務による脳出血、くも膜下出血、脳梗塞、高血圧性脳症、心筋梗塞、狭心症、心停止(心臓性突然死を含む)若しくは解離性大動脈瘤又はこれらの疾病に附

---

[*32] 4号の1(厚生労働大臣が指定する化学物質等による疾病)については、昭53・3・30労働省告示36号とその後の改正告示、10号(その他厚生労働大臣の指定する疾病)については、昭56・2・2労働省告示7号とその後の改正告示で定めている。

[*33] 近年の論考として、争点(2014)135-136頁(水島郁夫)、川田知子「過労死と安全衛生・労災補償」再生(3)(2017)225-247頁、同論文引用文献等。

[*34] 参考文献として、争点(2014)137-138頁(上田達子)、同論文引用文献等。

[*35] 論考として、青野覚「職場におけるメンタル・ヘルス不調による精神障害・自殺の補償と予防」再生(3)(2017)249-272頁、同論文引用文献等。

[*36] 労働基準法施行規則の一部を改正する省令(平22・5・7厚労省令69)。この他、4号の化学物質等による一定の疾病、及び、7号のがん原性物質等による一定の疾病についての追加も行われた。

随する疾病(8号)*37

⑨人の生命にかかわる事故への遭遇その他心理的に過度の負担を与える事象を伴う業務による精神及び行動の障害又はこれに附随する疾病(9号)*38*39
⑩厚生大臣の指定する疾病(10号)
⑪その他業務に起因することの明らかな疾病(11号)

前記①〜⑩(1〜10号)に該当する疾病は、特段の反証のない限り「業務上の疾病」と認められるが、これらに該当しない疾病も、「業務に起因すること」が認定されれば、「業務上の疾病」として取扱われる(11号)。

8号に該当しない脳心臓疾患や、9号に該当しない精神・行動障害も、「業務に起因すること」が認定されれば、「業務上の疾病」である。

(4) 業務上の負荷と基礎疾患等の競合

疾病、特に、脳心臓疾患の発症においては複数の原因があり、業務上の負荷と労働者の基礎疾患(高血圧症や脳動脈瘤等)・素因・生活習慣等が競合している場合が多い。しかし、現行制度における労災保険給付は支給するかしないか(オール・オア・ナッシング)のいずれかで、割合的給付は存在しないので、業務上の負荷と基礎疾患等が競合し疾病が発症した場合、業務起因性を肯定し保険給付を行うか否かが問題となる。

---

*37 脳・心臓疾患の業務上外認定に関する行政通達として、平7・2・1基発38(平8・1・22基発30により改正)があったが、横浜南労基署長(東京海上横浜支店)事件・最一小平12・7・17集民198号461頁/労判785号6頁(業務による過重な負荷が被災労働者の基礎疾病<脳動脈瘤>をその自然経過を超えて増悪させ発症に至らせたとして業務起因性を肯定)を契機に、新たに「脳血管疾患及び虚血性心臓疾患等(負傷に起因するものを除く)の認定基準について」(平13・12・12基発1063)が出されている。同通達は、「業務による明らかな過重負荷が加わることによって、血管病変等がその自然経過を超えて著しく増悪し、脳・心臓疾患が発症する場合があり、そのような経過をたどり発症した脳・心臓疾患は、その発症に当たって、業務が相対的に有力な原因であると判断し、業務に起因することの明らかな疾病として取り扱う」としている。
*38 「別表第1の2」の9号に該当する業務上の疾病か否かの判断基準として、「心理的負荷による精神障害の認定基準について」(平23・12・26基発1226第1号)が出されている。同通達は、①国際疾病分類第10回修正版(ICD-10)第Ⅴ章「精神及び行動の障害」に分類される精神障害(器質性のもの及び有害物質起因のもの以外)の発病、②発病前おおむね6か月の間に業務による強い心理的負荷があること、③業務以外の心理的負荷及び個体側要因により当該疾病を発病したとは認められないことの全てに該当する場合は業務上の疾病として取り扱うとするが、これは例示列挙であり、また、当然、法令とは異なる参考資料の一つである(半田労基署長<医療法人B会D病院>事件・名古屋高判平29・3・16労判1162号28頁等)。
*39 近年、精神・行動障害の業務起因性が肯定された裁判例として、大田労基署長(羽田交通)事件・東京地判平27・5・28労判1120号5頁、半田労基署長<医療法人B会D病院>事件・名古屋高判平29・3・16労判1162号28頁等。

行政解釈は、疾病の発症原因の中で業務上の負荷が「相対的に有力」であることを必要とする「相対的有力原因説」[*40]であるが、下級審裁判例では、業務と他の基礎疾患等が「共働原因」となって発症に至れば業務起因性を肯定する「共働原因説」[*41]や、業務上の負荷が自然的経過を超えて基礎疾患を(著しく)増悪させたかどうかのみを判断し相対的に有力か否かは問題としないもの[*42]も多かった。

　この点につき、最高裁は、①電気工の脳血管疾患につき、業務が相対的に有力な因子ではないとして業務起因性を否定した原審[*43]を破棄自判し、業務上遭遇した事故及びその後の業務の遂行が当該労働者の基礎疾患をその自然の経過を超えて急激に悪化させたことにより発症したもので、その間に相当因果関係の存在が肯定できるとして業務起因性を肯定し[*44]、②支店長付きの自動車運転手のくも膜下出血につき、業務上の過重な精神的・身体的負荷が当該労働者の基礎疾患(脳動脈瘤、高血圧)をその自然の経過を超えて増悪させ発症にいたったもので、その間に相当因果関係を肯定できるとして業務起因性を肯定し[*45]、③貿易会社の営業員のせん孔性十二指腸潰瘍につき、海外出張のストレスが相対的に有力な原因ではないとして業務起因性を否定した原審を破棄自判し、労働者の慢性十二指腸潰瘍等が海外出張という特に過重な業務の遂行によりその自然の経過を超えて急激に悪化して発症したとして業務起因性を肯定し[*46]、④教育委員会職員の心筋梗塞死につき、業務が相対的に有力な原因ではないとして業務起因性を否定した原審[*47]を破棄差し戻し、当該労働者の心臓疾患が確たる発症因子がなくてもその自然の経過により心筋梗塞を発症させる寸前にまで増悪

---

[*40]　労働省労働基準局『労災保険　業務災害及び通勤災害認定の理論と実際』(労働法令協会1984)81〜82頁等。「脳血管疾患及び虚血性心臓疾患等(負傷に起因するものを除く。)の認定基準について」(平13・12・12基発1063)も相対的有力原因説を維持。

[*41]　国立京都病院事件・東京地判昭45・10・15労判113号46頁/判時610号21頁、三田労基署長事件・東京高判昭51・9・30労判261号23頁/判時843号39頁、向島労基署長(渡辺工業)事件・東京高判平3・2・4労民42巻1号40頁/労判591号76頁等。

[*42]　横浜南労基署長(東京海上横浜支店)事件・横浜地判平5・3・23労判628号44頁/判タ824号163頁、同事件・東京高判平7・5・30労判683号73頁等。

[*43]　大館労基署長(四戸電気工事店)事件・仙台高秋田支判平6・6・27労判722号15頁。

[*44]　大館労基署長(四戸電気工事店)事件・最三小判平9・4・25集民183号293頁/労判722号13頁。

[*45]　横浜南労基署長(東京海上横浜支店)事件・最一小判平12・7・17集民198号461頁/労判785号6頁。

[*46]　神戸東労基署長(ゴールドリングジャパン)事件・最三小判平16・9・7集民215号41頁/労判880号42頁。

[*47]　地公災基金鹿児島県支部長(内之浦町教育委員会)事件・福岡高宮崎支判平14・1・25労判919号10頁。

していなかったのであれば、業務の身体的負荷が心臓疾患を自然の経過を超えて増悪させ心筋梗塞を発症させたものであり相当因果関係の存在を肯定しうると判示している[*48]。

すなわち、「業務が自然的経過を超えて基礎疾患を増悪させ（又は急激に悪化させ）発症に到ったかどうか」のみを判断し、業務上の負荷が相対的に有力であることを要求していない[*49]。

相対的有力原因説の根底には、民事損害賠償の場合には、被災労働者の基礎疾患や素因等につき民法722条2項の過失相殺の規定を類推適用して損害賠償額の割合的認定をすることが可能であるのに対し、労災保険制度では、オール・オア・ナッシング（保険給付をするか否か）であるから、競合する複数の発症原因の中で業務上の負荷が相対的に有力でなければ業務起因性は肯定されないとの考えがあると思われる。

しかし、労災保険制度は、労働者の生存権保障のための制度であり、労働者に故意重過失がある場合に限定して保険給付を制限している（労災保険12条の2の2）ことに照らせば、労働者側に基礎疾患や素因があっても、自然経過的に重篤な疾病を発症させる程度に達していると認めるに足らず、業務上の負荷が自然的経過を超えて基礎疾患を増悪させ発症したことが肯定されるのであれば、業

---

[*48] 地公災基金鹿児島県支部長（内之浦町教育委員会）事件・最二小判平18・3・3集民219号657頁/労判919号5頁（差戻審・福岡高判平19・12・26労判966号78頁は、基礎疾病たる心臓疾患は確たる発症因子がなくてもその自然の経過により心筋梗塞を発症させる寸前にまで増悪していなかったとの立証がされたとして、業務起因性を肯定）。

[*49] 最近の裁判例で、業務上の負荷が基礎疾病・素因を自然の経過を超えて（著しく）増悪させ疾病の発症に至ったかどうかのみにより相当因果関係と業務起因性を判断するものとして、地公災基金鹿児島県支部長（内之浦町教育委員会）事件・鹿児島地判平12・4・21労判919号13頁、中央労基署長（三井東圧化学）事件・東京高判平14・3・26労判828号51頁（製品開発・企画業務従事者の急性心筋梗塞の業務起因性を肯定）、豊田労基署長（トヨタ自動車）事件・名古屋地判平19・11・30労判951号11頁/判時1996号143頁（工場班長の心停止による死亡の業務起因性を肯定）、三田労基署長（ヘキストジャパン）事件・東京地判平23・11・10労判1042号43頁（開発業務従事者の心停止の業務起因性を肯定）、足立労基署長（クオーク）事件・東京地判平23・4・18労判1031号16頁（前使用者の過重な業務により退職時において脳動脈瘤瘤がいつ破裂してもおかしくない状態にまで増悪していたとしても膜下出血による死亡の業務起因性を肯定）、島田労基署長（静岡県生活科学センター）事件・東京高判平26・8・29労判1111号31頁（検査所課長の心肺停止、蘇生後の低酸素性脳症の業務起因性を肯定）等。相対的有力原因説をとるものとして、和歌山労基署長（NTT和歌山設備建設センター）事件・和歌山地判平15・7・22労判860号43頁（結論としては業務起因性を肯定）、島田労基署長（静岡県生活科学センター）事件・静岡地判平26・4・18労判1111号37頁（業務起因性を否定）、札幌中央労基署長（札幌交通A営業所）事件・札幌地判平29・5・15労判1166号61頁（業務起因性を肯定）。

務起因性を肯定し保険給付の対象とすべきであり、最高裁の立場を支持すべきであろう。

(5) 業務上の負荷と精神障害

精神障害の業務起因性(業務との相当因果関係：業務に内在する危険の現実化)について、近年の裁判例[*50]は、ストレス－脆弱性理論[*51]を踏まえ、①業務による心理的負荷が、社会通念上、客観的にみて精神障害を発症させる程度に過重であると言える場合に肯定され、②業務による心理的負荷の程度(過重かどうか)は、当該労働者と同種の平均的労働者(通常の業務に就くことが期待されている者)を基準として判断されるが、③「平均的労働者」は、完全な健常者のみならず、一定の素因や脆弱性を抱えながらも勤務の軽減を要せず通常の勤務に就きうる者(いわば平均的労働者の最下限の者)も含むとしている。

(6) 自殺

労働者が自殺した場合は、故意による負傷、死亡であり、労災保険法12条の2の2第1項により支給制限されるのが原則であろう(→前記2(10))。

しかし、例外的に、第一に、業務上の災害により負傷又は疾病を被った労働者が、この業務上の負傷・疾病によって反応性うつ病などの精神障害に陥り、これにより自殺した場合は、自殺は労働者の自由な意思に基づく行為とはいえないから、労災保険法12条の2の2第1項の「故意」には該当せず、当該精神障害が業務上の疾病であれば、労働者の死亡は業務災害である[*52]。

第二に、業務による著しい心理的負荷から精神障害になり、このために自殺した場合は、自殺は労働者の自由な意思に基づく行為とはいえないから、労災

---

[*50] 半田労基署長<医療法人B会D病院>事件・名古屋高判平29・3・16労判1162号28頁。ほぼ同旨として、地公災基金東京都支部長(市立A小学校教諭)事件・東京高判平29・2・23労判1158号59頁、厚木労基署長(ソニー)事件・東京地判平28・12・21労判1158号91頁(同判決は、労働者の有する身体的障害又は精神的障害については、当該障害の存在が当該労働者を雇用する際の前提とされ所要の労務軽減をされている場合は労務軽減を受けている労働者を平均的労働者とすべきとも判示している<当該事案では障害が雇用の前提とされていないと判断>)。

[*51] 環境由来のストレスと個体側の反応性、脆弱性との関係で精神的破綻が決まり、ストレスが強ければ個体側の反応性、脆弱性が小さくても精神障害を発症し、逆に脆弱性が大きければストレスが小さくても発症するとの理論。

[*52] 業務災害の肯定例として佐伯労基署長事件・大分地判平3・6・25労判592号6頁/判時1402号116頁(職業病であるけい肺結核症と抑うつ状態、抑うつ状態と自殺との間の相当因果関係を肯定し、同事案における自殺を業務災害と判断)。業務上の傷害と精神障害・自殺との相当因果関係を否定した例として、岸和田労基署長(廣道興産)事件・大阪地判平9・10・29労民48巻5=6号584頁/労判728号72頁。

保険法12条の2の2第1項の故意に該当せず*53、当該精神障害が業務上の疾病であれば、当該労働者の死亡は業務災害である*54。

したがって、主たる論点は、当該精神障害が業務上の疾病か否かとなる*55（→前記(3)）。

### 4　「通勤災害」該当性

(1)　「通勤災害」の定義

「通勤災害」とは、労働者の「通勤による」負傷、疾病、障害又は死亡である（労災保険7条1項2号）。

(2)　「通勤による」負傷等であるか否かの判断基準

「通勤による」とは、「通勤」に通常伴う内在的危険が具体化したことをい

---

*53　地公災神戸支部長（長田消防署）事件・神戸地判平14・3・22労判827号107頁、豊田労基署長（トヨタ自動車）事件・名古屋高判平15・7・8労判856号14頁（「自殺行為のように外形的に労働者の意思的行為と見られる行為によって事故が発生した場合であっても、その行為が業務に起因して発生したうつ病の症状として発現したと認められる場合には、労働者の自由な意思に基づく行為とはいえないから」労災保険法12条の2の2第1項にいう故意には該当しないと判示）。「精神障害による自殺の取扱いについて」（平11・9・14基発第545））は、業務上の精神障害によって、正常の認識、行為選択能力が著しく阻害され、又は、自殺行為を思いとどまる精神的な抑止力が著しく阻害されている状態での自殺については、「結果の発生を意図した故意に該当しない」としている。

*54　業務災害であることを肯定する最近の例として、自殺に関する前記各注記載の例以外に、加古川労基署長（神戸製鋼所）事件・神戸地判平8・4・26労判695号31頁／判タ926号171頁、地公災岩手県支部長（平田小学校）事件・盛岡地判平13・2・23労判810号56頁、土浦労基署長（土浦協同病院）事件・水戸地判平17・2・22労判891号41頁／判時1901号127頁、玉野労基署長（三井造船玉野事業所）事件・岡山地判平17・7・12労判901号31頁、静岡労基署長（日研化学）事件・東京地判平19・10・15労判950号5頁／判タ1271号136頁、名古屋南労基署長（中部電力）事件・名古屋高判平19・10・31労判954号31頁／判タ1294号80頁、諫早労基署長（ダイハツ長崎販売）事件・長崎地判平22・10・26労判1022号46頁等。業務と精神疾患との相当因果関係を否定した例として、地公災岩手県支部長（平田小学校）事件・仙台高判平14・12・18労判843号13頁、三田労基署長（ローレルバンクマシン）事件・東京地判平15・2・12労判848号27頁、さいたま労基署長（日研化学）事件・東京高判平19・10・11労判959号114頁、天満労基署長（CSK）事件・大阪高判平25・3・14労判1075号48頁、秋田労基署長（ネッツトヨタ）事件・秋田地判平27・3・6労判1119号35頁、岐阜労基署長事件（アピコ関連会社）事件・名古屋地判平27・11・18労判1133号16頁等。

*55　「心理的負荷による精神障害の認定基準について」（平23・12・26基発1226第1号）は、業務により国際疾病分類第10回修正版ＩＣＤ10のＦ0からＦ4に分類される精神障害を発病した者が自殺を図った場合は、精神障害によって正常の認識、行為選択能力が著しく阻害され、あるいは自殺を重いとどまる精神的抑止力が著しく阻害されている状態に陥ったものと推定し、業務起因性を認めるとしている。

う。通勤途上の交通事故、落下物による負傷などがその典型である*56。

(3) 「通勤」

「通勤」とは、労働者が、1)就業に関し、2)①住居と就業の場所との間の往復*57、②厚生労働省令（労災保険則6条）で定める就業の場所から他の就業の場所への移動*58、又は、③前記①の「住居と就業の場所との間の往復」に先行し又は後続する住居間の移動で、厚生労働省令（労災保険則7条）で定める要件に該当するもの*59、のいずれかの移動であって、3)合理的な経路及び方法により往復することをいい、4)業務の性質を有するもの*60を除く（労災保険7条2項）。

---

*56 帰宅途中に暴漢に襲われり、ひったくりに出会い転倒して負傷する災害は、通勤に内在する危険が具体化したものと認められ、通勤災害である（昭49・3・4基収69、昭49・6・19基収1276）。この考え方に基づき、新宿駅西口バス放火事件（1980〈昭55〉年）・地下鉄サリン事件（1995〈平7〉年）の被害者のうち、通勤途上の労働者に関しては、通勤災害として扱われ、労災保険給付の支給対象とされた。

*57 かつては、単身赴任者がいわゆる土帰月来型で土曜日に家族の住む家に帰る場合、この家が当該労働者の「就業の拠点」でない限り「住居」と認めない行政解釈がなされ（労働省労働基準局補償課編著『新版通勤災害認定事例総覧』〈労働法令実務センター1982〉22頁）、原則として「通勤」に該当しないものと扱われていた。しかし、新たな通達（平3・2・1基発74）により、単身赴任者の家族の住む自宅も通勤災害制度上の「住居」と認め、勤務先と帰省先住居との間の往復についても「住居と就業の場所との間の往復」として扱うよう改められた。

*58 いわゆるダブル・ジョブの増加に対応するために、2005（平17）年の一部法改正（平17法108）により新設された。「厚生労働省令で定める就業の場所」とは、具体的には、労災保険法の適用事業に係る就業の場所、通勤災害の保険給付の適用を受ける特別加入者に係る就業の場所、及び、これらに類する就業の場所であり（労災保険則6条）、「類する就業の場所」とは、国家公務員災害補償法と地方公務員災害補償法による通勤災害の保護対象となる勤務場所である。

*59 帰省先住居と赴任先住居との間の移動等を意味し、2005（平17）年の一部法改正（平17法108）により新設された。具体的には、転任に伴い、当該転任の直前の住居から当該転任の直後の就業の場所に通勤することが困難となったため住居を移転した労働者であって、一定のやむを得ない事情により同居していた配偶者、子等と別居している者の移動である（労災保険則7条参照）。かつては、帰省先住居と赴任先住居との往復に関して「通勤」とは認めない行政解釈がなされていたが、能代労基署長（日動建設）事件・秋田地判平12・11・10労判800号49頁、高山労基署長（千代田生命）事件・岐阜地判平17・4・21労判894号5頁/判時1905号52頁が、帰省先住居と赴任先住居との間の往復中の交通死亡事故について通勤災害該当性を肯定したこと等により改正された。しかし、その後の行政解釈では、業務に就く当日又はその翌日の移動であれば就業との関連性を肯定するが、翌々日以降の移動は交通機関の状況等の合理的理由がなければ関連性を認めないとしており（コンメンタール『労働者災害補償保険法　七訂新版』〈労務行政2008〉191頁）、かかる限定をなすことには疑問がある。

*60 事業主が運行する通勤用バスに乗車して通勤する際の事故は、業務上災害である。

1)の「就業に関し」とは、「業務[*61]に就くため、又は、業務を終えたため」の意である[*62]。

2)の移動について、「住居」とは、労働者の就業の拠点となる居住場所(単身赴任先住居及び家族の住む帰省先住居等を含む)であり、「就業の場所」とは、「業務を開始し、又は、終了する場所(外勤業務先等を含む)」である。

3)の「合理的な経路及び方法」とは、「当該住居と就業場所を往復する場合に一般に労働者が用いるものと認められる経路及び手段」である[*63]。

労働者が、上記2)の①〜③の移動に関し、「合理的な経路」を逸脱し、又は、それらの移動を中断した場合においては、当該逸脱又は中断が開始された時点をもって通勤災害に関する保険給付の前提である「通勤」が終了し、その後の移動は、通勤災害制度上の「通勤」に該当しないものとして扱うのが原則である(労災保険7条3項本文)。ここでいう「往復の経路を逸脱する」とは、「通勤の途中において就業又は通勤と関係のない目的で合理的経路をそれること」(例:映画館に入って映画をみる)をいい、「往復を中断する」とは、「通勤の経路上において通勤とは関係のない行為をすること」(例:風景等の写真を撮る)である。

しかし、これらの「逸脱」「中断」の中には、労働者の生活上必要なものも少なくないので、労災保険法は、「逸脱」「中断」に関する例外を定め、「日常

---

[*61] 大河原労基署長(JR東日本白石電力区)事件・仙台地判平9・2・25労判714号35頁/判時1606号145頁は、「業務」とは、賃金の対象となる業務よりも広く、労働者が労働契約に基づく使用者の明示又は黙示の実質的支配下にあることをいうと解し、駅助役らが参加する管理者会の会合及びその後の同じ場所での懇親会への参加を「業務」と判断し、仮に懇親会参加は業務ではないとしても懇親会前の業務(会合)と懇親会終了後の帰宅行為との間の関連性はあるとして懇親会終了後帰宅途中の事故を通勤災害と判断した。

[*62] 「就業に関し」の要件を充足するか否かが問題となった先例としては、就業開始前に関しては、就業の場所の敷地内で行われる労働組合の集会又はサークル活動への参加のために、通常の出勤時刻より早く住居を出た場合の通勤途上での事故がある。また、就業後に関しては、組合活動、サークル活動だけでなく、労使協議会への参加や職場内での慰労会に参加した後に就業の場所を出て住居に向かう場合の事故がある。労働省労働基準局補償課編『通勤災害認定事例総覧』(労働法令実務センター<1980>、労働法令実務センター<1982>、労働法令協会<1991>)、労働省労働基準局編『労災保険法解釈総覧』労務行政研究所(1998)、『改訂8版 労災保険法解釈総覧』労務行政(2013)に掲載されている行政認定事例を通覧すると、「就業」以外の活動時間が概ね2時間程度以内であれば「就業に関し」が肯定され、2時間を相当程度超えると「就業に関し」が否定される傾向が窺えるが、2時間程度を基準とする根拠は不明である。

[*63] 行政解釈では、他に子供を監護する者がいない共稼ぎ労働者等が、託児所、親戚宅等に子供を預けるためにとる経路等は、就業のためにとらざるを得ない経路であるので、合理的経路であるとする(厚生労働省労災管理課編『7訂新版 労働者災害補償保険法』<2008労務行政>193頁)が、「他に子供を監護する者がいない共稼ぎ労働者」でなくても就労前後に子供を預けるためにとる経路等は合理的経路と解すべきであろう。

生活上必要な行為であって厚生労働省令で定めるものをやむを得ない事由により行うための最小限度のもの」である場合は、当該逸脱又は中断の間[64]を除き（すなわち、合理的通勤経路に復した段階以降は）、通勤災害制度の対象となる「通勤」として扱うこととしている（労災保険7条3項但書）。厚生労働省令で定めるものとしては、①日用品の購入その他これに準ずる行為[65]、②職業訓練等、③選挙権の行使等、④病院・診療所で診察等を受けること、⑤要介護状態にある親族の介護[66]がある（労災保険則8条1～5号）。

## 第3節　民法上の損害賠償

### 1　使用者に対する損害賠償請求の法的根拠

労働者又は遺族の使用者に対する損害賠償請求（労災民訴）の法的根拠となるのは、①債務不履行に基づく責任（民415～422条）、②不法行為責任（民709～724条）であり、①の債務不履行は、具体的には「安全配慮義務」違反である（→2）。

### 2　安全配慮義務

（1）信義則上・法律上の義務

「安全配慮義務」は、「ある法律関係に基づいて特別な社会的接触の関係に

---

[64]　札幌中央労基署長（札幌市農業センター）事件・札幌高判平元・5・8労判541号27頁は、夕食材料を購入するため交差点から自宅とは反対方向に進行中の交通事故を「合理的経路」からの「逸脱」中の事故で通勤災害ではないと判断したが、夕食材料購入のための立ち寄りは通勤経路から著しく離れている場合を除き「合理的な経路」に含まれると解すべきであろう。

[65]　通勤途中での飲食につき、行政解釈は、被災労働者が午後5時に勤務を終え帰宅する際、飲食店で20分食事をし、通勤経路に戻ってから交通事故に遭遇した事案について、被災者が妻帯者で通常は自宅で夕食をとっており、また通勤時間が片道20分で帰宅途中に食事を取らなければならない合理的理由がないとして、「日常生活上必要なやむを得ない事由により行うための最小限のもの」（昭61法59による一部法改正前の条文）に該当しないとし（昭49・8・28基収2105）、独身労働者が帰宅途中で食事に立ち寄ることは「日用品の購入その他これに準ずる」「日常生活上必要な行為」（現行条文）に該当するとしている（労災管理課編『労働法コンメンタール　労働者災害補償保険法　7訂新版』〈労務行政2008〉197頁）が、少なくとも現行条文では、独身か否かにかかわらず、通勤途中での外食は「日常生活上必要な行為」と解すべきであろう。

[66]　この規定がなかったとき、羽曳野労基署長（B建材店）事件・大阪地判平18・4・12労判920号77頁／判時1936号173号、同事件・大阪高判平19・4・18労判937号14頁は、身体障害者の義父を介護するために勤務先の事業場から義父宅に立ち寄り合理的経路に戻ったあとの交通事故につき、義父宅への立ち寄りは労災保険則8条1号の「日用品の購入そのほかこれに準ずる行為」であるとして当該事故を通勤災害と判断したため、2008（平20）年に同規定を新設し、介護のための立ち寄りが中断・逸脱の例外に該当しうることを明記した。

入った当事者間において、当該法律関係の付随義務として当事者の一方又は双方が相手方に対して負う信義則上の義務として一般に認められる」ものであり[*67]、信義則(民1条2項)上の義務として判例法理上確立している[*68]。

現行法では、労契法5条が「使用者は、労働契約に伴い、労働者がその生命、身体等の安全を確保しつつ労働することができるよう、必要な配慮をするものとする」と定め、使用者の労働契約上の安全配慮義務を明記しているので、労働契約上の使用者の安全配慮義務は、労契法5条(及び労契法3条4項)を根拠としうる[*69]。しかし、当該労働者と労働契約関係にない派遣先、元請事業者、一定の発注企業(注文者)、一定の中間事業者等も、「特別な社会的接触の関係」にあるとして、民法1条2項を根拠として、当該労働者に対し安全配慮義務を負う。

なお、安全配慮義務は、労働契約以外の労務供給契約の当事者間でも認めうるので、労務の給付を受ける者が「労働者」以外の労務供給者に対し安全配慮義務を負うこともある。したがって、当該労務供給者が「労働者」か否かは、損害賠償請求権の有無の判断に必ずしも影響しないが[*70]、問題事例の多くは、端的に、当該労務供給者を労基法上の労働者、労務の給付を受ける者(「注文者」等)を労働契約上の使用者と解すべき事案である[*71]。

(2) 内容

国の公務員に対する安全配慮義務は、「国が公務遂行のために設置すべき場所、施設もしくは器具等の設置管理又は公務員が国もしくは上司の指示のもと

---

*67 自衛隊車両整備工場事件・最三小判昭50・2・25民集29巻2号143頁/労判222号13頁(車両整備工場において自動車に轢かれて死亡した自衛隊員の両親の損害賠償請求を不法行為に基づく請求権の時効消滅と債務不履行責任の不存在を理由に棄却した原審を、安全配慮義務の存在とその請求権の消滅時効期間は民法167条1項により10年であることを理由に破棄差し戻した)。

*68 安全配慮義務に関する近年の論考として、三柴丈典「使用者の健康・安全配慮義務」再生(3)(2017)273-296頁、同論文引用文献等。

*69 環境施設・東部興産事件・福岡地判平26・12・25労判1111号5頁(請負企業の労働者に対する請負企業及び発注企業の安全配慮義務違反を肯定)。

*70 ただし、当該労務供給者が労基法上の労働者でなく「自営業者」と判断されると過失相殺の割合が大きくなり、一般に労務供給者に不利に判断されることが多いであろう。また、労災保険に特別加入していなければ労災保険給付を受けることはできない。

*71 名古屋鋳鋼所事件・名古屋地判昭57・12・20判時1077号105頁は、当該電気工事請負契約につき請負人と注文者の間に雇用契約に類似する関係が存在するので、注文者は請負人に安全配慮義務を負うと判示し、藤島建設事件・浦和地判平8・3・22判例696号56頁/判タ914号162頁は、当該建築木工事に関する契約は請負契約の色彩が強いが実質的な従属関係があったので、注文者は請負人に安全配慮義務を負うと判示した。この結論に異論はないが、いずれも、請負人は労基法上の労働者であり、現行法であれば労契法5条に基づく安全配慮義務の対象となり、また、労災保険給付の対象ともなるべきであって、高い過失割合が肯定されるべきではなかった。

に遂行する公務の管理にあたって、公務員の生命及び健康等を危険から保護するよう配慮すべき義務」であり、その「具体的内容は、公務員の職種、地位及び安全配慮義務が問題となる当該具体的状況等によって異なる」*72。

また、使用者の労働者に対する労働契約上の安全配慮義務は、「労働者が労務提供のため設置する場所、設備若しくは器具等を使用し又は使用者の指示のもとに労務を提供する過程において、労働者の生命及び身体を危険から保護するよう配慮すべき義務」であり、その「具体的内容は、労働者の職種、労務内容、労務提供場所等、安全配慮義務が問題となる当該具体的状況等によって異なる」*73が、その一つとして、「労働時間、休憩時間、休日、休憩場所等について適正な労働条件を確保し、さらに、健康診断を実施した上、労働者の年齢、健康状態等に応じて従事する作業時間及び内容の軽減、就労場所の変更等適切な措置を執るべき義務」も負う*74。

したがって、安全配慮義務は、使用者が事業遂行に用いる物的設備ないし物的環境を整備するだけでなく、十分な安全衛生教育を施すとともに、職務の内容や職場の状況に応じ適正な人員構成ないし人員配置を行う等の人的環境を整備し、労働時間の適正な管理をなし健康診断を実施する等の広範な義務を含む

---

*72 自衛隊車両整備工場事件・最三小判昭50・2・25民集29巻2号143頁/労判222号13頁。安全配慮義務の具体的内容としては、①ヘリコプターに搭乗して人員及び物資輸送の任務に従事する自衛隊員に対しては、ヘリコプターの飛行の安全を維持し危険を防止するためにとるべき措置として、ヘリコプターの各部品の性能を保持し機体の整備を完全にする義務があり(航空自衛隊芦屋分遣隊事件・最二小判昭56・2・16民集35巻1号56頁/判時996号47頁、ヘリコプターの墜落により自衛隊員が死亡した事故につき、国の安全配慮義務違反を否定)、②駐屯地内の動哨勤務に従事する自衛隊員に対しては、営門出入りの管理を十全にして部外者の不法侵入を防止し、動哨勤務中の自衛隊員の生命、身体に危険が及ばないように保護すべき義務があり(陸上自衛隊朝霞駐屯地事件・最三小判昭61・12・19民集149号359頁/労判487号7頁、過激派活動家により動哨勤務中の自衛隊員が刺殺された事故につき、国の安全配慮義務不履行に基づく損害賠償責任を肯定)、③車両に公務として乗車する自衛隊員に対して、車両を十分に整備し、適切な運転者を選任し、当該車両を運転する上で特に必要な安全上の注意を与える義務を負うが、運転者が道路交通法その他の法令に基づき当然に負うべき通常の注意義務は安全配慮義務の内容に含まれない(陸上自衛隊三三一会計隊事件・最二小判昭58・5・27民集37巻4号477頁/労判414号71頁、運転者である隊長が通常の注意義務を怠ったことにより発生した事故による同乗自衛隊員の死亡につき、安全配慮義務違反を否定)。
*73 川義事件・最三小判昭59・4・10民集38巻6号557頁/労判429号12頁。具体的には、当該事案においては、宝石・毛皮店の宿直員に対しては、盗賊侵入防止や盗賊から危害を免れるための物的設備を施し、夜間の宿直員を適宜増員したり宿直員に安全教育を施す義務を負っていたところ、これらの措置を講じなかったことに安全配慮義務の不履行であり、宿直員が強盗に襲われ殺害されたことにつき損害賠償責任を肯定した。
*74 システムコンサルタント事件・東京地判平10・3・19労判736号54頁/判タ1005号106頁、同事件・東京高判平11・7・28労判770号58頁/判時1702号88頁等。

ものといえよう。
### (3) 労働関係法規と安全配慮義務

労基法が定める労働時間規制・自由時間保障や母性保護規定、安衛法・安衛則等が定める労働安全衛生確保のための規定[*75]、鉱山保安法、石炭鉱山保安規則等の定める労働者の安全確保のための使用者の義務は、労契法5条及び信義則上の安全配慮義務の内容の特に重要な部分にしてかつ最低の基準を明文化したものと位置づけられる、最低基準としてその具体的内容の一部をなす[*76]。

ただし、これらの法令上の規定は、信義則上の安全配慮義務の具体的内容の一部にすぎないから、法令の定める基準を遵守したからといって労契法5条又は信義則上の安全配慮義務を尽くしたものということはできない[*77]。

## 3 損害賠償請求権の発生要件と肯定例

### (1) 安全配慮義務違反による損害賠償請求権の発生要件

安全配慮義務違反（民415条）[*78]による損害賠償請求権の発生要件は、①ある法律関係に基づく特別な社会的接触の関係（労働契約関係を含む）の存在、②具体的な安全配慮義務の存在とその不履行（使用者の責めに帰することができない事由による場合を除く）、③損害[*79]の発生と因果関係である。

前記②の安全配慮義務違反が肯定されるためには、当該事案に即して、a) 労働者の死亡・事故・疾病について予見可能性があり、かつ、b) 労働者の死亡・事故・疾病という結果を回避する可能性があったが回避する措置をとらなかっ

---

*75 前記第11章「労働時間と自由時間」、第12章「労働安全衛生と職場環境」、第13章「労働と生活の調和」参照。

*76 喜楽鉱業事件・大阪地判平16・3・22労判883号58頁／判時1866号100頁（安衛法、安衛則等の定めは私法上の安全配慮義務の内容ともなり、その最低基準になると判示）。

*77 日鉄鉱業事件・福岡高判平元・3・31労判541号50頁／判時1311号36頁。

*78 安全配慮義務の履行請求、違反の場合の労務不提供等については、前記第9章「労働者と使用者の権利義務」4(3)参照。2017（平27）民法改正後の民法では、新415条1項として「債務者がその債務の本旨に従った履行をしないとき又は債務の履行が不能であるときは、債権者はこれによって生じた損害の賠償を請求することができる。ただし、その債務の不履行が契約その他の債務の発生原因及び取引上の社会通念に照らして債務者の責めに帰することができない事由によるものであるときは、この限りではない。」と定め、但書の追加により、債務者に帰責事由がないときは債権者は損害賠償を請求することができないことを明確化した。

*79 被災した不法就労外国人の使用者に対する損害賠償額の算定に際し、逸失利益については、予測される日本での就労可能期間内は日本での収入を基礎とし、その後は想定される出国先での収入等を基礎として算定される（改進社事件・最三小判平9・1・28民集51巻1号78頁／労判708号23頁）。中国人研修生の逸失利益の基礎収入を賃金センサスの男性労働者の平均賃金の25％とした裁判例として、ナルコ事件・名古屋地判平25・2・7労判1070号38頁。

たことが必要であり、予見可能性を前提とする結果回避義務の存在とその不履行の事実の存在（使用者の責めに帰することができない事由による場合を除く）が必要である*80。

ただし、使用者が認識すべき予見義務の内容は、労働者の生命・健康という被害法益の重大性に鑑みると、安全性に疑念を抱かせる程度の抽象的な危惧であれば足り、必ずしも生命・健康に対する障害の性質・程度や発症頻度まで具体的に認識する必要はないと解すべきである*81。

なお、前記③の損害に関して、損害額の立証が著しく困難なものについては裁判官に相当額を認定する権限が与えられている（民訴248条）が、その裁量権には限界がある*82。

(2) 不法行為責任に基づく損害賠償請求権の発生要件

不法行為のうち、民法709条に基づく不法行為を理由とする損害賠償請求権の発生要件は、①故意又は過失、②①による権利又は利益の侵害、③損害の発生と因果関係である。この中の、①過失と、②これによる権利又は利益の侵害が肯定されるためには、注意義務の存在とその違反、すなわち、予見可能性を前提とする結果回避義務の存在とそれに違反する事実の存在が必要である。

また、民法715条に基づく使用者責任を理由とする損害賠償請求権の発生要件は、①ある事業のために他人を使用し、②当該被用者が事業の執行について第三者に損害を加え不法行為責任を負うことである。

例えば、使用者は、その雇用する労働者に従事させる業務を定めてこれを管理するに際し、業務の遂行に伴う疲労や心理的負荷等が過度に蓄積して労働者の心身の健康を損なうことがないよう注意する義務を負い、使用者に代わって労働者に対し業務上の指揮監督を行う権限を有する者は、使用者の注意義務に従って、その権限を行使すべきであるから、当該指揮監督権者が、労働者が恒

---

*80 林野庁高知営林局事件・最二小判平2・4・20集民159号485頁/労判561号6頁（チェーンソー等の使用による営林署職員の振動障害発症につき、国は1965（昭40）年以前は予見可能性がなく、それ以後は結果回避のために社会通念上相当と評価される措置を講じており安全配慮義務違反はないと判断、安全配慮義務違反であるとする奥野裁判官の反対意見がある）。
*81 日鉄鉱業事件・福岡高判平元・3・31労判541号50頁/判時1311号36頁、関西保湿工業・井上冷熱事件・東京地判平16・9・16労判882号29頁/判時1882号70頁、関西保湿工業事件・東京高判平17・4・27労判897号19頁、中部電力ほか事件・静岡地判平24・3・23労判1052号42頁、ニチアス（羽島工場）事件・岐阜地判平27・9・14労判1150号61頁等。
*82 日鉄鉱業（労働者上告）事件・最三小判平6・2・22民集48巻2号441頁/労判646号7頁は、労働者又は遺族が安全配慮義務違反によりじん肺にかかったことを理由とし、財産的損害賠償を別途請求しないことを明らかにして慰謝料を請求した事案で、原審の認定額が低きに失し著しく不相当であり、経験則又は条理に反するとして破棄差し戻した。

常的に著しく長時間にわたり業務に従事していること及びその健康状態が悪化していることを認識しながら、その負担を軽減させるための措置をとらなかったために、当該労働者がうつ病に罹患して自殺したときは、使用者は民法715条に基づく損害賠償責任を負う*83。

(3) 肯定例

使用者等の安全配慮義務違反、又は、不法行為に基づく損害賠償請求が認容された最近の例として、うつ病等精神疾患への罹患と自殺*84、脳心臓疾患発症による死亡*85、トラック運転手の過労による交通事故死*86、じん肺に罹患・死亡*87、石綿粉じん吸入による中皮腫、石綿肺、肺がんの発症・死亡*88、腰椎椎間板症や頸肩腕症候群の発症*89、燃焼試験業務従事による中枢神経機能障害等

---

*83 電通事件・最二小判平12・3・24民集54巻3号1155頁／労判779号13頁等。無洲事件・東京地判平28・5・30労判1149号72頁は、使用者につき、労働契約上の付随義務としても同様の安全配慮義務が認められるとし、長時間労働についての慰謝料請求を認容。

*84 協成建設工業ほか事件・札幌地判平10・7・16労判744号29頁／判時1671号113頁、電通事件・最二小判平12・3・24民集54巻3号1155頁／労判779号13頁、みくまの農協事件・和歌山地判平14・2・19労判826号67頁／判タ1098号189頁、三洋電機サービス事件・東京高判平14・7・23労判852号73頁、川崎市水道局事件・東京高判平15・3・25労判849号87頁、エージーフーズ事件・京都地判平17・3・25労判893号18頁／判時1895号99頁、ニコン・アテスト事件・東京地判平17・3・31労判894号21頁／判時1912号40頁、同事件・東京高判平21・7・28労判990号50頁、社会保険庁事件・甲府地判平17・9・27労判904号41頁／判時1915号108頁、積善会事件・大阪地判平19・5・28労判942号25頁／判時1988号47頁、マツダ事件・神戸地裁姫路支判平23・2・28労判1026号64頁、東芝事件・最二小判平26・3・24集民246号89頁／労判1094号22頁等。

*85 システムコンサルタント事件・東京地判平10・3・19労判736号54頁／判タ1005号106頁、同事件・東京高判平11・7・28労判770号58頁／判時1702号88頁、南大阪マイホームサービス事件・大阪地堺支判平15・4・4労判854号64頁／判時1835号138頁、榎並工務店事件・大阪高判平15・5・29労判858号93頁、ジェイ・シー・エム事件・大阪地判平16・8・30労判881号39頁／判時1886号143頁、中の島事件・和歌山地判平17・4・12労判896号28頁、山元事件・大阪地判平28・11・25労判1156号50頁等。

*86 御船運輸事件・大阪高判平15・11・27労判865号13頁／判時1866号138頁、協和エンタープライズ・協和企業事件・東京地判平18・4・26労判930号79頁／判時1977号96頁等。

*87 日鉄鉱業事件・福岡高判平元・3・31労判541号50頁／判時1311号36頁、日鉄鉱業(労働者上告)事件・最三小判平6・2・22民集48巻2号441頁／労判646号7頁、日鉄鉱業(伊王島鉱業所)事件・最一小判平11・4・22労判760号7頁、筑豊じん肺事件・最三小判平16・4・27集民214号119頁／労判872号13頁、三井金属鉱業・神岡鉱業事件・岐阜地判平26・6・27労判1106号35頁等。

*88 関西保湿工業事件・東京高判平17・4・27労判897号19頁、三井倉庫事件・神戸地判平21・11・20労判997号27頁／判時2087号110頁、本田技研工業(SF中部)事件・東京地判平22・12・1労判1021号5頁、リゾートソリューション高松工場事件・高松地判平24・9・26労判1063号36頁／判時2178号50頁、山陽断熱・クラレ事件・岡山地判平25・4・16労判1078号20頁、ニチアス(羽島工場)事件・岐阜地判平27・9・14労判1150号61頁等。

*89 日本メール・オーダー事件・東京地判平16・7・29労判882号75頁、おきぎんビジネスサービス事件・那覇地沖縄支判平18・4・20労判921号75頁等。

[*90]、家屋の解体作業中の転落事故[*91]、等がある。

### 4 債務不履行(安全配慮義務違反)構成と不法行為構成の異同

(1) 責任の有無

債務不履行責任に関しては、これが肯定される前提として、「特別な社会的接触関係」の存在(労働契約関係を含む)が必要なのに対し、不法行為責任に関しては「特別な社会的接触関係」が不要であるため、不法行為責任は肯定されるが、債務不履行責任は否定されるという場合が生じる[*92]。

(2) 責任の内容・程度

不法行為法上の注意義務の内容につき、使用者に労働者の業務災害・職業病防止のための高度の予見可能性を前提とする高度の結果回避義務が課され、かつ、結果回避義務の内容として人員増や休息時間付与等の作為義務も含まれると解するのであれば、注意義務と安全配慮義務の内容・程度にあまり変わらないとも考えられる。

(3) 主張・立証責任

不法行為上の注意義務違反につき、具体的な注意義務違反の内容を特定し義務違反に該当する事実を主張・立証する責任は原告労働者にあるが、安全配慮義務違反の場合も、具体的な安全配慮義務の内容を特定し、義務違反に該当する事実を主張・立証する責任は原告労働者にある[*93]。ただし、これが主張立証された場合、それが使用者の責めに帰することができない事由(不可抗力等)によるものであることの主張・立証責任は使用者が負う。

(4) 過失相殺

使用者の安全配慮義務違反又は注意義務違反のいずれにより損害が発生した場合でも(債務不履行構成でも不法行為構成でも)、労働者の基礎疾患、素因、行為等が、疾病の発症、事故、死亡の共働原因となっており、使用者に損害の全額を賠償させることが公平を失する場合は、裁判所は損害額を定めるにあたり、

---

[*90] ジャムコ立川工場事件・東京地八王子支判平17・3・16労判893号65頁。
[*91] Y工業事件・東京地判平17・11・30労判908号26頁/判時1929号69頁。
[*92] 林兼造船・宝辺商店事件・山口地下関支判昭50・5・26判時228号29頁/判時806号76頁(注文主の債務不履行責任は否定したが不法行為責任を肯定)。
[*93] 航空自衛隊芦屋分遣隊事件・最二小判昭56・2・16民集35巻1号56頁/判時996号47頁(「国が国家公務員に対して負担する安全配慮義務に違反し、右公務員の生命、健康等を侵害し、同人に損害を与えたことを理由として損害賠償を請求する訴訟において、右義務の内容を特定し、かつ、義務違反に該当する事実を主張・立証する責任は、国の義務違反を主張する原告にある」と判示)。

民法418条[*94]又は民法722条2項の過失相殺の規定を適用又は類推適用し、労働者の基礎疾患等を斟酌することができる。

ただし、業務の負担が過重であるがために労働者が精神障害となったり、あるいは精神障害のもとで自殺した場合、当該労働者の性格を斟酌できるかという点については、使用者又はこれに代わって労働者に対し業務上の指揮監督を行う者は、各労働者の性格を考慮してその従事すべき業務や配置先等を定めることができるので、当該労働者の性格が同種の業務に従事する労働者の個性の多様さとして通常想定される範囲を外れるものでない限り、その性格及びこれに基づく業務遂行の態様等が業務の過重負担に起因して当該労働者に生じた損害の発生又は拡大に寄与したとしても、裁判所は、使用者の賠償すべき額を決定するに当たり、これを斟酌することはできないと解すべきである[*95]。

(5) 消滅時効

請求権の消滅時効について、債務不履行構成（安全配慮義務違反）の場合は、権利を行使しうる時から10年間（民166条1項・167条1項）[*96]であり[*97]、不法行為構成

---

[*94] 2017（平27）民法改正後の民法新418条では、「債務の不履行『又はこれによる損害の発生若しくは拡大』に関して債権者に過失があったときは、裁判所は、これを考慮して、損害賠償の責任及びその額を定める」と規定され、『 』内の文言が追加される。

[*95] 電通事件・最二小判平12・3・24民集54巻3号1155頁/労判779号13頁、東芝事件・最二小判平26・3・24集民246号89頁/労判1094号22頁。

[*96] 2017（平29）民法改正後の民法では、人の生命又は身体の侵害に関する債務不履行構成（安全配慮義務違反）の損害賠償請求権の消滅時効の期間に関して、債権者が権利を行使することができることを知った時から5年間（あるいは権利を行使することができる時から20年間）と改められる（民新166条1項・新167条）。

[*97] 自衛隊車両整備工場事件・最三小判昭50・2・25民集29巻2号143頁/労判222号13頁。一般に、使用者の安全配慮義務違反による損害賠償請求権は、その損害が発生した時に成立し、同時にその権利を行使することが法律上可能となるが、じん肺の場合、じん肺に罹患した事実はその旨の行政上の決定がなければ通常認めがたいから、その最初の行政上の決定を受けた時にその損害の一端が発生するが、病状が進行しより重い行政上の決定を受けた場合は、重い決定に相当する病状に基づく損害はその決定を受けたときに発生しその時点から損害賠償請求権を行使することが法律上可能となるので、じん肺に罹患したことを理由とする損害賠償請求権の消滅時効は、最初の行政上の決定を受けたときからではなく、最終の行政上の決定を受けた時から進行する（日鉄鉱業〈労働者上告〉事件・最三小判平6・2・22民集48巻2号441頁/労判646号7頁）。また、じん肺によって死亡した場合の損害については、死亡の時から損害賠償請求権の消滅時効が進行する。なぜなら、当該労働者が行政上の管理区分決定を受けている場合でもその後じん肺により死亡するかどうかの蓋然性は医学的に見て不明であり、死亡の損害は管理区分2～4に相当する病状とは質的に異なるからである（筑豊じん肺事件・最三小判平16・4・27集民214号119頁/労判872号13頁）。

の場合は、被害者又はその法定代理人が損害及び加害者を知った時[*98]から3年間、又は、不法行為の時から20年間(民724条)[*99]とされている[*100]。

しかし、これらの損害賠償請求権について使用者が時効を援用することは、特段の事情がない限り、信義則に反すると解すべきであろう。

(6) 遺族固有の慰謝料

遺族固有の慰謝料については、債務不履行構成では認められない[*101]が、不法行為構成では認められる(民711条)。

(7) 遅延損害金の起算点

遅延損害金の起算点については、債務不履行構成では請求日の翌日から[*102]、不法行為構成では事故当日から[*103]である。

## 5　元方事業者、元請事業者、中間事業者、発注者等に対する損害賠償請求

労働災害については、重層下請構造において、下請企業の労働者又は遺族が、当該労働者と労働契約関係にない、元方事業者、元請事業者、中間事業者、発

---

[*98]　「損害を知る」とは、損害賠償請求権の行使が可能な程度に具体的な資料に基づいて損害を認識することを要し、じん肺についてはそれに罹患したこを知るのみでは足らず病状の状態・程度等を専門医等の診断に基づき正確に認識したときであり、消滅時効は行政上のじん肺管理区分決定を知った時から進行する(前田建設工業事件・前橋地判昭60・11・12労判463号26頁/判時1172号15頁)。

[*99]　2017(平29)民法改正後の民法では、人の生命又は身体を害する不法行為に関する損害賠償請求権の消滅時効の期間について、被害者又はその法定代理人が損害及び加害者を知った時から5年間(あるいは不法行為の時から20年間)と改められる(民新724条・新724条の2)。

[*100]　内外ゴム事件・神戸地判平2・12・27労判596号69頁/判タ764号165頁は、労働者が生命、身体、健康等に対する侵害の現実的な危険を継続的に受けている場合には、使用者は継続して一個の安全配慮義務を負担し、労働者もそれに対応する安全配慮請求権を有するので、使用者の継続的な安全配慮義務の不履行における時効期間は、労働者が使用者に安全配慮義務の履行を請求する余地のなくなった時点、すなわち、労働者が退職した日又は当該業務を離脱した日から起算するのが相当と判示する。

[*101]　鹿島建設・大石塗装事件・最一小判昭55・12・18民集34巻7号888頁/労判359号58頁(被災労働者の使用者と労働契約関係にない遺族は、労働契約ないしこれに準ずる法律関係上の債務不履行により固有の慰謝料請求権を取得するものとは解しがたいと判示)。したがって、被災労働者本人の慰謝料請求権を遺族が相続したと構成する必要がある。

[*102]　鹿島建設・大石塗装事件・最一小判昭55・12・18民集34巻7号888頁/労判359号58頁(安全配慮義務違反を理由とする債務不履行に基づく損害賠償債務は期限の定めのない債務であり、民法412条3項により債務者は債権者から履行の請求を受けた時から遅滞に陥ると判示)。

[*103]　大分県(国道管理瑕疵)事件・最三小判昭37・9・4民集16巻9号1834頁(不法行為に基づく損害賠償債務はなんらの催告を要することなく損害の発生と同時に遅滞に陥ると判示)。

注者等に対して損害賠償を請求しうるかが重要な論点となるが[*104]、①不法行為責任(民709・710条)(→(1))、②債務不履行責任(安全配慮義務違反)(民415条)(→(2))、③使用者責任(民715条)(→(3))、④工作物責任(民717条)に基づき肯定される場合がある。

(1) 不法行為責任(民709・710条)

安衛法は、①元方事業者(安衛15条1項)に対し、関係請負人及びその労働者が安衛法・安衛則に違反しないよう必要な指導を行い、違反があったときには是正のために必要な指示を行うことを義務付け(安衛29条1・2項)、②建設業の元方事業者に対し、土砂の崩壊・機械等の転倒・土石流・感電等のおそれがある場所等での技術上の指導を義務付け(安衛29条の2、安衛則634条の2)、③特定元方事業者に対し、協議組織の設置運営、作業間の連絡調整、合図や警報の統一その他の措置を講じること等を義務付け(安衛30条、安衛則635条〜642条の2)、④製造業等の元方事業者に対し作業間の連絡調整を義務付ける(安衛30条の2、安衛643条の2)等している[*105]。

かかる義務は直接的には元方事業者等の公法上の義務であるとしても、規定の究極目的は下請負人の労働者の安全と健康の確保にあるから、その内容は、元方事業者等の注意義務の内容になり、元方事業者等は当該注意義務違反により労働者に生じた損害については賠償義務を負う。

また、元方事業者に限らず、元請・中間事業者等については、労災を未然に防止すべき「条理上の注意義務」違反による不法行為責任を肯定しうる場合[*106]もあろう。

(2) 債務不履行責任(民415条)

債務不履行責任(安全配慮義務違反)については、その前提として、被災労働者との間に、ある法律関係に基づく「特別な社会的接触の関係」が存在することが必要となる。

ア 元方事業者等と安全配慮義務

前記(1)で述べたように、安衛法・安衛則は、元方事業者・特定元方事業者に一定の措置を義務づけており、かかる義務は当該労働者との間の特別な社会的接触の関係を基礎付けるものであるから、当該労働者に対し信義則上安全配

---

[*104] 労働者派遣においては派遣労働者に対し、労働契約上の使用者である派遣元のみならず、派遣先も安全配慮義務を負う(→後記第20章「非典型労働契約」第3節3(2)イ)。
[*105] 前記第12章「労働安全衛生と職場環境」第2節2(5)。
[*106] 林兼造船・宝辺商店事件・山口地下関支判昭50・5・26労判228号29頁/判時806号76頁。

慮義務を負う。

　そして、安衛法等の定める元方事業者等の義務は直接的には公法上の義務であるとしても、規定の究極目的は下請負人の労働者の安全と健康の確保であるから、その内容は、当該労働者に対する信義則上の安全配慮義務の最低基準としてその具体的内容の一部となると解すべきである。

　　イ　作業に関する管理と安全配慮義務

　安全配慮義務は、労務等の遂行に当たって支配管理する人的及び物的環境から生じ得べき危険の防止について信義則上負担する義務を内容とする。したがって、元請事業者、中間事業者、発注者等が、下請労働者に対し作業の遂行に関する指示その他の管理を行うことにより、人的側面について支配を及ぼし、また、作業の場所の決定、作業の処理に要する機械、設備、材料、資材などの調達、下請労働者の作業環境の決定等により、物的側面について支配を及ぼしている場合は、元請事業者等と下請労働者との間の「特別な社会的接触の関係」が肯定され、信義則上安全配慮義務を負う[107]。

　　ウ　鉱業権者と安全配慮義務

　発注者たる鉱業権者は、その経営する炭鉱内での労働災害のうち、少なくとも鉱山保安法の規定する保安に関しては、鉱山保安法上下請企業の労働者に対し指揮監督の権利及び義務があるから、当該労働者との間に鉱山保安法に基づく「特別な社会的接触の関係」が存在し、信義則上安全配慮義務を負う[108]。

---

[107]　三菱重工下関造船所事件・広島高判平26・9・24判時2243号119頁参照（「特別な社会的接触関係」を肯定）。三菱重工神戸造船所事件・最一小判平3・4・11民集162号295頁/判時590号14頁も、下請企業の労働者が元請企業の事業場において労務を提供し、いわゆる社外工として元請企業の管理する設備、工具等を用い、事実上元請企業の指揮、監督を受けて稼働し、その作業内容も元請企業の従業員とほとんど同じという事実関係の下においては、元請企業は下請企業の労働者との間に特別な社会的接触の関係に入ったと判示している。また、下級審裁判例も、「特別な社会的接触の関係」の存否につき、①元方事業者等の事業場での労務提供やその設備・工具等の使用、②元請事業者等の指揮、監督、指示、作業内容等を考慮している（テクノアシスト相模・大和製罐事件・東京地判平20・2・13労判955号13頁/判時2004号110頁〈結論肯定〉、中部電力ほか事件・静岡地判平24・3・23労判1052号42頁〈注文者については否定、元請事業者等については肯定〉、東京電力ほか事件・静岡地判平26・12・25労判1109号15頁〈結論否定〉、環境施設・東部興産事件・福岡地判平26・12・25労判1111号5頁〈結論肯定〉）。

[108]　筑豊じん肺事件・福岡高判平13・7・19判時1785号89頁/判タ1077号72頁（下請企業従業員に対する安全配慮義務の履行の第一次的責任は、当該下請企業にあるとはいえ、発注者たる鉱業権者においても、当該炭鉱内での労働災害のうち、少なくとも鉱山保安法の規定する保安に関しては、下請企業の従業員に対して指揮監督の権利及び義務を有していたものであって、信義則上安全配慮義務を負担していたというべきであると判示。この判断は最高裁でも維持〈最三小判平16・4・27民集58巻4号1032頁/労判872号5頁〉）。

### (3) 使用者責任（民715条）

#### ア　特定元方事業者等

　安衛法は、特定元方事業者に対し、①「統括安全衛生責任者」を選任し、関係請負人が安衛法・安衛則に基づき講ずべき措置について指導を行わせなければならず(安衛15条、30条1項5号)、また、②「元方安全衛生管理者」を選任し、関係請負人が安衛法・安衛則に基づき講ずべき措置についての指導のうち技術的事項につき管理させなければならないとする（安衛15条・15条の2、30条1項5号）。

　また、安衛法は、統括安全衛生責任者を選任すべき事業者以外の請負人で当該仕事を自ら行うものに対し、③「安全衛生責任者」を選任し、統括安全衛生責任者との連絡や数次下請にかかる各労働者の行う作業によって生じる労働災害にかかる危険の有無の確認させなければならないとする（安衛16条、安衛則19条5号）。

　これらの統括安全衛生責任者・元方安全衛生管理者・安全衛生責任者に関する義務は事業者の公法上の義務であったとしても、規定の究極目的は関係労働者の安全と健康の確保であるから、統括安全衛生責任者・元方安全衛生管理者・安全衛生責任者にさせるべき内容は、それらの注意義務の内容となる。

　したがって、統括安全衛生責任者・元方安全衛生管理者・安全衛生責任者がその注意義務の履践を怠り関係請負人の労働者に損害を発生させた場合には、統括安全衛生責任者・元方安全衛生管理者を使用する元方事業者、又は、安全衛生責任者を使用する事業者は、当該労働者に対して使用者責任を負う。

#### イ　元請負人

　元請負人が、下請負人の労働者に対し、使用者責任を負う場合として、以下の二つが判例上肯定されている。

　第一に、元請負人の「下請負人の不法行為」に関する使用者責任として、工事に関する指示・監督内容、下請の裁量の範囲、資力等に照らし、元請負人と下請負人の間に「使用関係」があることが認められるときには、元請負人の「下請負人の、その労働者に対する不法行為」に関する使用者責任が肯定される[109]。

　第二に、元請負人の「下請負人の被用者の不法行為」に関する使用者責任について、①元請負人が下請負人に対し工事上の指図をし若しくはその監督の下に工事を施行させる等、その関係が使用者と被用者との関係又はこれと同視しうる場合で、かつ、②当該下請負人の被用者に直接間接に元請負人の指揮監督

---

[109]　大審院判昭9・5・22大審院民事判例集13巻10号784頁。この大審院判例を引用して、建設事業の労働災害に715条を適用し、元請負人の、下請負人の労働者に対する使用者責任を肯定した先例として、竹中工務店事件・大審院判昭12・9・18法律新聞4186号7頁。

関係が及んでいる場合になされた当該下請負人の被用者の行為は、元請負人の事業の執行についてなされたものというべきであり、元請負人は、「下請負人の被用者の、当該労働者に対する不法行為」に関する使用者責任を負う[*110]。

## 6　労災補償・労災保険と損害賠償の調整

労働災害については、被災労働者又は遺族の、使用者又は第三者（通勤途上の交通事故の加害者等）に対する損害賠償請求と、労災補償・労災保険給付をどのように調整するかが問題となる。

　(1)　労災補償・労災保険給付との損益相殺的な調整

①労基法上の労災補償と使用者の損害賠償については、労基法84条2項が「使用者は、この法律による補償を行った場合においては、同一の事由については、その価額の限度において民法による損害賠償の責を免れる」と明記している。

②労災保険給付と使用者の損害賠償については、労基法84条2項を類推適用し、使用者は、同一の事由については、その価額の限度において民法による損害賠償の責を免れると解される[*111]。

③労基法上の労災補償と第三者の損害賠償については、民法の「弁済者の法定代位」（民500条）の類推適用により、使用者は労基法上の労災補償をなせばその限度で被災者の第三者に対する損害賠償請求権を代位取得するので、第三者は、同一の事由については、労災補償の価額の限度において被災労働者又は遺族に対する民法による損害賠償の責を免れ、この免れた額について使用者に支払義務を負うと解される。

④労災保険給付と第三者の損害賠償について、労災保険法12条の4第1項が、政府は保険給付をしたときは、その給付の価額の限度で、保険給付を受けた者が第三者に対して有する損害賠償請求権を取得するとしているので、第三者は、同一の事由については、労災保険給付の価額の限度において被災労働者又は遺族に対する民法による損害賠償の責を免れると解される。

したがって、被災労働者又は遺族が、使用者又は第三者に対し損害賠償を請求する場合、すでに支給されている労災補償・労災保険給付については、民事上の損害賠償の対象となる損害のうち、当該保険給付等による塡補の対象となる損害と同性質であり、かつ、相互補完性を有するものとの間で、損益相殺的な調整（損害額から労災補償・労災保険給付分を控除して損害賠償を減額すること）が図

---

[*110]　小池組事件・最二小判昭37・12・14民集16巻12号2368頁/判時325号17頁。
[*111]　三共自動車事件・最三小判昭52・10・25民集31巻6号836頁/判時870号63頁。

られる[*112]。

(2) 損益相殺的な調整の具体的内容

損益相殺的な調整の具体的内容として、第一に、労災保険給付(労災保険12条の8から24条、図14.1参照)のうち、①休業(補償)給付、障害(補償)給付、遺族(補償)給付、傷病(補償)年金は、労働者又は遺族の逸失利益を填補する性質をも有するものであるから、逸失利益との間で、②療養(補償)給付は、療養に要する費用との間で、③介護(補償)給付は、介護に要する費用との間で、④葬祭料は葬祭に要する費用との間で調整がなされる。

しかし、労災保険給付の受給権者の使用者又は第三者に対する損害賠償請求権が失われるのは、政府が現実に保険金を給付して損害を填補したときに限られ、将来の年金給付[*113]は、いまだ現実の給付がない以上、将来にわたり継続して給付されることが確定していても、損害賠償額から控除されない[*114]。

第二に、社会復帰促進事業(労災保険29条1項)として支給される特別支給金(労働者災害補償保険特別支給金支給規則2条、図14.1参照)は、労働福祉事業の一環として、被災労働者の療養生活の援護等によりその福祉の増進を図る目的で支給されるものであること、使用者又は第三者の損害賠償義務の履行と特別支給金の支給との関係について、保険給付のような支給調整規定(労災保険64条、12条の4)がないことに照らせば、被災労働者や遺族の損失を填補する性質を有するものとはいえず、損害額から控除されない[*115]。

第三に、労基法上の災害補償、及び、労災保険法に基づく保険給付は、労働者の財産的損害を填補するもので、精神的損害を填補するものではないので、これらと慰謝料との間で損益相殺がなされることはない[*116]。

---

[*112] 青木鉛鉄事件・最二小判昭62・7・10民集41巻5号1202頁/労判507号6頁、春田・高橋事件・最一小判平22・9・13民集64巻6号1626頁/判時2099号20頁、最二小判平22・10・15集民235号65頁、フォーカスシステムズ事件・最大判平27・3・4集民69巻2号178頁/労判1114号6頁。

[*113] 受給権者が死亡する等の理由で支給されなかったり、毎年8月1日に改訂される給付基礎日額の年齢階層別最高限度額を超過する部分が支給されないこともあり得る。

[*114] 使用者に対する損害賠償請求に関して、三共自動車事件・最三小判昭52・10・25民集31巻6号836頁/判時870号63頁、第三者に対する損害賠償請求に関して、仁田原・中村事件・最三小判昭52・5・27民集31巻3号427頁/判時857号73頁。

[*115] コック食品事件・最二小判平8・2・23民集50巻2号249頁/労判695号13頁、改進社事件・最三小判平9・1・28民集51巻1号78頁/労判708号23頁、関西保湿工業事件・東京高判平17・4・27労判897号19頁。

[*116] 山崎・荒瀬事件・最一小判昭37・4・26民集16巻4号975頁、伸栄製機事件・最一小判昭41・12・1民集20巻10号2017頁/労判74号44頁、東都観光バス事件・最三小判昭58・4・19民集37巻3号321頁/労判413号67頁、青木鉛鉄事件・最二小判昭62・7・10民集41巻5号1202頁/労判507号6頁。

### (3) 過失相殺と損益相殺の先後関係

労災補償又は労災保険給付がなされ、かつ、被災労働者に過失がある場合の、使用者又は第三者に対する損害賠償額については、損益相殺（損害額から補償又は保険給付分を控除して損害賠償を減額すること）と、過失相殺（損害額に過失割合を乗じて損害賠償を減額すること）のどちらを先行させるかが問題となる。損益相殺を過失相殺よりも先行させた方が損害賠償額が高くなるが、この先後関係については条文上に規定がない。

この点について、最高裁判決[117]は、損害賠償額の算定にあたっては、過失相殺を先行させ、過失相殺で減額した後の損害額から労災保険給付を控除すべきであるとしている。その理由として、政府が受給権者に対し労災保険給付をしたときは、受給権者が第三者に対して取得した損害賠償請求権は、給付の額の限度で国に移転（労災保険12条の4第1項）する結果縮減されると解されるところ[118]、損害賠償額につき労働者の過失を斟酌すべき場合は、受給権者は第三者に対し過失を斟酌して定められた額の損害賠償請求権を有するにすぎないので、国に移転する損害賠償請求権も過失を斟酌した後のそれを意味すると解するのが規定の趣旨に沿うとしている[119]。

### (4) 労災補償・労災保険給付と使用者による損害賠償

先に述べたように、使用者の損害賠償額は、まず、被災労働者又は遺族が被った総損害額に過失割合を乗じて損害額が算出され（→前記(3)）、その額から、労災補償又は労災保険給付のうち、填補の対象となる損害が同性質で相互補完性を有する給付で、かつ、損害賠償請求訴訟の事実審の口頭弁論終結までに現

---

[117] 第三者に対する損害賠償請求の事案につき、田辺・吉村事件・最三小判平元・4・11民集43巻4号209頁／労判546号16頁。使用者に対する損害賠償請求の事案である鹿島建設・大石塗装事件・最一小判昭55・12・18民集34巻7号888頁／労判359号58頁も過失相殺を先行させ損害賠償額を確定した原審（福岡高判昭51・7・14民集34巻7号906頁）を維持している。

[118] 三共自動車事件・最三小判昭52・10・25民集31巻6号836頁／判時870号63頁、仁田原・中村事件・最三小判昭52・5・27民集31巻3号427頁／判時857号73頁。

[119] 伊藤正己裁判官の反対意見は、損益相殺を先行させるべきとし、その理由として、労働者に過失がある場合は、政府の保険給付の中には労働者の過失により生じた損害の填補部分と第三者の過失により生じた損害の填補部分が混在し、損害賠償義務と実質的に相互補完の関係にあるのは第三者の過失により生じた損害の填補部分であり、国が取得する受給権者の第三者に対する損害賠償請求権も第三者の過失により生じた損害に相当する部分であるとする。健康保険給付につき、社会保障の一環として支払われるものであるから、過失相殺分について被害者に負担させるのではなく保険者に負担させるべきであるとして、損益相殺を先行させ、総損害（健康保険により補填された損害を含む）から保険給付分を控除したその余の損害について過失相殺をなすべきとした裁判例として、名古屋地判平15・3・24判時1830号108頁／判タ1155号235頁。

実に支払われたものが控除され(→前記(1)(2))、損益相殺的調整がなされて算出される[120]。

しかし、被災労働者又は遺族が受けるべき障害(補償)年金又は遺族(補償)年金のうち、事実審の口頭弁論終結時以降の分は、損害額と損益相殺されない(→前記(2))ため、労災保険に保険料を払っている使用者の保険利益(労災保険から支払われる保険給付の限度で損害賠償責任を免れる)が損なわれることにもなる。このため、将来の年金給付分と使用者の損害賠償を調整する必要があり、1980(昭55)年に調整規定が定められた(労災保険64条)[121]。

第一に、使用者側からの調整として、使用者は、当該労働者又は遺族に支払われるべき障害(補償)年金又は遺族(補償)年金の「前払一時金」の最高限度額に相当する額までは損害賠償の履行猶予を求めることができ、この猶予の間に前払一時金又は年金が現実に支払われたときは、その労災保険給付額の限度で損害賠償責任を免れることができる(労災保険64条1項)[122]。

第二に、労災保険側からの調整として、労働者又はその遺族が保険給付を受けるべきときに、同一の事由について損害賠償を受けたときは、政府は、労働政策審議会の議を経て厚生労働大臣が定める基準[123]により、これに対応する保険給付をその価額の限度でしないことができる。ただし、「前払一時金」の

---

[120] 労災保険給付により充当される対象は、過失相殺後の財産上の損害のうち、元本の部分が先か遅延損害金の部分が先かも問題となり、最二小判平16・12・20集民215号987頁/判時1886号46頁は、自賠責保険金、労災保険の遺族補償年金、及び厚生年金保険の遺族厚生年金が、損害金の元本及び遅延損害金の全部を消滅させるに足りないときは、まず遅延損害金の部分に充当されると判断したが、春田・高橋事件・最一小判平22・9・13民集64巻6号1626頁/判時2099号20頁、最二小判平22・10・15集民235号65頁、フォーカスシステムズ事件・最大判平27・3・4民集69巻2号178頁/労判1114号6頁はこれを変更し、療養(補償)給付、休業(補償)給付、遺族(補償)給付等について、遅延損害金ではなく逸失利益等の元本との間で調整されるべきであると判断し、その理由として、制度の予定するところと異なりその支給が著しく遅滞する等の特段の事情がない限り、労災保険給付の支給又は支給の確定により填補の対象となる損害は不法行為の時に填補されたものと法的に評価して損益相殺的な調整をすることが公平の見地からみて相当と述べている。

[121] 昭56・10・30基発696の「第三 労災保険給付と民事損害賠償の調整」が詳細にその内容を定めている。

[122] これらの履行猶予と免除は、使用者の抗弁事由であり、使用者が抗弁権を行使しない場合は、被災労働者又は遺族の損害賠償請求権は影響を受けない。

[123] 昭56・10・30基発696。将来の年金給付の支給停止の期間については最長期間が定められており、災害発生時から前払一時金最高限度額の日数(後遺障害1級であれば1340日)及び「9年又は就労可能年数の短い方」を加算した期間である。すなわち、最長の場合で、約12年8か月間労災保険の年金の支給が停止され、この期間経過後に労災保険の年金の支給が再開される。

最高限度額に達するまでの年金等については、保険給付を行う（労災保険64条2項）。

(5) 労災補償・労災保険給付と第三者による損害賠償

先に述べたように、第三者の被災労働者又は遺族に対する損害賠償額は、まず、被災労働者又は遺族が被った総損害額に過失割合を乗じて損害額が算出され（→前記(2)）、その額から、労災補償又は労災保険給付のうち、填補の対象となる損害が同性質で相互補完性を有する給付で、かつ、損害賠償請求訴訟の事実審の口頭弁論終結までに現実に支払われたものが控除され（→前記(1)）、損益相殺的調整がなされて算出される[*124]。この場合、被災労働者又は遺族に対してなされた労災補償又は労災保険給付については、①使用者がなした労災補償については、民法の「弁済者の法定代位」（民500条）の類推適用により、使用者が労災補償を受けた者が第三者に対して有する損害賠償請求権を代位取得し、②労災保険給付については、政府が、保険給付を受けた者が第三者に対して有する損害賠償請求権を取得する（労災保険12条の4第1項）。したがって、第三者は、労災補償又は労災保険給付に対応する額については、使用者又は国に損害賠償することになる。

また、保険給付を受けるべき被災労働者又は遺族が、当該第三者から同一の事由について先に損害賠償を受けたときは、政府は、その価額の限度で保険給付をしないことができる（労災保険12条の4第2項）。被災労働者又は遺族が受けるべき障害（補償）年金又は遺族（補償）年金のうち、損害賠償請求訴訟の事実審の口頭弁論終結時以降の分は、損害額と損益相殺されず、これに対応する損害が損害賠償額に含まれうるので、政府は、その価額の限度で一定期間年金の給付を停止することができる[*125]。なお、第三者は労災保険に保険料を支払っているわけではなく、使用者のように保険利益を考慮する必要がないので、第三者の損害賠償額を減額する調整規定はない。

なお、労災の被災労働者又は遺族は、契約自由の原則に基づき、加害者たる第三者の損害賠償債務の全部又は一部を免除することができ、その限度で損害賠償請求権を喪失した場合は、政府はその限度において保険給付の義務を免れ、

---

[*124] 労災保険給付は逸失利益等の元本との間で調整される（春田・高橋事件・最一小判平22・9・13民集64巻6号1626頁/判時2099号20頁、最二小判平22・10・15民集235号65頁、フォーカスシステムズ事件・最大判平27・3・4民集69巻2号178頁/労判1114号6頁。

[*125] 平25・3・29基発0329第11号により、将来の年金給付について保険給付をしない期間は、2013（平25）年3月31日以前に発生した災害については災害発生時点から最長3年間、同年4月1日以降に発生した災害については災害発生時点から最長7年とされている。

また、政府が保険給付をしても、請求権が存在することを前提とする政府の法定代位権（労災保険12条の4第1項）は発生しないとの最高裁判決[126]がある。このため、当該示談が真正に成立しており、かつ、その内容が、受給権者の第三者に対して有する損害賠償請求権（保険給付と同一の事由に基づくものに限る）の全部の填補を目的としているときは、原則として保険給付が行われない[127]。

## 第4節　上積み補償制度

「上積み補償制度」とは、使用者が、労働協約又は就業規則により、業務上災害又は通勤災害について、法定の労災補償・労災保険に一定の補償を上積みする制度である[128]。

### 1　上積み補償制度の法的性質

(1)　労働協約上の上積み補償制度

第一に、被災労働者にとって、労働協約上の上積み補償制度の中の労働者に対する給付部分は、「労働者の待遇に関する基準」（労組16条）である。したがって、被災労働者は、労働協約の適用を受ける場合は、労働協約の規範的効力（労組16条）により、使用者に対して上積み補償請求権を有する。

第二に、被災労働者の遺族にとって、労働協約上の上積み補償制度の中の遺族補償に関する部分は、使用者と労働組合との間の「第三者のためにする契約」（民537条1項）である。したがって、遺族は、労働協約の対象となっている場合は、受益の意思表示（民537条2項）をなすことにより、使用者に対し遺族補償の請求権を取得する。

(2)　就業規則上の上積み補償制度

第一に、被災労働者にとって、就業規則上の上積み補償制度の中の当該労働者に対する給付部分は、使用者との合意又は就業規則の最低基準効（労契12条）により労働契約の内容となり、使用者に対して上積み補償請求権を有する。

第二に、被災労働者の遺族にとって、就業規則上の上積み補償制度の中の遺

---

*126　小野運送事件・最三小判昭38・6・4民集17巻5号716頁／判時338号5頁。
*127　昭38・6・17基発687。
*128　1960年代後半に、この制度が発足した時点では、労働基準監督署長の業務上認定あるいは通勤災害認定がなくても補償対象とする例が見られたが、今日では、労働基準監督署長が業務上認定あるいは通勤災害認定した事案に限定して、労災保険給付に上積みして補償を行うのが通例であり、その金額は自動車損害賠償責任保険（強制保険）の保険金額に準拠しているものが少なくない。

族補償に関する部分は、労働者と使用者の合意又は就業規則の最低基準効(労契12条)により、労働者と使用者との間の労働契約の内容となり、上積み補償に関する約定部分は「第三者のためにする契約」(民537条1項)となる。したがって、遺族は、受益の意思表示(民537条2項)をなすことにより、使用者に対し遺族補償の請求権を取得する。

## 2　上積み補償制度と労災補償・労災保険、損害賠償との関係
### (1)　上積み補償制度と労災補償・労災保険
　上積み補償制度は、労災補償・労災保険の法定制度に一定の補償を上積みする趣旨であるので、使用者の労災補償責任や労災保険給付に影響を及ぼさない。
### (2)　上積み補償制度と損害賠償
　使用者は、上積み補償をなすことによって、その価額の限度で同一事由につき被災労働者又はその遺族に対して損害賠償責任を免れ、また第三者行為災害の場合は、被災労働者又はその遺族が第三者に対し有する損害賠償請求権を代位取得すると解される。

　上積み補償を損害賠償の予定(民420条1項)として明定する条項、又は、上積み補償により損害賠償請求権を放棄する条項がおかれている場合、実際の損害額が上積み補償よりも大きいときは、その効力が問題となる。

　一般に有効と解する見解もある[129]が、実際の損害額が上積み補償よりも大きい場合でも上積み補償額しか支払わない又は損害賠償請求権を放棄するという部分は、労働協約の規定であれば、協約自治の限界を超えるもの(被災労働者又はその遺族の損害賠償請求権を一部放棄させるもの)で無効と解すべきである。また、就業規則の規定であれば、合理性がないので、非有利設定効又は不利益変更効(労契7条・10条)により労働契約の内容となることは認められず、また、公序違反(民90条)で無効でもあると解すべきである。

　なお、上積み補償をなすべき事由が発生した時点で、被災労働者又は遺族が使用者に対する損害賠償請求権を放棄する書面を提出することを条件に上積み補償を支払う旨を定める停止条件付上積み補償制度が存在する。当該上積み補償制度は、被災労働者又は遺族に対する和解契約(示談)締結の申込みを定型的に定めるものであると解され、被災労働者又は遺族に対し承諾するか否かの選択の自由が保障され、上積み補償額が実際の損害額を下回らない限りは適法であろう。

---

[129]　菅野・労働法(2017)648頁。

# 第3編　労働契約

## 第15章　労働契約の成立

　本章では、労働契約の成立[*1]に関連して、①労働契約の定義・成立・分類（→第1節）、②労働契約の締結に関する法規制（→第2節）、③採用内定（→第3節）を順に検討し、併せて、④試用期間（→第4節）についても検討する。

### 第1節　労働契約の定義・成立・分類

#### 1　労働契約の定義

　「労働契約」は、「労働者」[*2]の締結する「労務供給契約」である。

　具体的には、①労務供給者（自然人）が自ら労務を供給する契約であり、②労務の供給と報酬の支払が対価関係にある有償双務契約である。

　「労働契約」は、労働関係法規の適用関係により、①労基法上の労働契約、②労契法上の労働契約、③労組法上の労働契約の三種類に区別され、その内容は「労働者」概念に応じて定まる[*3]。

　労契法上の労働契約と労組法上の労働契約は同じであり、労基法上の労働契約は、労契法・労組法上の労働契約のうち、労務の供給を受ける者が事業者である労働契約である。

　特に断りのない場合は、「労働契約」は、労働関係法規が全て適用される「労基法上の労働契約」を指すこととする。

---

[*1]　近年の研究書・論考として、萬井隆令『労働契約締結の法理』有斐閣(1997)、新屋敷恵美子『労働契約成立の法構造』信山社(2016)、所浩代「労働契約の成立」再生(2)(2017)47-66頁、同論文引用文献等。

[*2]　前記第4章「労働法の主体」第1節参照。

[*3]　①「労基法上の労働契約」（労基法等の個別的労働関係法の領域の法律<労契法を除く>が適用される労働契約）は、「労基法上の労働者」が締結する労務供給契約であり、②「労契法上の労働契約」（労契法が適用される労働契約）は、「労契法上の労働者」の締結する労務供給契約であり、「労組法上の労働契約」（労組法が適用される労働契約）は、「労組法上の労働者」の締結する労務供給契約である（前記第5章「権利義務関係の決定システムと法源」第2節第1款1）。

## 2　労働契約の成立

### (1) 契約の成立と方式

契約は、契約内容を示してその締結を申し入れる意思表示(申込み)に対して相手方が承諾した時に成立し[*4]、契約の成立には、法令に特別の定めがある場合を除き、書面の作成その他の方式を具備することを要しない。

労契法上の労働契約については、「労働契約は、労働者が使用者に使用されて労働し、使用者がこれに対して賃金を支払うことについて、労働者及び使用者が合意することによって成立する」と定められており(労契6条)、特に方式に関する規定はない。したがって、労契法上の労働契約は、①労働者が使用者に対して労務を供給し(使用されて労働し)、②使用者が労働の対償として労働者に報酬(賃金)を支払うことについての意思の合致(申込みと承諾)があれば成立する、諾成・不要式契約である。

これに対して、労基法上の労働契約、及び、労組法上の労働契約については、特に成立要件についての規定はないが、いずれも、使用者(契約相手方)に対する労務の供給と報酬の支払が対価関係にある有償双務契約であることは、労契法上の労働契約と同様であり、特に方式に関する規定は存在しない。したがって、労基法上の労働契約・労組法上の労働契約も、①労働者が使用者に対し労務を供給し、②使用者がその対価として労働者に報酬を支払うことについての意思の合致(申込みと承諾)があれば成立する、諾成・不要式契約である[*5]。

### (2) 契約の成立時期

先に述べたように、労働契約も申込みと承諾により成立し、意思表示はその通知が相手方に到達したときからその効力を生じるが、例外的に「隔地者間の契約は、承諾の通知を発した時に成立する」(民526条)。したがって、現行制度では、隔地者間で締結される労働契約は承諾の通知が発せられた時に成立する。ただし、2017(平29)民法改正により現526条は削除されることとなったので、改正後の民法施行(2020<平30>年4月1日)後は到達主義に統一され、隔地者間で締結される労働契約も承諾の通知が申込者に到達した時に成立する。

---

[*4] 現行民法には規定がないが、2017(平29)民法改正により明文規定が創設された(新522条1項)。

[*5] 中労委(クボタ)事件・東京高判平23・12・21中労委DB:H-H23-002も、「労働者が使用者に使用されて労働し、使用者がこれに対して賃金を支払うことについて、労働者及び使用者が合意した場合には、賃金の確定額等労働条件の内容について合意に至っていない事項があるときであっても、労働契約の成立は妨げられない」と判示している。

### 3　労働契約の分類

労働契約は、①「期間の定めの有無」という観点から、「期間の定めのない労働契約」と「期間の定めのある労働契約(有期労働契約)」に分類され、②「労働時間の長さ」という観点から、「フルタイム労働契約」と「パートタイム労働契約」に分類され、③「労務供給の相手方」という観点から、契約の当事者(相手方)に対して労務を供給する「通常の労働契約」と契約当事者以外の第三者に労務を供給する「派遣労働契約」に分類される。

「期間の定めのない・フルタイムの・通常の労働契約」を「典型労働契約」と定義するならば、それ以外の労働契約(①〜③の3つの要素の組合せにより7種類存在する)は、「非典型労働契約」[*6]と定義することができる。

## 第2節　労働契約の締結に関する法規制

労働契約の締結に関しては、労働者は、契約締結の自由(契約を締結するかどうか、誰と契約を締結するか)を有するが、使用者については、労働者の人格権・平等原則・雇用の保障という観点から、①使用者による労働者の募集(→1)、②労働者(契約相手方)の選択(→2)、③使用者による情報収集(→3)、④使用者による労働契約締結の拒否(→4)に関し、一定の法規制が行われている。また、⑤使用者による労働条件の明示が義務づけられ(→5)、⑥労働契約の期間(→6)に関しても法規制が行われている。

### 1　使用者による労働者の募集

(1) 募集方法

「労働者の募集」(職安4条5項)について、第一に、労働者の直接募集は原則として自由であるが、委託募集(労働者を雇用しようとする者がその被用者以外の者に委託して労働者の募集を行う場合)は、厚生労働大臣の許可(報酬を支払う場合)又は届出(報酬を支払わない場合)が必要であり、報酬を支払う場合はその額につき予め厚生労働大臣の認可が必要である(職安36条)。

第二に、労働者の募集を行う者(募集者)又は委託を受けて労働者の募集に従事する者(募集受託者)が、その募集に関し、募集に応じた労働者から報酬を受領することは禁止されている(職安39条)。

---

[*6] それぞれの契約類型に関する法規制については、後記第20章「非典型労働契約」。

第三に、募集者が、その被用者で募集に従事する者又は募集受託者に対し、賃金、給料その他これらに準ずるもの又は許可を受けた報酬を除き、報酬を与えることは禁止されている(職安40条)。

第四に、労働者の募集については、その性別にかかわりなく均等な機会を与えなければならない(均等5条)[*7]。また、原則としてその年齢に関わりなく均等な機会を与えなければならず、例外的に年齢を募集・採用条件とすることが認められる場合が限定列挙されている(雇対10条、雇対則1条の3)[*8]。

労働者の募集にあたっては、職業紹介機関を利用することも可能であり、国による職業紹介[*9]と職業指導[*10]のサービス担当機関(「職業安定機関」)として、厚生労働大臣の指揮監督下にある職業安定主管局(職業安定局)、都道府県労働局、公共職業安定所(通称ハローワーク)[*11]等があり、また、民営職業紹介機関(無料職業紹介事業[*12]・有料職業紹介事業[*13])も存在する。

(2) 募集等の際に明示された労働条件と労働契約の内容

労働者の募集を行う者及び募集受託者又は求人者等は、労働者の募集や公共職業安定所等への求人申込み等をなすにあたっては、①労働者が従事すべき業務の内容、②労働契約の期間、③就業場所、④始業・終業時刻、所定時間外労

---

[*7] 前記第8章「平等原則」第2節第2款1(2)。

[*8] 前記第8章「平等原則」第3節5。

[*9] 「職業紹介」とは、「求人及び求職の申込みを受け、求人者と求職者との間における雇用関係の成立をあっせんすること」と定義されている(職安4条1項)。求人者に紹介するために求職者を探索し、求人者に就職するよう求職者に勧奨するいわゆるスカウト行為は同項にいう職業紹介におけるあっせんに該当する(東京エグゼクティブ・サーチ事件・最二小判平6・4・22民集48巻3号944頁/労判654号6頁)。

[*10] 「職業指導」とは、「職業に就こうとする者に対し、実習、講習、指示、助言、情報の提供その他の方法により、その者の能力に適合する職業の選択を容易にさせ、及びその職業に対する適応性を増大させるために行う指導」と定義されている(職安4条4項)。

[*11] 公共職業安定所は、職業紹介、職業指導、雇用保険その他職安法の目的を達成するために必要な業務を行い、無料で公共に奉仕する機関とされている(職安8条1項)。

[*12] 「無料の職業紹介」とは、「職業紹介に関し、いかなる名義でも、その手数料又は報酬を受けないで行う職業紹介」であり(職安4条2項)、無料職業紹介事業については、学校等、特別の法人、地方公共団体は厚生労働大臣に届け出ることにより行うことができるが(職安33条の2〜33条の4、職安則25条の2〜25条の4)、それ以外の者は厚生労働大臣の許可を受けなければ行うことができない(職安33条、職安則25条)。

[*13] 「有料の職業紹介」とは、「無料の職業紹介以外の職業紹介」であり(職安4条3項)、有料職業紹介事業については、厚生労働大臣の許可を受けなければ行うことができず(職安30条、職安則18条)、許可の基準、許可の欠格事由、手数料、許可証の交付、許可の条件、許可の有効期間等、取扱職業の範囲、取扱職種の範囲等の届出・明示等、職業紹介責任者の選任、帳簿の備付け、事業報告の提出等が定められている(職安31条〜32条の16、職安則21条〜24条の8)。

働の有無、休憩時間・休日、⑤賃金(臨時に支払われる賃金、賞与等を除く)の額、⑥健康保険、厚生年金、労災保険、雇用保険の適用等の労働条件を書面の交付等により明示しなければならず、応募者又は求職者等と労働契約を締結する場合にこれを変更する場合はその旨を書面等により明示しなければならない(職安5条の3、職安則4条の2)。

労働者の募集や求人は、一般に、労働契約締結申込みの誘因であり、その際求人票等で明示された労働条件が当然に労働契約の内容となるわけではないが、通常、応募者・求職者はこれが労働契約の内容となると考え、募集者・求人者もそれを前提としている。したがって、募集・求人の際に求人票等で示された労働条件は、当事者間においてこれと異なる別段の合意をするなど特段の事情がない限り労働契約の内容となる[*14]。

また、新規学卒者の募集のように、募集・労働契約成立時から就労開始時期までに時間的間隔があり、求人票等では賃金の「見込額」を示し、労働契約成立時に賃金額が求人票記載の通り確定したと解すことができない場合でも、求人票記載の見込額と最終的に示された賃金額の相違は、信義則に反してはならず、信義則に反する場合は見込額が賃金額となると解すべきである[*15]。

## 2　使用者による労働者の選択(採用)

使用者による労働者(契約相手方)の選択、すなわち、採用については、①性別、②障害、③年齢を理由とする差別的取扱いが明文上禁止されている。また、④思想・信条、⑤国籍・人種・民族・社会的身分・門地、⑥団結活動等、⑦その他家族関係・私生活等を理由とする採用拒否が違法かどうかが論点とされている。その具体的内容は以下のとおりである。

(1) 性別

性別については、「事業主は、労働者の募集及び採用について、その性別にかかわりなく均等な機会を与えなければならない」と定められ(均等5条)、性別を理由とする採用拒否は禁止されている[*16]。

(2) 障害

障害については、第一に、①「事業主は、労働者の募集及び採用について、

---

[*14] 千代田工業事件・大阪高判平2・3・8労判575号59頁/判タ737号141頁(職業安定所の求人票記載の労働条件につきこのように判示)。

[*15] 八洲測量事件・東京高判昭58・12・19労判421号33頁/判時1102号24頁(当該事案では信義則違反を否定)。

[*16] 前記第8章「平等原則」第2節第2款1(2)。

障害者に対して、障害者でない者と均等な機会を与えなければならない」と定められ（障雇34条、2016〈平28〉年4月1日施行）、②障害者の雇用の均等な機会・待遇確保のための合理的な配慮の提供が求められ（障雇36条の2〜36条の4、2016〈平28〉年4月1日施行）、第二に、法定雇用率制度（障雇第3章）により、一定の率の障害者雇用の義務付けが行われている[*17]。

(3) 年齢

年齢について、原則として、事業主は、労働者の募集及び採用について、その年齢にかかわりなく均等な機会を与えなければならないと定められ、例外的に、年齢を募集・採用条件とすることが認められる場合が限定列挙されている（雇対10条、雇対則1条の3）[*18]。

(4) 思想・信条

思想・信条を理由とする採用拒否については、①労基法3条が禁止する信条を理由とする「賃金、労働時間その他の労働条件についての差別的取扱」に該当するかどうか、②憲法14条と19条に照らし民法90条の公序違反に該当するかどうかが問題となる。

この点について、最高裁判決[*19]は、①と②のいずれも否定するが、労基法3条は労働契約の締結及びその基準も規制対象とすると解されるから、思想・信条を理由とする採用拒否は、労基法3条違反と解すべきであり、仮に労基法3条は労働契約の締結時に適用されないとしても、民法90条の公序違反であり、また、不法行為（民709・710条）に該当すると判断すべきである[*20]。

(5) 国籍・人種・民族・社会的身分・門地

国籍・人種・民族・社会的身分・門地を理由とする採用拒否については、①労基法3条の禁止する国籍（人種・民族も含まれる）・社会的身分（門地も含まれる）を理由とする「賃金、労働時間その他の労働条件についての差別的取扱」に該当するか、②憲法14条に照らし民法90条の公序違反かが問題となる。

この点について、最高裁は労基法3条は契約締結時には適用されないと解する[*21]から、最高裁の立場では労基法3条違反にはならない。

しかし、労基法3条は労働契約締結時にも適用されると解すべきであるから、人種・民族・国籍・社会的身分・門地を理由とする採用拒否は、労基法3条違

---

*17　前記第8章「平等原則」第3節4(4)。
*18　前記第8章「平等原則」第3節5。
*19　三菱樹脂事件・最大判昭48・12・12民集27巻11号1536頁／労判189号16頁。
*20　前記第8章「平等原則」第3節1(2)。
*21　三菱樹脂事件・最大判昭48・12・12民集27巻11号1536頁／労判189号16頁。

反であり、仮に労基法3条が労働契約締結時に適用されないとしても、民法90条の公序違反であり、また、不法行為（民709・710条）に該当する[*22]。

(6) 団結活動等

労働者の団結活動等を理由とする採用拒否については、第一に、「労働者が労働組合に加入せず、若しくは労働組合から脱退することを雇用条件とすること」は、不当労働行為（「黄犬契約」）として禁止されており（労組7条1号）[*23]、不法行為（民709・710条）にも該当しうる。

第二に、「労働者が労働組合の組合員であること、労働組合に加入し、若しくはこれを結成しようとしたこと若しくは労働組合の正当な行為をしたことの故をもって、その労働者を解雇し、その他これに対して不利益な取扱いをすること」も不当労働行為（「不利益取扱い」）として禁止されている（労組7条1号）。そこで、「採用拒否」が禁止される「不利益な取扱い」に該当するかどうかが問題となるところ、最高裁判決[*24]は、思想・信条を理由とする採用拒否に関する最高裁判決[*25]を引用した上で、同条文は労働契約締結後に適用され、「採用拒否」は特段の事情がない限り「不利益な取扱い」には含まれないと判示するが、労働者の団結活動等を理由とする「採用拒否」も、労組法7条1号の禁止する「不利益な取扱い」に含まれ、不当労働行為に該当し[*26]、また、不法行為にも該当しうると解すべきであろう。

(7) 家族関係、私生活等

家族関係、私生活等で、労務遂行能力の判断に関わらないことを理由とする採用拒否につき、これを具体的に制限する法律はないが、人格権保障の観点から、このような採用拒否が、憲法13条に照らし民法90条の公序に反し、不法行為（民709・710条）となる場合もあると解すべきであろう。

## 3 使用者による情報収集

(1) 対象事項と方法

使用者が、当該人と労働契約を締結するかどうかを判断するにあたり、応募者に申告を求めるなど情報収集を行うことは認められる。しかし、応募者の人

---

[*22] 前記第8章「平等原則」第3節1(2)。
[*23] 後記第26章「不当労働行為と法的救済」第3節第1款2(2)。
[*24] 中労委（JR北海道・JR貨物）事件・最一小判平15・12・22民集57巻11号2335頁/判時1847号8頁。
[*25] 三菱樹脂事件・最大判昭48・12・12民集27巻11号1536頁/労判189号16頁。
[*26] 後記第26章「不当労働行為と法的救済」第3節第1款1(5)ア。

格権とプライバシーを尊重するという観点から、対象事項は労働契約締結の有無を判断するために必要な事項に限定され、情報収集方法も社会通念上相当な方法でなければならない。

例えば、採用時におけるHIV抗体検査[27]や、B型肝炎ウイルス感染検査[28]は、これを実施することに客観的に合理的な理由があり、かつ、検査を受ける者本人の承諾がある場合でなければ、プライバシーを侵害する不法行為となる。

また、応募者の思想信条に関わる事項についても、最高裁判決[29]は、思想・信条を理由とする採用拒否は違法ではないから、労働者の採否決定にあたり労働者の思想・信条を調査しこれに関連する事項について本人に申告を求めることも違法ではないと判示するが、前記2(4)で述べたように、思想・信条を理由とする採用拒否は違法である(労基3条・民90条違反)から、当然、これに関する事項を申告させることも違法(民90条違反)であり[30]、不法行為(民709・710条)であると解すべきである。

また、家族関係・私生活等で労働能力とは直接関係のない事由を理由とする採用拒否も公序(民90条)違反となりうるから、その場合、それに伴う調査・申告の要求も公序(民90条)違反で不法行為と解すべきであろう。

(2) 職安法上の規制

労働者の情報を収集することに関連して、職安法は、公共職業安定所及び職業紹介事業者、労働者の募集を行う者及び募集受託者、並びに、労働者供給事業者は、業務の目的の達成に必要な範囲内で求職者の個人情報を収集し保管し、使用しなければならない(本人の同意その他正当な理由のある場合を除く)としている(職安5条の4)。

そして、「職業紹介事業者、労働者の募集を行う者、募集受託者、労働者供給事業者等が均等待遇、労働条件等の明示、求職者等の個人情報の取扱い、職業紹介事業者の責務、募集内容の的確な表示等に関して適切に対処するための指針」[31]は、人種、民族、社会的身分、門地、本籍、出生地その他社会的差別の原因となるおそれのある事項、思想及び信条、並びに、労働組合への加入状

---

[27] 東京都(警察学校・警察病院HIV検査)事件・東京地判平15・5・28労判852号11頁/判タ1136号114頁(採用時における本人の承諾のないHIV検査をプライバシー侵害の違法な行為と判断)。

[28] B金融公庫事件・東京地判平15・6・20労判854号5頁(採用時における本人の承諾のないB型肝炎ウイルス感染検査をプライバシー侵害の不法行為と判断)。

[29] 三菱樹脂事件・最大判昭48・12・12民集27巻11号1536頁/労判189号16頁。

[30] 三菱樹脂事件・東京高判昭43・6・12労民19巻3号791頁/判時523号19頁。

[31] 平11・11・17労告141(平28・10・19厚労告378等により一部改正)。

況についての個人情報の収集を、特別な職業上の必要性が存在することその他業務の目的の達成に必要不可欠であって収集目的を示して本人から収集する場合を除き、禁止している（第4の1）。

### 4　使用者による労働契約締結の拒否と法的救済

(1) 原則－採用拒否に対する法的救済の限界

使用者による採用拒否が、均等法5条（性別）、障雇法34条（障害）、雇対法10条（年齢）、労基法3条・民法90条（思想・信条、国籍、社会的身分）、労組法7条1号・民法90条（団結活動等）、民法90条（家族関係・私生活等）に違反する場合、裁判所における救済として、不法行為に基づく損害賠償請求は可能であるが、労働契約の締結を強制することはできない。

ただし、当該採用拒否が、労働者の団結活動等を理由とするもので、労組法7条1号の不当労働行為に該当する場合、労働委員会による救済として、従業員として取り扱えという内容の救済命令を出すことは可能である[32]。

(2) 例外－みなし制度

使用者は労働契約の締結を強制されないが、例外的に、使用者が労働契約の締結を承諾したもの、又は、労働契約締結の申込みをしたものと「みなす」制度が三つある。

第一は、有期労働契約の期間の定めのない労働契約への転換制度[33]である。二以上の有期労働契約の通算期間が5年を超えることとなる労働者が現に継続している有期労働契約の期間満了までに期間の定めのない労働契約締結の申込みを行えば、使用者は期間の定めのない労働契約の締結を承諾したものとみなされる（労契18条）[34]。これは、有期労働契約を締結している労働者の雇用の安定化を図る制度である。

第二は、有期労働契約の更新・締結に関する制度[35]である。一定の要件を充足する場合は、使用者が有期労働契約の更新を拒否しても、労働者の申込みにより、使用者が有期労働契約の更新又は締結の申込みを承諾したものとみなされる（労契19条）[36]。これも、有期労働契約を締結している労働者の雇用の安定

---

[32]　後記第26章「不当労働行為と法的救済」第4節第1款5(2)イ。
[33]　後記第20章「非典型労働契約」第1節5。
[34]　一部改正法（平24法56）により追加され、2013（平25）年4月1日施行。施行前の契約期間は不算入。
[35]　後記第18章「労働契約の終了」第3節第2款3。
[36]　一部改正法（平24法56）により追加され、2012（平24）年8月10日施行。

化を図る制度である。

　第三は、労働者派遣における派遣先と派遣労働者との間の労働契約締結に関する制度[*37]である。労働者派遣の役務の提供を受ける者（派遣先）が一定の違反行為[*38]を行った場合、その時点で派遣労働者に対しその時点の労働条件と同一の労働条件を内容とする労働契約締結の申込みをしたものとみなされ（過失がない場合を除く）（派遣40条の6第1項）、違反行為終了後1年を経過するまでは使用者は申込みを撤回できず（派遣40条の6第2項）、上記期間中に労働者が承諾の意思表示をすれば、派遣先と派遣労働者との労働契約が成立する[*39]。これは、違法派遣・偽装請負における派遣労働者の雇用の安定化を図る制度である。

## 5　労働条件の明示・説明
### (1) 明示すべき労働条件の範囲・方法

　使用者は、労働契約の締結に際し、労働者に対して、賃金、労働時間その他の労働条件を明示しなければならない（労基15条1項）。

　具体的には、1)必ず、書面の交付により、明示しなければならない事項は、①労働契約の期間、②就業場所・従事する業務、③始業・終業時刻、所定時間外労働の有無、休憩・休日・休暇、労働者を二組以上に分けて就業させる場合における就業時転換に関する事項、④賃金（退職手当及び⑧に掲げる賃金を除く）の決定・計算・支払の方法、賃金の締切り・支払の時期、⑤退職（解雇事由を含む）、2)書面によらなくてもよいが明示しなければならない事項は、⑥昇給、3)定めをする場合は、書面によらなくてもよいが、明示しなければならない事項は、⑦退職手当の定めが適用される労働者の範囲、退職手当の決定・計算・支払の方法と支払の時期、⑧臨時に支払われる賃金（退職手当を除く）、賞与、労基則8条に掲げる賃金[*40]、最低賃金額、⑨労働者負担の食費・作業用品等、⑩安全・衛生、⑪職業訓練、⑫災害補償・業務外の傷病扶助、⑬表彰・制裁、⑭休職、4)有期労働契約で当該労働契約の期間の満了後に当該労働契約を更新

---

[*37]　後記第20章「非典型労働契約」第3節7(3)ウ。
[*38]　①派遣禁止業務に従事させること（派遣4条の3違反）、②無許可の事業主から労働者派遣の役務提供を受けること（派遣24条の2違反）、③派遣可能期間を超えて労働者派遣の役務の提供を受けること（派遣40条の2第1項違反）、④派遣法の適用を免れる目的で請負等労働者派遣以外の名目で契約を締結し労働者派遣契約に定めるべき事項（派遣26条1項）を定めず労働者派遣の役務の提供を受けることである。
[*39]　一部改正法（平24法律27）により追加され、2015（平27）年10月1日施行。
[*40]　①1か月を超える期間の出勤成績によって支給される精勤手当、②1か月を超える一定期間の継続勤務に対して支給される勤続手当、③1か月を超える期間にわたる事由によって算定される奨励加給又は能率手当である。

する場合があるものに関して、書面で明示しなければならない事項は、⑮有期労働契約を更新する場合の基準である(労基15条1項、労基則5条)[*41]。

使用者の明示した労働条件について労働者と使用者の合意があれば、当該労働条件が労働契約の内容となる。

なお、労働者及び使用者は、労働契約の内容(期間の定めのある労働契約に関する事項を含む)について、できる限り書面により確認するものとされている(労契4条2項)。

(2) 労働条件を明示する時期

労基法15条1項の定める労働条件の明示は、「労働契約の締結に際し」とされているので、労働契約の締結(成立)前になされるのが原則であろう[*42]。

しかし、新規学卒者の労働契約のように、労働契約の成立と就労開始時期までに時間的間隔があり、労働契約成立時に労働条件の全てを明示し労働契約の内容を確定することが困難であるといった特段の事情がある場合は、労働契約成立時点では例えば賃金の「見込額」を示し、労働契約の効力が発生するまで(効力発生が就労開始時である場合)、又は、就労開始まで(効力発生が契約成立時である場合)に確定的内容を明示することも可能であろう。ただし、労働契約成立時点で示された労働条件の見込みと最終的に示された労働条件の相違は信義則に反してはならず、信義則に反する場合は労働契約成立時点で示された労働条件が労働契約の内容となると解すべきである[*43]。

(3) 明示された条件が事実と相違する場合

使用者から明示された労働条件が事実と相違する場合、それが労働契約の内容となっている場合は、明示された労働条件(労働契約内容)の履行請求、又は、不履行に対する損害賠償請求(民415条)が可能である。

また、①労働者は労働契約の即時解除権を有し(労基15条2項)、②就業のために住居を変更した労働者が契約解除の日から14日以内に帰郷する場合は、使用者は必要な旅費を負担しなければならない(労基15条3項)。

---

[*41] この他、パートタイム労働契約を締結する場合は、紛争を避けるため、これに加えて、通常の労働者には書面の交付による明示を要求しない、昇給・退職手当・賞与の有無、及び、短時間労働者の雇用管理の改善等に関する事項に係る相談窓口についても、文書の交付、又は、労働者が希望する場合は、fax若しくは電子メールで、明示することが必要である(パート6条、パート則2条)。

[*42] 労働契約の成否(申込みと承諾)と労働条件明示義務の履行の有無は別の問題であるので、労基法15条1項の定める労働条件明示はなされていないが労働契約は成立していることは当然ありうる。石井他・註解労基法Ⅰ(1964)233頁、厚労省労基法コンメ(上)(2011)234等も同旨。

[*43] 八洲測量事件・東京高判昭58・12・19労判421号33頁/判時1102号24頁参照。

### (4) 使用者の説明義務

労働契約の締結にあたり、「使用者は、労働者に提示する労働条件及び労働契約の内容について、労働者の理解を深めるようにする」ことが必要であり（労契4条1項）、その提示する労働条件の内容を労働者に誠実に説明する信義則上の義務を負う（労契3条4項、民1条2項）。

したがって、例えば、中途採用者と使用者との間に、労働契約上、新卒同年次定期採用者の平均的格付による賃金を支給する旨の合意が成立したと認めることができない場合でも、使用者が、求人広告、面接及び社内説明会において、新卒同年次定期採用者の平均的給与と同等の待遇を受けることができるものと信じさせかねない説明をし、当該中途採用者に精神的衝撃を与えたときは、かかる説明は、労基法15条1項に違反し、信義則に反するもので、不法行為を構成し、使用者は当該中途採用者に対し損害賠償義務を負う[44]。

## 6 労働契約の期間

### (1) 原則

労働契約は、契約期間を定めることも、契約期間を定めないことも、その双方が可能である[45]。

契約期間を定める場合には、契約期間の上限は3年が原則である（労基14条1項）。契約期間の上限が定められているのは、期間の定めのある労働契約においては、その契約期間中労働者の退職の自由が制限されるからである[46]。

ただし、1年を超える契約期間を定めた場合（一定の事業の完了に必要な期間を定める場合を除く）、当該労働契約の期間の初日から1年を経過した日以後においては、労働者は、その使用者に申し出ることにより、いつでも退職することができる（労基附則137条）。

契約期間を定めた場合、労働契約を更新することは自由である。

### (2) 例外

#### ア 一定の事業の完了に必要な期間を定める場合

第一の例外として、一定の事業の完了に必要な期間を定める場合は、契約期

---

[44] 日新火災海上保険事件・東京高判平12・4・19労判787号35頁。
[45] 労基法上の労働契約ではないが、民法上の雇用契約に該当するもの（事業者以外の個人との家事使用人との契約等）については、現行法では契約期間の上限規制はなく終身契約も可能であるが、2017（平29）民法改正により、契約期間が5年を超え、又はその終期が不確定であるときは、5年経過後、いつでも契約を解除することができる旨の規定（新626条1項）が設けられた。
[46] 前記第7章「自由と人格権保障」第1節1(2)。

間3年を超える労働契約を締結することができる(労基14条1項)。
　この場合は、「当該労働契約の期間の初日から1年を経過した日以後においては、労働者は、その使用者に申し出ることにより、いつでも退職することができる」(労基附則137条)という規定の適用はない(労基附則137条括弧書き)。
　　　イ　上限5年の契約を締結することができる場合
　第二の例外として、1)専門的知識、技術又は経験(専門的知識等)で高度のものとして厚生労働大臣が定める基準に該当する高度の専門的知識等を有し、当該高度の専門的知識等を必要とする業務に就く労働者、及び、2)満60歳以上の労働者については、上限5年の契約期間の労働契約を締結することができる(労基14条1項)[*47]。
　上記1)の「高度の専門的知識等」の基準としては、「労働基準法第14条第1項第1号の規定に基づき厚生労働大臣が定める基準」[*48]が概略以下のように定めている。すなわち、①博士の学位を有する者、②公認会計士、医師、歯科医師、獣医師、弁護士、一級建築士、税理士、薬剤師、社会保険労務士、不動産鑑定士、技術士、弁理士、③システムアナリスト、アクチュアリーの試験に合格した者、④特許発明の発明者、登録意匠の創作者、登録品種の育成者、⑤「農林水産業・鉱工業・機械・電気・土木・建築の技術者、システムエンジニア、デザイナーで、大学卒業後5年、短期大学・高等専門学校卒業後6年、高等学校卒業後7年以上の実務経験を有する者」、又は、「システムエンジニアとしての実務経験5年以上を有するシステムコンサルタント」で、いずれも賃金の1年当たり額換算が1075万円以上の者、⑥国、地方公共団体、公益法人等によって知識、技術又は経験が優れたものと認定されている者である。
　この5年を上限とする労働契約については、「当該労働契約の期間の初日から1年を経過した日以後においては、労働者は、その使用者に申し出ることにより、いつでも退職することができる」(労基附則137条)という規定の適用はない(労基附則137条括弧書き)。
　　(3)　期間の下限
　契約期間の下限についての規制は特にない。

---

[*47] 1)「高度の専門的知識等を有しこれを必要とする業務に就く労働者」については、当該労働者であれば一定の交渉力があるので、労働者の意に反する長期間の拘束という問題は生じないと考えられたからであり、2)満60歳以上の労働者については、一般に雇用の機会確保が困難であるので、労働契約期間の選択の幅を広げた方が雇用促進につながると考えられたからである。

[*48] 平15・10・22厚労告356(平28・10・19厚労告376等により一部改正)。

しかし、不必要に短い契約期間の労働契約が反復更新されることは、当該労働者の雇用の不安定化をもたらすので、労契法は、「使用者は、有期労働契約について、その有期労働契約により労働者を使用する目的に照らして、必要以上に短い期間を定めることにより、その有期労働契約を反復して更新することのないよう配慮しなければならない」（労契17条2項）と定めている。

(4) 契約期間の満了と就労の継続

当該労働契約が民法上の雇用である場合、民629条1項前段は「雇用の期間が満了した後労働者が引き続きその労働に従事する場合において、使用者がこれを知りながら異議を述べないときは、従前の雇用と同一の条件で更に雇用をしたものと推定する」と規定しているところ、同項後段は「この場合において、各当事者は、第627条の規定により解約の申入れをすることができる」と定めており、民法627条は期間の定めのない雇用の解約の申入れの規定である。

したがって、雇用の期間が満了した後労働者が引き続きその労働に従事する場合において、使用者がこれを知りながら異議を述べないときは、契約期間満了時以降、従前の雇用と同一の条件の、期間の定めのない契約により雇用されたものと推定されることになる[\*49]。

(5) 期間の上限を超える期間を定めた契約の効果

労基法14条1項に違反した契約の締結は、30万円以下の罰金に処せられる（労基120条1号）。ただし、処罰の対象は、労基法の立法趣旨に照らし使用者だけである[\*50]。

また、同条違反の労働契約の私法上の効果につき、その契約期間は労基法13条及び14条により無効となり、労基法14条に基づき、契約期間上限の3年（又は5年）に修正される[\*51]。

労基法14条の上限を超える契約期間が約定され、労基法14条の上限を超える期間経過後も労働者が引き続き労働に従事し、使用者がこれを知りながら異議を述べないとき、当該労働契約が民法上の雇用である場合は、黙示の更新の推定規定（民629条1項→前記(4)）により、労基法14条の上限である契約期間満了時

---

[\*49] 東亜パルプ事件・神戸地判昭34・7・2労民10巻4号741頁。
[\*50] 昭22・12・15基発502、昭23・4・5基発535。
[\*51] 旭川大学事件・旭川地判昭53・12・26民29巻5=6号957頁/判時919号108頁、同事件・札幌高判昭56・7・16労判32巻3=4号502頁、角川文化振興財団事件・東京地決平11・11・29労判780号67頁、自警会東京警察病院事件・東京地判平15・11・10労判870号72頁、平15・10・2基発1022001号、菅野・労働法(2017)309頁等。土田・契約法(2016)84頁等は、労働者にとっては有効で使用者から上限を超える契約の拘束を主張できず、当該契約期間の満了により労働契約は終了するとする。

以降、従前の雇用と同一の条件の、期間の定めのない契約により雇用されたものと推定されることになる[*52]。

## 第3節　採用内定

### 1　問題の所在

日本においては、使用者は、新規学卒者を採用するにあたり、在学中に「採用内定」通知を行い、卒業後に就労を開始させる場合が多い。

この「採用内定」[*53]に関する主な法的問題は、①「採用内定」が取り消された場合（「採用内定取消」）、当該採用内定者は、使用者に対しどのような法的救済を求めることができるのか（→2〜4）、②「採用内定」期間中、使用者と採用内定者はどのような法的関係にあり、採用内定者はどのような法的義務を負うのか（例えば、使用者の行う研修・実習に参加する義務を負うのか）（→5）である[*54]。

### 2　「採用内定」の法的性質と労働契約の成否

「採用内定取消」の場合、採用内定者が求めうる法的救済は、「採用内定」の法的性質と、「採用内定取消」以前の労働契約の成否により異なる。

「採用内定」の法的性質と「採用内定取消」以前の労働契約の成否は、当該事実関係により決定される、事実認定の問題である。最高裁判決[*55]においても、いわゆる採用内定の制度は、従来わが国において広く行われているが、その実態は多様であり、採用内定の法的性質について一義的に論断することは困難であるので、具体的事案の採用内定の法的性質については、当該企業の当該年度における採用内定の事実関係に即して検討する必要があると判示されている。

（1）採用内定＝承諾である場合

労働契約は、労務の供給とその対価としての報酬の支払についての意思の合致（申込みと承諾）により成立する[*56]。

---

[*52]　旭川大学事件・旭川地判昭53・12・26労民29巻5=6号957頁/判時919号108頁、同事件・札幌高判昭56・7・16労民32巻3=4号502頁、角川文化振興財団事件・東京地決平11・11・29労判780号67頁、自警会東京警察病院事件・東京地判平15・11・10労判870号72頁。
[*53]　「採用内々定」と呼ばれるものであっても同じである。
[*54]　この他、内定者の「内定辞退」につき信義則違反又は不法行為に基づく内定者に対する損害賠償請求の可否も問題となりうる（事案として、アイガー事件・東京地判平24・12・28労判1121号81頁〈結論否定〉）。
[*55]　大日本印刷事件・最二小判昭54・7・20民集33巻5号582号/労判323号19頁。
[*56]　前記第1節2(1)参照。

したがって、当該事案に照らし、①使用者による「労働者の募集」が労働契約締結の「申込みの誘因」であり、②内定者の「応募」が労働契約締結の「申込み」であり、③使用者の「採用内定」通知等がそれに対する「承諾」である場合[*57]は、「採用内定」通知等により、労働契約が成立する。

「採用内定」通知が労働契約締結の申込みに対する「承諾」であるかどうかは、先に述べたように事実認定の問題であるが、前記最高裁判決[*58]は、当該事案につき、「採用内定通知のほかには労働契約締結のための特段の意思表示をすることが予定されていなかった」ことから、会社からの募集（申込みの誘因）に対し、内定者が応募したのは労働契約の申込みで、これに対する会社からの内定通知は申込みに対する承諾で、内定者の誓約書提出とあいまって、会社と内定者との間に、就労の始期を大学卒業直後とし誓約書記載の採用内定取消事由に基づく解約権を留保した労働契約[*59]が成立したと解した原審の判断を支持しており、「採用内定通知の他に労働契約締結のための特段の意思表示をすることが予定されていたかどうか」を重要な判断指標としている[*60]。

(2) 採用内定＝申込みである場合

当該事案の具体的事実関係に照らし、①内定者の「応募」が労働契約締結の「申込みの誘因」であり、②使用者の「採用内定」通知が労働契約締結の「申込み」である場合は、③内定者の「承諾」により労働契約が成立する。

(3) 採用内定が申込み・承諾のいずれでもない場合

当該事案の具体的事実関係に照らし、使用者の「採用内定」「採用内々定」等が申込み・承諾のいずれでもない場合は、それ（及び労働者の意思表示）によっ

---

[*57] 大日本印刷事件・最二小判昭54・7・20民集33巻5号582頁/労判323号19頁、電電公社近畿電通局(機械職)事件・最二小判昭55・5・30民集34巻3号464頁/労判342号16頁、日立製作所事件・横浜地判昭49・6・19労民25巻3号277頁/労判206号46頁、電電公社近畿電通局(電信外務職)事件・大阪地判昭49・11・1労判213号48頁/判時760号100頁、オプトエレクトロニクス事件・東京地判平16・6・23労判877号13頁/判時1868号139頁。

[*58] 大日本印刷事件・最二小判昭54・7・20民集33巻5号582頁/労判323号19頁。

[*59] 当該労働契約が、①停止条件付、②解除条件付、③解約権留保付、④特に条件・留保なしのいずれかは、当事者の合意により異なる。①停止条件付(大学の卒業)と判断した例として、アイガー事件・東京地判平24・12・28労判1121号81頁、③解約権留保付労働契約と判断した例として、電電公社近畿電通局(電信外務職)事件・大阪地判昭49・11・1労判213号48頁/判時760号100頁、インフォミックス事件・東京地決平9・10・31労判726号37頁/判時1629号145頁、オプトエレクトロニクス事件・東京地判平16・6・23労判877号13頁/判時1868号139頁等。

[*60] 電電公社近畿電通局(機械職)事件・最二小判昭55・5・30民集34巻3号464頁/労判342号16頁も同様である。

ては労働契約は成立していない[*61]。

### 3 「採用内定取消」の法的性質・法的効果
(1) 「採用内定取消」以前に労働契約が成立していない場合

「採用内定（採用内々定）取消」以前に、労働契約締結の申込みと承諾という意思の合致がなく労働契約が成立していない場合、「採用内定取消」は、単に、「労働契約を締結しないこと」である。

これは、場合によっては、内定者の労働契約締結への期待権ないし信頼利益を侵害する不法行為、又は、労働契約締結過程における信義則違反となり、内定者は使用者に対し損害賠償請求をすることができる[*62]。

しかし、労働契約が成立していない以上、当然ながら、内定者は使用者に対し労働契約上の権利を有する地位にない。

(2) 「採用内定取消」以前に労働契約が成立している場合

採用内定取消以前のいずれかの段階で労働契約が成立している場合、「採用内定取消」は、成立した労働契約を使用者が解約するものであり、「解雇」である。

この場合、「採用内定取消」＝解雇が有効であれば、労働契約の解約により労働契約は終了し、内定者は使用者に対し労働契約上の権利を有する地位にない。ただし、解雇は有効でも、使用者が、労働契約締結時に、当該労働契約を締結し労働者を雇用する前提となっている業務委託契約や労働者派遣契約がまだ成立しておらず、成立しない場合は解約権を行使する可能性があることを労働者に説明・告知する信義則上の義務を履行せず、そのために従来の企業を辞職したり別の雇用の機会を見送った労働者に損害を与えたこと等を理由に損害賠償請求をなしうる場合はある[*63]。

これに対して、「採用内定取消」＝解雇が無効であれば、労働契約は継続し

---

[*61] 新日本製鐵事件・東京高判平16・1・22労経速1876号24頁、コーセーアールイー（第二）事件・福岡地判平22・6・2労判1008号5頁、同事件・福岡高判平23・3・10労判1020号82頁。

[*62] これを認めた事案として、コーセーアールイー（第二）事件・福岡地判平22・6・2労判1008号5頁、同事件・福岡高判平23・3・10労判1020号82頁。また、労働契約締結には至っていないがそれを信頼して勤めていた企業を退職し他の就職の話を断った労働者の損害賠償請求を認容した裁判例として、わいわいランド事件・大阪高判平13・3・6労判818号73頁。

[*63] わいわいランド事件・大阪高判平13・3・6労判818号73頁（「採用内定」ではないが労働契約締結後就労開始前に解雇された労働者の事案、損害賠償請求を認容）、パソナ（ヨドバシカメラ）事件・大阪地判平16・6・9労判878号20頁（損害賠償請求を認容）。

ており、内定者は使用者に対し労働契約上の権利を有する地立(従業員としての地位)にあり、労務受領を拒否されていれば就労開始予定日以降の解雇期間中の賃金請求もなしうる(民536条2項前段)。また、「採用内定取消」(解約権の行使)が不法行為[*64]、又は、債務不履行[*65]に該当するとして、財産的損害又は精神的損害につき賠償請求をすることも可能である[*66]。

そこで以下では「採用内定取消」＝「解雇」の場合の効力を検討する。

### 4 「採用内定取消」＝「解雇」の場合の効力

「採用内定取消」＝「解雇」の場合、当然ではあるが、その効力は、解雇が有効となる要件に照らして判断する[*67]。したがって、①解雇権の法的根拠があり、②解雇権の行使が適法であれば、採用内定取消＝解雇は有効である。

(1) 解雇権の法的根拠

当該労働契約が期間の定めのない労働契約であれば、合意に基づき一定の解約権が留保されている場合[*68]でなくても、使用者は契約法の一般原則に基づき解雇権を有する。当該契約が民法上の雇用であれば、民法627条1項も根拠となる。

これに対し、期間の定めのある労働契約であれば、労働契約上解約権が留保されていても、労契法17条1項所定の「やむを得ない事由」がなければ解雇権は発生しない。この「やむを得ない事由」は、就業規則所定の解雇事由該当事実の存在、及び、信義則上の義務の履行、解雇権濫用でないことと同様、「客

---

[*64] 労働契約上の権利を有する地位確認と賃金支払請求に加えて損害賠償請求を認容した例として、日立製作所事件・横浜地判昭49・6・19民25巻3号277頁/労判206号46頁、大日本印刷事件・大阪高判昭51・10・4労民27集5号531頁/労判260号26頁(大日本印刷事件・第二小判昭54・7・20民集33巻5号582頁/労判323号19頁も維持)、オプトエレクトロニクス事件・東京地判平16・6・23労判877号13頁/判時1868号139頁。精神的損害賠償請求を認容した例(地位確認は請求せず)として、プロトコーポレーション事件・東京地判平15・6・30労判851号90頁〈ダイジェスト〉、インターネット総合研究所事件・東京地判平20・6・27労判971号46頁。財産的損害賠償請求を認容した例(地位確認は請求せず)として、カワサ事件・福井地判平26・5・2労判1105号91頁(再就職までの得られたであろう賃金から失業給付を差し引いた額＋慰謝料)。

[*65] 宣伝会議事件・東京地判平17・1・28労判890号5頁(入社前研修参加に参加しなかったことを理由とする採用内定取消が違法であり、違法な内定取消を行わない注意義務に反し債務不履行(誠実義務違反)であるとして、別企業に勤務するまでの1か月間の賃金と慰謝料請求を認容)。

[*66] 後記第18章「労働契約の終了」第6節4。

[*67] 解雇が有効となる要件は、後記第18章「労働契約の終了」第2節・第3節第1款。

[*68] 大日本印刷事件・第二小判昭54・7・20民集33巻5号582頁/労判323号19頁(当該事案では誓約書記載の5項目を解雇事由とする解約権留保付労働契約が成立したと判断)。

観的に合理的な理由と社会通念上の相当性」を肯定しうる事由と解される[*69]。

(2) 解雇権の行使の適法性

　ア　「就業規則所定の解雇事由に該当する事実の存在」の要否

就労開始後の解雇であれば、当該労働者が就業規則作成義務のある事業場で労働しているときは、就業規則所定の解雇事由に該当する事実が存在することが必要であり（解雇事由は合理的限定的に解釈され、客観的に合理的な理由と社会通念上の相当性を肯定しうる事実の存在が必要である）、就業規則に解雇手続等の規定がある場合はそれも充足していることが必要である。

これに対し、採用内定取消の場合、まだ就労を開始していないので、そもそも就業規則の適用があるかどうかが問題となる。

就業規則は事業場毎に異なりうるものであり、また、当該事業場に所属し就労している労働者の労働条件を規律するものであるところ、採用内定者はまだ特定の事業場に所属し就労を開始していない。したがって、当該労働契約が、「効力始期付労働契約」（労働契約の効力の発生は就労開始時点であり、採用内定取消時点で効力は発生していない）である場合[*70]のみならず、「就労始期付労働契約」（労働契約の効力の発生は契約成立時点であり、採用内定取消時点で効力は発生している）である場合でも、当該事業場で就労を開始する前は就業規則が直接適用されることはないと解される[*71]。

　イ　労働協約・労働契約所定の要件

当該内定者に適用される労働協約があり（労働契約成立後は当該労働契約は労働協約の適用を受けうる）、解雇事由、手続等の規定がある場合、又は、労働契約上、解雇事由、手続等の規定がある場合は、これを充足することが必要である。採用内定にあたり、誓約書等で内定取消事由が記載されている場合、それが限定列挙であれば、解雇事由は当該内定取消事由に限定されるところ、当該事由は合理的限定的に解釈され、客観的に合理的な理由と社会通念上の相当性を肯

---

[*69] ただし、期間の定めのない労働契約における解雇よりも高度の解雇の必要性・相当性が要求される（後記第18章「労働契約の終了」第3節第1款1 (2)）。

[*70] 電電公社近畿電通局（機械職）事件・最二小判昭55・5・30民集34巻3号464頁/労判342号16頁（当該事案で成立したのは効力始期付労働契約であり、労働契約の効力発生後に適用される就業規則の規定は適用されないと判示）。

[*71] しかし、就業規則所定の解雇事由に準じた客観的事由を必要とするのが相当と解される場合はあろう（電電公社近畿電通局〈電信外務職〉事件・大阪地判昭49・11・1労判213号48頁/判時760号100頁はこのように解し、高校の卒業式での学校長の式辞を妨害した行為を理由とする採用内定取消は無効と判断）。

定しうる事実の存在が必要である[*72]。

　　　ウ　信義則上の義務の履行（信義則違反でないこと）
　解雇権（労働契約上留保された解約権を含む）の行使は信義則（労契3条4項）に反してはならず、信義則違反の解雇は無効である[*73]。具体的には、客観的に合理的な理由と社会通念上の相当性がある場合に限り解雇権を行使することが信義則上の義務であり、客観的に合理的な理由と社会通念上の相当性がない解雇は、信義則違反で無効である。

　解雇権の行使が信義則違反であってはならないことは、採用内定取消の場合も同様であり、解約権留保付労働契約である場合は、留保解約権の行使（採用内定取消）は、解約権留保の趣旨、目的に照らして客観的に合理的な理由と社会通念上の相当性がある場合に限られる。けだし、新規学卒予定者で、いったん特定企業との間に採用内定の関係に入った者は、卒業後の就労を期して、他企業への就職の機会と可能性を放棄するのが通例であるから、当該内定者の生活と労働権を保障するために、その労働契約上の地位を保護することが必要であるからである[*74]。

　　　エ　解雇権濫用でないこと
　また、解雇は、客観的に合理的な理由を欠き、社会通念上相当であると認められない場合は、権利濫用で無効となる（労契16条）。

　　　オ　「解雇予告又は解雇予告手当の支払」の要否
　労基法20条は、解雇の場合、使用者に30日以上前の解雇予告又は解雇予告手当（30日分以上の平均賃金）の支払を義務づけ、労基法21条がその例外を定めているところ、採用内定取消については特に規定がない。

　しかし、労基法20条の定める解雇予告（又は解雇予告手当の支払）は、すでに就労を開始し、その対価たる賃金によって生活を維持・補助している労働者の不利益緩和措置である。また、労基法21条但書は、既に就労を開始している試用期間中の者についても、14日を超えて継続雇用されている場合に限り、労基法20条を適用するとしている。

---

[*72] 日立製作所事件・横浜地判昭49・6・19労民25巻3号277頁/労判203号46頁（解約権は、採用内定取消事由たる「身上調書等の書類に虚偽の事実を記載しあるいは真実を秘匿したこと」に形式的に該当するだけでなく、企業秩序維持への支障や企業に留めておくことのできない不信義性がある場合に行使しうると判示）。
[*73] 前記第5章「権利義務関係の決定システムと法源」第2節第5款3（2）エ。
[*74] 大日本印刷事件・最二小判昭54・7・20民集33巻5号582頁/労判323号19頁、インフォミックス事件・東京地決平9・10・31労判726号37頁/判時1629号145頁、オプトエレクトロニクス事件・東京地判平16・6・23労判877号13頁/判時1868号139頁。

したがって、労基法20条の趣旨及び試用期間中の者との均衡に照らし、採用内定取消には労基法20条は適用されないと解される。

　　カ　強行規定違反でないこと

採用内定取消が、労基法3条[75]、均等法6条4号、労組法7条1号・4号、憲法14条・民法90条等の禁止する差別的取扱いに該当する場合、あるいは、その他、公序違反に該当する場合、当該採用内定取消は無効である。

　　キ　まとめ

以上をまとめると、採用内定取消＝解雇の場合、解雇権の行使が適法で解雇が有効となるためには、①労働協約又は労働契約に解雇事由、解雇手続等の定めがある場合はその充足、②信義則上の義務の履行（信義則違反でないこと）、③解雇権濫用に該当しないこと、④その他強行法規違反でないことが必要である。

(3) 具体的判断基準

それでは、期間の定めのある労働契約の解雇権の発生要件である「やむを得ない事由」（労契17条1項）、及び、信義則、解雇権濫用の判断基準である、「客観的に合理的な理由と社会通念上の相当性」は具体的にはどのように判断したら良いであろうか。

採用内定取消は、その理由が内定者の行為・能力等「人的理由」にある場合と、当該企業の経営不振等「経営上の理由」にある場合と二つに大別できるので、以下、ア・イで順に検討する。

なお、期間の定めのある労働契約の解雇権の発生要件である「やむを得ない事由」該当性は、一般的には、期間の定めのない労働契約における解雇における「信義則上の義務の履行」「解雇権濫用でないこと」よりも厳格に解されることになろう[76]。

　　ア　人的理由による場合

人的理由による採用内定取消の場合、採用内定の取消事由は、採用内定当時知ることができず、また知ることが期待できないような事実[77]で、これを理由

---

[75]　日立製作所事件・横浜地判昭49・6・19労民25巻3号277頁/労判206号46頁（当該採用内定取消は国籍を理由とするもので労基法3条に抵触し民法90条違反で無効と判断）。

[76]　後記第18章「労働契約の終了」第3節第1款1 (2)。

[77]　大日本印刷事件・最二小判昭54・7・20民集33巻5号582頁/労判323号19頁（「グルーミーな印象」を理由とする採用内定取消はグルーミーな印象であることは当初からわかっていたことであるから、会社はその段階で調査を尽くせば、従業員としての適格性の有無を判断することができたとして、解約権の濫用で無効と判断）、電電公社近畿電通局(機械職)事件・最二小判昭55・5・30民集34巻3号464頁/労判342号16頁（公安条例等違反の現行犯で逮捕されたことを理由とする採用内定取消は有効と判断）等。

として採用内定を取り消すことが、客観的に合理的と認められ社会通念上相当として是認することができるものに限られる。

　具体的には、①使用者が、採用内定当時知ることができず、また知ることが期待できないような事実(卒業できなかったこと、必要な単位・資格を取得できなかったこと、病気等により労務の履行が不可能になったこと、非違行為・犯罪行為に及び適格性の評価が変更されたこと等)で、かつ、②諸般の事情に照らし、それを理由として採用内定を取り消すことが、客観的に合理的と認められ社会通念上相当として是認することができるもの[*78]である。そして、このような取消事由が存在し、かつ、内定者に十分に説明し協議した場合に限り、当該採用内定取消は信義則違反ではなく、解雇権濫用に該当しないと解すべきである。

　また、解雇の効力が肯定される場合でも、信義則上の義務として、解雇に伴う不利益をできるだけ緩和する義務の履行(解雇時期の配慮や補償金支払等)が求められ、信義則違反と判断される場合は、使用者は、解雇が有効でも損害賠償義務を負うと解すべきである。ただし、解雇の理由により(労働者の重大な非違行為等)、不利益緩和措置を講じない相当の理由があるときは、使用者は不利益緩和義務を免責される。

　　イ　経営上の理由による場合

　経営上の理由による採用内定取消の客観的に合理的な理由と社会通念上の相当性については、経営上の理由による解雇一般の判断基準に照らして判断されるべきである[*79]。すなわち、人員削減を目的とする採用内定取消であれば、整理解雇の四要件により、①人員削減の必要性、②解雇の必要性(解雇回避義務の履行)、③解雇対象者の選定基準と適用の客観性・合理性、④説明・協議等の手続の履践、に照らして解雇の効力が判断される[*80]。

　また、①～④により解雇の効力が肯定される場合でも、⑤信義則上の配慮義務として、不利益緩和義務の履行(解雇時期の配慮や補償金支払等)が求められ、⑤につき信義則違反と判断される場合は、使用者は、解雇が有効でも損害賠償義務を負うと解すべきである。

---

[*78]　オプトエレクトロニクス事件・東京地判平16・6・23労判877号13頁/判時1868号139頁は、採用内定を一旦留保し、調査、再面接後、再度採用内定をした経緯に照らし、当該採用内定取消が適法であるためには、内定者の能力、性格、誠意等に問題があることにつき採用内定後新たな事実が見つかったこと、当該事実は確実な証拠に基づくこと等が必要と判示し、当該採用内定取消は違法と判断した。

[*79]　大日本印刷事件・最二小判昭54・7・20民集33巻5号582頁/労判323号19頁の示す判断基準は、人的理由による採用内定取消に関するものと解される。

[*80]　インフォミックス事件・東京地決平9・10・31労判726号37頁/判時1629号145頁。

### (4) 新規学卒者の採用内定取消

なお、新規学卒者を雇い入れようとする者が、その卒業後労働させ賃金を支払う旨を約し又は通知した後、就労予定日までの間にこれを取り消し又は撤回するときは、あらかじめ、公共職業安定所長、及び、学校の長（業務分担学校長及び職安法33条の2第1項の規定により職業紹介を行う者に限る）に所定の様式で通知しなければならない（職安54条、職安則35条2項2号）。

### 5 内定期間中の法的関係

#### (1) 契約の効力の発生の有無

労働契約が成立した場合、当該労働契約は、①労働契約成立時に労働契約の効力が発生し、就労始期は例えば大学卒業直後である「就労始期付労働契約」である場合[*81]と、②就労開始時に労働契約の効力が発生する「効力始期付労働契約」である場合[*82]の双方がありうるが、どちらであるかは、契約当事者の合意内容による。

#### (2) 就業規則適用の有無

就業規則は事業場毎に異なりうるものであり、また、当該事業場に所属し就労している労働者の労働条件を規律するものであるが、採用内定者はまだ特定の事業場に所属していない（→前記4(2)ア）。

したがって、当該労働契約が効力始期付労働契約であれ、就労始期付労働契約であれ、当該事業場で就労を開始する前は就業規則の適用はないと解される。

#### (3) 研修・実習・報告書提出等の義務の有無

内定期間中、使用者が内定者に対して、研修・実習への参加、あるいは、報告書・レポートの提出等を求めることがあるが、使用者は、内定者に対して、何を根拠にどのような義務を課すことができるのであろうか。

就労開始までの権利義務関係をどのように設定するかは、第一に、契約当事者の合意による。したがって、成立している労働契約が効力始期付労働契約であれ、就労始期付労働契約であれ、研修・実習参加等についての合意がなければ、内定者に研修・実習参加義務等は発生しない。なお、就業規則は就労開始

---

[*81] インフォミックス事件・東京地決平9・10・31労判726号37頁、オプトエレクトロニクス事件・東京地判平16・6・23労判877号13頁/判時1868号139頁。

[*82] 電電公社近畿電通局（電信外務職）事件・大阪地判昭49・11・1労判213号48頁/判時760号100頁、電電公社近畿電通局（機械職）事件・最二小判昭55・5・30民集34巻3号464頁/労判342号16頁、パソナ（ヨドバシカメラ）事件・大阪地判平16・6・9労判878号20頁。

前には適用されないから、就業規則の規定は法的根拠とはならない。

　第二に、研修・実習参加等を義務づける事前の合意があったとしても、特に内定者がまだ学生である場合は、当該合意には、内定者が、当該研修・実習と学業の両立が困難となった場合には学業を優先させ、研修・実習への参加をやめることができるとの留保が付されていると解するのが合理的解釈であろう[*83]。また、使用者はその参加命令権を行使するにあたり、内定者の学業等と両立できるよう、配慮すべき信義則上の義務があり、学業に支障を来すような研修・実習参加等の命令は、信義則上の義務に反し、また、権利濫用で無効と解すべきである。また、一旦参加に同意した内定者が、学業への支障などといった合理的な理由に基づき、入社日前の研修等への参加を取りやめる旨申し出たときは、これを免除すべき信義則上の義務を負っていると解すべきである[*84]。

## 第4節　試用期間

### 1　問題の所在

　日本においては、労働者の職業的能力や適性の判断等を目的として、就労開始後の一定期間を「試用期間」（「見習・研修期間」と呼ばれる場合もある）として設定し、試用期間満了時点で労働者を「本採用」し、「通常の労働契約関係」に移行する場合が多い。

　この「試用期間」に関する主な法的問題は、①試用期間の長さと延長の可否と有期労働契約に設定することの可否（→2）、②試用期間中、試用期間満了時、又は、試用期間延長後、労働者が使用者から「本採用拒否」された場合、当該労働者は、使用者に対しどのような法的救済を求めることができるのか（→3～5）である。

### 2　試用期間の長さ・延長、有期労働契約への設定

#### （1）試用期間の長さ

　試用期間の長さについて、法律上の上限はないが、試用期間は労働者にとって雇用の不安定な期間であるので、合理的理由のない長い期間が設定されている場合は、当該試用期間の長さに関する約定は、公序（民90条）又は信義則（労契

---

[*83]　宣伝会議事件・東京地判平17・1・28労判890号5頁。
[*84]　宣伝会議事件・東京地判平17・1・28労判890号5頁。

3条4項)に反し無効で、一定の合理的な期間に短縮される[*85]。

(2) 試用期間の延長の可否

試用期間の延長は、労働条件(労働契約内容)の変更であり、かつ、試用期間中の労働者の地位は不安定なものであるから、解雇猶予・適格性の再検討期間としての位置づけを有する場合等を除き、労働者にとって不利益な労働条件の変更である。したがって、①試用期間の延長時点で契約当事者の合意がある場合、又は、②使用者が試用期間を延長する権利を労働契約上有し、かつ、延長する合理的な理由があり、権利を適法に行使した場合でなければ延長することはできず[*86]、それ以外の場合、使用者が試用期間を一方的に延長することはできない。

試用期間が延長されない場合は、解約権の行使等により労働契約が終了する場合を除き、通常の労働契約関係に移行する。

使用者が、労働者の適性・能力等に疑問を持ち、解約権を行使する代わりに試用期間の延長を申し出た場合、労働者の同意又は試用期間を延長しうる法的根拠がなければ試用期間は延長されない[*87]が、試用期間の延長を申し出たことは、使用者が試用期間終了時に労働者を解雇した場合の解雇の有効性を判断するにあたり、解雇回避措置の一つとして評価される。

(3) 有期労働契約への設定の可否

試用期間は期間の定めのない労働契約において設定されることが多いと思われるが、労働契約締結前の面接・面談又は履歴のみでは労働者の能力や適性等を十分に判断できないという点は、有期労働契約を締結する場合も異ならないので、有期労働契約において試用期間を設定することも、それが公序や信義則に反する場合を除き、可能である[*88]。

## 3 試用期間と契約期間

「本採用拒否」の場合、労働者が求めうる法的救済と論点は、当該労働契約

---

[*85] ブラザー工業事件・名古屋地判昭59・3・23労判439号64頁/判時1121号125頁(試用期間に該当する「見習社員」期間に「試用社員」期間を付加することは公序違反であり、当該労働者は「試用社員」となった時点で正社員たる地位を取得したと判示)。
[*86] 労働契約内容の個別的変更の効力については、後記第16章「労働契約内容の設定と変更」第4節。
[*87] 雅叙園観光事件・東京地判昭60・11・20労判464号17頁は、解雇の代わりに試用期間を延長することは許されると判示するが、支持できない。
[*88] フジスタッフ事件・東京地判平18・1・27労経速1933号15頁(契約期間約1月半の派遣労働契約における14日間の試用期間の設定を有効と判断)。

が、1)試用期間を契約期間とする有期労働契約か、それとも、2)試用期間付で期間の定めのない労働契約、又は、試用期間付で試用期間よりも長い契約期間の定めのある労働契約かにより異なる。

　最高裁判決は、①試用期間と契約期間の関係につき、使用者が労働者を新規に採用するに当たり、その労働契約に期間を設けた場合、その期間を設けた趣旨・目的が労働者の適性を評価・判断するためのものであるときは、その期間の満了により当該労働契約が当然に終了する旨の明確な合意が当事者間に成立しているなどの特段の事情が認められる場合を除き、当該期間は契約の存続期間ではなく、試用期間であると判示し[*89]、②試用期間付労働契約の法的性質について、試用期間中の労働者に対する処遇の実情や試用期間満了時の本採用手続の実態等に照らしてこれを判断するほかないところ[*90]、試用期間中の労働者が試用期間の付いていない労働者と同じ職場で同じ職務に従事し、使用者の取扱いにも格段変わったところはなく、また、試用期間満了時に再雇用(すなわち本採用)に関する契約書作成の手続が採られていないような場合には、他に特段の事情が認められない限り、解約権留保付労働契約であると解すべきであるとする[*91]。

　しかし、当該期間が試用期間かどうかと当該期間が契約期間かどうかは別の問題であり、また、当該期間が契約期間でなければ、前記最高裁判決が②で述べたような事情がなくても当該期間は解約権を留保した期間と解するのが合理的であろう。したがって、「使用者が労働者を新規に採用するに当たり、その労働契約に期間を設けた場合、その期間を設けた趣旨・目的が労働者の適性を評価・判断するためのものであるときは、当該期間は試用期間であり、その期間の満了により当該労働契約が当然に終了する旨の明確な合意が当事者間に成立しているなどの特段の事情が認められる場合を除き、当該期間は契約の存続期間ではなく、労働者としての適格性がない場合は解雇できるという解約権が

---

[*89] 神戸弘陵学園事件・最三小判平2・6・5民集44巻4号668頁/労判564号7頁。当該期間を試用期間と解した裁判例として、滝澤学館事件・盛岡地判平13・2・2労判803号26頁、愛徳姉妹会事件・大阪地判平15・4・25労判850号27頁、否定した判例として、福原学園(九州女子短期大学)事件・最一小判平28・12・1集民254号21頁/労判1156号5頁(有期労働契約を期間の定めのないものとするのは成績を考慮し使用者が必要と認めた場合である旨就業規則に明確に定められ労働者もこれを十分認識して労働契約を締結したと判断)。

[*90] 三菱樹脂事件・最大判昭48・12・12民集27巻11号1536頁/労判189号16頁、神戸弘陵学園事件・最三小判平2・6・5民集44巻4号668頁/労判564号7頁。

[*91] 神戸弘陵学園事件・最三小判平2・6・5民集44巻4号668頁/労判564号7頁。愛徳姉妹会事件・大阪地判平15・4・25労判850号27頁も同旨。

留保された期間である」と解すべきである。

当該期間が試用期間であり、かつ、契約期間ではなく解約権が留保された期間であると解される場合、当該労働契約は、試用期間付で期間の定めがない労働契約か、又は、試用期間付で試用期間よりも長い契約期間の定めのある労働契約となる。

### 4 「本採用拒否」の法的性質・法的効果

(1) 試用期間＝契約期間である場合

「試用期間＝契約期間」である有期労働契約の場合には、試用期間中の「本採用拒否」は、有期労働契約における期間途中の解雇であり、それとして判断されることになるが、試用期間(契約期間)満了時に使用者が「本採用拒否」することは、「新たな労働契約締結の拒否」(契約更新拒否)であり、解雇ではない。それゆえ、使用者による有期労働契約の更新拒否による労働契約終了の肯否が問題となる[92]。

(2) 試用期間＝解約権が留保された期間である場合

これに対して、「試用期間＝解約権が留保された期間」であり、当該労働契約が、①試用期間付・期間の定めのない労働契約、又は、②試用期間付・試用期間よりも長い契約期間の定めのある労働契約である場合、試用期間中[93]、試用期間満了時、試用期間延長後の「本採用拒否」は、いずれも、①期間の定めのない労働契約における解雇、又は、②有期労働契約における期間途中の解雇である。

したがって、いずれも、「本採用拒否＝解雇」が有効であれば労働契約は終了するが、無効であれば労働契約は継続し、労働者は労働契約上の権利を有する地位にあり、解雇期間中の賃金支払を請求しうる(民536条2項)。

以下、「本採用拒否＝解雇」の場合の効力を検討する。

### 5 「本採用拒否」＝「解雇」の場合の効力

「本採用拒否」＝「解雇」の場合の効力は、当然ではあるが、解雇が有効となる要件に照らして判断する[94]。したがって、①解雇権の法的根拠があり、かつ、②解雇権の行使が適法であれば、当該解雇は有効である。

---

[92] 詳細は、第18章「労働契約の終了」第3節第2款。
[93] ただし、試用期間中の解雇は、試用期間満了時の解雇に比し、一般に高度の合理性と相当性が認められよう(ニュース証券事件・東京高判平21・9・15労判991号153頁)。
[94] 詳細は、後記第18章「労働契約の終了」第2節・第3節第1款。

### 第4節　試用期間

(1) 解雇権の法的根拠

当該労働契約が期間の定めのない労働契約であれば、使用者は特に解約権が留保されていなくても、契約法の一般原則に基づき解雇権を有する。

これに対し、期間の定めのある労働契約であれば、労働契約上解約権が留保されていても、労契法17条1項所定の「やむを得ない事由」がなければ解雇権は発生しない。この「やむを得ない事由」は、就業規則所定の解雇事由に該当する事実の存在、及び、信義則違反・解雇権濫用と同様、「客観的に合理的な理由と社会通念上の相当性を肯定しうる事由」と解される[*95]。

(2) 解雇権の行使の適法性

　ア　就業規則所定の解雇事由に該当する事実の存在

当該労働者が就業規則作成義務のある事業場で労働しているときは、解雇権（留保解約権を含む）の行使にあたり、就業規則所定の解雇事由に該当する事実の存在が必要である。解雇事由は合理的限定的に解釈され、解雇の客観的に合理的な理由と社会通念上の相当性を肯定しうる事実の存在が必要である。

　イ　労働協約・就業規則・労働契約所定の要件の充足

当該労働者に適用される労働協約に解雇事由・手続等の規定がある場合、就業規則に解雇手続等の規定がある場合、又は、労働契約上、解雇事由・手続等の規定がある場合は、解雇権（留保解約権を含む）の行使にあたり、これを充足することが必要である。

　ウ　信義則上の義務の履行（信義則違反でないこと）

解雇権（留保解約権を含む）の行使は、信義則（労契3条4項）に反してはならず、信義則違反の解雇は無効である[*96]。具体的には、客観的に合理的な理由と社会通念上の相当性がある場合に限り解雇権を行使することが信義則上の義務であり、客観的に合理的な理由と社会通念上の相当性がない解雇は、信義則違反で無効である。

解雇権の行使が信義則に反してはならないことは、試用期間中又は試用期間満了後の解雇の場合も同様である。けだし、いったん特定の使用者との間で試用期間付労働契約を締結した者は、本採用、すなわち、当該使用者との労働契約継続を期待して、他の使用者への就職の機会と可能性を放棄しており、当該労働者の生活と労働権を保障するために、その労働契約上の地位を保護するこ

---

[*95]　ただし、期間の定めのある労働契約における解雇よりも高度な解雇の必要性・相当性が要求される（後記第18章「労働契約の終了」第3節第1款1(2)）。

[*96]　前記第5章「権利義務関係の決定システムと法源」第2節第5款3(2)エ。

とが必要であるからである[*97]。

　　　エ　解雇権濫用に該当しないこと
　また、解雇は、客観的に合理的な理由を欠き、社会通念上相当であると認められない場合は、権利濫用で無効となる（労契16条）。
　　　オ　解雇予告又は解雇予告手当の支払
　労基法21条は、試用期間中の者についても、14日を超えて継続雇用されている場合は労基法20条を適用するとしている。したがって、14日を超えて継続雇用されている者につき本採用を拒否する場合は、労基法20条所定の解雇予告又は解雇予告手当の支払が必要である[*98]。
　　　カ　強行規定違反でないこと
　本採用拒否が、労基法3条、均等法6条（4号該当）、労組法7条、憲法14条・民法90条等の禁止する差別的取扱に該当する場合、又は、その他、公序違反に該当する場合、当該本採用拒否は無効である。
　　　キ　まとめ
　以上をまとめると、解雇権の行使が適法で解雇が有効となるためには、①就業規則作成義務のある事業場においては、就業規則に解雇事由の定めがあり、かつ、就業規則所定の解雇事由に該当する事実が存在すること、②労働協約、就業規則又は労働契約に解雇事由、解雇手続等の定めがある場合はこれを充足していること、③信義則上の義務の履行（信義則違反でないこと）、④解雇権濫用でないこと、⑤労基法20条・21条に違反していないこと、⑥その他強行法規違反でないことが必要である。

　　(3)　具体的判断基準
　それでは、有期労働契約の解雇権の発生要件である「やむを得ない事由」（労契17条1項）、及び、就業規則所定の解雇事由に該当する事実の存在、信義則違反、解雇権濫用の判断基準である、「客観的に合理的な理由と社会通念上の相当性」はどのように判断したら良いであろうか。
　本採用拒否は、その理由が労働者の行為・能力等「人的理由」にある場合と、当該企業の経営不振等「経営上の理由」にある場合と二つに大別できるので、以下、ア・イで順に検討する。
　なお、有期労働契約の解雇権の発生要件である「やむを得ない事由」該当性は、一般的には、期間の定めのない労働契約における解雇の「信義則上の義務

---

　　[*97]　三菱樹脂事件・最大判昭48・12・12民集27巻11号1536頁／労判189号16頁参照。
　　[*98]　労基法20条及び20条違反の法的効果については、後記第18章「労働契約の終了」
　　　　第2節2(3)で検討する。

の履行(信義則違反でないこと)」「解雇権濫用でないこと」該当性よりも厳格に解されることになる[*99]。

　　ア　人的理由による場合

　試用期間は、労働者を実際に就労させてみなければその適性・能力等を十分に評価することができないために設定されており、その限りで合理性を有する。

　したがって、試用期間中又は試用期間満了時の解雇の効力は、本採用後の通常の解雇よりは広い範囲で認められるべきではあるが、第一に、試用中の勤務状態等により、当初知ることができず、また知ることが期待できないような事実(職務遂行能力、勤務態度等)を知るに至った場合において、その事実に照らしその者との労働契約を継続することが適当でないと判断することが、試用期間の趣旨、目的に照らして、客観的に合理的であり、社会通念上相当であると認められる場合に限り、解雇権(留保解約権を含む)を行使することができると解すべきである[*100][*101]。

　第二に、最高裁判決[*102]は、「採用決定後における調査の結果により」知るに至った事実も解雇事由となしうると判示しているが、調査は労働契約締結前に終了させるべきであるから、調査の結果は、経歴詐称のように労働者に労働契約締結過程における信義則違反が認められそれを知った場合を除き、解雇事由とはならないと解すべきであろう。また、経歴詐称等の労働者の信義則違反については、秘匿等にかかる事実の内容、秘匿等の程度及び動機、理由に照らして秘匿等の行為及び秘匿等にかかる事実が人物評価等に及ぼす影響等を検討し、労働者としての適格性を否定する合理的な理由として是認できる場合に限

---

*99　後記第18章「労働契約の終了」第3節第1款1(2)。
*100　三菱樹脂事件・最大判昭48・12・12民集27巻11号1536頁／労判189号16頁参照。
*101　試用期間中の解雇を無効と判断した裁判例として、テーダブルジェー事件・東京地判平13・2・27労判809号74頁、オープンタイドジャパン事件・東京地判平14・8・9労判836号94頁、ライトスタッフ事件・東京地判平24・8・23労判1061号28頁、社会保険労務士法人パートナーズほか事件・福岡地判平25・9・19労判1086号87頁、空調服事件・東京地判平28・3・8労判1145号28頁。試用期間中の解雇を有効と判断した裁判例として、ブレーンベース事件・東京地判平13・12・25労経速1789号22頁、日本基礎技術事件・大阪地判23・4・7労判1045号10頁、同事件・大阪高判平24・2・10労判1045号5頁、空調服事件・東京高判平28・8・3労判1145号21頁。試用期間満了時の解雇を無効と判断した裁判例として、滝澤学館事件・盛岡地判平13・2・2労判803号26頁、ファニメディック事件・東京地判平25・7・23労判1080号5頁。試用期間延長後の解雇を有効と判断した裁判例として、三井倉庫事件・東京地判平13・7・2労経速1784号3頁。
*102　三菱樹脂事件・最大判昭48・12・12民集27巻11号1536頁／労判189号16頁。同旨の近年の裁判例として、空調服事件・東京地判平28・3・8労判1145号28頁、同事件・東京高判平28・8・3労判1145号21頁等。

り、解約権を行使することができると解すべきである[*103]。

そして、いずれの場合も、解雇理由等につき、労働者に十分に説明し協議することが必要である。

また、解雇が有効でも、信義則上の配慮義務として、不利益緩和義務の履行（解雇時期の配慮や補償金支払等）が求められ、信義則違反と判断される場合は、使用者は、解雇が有効でも損害賠償義務を負うと解すべきである。ただし、解雇の理由により（労働者の重大な非違行為等）、不利益緩和措置を講じない相当の理由があるときは、使用者は不利益緩和義務を免責される。

　　イ　経営上の理由による場合

経営上の理由による本採用拒否の客観的に合理的な理由と社会通念上の相当性は、経営上の理由による解雇一般の判断基準に照らして判断されるべきである[*104]。すなわち、整理解雇の四要件により、①人員削減の必要性、②解雇の必要性（解雇回避義務の履行）、③解雇対象者選定基準と適用の合理性、④説明・協議等の手続の履践、に照らして解雇の効力が判断される。

また、①～④により解雇の効力が肯定される場合でも、⑤信義則上の配慮義務として、不利益緩和義務の履行（解雇時期の配慮や補償金支払等）が求められ、⑤につき信義則違反と判断される場合は、使用者は、解雇が有効でも損害賠償義務を負うと解すべきである。

　　(4)　試用期間の中断

試用期間中の解雇が違法・無効と判断された場合、労働者の法的地位は、試用期間中の労働契約上の権利を有する地位にあるのか、それとも、通常の労働契約上の権利を有する地位にあるのかが問題となるが、試用期間付労働契約は、労働契約が終了する場合を除き、期間の経過を経て試用期間から通常の労働契約関係に移行するから、解雇が無効である場合は、設定された試用期間に対応する時間が経過した後は、試用期間終了後の通常の労働契約上の権利を有する地位にあると解すべきである[*105]。

---

[*103] 三菱樹脂事件・最大判昭48・12・12民集27巻11号1536頁／労判189号16頁。同様の判断基準により経歴詐称を理由とする試用期間中の解雇を無効と判断した裁判例として、三洋海運事件・福島地いわき支判昭59・3・31労判429号22頁／判時1120号133頁。
[*104] 三菱樹脂事件・最大判昭48・12・12民集27巻11号1536頁／労判189号16頁の示す判断基準は、人的理由による本採用拒否に関するものと解される。
[*105] 菅野・労働法(2017)290頁。三愛作業事件・名古屋高決昭55・12・4労民31巻6号1172頁は、解雇の日から決定告知まで試用期間は中断しているとして試用者としての労働契約上の権利を有する地位を仮に定めたが支持できない。

# 第16章　労働契約内容の設定と変更

本章では、労働契約内容の設定と変更[*1]に関するルールについて、①総論(→第1節)、②労働契約内容の設定(→第2節)、③労働契約内容の集合的な変更(→第3節)、④労働契約内容の個別的な変更(→第4節)の順に検討する。

## 第1節　総論

### 1　労働契約の内容

労働契約は、労働者の使用者に対する労務の供給と使用者の労働者に対する報酬の支払が対価関係にある、有償双務契約である。

労働契約の内容(以下「労働条件」とも言う)は、「労務の供給とその対価及び契約終了に関する権利義務関係」を中心とするが、具体的には、①労務の内容(職種、職務内容、労務供給方法、服装等)、②労務の量(総労働時間、出来高等)、③労務の配分方法(労働日・始業終業時刻)、④自由時間(休憩、休日、休暇等)、⑤労務供給場所(勤務場所)、⑥労務供給の相手方、⑦労働環境(施設設備、安全衛生、人格権保障等)、⑧労務供給の対価(賃金、退職金、福利厚生等)、⑨契約終了要件(定年、辞職、解雇・契約更新拒否の要件等)、⑩①～⑨の決定方法・決定基準(例えば、職能給という賃金額の決定方法)、⑪労働者の企業秩序遵守義務、秘密保持義務、競業避止義務等、⑫使用者の安全配慮義務、職場環境調整義務、情報の収集・管理に関する配慮義務等、⑬労働者の労働契約内容(労働条件)変更権(例えば、年休の時季指定権、休業請求権等)、⑭使用者の労働契約内容(労働条件)変更権(例えば、配転命令権、時間外労働命令権等)、懲戒権等がありうる[*2]。

### 2　労働条件の分類

労働条件は、①労務の供給とその対価及び労働契約終了の要件の具体的内容(賃金、労働時間等)である「具体的労働条件」と、②具体的労働条件が変更され

---

[*1]　近年の研究書として、野田進『労働契約の変更と解雇－フランスと日本』信山社(1997)、大内伸哉『労働条件変更法理の再構成』有斐閣(1999)、荒木尚志『雇用システムと労働条件変更法理』有斐閣(2001)等。

[*2]　詳細は、前記第9章「労働者と使用者の権利義務」。

る可能性の有無とその内容（使用者の配転命令権の有無と内容等）である「抽象的労働条件」に分類することができる。

### 3　労働契約内容の設定

労働契約の内容は、強行法規に反しない限り、原則して、労働者と使用者の合意により設定されるが、就業規則が労働契約の内容となる場合、労働協約が労働契約の内容を規律する場合、労使慣行が合意又は事実たる慣習により労働契約の内容となる場合、強行法規がその強行的・直律的効力により労働契約の内容となる場合もある[*3]。

### 4　労働契約内容の変更の類型

#### （1）集合的変更と個別的変更

労働契約内容の変更は、対象となる労働条件と労働者により、①企業又は事業場の労働者全体又はあるカテゴリーの労働者に共通に適用される労働条件を、労働協約又は就業規則により変更する「労働契約内容の集合的な変更」と、②労働契約内容を個々の労働者毎に変更する「労働契約内容の個別的な変更」に分類することができる。

#### （2）経営上の理由による変更と人的理由による変更

労働契約内容の変更は、その理由により、①経営上の理由（経済不況、企業再編等）による労働契約内容の変更と、②労働者個人の人的理由（当該労働者の能力、勤務態度、傷病、非行等）による労働契約内容の変更に大別することができる。

先に見た、「労働契約内容の集合的な変更」は、経営上の理由により行われるが、「労働契約内容の個別的な変更」は、経営上の理由により行われる場合と人的理由により行われる場合がある。

#### （3）合意の有無及び変更主体

労働契約内容の変更は、変更時の合意の有無、及び、契約内容の変更をどちらが主体となって行うのかにより、①労働者と使用者の合意に基づく労働契約内容の変更、②労働者が、法令・労働協約・就業規則、労働契約に基づく権利を行使して行う労働契約内容の変更（年休・育休取得等）、③使用者による一方的な（変更時に労働者との合意のない）労働契約内容の変更に分類することができる。

---

[*3]　前記第5章「権利義務関係の決定システムと法源」第1節1・第2節。

## 第2節　労働契約内容の設定

労働契約の内容（労働条件）がどのように設定されるかは、当該労働契約について、①就業規則も労働協約も適用されない場合（→1）、②就業規則のみが適用される場合（→2）、③労働協約のみが適用される場合（→3）、④就業規則及び労働協約の双方が適用される場合（→4）のいずれであるかにより異なる[*4]。

### 1　就業規則も労働協約も適用されない場合

当該労働契約に就業規則も労働協約も適用されない場合は、強行法規に反しない限り[*5]、労働契約の内容は労働者と使用者との合意により設定される。

### 2　就業規則のみが適用される場合

当該労働契約に就業規則のみが適用される場合、強行法規に反しない限り、労働契約の内容は、労働者と使用者の合意により設定されるのが原則である。

しかし、例外的に、労働者と使用者の合意がない場合でも、就業規則の定めが労働契約の内容となる場合がある。

（1）原則－合意による設定

契約の当事者は、法令の制限内において、契約の内容を自由に決定することができ[*6]、労働契約も契約内容は契約当事者の合意により設定される。

また、労契法は、労働契約の原則として、労働契約が合意により成立し、又は変更されるという合意原則を確認している（労契1条・3条1項）が、その中に、合意による労働契約内容の設定も当然含まれていると解される。

（2）例外

　ア　就業規則の最低基準効

就業規則は、①就業規則の定めが労働契約の定め（又は労働契約に定めのない状態）よりも労働者にとって有利であること（有利性要件）、②就業規則の実質的周知又は行政官庁への届出（労基89条）（手続要件）という二つの要件を充足すれば、1）就業規則の定めが労働契約の定めよりも労働者にとって有利なときは、就業規則の定めが労働契約の定めを修正して労働契約の内容となり（強行的・直律的

---

[*4]　詳細は、川口・労働条件決定法理（2013）。
[*5]　労働契約の内容を規律する主な強行法規については、前記第2編「労働基準」参照。
[*6]　契約自由の原則に関し現行法には明文規定がないが、2017（平29）民法改正により、民法新521条1項（契約の締結の自由）・2項（契約の内容の自由）が定められた。

効力)、2)就業規則の定めが労働契約上定めのない状態よりも労働者にとって有利なときは、就業規則の定めが労働契約の定めを補充して労働契約の内容となる(直律的効力)という、最低基準効(労契12条)を有する[*7]。

したがって、就労開始時に所属する事業場の就業規則の定めが、前記①と②の要件を充足すれば、当該就業規則の定めが労働契約の内容となり、労働条件を設定する(最低基準効の一つとしての有利設定効)(労契12条)。

　　イ　就業規則の非有利設定効

就業規則は、①就業規則の定めが労働契約上定めがない状態よりも労働者にとって有利でないこと(非有利性要件)、②労働契約締結時に存在すること(時期の要件)、③合理的な労働条件が定められていること(合理性要件)、④労働契約締結時に事業場の労働者全体と労働契約を締結しようとする労働者に周知されていたこと(労契法所定の手続要件)、⑤労基法所定の意見聴取と添付(労基90条)・届出(労基89条)・周知(労基106条1項)(労基法所定の手続要件)、⑥当該労働条件につき就業規則の内容と異なる労働者と使用者の合意(特約)が存在しないこと(異なる合意の不存在要件)の①〜⑥の要件を充足すれば、労働者にとって有利でない定め(例：使用者の配転命令権に関する規定)であり、かつ、労働者との合意がなくても労働契約の内容となるという、非有利設定効(労契7条)を有する[*8]。

したがって、就労開始時に所属する事業場の就業規則の定めが、前記①〜⑥の要件を充足すれば、当該就業規則の定めが労働契約の内容となり、労働条件を設定する(非有利設定効)。

なお、就業規則の定めよりも労働者にとって有利な合意(特約)があれば、当該合意がそのまま労働契約の内容となり、労働者にとって不利な合意(特約)があれば、就業規則の定めが最低基準効により労働契約の内容となる(労契12条)。

## 3　労働協約のみが適用される場合

当該労働契約に労働協約のみが適用される場合、強行法規に反しないことを前提とするならば、当該労働契約の内容は、当該労働協約が、①当該労働者にとって不利な定めのみを許容しない「最低基準」を設定しているか、②労働者にとって有利な定めも不利な定めも許容しない「統一的基準」を設定しているかにより異なる[*9]。

---

[*7]　前記第5章「権利義務関係の決定システムと法源」第2節第3款8。
[*8]　前記第5章「権利義務関係の決定システムと法源」第2節第3款9。
[*9]　前記第5章「権利義務関係の決定システムと法源」第2節第2款7(2)、後記第25章「労働協約」第3節3参照。

(1) 労働協約が「最低基準」を設定している場合

労働協約が「最低基準」を設定している場合、第一に、労働協約が最低基準を定めた事項について労働契約に定めがあるときは、労働協約の定めよりも労働者にとって不利でない労働契約の定めはそのまま労働契約の内容となるが、労働者にとって不利な労働条件を定める労働契約の部分は無効であり、労働協約の定めが労働契約の内容を規律する（労組16条・17条・18条）。

第二に、労働協約が最低基準を定めた事項について労働契約に定めがないときは、定めがない状態よりも労働協約の定めの方が労働者にとって有利である場合は、労働協約の定めが契約内容を規律する（労組16条・17条・18条）。

(2) 労働協約が「統一的基準」を設定している場合

労働協約が「統一的基準」を設定している場合、労働協約よりも労働者にとって有利な労働契約の定めも不利な労働契約の定めも原則として無効であり、労働協約の定めが契約内容を規律する（労組16条・17条）。労働契約に定めがないときも同様である。ただし、労働組合の目的を逸脱して労働協約が締結された場合等は、労働協約は契約内容を規律せず、労働契約の定めがそのまま契約内容となる。

## 4 　就業規則と労働協約が適用される場合

当該労働契約に就業規則と労働協約が適用される場合、強行法規に反しないことを前提とするならば、当該労働契約の内容は、当該労働協約が、①「最低基準」を設定しているか、②「統一的基準」を設定しているかにより異なる[10]。

(1) 労働協約が「最低基準」を設定している場合

労働協約が「最低基準」を設定している場合、就業規則は労働協約の定める基準と同じか労働者に有利な規定を定めなければならず、労働協約の定める基準よりも労働者に不利な就業規則の規定は当該労働契約に対し法的効果を有しない（労契13条）。

そして第一に、労働協約が最低基準を定めた事項について労働契約に定めがある場合、それが労働協約及び就業規則よりも労働者に不利でない労働条件であればそのまま契約内容となるが、労働協約又は就業規則の方が労働者に有利であれば、労働協約の定めが労働契約の内容を規律し（労組16条・17条・18条）、あるいは、就業規則の定めが周知又は監督官庁への届出のいずれかが履践され

---

[10] 前記第5章「権利義務関係の決定システム」第2節第3款6・第2款7(2)、後記第25章「労働協約」第3節3参照。

ている限り労働契約の内容となる（労契12条）。
　第二に、労働協約が最低基準を定めた事項について労働契約に定めがない場合、定めがない状態よりも労働協約又は就業規則の方が労働者に有利であれば、労働協約が契約内容を規律し（労組16条・17条・18条）、あるいは、就業規則が、周知又は監督官庁への届出のいずれかが履践されている限り、契約内容となる（労契12条）。定めがない状態よりも労働協約又は就業規則の定めが労働者に有利でないときは、就業規則の規定が、労契法7条及び労基法89条・90条・106条1項所定の要件を充足する場合に限り契約内容となる。
　　(2)　労働協約が「統一的基準」を設定している場合
　労働協約が「統一的基準」を設定している場合、就業規則は、労働協約と同じ基準を定めなければならず、労働協約と異なる定めは当該労働契約に対しては法的効果を有しない（労契13条）。そして、労働協約より労働者に有利な労働契約の定めも不利な労働契約の定めも原則として無効であり、労働協約の定めが契約内容を規律する（労組16条・17条）。労働契約に定めがないときも同様である。ただし、労働組合の目的を逸脱して労働協約が締結された場合等は、労働協約は契約内容を規律せず、労働契約の定めがそのまま契約内容となる。

## 第3節　労働契約内容の集合的な変更

　労働契約内容の集合的な変更（企業又は事業場における労働者全体又はあるカテゴリーの労働者に共通に適用される労働条件の変更）は、①「労働協約による変更」と、②「就業規則による変更」が存在し、そのいずれであるかにより、当該労働者の労働契約内容変更の効力の判断枠組みが異なる。
　「労働協約による労働契約内容の集合的な変更」は、後記第25章「労働協約」第5節で検討するので、以下では、その概要のみを示した上で（→1）「就業規則による労働契約内容の集合的な変更」を検討し（→2～4）、これに類似した論点を含む「退職者に対する企業年金の減額・廃止」（→5）を検討する。

### 1　労働協約による変更

　新たな労働協約の締結又は規定の新設・変更による労働契約内容の変更の肯否については、第一に、労働契約の内容を当該労働協約の定めと同じ内容に変更することについて、変更時点で、労働者と使用者の合意がある場合は、合意により労働契約の内容が変更される（労契8条）。
　第二に、変更時点での合意がない場合は、1)「当該労働協約を締結した労働

組合の組合員と当該労働協約を締結した使用者との間の労働契約」で当該労働協約の適用対象であるものについては、労組法14条・16条等の要件を充足すれば、①労働者に有利な変更である場合、又は、②労働者に不利な変更であるが労働者に有利な定めも不利な定めも許容しない統一的基準として設定されている場合(例外あり)は、労働契約の内容は変更される。

2)「当該労働協約を締結した労働組合の組合員と当該労働協約を締結した使用者との間の労働契約」以外の労働契約については、ａ）工場事業場単位の拡張適用の要件(労組17条)を充足すれば、①労働者に有利な変更である場合、又は、②労働者に不利な変更であるが統一的基準として設定されている場合(例外あり)は、当該事業場の「他の同種の労働者」と当該労働協約を締結した使用者との間の労働契約は変更され、ｂ）地域単位の拡張適用の要件(労組18条)を充足すれば、最低基準を設定している定めで労働者に有利な変更である場合、当該地域の「他の同種の労働者」の労働契約の内容は変更される。

## 2 就業規則による変更

就業規則の規定の新設・変更により労働契約内容が変更されるかどうかは、当該労働者と使用者との間で、①労働契約の内容を新設・変更後の就業規則の定めと同じ内容に変更することに変更時点での合意がある場合(→3)と、②合意がない場合(→4)のいずれかにより、その判断基準が異なる。

## 3 就業規則による変更①－合意がある場合

(1) 合意による変更

当該労働者が、労働契約の内容を新設・変更後の就業規則の定めと同じ内容に変更することに、その変更時点で同意している場合は、就業規則の法的効力によってではなく、労働者及び使用者の「合意」により、当該労働契約の内容が変更される(労契8条)[*11]。

---

[*11] 山梨県民事件信用組合事件・最二小判平28・2・19民集70巻号123頁/労判1136号6頁も「労働契約の内容である労働条件は、労働者と使用者との個別の合意によって変更することができるものであり、このことは、就業規則に定められている労働条件を労働者に不利益に変更する場合であっても、その合意に際して就業規則の変更が必要とされることを除き、異なるものではないと解される<労働契約法8条、9条本文参照>」と判示する。これに対し、協愛事件・大阪高判平22・3・18労判1015号83頁は、就業規則の不利益変更に同意した労働者には労契法9条の反対解釈により拘束力が及ぶと判示するが、労契法9条は、労働者の同意がない場合の、就業規則の不利益変更効に関する条文(原則として不利益変更効は肯定されない)であり、変更時点で労働者の同意がある場合は、労働契約内容の不利益変更が肯定される根拠条文は労契法8条である。

### (2) 不利益な変更に同意する労働者の意思表示の効力

しかし、合意による変更は、労働者にとって有利な変更であれば問題はないが、不利益な変更の場合は、それに同意する労働者の意思表示の成立と効力は慎重に判断する必要がある。

#### ア　判断枠組み－効力発生要件と証明責任の転換

労働者と使用者には情報・交渉力格差があり、労働者が十分かつ適切な情報を得て納得・理解し、使用者と実質的に対等に交渉し、熟慮した上で慎重に意思決定を行うことが困難な場合も多い。

したがって、労働者が意思表示の効力を争う場合、特に賃金・退職金等の重要な労働条件の不利益変更への同意については、1)「意思表示の存在」等の「意思表示の成立要件」の充足、2)「意思の自由」という「効力発生要件」の充足（当該行為が「自由な意思に基づくものと認めるに足りる合理的な理由の客観的存在」を根拠付ける事実の存在）、3)意思の不存在、強行法規違反等の「効力障害要件」を充足しないことの、1)～3)を要件として肯定されるべきであり、1)意思表示の成立要件に加えて、2)効力発生要件の証明責任も使用者が負担し、3)効力障害要件の証明責任を労働者が負担することとすべきである[12][13]。

#### イ　意思表示の存在－書面による明示的表示

具体的には、1)の「意思表示の存在」については、労働者の署名又は押印のある書面による明示的表示行為がなければ、契約内容変更の効果意思を推認しうる表示行為の存在は認定し難く、労働者が異議を述べず変更後の賃金等を受け取っていても、それだけで黙示の同意を認定することはできない[14]。

#### ウ　意思の自由－意思を自由に形成する基盤の存在

2)の「意思の自由」については、労働者の意思表示が「自由な意思に基づく

---

[12] 前記第5章「権利義務関係の決定システム」第2節第1款3(6)参照。この見解では、労働者が労働契約内容の不利益変更を否定する場合、使用者が抗弁で「意思の自由」を主張立証するので、労働者の再抗弁における「意思の不自由」（動機の錯誤、詐欺、強迫）の主張立証は事実上使用者の抗弁に吸収され、労働者の再抗弁としては、「意思の不存在」（動機の錯誤を除く錯誤及び心裡留保）と「強行法規違反」等が残る。

[13] 浅野高広「就業規則の最低基準効と労働条件変更（賃金減額）の問題について」山口他編『安西愈先生古稀記念論文集　経営と労働法務の理論と実務』中央経済社(2009) 301頁、同「賃金減額合意の認定方法とその効力要件」季刊労働法237号(2012) 163頁、本久洋一「労働者の個別同意ある就業規則の不利益変更の効力」法律時報82巻12号(2010) 143頁等は「自由な意思に基づくものと認めるに足りる合理的な理由の客観的存在」を労働条件不利益変更への労働者の同意の効力の発生要件としているものと思われる。

[14] 変更に対する黙示の承諾を否定した裁判例として、名古屋国際芸術文化交流財団事件・名古屋高判平17・6・23労判951号74頁、熊本信用金庫事件・熊本地判平26・1・24労判1092号62頁、国立大学法人京都大学事件・京都地判平27・5・7労判1138号74頁。

ものと認めるに足りる合理的な理由の客観的存在」を根拠付ける事実が必要であり、特に、当該労働条件変更に労契法10条所定の合理性が認められない場合は、それでもなお労働者の同意が自由な意思に基づいてなされたものと認められる合理的理由が要求されよう[15]。具体的には、労働契約内容の変更に至る過程において、労働者がその意思を自由に形成する基盤となる以下のような事実が存在したことが必要であろう。

　一つめは、使用者が、労働者に対して、労働者の意思形成の基礎となる事実、具体的には、①労働契約内容を不利益に変更する理由の有無と内容（経営状況等）、②被る不利益の内容と程度等についての真実かつ適切な情報提供を行い、誠実な説明協議をなしたことである。

　二つめは、労働者が意思を自由に形成しうる手続・環境が整備されていたこと、具体的には、①情報提供・説明協議を行う面談を実施する場合は、労働者に、事前にその内容を告知し、労働組合の役員、弁護士、同僚、家族、友人等、労働者の希望する付添人の同席を認める旨を伝え、実際に認めたこと、②労働者が希望する回数・時間を適切な範囲で確保し、労働者の希望や条件も聴取し、十分な熟慮期間を付与したこと、③慎重に判断するために書面による意思表示を求めたこと、④使用者からの影響力を受けずに自分自身で判断できるように、職場ではなく自宅等で、使用者又はその関係者がいない状況で、その意思を表示する書面を作成したこと等が必要である。また、使用者は、当該労働者の所属する労働組合が団体交渉を求めた場合は、誠実に交渉したことが必要である。

　三つめは、労働契約内容変更に至る過程での使用者の業務命令の内容や職場環境が、労働者の意思の自由な形成への影響力行使とならないよう配慮されたことである。

　　　エ　証明責任

　前記イで述べた書面による明示的表示、及び、前記ウで述べた意思の自由な形成の基盤となる事実の存在については使用者が主張立証し、充足されていない点があれば、それでもなお意思表示の存在と意思の自由を肯定しうる格別の事情を使用者が主張立証した場合を除き、「意思表示の存在」と「意思の自由」は否定され、労働契約内容変更の効果は否定されるべきであろう。

---

[15] 就業規則の不利益変更に合理性が認められない場合の労働者の同意の認定を厳格に解する裁判例として、熊本信用金庫事件・熊本地判平26・1・24労判1092号62頁（原告労働者の一部について同意を認定）。就業規則の数回の不利益変更の一部につき同意を否定した裁判例として、協愛事件・大阪高判平22・3・18労判1015号83頁。

オ　判例法理の位置づけ

　近年の最高裁判決[*16]は、退職金の減額への労働者の同意について、「就業規則に定められた賃金や退職金に関する労働条件の変更に対する労働者の同意の有無については、当該変更を受け入れる旨の労働者の行為の有無だけでなく、当該変更により労働者にもたらされる不利益の内容及び程度、労働者により当該行為がされるに至った経緯及びその態様、当該行為に先立つ労働者への情報提供又は説明の内容等に照らして、当該行為が労働者の自由な意思に基づいてされたものと認めるに足りる合理的な理由が客観的に存在するか否かという観点からも判断されるべきもの」と判示しているが、同判決も、労働者の同意の効力の肯否における証明責任を転換し、前記ア～エで述べた私見とほぼ同じ判断枠組みを示すものと解することができよう。

(3)　就業規則の変更自体の有効性

　また、労働者にとって労働条件の不利益な変更である場合は、合意による変更の前提として、就業規則の変更自体が有効に行われ、その定める最低基準も変更されて（下がって）いなければならない[*17]。けだし、就業規則の変更自体が有効でなければ元の就業規則がそのまま残っていることになり、元の就業規則の最低基準効が働くので、元の就業規則よりも労働者に不利な労働条件に関する合意は無効となるからである（労契12条）[*18]。

　そして、就業規則の変更自体が有効となる要件は、1)労働者に有利な変更の場合は、実質的周知又は行政官庁への届出で足りるが、2)労働者に不利な変更の場合は、①労基法所定の手続の履践（意見聴取と添付・届出・周知）（労基90条・89条・106条1項）、及び、②労契法10条所定の判断要素を参考にして判断される合理性（但し、合意がない場合の就業規則の不利益変更効を肯定する要件としての合理性よりは緩やかに解する）が必要である。けだし、就業規則の規定が不利益に変更されればその定める最低基準が下がるので、合意により労働条件を不利益に変更することが可能となり、労働者にとって不利益となるからである。

---

*16　山梨県民事件信用組合事件・最二小判平28・2・19民集70巻号123頁/労判1136号6頁。同（差戻審）事件・東京高判平28・11・24労判1153号5頁は、当該労働者は具体的な不利益の内容や程度についての情報提供や説明を受けておらず同意書への署名押印は自由な意思に基づきされたものではないとして同意を否定した。

*17　①就業規則が変更されること（最低基準が変更されること）と、②就業規則が労働契約内容を変更することは区別されなければならない。それぞれの要件も異なる。

*18　山梨県民信用組合事件・最二小判平28・2・19民集70巻2号123頁/労判1136号6頁も「合意に際して就業規則の変更が必要とされる」と判示しこの旨を確認している。

## 4 就業規則による変更②－合意がない場合

就業規則の規定の新設・変更時点で労働者との合意がない場合、当該就業規則の規定が労働契約の内容となるかどうかは、当該規定が、①労働条件を有利に変更する場合、②労働条件を不利益に変更する場合、③新たな労働条件を設定する場合のいずれであるかにより、判断基準を異にする。

### (1) 労働条件の有利変更

就業規則は、①就業規則の定めが労働契約の定め(又は労働契約に定めのない状態)よりも労働者にとって有利であること(有利性要件)、②就業規則の実質的周知又は行政官庁への届出(手続要件)という二つの要件を充足すれば、1)就業規則の定めが労働契約の定めよりも労働者にとって有利なときは、就業規則の定めが労働契約の定めを修正して労働契約の内容となり(強行的・直律的効力)、2)就業規則の定めが労働契約上定めのない状態よりも労働者にとって有利なときは、就業規則の定めが労働契約の定めを補充して労働契約の内容となる(直律的効力)という、最低基準効(労契12条)を有する[19]。

したがって、労働契約締結後、新設・変更された就業規則の定めが労働契約の定め(又は労働契約に定めのない状態)より労働者に有利な場合は、仮に使用者と労働者の合意がなくても[20]、就業規則の定めが労働契約の内容となり、労働条件を労働者に有利に変更する(最低基準効の一つとしての有利変更効)(労契12条)。

### (2) 労働条件の不利益変更

#### ア 原則－労契法9条

使用者は、労働者と合意することなく、就業規則を変更することにより、労働者の不利益に労働契約の内容である労働条件を変更することはできない(労契9条本文)。

したがって、労働契約締結後、新設・変更された就業規則の定めが労働契約の定め(又は労働契約に定めのない状態)よりも労働者にとって不利益な場合は、労働者との合意がないときは、就業規則の定めは労働契約の内容とはならない(労働契約の内容は変更されない)のが原則である。

#### イ 例外－労契法10条

しかし、就業規則は、例外的に、①労働条件の「不利益」な変更でも(不利益変更の要件)、②「労働契約締結後」に「就業規則が変更されたこと」(時期の要件・変更の要件)、③変更の合理性(合理性要件)、④労契法10条所定の周知(労

---

[19] 前記第5章「権利義務関係の決定システムと法源」第2節第3款8。
[20] 例えば、労働者が当該就業規則の変更を知らないときは、労働者にとって有利な変更であっても労働者との合意は存在しない。

契法所定の手続要件)、⑤労基法所定の意見聴取と添付・届出・周知手続(労基90条・89条・106条1項)の履践(労基法所定の手続要件)、⑥当該労働条件について就業規則の変更によって変更されないとの合意が存在しないこと(特約不存在の要件)の①～⑥の要件を充足すれば、労働者との合意がなくても、労働契約の内容を労働者に不利益に変更するという、「不利益変更効」(労契10条)を有する[*21]。

したがって、変更後の就業規則の定めが、前記①～⑥の要件を全て充足するときは、例外的に当該就業規則の定めが労働契約の内容となり、労働契約の内容を労働者に不利益に変更する(労契9条但書・10条)。これに対して、全てを充足しない場合は、原則として労働契約の内容は変更されないが、③変更の合理性に関して、変更の必要性は認められるが不利益が大きすぎる場合は、合理性を肯定しうる一定の範囲で不利益変更効を肯定することも可能であろう[*22]。

なお、当該労働条件について就業規則の変更によっては変更されないとの合意(特約)が存在する場合、原則として合意されていた労働条件が就業規則の変更後も労働契約の内容となる(労契10条但書)が、当該合意内容が変更後の就業規則の定める基準に達しない場合は、変更後の就業規則の定めが最低基準効(労契12条)により労働契約の内容となる(労契10条但書の除外条項)。

　　ウ　具体的事案

就業規則の変更による労働条件の不利益変更の肯否が問題となった従来の最高裁判決・下級審裁判例[*23]としては、賃金・退職金(の決定方法)の変更、定年制の創設・定年の引下げ、労働時間の変更に関する事案等がある。変更の合理性が焦点となっているものが多いが、複数の判断要素に照らした総合判断となるだけに、同一の事案でも地裁・高裁・最高裁とそれぞれ審級により合理性の有無についての判断が分かれているものも多い。

具体的には、1)賃金・退職金に関する事案として、①定年延長に伴う55歳以上の労働者の賃金体系の変更(減額)[*24]、②定年は従来のままの55歳以上の労働

---

[*21] 前記第5章「権利義務関係の決定システムと法源」第2節第3款10。
[*22] 変更前に比して賃金を20%を超えて減額する限度で合理性が認められず無効(20%までの減額は有効)と判断した裁判例として、大阪京阪タクシー事件・大阪地判平22・2・3労判1014号47頁。
[*23] 労契法9条・10条の施行(2008〈平20〉年3月1日)以前の事案も、その判断基準(判例法理)は労契法9条・10条に明文化されたものであり、参考にしうる。
[*24] 第四銀行事件・新潟地判昭63・6・6労判519号41頁／判時1280号25頁(不利益変更効を否定)、同事件・東京高判平4・8・28労判615号18頁／判時615号18頁(不利益変更効を肯定)、同事件・最二小判平9・2・28民集51巻2号705頁／労判710号12頁(不利益変更効を肯定)、八王子信用金庫事件・東京地八王子支判平12・6・28労判821号35頁(不利益変更効を肯定)、同事件・東京高判平13・12・11労判821号9頁(不利益変更効を否定)。

者の賃金体系の変更(減額)*25、55歳以上の労働者を特別職・専任職に移行させ賃金を減額*26、58歳以上の労働者の賃金の減額*27、③合併後の労働条件の統一による一部労働者の退職金支給倍率の低減(定年は延長、他の労働条件は有利)*28、④年功序列型賃金体系から職務内容・能力・業績・売上げ重視型賃金体系に変更*29、職能給制度から降格・降給も可能な変動賃金制(能力評価制)に変更*30、ハイヤー乗務員の歩合給の計算方式の変更*31、⑤退職金計算方法の変更による減額*32、退職金減額・不支給条項の追加*33、⑥一部手当の廃止による賃金の減

*25 みちのく銀行事件・青森地判平5・3・30労民44巻2号353頁/労判631号49頁(不利益変更効を肯定)、同事件・仙台高判平8・4・24労民47巻1=2号135頁/労判693号22頁(不利益変更効を肯)、同事件・最一小判平12・9・7民集54巻7号2075頁/労判787号6頁(不利益変更効を否定)、同事件(差戻審)・仙台高判平14・2・12労判822号52頁/判タ1110号158頁(不利益変更効を否定)、全国信用不動産事件・東京地判平14・3・29労判827号51頁(不利益変更効を否定)。

*26 NTT西日本事件・京都地判平13・3・30労判804号19頁(不利益変更効を肯定)、同事件・大阪高判平16・5・19労判877号41頁(不利益変更効を否定)、第三銀行事件・津地判平16・10・28労判883号5頁(不利益変更効を肯定)、熊本信用金庫事件・熊本地判平26・1・24労判1092号62頁(不利益変更効を否定)。

*27 大阪厚生信用金庫事件・大阪地判平12・11・29労判802号38頁(不利益変更効を否定)。

*28 大曲市農協事件・秋田地大曲支判昭57・8・31労判450号76頁(不利益変更効を肯定)、同事件・仙台高秋田支判昭59・11・28労判450号70頁/判時1143号147頁(不利益変更効を否定)、同事件・最三小判昭63・2・16民集42巻2号60頁/労判512号7頁(不利益変更効を否定)。

*29 ハクスイテック事件・大阪高判平13・8・30労判816号23頁(不利益変更効を肯定)、新富自動車事件・富山地判平15・1・16労判849号121頁(不利益変更効を肯定)、県南交通事件・東京高判平15・2・6労判849号107頁/判時1812号146頁(不利益変更効を肯定)、キョーイクソフト事件・東京高判平15・4・24労判851号48頁(不利益変更効を否定)、ノイズ研究所事件・横浜地川崎支判平16・2・26労判875号65頁(不利益変更効を否定)、同事件・東京高判平18・6・22労判920号5頁(不利益変更効を肯定)、クリスタル観光バス事件・大阪高判平19・1・19労判937号135頁(不利益変更効を一部原告につき肯定・他は否定)。

*30 アーク証券(本訴)事件・東京地判平12・1・31労判785号45頁/判時1718号137頁(不利益変更効を否定)。

*31 第一小型ハイヤー事件・札幌高判平2・12・25労判630号9頁(不利益変更効を否定)、同事件・最二小判平4・7・13集民165号185頁/労判630号6頁(破棄差戻)。

*32 御國ハイヤー事件・最二小判昭58・7・15集民139号293頁/労判425号75頁(不利益変更効を否定)、月島サマリア病院事件・東京地判平13・7・17労判816号63頁(不利益変更効を否定)、名古屋国際芸術文化交流財団事件・名古屋高判平17・6・23労判951号74頁(賃金も減額、不利益変更効を否定)、シオン学園(三共自動車学校)事件・横浜地判平25・6・20労判1098号56頁、同事件・東京高判平26・2・26労判1098号46頁(賃金も減額、不利益変更効を肯定)。

*33 洛陽総合学院事件・京都地判平17・7・27労判900号13頁/判タ1233号239頁(不利益変更効を肯定)。

額*34、基準内賃金・一時金の2年間減額*35、賃金の一律25％減額*36、賃金体系の変更による基本給の減額*37、割増賃金の算定基礎に算入する手当の減額*38、遅刻・早退・欠勤時の賃金減額*39等が問題となっている。

2)定年制の創設・定年年齢の引下げに関する事案としては、①定年(解雇)制の創設*40、②定年の引下げ(60歳)と58歳以降の昇給停止*41等がある。

3)労働時間に関する事案としては、①週休2日制の導入に伴う平日の労働時間延長*42、②一か月単位の変形労働時間制の採用に伴う平日の労働時間延長と所定休日の変更*43、③一勤務時間の労働時間制度の緩和や一継続乗務キロ限度の延伸*44等がある。

4)その他、療養休職した業務外傷病者の復職条件の追加*45等もある。

なお、労契法施行前の事案であるが、契約期間1年の労働契約において年俸額及び賃金月額の合意がある場合において、合意された賃金月額を就業規則の変更により契約期間の途中で一方的に引き下げることは、変更の合理性にかか

---

*34 栄光福祉会事件・福岡高判平18・5・18労判950号73頁/判タ1225号267頁(不利益変更効を否定)。

*35 住友重機械工業事件・東京地判平19・2・14労判938号39頁(不利益変更効を肯定)。

*36 杉本石油ガス事件・東京地決平14・7・31労判835号25頁(不利益変更効を否定)。

*37 初雁交通事件・さいたま地川越支判平20・10・23労判972号5頁(不利益変更効を肯定)。

*38 日本郵便輸送事件・大阪高判平24・4・12労判1050号5頁(不利益変更効を否定)。

*39 日本貨物検数協会事件・東京高判昭50・10・28労判238号39頁/判時794号50頁(不利益変更効を否定)、黒川乳業事件・大阪地判平17・4・27労判897号43頁(不利益変更効を肯定)。

*40 秋北バス事件・最大判昭43・12・25民集22巻13号3459頁/判時542号14頁(不利益変更効を肯定)。

*41 大阪府コロニー事業団事件・大阪地堺支判平7・7・12労判682号64頁(不利益変更効を否定)。

*42 羽後銀行(北都銀行)事件・秋田地判平4・7・24労民43巻4号662頁/労判616号100頁(不利益変更効を肯定)、同事件・仙台高秋田支判平9・5・28労民48巻3号186頁/労判716号21頁(不利益変更効を否定)、同事件・最三小判平12・9・12集民199号501頁/労判788号23頁(不利益変更効を肯定)、函館信用金庫事件・函館地判平6・12・22労判665号33頁/判タ885号190頁(不利益変更効を肯定)、同事件・札幌高判平9・9・4労民48巻4号362頁/労判722号35頁(不利益変更効を否定)、同事件・最二小判平12・9・22集民199号665頁、労判788号17頁(不利益変更効を肯定)。

*43 九州自動車学校事件・福岡地小倉支判平13・8・9労判822号78頁/判時1759号141頁(不利益変更効を肯定)。

*44 JR西日本事件・大阪地判平11・3・29労判761号58頁(不利益変更効を肯定)。

*45 アメックス事件・東京地判平26・11・26労判1112号47頁(不利益変更効を否定)。

わらずできないと解されている*46。
　(3)　新たな労働条件の設定
　　ア　問題の所在
　例えば、定年年齢が従来は65歳で、当然65歳以降の労働条件は設定されていなかったところ、定年年齢が65歳から70歳に引き上げられ、65歳から70歳までの労働条件（賃金、労働時間等）が就業規則に新たに設定された場合、このような、定年年齢の引上げに伴う、引き上げられた定年年齢までの労働条件の設定は、従来定められていた労働条件の「変更」ではない（例えば60歳から65歳までの賃金を就業規則変更前に設定されていた賃金よりも引き下げることとは異なる）。仮に65歳から70歳までの賃金が、65歳時点の賃金よりも低かったとしても、それは、労働条件の「不利益変更」ではなく「新たな労働条件の設定」である*47。
　当該65歳から70歳までの労働条件について、就業規則の定めを労働契約の内容とすることにつき労働者と使用者が合意したときは、法令や労働協約に反しない限り、当該合意により65歳から70歳までの労働条件が決定される。
　それでは、第一に、当該65歳から70歳までの労働条件について、就業規則の定めを労働契約の内容とすることに労働者が同意しないとき、就業規則の定めは、労働契約の内容となるであろうか。労契法は、就業規則の規定の新設により、「有利変更」でも「不利益変更」でもない、「新たな労働条件の設定」が可能かどうか、また、その要件について規定していない。そこで、これをどのように考えれば良いかが問題となる（→イ）。
　第二に、定年年齢は65歳のままで、65歳から有期労働契約により再雇用する制度が新たに定められ、65歳以降の労働条件がそれ以前の労働条件よりも労働者にとって不利益である場合（例えば賃金の減額）、当該就業規則の定めは、有期労働契約であることを理由とする不合理な労働条件の相違を禁止する労契法20条に違反するであろうか（→ウ）。
　　イ　「新たな労働条件設定効」の発生要件
　当該就業規則の「新たな労働条件の設定効」の肯否は、第一に、内容的には、「合理性」の有無により判断されるべきである。合理的な労働条件かどうかは、

---

*46　シーエーアイ事件・東京地判平12・2・8労判787号58頁。理由は記されていないが、将来の労働契約内容の変更ではなく、事実上、過去に遡っての労働契約内容の変更だからであろうか、それとも、将来の就業規則の変更によっては当該労働条件は変更されないとの特約があったと認定しうるからであろうか。

*47　協和出版販売事件・東京高判平19・10・30労判963号54頁は、55歳から60歳に定年延長されたことに伴い就業規則により設定された55歳以降の勤務条件が54歳までの勤務条件よりも低かったとしても、「不利益変更」ではないとしている。

単に法令又は労働協約に反しない（労基92条1項）というだけではなく、例えば高年法改正に伴い定年を引き上げた場合、労働者に定年まで勤務する意思を削がせ現実には多数の者が退職する等、高年齢者の雇用の確保と促進という同法の目的に反する労働条件であってはならない[*48]ことは言うまでもないが、引き上げられた定年までの期間の労働条件が従来の定年時の労働条件よりも低い場合は、労契法10条とその判断要素を準用し、不利益性の程度、異なる労働条件とする必要性、内容の相当性、労働組合等との交渉の状況その他の新たな労働条件設定に係る事情に照らし、当該労働条件の合理性を判断すべきである。ただし、労働条件の「不利益変更」ではないから、その合理性は不利益変更よりも緩やかに解すべきである[*49]。

　第二に、手続的には、①引き上げられた定年までの期間の労働条件が従来の定年時の労働条件と同じ又はより高い場合は、実質的な周知又は監督官庁への届出で足りるが、②引き上げられた定年までの期間の労働条件が従来の定年時の労働条件より低い場合は、その合理性を担保するため、労契法10条所定の周知、及び、労基法所定の全ての手続（意見聴取と添付・届出・周知）（労基90条・89条・106条1項）が履践された場合に限り、契約内容となると解すべきである。

　　ウ　労契法20条違反の有無

　労契法20条違反の有無について[*50]は、①異なる労働者間（いわゆる正規労働者と非正規労働者）の労働条件の相違と、②同じ労働者の定年前（期間の定めのない労働契約）と定年後の再雇用（有期労働契約）における労働条件の相違とは、判断基準を異にすべきところ、②については、前記イで述べた新たな労働条件設定効の発生要件を充足するときは、労基法20条所定の「不合理な労働条件の相違」違反ではないと判断すべきであろう。

　　エ　「新たな労働条件設定効」が肯定されない場合

　前記イの判断基準に照らし、就業規則の「新たな労働条件設定効」が肯定されない場合は、引き上げられた定年年齢までの労働契約の内容は、必ずしも従来の定年時の労働契約の内容がそのまま継続するのではなく、労働契約の合理的解釈により決定されることになろう。

---

　*48　労契法施行（2008〈平20〉年3月1日）以前の事案であるが、協和出版販売事件・東京高判平19・10・30労判963号54頁（就業規則の定めが契約内容となることを肯定）。
　*49　労契法施行（2008〈平20〉年3月1日）以前の事案であるが、「相応の合理性」を要すると判示した裁判例として、大阪第一信用金庫事件・大阪地判平15・7・16労判857号13頁（合理性を肯定）。
　*50　詳細は、後記第20章「非典型労働契約」第1節8（3）〜（5）参照。

## 5　企業年金（自社年金）の減額・廃止

　日本においては、国民年金、厚生年金等の公的年金制度が存在するが、これとは別に、各企業において、退職した労働者に対し年金が支払われる制度が存在する場合があり、これを「企業年金」[*51]と呼んでいる。

　「企業年金」は、1)企業自身が独自に管理運営する「自社年金」と、2)確定給付企業年金制度[*52]、確定拠出年金制度[*53]等に基づくものがあり、2)については、法律でその運営方法が詳細に定められている。しかし、1)の自社年金については、特に規定がなく、企業の経営悪化や経済情勢の変動、資金運用における金利の長期低下等を理由とする、自社年金の減額・廃止等の不利益変更の可否が問題となる。この問題は、①現在労働契約を締結している現役労働者についての不利益変更と、②既に退職し年金を受給し始めている退職者についての不利益変更を区別して論じる必要がある。

### (1) 現役労働者についての不利益変更

　自社年金に関する規定は、退職手当の定め（労基89条3の2号）に該当するから、常時10人以上の労働者を使用する事業場で作成されていれば（多くはそうであろう）「就業規則」に該当し、実質的周知又は行政官庁への届出により、退職一時金と同様、より有利な特約がある場合を除き、その最低基準効（労契12条）により、現在労働契約を締結している労働者との労働契約の内容となる。

　したがって、年金規定の改定による（将来受給しうる）年金額の減額・廃止は、現在労働契約を締結している労働者との関係では、就業規則による労働契約内容の不利益変更となる。そして、現役労働者との関係で、当該年金の減額・廃止という労働契約内容の変更の効力が認められるかどうかは、労働者の同意の有無、及び、就業規則の不利益変更効の肯否の問題に帰着することになる（→前記3・4(2)）。

### (2) 退職者についての不利益変更

　これに対して、退職者の場合、既にその労働契約は終了し、以前の使用者からの年金支給は、退職者と使用者との間の年金契約（退職前は労働契約の一部であったものが継続しているか、あるいは、労働契約終了時に新たに締結されたと構成できよう）に基づいて行われているところ、この年金契約の内容を変更し、年金の減額・廃止ができるかどうかが問題となる。

---

[*51]　近年の論考として、河合塁「企業年金」再生(3) (2017) 65-86頁、同論文引用文献等。
[*52]　確定給付企業年金法（平13法50）。
[*53]　確定拠出年金法（平13法88）。

退職者の同意があれば変更は可能であるが、退職者の同意がない場合、就業規則の法的効力は労働契約終了後の者との権利義務関係の新たな設定・変更には及ばない[*54]と解されるから、労契法10条の適用はない。

したがって、年金規定の中の変更条項（経済情勢の重大な変動等がある場合は使用者は年金額等を変更することができる旨の条項）に基づき年金減額等が行われる場合は、①当該変更権を使用者が有することが、黙示の合意、又は、約款法理（当該規定が合理性を有している限り、当該退職者がその具体的内容を知っていたか否かにかかわらず、年金規定によらない旨の特段の合意をしない限り、当該年金規定に従うとの意思で年金契約を締結したものと推定する）、又は、事実たる慣習（その内容が合理的である限り年金規定に従う）により、年金契約の内容となっており、かつ、②その行使が適法である場合、すなわち、合理的限定的に解釈された変更条項の要件を充足し[*55]、信義則違反（民1条2項）や権利濫用（民1条3項）に該当しなければ、年金の減額等は肯定されることになろう[*56]。

また、年金規定の中に変更条項がない場合は、黙示の合意により合理的な範囲内での使用者の変更権が認められその行使が適法である場合、又は、事情変更の原則により肯定される場合は、年金の減額等が肯定されることになろう。

## 第4節　労働契約内容の個別的な変更

本節では、①労働契約内容の個別的な変更の総論（→第1款）、使用者による一方的な労働契約内容の個別的な変更の効力等について、変更対象となる労働条件の類型毎に、①配転（→第2款）、②出向（→第3款）、③転籍[*57]（→第4款）、④降給・降格・降職（→第5款）、⑤昇給・昇格・昇進（→第6款）、⑥休職・休業（→第7款）、⑦労働義務のある時間の変更（→第8款）の順に検討する。

---

[*54] 労働契約締結時又は展開中に、労働契約内容と密接に関わる労働契約終了後の権利義務関係を、就業規則の労契法12条（最低基準効）又は7条（非有利設定効）に基づき設定することは可能と思われる。

[*55] 労契法10条の変更の合理性の判断要素を参考にすることも可能であろう。

[*56] 幸福銀行事件・大阪地判平10・4・13労判744号54頁/判タ987号20頁、松下電器産業事件・大阪高判平18・11・28労判930号13頁、松下電器産業グループ事件・大阪高判平18・11・28労判930号26頁、早稲田大学事件・東京高判平21・10・29労判995号5頁（当該変更の合理性につき、必要性、内容の相当性、改定の手続の相当性を判断要素とし、いずれも年金減額を肯定）。

[*57] 転籍は、労働契約の相手方の変更であり、「労働契約内容の変更」の範疇を超えるが、便宜上併せて検討する。

## 第1款　総論

　労働契約内容の個別的な変更は、①使用者と労働者の労働条件変更時の合意により行われる場合（→1）、②労働者が法令、労働協約、就業規則、労働契約に基づく権利を行使して行う場合（→2）、③労働条件変更時の労働者との合意がなく、使用者により「業務命令」として一方的に行われる場合（→3）がある。

### 1　変更時の合意
#### （1）合意による変更

　労働者及び使用者は、その合意により、労働契約の内容である労働条件を変更することができる（労契8条）。したがって、労働条件変更時に、当該変更についての労働者と使用者の合意が存在し有効であれば[*58]、労働契約の内容は変更される。

　なお、労働条件変更の合意を認定するには、労働者が合意する契約内容を適切に把握するための前提となる使用者の変更合意の申込みの内容が特定されていることが必要であるから、使用者の口頭での説明が、労働者がその全体及び詳細を理解し記憶に留めることが不可能である場合は、労働条件変更の申込みの内容の特定が不十分であり、合意の成立を認定することはできない[*59]。

　また、合意の内容は、信義則に則し、合理的に解釈するべきである。

#### （2）不利益な変更に同意する労働者の意思表示の効力

　既に述べたように（→前記第3節3(1)）、合意による変更は、労働者にとって有利な変更であれば問題はないが、不利益な変更の場合は、労働者と使用者の情報・交渉力格差に鑑み、それに同意する労働者の意思表示の成立と効力は慎重に判断する必要がある。

　　　ア　判断枠組み－効力発生要件と証明責任の転換

　労働者が意思表示の効力を争う場合、特に重要な労働条件である雇用形態、

---

[*58] 期間の定めのない労働契約から期間の定めのある労働契約への変更等に関する労働者の同意の意思表示について、契約書を提出しなければ解雇されると誤信したことによるという点で動機の錯誤があり、この動機が使用者に黙示的に表示されていたとして、錯誤無効を認めた裁判例として、東武スポーツ事件・宇都宮地判平19・2・1労判937号80頁／判タ1250号173頁。

[*59] 東武スポーツ事件・東京高判平20・3・25労判959号61頁（期間の定めのない労働契約から期間の定めのある労働契約への変更、退職金制度の廃止、有給の生理休暇・特別休暇の無給化等、多岐にわたる労働条件の不利益変更についての使用者の口頭での説明は、労働者がその全体及び詳細を理解し記憶に留めることが不可能であり、労働条件変更の申込みの内容の特定が不十分であるとして、合意の成立を否定）。

賃金*60・退職金、職種*61、契約期間、雇用形態等の不利益変更への同意の効力については、1)「意思表示の存在」等の「意思表示の成立要件」の充足、2)「意思の自由」という「効力発生要件」の充足(当該行為が「自由な意思に基づくものと認めるに足りる合理的な理由の客観的存在」を根拠付ける事実の存在)、3)意思の不存在、強行法規違反*62等の「効力障害要件」を充足しないことの、1)～3)により肯定されるべきであり、1)意思表示の成立要件に加えて、2)効力発生要件の証明責任も使用者が負担し、3)効力障害要件の証明責任を労働者が負担することとすべきである*63。

イ　意思表示の存在－書面による明示的表示

具体的には、1)の「意思表示の存在」については、労働者の署名又は押印のある書面による明示的な表示行為がなければ、契約内容変更の効果意思を推認しうる表示行為の存在は認定し難く*64、労働者が異議を述べずに変更後の賃金等を受け取っていたとしても、それだけで黙示の同意を認定することはできな

---

*60　特に、賃金は最も基本的な要素であり、賃金の減額は賃金債権の放棄と同旨すべきものであるから、賃金債権の放棄と同様に、労働者の同意が自由な意思に基づいてなされたものと認めるに足りる合理的理由の客観的存在が必要である判示するものとして、更生会社三井埠頭事件・東京高判平12・12・27労判809号82頁、NEXX事件・東京地判平24・2・27労判1048号72頁、ユニデンホールディングス事件・東京地判平28・7・20労判1156号82頁。

*61　西日本鉄道(B自動車営業所)事件・福岡高判平27・1・15労判1115号23頁は、労働者の職種変更にかかる労働者の任意(自由意思)性は、職種変更に至る事情及びその後の経緯(労働者の自発的申出か使用者の働きかけによる不本意な同意か、労働者が職種変更に同意する合理性の有無、職種変更後の状況)等を相当考慮して慎重に判断すべきとする(当該事案では任意性肯定)。

*62　例えば、労基法26条所定の使用者の責に帰すべき休業の場合、賃金を一切支払わない旨の合意は、労基法26条違反で無効であり、使用者は休業手当を支払う義務を負う。

*63　前記第5章「権利義務関係の決定システム」第2節第1款3(6)参照。労働者が労働契約内容の変更を否定する場合、使用者が抗弁で「意思の自由」を主張立証するので、労働者の再抗弁における「意思の不自由」(動機の錯誤、詐欺、強迫)の主張立証は事実上使用者の抗弁に吸収され、労働者の再抗弁としては、「意思の不存在」(動機の錯誤を除く錯誤及び心裡留保)と「強行法規違反」等が残ることになる。

*64　日本構造技術事件・東京地判平20・1・25労判961号56頁(賃金減額について、多数組合や過半数代表者との書面による合意又は労働者からの同意書等がなければ確定的な合意があったことは経験則上認め難いとして、使用者が賃金減額を労働者に通知し説明して労働者から異論がなくても合意は成立していないと判断)、技術翻訳事件・東京地判平23・5・17労判1033号42頁(賃金減額について労働者の明示的な同意がない場合に黙示の承諾の事実を認定するには、使用者が労働者に書面等による明示的な承諾を求めなかった合理的な理由の存在等が求められるとして、黙示の承諾を否定)。

いであろう*65。

　　ウ　意思の自由－意思を自由に形成する基盤の存在
　2)の「意思の自由」については、労働者の意思表示が「自由な意思に基づくものと認めるに足りる合理的な理由の客観的存在」を根拠付ける事実が必要であり、具体的には、労働契約内容の変更に至る過程において、労働者がその意思を自由に形成する基盤となる以下のような事実の存在が必要である。
　一つめは、使用者が、労働者に対して、労働者の意思形成の基礎となる事実、具体的には、①労働契約内容を不利益に変更する理由の有無と内容(経営上の理由による不利益変更であれば、経営状況等、人的理由による不利益変更であれば、能力・勤務態度等に対する評価等)、②被る不利益の具体的な内容と程度等について、真実かつ適切な情報提供を行い、誠実な説明協議をなし、労働者が十分に認識しその内容を理解したことが必要である。
　二つめは、労働者が意思を自由に形成しうる手続・環境が整備されていたこと、具体的には、①情報提供・説明協議を行う面談を実施する場合は、労働者に、事前にその内容を告知し、労働組合の役員、弁護士、同僚、家族、友人等、労働者の希望する付添人の同席を認める旨を伝え、実際に認めたこと、②労働者が希望する回数・時間を適切な範囲で確保し、労働者の希望や条件も聴取し、十分な熟慮期間を付与したこと、③慎重に判断するために書面による意思表示を求めたこと、④使用者からの影響力を受けずに自分自身で判断できるように、職場ではなく自宅等で、使用者又はその関係者がいない状況で、その意思を表示する書面を作成したこと等が必要である。また、使用者は、当該労働者の所属する労働組合がその労働契約内容の変更等に関して団体交渉を求めた場合は、誠実に交渉したことが必要である。
　三つめは、労働契約内容変更に至る過程での使用者の業務命令の内容や職場環境が、労働者の意思の自由な形成への影響力行使とならないよう配慮されたことである。
　　エ　証明責任
　前記イで述べた書面による明示的表示、及び、前記ウで述べた意思の自由な

---

*65　更生会社三井埠頭事件・東京高判平12・12・27労判809号82頁(使用者から賃金減額の通知を受けた管理職従業員らが約11か月にわたり異議を述べずに就労していても、自由な意思に基づき賃金減額を承諾したと認めるに足りる合理的な理由は客観的に存在しないと判断)、ザ・ウインザー・ホテルズインターナショナル事件・札幌地判平23・5・20労判1031号81頁(「わかりました」程度の返事では同意の認定はできず、減額後の賃金を明示的な抗議をせずに11か月受け取っていたという事実から、経験則により、労働者が賃金減額に同意していたと推認することは困難と判示)。

形成の基盤となる事実の存在については使用者が主張立証し、充足されていない点があれば、それでもなお意思表示の存在と意思の自由を肯定しうる格別の事情を使用者が主張立証した場合を除き、「意思表示の存在」と「意思の自由」は否定され、労働契約内容変更の効果は否定されるべきであろう。

### 2 労働者の権利行使

労働者は、法令上の要件を充足する場合には、年次有給休暇、生理休暇・産前産後休業・育児時間、育児休業・看護休暇、介護休業・介護休暇を取得する権利等を有しており、その権利行使により、労働契約内容の変更（労働義務の消滅等）を行うことができる[*66]。

また、労働協約、就業規則、労働契約の定めに基づき変更権を有しているときは、労働契約内容の変更を行うことができる（法定外の休暇・休職等）。

### 3 使用者による一方的な変更

#### （1）有効となる要件

労働条件の変更時点で労働者の同意がない場合、使用者が「業務命令」により一方的に労働契約内容を変更することができるかどうか、その労働契約内容の変更が有効となる要件は、以下の通りである。

第一は、使用者が、当該労働条件の変更権を有し、当該労働条件変更が、使用者の有する労働条件変更権の範囲内であることである。

労働契約は、労働者及び使用者が対等の立場における合意に基づいて変更することが原則であり（労契3条1項）、使用者の労働条件変更権を根拠付ける法律上の規定はないから、使用者は当然に労働条件変更権を有しているわけではなく、その法的根拠が必要である。労働条件変更権の法的根拠となりうるのは、使用者が当該労働条件変更権を有することについての、①労働者と使用者の事前の合意（ただし、労働者に不利益をもたらす合意であるから、その効力は慎重に判断される）[*67]、②就業規則の定め（所定の要件を充足し労働契約の内容となるもの）[*68]、③労働協約の定め（所定の要件を充足し労働契約の内容を規律するもの）[*69]である。

---

[*66] 第11章「労働時間と自由時間」第4節第2款、第13章「労働と生活の調和」第2節・第3節。
[*67] 前記第5章「権利義務関係の決定システムと法源」第2節第1款3。
[*68] 前記第5章「権利義務関係の決定システムと法源」第2節第3款8・9・10。
[*69] 前記第5章「権利義務関係の決定システムと法源」第2節第2款、後記第25章「労働協約」第3節3・4。

第4節　労働契約内容の個別的な変更

　第二は、当該労働条件変更権の行使が適法であることである。
　具体的には、1) 効力発生要件である、①労働協約、就業規則、労働契約において当該労働条件変更権の行使についての定めがある場合（行使しうる事由、手続等）はこれを充足していること、②信義則（労契3条3・4項、育介26条等）上の義務の履行（信義則違反でないこと）（→(3)）を充足し、2) 効力障害要件である、③権利濫用（労契3条5項、14条）（→(4)）、④差別的取扱いの禁止、賃金・労働時間規制、育児・介護責任を有する者についての特別規制や民法90条の公序等の強行法規違反に該当しないことである。
　以上の要件を充足していない場合は、当該労働条件の変更は無効である。

図16.1　労働条件変更権の法的根拠と行使の適法性

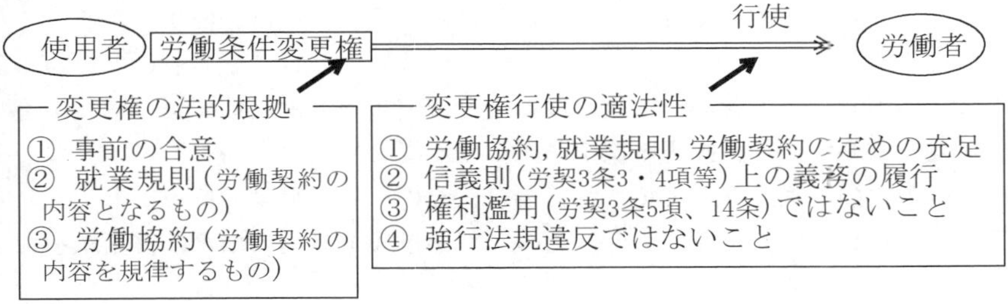

```
                                    行使
 使用者 ―労働条件変更権――――――――――→ 労働者
        ┌─変更権の法的根拠─┐ ┌─変更権行使の適法性──────────┐
        │ ① 事前の合意      │ │ ① 労働協約,就業規則,労働契約の定めの充足 │
        │ ② 就業規則(労働契約の│ │ ② 信義則(労契3条3・4項等)上の義務の履行 │
        │    内容となるもの)  │ │ ③ 権利濫用(労契3条5項、14条)ではないこと │
        │ ③ 労働協約(労働契約の│ │ ④ 強行法規違反ではないこと             │
        │    内容を規律するもの)│ └────────────────────┘
        └──────────┘
```

　(2)　法的救済
　当該労働条件の変更が無効である場合は、それを前提として、権利義務関係の確認や賃金支払等を請求することができる。
　また、当該労働条件の変更が、信義則違反、又は、不法行為であることを理由として、損害賠償を請求しうる場合もある。
　(3)　労働条件変更権の行使と信義則
　労働条件変更時に労働者の同意がなく、使用者が労働条件変更権を行使して労働条件を変更する場合、労働者は、経済的・生活上・労働条件上の様々な不利益を被る場合がある。
　それゆえ、使用者は、労働条件変更権を有する場合でも、これを行使するにあたっては、それに伴う労働者の不利益に配慮して、①労働条件変更を必要かつ合理的な範囲に限定し、②変更後の労働条件や変更時期等、労働条件の変更の内容については、当該労働条件変更に伴う労働者の不利益緩和措置も含めて相当なものとし、③当該労働条件変更を決定する前に当該労働者に対し説明・

協議する(ただし、緊急で時間の余裕のない場合を除く)という、信義則上の義務を負い、当該信義則上の義務の履行は、労働条件変更の効力発生要件と位置づけるべきである。

具体的には、第一に、労働条件変更が、当該労働者の人的理由(労働能力、勤務態度等)により行われる場合は、①当該労働条件変更の必要性、②変更後の労働条件(不利益緩和措置も含む)の相当性、③労働者に対する説明・協議等の手続の相当性を、効力発生要件と解すべきである。

第二に、労働条件変更が、経営上の理由により行われる場合は、①労働条件変更の必要性、②対象労働者の選定基準と適用の合理性、③変更後の労働条件(不利益緩和措置も含む)の相当性、④労働者に対する説明・協議等の手続の相当性を、効力発生要件と解すべきである。

そしてこれらの効力発生要件を充足することの証明責任は、使用者が負うと解すべきである。

これらの信義則上の義務を履行しない場合は、当該労働条件変更は信義則違反で無効であり、また、損害賠償を請求しうる場合もある[*70]。

なお、複数の労働条件が変更される場合、その一部が無効であることはありうるし、変更後の労働条件につき、その一部が信義則違反で損害賠償請求をなしうるということもありうる。

(4) 権利濫用(労契3条5項、14条)の位置づけ

労働条件変更の効力については、変更権の法的根拠が肯定される場合は、強行法規違反を除き、その有効性を権利濫用(労契3条5項、14条)かどうかのみにより判断する裁判例・学説も多い。

しかし、効力障害要件である権利濫用による制限では、労働条件変更は原則有効で例外的に権利濫用に該当する場合に限り無効となり、また、権利濫用の証明責任は労働者が負担することになる。

したがって、前記(1)～(3)で述べたように、信義則上の義務の履行を効力発生要件として、権利濫用に先立つ別個の効力要件と位置づけ、その証明責任は使用者に負担させるべきである。

## 第2款　配転

### 1　定義

「配転」とは、法律の条文上の定義はないが、一般に、職種・職務内容、又

---

[*70]　前記第5章「権利義務関係の決定システムと法源」第2節第5款3(2)。

は(及び)、勤務場所が相当の期間にわたって変更されることを言う。労務を供給する相手方は同じである。

同一勤務地内での勤務箇所・職務内容の変更を「配置転換」、勤務場所の変更を「転勤」と言う場合もある。

図16.2　配置転換（配転）

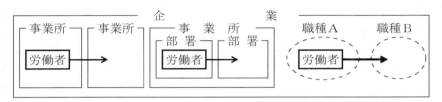

## 2　問題の所在

配転については、第一に、当該配転命令が有効かどうか(勤務地や職務内容の変更という労働契約内容の変更の効果が発生するかどうか)が問題となる。当該配転命令が無効であれば、労働者は配転先での労働義務を負わず、配転先での労働義務の不存在確認を求めることができる。

第二に、当該配転に労働者が異議を留めて応じた場合、当該配転命令が、信義則違反、又は、団結権・人格権侵害等の不法行為(民709・710条)[*71]であることを理由として、配転に応じたことにより生じた財産的・精神的損害につき、損害賠償を請求しうる場合もある。

以下では、配転命令の効力を検討する(→3)。

## 3　配転命令の効力

配転時に労働者の同意がない場合、使用者の配転命令が有効であるためには、①使用者が配転命令権を有し、②配転命令権の行使が適法であることが必要である。

---

*71　精神的損害賠償請求を肯定した裁判例として、バンク・オブ・アメリカ・イリノイ事件・東京地判平7・12・4労判685号17頁(受付業務への配転)、日本レストランシステムス事件・大阪高判平17・1・25労判890号27頁、精電舎電子工業事件・東京地判平18・7・14労判922号34頁、NTT東日本(北海道・配転)事件・札幌地判平18・9・29労判928号37頁/判タ1222号106頁、NTT西日本(大阪・名古屋配転)事件・大阪地判平19・3・28労判946号130頁、ノースウエスト航空事件・東京高判平20・3・27労判959号18頁/判時2000号133頁。

(1) 配転命令権の法的根拠

　使用者は当然に配転命令権を有しているわけではなく、また、配転命令権の根拠となる法律の条文は存在しないので、配転命令が有効であるためには、使用者が労働契約上配転命令権を有していることが必要」である[*72]。配転命令権の法的根拠となるのは、①労働者と使用者の事前の合意、②就業規則の定め（所定の要件を充足し労働契約の内容となるもの）、③労働協約の定め（所定の要件を充足し労働契約の内容を規律するもの）である。

　　ア　事前の合意

　使用者が配転命令権を有することについての、労働者と使用者の事前の合意は、配転命令権の法的根拠となりうる。

　ただし、当該労働契約に適用される労働協約や就業規則にも配転命令権に関する定めがある場合は、それらは労働契約に対し最低基準効（労組16条・労契12条）を有するから、労働者と使用者の合意内容は労働協約や就業規則よりも労働者にとって不利なものであってはならない。

　また、配転時に労働者の同意のない配転命令は、労働者にとって労働条件あるいは経済的・生活上の不利益を被らせる可能性があるから、合意の効力は慎重に判断されるべきであり、また合意された配転命令権の内容は、信義則に則して必要かつ合理的な範囲に限定的に解釈する必要がある。

　　イ　就業規則

　使用者が配転命令権を有する旨の就業規則の規定は、第一に、それが当該労働者が労働契約を締結した時点で存在する場合は、非有利設定効の発生要件（労契7条、労基90条・89条・106条1項）を充足する場合は、労働契約の内容となるが、「合理的な労働条件」（労契7条）であることは、配転命令権が必要かつ合理的な範囲に限定・明示されている場合にのみ認められるべきであり、また、当該就業規則の定めは合理的限定的に解釈されるべきであろう[*73]。

　労働契約上、勤務地や職種が限定されていれば、非有利設定効は発生しない

---

[*72] 労働契約の内容は労働者及び使用者が対等な立場で自主的交渉において合意することにより締結し変更されるものであり（労契1条、3条1項）、労働契約の締結により使用者が包括的配転命令権を取得するものではない（仲田コーティング事件・京都地判平23・9・5労判1044号89頁〈ダイジェスト〉）。例えば、L産業事件・東京地判平27・10・30労判1132号20頁も、「使用者は、労働契約上の根拠を有する場合には………勤務場所や担当業務を決定することができる」と判示している。

[*73] 直源会相模原南病院事件・東京高判平10・12・10労判761号118頁は、就業規則が命じうると定める「職種の変更」は「同じ業務の系統内での異なる職種間の移動」であるとしてケースワーカー・事務職員（事務職系）のナースヘルパー（労務職系）への配転を無効と判断した。

（労契7条但書）ので、就業規則の定めがあっても使用者は当該労働者に対しては配転命令権を有しない[74]。また、労働契約上配転命令権についての定めがあるが、労働契約の定めの方が労働者にとってである場合（例：配転の地理的範囲が狭い）も、就業規則の定めは労働契約の内容とはならない。これに対し、就業規則の定めの方が労働者にとって有利である場合は、就業規則の定めは最低基準効（労契12条）により労働契約の内容となる（実質的周知又は行政官庁への届出がある場合）。

第二に、使用者が配転命令権を有する旨の就業規則の規定が、労働契約締結後に、新設又は労働者に不利に変更された場合、不利益変更効の発生要件（労契10条、労基90条・89条・106条1項）を充足するときは労働契約の内容となるが、少なくとも配転命令権が必要かつ合理的な範囲に限定・明示されていなければ「変更の合理性」（労契10条）は認められないと解すべきである。

これに対し、労働者に有利に変更された場合は、最低基準効（労契12条）により労働契約の内容となる（実質的周知又は行政官庁への届出がある場合）。

ただし、当該労働契約に適用される労働協約に配転命令権に関する定めがある場合は、これに反する就業規則の定めは、当該労働協約の適用を受ける労働者に対しては法的効力を有さず、強行法規に反する定めも同様である（労契13条）。

　　ウ　労働協約

使用者が配転命令権を有する旨の労働協約の規定は、それが統一的基準である場合は、原則として当該労働協約の対象とする労働契約の内容を規律し、法的根拠となりうる（労組16条・17条）[75]。

　　エ　配転命令権を有しない場合

使用者が配転命令権を有しない場合は、職種・職務内容又は勤務場所の変更には、変更時の労働者の同意が必要であり、労働者の同意がない場合は、当該

---

[74] 労契法施行（2008〈平20〉年3月1日）前の事案であるが、労働契約上勤務地又は職種の限定がなされ、使用者は就業規則に基づく配転命令権を有さず、配転無効と判断した例として、ブックローン事件・神戸地決昭54・7・12労判325号20頁（和歌山市内）、日本レストランシステム事件・大阪高判平17・1・25労判890号27頁（関西地区）、日本テレビ放送網事件・東京地決昭51・7・23労判257号23頁/判時820号54頁（アナウンサー）、アール・エフ・ラジオ日本事件・東京高判昭58・5・25労民34巻3号441頁/労判411号36頁（アナウンサー）、ヤマトセキュリティ事件・大阪地決平9・6・10労判720号55頁（事務系業務の社員）、峰運輸事件・大阪地判平12・1・21労判780号87頁（トラック運転手）、東京海上日動火災保険事件・東京地判平19・3・26労判941号33頁/判時1965号3頁（損害保険の契約係社員）等。

[75] 詳細は、第25章「労働協約」第3節3・4、第4節第1款、第5節第1款・第2款。

配転命令は権利の法的根拠を欠き無効である[*76][*77]。
　(2)　配転命令権の行使の適法性
　使用者が配転命令権を有している場合でも、配転命令が有効であるためには、配転命令権の行使が適法でなければならない。
　　ア　要件
　配転命令権の行使が適法で配転命令が有効であるためには、1) 効力発生要件である、①労働協約[*78]、就業規則、労働契約が権利の行使方法を限定している場合(配転事由、手続等)はこれを遵守していること、②信義則(労契3条3・4項、育介26条)上の義務を履行していることを充足し、2) 効力障害要件である、③権利濫用(労契3条5項)、④差別的取扱い禁止等の強行法規違反に該当しないことが必要である。
　　イ　権利濫用に関する判例の判断基準
　降格・降給を伴わない「水平的な配転」[*79]について、最高裁判決[*80]は、育介法26条(2002〈平14〉年4月1日施行)及び労契法(2008〈平20〉年3月1日施行)の施行以前の事案であるが、転勤、特に転居を伴う転勤は、一般に労働者の生活関係に少なからぬ影響を与えるから、使用者の転勤命令権は無制約に行使することができるものではなく、これを濫用することは許されないと判示した上で、配転命令の権利濫用該当性につき、以下のような判断基準を示した。
　すなわち、第一に、配転命令が権利の濫用となるのは、1) 業務上の必要性が存在しない場合、又は、2) 業務上の必要性が存在する場合でも、①当該配転命令が他の不当な動機・目的をもってなされたものであるとき、若しくは、②労働者に通常甘受すべき程度を著しく超える不利益を負わせるものであるとき

---

*76　労働契約上勤務地又は職種限定がなされ、就業規則の配転規定もなく、使用者は配転命令権を有さないので配転無効と判断した裁判例として、新日本通信事件・大阪地判平9・3・24労判715号42頁(仙台)、東武スポーツ事件・宇都宮地決平18・12・18労判932号14頁(キャディー職)、労働契約上転居を伴う配転は客観的に予定されておらず使用者は当該配転命令権を有さず配転無効と判断した裁判例として、仲田コーティング事件・京都地判平23・9・5労判1044号89頁〈ダイジェスト〉。

*77　東京海上日動火災保険事件・東京地判平19・3・26労判941号33頁/判時1965号3頁は、職務限定の合意(損害保険の契約係社員)を認定した上で、特段の事情が認められる場合には他職種への配転は有効と判示する(結論としては特段の事情を否定)が支持できない。「特段の事情がある場合は使用者は配転命令権を有する」との合意があったとの事実認定がなされるべき事案であろう。

*78　労働協約当事者間の信義則及び労働協約上の努力義務・説明義務に反するとして当該配転を権利濫用で無効と判断した例として、ノースウエスト航空事件・東京高判平20・3・27労判959号18頁/判時2000号133頁(フライトアテンダントから地上職)。

*79　降格・降給を伴う配転については、後記第5款4で検討する。

*80　東亜ペイント事件・最二小判昭61・7・14集民148号281頁/労判477号6頁。

第4節　労働契約内容の個別的な変更

等、特段の事情が存する場合である。

　第二に、上記判断基準に言う「業務上の必要性」とは、「当該転勤先への異動が余人をもっては容易に替え難いといった高度の必要性に限定することは相当でなく、労働力の適正配置、業務の能率増進、労働者の能力開発、勤務意欲の高揚、業務運営の円滑化など企業の合理的運営に寄与する点が認められる限りは業務上の必要性の存在を肯定すべき」である[*81]。

　上記判断基準に言う「他の不当な動機・目的」は、具体的には判示されていないが、該当しうるのは、差別的取扱い、報復的行為[*82]、いやがらせ、退職に追い込むこと[*83]等であると解される[*84]。

　同判決以降、この判断基準は、転居を伴う転勤[*85]のみならず、職種・職務内容の変更がなされた事案[*86]、及び、転居は伴わないが通勤時間の延長を伴う転

---

[*81]　以上の判断基準に基づき、当該配転の業務上の必要性を否定した例として、NTT東日本（北海道・配転）事件・札幌地判平18・9・29労判928号37頁／判タ1222号106頁、配転を有効とした例として、テーエス運輸ほか事件・神戸地判平27・3・9労判1144号60頁、同事件・大阪高判平27・11・19労判1144号49頁。

[*82]　当該配転が職場におけるセクシュアルハラスメントについて労働局雇用均等室に相談したことに対する不利益処分で無効とした裁判例として、名古屋セクハラ（K設計）事件・名古屋地決平15・1・14労判852号58頁／判タ1138号105頁、コンプライアンス室への内部通報に対する制裁的処分で無効とした裁判例として、オリンパス事件・東京高判平23・8・31労判1035号42頁／判時2127号124頁。

[*83]　マリンクロットメディカル事件・東京地決平7・3・31労判680号75頁、精電舎電子工業事件・東京地判平18・7・14労判922号34頁。

[*84]　ノルマ未達成の制裁措置としての降格に応じない労働者に対する遠隔地配転を権利濫用と判断した裁判例として、ナカヤマ事件・福井地判平28・1・15労判1132号5頁。

[*85]　主な事案として、マリンクロットメディカル事件・東京地決平7・3・31労判680号75頁、JR東日本事件・仙台地判平8・9・24労判705号69頁／判タ944号38頁、北海道コカ・コーラボトリング事件・札幌地決平9・7・23労判723号62頁、新日本製鐵事件・福岡高判平13・8・21労判819号57頁／判タ1126号138頁、NTT東日本（北海道・配転）事件・札幌地判平18・9・29労判928号37頁／判タ1222号106頁、NTT東日本（首都圏配転）事件・東京地判平19・3・29労判937号22頁／判時1970号109頁、同事件・東京高判平20・3・26労判959号48頁等。

[*86]　日産自動車村山工場事件・東京高判昭62・12・24労民38巻5=6号681頁／労判512号66頁（機械工から組立工：有効）（最一小判平元12・7労判554号6頁で維持）、古賀タクシー事件・福岡高判平11・11・2労判790号76頁（タクシー乗務員から営業係：有効）、東京サレジオ学園事件・東京高判平15・9・24労判864号34頁（児童指導員から調理員：有効）、大阪医科大学事件・大阪地判平17・9・1労判906号70頁（電話交換手から物流センター事務員：有効）、協同商事事件・さいたま地川越支判平19・6・28労判944号5頁（トラック運転手から分荷作業：有効）、ノースウエスト航空事件・東京高判平20・3・27労判959号18頁／判時2000号133頁（フライトアテンダントから地上職：無効）、オリンパス事件・東京高判平23・8・31労判1035号42頁／判時2127号124頁（営業職から調査研究職等：無効）、公益財団法人えどがわ環境財団事件・東京地判平26・11・26労判1115号68頁（動物飼育職から事務職）等。

勤の事案*87の最高裁判決・下級審裁判例にも引用されており、配転命令の権利濫用該当性の一般的判断基準とされている。

ただし、育介法26条施行後の事案においては、配転命令が権利の濫用に該当するかどうかは、同条の趣旨（事業主は労働者の就業場所の変更に当たって、当該労働者の子の養育又は家族の介護の状況に配慮しなければならない）を踏まえて検討することが必要とされている*88。

　　　ウ　判例・裁判例－特段の事情の有無

従来の最高裁判決・下級審裁判例では、配転命令権の行使の適法性については、権利の濫用かどうかが主な争点であり、中でも、前記イの判断基準のうち、当該配転が「労働者に通常甘受すべき程度を著しく超える不利益を負わせるもの」に該当するかどうかが論点となることが多い。

この点につき、第一に、勤務地の変更に伴う不利益について、労契法3条4項と育介法26条施行前になされた配転命令権行使に関する事案であるが、通常甘受すべき程度を著しく超える不利益ではないと判断されたものとして、配偶者や子供との別居など単身赴任に伴う経済的・精神的不利益*89、共働き女性の通勤時間が長くなり子供の保育園送迎が困難となること*90等がある。他方、通常甘受すべき程度を著しく越える不利益を伴う配転と判断されたものは、家族*91

---

*87　ケンウッド事件・最三小判平12・1・28集民196号285頁／労判774号7頁（配転有効）。

*88　NTT西日本（大阪・名古屋配転）事件・大阪地判平19・3・28労判946号130頁。明治図書出版事件・東京地決平14・12・27労判861号69頁、ネスレ日本事件・神戸地姫路支判平17・5・9労判895号5頁／判タ1216号146頁、同事件・大阪高判平18・4・14労判915号60頁（育介法26条を配転命令権濫用の判断において考慮）。

*89　東亜ペイント事件・最二小判昭61・7・14集民148号281頁／労判477号6頁（同事件・大阪地判昭57・10・25労判399号43頁、及び、同事件・大阪高判昭59・8・21労判477号15頁は権利濫用で無効と判断）、JR東日本（東北地方自動車部）事件・仙台地判平8・9・24労判705号69頁／判タ944号138頁、新日本製鐵事件・福岡高判平13・8・21労判819号57頁／判タ1126号138頁（寮の貸与や特別赴任手当・一時帰宅交通費の支給も考慮して判断されている）、NTT東日本（首都圏配転）事件・東京地判平19・3・29労判937号22頁／判時1970号109頁、同事件・東京高判平20・3・26労判959号48頁等。

*90　ケンウッド事件・最三小判平12・1・28集民196号285頁／労判774号7頁。同事件・東京地判平5・9・28労判635号11頁／判時1476号153頁、及び、同事件・東京高判平7・9・28労民46巻1=2号27頁／労判681号25頁も当該配転命令を有効と判断している。

*91　北海道コカ・コーラボトリング事件・札幌地決平9・7・23労判723号62頁（娘二人が病気で両親の体調も不良）、ネスレ日本事件・神戸地姫路支判平17・5・9労判895号5頁／判タ1216号146頁、同事件・大阪高判平18・4・14労判915号60頁（妻が精神病である者と母が要介護状態である者）、NTT東日本（北海道・配転）事件・札幌地判平18・9・29労判928号37頁／判タ1222号106頁（実父母の介護を行う者）、NTT西日本事件（大阪・名古屋配転）事件・大阪地判平19・3・28労判946号130頁（肺がん手術後の妻のサポートをする者）等。

又は本人[*92]が病気・要介護状態であって、長距離通勤、単身赴任、転居が困難な者に対する配転命令である。

　第二に、職種・職務内容の変更については、「機械工」から組立工に配転し、従来の経験、技能等を満足に生かせず身体的にも厳しい作業環境となったこと[*93]、児童相談員から調理員への配転[*94]、電話交換手から物流センター職員への配転[*95]等も、通常甘受すべき程度を著しく越える不利益ではないと判断されている。

　　エ　私見－信義則による規制の必要性

　最高裁判決・下級審裁判例の多くは、「権利濫用」により配転命令権の行使を制限し、「信義則違反」による制限はあまり行われていない。権利濫用による制限を否定するものではないが、効力障害要件である権利濫用による制限では、配転命令は原則有効で例外的に権利濫用に該当する場合に限り無効となり、権利濫用の証明責任は労働者が負担することになる[*96]。

　しかし、労働者は、降格・降給等の不利益がなくても、勤務地の変更であれば、通勤時間が長くなったり、転居が必要となる場合があり、健康状態によっては通勤に耐えられなくなったり、育児・介護が困難となったり、家族と共に過ごす時間が少なくなったり、配偶者が仕事を辞めるかあるいは本人が配偶者や子供との別居（単身赴任）を余儀なくされるといった、不利益を被る可能性がある。また、職種・職務内容の変更であれば、その経歴、技術、能力を十分に生かすことができなくなったり、あるいは、より劣悪な労働条件・労働環境となる場合がある。

　したがって、使用者は、配転命令権を行使するにあたっては、労働者の被る

---

*92　ミロク情報サービス事件・京都地判平12・4・18労判790号39頁（メニエール病に罹患）、NTT西日本事件（大阪・名古屋配転）事件・大阪地判平19・3・28労判946号130頁（糖尿病の通院や治療を必要とする者）等。

*93　日産自動車事件・東京高判昭62・12・24民38巻5=6号681頁／労判512号66頁（最一小判平元12・7労判554号6頁もこの判断を維持）。これに対し、同事件・横浜地判昭61・3・20労判473号42頁／判時1207号122頁は、同配転は人選の合理性を欠き配転命令権の濫用で無効と判断している。

*94　東京サレジオ学園事件・東京高判平15・9・24労判864号34頁。

*95　大阪医科大学事件・大阪地判平17・9・1労判906号70頁。

*96　例えば、テーエス運輸ほか事件・神戸地判平27・11・19労判1144号60頁、同事件・大阪高判平27・11・19労判1144号49頁は、労働者が「著しい不利益を被ると認めるに足りる確たるものはない」と判示して権利濫用性を否定して配転命令を有効とし、大王製紙事件・東京地判平28・1・14労判1140号68頁は、本件配転命令が不当な動機、目的によるという「事実を認めるに足りる的確な証拠はない」と判示して権利濫用性を否定して配転命令を有効としている。

不利益及び育児・介護の状況等に配慮して、①配転を必要かつ合理的な範囲に限定し、②配転後の労働条件（配転に伴う労働者の不利益緩和措置[*97]を含む）や変更時期等その内容を相当なものとし、③当該配転を決定する前に当該労働者に対し説明し協議する信義則上の義務（労契3条3・4項、育介26条）を負い[*98]、これらの信義則上の義務の履行を効力発生要件として位置づけるべきである。

具体的には、第一に、配転が当該労働者の人的理由（労働能力、勤務態度等）により行われる場合、①配転の必要性（不当な動機・目的でないことを含む）、②配転時期及び配転後の勤務先・職務内容・不利益緩和措置・その他の労働条件が労働者の被る不利益等に照らし相当であること、③説明・協議等の手続の相当性を、配転命令の効力発生要件と解すべきである。

第二に、配転が経営上の理由により行われる場合は、①配転の必要性、②対象労働者の選定基準と適用に合理性があること（①と②には不当な動機・目的でないことを含む）、③配転時期及び配転後の勤務先・職務内容・不利益緩和措置・その他の労働条件が労働者の被る不利益等に照らし相当であること、④説明・協議等の手続の相当性を、配転命令の効力発生要件と解すべきである。

## 第3款　出向

### 1　定義

「出向」とは、法律の条文上の定義規定はないが、①労働者が労働契約を締結したＡ企業（出向元企業）との労働契約を継続したまま（在籍のまま）、②他のＢ企業（出向先企業）に対して労務を供給すること、すなわち、Ｂ企業の指示のもとにＢ企業の業務に従事することである[*99]。在籍出向と呼ばれることもある。

したがって、出向は、労務を供給する相手方の変更であり、それに伴い、勤務場所や職務内容等も変更されることになるが、後記「転籍」（→第4款）との

---

[*97]　ただし、労働者の非違行為を理由とする配転等、不利益緩和措置を講じない相当な理由がある場合を除く。

[*98]　日産自動車事件・横浜地判昭61・3・20労判473号42頁／判時1207号122頁は、機械工を他の職種に配転するにあたっては、労働者の経歴・技能を十分に斟酌し、他の機械職場に配置することが可能か否かを検討し、たとえ他の機械職場への配置が不可能とされる場合でも本人の意向を聴き、できる限りその技能を生かせる職場に配置するなど労働者の利益についても十分配慮するのが、配転命令権を行使する使用者のとるべき必要な措置であると判示しており、支持しうる。

[*99]　安川電気事件・福岡地小倉支判昭48・11・27労民24巻6号569頁／判時733号108頁参照（電気メーカーの労働者が代理店で技術サービス員としての業務に従事することは、電気メーカーの業務をその指揮命令により遂行するもので、出向ではなく配転であると判断）。

本質的な相違は、出向元との労働契約が存続している点にある*100。

出向においては、当該労働者と出向元企業との労働契約上の権利義務関係は、出向期間中は、当該労働者と出向元企業、及び、当該労働者と出向先企業との間でそれぞれ分有されることになる（少なくとも労務請求権の全部又は一部は出向先が有する）。

図16.3　出向

なお、出向は、形式的には職安法4条7項の「労働者供給」に該当するが、営利目的で「事業」として行われているのでなく、関連企業やグループ企業内での「配転」として行われているのであれば、職安法44条（労働者供給事業の禁止）違反とはならない。

## 2　問題の所在

出向については、第一に、当該出向命令が有効であるかどうか（労務供給先、勤務地、職務内容等の変更という効果が発生するかどうか）が問題となる。出向命令が無効であれば、労働者は出向先での労働義務を負わず、その不存在確認を求めることができる。

第二に、当該出向に労働者が異議を留めて応じた場合、当該出向が信義則違反、又は、団結権・人格権侵害等の不法行為（民709・710条）*101であるとして、出向に応じたことによる財産的・精神的損害の賠償を請求しうる場合もある。

以下では、出向命令の効力（→3）と、出向期間中の権利義務関係（→4）を検討する。

## 3　出向命令の効力

出向時に労働者の同意がない場合、使用者の出向命令が有効であるためには、①使用者が出向命令権を有し、②出向命令権の行使が適法であることが必要で

---

*100　新日本製鐵（日鐵運輸第2）事件・最二小判平15・4・18集民209号495頁/労判847号14頁。
*101　精神的損害賠償請求を肯定した裁判例として、日本レストランシステム事件・大阪高判平17・1・25労判890号27頁、兵庫県商工会連合会事件・神戸地姫路支判平24・10・29労判1066号28頁。

あるが、その前提として、出向命令と民法625条1項との関係が問題となる。

(1) 出向命令と民法625条1項

労働契約の多くは民法上の雇用契約でもあるところ、民法625条1項は、雇用につき、「使用者は、労働者の承諾を得なければ、その権利を第三者に譲り渡すことができない」と定めている[102]。

出向は、出向元企業の労務請求権を出向先企業に譲渡するものであり、「権利の第三者への譲渡」である。したがって、出向時点で労働者の同意がない場合、使用者が出向を命ずることが可能かどうかが問題となる。

この点、下級審裁判例[103]が述べるように、民法625条1項が強行規定で使用者の出向命令権を労働契約上設定することが禁止されているとまでは解することは困難であるように思われるので、出向命令権を労働契約上創設することは可能であり、また、最高裁判決が述べるように[104]、就業規則や労働協約の定めも出向命令権の法的根拠となりうると一応解しておく。ただし、民法625条1項の労働者保護の趣旨にも照らし、後記(2)のように、出向命令権の発生要件は、厳格に解される。

(2) 出向命令権の法的根拠

出向命令権の創設は可能であるとしても、使用者は当然に出向命令権を有しているわけではなく[105]、また、出向命令権の法的根拠となる条文は存在していないので、使用者の出向命令が有効であるためには、使用者が労働契約上出向命令権を有していることが必要である。出向命令権の法的根拠となるのは、①労働者と使用者の事前の合意、②就業規則の定め（労働契約の内容となるもの）、③労働協約の定め（労働契約の内容を規律するもの）である。

　　ア　事前の合意

使用者が出向命令権を有することについての、労働者と使用者の事前の合意は、出向命令権の法的根拠となりうる。

ただし、当該労働契約に適用される労働協約や就業規則にも出向命令権に関する定めがある場合は、それらは労働契約に対し最低基準効（労組16条・労契

---

[102] 同規定は、2017（平29）年民法改正による改正対象ではなく変更されていない。
[103] 新日本製鐵（日鐵運輸）事件・福岡高判平12・11・28労判806号58頁。
[104] 新日本製鐵（日鐵運輸第2）事件・最二小判平15・4・18集民209号495頁/労判847号14頁。
[105] 日立電子事件・東京地判昭41・3・31労民17巻2号368頁（労働者の承諾その他法律上正当付ける特段の事情なくして出向を命じることはできず、使用者の経営権に内在する固有の権能として労働者に当然に出向を命じ得るものではないと判示）。安川電気事件・福岡地小倉支判昭48・11・27労民24巻6号569頁/判時733号108頁も同旨。

12条)を有するから、労働協約や就業規則よりも労働者にとって不利な内容であってはならない。

また、出向時に労働者の同意のない出向命令は、労働者にとって労働条件あるいは経済的・生活上の不利益を被らせる可能性があるから、合意の効力は慎重に判断されるべきであり、また、合意された出向命令権は、信義則に則して必要かつ合理的な範囲に限定して解釈する必要がある。

イ 就業規則

使用者が出向命令権を有する旨の就業規則の規定は、第一に、それが当該労働者が労働契約を締結した時点で存在する場合、非有利設定効の発生要件(労契7条、労基90条・89条・106条1項)を充足するときは、労働契約の内容となるが、「合理的な労働条件」(労契7条)であることは、出向命令権が必要かつ合理的な範囲に限定・明示され、出向期間中の賃金等の労働条件、出向期間、出向期間の取扱い(退職金算定において在籍期間に含まれるか等)、復帰の仕方、復帰後の労働条件等につき、労働者の利益に配慮した詳細な規定が置かれている場合にのみ、認められるべきである[106]。

労働契約上、労務供給の相手方・勤務地・職種・職務内容等が限定されていれば、当該定めと異なる就業規則の規定は契約内容とはならない(労契7条但書)ので、就業規則の定めがあっても使用者は当該労働者に対しては労働契約に反する出向命令権を有しない。また、労働契約上出向命令権についての定めがあるが、労働契約の定めの方が労働者にとって有利である場合(例:出向の地理的範囲が狭い)も、就業規則の定めは労働契約の内容とはならない。これに対し、就業規則の定めの方が労働者にとって有利である場合は、就業規則の定めは最低基準効(労契12条)により労働契約の内容となる(実質的周知又は行政官庁への届出がある場合)。

第二に、使用者が出向命令権を有する旨の就業規則の規定が、労働契約締結後に、新設又は労働者に不利に変更された場合、不利益変更効の発生要件(労契10条、労基90条・89条・106条1項)を充足するときは労働契約の内容となるが、出向命令権が必要かつ合理的な範囲に限定され、出向期間中の賃金等の労働条件、出向期間、出向期間の取扱い(退職金算定において在籍期間に含まれるか等)、復帰の仕方、復帰後の労働条件等につき、労働者の利益に配慮した詳細な規定

---

[106] 新日本製鐵(日鐵運輸第2)事件・最二小判平15・4・18集民209号495頁/労判847号14頁は、労契法施行(2008〈平20〉年3月1日)前の事案であるが、出向命令に関する就業規則の規定が存在し、労働協約である社外勤務条項において出向労働者の利益に配慮した詳細な規定が設けられていることを理由に、使用者の出向命令権を肯定している。

が置かれていなければ「変更の合理性」(労契10条)は認められないと解すべきである。

これに対し、労働者に有利に変更された場合は、最低基準効(労契12条)により労働契約の内容となる(実質的周知又は行政官庁への届出がある場合)。

ただし、当該労働契約に適用される労働協約に出向命令権に関する定めがある場合、これに反する就業規則の定めは、当該労働協約の適用を受ける労働者に対しては法的効力を有さず、強行規定に反する定めも同様である(労契13条)。

　　ウ　労働協約

第三に、使用者が出向命令権を有する旨の労働協約の規定は、それが統一的基準として設定されている場合は、原則として法的根拠となりうる(労組16条・17条)[107]。

　　エ　出向命令権がない場合

使用者が出向命令権を有しない場合、出向させるには出向時の労働者の同意が必要であり、労働者の同意がない場合は、当該出向命令は権利の法的根拠を欠き無効である[108]。

なお、出向は、余剰人員が発生したときに、解雇を回避するための雇用調整策の一つとして行われることがあるが、雇用調整の必要性から出向命令権が創設されるわけではない。したがって、使用者に出向命令権がない場合、労働者が出向を拒否しても業務命令違反ではなく、出向の拒否自体を理由として労働者を解雇することはできない。しかし、出向を拒否した労働者に対して経営上の理由による解雇が行われた場合、解雇の前に当該労働者に出向を提案したことは、使用者の解雇回避努力の一つとして考慮されることになる。

(3)　出向命令権の行使の適法性

使用者が出向命令権を有している場合でも、出向命令が有効であるためには、出向命令権の行使が適法でなければならない。

　　ア　要件

出向命令権の行使が適法で出向命令が有効であるためには、1)効力発生要件である、①労働協約、就業規則、労働契約が定める権利の行使方法(出向事由、出向手続等)の遵守、②信義則(労契3条3・4項、育介26条等)上の義務の履行を充足

---

[107] 詳細は、第25章「労働協約」第3節3・4、第4節第1款、第5節第1・2款。

[108] 出向命令権の法的根拠がなく出向時に労働者の同意のない出向命令を無効と判断した裁判例として、日東タイヤ事件・東京高判昭47・4・26労判189号58頁(最二小判昭48・10・19労判189号53頁もこれを維持)、日本レストランシステム事件・大阪高判平17・1・25労判890号27頁。

し、2)効力障害要件である、③権利濫用(労契14条)、④差別的取扱い禁止等の強行法規違反に該当しないことが必要である。
　　イ　権利濫用に関する判断基準
　労契法14条は、「当該出向の命令がその必要性、対象労働者の選定に係る事情その他の事情に照らして、その権利を濫用したものと認められる場合には、当該命令は、無効とする」と定め、出向の必要性、対象労働者の選定、その他の事情を判断基準としている。
　また、労契法施行(2008<平20>年3月1日)前の事案であるが、最高裁判決[*109]は、権利濫用の該当性を、①当該出向の必要性、②出向対象者の人選基準の合理性と具体的人選(不当性[*110]があるかどうかも含む)、③労働者の業務内容、勤務場所、出向中の社員の地位、賃金、退職金、各種の出向手当、昇格・昇給等の査定等につき、生活関係、労働条件等において著しい不利益を受けるかどうか[*111]、④出向命令の発令に至る手続に照らして判断している[*112]。
　同判決を参考にこれを修正し、労契法14条の「その他の事情」を補足するならば、権利濫用の該当性は、①出向の必要性、②対象労働者の選定基準と適用の合理性(経営上の理由による出向の場合)(①②については不当な動機・目的の有無も含む)、③出向後の労働条件(不利益緩和措置等も含む)の相当性、④労働者に対する十分な説明・協議手続の履践により判断すべきであろう。
　　ウ　私見－信義則による規制の必要性
　最高裁判決・下級審裁判例の多くは、「権利濫用」によって出向命令権の行使を制限し、「信義則」による制限はあまり行われていない。権利濫用による制限を否定するものではないが、効力障害要件である権利濫用による制限では、

---

*109　新日本製鐵(日鐵運輸第2)事件・最二小判平15・4・18集民209号495頁／労判847号14頁。

*110　当該出向命令が当該労働者を退職に追い込むことを目的とするものであること等を理由に無効と判断した裁判例として、兵庫県商工会連合会事件・神戸地姫路支判平24・10・29労判1066号28頁。

*111　新日本製鐵(日鐵運輸第2)事件・最二小判平15・4・18集民209号495頁／労判847号14頁より前の事案であるが、寝たきりの両親の介護をしている労働者に対する転居を伴う出向命令を権利濫用で無効と判断した裁判例として、日本ステンレス事件・新潟地高田支判昭61・10・31労判485号43頁／判時1226号128頁、出向による職種の変更(鉄道の車掌からゴミ回収・掃除など)は腰痛の持病を持つ労働者を退職に追い込む余地があるとして、当該出向命令を権利濫用で無効とした裁判例として、東海旅客鉄道事件・大阪地決平6・8・10労判658号56頁。

*112　ほぼ同じ判断基準で判断するものとして、川崎製鉄事件・神戸地判平12・1・28労判778号16頁(出向命令有効)、同事件・大阪高判平12・7・27労判792号70頁(出向命令有効)、兵庫県商工会連合会事件・神戸地姫路支判平24・10・29労判1066号28頁(出向命令無効)。

出向命令は原則有効で例外的に権利濫用に該当する場合に限り無効となり、権利濫用の証明責任は労働者が負担する。

しかし、労働者は、労務供給の相手方が変わることにより、賃金・退職金・労働時間等の労働条件が不利益に変更されたり、出向に伴う勤務地の変更・職務内容の変更により、生活上又は労働条件上の不利益を被るおそれがある。

したがって、使用者は、出向命令権を行使するにあたっては、労働者の被る不利益及び育児・介護の状況等に配慮して、①出向を必要かつ合理的な範囲に限定し、②出向後の労働条件（出向に伴う労働者の不利益緩和措置[*113]を含む）を相当なものとし、③当該出向を決定する前に当該労働者に対し説明し協議する信義則（労契3条3・4項、育介26条）上の義務を負い、当該信義則上の義務の履行（信義則違反でないこと）は、出向の効力発生要件と解すべきである。

具体的には、第一に、出向が当該労働者の人的理由（労働能力、勤務態度等）により行われる場合、①出向の必要性（不当な動機・目的でないことを含む）、②出向時期、出向後の勤務場所・職務内容・不利益緩和措置・その他の労働条件、出向期間の取扱いや復帰後の労働条件等が労働者の被る不利益等に照らし相当であること、③説明・協議等の手続の相当性を、効力発生要件と解すべきである。

第二に、出向が経営上の理由により行われる場合は、①出向の必要性、②対象労働者の選定基準と適用の客観性・合理性（①と②には不当な動機・目的でないことを含む）、③出向時期、出向後の勤務先・職務内容・不利益緩和措置・その他の労働条件、出向期間の取扱いや復帰後の労働条件等が労働者の被る不利益等に照らし相当であること、③説明・協議等の手続の相当性を、効力発生要件と解すべきである。

## 4 出向期間中の権利義務関係

（1）出向労働者と出向元・出向先の権利義務関係

出向期間中の出向労働者と出向元企業・出向先企業それぞれとの具体的な権利義務関係は、当事者の合意、就業規則、労働協約等により決定される。

出向元企業が、出向期間中も出向労働者に対し休職命令権を有している場合は、その行使が適法であれば出向労働者に休職を命ずることができ[*114]、解雇

---

[*113] ただし、労働者の非違行為を理由とする出向等、不利益緩和措置を講じないことに相当な理由がある場合を除く。
[*114] 出向元による出向労働者の休職及び休職期間満了による退職扱い（解雇）を有効と判断した裁判例として、日本瓦斯（日本瓦斯運輸整備）事件・東京地判平19・3・30労判942号52頁。休職命令が有効となる要件については、後記第7款。

権を有している場合は、その行使が適法であれば出向労働者を解雇することができる[*115]。また、出向先企業が配転命令権を有している場合は、その行使が適法であれば出向労働者に配転を命ずることができる[*116]。

ただし、労働契約上の当事者は、出向元であるから、出向先は、出向労働者に対する解雇権は有しない。

また、賃金支払義務について、①出向元企業が出向先企業に対し「免責的債務引受」[*117]をさせ、出向元が賃金支払義務を免責されるとすること、又は、②債務者を出向元から出向先に交替させる「債務者交替の更改」[*118]は、強行法規である労基法24条の使用者(出向元)による賃金の全額払原則との関係から、労働者の同意又は承諾があってもできないと解すべきである[*119]。ただし、「併存的債務引受」[*120]であれば、出向元及び出向先双方が賃金支払義務を負うので適法であろう。

---

[*115] 出向元による出向労働者の懲戒解雇及び普通解雇を解雇権濫用で無効と判断した裁判例として、カテリーナビルディング(日本ハウズイング)事件・東京地判平15・7・7労判862号78頁。解雇が有効となる要件については、後記第18章「労働契約の終了」第2節・第3節第1款。

[*116] 出向先による出向労働者に対する配転命令を有効と判断した裁判例として、太平洋セメント・クレオ事件・東京地判平17・2・25労判895号76頁。

[*117] 債務引受について現行法には明文規定がないが、2017(平29)民法改正により、第3編第2章第5節として「債務の引受け」が新設され、その第2款として「免責的債務引受」(民新472条～新472条の4)が定められることになった。民新472条1項は、「免責的債務引受の引受人は債務者が債権者に対し負担する債務と同一の内容の債務を負担し、債務者は自己の債務を免れる。」と定め、同条2項・3項は、免責的債務引受は、①債権者と引受人となる者との契約(債権者が債務者に対しその契約をした旨を通知した時にその効力を生ずる)、又は、②債務者と引受人となる者との契約と債権者の引受人となる者に対する承諾によりできると定める。

[*118] 債務者交替の更改について現行法には明文規定がないが、2017(平29)民法改正により、新514条として「債務者の交替による更改は、債権者と更改後に債務者となる者との契約によってすることができる。この場合において、更改は、債権者が更改前の債務者に対してその契約をした旨を通知した時に、その効力を生ずる。」と定められることになった。

[*119] 日本製麻事件・大阪高判昭55・3・28判時967号121頁は、出向期間の賃金支払義務負担者は出向元及び出向労働者との合意により定まると判示する(当該事案では出向先企業の支払不能時は出向元が支払う旨の合意があったと認定し、結論としては出向元に対する賃金支払請求を認容)が、合意によって出向元の賃金支払義務(労基24条)を消滅させることはできないから、この判示は支持できない。

[*120] 2017(平29)民法一部改正により新設された新470条1項は「併存的債務引受の引受人は、債務者と連帯して、債務者が債権者に対して負担する債務と同一の内容の債務を負担する。」と定め、同条2項・3項・4項は、併存的債務引受は、①債権者と引受人となる者との契約、②債務者と引受人となる者との契約(債権者が引受人となる者に対して承諾をした時にその効力を生じ、第三者のためにする契約に関する規定に従う)によりすることができると定めている。

また、出向労働者については、出向元企業の就業規則が労働契約の内容となっている場合もあろうが、就労している出向先企業の事業場の就業規則も出向期間中は適用されるので、当該就業規則の定めよりも労働者にとって不利な内容の労働契約部分は、当該就業規則の最低基準効（労契12条）により、修正・補充されることになる。

出向期間中の出向元又は出向先による懲戒処分の可否については、後記第17章「懲戒処分」（第2節6）で検討する。

(2) 安全配慮義務・職場環境調整義務・使用者責任

出向において、労務供給の相手方は出向先であるから、出向元のみならず、出向先も、出向労働者に対して、安全配慮義務[*121]・職場環境調整義務（労契5条・3条4項、民1条2項）を負い、また、出向労働者の不法行為に関する使用者責任（民715条）[*122]を負う場合がある。

(3) 出向元の復帰命令

出向元が、出向先の同意を得た上で労働者を復帰させるにあたり、労働者の同意が必要かどうかについては、特段の事由のない限り、当該労働者の同意を得る必要はない（出向元は復帰命令権を有する）と解される。

けだし、復帰命令は、労務供給の相手方を出向先から出向元へ変更するものではあるが、労働者が出向元に労務を供給することは出向元との当初の労働契約において合意されていた事柄であり、出向元へ復帰させないことを予定して出向が命じられ、労働者がこれに同意した結果、将来労働者が再び出向元に労務を供給することはない旨の合意が成立したなどの特段の事由がない限り、当初の労働契約における合意を変更するものではないからである[*123]。

ただし、この復帰命令権の行使も適法でなければならないから、①労働協約、就業規則、労働契約が権利の行使方法を限定している場合（復帰事由・手続等）は、これを遵守していること、②信義則違反（労契3条3・4項）・権利濫用（労契3条3項）に該当せず、育介法26条に違反しないこと、③差別的取扱い禁止等の強行法規

---

[*121] 出向労働者の過労自殺について出向先会社の安全配慮義務違反を肯定した裁判例として、協成建設工業ほか事件・札幌地判平10・7・16労判744号29頁/判時1671号113頁（出向元については否定）、ネットワークインフォメーションセンターほか事件・東京地判平28・3・16労判1141号37頁（出向元、出向元と出向先の代表者の不法行為責任も肯定）。

[*122] 出向労働者が行ったセクシュアル・ハラスメント行為について出向先会社の使用者責任（民法715条）を肯定（出向元については否定）した裁判例として、横浜セクシュアル・ハラスメント事件・東京高判平9・11・20労判728号12頁/判時1673号89頁。

[*123] 古河電気工業・原子燃料工業事件・最二小判昭60・4・5民集39巻3号675頁/労判450号48頁。

に違反しないことが必要である。

## 第4款 転籍

### 1 定義

「転籍」とは、法律の条文上の定義はないが、労働者と現在の使用者であるA企業（転籍元）との労働契約関係が終了し、新たに当該労働者とB企業（転籍先）との間に労働契約が成立することである。

「転籍」は、「出向」と同様、労務を供給する相手方の変更であるが、「出向」は、出向元との労働契約関係を継続したまま、出向先に対して労務を供給するのに対し、「転籍」は、転籍元との労働契約は終了し転籍先との間に新たな労働契約が成立し、転籍先に対し労務を供給する。

「転籍」には、①労働者が転籍元との労働契約を合意解約し、転籍先と新たに労働契約を締結する「解約型」と、②労働契約上の使用者の地位が転籍元から転籍先に譲渡される「譲渡型」がある。

図16.4 転籍

### 2 問題の所在

転籍については、転籍元との労働契約終了の肯否と転籍先との労働契約の成否が主たる論点となる。当該労働者と転籍元との労働契約が終了していなければ、当該労働者は、転籍元に対し、労働契約上の権利を有する地位にあることの確認を求めることができ、民法536条2項の要件を充足すれば、賃金支払を請求することもできる。

### 3 解約型の転籍

解約型の転籍において、転籍は、転籍元との労働契約の解除と転籍先との新たな労働契約の締結であるところ、転籍元は一定の要件を充足すれば、労働者を解雇することはできるが、労働者の同意なく労働者に転籍先との新たな労働契約を締結させることはできない[*124]。

また、転籍は、転籍元と労働者との関係では、転籍先との労働契約の締結を

---

[*124] 千代田化工建設事件・横浜地判平元・5・30労判540号22頁/判時1320号153頁。

停止条件とする労働契約の合意解除に相当するものであり、労働者の合意解除契約締結の自由が保障されなければならず[125]、その自由は合意解除契約締結時点で保障されなければならない。

したがって、転籍には、転籍時点での労働者の同意（転籍元との労働契約の解除と転籍先との労働契約の締結についての同意）が必要である。転籍についての労働者の事前の同意は、民法90条違反で無効であり[126]、転籍を義務づける就業規則の規定は、非有利設定効（労契7条）、不利益変更効（労契10条）のいずれでも「合理性」が認められないので契約内容とはならず、転籍を義務づける労働協約の規定は、協約自治の限界を超え労働契約を規律しないと解すべきである。

また、転籍は転籍元との労働契約を終了させ転籍後の労働条件が下がることも多いことに鑑みれば、転籍時点での労働者の同意の効力は慎重に判断すべきであり、労働者がこれを争う場合は、①「意思表示の存在」等の「意思表示の成立要件」の充足、②「意思の自由」という「効力発生要件」の充足（当該行為が「自由な意思に基づくものと認めるに足りる合理的な理由の客観的存在」を根拠付ける事実の存在）、③意思の不存在、強行法規違反等の「効力障害要件」を充足しないことの①～③を要件として肯定されるべきであり、①の意思表示の成立要件に加えて、②の効力発生要件の証明責任も使用者が負担し、③の効力障害要件の証明責任を労働者が負担することとすべきである[127]。

### 4　譲渡型の転籍

譲渡型の転籍において、労働契約上の使用者の地位の譲渡（契約上の地位の移転）は、使用者の権利の譲渡の一種であるが、出向とは異なり、権利の一部ではなく労働契約上の地位の包括的な譲渡である。

したがって、出向については、出向命令権を労働契約上創設することができ、

---

[125]　ミロク製作所事件・高知地判昭53・4・20労判306号48頁／判時889号99頁（労働者の同意がないことを理由に転籍命令を無効と判断）。生協イーコープ・下馬生協事件・東京地判平5・6・11労民44巻3号515頁／判時634号21頁は、労働者の転籍元への退職の意思表示は転籍先との労働契約の成立を条件とするもので、転籍先との労働契約が成立しなかった以上転籍元との労働契約が存続していると判断した。

[126]　日立精機事件・千葉地判昭56・5・25労判372号49頁／判時1015号131頁は、入社の際の包括的同意を根拠に転属（転籍）を命じうると判示するが支持できない。

[127]　前記第5章「権利義務関係の決定システムと法源」第2節第1款3 (6)参照。大和証券ほか事件・大阪地判平27・4・24労判1123号133頁は、労働者が転籍への同意書に署名押印したことにより合意の成立を肯定し、動機の錯誤と詐欺を否定して、同意の効力を肯定したが、意思の自由（当該行為が自由な意思に基づくものと認めるに足りる合理的な理由の客観的存在）を使用者に主張立証させるべきであったと思われる。

出向時に労働者の同意がない場合も所定の要件を充足する出向命令は有効と解されるが(→前記第3款3)、転籍については、転籍時点における労働者の同意がなければ労働契約上の使用者の地位の譲渡は無効と解すべきである[128]。

労働契約については、労働者と使用者の非対等性、労働契約における労働者の労務供給は労働者自身から切り離せないという労働契約の特質、労働者保護の観点から、使用者が使用者の地位を第三者に譲渡しうることについての労働者の事前の同意は、民法90条違反で無効であり[129]、使用者が労働契約上の地位を第三者に譲渡しうる旨の就業規則の規定は、非有利設定効(労契7条)、不利益変更効(労契10条)のいずれでも少なくとも「合理性」がないので契約内容とはならず、使用者が使用者の地位を第三者に譲渡しうる旨の労働協約の規定は、協約自治の限界を超え労働契約を規律しないと解すべきである。

## 第5款　降職・降格・降給

### 1　定義

①「降職」とは、役職や職位を引き下げるもの(「昇進」の反対措置)であり、②「降格」とは、職能資格制度上の資格・格付、賃金格付を低下させるもの(「昇格」の反対措置)であり、③「降給」とは、降職・降格に伴う賃金の減額、賃金体系の変更による格付の変更を伴う賃金の減額、同じ職務・格付における賃金の減額、賃金カット等、賃金の引下げ全てを含む(「昇給」の反対措置)と一応定義することができる。通常、「降職」の場合は、降格・降給も伴い、「降格」

---

[128]　従来の裁判例としては、日立製作所横浜工場事件・東京高判昭43・8・9労民19巻4号940頁/判タ229号308頁(転籍時の労働者の承諾が要素に錯誤があり無効で転籍元との労働契約は終了しないと判断〈最一小判昭48・4・12集民109号53頁もこれを維持〉)、三和機材事件・東京地判平7・12・25労判689号31頁/判タ909号163頁(労働者の同意がないことを理由に転籍命令を無効と判断)、三和器材事件・東京地決平4・1・31判時1416号130頁(少なくとも包括的同意も存在しないとして転籍命令を無効と判断)等。

[129]　2017(平29)民法改正により、契約上の地位の移転に関する新539条の2(「契約の当事者の一方が第三者との間で契約上の地位を譲渡する旨の合意をした場合において、その契約の相手方がその譲渡を承諾したときは、契約上の地位は、その第三者に移転する。」)が創設され、これは転籍にも適用されることになるが、同条の規定からして、契約の相手方の「承諾」は、契約上の地位の譲渡時点での承諾で事前の承諾は含まれず、転籍について言えば、転籍時点での労働者の承諾が必要であって、事前の承諾(例えば転籍元との労働契約締結時点での合意)は含まれないと解すべきである。

　また、仮に、民法新539条の2は契約一般に関する規定であるので、強行規定ではなく、あるいは、同条に言う「承諾」に事前の承諾が含まれるとしても、労働契約上の地位の移転(転籍)については、本文で述べた労働契約の特質と労働者保護の観点から、転籍時点での労働者の同意(転籍元から転籍先への労働契約上の地位の譲渡についての同意)が必要である。

の場合は降給も伴う。ただし、「降職」と「降格」の区別は相対的で明確な区別は困難な場合もある。

年俸制において、年俸額につき労働者と使用者の合意がない場合は使用者が年俸額を決定することとされている場合に、従来よりも年俸額が減額される場合も「降給」に含めることとする。

図16.5　降職(昇進)、降格(昇格)、降給(昇給)

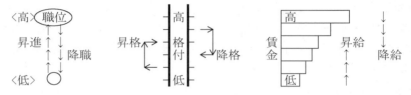

### 2　問題の所在

降職・降格・降給については、第一に、当該降職・降格・降給の効力が問題となる。降職・降格・降給は、①懲戒処分として行われる場合と、②懲戒処分以外の降職・降格・降給があるが、①については、懲戒処分としてその効力が判断される[130]。降職・降格が無効であれば、労働者は、降職・降格前の職位・格付にあることの地位確認を求めることができ、また、降職・降格・降給が無効であれば、本来支払われるべき賃金と現実に支払われた賃金の差額の支払を求めることができる(賃金差額は不法行為に基づく損害賠償として請求することも可能である)。

第二に、当該降職・降格・降給が、信義則違反、又は、団結権・人格権侵害等の不法行為(民709・710条)[131]であり、損害賠償を請求しうる場合もある。

以下では、懲戒処分以外の降職・降格・降給の効力(→3)、及び、降職・降格・降給を伴う配転の効力(→4)を検討する。

### 3　降職・降格・降給の効力

降職・降格・降給時に労働者の同意がない場合、降職・降格・降給が有効であるためには、①使用者が降職・降格・降給権を有し、②降職・降格・降給権

---

[130]　後記第17章「懲戒処分」。
[131]　精神的損害賠償請求を認容した事案として、北海道厚生農協連合会事件・釧路地帯広支判平9・3・24労民48巻1=2号79頁/労判731号75頁、賃金差額分と精神的損害賠償請求を認容した事案として、近鉄百貨店事件・大阪地判平11・9・20労判778号73頁。

第4節　労働契約内容の個別的な変更

の行使が適法であることが必要である。

(1) 降職・降格・降給権の法的根拠

　ア　法的根拠の要否

　労契法施行(2008〈平20〉年3月1日)前の事案であるが、下級審裁判例[*132]においては、「降職」と「降格」を区別し、降職は人事権の行使として行われるものであり、その権利は使用者が労働契約上当然に有している(特約があり職位が限定されている場合を除く)が、降格は同じ職務であるのに賃金を引き下げる措置であるので、その権利は労働契約上の明確な根拠が必要である旨[*133]を判示するものがある[*134]。

　しかし、降職の場合も、それに伴い賃金・手当が減額され、労働者は経済的不利益を被ることとなり、また、職務内容が変更されるのであるから、少なくとも労契法(同法3条1項は労働者と使用者の合意に基づく労働契約内容の変更を原則とする)施行後は、使用者が当然にその権利を有していると解すべきではない。また、降職と降格の区別は困難な場合も多い。

　したがって、使用者は、降格権・降給権は言うまでもなく、降職権についても当然に有しているわけではなく、また、降職権・降格権・降給権の法的根拠となる法律の条文は存在しないので、使用者による一方的な降職・降格・降給が有効であるためには、①降職権、②降格権、③降給権のいずれについても、労働契約上の法的根拠が必要と解すべきである。降職権・降格権・降給権の法的根拠となるのは、①労働者と使用者の事前の合意、②就業規則の定め(労働契約の内容となるもの)、③労働協約の定め(労働契約の内容を規律するもの)である。

　イ　事前の合意

　使用者が降職・降格・降給権を有することについての、労働者と使用者の事前の合意は、降職・降格・降給権の法的根拠となりうる。

　ただし、当該労働契約に適用される労働協約や就業規則に、降職・降格・降給に関する定めがある場合は、それらは労働契約に対し最低基準効(労組16条・

---

[*132]　アーク証券(第一次仮処分)事件・東京地決平8・12・11労判711号57頁/判時1591号118頁。

[*133]　このように判断するものとして、エクイタブル生命保険事件・東京地決平2・4・27労判565号79頁、星電社事件・神戸地判平3・3・14労判584号61頁/判タ771号139頁、バンク・オブ・アメリカ・イリノイ事件・東京地判平7・12・4労判685号17頁、アメリカン・スクール事件・東京地判平13・8・31労判820号62頁。

[*134]　他方、降職に伴う手当・賃金の減額以外の降給については、労働契約の本質的な要素である賃金の減額であり、労働契約上の明確な根拠なくして使用者が一方的に行うことはできないと解されてきた(エーシーニールセン・コーポレーション事件・東京地判平16・3・31労判873号33頁等)。

労契12条)を有するから、労働協約や就業規則よりも労働者にとって不利な内容であってはならない。

また、降職・降格・降給は、いずれも賃金を減額するものであり、労働者に大きな経済的不利益を被らせるから、合意の効力は慎重に判断されるべきであり、また、合意された降職・降格・降給権は、信義則に則して必要かつ合理的な範囲に限定して解釈する必要がある。

また、就業規則作成義務のある事業場では、賃金減額を伴う降職・降格・降給権に関する定めは必要記載事項に該当する(労基89条2号)から、これらの権利につき就業規則に規定がなければ、使用者がこれらの権利を有しないことが労働条件の最低基準となり(最低基準効<労契12条>)、労働者と使用者の合意に基づき降職・降格・降給権を設定することはできないと解すべきである。

　　ウ　就業規則

使用者が降職・降格・降給権を有する旨の就業規則の規定は、第一に、当該労働者が労働契約を締結した時点で存在する場合は、非有利設定効の発生要件(労契7条、労基90条・89条・106条1項)を充足するときは、労働契約の内容となるが、「合理的な労働条件」(労契7条)であることは、降職・降格・降給権が必要かつ合理的な範囲に限定されている場合にのみ認められ、特に労働者の能力など人的理由による降職・降格・降給の権利、及び、年俸制における使用者の評価決定権(降給権を含む)は、①降職・降格・降給、年俸額決定の合理的で明確な基準と変更の範囲が定められ、②降職・降格・降給、年俸額が決定される過程に合理性があり、③労働者の不服申立制度などの公正な手続が定められている場合にのみ、認められると解すべきである[135]。

労働契約上、使用者の降職・降格・降給権が否定されていれば、就業規則の定めがあっても使用者は当該労働者に対して降職・降格・降給権を有しない(労契7条但書)。また、労働契約上降職・降格・降給権についての定めがあるが、労働契約の定めの方が労働者にとって有利である場合も、就業規則の定めは労働契約の内容とはならない。これに対し、就業規則の定めの方が労働者にとっ

---

[135] 年俸制における使用者の評価決定権(降給権を含む)について、日本システム開発研究所事件・東京高判平20・4・9労判959号6頁は、「使用者と労働者との間で、新年度の賃金額についての合意が成立しない場合は、年俸額決定のための成果・業績評価基準、年俸額決定手続、減額の限界の有無、不服申立手続等が制度化されて就業規則等に明示され、かつ、その内容が公正な場合に限り、使用者に評価決定権がある」と判示し、賃金減額規定について、ユニデンホールディングス事件・東京地判平28・7・20労判1156号82頁は、減額事由、減額方法、減額幅等の点において、基準としての一定の明確性がなければ個別の賃金減額の根拠たり得ないと判示している。

て有利である場合は、就業規則の定めは最低基準効(労契12条)により労働契約の内容となる(実質的周知又は行政官庁への届出がある場合)。

　第二に、使用者が降職・降格・降給権を有する旨の就業規則の規定が、労働契約締結後に、新設又は労働者に不利に変更された場合、不利益変更効の発生要件(労契10条、労基90条・89条・106条1項)を充足するときは労働契約の内容となるが、特に労働者の能力など人的理由による降職・降格・降給、及び、年俸制における使用者の評価決定権(降給権を含む)については、少なくとも、①降職・降格・降給、年俸額決定の合理的で明確な基準と変更範囲が定められ、②降職・降格・降給等が決定される過程に合理性があり、③労働者の不服申立制度などの公正な手続が定められているのでなければ、「変更の合理性」(労契10条)は認められないと解すべきである[*136]。

　これに対し、労働者に有利に変更された場合は、最低基準効(労契12条)により労働契約の内容となる(実質的周知又は行政官庁への届出がある場合)。

　ただし、当該労働契約に適用される労働協約に降職・降格・降給権に関する定めがある場合は、これに反する就業規則の定めは、当該労働協約の適用を受ける労働者に対しては法的効力を有さず、強行法規に反する定めも同様である(労契13条)。

　　エ　労働協約

　使用者が降職・降格・降給権を有する旨の労働協約の規定に、それが労働者にとって有利な定めも不利な定めも許容しない統一的基準として設定されている場合は、原則として法的根拠となりうる(労組16条・17条)[*137]。

　　オ　降職・降格・降給権がない場合

　使用者が降職・降格・降給権を有しない場合は、降職・降格・降給時の労働者の同意が必要であり、労働者の同意がない場合は、当該降職・降格・降給は権利の法的根拠を欠き無効である[*138]。

---

[*136]　労契法施行(2008<平20>年3月1日)前の事案であるが、アーク証券(第一次仮処分)事件・東京地決平8・12・11労判711号57頁/判時1591号118頁は、降格・減給を基礎づける就業規則の規定の新設はその不利益を労働者に受忍させるに足る高度の必要性に基づいた合理的な内容のものでなければならず、使用者にその主張及び疎明がないとして不利益変更効を否定した。
[*137]　後記第25章「労働協約」第3節3・4、第4節第1款、第5節第1・2款。
[*138]　岡部製作所事件・東京地判平18・5・26労判918号5頁(賃金減額は無効)、日本システム開発研究所事件・東京地判平18・10・6労判934号69頁(賃金減額は無効)、新聞輸送事件・東京地判平22・10・29労判1018号18頁(降職は有効だが年俸制で年度途中で一方的に賃金を減額する権限は使用者に付与されていなかったとして賃金減額は無効と判断)。

年俸制において、使用者が一方的な評価決定権（降給権を含む）を有しない場合、年俸額について使用者と労働者との間で合意が成立しなかった場合の年俸額は、労働契約等の合理的解釈により決定されるが、前年度の年俸額をもって次年度の年俸額とすることになる場合もあろう[*139]。

(2) 降職・降格・降給権の行使の適法性

使用者が降職・降格・降給権を有している場合でも、降職・降格・降給が有効であるためには、降職・降格・降給権の行使が適法でなければならない。

　ア　要件

降職・降格・降給権の行使が適法で降職・降格・降給が有効であるためには、1) 効力発生要件である、①労働協約、就業規則、労働契約所定の権利の行使方法（降職・降格・降給の基準、決定方法、手続等）の遵守、②信義則（労契3条4項）上の義務の履行を充足し、2) 効力障害要件である、③権利濫用（労契3条5項）、④差別的取扱い禁止等の強行法規違反に該当しないことが必要である。

　イ　就業規則の定めの充足

降職・降格・降給権について、労働協約で限定を加えることはあり得るが権利そのものを設定することはあまり考えられないので、降職・降格・降給権の法的根拠の多くは就業規則の定めであろう。また、就業規則作成義務のある事業場においては、降職・降格・降給は賃金減額を伴うので、これを行うのであればその定めは必要記載事項である（労基89条2号）。

しかし、先に述べたように、就業規則の定めは、特に労働者の人的理由による降職・降格・降給は、①降職・降格・降給の明確な基準が定められ、②降職・降格・降給が決定される過程に合理性があり、③労働者の不服申立制度などの公正な手続が定められている場合にのみ、「合理的な労働条件」（労契7条）又は「変更の合理性」（労契10条）が肯定され、契約内容となると解されるから、使用者が降職・降格・降給権を有しているということは、就業規則にこれらの定めがあり、労働契約の内容となっているということである。

したがって、降職・降格・降給権は、就業規則の定めに従い、①降職・降格・降給の基準に該当する場合[*140]において、②就業規則所定の決定手続に従い

---

[*139]　日本システム開発研究所事件・東京高判平20・4・9労判959号6頁。
[*140]　就業規則の降級（降格）基準は、本人の顕在能力と業績が当該給与等級に期待されるものと比べて著しく劣っていることであり、使用者は降級するためには根拠となる具体的事実を挙げてこれを主張立証する必要があるとして、降級を無効と判断し降級前の地位確認を認容した裁判例として、マッキャンエリクソン事件・東京高判平19・2・22労判937号175頁。

第4節　労働契約内容の個別的な変更

*141、③労働者の不服申立にも誠実に対応して行使されなければならず、その定めを充足しない場合、当該降職・降格・降給は、労働契約違反で無効である。
　　ウ　私見－信義則による規制の必要性
　下級審裁判例は、降職*142については権利の濫用*143で制限し、降格*144又は降給*145については、就業規則の定めの充足又は権利濫用の有無により判断しているが、その判断基準が確立しているとは言えない。
　鑑みるに、降職・降格・降給は、いずれも賃金の減額を伴い労働者に大きな経済的不利益を被らせるものであり、また、降職は職務内容の変更も伴う。
　それゆえ、使用者は、降職・降格・降給権を行使するにあたっては、労働者の被る不利益に配慮して、①降職・降格・降給を必要かつ合理的な範囲に限定し、②降職・降格・降給の時期及びその後の労働条件等を相当なものとし、③降職・降格・降給を決定する前に当該労働者に対し説明し協議する、信義則上の義務（労契3条4項）を負い、当該信義則上の義務の履行（信義則違反でないこと）を

---

*141　人事評価が制度に則って適切に行われなかったことを理由に降格を権利濫用で無効と判断した裁判例として、国際観光振興機構事件・東京地判平19・3・17労判949号66頁、合理性と公正さが認められる降給の仕組みに沿って行われたことを理由に降格を有効と判断した裁判例として、エーシーニールセン・コーポレーション事件・東京地判平16・3・31労判873号33頁。
*142　降職を無効と判断した裁判例として、東京厚生会（大森記念病院）事件・東京地判平9・11・18労判728号36頁、ハネウェル・ターボチャージング・システムズ・ジャパン事件・東京地判平16・6・30労判879号37頁/判時1872号121頁、大阪府板金工業組合事件・大阪地判平22・5・21労判1015号48頁、有効と判断した裁判例として、星電社事件・神戸地判平3・3・14労判584号61頁/判タ771号139頁、バンク・オブ・アメリカ・イリノイ事件・東京地判平7・12・4労判685号17頁、マナック事件・広島高判平13・5・23労判811号21頁、アメリカン・スクール事件・東京地判平13・8・31労判820号62頁。
*143　上州屋事件・東京地判平11・10・29労判774号12頁、大阪府板金工業組合事件・大阪地判平22・5・21労判1015号48頁は、権利濫用の有無につき、使用者側における業務上、組織上の必要性の有無及びその程度、能力・適性の欠如等の労働者の帰責性の有無及び程度、労働者の受ける不利益の性質及びその程度等の諸般の事情を総合考慮すべきと判示している。バンク・オブ・アメリカ・イリノイ事件・東京地判平7・12・4労判685号17頁、東京厚生会（大森記念病院）事件・東京地判平9・11・18労判728号36頁もほぼ同旨。
*144　降格を無効と判断した裁判例として、近鉄百貨店事件・大阪地判平11・9・20労判778号73頁、イセキ開発工機事件・東京地判平15・12・12労判869号35頁、マッキャンエリクソン事件・東京地判平18・10・25労判928号5頁/判時1969号148頁、有効と判断した裁判例として、日本レストランシステム事件・大阪高判平17・1・25労判890号27頁、ノイズ研究所事件・東京高判平18・6・22労判920号5頁、スリムビューティーハウス事件・東京地判平20・2・29労判968号124頁。
*145　降給を無効と判断した裁判例として、明治ドレスナー・アセットマネジメント事件・東京地判平18・9・29労判930号56頁、有効と判断した裁判例として、エーシーニールセン・コーポレーション事件・東京地判平16・3・31労判873号33頁。

効力発生要件と位置づけるべきである。
　具体的には、第一に、降職・降格・降給が当該労働者の人的理由（労働能力、勤務態度等）により行われる場合は、①降職・降格・降給の必要性（不当な動機・目的でないことを含む）、②降職・降格・降給の時期及びその後の職務内容・賃金格付・賃金額等の相当性、③労働者に対する説明・協議等の手続の相当性を、効力発生要件と解すべきである。就業規則作成義務のある事業場では、就業規則の定めを充足していればこれらの要件は充足されることになるが、就業規則作成義務のない事業場でもこれらの要件の充足が必要である。
　第二に、降職・降格・降給が、ポストの減少や経営不振等、経営上の理由により行われる場合は、①降職・降格・降給の必要性、②対象労働者の選定基準と適用の合理性（①と②には不当な動機・目的でないことを含む）、③降職・降格・降給の時期及びその後の職務内容・賃金格付・賃金額等の相当性、④労働者に対する説明・協議等の手続の相当性を、効力発生要件と解すべきである。

### 4　配転とそれに伴う降職・降格・降給の効力

　労働者の勤務地又は職種・職務内容の変更（配転）に伴い、降職・降格・降給が行われる場合、当該配転とそれに伴う降職・降格・降給の効力はどのように判断されるべきか。
　総合考慮により、配転及び降格・降給を無効とした例[146]、配転は有効だが賃金減額は無効とした例[147]もある。また、降格を伴う配転について、降格の判断枠組みを用いるのではなく、配転の判断枠組みをあてはめて判断がなされ

---

[146] 降格・大幅な降給を伴う配転命令の効力につき、労働者の適性、能力、実績等の労働者の帰責性の有無・程度、降格の動機及び目的、業務上の必要性の有無・程度、降格の運用状況等を総合考慮し、賃金減額を相当とする客観的合理性がない限り、当該降格及びその原因となった配転も無効と判示する裁判例として、日本ガイダント仙台営業所事件・仙台地決平14・11・14労判842号56頁。

[147] 配転に伴う賃金減額が有効であるためには、配転による仕事の内容の変化と賃金減額の程度が合理的な関連を有すると解すべきであり、賃金減額の合理性は、当該賃金の減額により労働者の受ける不利益の程度（当該給与の減額に伴ってなされた配転による労働の軽減の程度を含む）、労働者の能力や勤務状況等の労働者側における帰責性の程度及びそれに対する使用者側の適切な評価の有無、会社の経営状況等業務上の必要性の有無、代償措置の有無、従業員側との交渉の経緯等を総合考慮して判断するとして、当該賃金減額を無効と判断した裁判例として、日本ドナルドソン青梅工場事件・東京地八王子支判平15・10・30労判866号20頁。

た例もある*148。

　これらの問題について、基本的には、降職・降格・降給の効力と同様に判断し(→前記3)、配転の要素を加味すべきであろう。

　すなわち、当該配転及び降職・降格・降給について労働者の同意がない場合は、まず第一に、使用者は、労働契約上、当該降職・降格・降給を伴う配転命令権の法的根拠を有していることが必要である*149。

　第二に、変更権の行使は、①労働協約、就業規則、労働契約が定める権利の行使方法(変更事由、決定方法、手続等)を遵守していること、②信義則違反(労契3条3・4項、育介26条)でないこと、③権利濫用(労契3条5項)に該当しないこと、④差別的取扱い禁止等の強行法規に違反していないことが必要である。

　そして、②の具体的要件は、降職・降格・降給を伴う配転が、1)当該労働者の人的理由(労働能力、勤務態度等)により行われる場合は、①降職・降格・降給を伴う配転の必要性(不当な動機・目的でないことを含む)、②配転時期及び配転後の勤務地・職務内容・賃金格付・賃金額等の労働条件の相当性、③説明・協議等の手続の相当性と解すべきである。就業規則作成義務のある事業場では、就業規則の定めを充足していればこれらの要件は充足されるが、就業規則作成義務のない事業場でもこれらの要件を充足することが必要である。

　また、2)ポストの減少や経営不振等、経営上の理由により行われる場合は、①降職・降格・降給を伴う配転の必要性、②対象労働者の選定基準と適用の合理性(①と②は不当な動機・目的でないことを含む)、③配転時期と配転後の勤務地・職務内容・賃金格付・賃金額等の労働条件の相当性、④説明・協議等の手続の相当性と解すべきである。

## 第6款　昇進・昇格・昇給

### 1　定義

①「昇進」とは、役職又は職位の上昇であり(「降職」の反対の措置)、②「昇

---

*148　降格を伴う配転につき、東亜ペイント事件・最二小判昭61・7・14集民148号281頁/労判477号6頁の判断枠組みを用いた裁判例として、北海道厚生農協連合会事件・釧路地帯広支判平9・3・24労民48巻1=2号79頁/労判731号75頁(配転無効)、フジシール事件・大阪地判平12・8・28労判793号13頁(降職有効・配転と役職手当以外の賃金減額無効)、プロクター・アンド・ギャンブル・ファー・イースト・インク事件・神戸地判平16・8・31労判880号52頁/判タ1179号221頁(配転無効)、親和産業事件・大阪高判平25・4・25労判1076号19頁(退職強要の不当な目的として配転・降格ともに無効)、L産業事件・東京地判平27・10・30労判1132号20頁(職務変更・グレード格下げ有効)等。
*149　使用者の配転命令権は肯定したが降給権は否定し賃金減額を無効と判断した裁判例として、デイエフアイ西友事件・東京地決平9・1・24判時1592号137頁。

格」とは、職能給制度における資格・格付、賃金格付の上昇、職務等級の上昇であり（「降格」の反対の措置）、③「昇給」とは、昇進・昇格に伴う賃金の増額、賃金体系の変更と格付の変更に伴う賃金増額、ベースアップ(同じ職務・格付)による賃金増額等、全ての賃金の引上げであると一応定義することができる。通常、「昇進」は昇格・昇給を伴い、昇格は昇給を伴う。

## 2　問題の所在

昇進・昇格・昇給については、それが行われなかった場合にどのような法的救済を求めることができるかが問題となる。

## 3　昇進・昇格・昇給が行われなかった場合の救済方法

### (1) 昇進・昇格・昇給措置をとらないことの法的評価

#### ア　裁判例

一般的に、裁判例においては、昇進・昇格・昇給措置をとらないことが以下に該当しないときは、使用者の人事権の行使に基づく裁量的判断で適法と解している。すなわち、①労基法、均等法、労組法、障雇法、労契法、パート法等の強行法規により禁止されている差別的取扱い(性別：均等6条、妊娠・出産・産前産後休業取得等：均等9条3項、国籍・信条・社会的身分：労基3条、組合員であること等：労組7条1号・4号、障害：障雇35条、契約期間の定めがあること：労契20条、短期間労働者であること：パート8条、権利行使等：育介10・16条等)に該当する場合、②昇進・昇格・昇給の基準が労働契約の内容となり、これを充足している場合[150]、③労働協約、就業規則等に定めた基準・手続等に違反している場合[151]、④昇進・昇格・昇給の前提たる人事考課が社会通念上著しく妥当性を欠く場合[152]

---

[150]　昇給停止事由に該当しない限り賃金表に基づき昇給する権利が黙示の合意により労働契約の内容となっているところ、昇格停止事由(事業の情勢)に該当する事実は存在しないとして昇給した地位にあることの確認請求を認容した裁判例として、三和機材事件・千葉地判平22・3・19労判1008号50頁。これに対し、昇給停止事由(勤務態度・出勤状況)に該当する事実が存在するとして、3年間の昇給停止を適法と判断した裁判例として、文化学園ほか事件・東京地判平18・1・25労判911号24頁。
[151]　マナック事件・広島高判平13・5・23労判811号21頁は、就業規則に詳細に規定された昇給査定の実施手順等に反する裁量権の逸脱があり、これにより、就業規則に基づき正当に査定されこれに従って昇給する労働者の利益が侵害されたとして、使用者の査定は不法行為であると判断した。
[152]　光洋精工事件・大阪高判平9・11・25労判729号39頁（職能資格等級制度における昇格の前提たる人事考課につき、評価の前提事実の誤認、重要視すべき事実の殊更な無視、不当な動機等により、評価が合理性を欠き、社会通念上著しく妥当性を欠くと認められない限り、これを違法とすることはできないと判示、当該事案では適法）。

第4節　労働契約内容の個別的な変更

等である。

　　　イ　私見

　しかし、使用者は、一定の裁量を有するものの、公正に人事評価を行い昇進・昇格・昇給を決定する信義則上の義務を負うと解されるから、上記①〜④に加えて、使用者がその裁量の範囲を超えて公正な評価を行わなかった場合は信義則違反と評価すべきであろう。

　　(2)　救済方法

　昇進・昇格・昇給措置をとらなかったことが違法であり、不法行為(民709条・710条)又は信義則(労契3条4項)違反に該当する場合は、財産的損害(差額賃金相当額等)・精神的損害につき損害賠償を請求することができる。

　また、少なくとも、昇進・昇格・昇給措置をとらないことが、①強行法規により禁止されている差別的取扱いに該当する場合は、当該強行法規に基づき*153、②昇進・昇格・昇給の基準が労働契約の内容となっておりこれを充足している場合は労働契約に基づき、昇進・昇格・昇給した地位にあることの確認及びそれに基づく賃金支払請求が可能であると解すべきである。

## 第7款　休職・休業

### 1　定義

　使用者の労働条件変更命令として行われる「休職・休業」*154は、使用者が一時的に労働者の労働義務を免除若しくは労務の受領を拒否し、労働義務を消滅させることである。

　使用者の労働条件変更命令として行われる「休職・休業」は、第一に、労働者の人的理由による休職として、①懲戒処分としての出勤停止、及び、②傷病休職(労働者の傷病を理由とする休職)、起訴休職(労働者が起訴されたことを理由とする休職)等があり、第二に、経営上の理由による休職・休業として、③業務縮小等、余剰人員の発生を理由とする休職・休業がある。

　①懲戒処分として行われる出勤停止の効力は、懲戒処分の効力の問題として判断されるので、第17章「懲戒処分」で検討することとし、本款では、懲戒処分以外の、②労働者の人的理由による、傷病休職、起訴休職等、及び、③余剰

---

*153　前記第8章「平等原則」第2節第2款1(3)、第3節1〜4。
*154　「休職・休業」は、労働者が、法律上、又は、労働協約・就業規則・労働契約上の権利行使として行う場合もある(産前産後休業、育児休業・介護休業等<詳細は、第13章「労働と生活の調和」第2節・第3節>、自己都合休職、組合専従休職等)。近年の論考として、龔敏「休職・休業と労働契約停止の理論」再生(2)(2017)221-242頁、同論文引用文献等。

人員の発生を理由とする休職・休業の問題を検討する。

## 2　問題の所在

休職・休業(以下「休職」という)をめぐる問題の第一は、使用者が賃金を全部又は一部支払わない場合の、休職期間中の賃金請求権の有無である。

第二は、使用者が賃金を全部又は一部支払わない場合の、休職期間中の休業手当(労基26条)請求権の有無である。

第三は、当該休職処分・復職拒否(労務受領拒否)について、信義則違反、又は、団結権・人格権侵害等の不法行為(民709・710条)[155]であることを理由とする損害賠償請求の可否である。

第四は、休職期間満了後の労働契約の終了の肯否(休職期間満了時に解雇が行われた場合の解雇の効力)である。

第四の問題は、第18章「労働契約の終了」(第2節5(1)ウ)で検討することにし、以下では、使用者が賃金を全部又は一部支払わない場合の、休職期間中の賃金請求権(→3～5)、及び、休業手当請求権(→6)の有無を検討する[156]。

## 3　賃金請求権の有無に関する判断枠組み

賃金の全部又は一部が払われない休職に、当該休職時点で労働者が同意している場合は、労働契約内容が変更され(労契8条)、労働者は賃金請求権を有しない。ただし、当該同意の効力は慎重に判断されるべきである[157]。

これに対して、賃金の全部又は一部が払われない休職に労働者が同意していないにもかかわらず、使用者が休職を命じた場合(労務の受領を拒否した場合)は、賃金請求権の有無は、①使用者が休職命令権の行使として休職を命じた場合(→

---

[155]　山九事件・東京地判平15・5・23労判854号30頁(起訴休職につき慰謝料請求認容)、グリーンキャブ事件・東京高判平17・4・27労判896号86頁(復職拒否につき賃金相当額の損害賠償と慰謝料請求認容)、社会医療法人A会事件・福岡地久留米支判平26・8・8労判1112号11頁、同事件・福岡高判平27・1・29労判1112号5頁(HIV感染を理由とする就労制限につき、労働契約に基づき働くことは義務であるとともに権利でもあるとして財産的・精神的損害賠償請求認容)　等。

[156]　労働者派遣契約の解約を理由として派遣元が派遣労働者に対し休業措置をとった場合の派遣労働者の賃金請求権・休業手当請求権については、後記第20章「非典型労働契約」第3節6(6)で、ストライキ終了後に労務の受領を拒否された労働者、企業又は事業場の労働者の一部がストライキを行いスト不参加労働者に対し休業措置がとられた場合のスト不参加労働者、ロックアウトの場合の労働者の賃金請求権・休業手当請求権については、後記第24章「団結活動と争議行為」第5節2(3)と4・第6節2で検討する。

[157]　前記第5章「権利義務関係の決定システムと法源」第2節第1款3。

4）と、②使用者が休職命令権の行使という形ではなく単に労務の受領を拒否した場合（→5）により、その判断枠組みが異なる。

### 4 休職命令権の行使と賃金請求権

使用者が休職命令権の行使という形で休職を命じた場合、当該休職命令が有効であれば、労働義務と賃金支払義務が消滅し労働者は賃金請求権を有しない。

しかし、休職命令が無効であれば、労働義務は存続するところ、労働者が労務を履行しなかったことは、使用者の労務受領拒否によるもので、「債権者（使用者）の責めに帰すべき履行不能」（民536条2項前段）に該当し、労働者は賃金請求権を有する[*158]。また、休職命令が無効である場合は、休職に伴う他の効力（当該期間を勤続年数に参入しない等）も発生しない。

したがって、当該休職命令が有効かどうか、具体的には、①休職命令権の有無（法的根拠）と、②休職命令権の行使の適法性が問題となる。

(1) 休職命令権の法的根拠

休職時点で労働者の同意がない場合、使用者は当然に休職命令権を有しているわけではなく、また、休職命令権の法的根拠となる条文は存在していないので、使用者の休職命令が有効であるためには、使用者が労働契約上休職命令権を有していることが必要である。休職命令権の法的根拠となるのは、①労働者と使用者の事前の合意、②就業規則の定め（労働契約の内容となるもの）、③労働協約の定め（労働契約の内容を規律するもの）である。

　　ア　事前の合意

使用者が休職命令権を有することについての、労働者と使用者の事前の合意は、休職命令権の法的根拠となりうる。

ただし、労働協約や就業規則にもこれに関する定めがある場合は、それらは労働契約に対し最低基準効（労組16条・労契12条）を有するから、労働協約や就業規則よりも労働者にとって不利な内容であってはならない。

また、賃金の全部又は一部が支払われない休職は、労働者に大きな経済的不利益を被らせるから、合意の効力は慎重に判断されるべきであり、また、信義則に則して必要かつ合理的な範囲に限定的に解釈する必要がある。

また、就業規則作成義務のある事業場では、賃金の全部又は一部が支払われない休職に関する定めは必要記載事項に該当する（労基89条2号）と解されるか

---

[*158] 民法536条2項前段の「債権者（使用者）の責めに帰すべき履行不能」に該当する休業の場合でも使用者は賃金を支払わないという合意等は、民法90条の公序に反し無効と解される。

ら、就業規則に規定がなければ、使用者が休職命令権を有しないことが労働条件の最低基準となり(最低基準効：労契12条)、労働者と使用者の合意に基づき休職命令権を設定することはできないと解すべきである。

　　　イ　就業規則

　使用者が休職命令権を有する旨の就業規則の規定は、第一に、当該労働者が労働契約を締結した時点で存在する場合、非有利設定効の発生要件(労契7条、労基90条・89条・106条1項)を充足するときは、労働契約の内容となるが、「合理的な労働条件」(労契7条)であることは、①休職命令権の内容(休職事由、休職期間、賃金支払の有無等)が必要かつ合理的な範囲に限定され、②適切な休職決定手続が定められている場合にのみ認められると解すべきである。

　労働契約上、使用者の休職命令権が否定されていれば、就業規則の定めがあっても使用者は当該労働者に対して休職命令権を有しない(労契7条但書)。また、労働契約上休職命令権についての定めがあるが、労働契約の定めの方が労働者にとって有利である場合も、就業規則の定めは労働契約の内容とはならない。これに対し、就業規則の定めの方が労働者にとって有利である場合は、就業規則の定めは最低基準効(労契12条)により労働契約の内容となる(実質的周知又は行政官庁への届出がある場合)。

　第二に、使用者が休職命令権を有する旨の就業規則の規定が、労働契約締結後に、新設又は労働者に不利に変更された場合、不利益変更効の発生要件(労契10条、労基90条・89条・106条1項)を充足するときは労働契約の内容となるが、少なくとも、①休職命令権の内容(休職事由、休職期間、賃金支払の有無等)が必要かつ合理的な範囲に限定され、②適切な休職決定手続が定められているのでなければ、「変更の合理性」(労契10条)は認められないと解すべきである。

　これに対し、労働者に有利に変更された場合は、最低基準効(労契12条)により労働契約の内容となる(実質的周知又は行政官庁への届出がある場合)。

　ただし、当該労働契約に適用される労働協約に休職命令権に関する定めがある場合は、これに反する就業規則の定めは当該労働協約の適用を受ける労働者に対しては法的効力を有さず、強行規定に反する定めも同様である(労契13条)。

　　　ウ　労働協約

　使用者が休職命令権を有する旨の労働協約の規定[*159]は、それが統一的基準

---

[*159]　労働協約に基づき、経営上の理由により、1年後に定年退職する労働者に対し、半年間を教育期間(賃金支給)、半年間を休業期間(休業手当のみ支給)とした措置を有効とし、休業期間の賃金との差額支払請求を棄却した裁判例として、新日本製鐵事件・横浜地判平19・7・31労経速1982号3頁、同事件・東京高判平20・1・24労経速1994号29頁。

として設定されている場合は原則として法的根拠となる(労組16条・17条)[*160]。
　　エ　休職命令権がない場合
　使用者が休職命令権を有しない場合は、休職時点での労働者との合意が必要であり、労働者の同意がない場合は、当該休職命令は権利の法的根拠を欠き無効である。
　(2)　休職命令権の行使の適法性
　　ア　要件
　休職命令権の行使が適法で休職命令が有効であるためには、1)効力発生要件である、①労働協約、就業規則、労働契約所定の権利の行使方法(休職事由、休職期間、手続等)の遵守、②信義則(労契3条4項)上の義務の履行の充足と、2)効力障害要件である、③権利濫用(労契3条5項)、④差別的取扱い禁止等の強行法規違反に該当しないことが必要である。
　　イ　就業規則の定めの充足
　休職命令権について、就業規則の定めが法的根拠である場合もあり、また、就業規則作成義務のある事業場においては、賃金の全部又は一部を支払わない休職は、これを行うのであればその定めは必要記載事項である(労基89条2号)。
　しかし、先に述べたように、就業規則の定めは、①休職命令権の内容(休職事由、休職期間等)が必要かつ合理的な範囲に限定され、②適切な休職決定手続が定められている場合にのみ、「合理的な労働条件」(労契7条)又は「変更の合理性」(労契10条)が肯定され、契約内容となると解されるから、使用者が休職命令権を有しているということは、就業規則にこれらの定めがあり、労働契約の内容となっているということである。
　したがって、休職命令権は、就業規則の定めに従い、休職事由に該当する事実が存在する場合に、適正な手続を経て、必要かつ合理的な内容の休職・休業を実施することにより行使されなければならず、その定めを充足しない場合は、当該休職命令は、労働契約違反で無効である。
　　ウ　休職事由と該当事実の存在の合理的限定的解釈
　裁判例においては、就業規則に定められた休職事由とそれに該当する事実の存在については、合理的限定的に解釈されており、支持しうる。
　例えば、「知事、市町村長、国会及び地方議会議員等に就任したとき」という休職事由に該当する事実は、単に公職に就任しただけでなく、長期にわたり継続的又は断続的に職務を離れ、債務の本旨に従った履行が期待できず、業務

---

[*160]　後記第25章「労働協約」第3節3・4、第4節第1款、第5節第1・2款。

の正常な運営が妨げられる場合にその存在が認められる[*161]。

また、就業規則の「起訴されたとき」という休職事由に該当する事実は、単に起訴されただけではなく、職務の性質、公訴事実の内容、身柄拘束の有無など諸般の事情に照らし、起訴された労働者が引き続き就労することにより、会社の対外的信用の失墜や職場秩序維持への障害が生ずるおそれがあるか、あるいは労務の継続的な給付や企業活動の円滑な遂行に障害が生ずるおそれがある場合でなければならず、休職の内容は、労働者の不利益の程度が、起訴の対象となった事実が確定的に認められた場合に行われる可能性のある懲戒処分の内容と比較して明らかに均衡を欠くものではないことを要する[*162]。

　　エ　私見－信義則による規制の必要性

既に述べたように、賃金の全部又は一部が支払われない休職は、労働者に大きな経済的不利益を被らせるものである。

裁判例は、休職命令権の行使の適法性については、就業規則の休職事由の合理的限定的解釈等により厳格に判断し、支持しうるが、これに加えて、信義則という観点からも規制を行うべきである。

すなわち、使用者は、休職命令権を行使するにあたっては、当該労働者の被る不利益に配慮して、①休職を必要かつ合理的な範囲に限定し、②休職の時期・期間及びその間の賃金その他の労働条件を相当な内容のものとし、③休職を決定する前に当該労働者に対し説明し協議する信義則上の義務（労契3条4項）を負い、当該信義則上の義務の履行（信義則違反でないこと）も効力発生要件として位置づけるべきである。

具体的には、第一に、休職が当該労働者の人的理由（傷病、起訴等）により行われる場合、①休職の必要性（不当な動機・目的でないことを含む）、②休職の時期・期間、賃金減額幅等の相当性、③労働者に対する説明・協議等の手続の相当性を、効力発生要件と解すべきである。就業規則作成義務のある事業場では、就業規則の定めを充足していればこれらの要件は充足されることになるが、就業規則作成義務のない事業場でもこれらの要件の充足が必要である。

---

[*161]　森下製薬事件・大津地判昭58・7・18労民34巻3号508頁／労判417号70頁（町会議員就任につき無給休職有効）。

[*162]　全日本空輸（起訴休職）事件・東京地判平11・2・15労判760号46頁（無給休職無効、休職期間中の賃金支払請求認容）。就業規則の「前各号の外休職させることを適当と認めるとき」等により起訴された労働者を休職させることができるかどうかにつき、ほぼ同じ判断基準を用いた裁判例として、明治学園事件・福岡高判平14・12・13労判848号68頁（無給休職有効）、山九事件・東京地判平15・5・23労判854号30頁（無給休職無効、賃金支払請求認容）。

第二に、休職が、経営不振による余剰人員の発生等、経営上の理由により行われる場合は、①休職の必要性、②対象労働者の選定基準と適用の合理性（①と②には不当な動機・目的でないことを含む）、③休職の時期・期間、賃金減額幅等の相当性、④労働者に対する説明・協議等の手続の相当性を、効力発生要件と解すべきである。

## 5 労務の受領拒否と賃金請求権

使用者が休職命令権の行使という形ではなく単に労務の受領を拒否した場合、労務は履行されていないので、特約がある場合を除き、賃金請求権の有無は、民法536条2項前段に基づく賃金請求権の有無に帰着する。

したがって、①債務の本旨に従った労務(履行)提供の有無、②債権者(使用者)の責めに帰すべき事由による履行不能(民536条2項前段)かが論点となる。

(1) 債務の本旨に従った労務提供の有無

債務の本旨に従った労務提供の有無については、特に、①使用者が労働者の労務の提供の受領を拒否する意思を事前に明確にしているとき、②病気で休業していた労働者が、従来の職務は従事できないがより軽易な職務には従事できるとして復職を希望したときに問題となる。

　　ア　事前の労務受領拒絶

使用者が労働者の労務の提供の受領を拒否する意思を事前に明確にしているときは、労働者は、現実に労務の提供をする必要はなく、労働者が客観的に就労する意思と能力を有していることを主張立証できれば、債務の本旨に従った履行の提供があったと認めることができる[*163]。

　　イ　休業労働者の復職

病気で休業していた労働者が、従来の職務は従事できないがより軽易な職務には従事できるとして復職を希望した場合、当該労働者は債務の本旨に従った労務を提供しているといえるであろうか。

第一に、労働者が職種や業務内容を特定せずに労働契約を締結した場合においては、現に就業を命じられた特定の業務について労務の提供が十全にはできないとしても、労働者が、①その能力、経験、地位、当該企業の規模、業種、

---

[*163] 本四海峡バス事件・神戸地判平13・10・1労判820号41頁。ペンション経営研究所事件・東京地判平9・8・26労民48巻4号349頁/労判734号75頁、本山製作所事件・仙台地判平15・3・31労判849号42頁も、労働者が客観的に就労する意思と能力を有していることを主張立証すれば良いとする。民法493条但書及び「準備」の意義に関する大審院第一民事判決大10・11・8民録27輯1948頁も参照。

当該企業における労働者の配置・異動の実情及び難易等に照らして当該労働者が配置される現実的可能性があると認められる他の業務について労務の提供をすることができ、かつ、②その労務提供を申し出ているならば、なお債務の本旨に従った履行の提供があると解するのが相当である[*164]。

第二に、労働者が職種を特定して労働契約を締結し、従来と同じ業務内容の仕事に従事することができなくても、同じ職種で業務を軽減すれば遂行することができ、現実に配置可能で、労働者がその労務提供を申し出ているならば、債務の本旨に従った履行の提供があると解される[*165]。

第三に、労働者が職種や業務内容を特定して労働契約を締結し、かつ、当該労働者が労働契約上特定された職種や業務に全く従事することができなくなった場合は、債務の本旨に従った労務の提供がないことになろう。しかし、使用者は、当該労働者が、①その能力、経験、地位、当該企業の規模、業種、当該企業における労働者の配置・異動の実情及び難易等に照らして当該労働者が配置される現実的可能性があると認められる他の業務があり、かつ、②労働者が当該業務への配置転換を申し出ているとき（契約内容変更の申込み）は、これを承諾する信義則上の義務（労契3条4項）があり、使用者が当該労働者の労務受領を拒否した場合は、労働者は、使用者の信義則上の義務違反に基づく損害賠償（賃金相当額）を請求できると解すべきであろう[*166]。

(2)　「債権者（使用者）の責めに帰すべき事由」該当性

①労働者が債務の本旨に従った労務の提供を行っているが、②使用者が労務の受領を拒否した場合、労働者が①と②を主張立証すれば、労働債務の性質上、

---

[*164]　片山組事件・最一小判平10・4・9集民188号1頁/労判736号15頁（差戻審の東京高判平11・4・27労判759号15頁は賃金支払請求を認容、最三小決平12・6・27労判784号14頁で確定）。同判断基準に依りつつ、復職を認めるべき状況までには未回復（債務の本旨に従った履行の提供がない）と判断した裁判例として、独立行政法人N事件・東京地判平16・3・26労判876号56頁、「通常の職務を通常の程度に行える健康状態、又は、当初軽易作業に就かせればほどなく従前の職務を通常の程度に行える健康状態」にまでは未回復とした裁判例として、日本電気事件・東京地判平27・7・29労判1124号5頁。

[*165]　カントラ事件・大阪高判平14・6・19労判839号47頁（運転者として採用された労働者が疾病により従来の長距離で積み卸し作業等を伴う業務はできないが軽度の作業の運転者としての業務が遂行できる状況となっていた時点で債務の本旨に従った労務の提供をしたと判断し、それ以降の軽減された業務に対応する限度での賃金請求を認容）。

[*166]　神奈川都市交通事件・最一小判平20・1・24労判953号5頁は、タクシー乗務員が交通事故に遭って傷害を負い休業していた期間の一部につき、職種をタクシー乗務員として採用されたことの明らかな当該労働者からの事務職としての就労の申し入れを使用者が受け入れる義務はなく、使用者の責めに帰すべき事由による休業でないことは明らかとして労基法26条の休業手当請求を否定したが、配置可能なポストがあれば信義則違反で損害賠償又は休業手当の請求はできると解すべきであろう。

時間の経過とともにその履行は不能となり、かつ、その履行不能が「債務者の責めに帰することができない事由による」ことが主張立証されたことになるから、使用者が、その受領拒絶が「債権者(使用者)の責めに帰することのできない事由」によることを具体的に立証しない限り、賃金請求権は消滅しない[167]。

　　ア　人的理由による受領拒否

　使用者の労務受領拒否が、労働者の傷病、起訴等人的理由をその理由としている場合、債務の本旨に従った労務の提供を行っているときは、受領拒否の理由がないので、当該受領拒否は「債権者の責めに帰すべき事由」に該当する。

　　イ　経営上の理由による受領拒否

　使用者の労務受領拒否が、業務縮小・操業短縮等の経営上の理由によるものであるときは、当該受領拒否が「債権者の責めに帰すべき事由」に該当するかどうかは、当該受領拒否が信義則違反かどうかで判断すべきである[168]。

　すなわち、賃金の全部又は一部が支払われない休職は、労働者に大きな経済的不利益を被らせるものであるから、使用者は、当該労働者の被る不利益に配慮して、①休職を必要かつ合理的な範囲に限定し、②休職の時期・期間及びその間の賃金その他の労働条件を相当な内容のものとし、③休職を決定する前に当該労働者に対し説明し協議する信義則上の義務(労契3条4項)を負う。したがって、当該休職(労務受領拒否)は、①休職の必要性、②対象労働者の選定基準と適用の合理性(①と②には不当な動機・目的でないことを含む)、③休職の時期・期間、賃金減額幅等の相当性、④説明・協議等の手続の相当性の要件を充足する場合に限り、受領拒否の合理的な理由があり(その証明責任は使用者が負う)、「債権者の責めに帰すべき事由」に該当しないと解すべきである[169]。

　また、経営上の理由による休職については、就業規則による労働条件の集合的な不利益変更に類似している面もあるので、合理性の有無は、労契法10条を参考に、①使用者による休業によって労働者が被る不利益の内容・程度、②使用者側の休業の実施の必要性の内容・程度、③他の労働者や同一職場の就労者との均衡の有無・程度、④適時に、休業処分の停止、休業手当額の増減等の措置の可否と当否を検討・判断して、できる限り不利益の解消を図ったかどうか、

---

[167]　いすゞ自動車事件・宇都宮地栃木支決平21・5・12労判984号5頁/判タ1298号91頁。

[168]　使用者の休職命令権に基づく休職命令が信義則違反かどうか(→前記4(2)エ)と同じ判断基準である。

[169]　いすゞ自動車事件・宇都宮地栃木支決平21・5・12労判984号5頁/判タ1298号91頁も、民法536条2項前段の「債権者の帰すべき事由」に該当しないとして使用者が賃金支払義務を免れるためには、受領拒絶(受領遅滞)に合理的な理由があるなどの正当事由の主張立証が必要であると判示している。

⑤労働組合等との事前・事後の説明・交渉の有無・内容等を総合考慮して判断するという方法も可能であろう[*170]。

### 6 休業手当請求権の有無

労基法26条は強行規定なので、当該休職が「使用者の責に帰すべき事由による休業」に該当すれば、労働者は休業手当請求権を有し、同規定よりも労働者に不利な特約（使用者の責に帰すべき休業でも使用者は休業手当を払わない旨の規定等）は無効である。

この点につき、第一に、労働者の債務の本旨に従った労務の提供がなければ、休業手当請求権は発生しない。

第二に、労働者の債務の本旨に従った労務の提供がある場合、労働者の人的理由による休職は、理由がないので、「使用者の責に帰すべき休業」であり、経営上の理由による休業は、「不可抗力」等に該当する場合を除き、「使用者の責に帰すべき休業」である。なお、経済不況、景気の変動、経営不振等は「不可抗力」ではない。

## 第8款　労働義務のある時間の変更

### 1 変更の類型

労働時間・休日等、労働義務のある時間の変更としては、①所定時間外労働（労働時間の延長）、②労働義務のある日時の変更、③所定休日労働、④休日振替等がある。

### 2 問題の所在

労働義務のある時間の変更については、第一に、当該労働義務のある時間の変更（所定時間外労働、所定休日労働、休日振替）の効力が問題となる（→3）。当該変更が無効であれば、労働者は、変更後の時間に労働する義務がないので、変更後の時間に労働しなくても債務不履行とはならず、それを理由とする懲戒処分や解雇等の不利益な取扱いは法律行為であれば無効であり[*171]、また不法行

---

[*170] いすゞ自動車事件・宇都宮地栃木支決平21・5・12労判984号5頁/判タ1298号91頁（合理性を否定し賃金支払請求を認容）。池貝事件・横浜地判平12・12・14労判802号27頁も労契法10条とほぼ同じ内容の従来の判例の判断基準を参考に合理性を判断している（合理性を否定し賃金支払請求を認容）。

[*171] トーコロ事件・東京地判平6・10・25労民45巻5=6号369頁/労判662号43頁、同事件・東京高判平9・11・17労民48巻5=6号633頁/労判729号44頁、同事件・最二小判平13・6・22労判808号11頁（法定時間外労働命令が無効、命令違反を理由とする解雇は無効）。

為にも該当しうる。それに対して、当該変更が有効で、労働者が変更後の時間に労働しなければ、債務不履行であり、それに対する不利益な取扱いは他の要件を充足していれば有効となる[*172]。

　第二に、当該労働義務のある時間の変更につき、異議を留めて就労した場合、当該変更が、信義則違反、又は、団結権・人格権侵害等の不法行為（民709条・710条）[*173]で、損害賠償を請求しうる場合もある。

### 3　労働義務のある時間の変更の効力

　労働義務のある時間の変更時点で労働者の同意がない場合、使用者の変更命令が有効であるためには、①使用者が変更権を有し（→(2)）、②変更権の行使が適法であること（→(3)）が必要であるが、当該変更により法定時間外労働・法定休日労働を行わせることとなる場合は、その前提として、法定時間外労働・法定休日労働が法所定の要件を充足していること（→(1)）が必要である。

　(1)　法定時間外労働・法定休日労働の場合

　労働義務のある時間の変更により、1日8時間若しくは1週40時間を超える労働となる場合、又は、4週4休の休日付与の要件を満たさないこととなる場合は、①労基法33条所定の要件の充足、②労基法36条所定の要件の充足（労使協定の締結・届出等）、③労基法32条の2・32条の3・32条の4・32条の5の変形労働時間制の導入と所定の要件の充足等、それが例外的に許容される要件を充足していることが必要である[*174]。これらの要件を充足していない場合は、法定時間外労働又は法定休日労働命令は、労基法32条違反又は労基法35条違反で無効である。

　(2)　変更権の法的根拠

　使用者は当然に変更権（時間外労働命令権、休日労働命令権、休日振替権）を有しているわけではなく、また、変更権の法的根拠となる法律の条文は存在していないので、使用者の変更命令が有効であるためには、使用者が労働契約上当該変更権を有していることが必要である[*175]。変更権の法的根拠となるのは、①労

---

[*172]　法定時間外労働命令を有効とし、それに従わなかった労働者の懲戒解雇を有効と判断した判例として、日立製作所事件・最一小判平3・11・28民集45巻8号1270頁／労判594号7頁。
[*173]　精神的損害賠償請求を認容した裁判例として、北海道厚生農協連合会事件・釧路地裁広支判平9・3・24労民48巻1＝2号79頁／労判731号75頁、賃金差額分と精神的損害賠償請求を認容した裁判例として、近鉄百貨店事件・大阪地判平11・9・20労判778号73頁。
[*174]　詳細は、前記第11章「労働時間と自由時間」第3節、第4節第1款2(3)イ・(4)。
[*175]　黒川乳業事件・大阪地判平5・8・27労判643号64頁は、法定休日以外の休日については特に法的根拠がなくても使用者は休日振替をなしうることを前提としているようだが支持できない。

働者と使用者の事前の合意、②就業規則の定め（労働契約の内容となるもの）、③労働協約の定め（労働契約の内容を規律するもの）である。
　　　ア　事前の合意
　使用者が変更権を有する旨の労働者と使用者の事前の合意は、労働義務のある時間の変更権の法的根拠となりうる。
　ただし、当該労働契約に適用される労働協約や就業規則にもこれに関する定めがある場合は、それらは労働契約に対し最低基準効（労組16条・労契12条）を有するから、事前の合意は労働協約や就業規則よりも労働者にとって不利な内容であってはならない。
　また、労働義務のある時間の変更は、労働者に身体的・精神的あるいは生活上の不利益を被らせうるから、合意の有無とその内容に関する事実認定は慎重になされる必要があり、また、合意された変更権は、信義則に則して必要かつ合理的な範囲に限定的に解釈する必要がある。
　また、就業規則作成義務のある事業場では、労働義務のある時間の変更権は就業規則の必要記載事項に該当する（労基89条1号）と解されるから、就業規則に規定がなければ、使用者が変更権を有しないことが労働条件の最低基準となり（最低基準効：労契12条）、労働者と使用者の合意に基づき変更権を設定することはできないと解すべきである。
　　　イ　就業規則
　使用者が労働義務のある時間の変更権を有する旨の就業規則の規定は、第一に、当該労働者が労働契約を締結した時点で存在する場合、非有利設定効の発生要件（労契7条、労基90条・89条・106条1項）を充足するときは、労働契約の内容となるが、「合理的な労働条件」（労契7条）であることは、①変更権の内容（労働時間等を変更する事由、時間外労働・休日労働の上限等）が必要かつ合理的な範囲に限定され、②適切な変更手続が定められている場合にのみ認められると解すべきである[*176]。
　労働契約上、所定時間外労働、所定休日労働、又は、深夜労働の義務を負わないこととされていれば[*177]、就業規則の定めがあっても使用者はこれに抵触

---

[*176] 労契法施行（2008〈平20〉年3月1日）前の事案であるが、日立製作所事件・最一小判平3・11・28民集45巻8号1270頁/労判594号7頁は、就業規則に使用者が労基法36所定の労使協定に従い時間外労働を命じうる旨が定められているところ、労使協定は時間外労働を命じうる事由を記載しその一部は概括的であるが相当な内容であり、時間外労働も限定されているので、就業規則の規定は合理的であると判示している。
[*177] 労働者の育介法に基づく権利行使により、所定時間外労働等の義務を負わないように労働契約内容が設定される場合もある。

する変更権を有さず、また、労働契約上変更権の定めがあるが労働契約の定めの方が労働者に有利である場合(例:所定時間外労働の上限が低い)も、就業規則の定めは労働契約の内容とはならない(労契7条但書)。これに対し、就業規則の定めの方が労働者に有利である場合は、就業規則の定めは最低基準効(労契12条)により労働契約の内容となる(周知又は行政官庁への届出がある場合)。

第二に、使用者が変更権を有する旨の就業規則の規定が、労働契約締結後に、新設又は労働者に不利に変更された場合、不利益変更効の発生要件(労契10条、労基90条・89条・106条1項)を充足するときは労働契約の内容となるが、少なくとも、①変更権の内容(労働時間等を変更する事由、時間外労働・休日労働の上限等)が必要かつ合理的な範囲に限定され、②適切な変更手続が定められているのでなければ、「変更の合理性」(労契10条)は認められないと解すべきである。

これに対し、労働者に有利に変更された場合は、最低基準効(労契12条)により労働契約の内容となる(実質的周知又は行政官庁への届出がある場合)。

ただし、当該労働契約に適用される労働協約に変更権に関する定めがある場合は、これに反する就業規則の定めは、当該労働協約の適用を受ける労働者に対しては法的効力を有さず、強行規定に反する定めも同様である[*178](労契13条)。

　ウ　労働協約

使用者が労働時間等の変更権を有する旨の労働協約の規定は、それが統一的基準として設定されている場合は原則として法的根拠となる(労組16条)[*179]。

　エ　変更権がない場合

使用者が労働義務のある時間の変更権を有しない場合は、変更時の労働者の同意が必要であり、労働者の同意がない場合は、当該変更命令(時間外労働命令等)は権利の法的根拠を欠き無効である。

(3)　変更権の行使の適法性

使用者が労働義務のある時間の変更権を有している場合でも、変更命令が有効であるためには、変更権の行使が適法でなければならない。

---

[*178]　JR西日本事件・広島高判平14・6・25労判835号43頁は、一か月単位の変形労働時間制においては、労使協定等で、単位期間内の各週・各日の所定労働時間を特定し、就業規則作成義務のある事業場では各労働日の始業・終業時刻を事前に特定することが必要であるところ、列車乗務員の就業規則の勤務指定変更規定(「業務上の必要がある場合は指定した勤務を変更する」)は、一般的抽象的な規定で、勤務変更命令が発せられる場合を予測することは著しく困難であるので、労基法32条の2の勤務時間の「特定」の要件を充たさず効力を有しないと判断した。

[*179]　日立製作所事件・最一小判平3・11・28民集45巻8号1270頁/労判594号7頁の味村治裁判官の補足意見(労基法36条所定の労使協定がある場合は労働協約の定めが法定時間外労働義務の法的根拠となると述べる)。詳細は後記第25章「労働協約」第3節〜第5節。

ア　要件

　変更権の行使が適法で変更命令が有効であるためには、1) 効力発生要件である、①労働協約、就業規則、労働契約所定の権利の行使方法(変更事由[180]、時間外労働・休日労働の上限、労働者が変更を拒否する正当な理由が存在しないこと、手続等)の遵守、②信義則(労契3条3・4項)上の義務の履行を充足し、2) 効力障害要件である、③権利濫用(労契3条5項)、④労働時間・自由時間に関する規制(→前記第11章「労働時間と自由時間」、第13章「労働と生活の調和」参照)、差別的取扱い禁止等の強行法規違反に該当しないことが必要である[181]。

　また、休日振替を行うにあたっては、所定休日が到来する前に振り替えるべき日を特定して、振替手続を行うことが必要である[182]。

　　イ　私見－信義則による規制の必要性

　所定時間外労働、所定休日労働、労働日・労働時間の変更等、労働時間・休日に関する変更は、労働者の健康に大きな影響を与えうるものであり、また、生活上の予定の変更や、子供を保育園に迎えに行けなくなったり、家族の介護が困難になったりする等、健康・生活上の様々な不利益を被らせうる。

　それゆえ、使用者は、労働義務のある時間の変更権を行使するにあたっては、労働者の被る不利益に配慮して、①労働時間等の変更を必要かつ合理的な範囲に限定し、②変更後の労働時間、その他の労働条件(代休日の付与等)を相当なものとし、③当該変更を決定する前に当該労働者に対し説明し協議する信義則上の義務(労契3条3・4項)を負い、信義則上の義務の履行(信義則違反でないこと)を労働義務のある時間の変更の効力発生要件と位置づけるべきである。

　具体的には、労働義務のある時間の変更は、主として経営上の理由により行われるので、①変更の必要性、②対象労働者の選定基準と適用の合理性(①と②は動機・目的が不当でないことを含む)、③変更後の労働時間その他の労働条件が労働者の被る不利益等に照らし相当であること、④説明・協議等の手続の相当性を効力発生要件と解すべきである。

---

[180]　交通ゼネストの日を休日に振り替えたことにつき、就業規則所定の休日振替事由である「業務上必要」のある場合に該当し、手続も適正に行われたとして有効とした裁判例として、三菱重工横浜造船所事件・横浜地判昭55・3・28労民31巻2号431頁/労判339号20頁。

[181]　大喪の礼の日を振替休日としたことは昭和天皇への服喪を強制したものではなく思想信条の自由等の侵害ではないと判断した裁判例として、黒川乳業事件・大阪地判平5・8・27労判643号64頁。

[182]　ドワンゴ事件・京都地判平18・5・29労判920号57頁。

# 第17章　懲戒処分

本章では、懲戒処分[*1]について、①総論（→第1節）、②効力の判断枠組み（→第2節）、③効力をめぐる論点（→第3節）の順に検討する。

## 第1節　総論

### 1　「懲戒処分」の定義

「懲戒処分」は、法律の条文上の定義はないが、「使用者が、企業秩序を維持し、服務規律（使用者が労働者に対して設定する行為規範）の実効性を確保することを目的として、服務規律に違反する労働者の非違行為（作為・不作為を含む）への制裁として、労働者に対して行う経済的又は人格的不利益処分」と定義することができる。

この「懲戒処分」は、通常の契約法上の義務違反に対する措置（損害賠償の請求、契約の解除）とは別の制裁手段である。

「服務規律」（使用者が労働者に対して設定する行為規範）は、通常、就業規則に定められており、①労働者の就業及び職場に関する規律、②企業財産の管理・保全のための規律、③従業員としての地位・身分による規律等がある。

懲戒処分は、労働者に経済的不利益を被らせうるものであり、労働者の社会的評価や名誉、自尊心を傷つけ人格的不利益を被らせる。また、実質的に優越的立場にある使用者が、懲戒処分による威嚇の下に、労働者の権利や自由を合理的理由なく制限する危険性がある。したがって、懲戒処分は必要かつ合理的な範囲に限定する必要がある。

### 2　「懲戒処分」の種類

懲戒処分の種類について、減給に関する規制（労基91条）の他に法律上の規定はないが、一般に、懲戒処分として、①戒告・譴責、②減給、③降給・降格・降職、配転、昇給停止・延伸、④出勤停止・休職、⑤懲戒解雇・懲戒処分とし

---

[*1] 近年の論考として、浅野高広「懲戒処分と労働契約」再生(2)(2017年)201-219頁、同論文引用文献等。

ての契約更新拒否、⑥賞与・退職金の減額・不支給等が行われている。

　(1)　戒告・譴責

「戒告・譴責」とは、労働者に始末書を提出させて、又は始末書を提出させることなく、将来を戒める懲戒処分である。

戒告・譴責は、それ自体では実質的不利益を課さない処分であるが、昇給、昇格、賞与額決定等の考課査定上考慮され、不利益に取り扱われることがある。

　(2)　減給

「減給」とは、本来ならばその労働者が現実になした労務の履行に対応して受けるべき賃金額から一定額を差し引くことである。

減給は、労働者にとって重大な不利益を被らせるものであるので、①減給は1回の額[*2]が平均賃金の1日分の半額を越えてはならず、②減給の総額は一賃金支払期における賃金の総額の10分の1を越えてはならない（労基91条）[*3]。③制限を越えた減給を行った場合は使用者は30万円以下の罰金に処せられる（労基120条柱書・1号）。労基法91条の制限に反する就業規則等の定めは無効であり、また、この制限を超える減給処分もその超える部分は無効である。

減給を制限する労基法91条の規定があるということは、現行法では減給自体は禁止されていないということであり、減給は、労基法16条の定める賠償予定の禁止、及び、労基法24条の定める賃金全額払の原則（相殺の禁止）の例外として許容されていると解される。

　(3)　降給・降格・降職、配転、昇給停止・延伸

「降給」は、将来の賃金額の引下げであり、「降格」は賃金格付の引下げであり、「降職」は、役職・職位の引下げであり、「配転」は、勤務地又は職務内容の変更であり、「昇給停止」は、一定期間昇給を行わないことであり、「昇給延伸」は、昇給時期を遅らせることである。

これらは、懲戒処分ではない通常の労働条件の個別的変更として行われる場合もあり、その場合は、懲戒処分ではない通常の労働条件の個別的変更として別の判断枠組みでその効力が判断される[*4]。

---

*2　「1回の額」とは、1回の処分事案についてという意味であって、処分事由ごとに1回につきとの意味ではなく（全国建設国保北海道支部事件・札幌地判平17・5・26労判929号66頁/判タ1221号271頁）、私的メール交信を理由とする減給であれば当該処分事案についてであり、私的メール1回についてではない。

*3　一賃金支払期における賃金総額が欠勤等により減額され少なくなった場合でも、減給の総額は当該賃金支払期に対し現実に支払われる賃金総額の10分の1を超えてはならない（昭25・9・8基収1338）。

*4　前記第16章「労働契約内容の設定と変更」第4節第5款。

### (4) 出勤停止・休職

「出勤停止・休職」とは、労働者の就労を一定期間禁止すること（労務の受領拒否）であり、通常、出勤停止期間中は賃金が支給されず、また、退職金額等の算定にあたり勤続年数に算入されない取扱いを受ける場合もある。

出勤停止・休職は、懲戒処分ではない通常の労働契約内容の個別的変更として行われる場合もあり、その場合は、懲戒処分ではない通常の労働契約内容の個別的変更として別の判断枠組みでその効力が判断される[*5]。

### (5) 懲戒解雇

「懲戒解雇」は、懲戒処分として行われる解雇である。

解雇予告も解雇予告手当の支払もせずに即時になされ、また、退職金の全部又は一部が支給されない場合も多いが、概念としては「即時解雇」（労基20条1項但書）とは区別され、また、退職金の減額・不支給措置の効力と懲戒解雇の効力は別々に判断される（したがって、懲戒解雇は有効であるが退職金の減額・不支給という懲戒処分は無効と判断される場合もある）。

また、不利益の程度が相対的に軽い「諭旨解雇」（懲戒解雇の一種である）が別個に設けられる場合もある。

解雇は、懲戒処分ではない通常の解雇として行われる場合もあり、その場合は、懲戒処分ではない通常の解雇として別の判断枠組みでその効力が判断される[*6]。

### (6) 賞与・退職金の減額・不支給

懲戒処分としては、「賞与・退職金の減額・不支給」措置もある。

賞与・退職金は、功労報償的な性格も有するが、賃金の後払い的な性格も有し、また、退職金は労働者の退職後の生活保障という機能も有するので、特に退職金の全額不支給という処分は、当該労働者の永年の勤続の功を抹消してしまうほどの重大な背信的事由がある場合にのみ肯定される[*7]。

## 3　懲戒処分の法的効果と類型

懲戒処分は、その法的効果により、①労働契約終了型（懲戒解雇、諭旨解雇、

---

[*5]　前記第16章「労働契約内容の設定と変更」第4節第7款。
[*6]　詳細は、第18章「労働契約の終了」第2節・第3節第1款。
[*7]　旭商会事件・東京地判平7・12・12労判688号33頁（退職金支払請求認容）、小田急電鉄事件・東京高判平15・12・11労判867号5頁/判時1853号145頁（退職金の3割の限度で支払請求認容）、日音事件・東京地判平18・1・25労判912号63頁/判時1943号150頁（退職金支払請求棄却）。

契約更新拒否等)、②労働契約内容変更型(出勤停止・休職、降職・降格・降給、配転、昇給停止・延伸等)、③金銭罰型(減給)、④解除条件・停止条件型(賞与・退職金の減額・不支給等)、⑤義務設定型(始末書提出命令等)、⑥警告・具体的不利益発生型(戒告・譴責等で、昇給・昇格・昇進や賞与額等において不利益に取り扱われるもの)、⑦警告・抽象的不利益の発生型(戒告・譴責等で、具体的に昇給・昇格・昇進や賞与額等において不利益に取り扱われることは予定されていないが、人事記録等に残り、将来これが考慮される可能性があるもの)に類型化することができる。

### 4　人的理由による労働条件変更・労働契約終了と懲戒処分

　労働者の人的理由により、使用者が一方的に行う(労働者の契約変更・終了時点での同意のない)労働条件変更・労働契約終了は、①懲戒処分として(労働者の行為に対する制裁として)行われる一方的労働条件変更・一方的労働契約終了と、②それ以外の通常の一方的労働条件変更・一方的労働契約終了に区別され、その有効性判断枠組みを異にする。

　懲戒処分としての労働条件変更・労働契約終了は、人的理由による労働条件変更・労働契約終了の特別な形態ともいえる。

　使用者が行う一方的労働条件変更・労働契約終了が、懲戒処分であるのか、それとも、懲戒処分以外の一方的労働条件変更・一方的労働契約終了かは、使用者の意思の合理的解釈により決定される[*8][*9]。

### 5　問題の所在

　懲戒処分については、第一に、その効力が問題となる。当該懲戒処分が無効であれば、労働者は、それを前提として、労働契約上の地位等の確認又は未払賃金の支払等を請求することができる。具体的な請求の内容(請求の趣旨)は、懲戒処分の類型(→前記3)に応じて以下のようになる。

　①労働契約終了型(懲戒解雇、諭旨解雇、契約更新拒否等)の場合は、労働契約上の権利を有する地位の確認と未払賃金の支払である。

　②労働契約内容変更型(出勤停止・休職、降職・降格・降給、配転、昇給停止・延伸等)の場合は、変更前の契約上の地位を有することの確認(降職・降格・降給、昇給停止・延伸等)、配転先又は配転後の職務内容での労働義務の不存在確認(配転)、未払賃金の支払(出勤停止・休職、降職・降格・降給、昇給停止・延伸)である。

---

\*8　グラバス事件・東京地判平16・12・17労判889号52頁。
\*9　使用者が懲戒解雇として行った解雇につき、普通解雇としての意思表示も含んでいると主張しうるかどうかについては、後記第18章「労働契約の終了」第2節6 (4)。

③金銭罰型(減給)の場合は、賃金支払である。

④解除条件・停止条件型(賞与・退職金の減額・不支給等)の場合は、未払賃金(賞与・退職金)の支払である。

⑤義務設定型(始末書提出命令)の場合は、義務不存在確認である。

⑥警告・具体的不利益型(戒告・譴責等)の場合は、処分の無効確認で、既に昇給・昇格、賞与等に具体的に不利益が生じている場合は、未払賃金の支払である。

⑦警告・抽象的不利益型(戒告・譴責等)の場合は、処分の無効確認である。過去の法律関係の確定は、現に存する法律上の紛争の直接かつ抜本的解決のため最も適切かつ必要と認められるような場合に例外的に許容されるところ[*10]、戒告・譴責処分により、被処分者が昇格・昇給・賞与や人事考課の面で不利益に取り扱われる場合、又は、不利益に取り扱われる可能性がある場合は、被処分者は、不利益を避けるために、同処分が適法なものとして取り扱われるのを防止すべく、同処分の無効確認を求める法律上の利益と必要性を有しているので、同処分の無効確認の訴えは確認の利益を有し適法に提起しうる[*11]。

第二に、当該懲戒処分が、権利濫用、信義則違反、不法行為であることを理由として、損害賠償を請求しうるかどうかが問題となる。

以下では、懲戒処分の効力を中心に検討する。

## 第2節　効力の判断枠組み

### 1　論点

懲戒処分の効力の判断における論点は、①使用者の「懲戒権」の法的根拠、及び、②懲戒権の行使の適法性である。

以下では、懲戒権の法的根拠に関する判例法理と私見(→2)、判例法理を基礎とする有効性判断枠組み(→3)、契約説を基礎とする有効性判断枠組み(→4)、懲戒権濫用の位置づけ(→5)を検討し、併せて、出向労働者に対する出向元と出向先の懲戒処分の有効性判断枠組み(→6)を検討する。

---

[*10] 立川バス事件・東京高判平2・7・19労判580号29頁/判時1366号139頁(当該事案の譴責は昇給延伸といった効果を生ずるものではなく、また労働者はすでに定年退職し始末書提出義務も存在しないとして確認の利益を欠くと判示)。

[*11] 関西電力事件・神戸地尼崎支判昭49・2・8労判199号50頁/判時739号125頁、同事件・大阪高判昭53・6・29労民29巻3号371頁/労判302号58頁。朝日学園事件・最二小判平19・7・13集民225号117頁/判時1982号152頁も当該事案における戒告処分の無効確認請求を認容。

## 2 懲戒権の法的根拠

懲戒権の法的根拠に関する見解は、①使用者は労働契約の当事者として当然に懲戒権を有するという「固有権説」、及び、②使用者は当然に懲戒権を有しているわけではなく、労働契約上の法的根拠が必要であるとする「契約説」[12]に大別しうる。

### (1) 判例

懲戒権の法的根拠に関連する最高裁判決(いずれも労契法施行(2008<平20>年3月1日)前の事案)は、これを整理するならば、労働契約の性質・内容上、使用者は企業秩序定立・維持権を本来的に有し、労働者は当然に企業秩序遵守義務を負うものであり、使用者は企業秩序に違反する労働者に対して懲戒を課すことができる(懲戒権を有している)[13]が、懲戒処分は特別の制裁罰であるがゆえに、懲戒権は、就業規則に懲戒事由と懲戒の種類・程度を明定し、少なくとも実質的に周知してこれを労働契約の内容とすることにより、具体的に行使しうる[14]と解しているように思われる。

---

[12] 菅野・労働法(2017)660頁、土田・契約法(2016)472-473頁等。

[13] 国鉄札幌運転区事件・最三小判昭54・10・30民集33巻6号647頁／労判329号12頁は、企業は、その存立を維持し目的たる事業の円滑な運営を図るため、それを構成する人的要素及びその所有し管理する物的施設の両者を総合し合理的・合目的的に配備組織して企業を定立しこの企業秩序のもとに活動を行うものであり、その構成員に対し、職場環境を適正良好に保持し規律のある業務の運営体制を確保するため、その物的施設を許諾された目的以外に利用してはならない旨を規則をもって定め、又は具体的に指示、命令することができ、違反行為をする者に対し、企業秩序を乱すものとして、規則に定めるところに従い制裁として懲戒処分を行うことができると判示し、関西電力事件・最一小判昭58・9・8集民139号393頁／労判415号29頁は、「労働者は、労働契約を締結して雇用されることによって、使用者に対して労務提供義務を負うとともに、企業秩序を遵守すべき義務を負い、使用者は、広く企業秩序を維持し、もって企業の円滑な運営をはかるために、その雇用する労働者の企業秩序違反行為を理由として、当該労働者に対し、一種の制裁罰である懲戒を課すことができる」と判示し、ネスレ日本事件・最二小判平18・10・6集民221号429頁／労判925号11頁は、「使用者の懲戒権の行使は、企業秩序維持の観点から、労働契約関係に基づく使用者の権能として行われる」と判示している。

[14] 国鉄札幌運転区事件・最三小判昭54・10・30民集33巻6号647頁／労判329号12頁は、「規則に定めるところに従い」制裁として懲戒処分を行うことができると判示した。また、フジ興産事件・最二小判平15・10・10集民211号1頁／労判861号5頁は、使用者が労働者を懲戒するには、あらかじめ就業規則において懲戒の種別及び事由を定めておくことを要し(国鉄札幌運転区事件・最高裁判決を引用)、就業規則が法的規範としての性質を有する(秋北バス事件・最大判昭43・12・25民集22巻13号3459頁／判時542号14頁を引用)ものとして、拘束力を生ずるためには、その内容を適用を受ける事業場の労働者に周知させる手続が採られていることを要するとし、就業規則作成と労働者代表の同意と行政官庁への届出の事実のみを確定し周知を認定しないままに就業規則の効力とそれに基づく懲戒解雇の有効性を肯定した原判決を破棄差し戻している。

したがって、固有権説を基礎としつつも、労働契約上の根拠がなければ懲戒権を行使できないという、実質的には契約説に近い立場であると思われる。

(2) 私見－契約説

労働組合の統制権は憲法28条の団結権を法的根拠とするものであるが、使用者の懲戒権は、これとは異なり、法的根拠となる憲法上の権利も法律の条文もない。労基法89条9号は、制裁(懲戒処分)が相対的必要記載事項であることを定めるにすぎず、また、労基法91条は減給の制限規定であり、いずれも、懲戒権の行使や内容を制限する規定で、懲戒権を創設する規定ではない。

また、労働者が信義則上企業秩序遵守義務を負うとしても、その違反に対し、使用者が当然に懲戒権を有しているとは言えず[*15](使用者の信義則上の義務違反に対し労働者が当然に制裁権を有しているわけではない)、企業秩序維持の必要性から使用者が当然に懲戒権を有するという結論が導かれるわけではない。

また、使用者と労働者の法的関係は対等な当事者としての両者が労働契約を締結することにより成立するので、使用者の労働者に対する権限は労働契約上の根拠を持つものでなければならず[*16]、使用者が、労働契約の当事者として当然に、労働契約内容の変更を含む懲戒権を有するという見解は支持し難い。

したがって、懲戒権は労働契約上の法的根拠を必要とし、具体的には、使用者が懲戒権を有することについて、①労働者と使用者の事前の合意があること、②就業規則に定めがありそれが労働契約の内容となっていること、③労働協約に定めがありそれが労働契約の内容を規律していることのいずれかにより、懲戒権が発生すると端的に解すべきである。

## 3　懲戒処分が有効となる要件①－判例法理を基礎とする構成

懲戒権の法的根拠に関する判例の立場を基礎とし、労契法施行後の現行法に

---

[*15]　丸林運輸事件・東京地決平18・5・17労判916号12頁/判時1937号157頁。さらに、使用者は固有の権利として当然に懲戒解雇の権能を有するとの見解は相当でないとする裁判例として、洋書センター事件・東京高判昭61・5・29労民37巻2=3号257頁/労判489号89頁。

[*16]　洋書センター事件・東京高判昭61・5・29労民37巻2=3号257頁/労判489号89頁(懲戒解雇の制裁としての性質に鑑み、使用者は固有の権利として懲戒解雇の権能を有するものではなく、就業規則・労働協約等に懲戒解雇事由の具体的な定めがなければ懲戒解雇できないと判示)、倉田学園高松高事件・高松地判平元・5・25労民40巻2=3号364頁/労判555号81頁(使用者と労働者の法的関係は対等な当事者としての両者が労働契約を締結することにより成立するので、使用者の労働者に対する権限は労働契約上の合意に根拠を持つものでなければならず、懲戒権の行使は労働者が労働契約において具体的に同意〈労働契約を規律する労働協約や就業規則を含む〉を与えている限度で可能と判示)。

おいて論理を補充すれば、懲戒処分が有効となる要件は、以下のようになろう。
　(1)　懲戒権の法的根拠
　労働契約の性質・内容上、使用者は企業秩序定立・維持権を本来的に有し、労働者は当然に企業秩序遵守義務を負うので、使用者は、労働契約の当事者として当然に懲戒権を有している。したがって、懲戒権の法的根拠は労働契約を締結していること以上に特に必要ではない。
　(2)　懲戒権の行使の適法性
　　ア　就業規則の定めと内容・手続
　しかし、懲戒処分は特別の制裁罰であり、また、懲戒処分(制裁)は、就業規則の相対的必要記載事項(労基89条9号)とされている。
　したがって、罪刑法定主義的な観点から、懲戒権の行使が適法であるためには、第一に、事前に就業規則に懲戒事由(どのような行為が懲戒処分の対象となるか)と懲戒処分の種類・程度(どのような懲戒処分が行われるか)を具体的に定め、これを労働契約の内容とすることが必要である。すなわち、①就業規則に懲戒事由と懲戒処分の種類・程度の定めが存在し、②規定内容が法令・労働協約に反せず(労基92条1項)、かつ、内容の合理性(労契7条)、又は、変更の合理性(労契10条)が肯定され、③周知(労契法7条又は10条)がなされ、④過半数代表の意見聴取(労基90条1項)、聴取した意見を添付した就業規則の行政官庁への届出(労基90条2項・89条)、所定の形式による当該事業場の労働者に対する周知(労基106条1項)という、就業規則の作成・変更にかかる労基法所定の手続*17も履践され、労働契約の内容となっていることが必要である。
　それゆえ、使用者は、就業規則に懲戒事由が定められた以前の労働者の行為については懲戒処分の対象とすることはできない(不遡及の原則)。
　また、②規定内容の適法性及び合理性について、使用者は、企業秩序維持の必要性から懲戒権を有するのであるから、企業秩序維持のために必要かつ合理的な範囲で懲戒事由と懲戒処分が定められていることが必要である(懲戒権の目的と内在的制約)。
　就業規則作成義務のない事業場においても、罪刑法定主義的な観点と懲戒権の目的に照らし、①事前に書面で懲戒事由と懲戒処分の種類・程度を定め、②その内容を適法かつ合理的なものとし、③これを周知し、労働者の同意を得て労働契約の内容とすることが必要であろう。

---

　*17　懲戒事由と懲戒処分の内容の適法性・合理性を担保するために、労基法所定の意見聴取・届出・周知の手続の履践も必要である。

イ　懲戒事由に該当する事実の存在

　懲戒権の行使が適法であるためには、第二に、就業規則等に定めた懲戒事由に該当する事実が存在することが必要である。

　懲戒事由該当事実の存否は、形式的該当性のみならず、懲戒処分を行うことが企業秩序維持のために必要であるかどうか、実質的該当性も問題となるので、事実認定の問題のみならず法的評価の問題も生じる。

　　ウ　労働協約・就業規則・労働契約の定めの充足

　懲戒権の行使が適法であるためには、第三に、当該懲戒処分が就業規則等の定める懲戒処分の中から選択されたこと、及び、労働協約・就業規則・労働契約にその他懲戒権の行使に関する定め（手続等）がある場合はこれを充足することが必要である。

　　エ　信義則上の義務の履行（信義則違反でないこと）

　懲戒権の行使が適法であるためには、第四に、当該懲戒処分につき信義則（労契3条4項）上の義務が履行され、信義則違反でないことが必要である。

　　オ　権利濫用でないこと

　懲戒権の行使が適法であるためには、第五に、当該懲戒処分が懲戒権濫用（労契15条）に該当しないことが必要であり、「当該懲戒が、当該懲戒に係る労働者の行為の性質及び態様その他の事情に照らして、客観的に合理的な理由を欠き、社会通念上相当であると認められない場合は、その権利を濫用したものとして、当該懲戒は、無効とする」（労契15条）とされている[18]。

　　カ　強行法規違反でないこと

　懲戒権の行使は、その他、差別的取扱い等、強行法規違反であってはならず、強行法規に違反する場合は無効である。

---

[18] 従来、判例は、ダイハツ工業事件・最二小判昭58・9・16集民139号503頁/労判415号16頁が、「使用者の懲戒権の行使は、当該具体的事情の下において、それが客観的に合理的理由を欠き社会通念上相当として是認することができない場合に初めて権利の濫用として無効になる」と判示し（自宅待機命令に反して工場内への入構を強行し警士を負傷させたこと等を理由とする懲戒解雇につき、その行為の性質、態様、結果及び情状並びに会社の対応等に照らし懲戒権の濫用ではなく有効と判断）、また、ネスレ日本事件・最二小判平18・10・6集民221号429頁/労判925号11頁が、「使用者の懲戒権の行使は、企業秩序維持の観点から、労働契約関係に基づく使用者の権能として行われるものであるが、就業規則所定の懲戒事由に該当する事実が存在する場合であっても、当該具体的事情の下において、それが客観的に合理的な理由を欠き、社会通念上相当なものとして是認することができないときには、権利の濫用として無効になる」と判示し、民法1条3項を法的根拠として懲戒権濫用法理を形成していたところ、同判例法理は、労契法15条として明文化された（2008〈平20〉年3月1日施行）。ただし、懲戒権の根拠については、あえて条文上では明確にされず、解釈に委ねられている。

当該懲戒処分が減給である場合は、労基法91条（①減給は1回の額が平均賃金の1日分の半額を越えてはならず、②減給の総額は一賃金支払期における賃金の総額の10分の1を越えてはならない）違反であってはならない。

(3) 懲戒解雇が有効となる要件

懲戒解雇の場合は、懲戒処分であるとともに解雇でもあるので、それが有効であるためには、第一に、解雇権の法的根拠が必要となるところ、期間の定めのない労働契約においては使用者は契約法の一般原則により解雇権を有しているが、有期労働契約において期間途中に懲戒解雇を行う場合は、「やむを得ない事由」（労契17条1項）がなければ解雇権が発生しない。ただし、上記(2)を充足すれば、「やむを得ない事由」の存在は肯定されよう。

第二に、懲戒解雇は、期間の定めのない労働契約においてであれ、有期労働契約においてであれ、「解雇権濫用」（労契16条）であってもならないが、解雇権濫用の判断基準は、懲戒権濫用の判断基準（上記オ）と基本的には同じである。

第三に、懲戒解雇は、解雇期間の制限（労基19条）や解雇予告又は解雇予告手当の支払に関する規定（労基20条・21条）等の解雇に関する規制も遵守することが必要である*19。

(4) 証明責任

前記(1)(2)の要件に関し、前記(2)アの就業規則の定めと内容・手続、イの懲戒事由に該当する事実の存在、ウの労働協約・就業規則・労働契約の定めの充足、エの信義則上の義務の履行は、効力発生要件であるから、その証明責任は使用者が負担し、これらが充足されているときにその効力を否定する効力障害要件である、オの権利濫用であること、又は、カの強行法規違反であることの証明責任は労働者が負担する。

## 4 懲戒処分が有効となる要件②－私見（契約説を基礎とする構成）

懲戒権の法的根拠に関し契約説を採用し、論理的に構成するならば、懲戒処分が有効となる要件は以下のようになる。ただし、後記の(1)〜(4)のうち、(2)イ〜カ及び(3)は、前記3の「判例法理を基礎とする構成」の(2)イ〜カ及び(3)と同じであり、判例法理を基礎とする構成と異なるのは後記の(1)、(2)ア、及び、(4)である。

(1) 懲戒権の法的根拠

懲戒権の法的根拠として、使用者が懲戒権を有することについて、①労働者

---

*19 後記第18章「労働契約の終了」第2節2(1)〜(5)。

と使用者の事前の合意があること、②就業規則の定めがありそれが労働契約の内容となっていること、③労働協約の定めがありそれが労働契約を規律していることのいずれかが必要である。

懲戒処分は労働者にとって不利益を被らせるものであるから、①事前の合意の成立・効力の判断は慎重でなければならず、その内容は企業秩序の維持という懲戒権の目的に照らし信義則に則して合理的限定的に解釈され、②就業規則の定めも、所定の合理性の要件と手続要件を充足することが必要であり（→前記3(2)ア）、③労働協約の定めも信義則に則して合理的限定的に解釈されなければならない。

(2) 懲戒権の行使の適法性
　ア　就業規則の定めと内容・手続

懲戒権の行使が適法であるためには、第一に、①就業規則に懲戒事由と懲戒処分の種類・程度の定めが存在し、②規定内容が法令・労働協約に反せず（労基92条1項）、かつ、合理的な内容であり、③規定内容が実質的に周知され、④就業規則の作成・変更にかかる労基法所定の手続（過半数代表の意見聴取〈労基90条1項〉、聴取した意見を添付した就業規則の行政官庁への届出〈労基90条2項・89条〉、所定の形式による当該事業場の労働者に対する周知〈労基106条1項〉）も履践されていることが必要である。

懲戒権の法的根拠が就業規則の定めであれば（多くはそうであろう）、上記①～④を充足していなければ、労働契約の内容とはならないから、上記①～④は、就業規則の定めが労働契約の内容となっているかどうか、すなわち、懲戒権の法的根拠の有無（→前記(1)）において判断される。

これに対し、労働者と使用者の事前の合意又は労働協約が懲戒権の法的根拠である場合も、上記①～④が必要である。

①就業規則の規定の必要性、及び、③実質的周知の必要性は、罪刑法定主義的な観点と、懲戒処分（制裁）が就業規則の相対的必要記載事項（労基89条9号）であることに照らした信義則上の義務から導かれる。すなわち、懲戒処分は制裁罰であり、また、企業秩序維持という目的に照らし事業場の労働者に共通のルールの下に行われるものであるから、懲戒事由（どのような行為が懲戒処分の対象となるか）と懲戒処分の種類・程度を事前に就業規則に具体的に定め、これを周知することが信義則上の義務として必要である。

したがって、使用者は、就業規則に懲戒事由・懲戒処分が定められた以前の労働者の行為を懲戒処分の対象とすることはできない（不遡及の原則）。

②規定内容の適法性及び合理性も、懲戒権の目的に照らした信義則上の義務

から導かれる。すなわち、懲戒権は、企業秩序維持の必要性から設定されるものであるから、企業秩序維持のために必要かつ合理的な範囲で懲戒事由と懲戒処分を定めることが信義則上の義務として必要である。

④労基法所定の意見聴取・届出・周知の手続の履践は、懲戒事由と懲戒処分の内容の適法性・合理性を担保する必要性から導かれる。

就業規則作成義務のない事業場においても、罪刑法定主義的な観点と懲戒権の目的に照らし、①事前に書面に懲戒事由と懲戒処分の種類・程度を定め、②その内容を適法かつ合理的なものとし、③これを周知することが必要である。

　　　イ　懲戒事由に該当する事実の存在（→前記3(2)イ）
　　　ウ　労働協約・就業規則・労働契約の定めの充足（→同上ウ）
　　　エ　信義則上の義務の履行（→同上エ）
　　　オ　権利濫用でないこと（→同上オ）
　　　カ　強行法規違反でないこと（→同カ）

図17.1　懲戒権の法的根拠と行使の適法性

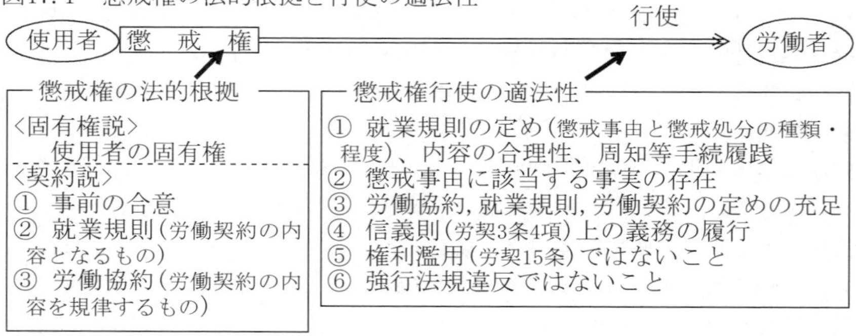

```
┌──────┐　懲　戒　権　　　　　　　　　行使　　　┌──────┐
│使用者│──────────────────────────▶│労働者│
└──────┘                                           └──────┘
┌─ 懲戒権の法的根拠 ─┐┌─ 懲戒権行使の適法性 ──────────────┐
│〈固有権説〉        ││① 就業規則の定め（懲戒事由と懲戒処分の種類・│
│　　使用者の固有権  ││　 程度）、内容の合理性、周知等手続履践      │
│〈契約説〉          ││② 懲戒事由に該当する事実の存在              │
│① 事前の合意        ││③ 労働協約，就業規則，労働契約の定めの充足  │
│② 就業規則（労働契約の内││④ 信義則（労契3条4項）上の義務の履行        │
│　 容となるもの）    ││⑤ 権利濫用（労契15条）ではないこと          │
│③ 労働協約（労働契約の内││⑥ 強行法規違反ではないこと                  │
│　 容を規律するもの）││                                             │
└────────────────────┘└─────────────────────────────────────────────┘
```

　(3)　懲戒解雇が有効となる要件

先に述べたように、懲戒解雇が有効となる要件で付加すべき事項は、前記3の「判例法理を基礎とする構成」の(3)と同一内容である。

　(4)　証明責任

前記(1)(2)の要件に関し、(1)の懲戒権の法的根拠、(2)アの就業規則の定めと内容・手続、イの懲戒事由に該当する事実の存在、ウの労働協約・就業規則・労働契約の定めの充足、エの信義則上の義務の履行は、効力発生要件であるから、その証明責任は使用者が負担し、効力障害要件である、オの権利濫用、又は、カの強行法規違反の証明責任は労働者が負担する。

## 5　懲戒権濫用（労契15条）の位置づけ

　懲戒処分の効力については、契約説を採りつつ、「就業規則所定の懲戒事由該当事実の存在」を「懲戒権濫用（労契15条）でないこと」の判断に包摂し、労契法15条所定の「客観的に合理的な理由」が就業規則の懲戒事由該当性の判断に、「社会通念上の相当性」が懲戒処分の相当性と手続の判断に相当するとの見解も存在する[*20]。

　しかし、①「就業規則所定の懲戒事由該当事実の存在」により懲戒処分を行いうるが、懲戒処分の選択肢は複数あるので、当該懲戒処分を選択したことについて、信義則（及び権利濫用）の観点から「客観的に合理的な理由と社会通念上の相当性」が審査されると考えるべきであること、②明確な判断基準は、信義則上の義務から導かれること、③同見解は、結局のところ、懲戒権の法的根拠が肯定される場合は、懲戒処分の有効性を労契法15条の懲戒権濫用かどうかのみにより判断する見解であるところ、効力障害要件である権利濫用による制限では、懲戒処分は原則有効で例外的に権利濫用に該当する場合に無効となり、かつ、権利濫用の証明責任は労働者が負担することになるから、懲戒事由該当事実の存在を効力発生要件としてその証明責任を使用者に負担させてきた従来の判例法理を著しく後退させるものであり、支持できない。

　したがって、前記４で述べたように、「就業規則所定の懲戒事由該当事実の存在」、及び、「信義則上の義務の履行」は、効力発生要件として、効力障害要件である懲戒権濫用に先立つ、別個の効力要件と位置づけ、その証明責任は使用者に負担させるべきである。

## 6　出向労働者に対する懲戒処分が有効となる要件

　出向労働者に対する懲戒処分については、①出向元による懲戒処分が有効となる要件、②出向先による懲戒処分が有効となる要件の双方が問題となる。

### （1）出向元による懲戒処分

　出向元による懲戒処分が有効となる要件は、基本的には前記３（出向元は労働契約当事者であるので判例法理では懲戒権を有するであろう）又は前記４の通りであるが、出向元が出向期間中も懲戒処分を行いうることが出向労働者の労働契約の内容となっており、かつ、その旨が定められた出向元の就業規則（就業規則作成義務のない事業場においてはこれに準ずる書面）が出向労働者に周知されていること

---

[*20]　菅野・労働法(2017) 673-675頁、土田・契約法(2016) 474-476頁。

が必要と解される*21。また、懲戒事由に該当する事実の存否については、出向元の企業秩序を乱したかどうかを検討する必要がある*22。

　（2）出向先による懲戒処分

　出向先による懲戒処分が有効となる要件は、基本的には前記3（労働者が就労しているのは出向先であるから、判例法理では出向先はその企業秩序維持のために懲戒権を有するであろう）又は前記4の通りであるが、出向先が出向期間中懲戒処分を行いうることが出向労働者の労働契約の内容となっており、かつ、その旨が定められた出向先の就業規則（就業規則作成義務のない事業場においてはこれに準ずる書面）が出向労働者に周知されていることが必要と解される*23。

## 第3節　効力をめぐる具体的論点

　判例法理を基礎とする論理構成と契約説を基礎とする論理構成では、懲戒権の法的根拠をどう考えるかは異なるが、懲戒処分が有効となる要件という点では大きく異なるわけではない。

　上記の二つの論理構成のいずれを採るにせよ、懲戒処分が有効であるためには、1）懲戒事由と懲戒処分の種類・程度についての就業規則の定め*24（就業規則作成義務のない事業場においてはこれに準ずる書面*25）の存在と労働者に対する実質

---

*21　労契法施行（2008〈平20〉年3月1日）前の事案であるが、勧業不動産販売・勧業不動産事件・東京地判平4・12・25労判650号87頁／判タ832号112頁は、出向労働者の、同じ出向元から同じ出向先に出向している上司に対する侮辱的言動につき、出向元は出向元会社の立場から出向先における行為につき出向元の就業規則に基づき懲戒処分を行いうると判示しているが、その具体的内容や周知状況等は不明である。

*22　出向元の企業秩序に及ぼす影響が間接的なものであることも考慮し出向元の出向労働者に対する諭旨解雇を無効と判断した裁判例として、日本交通事業社事件・東京地判平11・12・17労判778号28頁。

*23　労契法施行（2008〈平20〉年3月1日）前の事案であるが、勧業不動産販売・勧業不動産事件・東京地判平4・12・25労判650号87頁／判タ832号112頁は、出向労働者全てが出向先においても出向元の就業規則の適用に同意していると解されるから、出向先は、その就業規則作成義務のない事業場で就労している出向労働者に対して、出向元の就業規則を適用して懲戒処分を行いうると判示している。

*24　フジ興産事件・最二小判平15・10・10集民211号1頁／労判861号5頁。

*25　洋書センター事件・東京高判昭61・5・29労民37巻2=3等257頁（就業規則・労働協約等に懲戒解雇事由の定めを欠き、又は就業規則等も作成されていない場合は懲戒解雇は無効と判示し、就業規則作成義務のない事業場でこれらがない事案における懲戒解雇を無効と判断〈ただし普通解雇としての即時解雇としては有効と判断〉）。

的周知*26・労基法所定の手続の履践と内容の適法性・合理性、2)懲戒事由に該当する事実の存在、3)労働契約・就業規則・労働協約の定めの充足、4)信義則上の義務の履行、5)懲戒権濫用でないこと、6)強行法規違反でないことが必要である。

懲戒処分の効力については、特に、①懲戒事由の適法性・合理性(→1)、②懲戒処分の適法性・合理性(→2)、③懲戒事由に該当する事実の存否の判断基準(→3)、④労働契約・就業規則・労働協約の定めの充足(→4)、⑤信義則上の義務の履行(→5)、⑥懲戒権濫用でないことの判断基準(→6)等が論点となる。

## 1　懲戒事由の適法性・合理性

就業規則に定める懲戒事由は、法令・労働協約に抵触してはならず(労基92条)、例えば、従業員が会社の承認を得ないで公職に就任したときは懲戒解雇する旨の就業規則の規定は、労基法7条の趣旨に違反し無効である*27。

また、懲戒事由は、労働者の人格権・自由等の保障という観点から、企業秩序の維持のために必要かつ合理的な範囲に限定されることが必要である*28。

懲戒事由としての適法性・合理性が問題となる事由は、①労務供給に関する事由、②企業財産・施設の管理・保全等に関する事由、③職場外の職務遂行に関係のない事由、④内部告発・公益通報等がある。

(1) 労務供給に関する事由

労務供給に関する懲戒事由としては、①経歴詐称、②遅刻・早退、欠勤、職務懈怠、業務過誤、③業務命令違反、④服装等の規制違反、⑤職場規律違反、⑥業務の阻害、⑦競業避止義務違反等が問題となる。

ア　経歴詐称

労働関係は、一般に、労働力の給付を中核としながらも、労働者と使用者との相互の信頼関係に基礎を置く継続的な契約関係であるから、使用者が労働契約の締結に先立ち、雇用しようとする労働者に対し、その労働力評価に直接関

---

*26　フジ興産事件・最二小判平15・10・10集民211号1頁/労判861号5頁。就業規則の周知手続がないことを理由に、就業規則に基づく懲戒権を否定したものとして、丸林運輸事件・東京地決平18・5・17労判916号12頁/判時1937号157頁、懲戒解雇された者には退職金を支給しない旨の就業規則の規定の効力を否定したものとして、日本コンベンションサービス事件・大阪高判平10・5・29労判745号42頁/判時1686号117頁。
*27　十和田観光電鉄事件・最二小判昭38・6・21民集17巻5号754頁/判時339号15頁。
*28　東谷山家事件・福岡地小倉支決平9・12・25労判732号53頁は、一般に、企業は、企業内秩序を維持・確保するため、労働者に必要な規制、指示、命令等を行うことが許されるが、労働者は企業の一般的支配に服するものではなく、企業に与えられた秩序維持の権限は、自ずとその本質に伴う限界があると判示している。

わる事項ばかりでなく、当該企業あるいは職場への適応性、貢献意欲、企業の信用保持等、企業秩序の維持に関係する事項についても必要かつ合理的な範囲内で申告を求めた場合には、労働者は、信義則上、真実を告知すべき義務を負い、最終学歴は、労働力評価に関わるだけではなく企業秩序の維持にも関係する事項であるから、真実を申告すべき義務を負う。そして、労働者が同義務に違反して雇用された場合、企業はこれにより労働者の適正な配置を誤らされ企業秩序に混乱を生じ使用者との信頼関係が破壊」される可能性があるから、経歴詐称は、信義則違反として、一般に懲戒事由としての合理性を有する[29]。

ただし、労働契約締結過程における信義則違反であるので、懲戒事由に該当する事実の存否の判断においては、実質的該当性（懲戒処分を行う必要性）が否定される場合もあろう。

  イ　遅刻・早退、欠勤、職務懈怠、業務過誤

正当な理由のない遅刻[30]・早退、無断欠勤[31]、職務懈怠[32]、業務過誤[33]等は、労働義務の不履行であるとともに、企業秩序を乱す又は乱すおそれのある行為であり、懲戒事由としての合理性を有する。　また、勤務時間中の私用メールは、職務専念義務に違反し、私用で会社の施設を使用するという企業秩序違反行為であり、また、受信者が同じ会社の従業員である場合は受信者の就労も阻

---

[29]　炭研精工事件・東京高判平3・2・20労判592号77頁（大学中退であることを秘匿していたこと、及び、採用前に発生した2件の刑事事件につき採用後に執行猶予付懲役刑の有罪判決を受けたことを理由とする懲戒解雇を有効と判断＜最一小判平3・9・19労判615号16頁もこれを維持＞）。同判決は、公判継続中の事件については確定した罰ではないので履歴書の賞罰欄に記載する義務はないと判示している。スーパーバッグ事件・東京地判昭55・2・15労判335号23頁も同旨（短大卒であるのに高卒と詐称し職歴詐称を理由とする懲戒解雇を有効と判断）。当該職務に必要な能力があるかのように経歴詐称したことを理由とする懲戒解雇を有効と判断した裁判例として、グラバス事件・東京地判平16・12・17労判889号52頁。

[30]　東京都(M局職員)事件・東京高判平26・2・12労判1096号64頁（約3年間に69日の遅刻が認定された者への3か月の停職処分を有効と判断）。

[31]　東京プレス工業事件・横浜地判昭57・2・25判タ477号167頁（上司からの再三の注意・譴責処分を受けたにもかかわらず6か月間に24回の遅刻と14回の無断欠勤を行ったことを理由とする懲戒解雇を有効と判断）、東京メディカルサービス・大幸商事事件・東京地判平3・4・8労判590号45頁（「正当な理由なく無断欠勤が7日以上に及び出勤の督促に応じなかった者」に該当するとしてなされた懲戒解雇を職務専念義務違反も考慮して有効と判断）。

[32]　関西フエルトファブリック事件・大阪地判平10・3・23労判736号39頁（部下の経理内容のチェックを著しく怠り横領の発見が遅れ会社の被害を著しく増大させたことが「重大な過失により会社に損害を与えたとき」に該当し懲戒解雇は有効と判断）。

[33]　日経ビーピー事件・東京地判平14・4・22労判830号52頁（業務処理上の過誤、会議の欠席等を理由とする譴責処分を有効と判断）。

害するものであり、懲戒事由となりうる*34。

ただし、当該労働義務不履行が、正当な争議行為又は団結活動*35であれば、これを理由とする懲戒処分は、懲戒事由に該当する事実が存在せず（懲戒事由の中に正当な団結活動・争議行為は含まれず、含めてもそれは労組法7条1号・3号違反で無効である）、労組法7条1号・3号にも違反し無効である。

　　ウ　業務命令違反

業務命令違反*36は、企業秩序を乱す又は乱すおそれのある行為であり、懲戒事由としての合理性を有する。

ただし、その前提として、当該業務命令の効力（①当該命令権の法的根拠と、②当該権利行使の適法性）が問題となり*37、当該業務命令が無効であれば、その違反を理由とする懲戒処分は、少なくとも懲戒事由（業務命令違反）に該当する事実が存在せず、無効である*38。

　　エ　服装等に関する規制違反

労働者の髪の色・型、容姿、服装などといった人の人格や自由に関する事柄について、企業が企業秩序の維持を理由として労働者の自由を制限しようとする場合、その制限行為は無制限に許されるものではなく、企業の円滑な運営上必要かつ合理的な範囲内にとどまるものというべく、具体的な制限行為の内容は、制限の必要性、合理性、手段方法としての相当性を欠くことのないよう特段の配慮が要請され、相当性を欠く規制違反を理由とする懲戒処分は、少なくとも懲戒事由に該当する事実がなく無効である*39。

また、団結活動としてのリボン・バッジ着用等についても、それが債務の本旨に従った労務の履行と両立し、企業の運営に支障を来すものでなければ、正当な団結活動であるので、それを理由とする懲戒処分は少なくとも懲戒事由に

---

*34　日経クイック情報事件・東京地判平14・2・26労判825号50頁。
*35　後記第24章「団結活動と争議行為」第2節・第3節参照。
*36　岩手県交通事件・盛岡地一関支判平8・4・17労判703号71頁（使用者が適法に時季変更権を行使した日及び生理休暇の要件を充足しない日の欠勤を理由とする6か月の懲戒休職（無給）につき、3か月の限度で有効と判断）。
*37　当該「業務命令」が、配転命令や時間外労働命令等、労働条件の変更時点で労働者の同意のない使用者による一方的な労働条件の個別的な変更である場合、その効力については、前記第16章「労働契約内容の設定と変更」第4節。
*38　大王製紙事件・東京地判平28・1・14労判1140号68頁（出向命令が無効であるので就業規則所定の懲戒事由を欠き当該懲戒解雇を無効と判断）。
*39　東谷山家事件・福岡地小倉支決平9・12・25労判732号53頁（トラック運転手に対する茶髪禁止命令違反を理由とする諭旨解雇を無効と判断）。

該当する事実がなく無効と解すべきである*40。
　　　オ　職場規律違反
　上司や同僚への暴行、セクシュアル・ハラスメント*41といった行為は、懲戒事由としての合理性がある。
　また、使用者が、企業秩序維持の観点から、就業規則により職場内における政治活動を禁止することは、職場内での政治活動が従業員相互間の政治的対立ないし抗争を生じさせるおそれがあること、休憩時間中に行われる場合は他の従業員の休憩時間の自由利用を妨げ作業能率を低下させるおそれがあること等に鑑みれば合理的な定めとして許され*42、その違反は懲戒事由としての合理性を有する。
　企業内での集会、演説、ビラの配布を禁止し、その違反が懲戒事由とされている場合、それが、正当な団結活動として行われた場合は当該団結活動は懲戒事由に該当する事実ではないから、その正当性が問題となる*43。
　　　カ　業務の阻害
　使用者の業務を阻害する行為は、懲戒事由としての合理性があるが、当該行為が正当な争議行為・団結活動であれば、これを理由とする懲戒処分は、懲戒事由に該当する事実が存在せず、労組法7条1号・3号違反でもあり無効である。
　　　キ　競業避止義務違反
　労働者は、労働契約を締結している間は、信義則上、使用者の利益に著しく反するような競業行為をしない義務を負っていると解されるから、競業避止義務違反*44は、懲戒事由として合理性を有する。

*40　後記第24章「団結活動と争議行為」第3節5 (2)エ。東京労委〈大成観光〈ホテルオークラ〉〉事件・最三小判昭57・4・13民集36巻4号659頁／労判383号19頁は、勤務時間中のリボン着用、取り外し拒否を理由とする譴責処分を有効とした原審の判断を維持したが、それが債務の本旨に従った労務の履行と両立せず、企業の運営に支障を来すものであったかは疑問である。
*41　大阪観光バス事件・大阪地判平12・4・28労判789号15頁(観光バス運転手の取引先女性添乗員及び同じ会社の従業員のトラベルコンパニオンに対するセクシュアル・ハラスメントを理由とする懲戒解雇を有効と判断)、クレディ・スイス証券事件・東京地判平28・7・19労判1150号16頁(性的な発言等を理由とする懲戒解雇を重すぎ相当性を欠くとして無効と判断)。
*42　目黒電報電話局事件・最三小判昭52・12・13民集31巻7号974頁／労判287号26頁。同判決は、勤務時間中の政治的主張のプレート着用と上司による取り外し命令に従わなかったこと等を理由とする戒告処分を有効とした。
*43　後記第24章「団結活動と争議行為」第3節5 (3)。
*44　東京貨物社事件・東京地判平12・11・10労判807号69頁(個人企業を設立し、イベントや展示会設営業務等、使用者と競業する業務を行いその対価を得ていたことを理由とする出勤停止と解雇を有効と判断)。

## (2) 企業財産・施設の管理・保全等に関する事由

企業財産・施設の管理・保全に関する懲戒事由としては、①企業財産への損害、②所持品検査の拒否、③企業施設の無断使用、④調査協力の拒否等が問題となる。

### ア 企業財産への損害

着服(詐欺)[45]、背任[46]、会社の物品の窃盗、会社の金品等の費消・横領[47]、損壊、取引先からのリベート収受[48]、コンピューターデータの無断抜取り、機器の不正購入等、企業の財産に損害を与えることは、懲戒事由として合理性を有する。

### イ 所持品検査の拒否

労働者による企業財産の窃盗等を防止するためにその所持品検査を行うことは、合理性・必要性が肯定される場合がないわけではないが、労働者の名誉・信用、人格権・プライバシー侵害のおそれを伴うものであり、労働者の権利保障との観点から厳格に制限されなければならない。

したがって、労働者が所持品検査を受忍する義務を負うのは、①労働者が所持品検査を受忍する義務を負う明示的な法的根拠(労働契約、労働契約の内容となる就業規則、労働契約を規律する労働協約)があり、②所持品検査を行うことに合理的理由があり、③所持品検査の方法と程度に妥当性があり、④所持品検査が全従業員に画一的に実施される場合に限定される[49]。

これら①〜④の要件を充足せず、労働者が所持品検査を受忍する義務を負わ

---

[45] 応援社員の夕食代を水増し請求し金銭を着服したことを理由とする懲戒解雇を有効とした裁判例として、ダイエー(朝日セキュリティーシステムズ)事件・大阪地判平10・1・28労判733号72頁。横領や職務懈怠行為の事実が認められないとして懲戒解雇を無効とした裁判例として、アサヒコーポレーション事件・大阪地判平11・3・31労判767号60頁。

[46] 崇徳学園事件・最三小判平14・1・22労判823号12頁(保険金の受領、工事代金の支払、リース契約等において適正な会計処理を行わなかった法人事務局次長に対する懲戒免職につき、懲戒権濫用で無効と判断した原審を破棄して有効と判断)。

[47] ソニー生命保険事件・東京地判平11・3・26労判771号77頁(顧客情報が入力され会社からの指示・情報が電子メールで送られる、会社から貸与されたパソコンを3回にわたり質入れし質流れさせたライフプランナーに対する懲戒解雇を有効と判断)。

[48] ナショナルシューズ事件・東京地判平2・3・23労判559号15頁(商品部長であったものが使用者と同種の小売店を経営し、商品納入会社からリベートを受収したことを理由とする懲戒解雇を有効と判断)、トヨタ車体事件・名古屋地判平15・9・30労判871号168頁(課長職にあった者が別会社を設立し、発注権限を濫用して下請会社から別会社を介して多額のリベートを受領したことを理由とする懲戒解雇を有効と判断)。

[49] 西日本鉄道事件・最二小判昭43・8・2民集22巻8号1603頁/労判74号51頁(これら①〜④の要件を充足するとして、バス・電車乗務員の所持品、靴検査のうち脱靴を拒否した電車運転手に対する懲戒解雇を有効とした原審を維持)。

ない場合は、所持品検査拒否を理由とする懲戒処分は、少なくとも懲戒事由に該当する事実が存在せず無効である。また、当該所持品検査は不法行為に該当しうる[*50]。

　　ウ　無許可の企業施設・物品利用、ビラ配布、ビラ貼り

　無許可の企業施設・物品の利用、ビラ配布、ビラ貼り[*51]等は、懲戒事由となりうる。ただし、それが正当な団結活動であれば、当該団結活動は懲戒事由に該当する事実ではないから、その正当性が問題となる[*52]。

　　エ　調査協力の拒否

　企業が労働者の企業秩序違反事件について調査する場合、他の労働者は、当然に、企業の行う調査に協力すべき義務を負うものではない。けだし、労働者が労働契約を締結することにより負う義務は、労働義務及び企業秩序遵守義務等一定のものに限定されるからである。

　したがって、当該労働者が他の労働者に対する指導、監督ないし企業秩序の維持などを職責とし、使用者の調査への協力がその職務の内容となっている場合には、当該調査への協力は労働義務の履行そのものであるから調査協力義務を負うが、それ以外の労働者は、調査対象である違反行為の性質、内容、違反行為見聞の機会と職務執行との関連性、より適切な調査方法の有無等、諸般の事情から総合的に判断して、当該調査協力が労働義務を履行する上で必要かつ合理的であると認められない限り、調査協力義務を負うことはない[*53]。

　そして、当該労働者が調査協力義務を負わない場合は、調査協力拒否を理由とする懲戒処分は、少なくとも懲戒事由に該当する事実が存在せず無効である。

　　(3)　職場外の職務遂行に関係のない行為

　企業秩序は、通常、労働者の職場内又は職務遂行に関係のある行為を規制することにより維持しうるものであるが、職場外でされた職務遂行に関係のない

---

　*50　日立物流事件・浦和地判平3・11・22労判624号78頁／判時1413号97頁（引越作業員の財布の窃盗の有無を確認するための身体検査を不法行為と判断し慰謝料請求を認容）。
　*51　国鉄札幌運転区事件・最三小判昭54・10・30民集33巻6号647頁／労判329号12頁は無許可で職員のロッカーにビラを貼ったことは正当な組合活動ではなくその中止を命じた上司に従わなかったことを理由とする戒告処分を有効と判断した。
　*52　後記第24章「団結活動と争議行為」第3節5(3)。
　*53　富士重工業事件・最三小判昭52・12・13民集31巻7号1037頁／労判287号7頁（他の従業員の職場離脱等就業規則違反に関する事実よりも原水爆禁止運動の組織等を主に尋ねられ返答を拒否した労働者につき調査協力義務を負わないとしてけん責処分を無効と判断）、労働政策研究・研修機構事件・東京高判平17・3・23労判893号42頁（洋書や資料の発注受入業務に従事する労働者につき有給休暇中に出社し調査に協力する義務はないとしてこれを理由とする退職手当減額措置を無効と判断）。

労働者の行為でも、企業の円滑な運営に支障を来すおそれがあるなど企業秩序に関係を有する場合もあるから、使用者は、企業秩序の維持確保のために、そのような行為も規制の対象とし、これを理由として労働者に懲戒を課すことも許される（そのような場合を除き、労働者は、その職場外における職務遂行に関係のない行為について、使用者による規制を受けない）[*54]。

職場外の職務遂行とは直接関係のない行為については、①私生活上の非行、②ビラ配布等の文書活動・宣伝活動、出版、③兼業・二重就職、④秘密保持義務違反等を懲戒事由となしうるかどうかが問題となる。

　　ア　私生活上の非行

職場外の職務遂行に関係のない行為についても、それが、会社の名誉、体面、信用保持違反であるとして、懲戒事由としうるかどうかが問題となるが、①企業秩序に直接関連を有するもの、又は、②企業の社会的評価の低下毀損につながるおそれがあると客観的に認められる行為で、かつ、著しく不都合なものと評価されるものに関しては、懲戒事由となしうると解される[*55]。

①としては、職場外で就業時間外に職場の同僚に暴行を加えたりストーカー行為をすること等が、②としては、自動車教習所の教習員が自動車事故を起こした場合や、鉄道会社の従業員が他の鉄道会社の電車内で行った痴漢行為[*56]等が挙げられよう。

　　イ　ビラ配布・出版

文書活動・宣伝活動は、正当な団結活動であれば懲戒事由とすることはできない（懲戒事由としても労組法7条1号・3号違反で無効である）。しかし、団結活動としてなされるものでも、虚偽の事実や誤解を与えかねない事実を記載して、使用者の利益を不当に侵害したり、名誉、信用を毀損、失墜させたり、あるいは企業の円滑な運営に支障を来したりするような場合には、正当ではない[*57]（但し、ビラ配布や出版の正当性判断基準は、名誉毀損の成否の判断基準とは別のものである

---

[*54]　関西電力事件・最一小判昭58・9・8集民139号393頁/労判415号29頁。
[*55]　国鉄中国支社事件・最一小判昭49・2・28民集28巻1号66頁/労判196号24頁（公務執行妨害罪で起訴され、有罪判決（懲役6月執行猶予2年）を受けたことを理由とする懲戒免職を有効と判断）。
[*56]　小田急電鉄事件・東京高判平15・12・11労判867号5頁/判時1853号145頁（電車内の痴漢行為〈再犯〉を理由とする懲戒解雇を有効と判断）、東京メトロ事件・東京地判平27・12・25労判1133号5頁（諭旨解雇を重きに失し手続上の相当性を欠くとして労契法15条違反で無効と判断）。
[*57]　中国電力事件・山口地判昭60・2・1労判447号21頁/判時1152号166頁、同事件・広島高判平元・10・23労判583号49頁/判時1345号128頁。

*58。)、、会社の社宅で就業時間外に配付されたビラも、内容が大部分事実に基づかず又は事実を誇張歪曲して会社を非難攻撃し全体として中傷誹謗するものである場合は、労働者の会社に対する不信感を醸成して企業秩序を乱し、又はそのおそれがあったものとして、これを懲戒事由として懲戒処分を行うことができる*59。

また、使用者の賃金差別・昇格差別等を告発する図書の出版は、使用者の社会的評価を害するおそれがあるが、主として労働条件の改善等を目的とする出版物は、当該記載が真実である場合、真実と信じる相当の理由がある場合、又は、労働者の使用者に対する批判行為として正当な行為と評価される場合は、懲戒処分の対象とすることはできない*60。

　　ウ　兼業・二重就職

就業時間外は本来労働者の自由な時間であるから、就業規則で兼業を全面的に禁止することは、特別な場合を除き、合理性がない。しかし、労働者がその自由な時間を精神的肉体的疲労回復のため適度な休養に用いることは次の労働日における誠実な労務提供のための基礎的条件をなすものであり、また、兼業の内容によっては企業の経営秩序を害し、又は、企業の対外的信用、体面が傷つけられる場合もありうる。それゆえ、労働者の兼業の許否を、労務供給上の支障や企業秩序への影響等を考慮した上で会社の承諾にかからしめる旨の規定を就業規則に定めることには合理性がある*61。

そして、当該規定に反する使用者の許可のない兼業・二重就職について、会社の職場秩序に影響し、当該使用者に対する労務の供給に支障を生ぜしめる程度・態様のものに限って懲戒事由とするのであれば、懲戒事由とすることの合

---

*58　東京・中部地域労働者組合事件・東京地判平16・11・29労判887号52頁/判時1883号128頁、同事件・東京高判平17・6・29労判927号67頁は、街宣活動が正当で違法性がないというためには、配付のビラ、街宣活動に係る表現の内容がいずれも公共の利害に関する事実に係り、専ら公益を図る目的に出たものであって、摘示事実がいずれも真実であるか、真実であると信じたことに相当な理由がある場合に限ると判示しているが、かかる判断方法は名誉毀損の成否の判断基準をそのまま団結活動の正当性判断基準として用いるもので失当である。

*59　関西電力事件・最一小判昭58・9・8集民139号393頁/労判415号29頁(ビラ配布者に対する譴責処分を有効とした原審の判断を維持)。中国電力事件・最三小判平4・3・3集民164号153頁/労判609号10頁も同旨(ビラを発行配布した組合役員に対する休職・減給処分を有効とした原審の判断を維持)。

*60　三和銀行事件・大阪地判平12・4・17労判790号44頁。

*61　小川建設事件・東京地決昭57・11・19労民33巻6号1028頁/労判397号30頁(無断の兼業(8時間の勤務の後、6時間の労働)を理由とする懲戒解雇にかえての普通解雇を有効と判断)。

理性が認められる*62。

  エ　秘密保持義務違反

　労働者は、信義則上の義務として、業務上知り得た企業の機密をみだりに開示しない義務を負担していると解されるから、その秘密保持義務違反は懲戒事由として合理性がある。ただし、弁護士は秘密保持義務を負う（弁護士23条）から、労働者が自己の相談について必要と考える情報を弁護士に伝達することは、その中に企業機密に関する情報が含まれている場合でも、企業の許可を得ずになしうると解される*63。

　(4)　内部告発・公益通報

　労働者の内部告発*64については、裁判例において、①内部告発の内容の根幹的部分が真実ないしは内部告発者において真実と信じるについて相当な理由があるか、②内部告発の目的が公益性を有するか、③内部告発の内容自体の当該組織体等にとっての重要性、④内部告発の手段・方法の相当性等を総合考慮して、当該内部告発が正当と認められた場合には、当該内部告発により、仮に当該組織体等の名誉、信用等を毀損されたとしてもこれを理由に懲戒の対象とすることはできないとの判断基準が提示されている*65。

　また、その後、2004（平16）年に制定された公益通報者保護法（平16法122）は、「公益通報」（2条1項）について、保護される公益通報の類型として、通報対象事実（2条3項）についての、①労務提供先等に対する通報、②当該通報対象事実について処分又は勧告等をする権限を有する行政機関に対する通報、③その他

---

*62　懲戒解雇事由たる「会社の承認を得ないで在籍のまま他の定職についたとき」をこのように限定的に解した上で、労災の症状固定後通院していた労働者が賃金を一部支給されたままオートバイ店を開店・営業していた行為がこれに該当するとして懲戒解雇を有効と判断した裁判例として、ジャムコ立川工場事件・東京地八王子支判平17・3・16労判893号65頁。

*63　メリルリンチ・インベスト・マネージャーズ事件・東京地判平15・9・17労判858号57頁（嫌がらせを受けた労働者が自己の救済のために弁護士に書類を開示・交付し、当該弁護士は会社に会社の同意なく当該書類を第三者に開示しないとの確約書を提出していることから、労働者が会社の許可なく企業機密を含む書類を弁護士に開示・交付したことは秘密保持義務に違反しないと判示）。

*64　内部告発と公益通報者保護法については、角田・小西編『内部告発と公益通報者保護法』法律文化社（2008）、土田・契約法（2016）495-502頁等。

*65　大阪いずみ市民生活協同組合事件・大阪地堺支判平15・6・18労判855号22頁/判タ1136号265頁（内部告発は正当でそれを理由とする懲戒解雇は無効、不法行為であるとして、役員に対する損害賠償請求を認容（使用者とは和解））。内部告発の内容の重要部分につき真実ないし真実と信ずる相当な理由がないとして正当性を認めず、懲戒解雇を有効と判断した裁判例として、アワーズ（アドベンチャーワールド）事件・大阪地判平17・4・27労判897号26頁。

の通報必要者への通報（3条1・2・3号）を定め、①～③については、これを理由とする事業者による公益通報者（公益通報をした労働者：2条2項）に対する解雇を無効とし（3条）、降格・減給その他の不利益な取扱いを禁止している（5条）。したがって、公益通報者保護法により保護される公益通報を懲戒事由とすることはできず、これを対象とする懲戒処分は、同法5条違反で無効である。

## 2　懲戒処分の規定の適法性・合理性

懲戒処分に関する規定は、適法、かつ、懲戒事由に対応し相当性を有する合理的な内容でなければならない。

また、使用者が社会通念上全く別個の契約に労働契約を変更することは、労働契約の内容の変更ではなく従来の労働契約の終了と新たな労働契約の締結であり、これを懲戒処分の内容として就業規則で定めても、労働契約の内容となり得ない。したがって、懲戒処分として定めうる降職処分等は、労働契約の同一性が維持される範囲内での契約内容の変更たる職種の変更に限定される[*66]。

懲戒処分の内容については、労基法は、減給につき、①減給は1回の額が平均賃金の1日分の半額を越えてはならず、②減給の総額は一賃金支払期の賃金の総額の10分の1を越えてはならないと定めている（労基91条）。

## 3　懲戒事由に該当する事実の存否

懲戒事由に該当する事実の存否の判断においては、①懲戒事由に関する規定の解釈、②当該行為の評価、③懲戒処分時点で認識していなかった非違行為、あるいは、懲戒処分時点で認識していたが懲戒処分時に労働者に告知されていなかった非違行為を判断の対象とすることの可否が論点となる。

(1)　規定の解釈

懲戒事由に関する規定については、企業秩序の維持という懲戒処分の目的に照らし、その内容を合理的限定的に解釈することが必要である[*67]。

　　ア　服装・頭髪・身だしなみ

就業規則のハイヤー運転手に対しひげをそることを要求する規定（違反は懲戒

---

[*66]　倉田学園高松高事件・高松地判平元・5・25労民40巻2=3号364頁／労判555号81頁（定年までの雇用が予定されている教諭から契約期間1年の講師への降職は、社会通念上教諭としての労働契約の変更とみることはできず、これを就業規則で定めても契約内容とならないので、当該降職は根拠を欠く懲戒処分として無効と判断）。

[*67]　懲戒解雇事由について、懲戒解雇は最も重い処分であるのでその解釈は厳格な運用がなされるべきで拡大・類推解釈は許されないと判示するものとして、乙山商会事件・大阪地判平25・6・21労判1081号19頁。

事由)については、端正で清潔な服装・頭髪あるいは身だしなみに反する不快感を伴う「無精ひげ」や「異様、奇異なひげ」を禁止していると限定解釈され、本件口ひげは同規定に該当せず、当該労働者が口ひげをそる労働契約上の義務を負わない旨が確認されている[*68]。

　　イ　職場の風紀・秩序

　就業規則所定の懲戒事由たる「素行不良で職場の風紀・秩序を乱した場合」は、企業運営に具体的な影響を与えるものに限ると限定解釈され、労働者が妻子ある同僚と恋愛関係にあることはこれに該当しないから、懲戒解雇は無効と判断されている[*69]。

　　ウ　退職金不支給規定

　一定の服務規律違反等に該当する場合は退職金を支給しない旨の規定については、退職金が賃金の後払的な性格をも有することに鑑みると、「退職する従業員に永年の勤続の功労を全く失わせる程度の著しい背信的な事由が存在する場合に限り、退職金が支給されない」旨の規定と限定解釈され、当該事案はこれに該当しないと判断されている[*70]。

　　エ　自動車運送事業における交通事故

　自動車運送事業において、懲戒事由として定められた「故意又は重大な過失による災害・事故を発生させたこと」等については、労働者の自動車運行上の誠実義務・注意義務の履行と使用者の安全衛生に対する配慮義務の履行を公平に判断し、交通事故の真の原因が主として労働者の領域に属しかつ企業秩序の観点から懲戒処分が必要であることと限定解釈され、当該事案の交通事故は使用者側の安全配慮義務の履行に不十分な点があったこと(無理な運行計画)に起因するとして、懲戒事由に該当しないと判断されている[*71]。

---

[*68]　イースタンエアポートモータース事件・東京地判昭55・12・15労民31巻6号1202頁/労判354号46頁。

[*69]　繁機工設備事件・旭川地判・平元・12・27労判554号17頁/判時1350号154頁。

[*70]　旭商会事件・東京地判平7・12・12労判688号33頁。また、懲戒解雇された場合は退職金を支給しない旨の規定について、退職金は、功労報償的な性格のみならず、賃金の後払的な性格と従業員の退職後の生活保障という意味合いも有するので、退職金全額を不支給とするには、懲戒解雇されたのみならず、懲戒解雇事由に該当する事実が、当該労働者の永年の勤続の功を抹消してしまうほどの重大な背信行為であることが必要であると限定解釈し、本件事案はこれに該当しないとした裁判例として、小田急電鉄事件・東京高判平15・12・11労判867号5頁/判時1853号145頁。

[*71]　ヤマヨ運輸事件・大阪地決平11・3・12労経速1701号24頁。

(2) 当該行為の評価
　　ア　懲戒事由の実質的該当性
　判例は、労働者の行為が、就業規則の懲戒事由に形式的に該当するようにみえる場合でも、直ちに当該規定違反となるのではなく、当該規定の目的に鑑み、実質的に企業秩序等を乱すおそれのない「特別の事情」が認められるときには、当該懲戒事由に該当する事実は存在せず、当該規定違反にはならないと判示しており、支持しうる。
　例えば、電報電話局における「職員は、局所内において、選挙運動その他の政治活動をしてはならない」との規定は、「局所内の秩序風紀の維持を目的としたものであることにかんがみ、形式的に右規定に違反するようにみえる場合でも、実質的に局所内の秩序風紀を乱すおそれのない特別の事情が認められるときには、右規定の違反になるとはいえない」と判示されている[*72]。
　また、休憩時間に工場の食堂で許可なく行われた組合活動としてのビラ配布について、形式的には「会社内で業務外の集合又は掲示、ビラの配布等を行うときは予め会社の許可を受け所定の場所で行わなければならない」との規定に違反するが、同規定は工場内の秩序の維持を目的としたものであるから、ビラの配布が工場内の秩序を乱すおそれのない特別の事情が認められるときは同規定違反とはならないとされ、当該事案では、特別の事情が認められ、戒告処分を無効と判断した原審が支持されている[*73]。
　また、学校内の許可のないビラ配布について、これを禁止する規定は、学校内の職場規律の維持及び生徒に対する教育的配慮を目的としたものであるから、ビラの配布が形式的にこれに違反するようにみえる場合でも、ビラの内容、ビラ配布の態様等に照らして、その配布が学校内の職場規律を乱すおそれがなく、生徒に対する教育的配慮に欠けることとなるおそれのない特別の事情が認められるときは実質的には同規定の違反にならず、組合活動として行われた職場ニュースの配布につき、その内容(組合の活動状況を知らせるもの)、態様(職員室内で生徒の入室頻度の少ない始業時間前にビラを二つ折りにして教員の机におく)等に照らし特別の事情の存在を認め、訓告・戒告処分を無効と判断している[*74]。

---

[*72]　目黒電報電話局事件・最三小判昭52・12・13民集31巻7号974頁/労判287号26頁(ただし、当該事案では特別の事情の存在が否定され、プレート着用、休憩中のビラ配布行為に対する戒告処分が有効と判断された)。

[*73]　明治乳業事件・最三小判昭58・11・1集民140号259頁/労判417号21頁(電々公社目黒電報電話局事件・最三小判昭52・12・13民集31巻7号974頁/労判287号26頁を引用)。

[*74]　香川労委(倉田学園)事件・最三小判平6・12・20民集48巻8号1496頁/労判669号13頁。

イ 具体的事情の考慮

また、判例・裁判例は、懲戒事由に該当する事実の存在については、具体的事情を踏まえて厳格に判断している。

例えば、夜半他人の居宅に入り込み住居侵入罪として処罰されたことが、就業規則所定の懲戒解雇事由たる「不正不義の行為を犯し会社の体面を著しく汚したもの」に該当するか否かが争われた事案において、当該行為が会社の組織、業務等に関係のない私生活の範囲内で行われたこと、刑罰が罰金2500円であること、当該労働者の職務上の地位も蒸熱作業担当の工具であることなどの諸事情を勘案すれば、懲戒解雇事由には該当しないと判断されている[*75]。

また、立川飛行場に不法に立ち入ったことを理由とする逮捕・起訴が、就業規則所定の懲戒解雇事由たる「不名誉な行為をして会社の体面を著しく汚したとき」に該当するか否かが争われた事案において、従業員の不名誉な行為が会社の体面を著しく汚したというためには、必ずしも具体的な業務阻害の結果や取引上の不利益の発生を必要とするものではないが、当該行為の性質、情状のほか、会社の事業の種類・態様・規模、会社の経済界に占める地位、経営方針及びその従業員の会社における地位・職種等諸般の事情から総合的に判断して、会社の社会的評価に及ぼす悪影響が相当重大であると客観的に評価される場合でなければならず、当該行為はこれに該当しないと判断されている[*76]。

また、精神的不調による約40日間の欠勤が、就業規則所定の懲戒事由である「正当な理由のない無断欠勤が14日以上に及ぶとき」に該当するか否かが争われた事案において、精神的不調のために欠勤を続けている労働者に対しては、精神科医による健康診断を実施しその結果に応じて治療を勧め休職等の処分を検討する等の対応をとるべきであり、そのような対応がないもとでの労働者の欠勤は「正当な理由のない無断欠勤」には該当せず、当該懲戒処分（諭旨退職）は就業規則所定の懲戒事由を欠き無効と判断されている[*77]。

(3) 判断の対象としうる行為

ア 処分時に認識していなかった非違行為

使用者が労働者に対して行う懲戒は、労働者の企業秩序違反行為を理由として一種の秩序罰を課すものであるから、具体的な懲戒の適否はその理由とされた非違行為との関係において判断されるべきものであるところ、懲戒処分を行

---

[*75] 横浜ゴム事件・最三小判昭45・7・28民集24巻7号1220頁/判時603号95頁。
[*76] 日本鋼管事件・最二小判昭49・3・15民集28巻2号265頁/労判198号23頁。
[*77] 日本ヒューレット・パッカード事件・最二小判平24・4・27集民240号237頁/労判1055号5頁。

った当時に使用者が認識していなかった労働者の非違行為は、特段の事情のない限り、当該懲戒の理由とされたものでないことは明らかであるから、その存在をもって当該懲戒の有効性を根拠付けることはできず[*78]、当該懲戒処分においては、懲戒事由に該当する事実には含まれない。

  イ 処分時に認識していたが告知されなかった非違行為

 当該懲戒処分の内容と理由を告知することは、労働者が当該処分の当・不当と法的救済を求めるか否かを判断できるよう使用者に課せられた信義則上の義務であるから（→5(1)）、使用者が懲戒処分時に認識していたが処分時にその理由として労働者に告知されなかった非違行為は、原則として、当該懲戒処分の有効性を根拠付けるものとすることはできない。ただし、懲戒処分に至る経緯等により当該懲戒処分の理由であることを労働者が認識していた等、特段の事情がある場合は、労働者に告知されていない非違行為でも懲戒処分の根拠とすることができると解すべきであろう[*79]。

## 4 労働契約・就業規則・労働協約の定めの充足

 懲戒権の行使が適法であるためには、当該懲戒処分が就業規則（就業規則作成義務のない事業場においてはそれに準じた定め）の定める懲戒処分の中から選択されたことが必要である。就業規則等の定めていない懲戒処分を行うことはできず、定めていない懲戒処分は、労働契約違反（就業規則の定めが契約内容となっている場合）又は信義則違反で無効である。

 出向労働者の場合、出向元企業との間に労働契約が存在しているので、出向先企業は、出向労働者の労働契約を終了させる懲戒処分を行うことはできないと解される。

 また、当該労働者の労働契約に適用される労働協約や労働契約に、懲戒権の行使に関する定め（懲戒事由、手続等）がある場合はこれを充足すること、また、就業規則に懲戒事由と懲戒処分の種類・程度以外の定め（懲戒手続等）があると

---

[*78] 山口観光事件・最一小判平8・9・26集民180号473頁/労判708号31頁（懲戒解雇後に判明した年齢詐称の事実は当該懲戒解雇の有効性の根拠とはならないと判示）、丸林運輸事件・東京地決平18・5・17労判916号12頁/判時1937号157頁（懲戒解雇後にトラックの鍵及びETCカードの返却を遅滞したことを解雇の理由とはできないと判示）。

[*79] 告知された非違行為と実質的に同一性を有し、あるいは同種若しくは同じ類型に属すると認められる非違行為又は密接な関連性を有する非違行為は当該懲戒の有効性を根拠付けることができると判示する裁判例として、富士見交通事件・東京高判平13・9・12労判816号11頁（懲戒解雇通告書に記載された職場離脱のみならずそれ以外の職場離脱、違法駐車、飲酒運転等も懲戒解雇の根拠となるとしてこれを有効と判断）。

きはこれを充足することが必要である。労働協約や労働契約の定めを充足していない場合は、労働契約違反（労働協約は労働契約の内容を規律する）で無効であり、就業規則の定めを充足していない場合は、労働契約違反（就業規則の定めが契約内容となっている場合）又は信義則違反で、当該懲戒処分は無効である[*80]。

## 5　信義則上の義務の履行の判断基準

懲戒権の行使が適法であるためには、当該懲戒処分について信義則（労契3条4項）上の義務が履行されたことが必要である。具体的には、使用者は、以下のような信義則上の義務を負い、これに反してはならない。

使用者は、第一に、同一の行為について、複数回懲戒処分を行うことはできない（一事不再理の原則）。

第二に、懲戒処分は、懲戒処分の対象となった行為の性質・態様その他の事情に照らして、懲戒処分時点で必要かつ相当な内容のものでなければならない（相当性の原則）[*81]。懲戒事由に該当する事実の発生から時間が経過すれば、企業秩序は徐々に回復し、行う必要性のある懲戒処分の内容は軽減するのが通常であるから、懲戒処分は懲戒処分を行う時点で必要かつ相当な内容のものでなければならない[*82]。

第三に、当該懲戒処分は、従来同じような行為について行われた懲戒処分と均衡のとれたものでなければならない（平等取扱原則）。時代の変化により当該非違行為に対する評価が厳しくなる場合（飲酒運転やハラスメント等）もあるが、その場合は、従来より重い懲戒処分が行われることを事前に周知すべきである。

第四に、懲戒処分を行うにあたっては、①迅速な調査を行い、②懲戒処分を決定する前に労働者に対し懲戒理由について十分に説明し、労働者に弁明の機

---

[*80] 中央林間病院事件・東京地判平8・7・26労判699号22頁（就業規則に定める懲戒委員会の開催又はこれに代替する措置がとられず手続的にも瑕疵が大きいことも理由として当該懲戒解雇を無効と判断）、千代田学園事件・東京高判平16・6・16労判886号93頁〈ダイジェスト〉（就業規則に賞罰委員会の推薦又は申告という手続がとられず重大な手続違反であることを理由に当該懲戒解雇を無効と判断）、日本ボクシングコミッション事件・東京地判平27・1・23労判1117号50頁（就業規則所定の事実調査、関係協議の上での処分決定という手続が履践されなかったことも理由として当該懲戒解雇を無効と判断）。

[*81] 社団法人東京都医師会(A病院)事件・東京地判平26・7・17労判1103号5頁（院外処方推進の方針に従わなかったこと、検査室の私的利用等の行為が懲戒事由に該当するが3か月の停職処分は重きに失し相当性を欠き無効と判断）等。

[*82] ネスレ日本事件・最二小判平18・10・6集民221号429頁/労判925号11頁参照。

会を付与し*83、③懲戒処分を決定したときは、労働者が当該処分の当・不当と法的救済を求めるか否かを判断できるよう、その内容と理由を労働者に告知する*84等の適正な手続を履践しなければならない(適正手続)。

これらに反する懲戒処分は、信義則違反で無効である。

## 6 権利濫用でないことの判断基準

懲戒権の行使が適法であるためには、当該懲戒処分が、懲戒権濫用(労契15条)、解雇権濫用(労契16条)(懲戒解雇の場合)でないことが必要である。

労契法15条は、「当該懲戒が、当該懲戒に係る労働者の行為の性質及び態様その他の事情に照らして、客観的に合理的な理由を欠き、社会通念上相当であると認められない場合は、その権利を濫用したものとして、当該懲戒は、無効とする」と定めているところ、懲戒権の濫用に該当するかどうか、客観的に合理的な理由と社会通念上の相当性の判断基準は、前記5の信義則上の義務の履行の有無の判断基準と基本的に同じと解することもできる。その場合は、①一事不再理の原則、②相当性の原則、③平等取扱原則、④適正手続の履践*85を充足しない場合は、懲戒権の濫用で無効とも言える(解雇権濫用の判断も同様である)。ただし、権利濫用であることの主張立証(効力障害要件なので証明責任は労働者が負担する)は、事実上、信義則上の義務の履行の主張立証(効力発生要件なので証明責任は使用者が負担する)に吸収されることになろう。

②相当性の原則について、前記5で述べたように、懲戒処分の内容は、規律違反・利益侵害の種類・程度その他の事情に照らして相当なものでなければならない*86。特に労働契約を終了させる懲戒処分については、慎重に配慮することが必要である*87。懲戒事由が存在しても、処分内容が重すぎる場合には、処分

---

*83 東京貨物社事件・東京地判平12・11・10労判807号69頁は、懲戒処分の際に告知聴聞手続が行われなくても就業規則に特段規定がないので違法ではないと判示するが、適正手続履践は信義則上の義務であり、支持できない。

*84 後に裁判所において、労働者に告知しなかった懲戒処分の理由(懲戒事由に該当する事実等)を懲戒処分の理由として主張することは、特段の事情がある場合を除き、信義則に反し許されないと解すべきである。

*85 日本ボクシングコミッション事件・東京地判平27・1・23労判1117号50頁(適正手続を欠く場合は懲戒権の濫用となると判示)。

*86 丸林運輸事件・東京地決平18・5・17労判916号12頁/判時1937号157頁。

*87 国鉄中国支社事件・最一小判昭49・2・28民集28巻1号66頁/労判196号24頁。S社(性同一性障害者解雇)事件・東京地決平14・6・20労判830号13頁(性同一性障害の男性が服務命令に反して女性の容姿をして出勤する行為は、企業秩序又は業務遂行において著しい支障を来すと認めるに足る疎明がないこと等から、懲戒解雇に相当する重大悪質な企業秩序違反ではないと判断)。

の全部又は一部が無効となる*88。また、懲戒処分の内容は、懲戒処分をなす時点で、その懲戒処分を行う必要性・相当性が存在することが必要である*89。

---

*88 岩手県交通事件・盛岡地一関支判平8・4・17労判703号71頁(使用者が適法に時季変更権を行使した日及び生理休暇の要件を充足しない日の欠勤を理由とする6か月の懲戒休職〈無給〉が重すぎるとして3か月の限度で有効と判断)、七葉会事件・横浜地判平10・11・17労判754号22頁(園外保育で一時園児二人を見失った保母二人に対する減給処分と7日間の出勤停止処分は重すぎるので無効と判断)、小田急電鉄事件・東京高判平15・12・11労判867号5頁/判時1853号145頁(鉄道会社の従業員が私生活上で行った電車内痴漢行為を理由とする懲戒解雇と退職金不支給につき、懲戒解雇は有効だが退職金不支給は重すぎるとして退職金の3割につき支払請求を肯定)、光仁会病院事件・福岡高判平20・6・25労判1004号134頁(病院施設内の許可のない組合旗設置を理由とする組合員に対する停職3か月が均衡を失するとして無効と判断)等。

　　　金融経済新聞社事件・東京地判平15・5・9労判858号117頁は、当該休憩時間中の許可のない事業所内組合集会は、懲戒事由に該当するが、企業秩序維持義務違反の程度は極めて軽微で懲戒に付すること自体相当性がないとして戒告ないし譴責処分を無効と判断している。

*89 ネスレ日本事件・最二小判平18・10・6集民221号429頁/労判925号11頁(懲戒処分の対象となった事件(上司への暴行)から7年以上経過した後に行われた諭旨退職処分につき、時間の経過とともに職場における秩序は徐々に回復し、本件諭旨退職処分は、処分時点において企業秩序維持の観点からそのような重い懲戒処分を必要とする客観的に合理的な理由を欠くもので、社会通念上相当なものとして是認することはできないと判示)。

# 第18章　労働契約の終了

　本章では、労働契約の終了[*1]について、①総論（→第1節）、②期間の定めのない労働契約における解雇（→第2節）、③有期労働契約における解雇・契約更新拒否（→第3節）、④定年と継続雇用（→第4節）、⑤使用者による一方的終了以外の労働契約の終了（→第5節）、⑥法的救済（→第6節）、⑦解雇・更新拒否と「変更解約告知」（→第7節）の順に検討する。

## 第1節　総論

### 1　労働契約終了の類型

　労働契約の終了は、①　使用者による一方的な（契約終了時に労働者の同意のない）労働契約の終了と、②それ以外の労働契約の終了に大別される。
　(1)　使用者による一方的な労働契約終了
　使用者による一方的な労働契約終了は、その終了事由（原因）により、①期間の定めのない労働契約における解雇（使用者による解約）[*2]（→第2節）、②有期労働契約における期間途中の解雇（→第3節第1款）、③有期労働契約の使用者による契約更新拒否（雇止め）（→第3節第2款）、④定年及び定年後の使用者による再雇用拒否（→第4節）等に分類される[*3]。
　(2)　使用者による一方的労働契約終了以外の労働契約の終了
　使用者による一方的労働契約終了以外の労働契約の終了は、その終了事由（原因）により、①当事者の消滅、②合意解約、③辞職（退職）（労働者による解約）、④有期労働契約の期間満了後労働者が契約更新を望まない場合の労働契約終了、⑤定年で労働者が契約継続・再雇用を望まない場合の労働契約終了に分類

---

[*1]　近年の研究書として、小西國友『解雇と労働契約の終了』有斐閣(1995)、小宮文人『雇用終了の法理』信山社(2010)、髙橋賢司『解雇の研究』法律文化社(2011)等。
[*2]　会社更生手続における管財人は労働契約上の使用者としての地位を承継しているので、管財人が会社更生法61条1項に基づき労働契約を解除した場合は、解雇と性格づけられる（日本航空事件・東京地判平24・3・29労判1055号58頁）。
[*3]　「休職期間満了」等が、解雇事由ではなく、労働契約終了事由（当該事由該当事実の存在により当然に労働契約が終了する）として労働契約上設定されている場合もあるが、このような「労働契約終了事由」については、「期間の定めのない労働契約における解雇」（第2節）の中で併せて取り扱うことにする（4(1)ウ）。

される（→第5節）。

図18.1　意思表示による労働契約終了の類型

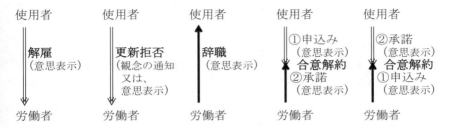

## 2　使用者による一方的な労働契約終了の分類

### (1) 性質による分類

使用者による一方的な労働契約終了は、懲戒処分として行われたか否かにより、①懲戒解雇・懲戒処分としての更新拒否等[*4]と、②通常の解雇・契約更新拒否等に分類される。

### (2) 理由による分類

使用者による一方的な労働契約終了は、その理由により、第一に、①経営上の理由（経営不振、企業再編等）により行われる解雇・契約更新拒否等と、②人的理由（労働者の能力、勤務態度、非違行為等）により行われる解雇・契約更新拒否等と、③ユニオン・ショップ協定[*5]に基づき行われる解雇・契約更新拒否等に分類される。

また、第二に、①労働契約の終了の必要性を理由とする解雇・契約更新拒否等と、②使用者による労働条件変更の申込みに対し労働者が承諾しないことを理由とする解雇・契約更新拒否等、すなわち、従来の労働条件では労働契約を維持できないことを理由とする解雇・契約更新拒否等に分類される。

## 3　規制の必要性

使用者による一方的な労働契約終了は、①雇用喪失に伴い、労働者に大きな経済的・人格的不利益を被らせるものであり、②特に継続が予定されている契約の一方的終了の場合は、契約継続を前提にして当該契約を締結した労働者に生活設計の大きな変更を余儀なくさせる。したがって、使用者による一方的労

---

[*4]　前記第17章「懲戒処分」参照。
[*5]　後記第22章「団結の結成と運営」第2節5参照。

働契約終了は、必要かつ合理的な範囲に規制する必要がある。

　また、「合意解約」、労働者の「辞職」といった、「合意」又は「労働者の意思表示」という外形による労働契約終了においても、労働者をその意思に基づかない労働契約の終了から保護することが必要である。

### 4　労働契約終了をめぐる法的紛争

　労働契約終了をめぐる法的紛争としては、大別以下の二つが想定される。

　第一は、労働者が、労働契約は終了していないとして、使用者に対し労働契約上の権利を有する地位にあることの確認を求め、これに付随して未払賃金の支払を請求する場合である。この場合、労働契約終了の肯否が問題となる（→第2節～第5節、第6節2・3）。また、これに加えて、使用者の解雇等が人格権侵害等の不法行為であるとして、精神的損害賠償を請求することもある。この場合、当該解雇等が不法行為に該当するかどうかが問題となる（→第6節4(1)）。

　第二は、労働者が、復職（労働契約の継続）は望まないが、使用者の解雇等が不法行為であるとして、財産的損害（一定期間の賃金相当額）及び（又は）精神的損害につき賠償請求する場合である。この場合、当該解雇等が不法行為であるかどうかとともに財産的損害が認められるかどうか（→第6節4(2)）、また、解雇予告手当請求権の有無（→第6節4(3)）が問題となる場合もある。

### 5　労働契約終了後の権利義務

　労働契約の終了後も、使用者、及び、労働者は、それぞれ一定の義務を負う。
　(1)　使用者の義務
　　　ア　労働者の請求に基づく退職時等の証明書の交付

　使用者は、第一に、労働者が、退職の場合において、使用期間、業務の種類、その事業における地位、賃金又は退職の事由（退職の事由が解雇の場合にあってはその理由を含む）についての証明書を請求した場合、使用者は遅滞なくこれを交付しなければならない（労基22条1項）。

　第二に、労働者が、解雇の予告がされた日から退職の日までの間において、当該解雇の理由について証明書を請求した場合、使用者は遅滞なくこれを交付しなければならない（労基22条2項）。

　第三に、前記第一及び第二で述べた証明書には、労働者の請求しない事項を記入してはならない（労基22条3項）。

　第四に、使用者は、あらかじめ第三者と謀り、労働者の就労を妨げることを目的として、労働者の国籍、信条、社会的身分若しくは労働組合運動に関する

通信をし、又は前記証明書に秘密の記号を記入してはならない(労基22条4項)。
　第五に、使用者は有期労働契約(当該契約を3回以上更新し、又は雇入れの日から起算して1年を超えて継続勤務している者に係るものに限り、あらかじめ当該契約を更新しない旨明示されているものを除く)を更新しない場合、少なくとも当該契約の期間の満了日の30日前までに予告しなければならない。そしてこの予告をする場合、又は、有期労働契約が更新されなかった場合に、労働者が更新しない理由について証明書を請求したときは、遅滞なくこれを交付しなければならない(労基14条2項、「有期労働契約の締結、更新及び雇止めに関する基準」[*6]1条・2条)。
　　イ　金品の返還
　使用者は、労働者の死亡又は退職の場合、権利者の請求があった場合は7日以内に賃金を支払い、労働者の権利に属する金品を返還しなければならない(労基23条1項)。この賃金又は金品に関して争いがある場合は、使用者は、異議のない部分を7日以内に支払い、又は返還しなければならない(労基23条2項)。
　ただし、退職手当については支払時期と支払方法が就業規則の相対的必要記載事項(労基89条3の2号)であるので、就業規則の規定に従えばよい。
　　ウ　解雇された年少者の帰郷旅費の負担
　年少者(18歳未満)の者が解雇の日から14日以内に帰郷する場合においては、使用者は必要な旅費を負担しなければならない。ただし、年少者がその責めに帰すべき事由に基づいて解雇され、使用者がその事由について行政官庁(所轄労働基準監督署長)の認定を受けたときはこの限りではない(労基64条、年少則10条)。
　(2)　労働者の義務
　労働契約終了後の労働者の義務としては、秘密保持義務、競業避止義務等が問題となるが、詳細は、前記第9章「労働者と使用者の権利義務」(2(3)～(5))を参照されたい。

## 第2節　期間の定めのない労働契約における解雇

　期間の定めのない労働契約における解雇[*7]の効力については、①解雇権の法的根拠(→1)、②解雇権の行使の適法性(→2)、③解雇が有効となる要件と証明責任(→3)、④解雇権濫用(労契16条)の位置づけ(→4)、⑤具体的判断基準

---

*6　平15・10・22厚労告357号(平24・10・26厚労告551号等により一部改正)。
*7　論考として、高橋賢司「解雇の規制」再生(2)(2017)289-314頁、同論文引用文献等。

(→5)が問題となる。また、⑥「懲戒解雇」は、「懲戒処分」と「解雇」の性質を併せ持つので、それ以外の解雇とは効力の判断枠組みが異なる(→6)。

### 1 解雇権の法的根拠

解雇権については、期間の定めのない契約の一般原則(契約当事者はいずれも一方的意思表示により契約を解約することができる)に基づき、使用者は当然に解雇権を有していると解される。また、当該労働契約が民法上の雇用契約である場合は、民法627条1項も解雇権の法的根拠となる。

### 2 解雇権の行使の適法性

解雇権の行使が適法であるためには、第一に、法令に違反しないことが必要である。法令による解雇制限としては、①業務災害・産前産後の場合の解雇制限(→(1))、②妊娠中及び産後1年以内の解雇の禁止(→(2))、③解雇予告又は解雇予告手当の支払(→(3))、④解雇理由証明書の交付(→(4))、⑤解雇理由の個別的規制(→(5))、⑥信義則(→(6))、⑦解雇権濫用(→(7))等がある。

第二に、労働協約に違反しないこと(→(8))、就業規則所定の解雇事由に該当する事実の存在(→(9))、労働契約に違反しないこと(→(10))が必要である。

(1) 業務災害・産前産後の場合の解雇制限

　ア　原則

使用者は、第一に、労働者が業務上負傷し又は疾病[8]にかかり療養のため休業する期間及びその後30日間は、当該労働者を解雇してはならない(労基19条1項本文)[9]。

---

[8] 労基法19条1項において業務上の傷病によって療養している者の解雇制限をしている趣旨は、労働者が業務上の傷病の場合の療養を安心して行うことができるようにすることにある点からすれば、同項にいう「業務上の傷病」とは、労働災害補償制度における「業務上の傷病」、すなわち、労基法75条にいう業務上の傷病及び労災保険法にいうそれと同義であり、業務と相当因果関係のある傷病(当該疾病の発症が当該業務に内在する危険が現実化したと認められるもの)である(東芝事件・東京地判平20・4・22労判965号5頁、同事件・東京高判平23・2・23労判1022号5頁/判時2129号121頁、アイフル事件・大阪高判平24・12・13労判1072号55頁、第一興商事件・東京地判平24・12・25労判1068号5頁)。

[9] 労基法19条1項違反で無効と判断した裁判例として、東芝事件・東京地判平20・4・22労判965号5頁、同事件・東京高判平23・2・23労判1022号5頁/判時2129号121頁、アイフル事件・大阪高判平24・12・13労判1072号55頁、ゴールドルチル事件・名古屋高決平28・1・11労判1156号18頁、労基法19条1項違反ではないと判断した裁判例として、ジャムコ立川工場事件・東京地八王子支判平17・3・16労判893号65頁(当該解雇時には労災の症状が固定)、第一興商事件・東京地判平24・12・25労判1068号5頁(本件視覚障害は業務上の傷病ではない)。

第二に、産前産後の女性が労基法65条によって休業する期間及びその後30日間は、当該女性を解雇してはならない(労基19条1項本文)。
　　イ　例外
　上記アの例外として、第一(業務災害)の場合、使用者が打切補償(労基81条)を支払うときは、解雇することができる(労基19条1項但書前段)。労災保険による療養補償給付(労災保険12条の8第1項1号)を受ける労働者が療養開始後3年を経過しても疾病等が治らない場合には、労基法75条の使用者による療養補償を受ける労働者が療養開始後3年を経過しても疾病等が治らない場合と同様に、使用者は、当該労働者につき同法81条の打切補償の支払をすることにより、解雇制限の除外事由(労基19条1項但書前段)の適用を受けて解雇することができる[*10]。また、当該労働者が療養開始後3年を経過した日において傷病補償年金(労災保険12条の8第1項6号)[*11]を受けている場合、又は、その日以後同年金を受けることとなった場合は、3年を経過した日又は同年金を受けることとなった日において打切保障が支払われたものとみなされ(労災保険19条)、使用者は当該労働者を解雇することができる。
　また、第一(業務災害)の場合及び第二(産前産後)の場合のいずれにおいても、天災事変その他やむを得ない事由のために事業の継続が不可能となった場合で、その事由について行政官庁(所轄労働基準監督署長)の認定を受けたときは、解雇することができる(労基19条1項但書後段・2項、労基則7条)。解雇制限期間中の解雇が労働者に与える不利益の重大性に鑑みるならば、①労基法19条1項但書後段所定の客観的要件(天災事変その他やむを得ない事由)の充足のみならず、②行政官庁の認定(労基19条2項)も、解雇制限期間中の解雇が有効となる要件と解すべきである。
　　(2)　妊娠中及び産後1年以内の解雇の禁止
　妊娠中の女性及び出産後1年を経過しない女性労働者に対する解雇は無効である(均等9条4項)。ただし、事業主が、当該解雇が妊娠、出産、産前産後休業取得等を理由とする解雇でないことを証明したときは、この限りではない(均等9条4項但書・3項、均等則2条の2)。
　　(3)　解雇予告又は解雇予告手当の支払
　　　ア　原則
　使用者は、労働者を解雇する場合は、少なくとも30日前に予告をし、又は、

---

[*10]　専修大学事件・最二小判平27・6・8民集69巻4号1047頁/労判1118号18頁。
[*11]　労働能力喪失率100%の重度障害を負い、かつ、長期継続療養を必要とする被災労働者に支給される年金。

30日分以上の平均賃金（解雇予告手当）*12を支払わなけばならない（労基20条1項）（ただし、試しの使用期間中の者は、14日を超えて引き続き使用されるに至った場合を除き、同規定は適用されない＜労基21条＞）。解雇予告の日数は、1日について平均賃金を支払った場合は、その日数を短縮することができる（労基20条2項）。すなわち、平均賃金を支払った日数分だけ、解雇予告の日数を短縮できる（例：10日分の平均賃金を支払い20日前に解雇予告を行う）。

　　イ　例外

　例外として、以下の場合は、解雇予告又は解雇予告手当の支払をしない「即時解雇」を行うことができる。すなわち、①天災事変その他やむを得ない事由のために事業の継続が不可能となった場合、又は、②労働者の責に帰すべき事由（＝解雇予告手当の支払による保護を必要としないほど重大な事由）*13に基づいて解雇する場合で、①②のいずれについてもその事由について行政官庁（所轄労働基準監督署長）の認定を受けたときである（労基20条1項但書、同条3項が準用する19条2項、労基則7条）。

　　ウ　行政官庁の認定を受けていない解雇の効力

　それでは、労基法20条1項但書所定の客観的要件（①天災事変その他やむを得ない事由、又は、②労働者の責に帰すべき事由）は存在するが、行政官庁の認定を（労基20条3項が準用する19条2項、労規則7条）受けないでなされた即時解雇は有効であろうか。

　この点について、解雇予告除外事由の認定制度は、除外事由の存否に関する使用者の恣意的な判断の防止という行政取締上の見地から、使用者に対し除外事由該当事実の存在について行政官庁の認識の表示を受けさせるもので、その

---

*12　解雇予告手当は、労働者の不利益緩和のために、また、使用者が即時解雇をなす要件として労基法20条が定めた手当であり、労働契約によって生じる賃金ではない（岡田運送事件・東京地判平14・4・24労判828号22頁、三枝商事事件・東京地判平23・11・25労判1045号39頁、いずれも、これを理由に、解雇予告手当に関する遅延損害金について商法所定の年6％ではなく民事法定利率年5％を適用）。ただし、「一般の先取特権その他一般の優先権がある債権」（民事再生122条1項）の一つである「給料その他債務者と使用人との間の雇用関係に基づいて生じた債権」（民308条）の範囲には、解雇予告手当は含まれる（1999＜平11＞年12月3日開催の衆議院法務委員会における政府参考人＜法務省民事局長＞細川清の確認答弁＜第146回国会衆議院法務委員会議録第11号平11・13・3＞参照）。

*13　これに該当すると判断した裁判例として、洋書センター事件・東京高判昭61・5・29労民37巻2＝3号257頁／労判489号89頁（労働者が社長を16時間にわたり軟禁し暴行を加えて傷害を負わせ社屋を占拠し続けた行為）、豊中市不動産事業協同組合事件・大阪地判平19・8・30労判957号65頁（同僚への暴言・暴行による傷害）、旭運輸事件・大阪地判平20・8・28労判975号21頁（トラック運転手の取引先での不当な発言、危険な運転行為、検挙した警察官とのトラブル等）。

認識の表示自体に直接権利義務の形成又は範囲の画定をさせるものではなく、解雇の効力は行政官庁の認定の有無・内容に関わらず、労基法20条1項但書所定の客観的な解雇予告除外事由の存否により決定されるとする下級審裁判例[*14]がある。すなわち、労基法20条1項但書所定の客観的な除外事由が存在すれば、行政官庁の認定がなくても即時解雇は有効であり、逆に、客観的な除外事由が存在しなければ、行政官庁の認定があっても即時解雇は無効との見解である。

しかし、労基法20条は、解雇に際し、労働者の不利益を緩和する使用者の信義則上の義務の最低基準を明文化したものと解されるところ、即時解雇が労働者に与える不利益の重大性に鑑み、①労基法20条1項但書所定の客観的要件の充足、及び、②当該要件を充足していることについての行政官庁の認定の双方を、即時解雇が有効となる要件としていると解すべきである。

したがって、労基法20条1項但書所定の客観的な解雇予告除外事由が存在しなければ、即時解雇は無効であるが、客観的な除外事由が存在しても、行政官庁の認定がなければ、即時解雇は無効である。

　　　エ　解雇予告又は解雇予告手当の支払を欠く解雇の効力

それでは、即時解雇事由が存在しないにもかかわらず、使用者が労基法20条1項に基づく解雇予告又は解雇予告手当の支払をせずに労働者を解雇した場合、解雇が有効となる他の要件を充足していれば当該解雇は有効であろうか。

これについては、学説上は、①有効説（労基法20条は罰則を伴う取締規定であるので、解雇は有効であり、労働者は解雇予告手当及び付加金〈労基114条〉支払請求権のみを有する）、②無効説（労基法20条違反で解雇は無効である）、③労働者選択説（労働者は、解雇無効か、解雇有効を前提としての解雇予告手当及び付加金の支払か、いずれかを選択しうる）があるが、判例[*15]は、④相対的無効説（即時解雇としての効力は生じないが、使用者が即時解雇に固執しない限り、解雇通知後30日経過後又は解雇予告手当の支払後、解雇の効力が発生する）である。

①有効説については、労基法20条は、使用者が解雇に伴う労働者の不利益を緩和する信義則上の義務の最低基準を法律上明文化したもので解雇が有効となる要件（強行規定）と解されるから、労基法20条に違反する解雇の意思表示は原

---

[*14]　上野労基署長（出雲商会）事件・東京地判平14・1・31労判825号88頁〈ダイジェスト〉、グラバス事件・東京地判平16・12・17労判889号52頁。洋書センター事件・東京高判昭61・5・29労民37巻2=3号257頁/労判489号89頁、旭運輸事件・大阪地判平20・8・28労判975号21頁も結論同じ。

[*15]　細谷服装事件・最二小判昭35・3・11民集14巻3号403頁/判時218号6頁。わいわいらんど事件・大阪高判平13・3・6労判818号73頁も同判例を引用。岡田運送事件・東京地判平14・4・24労判828号22頁も同旨。

則として無効と解すべきであり、支持できない。

　②無効説は、明快で労働者保護にも資するものであるが、この説では、労基法20条違反の解雇は全て無効であるので、労働者が労基法20条違反を理由に解雇予告手当の支払を請求することはありえないが、同規定違反の場合に労働者は解雇予告手当及びそれと同額の付加金の請求をなしうるとする労基法114条の規定と矛盾する。

　④判例の相対的無効説でも、労働者が労基法20条違反を理由に解雇予告手当の支払を請求することはできない(使用者が即時解雇に固執すれば解雇は無効であるし、固執しなければ通知後30日間経過時点で解雇の効力が発生しその間の賃金請求権のみが発生する)*16が、同規定違反の場合に労働者は解雇予告手当及びそれと同額の付加金の請求をなしうるとする労基法114条の規定と矛盾する。また、相対的無効説では、使用者が即時解雇に固執したかどうかにより解雇の効力が異なることになるところ、強行法規違反の効果は客観的に定まるものであり、使用者の内心の意思により異なるという見解は妥当ではないという批判、あるいは、相対的無効説では、使用者が即時解雇に固執しなければ解雇は通知後30日間経過後その効力が発生し、労働者はその間就労の意思と能力がある限り賃金請求権のみを有することになるところ(民536条2項)、就労の意思を喪失すれば、その時点から賃金請求権を有しないことになり*17、妥当な結論ではないという批判も可能であろう。それゆえ、相対的無効説は支持できない。

　したがって、労基法20条に違反する解雇の意思表示は原則として無効であるが、労働者は労基法114条の規定に基づき、解雇無効を主張する代わりに解雇有効を前提として解雇予告手当及び付加金支払を請求することもできる*18と解すべきであり、③労働者選択説を支持しておきたい。

---

　*16　わいわいランド事件・大阪高判平13・3・6労判818号73頁。
　*17　プラス資材事件・東京地判昭51・12・24判時841号101頁は、解雇予告手当を支給しないでした解雇の意思表示を労働者が即時解雇と思い労務提供を断念したときは、使用者は労働者に対し解雇予告手当を支払うべき公法上の義務を具体的かつ確定的に負担し、その利益は裁判上の保護を受けるに足るものであるから裁判所はその支払を命ずることができる(労基114条参照)と判示するが、この場合は端的に使用者の責めに帰すべき事由により労務の提供ができなくなったと解することができよう。
　*18　わいわいランド事件・大阪地判平12・6・30労判793号49頁。相対的無効説を採用しつつ、労働者が解雇の効力を争わず解雇予告手当の請求をしている場合には、解雇予告手当を支払わずに解雇を通知した使用者は、解雇の効力が生じた時点から解雇予告手当を支払う公法上の義務を負担すると判示する裁判例として、岡田運送事件・東京地判平14・4・24労判828号22頁。

### (4) 解雇理由証明書

労働者が、解雇予告日から退職の日までの間において、当該解雇の理由について証明書を請求した場合は、使用者は遅滞なくこれを交付しなければならない(労基22条2項本文)。ただし、労働者が解雇が予告された日以後に当該解雇以外の事由により退職した場合は、使用者は、当該退職の日以降、これを交付することを要しない(労基22条2項但書)。また、労働者が、退職の日以降においても、退職の事由が解雇である場合、当該解雇の理由について証明書を請求した場合は、使用者は遅滞なくこれを交付しなければならない(労基22条1項)。

これらの規定は、使用者が、解雇権を行使するにあたり、労働者に解雇の理由を説明し、労働者が解雇を受忍するか争うかを迅速に判断できるようとるべき信義則上の義務の最低基準を法律上明文化したものと位置づけられる。

### (5) 解雇理由の個別的規制

解雇理由については、労働者の属性・権利行使・行為を理由とする差別的取扱い禁止の観点から、以下の理由による解雇は禁止されている。

すなわち、①国籍、信条、社会的身分を理由とする解雇(労基3条)、②労働組合員であること、労働組合に加入し、若しくはこれを結成しようとしたこと若しくは労働組合の正当な行為をしたことを理由とする解雇(労組7条1号、憲28条・民90条)、③性別を理由とする解雇(均等6条4号)、④女性労働者について、婚姻、妊娠、出産、産前産後休業取得等を理由とする解雇(均等9条2項・3項、均等則2条の2)、⑤育児休業・介護休業の取得の申出又は取得を理由とする解雇(育介10条・16条)、⑥労基法等における違反の申告(労基104条1項)をしたことを理由とする解雇(労基104条2項)、⑦派遣法等における違反の申告(派遣49条の3第1項)をしたことを理由とする解雇(派遣49条の3第2項)、⑧均等法上の申請等(都道府県労働局長への紛争解決の援助の求め:17条1項、同局長への調停申請:18条1項)をしたことを理由とする解雇(均等17条2項、18条2項)、⑨パート法上の申請等(都道府県労働局長への紛争解決の援助の求め:24条1項、同局長への調停申請:25条1項)をしたことを理由とする解雇(パート24条2項、25条2項)、⑩障雇法上の申請等(都道府県労働局長への紛争解決の援助の求め:74条の6第1項、同局長への調停申請:74条の7第1項)をしたことを理由とする解雇(障雇74条の6第2項、74条の7第2項)(2016〈平28〉年4月1日より施行)、⑪個別紛争解決法上の申請等(都道府県労働局長への紛争解決の援助の求め:個別紛争解決4条1項、同局長へのあっせん申請:5条1項)をしたことを理由とする解雇(個別紛争解決4条3項、5条2項)、⑫労働委員会への救済申立てをしたこと等を理由とする解雇(労組7条4号)、⑬公益通報したことを理由とする解雇(公益通報者保護法3条)、⑭労働者が裁判員の職務を行うための休暇を取得したこと等

を理由とする解雇（裁判員の参加する刑事裁判に関する法律100条）等は禁止されている[19]。

(6) 解雇の一般的な規制①－信義則

解雇権は信義則に則して行使されなければならず（労契3条4項）、信義則違反の解雇は無効である[20]。

労働者は、「解雇＝意に反する雇用の喪失」により、大きな経済的・人格的不利益を被るので、使用者は、解雇の客観的に合理的な理由と社会通念上の相当性がある場合に限り解雇権を行使するという信義則上の義務を負う。具体的には、①解雇の客観的に合理的な理由があり解雇回避義務を尽くしてもなお当該解雇の必要性が認められる場合に限り解雇権を行使し、②解雇を決定する前に労働者と説明・協議を行い、解雇を決定したときには、解雇の正当性の有無と救済制度の利用等について労働者が判断することを可能にするために、解雇通知時に解雇理由を明示する信義則上の義務を負い、当該信義則上の義務の履行（信義則違反でないこと）を、解雇の効力発生要件と位置づけるべきである。

したがって、「信義則上の義務の履行（信義則違反でないこと）」は、「解雇の客観的に合理的な理由と社会通念上の相当性があること」であり、①解雇の客観的に合理的な理由があり、解雇回避義務を尽くしてもなお当該解雇の必要性が存在すること（解雇の必要性・相当性）、②十分に説明・協議[21]を行い、解雇通知時に解雇理由を通知したことを、解雇の効力発生要件と解すべきである[22]。

また、使用者は、解雇が有効であっても、解雇により労働者が被る不利益をできる限り緩和するよう可能な措置をとる信義則上の義務を負う（ただし労働者に帰責事由があるときを除く）と解される。この不利益緩和義務の履行は解雇が有効となる要件ではないが適法となる要件であり、不利益緩和義務を履行しない場合は、解雇が有効でも、損害賠償責任を負うと解すべきである。

解雇が有効となる要件である「信義則上の義務の履行（信義則違反でないこと）」の具体的判断基準は、後記4で検討する。

---

[19] また、企画業務型裁量労働制を導入するためには、裁量労働制の適用に同意しない労働者に対する解雇その他不利益な取扱いをしてはならないことを決議で定めることが必要である（労基38条の4第1項6号）。

[20] 前記第5章「権利義務関係の決定システムと法源」第2節第5款3(2)エ。

[21] 当該労働者の所属する労働組合等が当該解雇を団体交渉事項として団体交渉を求め使用者が拒否した場合、当該団交拒否は不当労働行為（労組法7条2号）に該当するとともに、当該労働者に対する信義則上の義務の不履行（信義則違反）となり、解雇は無効である。

[22] 後に裁判所で、使用者が労働者に告知しなかった解雇理由を解雇理由として主張することは、特段の事情がある場合を除き、信義則に反し許されないと解すべきである。

### (7) 解雇の一般的な規制②－解雇権濫用

解雇権は濫用してはならず、「解雇は、客観的に合理的な理由を欠き、社会通念上相当であると認められない場合は、その権利を濫用したものとして、無効とする」(労契16条)。

解雇権の濫用については、判例[*23]上「使用者の解雇権の行使も、それが客観的に合理的な理由を欠き社会通念上相当として是認できない場合には、権利の濫用として無効となる」という解雇権濫用法理が確立していたが(根拠規定は民法1条3項)、その後、労基法18条の2に明文化され[*24]、さらに、労契法16条に移行された[*25]。

「解雇権濫用でないこと」は、本来は、個別具体的調整原理として位置づけられるものであるが、解雇権の行使にあたっての信義則上の義務(不利益緩和措置の履行を除く)の履行の有無の判断基準(→前記(6))を、解雇権濫用の判断基準とすることも可能である[*26]。そうすると、「解雇権の濫用でないこと」、すなわち、「解雇の客観的に合理的な理由があり社会通念上相当であること」の具体的内容は、①解雇の客観的に合理的な理由があり、解雇回避義務を尽くしてもなお当該解雇の必要性が存在すること(解雇の必要性・相当性)、②説明・協議と解雇理由の通知となる。

---

[*23] 日本食塩製造事件・最二小判昭50・4・25民集29巻4号456頁/労判227号32頁。同判決は、労働組合による労働者の除名が無効な場合のユニオン・ショップ協定に基づく解雇の有効性について、ユニオン・ショップ協定に基づき使用者が労働組合に対して解雇義務を負うのは、当該労働者が労働組合から有効に脱退し若しくは除名されて組合員資格を喪失した場合に限定され、除名が無効な場合には、使用者は、解雇義務を負わないから、除名が無効な場合には、使用者には解雇義務が生じず、ユニオン・ショップ協定に基づく解雇は客観的に合理的な理由を欠き社会的に相当なものとして是認することができず解雇権の濫用として無効となると判示している。

[*24] 解雇権濫用については、従来、裁判所が、客観的に合理的な理由と社会通念上の相当性についての証拠提出責任を裁判官の釈明権(民訴149条)行使により実質的に使用者に負担させていたことに鑑み、判例法理が労基法18条の2に明文化されたときに、当該裁判実務の変更を求めるものではないことが、衆議院厚生労働委員会の附帯決議(2003〈平15〉年6月4日)、及び、参議院厚生労働委員会の附帯決議(2003〈平15〉年6月26日)で確認されている。

[*25] 労基法18条の2と労契法16条の条文は全く同じであるが、労基法の適用対象労働者は契約の相手方が事業者である場合に限定されるのに対し、労契法の適用対象労働者は契約の相手方が事業者である場合に限定されていない点が異なる。

[*26] 大村野上事件・長崎地大村支判昭50・12・24労判242号14頁/判時813号98頁は、解雇権は信義則に従って行使される必要があることから、解雇権濫用の判断基準を導いており、日本航空事件・東京地判平24・3・29労判1055号58頁も、整理解雇が信義則上許されない事情の有無及び程度という形で類型化された整理解雇の四要素により解雇権濫用を判断するとしている。

ただし、解雇権濫用であること(解雇の効力障害要件なので証明責任は労働者が負担する)の主張立証は、事実上、信義則上の義務の履行(解雇の効力発生要件なので証明責任は使用者が負担する)の主張立証に吸収されることになる。

解雇権濫用の具体的判断基準は、後記4で検討する。

(8) 労働協約による制限

労働協約において、解雇事由、解雇基準、解雇手続、不利益緩和措置等を定めた場合、それらの規定は「労働者の待遇に関する基準」(労組16条)に該当し、労働協約の規範的効力(労組16条)により適用対象となる労働契約の内容を規律する[*27]。したがって、これに違反する解雇は、労働契約違反で無効となる。

(9) 就業規則による制限

　ア　解雇事由

解雇事由は、就業規則の絶対的必要記載事項(労基89条3号)である。

就業規則所定の解雇事由は例示列挙との見解[*28]もあるが、使用者は期間の定めのない労働契約においては解雇権を有しているところ、解雇は労働者に大きな経済的・人格的不利益を被らせるものであるので、労基法は、解雇事由を絶対的必要記載事項とし、信義則に照らし合理的な内容の解雇事由(解雇の対象となる事由)を事前に就業規則に明示することを要求しているものと解されるので、就業規則所定の解雇事由は限定列挙である[*29][*30]。労働者に重大な非違行為があるのに就業規則所定の解雇事由の不備を理由に解雇無効とするのは結果の妥当性を欠くとの例示列挙説からの批判については、「労働者は信義則上解雇の無効を主張できない場合がある」とすることによる対応が可能であろう。

したがって、就業規則作成義務のある事業場においては、労基法所定の意見聴取と添付・届出・周知(労基90条・89条・106条1項)の手続を履践した就業規則に合理的な内容の解雇事由が定められていなければ解雇権を行使することができず、また、定められた解雇事由に該当する事実が存在する場合にのみ解雇権

---

[*27] 後記第25章「労働協約」第3節1(1)・3。
[*28] 西谷・労働法(2013)406頁、荒木・労働法(2016)301-302頁等。事実認定の問題とするものとして、松本哲泓「整理解雇」林=山川編『労働関係訴訟法［Ⅰ］青林書院(2001)150頁、山川・雇用関係法(2008)265頁、同・労働紛争処理法(2012)』212頁。
[*29] 東芝柳町工場事件・最一小判昭49・7・22民集28巻5号927頁/労判206号27頁、寿建築研究所事件・東京高判昭53・6・20労判309号50頁/判時902号114頁、菅野・労働法(2017)752頁、土田・契約法(2016)656-657頁等。
[*30] 荒木・労働法(2016)301頁は、限定列挙説をとると当該列挙事由に該当しない理由による解雇はそもそも解雇権がないことになると批判するが、限定列挙説でも期間の定めのない労働契約における解雇権の存在は否定されず、解雇権の行使が制約されるだけである。

を行使することが当該事業場の「労働条件の最低基準」であり、就業規則の最低基準効(労契12条)により労働契約の内容となる。それゆえ、これに違反する解雇は労働契約違反で無効となる[*31]。
　　イ　解雇事由に該当する事実の存在
「就業規則所定の解雇事由に該当する事実の存在」は、事実認定の問題である。しかし、就業規則所定の解雇事由は、信義則(労契3条4項)に則して合理的限定的に解釈され、「解雇の客観的に合理的な理由と社会通念上の相当性」が認められる事由であることが必要である(信義則に反する解雇事由の記載は法的効力を有しない)。したがって、解雇事由に該当する事実の存在は、「解雇の客観的に合理的な理由と社会通念上の相当性」を根拠付ける事実が存在する場合に肯定され、具体的には、①解雇の客観的に合理的な理由があり、解雇回避義務を履行してもなお当該解雇の必要性が存在すること(解雇の必要性・相当性)、②説明・協議と解雇理由の通知等の手続(適正手続)の履践が必要である[*32]。
　　ウ　その他の定め
　就業規則において、解雇権を行使する要件として、解雇事由以外の、解雇手続等を定めた場合、それらの規定は、当該事業場の「労働条件の最低基準」であり、就業規則の最低基準効(労契12条)により労働契約の内容となり、これに違反する解雇は、労働契約違反で無効となる。
　(10)　労働契約による制限
　労働契約において、解雇権を行使する要件として、労働者の解雇事由、解雇基準、解雇手続、不利益緩和措置等を定めた場合は、これに違反する解雇は、労働契約違反で無効となる。

## 3　解雇が有効となる要件と証明責任

　前記1・2を整理するならば、期間の定めのない労働契約における解雇が有効となる要件と証明責任は、以下の通りである。

---

[*31]　就業規則作成義務のある事業場において、①使用者が労基法89条3号に違反して解雇事由を記載していない場合、あるいは、②解雇事由として、遅刻や欠勤、勤務態度、成績不良等、いわゆる労働者の人的理由のみをかかげ、業務の縮小等経営上の理由を記載していない場合も想定されるが、①の場合、使用者は解雇権を行使することができず、②の場合、使用者の解雇権の行使は就業規則記載の解雇事由に限定される。
[*32]　就業規則の「労働能力が劣り、向上の見込みがないと認めたとき」という解雇事由に該当するためには、平均的な水準に達していないというだけでは不十分であり、著しく労働能率が劣り、しかも向上の見込みがないときでなければならないとしてこれに該当することを否定し、解雇を無効と判断した裁判例として、セガ・エンタープライゼス事件・東京地決平11・10・15労判770号34頁/判タ1050号129頁。

(1) 解雇が有効となる要件
　ア　解雇権の法的根拠
　使用者は、期間の定めのない契約の一般原則に基づき、解雇権を有する。
　イ　解雇権の行使の適法性
　解雇権の行使が適法で解雇が有効であるためには、1)効力発生要件として、①就業規則作成義務のある事業場においては、労基法所定の意見聴取と添付・届出・周知（労基90条・89条・106条1項）の手続を履践した就業規則に合理的な内容の解雇事由（限定列挙）の定めがあること、②就業規則作成義務のある事業場においては、就業規則所定の解雇事由に該当する事実が存在すること、③労働協約、労働契約に解雇事由の定めがある場合、又は、労働協約、就業規則、労働契約に解雇手続等の定めがある場合は、これを充足していること、④信義則（労契3条4項）上の義務の履行の充足が必要であり、2)効力障害要件である、⑤解雇権濫用（労契16条）、⑥その他強行法規違反（産前産後・業務災害の場合の解雇制限〈労基19条〉、妊娠中の女性及び出産後1年を経過しない女性労働者に対する解雇の禁止〈均等法9条4項本文、例外同項但書〉、解雇予告又は解雇予告手当の支払〈労基20条・21条〉[*33]、差別的取扱い禁止等への違反）に該当しないことが必要である。

図18.2　解雇権の法的根拠と行使の適法性

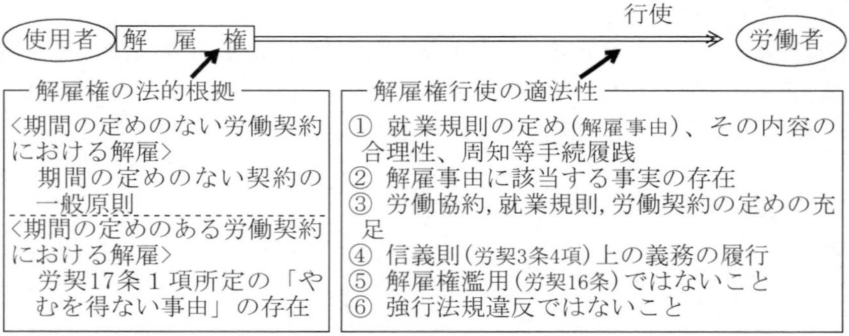

```
　使用者　┃解　雇　権┃ ──────行使──────▶　労働者
　　　　　└─────────┘
　　┌─ 解雇権の法的根拠 ─┐  ┌─ 解雇権行使の適法性 ─────────────┐
　　│〈期間の定めのない労働契約│  │① 就業規則の定め（解雇事由）、その内容の│
　　│における解雇〉         │  │   合理性、周知等手続履践              │
　　│　期間の定めのない契約の│  │② 解雇事由に該当する事実の存在        │
　　│　一般原則             │  │③ 労働協約, 就業規則, 労働契約の定めの充│
　　│〈期間の定めのある労働契約│  │   足                                  │
　　│における解雇〉         │  │④ 信義則（労契3条4項）上の義務の履行   │
　　│　労契17条1項所定の「や│  │⑤ 解雇権濫用（労契16条）ではないこと   │
　　│　むを得ない事由」の存在│  │⑥ 強行法規違反ではないこと             │
　　└───────────────────┘  └────────────────────────────────────┘
```

(2) 証明責任
　証明責任については、1)効力発生要件である、①就業規則における合理的な内容の解雇事由の定めと労基法所定の手続の履践、②就業規則所定の解雇事由

---

[*33] ただし、判例の相対的無効説によれば、解雇予告又は解雇予告手当の支払は、使用者が即時解雇に固執する場合を除き、解雇が有効となる要件ではない。

に該当する事実の存在[*34]、③労働協約、就業規則、労働契約の定めの充足、④信義則上の義務の履行は、使用者が負担し、これを充足する場合、2)効力障害要件である、⑤解雇権濫用、⑥その他強行法規違反に該当することは、労働者が負担する。ただし、労働者の⑤の解雇権濫用の主張立証は、事実上、使用者の上記①〜③の主張立証に吸収されることになる。

### (3) 就業規則所定の解雇事由該当事実の存在、
### 信義則上の義務の履行、解雇権濫用でないことの関係

　前記2の(9)イ・(6)・(7)で検討したとおり、解雇が有効となる要件である、①就業規則所定の解雇事由に該当する事実の存在、②信義則（労契3条4項）上の義務の履行、③解雇権濫用でないこと（労契16条）は、いずれも、「解雇の客観的に合理的な理由と社会通念上の相当性があること」であり、その内容は基本的に同じである。ただし、①就業規則所定の解雇事由該当事実の存在と、②信義則上の義務の履行については、使用者が証明責任を負い、③解雇権濫用については、少なくとも形式的には労働者が証明責任を負う点が異なる。

　それゆえ、就業規則作成義務のある事業場においては、①就業規則所定の解雇事由に該当する事実が存在しなければ解雇は無効である。それに対して、①就業規則所定の解雇事由に該当する事実が存在する場合は、さらに、理論的には、②信義則上の義務の履行、③解雇権濫用でないことを検討することが必要であるが、①〜③は同じ判断基準なので、②と③は肯定されよう。

　また、就業規則作成義務のない事業場においては、②信義則上の義務の履行を充足しなければ解雇は無効である。これに対して、②信義則上の義務の履行を充足する場合は、さらに、理論的には、③解雇権濫用でないことを検討することが必要であるが、②と③は同じ判断基準なので、③は肯定されよう。

### 4 　解雇権濫用（労契16条）の位置づけ

　解雇の効力については、就業規則所定の解雇事由につき限定列挙説を採りつつ、「就業規則所定の解雇事由該当性」を「解雇権濫用でないこと（労契16条）」の判断の中に包摂し、①「就業規則所定の解雇事由該当性」を労契法16条所定の「解雇の合理的理由」として解雇権自体の発生要件として位置づけ、②「解雇の相当性」を同条所定の「社会通念上の相当性」として解雇権の行使要件（狭

---

[*34] 　使用者に証明責任を負わせる裁判例として、東洋酸素事件・東京地判昭51・4・19労判255号58頁、同事件・東京高判昭54・10・29労民30巻5号1002号/労判330号71頁、大阪暁明館事件・大阪地決平7・10・20労判685号49頁、ゼネラル・セミコンダクター・ジャパン事件・東京地判平15・8・27労判865号47頁/判タ1139号121頁等。

義の解雇権濫用)として位置づけるとの見解*35も存在する。

　しかし、「解雇権濫用でないこと」は、解雇権の存在を前提とした、解雇(解雇権の行使)の効力障害要件の不充足を意味するところ、解雇の効力障害要件の判断の中で解雇権の発生要件を判断するという同見解は理解できない。

　また、同見解は、結局のところ、期間の定めのない労働契約における解雇の効力を、強行法規違反を除き、労契法16条の解雇権濫用のみにより判断するものであるところ、効力障害要件である権利濫用による制限では、少なくとも形式的には、解雇は原則有効で例外的に権利濫用に該当する場合に無効となり、かつ、権利濫用の証明責任は労働者が負担するから、就業規則所定の解雇事由該当事実の存在を効力発生要件としてその証明責任を使用者に負担させてきた従来の少なくない裁判例を著しく後退させるものであり、支持できない。

　したがって、前記3で述べたように、「就業規則所定の解雇事由該当事実の存在」、及び、「信義則上の義務の履行」は、効力発生要件として、効力障害要件である解雇権濫用に先立つ、別個の効力要件と位置づけ、その証明責任は使用者に負担させるべきである。

## 5　具体的判断基準

　解雇が有効となる要件の一部である、1)就業規則所定の解雇事由に該当する事実の存在、2)信義則上の義務の履行、3)解雇権濫用でないことの具体的な判断基準は、当該解雇が、①懲戒解雇以外の労働者の人的理由による解雇(普通解雇)(→(1))、②使用者による人的理由による労働条件変更の申込みに対し労働者が承諾しないことを理由とする解雇(→(2))、③雇用の廃止・削減等を理由とする解雇(整理解雇)(→(3))、④使用者による経営上の理由による労働条件変更の申込みに対し労働者が承諾しないことを理由とする解雇(→(4))、⑤ユニオン・ショップ協定に基づく解雇(→(5))のいずれに該当するかにより、その内容を異にするので、以下順に検討する。①・②は、労働者の人的理由による解雇であり、③・④は、経営上の理由による解雇である。

　(1)　労働者の人的理由による解雇(普通解雇)

　　ア　判断基準

　懲戒解雇以外の労働者の人的理由による解雇(普通解雇)は、当該労働者の勤務成績不良、勤務態度不良(長期欠勤、頻繁な遅刻・早退・欠勤、職務に誠意のないこと等)、経歴詐称、業務命令違反、事故・疾病による能力低下等の理由によ

---

*35　土田・契約法(2016)657頁。

り行われる*36。

　普通解雇が、就業規則所定の解雇事由に該当する事実が存在し（就業規則作成義務のある事業場）、信義則違反、解雇権濫用に該当しないと判断されるための要件は、以下のように解される。

　すなわち、①解雇の客観的に合理的な理由（労働能力の欠如、勤務態度不良、業務命令拒否等）が存在し、解雇回避義務（別の職務・配置や降格・降給、教育、注意・警告、懲戒処分等、他の手段によって解雇を回避する努力をする信義則上の義務）を尽くしたこと、すなわち、解雇という最終手段をとる必要性・相当性があること*37、②①を確認するために労働者に対して十分な説明・協議を行い、解雇を決定した場合は解雇理由の通知を行ったことが必要である。

　なお、使用者は、解雇により労働者が被る不利益をできるだけ緩和するよう可能な措置をとる信義則上の義務を負う（ただし労働者に帰責事由があるときを除く）と解されるので、不利益緩和義務を履行しない場合は、他の要件を充足し解雇が有効でも、損害賠償責任を負うと解すべきである。

　　イ　職位・職種を特定して労働契約を締結した労働者の解雇

　職位（例：人事本部長）を特定して労働契約を締結した労働者の能力不足を理由とする解雇については、特定の職位に要求される能力に照らし判断し、特定の職位に要求される能力がなければ当該労働者を他の職種及び人事部長より下位の職位に配置換えすることについて検討をせずに解雇してもよいとする裁判

---

*36　解雇無効と判断した最近の裁判例として、日本オリーブ事件・名古屋地決平15・2・5労判848号43頁、森下仁丹事件・大阪地判平14・3・22労判832号76頁、エース損害保険事件・東京地決平13・8・10労判820号74頁/判時1808号129頁、カジマ・リノベイト事件・東京地判平13・12・25労判824号36頁、グレイワールド事件・東京地判平15・9・22労判870号83頁、サン石油事件・札幌高判平18・5・11労判938号68頁、クレディ・スイス証券事件・東京地判平24・1・23労判1047号74頁、日本アイ・ビー・エム事件・東京地判平28・3・28労判1142号40頁、Agape事件・東京地判平28・7・1労判1149号35頁等。解雇有効とした最近の裁判例として、日本エマソン事件・東京地判平11・12・15労経速1759号3頁、日水コン事件・東京地判平15・12・22労判871号91頁、パワーテクノロジー事件・東京地判平16・1・14労判875号78頁、敬愛学園事件・最一小判平6・9・8労判657号12頁、NEXX事件・東京地判平24・2・27労判1048号72頁、コンチネンタル・オートモーティブ事件・東京高決平28・7・7労判1151号60頁等。

*37　二度にわたって寝過ごしラジオニュースを10分及び5分放送することができなかったアナウンサーの解雇につき、本人の意図、他に責任がある者の有無、本人の事後の対応、当該行為の会社の業務への影響、会社の事故予防体制の有無、事後の報告の内容、謝罪、通常の勤務態度、従来事故を起こした者に対する処分や本件他の責任者の処分との均衡を考慮すると、解雇は合理性と社会通念上の相当性を欠き権利濫用で無効と判断したものとして、高知放送事件・最二小判昭52・1・31集民120号23頁/労判268号17頁。

例[*38]もある。また、職種(例：歯科衛生士)及び業務内容を特定して労働契約を締結した労働者の心身の故障と業務遂行への支障を理由とする解雇については、特定の職種及び業務内容の職務遂行への支障を理由にこれを肯定する裁判例[*39]もある。

しかし、特定の職位・職種に要求される能力がない場合でも、解雇回避義務として、使用者は、他に提示しうるポジションがあれば当該労働者に労働条件変更(配置転換)を申し出る信義則上の義務があり、労働者がこれを拒否した場合に労働者を解雇することができる(解雇回避義務を履行し、解雇の必要性・相当性がある)と解すべきであろう。

　　ウ　休職期間満了後に行われた解雇・「退職扱い」

労働者の傷病を理由とする休職後、就業規則の「休職期間満了」等に該当することを理由として、解雇又は「退職扱い」がなされた場合、労働契約終了の肯否はどのように判断すべきであろうか。

第一に、就業規則所定の「休職期間満了」等が解雇事由で、解雇の意思表示があった場合は、「退職扱い」も含め、「解雇」の効力の問題となる。

労働者の傷病が業務上の傷病であり、かつ、休職期間満了時点でまだ療養と休業の必要性があれば、当該解雇は労基法19条違反で無効である。

また、労基法19条違反でない場合も、「休職期間満了」という解雇事由は、休職の開始(労働契約内容の変更)が有効(合意の存在又は休職命令が有効)で、かつ、「休職期間中に休職事由が消滅し復職が可能と認められることなく休職期間が満了したこと」と合理的限定的に解釈され、復職の可能性については労働契約上の職種限定の有無に関わらず、当該労働者を配置可能な職務が存在するならば肯定されるべきである。

具体的には、①労働契約上職種や業務内容が限定されていない場合、休職前の業務については労務の提供が十全にできなくても、その能力、経験、地位、使用者の規模や業種、その社員の配置や異動の実情、難易等を考慮して、現実に配置可能な業務があり本人が復職の意思表示をしているときは、復職可能で

---

[*38]　フォード自動車事件・東京地判昭57・2・25労民33巻1号175頁/労判382号25頁、同事件・東京高判昭59・3・30労民35巻2号140頁/労判437号41頁(解雇有効)、持田製薬事件・東京地決昭62・8・24労判503号32頁/判時1251号133頁(解雇有効)。いずれの事案も、ヘッド・ハンティングにより専門性が必要な上級職に採用されて、比較的高い報酬を得ていた転職者に関するものである。

[*39]　横浜市学校保健会事件・東京高判平17・1・19労判890号58頁。

あるから、解雇・「退職扱い」は無効であり[*40]、②労働契約上職種や業務内容が限定されている場合も、休職期間満了後短期間に従前の業務に復帰可能となり得る場合には、使用者は復帰準備時間の提供や教育的措置をとる信義則上の義務を負い、復職可能であるから、解雇・「退職扱い」は無効であり[*41]、③労働契約上職種や業務内容が限定され当該職種・業務に復帰できなくても、現実に配置可能な業務があれば、使用者は配置可能な業務への労働契約内容の変更を申し出るべきであり、復職可能な業務があり本人が復職の意思表示をしているときは復職可能であるから、解雇・「退職扱い」は無効と解すべきである[*42]。

　第二に、就業規則所定の「休職期間満了」等が労働契約の終了事由を定めたもので、同事由に該当する事実が存在すれば当然に労働契約が終了するとしても、労基法19条及び信義則（労契3条4項）に違反する部分は労働契約の内容とはならず（労契13条参照）、当該終了事由及び該当事実の有無は、信義則に則して合理的限定的に解釈・判断される。

　したがって、労働者の傷病が業務上の傷病であり、かつ、休職期間満了時点で療養と休業の必要性があれば、労基法19条に反する終了事由は労働契約の内容とはならず終了事由該当事実は存在しないから、労働契約は終了しない。

　また、労基法19条に反しない場合でも、「休職期間満了」という契約終了事由は、解雇事由である場合と同様、休職の開始が有効で、かつ、「休職期間中に休職事由が消滅し復職が可能と認められることなく休職期間が満了したこと」と合理的限定的に解釈され、復職の可能性は配置可能な職務の存在により肯定されるべきである。

---

[*40] JR東海事件・大阪地判平11・10・4労判771号25頁、キャノンソフト情報システム事件・大阪地判平20・1・25労判960号49頁、第一興商事件・東京地判平24・12・25労判1068号5頁（いずれも解雇無効）、独立行政法人N事件・東京地判平16・3・26労判876号56頁、西濃シェンカー事件・東京地判平22・3・18労判1011号73頁、日本電気事件・東京地判平27・7・29労判1124号5頁（いずれもほぼ同じ判断基準で配転の具体的可能性がないこと等を理由に解雇有効と判断）。

[*41] 全日本空輸事件・大阪地判平11・10・18労判772号9頁、同事件・大阪高判平13・3・14労判809号61頁（解雇無効）。J学園事件・東京地判平22・3・24労判1008号35頁/判タ1333号153頁は、労働者の回復可能性があるにもかかわらずこれに配慮せずなされた解雇を無効と判断している。

[*42] なお、休職期間満了後、使用者が復職の可否を判断するための資料を労働者が提出することを拒否し続けているため、「勤務に堪えない」旨の就業規則の解雇事由に該当するとしてなされた解雇は有効である（大建工業事件・大阪地決平15・4・16労判849号35頁）。

(2) 使用者による人的理由による労働条件変更の申込みに対し
労働者が承諾しないことを理由とする解雇
　ア　普通解雇との相違

　使用者による人的理由による労働条件変更の申込みに対し労働者が承諾しないことを理由とする解雇は、本来の目的は労働契約の終了ではなく、労働条件の変更（例えば労働者の労働能力低下に対応する賃金の減額）であるが、使用者が当該労働条件変更権を有しておらず、また、労働条件変更について労働者の同意が得られないため、従来の労働条件のままでは労働契約を維持できないことを理由とする解雇と位置づけられる。

　解雇の方法としては、①単純な解雇（使用者による労働条件変更の申込み後、労働条件変更の申込みを労働者が承諾しないことを理由として行われる解雇）、②条件付解雇（労働者が労働条件の変更を承諾すること＜承諾しないこと＞を解除条件＜停止条件＞とする解雇）、③新たな労働契約締結の申込みを伴った解雇の意思表示として行われる場合があるが、労働者が労働条件の変更を単純に承諾しない限り、いずれも「解雇」の効力が問題となる[*43]。

　このような解雇は、労働者の人的理由による解雇の一形態であるが、労働条件の変更について労働者の同意が得られないことを理由とする解雇なので、就業規則所定の解雇事由に該当する事実が存在し（就業規則作成義務のある事業場）、信義則違反、解雇権濫用に該当しないと判断されるための要件としては、普通解雇の判断基準を修正することが必要である。

　イ　判断基準

　具体的には、①労働条件を変更する客観的に合理的な理由（労働能力の欠如、勤務態度不良、業務命令拒否等）が存在し、変更後の労働条件（勤務地、職務内容、格付、賃金等）が相当であること、②解雇回避義務を履行したこと（労働条件を変更しないで労働契約を維持する可能性、労働者が受け入れられる別の労働条件変更措置、代償措置による説得、希望退職等の可能性を追求したこと）、すなわち、労働条件変更の申込みを承諾しない労働者を解雇する必要性・相当性があること、③労働者に対する説明・協議と解雇理由の通知を行ったことが必要である。

　なお、使用者は、解雇により労働者が被る不利益をできるだけ緩和するよう可能な措置をとる信義則上の義務を負う（ただし労働者に帰責事由があるときを除く）と解されるので、不利益緩和義務を履行しない場合は、他の要件を充足し解雇が有効でも、損害賠償責任を負うと解すべきである。

---

[*43]　後記第8節参照。詳細は、川口・変更解約告知(2012)。

### (3) 雇用の廃止・削減等を理由とする解雇(整理解雇)
#### ア　判断基準−整理解雇の四要件

　雇用の廃止・削減等を理由とする解雇(整理解雇)は、工場・事業所の閉鎖・縮小等に伴う雇用(ポスト)の廃止・削減により余剰人員が発生したことを理由として行われる解雇である。

　整理解雇について、就業規則所定の解雇事由(「やむを得ない事業の必要性」等)に該当する事実[*44]の存在(就業規則作成義務のある事業場)、信義則上の義務の履行、及び、解雇権濫用[*45]でないことの判断基準は、従来、判例法理により確立されてきた「整理解雇の四要件(要素)」を参考として、①雇用の廃止・削減を行う経営上の必要性、②解雇の必要性(解雇回避義務の履行)、③解雇対象者の選定基準と適用の合理性と客観性、④説明・協議と理由の告知(→イ〜オ)と解すべきである。

---

[*44] 「就業規則所定の解雇事由に該当する事実の存否」において整理解雇の4要件(要素)全てを判断する裁判例として、東洋酸素事件・東京地判昭51・4・19労判255号58頁、池貝鉄工事件・横浜地判昭62・10・15労判506号44頁/判時1266号122頁、福岡県労働福祉会館事件・福岡地判平6・2・9労判649号18頁、大阪暁明館事件・大阪地決平7・10・20労判685号49頁、北海道交運事業協同組合事件・札幌地判平12・4・25労判805号123頁、ワキタ事件・大阪地判平12・12・1労判808号77頁、PwCフィナンシャル・アドバイザリー・サービス事件・東京地判平15・9・25労判863号19頁、CSFBセキュリティーズ・ジャパン・リミテッド事件・東京地判平17・5・26労判899号61頁、泉州学園事件・大阪高判平23・7・15労判1035号124頁等。「就業規則所定の解雇事由に該当する事実の存否」において整理解雇の第一〜第三要件(要素)を判断し、「解雇権濫用」において第四要件(要素)を判断する裁判例として、東洋酸素事件・東京高判昭54・10・29民30巻5号1002頁/労判330号71頁、ゼネラル・セミコンダクター・ジャパン事件・東京地判平15・8・27労判865号47頁/判タ1139号121頁等。

[*45] 「解雇権濫用」で整理解雇の4要件(要素)を判断する裁判例として、シンコーエンジニアリング事件・大阪地決平6・3・30労判668号54頁、大誠電気工業事件・大阪地判平13・3・23労判806号30頁、ヴァリグ日本支社事件・東京地判平13・12・19労判817号5頁、鐘淵化学工業事件・仙台地決平14・8・26労判837号51頁、労働大学事件・東京地判平14・12・17労判846号49頁、ジャパンエナジー事件・東京地決平15・7・10労判862号66頁、九州日誠電氣事件・熊本地判平16・4・15労判878号74頁、山田紡績事件・名古屋地判平17・2・23労判892号42頁/判タ1236号209頁、同事件・名古屋高判平18・1・17労判909号5頁、横浜商銀信用組合事件・横浜地判平19・5・17労判945号59頁、淀川海運事件・東京高判平25・4・25労経速2177号16頁等。

この判断基準に基づき解雇無効と判断した裁判例[*46]は多数存在し、また、解雇有効と判断した裁判例[*47]も少なからず存在する。

なお、同判断基準は、通常の解雇に加え、民事再生手続開始決定後の解雇[*48]、会社更生手続開始決定後の解雇[*49]、会社解散に伴う解雇[*50]にも適用される。

　　イ　要件①－雇用の廃止・削減を行う経営上の必要性

第一の要件として、「雇用の廃止・削減を行う経営上の必要性」（人員削減の必要性）が肯定されることが必要である。この必要性は、「雇用の廃止・削減そのものを行う必要性」のみならず、「当該人数の雇用の廃止・削減を行う必要性」が要求される[*51]。

「経営上の必要性」の「程度」については、人員整理をしなければ倒産必須

---

[*46] 日証事件・大阪地判平11・3・31労判765号57頁、ケイエスプラント事件・鹿児島地判平11・11・19労判777号47頁、マルマン事件・大阪地判平12・5・8労判787号18頁、ワキタ事件・大阪地判平12・12・1労判808号77頁、ヴァリグ日本支社事件・東京地判平13・12・19労判817号5頁、国際信販事件・東京地判平14・7・9労判836号104頁、鐘淵化学工業事件・仙台地決平14・8・26労判837号51頁、労働大学事件・東京地判平14・12・17労判846号49頁、京都エステート事件・京都地判平15・6・30労判857号26頁、ジャパンエナジー事件・東京地決平15・7・10労判862号66頁、ゼネラル・セミコンダクター・ジャパン事件・東京地判平15・8・27労判865号47頁/判タ1139号121頁、PwCフィナンシャル・アドバイザリー・サービス事件・東京地判平15・9・25労判863号19頁、タイカン事件・東京地判平15・12・19労判873号73頁、九州日誠電氣事件・熊本地判平16・4・15労判878号74頁、ジ・アソシエーテッド・プレス事件・東京地判平16・4・21労判880号139頁、コマキ事件・東京地判平17・1・13判時1935号168頁/判タ1217号232頁、山田紡績事件・名古屋地判平17・2・23労判892号42頁/判タ1236号209頁、同事件・名古屋高判平18・1・17労判909号5頁、東京自転車健康保険組合事件・東京地判平18・11・29労判935号35頁/判時1967号154頁、横浜商銀信用組合事件・横浜地判平19・5・17労判945号59頁、泉州学園事件・大阪高判平23・7・15労判1035号124頁等。
[*47] 北海道交通事業協同組合事件・札幌地判平12・4・25労判805号123頁、シンガポール・デベロップメント事件・大阪地判平12・6・23労判786号16頁、大誠電気工業事件・大阪地判平13・3・23労判806号30頁、東洋水産川崎工場事件・横浜地川崎支決平14・12・27労判847号58頁、CSFBセキュリティーズ・ジャパン・リミテッド事件・東京地判平17・5・26労判899号61頁、淀川海運事件・東京高判平25・4・25労経速2177号16頁等。
[*48] 山田紡績事件・名古屋地判平17・2・23労判892号42頁/判タ1236号209頁、同事件・名古屋高判平18・1・17労判909号5頁(解雇無効)。
[*49] 日本航空事件・東京地判平24・3・29労判1055号58頁、日本航空(客室乗務員)事件・大阪地判平27・1・28労判1126号58頁、同事件・大阪高判平28・3・24労判1167号94頁(いずれも解雇有効)等。
[*50] 企業解散に伴う全員解雇の事案で、労働者の手続上の権利を害し信義則上の義務に違反したものとして解雇権の濫用に当たり解雇無効と判断した裁判例として、グリン製菓事件・大阪地決平10・7・7労判747号50頁、事業廃止に伴う全員解雇の事案で、事業廃止の必要性と解雇手続の妥当性を肯定し、解雇有効と判断した裁判例として、三陸ハーネス事件・仙台地決平17・12・15労判915号152頁/労経速1924号14頁。
[*51] 横浜商銀信用組合事件・横浜地判平19・5・17労判945号59頁、山田紡績事件・名古屋地判平17・2・23労判892号42頁/判タ1236号209頁等。

の状況[*52]、あるいは、企業の維持存続が危殆に瀕する程度に差し迫っていること[*53]を要求する裁判例もあるが、少なくとも、企業の合理的運営上やむをえない必要性や客観的に高度な経営上の必要性の存在は必要であろう[*54]。また、「経営上の必要性」の「時期」については、人員削減策に着手した時点だけではなく解雇が決定された時点でなお、雇用の廃止・削減の必要性が存続していることが必要である[*55]。

　　ウ　要件②－解雇の必要性（解雇回避義務の履行）
　第二の要件として、人員の削減は、解雇以外の方法でも可能であるので、人員削減の手段として「解雇という手段を選択することの必要性」が必要である（解雇の必要性・解雇回避義務の履行）。具体的には、「解雇という措置の回避」、及び、解雇が必要であっても「解雇者数をできるだけ減少させる」ことを目的とする「一般的解雇回避義務」の履行が必要である。解雇回避措置については、その可否、対象となる労働者の範囲、内容が問題となり、内容としては、契約終了の回避として、配転・出向、再教育・訓練、労働時間の短縮・休業等、解雇以外の契約終了形態として、希望退職者募集等が考えられ、解雇回避措置の対象労働者にできるだけ不利益の少ない措置を選択することが必要である[*56]。

　　エ　要件③－解雇対象者の選定基準と適用の合理性と客観性
　第三の要件として、一定数の解雇が必要とされる場合でも、「解雇対象者の選定基準と適用（あてはめ）」の双方における「合理性と客観性」が要求される。選定基準の「合理性」は、転職しやすくあるいはより不利益の少ない労働者という「社会的配慮」の観点に基づく基準のみならず、勤続年数、休職・欠勤・遅刻・早退日数[*57]、成績など、貢献度やより良い労働力の確保という観点からの基準も肯定されよう。ただし、複数の要素を考慮する場合は、何を重視しど

---

[*52]　シンコーエンジニアリング事件・大阪地決平6・3・30労判668号54頁、ケイエスプラント事件・鹿児島地判平11・11・19労判777号47頁等。
[*53]　大村野上事件・長崎地大村支判昭50・12・24労判242号14頁/判時813号98頁等。
[*54]　東洋酸素事件・東京高判昭54・10・29労民30巻5号1002頁/労判330号71頁、大阪暁明館事件・大阪地決平7・10・20労判685号49頁、ジャパンエナジー事件・東京地決平15・7・10労判862号66頁等。
[*55]　名村造船所事件・大阪高判昭60・7・31労判457号9頁/判タ604号109頁、千代田化工建設（本訴）事件・東京高判平5・3・31労判629号19頁、ジャパンエナジー事件・東京地決平15・7・10労判862号66頁等。
[*56]　あさひ保育園事件・最一小判昭58・10・27集民140号207頁/労判427号63頁は、希望退職募集の措置をとらなかったことを解雇無効の理由として挙げている。
[*57]　日本航空（客室乗務員）事件・大阪地判平27・1・26労判1126号58頁、同事件・大阪高判平28・3・24労判1167号94頁（病気欠勤・休職日数を合理的基準と判断）。

のような順序であてはめたのかが検討される*58。選定基準の「客観性」は、特に勤務成績等については、使用者の主観的・恣意的選択を回避しうる客観的評価基準又は詳細な運用基準の設定と合理的評価等が要求される*59。

さらに、解雇対象者が決定されても、当該労働者の解雇をできるだけ回避するための「個別的解雇回避義務」を履行し、配転・出向、再教育・訓練、金銭補償を伴う希望退職の提案等、当該労働者にとって不利益のできるだけ少ない措置を検討することが必要である*60。

オ　要件④－説明・協議と理由の告知

第四の要件として、第一～第三の要件を充足するためには、当該雇用の廃止・削減により雇用・労働条件に影響を受けうる労働者全体（後の被解雇者も含まれる）、及び、労働組合に対して、①雇用の廃止・削減を決定する前に、雇用の廃止・削減の必要性について、②解雇措置を決定する前に、解雇回避措置の可否・対象労働者の範囲・内容等について、③解雇対象者を決定する前に、解雇対象者の選定基準と適用について、これらの判断を合理的なものとするために、説明・協議を行い、納得を得るよう努力することが必要である*61。また、④解雇を最終的に決定する前に、解雇対象予定者に対して、解雇回避措置の可否と内容について、再度、説明・協議を行うことが必要である。そして、⑤解雇を決定した場合は、当該労働者に対して、解雇理由を明示することが使用者の信義則上の義務である。労基法22条2項の定める、労働者の請求に基づく使用者の解雇理由証明書の交付義務は、使用者の信義則上の義務の最低基準を法律上明文化したものと位置づけられよう。

カ　不利益緩和義務

なお、経営上の理由による解雇は労働者に帰責事由のない解雇であるから、使用者には解雇に伴う不利益をできるだけ緩和する信義則上の義務がある。したがって、解雇の必要性・相当性が存在する場合でも、解雇を決定した労働者

---

*58　横浜商銀信用組合事件・横浜地判平19・5・17労判945号59頁。

*59　池貝鉄工事件・横浜地判昭62・10・15労判506号44頁／判時1266号122頁、労働大学事件・東京地判平14・12・17労判846号49頁、ジャパンエナジー事件・東京地決平15・7・10労判862号66頁等。

*60　解雇回避努力として、当初予定されていた余剰人員の解雇回避措置（一般的解雇回避措置）、及び、当該解雇の回避措置（個別的解雇回避措置）を必要とする裁判例として、大阪造船所事件・大阪地決平元・6・27労判545号15頁／判タ711号215頁、九州日誠電氣事件・熊本地判平16・4・15労判878号74頁等。

*61　説明・協議の不充分さも指摘し解雇を無効とした最近の裁判例として、ザ・キザン・ヒロ事件・さいたま地判平25・7・30労判1090号72頁、同事件・東京高判平25・11・13労判1090号68頁等。

に対して、所得保障（割増退職金の支払等）、再就職支援（法定予告期間以上の解雇予告期間、再就職のあっせん、再就職・再教育のための時間の付与・金銭援助等）等、可能な不利益緩和措置を履行する義務があり[*62]、解雇が有効となる要件を充足する場合でも、不利益緩和義務の不履行があれば、労働者は損害賠償を請求しうると解すべきである[*63]。

キ　まとめ

　以上を整理すると、整理解雇の場合の、就業規則所定の解雇事由該当事実の存在、信義則上の義務の履行、解雇権濫用でないことの具体的判断基準は、1)雇用の廃止・削減を行う経営上の必要性、2)解雇の必要性（解雇回避義務〈一般的解雇回避義務・個別的解雇回避義務〉の履行）、3)解雇対象者の選定基準と適用の合理性・客観性、4)説明・協議と解雇理由の通知である。4)説明・協議と解雇理由の通知は、具体的には、a)解雇対象労働者に対しては、①雇用の廃止・削減の必要性、②一般的解雇回避措置の可否・対象労働者・内容、③解雇対象者の選定基準と適用、④当該労働者の解雇回避措置の可否・内容について、説明・協議し、また、⑤解雇理由を明示すること、b)雇用の廃止・削減により雇用・労働条件に影響を受けうる労働者の集団及び労働組合に対しては、①～③について説明・協議することである。

　また、1)～4)を充足する場合でも、5)不利益緩和義務の履行が必要であり、その不履行に対しては、労働者は損害賠償を請求することができる。

(4)　使用者による経営上の理由による労働条件変更の申込みに対し労働者が承諾しないことを理由とする解雇

ア　整理解雇との相違

　使用者による経営上の理由による労働条件変更の申込みに対し労働者が承諾しないことを理由とする解雇は、本来の目的は労働契約の終了ではなく、労働条件の変更（例えば経営不振を理由とする賃金の減額）であるが、使用者が当該労働条件変更権を有しておらず、また、労働条件変更について労働者の同意が得られないため、従来の労働条件のままでは労働契約を維持できないことを理由とする解雇と位置づけられる。

　解雇の方法としては、①単純な解雇、②条件付解雇、③新たな労働契約締結の申込みを伴った解雇の意思表示として行われる場合があり、②と③を「変更

---

[*62]　なしうる不利益緩和措置と義務の内容は当該使用者と具体的状況により異なるので、結果として何もできなくても不利益緩和義務を履行したと評価される場合はある。

[*63]　再就職のあっせんを手続の相当性において考慮する裁判例として、福岡県労働福祉会館事件・福岡地判平6・2・9労判649号18頁等。

解約告知」と呼ぶ場合もあるが、労働者が労働条件の変更を単純に承諾しない限り、いずれも「解雇」の効力が問題となる*64。

このような解雇は、経営上の理由による解雇の一形態であるが、労働条件の変更について労働者の同意が得られないことを理由とする解雇なので、就業規則所定の解雇事由に該当する事実が存在し（就業規則作成義務のある事業場）、信義則違反、解雇権濫用に該当しないと判断されるためには、従来の裁判例*65を参考に、整理解雇が有効となる要件を修正することが必要である。

### イ　判断基準

具体的には、1)従来の労働条件を変更する経営上の必要性があり、変更後の労働条件の相当性があること、2)労働条件変更の対象者の選定基準と適用の合理性・客観性があること、3)労働条件変更の申込みに対し承諾しない労働者を解雇する必要性と相当性、すなわち、当該労働者の解雇をできるだけ回避する解雇回避義務の履行（労働条件を変更しないで労働契約を維持する可能性、労働者が受け入れられる別の労働条件変更措置、代償措置による説得、希望退職等の可能性の追求）、4)手続として、当該労働条件変更の対象となりうる労働者全体（後の被解雇者も含まれる）及び労働組合に対して、①労働条件変更を決定する前に、その肯否と内容について、②労働条件変更の対象者を決定する前に、対象者の選定基準と適用について、説明・協議を行うこと、③解雇を最終的に決定する前に、労働条件変更の対象労働者に対して、労働条件変更の要否と可否、解雇回避措置の可否と内容について、説明・協議を行い、④解雇を決定した場合は、当該労働者に対して解雇理由を明示することが必要である。

なお、経営上の理由による解雇は労働者に帰責事由のない解雇であるから、

---

*64　後記第8節。詳細は、川口・変更解約告知(2012)参照。
*65　従来の裁判例としては、①「労働条件の変更が会社業務の運営にとって必要不可欠であり、その必要性が労働条件の変更によって労働者が受ける不利益を上回っていて、労働条件の変更をともなう新契約締結の申込みがそれに応じない場合の解雇を正当化するに足りるやむを得ないものと認められ、かつ、解雇を回避するための努力が十分に尽くされているときは、会社は新契約締結の申込みに応じない労働者を解雇することができる」とするもの（スカンジナビア航空事件・東京地決平7・4・13労民46巻2号720頁／労判675号13頁）、②整理解雇の四要件で判断するが第一要件を労働条件変更の必要性とするもの（大阪労働衛生センター第一病院事件・大阪地判平10・8・31労判751号38頁／判タ1000号281頁、同事件・大阪高判平11・9・1労判862号94頁）、③労働条件変更の経営上の必要性、変更内容の相当性、説明・協議手続等により解雇権濫用の有無を判断するもの（日本ヒルトンホテル〈仮処分〉事件・東京地決平11・11・24労旬1482号31頁）、あるいは、労働条件変更の合理的な理由、交渉経緯（説明・協議手続）、労働条件変更に同意しない労働者の契約更新を拒否する必要性等に照らして社会通念上相当と認められる合理的な理由があるかどうかを判断するもの（日本ヒルトンホテル〈本訴〉事件・東京高判平14・11・26労判843号20頁）等がある。

使用者には解雇に伴う不利益を緩和する義務がある。したがって、使用者は、解雇の必要性が存在する場合でも、解雇を決定した労働者に対して、可能な不利益緩和措置を履行する義務があり[66]、解雇が有効となる要件を充足する場合でも、不利益緩和義務の不履行があれば、労働者は損害賠償を請求しうると解すべきである。

(5) ユニオン・ショップ協定に基づく解雇

使用者が、特定の工場事業場の労働者の過半数を代表する労働組合とユニオン・ショップ協定（労働協約）を締結し、ユニオン・ショップ協定締結組合の組合員でない労働者（当該労働組合に加入しない者、又は、脱退した者若しくは除名された者）を解雇する義務を負う旨を定めた場合、当該定めは、解雇対象者を「当該労働組合に加入する資格を有しているが組合員ではなく、かつ、別組合に加入していない未組織労働者」に限定する限りにおいては、当該労働者の積極的団結権及び別組合の団結権侵害とはならず（民法90条の公序違反ではなく）有効であり、使用者は当該労働者を解雇する義務を当該労働組合に対して負う[67]。

したがって、使用者が、当該ユニオン・ショップ協定に基づき、ユニオン・ショップ協定を締結している労働組合に加入する資格を有しているが組合員ではなく、かつ、別組合の組合員ではない未組織労働者を解雇した場合、第一に、就業規則作成義務のある事業場においては、使用者が、所定の手続を履践した就業規則に、解雇事由として、「当該使用者とユニオン・ショップ協定を締結している労働組合に加入する資格を有しているが組合員でなく（当該労働組合に加入せず、又は、脱退し若しくは除名され）、かつ、別組合に加入していないこと」が定められており、使用者が当該労働者に解雇の理由を十分に説明・協議したにもかかわらず労働者が当該労働組合又は別組合に加入せず、解雇を決定したときに当該労働者に解雇理由を通知したときは、当該解雇については、就業規則所定の解雇事由に該当する事実が存在し、また、信義則違反（労契3条4項）、解雇権濫用（労契16条）ではない。

第二に、就業規則作成義務のない事業場においては、使用者が当該労働者に解雇の理由を十分に説明・協議したにもかかわらず労働者が当該労働組合又は別組合に加入せず、解雇を決定したときに当該労働者に解雇理由を通知したときは、当該解雇は、信義則違反（労契3条4項）、解雇権濫用（労契16条）ではない。

---

[66] 先に述べたように、なしうる不利益緩和措置と義務の内容は当該使用者と具体的状況により異なり、何もできなくても不利益緩和義務を履行したと評価される場合はある。

[67] 詳細については、後記第22章「団結の結成と運営」第2節5 (4)～(8)を参照。

## 6　懲戒解雇

懲戒解雇は、「懲戒処分」として行われる「解雇」である。

懲戒解雇の効力は、基本的には「懲戒処分」の有効性判断枠組み[68]において判断され、①懲戒権の法的根拠、②懲戒権の行使の適法性が問題となるが、③「解雇」に関する法規制にも適用される。また、④懲戒解雇を普通解雇に転換することはできず、無効な懲戒解雇が普通解雇として有効となることはない。

### (1) 懲戒権の法的根拠

判例法理においては、労働契約の性質・内容上、使用者は企業秩序定立・維持権を本来的に有し、労働者は当然に企業秩序遵守義務を負うので、使用者は、労働契約の当事者として当然に懲戒権を有している。

これに対して、私見(契約説)においては、懲戒権についても、労働契約上の法的根拠(事前の合意、労働契約の内容となる就業規則の定め、労働契約を規律する労働協約の定めのいずれか)が必要である。

### (2) 懲戒権の行使の適法性

懲戒権の行使が適法で懲戒解雇が有効であるためには、判例法理を基礎とする場合も、私見(契約説)の場合も、1)①就業規則に懲戒解雇事由と懲戒処分の種類・程度として懲戒解雇が定められ、②規定内容が法令・労働協約に反せず(労基92条1項)、かつ、合理的な内容であり、③規定内容が実質的に周知され、④労基法所定の意見聴取と添付(労基90条)・届出(労基89条)・周知(労基106条1項)の手続も履践されていること[69]、2)就業規則に定めた懲戒解雇事由に該当する事実が存在すること、3)労働協約・就業規則・労働契約にその他懲戒権の行使に関する定め(手続等)がある場合はこれを充足すること、4)信義則(労契3条4項)上の義務の履行(①同一の行為については複数回懲戒処分を行わず〈一事不再理の原則〉、②懲戒処分の対象となった行為の性質・態様その他の事情に照らして、懲戒処分時点で懲戒解雇を行うことが必要かつ相当であり〈相当性の原則〉、③当該懲戒解雇と従来の懲戒解雇が均衡のとれたものであり〈平等取扱原則〉、④懲戒理由について十分に説明し、労働者の弁明の機会を付与する等適正な手続を履践する〈適正手続〉という、信義則上の義務を履行したこと)、5)懲戒権濫用(労契15条)に該当しないこと(上記4の①～④に違反した場合は、懲戒権濫用でもある)、6)その他、差別的取扱い等、強行法規違反

---

[68]　前記第17章「懲戒処分」第2節参照。
[69]　就業規則作成義務のない事業場においても、罪刑法定主義的な観点と懲戒権の目的に照らし、①事前に書面に懲戒事由と懲戒処分の種類・程度を定め、②その内容を適法かつ合理的なものとし、③これを周知し、④労働者との合意によりこれを契約内容とすることが必要である。

第2節　期間の定めのない労働契約における解雇

でないことが必要である。

(3) 解雇に関する法規制

使用者は、期間のない労働契約においては、契約法の一般原則に基づき、解雇権を有しているが、懲戒解雇は、解雇権濫用（労契16条）であってもならず（ただしその判断基準は懲戒権濫用と同じである）、また、解雇に関する法令上の規制（→前記2(1)～(5)）に違反しないことが必要である。

(4) 懲戒解雇の普通解雇への転換・予備的意思表示の可否

それでは、懲戒解雇を行った使用者が、後に裁判所において、①懲戒解雇の意思表示の普通解雇の意思表示への転換と普通解雇による労働契約の終了、あるいは、②当該解雇の意思表示には普通解雇の意思表示も含むとして、主位的に懲戒解雇、予備的に普通解雇の意思表示による労働契約の終了を主張できるだろうか。換言すれば、当該解雇が懲戒解雇としては無効だが普通解雇としては有効と判断されることはあるだろうか[*70]。

①について、先に述べたように、使用者は、解雇を決定したときには、解雇の正当性の有無と救済制度の利用等について労働者が判断することを可能にするために、解雇通知時に解雇理由を明示する信義則上の義務を負う（→前記2(6)ア）が、明示すべき内容として、当該解雇が懲戒解雇（企業秩序違反に対する制裁としての解雇）と普通解雇（懲戒処分としてではない人的理由による解雇）のいずれであるかも含まれる（そうでなければ、労働者は当該解雇の正当性を判断できない）。そして、その帰結として、使用者が、後に裁判所において、労働者に告知しなかった解雇理由を主張することは、特段の事情がある場合を除き、信義則に反し許されない。したがって、使用者は、当該解雇は懲戒解雇であると労働者に告知した場合、特段の事情がある場合[*71]を除き、後に裁判所で、当該解雇は普通解雇であり、普通解雇として有効との主張はできない。ただし、当該懲戒解雇が裁判所で無効と判断された場合、同一の非違行為につき、改めて当該労働者に対し普通解雇の意思表示をすることは可能である。

---

[*70] 乙山商会事件・大阪地判平25・6・21労判1081号19頁は、①は許されないが、②の予備的に普通解雇の意思表示をすることは妨げられないと判示する。

[*71] 洋書センター事件・東京高判昭61・5・29労民37巻2=3号257頁/労判489号89頁は、就業規則作成義務がなく懲戒解雇事由の定めがない事業場で行われた懲戒解雇につき、使用者が懲戒解雇に固執せず、退職金規程がなく（懲戒解雇と普通解雇で効果が異ならない）、「労働者の責に帰すべき事由」（労基法20条1項但書：即時解雇）に該当する解雇であること等を考慮し、当該解雇の意思表示を懲戒解雇の呼称の下になされた普通解雇（即時解雇）の意思表示と解しても労働者の地位を不当に不安定にする場合には当たらないと判示し、普通解雇として有効と判断したが、この場合は「特段の事情」が肯定されよう。

これに対し、②については、使用者は、主位的に懲戒解雇・予備的に普通解雇の意思表示又は重畳的に両者の意思表示をなすことは可能であり、その旨解雇時に労働者に告知されていれば、裁判所でその旨主張することは信義則に反しないであろう。ただし、その場合、労働者は懲戒解雇と普通解雇のいずれも無効であることを前提とする法的救済（地位確認、賃金支払請求等）のみならず、普通解雇は有効だが懲戒解雇は違法・無効であることを前提とする法的救済として、懲戒解雇の無効確認及び（又は）不法行為に基づく損害賠償請求も可能と解すべきである。

## 第3節　有期労働契約における解雇・契約更新拒否

　期間の定めのある労働契約（有期労働契約）における、使用者による一方的労働契約終了としては、①契約期間途中の解雇（→第1款）、及び、②契約期間満了時の契約更新拒否（→第2款）がある。以下、順にその効力を検討する。

### 第1款　期間途中の解雇

　有期労働契約における期間途中の解雇の効力については、期間の定めのない労働契約と同様、①解雇権の法的根拠（→1）、②解雇権の行使の適法性（→2）、③解雇が有効となる要件と証明責任（→3）、④具体的判断基準（→4）が問題となる。また、⑤「懲戒解雇」は「懲戒処分」と「解雇」の性質を併せ持つので、それ以外の通常の解雇とは効力の判断枠組みが異なる（→5）。

#### 1　解雇権の法的根拠
　（1）解雇権の根拠規定と労契法17条1項の意義
　有期労働契約における解雇については、使用者は当然に解雇権を有するものではないところ、解雇権は「やむを得ない事由」（労契17条1項）が存在する場合に発生し、換言すれば、労基法17条1項の「やむを得ない事由」の存在が解雇権の発生要件であり、労基法17条1項は解雇権の根拠条文であると位置づけるべきである[*72]。

　「やむを得ない事由」については、「通常の解雇の事由（労契法16条）とは区別された、契約期間中に雇用を終了しなければならない特段の事情」と解する見

---

[*72]　荒木・労働法(2016)483頁も同旨と思われる。

解[*73]もあるが、「やむを得ない事由」に該当する事実が存在すれば直ちに労働契約が終了するわけではなく、それを理由に使用者が解雇の意思表示をすることにより労働契約が終了しうるのであるから、「やむを得ない事由」の存在は、解雇権の法的根拠と位置づけることが論理整合的である。

また、民法628条の「やむを得ない事由」を有期労働契約の解雇権の根拠規定と位置づけ、労契法17条1項は中途解雇を制限する規定であるとの見解[*74]もあるが、①民法上の「雇用」は民法上の典型契約の一つであり、労契法上の「労働契約」は労契法の適用対象となる労務供給契約で、「雇用」と「労働契約」の意義は異なること、②「雇用」と「労働契約」の範囲は同一ではないこと(民法上の委任・請負あるいは無名契約も「労働契約」に該当する場合がある)に鑑みれば、現行法においては、端的に、労契法上の労働契約で期間の定めのあるものは、労契法17条1項が解雇権の根拠規定であると解すべきであろう。

(2) 「やむを得ない事由」(労契17条1項)の内容

「やむを得ない事由」(労契17条1項)については、その内容が問題となるが、有期労働契約においては、期間満了までは契約が継続することが原則であり、期間途中の解雇は、労働者に大きな経済的・人格的不利益を被らせるものであるから、「やむを得ない事由」は、「解雇の客観的に合理的な理由と社会通念上の相当性」であり、「やむを得ない事由」に該当する事実の存在は、①解雇の客観的に合理的な理由があり、解雇回避義務を履行してもなお当該解雇の必要性が存在すること(解雇の必要性・相当性)、②説明・協議と解雇理由の通知を充足する場合に肯定されると解すべきである。

また、契約期間途中の解雇であるから、契約期間満了まで契約を継続することができないという、より高度の解雇の必要性・相当性が要求され、一般的に、期間の定めのない労働契約における解雇より厳格に判断される[*75]。

---

[*73] 西谷・労働法(2013)454頁。「区別された」の意味は不明である。

[*74] 土田・契約法(2016)782頁。「制限する規定」の具体的内容は不明であるが、「やむを得ない事由」(労契17条1項)がある場合を除き当事者の合意等により解雇権を設定できないという意味であろうか。

[*75] プレミアライン事件・宇都宮地栃木支決平21・4・28労判982号5頁、アウトソーシング事件・津地判平22・11・5労判1016号5頁。客観的に合理的な理由及び社会通念上相当である事情に加えて、当該雇用を終了させざるを得ない特段の事情があることと判示する裁判例として、東奥義塾事件・仙台高秋田支判平24・1・25労判1046号22頁、期間満了を待たずに直ちに契約を終了させざるを得ないというような重大な事由と判示する裁判例として、資生堂・アンフィニ事件・横浜地判平26・7・10労判1103号23頁、ジーエル(保全異議)事件・津地決平28・7・25労判1152号26頁。

## 2 解雇権行使の適法性

使用者が解雇権を有する場合も、解雇権の行使は適法であることが必要であり、解雇が有効であるためには、期間の定めのない労働契約における解雇の場合と同じく、1)効力発生要件として、①就業規則作成義務のある事業場においては、就業規則所定の解雇事由該当事実の存在、②労働協約、就業規則、労働契約に、解雇事由、解雇手続等の定めがある場合はその遵守、③信義則(労契3条4項)上の義務の履行、の充足が必要であり、2)効力障害要件である、④解雇権濫用(労契16条)、⑤強行法規違反に該当しないことが必要である(→前記第2節2参照)。

ただし、第一に、期間途中の解雇であるから、契約期間満了まで契約を継続することができないという、より高度の解雇の必要性・合理性が要求され、一般的に、期間の定めのない労働契約における解雇より厳格に判断される。

第二に、解雇予告又は解雇予告手当の支払(労基20条)は、1)日日雇い入れられる者、2)2か月以内の期間を定めて使用される者、3)季節的業務に4か月以内の期間を定めて使用される者、4)試の使用期間中の者には適用されない(労基21条1号〜4号)。ただし、以下の場合は適用がある(労基21条但書)。すなわち、前記1)の者(日日雇用者)が1か月を超えて引き続き雇用されるに至った場合、2)及び3)の者(短期雇用者)が、所定の期間(2か月又は4か月)を超えて引き続き雇用されるに至った場合、4)の者(試用期間中の者)が14日以上引き続き雇用される場合である。

## 3 解雇が有効となる要件と証明責任

前記1及び2を整理するならば、有期労働契約における期間途中の解雇が有効となる要件と証明責任は、以下の通りである。

(1) 解雇が有効となる要件

ア 解雇権の法的根拠

使用者は、労契法17条1項所定の「やむを得ない事由」が存在する場合に限り、解雇権を有する。

イ 解雇権の行使の適法性

解雇権の行使が適法で解雇が有効であるためには、1)効力発生要件として、①就業規則作成義務のある事業場においては、労基法所定の意見聴取と添付・届出・周知(労基90条・89条・106条1項)の手続を履践した就業規則に合理的な内容の解雇事由(限定列挙)の定めがあること、②就業規則作成義務のある事業場においては、就業規則所定の解雇事由該当事実の存在、③労働協約、労働契約

に解雇事由の定めがある場合、又は、労働協約、就業規則、労働契約に解雇手続等の定めがある場合はその遵守、④信義則（労契3条4項）上の義務の履行の充足が必要であり、2)効力障害要件である、⑤解雇権濫用（労契16条）、⑥強行法規（産前産後・業務災害の場合の解雇制限<労基19条>、妊娠中の女性及び出産後1年を経過しない女性労働者に対する解雇の禁止<均等法9条4項本文、例外同項但書>、解雇予告又は解雇予告手当の支払<労基20条・21条>[76]、差別的取扱い禁止等）違反に該当しないことが必要である。

(2) 証明責任

証明責任については、1)解雇権の法的根拠であり、解雇権の権利発生要件である「やむを得ない事由」の存在、及び、2)解雇の効力発生要件である、①就業規則における合理的な内容の解雇事由の定めと労基法所定の手続の履践、②就業規則所定の解雇事由に該当する事実の存在、③労働協約等の定めの充足、④信義則上の義務の履行は使用者が負担し、これらが充足されている場合、3)効力障害要件である、⑤解雇権濫用、⑥強行法規違反に該当することの証明責任は、労働者が負担する。ただし、労働者の⑤の解雇権濫用の主張立証は、事実上、使用者の上記1)及び2)①〜④の主張立証に吸収されることになる[77]。

(3) 「やむを得ない事由」と就業規則所定の解雇事由該当事実の
　　　　存在・信義則上の義務の履行・解雇権濫用でないことの関係

第一に、①「やむを得ない事由（労契17条1項）の存在」は解雇権の発生要件、②「就業規則所定の解雇事由該当事実の存在」と③「信義則上の義務の履行」は解雇権が発生している場合の解雇の効力発生要件、④「解雇権の濫用（労契法16条）」は、解雇の効力障害要件であり、いずれも、有期労働契約における解雇が有効であるための要件であるが、その位置づけが異なる。

第二に、①「やむを得ない事由」の存在、②就業規則所定の解雇事由該当事実の存在、③信義則上の義務の履行については、使用者が証明責任を負い、④解雇権濫用であることについては、少なくとも形式的には労働者が証明責任を負う点が異なる。

第三に、しかし、前記1、及び、第2節の2の(9)イ・(6)・(7)で検討したとおり、①「やむを得ない事由」の存在、②就業規則所定の解雇事由該当事実の存在、③信義則（労契3条4項）上の義務の履行、④解雇権濫用でないこと（労契

---

[76] ただし、判例の相対的無効説によれば、使用者が即時解雇に固執する場合を除き、解雇が有効となる要件ではない。

[77] 期間の定めのある労働契約における期間途中の解雇が有効となる要件と証明責任の詳細については、川口＝古川・労働契約終了(2004)59・63-66頁。

16条)は、いずれも、「解雇の客観的に合理的な理由と社会通念上の相当性があること」であり、その判断基準は基本的に同じである。いずれも、契約期間途中で解雇することの必要性・相当性が要求され、一般に、期間の定めのない労働契約における解雇よりも高度の必要性・相当性が要求される。

それゆえ、「やむを得ない事由」が存在しなければ、解雇は無効である。「やむを得ない事由」が存在する場合、第一に、就業規則作成義務のある事業場においては、さらに、上記②～④が検討されることになり、就業規則が作成されていない、あるいは、解雇事由が定められていない等の場合は解雇は無効となるが、そうでなければ、「やむを得ない事由」と②～④の判断基準は同じであるので、②～④は肯定されよう。第二に、就業規則作成義務のない事業場においては、さらに、上記③・④が検討されることになるが、「やむを得ない事由」と③・④の判断基準は同じであるので、③・④は肯定されよう。

### 4　具体的判断基準

有期労働契約における解雇が有効となる要件である、1)「やむを得ない事由」の存在、2)就業規則所定の解雇事由該当事実の存在、3)信義則(労契3条4項)上の義務の履行、4)解雇権濫用でないこと(労契16条)の具体的な判断基準は、期間の定めのない労働契約における解雇と同様、当該解雇が、①懲戒解雇以外の労働者の人的理由による解雇(普通解雇)[*78]、②使用者による人的理由による労働条件変更の申込みに対し労働者が承諾しないことを理由とする解雇、③雇用の廃止・削減等の経営上の理由による解雇(整理解雇)[*79]、④使用者による経営上の理由による労働条件変更の申込みに対し労働者が承諾しないことを理由とする解雇、⑤ユニオン・ショップ協定に基づく解雇のいずれに該当するかにより、その内容を異にする(→前記第2節5)。ただし、一般に、期間の定めのな

---

*78　労契法施行(2008〈平20〉年3月1日)後の事案に関し、やむを得ない事由がないとして解雇無効と判断した裁判例として、東大阪市環境保全公社事件・大阪地決平22・1・20労判1002号54頁、東奥義塾事件・青森地弘前支判平23・5・18労判1046号29頁、同事件・仙台高秋田支判平24・1・25労判1046号22頁、17条1項を類推適用して契約解除を無効とした裁判例として、NHK堺営業センター事件・大阪地判平27・11・30労判1137号61頁(同事件・大阪高判平28・7・29労判1154号67頁は17条1項の類推適用を否定)。

*79　労契法施行(2008〈平20〉年3月1日)後の事案に関し、整理解雇の四要件を(厳格に)適用し、やむを得ない事由がなく解雇無効と判断した裁判例として、プレミアライン事件・宇都宮地栃木支判平21・4・28労判982号5頁、アンフィニ(仮処分)事件・横浜地決平21・10・9労判1000号30頁、同事件・東京高決平21・12・21労判1000号24頁、アウトソーシング事件・津地判平22・11・5労判1016号5頁、資生堂・アンフィニ事件・横浜地判平26・7・10労判1103号23頁、ジーエル(保全異議)事件・津地決平28・7・25労判1152号26頁等。

い労働契約における解雇よりも、解雇の高度の必要性・相当性が要求される。

## 5 懲戒解雇

有期労働契約の期間途中の懲戒解雇の効力も、基本的には「懲戒処分」の有効性判断枠組み[*80]において判断され、①懲戒権の法的根拠、②懲戒権の行使の適法性が問題となるが、③「解雇」に関する法規制にも抵触してはならない。

### (1) 懲戒権の法的根拠

判例法理においては、使用者は、労働契約の当事者として当然に懲戒権を有している。これに対して、私見(契約説)においては、懲戒権については、労働契約上の法的根拠(事前の合意、労働契約の内容となる就業規則の定め、労働契約を規律する労働協約の定めのいずれか)が必要である。

### (2) 懲戒権の行使の適法性

懲戒権の行使が適法で懲戒解雇が有効であるためには、判例法理を基礎とする場合も、私見(契約説)の場合も、1)①就業規則に懲戒解雇事由と懲戒処分の種類・程度として懲戒解雇が定められ、②規定内容が法令・労働協約に反せず(労基92条1項)、合理的な内容であり、③規定内容が実質的に周知され、④労基法所定の意見聴取と添付(労基90条)・届出(労基89条)・周知(労基106条1項)の手続も履践されていること[*81]、2)就業規則所定の懲戒解雇事由該当事実が存在すること、3)労働協約・就業規則・労働契約にその他懲戒権の行使に関する定め(手続等)がある場合はこれを充足すること、4)信義則(労契3条4項)上の義務の履行(①一事不再理の原則、②相当性の原則、③平等取扱原則、④適正手続)、5)懲戒権濫用(労契15条)に該当しないこと、6)強行法規違反でないことが必要である。

### (3) 解雇に関する法規制

有期労働契約において期間途中に懲戒解雇を行う場合は、「やむを得ない事由」(労契17条1項)がなければ解雇権が発生しないが、上記(1)(2)を充足すれば、「やむを得ない事由」の存在は肯定されよう。

また、懲戒解雇は、「解雇権濫用」(労契16条)であってもならないが、解雇権濫用の判断は、懲戒権濫用の判断と同じと解される。

また、懲戒解雇は解雇に関する法令上の規制(→前記第2節2(1)～(5))に違反

---

[*80] 前記第17章「懲戒処分」第2節参照。
[*81] 就業規則作成義務のない事業場においても、罪刑法定主義的な観点と懲戒権の目的に照らし、①事前に書面に懲戒事由と懲戒処分の種類・程度を定め、②その内容を適法かつ合理的なものとし、③これを周知して、④労働者との合意によりこれを契約内容とすることが必要である。

しないことが必要である。

(4) 懲戒解雇の普通解雇への転換・予備的意思表示の可否

懲戒解雇の普通解雇への転換・予備的意思表示の可否については、前記第2節6(4)で述べた通りである。

## 第2款 契約更新拒否

### 1 問題の所在

有期労働契約は、契約期間の満了により終了するのが原則である。

しかし、現行法においては、いかなる場合に有期労働契約を締結することができるのかという締結事由に関する限定がなされていない（いわゆる「入口規制」が存在しない）[*82]。

したがって、使用者が、有期労働契約を締結する場合として、①当該労働が一時的にしか必要でない場合（季節的な労働、休業している人の代替要員、一時的な生産量の増大への対応等）もあるが、②労働の必要性は継続的に存在するが、期間の定めのない労働契約を締結すると解雇が制限されるので、余剰人員が発生したときは雇止め（契約更新拒否）により労働契約を終了させることができるように、雇用調整のために有期労働契約を締結する場合、③労働者の能力・適性等を評価し、契約期間満了時に労働契約の継続か終了かの選択を可能とするために、有期労働契約を締結する場合等がある。

①の場合は、仮に労働者が契約の継続を望む場合でも、当該労働の必要性がない以上、労働契約の終了はやむを得ない。しかし、②と③の場合は、使用者による恣意的な労働契約の終了を制限し、労働者を保護するために、更新拒否による労働契約の終了を制限することが必要である。

従来、判例は、②の事例（雇用調整型）については、解雇規制法理の類推適用により、③の事例（能力判断型）については、「期間の定め」を試用期間と解し解雇規制法理を直接適用することにより、制限を行っていた（→2）。そして、2012（平24）年に新設された労契法19条は、新たに有期労働契約締結・更新の承諾みなし規定を設けることによる制限を行っている（→3）。

なお、2012（平24）年に新設された労契法18条による有期労働契約の期間の定

---

[*82] 労契法17条2項は「使用者は、有期労働契約について、その有期労働契約により労働者を使用する目的に照らして、必要以上に短い期間を定めることにより、その有期労働契約を反復して更新することのないよう配慮しなければならない」と定めるが、必要以上に短い期間が定められた場合、契約期間が延長されるという法的効果が直接この条文から発生すると解することは困難である。

めのない労働契約への転換制度*83も、間接的に有期労働契約の契約更新拒否による終了を制限し、労働者の雇用を保障する意義を有する。

## 2　解雇制限規定の類推適用・直接適用による制限

有期労働契約は、原則として期間満了により終了するが、以下の場合は当然には終了せず、解雇制限規定が類推適用又は直接適用される。

### (1) 継続が予定されている労働契約

当該労働契約が、契約当事者のいずれかから契約更新拒否の意思表示がなければ当然更新されるべき労働契約（期間満了により当然には終了せず、継続が予定されている契約）で、①期間の定めのない労働契約と実質的に異ならない状態となっている場合、又は、②期間満了後も使用者が雇用を継続すべきものと労働者が期待することに合理性が認められる場合（合理的期待がある場合）*84は、契約終了の効力は以下のように判断される*85。

第一に、労働者と使用者のいずれからも契約更新拒否の意思表示がなければ、当然更新されるべき労働契約を締結した当事者双方の意思に基づき契約が更新され、従前と同じ内容の新たな労働契約成立の効果が発生する。

第二に、使用者から契約更新拒否の意思表示があった場合は、「契約更新拒否の意思表示」は契約を終了させる形成権の行使であり、解雇制限規定（→前記第2節2・3参照）を類推適用*86して、契約更新拒否（形成権の行使）の効力を判断する。「信義則違反」「解雇権濫用」等の具体的判断基準は、解雇と同様、当該契約更新拒否の理由が、①懲戒処分、②懲戒処分以外の労働者の人的理由

---

*83　後記第20章「非典型労働契約」第1節5。
*84　管理員としては上限5年と認識していたのでそれ以上の契約更新には期待を有していないが、その後より労働条件の低い業務職員として契約更新されることには合理的期待があると判断し、契約更新拒否を権利濫用として業務職員としての地位確認等を認容した裁判例として、近畿建設協会事件・京都地判平18・4・13労判917号59頁。
*85　①は東芝柳町工場事件・最一小判昭49・7・22民集28巻5号927頁/労判206号27頁、②は日立メディコ事件・最一小判昭61・12・4集民149号209頁/労判486号6頁、①②について松下PDP事件・最二小判平21・12・18民集63巻10号2754頁/労判993号5頁、NTT東日本-北海道ほか1社事件・札幌地判平24・9・5労判1061号5頁（②は信義則を媒介として解雇法理を類推適用すると判示）等。
*86　ただし、解雇予告又は解雇予告手当の支払（労基20条）の適用はなく、代わりに、労基法14条2項及び「有期労働契約の締結、更新及び雇止めに関する基準」（平15・10・22厚労告357、平24・10・26厚労告551等により一部改正）1条（「使用者は、期間の定めのある労働契約〈当該契約を3回以上更新し、又は雇入れの日から起算して1年を超えて継続勤務している者に係るものに限り、あらかじめ当該契約を更新しない旨明示されている者を除く〉を更新しないこととしようとする場合には、少なくとも当該契約の期間の満了する日の30日前までにその予告をしなければならない」）が適用される。

[*87]、③使用者の人的理由による労働条件変更の申込みを労働者が承諾しなかったこと、④雇用の削減・廃止等の経営上の理由[*88]、⑤使用者の経営上の理由による労働条件変更の申込みを労働者が承諾しなかったこと[*89]、⑥ユニオン・ショップ協定に基づく解雇義務の履行のいずれに該当するかを検討し、それぞれの類型毎の判断基準を適用して判断する(→前記第2節4・5参照)。そして、契約更新拒否(の意思表示)が無効であるときは、従前と同じ内容の労働契約が更新されたのと同じ効果が発生する。

この理は、第一回目の契約更新拒否の場合[*90]も、パートタイム労働契約の更新拒否の場合[*91]も、派遣労働契約の更新拒否の場合[*92]も同様である。

(2) 試用期間付労働契約

当該労働契約における期間の定めが契約の存続期間ではなく試用期間であり、当該労働契約が試用期間付の期間の定めのない労働契約又は試用期間よりも契約期間の長い有期労働契約である場合は、試用期間満了後の本採用拒否は

---

[*87] 最近の事案として、エヌ・ティ・ティ・コムチェオ事件・大阪地判平23・9・29労判1038号27頁(地位確認等請求認容)、ノースアジア大学事件・秋田地判平24・10・12労判1066号48頁(地位確認等請求認容)、国立大学法人東京医科歯科大学事件・東京地判平26・7・29労判1105号49頁(研究業績不足を理由、地位確認等請求認容)等。

[*88] 最近の事案として、カンタス航空事件・東京高判平13・6・27労判810号21頁/判時1757号144頁(地位確認等認容)、ティアール建材・エルゴテック事件・東京地判平13・7・6労判814号53頁(整理解雇の四要件を適用して判断、地位確認等棄却)、立教女学院事件・東京地判平20・12・25労判981号63頁(地位確認等認容)、アンフィニ(仮処分)事件・東京高決平21・12・21労判1000号24頁(地位確認等認容)、東大阪市環境保全公社事件・大阪地決平22・1・20労判1002号54頁(雇止めを無効と判断、一定の賃金仮払認容)、いすゞ自動車事件・東京地判平24・4・16労判1054号5頁/判タ1405号204頁(地位確認等棄却)、東芝ライテック事件・横浜地判平25・4・25労判1075号14頁(地位確認等棄却)、清恵会事件・大阪高判平25・6・21労判1089号56頁(地位確認等認容)、日本郵便苦小牧支店(A雇止め)事件・札幌地判平25・3・28労判1082号66頁、同事件・札幌高判平26・2・14労判1093号74頁(整理解雇の四要件を適用して判断、地位確認等棄却)、日本郵便苦小牧支店(B雇止め)事件・札幌地判平25・7・30労判1082号24頁/判時2204号133頁(整理解雇の四要件を適用して判断、地位確認等認容)、同事件・札幌高判平26・3・13労判1093号5頁(整理解雇の四要件を適用して判断、地位確認等棄却)、資生堂・アンフィニ事件・横浜地判平26・7・10労判1103号23頁(整理解雇の四要件を適用して判断、地位確認等認容)等。

[*89] 事案として、日本ヒルトン事件・東京地決平11・11・24労旬1482号31頁(地位確認等却下)、日本ヒルトンホテル(本訴)事件・東京地判平14・3・11労判825号13頁(地位確認等認容)、同事件・東京高判平14・11・26労判843号20頁(地位確認等棄却)。

[*90] 龍神タクシー事件・大阪高判平3・1・16労判581号36頁(地位確認等認容)、清恵会事件・大阪高判平25・6・21労判1089号56頁(地位確認等認容)。

[*91] 三洋電機事件・大阪地判平3・10・22労判595号9頁(地位確認等認容)、全国社会保険協会連合会事件・京都地判平13・9・10労判818号35頁(地位確認等認容)。

[*92] 伊予銀行・いよぎんスタッフサービス事件・高松高判平18・5・18労判921号33頁(地位確認等棄却)。

解雇である[*93]。

したがって、解雇制限規定が直接適用され、期間の定めのない労働契約の解雇（→前記第2節）、又は、有期労働契約の期間途中の解雇（→前記第1款）としてその効力が判断される。ただし、試用期間が終了し「本採用」された後の解雇とは、「やむを得ない事由」（労契17条1項）・「就業規則所定の解雇事由に該当する事実の存在」・「信義則（労契3条4項）上の義務の履行」・「解雇権濫用」（労契16条）の具体的判断基準が異なる[*94]。

(3) 「雇用の継続」にのみ合理的期待が認められる場合

それでは、「雇用の継続（契約更新）」には合理的期待が認められるが、契約更新毎に契約内容が変わりうる（例えば塾や予備校の講師で毎年担当するコマ数が変動する）など「従来の契約と全く同じ契約内容での雇用継続（契約更新）」への合理的な期待までは認められない場合、使用者による契約更新拒否の効力はどのように判断されるであろうか。

第一に、雇用の終了そのものを目的とする契約更新拒否、すなわち、懲戒処分としての契約更新拒否、懲戒処分以外の人的理由による契約更新拒否、雇用の削減・廃止を理由とする更新拒否の場合は、「雇用の継続」への合理的期待があるので、解雇規制法理が類推適用され、解雇であれば無効で契約が更新されたと判断される場合は、更新された契約の内容（例えば塾や予備校の講師の担当講義のコマ数）は、契約内容を合理的に解釈し決定することになる。

第二に、使用者の労働条件変更の申込み（例えば塾や予備校の講師の担当コマ数を5コマから3コマに減少する）に対して労働者の承諾がないことを理由とする契約更新拒否は、①当該労働条件変更に必要性・相当性があり、労働者の合理的な期待の範囲内であれば、労働者が労働条件変更に承諾しないときは、労働者からの契約締結拒否（不承諾）であり解雇に関する法理は類推適用されない[*95]。これに対して、②当該労働条件変更が労働者の合理的な期待の範囲を超えるものである場合は、解雇に関する法理が類推適用され、解雇であれば無効で契約が更新されたと判断される場合は、更新された契約の内容は、契約内容を合理的に解釈し決定することになる。

---

[*93] 神戸弘陵学園事件・最三小判平2・6・5民集44巻4号668頁/労判564号7頁。
[*94] 詳細は、前記第15章「労働契約の成立」第4節5(1)〜(3)。
[*95] 河合塾事件・福岡地判平20・5・15労判989号50頁、同事件・福岡高判平21・5・19労判989号39頁。

## 3 有期労働契約締結・更新の承諾みなし制度

労契法の一部を改正する法律（平24法56）[*96]により、2012（平24）年に新設された労契法19条（2012〈平24〉年8月10日施行）は、従来の雇用調整型の事案の判例法理（→前記2(1)）を参考にして、一定の要件を充足する場合は、使用者が有期労働契約（有期労働契約）の更新を拒否しても、労働者の申込みにより、使用者が有期労働契約の更新又は締結の申込みを承諾したものとみなす制度（有期労働契約締結・更新の承諾みなし制度）を創設した。その内容は以下の通りである。

(1) みなしの要件

使用者が契約の更新又は締結の申込みを承諾したとみなされる要件（有期労働契約が更新・締結される要件）は三つある（労契19条）。

第一は、「当該有期労働契約の法的性質の要件」であり、当該有期労働契約が以下の①又は②のいずれかに該当することである。

①「当該有期労働契約が過去に反復して更新されたことがあるものであって、その契約期間の満了時に当該有期労働契約を更新しないことにより当該有期労働契約を終了させることが、期間の定めのない労働契約を締結している労働者に解雇の意思表示をすることにより当該期間の定めのない労働契約を終了させることと社会通念上同視できると認められること」（労契19条1号）[*97]。

②「当該労働者において当該有期労働契約の契約期間の満了時に当該有期労働契約が更新されるものと期待することについて合理的な理由があるものであると認められること」（労契19条2号）[*98]。

---

[*96] これに伴い、平20・1・23基発0123004「労働契約法の施行について」は廃止され、平24・8・10基発0810第2号「労働契約法の施行について」が出されている（平27・3・18基発0318第2号「『労働契約法について』の一部改正について」により一部改正）。

[*97] 東芝柳町工場事件・最一小判昭49・7・22民集28巻5号927頁/労判206号27頁が示した要件を基礎に修正を加えて規定したものであり、「期間の定めのない労働契約と実質的に異ならない労働契約であること」とほぼ同義である。労契法19条1号に該当すると判断した裁判例として、ニヤクコーポレーション事件・大分地判平25・12・10労判1090号44頁/判時2234号119頁（2号該当性も肯定）、エヌ・ティ・ティ・ソルコ事件・横浜地判平27・10・15労判1126号5頁、ジャパンレンタカー事件・津地判平28・10・25労判1160号5頁、同事件・名古屋高判平29・5・18労判1160号5頁等。否定した裁判例として、シャノアール事件・東京地判平27・7・31労判1121号5頁（2号該当性も否定）。

[*98] 日立メディコ事件・最一小判昭61・12・4民集149号209頁/労判486号6頁が示した要件を基礎として規定したものである。労契法19条2号該当性を肯定した裁判例として、親和運輸東京事件・東京地判平28・2・19労判1136号6頁、国際自動車事件・東京地決平28・8・9労判1149号5頁。各有期労働契約の間に空白期間が存在する季節労働者につき、A農協事件・長野地松本支判平26・12・24労判1132号61頁は労契法19条2号の類推適用を肯定し、同事件・東京高判平27・6・24労判1132号51頁は否定したが、肯定した地裁の判断が妥当であろう。

第二は、「労働者の申込みの要件」であり、契約期間が満了する日までの間に、労働者が当該有期労働契約の更新の申込みをしたこと、又は、当該契約期間の満了後遅滞なく有期労働契約の締結の申込みをしたこと（「契約更新（締結）申込権」の行使）である[*99]。

第三は、「申込みの拒絶の違法性要件」であり、使用者が当該申込みを拒絶することが、客観的に合理的な理由を欠き、社会通念上相当であると認められないことである。

以下、三つの要件の詳細を検討する（→(2)〜(4)）。

### (2) 要件①－有期労働契約の法的性質

#### ア 法的性質の判断

当該有期労働契約の法的性質については、前記(1)①労契法19条1号（期間の定めのない労働契約と実質的に異ならない労働契約）、及び、前記(1)②労契法19条2号（契約期間満了時点での契約の更新についての合理的な期待）のいずれについても、契約締結時又はその後の、使用者の言動（契約継続の期待をもたせるような言動等）、職務内容、職務の臨時性・継続性、契約の更新回数・通算期間、契約の更新手続・契約の期間に関する管理、他の有期労働者の取扱いや契約更新状況等により判断されることになる。ただし、前記(1)②労契法19条2号（契約の更新についての合理的な期待）は、過去一度も契約が更新されていなくても該当しうる。

#### イ 「状態」・「合理的期待」の発生と消滅

労契法19条1号・2号該当性は、当該有期労働契約の更新時までの事情を考慮して判断されるところ、労契法19条1号の「期間の定めのない労働契約「実質的に異ならない状態」、又は、労契法19条2号の「契約期間満了時点での契約の更新についての合理的な期待」は、最初の有期労働契約締結時から雇止めされるまでの間のいずれかの段階から認められればよい。

また、一旦、期間の定めのない労働契約と実質的に異ならない状態となるか又は契約更新についての合理的期待が発生すれば、一定期間の契約更新のみに対する合理的期待、例えば産休期間中の労働者の代替要員として採用された場合を除き、その状態又は合理的期待が減殺・消滅することはなく、合理的期待が発生した後に更新限度の設定がなされること[*100]や経営状態が悪化すること

---

[*99] これは従来の判例法理にはない要件である。
[*100] 契約更新限度を設定する方針の認識が雇用継続の合理的期待の発生後かどうかを意識して判断した裁判例として、北海道大学事件・札幌地判平25・8・23労判1099号33頁。

[*101]は、合理的期待の有無に影響を及ぼさないと解すべきである。一旦そのような状態となれば、労働者は、労働契約の更新を前提として生活設計を行い転職の機会があっても他の職を選択しなかったりするので、労働者の生活及び雇用の安定を図る必要があるからである。

　　　ウ　「不更新合意」・「更新限度合意」の意義と効力

　有期労働契約においては、次回以降は有期労働契約を更新しない旨の「不更新合意」や更新限度(契約の通算期間、更新回数等)を定める「更新限度合意」[*102]による契約の終了が主張される場合がある。

　不更新合意又は更新限度合意の効力は、その前提として「合意」の意味する内容が問題となるところ、現行法において想定しうるものとしては、後記(3)イで検討する、契約更新(締結)申込権の放棄・不行使合意(労契法19条違反で無効である)の他、①当該契約期間満了時を契約終了時とする解約合意、②事前の更新合意の解約合意、③労働契約更新への期待権・期待利益の放棄、④当該契約期間満了時以降は契約を更新しないという「合意」等がある。

　「①当該契約期間満了時を契約終了時とする解約合意」は有効[*103]だが、有期労働契約は期間満了により終了するので、当該合意により新たな法律効果が発生するわけではない。そして、当該有期労働契約が終了しても、労契法19条所定の要件の充足により新たな有期労働契約が成立するので、当該解約合意は労契法19条の法的効力には影響を及ぼさない。

　「②事前の更新合意[*104]の解約合意」は、更新合意に基づく契約更新を否定する法律効果を有するが、労契法19条施行後は、同条所定の要件を充足すれば新たな有期労働契約が成立するので、単に合意による更新の効果を否定するだ

---

[*101] 期間の定めのない労働契約と実質的に異ならない状態となるか又は契約更新についての合理的期待が発生した後の事情の変化(経営状態の悪化等)は、第三の「申込みの拒絶の違法性要件(客観的に合理的な理由と社会通念上の相当性がないこと)」の判断において、人員削減の必要性等として考慮されるべきである。

[*102] 不更新条項、又は、更新限度条項を記載した労働契約書に労働者に署名させるなどして、その存在が主張される場合が多い。

[*103] 橋本陽子「労働契約の期間」再生(2)(2017)84頁等。

[*104] 労働契約の更新という法的効果は、契約期間満了時における当事者間の契約更新合意によって生じるのみならず、契約更新をしない旨の格別の意思表示のない限り契約を更新するという事前の契約当事者の合意(更新合意)によっても導かれる。労契法19条施行前の東芝柳町工場事件・最一小判昭49・7・22民集28巻5号927頁は、事前の更新合意により契約更新という法律効果を導いたと解される(川口=古川・労働契約終了法理(2004年)34頁)。

けであれば、労契法19条の法的効力には影響を及ぼさない[*105]。しかし、事前の更新合意が存在する場合は契約更新への合理的期待も発生しているから、その解約合意には労働契約更新への労働者の期待権・期待利益の放棄も含まれている場合が多いと思われるので、次に併せて検討する。

「③労働契約更新への期待権・期待利益の放棄」である場合、労契法19条施行前は、労働者の労働契約更新への期待権・期待利益は「労働契約上の権利又は利益」であるので、「自由な意思に基づく期待権・期待利益の放棄は有効」との見解[*106]もありえたかもしれない。しかし、少なくとも労契法19条施行後は、労働者の期待権・期待利益は同条に基づく新たな有期労働契約の成立という法律効果の発生要件の一つであり、期待権・期待利益の放棄は、強行規定である19条の適用を実質的に排除する意思表示を意味するから、期待権・期待利益の発生前後のいずれも、労契法19条に反し無効である。

「④契約を更新しないという『合意』」について、「契約を更新しない」ことは、事前の更新合意がある場合を除き、単なる事実で法律行為ではないので、法律効果を生じさせる「合意」ではない。それゆえ、不更新・更新限度条項のある労働契約書に労働者が署名しても、単に、使用者が契約不更新・更新限度を「通知」し、労働者が当該通知を受けたことを確認しているにすぎない[*107]。

この契約不更新・更新限度「通知」は、期間の定めのない労働契約と実質的に異ならない状態となるか又は契約更新についての合理的期待が発生した後になされたのであれば、その状態又は合理的期待を減殺・消滅させることはない

---

[*105] 労契法19条施行前であれば、「解約合意の成立＝更新合意の消滅」により当事者の合意に基づく契約更新の効果が否定されると、労働契約関係が終了するので、解約合意の成否が重要な論点であった。労契法19条施行前の事案で、解約合意の成立を肯定した裁判例として、近畿コカ・コーラボトリング事件・大阪地判平17・1・13労判893号150頁、渡辺工業（住友重機横須賀工場）事件・横浜地判平19・12・20労判966号21頁、同事件・東京高判平20・8・7労判966号13頁等。否定した裁判例として、ダイフク事件・名古屋地判平7・3・24労判678号47頁、東芝ライテック事件・横浜地判平25・4・25労判1075号14頁等。

[*106] 労契法19条施行前の事案で、期待権・期待利益の放棄・消滅を肯定した裁判例として本田技研工業事件・東京地判平24・2・17労経速2140号3頁、同事件・東京高判平24・9・20労経速2162号3頁、富士通関西システムズ事件・大阪地判平24・3・30労判1093号82頁等。

[*107] 契約期間満了時を終了時とする解約合意は設定できないとの理由からであるが、同じ結論のものとして、戸谷義治「不更新条項に合意した有期労働者の雇止め」新・判例解説watch12号(2013)279頁、篠原信貴「有期雇用」再生(6)(2017)202頁等。

(→イ)[*108]。また、当該不更新又は更新限度の理由が労契法18条所定の期間の定めのない労働契約への転換制度[*109]における無期転換申込権の発生の回避を目的とするものであれば、同規制を潜脱するものとして、労契法19条1号・2号該当性の判断対象とする事実から除外すべきである[*110]。そして、使用者が当該不更新又は更新限度の合理的な理由（例えば当該期間のみの臨時的労働や休職者の代替要員であること等）を主張立証しなければ、当該「通知」は、無期転換申込権の発生の回避を目的とするものと判断すべきであろう。

したがって、契約不更新・更新限度「通知」は、1.期間の定めのない労働契約と実質的に異ならない状態となるか又は契約更新についての合理的期待が発生する前になされ、かつ、2.当該不更新・更新限度が労契法18条の無期転換申込権の発生の回避を目的とするものでない場合に限り、その後の使用者の言動や事情も含め、労契法19条1号・2号該当性の判断要素の一つとして考慮されることになる[*111]。そして、場合により、使用者による雇止めの通知とも評価されよう。

(3) 要件②－労働者の申込み
　　ア　「申込み」の有無

第二の要件である、労働者による労働契約の更新又は締結の申込みについては、使用者の雇止めの通知又は期間満了後の労務受領拒否に対する労働者の雇止め反対の意思表示が使用者に到達すれば認められることになろうが[*112]、こ

---

[*108] 契約更新への合理的期待が発生した後の、人員削減方針や契約不更新の通告等（雪印ビジネスサービス事件・浦和地判川越支決平12・9・27労判802号63頁）、経営不振の説明や不更新条項が付された労働契約書への労働者の署名・押印等（前注54・東芝ライテック事件）を、契約更新への合理的期待の有無と程度の中で判断する裁判例や、事情変更や雇用継続しないとの当事者間の合意による期待利益の遮断・消滅を肯定する報徳学園事件・神戸地尼崎支判平20・10・14労判974号25頁は支持できない。
[*109] 後記第20章「非典型労働契約」第1節5。
[*110] 就業規則等の更新限度条項が問題となったダイキン工業事件・大阪地判平24・11・1労判1070号142頁、福原学園（九州女子短期大学）事件・福岡地小倉支判平26・2・27労判1094号45頁、同事件・福岡高判平26・12・12労判1122号75頁、同事件・最一小判平28・12・1集民254号21頁/労判1156号5頁は、労契法18条の施行前の事案で同条は考慮されていない。
[*111] 就業規則の更新限度条項も同様に解すべきである。50歳不更新条項が就業規則に導入されたが60歳までの契約更新の合理的期待と当該労働契約の労契法19条2号該当性を肯定した例として、市進事件・東京高判平27・12・3労判1134号5頁。
[*112] ニヤクコーポレーション事件・大分地判平25・12・10労判1090号44頁/判時2234号119頁（雇止めの通知を受けた労働者の撤回要求を労契法19条の更新申込みと認定）、福原学園（九州女子短期大学）事件・福岡地小倉支判平26・2・27労判1094号45頁（労契法19条の更新の申込みは要式行為ではなく、使用者による雇止めの意思表示に対して労働者による何らかの反対の意思表示が使用者に伝わるものであれば足りると判示）。

の意思表示については黙示の意思表示もあり得るので緩やかに認定すべきである。また、契約締結の申込みは「遅滞なく」とされているが、合理的な理由による申込みの遅滞は許容されるべきである。
　　イ　契約更新(締結)申込権の放棄・不行使合意の効力
　「契約更新(締結)申込権」は、所定の期間内に行使し「有期労働契約の法的性質の要件」と「申込みの拒絶の違法性要件」が充足されれば、使用者の承諾がなくても「有期労働契約の更新又は締結」という法律効果が発生する特別の権利であるが、行使するかどうかは労働者の自由であるから、労働者が申込権を「結果として行使せず」、労働契約関係の終了を選択することは当然あり得る。
　これに対し、労働者が、所定の期間経過前に、当該申込権を放棄し又はその不行使を使用者と合意した場合、当該放棄の意思表示又は不行使合意の効力が問題となるが、①申込権の行使は労働者がそのときの様々な状況を考慮して決定するもので事前の判断は困難であるところ、労契法19条は当該有期労働契約の期間満了後の相当な期間まで申込権の行使を保障していること、②申込権の行使は、労契法19条に基づく新たな有期労働契約の成立という法律効果の発生要件の一つであり、申込権の放棄又は不行使合意は実質的に労契法19条の適用を排除する意思表示・合意を意味するところ、労契法19条は当事者の意思により適用を排除することができない強行規定であること、③申込権は強行規定である労契法19条の定める労働者の権利であるところ、強行規定の定める労働者の権利の放棄又は不行使の合意は無効と解すべきことから、労契法19条に反し無効である。
　(4)　要件③－申込みの拒絶の違法性
　第三の要件である、使用者のなした申込みの拒絶が「客観的に合理的な理由を欠き、社会通念上相当であると認められないこと」について、「客観的に合理的な理由と社会通念上の相当性」の肯否は、解雇制限規定(→前記第2節2・3参照)を類推適用[*113]して判断する。そして、「信義則上の義務の履行」「解雇権濫用」の具体的判断基準は、解雇と同様、当該申込みの拒絶の理由が、①懲

---

[*113]　ただし、解雇予告又は解雇予告手当の支払(労基20条)の適用はなく、代わりに、次に述べる労基法14条2項及び「有期労働契約の締結、更新及び雇止めに関する基準」1条が適用される。

戒処分、②懲戒処分以外の労働者の人的理由[*114]、③使用者の人的理由による労働条件変更の申込みを労働者が承諾しなかったこと、④雇用の削減・廃止等経営上の理由[*115]、⑤使用者の経営上の理由による労働条件変更の申込みを労働者が承諾しなかったこと、⑥ユニオン・ショップ協定のいずれかを検討し、それぞれの類型毎の判断基準を適用して判断する（→前記第2節4・5参照）。

なお、労基法14条2項、及び、「有期労働契約の締結、更新及び雇止めに関する基準」[*116]1条は、「使用者は、期間の定めのある労働契約（当該契約を3回以上更新し、又は雇入れの日から起算して1年を超えて継続勤務している者に係るものに限り、あらかじめ当該契約を更新しない旨明示されている者を除く）を更新しないこととしようとする場合には、少なくとも当該契約の期間の満了する日の30日前までにその予告をしなければならない」と定めており、同予告のない更新拒否の効力が問題となるが、当該条項は、契約終了に伴う労働者の不利益を緩和する使用者の信義則上の義務の最低基準を明文化したものと解されるので、当該条項違反の契約更新拒否は労働契約終了の効力を否定されると解すべきであろう。

(5) 承諾のみなしの法的効果

「契約の更新又は締結の承諾のみなし」の法的効果として、「従前の有期労働契約の内容である労働条件と同一の労働条件（契約期間を含む）」で、契約が更新され、又は、成立する（労契19条）。

ただし、この労契法19条の法的効果の定めは、契約毎に労働条件が異なりうる場合（例えば、1年の有期労働契約を締結している塾や予備校の講師で毎年担当講義のコマ数が異なる場合＜前記2(3)＞や、派遣労働契約で契約更新後に派遣先が変わりうる場合）にはそのまま適用されないと解され、場合によっては、従前異なる労働条件で労働契約が更新され又は成立したと判断される場合もあろう。

(6) 従来の判例法理との関係

労契法19条は、従来の判例法理を消滅させるものではなく、従来の判例法理も重畳的に適用される。したがって、労働者による「契約の更新又は締結の申込み」（労契19条）がない場合でも、従来の判例法理に基づき、解雇規制法理を類推適用し、契約更新の法的効果が導かれる場合がある。

---

[*114] 労契法19条に基づき契約の終了を否定した裁判例として、ニヤクコーポレーション事件・大分地判平25・12・10労判1090号44頁/判時2234号119頁、ジャパンレンタカー事件・津地判平28・10・25労判1160号5頁、同事件・名古屋高判平29・5・18、シンワ運輸東京事件・東京地判平28・2・19労判1136号58頁。

[*115] エヌ・ティ・ティ・ソルコ事件・横浜地判平27・10・15労判1126号5頁（地位確認、賃金支払請求認容）。

[*116] 平15・10・22厚労告357（平24・10・16厚労告551等により一部改正）。

## 第4節　定年と継続雇用

　本節では、定年と継続雇用について、①定年制の定義(→1)、②定年に関する法規制(→2)、③定年制の適法性(→3)、④所定の雇用確保措置がとられなかった場合に労働者が求めうる法的救済(→4)、⑤継続雇用拒否、継続雇用後の解雇・契約更新拒否の場合に労働者が求めうる法的救済(→5)、⑥継続雇用期間の労働条件(→6)を順に検討する。

### 1　定年制

　「定年制」とは、労働者が一定の年齢に到達した場合に、労働契約関係を終了させる制度であり、労働契約の終了に関する定めと位置づけることができる。

　「定年制」には、①「定年退職制」(定年に達した時に当然に労働契約が終了する制度であり、定年＝労働契約の終了事由である)と、②「定年解雇制」(定年に達した時に解雇の意思表示をし、それによって契約を終了させる制度であり、定年＝解雇事由である)が存在する。

### 2　定年に関する法規制

　(1)　労基法14条との関係

　定年は、労働契約の終了事由又は解雇事由であり、契約期間の定めではないと解されているので、労基法14条(契約期間の上限規制)違反ではない。

　(2)　解雇制限規定の適用

　解雇制限規定は、定年退職制には適用されず、定年解雇制には適用される。

　(3)　定年の下限

　定年は、60歳を下回ることはできない(高年8条本文)[117]。ただし、鉱業法4条の定める、鉱物の試掘、採掘及びこれに附属する選鉱、製錬その他の事業における坑内作業に従事する労働者についてはこの限りではない(高年8条但書、高年則4条の2)。

　60歳を下回る定年を定める労働契約、労働協約は、高年法8条違反、又は、公序若しくは信義則違反で無効であり、就業規則は労働契約の内容とならず(労

---

[117]　1994(平6)年の高年法一部改正(平6法34)により定められ、1998〈平10〉年4月1日施行。

契13条)、その場合、労働契約上の定年は60歳に修正されると解される[*118]。

(4) 65歳までの雇用確保措置

65歳未満の定年の定めをしている事業主は、雇用する高年齢者の65歳までの安定した雇用を確保するため、次の措置のいずれかを講じなければならない。すなわち、①当該定年の引上げ、②継続雇用制度(現に雇用している高年齢者が希望するときは、当該高年齢者をその定年後も引き続いて雇用する制度)の導入[*119]、③当該定年の定めの廃止のいずれかである(高年9条1項)。

上記②の「継続雇用制度」には、事業主が、特殊関係事業主(当該事業主の経営を実質的に支配することが可能となる関係にある事業主その他の当該事業主と特殊の関係のある事業主として高年則4条の3が定める事業主:子会社、関連会社等)との間で、当該事業主の雇用する高年齢者で、その定年後に雇用されることを希望するものをその定年後に当該特殊関係事業主が引き続いて雇用することを約する契約を締結し、当該契約に基づき当該高年齢者の雇用を確保する制度が含まれる(高年9条2項)[*120]。

事業主が高年法9条1項所定の前記①〜③のいずれも講じない場合は、厚生労働大臣は事業主に必要な指導及び助言を行い(高年10条1項)、なお講じない場合は、高年齢者雇用確保措置を講ずべきことを勧告し(高年10条2項)、勧告に従わない場合は企業名を公表することができる(高年10条3項)。

また、厚生労働大臣は、高年法9条1項所定の前記①〜③の措置の実施及び運用(心身の故障のため業務の遂行に堪えない者等の継続雇用制度における取扱いを含む)に関する指針を定めることとされており(高年9条3項)、同条に基づき、「高年齢

---

[*118] 牛根漁業協同組合事件・鹿児島地判平16・10・21労判884号30頁、同事件・福岡高宮崎支判平17・11・30労判953号71頁は、60歳を下回る定年を定める就業規則の規定は無効で、その結果定年制の定めがなくなると判示するが、定年を定めること自体は適法であるから、年齢が高年法8条違反であるときは年齢が修正されると解すべきであろう。

[*119] 2004(平16)年の高年法一部改正(平16法103)により同法9条1項2号に継続雇用制度が定められたときは、労使協定で継続雇用者の基準を定めることが可能とされていたが(高年旧9条2項)、2012(平24)年の高年法改正(平24法78)により、このように定められた(2013〈平25〉年4月1日施行)。ただし、2013(平25)年3月31日までに継続雇用制度に関する労使協定を締結している場合は、2025(平37)年4月1日まで経過措置がある。

[*120] 2004(平16)年の高年法一部改正(平16法103)により同法9条1項2号に継続雇用制度が定められたときは、この規定がなく、同一企業グループ内での雇用が高年法9条1項2号に定める継続雇用制度に該当するかどうかが争われていた(NTT西日本事件・大阪地判平21・3・25労判1004号118頁、同事件・大阪高判平21・11・27労判1004号112頁、NTT西日本事件・徳島地判平21・2・13労判1007号45頁、同事件・高松高判平22・3・12労判1007号39頁等、いずれも継続雇用制度に該当すると判断)が、2012(平24)年の高年法改正(平24法78)により、このように定められた(2013(平25)年4月1日施行)。

者雇用確保措置の実施及び運用に関する指針」[*121]が作成されている。

### 3 定年制の適法性

定年制については、一定の年齢に達した労働者の労働契約を一律に終了させるものであるから、年齢差別であり公序違反で無効との見解もありうる[*122]。

しかし、①人は全て等しく年をとるものであり、定年に達した者に対して機械的かつ一律的に適用されるもので、形式的平等は満たされていること、②使用者側からすれば、人事の刷新・経営の改善等、企業の組織及び運営の適正化を図るために定年制の定めが必要であるという合理的理由が存在すること、③労働者側からすれば、定年制があるが故に、使用者による解雇権の行使が信義則違反又は解雇権濫用に当たるものとして無効とされ、身分保障が図られており、若年労働者に雇用や昇進の機会を開くという合理性があることから[*123]、現在の法規制（→前記2）に違反しない定年制は、憲法14条・民法90条に違反するものではないと解すべきであろう[*124]。

### 4 雇用確保措置がとられなかった場合の法的救済

使用者が高年法9条1項1～3号の定める65歳までの雇用確保措置（①当該定年の引上げ、②継続雇用制度＜現に雇用している高年齢者が希望するときは、当該高年齢者をその定年後も引き続いて雇用する制度＞の導入、③当該定年の定めの廃止のいずれか）を一切講じない場合、同項は努力義務規定、あるいは、公法上の措置義務であり、私法上の効力を有するものではなく[*125]、高年法10条が定める厚生労働大臣の指導・助言等はなしうるが、労働者が法的救済を求めることはできないとの見解もありうる。

しかし、高年法9条は、使用者に65歳までの雇用確保措置の導入を義務づけ

---

[*121] 平24・11・9厚労告560。
[*122] 定年制の適法性に関する従来の学説については、柳澤武『雇用における年齢差別の法理』成文堂(2006)264-271頁、櫻庭涼子『年齢差別禁止の法理』信山社(2008)41-44等。
[*123] これを理由に適法と判断した裁判例として、アール・エフ・ラジオ日本事件・東京地判平6・9・29労判658号13頁/判時1509号3頁、同事件・東京高判平8・8・26労民47巻4号378頁/労判701号12頁。
[*124] 公序違反ではないとの見解として、西谷・労働法(2013)392頁、菅野・労働法(2017)709頁、土田・契約法(2016)640頁等。
[*125] 2012(平24)年の改正前の高年法9条1項についてであるが、その私法上の効力を否定する裁判例として、NTT西日本事件・大阪地判平21・3・25労判1004号118頁、同事件・大阪高判平21・11・27労判1004号112頁、フジタ事件・大阪地判平23・8・12労経速2121号3頁。

る規定と解すべきであり*126、仮に、同条自体に私法上の効力を認めることができないとしても、同条1項の定める雇用確保措置を講じ高年齢者の雇用を維持することは、使用者の信義則上の義務であると解される。したがって、継続雇用制度が導入されず65歳未満の定年が定められている場合、当該65歳未満の定年を定める労働協約及び労働契約は信義則違反で無効であり、65歳未満の定年を定める就業規則は労働契約の内容とはならず（労契13条）、信義則に則し定年は65歳になると解釈される。それゆえ、労働者は、65歳に達するまでは、所定の要件を充足する解雇等、労働契約終了事由が存在する場合を除き、使用者に対し労働契約上の権利を有する地位にある。

## 5　継続雇用制度と法的論点
### （1）継続雇用拒否、継続雇用後の解雇・契約更新拒否と法的救済

65歳までの雇用確保措置として、定年の65歳までの引上げ又は定年の廃止ではなく、継続雇用制度（現に雇用している高年齢者が希望するときは、当該高年齢者をその定年後も引き続いて雇用する制度）が導入されている場合、当該制度は、労働者との合意により労働契約の内容となっている場合もあろうが、一般に、就業規則又は労働協約により設定され、労契法12条又は労組法16条等により労働契約の内容となっていると解される*127。そして、1) 継続雇用を拒否する事由、2) 継続雇用後の解雇事由、又は、3) 継続雇用後の契約更新拒否事由（継続雇用が有期労働契約の更新という形式で設定されている場合）が定められているのが通常であると思われる。

それでは、継続雇用制度が導入されている場合において、使用者が、①労働者を継続雇用しなかったとき、②継続雇用した後に労働者を解雇したとき、③継続雇用制度が有期労働契約を更新するという制度でありいずれかの段階で使用者が契約更新を拒否したとき、当該労働者はどのような法的救済を求めることができるであろうか。

#### ア　継続雇用の拒否
継続雇用制度が導入されている場合は、継続雇用拒否事由に該当しないこと、

---

*126　東京大学出版会事件・東京地判平22・8・26労判1013号15頁。
*127　2012（平24）年の改正前の高年法9条1項2号の継続雇用制度において、労使協定で継続雇用の基準を定めた場合も、それを労働契約の内容とするためには、労働者との合意、就業規則（所定の要件を充足し労働契約の内容となっているもの）、労働協約（所定の要件を充足し労働契約の内容を規律するもの）のいずれかが必要である。トーホーサッシ事件・福岡地決平23・7・13労判1031号5頁も継続雇用制度の基準を定める労使協定の「規範的効力」を否定する。

及び、労働者が希望することを停止条件とする、定年後の労働契約の継続、又は、継続雇用契約の成立が労働契約の内容となっていると解される。そして、継続雇用を拒否する事由は、信義則上、合理的限定的に解釈され、「継続雇用を拒否する客観的に合理的な理由と社会通念上の相当性」が肯定される場合にのみ、継続雇用を拒否する事由に該当する事実が存在すると解される[128]。

したがって、当該継続雇用拒否事由に該当する事実が存在しない場合は、労働者が継続雇用を希望することを条件として、定年後も労働契約が継続する(又は継続雇用契約が成立する)という効果が発生する。その場合、使用者が継続雇用を拒否すれば、解雇であり、解雇制限法理が適用され、解雇が有効となる要件を充足する場合(→前記第2節3・4、第3節第1款3・4)を除き、当該労働者は、使用者に対し、労働契約上の権利を有する地位にあることになる。

また、継続雇用拒否事由に該当しない労働者は、継続雇用への合理的期待を有しているから、当該労働者が雇用継続を希望したにもかかわらず拒否することについては、労契法19条(有期労働契約締結・更新の承諾みなし制度)(→前記第3節第2款3)又は解雇制限規定(→前記第2節2〜5)を類推適用し、契約終了の肯否を判断するという立論も可能であろう[129]。

継続雇用制度が導入されているが、継続雇用後の労働条件は継続雇用時点で個別に労働者と使用者の合意により決定することとされかつ合意が存在しない場合も、賃金額を含め個別具体的な労働条件の合意は労働契約の継続又は成立要件ではないから(労契6条参照)[130]、労働契約の継続又は継続雇用契約の成立を肯定することは可能であり、継続雇用後の労働契約の内容は信義則に則して合理的に解釈される(賃金額は最低賃金法に基づく最低賃金を下限として設定することが可能である)。

---

[128] 「高年齢者雇用確保措置の実施及び運用に関する指針」(平24・11・9厚労告560)第2の2。
[129] 2012(平24)年の改正前の高年法9条1項2号に基づく継続雇用制度の事案であるが、このように立論するものとして、津田電気計器事件・最一小判平24・11・29集民242号51頁/労判1064号13頁(契約終了を否定)、フジタ事件・大阪地判平23・8・12労経速2121号3頁(契約終了を肯定)等。また、使用者が就業規則に定めた継続雇用制度を周知したことは、就業規則で定められた条件での再雇用の申込みであり、基準を満たす労働者の再雇用希望の意思表示が承諾であり、これにより再雇用契約が成立したと判断したものとして、津田電気計器事件・大阪地判平22・9・30労判1019号49頁。
[130] 日本ニューホランド事件・札幌地判平22・3・30労判1007号26頁(再雇用拒否を不法行為として一定の財産的損害と精神的損害賠償を肯定)は、賃金の額が定まっていない再雇用契約の成立は法律上考えられないと判示するが、この点は支持できない。

イ　継続雇用後の解雇

　継続雇用後の解雇については、労働契約が継続している場合は期間の定めのない労働契約の解雇（→前記第2節）として、期間の定めのある継続雇用契約（例えば5年）が締結されている場合は有期労働契約の期間途中の解雇（→前記第3節第1款）として、労働契約終了の肯否と法的救済の可否が決定される。

　　ウ　継続雇用後の契約更新拒否

　継続雇用後の契約更新拒否[*131]については、有期労働契約の更新拒否（→前記第3節第2款）として、労働契約終了の肯否と法的救済の可否が決定される。

（2）継続雇用期間の労働条件

　　ア　労働条件の決定

　労働契約締結時に、定年後の継続雇用期間における賃金・労働時間等の労働条件が適用される就業規則で定められていれば、当該規定は最低基準効を有し（労契12条）、適用される労働協約で定められていれば、当該規定は規範的効力を有し（労組16条～18条）、合意があればそれにより労働契約の内容となる[*132]。これらの定めがその後変更されれば、当該変更の効力が問題となる[*133]。

　これに対して、労働契約締結後、新たに継続雇用制度が創設された場合、継続雇用期間の労働条件が問題となるが、合意があればそれにより決定され、適用される労働協約がその内容を定めれば当該規定は原則として規範的効力を有する（労組16条～18条）。就業規則がその内容を定め、かつ、当該労働者がこれに同意しないときに、就業規則の定めが労働契約の内容となるかどうかは、就業規則による「新たな労働条件設定効」の肯否の問題であり、定年時の労働条件に比べ労働者にとって不利益な内容であれば、労契法10条を準用して検討される内容の合理性と手続により判断される[*134]。

　　イ　労契法20条違反の有無

　継続雇用制度における労働契約が有期労働契約で、かつ、定年前の労働条件よりも継続雇用期間の労働条件の方が労働者にとって不利益である場合、労契

---

[*131]　2012（平24）年の改正前の高年法9条1項2号の継続雇用制度により再雇用された労働者の経営不振を理由とする契約更新拒否につき、解雇権濫用法理を類推適用し、整理解雇の四要件を判断基準として、契約終了の肯否を判断した裁判例として、エフプロダクト事件・京都地判平22・11・26労判1022号35頁（契約終了を否定）、フジタ事件・大阪地判平23・8・12労経速2121号3頁（契約終了を肯定）。

[*132]　前記第5章「権利義務関係の決定システムと法源」第2節参照。

[*133]　前記第16章「労働契約内容の設定と変更」第3節・第4節、後記第25章「労働協約」第5節。

[*134]　前記第16章「労働契約内容の設定と変更」第3節4(3)参照。

法20条の適用の有無と適用される場合の違法性判断基準が問題となる[*135]。

　継続雇用制度における、定年前（期間の定めのない労働契約）と定年後の継続雇用（有期労働契約）における労働条件の相違は、「労働条件の変更（不利益変更）」の問題でもあり、定年前の異なる労働者間（いわゆる正規労働者と非正規労働者）の「労働条件の相違」とは性質を異にするが、労契法20条の適用は肯定した上で、その違法性（「不合理性」）判断において、不利益変更の問題であることにも鑑み、労契法10条の不利益変更効の判断要素（不利益性の程度、異なる労働条件とする必要性、内容の相当性、労働組合等との交渉の状況その他の変更に係る事情）も労契法20条所定の「その他の事情」として考慮して判断すべきであろう。

　なお、65歳までの雇用確保措置（→前記2(4)）として、定年年齢の引き上げ（期間の定めのない労働契約）という方法をとれば、労契法20条の適用はないが、有期労働契約による継続雇用という労働者にとってより不安定な方法に伴う規制と位置づければ、整合性は否定されないであろう。

### 6　65歳以降の再雇用

　就業規則等の定める定年が65歳以上で、その後、再雇用がありうる旨の規定がある場合も、①再雇用拒否[*136]、再雇用後の解雇・契約更新拒否と法的救済、②再雇用期間の労働条件が問題となるが、基本的には、継続雇用制度（→前記5）の場合と同様に考えられる。

## 第5節　使用者による一方的終了以外の労働契約終了事由

　使用者による一方的終了以外の労働契約終了事由としては、①当事者の消滅（→1）、②解約合意（→2）、③辞職（退職）（→3）等があり、解約合意と辞職については労働者の意思に基づかない労働契約の終了からの保護（→4）が重要な論点である[*137]。

---

[*135]　詳細は、後記第20章「非典型労働契約」第1節8(3)～(5)参照。
[*136]　労契法19条を類推適用し、再雇用への合理的期待と契約終了が客観的に合理的理由を欠き社会通念上相当でないことを理由に、再雇用されたと同様の雇用関係の存続を肯定した裁判例として、学校法人尚美学園（大学専任教員B）事件・東京地判平28・11・30労判1152号13頁。労契法19条は引用していないが同様の法律構成により雇用関係存続を肯定するものとして、学校法人尚美学園（大学専任教員A）事件・東京地判平28・5・10労判1152号51頁。
[*137]　近年の論考として、石崎由希子「辞職・合意解約・定年制」再生(2)(2017)315-330頁、同論文引用文献等。

## 1　当事者の消滅

当事者の消滅としては、第一に、当事者（労働者・使用者）の死亡（使用者については自然人である場合）がある。労働契約上の地位は一身専属的であるので、相続の対象とならず（民896条但書）、労働契約は終了する。

第二は、法人格の消滅（企業の解散・消滅）である。法人企業が解散した場合、清算手続が完了すれば法人格は消滅し、労働契約は終了する[*138]。会社解散により解雇が行われた場合には、解雇の効力が判断される。

## 2　解約合意

「解約合意」とは、使用者と労働者の労働契約を終了させる合意であり、契約の一種である[*139]。解雇ではないので、法令上の解雇制限規定の適用はない。

解約合意は、労働契約の一方当事者の合意解約の申込みに対する、他方当事者の承諾の意思表示により成立し[*140]、合意された日時に契約終了の効力が発生する[*141]。

## 3　辞職（退職）

「辞職（退職）」とは労働者による労働契約の解約である。

（1）辞職の意思表示の効力①－期間の定めのない労働契約

当該労働契約が期間の定めのない労働契約である場合、期間の定めのない契約の一般原則により、労働者は解約権を有する。また当該契約が民法の雇用に該当する場合は、労働者はいつでも解約の申入れをすることができ、雇用は、解約の申入れの日から2週間を経過することにより終了する（民627条1項）。し

---

[*138]　ただし、会社解散後、実質的に同一性のある会社や解散会社の親会社等に対して労働契約上の権利を有する地位にある場合もある。詳細は、第19章「企業再編・企業グループと労働契約」1参照。

[*139]　使用者が行った解雇の意思表示が労働契約の合意解約の申入れの意思表示も含み、労働者が承諾の意思表示をしたと評価される場合もありうる（サン石油事件・札幌高判平18・5・11労判938号68頁）。

[*140]　申込みと承諾による合意の成立に関しては、2017（平29）民法改正により、明文規定（新522条1項）が設けられることになった。

[*141]　労働者の申出に対し使用者が承認することにより所定の日の労働契約の終了と割増退職金債権の発生という効果が生じる選択定年制において、労働者の申込みに対する使用者の承諾がなく当該効果が発生しないと判断した最高裁判決として、神奈川信用農業協同組合事件・最一小判平19・1・18集民223号5頁/労判931号5頁、労働者の申出に対し使用者が承認することにより所定の日の労働契約の終了と一定の退職手当・一時金等の債権の発生という効果が生じる希望退職制において、対象外労働者の申込みに対する使用者の承諾がなく当該効果が発生しないと判断した裁判例として、NTT西日本事件・大阪地判平15・9・12労判864号63頁。

がって、労働者は2週間の予告期間をおけば理由を要せず契約を解約できる。
　ただし、民法の現行条文では、期間によって報酬を定めた場合には解約の申入れは次期以降について、当期の前半になすことを要し（民627条2項）、6か月以上の期間によって報酬を定めた場合は、解約の申入れは3か月前にしなければならない（民627条3項）と規定しており、解約申入れの時期について、使用者からの解約申入れと労働者からの解約申入れに共通の制限が設けられている。
　この点につき、2017（平29）民法改正により、新627条2項・3項では、使用者からの解約申入れについてのみこの制限を適用することとし、労働者からの解約申入れにはこの制限は適用せず、労働者は2週間前の予告期間をおけば契約を解約することができるように改められている。
　民法で定められている労働者からの2週間の予告期間につき、これを延長すること、あるいは、辞職について使用者の許可を要する旨の約定は認められるかどうかが問題となるが、民法627条の規定は、労働者の解約の自由を保障するという観点からは強行規定であるので、民法627条の定めよりも労働者からの解約の予告期間を延長したり、労働者の辞職につき使用者の許可を要するとする、就業規則、労働契約等の定めは効力を有しない[*142]。これに対し、労働者の辞職の予告期間を短縮する就業規則、労働契約等の定めは有効である。
　(2)　辞職の意思表示の効力②－有期労働契約
　当該労働契約が有期労働契約である場合、それが民法の雇用に該当する場合は、「やむを得ない事由」があるときは、直ちに契約の解除をすることができ、その事由が当事者の一方の過失によって生じたときは相手方に対して損害賠償の責任を負う（民628条）[*143]。
　しかし、労基法の適用される労働者は、3年を上限とする労働契約で1年を超える期間が契約期間として締結されたときは、1年経過後いつでも退職することができる。ただし、一定の事業の完了に必要な期間を定める場合、及び、5年を上限とする労働契約については、この限りではない（労基137条）[*144]。

---

[*142]　高野メリヤス事件・東京地判昭51・10・29判時841号102頁。日本高圧瓦斯工業事件・大阪地判昭59・7・25労民35巻3＝4号451頁／労判451号64頁、同事件・大阪高判昭59・11・29労民35巻6号641頁／労判453号156頁も、退職に使用者の承認を要する旨の就業規則は、民法627条所定の解約予告期間経過後もなお解約の申入れの効力の発生を使用者の承認にかからしめる特約であれば無効と判示している。

[*143]　ただし、使用者が破産手続開始の決定を受けた場合には、雇用に期間の定めがあるときであっても、労働者又は破産管財人は、民法627条の規定により2週間前の予告で解約の申入れをすることができ、各当事者は解約によって生じた損害の賠償を請求することはできない（民631条）。

[*144]　前記第15章「労働契約の成立」第2節6 (1)。

民法628条の規定につき、労働者の「辞職の自由」を拡大する約定（やむを得ない事由がなくても解除できる）、又は、縮小する約定（やむを得ない事由があっても解除できない）の効力が問題となるが、民法628条は、労働者については、「やむを得ない事由」がある場合の契約の解除権を保障するという点で強行規定であり、労働者の「辞職の自由」の拡大は可能であるが、縮小することはできず、労働者の辞職の自由を縮小する就業規則、労働契約等の定めは、民法628条に反し、効力を有しないと解すべきである[*145]。

### 4　労働者の意思に基づかない労働契約終了からの保護

(1) 問題の所在

労働契約の終了は労働者に重大な経済的・人格的不利益をもたらしうるところ、労働者と使用者には情報・交渉力格差があり、「解約合意」や「辞職」に至る過程で、労働者が十分かつ適切な情報を得て理解し、使用者と実質的に対等に交渉し、熟慮した上で慎重に意思決定を行うことが困難な場合も多い。また、「解雇」、使用者による「契約更新拒否」等は法令上規制されているため（→前記第2～4節）、使用者は、「解約合意」又は労働者の「辞職」という外形による労働契約終了を志向する傾向にあるが、「追い出し部屋」等の過度な「退職勧奨」も大きな問題となっており、内実は、労働者の「自由な意思」に基づかない労働契約終了である場合も多い。

そこで、労働者の自由な意思に基づかない労働契約の終了等から労働者を保護するために、多様なアプローチから理論が展開されてきた（→(2)～(5)）。

(2) 意思表示の成立（完成）

「意思表示の成立（完成）」について、労働者の解約合意又は辞職に関する意思表示の存在は、「確定的」な意思表示か等に照らし「慎重に判断」される[*146]。

しかし、意思表示の存在の否定は、表示行為が黙示、口頭、又は契約終了が明記されていない書面による場合にほぼ限定されており[*147]、労働者の署名又

---

[*145] ネスレコンフェクショナリー事件・大阪地判平17・3・30労判892号5頁は、契約当事者双方につき、解除の自由の拡大はできるが縮小することはできないと判示するが、使用者の解除の自由を縮小する合意は無効とする必要はなく、有効であろう。

[*146] 税理士事務所事件・東京地判平27・12・22労経速2271号23頁、ソクハイ事件・東京地判平28・11・25労経速2306号22頁等。

[*147] 前注裁判例の他、朋栄事件・東京地判平9・2・4労判713号62頁、今川学園木の実幼稚園事件・大阪地堺支判平14・3・13労判828号59頁、O法律事務所事件・名古屋高判平17・2・23労判909号67頁、東京エムケイ事件・東京地判平26・11・12裁判所DB平成25ワ32921、ゴールドルチル（抗告）事件・名古屋高決平29・1・11労判1156号18頁、TRUST事件・東京地立川支判平29・1・31労判1156号11頁等。

は押印のある退職届等が存在する場合は、その「真正な成立」が推定され(民訴228条4項)[*148]、さらに労働者の退職の意思が記載された退職届等は処分証書[*149]であるのでその「意思表示の存在」が推定され、反証により文書の真正の推定が覆らなければ当該意思表示の存在が認定されることになる[*150]。

(3) 意思の不存在・意思表示の瑕疵

「意思表示の効力」について、労働者の解約合意又は辞職に関する意思表示は、存在し成立しても、「効力障害要件」たる「意思の不存在又は意思表示の瑕疵」、すなわち、①心裡留保(民93条)、②錯誤(民95条)、③詐欺又は強迫(民96条)により、無効となり又は取り消しうる場合がある[*151]。

第一に、心裡留保につき、民法93条は、「意思表示は、表意者がその真意ではないことを知ってしたときであっても、そのためにその効力を妨げられない。ただし、相手方が表意者の真意を知り、又は知ることができたときは、その意思表示は、無効とする。」と定めている[*152]。したがって、例えば、労働者に退職の真意がないのを知りつつ使用者が退職願を受理した場合、当該退職の意思表示は心理留保により無効である[*153]。

第二に、錯誤につき、民法95条は、「意思表示は、法律行為の要素に錯誤があったときは、無効とする。ただし、表意者に重大な過失があったときは、表意者は、自らその無効を主張することができない。」と定める。そして、意思表示の内容として表示されている動機に錯誤がある場合にも、同条が適用され

---

[*148] 押印については文書上の印影が本人等の印章によるとの事実の証明によって本人等の意思に基づく押印が事実上推定され(最三小判昭39・5・12民集18巻4号597頁)(第一段の推定)、さらに民訴法228条4項の推定規定(法定証拠法則)により、文書の真正が推定される(第二段の推定)。相手方は、事実上の推定及び法定証拠法則の双方に対し反証をなしうる(伊藤眞『民事訴訟法(第5版)』有斐閣(2016)415-416頁)。
[*149] 「処分証書」は「意思表示その他の法律的行為が行われたことを示す文書」等と定義され、それ以外の報告文書(証書)と区別される。処分証書においては、文書作成の意思と記載内容たる行為の意思が直接に関係しているので、文書の真正(作成者の意思に基づく文書作成)が証明されたときは、記載されている行為そのものの存在が認定される(前注・伊藤411-412頁等)。
[*150] この点を指摘するものとして、浅野高広「賃金減額合意の認定方法とその効力要件」季刊労働法237号(2012)154-155頁、加藤正佳「雇止め事由の正当性についての錯誤と転籍合意の成否」季刊労働法241号(2013)177-178頁等。
[*151] 2017(平29)民法改正により、新95条(錯誤)では、錯誤の法律効果を無効ではなく取り消し得るものと改められている。
[*152] 2017(平29)民法改正により、現行93条は新93条1項となり、但書の中の「表意者の真意」を「その意思表示が表意者の真意ではないこと」に改められる。
[*153] 昭和女子大事件・東京地決平4・2・6労判610号72頁。

る*154。したがって、例えば、当該労働者の解約合意の承諾の意思表示が、そうしなければ解雇処分にされると誤信した結果の意思表示であり、その動機が使用者に表示され、その錯誤が重要で、労働者に重大な過失の存在が認められなければ、当該意思表示は錯誤により無効である*155。

第三に、詐欺又は強迫につき、民法96条1項は、「詐欺又は強迫による意思表示は、取り消すことができる」と定めている。したがって、例えば、懲戒解雇に相当する事由がないにもかかわらず、懲戒解雇があり得ることを告げることは、労働者を畏怖させるに足りる違法な害悪の告知であり、その結果なされた退職の意思表示が強迫によるものとして取り消しうる場合がある*156。また、懲戒解雇事由がないにもかかわらずあるかのように誤信させ退職の意思表示をさせることは、詐欺により取り消しうる場合もあろう。

しかし、要件の厳格さ*157及び労働者による証明責任の負担から、無効又は取消しの範囲は必ずしも広くはなく、その範囲の拡張を提起する貴重な研究も

---

*154　2017（平29）民法改正により、新95条（錯誤）では、意思表示が、①意思表示に対応する意思を欠く錯誤に基づくものであるとき、又は、②表意者が法律行為の基礎とした事情についてのその認識が真実に反する錯誤に基づくもので、その事情が法律行為の基礎とされていることが表示されていたときのいずれかであるときで、その錯誤が法律行為の目的及び取引上の社会通念に照らして重要なものであるときは、錯誤が表意者の重大な過失によるものであった場合を除き、取り消すことができると定められ、もって、動機の錯誤を明文化すること、及び、錯誤の法律効果を無効とするのではなく取り消し得るものと改められている。

*155　動機の錯誤により退職の意思表示を無効とした裁判例として、徳心学園事件・横浜地決平7・11・8労判701号70頁/判タ910号126頁、昭和電線電纜事件・横浜地川崎支判平16・5・28労判878号40頁、ピジョン事件・東京地判平27・7・15労判1145号136頁〈ダイジェスト〉、動機の錯誤を否定した裁判例として、ネスレ日本事件・東京高判平13・9・12労判817号46頁、石長事件・京都地判平28・2・12労判1151号77頁。

*156　強迫による取消しを肯定した裁判例として、ニシムラ事件・大阪地決昭61・10・17労判486号83頁/判タ632号240頁澤井商店事件・大阪地決平元・3・27労判536号16頁、否定した裁判例として、ネスレ日本事件・東京高判平13・9・12労判817号46頁、ソニー事件・東京地判平14・4・9労判829号56頁（いずれも当該事案では懲戒解雇に当たりうると述べたことは「違法な害悪の告知」ではないと判断）。

*157　「心裡留保」については、使用者の悪意・過失が、「動機の錯誤」については、誤信の存在・動機の使用者に対する表示等が、「詐欺による意思表示」については、1)詐欺者の故意（①相手方を欺罔し錯誤に陥れようとする故意、及び、②錯誤により意思表示をさせようとする故意）、2)欺罔行為とその違法性、3)欺罔行為により錯誤に陥ったこと、4)錯誤と意思表示の因果関係が、「強迫による意思表示」については、1)強迫者の故意（①相手方を強迫し恐怖心を生ぜしめようとする故意、及び、②恐怖心により一定の意思表示をさせようとする故意）、2)強迫行為〈将来害悪を生ずべきことを告知して相手方に恐怖心を生じさせる行為〉とその違法性、3)強迫行為により恐怖心を生じたこと、4)恐怖心と意思表示の因果関係が要件とされている（注釈民法(3)(2003)289頁［稲本洋之助］、406-421頁［川井健］、470-478頁［下森定］、504-508頁［下森定］等参照）。

多く存在するが*158、解釈論として困難な部分や拡張の限界を指摘しうる*159。

(4) 意思表示の撤回

「意思表示の撤回」について、労働者の意思表示(例えば退職願の提出)が、①「辞職」であれば、使用者に到達した時点で解約告知としての効力が生じ(民97条1項参照)、撤回できず(民540条2項)*160、②「合意解約の承諾」であれば、使用者への到達により解約合意が成立し、撤回できない*161。

これに対し、③「合意解約の申込み」であれば、判例・裁判例*162は、労働者からの労働契約の合意解約の申込みには民法の契約の申込みの撤回に関する規律は適用されず、労働者は、使用者の承諾の意思表示がなされるまでは、使用者に不測の損害を与えるなど信義に反する等の特段の事情がない限り自由に

---

*158 小西國友『解雇と労働契約の終了』有斐閣(1995)特に169-179頁(初出は1976年)、森戸英幸「辞職と合意解約―いわゆる『みなし解雇』に関する考察とともに―」21世紀(4)(2000)227-228頁、三井正信「準解雇の法理(1)〜(5・完)」広島法学27巻1号53頁、2号111頁(以上2003年)、3号1頁、4号31頁、28巻73頁(以上2004年)、根本到「合意解約の有効性判断と情報提供義務・威迫等不作為義務―労働法における『合意の瑕疵』論を考える素材として―」『水野勝先生古稀記念論集　労働保護法の再生』信山社(2005)57-89頁(情報提供義務・威迫等不作為義務を使用者の信義則上の義務とする)等。

*159 小宮文人『雇用終了の法理』信山社(2010)204-205頁等。

*160 民法627条1項に基づく辞職の意思表示も2週間経過前であれば撤回できる(道幸・小宮・島田『リストラ時代　雇用をめぐる法律問題』旬報社(1998)108-109頁［島田陽一］、下井隆史『労働法［第4版］』有斐閣(2009)88頁<信義誠実の原則に反しないとの限定付>)との見解は、法的根拠が不明である。また、前掲・森戸「辞職と合意解約―いわゆる『みなし解雇』に関する考察とともに―」220-221頁は、労働者の退職申出等の性質が定かでない場合は「合意解約申込みの意思表示と同時に辞職の意思表示も予備的になされている」と解し、①使用者の承諾前に撤回すれば辞職の意思表示は予備的なものであるから同時に撤回され、②使用者が承諾すれば合意解約が成立しその時点で契約が終了し、③使用者が承諾しない場合は2週間が経過した時点で予備的になされた辞職の意思表示が有効になり契約が終了するとの見解を提示する(①〜③は筆者)が、相当期間内の合意解約の承諾を解除条件とする辞職の意思表示は可能としても、その法律効果は②と③だけで、①は辞職の意思表示が相手方に到達した段階で撤回できないと解される。

*161 八幡製鉄所事件・最一小判昭36・4・27民集15巻4号974頁。

*162 国鉄青函船鉄道管理局事件・函館地判昭47・12・21労判171号59頁／判タ295号344頁、昭和自動車事件・福岡高判昭53・8・9労判318号61頁／判時919号101頁、大隅鉄工所事件・名古屋高判昭56・11・30判時1045号130頁／判タ459号113頁(理由として、民法521条以下の規定は新たな契約締結の申込みの場合に典型的に機能し、労働契約の合意解約の申込みには適合しないこと、労働者からの労働契約の合意解約の申込みは一時的な衝動から不用意になされることも往々にあることを挙げる)、山崎保育園事件・大阪地決平元・3・3労判536号41頁、白頭学院事件・大阪地判平9・8・29労判725号40頁等。大隅鉄鋼所事件・最三小判昭62・9・18労判504号6頁も、その理由は明らかではないが、労働者による労働契約の合意解約の申込みは、使用者が承諾するまでの間であれば撤回できることを前提としている。

撤回することができると解してきた[*163]。

しかし、③の場合も、使用者からの承諾の意思表示の到達により解約合意が成立しその後は撤回できず[*164]、「撤回」をなしうる範囲は限定されている。

(5) 「退職勧奨」の規制

使用者の「退職勧奨」[*165]は、労働者の自発的な退職意思形成を促す事実行為であり、それ自体は違法とされるものではないが、目的[*166]及び態様の点で社会通念上相当な範囲に限定され、それを超えれば、精神的自由、名誉感情、平穏な家庭生活等の人格権侵害の不法行為と評価されうる[*167]。

しかし、当該行為が不法行為として損害賠償請求の原因となっても、直ちにその後の「解約合意」や「辞職」の効力に影響を与えるわけではない。

(6) 意思表示の効力の判断枠組み－効力発生要件と証明責任の転換

以上に鑑みると、労働者が契約終了を争っている場合は、その解約合意又は辞職に関する意思表示の効力の判断枠組み自体の再構成が必要である[*168]。

具体的には、労働者の意思表示の効力は、①「意思表示の存在」等の「意思表示の成立要件」の充足、②「意思の自由」という「効力発生要件」の充足（当

---

[*163] 2017（平29）民法改正により、承諾の期間を定めてした申込みは、申込者が撤回権を留保した場合を除き、撤回できず（新523条1項）、承諾の期間を定めないでした申込みは、申込者が撤回権を留保した場合を除き、相当な期間を経過するまでは撤回できない（新525条1項）と定められることとなったが、退職届等の提出については、労働者は撤回権を留保しているとの解釈が合理的解釈であろう。

[*164] 辞職の意思表示が2週間まで撤回できることを前提に、2週間まで撤回できるとの見解（前掲・道幸・小宮・島田108-109頁［島田陽一］）もあるが、根拠が不明である。

[*165] 使用者の行為は「退職勧奨」ではなく「解雇の意思表示」と認定される場合もある（丸一商店事件・大阪地判平10・10・30労判750号29頁、東京セクハラ（M商事）事件・東京地判平11・3・12労判760号23頁）。

[*166] 差別禁止事由（労基3条、労組7条1号、均等6条・9条3項、育介10・16条等参照）を理由とする退職勧奨（差別禁止事由を選定基準とする指名退職勧奨等も含まれる）は、これらの条文違反でもある（均等法6条4号は性別につき明文で禁止している）。

[*167] 退職勧奨の不法行為該当性を肯定した裁判例として、下関商業高校事件・最一小判昭55・7・10集民130号131頁／労判345号20頁（広島高判昭52・1・24労判345号22号を支持）、全日本空輸事件・大阪地判平11・10・18労判772号9頁、同事件・大阪高判平13・3・14労判809号61頁、今川学園木の実幼稚園事件・大阪地堺支判平14・3・13労判828号59頁、国際信販事件・東京地判平14・7・9労判836号104頁、日本航空事件・東京地判平23・10・31労判1041号20頁、兵庫県商工会連合会事件・神戸地姫路支判平24・10・29労判1066号28頁、エム・シー・アンド・ピー事件・京都地判平26・2・27労判1092号6頁、学校法人須磨学園ほか事件・神戸地判平28・5・26労判1142号22頁等。否定した裁判例として、明治ドレスナー・アセットマネジメント事件・東京地判平18・9・29労判930号56頁、UBSセキュリティーズ・ジャパン事件・東京地判平21・11・4労判1001号48頁、日本アイ・ビー・エム事件・東京地判平23・12・28労経速2133号3頁、同事件・東京高判平24・10・31労経速2172号3頁等。

[*168] 前記第5章「権利義務関係の決定システムと法源」第2節第1款3(6)参照。

該行為が「自由な意思に基づくものと認めるに足りる合理的な理由の客観的存在」を根拠付ける事実の存在)、③意思の不存在、強行法規違反等の「効力障害要件」を充足しないことの、①〜③を要件として肯定されるべきであり、①意思表示の成立要件に加え、②効力発生要件の証明責任も使用者が負担し、③効力障害要件の証明責任を労働者が負担することとすべきである。

退職届等の処分証書が存在する場合も、民訴法228条4項による推定は「意思表示の存在」にとどまり「意思の自由」には及ばないので、さらに、「意思の自由」を裏付ける事実を使用者が主張立証する必要がある。

(7)　「意思表示の存在」と「意思の自由」の判断基準
　　ア　「意思表示の存在」：書面による明示的表示

労働契約を終了させる意思表示は、労働者にとって重大な意思表示であるから、労働者の署名又は押印のある書面による明示的表示行為がなければ、労働契約終了の効果意思を推認しうる表示行為の存在は認定し難いであろう。

　　イ　「意思の自由」：意思を自由に形成する基盤の存在

第二に、労働者と使用者の情報・交渉力格差に鑑み、労働契約終了に至る過程で労働者がその意思を自由に形成する基盤が存在したことが必要である。

一つめは、使用者が労働者に、①労働契約を終了させる理由の有無と内容(経営上の理由であれば、人員削減の必要性・対象者の選定基準等、当該労働者の人的理由であれば、能力・適性・勤務態度への評価等)、②労働契約終了に伴う経済的・人格的不利益の程度と内容(契約終了時期、定年までの期間、契約終了までの労働条件、退職時の金銭補償<手当・割増退職金の支払等>、再就職先の斡旋の有無と内容)等につき真実[169]かつ適切な情報提供と誠実な説明協議[170]を行ったことである[171]。

二つめは、労働者が意思を自由に形成しうる手続・環境が整備されていたことである。具体的には、①情報提供・説明協議を行う面談を実施する場合は、労働者に事前にその内容と労働者の希望する付添人の同席を認める旨を伝え、実際に認めたこと、②労働者が希望する回数・時間を適切な範囲で確保し、労

---

[169]　例えば、使用者が、退職勧奨の真の理由とは別の理由を労働者に告げて退職勧奨を行った場合、労働者は自らの立場を正確に理解した上で退職の意思決定ができないので、退職の意思の自由は肯定されない。退職勧奨の不法行為該当性が問題となった事案で、合理的な理由を欠き、あるいは、対象者を恣意的に選定して行われた退職勧奨は、労働者がその事情を知っていない限り、意思の自由な形成を阻害すると判示したものとして、日本アイ・ビー・エム事件・東京高判平24・10・31労経速2172号3頁。
[170]　労働契約締結時(労基15条・労基則5条)とは異なり、解約合意時に明示すべき情報に関する具体的な規定は存在しないが、使用者は信義則上(労契3条4項)説明義務を負う。
[171]　労働者から社会通念上解約合意の判断対象となりうる情報を求められた場合は、それを否定する合理的理由がある場合を除き提供すべきである。

働者の希望や条件も聴取し、十分な熟慮期間を付与したこと、③慎重に判断するため書面による意思表示を求めたこと、④使用者からの影響力を受けずに自分自身で判断できるように、職場ではなく自宅等で、使用者又はその関係者がいない状況で、その意思を表示する書面を作成したこと等が必要である。また、団体交渉は、労働者が対等に交渉し意思を自由に形成しうる手続・環境の重要な一部であるので、使用者は、当該労働者の労働組合がその退職に関し団体交渉を求めた場合は、誠実に応じたことが必要である。

三つめは、労働契約終了に至る過程での業務命令の内容や職場環境が、労働者の意思の自由な形成に影響を与えないよう配慮されたことである[*172]。

　ウ　証明責任

前記アの書面による明示的表示、及び、前記イの意思の自由な形成の基盤となる事実の存在については使用者が主張立証し、充足されていない点があれば、それでもなお意思表示の存在と意思の自由を肯定しうる格別の事情を使用者が主張立証した場合を除き、「意思表示の存在」と「意思の自由」は否定され、労働契約終了の効果は否定されるべきであろう[*173]。

## 第6節　救済方法

本節では、労働契約の終了に関して、労働者が求めうる法的救済（→1）、及び、それに関連して、地位確認と賃金支払請求（→2）、中間収入の控除（→3）、損害賠償請求等（→4）に関する論点を検討する。

### 1　求めうる法的救済

（1）　解雇又は契約の更新を拒否された労働者

解雇又は契約の更新を拒否された労働者が求めうる法的救済としては、第一に、労働契約の継続を望む場合は、労働契約が終了していないことを前提とし

---

[*172]　退職強要的な業務命令の不法行為該当性を肯定した裁判例として、下関商業高校事件・広島高判昭52・1・24労判345号22号、バンク・オブ・アメリカ・イリノイ事件・東京地判平7・12・4労判685号17頁等。エフピコ事件・水戸地下妻支判平11・6・15労判763号7頁は、使用者は、労働者の意に反する退職がないよう職場環境を整備する義務、違法・不当な目的・態様の人事権不行使義務を負うと判示する。

[*173]　使用者の意思表示が「解雇」と「合意解約の申込み」の双方を含み、労働者に労働契約終了を受け入れるような行為（「解雇の承認」とも言われる）があった場合も、以上の判断基準に照らし、労働者の合意解約の承諾の意思表示の効力を判断すべきである。

た、使用者に対し労働契約上の権利を有する地位にあることの確認[*174]（→2）、賃金（及び遅延損害金）支払請求（→3）、精神的損害賠償請求（→4(1)ア）である。

　第二に、労働契約の継続を望まない場合は、退職を余儀なくされたことについての財産的・精神的損害賠償請求（→4(1)）、場合により解雇予告手当支払請求（→5）である。

　(2)　「解約合意」又は「辞職」した労働者

　「解約合意」又は「辞職」した労働者が求めうる法的救済としては、第一に、労働契約の継続を望む場合は、労働契約が終了していないことを前提とした、使用者に対し労働契約上の権利を有する地位にあることの確認（→2）、賃金（及び遅延損害金）支払請求（→3）、精神的損害賠償請求（→4(2)）等である。

　第二に、労働契約の継続を望まない場合は、退職を余儀なくされたことについての財産的・精神的損害賠償請求（→4(2)）である。

## 2　地位確認

　解雇無効等により、労働契約の終了が否定される場合（労働契約終了の肯否については、前記第2節～第5節）は、労働者は、それを前提として、相手方使用者に対し、労働契約上の権利を有する地位の確認を求めることができる。

## 3　賃金支払請求

　(1)　民法536条2項に基づく賃金請求権

　解雇無効等により、労働契約の終了が否定される場合、債務の本旨に従った労務の提供があれば（労働者に就労の意思と能力があれば）[*175]、労働者の労務の履行不能は債権者（使用者）の責めに帰すべき事由（無効な解雇等）（民536条2項前段）によるものであるから、解雇等により労務の受領を拒否された後、地位確認認容の判決が確定するまでの期間中の賃金支払を民法536条2項前段に基づき請求す

---

[*174]　労働者が使用者から解雇された場合、訴訟等でこれを争いつつも、取りあえず紛争解決まで他の使用者の下で就労するため使用者に退職証明書の交付を要求すること、条件次第では退職を前提とした和解による解決を目指すことは当然許され、これらの労働者の態度から直ちに復職の意思がないと認めることはできないとして、労働者の復職の意思と地位確認の確認の利益を認めた裁判例として、シティバンク・エヌ・エイ事件・東京地判平18・11・22労経速1966号3頁。

[*175]　解雇のように、使用者が労働者の労務の受領を拒否する意思を明確にしているときは、労働者は、現実に労務の提供をする必要はなく、労働者が客観的に就労する意思と能力を有していることが主張立証できれば、債務の本旨に従った労務の提供を肯定することができる（本四海峡バス事件・神戸地判平13・10・1労判820号41頁等）。

ることができ*176、また、遅延損害金*177の支払を請求することができる。

　賃金の中には、労働契約上事前にその額が決定されているもののみならず、乗務時間に対応して支給される乗務手当、所定時間外労働に対する賃金、査定により額が決定される賞与等、現実の就労とその評価により決定される賃金も含まれるが、現実の労務に伴い労働者として免れない出費に対する補償の実質を有するもの（交通費、食事代等）を除き、現実に労働していないからといって支払義務を免れるわけではなく*178、従来の実績（乗務時間数、所定時間外労働時間数、査定）等に照らして、合理的な額を決定することになろう*179。

　前記の地位確認又は賃金支払のいずれかのみを請求することも可能であり、例えば、労働者が一定期間は就労の意思と能力を有していたが、その後復職をあきらめ他企業に就職することにして地位確認は請求せず、当該一定期間の賃金支払のみを請求することもあり得る*180。

　(2) 中間収入の控除

　解雇等により労務の受領を拒否された労働者が、労働契約の終了を争い、解雇等を行った使用者に対する就労の意思と能力を有しつつ、生活のために、他の使用者の下で労働しあるいは自営業により収入を得る場合があり、これを「中間収入」と呼ぶ。使用者は、解雇等の無効により労働者に遡及支払すべき賃金を支払うにあたり、労働者が得た中間収入を控除することができるであろうか。

　　ア　論点

　中間収入の控除の可否については、具体的には、①中間収入は、「自己の債

---

*176　ただし、使用者の責めに帰すべき事由により、労働者が労務を提供できなくなった場合には、労務の提供がなくても民法536条2項の適用があり、労務の提供ができなくなる事態には、労務提供の意思を形成し得ない場合や労務提供の能力を奪う場合もあるので、労働者が労務提供の意思を有していなくても、使用者の責めに帰すべき事由により労働者が労務提供の意思を形成し得なくなった場合には労働者は賃金請求権を有するものであり、業務上の疾病として精神疾患に罹患した場合はこれに該当する（東芝事件・東京高判平23・2・23労判1022号5頁/判時2129号121頁、アイフル事件・大阪高判平24・12・13労判1072号55頁）。

*177　従前、民事の法定利率は5%（民404条）、商法所定の利率は6%（商514条）とされているが、2017（平29）民法改正により、法定利率は当初年3%と定めた上で3年毎に変動させることができる変動利率制となり（民新404条）、また、民法改正に伴う関係法律整備法により、商法514条は削除されて民法所定の法定利率に一元化される。

*178　日本航空事件・東京地決昭41・2・26労民17巻1号102頁/判時440号11頁。

*179　エヌ・ティ・ティ・ソルコ事件・横浜地判平27・10・15労判1126号5頁（雇止めされなければ確実に支給されていたであろう時間帯割増手当、休日割増手当、精勤手当の支払を命令）。

*180　理由は不明であるが、原告労働者が解雇無効を主張し6か月分の賃金支払のみを請求し認容された裁判例として、エイ・ケイ・アンドカンパニー事件・東京地判平11・7・7労判766号25頁。

務を免れたことによって利益を得た」（民536条2項後段）ものか、②中間収入を賃金と相殺することは労基法24条の賃金全額払原則に違反しないか、③労基法26条に基づく休業手当請求権は、①②の論点とどのように関連するか、の三つの論点がある。

　　イ　従来の最高裁判決

　最高裁判決[181]は、前記アの①の論点について、解雇の事案につき、労働者は、労働日の全労働時間を通じ使用者に対する勤務に服すべき義務を負うものであるから、債権者（使用者）の責めに帰すべき事由によって解雇された労働者が解雇期間内に他の職について利益を得たときは、その利益が副業的なもので解雇がなくても当然取得しうる等特段の事情がない限り[182]、民法536条2項後段（当時は但書）に基づき、これを使用者に償還すべきとする。

　前記アの②の論点については、労働者が解雇期間中の全額賃金請求権を有すると同時に解雇期間内に得た利益を償還すべき義務を負う場合、その決済手続を簡便ならしめるため、使用者は償還利益の額を予め控除しうるとする。

　また、前記アの③の論点については、1)労基法26条は無効な解雇による履行不能（休業）（債権者〈使用者〉の責めに帰すべき事由による履行不能〈民536条2項前段〉）にも適用がある、2)解雇期間中の賃金額のうち、労基法12条1項所定の平均賃金の6割に達するまでの部分は、控除の対象とできない（労基26条）としている。

　したがって、a)使用者の解雇期間中の賃金支払義務のうち、平均賃金額の6割を超える部分から当該賃金の支給対象期間と時期的に対応する期間内に得た中間収入の額を控除することは許され（ある時期を対象として支給される賃金からそれとは時期的に異なる期間内に得た中間収入を控除することはできない）、b)中間収入の額が平均賃金額の4割を超える場合は、さらに平均賃金算定の基礎に算入されない賃金（労基法12条4項所定の賃金：臨時に支払われた賃金、3か月を超える期間毎に支払われる賃金等）でその支給対象期間が中間収入の発生した時期と対応するものの全額を対象として中間収入を控除することができる（中間収入を得ていなかった時期に対応する一時金等を対象として、他の時期において控除の限度を超えたために控除

---

[181]　米軍山田部隊〈労働者上告〉事件・最二小判昭37・7・20民集16巻8号1656頁/判時309号2頁。

[182]　TRUST事件・東京地立川支判平29・1・31労判1156号5頁（就業規則で禁止されていたにも関わらず就労中に行っていた副業を労務の受領拒否後も継続していた場合、就労中の副業による収入を超えない部分は労務を免れたことにより得た利益ではないと判示）。

しえなかった中間収入の残額を控除することはできない)とする[*183]。

　　ウ　私見

　しかし、全体の前提である前記①の論点に関する判例の見解は支持できない。

　第一に、中間収入は、労働者が解雇等を行った使用者に対する労働義務を免れたことにより当然に発生するものではなく、労働者が就労することにより発生するものである。したがって、中間収入は、使用者に対し労務を履行しないことにより負担しなくてすんだ通勤費用に対応する通勤手当等とは異なり「債務を免れたことによって得た利益」(民536条2項後段)に該当せず、使用者が支払うべき賃金から控除することはできないと解すべきである[*184]。

　第二に、仮に中間収入が「債務を免れたことによって得た利益」(民536条2項後段)に該当するとしても、労働者が中間収入を得るべく就労したのは、使用者による無効な解雇等により収入を失い生活するために余儀なくされたものであるから、無効な解雇等を行い労働者の生活を困窮させた使用者が、支払うべき賃金から中間収入の控除を主張するのは、著しく信義則に反する。また、労働者が生活に余裕があり就労しないでいれば全額の賃金支払請求権を有し、生活に余裕のない労働者が就労すれば請求しうる賃金額が減額されるという帰結も信義則に照らし肯定できない。したがって、使用者は、信義則上、中間収入の控除を主張できないと解すべきである[*185]。

### 4　損害賠償請求

　(1)　解雇又は契約の更新を拒否された労働者

　　ア　解雇・契約更新拒否の信義則違反・不法行為該当性

　第一に、解雇は、信義則上の義務の不履行・信義則違反(労契3条4項)と判断される場合があり(→前記第2節2(6)・第3節第1款2)、その場合、労働者は生じた損害につき、賠償請求できると解すべきである(民415条参照)。また、信義則に反し若しくは濫用的な解雇権の行使(解雇)については、労働者は、労務を

---

[*183] あけぼのタクシー事件・最一小判昭62・4・2集民150号527頁/労判506号20頁、いずみ福祉会事件・最三小判平18・3・28集民219号1033頁/労判933号12頁。

[*184] 同じ結論を採る裁判例として、七十七銀行事件・仙台地判昭45・5・29労民21巻3号689頁/判時616号37頁。

[*185] 生コン製販会社経営者ら事件・大阪地判平27・3・31労判1135号39頁は、組合員排除のための会社分割と分割会社の事業閉鎖を行った経営者に対し、資産のなくなった分割会社の未払賃金相当額につき不法行為に基づく損害賠償を命じたが、賃金支払請求ではなく労基法26条の適用はないとして、労働者の中間収入を全て損益相殺の対象とした。しかし、損害賠償請求であっても中間収入は損益相殺の対象とはならず、また、損益相殺の主張は信義則に反すると解すべきである。

供給し賃金を受ける権利・利益等を侵害する不法行為（民709・710条）として、生じた損害につき、賠償請求できると解することもできる。

　第二に、労働者による有期労働契約の更新の申込みに対する使用者の拒否については、当該有期労働契約が期間の定めのない労働契約と異ならない状態か又は労働者が契約の更新に合理的期待を有している場合で、かつ、当該拒否が客観的に合理的な理由と社会通念上の相当性を欠くときは、労働者は、期待権を侵害する不法行為（民709条・710条）として、生じた損害につき賠償請求できると解すべきであろう。

　　イ　精神的損害の有無

　解雇・契約更新拒否は、それが性別、思想・信条、組合員であること等、禁止されている差別的取扱いに該当する場合は言うまでもなく、そうでなくても、労働者の人格権を侵害し、精神的損害をもたらしうる。

　したがって、その場合、労働者は、労働契約が終了していないことを前提とした、労働契約上の権利を有する地位確認と賃金支払に加えて、地位確認及び賃金支払だけでは慰謝されない精神的損害について、信義則違反又は不法行為に基づき賠償請求することが可能である[*186]。

　また、労働者が労働契約の終了を争わず（地位確認と賃金支払は請求せず）、信義則違反又は不法行為に基づく精神的損害賠償請求することも可能である[*187]。

　　ウ　財産的損害の有無

　労働者が、労働契約の終了は争わず、労働契約上の権利を有する地位の確認と賃金支払請求（又は賃金支払のみ）の請求に代えて、解雇等が信義則違反又は不

---

[*186]　裁判例では、賃金支払請求又は財産的損害賠償請求が認容される場合、慰謝料請求については「特段の事情」がなければこれを認容しないものがある（東京自転車健康保険組合事件・東京地判平18・11・29労判935号35頁／判時1967号154頁〈当該事案では特段の事情を肯定〉、尚美学園事件・東京地判平24・1・27労判1047号5頁〈労働者の精神的苦痛は当該解雇の無効確認とその間の賃金支払により慰謝され、なお償えない「特段の精神的苦痛」があるとき慰謝料請求が認められると判示〉、モーブッサンジャパン事件・東京地判平15・4・28労判854号49頁〈賃金支払による経済的損害の填補とは別に慰謝すべき損害の発生を認めるまでの「特段の事情」はないとして慰謝料請求を棄却〉、三枝商事事件・東京地判平23・11・25労判1045号39頁〈「特段の事情」がないとして慰謝料請求を棄却〉）。しかし、解雇に至った経緯等の諸般の事情に照らし、当該労働者の受けた精神的苦痛が地位確認と賃金支払により慰謝されるべき性質のものかどうかという観点から判断すべきであろう（トーコロ事件・東京地判平6・10・25労民45巻5＝6号369頁／判時662号43頁〈当該事案では慰謝料請求を棄却〉）。なお、解雇予告通知書を職員らの前で発表したことが過失により違法に当該労働者の名誉を傷つけたとして損害賠償請求を認容した裁判例として、女子学院事件・東京地判昭54・3・30労判324号56頁／判時928号113頁。

[*187]　大生会事件・大阪地判平22・7・15労判1014号35頁（慰謝料請求認容）。

法行為であることを理由に、解雇等がされなければ得られたであろう一定期間の賃金相当額を、財産的損害として、賠償請求することは可能であろうか。

この点につき、賃金請求権の喪失は、労働者が就労の意思を喪失し労務の提供がないことによるものであり、解雇等との相当因果関係を欠くので、賃金相当額の損害賠償請求はできないとの裁判例もある[*188]。そして、労働者の賃金喪失を考慮して精神的損害の賠償額を決定する裁判例もある[*189]。

しかし、労働者が就労の意思を喪失し復職を断念した理由（その結果労働契約は終了）は、主として使用者が解雇の意思表示等により労務の受領を拒否したことに存する。したがって、人的関係において復職を困難にする事情が存在する場合や、復職を断念せざるを得ない精神的圧力が加えられた場合[*190]のみならず、特段の事情がない限り、労働者の就労意思喪失、労働契約終了、賃金請求権喪失は、使用者の解雇等と相当因果関係を有し、解雇等がなければ得られたであろう一定期間の賃金相当額を損害賠償請求しうると解すべきである[*191]。ただし、労働者が現実に他の使用者と労働契約を締結した場合は、逸失利益は

---

[*188] 吉村・吉村商会事件・東京地判平4・9・28労判617号31頁。

[*189] 不法行為に基づく1年分の賃金相当額の賠償請求は棄却したが慰謝料請求は認容した裁判例として、吉村・吉村商会事件・東京地判平4・9・28労判617号31頁、わいわいランド事件・大阪地判平12・6・30労判793号49頁。

[*190] わいわいランド事件・大阪地判平12・6・30労判793号49頁は、復職を望まないとの理由で解雇の無効を主張しないことは、自らの意思によって労働契約の終了をもたらすもので自ら退職する場合と同じであるから、将来の一定期間の賃金は解雇等による逸失利益ではないが、当該企業における人的関係において復職を困難にする事情がある場合や、復職を断念せざるを得ないような精神的圧力が加えられた場合等は別であると判示する。また、東京セクハラ（M商事）事件・東京地判平11・3・12労判760号23頁は、会社代表者が従業員に当該労働者が辞職する旨述べ、後任として他の労働者を復職させる等の措置を執ったことにより、当該労働者の勤務継続が事実上不能となり労働契約の継続を断念させられ賃金請求権を喪失させられたと認定し、6か月分の賃金と賞与相当＋慰謝料請求を認容している。

[*191] 三枝商事事件・東京地判平23・11・25労判1045号39頁（使用者の解雇の意思表示と労働者の就労意思の喪失により労働契約が終了し、労働者は解雇という不法行為により本来得られたはずの賃金請求権を喪失したと判示、損害賠償請求を認容）。特に理由は述べず、当該解雇が不法行為であるとして、解雇されなければ得られたであろう一定期間の賃金相当額の損害賠償請求を認容した裁判例として、S社（派遣添乗員）事件・東京地判平17・1・25労判890号42頁（1年分の賃金相当＋慰謝料）、インフォーマテック事件・東京地判平19・11・29労判957号41頁（6か月分の賃金相当、慰謝料請求は棄却、雇用保険法上の失業手当は損益相殺の対象とならないと判示）、小野リース事件・仙台地判平20・12・24労判1018号12頁（6か月分の賃金相当）、同事件・仙台高判平21・7・30労判1018号9頁（6か月分の賃金相当、解雇予告手当と雇用保険法上の失業手当は損益相殺の対象とならないと判示、ただし、同事件・最三小判平22・5・25集民234号99頁/労判1018号5頁は不法行為該当性を否定）、テイケイ事件・東京地判平23・11・18労判1044号55頁（34週分の賃金相当、慰謝料請求は棄却）。

それを考慮して決定されることになる。
　(2)　「解約合意」又は「辞職」した労働者
　　ア　退職勧奨行為
　使用者の退職勧奨行為が目的又は態様の点で社会的相当性の範囲を逸脱している場合は、労働者の人格権等を侵害する不法行為に該当し、財産的・精神的損害賠償が可能である(→前記第5節4(5))。
　　イ　退職を余儀なくされたこと
　使用者は、労働者がその意に反して退職することのないよう職場環境を整備する義務を信義則上負うと解されるので、労働者が退職強要・嫌がらせ等により退職せざるを得なくなった場合は、信義則違反又は不法行為に基づき、財産的・精神的損害について賠償請求が可能と解すべきであろう[192]。

## 5　解雇予告手当支払請求

　労働者が、労基法20・21条所定の解雇予告又は解雇予告手当の支払を受けずに解雇された場合、解雇無効の主張は行わず、解雇予告手当の支払請求をすることはできるであろうか。
　判例(相対的無効説)によれば、使用者が即時解雇に固執しなければ解雇は通知後30日間経過後その効力が発生し、労働者はその間就労の意思と能力がある限り賃金請求権を有するが、解雇予告手当の支払は請求できない[193]。
　しかし、労基法20・21条に違反する解雇の意思表示は原則として無効であるが、労働者は労基法114条の規定に基づき、契約の終了を前提として解雇予告手当及び付加金の支払請求ができる[194]と解すべきである(→前記第2節2(3)エ)。

---

[192]　京都SH(呉服販売会社)事件・京都地判平9・4・17労判716号49頁/判タ951号214頁(逸失利益として失業給付を受給しうる180日間の賃金と失業給付との差額＋慰謝料)、エフピコ事件・水戸地下妻支判平11・6・15労判763号7頁(使用者は、労働者の意に反する退職がないよう職場環境を整備する義務、違法・不当な目的・態様の人権不行使義務を負うと判示、逸失利益として6か月分の賃金＋慰謝料)。
[193]　わいわいランド事件・大阪高判平13・3・6労判818号73頁。これに対し、相対的無効説を採用しつつも、労働者が解雇の効力を争わず解雇予告手当の請求をしている場合には、解雇予告手当を支払わずに解雇を通知した使用者は、解雇の効力が生じた時点から解雇予告手当を支払う公法上の義務を負担すると判示する裁判例として、岡田運送事件・東京地判平14・4・24労判828号22頁。
[194]　わいわいランド事件・大阪地判平12・6・30労判793号49頁。

## 第7節　解雇・契約更新拒否と「変更解約告知」

本節では、いわゆる「変更解約告知」に関する論点の整理（→1）と、学説の検討を行い（→2～4）、解釈論において「変更解約告知」という特別の概念は不要であることを確認する（→5）。

### 1　論点の整理
(1)　「変更解約告知」

「使用者による労働条件変更の申込みに対し労働者が承諾しないことを理由とする解雇・契約更新拒否」は、その意思表示の方式に着目すると、①単純な解雇・更新拒否（使用者による労働条件変更の申込みに対し労働者が承諾しなかった後で行われる解雇・契約更新拒否）、②条件付解雇・契約更新拒否（使用者による労働条件変更の申込みを労働者が承諾すること〈しないこと〉を解除条件〈停止条件〉とする解雇・契約更新拒否）、③新たな労働条件での労働契約の締結の申込みを伴う解雇・契約更新拒否に分類される。

上記②「条件付解雇・契約更新拒否」と、上記③「新たな労働契約締結の申込みを伴う解雇・契約更新拒否」は、解雇・契約更新拒否の時点で労働者が労働条件変更の申込みを承諾すれば労働契約が終了しない点で、上記①「単純な解雇・契約更新拒否」とは異なり、「変更解約告知」と呼ばれる場合がある[*195]。

(2)　「変更解約告知」と現行法の関係

使用者による労働条件変更の申込みに対し労働者が承諾しないことを理由とする解雇・契約更新拒否の意思表示が、前記(1)の①「単純な解雇・契約更新拒否」という方式で行われた場合は、解雇・契約更新拒否の意思表示の効果は、「契約が終了する」か、「契約は終了せず従来と同じ内容の契約が継続する」かであり、契約終了の有無の判断に帰着する。

これに対し、前記(1)の②「条件付解雇・契約更新拒否」、又は、③「新たな労働契約締結の申込みを伴う解雇・契約更新拒否」という方式で行われた場合は、使用者の労働条件の変更の申込みに対して、1)労働者が単純に承諾した場合は、労働契約内容が変更され（前記(1)の②の場合）、又は、新たな労働契約が成立する（前記(1)の③の場合）。2)労働者が単純に拒絶した場合は、解雇・契約更新拒否の意思表示の効果は、「契約が終了する」か、「従来と同じ内容の契

---

*195　山川・雇用関係法(2008)271頁等。

約が継続する」かであり、契約終了の有無の判断に帰着する。3)労働者が使用者の示した労働条件内容に変更を加えて承諾した場合、又は、条件を付して承諾した場合は、民法528条により、労働者は使用者の申込みを拒絶し新たな契約内容での申込みをしたことになり、「承諾」の効果は発生しない。したがって、使用者が労働者の「新たな契約内容の申込み」に対しさらに単純に「承諾」しない限り、解雇・契約更新拒否の意思表示により、「契約が終了する」か、「従来と同じ内容の契約が継続する」かの帰結となり、契約終了の有無の判断に帰着する。

(3)　「条件付承諾」に特別な法的効果を肯定する見解

この点につき、使用者による「条件付解雇・契約更新拒否」の意思表示がなされた場合（前記(1)の②）、a) これに対する労働者の「一定の条件付（留保付）で承諾する」との意思表示について、民法528条の使用者からの申込みの拒絶と新たな契約内容の申込みの効果を認めるのではなく、「承諾」の効力を認める見解、及び、b) 労働者が「一定の条件付で承諾する」との意思表示をした場合に、これを承諾する使用者の信義則上の義務を認める見解が主張されている。

(4)　基本的論点

前記(3)記載の見解が存在することから、使用者による「条件付解雇・契約更新拒否」の意思表示がなされ、これに対し、労働者から「一定の条件付で承諾する」との意思表示がなされた時に、労働者の意思表示の法的効果として、民法528条所定の「使用者の申込みに対する拒絶と新たな契約内容の申込み」とは別の法的効果を肯定できるか否かが、基本的論点となる。

## 2　「条件付承諾」の意思表示と「承諾」の効果の有無

(1)　条件付承諾の意思表示の法的意味

使用者の「条件付解雇・契約更新拒否」に対する労働者の「条件付で承諾する」との意思表示は、「異議留保」の意思表示とは別の概念であり、「条件付で承諾する」との意思表示に「承諾」の効力を認めることは、配転を命じられた労働者が異議留保して配転先で就労しながら配転命令の効力を争うことを認めることとは、全く異なる[*196]。

なぜなら、配転命令に対する異議留保の意思表示は、労働者の明示又は黙示の同意による勤務先変更という効力の発生を回避するために、契約内容の変更

---

[*196] 山川隆一「労働契約における変更解約告知－要件事実論からみた覚書」中島士元也先生還暦記念論集『労働関係法の現代的展開』信山社(2004年)321頁。

に同意していない事実を通知するにすぎず、この通知によって何かの法的効果が生じるわけではなく、また、異議留保を「認める」ことにより特別の法的効力が生じるわけでもない。また、異議留保して配転に応じても、単純に配転を拒否しても、いずれの場合も、配転の効力と配転先での就労義務の有無が争いになることに変わりはない。

これに対して、労働者の「条件付で承諾する」との意思表示に関して「承諾の効力を認める」ということは、条件付承諾に「新たな申込み」（民528条）ではなく「承諾」という法的効力を認めるということである。また、「条件付で承諾する」との意思表示がなされた場合、契約終了の有無ではなく、契約内容変更の有無を争うことを肯定するものである。

(2) 条件付承諾の意思表示に「承諾」の効力を認める見解

条件付承諾に「承諾」の効力を認める見解は、二種類ある。①労働条件変更について裁判所等でその法的効力について争う権利を留保し、「『裁判所によって労働条件変更の効力が認められること』を『停止条件』として、使用者からの労働条件変更『申込み』に対して、『承諾』する」との意思表示がなされたとき、この意思表示に「承諾」の効力を認める見解[197]、②「『労働条件変更に合理性がない（と裁判所において判定される）こと）』を『遡及的解除条件』として、使用者からの労働条件変更の申込みに対して『承諾』する」との意思表示がなされたとき、この意思表示に「承諾」の効力を認める見解[198]がある。

いずれも、これらの条件付承諾であるとしてなされる意思表示に「承諾」の効力が認められると、1)条件が成就すれば「承諾」の効果により契約内容が変

---

[197] この見解の採否が争われた日本ヒルトンホテル事件において、日本ヒルトンホテル（仮処分）事件・東京地決平11・11・24労判1482号31頁、及び、日本ヒルトンホテル（本訴）事件・東京高判平14・11・26労判843号20頁は、当該条件付承諾であるとしてなされた意思表示は申込みに対する単純な拒絶であるとして承諾の効力を否定した。それに対し、日本ヒルトンホテル（本訴）事件・東京地判平14・3・11労判825号13頁は、当該条件付承諾であるとしてなされた意思表示に民法528条の適用はあるか、また、「承諾」の効力を認められるかについては一切検討することなく、本件雇止めは労働者が労働条件の変更に同意しないという理由で行われたもので社会通念上相当と認めるに足りる合理的理由がないとして契約終了の効果を否定し（したがって、労働者の条件付承諾であるとしてなされた意思表示に「承諾」の効力を認めることにより契約終了の効果を否定したものではない）、他方、労働条件変更には合理的理由があるという理由で労働条件変更の効力を肯定した（ただし、変更効の法的根拠は不明）、「契約内容の変更」という結論を導いた。

[198] 荒木尚志『雇用システムと労働条件変更法理』有斐閣(2001年)307-311頁、荒木・労働法(2016)403-405頁。その理由として、①民法528条は、すでに存在する継続的契約である労働契約内容を変更する申込みには適用されないこと、②当該留保付承諾は使用者の解約告知の解除条件たる承諾の一つにあたると解釈すべきであることを挙げる。

更され、2) 条件が成就しなければ、「承諾」の効果は発生しないが、変更の効力が認められない、あるいは、変更の合理性が認められない労働条件変更を拒否したことを理由とする解雇又は契約更新拒否(労契19条1号又は2号に該当する場合)による労働契約終了の効力は否定されるであろう。したがって、「変更された内容で契約が存続する」か、又は、「従来の契約内容で契約が存続する」かとなり、いずれにせよ、労働契約終了の効果は生じない。

　また、使用者が労働者の就労を拒否した場合、条件付承諾としてなされた意思表示に「承諾」の効果が認められなければ、契約が終了する場合(解雇有効又は契約更新の効果が認められない場合)は賃金支払義務はないが、条件付承諾としてなされた意思表示に「承諾」の効果が認められれば、いずれにせよ契約は終了しないから、民法536条2項により、従来の条件又は新たな条件での賃金を支払う義務を負うことになる[199]。

　(3)　検討
　　　ア　「停止条件」付「承諾」とする見解について
　まず、前記(2)の①「『裁判所によって労働条件変更の効力が認められること』」を『停止条件』として、使用者からの労働条件変更の『申込み』に対して、『承諾』する」との意思表示がなされた時に、この意思表示に「承諾」の効力を認める見解について、検討する。

　現行法において、労働条件変更の合理性を裁判所が判断して労働契約の内容を決定するという制度が存在しない以上、労働条件の変更は、使用者又は労働者が労働条件変更権を有しこれを適法に行使した場合を除き、当事者の合意によってのみ行われ、労働者が同意しない限り労働条件変更の効力は生じない。

　したがって、民法528条の適用の有無を論じる以前の問題として、使用者が労働条件変更権を有さず、かつ、労働者が労働条件の変更に同意していない場合においては、「裁判所によって労働条件変更の効力が認められること」は、現行法制度上ありえず、当該意思表示の前提として存在する「条件」は、「不能条件」(民133条)である。それゆえ、「裁判所によって労働条件変更の効力が認められること」を「停止条件」とする承諾であれば、これは無効であり「承諾」の効果は生じない(民133条1項)。また、「裁判所によって労働条件変更の効力が認められないこと」を「解除条件」としているのであれば無条件となり(民133条2項)、単純な「承諾」の効果(使用者が申し入れた労働条件変更に対する承諾の

---

[199]　村中孝史「労働条件変更と紛争処理」西村健一郎編・下井隆史先生古稀記念『新時代の労働契約法理論』信山社(2003年)347頁等。

効果)が発生することになる。
　　　　　イ　「遡及的解除条件」付「承諾」とする見解について
　次に、前記(2)の②の見解、すなわち、「『労働条件変更に合理性がない(と裁判所において判定される)こと)』を『遡及的解除条件』として、使用者からの労働条件変更の『申込み』に対し承諾する」との意思表示がなされたとき、この意思表示に「承諾」の効力を認める見解について検討する。
　民法528条の適用の有無を論じる以前の問題として、第一に、「労働条件変更に合理性があること(ないこと)」は、「将来の事実(実現するかどうかが不確実な事実)」ではないから、民法127条等にいう「条件」ではない[*200]。したがって、「『労働条件に合理性があること』を『停止条件』として承諾する」との意思表示は無効であり、承諾の効果は生じない。この承諾を使用者が「承諾」しても、合意の効果は生じない。また、「『労働条件変更に合理性がないこと』を『解除条件』として承諾する」との意思表示がなされれば無条件となり、単純な「承諾」の効果(使用者が申し入れた労働条件変更への承諾の効果)が発生する。
　第二に、「労働条件変更に合理性がないと裁判所において判定されること」は、ありえないこと、すなわち、「不能条件」(民133条)である。なぜなら、現行法では、裁判所が、「使用者が申し込んだ労働条件変更の合理性」の有無を判断し、合理性があれば契約内容の変更を認めるという制度は存在しないからである。したがって、「『労働条件変更に合理性があると裁判所において判定されること』を『停止条件』として承諾する」との意思表示は無効であり「承諾」の効果は生じない(民133条1項)。この承諾を使用者が「承諾」しても、合意の効果は発生しない。また、「労働条件変更に合理性がないと裁判所において判定されること」を「解除条件」とすれば無条件となり(民133条2項)、単純な「承諾」の効果(使用者が申し入れた労働条件変更への承諾の効果)が発生する。

## 3　「条件付承諾」を承認する信義則上の義務の有無

　前記1(3)の②の見解、すなわち、労働者が「『労働条件変更に合理性がない(と裁判所において判定される)こと』を『遡及的解除条件』として使用者の労働条件変更の『申込み』に対して承諾する」との意思表示をしたときには、使用

---

[*200]　前掲注196・山川隆一「労働契約における変更解約告知」320頁注(11)は、合理性の存否自体は「将来の事実ではないが、条件と同様に扱う可能性もあるといえよう」と述べているが、その具体的根拠は明らかではない。

者はこれを承認する信義則上の義務を負うとの見解[*201]について。

先に述べたように、「労働条件変更に合理性がないこと」は「条件」(民127条等)ではなく、「労働条件変更に合理性がないと裁判所において判定されること」は「不能条件」(民133条)であるので、使用者がそれを「承認」しても合意の法的効果は発生しない。したがって、当然、使用者がそれを「承認」する信義則上の義務はない。

なお、労働者の内容変更付承諾(たとえば3万円の賃金減額の申込みに対し2万円の減額であれば応じるとの承諾)については、使用者がこれを承諾しなかったことが信義則違反であると判断されることもあろう。しかし、信義則違反の有無は、労働契約終了の有無の問題に帰着し、当該事案において労働者の内容変更付承諾を使用者が承諾しなかったことが、信義則(解雇回避義務)に反し、解雇が無効かどうか、個別事案毎に判断することになろう。

### 4　労働者保護の機能の限界

労働者の条件付承諾であるとしてなされる意思表示に「承諾」の効力を認める見解、及び、これを承諾する使用者の信義則上の義務を肯定する見解は、前記2・3で検討したように、条件の内容自体に問題があり、理論的に肯定できないのみならず、労働者保護の機能として限界があり、あえてそのような解釈をする必要性に乏しい。

条件付承諾であるとしてなされる意思表示に、「承諾」の効力を認めるべきであるという主張の理由として、第一に、これを認めず労働者に変更への同意と解雇との二者択一を迫ることは酷な結果をもたらすと指摘されている[*202]。しかし、労働者に変更の同意と解雇の二者択一を迫ることになりうるという点については、労働者に労働条件変更の申込みをして、これを拒否すれば解雇があり得ることを予告した上で、労働者が労働条件変更を拒否した後に解雇を行う場合、すなわち、単純な解雇という方法をとる場合も、実質的には労働条件変更か解雇かの二者択一を迫られる点においては同じである。

第二に、契約を存続させながら契約内容変更の有無を争う可能性を認める必要性も指摘されている。しかし、使用者が、「条件付解雇・契約更新拒否」や「新たな労働条件での契約締結の申込みを伴う解雇・契約更新拒否」という方式ではなく、「単純な解雇・契約更新拒否」という方式を選択すれば、労働者

---

[*201]　土田道夫「変更解約告知と労働者の自己決定(下)」法律時報3号(1996年)61-62頁、土田・契約法(2016)604頁。
[*202]　西谷・労働法(2013)424頁等。

は、条件付承諾により対応すること自体できない[*203]。

したがって、安易な解雇と解雇の威嚇による合理性のない労働条件変更から労働者を保護するためには、「使用者による労働条件変更の申込みに対し労働者が承諾しないことを理由とする解雇・契約更新拒否」全体について、理論的かつ結果的妥当性のある効力発生要件と証明責任を明確化し、解雇の効力自体を限定するとともに、使用者が合理性のない労働条件変更を拒否した労働者に対し解雇を行うことを抑制することが重要であろう。

### 5 総括－要件と証明責任の明確化

以上検討したように、解雇又は契約更新拒否の効力については、解雇又は契約更新拒否の方法及び労働者の対応にかかわらず、使用者による労働条件変更の申込みに対し労働者が単純に承諾した場合を除き、全て契約終了の有無が争われることになる。

したがって、解釈論においては、「解雇」と「契約更新拒否」とは別の「変更解約告知」という独自の概念を設定することは必要ではない。解雇・契約更新拒否による契約終了の肯否については、解雇・契約更新拒否の方法や労働者の対応を反映させながら、理論的かつ結果的妥当性のある要件と証明責任を明確化すること(→前記第2節～第4節)が必要である[*204]。

---

[*203] 前掲注196・山川隆一「労働契約における変更解約告知」335頁。
[*204] 立法論としては、労働者保護のために、労働者の条件付承諾を可能とする制度を整備することに反対するものではない。

# 第19章　企業再編・企業グループと労働契約

　企業再編としては、1)当該企業の枠内での企業経営・企業組織の再編(内部的再編)[*1]と、2)当該企業の枠組みを超え複数の企業が関連する再編(外部的再編)があるが、内部的再編に伴う労働契約内容の変更と終了はすでに検討したので[*2]、本章では、企業の外部的再編である、①会社解散と新会社設立(→1)、②合併(→2)、③事業譲渡(→3)、④会社分割(→4)に伴う、関係企業の労働者の雇用・労働条件の帰趨、及び、⑤企業グループ(→5)における親会社等と子会社等の労働者との関係について検討する。

## 1　会社解散と新会社設立等
### (1)　会社解散の類型
　会社解散は、①真に事業の継続を断念したことにより行われる「真実解散」と、②真実の事業廃止ではなく、会社が法形式上は解散した後、新会社又は別会社が実質的に同一の事業経営を継続するものとに区別することができ、特に②で旧会社の解散と新会社の設立等が不当労働行為や解雇規制の潜脱等を目的としている場合は、「偽装解散」と呼ばれる場合もある。

### (2)　論点
　会社解散においては、特に、解散会社の労働者の労働契約の帰趨が、①真実解散の場合の解散会社(→(3))、②真実解散以外の場合の新設会社(→(4))、③親会社等(→(5))との関係で問題となる。

### (3)　真実解散の場合の解散会社
　会社の解散が解散決議によってなされた場合、事業主は、職業選択の自由・営業の自由(憲22条)の一貫として、その事業を廃止する自由を有するので、それが真に企業継続意思を喪失したことによってなされた「真実解散」である限り、その動機・目的の如何に関わらず(たとえその動機・目的〈の一つ〉が労働組合の

---

[*1]　具体的には、生産・事業の方法や内容の変更、人的組織・人員配置の変更、労働者の労働条件の変更(賃金体系の変更・成果主義型賃金の導入等)等がある。
[*2]　前記第16章「労働契約内容の設定と変更」、前記第18章「労働契約の終了」。

排除等の不当労働行為目的にあったとしても)、当該決議は有効である*3。

　そして、企業が真に解散する以上、労働者の雇用を継続する基盤は存在しなくなるが*4、会社解散に伴う解雇も整理解雇に該当し、その有効性は整理解雇の四要件に照らして判断すべきであるから*5、例えば、労働組合の壊滅等を目的とする解散等は「人員削減の必要性」がなく、十分な説明協議が行われない場合は「手続の相当性」がなく、当該解雇が有効となる要件を充足せず無効となることはあり得る。

　ただし、解雇が無効でも、あるいは、解雇が行われなくても、清算手続が終了して会社の法人格が消滅すれば、当該解散会社とその労働者との間の労働契約は終了することになろう*6。

　(4) 真実解散以外の場合の新設会社

　会社が解散され、新たな会社が設立された場合、実態として解散会社と新会社に高度の実質的同一性が認められる場合は、新会社が、解散会社との法人格の別異性、事業廃止の自由、新規契約締結の自由を主張し、当該労働者と新たに労働契約を締結しなかったことを理由としてその労働契約関係を否定することは、実質的に解雇規制法理の適用を回避するための法人格の濫用である。

　したがって、解散会社が当該労働者を解雇し、新会社が当該労働者を採用しなかったことは、形式的には、新会社による不採用であるが、実質的には、解散会社から新会社への事業等の承継の中でなされた新会社による解雇であって、解雇に関する法理が類推適用され、解雇であれば無効と判断されるような場合には、新会社は当該労働者に対して労働契約上の使用者であると認められ

---

*3　最三小判昭35・1・12集民39号1頁(株主総会の決議の内容自体には何ら法令又は定款違背の瑕疵がなく、単に決議をなす動機、目的に公序良俗違反の不法があるにとどまる場合は、議決権を無効たらしめるものではないと判示)。帝産キャブ奈良事件・奈良地判平26・7・17労判1102号18頁等も同旨。

*4　これを理由に、解散に伴う解散会社の労働者の解雇は客観的に合理的な理由と社会通念上相当性を欠くものとはいえず原則として有効であるが、無効となる場合もある旨判示するものとして、大森陸運ほか事件・神戸地判平15・3・26労判857号77頁、同事件・大阪高判平15・11・13労判886号75頁、第一交通産業(仮処分)事件・大阪地岸和田支決平15・9・10労判861号11頁、石川タクシー富士宮ほか事件・静岡地沼津支判平25・9・25労判1127号57頁、同事件・東京高判平26・6・12労判1127号43頁(解雇に当たっての手続的配慮を著しく欠き、会社の解散や解散に至る経緯を考慮してもなお解雇が著しく不合理で社会通念相当と是認できない場合は解雇権濫用で無効と判示、当該解雇は有効)、帝産キャブ奈良事件・奈良地判平26・7・17労判1102号18頁(解散が労働組合の壊滅のために行われたなど著しく合理性を欠く場合は、解散等に伴う解雇が労契法16条により無効となる余地があると判示、当該解雇は有効)。

*5　前記第18章「労働契約の終了」第2節5 (3)ア。

*6　前記第18章「労働契約の終了」第5節1。

る*7。

(5) 親会社等

会社が解散した場合、真実解散であれ偽装解散であれ、解散会社の親会社*8等が、法人格否認の法理により、解散会社の労働者の労働契約上の使用者と認められる場合がある。

法人格否認の法理には、法人格の形骸化を理由とするものと、法人格の乱用を理由とするものがある。

第一の法人格の形骸化が認められるときは、親会社等が解散会社の労働者の労働契約上の使用者となる。法人格の形骸化が認められる要件は、法人格とは名ばかりで、当該会社が親会社等の営業の一部門にすぎないような場合、すなわち、株式の所有関係、役員派遣、営業財産の所有関係、専属的取引関係などを通じて親会社が子会社を支配し、両者間で業務や財産が継続的に混同され、その事業が事実上同一であると評価できることである*9。

この場合、当該会社の解散は、親会社等の一営業部門の閉鎖にすぎない。したがって、解散会社の労働者は、解散を理由として解雇されても、直接親会社等に対して労働契約上の権利を有する*10。

第二の法人格の濫用が認められるときも、親会社等が解散した子会社の労働者の労働契約上の使用者となる。法人格の濫用が認められる要件は、①親会社等が当該会社の法人格を意のままに道具として実質的・現実的に支配し(支配の要件)*11、②その支配力を利用することによって、当該会社に存する労働組合を壊滅させる等の違法、不法な目的を達するため(目的の要件)、その手段とし

---

*7 新会社の労働契約上の使用者性を肯定した事案として、新関西通信システムズ事件・大阪地決平6・8・5労判668号48頁。

*8 「親会社」は「会社等が株式会社の財務及び事業の方針の決定を支配している場合における当該会社等」(会社2条4号・会社則3条2項) と定義されている(→後記5)。

*9 法人格の形骸化を肯定した例としては、川岸工業事件・仙台地判昭45・3・26労民21巻2号330頁/労判99号42頁、船井電機事件・徳島地判昭50・7・23労民26巻4号580頁/労判232号24頁。法人格の形骸化を否定した例としては、第一交通産業(本訴)事件・大阪高判平19・10・26労判975号50頁(当該事案では法人格の形骸化を否定したが、法人格濫用は肯定)、大阪証券取引所事件・大阪地判平14・2・27労判826号44頁、同事件・大阪高判平15・6・26労判858号69頁、大森陸運ほか事件・神戸地判平15・3・26労判857号77頁、同事件・大阪高判平15・11・13労判886号75頁、エコスタッフ(エムズワーカース)事件・東京地判平23・5・30労判1033号5頁(法人格の濫用も否定)、プロミックスほか事件・福岡地判平26・8・8労判1105号78頁等。

*10 第一交通産業(本訴)事件・大阪高判平19・10・26労判975号50頁。

*11 後記5で検討する会社法上の親会社(会社2条4号・会社則3条2項)はこの要件を充足すると解される。

て当該会社を解散したことである*12。

親会社等による当該会社の実質的・現実的支配がなされている状況の下において、労働組合を壊滅させる等の違法・不当な目的で当該会社の解散決議がなされた場合、1) 当該会社が偽装解散と認められるとき（当該会社の解散決議後、親会社等が自ら同一の事業を再開継続したり、その支配する別の子会社等によって同一の事業が継続されている場合）は、解散会社の労働者は、親会社等による法人格の濫用の程度が顕著かつ明白であるとして、これらに対し労働契約上の権利を有する地位にあると判示する裁判例があるが*13、2) 真実解散の場合でも、親会社等に対し労働契約上の権利を有する地位にあると解すべきであろう。

## 2　合併

### (1) 合併の類型

「合併」とは、複数の会社が契約により合体して一つの会社になることである。

合併には、①新設合併と、②吸収合併がある。

図19.1　合併

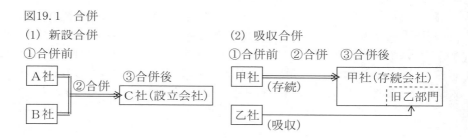

①新設合併は、二以上の会社がする合併であって、合併により消滅する会社の権利義務の全部を合併により設立する会社（「新設合併設立会社」〈会社753条〉、以下「設立会社」という。）に承継させるもの（会社2条28号）であり、例えば、A会社、

---

*12　大阪証券取引所事件・大阪高判平15・6・26労判858号69頁（当該事案では法人格の濫用を否定）、第一交通産業（本訴）事件・大阪高判平19・10・26労判975号50頁（当該事案では法人格の濫用を肯定）。その他、法人格の濫用を肯定した裁判例として、布施自動車教習所事件・大阪地判昭57・7・30労判393号35頁/判時1058号129頁（親会社に対し労働契約上の権利を有する地位にあることを肯定）、否定した裁判例として、大森陸運ほか事件・神戸地判平15・3・26労判857号77頁、同事件・大阪高判平15・11・13労判886号75頁。

*13　第一交通産業（本訴）事件・大阪高判平19・10・26労判975号50頁（親会社に対し労働契約上の権利を有する地位にあることを肯定）。

B会社が解散して新たなC会社を設立することである。

②吸収合併は、会社が他の会社とする合併であって、合併により消滅する会社の権利義務の全部を合併後存続する会社（「吸収合併存続会社」〈会社749条〉、以下「存続会社」という。）に承継させるもの（会社2条27号）であり、例えば、乙会社が解散して甲会社に吸収されることである。

　（2）合併の特徴

合併による消滅は会社の解散事由の一つであり（会社471条4号、641条5号）、消滅会社の全ての権利義務関係が設立会社又は存続会社に包括的に承継される（包括承継／会社750条1項、752条1項、754条1項、756条1項）。

　（3）論点

合併においては、①合併に際しての消滅会社の労働者の労働契約と労働条件（→(4)）、及び、②合併前後に行われた解雇・契約更新拒否と合併後の労働条件変更の効力(→(5))等が問題となる。

　（4）合併時の労働契約と労働条件

先に述べたように、合併の場合、消滅会社の全ての権利義務関係が設立会社又は存続会社に包括的に承継される（会社750条1項、752条1項、754条1項、756条1項）。

したがって、新設合併の場合、合併し消滅するA、B会社の労働者の労働契約は、設立会社Cに承継され、吸収合併の場合、吸収され消滅する乙会社の労働者の労働契約は、吸収し合併後存続する甲会社に当然に包括的に承継される。

また、労働契約が包括的に承継されるので、合併前後の労働条件は同一であり、合併そのものによる変更はない。

　（5）合併前後の解雇・契約更新拒否と合併後の労働条件変更

合併前のA、B会社、又は、消滅会社乙により行われたそれぞれの会社の労働者の解雇・契約更新拒否、及び、合併後の設立会社C又は存続会社甲により行われた労働者の解雇・契約更新拒否は、通常の解雇・契約更新拒否として、解雇制限規定等の適用を受ける[14]。

また、合併後、設立会社C又は存続会社甲が行った労働条件変更は、通常の労働条件変更（労働条件の個別的変更、又は、労働条件の集合的変更）の問題として処理される[15]。

---

[14] 前記第18章「労働契約の終了」第2節・第3節。
[15] 前記第16章「労働契約内容の設定と変更」第3節・第4節。

### 3　事業譲渡

(1)　事業譲渡の類型

「事業譲渡」とは、事業譲渡契約に基づく事業財産の移転であり、「事業」とは、「一定の事業目的のために組織化され、有機的一体として機能する財産」[*16]であり、事業用の財産・権利のみならず、得意先関係、仕入先関係、販売の機会、事業上のノウハウ、経営組織などの経済的価値のある事実関係を加えたものと解される。

事業譲渡には、①全部譲渡（譲渡会社Aが事業財産の全部を譲受会社Bに譲渡するもの）と、②一部譲渡（譲渡会社Aが事業財産の一部を譲受会社Bに譲渡するもの）がある。

図19.2　事業譲渡

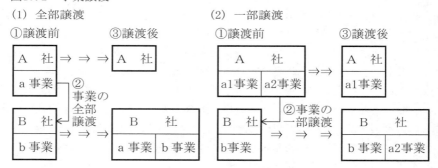

(2)　事業譲渡の特徴

事業譲渡における権利義務関係の承継は、全部譲渡又は一部譲渡のいずれの場合でも、移転対象となる権利義務関係について個別の移転行為を要する「特定承継」であり、「包括承継」ではない。

(3)　論点

事業譲渡においては、①事業譲渡に際しての譲渡会社の労働者の労働契約と労働条件（→(4)）、②労働契約の承継を望む労働者の救済方法（→(5)）、③事業譲渡前後に行われた解雇・契約更新拒否の効力（→(6)）等が問題となる。

(4)　譲渡会社の労働者の労働契約と労働条件

　　ア　労働契約の承継ルール

先に述べたように、事業譲渡における権利義務関係の承継は特定承継である。

---

[*16]　最大判昭40・9・22民集19巻6号1600頁／判時421号20頁、最大判昭41・2・23民集20巻2号302頁／判時438号50頁。

また、労働契約の譲渡（労働契約上の使用者の地位の譲渡）については、譲渡時点での当該労働者の同意が必要である[*17]。

したがって、譲渡会社Aの労働者の労働契約が譲受会社Bに承継されるのは、譲渡会社A、譲受会社B、及び、当該労働者の三者の合意がある場合に限定され、事業譲渡に伴って譲渡対象事業の業務に従事していた労働者の労働契約が当然に譲受会社Bに承継されるものではない[*18]。

それゆえ、譲渡会社Aから譲受会社Bに労働契約が承継される（転籍する）労働者の範囲は、A・B会社が選択できることになり、また、当該労働者も労働契約の承継（転籍）についての拒否権がある。

　　イ　承継後の労働条件

事業譲渡に伴って労働契約が承継された場合、その労働条件は、譲受会社B及び当該労働者の合意内容により変更されうる。

　　ウ　労働契約の承継に関する問題の所在

事業譲渡において、労働者が譲受会社Bによる労働契約承継を望まない場合は、仮に譲渡会社Aと譲受会社Bとの間にその旨の合意があったとしても、労働者は契約承継を拒否することができ、問題はない。

これに対し、労働者が譲受会社Bによる労働契約承継を望む場合、労働契約が承継され、労働者が譲受会社Bに対し労働契約上の権利を有する地位にあるのかどうかが問題となる。特に、全部譲渡の場合、労働者は譲受会社Bにより労働契約が承継されなければ、譲渡会社Aに解雇されるかあるいはAの消滅により労働契約が終了し雇用を失う可能性が高いので、労働契約承継の肯否が問題となる。

(5)　労働者が労働契約の承継を望む場合の救済方法

この点につき、労働者が労働契約の承継を望んでも、当該労働契約の承継についての譲渡会社Aと譲受会社Bの合意がない限り、労働契約は承継されないと解さざるを得ない[*19]。

しかし、以下の一定の場合は、労働契約の承継・成立が肯定される。

---

[*17]　前記第16章「労働契約内容の設定と変更」第4節第4款4。
[*18]　勝栄自動車(大船自動車興業)事件・横浜地判平15・12・16労判871号108頁、同事件・東京高判平17・5・31労判898号16頁、東京日新学園事件・さいたま地判平16・12・22労判888号13頁、同事件・東京高判平17・7・13労判899号19頁、フットワーク物流ほか事件・大阪地判平18・9・20労判928号58頁等。
[*19]　フットワーク物流ほか事件・大阪地判平18・9・20労判928号58頁、南海大阪ゴルフクラブほか事件・大阪地判平21・1・15労判985号72頁（いずれも労働契約の承継を否定）。

#### ア 実質的同一性

第一に、譲渡会社Aと譲受会社Bが実質的に同一である場合は、譲渡会社Aの労働者の労働契約は譲受会社Bに承継されると解される[20]。

#### イ 黙示の合意の推認

第二に、承継合意の有無について、譲渡会社Aと譲受会社Bの承継合意は明示されている必要はなく、事業譲渡(全部譲渡)の後、譲受会社Bが譲渡会社Aに在籍していた労働者を全て雇用していたことから、譲渡の対象となる事業には譲渡会社Aとその労働者の労働契約が含まれる旨の合意を推認した裁判例[21]もある。また、事業譲渡の対象とされた業務に従事していた労働者と譲渡会社の労働契約は、事業譲渡当事者間において特段の定めをしない限り譲受会社に承継されると推認されよう[22]。

#### ウ 合意内容の公序による修正

第三に、譲渡会社Aと譲受会社Bの事業譲渡に関する合意内容は、公序に反する部分は無効であり、無効部分を除いた合意が効力を有する。例えば、譲渡会社Aの労働者Zが労働組合員であるが故に、譲受会社Bが譲渡会社Aと「Z以外の譲渡会社Aの労働者の労働契約を承継する」旨の合意は、「譲渡会社Aの労働者の労働契約を承継する」との合意(原則部分)と、「Zを除外する」との合意(例外部分)から構成され、Zを除外する合意(例外部分)は、労組法7条1号違反、民法90条違反で無効であり、「譲渡会社Aの労働者の労働契約を承継する」との合意(原則部分)のみが効力を有することになる[23]。したがって、Zの労働

---

[20] 日進工機事件・奈良地決平11・1・11労判753号15頁(譲渡会社と譲受会社は実質的に同一であり、譲渡会社によりなされた解雇は無効であるので、譲渡会社の労働者の労働契約は譲受会社に承継されると判示)、サカキ運輸ほか事件・長崎地判平27・6・16労判1121号20頁、同事件・福岡高判平28・2・9労判1143号67頁(譲渡会社と譲受会社は別個の法人としての独立性がなく、譲渡会社によりなされた解雇は不当労働行為で無効であり、譲受会社は信義則に照らし譲渡会社と解雇された労働者との労働契約の効力が及ばないとの主張はできないとして譲受会社に対する労働者の地位確認を肯定)。なお、タジマヤ事件・大阪地判平11・12・8労判777号25頁、静岡フジカラーほか事件・静岡地判平16・5・20労判877号24頁、東京日新学園事件・東京高判平17・7・13労判899号19頁、フットワーク物流ほか事件・大阪地判平18・9・20労判928号58頁、南海大阪ゴルフクラブほか事件・大阪地判平21・1・15労判985号72頁では、いずれも譲渡会社と譲受会社の同一性は否定された。

[21] タジマヤ事件・大阪地判平11・12・8労判777号25頁。

[22] エーシーニールセン・コーポレーション事件・東京高判平16・11・16労判909号77頁参照。

[23] 東京日新学園事件・東京高判平17・7・13労判899号19頁は、当該事案では組合員をその故に排除する旨の譲渡会社と譲受会社の合意の存在を否定したが、そのような合意が存在すれば、当該合意が公序(憲28条、労組7条)に反し無効と判示している。

契約は、譲渡会社Ａと譲受会社Ｂとの合意（原則部分）により、譲受会社Ｂに承継される[*24]。この理は、他の差別的取扱禁止事由（思想信条、国籍、性別等）により当該労働者を承継対象から除外する合意についても同様である[*25]。

　　エ　合意内容の信義則に則した解釈

　第四に、譲渡会社と譲受会社の間に「譲渡会社の労働契約は承継しない」旨の合意があったとしても、当該合意の内容は信義則に則して合理的に解釈されるべきである[*26]。全部譲渡又はこれに近い事業譲渡の場合、譲渡会社の労働者は譲渡会社の解散又は大幅な人員整理により解雇され雇用を喪失する可能性が高いので、当該事業を承継する譲受会社は、譲渡事業の業務に従事していた労働者が希望すれば、客観的に合理的な理由と社会通念上の相当性がある場合を除き、当該労働契約を承継する信義則上の義務を負うと解すべきであり、また、譲渡会社も、譲受会社による労働契約の承継に努力する信義則上の義務を負うと解される。したがって、「譲渡会社の労働契約は承継しない」旨の合意は、信義則に則し「譲渡会社の労働契約は客観的に合理的な理由と社会通念上の相当性がある場合は承継しない」趣旨であると解釈され、客観的に合理的な理由と社会通念上の相当性により、当該労働契約の承継の有無を決定すべきである。

　　オ　労働契約の成立

　第五に、譲受会社Ｂが、説明会や譲渡会社Ａの労働者の労働組合の団体交渉等の場で、譲渡会社Ａの労働者は原則として譲受会社Ｂに移ってもらう旨の発言をした場合、この発言が、譲渡会社Ａの労働者に対する労働契約締結の申込みであり、Ａ社の労働者の承諾により、譲受会社Ｂと譲渡会社Ａの労働者との

---

[*24]　この場合、Ｚは、労働委員会において、当該承継拒否は労組法7条1号に該当する不当労働行為であるとして、譲受会社Ｂを被申立人として、その従業員として取り扱うよう命じる旨の救済命令等を求めることもできる（中労委〈青山会〉事件・東京地判平13・4・12労判805号51頁/判時1754号51頁、同事件・東京高判平14・2・27労判824号17頁）。詳細は、後記第26章「不当労働行為」第3節第1款・第4節第1款。

[*25]　この他、勝栄自動車〈大船自動車興業〉事件・横浜地判平15・12・16労判871号108頁、同事件・東京高判平17・5・31労判898号16頁も参照（労働条件の低下に異議のある労働者を排除するため、譲渡会社Ａと譲受会社Ｂが、Ａ社の労働者の労働契約承継を原則とするが、Ａ社の労働者全員に退職届を提出させ提出した者を再雇用する形式をとり、退職届を提出しない者は会社解散を理由にＡ社が解雇すると合意し、この合意に対応して、再就職を希望しＡ社に退職届を出した者をＢ社が雇用する旨を譲渡契約書に定めた場合、この合意部分と譲渡契約書の条項は公序に反し無効であり、Ａ社とＢ社の合意は、Ａ社の労働者の労働契約を承継するという原則部分のみが残るところ、Ａ社による退職届を出さなかった労働者の解雇は無効であるので、当該労働者の労働契約は、Ａ社とＢ社の合意により承継されると判示）。

[*26]　合意内容を信義則に照らし合理的に解釈することは、事実認定の範疇に属することであり、法律解釈の問題ではない。

間で労働契約が成立したと解される場合がある[*27]。

事業譲渡前に譲渡会社Aにより行われた解雇・契約更新拒否[*28]、及び、事業譲渡後に譲受会社Bにより行われた解雇・契約更新拒否は、通常の解雇・契約更新拒否と同様、解雇制限規定等の適用を受ける[*29]。

### 4　会社分割

#### (1)　会社分割の類型

「会社分割」とは、事業の全部又は一部を新設又は既存の会社に承継させることであり、①新設分割と、②吸収分割がある。

図19.3　会社分割

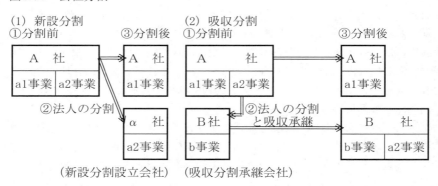

（新設分割設立会社）　　（吸収分割承継会社）

①「新設分割」とは、「一又は二以上の株式会社又は合同会社がその事業に関して有する権利義務の全部又は一部を分割により設立する会社に承継させること」（会社2条30号）であり、例えば、A会社がその事業の全部又は一部を分割してB会社を設立することである。

分割をする会社を「分割会社」（承継2条2項）、新設分割により設立された会社を「新設分割設立会社（会社763条、承継2条1号）」という。

---

[*27]　魚沼中央自動車学校事件・横浜地判平19・3・20労判940号47頁、ショウ・コーポレーション（魚沼中央自動車学校）事件・東京高判平20・12・25労判975号5頁。

[*28]　タジマヤ事件・大阪地判平11・12・8労判777号25頁（整理解雇の四要件を適用、解雇無効）、静岡フジカラーほか事件・静岡地判平16・5・20労判877号24頁（整理解雇の四要件を適用、解雇有効）、フットワーク物流ほか事件・大阪地判平18・9・20労判928号58頁（更生管財人により従業員を一旦全員解雇する必要性を肯定、解雇有効）。

[*29]　前記第18章「労働契約の終了」第2節・第3節。

②「吸収分割」とは、「株式会社又は合同会社がその事業に関して有する権利義務の全部又は一部を分割後他の会社に承継させること」(会社2条29号)で、例えばA会社の事業の全部又は一部をB会社が吸収し承継することである。

分割をする会社を「分割会社」(承継2条2項)、吸収分割により分割事業を吸収承継する会社を「吸収分割承継会社」(会社757条、承継2条1項)という。

(2) 会社分割の特徴

会社分割においては、分割対象の事業を構成するものとして、新設分割計画(会社762条1項)(新設分割の場合)、又は、吸収分割契約(会社753条)(吸収分割の場合)に記載された権利義務は、新設分割設立会社(新設分割の場合)、又は、吸収分割承継会社(吸収分割の場合)に承継される(部分的包括承継)(会社759条1項、761条1項、764条1項、766条1項)。

また、会社分割の場合は、特に労働契約の承継等に関する法規制がない事業譲渡とは異なり、会社分割に伴う労働契約の承継等に関する法律〈承継法〉(平12法103)、会社分割に伴う労働契約の承継等に関する法律施行規則〈承継則〉(平12労令48)、商法等一部改正法(平12法90附則5条)、「分割会社及び承継会社等が講ずべき当該分割会社が締結している労働契約及び労働協約の承継に関する措置の適切な実施を図るための指針」[*30](以下「指針」という。)が、労働契約に関する部分的包括承継の範囲、分割会社が締結している労働協約の承継、これらを円滑にするために分割会社が履践すべき手続等を定めている。

承継法は、新設分割設立会社(会社763条)及び吸収分割承継会社(会社757条)を「承継会社等」と定義し(承継2条1項)、新設分割計画(会社762条1項)及び吸収分割契約(会社757条)を「分割契約等」と定義している(承継2条1項)ので、以下、この定義を使用する。

(3) 論点

会社分割においては、①分割会社の労働者の労働契約と労働条件(→(4))、②承継を望まない労働者の救済方法(→(5))、③労働協約の承継(→(6))、④会社分割において分割会社がなすべき手続(→(7))、⑤会社分割前後に行われた解雇の効力等(→(8))が問題となる。

(4) 分割会社の労働者の労働契約と労働条件

ア　労働契約の承継ルール

分割会社の労働者の労働契約の承継会社等への承継の有無は、承継法により以下のように定められている。

---

[*30] 平12・12・27労告127(平24・9・27厚労告518等により一部改正)。

第一に、承継会社等に承継される事業に主として従事する者として厚生労働省令で定める労働者、具体的には、1)分割契約等の締結又は作成日において承継される事業に主として従事する労働者であって、分割会社が当該労働者に対し当該承継される事業に一時的に主として従事するように命じた場合その他分割契約等の締結又は作成日以後に当該事業に主として従事しないことが明らかである者以外の者、又は、2)承継される事業に主として従事した後それ以外の事業に従事し又は休業を開始した労働者であって、分割契約後の締結又は作成日において承継される事業に主として従事しないもののうち、当該日後に承継される事業に主として従事することが明らかである者（承継2条1項1号、承継則2条、指針第2の2(3)）（以下、「承継事業に主として従事する労働者」という。）については、①分割契約等に承継会社等がその労働契約を承継する旨の定めがある場合は、その労働契約は承継会社等に承継される（承継3条）。当該労働者の異議申立権を肯定する法令はない。
　それに対して、②分割契約等に承継会社等がその労働契約を承継する旨の定めがない場合は、当該労働者に異議申立権があり、異議申立をすれば、承継会社等に承継され（承継4条1項・4項）、異議申立をしなければ、分割会社に残る。
　第二に、その他の労働者については、①分割契約等に、承継会社等がその労働契約を承継する旨の定めがある場合は、異議申立権があり、異議申立をすれば、分割会社に残ることになる（承継5条1項・3項）。異議申立をしなければ、承継会社等にその労働契約が承継される。
　それに対して、②分割契約等に承継会社等がその労働契約を承継する旨の定めがない場合は、当該労働者の異議申立権を肯定する法令はなく、分割会社に残ることになる。
　　　イ　承継された労働者の労働条件
　会社分割において、権利義務関係は部分的に包括承継されるため、承継された労働者の労働条件は、分割そのものによる変更はなく、分割前後で同一である（指針第2の2(4)）。
　承継会社等が会社分割後に当該労働者の労働条件の変更を行う場合は、通常の労働条件変更の問題として処理される[31]。
　　　ウ　労働契約の承継に関する問題の所在
　会社分割の場合、承継事業に主として従事する労働者が労働契約の承継を望むときは、分割契約等に承継会社等がその労働契約を承継する旨の定めがない

---

[31]　前記第16章「労働契約内容の設定と変更」第3節・第4節。

場合でも異議申立権があるので、当該労働契約は承継会社等に承継されることが可能である。

承継事業に主として従事する労働者以外のその他の労働者が、労働契約の承継を望むとき、分割契約等に承継会社等がその労働契約を承継する旨の定めがない場合は、異議申立権はなく、分割会社に残ることになるが、承継事業に主として従事しているわけではないので、この点は特に法的救済の必要はないとして、立法措置は講じられなかった。

また、その他の労働者が、労働契約の承継を望まないときは、分割契約等に承継会社等がその労働契約を承継する旨の定めがある場合でも異議申立権があり、異議申立をすれば分割会社に残ることになる。

これに対して、承継事業に主として従事する労働者が労働契約の承継を望まないとき、分割契約等に承継会社等がその労働契約を承継する旨の定めがある場合は、その労働契約は承継会社等に承継され、当該労働者に異議申立権はない。したがって、承継事業に主として従事する労働者が労働契約の承継を望まないとき、その承継を拒否し分割会社に対して労働契約上の権利を有する地位にあることが認められるかどうかが問題となる。これは特に、分割会社が不採算部門を承継会社等に承継させ、承継会社等が経営不安定ないわゆる「泥舟会社」であって、将来解雇や労働条件の低下の危険性がある場合に問題となる。

(5) 労働者が労働契約の承継を望まない場合の救済方法

この点につき、当該労働者は、会社分割の際に承継会社等への労働契約の承継を拒否する自由としては、分割会社を退職する自由があるにとどまり、分割会社への残留が認められるという意味での承継拒否権があると解することはできず、また、承継拒否権の規定がないことが、憲法22条1項の職業選択の自由との関係から違憲・違法となるものではないとする下級審裁判例[*32]がある。

しかし、同意していない労働者の労働契約を承継の対象として分割契約等に記載するということは、分割会社と当該労働者の労働契約を終了させるということであるから、再雇用先のあっせんを伴う経営上の理由による解雇（会社分割による雇用の廃止・削減を理由とする整理解雇）と位置づけることもできる。したがって、「整理解雇の四要件」、すなわち、①雇用の廃止・削減の必要性、②解雇回避義務の履行、③解雇対象者の選定基準と適用の合理性・客観性、④説明・協議等の手続に照らして、労働契約終了の効力を判断し（→前記18章「労働契約の終了」第2節）、無効と判断される場合は、分割会社に対し労働契約上の権利

---

[*32] 日本ＩＢＭ事件・東京高判平20・6・26労判963号16頁／判時2026号150頁。

を有する地位にあると解すべきであろう。

(6) 労働協約の承継

第一に、分割会社は、分割契約等に、当該分割会社と労働組合との間で締結されている労働協約のうち吸収会社等が承継する部分を定めることができる(承継6条1項)。

第二に、分割会社と労働組合との間で締結されている労働協約の債務的部分は、当該債務的部分の全部又は一部について、当該分割会社と当該労働組合との間で分割契約等の定めに従い当該承継会社等に承継させる旨の合意があったときは、分割契約等の定めに従い、当該分割の効力が生じた日に、当該承継会社等に承継される(承継6条2項)。

当該分割会社と当該労働組合との間で合意が成立しない場合、当該労働協約締結組合の組合員の労働契約が承継会社等に承継されるときは、労働協約の債務的部分についても、当該労働組合と承継会社等との間で同一内容の労働協約が締結されたものとみなす(承継6条3項)。

第三に、分割会社と労働組合との間で締結されている労働協約の規範的部分(労組16条)は、当該労働協約締結組合の組合員の労働契約が承継会社等に承継されるときは、会社分割の効力が生じた日に、当該労働組合と承継会社等との間で同一内容の労働協約が締結されたものとみなされる(承継6条3項)。したがって、労働協約締結組合の組合員は、分割後も、分割時に適用されていた労働協約の規範的部分と同じ内容の労働協約の適用を受けることになる。

(7) 分割会社が履践すべき手続

ア 過半数代表との協議(7条措置)

第一に、分割会社は、会社分割を企画するに際し、分割会社の全ての事業場の過半数代表との協議その他協議に準ずる方法により、会社分割を行う背景・理由、分割会社・承継会社等の債務の履行に関する事項、承継事業に主として従事する労働者の範囲の判断基準、労働協約の承継、問題解決の手続等について、労働者の理解と協力を得るように努めるようにしなければならない(承継7条、承継則4条、指針第2の4の(2))。これを「7条措置」と呼ぶ。

イ 承継事業に従事している労働者との協議(5条協議)

第二に、分割会社は、分割を承認する株主総会の2週間前の日の前日まで、又は株主総会の決議による承認を要しないとき若しくは合同会社が会社分割をする場合は分割契約書等が締結又は作成された日から起算して2週間経過する日までに、承継される事業に従事している労働者と会社分割に伴う労働契約の承継に関して協議を行い、当該労働者が勤務することになる会社の概要、当該

労働者が「承継事業に主として従事する労働者」に該当するか否かの考え方等を十分説明し、本人の希望を聴取した上で、当該労働者に係る承継会社等への労働契約の承継の有無、承継するとした場合又は承継しないとした場合の当該労働者が従事することを予定する業務の内容、就業場所、その他の就業形態等を協議しなければならない（商法等の一部を改正する法律＜平12法90＞附則5条1項、承継2条1項、指針第2の4の(1)）。これを「5条協議」と呼んでいる。

　　ウ　労働者への通知

　第三に、分割会社は、分割契約等締結後、承継事業に主として従事する労働者全て、及び、その他の労働者で当該分割契約等にその労働契約を承継する旨の定めがある労働者に対して、通知の相手方たる労働者が「承継事業に主として従事する労働者」又は「その他の労働者で分割契約等にその労働契約を承継する旨の定めのある労働者」のいずれに該当するかの別、承継される事業の概要、分割後の分割会社及び承継会社等の商号・所在地・事業内容・雇用することを予定している労働者数、効力発生日、効力発生日後に当該労働者について予定されている業務内容・就業場所・その他の就業形態、分割会社及び承継会社等の債務の履行の見込みに関する事項、雇用承継・非承継に関する異議申出ができる旨及び異議申出を行う場合の仕方等に関する通知を、分割を承認する株主総会の2週間前の日の前日まで、又は株主総会の決議による承認を要しないとき若しくは合同会社が会社分割をする場合は分割契約等が締結又は作成された日から起算して2週間を経過する日までに行わなければならない（承継2条1項・3項、承継則1条）。

　　エ　労働組合への通知

　第四に、分割会社は、労働協約を締結している労組法2条の労働組合に対し、当該労働協約を承継会社等が承継する旨の当該分割契約等における定めの有無、並びに、承継される事業の概要、分割の効力発生日以後の分割会社及び承継会社等の商号・所在地・事業内容・雇用することを予定している労働者数、効力発生日、分割会社及び承継会社等の債務の履行の見込み、承継される労働者の範囲（範囲の明示では氏名が明らかとならないときは氏名）、承継会社等に承継される労働協約の内容を、分割を承認する株主総会の2週間前の日の前日まで、又は株主総会の決議による承認を要しないとき若しくは合同会社が会社分割をする場合は分割契約等が締結された日から起算して2週間を経過する日までに通知しなければならない（承継2条2項・3項、承継則3条）。

　　オ　「5条協議」の意義と効果

　分割会社が行うべき手続につき、第一に問題となるのは、商法等一部改正法

（平12法90）附則5条1項の定める労働者との協議（5条協議）の意義と効果、及び、同協議違反を理由に労働契約承継の効力を争うことの可否である。

　5条協議は、労働契約の承継のいかんが労働者の地位に重大な変更をもたらし得るものであることから、分割会社が分割契約等により個々の労働者の労働契約の承継について決定するに先立ち、承継される事業に従事する労働者との間で協議を行わせ、当該労働者の希望等をも踏まえつつ分割会社に承継の判断をさせることによって労働者の保護を図ろうとする趣旨に出たものと解される。そして、承継法3条所定の場合（承継事業に主として従事する労働者で、分割契約等に承継会社等がその労働契約を承継する旨の定めがある場合）には労働者はその労働契約の承継に係る分割会社の決定に対して異議を申し出ることができない立場にあるが、5条協議の趣旨からすると、承継法3条は適正に5条協議が行われていることを当然の前提としているものと解される。

　したがって、当該労働者との関係において5条協議が全く行われなかったときには、当該労働者は承継法3条の定める労働契約承継の効力を争うことができ、また、5条協議が行われた場合でも、その際の分割会社からの説明や協議の内容が著しく不十分であるため、法が5条協議を求めた趣旨に反することが明らかな場合には、分割会社に5条協議義務違反があったと評価してよく、当該労働者は承継法3条の定める労働契約承継の効力を争うことができる[33]。

　　　カ　「7条措置」の意義と効果

　分割会社が行うべき手続につき、第二に問題となるのは、承継法7条の定める措置（7条措置）の意義と効果である。7条措置は、分割会社に対して努力義務を課したものと解され、同違反自体は労働契約承継の効力を左右しないが、7条措置において十分な情報提供等がされなかったがために5条協議がその実質を欠くことになったといった特段の事情がある場合には、5条協議義務違反の有無を判断する一事情として7条措置の内容いかんが問題となる[34]。

　　(8)　会社分割前後の解雇・契約更新拒否

　会社分割前の分割会社により行われた労働者の解雇・契約更新拒否、及び、会社分割後の承継会社等により行われた労働者の解雇・契約更新拒否は、通常

---

[33]　日本ＩＢＭ事件・最二小判平22・7・12民集64巻5号1333頁／労判1010号5頁（当該事案では5条協議違反はないと判断）。同最高裁判決を引用の上、「指針」を考慮し、5条協議違反と労働者の分割会社に対する地位確認請求を認容した事案としてエイボン・プロダクツ事件・東京地判平29・3・28労判1164号71頁。

[34]　日本ＩＢＭ事件・最二小判平22・7・12民集64巻5号1333頁／労判1010号5頁（当該事案では7条措置が不十分であったとは認められないと判断）。

の解雇・契約更新拒否と同様、解雇制限規定等の適用を受ける[*35]。

## 5　企業グループ（企業集団）

### (1) 問題の所在

事業の組織再編を容易にする近年の会社法制等の整備により、①企業における各部門の分社化・子会社化と中枢部門の親会社・持株会社化、②他企業又は他企業の一部門の子会社化、③①と②の組合せ等を通じて、多くの企業グループ（集団）が形成されている。

企業グループの形成と事業展開により、親会社は、子会社等の労働者と直接労働契約を締結せずにその労務を事業に利用することが可能であり、子会社等の労働者の雇用・労働条件に大きな影響を与えうる地位にある。したがって、親会社が子会社等の労働者に対しどのような責任を負うかは重要な論点の一つである。

### (2) 「親会社」の定義と判断基準

「親会社」とは、「会社等が株式会社の財務及び事業の方針の決定を支配している場合における当該会社等」（会社2条4号・会社則3条2項）であり、「財務及び事業の方針の決定を支配している場合」については、当該株式会社（子会社等〈会社2条3号の2〉）の「株主総会における議決権の過半数の支配」を中心としてその判断基準が詳細に規定されている（会社則3条3項）。

### (3) 子会社等の財務及び事業の方針の決定に関する支配

親会社は、①議決権の過半数を支配している場合は、株主総会の普通決議（会社309条1項）事項（子会社等の役員の選任、解任、報酬〈会社329条、339条1項、361・379・387条〉等）、②3分の2を支配している場合は、特別決議（会社309条2項）事項（定款の変更、事業の全部又は重要な一部の譲渡・事業全部の譲受、解散、合併、会社分割、株式交換・株式移転〈会社309条2項11・13号〉等）、③完全親会社等（会社847条の3第2項）であれば全ての決議事項について決定権を有するものであり、当該子会社等の財務及び事業の方針（労働者の雇用・労働条件も含む）の決定について、1)株主総会決議事項については、決議により直接決定又は支配し、2)株主総会決議事項以外の方針の決定についても、子会社等の役員の選任・解任、報酬決定、子会社等との業務委託契約等を通じて支配し、3)持株会社であれば、まさに当該子会社等の株式保有によりその事業活動を支配又は管理することをその目的とする旨定款に記載されている。

---

[*35]　前記第18章「労働契約の終了」第2節・第3節。

### (4) 企業グループの内部統制・財務経営状況報告義務等

親会社は、子会社等の財務及び事業の方針の決定について、親会社の利害関係者(株主や債権者等)に責任を負い、①大会社(会社2条6号)等の取締役(会)は、企業集団の内部統制システムの整備と子会社の業務の監督義務を負い(会社348条4項・362条5項・399条の13第2項・416条2項、会社則98条1項5号・100条1項5号・110条の4第2項5号・112条2項5号)、②有価証券報告書等の提出義務を負う会社(金融商品取引24条1項、主に上場会社)は、連結財務諸表(企業内容等の開示に関する内閣府令1条21号・連結財務諸表規則1条1項)の作成・公示等(金融商品取引193条の2第1項・24条・25条、企業内容等の開示に関する内閣府令21条)により、そのうち大会社は加えて連結計算書類(会社計算規則61条)の作成・株主総会への提出・報告等(会社444条3～7項)により、子会社等を含む企業集団全体の財務状況・経営成績の報告義務を負う。また、③親会社の株主等は、子会社の財務・経営関係書類等の閲覧請求(会社31条3項、125条4項、318条5項、394条3項、433条3項、442条4項、378条3項)等をなしうる。

### (5) 子会社の労働者に対する信義則上の義務

親会社は、法人格否認の法理又は黙示の労働契約の成立により子会社等の労働者の労働契約上の使用者と認められる場合はそれとして責任を負う[36]が、そうでなくても、子会社等の財務及び事業の方針の決定について、支配し、親会社の利害関係者に責任を負い(→前記(2)(3))、その支配権を行使して子会社等の労働者の労務を親会社又は企業グループの事業に組み入れるものであり、かかる地位は、親会社と子会社等の労働者との「特別な社会的接触の関係」を基礎づける。それゆえ、親会社は、信義則上、企業グループや子会社等の財務及び事業の方針の決定を支配するにあたり、当該子会社等の労働者の雇用・労働条件保障に配慮する義務を負うと解すべきである[37]。

例えば、親会社は、子会社等の解散の場合、当該子会社等の労働者の雇用確保や経済的保障等に配慮する信義則上の義務を負い、義務違反については、子会社等の労働者に対し損害賠償責任を負うと解すべきである。

### (6) 労組法7条の使用者性と不法行為責任

親会社は、一定の事項については子会社等の労働者の代表者に対し団交義務を負う労組法7条2号の使用者であり、また、子会社等の労働者に対し不利益取

---

[36] 前記第4章「労働法の主体」第2節6(6)。
[37] 親会社の雇用保障義務の規範的根拠検討の必要性を論じるものとして、本久洋一「親子会社と労働法－子会社の廃業・解散に際しての親会社の雇用保障義務に関する問題提起」石田眞他編『労働と環境』日本評論社(2008)86頁。

扱いや支配介入を禁止されている労組法7条1・4号、3号の使用者であるところ[*38]、子会社に存在する労働組合を排除するために子会社を解散させその従業員を解雇させた場合は、当該解散及び解雇は、不当労働行為（労組7条1号・3号）に該当するとともに不法行為も構成し、子会社の従業員が雇用の喪失により被った損害を賠償する責任を負う[*39]。

---

[*38] 後記第26章「不当労働行為と法的救済」第2節第1款2・5・7・8。
[*39] ワイケーサービス（九州定温輸送）事件・福岡地小倉支判平21・6・11労判989号20頁。

# 第20章　非典型労働契約

「典型労働契約」は、①期間の定めのない労働契約、②フルタイム労働契約、③労働契約の相手方に対して労務を供給する労働契約、の三つの要素の全てを有する労働契約である。一般に、「正社員」「正規労働者」と呼ばれる人の多くの労働契約がこれに該当する。

これに対して、「非典型労働契約」は、①期間の定めのある労働契約（有期労働契約）、②パートタイム労働契約、③派遣労働契約の三つの要素のいずれかを有する労働契約である。一般に、「非正規労働者」と呼ばれる人の多くの労働契約がこれに該当する。

本章では、非典型労働契約について、①有期労働契約（→第1節）、②パートタイム労働契約（→第2節）、③派遣労働契約（→第3節）の順に検討する。

## 第1節　有期労働契約

### 1　定義

「期間の定めのある労働契約（有期労働契約）」は、文字通り、契約期間の定めのある労働契約である。

### 2　問題の所在

有期労働契約に関する問題は大別二つある[*1]。

（1）雇用の不安定さ

第一は、労働者の雇用が不安定であることである。契約期間（例えば3か月）満了後、契約が更新されなければ、あるいは、新しい雇用がなければ、労働者は失業することになる。

雇用の不安定さという問題を解決する方法としては、①有期労働契約を締結することができる事由の限定（「入口規制」）、②一定の要件を充足する有期労働契約の期間の定めのない労働契約（無期労働契約）への転換（「中間規制」）、③解

---

[*1] 社会保障の領域においては、被用者保険（雇用保険、厚生年金・健康保険）の対象外となる場合があるという問題もある。

雇・契約更新拒否の制限（「出口規制」）があるところ、日本では、①は採用されていない（→4(1)）が、②（→5）、及び、③（→6）は規定されている。

(2) 労働条件格差

第二は、期間の定めのない労働契約を締結している労働者との労働条件格差（時間当たり賃金・賞与・退職金・福利厚生等）が大きいことである。

このため、期間の定めのない労働契約を締結している労働者との「不合理な労働条件の相違」は禁止されている（→8）。

## 3 適用される法律・条文

有期労働契約を締結している労働者については、第一に、「労働者」として、労基法、最賃法、安衛法、均等法、育介法、労契法、労組法等の全ての労働関連法規や民法等の関連法規が適用される。

第二に、「有期労働者」として、1) 労基法の、契約期間（14条1項）、期間途中の退職の自由の制限の特例（137条）、契約更新拒否（雇止め）に係る通知等に関する基準と行政官庁の助言指導（14条2・3項）が適用され、また、2) 労契法の、契約期間中の解雇（17条1項）、契約期間への配慮（17条2項）、期間の定めのない労働契約への転換（18条）、契約更新拒否（雇止め）の規制（19条）、不合理な労働条件の禁止（20条）が適用される。さらに、3) 民法の、やむを得ない事由による雇用の解除（628条）、雇用の更新の推定等（629条）が適用される。また、4) 関係告示として、①「労働基準法第14条第1項第1号の規定に基づき厚生労働大臣が定める基準」[*2]は、上記1)の労基法14条1項の契約期間の上限特例の適用対象となる同項1号に「規定する専門的知識等であって高度のもの」の具体的内容を定め、②「有期労働契約の締結、更新及び雇止めに関する基準」[*3]は、上記1)の労基法14条2項に基づく、雇止めの予告、雇止めの理由の明示、契約期間についての配慮に関する使用者の（努力）義務について定める。

## 4 労働契約の締結

(1) 契約締結事由

「有期労働契約における労働者の雇用の不安定さ」という問題を解決する方法の一つは、有期労働契約を締結することができる事由を、一時的・臨時的労働に従事させる場合に限定することである。いわゆる「入口規制」と呼ばれる。

---

[*2] 平15・10・22厚労告356（平28・10・19厚労告376等により一部改正）。
[*3] 平15・10・22厚労告357（平24・10・26厚労告551等により一部改正）。

しかし、日本の現行法ではこのような規制は行われておらず、有期労働契約を締結することのできる事由について、特に制限はない。

(2) 契約期間

労働契約の期間を定める場合は、契約期間の上限は3年が原則である（労基14条1項）が、例外として、1) 一定の事業の完了に必要な期間を定める場合は、契約期間3年を超える労働契約を締結することができ（労基14条1項）、2) ①「労働基準法第14条第1項第1号の規定に基づき厚生労働大臣が定める基準」に該当する高度の専門的知識等を有し、当該高度の専門的知識等を必要とする業務に就く労働者、及び、②満60歳以上の労働者については、契約期間の上限5年の労働契約を締結することができる[*4]。

(3) 契約期間の配慮

使用者は、有期労働契約について、その労働契約により労働者を使用する目的に照らして、必要以上に短い期間を定めることにより、その有期労働契約を反復して更新することのないよう配慮しなければならない（労契17条2項）。

(4) 契約締結時の使用者の説明・明示

有期労働契約の締結時には、期間の定めのない労働契約と同様の、労働条件の明示・説明が求められる[*5]。

## 5　期間の定めのない労働契約への転換

有期労働契約を締結している労働者の雇用安定のための方法の一つは、一定期間を超えて有期労働契約が反復更新された場合は、期間の定めのない労働契約へ転換させることである。いわゆる「中間規制」と呼ばれる。

日本では、2012（平24）年に労契法が改正され[*6]、有期労働契約が5年を超えて反復更新された場合は、労働者の申込みにより、使用者が期間の定めのない労働契約の締結を承諾したものとみなす制度が創設された（労契18条）（2013〈平25〉年4月1日施行）。同条は、施行日以後の日を契約期間の初日とする有期労働契約に適用され、施行日前の日が初日である有期労働契約の契約期間は、同条1項の通算契約期間には算入されない（一部改正法〈平24法56〉附則2項）。

(1) 承諾みなしの要件

使用者が期間の定めのない労働契約の締結の申込みを承諾したとみなされる

---

[*4] 有期労働契約の契約期間の詳細は、前記第15章「労働契約の成立」第2節6。
[*5] 前記第15章「労働契約の成立」第2節6 (2)。
[*6] 労契法改正に関連して、行政通達として「労働契約法の施行について」（平24・8・10基発0810第2号、平27・3・18基発0318第2号により一部改正）が出されている。

要件(期間の定めのない労働契約が成立する要件)は、二つある(労契18条1項前段)。

第一は、「通算契約期間の要件」であり、同一の使用者との間で締結された二以上の有期労働契約(契約期間の始期が到来していないものを除く)の契約期間を通算した期間が5年を超えることである。ただし、一定の後記(2)エに該当する労働者は、通算契約期間が10年を超えることが必要である。

第二は、「申込みの要件」であり、労働者が、使用者に対して、現に締結している有期労働契約の契約期間が満了する日までの間に、当該満了する日の翌日から労務が提供される期間の定めのない労働契約の締結の申込みをしたことである(「無期転換申込権」の行使)。

したがって、労契法18条の定める「有期労働契約が期間の定めのない労働契約へ転換する制度」は、第一の、客観的要件が充足された場合に当然に有期労働契約が期間の定めのない労働契約へ転換する制度ではなく、労働者が申込みをしなければ、期間の定めのない労働契約に転換しない制度である。

以下、これらの要件の詳細を検討する(→(2)・(3))。

(2) 要件①－通算契約期間の要件

ア 「同一の使用者」

「通算契約期間の要件」については「同一の使用者」が問題となりうる。

一つめは、労務供給先の企業は同じだが、契約の相手方が少なくとも形式的には異なる場合、例えば、①A企業で就労(契約相手方はA)した後、派遣企業Bの派遣労働者となり派遣先であるA企業で就労した場合(契約相手方は派遣元B)、②A企業で就労(契約相手方はA)した後、B企業の労働者となりA企業に出向した場合(契約相手方はB)、複数の契約の相手方(AとB)が「同一の使用者」と認められるかどうかが問題となる。

また、二つめに、同一企業グループに属する少なくとも形式的には異なる法人格の企業と契約を締結した場合、例えば、A企業グループのA1企業と契約を締結しその工場で就労した後、A企業グループのA2企業と契約を締結しその工場で就労した場合、複数の契約相手方(A1とA2)が「同一の使用者」と認められるかが問題となる。

いずれの場合も、「法人格否認の法理」(法人格の形骸化・法人格の濫用)の適用により当該複数の契約の相手方が異なる法人格であることを主張できない場合は、当該複数の契約相手方が「同一の使用者」と認められることになろう。また、実質的には労働契約の相手方の変更はないと評価しうる場合もあろう。

イ 「二以上の有期労働契約」

「通算契約期間の要件」においては「二以上の有期労働契約」の通算期間が、

原則として5年を超えることが必要である。
　したがって、有期労働契約が1回以上更新されていることが必要であり、一定の事業の完了に必要な期間を定める契約が締結され5年を超えても、一度も更新がないときはこれに含まれない。
　　　ウ　通算契約期間の計算と空白期間
　労働契約が存在しない「空白期間」が、以下の①又は②の期間続いた場合は、通算契約期間の計算がリセットされ、当該空白期間以前に満了した全ての有期労働契約の契約期間は通算契約期間に算入されない（労契18条2項）。
　すなわち、空白期間が、①6か月以上ある場合、又は、②その直前の有期労働契約の契約期間が1年未満の場合は、その期間に2分の1を乗じて得た期間を基礎として厚生労働省令（「労働契約法第18条第1項の通算契約期間に関する基準を定める省令」[*7]）で定める期間以上続いた場合である。
　　　エ　通算契約期間の原則と例外
　通算契約期間は原則として「5年」であるが、以下の場合は「10年」である。
　第一に、大学等（大学及び大学共同利用機関法人等）や研究開発法人の研究者、教員等の中の一定の者で、期間の定めのある労働契約を締結した者。具体的な内容は、大学の教員等の任期に関する法律（平9法82）（4条1項、5条1項、6条、7条）、及び、研究開発システムの改革の推進等による研究開発能力の強化及び研究開発等の効率的推進等に関する法律（平20法63）（15条の2）で定められている[*8]。
　第二に、高度な専門的知識等を持つ有期雇用労働者が、当該高度な専門的知識等を必要とし5年を超える一定の期間内に完了することが予定されている業務（プロジェクト）に就く場合で、事業主がその雇用管理措置に関する計画を作成し厚生労働大臣の認可を受けたこと（専門的知識等を有する有期雇用労働者等に関する特別措置法〈平26法137〉[*9]2条3項1号、4条、8条1項）[*10]。「高度な専門的知識等を持つ有期雇用労働者」として大臣指定されている者は、①博士の学位を有する者、②公認会計士、医師、歯科医師、獣医師、弁護士、一級建築士、税理士、薬剤師、社会保険労務士、不動産鑑定士、技術士、弁理士、③ＩＴストラテジスト・システムアナリスト、アクチュアリーの試験に合格した者、④特許発明の発

---

[*7]　平24・10・26厚労省令148。
[*8]　両法の一部改正法（平25法99）により通算契約期間の特例に関する条項が追加新設された。特例の施行は2014（平26）年4月1日（同法附則1条）。特例施行前に通算契約期間が5年を超える者の申込みについては、従前の例による（同法附則4条1項・5条1項）。
[*9]　同法については、行政通達として、「専門的知識等を有する有期雇用労働者等に関する特別措置法の施行について」（平27・3・18基発0318第1号）が出されている。
[*10]　通算契約期間の特例の施行は2015（平27）年4月1日である（同法附則1条）。

明者、登録意匠の創作者、登録品種の育成者、⑤農林水産業・鉱工業・機械・電気・土木・建築の技術者であって計画・設計等の業務に就こうとする者、システムエンジニアの業務に就こうとする者、又は、服装・室内装飾等のデザイナーの業務に就こうとする者であって、大学卒業後5年、短期大学・高等専門学校卒業後6年、高等学校卒業後7年以上の実務経験を有する者、⑥システムエンジニアとしての実務経験5年以上を有するシステムコンサルタント、⑦国、地方公共団体、公益法人等によって知識等が優れたものと認定されている者の①～⑦のいずれかであって[11]、かつ、年収1075万円以上の者である[12]。

### オ　通算契約期間に算入されない期間

定年(60歳以上)に達した後引き続いて当該事業主(高年法9条2項の特殊関係事業主を含む)に雇用される有期雇用労働者で、事業主がその雇用管理措置に関する計画を作成し厚生労働大臣の認可を受けた場合は、定年後引き続き当該事業主に雇用されている期間は、通算契約期間に算入されない(すなわち5年を超えても無期転換しない)(専門的知識等を有する有期雇用労働者等に関する特別措置法<平26法137>2条3項2号、6条、8条2項)[13]。

### (3)　要件②－申込みの要件

#### ア　申込み期間

期間の定めのない労働契約締結の申込みをする権利(「無期転換申込権」)を行使できる期間は、当該契約期間中に通算契約期間が5年[14]を超えることとなる有期労働契約の契約期間の初日から当該契約の期間満了日までの間である。したがって、申込みは、通算契約期間が5年を超えていなくても可能である。

なお、上記の期間申込みをしなくても、再度有期労働契約が更新された場合は、当該有期労働契約の期間満了までは、新たに申込みを行うことができる。

#### イ　「無期転換申込権」の放棄・不行使合意の効力

「無期転換申込権」は、「通算契約期間の要件」(→前記(2))の充足と所定の期間内の行使(→前記ア)により、使用者の承諾がなくても「期間の定めのない労働契約の成立」という法律効果が発生する特別の権利[15]であるが、行使する

---

[11]　「専門的知識等を有する有期雇用労働者等に関する特別措置法第2条第1項の規定に基づき厚生労働大臣が定める基準」(平27・3・18厚労省告示67)。
[12]　専門的知識等を有する有期雇用労働者等に関する特別措置法施行規則(平27・3・18厚労省令35)1条。
[13]　通算契約期間の特例の施行は2015(平27)年4月1日である(同法附則1条)。
[14]　無期転換の要件である通算契約期間が例外として10年になる場合(→前記(2)エ)は10年である。
[15]　一種の形成権とも言える。

かどうかは労働者の自由であり、労働者が申込権を「結果として行使せず」、労働契約関係の終了又は有期労働契約の締結を選択することはある。

それでは、労働者が、無期転換申込権の発生前、又は、発生後所定の期間を経過する前に、当該権利を放棄し又は不行使を使用者と合意した場合、当該放棄の意思表示又は不行使の合意は有効であろうか。

権利の発生後[16]、又は、権利発生前後の双方[17]の時点での放棄又は不行使合意につき、その成立を厳格に判断した上で効力を肯定する見解もある。

しかし、①無期転換申込権は、行使しうる期間が数年間に及ぶ場合があり、かつ、行使するかどうかは労働者がそのときの生活・家庭・雇用状況等を考慮して決定するもので事前の判断は困難である。また、②無期転換申込権の行使は期間の定めのない労働契約の成立要件の一つであり、同権利の放棄又は不行使合意は、権利発生前後のいずれも実質的に労契法18条の適用を排除する意思表示・合意を意味するところ、労契法18条はその適用を排除できない強行規定である。さらに、③無期転換申込権は、強行規定である労契法18条の定める労働者の権利で法律の定める労働条件の最低基準の一つであり、労働者間の公正競争の実現のため放棄は許されない[18]。

したがって、無期転換申込権の放棄・不行使の合意は、権利発生の前後のいずれであっても、労契法18条に反し無効であり[19]、例えば金銭補償により放棄させることはできない[20]。また、これを定める就業規則、労働協約等も、労契法18条に反し効力を有しない。

(4) 承諾みなしの法的効果

使用者が期間の定めのない労働契約の締結の申込みを承諾したとみなされた場合、現に締結している有期労働契約の契約期間が満了する日の翌日から労務が提供される期間の定めのない労働契約が成立する。

使用者が、現に締結している有期労働契約の契約期間が満了する日に契約を終了させる旨の意思表示をした場合、当該意思表示はすでに成立した期間の定

---

[16] 荒木・労働法(2016年)493頁等。
[17] 菅野・労働法(2017年)317-318頁、土田・契約法(2016)788-789頁等。
[18] 荒木尚志「有期労働契約法理における基本概念考」根本到他編『西谷敏先生古稀記念論文集 労働法と現代法の理論(上)』日本評論社(2013)412-413頁は、「強行規定によって与えられた権利を事後に放棄することが可能」と述べるが、支持できない。
[19] 西谷・労働法(2013)450頁等は「公序良俗違反」で無効とするが、端的に強行規定である労契法18条違反とした方が良いように思われる。
[20] 毛塚勝利「改正労働契約法・有期労働契約規制をめぐる解釈論的課題」労旬1783・84号(2012)23頁も同旨と思われる。

めのない労働契約を解約する意思表示（「解雇」）であり、労基法20条の解雇予告又は解雇予告手当の規定が適用され、また、解雇が有効となる要件を充足しなければ、無効である[*21]。

また、使用者が、現に締結している有期労働契約の契約期間の満了日前に契約を終了させる旨の意思表示をした場合、当該意思表示は契約期間途中の解雇であり、労基法20条・21条が適用され、また、解雇が有効となる要件を充足しなければ、無効である[*22]。

(5) 転換後の労働条件

期間の定めのない労働契約への転換後の労働条件は、原則として、直前の有期労働契約の労働条件と同一の労働条件（契約期間を除く）である。

ただし、別段の定め（労働契約、就業規則、労働協約）がある場合は、例外的に定められた内容となることがある（労契18条1項後段）。

第一に、転換後の労働条件が労働者に有利に変更される（時間当たり賃金の引上げ等）旨の合意又は就業規則若しくは労働協約の定めがある場合は、当該合意（労契8条）、就業規則の最低基準効（労契12条）、労働協約の規範的効力（労組16条等）により、有利な労働条件が契約内容となる。

これに対して、第二に、転換後の労働条件が労働者に不利に変更される（時間当たりの賃金の引下げ、使用者の配転・出向・時間外労働命令権の創設等）旨の合意又は就業規則若しくは労働協約の定めがある場合はどうであろうか。

労働協約の定めは原則として規範的効力（労組法16条等）を有し、契約内容を規律するが、就業規則の定めは、労契法7条（当該労働者と労働契約を締結した時点で存在する就業規則）又は10条（当該労働者と労働契約を締結した後変更された就業規則）等の定める合理性の要件等を充足する限りにおいて契約内容となる。また、合意は、不利益変更合意であり、使用者が労働者の無期転換申込権の行使を抑制するためにこのような合意を志向する場合も想定されるため、その効力は慎重に判断されるべきであり[*23]、合意内容は信義則に則して解釈すべきであろう。

## 6 解雇・契約更新拒否の規制

有期労働契約を締結している労働者の雇用安定のための方法の一つは、使用者による一方的な契約終了、すなわち、契約期間中の解雇及び契約更新拒否による労働契約終了の効果の制限である。これを「出口規制」と呼ぶ。

---

[*21] 前記第18章「労働契約の終了」第2節。
[*22] 前記第18章「労働契約の終了」第3節第1款。
[*23] 前記第16章「労働契約内容の設定と変更」第4節第1款1参照。

現行法においては、①契約期間中の解雇、及び、②使用者による契約更新拒否のいずれについても、一定の規制が行われている[*24]。

### 7　労働者の辞職

有期労働契約における労働者の辞職については、前記第18章「労働契約の終了」第5節3(2)・4を参照されたい。

### 8　平等取扱いに関する規制

(1)　平等取扱いに関する従来の裁判例

有期労働契約を締結している「有期労働者」と期間の定めのない労働契約を締結している労働者との間の賃金格差について、裁判例[*25]が、①労基法3条の社会的身分は自己の意思によって逃れることのできない社会的な分類であるところ、「有期労働者」は契約上の地位であるから社会的身分に該当せず、労基法3条の適用はない、②同一(価値)労働同一賃金原則は、これに反する賃金格差が直ちに違法となるという意味での公序ではない、しかし、③同一(価値)労働同一賃金原則の基礎にある均等待遇の理念は、賃金格差の違法性判断における重要な判断要素であり、その理念に反する賃金格差は公序良俗違反となる場合があると判示し、注目を集めた。

(2)　労契法の制定と労契法3条2項

2007(平19)年に制定され2008年に施行された労契法は、その3条2項で、「労働契約は、労働者及び使用者が、就業の実態に応じて、均衡を考慮しつつ締結し、又は変更すべきものとする」と定めた。この規定は、雇用形態を理由とする合理的な理由のない労働条件格差は信義則に反するとの解釈が可能であるが、一般的・抽象的な定めにとどまるものであった。

(3)　期間の定めがあることによる不合理な労働条件の相違の禁止

2012(平24)年の労働契約法一部改正(平24法56)により新設され、2013(平25)年4月1日に施行された労契法20条は、「期間の定めがあることによる不合理な労働条件の相違」を禁止した。

すなわち、「有期労働契約を締結している労働者の労働契約の内容である労働条件が、期間の定めがあることにより同一の使用者と期間の定めのない労働契約を締結している労働者の労働契約の内容である労働条件と相違する場合に

---

[*24]　前記第18章「労働契約の終了」第3節。
[*25]　丸子警報器事件・長野地上田支判平8・3・15労判690号32頁/判タ905号276頁。

おいては、当該労働条件の相違は、労働者の業務の内容及び当該業務に伴う責任の程度(以下この条において「職務の内容」という。)、当該職務の内容及び配置の変更の範囲その他の事情を考慮して、不合理と認められるものであってはならない」(労契20条)と定めた。

(4) 労契法20条違反の有無

労契法20条が禁止しているのは、有期労働契約を締結している労働者の労働条件が、「期間の定めがあることにより」、「同一の使用者と期間の定めのない契約を締結している労働者の労働条件」と「相違」しており、その相違が「不合理」であること、すなわち、「不合理な労働条件の相違」である。

　ア　「労働条件の相違」の有無

労働条件の相違の有無につき、第一に、比較の対象は、「同一の使用者」と期間の定めのない労働契約を締結している労働者であり、「同一の事業場」の期間の定めのない労働契約を締結している労働者ではない[26]。

「同一の使用者と期間の定めのない労働契約を締結している労働者」であっても、その職種・職務内容等により複数のカテゴリーがあり、カテゴリー毎に雇用・労働条件が異なる場合も多いと思われるが、「同一の使用者と期間の定めのない労働契約を締結している労働者」全体、あるいは、特定のカテゴリーの労働者(職務内容等が類似している者でもしていない者でもよい)のいずれも、比較対象となりうる(原告である有期労働者が選択しうる)と解すべきであろう[27]。

第二に、「労働条件」とは、賃金(賞与・退職金、通勤手当を含む)、労働時間のみならず、労働契約の内容となっている災害補償、安全管理、服務規律、教育訓練、福利厚生(食堂の利用等を含む)等、労働者に対する一切の待遇を包含し[28]、契約の終了の条件も含まれる。

　イ　「期間の定めがあることにより」

労契法20条は、「期間の定めがあることにより」労働条件が相違している場合に適用される。

労働条件の相違が問題となる類型としては、Ａ) いわゆる正規労働者Ｘさん(期間の定めのない労働契約)と非正規労働者Ｙさん(有期労働契約)の定年前の労働

---

[26] 平24・8・10基発0810第2号第5の6(2)ウ。ただし、事業場が違うことは労働条件の相違の合理的な理由となる場合がある。
[27] 後は、比較対象者との相違の有無、相違の不合理性等を検討していけばよい。したがって、原告の選択した比較対象者以外の者を比較対象者とすべきとする、メトロコマース事件・東京地判平29・3・23労判1154号5頁(正社員全体)、日本郵便事件・東京地判平29・9・14労判1164号5頁(類似する職種の者)は疑問である。
[28] 平24・8・10基発0810第2号第5の6(2)イ。

条件の相違のように、「定年前の労働条件につき異なる労働者間で相違がある場合」（以下「A類型」という。）[*29]と、B）定年前（期間の定めのない労働契約）と定年後の継続雇用・再雇用（有期労働契約）の労働条件の相違のように、「定年前後で労働条件に相違がある場合」（以下「B類型」という。）[*30]等が存在する。

B類型は、「定年前後」の労働条件の相違であり「期間の定めがあること」による労働条件の相違ではないとして、労契法20条の適用を否定する見解も可能であろうが、「期間の定めがあることにより」は「期間の定めの有無に関連して生じたこと」と広く解した上で[*31]、適用を肯定し[*32]、「労働条件の変更（不利益変更）」の問題でもあることは、労働条件の相違の「不合理性」の判断において考慮されるべきであろう（→ウ）。

なお、継続雇用と同じく60歳以上の雇用確保措置でも、定年の延長（期間の定めのない労働契約）という方式であれば労契法20条の適用はないが、有期労働契約による継続雇用という労働者にとってより不安定な方式に伴う規制と位置づければ、整合性は否定されないであろう。

　　　ウ　労働条件の相違が「不合理であること」

第一に、「期間の定めがあることによる労働条件の相違」が存在する場合、それが、「不合理」かどうかは、①労働者の業務内容及び当該業務に伴う責任の程度（職務の内容）、②職務の内容及び配置の変更の範囲（配転、昇進・昇格、配転を伴わない職務変更等の有無と範囲）、③その他の事情（合理的な労使の慣行等[*33]）を考慮して、個々の労働条件毎に[*34]、判断される。

[*29] A類型に該当する事案として、ハマキョウレックス（差戻審）事件・大津地彦根支判平27・9・16労判1135号59頁、同事件・大阪高判平28・7・26労判1143号5頁、メトロコマース事件・東京地判平29・3・23労判1154号5頁、ヤマト運輸事件・仙台地判平29・3・30労判1158号18頁、日本郵便事件・東京地判平29・9・14労判1164号5頁。

[*30] B類型に該当する事案として、長澤運輸事件・東京地判平28・5・13労判135号11頁、同事件・東京高判平28・11・2労判1144号16頁。

[*31] 長澤運輸事件・東京地判平28・5・13労判135号11頁、同事件・東京高判平28・11・2労判1144号16頁、ハマキョウレックス（差戻審）事件・大阪高判平28・7・26労判1143号5頁、メトロコマース事件・東京地判平29・3・23労判1154号5頁（いずれも、「期間の定めの有無に関連して生じたことが必要である」と判示）。

[*32] 長澤運輸事件・東京地判平28・5・13労判135号11頁、同事件・東京高判平28・11・2労判1144号16頁（いずれも専ら期間の定めの有無を理由として労働条件の相違を設けた場合に限定すべきではないと判示、B類型への労契法20条の適用を肯定）。

[*33] 平24・8・10基発0810第2号第5の6(2)オ、ハマキョウレックス（差戻審）事件・大阪高判平28・7・26労判1143号5頁。

[*34] 平24・8・10基発0810第2号第5の6(2)オ、ハマキョウレックス（差戻審）事件・大阪高判平28・7・26労判1143号5頁、日本郵便事件・東京地判平29・9・14労判1164号5頁。特に、通勤手当、食堂の利用、安全管理等についての相違は特段の理由がない限り合理的とは認められない（前記通達第5の6(2)オ)。

①〜③は、当然のことながら、労働条件の相違の有無の比較対象となり、労働条件の相違があると判断された「同一の使用者と期間の定めのない労働契約を締結している労働者」と、当該有期労働者との間で検討されることになる。
　第二に、不合理性は、先に述べたA類型[*35]とB類型[*36]を区別して、③その他の事情を検討すべきであろう。
　A類型は、異なる労働者間の雇用形態による差別的取扱いに当たるかどうか、「相違の不合理性」の有無が判断され、③その他の事情として、そのような相違の合理的理由が存在するかどうかが判断される。
　これに対し、B類型は、全ての労働者に同じ基準を適用するのであれば異なる労働者間で労働条件の相違が生じるわけではなく、同じ労働者の労働条件が定年後に「変更」されることになる。したがって、「不合理性」は「変更の不合理性」の有無が問題となり、「不利益変更」であれば、③その他の事情の中で、労契法10条の不利益変更効の判断要素（不利益の程度、変更の必要性、変更後の内容の相当性、労働組合等との交渉の状況その他変更に係る事情）も考慮して判断すべきであろう。
　第三に、「労働条件の相違があること」自体は不合理とは言えなくても、「労働条件の相違が大きすぎる」（例えば、職務内容の差異以上に賃金格差が大きい）場合は、「不合理な労働条件の相違」である。
　　　エ　証明責任
　労契法20条の規定からは、労働条件の相違が「不合理であること」の証明責任を労働者が負担するようにも思われる。
　しかし、それぞれの労働者の労働条件や人事管理についての資料・情報を有しているのは使用者であり、具体的事実の主張立証と証明責任は、以下のように分配するのが信義則に則するものといえよう。すなわち、1) 労働者が同一の

---

[*35] A類型に該当する事案として、ハマキョウレックス（差戻審）事件・大津地彦根支判平27・9・16労判1135号59頁（通勤手当は不合理な相違と判断、他の手当は否定）、同事件・大阪高判平28・7・26労判1143号5頁（無事故手当、作業手当、給食手当、通勤手当は不合理な相違と判断、他の手当は否定）、メトロコマース事件・東京地判平29・3・23労判1154号5頁（早出残業手当は不合理は相違と判断、基本給、他の手当は否定）、ヤマト運輸事件・仙台地判平29・3・30労判1158号18頁（賞与の支給方法、不合理な相違ではないと判断）、日本郵便事件・東京地判平29・9・14労判1164号5頁（年末年始勤務手当、住居手当、夏期冬期休暇、病気休暇については不合理な相違と判断、他の手当等は否定）。

[*36] B類型に該当する事案として、長澤運輸事件・東京地判平28・5・13労判135号11頁（定年後の再雇用労働者の賃金は不合理な相違と判断）、同事件・東京高判平28・11・2労判1144号16頁（不合理な相違でないと判断）。

使用者と期間の定めのない労働契約を締結している労働者との「期間の定めがあることによる労働条件の相違」を主張立証した場合、2)」使用者が当該労働条件の相違が「不合理ではない」（合理的である）ことを主張立証しなければ、当該労働条件の相違は「不合理な労働条件の相違」であり、「不合理ではないこと（合理的であること）」の証明責任を使用者が負担することとべきである[*37]。

(5) 労契法20条違反の法的効果・法的救済

第一に、「不合理な労働条件の相違」が、解雇、配転、懲戒処分、降格・降給等の法律行為である場合（あまり想定されないが）、労契法20条は強行規定であるから当該法律行為は無効であり、これを前提とした救済を求めることができる。また、当該行為は不法行為でもあり、損害賠償請求も可能である。

第二に、「不合理な労働条件の相違」が、賃金、福利厚生等に関する労働協約、就業規則、労働契約[*38]の内容である場合、労契法20条は条文の性質上直律的効力をも有すると解すべきであるから[*39]、当該労働協約、就業規則、労働契約は無効であるとともに、当該規定は労契法20条に則して修正され、不合理な相違のない賃金額等[*40]が労働契約の内容となり、労働者は不合理な相違のない賃金等を請求することができる。

第三に、労契法20条違反の「不合理な労働条件の相違」が、昇給・昇格・昇進させない、人事考課における低査定、あるいは、特に労働契約等に定めはないが食堂等を使用させない等の行為である場合は、当該行為は、①労働者の期待権侵害あるいは、「不合理な労働条件の相違なく平等に取り扱われる権利」

---

[*37] ハマキョウレックス事件・同事件・大阪高判平28・7・26労判1143号5頁、メトロコマース事件・東京地判平29・3・23労判1154号5頁、日本郵便事件・東京地判平29・9・14労判1164号5頁、は、労働者が不合理性の評価根拠事実を、使用者が評価障害事実の主張立証責任を負うとするが、証明責任は労働者に負担させるものと思われ（メトロコマース事件、日本郵便事件では、当該労働条件の相違が不合理であると断定するに至らない場合には、当該相違は同条に違反するものではないと判断されると明示）、支持できない。

[*38] 長澤運輸事件・東京地判平28・5・13労判135号11頁（定年後の再雇用の有期労働者の賃金部分を労契法20条違反で無効とした上で正社員の就業規則を適用）。

[*39] 日本郵便事件・東京地判平29・9・14労判1164号5頁は、労契法20条に反する労働条件の定めは無効で定めに20条に反する取扱いには不法行為が成立しうるが、補充的効力は認められないと判示、民訴法248条に基づき相当な損害額を認定すべきとする。ハマキョウレックス（差戻審）事件・大津地彦根支判平27・9・16労判1135号59頁、同事件・大阪高判平28・7・26労判1143号5頁、メトロコマース事件・東京地判平29・3・23労判1154号5頁も不法行為を構成。

[*40] 原告労働者は不合理な相違のない賃金額を具体的に特定する必要があるが、一部認容も当然あり得るので、特定した額が正しくなければ請求認容額がゼロとなるわけではない。

を侵害する不法行為であり、また、②使用者の「有期労働者を不合理な労働条件の相違なく平等に取り扱う義務」(信義則上の義務)に違反するので、昇給・昇格・昇進させられなかった結果又は低査定の結果等に基づく賃金格差(財産的損害)、及び、精神的損害につき、賠償請求が可能であろう。

また、(労契法20条に則して修正された)労働協約、就業規則、労働契約の定め、又は、労契法20条の直律的効力に基づき、昇給・昇格・昇進等の労働契約内容の変更の効果が発生すると解されるので、労働者は、昇給・昇格・昇進した地位にあることの確認及びそれに基づく賃金支払請求も可能であろう。

## 第2節　パートタイム労働契約

### 1　定義

「パートタイム労働契約」の法律上の定義は存在しないが、短時間労働者の雇用管理の改善等に関する法律＜パート法＞(平5法76)[41]にいう「短時間労働者」については、「1週間の所定労働時間が同一の事業所に雇用される通常の労働者(……中略……)の1週間の所定労働時間に比し短い労働者」(パート2条)と定義されている[42]。したがって、パート法上の「短時間労働者」は、同じ事業所で雇用される「通常の労働者」の所定労働時間との関係で決定される相対的な概念である[43]。

パート法上の「短時間労働者」あるいは「パートタイム労働者」と呼ばれている労働者の労働契約は、契約期間の有無という観点からは、「有期労働契約」であることが多い。

---

[41] 近年の論考として、阿部未央「パートタイム労働法」再生(6)(2017)211-228頁、同論文引用文献等。

[42] 正確には、「一週間の所定労働時間が同一の事業所に雇用される通常の労働者(当該事業所に雇用される通常の労働者と同種の業務に従事する当該事業所に雇用される労働者にあっては、厚生労働省令で定める場合を除き、当該労働者と同種の業務に従事する当該通常の労働者)の所定労働時間に比し短い労働者」(パート2条)と定義され、「厚生労働省令で定める場合」とは、同一の事業所に雇用される通常の労働者の従事する業務が二以上あり、かつ、当該事業所に雇用される通常の労働者と同種の業務に従事する労働者の数が当該通常の労働者の数に比し著しく多い業務(当該業務に従事する通常の労働者の一週間の所定労働時間が他の業務に従事する通常の労働者の一週間の所定労働時間のいずれよりも長い場合に係る業務を除く。)に当該事業所に雇用される労働者が従事する場合」とされている(パート則1条)。

[43] これに対し、企業においては、所定労働時間は変わらないが「正社員」とは異なる待遇を受ける者に対し社内用語として「パートタイム労働者」の名称が付される場合もあるが、このような労働者は言葉の本来の意味ではパートタイム労働者に該当しないことから「疑似パート」と呼ばれる。

## 2　問題の所在

パートタイム労働契約に関する問題は大別二つある[*44]。

### (1) 雇用の不安定さ

第一の問題は、パートタイム労働契約が有期労働契約である場合、労働者の雇用が不安定であることである。

有期労働契約については、雇用の不安定さを解決するために、一定の要件を充足する有期労働契約の無期労働契約への転換、及び、解雇・契約更新拒否の制限が定められ（→前記第1節5・6）、これはパートタイム労働契約にも同様に適用される（→5）。

### (2) 労働条件格差

第二の問題は、期間の定めのない労働契約を締結している労働者、あるいは、フルタイムの労働契約を締結している労働者との労働条件格差（時間当たり賃金・賞与・退職金・福利厚生等）が大きいことである。

このため、パート法は、①短時間労働者と当該事業所の通常の労働者との間の「不合理な待遇の相違」の禁止、②「通常の労働者と同視すべき短時間労働者」に対する全ての差別的取扱いの禁止、③「通常の労働者と同視すべき短時間労働者」以外の短時間労働者に対する取扱いを定めている（→7）。

## 3　適用される法律・条文

パートタイム労働契約を締結している労働者については、第一に、「労働者」として、労基法、最賃法、労安法、均等法、育介法、労契法、労組法等の全ての労働関連法規や民法等の関連条文が適用される。

第二に、「短時間労働者（パート2条）」として、パート法、同法施行規則〈パート則〉（平5労令34）が適用され、また、「事業主が講ずべき短時間労働者の雇用管理の改善等に関する措置等についての指針」（「パートタイム労働指針」）[*45]が作成されている。

第三に、年次有給休暇については、労働日数の少ない労働者にフルタイム労働者と同じ日数の休暇を付与するとかえって不公平な結果となるので、週所定労働日数が4日以下（又は年間所定労働日数が216日以下）で、週所定労働時間が30時間未満の労働者に対する年次有給休暇の付与日数は、労働日数に比例して設定されている（労基39条3項、労基則24条の3）。

---

[*44]　社会保障の領域においては、被用者保険（雇用保険、厚生年金・健康保険）の対象外となる場合があるという問題もある。

[*45]　平19・10・1厚労告326（平26・7・24厚労省告示293により一部改正）。

## 4　労働契約の締結

### (1) 契約締結事由

パートタイム労働（短時間労働）であるということ自体からは雇用の不安定さが導かれるわけではないから、パートタイム労働契約は、国際的にも、不安定雇用として契約締結事由が限定されているわけではなく、日本の現行法でも特に規制はされていない。

### (2) 契約締結時の使用者の明示事項

使用者は、パートタイム労働契約の締結時には、フルタイム労働契約と同様、①労働契約期間、期間の定めのある労働契約を更新する場合の基準（ただし、期間の定めのある契約で契約を更新する場合があるもののみ）、就業場所・従事する業務、始業・終業時刻、所定時間外労働の有無、休憩・休日・休暇、交替制労働の就業時転換、賃金の決定・計算・支払方法・締切及び支払の時期、退職に関する事項（解雇事由を含む）については、必ず、書面の交付により、明示しなければならない（労基15、労基則5）。

また、②昇給、退職手当の定めが適用される労働者の範囲、退職手当の決定・計算・支払方法・支払時期、臨時の賃金・賞与等、最低賃金額、労働者負担の食費・作業用品等、安全・衛生、職業訓練、災害補償、表彰・制裁、休職については、フルタイム労働者については、使用者が定めをする場合に限り、明示のみが義務付けられ、書面の交付は要求されていない（労基15条1項、労基則5条・8条）が、パートタイム労働者に対しては、昇給・退職手当・賞与の有無について、文書の交付、又は、労働者が希望する場合は、ファクシミリ若しくは電子メールによる送信で明示することが必要である（パート6条、パート則2条）。

### (3) 有期労働契約の締結に関する法規制

パートタイム労働契約が、有期労働契約でもある場合は、有期労働契約の締結に関する法規制も適用される（→前記第1節4）。

## 5　雇用の安定

パートタイム労働契約は、期間の定めのない労働契約である場合と、有期労働契約である場合がある。

第一に、有期労働契約の場合、パートタイム労働契約にもフルタイム労働契約と同様、期間の定めのない労働契約への転換に関する規定（労契18条）が適用される（→前記第1節5）。

第二に、①期間の定めのない労働契約におけるパートタイム労働者の解雇[*46]も、②有期労働契約におけるパートタイム労働者の契約期間途中の解雇[*47]又は更新拒否(雇止め)[*48]も、フルタイム労働者と同じ規制が適用される[*49]。

## 6　労働者の辞職

当該パートタイム労働契約が期間の定めのない労働契約の場合、及び、有期労働契約の場合における労働者の辞職については、前記第18章「労働契約の終了」第5節3・4を参照されたい。

## 7　平等取扱いに関する規制

### (1)　従来の裁判例と労契法3条2項

「パートタイム労働者」と、フルタイム労働者あるいは「正社員」との間の賃金格差は違法かどうかという点については、「有期労働者」の場合と同様、①労基法3条違反か、②同一価値労働同一賃金原則違反かが論点とされたが、裁判例[*50]は、①②を否定したものの、③均等待遇の理念に反する賃金格差は公序違反となりうると判断したこと、また、労契法3条2項が定められたことは、前記第1節8(1)(2)記載の通りである。

### (2)　パート法による規制

2007(平19)年に改正(平19法72)されたパート法は、「通常の労働者と同視すべき短時間労働者」に対する差別的取扱い等を禁止し、それ以外の短時間労働者に関する規定も定め、2014(平26)年に改正(平26法27)されたパート法(2015〈平27〉年4月1日施行)[*51]は、有期労働者に関する労契法20条との整合性を図るため、短

---

[*46] ワキタ事件・大阪地判平12・12・1労判808号77頁(解雇無効)、弥生工芸事件・大阪地判平15・5・16労判857号52頁(解雇無効)。
[*47] 安川電機八幡工場事件・福岡高決平14・9・18労判840号52頁(期間途中の解雇無効、その後の契約期間満了により原告の一人は契約終了、一人は契約更新の効力を肯定)。
[*48] 三洋電機住道工場事件・大阪地判平3・10・22労判595号9頁、ニヤクコーポレーション事件・大分地判平25・12・10労判1090号44頁/判時2234号119頁、エヌ・ティ・ティ・ソルコ事件・横浜地判平27・10・15労判1126号5頁(いずれも契約の終了否定)。
[*49] 前記第18章「労働契約の終了」第2節・第3節。
[*50] 丸子警報器事件・長野地上田支判平8・3・15労判690号32頁/判タ905号276頁。
[*51] 関連して、「短時間労働者の雇用管理の改善等に関する法律の一部を改正する法律の施行について」(平26・7・24基発0724第2号・職発0724第5号・能発0724第5号・雇児発0724第1号)が出され、「事業主が講ずべき短時間労働者の雇用管理の改善等に関する措置等についての指針」(平19・10・1厚労告326)が一部改正され(平26・7・24厚労告293)、「短時間労働者対策基本方針」(平27・3・26厚労告142、平成27年度から31年度までの5年間)が策定されている。

時間労働者の待遇の原則を定め、「通常の労働者と同視すべき短時間労働者」の範囲を拡大したが、その他の規定はそのまま置かれている。

したがって、現行パート法による規制は、①短時間労働者の待遇の原則(8条)(→(3)～(5))、②「通常の労働者と同視すべき短時間労働者」に対する差別的取扱いの禁止(9条)(→(6)～(8))、③「通常の労働者と同視すべき短時間労働者」以外の短時間労働者に関する取扱い(10～12条)(→(9))により構成されている。

(3) 短時間労働者の待遇の原則

パート法8条は、「短時間労働者の待遇の原則」として、「事業主が、その雇用する短時間労働者の待遇を、当該事業所に雇用される通常の労働者の待遇と相違するものとする場合においては、当該待遇の相違は、当該短時間労働者及び通常の労働者の業務の内容及び当該業務に伴う責任の程度(以下「職務の内容」という。)、当該職務の内容及び配置の変更の範囲その他の事情を考慮して、不合理と認められるものであってはならない」と定めている。

(4) パート法8条違反の有無

パート法8条が禁止しているのは、短時間労働者の待遇が、当該事業所に雇用される通常の労働者の待遇と「相違」し、その相違が「不合理」であること、すなわち、「不合理な待遇の相違」である。

　　ア　「待遇の相違」の有無

「待遇の相違」の有無につき、第一に、比較の対象は、有期労働者(労契20条)とは異なり、「同一の事業所」に雇用される「通常の労働者」である[52]。

「同一の事業所に雇用される通常の労働者」であっても、その職種・職務内容等により複数のカテゴリーの労働者が存在し、カテゴリー毎に雇用・労働条件が異なる場合も多いと思われるが、「同一の事業所に雇用される通常の労働者」全体、あるいは、特定のカテゴリーの労働者のいずれも、比較対象となりうる(原告である有期労働者が選択しうる)と解すべきであろう。

第二に、「待遇」は、労契法20条の「労働条件」と同様、賃金(賞与・退職金、通勤手当を含む)、労働時間のみならず、災害補償、安全管理、服務規律、教育訓練、福利厚生(食堂の利用等を含む)等、労働者に対する一切の待遇を包含し、契約の終了の条件も含まれると解される。

　　イ　待遇の相違が「不合理であること」

第一に、「待遇の相違」が存在する場合、それが「不合理」かどうかの判断要素は、労契法20条の「労働条件の相違」と同様、①職務の内容(業務内容及び

---

[52]　「短時間労働者」かどうかは事業所毎に判断されるからであろう。

当該業務に伴う責任の程度）、②職務の内容及び配置の変更の範囲、③その他の事情であり、これらを考慮して個々の労働条件毎に判断される。

①～③は、待遇の相違の有無の比較対象となり、待遇の相違があると判断された「同一の事業所に雇用される通常の労働者」と、当該短時間労働者との間で検討されることになる。

第二に、不合理性は、労契法20条と同様、A）いわゆる正規労働者Xさん（通常の労働者）と非正規労働者Yさん（短時間労働者）の定年前の労働条件の相違のように、「定年前の労働条件に異なる労働者間で相違がある場合」（以下「A類型」という）と、B）定年前（通常の労働者）と定年後の継続雇用・再雇用（短時間労働者）の労働条件の相違のように、「定年前後で労働条件に相違がある場合」（以下「B類型」という）とを区別して判断すべきであろう。

A類型は、異なる労働者間の雇用形態による差別的取扱いに当たるかどうか、「相違の不合理性」が判断され、③その他の事情として、相違の合理的な理由があるかどうかを検討する。

これに対し、B類型は、全ての労働者に同じ基準を適用するのであれば異なる労働者間で労働条件の相違が生じるわけではなく、同じ労働者の労働条件が定年後に「変更」されることになる。したがって、「変更の不合理性」の有無について、「不利益変更」であれば、③その他の事情の中で、労契法10条の不利益変更効の判断要素（不利益の程度、変更の必要性、変更後の内容の相当性、労働組合等との交渉の状況その他変更に係る事情）も考慮して判断すべきであろう。

第三に、「待遇の相違があること」自体は不合理とは言えなくても、「待遇の相違が大きすぎる」（例えば、職務内容の差異以上に賃金格差が大きい）場合は、「不合理な待遇の相違」である。

　　　ウ　証明責任

パート法8条の規定からは、待遇の相違が「不合理性であること」の証明責任を労働者が負担するようにも思われる。しかし、それぞれの労働者の労働条件や人事管理についての資料・情報を有しているのは使用者である。したがって、労契法20条のと同様、具体的事実の主張立証と証明責任は、以下のように分配するのが信義則に則するものといえよう。すなわち、1）労働者が当該事業所の通常の労働者との「待遇の相違」を主張立証した場合、2）使用者が当該待遇の相違が「不合理ではないこと（合理的であること）」を主張立証しなければ、当該待遇の相違は「不合理な待遇の相違」であり、「不合理ではないこと（合理的であること）」の証明責任を使用者が負担することとすべきである（→前記第1節8(4)エ参照）。

#### (5) パート法8条違反の法的効果・法的救済

　パート法8条は、条文の趣旨に鑑みれば、労契法20条と同様、強行規定であり、強行的直律的効力を有すると解すべきである。したがって、パート法8条違反の「不合理な待遇の相違」と認められた場合の法的効果も、労契法20条違反の「不合理な労働条件の相違」と認められた場合と同様に、①解雇、配転、懲戒処分、降格・降給等の法律行為は無効、また、不法行為で損害賠償請求も可能であり、②賃金、福利厚生等に関する労働協約、就業規則、労働契約の内容はパート法8条に則して修正・補充され、不合理な相違のない賃金額等が労働契約の内容となり、③昇給・昇格・昇進させないこと、低査定等の行為については、不法行為、信義則違反であり、損害賠償請求が可能であるとともに、しうるとともに、（パート法8条に則して修正された）労働協約、就業規則、労働契約の定め又はパート法8条の直律的効力により昇給・昇格・昇進等の労働契約内容変更の効果が発生し、昇給・昇格・昇進した地位確認と当該地位に基づく賃金支払請求も可能であろう（→前記第1節8(5)参照）。

#### (6) 「通常の労働者と同視すべき短時間労働者」に対する差別的取扱いの禁止

　事業主は、「通常の労働者と同視すべき短時間労働者」については、短時間労働者であることを理由として、賃金の決定、教育訓練の実施、福利厚生施設の利用その他の待遇について、差別的取扱いをしてはならないと定められている（パート9条）[53]。

#### (7) パート法9条違反の有無

　　ア　「通常の労働者と同視すべき短時間労働者」

　「通常の労働者と同視すべき短時間労働者」は、①職務の内容（業務内容及び当該業務に伴う責任の程度）が当該事業所に雇用される通常の労働者と同一の短時間労働者（「職務内容同一短時間労働者」）で、②当該事業所における慣行その他の事情からみて、当該事業主との雇用関係が終了するまでの全期間において、その職務の内容及び配置が当該通常の労働者の職務の内容及び配置の変更の範

---

[53] 当該労働者が「通常の労働者と同視すべき短時間労働者」であり、賞与額、週休日数、退職金の支給がない点が短時間労働者であることを理由とする差別的取扱いであり同条1項（当時は8条1項）違反であるとして、不法行為に基づく損害賠償請求を認容（正規労働者と同一の地位にあることの確認請求は棄却）した裁判例として、ニヤクコーポレーション事件・大分地判平25・12・10労判1090号44頁/判時2234号119頁。

囲と同一の範囲で変更されると見込まれるものである(パート9条)[*54]。
　　　イ　差別的取扱い禁止の対象
　差別的取扱い禁止の対象は、「短時間労働者であること」を理由とする、「賃金の決定、教育訓練の実施、福利厚生施設の利用その他の待遇」で、「待遇」には全ての労働条件が含まれ、契約の終了も含まれると解される。
　　　ウ　証明責任
　各労働者の労働条件や人事管理の資料・情報を有するのは使用者であり、労働者が「通常の労働者と同視すべき短時間労働者」であること等を立証することは困難であるから、具体的事実の主張立証と証明責任は、以下のように分配するのが信義則に則する。すなわち、1)短時間労働者が当該事業所の通常の労働者との「待遇の相違」を主張立証した場合、2)使用者が、①当該労働者は「通常の労働者と同視すべき短時間労働者」ではないこと、あるいは、②待遇の相違は「短時間労働者であること」が理由ではないこと(他に合理的理由があること)を主張立証しなければ、当該待遇の相違は「通常の労働者と同視すべき短時間労働者に対する短時間労働者であることを理由とする差別的取扱い」であると判断され、①と②の証明責任は使用者が負担すべきである。
　(8)　パート法9条違反の法的効果・法的救済
　パート法9条は、条文の趣旨に鑑みれば、労契法20条・パート法8条と同様、強行規定であり、直律的効力も有すると解すべきである[*55]。したがって、パート法9条違反と認められた場合の法的効果も、労契法20条・パート法8条違反と同様に、①解雇、配転、懲戒処分、降格・降給等の法律行為は無効、また、不法行為で損害賠償請求も可能であり、②賃金、福利厚生等に関する労働協約、就業規則、労働契約の内容はパート法9条に則して修正・補充され、差別のない賃金額等が労働契約の内容となり、③昇給・昇格・昇進させないこと、低査定等の行為については、不法行為、信義則違反であり、損害賠償請求が可能であるとともに、しうるとともに、(パート法9条に則して修正された)労働協約、就

---

[*54]　従来は、「期間の定めのない労働契約を締結していること、又は、反復して更新されることによって期間の定めのない労働契約と同視することが社会通念上相当と認められる期間の定めのある労働契約を締結していること」という要件も付加されていたが、2014(平26)年の改正(平26法27)により削除された。なお、この要件も含め、「通常の労働者と同旨すべき短時間労働者」(パート法旧8条)に該当すると判断された事案として、京都市立浴場運営財団ほか事件・京都地判平29・9・20労判1167号34頁。
[*55]　京都市立浴場運営財団ほか事件・京都地判平29・9・20労判1167号34頁は、同条には補充的効果がなく、同条違反により退職金請求権は発生しないが、不法行為に基づく損害賠償請求はできると判示するが、直律的効力による補充的効果も肯定されるべきであろう。

業規則、労働契約の定め又はパート法9条の直律的効力により昇給・昇格・昇進等の労働契約内容変更の効果が発生し、昇給・昇格・昇進した地位確認と当該地位に基づく賃金支払請求も可能であろう(→前記第1節8(5)参照)。

(9) 「通常の労働者と同視すべき短時間労働者」以外の短時間労働者に対する取扱い

「通常の労働者と同視すべき短時間労働者」以外の短時間労働者については、事業主は、①賃金(通勤手当、退職手当、家族手当、住宅手当、別居手当、子女教育手当、その他賃金のうち職務の内容に密接に関連して支払われるもの以外のものを除く)について、職務の内容、職務の成果、意欲、能力又は経験等を勘案して決定するよう努めなければならず(パート10条、パート則3条)、②教育訓練について、「職務内容同一短時間労働者」に対しては、通常の労働者に対しその職務の遂行に必要な能力を付与するために実施する教育訓練は、すでに当該職務に必要な能力を有している場合を除き実施しなければならず、その他の短時間労働者に対しては、通常の労働者との均衡を考慮しつつ、その職務の内容、職務の成果、意欲、能力及び経験等に応じ、実施するよう努めなければならず(パート11条、パート則4条)、③通常の労働者に対して利用の機会を与える給食施設、休憩室、更衣室の利用機会の付与に配慮しなければならない(パート12条、パート則5条)。

# 第3節　派遣労働契約

労働者派遣[56]については、「労働者派遣事業の適性な運営の確保及び派遣労働者の保護等に関する法律」〈派遣法〉(昭60法88)が、従来禁止されていた「労働者供給事業」(職安44条)の一部を「労働者派遣事業」として法認するとともに、労働者派遣事業、派遣対象業務、労働者派遣の役務の提供を受ける期間、労働者派遣契約、派遣労働契約、派遣労働者と派遣先との関係等につき、一定の法規制を行っている。

### 1　定義

(1) 「労働者派遣」

派遣法上、「労働者派遣」とは、「自己の雇用する労働者を、当該雇用関係

---

[56] 近年の研究書として、大橋範雄『派遣法の弾力化と派遣労働者の保護』大阪経済大学研究叢書(1999)、同『派遣労働と人間の尊厳』大阪経済大学研究叢書(2007)、高橋賢司『労働者派遣法の研究』中央経済社(2015)、本庄淳志『労働市場における労働者派遣法の現代的役割』弘文堂(2016)、萬井隆令『労働者派遣法論』旬報社(2017)等。

の下に、かつ、他人の指揮命令を受けて、当該他人のために労働に従事させることをいい、当該他人に対し当該労働者を当該他人に雇用させることを約してするものを含まない」と定義されている(派遣2条1号)。

また、派遣法上、「労働者派遣事業」とは、「労働者派遣を業として行うこと」と定義されている(派遣2条3号)。

### ア 労働者派遣の当事者

労働者派遣は、その当事者に注目すれば、①「派遣元」(労働者派遣を行う者)、②「派遣先」(労働者派遣の役務の提供を受ける者)、③「派遣労働者」(事業主が雇用する労働者で、労働者派遣の対象となるもの：派遣2条2号)の三者により行われる。

### イ 労働者派遣を構成する契約関係等

労働者派遣は、その契約関係等に注目すれば、①派遣元と派遣先との間で締結される「労働者派遣契約」、②派遣元と派遣労働者との間で締結される「派遣労働契約」、③派遣先と派遣労働者の関係により構成される。

①「労働者派遣契約」は、「当事者の一方が相手方に対し労働者派遣をすることを約する契約」であり(派遣26条1項)、具体的には、派遣元が派遣先に対して派遣労働者の派遣を約定し、派遣先が派遣元に派遣料を支払う契約である。

②「派遣労働契約」は、法令上の定義はないが、労働契約の一類型であり、派遣労働者が派遣元に対し「派遣先に労務を供給すること」を約定し、派遣元が派遣労働者に賃金を支払うという労働契約である。

③派遣先と派遣労働者の関係は、派遣労働者が派遣元との派遣労働契約に基づいて派遣先に対し労務を供給するが、派遣先と派遣労働者との間には、原則として契約関係は存在しない。

したがって、労働者派遣は、具体的には、①派遣元と派遣先との間で「労働者派遣契約」が締結され、②派遣労働者と派遣元との間で「派遣労働契約」が締結され、③派遣労働者が派遣元との「派遣労働契約」に基づいて派遣先に対して労務を供給することである。

(2)　「紹介予定派遣」

「紹介予定派遣」とは、労働者派遣のうち、派遣元事業主(派遣5条1項の労働者派遣事業の許可を受けた者：派遣2条4号)が労働者派遣の役務の提供の開始前又は開始後に、派遣労働者及び派遣先について、職安法等に基づく許可を受け又は届出をして、職業紹介を行い、又は行うことを予定してするものであり、当該職業紹介により、当該派遣労働者が当該派遣先に雇用される旨が当該労働者派遣の終了前に派遣労働者と派遣先との間で約されるものを含む(派遣2条4号)。

(3)　「派遣労働者」

　「派遣労働者」とは、「事業主が雇用する労働者であって、労働者派遣の対象となるもの」をいう（派遣2条2号）。

　　ア　「無期雇用派遣労働者」と「有期雇用派遣労働者」

　派遣労働者は、第一に、その派遣労働契約の期間の定めの有無により、①「無期雇用派遣労働者」（期間を定めないで雇用される派遣労働者：派遣30条の2第1項）と、②「有期雇用派遣労働者」（期間を定めて雇用される派遣労働者：派遣30条1項）に分類される。

　この「有期雇用派遣労働者」のうち、①派遣先の事業所その他派遣就業の場所における同一の組織単位の業務について継続して1年以上の期間当該労働者派遣に係る労働に従事する見込みがあるものとして厚生労働省令で定めるもの[57]は、「特定有期雇用派遣労働者」と定義され（派遣30条1項柱書）、②その他雇用の安定を図る必要性が高いと認められるものとして厚生労働省令で定めるもの[58]、③派遣労働者として期間を定めて雇用しようとする労働者であって雇用の安定を図る必要が高いと認められるものとして厚生労働省令で定めるもの[59]と併せて、「特定有期雇用派遣労働者等」と定義されている（派遣30条1項柱書）。

　　イ　「登録型」派遣労働者と「常用型」派遣労働者

　派遣労働者は、第二に、派遣法上定義されているわけではないが、①「登録型」派遣労働者と、②「常用型」派遣労働者に分類することができる。

　①「登録型」派遣労働者は、派遣元に氏名を登録し、派遣先での仕事があるときに、派遣元と、派遣期間を契約期間とする期間の定めのある派遣労働契約を締結して派遣先で労務を供給する労働者である。したがって、「登録型」派遣労働者は、「有期雇用派遣労働者」の一類型である。

　これに対して、②「常用型」派遣労働者は、派遣元と、期間の定めのない派遣労働契約、又は、派遣期間に関わらず期間の定めのある派遣労働契約を締結し、派遣先で労務を供給する労働者である。したがって、「常用型」派遣労

---

[57]　「派遣先の事業所その他派遣就業の場所における同一の組織単位の業務について継続して1年以上の期間当該労働者派遣に係る労働に従事する見込みがある者であって、当該労働者派遣の終了後も継続して就業することを希望している者（派遣法40条の2第1項各号に掲げる労働者派遣〈派遣可能期間の上限がない労働者派遣〉に係る派遣労働者を除く）」である（派遣則25条1項）。

[58]　「当該派遣元事業主に雇用された期間が通算して1年以上である有期雇用派遣労働者（派遣則25条1項に定める特定有期雇用派遣労働者を除く）」である（派遣則25条3項）。

[59]　「当該派遣元事業主に雇用された期間が通算して1年以上である派遣労働者として期間を定めて雇用しようとする労働者」である（派遣則25条4項）。

者は、「無期雇用派遣労働者」又は「有期雇用派遣労働者」の一類型である。

## 2 問題の所在

派遣労働契約に関する問題は大別二つある[*60]。

(1) 雇用の不安定さ

第一の問題は、派遣労働者の雇用の不安定さである。

登録型派遣労働者であれば、有期雇用派遣労働者であり、派遣労働契約期間＝派遣期間であるから、派遣期間終了時に派遣労働契約は終了し、契約の更新新たな派遣先・雇用先がなければ失業する。また、労働者派遣契約と派遣労働契約が連動しているので、労働者派遣契約の解除又は不更新により、直ちに派遣労働契約が解除され又は更新されない危険性がある。

常用型派遣労働者も、有期雇用派遣労働者であれば、期間満了により派遣労働契約は終了し、契約の更新か新たな雇用先がなければ失業する。

雇用の不安定さという問題を解決する方法としては、①労働者派遣の利用そのものの限定による派遣労働契約の限定、②有期の派遣労働契約を締結することができる事由の限定、③一定の要件を充足する有期派遣労働契約の無期派遣労働契約への転換、④労働者派遣契約の解除の制限と、派遣労働契約における解雇・契約更新拒否の制限等、⑤派遣先による派遣労働者の直接雇用等がある。日本では、①に関し、労働者派遣事業の許可制(→4(1))、派遣禁止業務(→4(2))、一定の労働者派遣の禁止(→4(4)(5)(7))が定められているが、派遣対象業務(→4(2))、派遣受入れ可能期間(→4(3))の制限が少ないので労働者派遣の利用が限定されているとは言えず、②に関しても、一定の日雇労働者の派遣のみが禁止されている(→4(6))。しかし、③(→6(5))、④(→5(6)、6(3)(7))、⑤(→7(2))については一定の規定がおかれている。

(2) 労働条件格差

第二の問題は、派遣労働者と派遣先に直接雇用されている労働者との労働条件格差(時間当たり賃金・賞与・退職金・福利厚生等)が大きいことである。

この点についての法規制も不十分であるが、2012(平24)年に一部改正法(平24法27)により改正された派遣法は、派遣元の、派遣労働者と派遣先に雇用される労働者との労働条件の均衡に配慮する義務を定め、2015(平27)年に一部改正法(平27法73)により改正された派遣法は、それに関する説明義務を定めている

---

[*60] 社会保障の領域においては、被用者保険(雇用保険、厚生年金・健康保険)の対象外となる場合があるという問題もある。

(→6(2))。また、2015(平27)年に一部改正された派遣法は、派遣先の、派遣労働者と派遣先に雇用される労働者との教育訓練や福利厚生施設の利用等の均衡に関する配慮義務を拡充している(→7(1))。

### 3 適用される法律と条文

(1) 派遣労働者と派遣労働契約に適用される法律・条文

派遣労働契約を締結している派遣労働者については、第一に、「労働者」として、労基法、最賃法、労安法、均等法、育介法、労契法、労組法等の全ての労働関連法規や民法等の関連条文が適用される。

第二に、「派遣労働者」として、「労働者派遣事業の適性な運営の確保及び派遣労働者の保護等に関する法律」〈派遣法〉(昭60法88)[*61]、同法施行令〈派遣令〉(昭61政令95)、同法施行規則〈派遣則〉(昭61労令20)が適用される。

派遣法は、先に述べたように、従来禁止されていた「労働者供給事業」(職安44条)の一部を「労働者派遣事業」として法認し、その上で、一定の法規制を行う法律である。ただし、派遣法は、船員職業安定法6条1項に規定する船員については適用されない(派遣3条)。

また、労働者派遣については、「労働者派遣事業と請負により行われる事業との区分に関する基準」[*62]、「派遣元事業主が講ずべき措置に関する指針」[*63]、「派遣先が講ずべき措置に関する指針」[*64]、「日雇派遣労働者の雇用の安定等を図るために派遣元事業主及び派遣先が講ずべき措置に関する指針」[*65]等が発出されている。

(2) 使用者等としての義務の主体

派遣労働者の労働契約上の使用者は派遣元であるので、法令上の「使用者」「事業主」「事業者」としての義務は、原則として、派遣元が負う。

しかし、派遣労働者が労務を供給するのは派遣先であるから、労働者保護規定の実効性を確保するためには派遣先に対しても法令の適用が必要であり、労基法、安衛法、じん肺法、作業環境測定法、均等法、育介法の一部の規定は、

---

[*61] 2015(平27)年の一部改正法(平27法73)により改正され、改正法が同年9月30日より施行されている。また、同改正に伴い、同年9月8日に参議院厚生労働委員会で「労働者派遣事業の適正な運営の確保及び派遣労働者の保護等に関する法律等の一部を改正する法律案に対する附帯決議」がなされている。
[*62] 昭61・4・17労告37(平24・9・27厚労告518により一部改正)。
[*63] 平11・11・17労告137(平29・5・29厚労告210等により一部改正)。
[*64] 平11・11・17労告138(平28・10・20厚労告379等により一部改正)。
[*65] 平20・2・28厚労告36(平27・9・29厚労告395等により一部改正)。

派遣先である事業主・事業者に対しても適用される(派遣44条～47条の3)。
　　　ア　派遣元が義務を負う事項
　労働契約の締結、就業規則・労働者名簿・賃金台帳の作成、賃金支払(割増賃金含む)[66]、年次有給休暇・産休等の付与、法定時間外労働・法定休日労働・変形労働時間制等に関する労使協定の締結、育児・介護休業等の育介法上の義務、労災保険法の適用事業主としての保険料支払義務等については派遣元が責任を負う。また、雇用保険については、派遣労働者は派遣元との労働契約関係を基準に、被保険者資格や受給資格を決定される。
　　　イ　派遣元と派遣先に適用される規定
　派遣元と派遣先の双方に適用されるものとして、均等待遇(労基3条)、強制労働の禁止(労基5条)、徒弟の弊害排除(労基69条)、快適な職場環境の実現と労働者の安全と健康確保(安衛3条1項)、総括安全衛生管理者(安衛10条)、衛生管理者・産業医等(安衛12条・13条<2項除く>、13条の2)、衛生委員会(安衛18条)、安全管理者等に対する教育等(安衛19条の2)、妊娠・出産、産前産後休業取得等を理由とする不利益取扱いの禁止(均等9条3項)、セクシュアル・ハラスメントに関する防止・対策措置義務(均等11条1項)、妊娠中・出産後の女性労働者の健康管理措置(均等12条・13条1項)等がある[67]。また、これらをその具体的内容の最低基準とする、信義則上の安全配慮義務(労契5条・民1条2項)、職場環境調整義務(労契3条4項・民1条2項)等も、派遣元と派遣先の双方が負うと解される。
　　　ウ　派遣先にのみ適用される規定
　派遣先のみに適用されるものとして、労働時間・休憩・休日(労基32条・32条の2第1項・32条の3・32条の4第1～3項・33条～35条・36条1項・40条・41条)、女性の坑内労働・危険有害業務・育児時間・生理日の休暇(労基64条の2・64条の3・66条～68条)、公民権行使の保障(労基7条)、年少者保護(労基60条～63条)、安全管理者(安衛11条)、作業主任者・安全委員会等(安衛14条～15条の3、17条)、労働者の危険又は健康障害を防止するための措置(安衛20～27条、28条の2～30条の3、31条の3、36条)、定期自主検査(安衛45条<2項を除く>)、化学物質の有害性の調査(安衛57条の3～57条の5)、安全衛生教育(安衛59条3項、60条)、就業制限(安衛61条1項)、作業環境測定等(安衛65～65条の4)、健康診断等(安衛66条、66条の3、66条の4、68条)、快適な職場環境の形成(安衛71条の2)、安全改善計画等(安衛9章1節)、計画の届出等(安衛88条～89条の2)等がある。

---

[66]　ただし、最賃法の地域別最低賃金は派遣先の事業場の所在地を含む地域に適用される最低賃金による(最賃13条)。
[67]　派遣労働者も派遣先の労災防止措置に協力する義務を負う(安衛4条、派遣45条1項)。

### (3) 団体交渉義務

派遣元と派遣先の団体交渉義務及び労組法7条2号の使用者性については、後記第23章「団体交渉」第2節第2款、第26章「不当労働行為と法的救済」第2節第1款2・4で検討する。

### 4 労働者派遣事業

(1) 事業の許可と事業報告

労働者派遣事業を行うには、事業ごとに厚生労働大臣の許可を受けることが必要である（派遣5条〜15条）。許可の欠格事由（派遣6条）、許可基準（派遣7条1項、派遣則1条の3）が派遣法等に定められており、許可基準としては、①当該事業が専ら特定の派遣先への派遣を目的とする事業でないこと（派遣労働者の10分の3以上が、他の事業主の事業所を60歳以上の定年により退職した後雇い入れられた60歳以上の者である場合を除く）、②適正な雇用管理能力、③個人情報の適正管理、派遣労働者の秘密保持、④事業の的確な遂行能力が求められている。

派遣法では、派遣法5条1項の労働者派遣事業の許可を受けた者を「派遣元事業主」と呼んでいる（派遣2条4号）。

労働者派遣の役務の提供を受ける者は、派遣元事業主以外の労働者派遣事業を行う事業主から、労働者派遣の役務の提供を受けてはならない（派遣24条の2）。

派遣元事業主は、労働者派遣事業を行う事業所毎の事業報告書及び収支決算書等を厚生労働大臣に提出しなければならない（派遣23条、派遣則17〜20条）。

(2) 対象業務

労働者派遣事業の対象とする業務については、1999（平11）年の一部改正（平11法84）以降、派遣禁止業務が限定列挙され（いわゆるネガティブ・リスト方式）、①港湾運送業務、②建設業務、③警備業務、④医療関係業務（医師、歯科医師、薬剤師、保健師・助産師・看護師、栄養士、歯科衛生士、診療放射線技師、歯科技工士の業務の一部）が派遣禁止業務とされている（派遣4条1項、施行令2条）[*68]。前記①〜④の禁止業務以外の業務は、全て労働者派遣事業の対象業務とすることができる。

労働者派遣の事業を行う事業主から労働者派遣の役務の提供を受けようとする者は、その指揮命令の下に派遣労働者を前記①〜④に該当する業務に従事さ

---

[*68] 「物の製造の業務」は2003（平15）年の派遣法改正で派遣禁止業務から除外され、2012（平24）年の派遣法改正時に再び派遣禁止業務とすることが議論されたが立法化されず、現在も派遣対象業務とされている。

せてはならない（派遣4条3項）[*69]。

(3) 労働者派遣の役務の提供を受けることのできる期間

派遣先が当該派遣先の事業所その他派遣就業の場所ごとの業務について派遣元事業主から労働者派遣の役務の提供を受けることのできる期間（派遣可能期間）については、①期間制限のない労働者派遣と、②期間制限のある労働者派遣があり、期間制限がある場合の派遣可能期間は3年である（派遣40条の2第2項）。

ア 派遣可能期間に制限のない労働者派遣

派遣可能期間に制限のない労働者派遣は、①無期雇用派遣労働者に係る労働者派遣、②60歳以上の者に係る労働者派遣、③事業の開始、転換、拡大、縮小、廃止のための業務で一の期間内での完了が予定されているものに係る労働者派遣、④1か月の派遣就業日数が派遣先の通常の労働者の所定労働日数に比し相当程度少なく、かつ、厚生労働大臣の定める日数（10日：平15・12・25厚労告446）以下の業務に係る労働者派遣、⑤産前産後休業、育児休業、産前産後休業又は育児休業に連続する母性保護・子の養育のための休業を取得した派遣先に雇用される労働者の業務に係る労働者派遣、⑥介護休業又は介護休業に後続する対象家族の介護のための休業を取得した派遣先に雇用される労働者の業務に係る労働者派遣である（派遣40条の2第1項1〜5号、派遣則32条の5・33条・33条の2）。

イ 派遣可能期間に制限のある労働者派遣

派遣可能期間に制限のある労働者派遣は、前記アの①〜⑥以外の労働者派遣である（派遣40条の2第1項）。派遣可能期間は3年であり（派遣40条の2第2項）、この派遣可能期間は、派遣就業の場所ごとの業務について算定されるので、同一の業務に労働者派遣の役務提供を受けている限り、派遣労働者又は派遣元事業主が代わっても、その期間は通算される[*70]。

派遣先は、当該派遣先の事業所その他派遣就業の場所ごとの業務について、派遣元事業主から派遣可能期間（3年）を超える期間継続して労働者派遣の役務の提供を受けてはならない（派遣40条の2第1項本文）。

---

[*69] バイエル三共・ホクトエンジニアリング事件・東京地判平9・11・26判時1646号106頁/判タ987号275頁は、同規定は政策的・公益的見地から行政上設けられた取締規定にすぎず、その違反行為の民事上の効力を否定する趣旨の効力規定ではないと判示するが、仮にそうであるとしても、同規定違反の労働者派遣契約は公序違反で無効であろう。

[*70] 「派遣先が講ずべき措置に関する指針」第2の14(3)は、新たな労働者派遣の開始とその直前に受け入れていた労働者派遣の終了との間の期間が三月を超えない場合は、直前の労働者派遣から継続して労働者派遣の役務の提供を受けているものとみなすとしている。

しかし、派遣先は、派遣就業の場所ごとの業務について、派遣元事業主から3年を超える期間継続して労働者派遣の役務の提供を受けようとするときは、当該派遣先の事業所の当該労働者派遣の役務の提供が開始された日以後派遣可能期間(3年)の一月前までの期間(意見聴取期間)の間に、厚生労働省令で定めるところにより、3年を上限として、派遣可能期間を延長することができ、当該延長に係る期間が経過した場合にこれを更に延長しようとするときも同様である(派遣40条の2第3項)。具体的には、①厚生労働省令で定めるところにより[*71]、過半数労働組合等(当該派遣先事業所に労働者の過半数で組織する労働組合がある場合においてはその労働組合＜過半数組合＞、労働者の過半数で組織する労働組合がない場合においては労働者の過半数を代表する者＜過半数代表者＞)の意見を聴取し(派遣40条の2第4・6項)[*72]、②過半数労働組合等が異議を述べたときは、派遣可能期間内に、当該過半数労働組合等に対し、派遣可能期間の延長の理由その他の厚生労働省令で定める事項[*73]について説明しなければならない(派遣40条の2第5・6項)[*74]。

ただし、派遣先は、派遣可能期間を延長した場合、当該派遣先の事業所その他派遣就業の場所における組織単位ごとの業務について、派遣元事業主から3年を超える期間継続して同一の派遣労働者に係る労働者派遣の役務の提供を受けてはならない(派遣40条の3)。また、派遣元事業主は、派遣先の事業所その他派遣就業の場所における組織単位ごとの業務について、3年を超える期間継続して同一の派遣労働者に係る労働者派遣を行ってはならない(派遣35条の3)。

したがって、派遣先は、過半数労働組合等の意見を聴取し、かつ、派遣労働者を交代させれば、派遣期間に制限のある労働者派遣についても、3年を超えて労働者派遣の役務の提供を受けることが可能とされており、派遣可能期間の制限は事実上ないに等しいとも言うことができよう。

(4) 関係派遣先に対する労働者派遣の制限

派遣元事業主は、「関係派遣先」(当該派遣元事業主の経営を実質的に支配するこ

---

[*71] 過半数組合等の意見の聴くにあたり、①派遣可能期間を延長しようとする事業所等、②延長しようとする期間を書面により通知することである(派遣則33条の3第1項)。
[*72] 意見を聴いた場合は、一定の事項を書面に記載して3年間保存し(派遣則33条の3第3項)これを所定の方法により周知することが必要である(派遣則33条の3第4項)。
[*73] ①派遣可能期間の延長の理由及びその延長の期間、②当該異議(労働者派遣により労働者の職業生活の全期間にわたるその能力の有効な発揮及びその雇用の安定に資すると認められる雇用慣行が損なわれるおそれのある旨の意見に限る)への対応に関する方針である(派遣則33条の4第1項)。
[*74] 派遣先は、過半数労働組合等に対して説明した日及び説明した内容を書面に記載し、当該事業所ごとの業務について延長前の派遣可能期間の経過日から3年間保存し、所定の方法で当該事業所等の労働者に周知しなければならない(派遣則33条の4第2・3項)。

とが可能となる関係にある者その他当該派遣元事業主と特殊の関係にある者として厚生労働省令で定める者：派遣元事業主を連結子会社とする者及び当該者の連結子会社、派遣元事業者の親会社等又は派遣元事業主の親会社等の子会社等）への派遣割合（一の事業年度において当該派遣元事業主が雇用する派遣労働者<60歳以上の定年により退職し当該派遣元事業主に雇用されている者を除く>の関係派遣先への就業に係る総労働時間が当該派遣元事業主が雇用する派遣労働者の派遣就業に係る総労働時間に占める割合）が80％以下となるようにしなければならない（派遣23条の2、派遣則18条の3）。

(5) 労働争議中の労働者派遣の制限

派遣元事業主は、労働争議に対する中立の立場を維持するため、同盟罷業又は作業所閉鎖の行われている事業所に関し、労働者派遣（当該同盟罷業又は作業所閉鎖の行われる際現に当該事業所に関し労働者派遣をしている場合は当該労働者派遣及びこれに相当するものを除く）をしてはならない（派遣24条の準用する職安20条）。

(6) 日雇労働者についての労働者派遣の禁止

派遣元事業主は、その雇用する「日雇労働者」（日々又は30日以内の期間を定めて雇用する労働者）について労働者派遣を行ってはならない（派遣35条の4）。

ただし、①その業務を迅速かつ的確に遂行するために専門的な知識、技術又は経験を必要とする業務のうち、労働者派遣により日雇労働者を従事させても当該日雇労働者の適正な雇用管理に支障を及ぼすおそれがないと認められる業務として政令で定める業務について労働者派遣をする場合、又は、②雇用の機会の確保が特に困難であると認められる労働者の雇用の継続等を図るために必要であると認められる場合その他の場合で政令で定める場合は例外とされており、①の例外となる業務については、18の業務が定められ（派遣令4条1項）、②としては、60歳以上の者、学生（定時制を除く）等、当該労働者の収入又は当該労働者（生計を一にする配偶者等の収入により生計を維持する者に限るの）と配偶者等の収入の合算が500万円以上の者が定められている（派遣令4条2項、派遣則28条の3）。

(7) 離職した労働者についての労働者派遣の禁止

労働者派遣に係る派遣労働者が当該派遣先を離職した者であるときは、当該離職の日から起算して1年を経過する日までの間は、派遣先は、当該派遣労働者に係る労働者派遣の役務の提供を受けてはならず、派遣元はそのような労働者派遣を行ってはならない（派遣40条の9第1項、35条の4）[75]。

ただし、雇用の機会の確保が特に困難であり、その雇用の継続等を図る必要があると認められる者として厚生労働省令で定める者（60歳以上の定年に達したこ

---

[75] 2015（平27）年10月1日施行。

とにより退職した者で、当該労働者派遣をしようとする派遣元事業主に雇用されているもの〈派遣則33条の5第1項〉)は例外とされている。

## 5　派遣元と派遣先：労働者派遣契約
### (1) 労働者派遣契約の締結手続

第一に、派遣元事業主は、労働者派遣契約の締結にあたり、予め、当該契約の相手方に、所定の許可(派遣5条1項)を受けている旨を明示しなければならない(派遣26条3項)。

第二に、新たな労働者派遣契約に基づく労働者派遣の役務の提供を受けようとする者は、労働者派遣契約の締結にあたり、予め、派遣元事業主へ、当該派遣就業の場所の業務について、派遣可能期間に抵触することとなる最初の日を通知しなければならず(派遣可能期間の制限のある労働者派遣の場合)、通知がないときは派遣元事業主は労働者派遣契約を締結してはならない(派遣26条4・5項)。

第三に、労働者派遣の役務の提供を受けようとする者は、当該労働者派遣契約に基づき派遣される派遣労働者を特定することを目的とする行為[76]をしないよう努めなければならない(ただし、紹介予定派遣を除く)(派遣26条6項)。

### (2) 労働者派遣契約の内容

労働者派遣契約で定める事項は、派遣労働者が従事する業務の内容、労働に従事する事業所の名称・派遣就業の場所・組織単位[77]、指揮命令者、派遣期間と派遣就業日、派遣就業の始業終業時刻と休憩時間、安全衛生、苦情処理、労働者派遣契約の解除にあたり派遣労働者の雇用の安定のために必要な措置、派遣元責任者、派遣先責任者、所定休日労働させることができる日、所定時間外労働をさせることができる時間数、福利厚生施設の利用、労働者派遣契約の当事者間の紛争を防止するために講ずる措置、派遣労働者を無期雇用労働者又は60歳以上の者に限定するか否か等であり、紹介予定派遣の場合は、当該職業紹介により従事すべき業務の内容及び労働条件その他の紹介予定派遣に関する事項である(派遣26条1項、派遣則22条)。

派遣元事業主は、派遣先又は派遣先となろうとする者との間で、正当な理由なく、派遣先が当該派遣労働者を派遣元における雇用の終了後雇用することを

---

[76] 当該派遣労働者との事前面接やその履歴書の送付を要請すること等。
[77] 労働者の配置の区分であって、配置された労働者の業務の遂行を指揮命令する職務上の地位にある者が当該労働者の業務の配分及び当該業務に係る労務管理に関して直接の権限を有するものである(派遣26条1項2号、派遣則21条の2)。

禁じる旨の契約を締結してはならない（派遣33条2項）*78。

　（3）労働者派遣の際の義務

　労働者派遣の際、派遣元事業主は、派遣先に、派遣労働者の氏名、当該派遣労働者が無期雇用派遣労働者か有期雇用派遣労働者か、60歳以上の派遣労働者（派遣40条の2第1項2号、派遣則32条の5）か否か、雇用保険・健康保険・厚生年金保険の被保険者資格、性別等を書面の交付等により通知し、変更があったときはその旨を遅滞なく通知しなければならない（派遣35条1・2項、派遣則27条～28条）。

　（4）派遣可能期間の遵守

　派遣可能期間が制限されている労働者派遣の場合は、派遣元事業主及び派遣先はその派遣期間の上限を遵守しなければならない（派遣元：派遣35条の3、派遣先：派遣40条の2第1項）

　（5）派遣労働者の派遣先に対する不法行為と派遣元の責任

　派遣労働者が、派遣先の指揮監督の下で派遣先の業務に従事しているときに不法行為により第三者に損害を与えた場合は、派遣先が第三者に対し民法715条の使用者責任を負うことになるが、派遣労働者がその不法行為により派遣先に損害を与えた場合（横領、偽造等）、派遣労働者の労働契約上の使用者である派遣元は派遣先に対し民法715条の使用者責任を負い、派遣先が派遣労働者を指揮監督していたことは、過失相殺において酌酌される*79。

　（6）労働者派遣契約の解除

　第一に、労働者派遣をする事業主は、労働者派遣の役務の提供を受ける者が派遣法又はそれに適用される労基法などの規定に違反した場合、当該労働者派遣を停止し、又は当該労働者派遣契約を解除することができる（派遣28条）。

　第二に、労働者派遣の役務の提供を受ける者は、派遣労働者の国籍、信条、性別、社会的身分、派遣労働者が労働組合の正当な行為をしたこと等を理由として、労働者派遣契約を解除してはならない（派遣27条）*80。また、その都合に

---

　*78　同規定は、派遣労働者の職業選択の自由を特に雇用制限の禁止という面から保障するための規定であり、同規定に違反する契約条項は無効である（バイエル三共・ホクトエンジニアリング事件・東京地判平9・11・26判時1646号106頁/判タ987号275頁）。

　*79　テンプロス・ベルシステム24事件・東京地判平15・10・22労判874号71頁/判時1850号70頁（派遣先の損害賠償請求認容）。この他派遣元の派遣先に対する使用者責任（民715条）を肯定した例として、パソナ・基礎地盤コンサルタント事件・東京地判平8・6・24判時1601号125頁/判タ971号190頁。

　*80　同条は効力規定であるので、これに反する労働者派遣契約の解除は無効である（派遣労働者の正当な組合活動を理由として派遣先がなした労働者派遣契約の解除を無効とし、それを理由としてなされた派遣元による派遣労働契約の期間途中の解雇を無効と判断した例として、トルコ航空・TEI事件・東京地判平24・12・5労判1068号32頁）。

よる労働者派遣契約の解除にあたっては、当該派遣労働者の新たな就業の機会の確保、労働者派遣をする事業主による当該派遣労働者に対する休業手当等の支払に要する費用を確保するための当該費用の負担その他の当該派遣労働者の雇用の安定を図るために必要な措置を講じなければならない（派遣29条の2）。

労働者派遣契約の解除は、将来に向かってのみその効力を生ずる（派遣29条）。

## 6　派遣元と派遣労働者：派遣労働契約

### (1) 派遣労働契約の締結と内容

派遣元事業主は、派遣労働契約の締結と内容に関して、次の第一から第五記載の義務を負う。

第一に、派遣労働者として雇い入れようとする場合（紹介予定派遣を含む）、労働者にその旨を明示しなければならず、既に雇用している労働者を新たに派遣の対象とする場合は、当該労働者に対しその旨を明示し、同意を得なければならない（派遣32条1・2項）。

第二に、派遣労働者として雇用しようとする労働者に対し、派遣労働者として雇用した場合の賃金額の見込みその他当該労働者の待遇に関する事項、事業運営に関する事項、労働者派遣に関する制度の概要の説明を、書面の交付等その他の適切な方法により行わなければならない（派遣31条の2、派遣則25条の2）。

第三に、労働者派遣をするときは、あらかじめ、当該労働者派遣の対象とする労働者に対し、①当該労働者派遣をしようとすること、②労働者派遣契約の内容（派遣26条1項各号所定の事項で当該派遣労働者に係るもの：前掲5(2)前段）、③当該派遣労働者が従事する派遣就業の場所における組織単位の業務について、派遣元事業主が3年を超える期間継続して同一の派遣労働者に係る労働者派遣を行ってはならないとの規定に抵触することとなる最初の日、④当該派遣労働者が従事する派遣就業の場所の業務について派遣先が派遣可能期間に抵触することとなる最初の日（派遣可能期間に制限のない労働者派遣の場合は①②のみ）を書面の交付等の方法により明示しなければならない（派遣34条1項、派遣則26条）。

また、派遣元事業主は、派遣先から派遣可能期間の延長により新たに派遣可能期間の上限に抵触することとなる最初の日の通知（派遣40条の2第6項）を受けたときは、遅滞なく、当該通知に係る派遣就業業務に従事する派遣労働者に、書面の交付等の方法により明示しなければならない（派遣34条2項、派遣則26条）。

第四に、派遣労働者として雇い入れようとする労働者又は労働者派遣をしようとする場合若しくは労働者派遣の料金額を変更する場合における当該労働者派遣に係る派遣労働者に対し、当該労働者に係る労働者派遣の料金額又は当該

事業所の労働者派遣の料金の平均額のいずれかを書面の交付等の方法により明示しなければならない(派遣34条の2、派遣則26条の2)。

第五に、正当な理由なく、派遣元での雇用終了後派遣労働者が派遣先に雇用されることを禁じる契約を、派遣労働者と締結してはならない(派遣33条1項)[*81]。

(2) 均等・均衡を考慮した派遣労働者の待遇の確保

派遣元事業主は、同種の業務に従事する派遣先に雇用される労働者(の賃金水準)との均衡を考慮しつつ、①当該派遣労働者の従事する業務と同種の業務に従事する一般の労働者の賃金水準又は当該派遣労働者の職務の内容、職務の成果、意欲、能力若しくは経験等を勘案し、当該派遣労働者の賃金を決定するように配慮しなければならず、また、②当該派遣労働者について、教育訓練及び福利厚生の実施その他当該派遣労働者の円滑な派遣就業の確保のために必要な措置を講ずるように配慮しなければならない(派遣30条の3第1・2項)[*82]。そして、派遣労働者から求めがあった場合は、①と②に関する決定をするに当たって考慮した事項について説明をしなければならない(派遣31条の2第2項)。

(3) 特定有期雇用派遣労働者等の雇用の安定

派遣元事業主は、第一に、「特定有期雇用派遣労働者等」(派遣30条1項柱書)(→前記1(3)ア)に対し、次の①〜④のいずれかの措置を講ずる努力義務を負う(派遣30条1項、派遣則25条の2第1項)。①派遣先に対し、特定有期雇用派遣労働者に対して労働契約の申込みをすることを求めること、②派遣労働者としての就業[*83]の機会を確保しその機会を特定有期派遣労働者等に提供すること、③派遣労働者以外の労働者として期間を定めないで雇用できるように雇用の機会を確保し、その機会を特定有期雇用派遣労働者等に提供すること、④特定有期雇用派

---

[*81] 同規定は、派遣労働者の職業選択の自由を特に雇用制限の禁止という面から具体的に保障するものであり、同規定に違反する契約条項は無効である(バイエル三共・ホクトエンジニアリング事件・東京地判平9・11・26判時1646号106頁/判タ987号275頁)。

[*82] 派遣元が派遣労働者に対し均衡を考慮した待遇を確保できるよう、派遣先は、派遣元事業主の求めに応じ、派遣先に雇用される労働者の賃金水準に関する情報の提供等の措置を講ずるよう配慮しなければならない(派遣40条5項、派遣則32条の4)。また派遣元による派遣労働者に対する均衡を考慮した待遇の確保(派遣30条の3)及び段階的かつ体系的な教育訓練等の実施(派遣30条の2)のために、派遣先は、派遣労働者が従事する業務と同種の業務に従事する当該派遣先に雇用される労働者に関する情報、当該派遣労働者の業務の遂行の状況その他の情報等で必要なものを提供する等必要な協力をするように努めなければならない(派遣40条6項)。

[*83] その条件が、特定有期雇用派遣労働者等の能力、経験、居住地、従前の職務に係る待遇その他派遣労働者の配置に関して通常考慮すべき事項に照らして合理的なものに限る(派遣30条1項2号、派遣則25条の3)。

遣労働者等を対象とする教育訓練*84その他の雇用の安定を図るために必要な措置として厚生労働省令で定めるもの*85である。

また、第二に、「特定有期雇用派遣労働者」（派遣30条1項柱書）（→前記1（3）ア）のうち、派遣先の事業所その他派遣就業の場所における同一の組織単位の業務について継続して3年間当該労働者派遣に係る労働に従事する見込みがある者に対しては、上記①〜④のいずれかの措置を講じる義務を負い、①の措置が講じられたが当該派遣労働者が派遣先に雇用されなかったときは、②〜④のいずれかの措置を講ずる義務を負う（派遣30条2項、派遣則25条の2第2項）。

(4) その他派遣元事業主の講ずべき措置

その他、派遣元事業主は、①派遣労働者に対し段階的かつ体系的な教育訓練等を実施し（派遣30条の2）、②派遣労働者の希望、能力及び経験に応じた就業の機会及び教育訓練の機会の確保、労働条件の向上その他雇用の安定のための措置等により、派遣労働者の福祉増進に努め（派遣30条の4）、③派遣先での派遣就業が派遣法等違反のないようその他適正に行われるように配慮し（派遣31条）、④派遣労働者の個人情報は必要な範囲で収集・保管・使用し（派遣24条の3）、⑤派遣元責任者の選任（派遣36条）、派遣元管理台帳の作成・保存を行わなければならない（派遣37条）。

(5) 期間の定めのない派遣労働契約への転換

派遣労働契約に期間の定めがある場合、労契法18条の要件を充足すれば、期間の定めのない派遣労働契約（契約相手方は派遣元）に転換する（→前記第1節5）。

(6) 休業期間中の賃金請求権と休業手当請求権

派遣労働契約の場合、労働者派遣契約が派遣期間途中で派遣先から解除されたことを理由として、あるいは、派遣先が当該派遣労働者の交代を求めたことを理由として、派遣元が、残りの派遣期間、当該派遣労働者を休業とし、賃金を支払わない場合がある*86。この場合、派遣労働者は派遣元に対し、休業とされた残りの派遣期間につき、賃金請求権（民536条2項）、又は、休業手当請求権（労

---

*84 新たな就業の機会を提供するまでの間に行われる教育訓練で、当該期間中、特定有期雇用派遣労働者等に対し賃金が支払われるものである（派遣則25条の4）。
*85 前記教育訓練の他、派遣元事業主が職安等の法律の規定による許可又は届出により職業紹介を行うことができる場合は、特定有期雇用派遣労働者等を紹介予定派遣の対象とし、又は紹介予定派遣に係る派遣労働者として雇い入れること、その他特定有期雇用派遣労働者等の雇用の継続が図られると認められる措置である（派遣則25条の5）。
*86 派遣先からの派遣労働者交代の要望に従い派遣労働契約を期間途中で解約する代わりに派遣元が1か月分の賃金支払と新たな就職先を紹介する旨の派遣労働者との合意につき、派遣元が債務を履行したとして派遣労働者の損害賠償請求を棄却した例として、エキスパートスタッフ事件・東京地判平9・11・11労判729号49頁。

基26条)を有するだろうか。

　第一に、派遣労働者の勤務状況が労働者派遣契約に照らして債務不履行に該当する場合は、派遣先は派遣元に対して派遣労働者の交代を要求することができ(完全履行の請求)、また、労働者派遣契約を解除することができる。この場合、派遣労働者は派遣先での就労はできなくなるが、それは債権者(派遣元)の責めに帰すべき履行不能(民536条2項前段)ではなく、使用者(派遣元)の責に帰すべき休業(労基26条)でもないから、賃金請求権及び休業手当請求権を有しない。

　第二に、派遣労働者の勤務状況に問題がないのに、あるいは、派遣先の経営上の理由により(余剰人員の発生等)、派遣先が労働者派遣契約を解除した場合、これを理由とする、派遣元の派遣労働者に対する休業措置は、経営上の理由(当該派遣先を失ったこと)による休業である。

　したがって、当該休業が「債権者(派遣元)の責めに帰すべき事由」(民536条2項前段)に該当し派遣労働者が当該休業期間につき賃金請求権を有するかどうかについては、①休業の必要性があり、対象労働者の選定基準と適用に合理性があり、休職期間、賃金減額幅等が相当であること、②手続の相当性の、①と②の要件を充足する場合に限り、受領拒否の合理的な理由があり(その証明責任は使用者が負う)、「債権者(派遣元)の責めに帰すべき事由」に該当せず賃金請求権を有しないと解すべきである[87]。派遣労働契約の場合、労働者派遣契約が解除されれば、当該派遣先での仕事はなくなるが、直ちに休業の必要性が肯定されるわけではなく、派遣元は他の派遣先を探して派遣労働者に提案するよう配慮する信義則上の義務を負い、これを履行しなかった場合は、当該休業は「債権者(派遣元)の責めに帰すべき事由」であり、派遣労働者は派遣元に対し賃金請求権を有すると解すべきである[88]。

　また、仮に賃金請求権を有しない場合でも、当該休業は、使用者(派遣元)の経営上の理由によるもので、「使用者(派遣元)の責に帰すべき休業」(労基26条)

---

[87] 前記第16章「労働契約内容の設定と変更」第4節第7款5(2)イ。
[88] 三都企画建設事件・大阪地判平18・1・6労判913号49頁は、派遣先が派遣労働者の勤務状況が債務不履行に該当するとして派遣労働者の交代を要請したのに対し、派遣元が債務不履行事由の存否を争わず派遣労働者を交代させ休業とした事案で、当該派遣労働者の休業期間中の賃金請求権を否定し、しかし、派遣元が派遣先との紛争を回避し派遣労働者交代を受け入れたことにより当該派遣労働者の就労が不可能となったことは、労基法26条の「使用者の責に帰すべき事由」であり、当該派遣労働者の勤務状況に客観的に債務不履行事由が存在する場合を除き休業手当請求権があるとしてこれを肯定したが、当該派遣労働者の勤務状況に客観的に債務不履行事由がなければ、他の派遣先を探す義務を尽くした場合を除き、「債権者の責めに帰すべき事由」による履行不能として、賃金請求権を肯定すべきであろう。

であるから、派遣労働者は休業手当請求権を有する。
　(7) 派遣労働契約の終了

　派遣労働契約の終了については、通常の労働契約の終了と同じ法規制が適用される[89]。したがって、労働契約成立後の採用内定取消[90]、無期雇用派遣労働者の解雇、有期雇用派遣労働者の契約期間中の解雇[91]・契約更新拒否、合意解約[92]等、いずれも通常の労働契約と基本的に同じ枠組みで判断される。

　しかし、特に、登録型派遣労働者（派遣期間を契約期間とする有期雇用派遣労働者）について、派遣元が、派遣先からの労働者派遣契約の解除・不更新を理由として、派遣期間（契約期間）途中で解雇する場合（→ア）、又は、契約更新を拒否する場合（→イ）、派遣労働契約が終了するかが問題となる。

　　　ア　労働者派遣契約の解除を理由とする期間途中の解雇

　派遣労働者の契約期間中の解雇については、「やむを得ない事由」（労契17条1項）[93]がなければ、解雇権は発生しない。

　これについて、第一に、派遣労働者の勤務状況が、労働者派遣契約に照らして債務不履行に該当する場合は、派遣先は派遣元に対して、派遣労働者の交代を要求することができ（完全履行の請求）また、労働者派遣契約を解除することができる。これらを理由に、派遣元が派遣労働者を契約期間途中で解雇した場合は、派遣労働者の人的理由による解雇となり、それとして判断される。

　それに対して、第二に、派遣労働者の勤務状況に問題がないのに、あるいは、派遣先の経営上の理由により（余剰人員の発生等）、派遣先が労働者派遣契約を解除した場合、これを理由とする、派遣元の派遣労働者に対する契約期間中の解雇は、経営上の理由（当該派遣先を失ったこと）による解雇である。したがって、

---

[89]　前記第18章「労働契約の終了」。
[90]　派遣元と派遣労働者との間の労働契約成立後の採用内定取消（解雇）につき、有効であるが、派遣元は派遣労働契約締結過程で派遣先との業務委託契約不成立の可能性等を説明しなかったとして、信義則違反、不法行為に基づく損害賠償（慰謝料）を命じた例として、パソナ・ヨドバシカメラ事件・大阪地判平16・6・9労判878号20頁。
[91]　勤務態度不良を理由とする派遣労働者の試用期間中の解雇を有効と判断した裁判例として、フジスタッフ事件・東京地判平18・1・27労経速1933号15頁。
[92]　派遣元と期間の定めのない派遣労働契約を締結し、派遣中断期間の3か月間派遣先に「直接雇用」され、同期間終了後派遣元が雇用の継続を拒否した事案につき、派遣先での「直接雇用」期間中は派遣元に在籍したまま派遣先に出向しているというのが派遣元と派遣労働者の合理的意思であり、派遣元との労働契約を解約する合意はなく、派遣元の雇用の継続拒否は解雇であり解雇無効と判断した例として、ラポール・サービス事件・名古屋高判平19・11・16労判978号87頁。
[93]　「やむを得ない事由」の有無は、派遣先との労働契約終了が問題となる場合、派遣元の事業の状況に照らして判断する（キャリアセンター中国事件・広島地判平21・11・20労判998号35頁は派遣先の事業の状況を基準に判断するとしているが支持できない）。

「やむを得ない事由」（労契17条1項）の有無の具体的判断基準は、整理解雇の四要件の適用により、①人員削減の必要性、②解雇の必要性（解雇回避義務の履行）、③対象労働者の選定基準と適用の客観性・合理性、④説明・協議等手続の相当性となり（ただし、契約期間中の解雇なので、期間途中で契約を終了させる高度の必要性・合理性が求められる）、これらの要件を充足する場合に限り、契約終了の効力が肯定されると解すべきである[*94]。

派遣労働契約の場合、労働者派遣契約が解除されれば、一般に上記①の要件は充足され、上記②が充足されれば、当該派遣労働者を解雇の対象とすることに客観性と合理性が認められ、上記③は充足されることになろうが、上記②について、当該労働者派遣契約が終了したことのみをもってこれを肯定することはできず、派遣元は少なくとも他の派遣先を探して派遣労働者に提案するよう配慮する信義則上の義務を負い、これを履行しなかった場合は、当該解雇は無効と解すべきである。

　　　　イ　労働者派遣契約の解除を理由とする契約更新拒否

派遣労働契約の更新拒否については、まず、労契法19条1号若しくは2号に該当するか又は解雇規制法理が類推適用できるかどうかが問題となる。

この点、同一労働者の同一事業所への派遣を長期間継続することにより派遣労働者の雇用の安定を図ることは常用代替防止の観点から派遣法の予定するところではないこと、労働者派遣契約がなければ実際の就業場所を確保できないという派遣労働の特徴、商取引である労働者派遣契約に更新の期待権や更新義務を観念しえないことから、派遣労働者の雇用継続に対する期待は合理性を有しないとする裁判例[*95]もある。しかし、通常の労働契約でも配転はあり、通常の企業でも取引先との取引が商取引であることに変わりはなく、同一の就業場所（派遣先）での雇用の継続に合理的期待がなくても、同一の使用者（派遣元）との労働契約の継続に対する合理的な期待は存在しうると解すべきであろう。

次に、労契法19条1号若しくは2号に該当し派遣労働者が派遣労働契約の更新

---

[*94] プレミアライン事件・宇都宮地栃木支決平21・4・28労判982号5頁（解雇無効）、アウトソーシング事件・津地判平22・11・5労判1016号5頁。この他、契約期間中の解雇につき「やむを得ない事由」がなく解雇無効と判断した例として、ニューレイバー事件・横浜地決平21・3・30労判985号91頁〈ダイジェスト〉、ワークプライズ事件・福井地決平21・7・23労判984号88頁〈ダイジェスト〉。

[*95] 伊予銀行・いよぎんスタッフサービス事件・松山地判平15・5・22労判856号45頁、同事件・高松高判平18・5・18労判921号33頁、マイスタッフ・一橋出版事件・東京高判平18・6・29労判921号5頁/判タ1243号88頁、トルコ航空・TEI事件・東京地判平24・12・5労判1068号32頁。いずれも契約更新拒否による契約終了を肯定。

又は締結の申込みをした場合、又は、解雇規制法理が類推適用できる場合は、当該契約更新拒否について、客観的に合理的な理由と社会通念上の相当性が問題となるが、基本的には前記アの契約期間中の解雇における「やむを得ない事由」の有無と同じ枠組みで判断される。

### 7 派遣先と派遣労働者：労務の供給
#### (1) 派遣先が派遣労働者の保護のために講ずべき措置
派遣先は、①法所定の労働者派遣契約の定めに反することのないよう適切な措置をとり(派遣39条)、②派遣労働者の苦情を派遣元へ通知し、派遣元事業主と協力して適切かつ迅速に処理し(派遣40条1項)、③派遣先責任者の選任(派遣41条)・派遣先管理台帳の作成(派遣42条)等を行わなければならない。

また、派遣労働者と派遣先が直接雇用している労働者との均衡待遇という観点から、④派遣先が雇用する労働者に実施する業務遂行に必要な能力を付与するための教育訓練については、同種の業務に従事する派遣労働者に対しても、当該派遣労働者が既に当該業務に必要な能力を有している場合その他厚生労働省令で定める場合[*96]を除き、当該教育訓練を実施するよう配慮し(派遣40条2項)、⑤派遣先に雇用される労働者に対して利用の機会を与える給食施設、休憩室、更衣室については、派遣労働者に対しても、利用の機会を与えるよう配慮し(派遣40条3項、派遣則32条の3)、⑥派遣労働者の派遣就業が適正かつ円滑に行われるよう、適切な就業環境の維持、診療所等の施設で派遣先に雇用される労働者が通常利用しているもの(前記⑤を除く)の利用に関する便宜の供与等必要な措置を講ずるよう努めなければならない(派遣40条4項)。

#### (2) 派遣先が派遣労働者に対して負う信義則上の義務
派遣先は、第一に、派遣労働者に関し多くの労働関係法規上の義務を負い(→前記3(2)イ・ウ)、第二に、労働者派遣契約に基づき、派遣労働者の役務の提供を受ける権利を有し、その労務を事業に利用して利益を享受するものであり、①かかる義務、及び、②かかる権利と利益享受の地位は、派遣先と派遣労働者の「特別な社会的接触の関係」を基礎づける。

それゆえ、派遣先は、派遣労働者に対し、信義則上の義務(民1条2項)として、①労働関係法規上の義務をその具体的内容の最低基準とする配慮義務、②安全配慮義務、職場環境調整義務、③雇用・労働条件保障に配慮する義務等を負う

---

[*96] 当該教育訓練と同様の教育訓練を派遣元事業主が既に実施した場合又は実施することができる場合である(派遣則32条の2)。

と解すべきである。③は、具体的には、労働者派遣契約の終了は派遣労働契約の終了又は契約内容の変更（休業・派遣先の変更）を招来するので、「労働者派遣契約の中途解除はやむを得ない場合に行い、労働者派遣契約の契約更新拒否は、派遣労働者が労働者派遣契約と派遣労働契約の更新に合理的な期待を有する場合にはやむを得ない場合に行い、労働者派遣契約の中途解除又はやむを得ない事由がない更新拒否の場合は派遣労働者の雇用確保や経済的保障に配慮する義務」である。

義務違反については、派遣労働者に損害賠償責任を負うことになる。

(3) 派遣労働者の直接雇用

　ア　特定有期雇用派遣労働者の雇用

派遣先は、当該派遣先の事業所その他派遣就業の場所における組織単位ごとの同一の業務について、派遣元事業主から継続して1年以上の期間同一の特定有期雇用派遣労働者に係る労働者派遣（派遣法40条の2第1項各号所定の派遣可能期間に制限のない労働者派遣を除く）の役務の提供を受けた場合で、引き続き同一業務に労働者を従事させるため、当該労働者派遣の役務の提供を受けた期間が経過した日以後労働者を雇い入れようとするときは、当該同一業務に派遣実施期間継続して従事した特定有期雇用派遣労働者（継続して就業することを希望する者として、派遣元が派遣先に対し労働契約の申込みをすることを求めた者に限る）を遅滞なく雇い入れるように努めなければならない（派遣40条の4、派遣則33条の7）。

　イ　派遣先に雇用される労働者の募集に係る事項の周知

派遣先は、当該派遣先の同一の事業所その他派遣就業の場所において派遣元事業主から1年以上の期間継続して同一の派遣労働者に係る労働者派遣の役務の提供を受けている場合において、当該事業所その他派遣就業の場所において労働に従事する通常の労働者（短時間労働者でない労働者）の募集を行うときは、その者が従事すべき業務の内容、賃金、労働時間その他の当該募集に係る事項を当該派遣労働者に周知しなければならない（派遣40条の5第1項）[97]

　ウ　労働契約締結の申込みのみなし制度

労働者派遣の役務の提供を受ける者が以下の行為をした場合には、その時点

---

[97] 派遣先の事業所その他派遣就業の場所における同一の組織単位の業務について継続して3年間当該労働者派遣（派遣可能期間に制限のない労働者派遣を除く）に係る労働に従事する見込みがある特定有期雇用派遣労働者（継続して就業することを希望する者として、派遣元が派遣先に対し、労働契約の申込みをすることを求めた者に限る）にこれを適用する場合は、通常の労働者のみならず短時間労働者を募集する場合も周知が必要である（派遣40条の5第2項、派遣則33条の8）。

において、当該労働者派遣に係る派遣労働者に対し、その時点における当該派遣労働者の労働条件と同一の労働条件を内容とする労働契約締結の申込みをしたものとみなされる(派遣40条の6)[*98]。

すなわち、①派遣禁止業務に従事させること(派遣4条3項違反)、②労働者派遣事業の許可を受けている派遣元事業主以外の事業主から労働者派遣の役務提供を受けること(派遣24条の2違反)、③派遣可能期間を超えて労働者派遣の役務の提供を受けること(派遣40条の2第1項違反)、④派遣法の適用を免れる目的で請負等労働者派遣以外の名目で契約を締結し労働者派遣契約に定めるべき事項(派遣26条1項)を定めず労働者派遣の役務の提供を受けることのいずれかの行為である(派遣40条の6第1項)。ただし、労働者派遣の役務の提供を受ける者がその行為が上記①〜④に該当することを知らず、かつ、知らなかったことにつき過失がない場合は除かれる(派遣40条の6第1項但書)。

①〜④の行為終了後1年を経過するまでは、労働者派遣の役務の提供を受ける者は当該労働契約締結の申込みを撤回できず(派遣40条の6第2項)、この間当該派遣労働者が承諾したときは、当該派遣労働者と労働者派遣の役務の提供を受ける者との間に労働契約が成立する。しかし、上記期間中に、派遣労働者から、承諾又は承諾しない旨の意思表示がなかったときは、当該申込みは効力を失うことになる(派遣40条の6第3項)。

当該派遣労働者に係る労働者派遣をする事業主は、労働者派遣の役務の提供を受ける者から求めがあれば、申込みをしたとみなされた時点の当該派遣労働者の労働条件の内容を通知しなければならない(派遣40条の6第4項)。

なお、前記①〜④の行為をした者が国又は地方公共団体の機関である場合、当該派遣労働者が同一の業務に従事することを求めるときは、当該国又は地方公共団体の機関は、関係法令の規定に基づく採用その他の適切な措置を講じなければならない(派遣40条の7第1項)。

また、当該派遣労働者に係る労働者派遣をする事業主は、当該国又は地方公共団体の機関から求めがあれば、当該国又は機関が前記①〜④の行為をした時点における当該派遣労働者の労働条件の内容を通知しなければならない(派遣40条の7第2項)。

(4) 派遣先と派遣労働者との間の労働契約の成否

労働者派遣においては、派遣先が派遣労働者の労働契約上の使用者かどうか、労働契約の成否が争われる場合も多い。

---

[*98] 2012(平24)年の派遣法一部改正(平24法27)により創設、2015(平27)年10月1日施行。

## ア　適法な労働者派遣の場合

労働者派遣が適法に行われている場合、労働者派遣においては派遣先が労務を受領することを法律上認められているから、派遣元が名目的な存在に過ぎず、派遣先が派遣労働者の採用や解雇、賃金その他の雇用条件の決定等を事実上行っているなど、法人格否認の法理により派遣先が労働契約上の使用者であると評価される場合を除き、派遣労働者の労働契約上の使用者は派遣元である[*99][*100]。

## イ　違法派遣・偽装請負の場合

これに対して、派遣法に基づく適法な労働者派遣ではない場合（「違法派遣」）、又は、請負等の形式を取っているが当該労働者の労務を受領している者が請負人・受任者等ではなく注文者・委任者等である場合（「偽装請負」）、当該違法派遣又は偽装請負は、労基法6条違反、職安法44条違反であるが[*101]、だからといって、直ちに、派遣先又は注文者・委任者等が、派遣元又は請負人・受任者等の労働者と取り扱われている者の労働契約上の使用者となるわけではない。

それでは、どのような場合に、派遣先又は注文者・委任者等が派遣元の派遣労働者又は請負人・受任者等の労働者として取り扱われている者の労働契約上の使用者となり、当該労働者が派遣先又は注文者・委任者に対して、賃金請求権や労働契約上の権利を有する地位を認められるだろうか。

第一に、前記(3)ウの労働契約締結の申込みのみなし制度により、派遣先又は注文者・委任者等が当該労働者の労働契約上の使用者となる場合がある。

第二に、派遣元又は請負人・受任者の、①法人格が形骸化している場合（法人格の形骸化）[*102]、又は、②法人格が法律の適用を回避するために濫用されてい

---

[*99] 法人格否認の法理による派遣先と派遣労働者の労働契約の成立を否定した裁判例として、日建設計事件・大阪高判平18・5・30労判928号78頁、マイスタッフ・一橋出版事件・東京高判平18・6・29労判921号5頁／判タ1243号88頁。

[*100] 請負・委任・準委任等についても、適法に行われている場合、請負人・受任者等と労務供給契約を締結しその労働者として取り扱われている者が労務を供給しているのは請負人・受任者等に対してであるから、その労働契約上の使用者は、請負人・受任者等である。

[*101] 前記第7章「自由と人格権保障」第1節2(6)。

[*102] 単に当該会社の業務に対し他の会社又は株主らが株主たる権利を行使し利用することにより当該株式会社に対し支配を及ぼしているというだけではなく、当該会社の業務執行、財産管理、会計区分等の実態を総合考慮して、法人としての実体が形骸にすぎないことが必要である（黒川建設事件・東京地判平13・7・25労判813号15頁）。

る場合（法人格の濫用）*103で、「法人格否認の法理」により派遣元又は請負人・受任者の法人格が否認される場合は、派遣先又は注文者・委任者が、当該労働者に対して労働契約上の義務を負い、労働契約上の使用者と認められる。

　第三に、派遣元又は請負人・受任者が、派遣先又は注文者・委任者とは独立した事業者であり、法人格否認の法理が適用できない場合でも、派遣先又は注文者・委任者と、派遣元又は請負人・受任者の労働者として取り扱われている者との間で、「黙示の労働契約の成立」が認められれば、派遣先又は注文者・委任者が当該労働者の労働契約上の使用者と認められる*104。

　黙示の労働契約の成否は、両当事者の意思の合致の有無という、事実認定の問題であり、労基法6条又は職安法44条違反であるから直ちに、派遣先又は注文者・委任者と派遣労働者又は請負人・受任者の労働者との間で労働契約が成立するわけではない。しかし、労働契約は、労務供給とその対価としての報酬の支払の意思の合致により成立するものであるから（ただし、適法な労働者派遣を除く）、派遣元又は請負人・受任者の労働者として取り扱われている者が派遣先又は発注者・委任者に対して労務を供給し、その対価として派遣先又は注文者・委任者が派遣元又は請負人・受任者を介して報酬を支払うことについての両者の意思の合致があれば（派遣先又は注文者・委任者が直接労働者に報酬を支払う

---

*103　法人格濫用による法人格否認の法理は、法人格を否認することにより、法人の背後にあってこれを道具として利用して支配している者に法律効果を帰属させ、又はその責任追及を可能にするものであるから、その適用に当たっては、法人を道具として意のままに使用しているという「支配」の要件と、違法又は不当な目的という「目的」の要件が必要である（大阪空港事業事件・大阪高判平15・1・30労判845号5頁、マイスタッフ・一橋出版事件・東京高判平18・6・29労判921号5頁/判タ1243号88頁）。

*104　黙示の労働契約の成立を認め、派遣先又は発注企業に対し派遣元又は請負企業の労働者が労働契約上の地位にあることを肯定した事案として、サガテレビ事件・佐賀地判昭55・9・5労判352号62頁/判時998号103頁、センエイ事件・佐賀地武雄支決平9・3・28労民48巻1=2号133頁/労判719号38頁、ナブテスコ（ナブコ西神工場）事件・神戸地明石支判平17・7・22労判901号21頁、松下PDP事件・大阪高判平20・4・25労判960号5頁/判時2010号141頁、マツダ防府工場事件・山口地判平25・3・13労判1070号6頁（派遣労働者としての受入れと直接雇用を繰り返していた事案で派遣労働契約と労働者派遣契約を無効とし派遣労働者と派遣先の黙示の労働契約の成立を肯定）等。黙示の労働契約の成立を否定した事案として、サガテレビ事件・福岡高判昭58・6・7労判410号29頁/判時1084号126頁、伊予銀行・いよぎんスタッフサービス事件・高松高判平18・5・18労判921号33頁（最二小決平21・3・27労判991号14頁もこれを維持）、松下PDP事件・大阪地判平19・4・26労判941号5頁、同事件・最二小判平21・12・18民集63巻10号2754頁/労判993号5頁、三菱電機ほか事件・名古屋地判平23・11・2労判1040号5頁、同事件・名古屋高判平25・1・25労判1084号63頁、トルコ航空・ＴＥＩ事件・東京地判平24・12・5労判1068号32頁、日産自動車ほか事件・横浜地判平26・3・25労判1097号5頁、同事件・東京高判平27・9・10労判[1135号68頁等。

必要はない)、黙示の労働契約が成立すると解すべきである[*105]。

　この点につき、「労働契約の本質は使用者が労働者を指揮命令及び監督し、労働者が賃金の支払を受けて労務を提供することにあるから、黙示の合意により労働契約が成立したかどうかは、当該労務供給形態の具体的実態により両者間に事実上の使用従属関係、労務提供関係、賃金支払関係があるかどうか、この関係から両者間に客観的に推認される黙示の意思の合致があるかどうかによって判断するのが相当である」と判示し、注文者とは独立した別個の企業である請負人の従業員として扱われていた労働者と注文者との間の黙示の労働契約の成立を肯定した下級審裁判例[*106]があり、基本的に支持しうる。

　これに対し、黙示の労働契約の成立要件として、①事実上の指揮命令・労務受領の関係の他、②請負人の存在が形式的・名目的で企業としての実体を有していない場合、又は注文者の労務管理代行機関となってること、③注文者が実質的に請負人の労働者の企業の賃金その他の労働条件を決定していることを挙げる下級審裁判例[*107]があるが、②と③は法人格形骸化の要件であり、黙示の労働契約の成立要件としては不要と解される。

## 8　法規制の実効性の確保

　派遣法の定める法規制の実効性を確保するために、派遣法では、1)厚生労働大臣の、①労働者派遣の役務の提供を受ける者が労働契約締結の申込みのみなし制度(→前記7(3)ウ)により労働契約の締結の申込みをしたとみなされ、労働契約締結の申込みを承諾した派遣労働者を就労させない場合の、当該労働者派遣の役務の提供を受ける者に対する助言、指導、勧告、勧告に従わない者の企

---

[*105]　伊予銀行・いよぎんスタッフサービス事件・高松高判平18・5・18労判921号33頁参照(派遣先と派遣労働者の黙示の労働契約の成立を肯定するためには、単に両者の間に事実上の使用従属関係があるだけではなく、諸般の事情に照らし、派遣労働者が派遣先の指揮命令の下に派遣先に労務を供給する意思を有し、派遣先がその対価として派遣労働者に賃金を支払う意思が推認され、社会通念上、両者間で労働契約を締結する意思表示の合致があったと評価できるに足りる特段の事情の存在が必要と判示)。

[*106]　松下PDP事件・大阪高判平20・4・25労判960号5頁。これに対し、同事件・最二小判平21・12・18民集63巻10号2754頁/労判993号5頁は、黙示の労働契約の成立につき、特に一般的枠組みは提示せず、同事案においては、注文者(派遣先)は請負人(派遣元)による労働者の採用に関与していたとは認められず、労働者が請負人から支給を受けていた給与等の額を注文者が事実上決定していたといえる事情もうかがわれず、請負人は配置を含む労働者の具体的な就業態様を一定の限度で決定し得る地位にあったものと認められるのであって、その他の事情を総合しても注文者と労働者との間に雇用契約関係が黙示的に成立していたものと評価することはできないと判断している。

[*107]　サガテレビ事件・福岡高判昭58・6・7労判410号29頁。トルコ航空・TEI事件・東京地判平24・12・5労判1068号32頁もほぼ同旨。

業名公表(派遣40条の8第2・3項)*108、②その他、労働者派遣をする事業主又は労働者派遣の役務の提供を受ける者に対する、派遣法に関する指導、助言、勧告、改善命令、企業名公表、報告提出命令、立入検査等(派遣48条〜49条の2・50条・51条)、2)公共職業安定所による、派遣就業に関する事項についての労働者等に対するその相談への対応、助言その他の援助(派遣52条)、3)派遣労働者の厚生労働大臣に対する派遣法違反等の申告権と、それを理由とする労働者派遣をする事業主又は労働者派遣の役務の提供を受ける者による解雇その他不利益な取扱いの禁止(派遣49条の3)等が定められている。

また、派遣法の一部の条文の違反には罰則がある(派遣58条〜62条)。

---

*108 　一部改正法(平24法27)による追加。施行は2015(平27)年10月1日。

# 第3部　集団的労使関係法

第21章　集団的労使関係法総論
第22章　団結の結成と運営
第23章　団体交渉
第24章　団結活動と争議行為
第25章　労働協約
第26章　不当労働行為と法的救済

# 第21章　集団的労使関係法総論

本章では、集団的労使関係法[*1]の総論として、①憲法28条と労組法の概要(→1)、②団結権と団体行動権の関係(→2)、③団結権・団体交渉権・団体行動権保障の意義(→3)、④団結権・団体交渉権・団体行動権保障の法的効果と法的救済(→4)、⑤集団的労使紛争と紛争解決制度(→5)を検討する。

## 1　憲法28条と労組法の概要

憲法28条は、労働者が使用者と実質的に対等な立場で交渉し、雇用・労働条件を維持・向上させることを可能とするために、労働者に対し、①団結権、②団体交渉権、③団体行動権を保障する。

①「団結権」は、労働者が雇用・労働条件の維持改善その他経済的地位の向上を図ることを主たる目的として、一時的又は継続的な団結体を結成し又はこれに加入し、運営し、強化・拡大する権利である[*2]。広い意味では、団体交渉権と団体行動権の根底にある権利と位置づけうる。②「団体交渉権」は、労働者がその代表者(団結体)を通じて雇用・労働条件その他の待遇や集団的労使関係の運営について使用者その他労働関係の当事者と交渉する権利である[*3]。③「団体行動権」は、労働者が雇用・労働条件その他の待遇や集団的労使関係の運営に関する要求を示威又は実現するために団体行動をする権利である[*4]。

そして、これらの権利保障の実効性を確保するために、労組法は、④「労働組合」に関する制度[*5]を定めるとともに、⑤「労働協約」に関する制度[*6]を定め、また、使用者の一定の行為を⑥「不当労働行為」として禁止し、裁判所による救済に加えて、独立・専門行政委員会である「労働委員会」による「不当労働行為救済制度」を整備している[*7]。

---

*1　当事者に関する近年の論考として、岩永昌晃「集団的労使関係の当事者」再生(5)(2017)25-44頁、同論文引用文献等。
*2　後記第22章「団結の結成と運営」、第24章「団結活動と争議行為」。
*3　後記第23章「団体交渉」。
*4　後記第24章「団結活動と争議行為」。
*5　後記第22章「団結の結成と運営」第1節2・3、第2節1。
*6　後記第25章「労働協約」。
*7　後記第26章「不当労働行為と法的救済」。

## 2　団結権と団体行動権の関係

　団体交渉権が、「団体交渉」を保障するものであることは明らかである。しかし、団結権と団体行動権の関係については、従来、「団結権は『団結体の結成・加入』に加えて『内部運営・組織拡大的組合活動』を保障し、団体行動権は『争議行為』と『対抗的組合活動』を保障するものである。したがって、団結権は内部運営・組織拡大的組合活動権を含み、団体行動権は争議権と対抗的組合活動権を含む。」と説明されることが多かった。

　しかし、この見解については、①「組合活動」という呼称の当否、②「争議行為」概念の要否と内容、③「内部運営・組織拡大的」行為と「対抗的」行為の区別の要否について検討する必要がある。

　(1)　「組合活動」という呼称の当否

　第一に、「組合活動」という呼称であるが、団結権及び団体行動権の享受主体としては、労働組合のみならず憲法上の保護を受ける一時的な団結体も含まれる。また、労働者の労働組合の結成に向けた行為や労働組合への加入も団結権により保障される。したがって、団結権及び団体行動権により保障されうる行為としては、「組合活動」よりも「団結活動」という呼称の方が正確である。

　(2)　「争議行為」概念の要否と内容

　第二に、「争議行為」という概念であるが、「団体行動権」により保障される行為の範囲を画定する上では、必ずしも「争議行為」とそれ以外の行為を区別して論じなければならないわけではない。

　しかし、「労務の不提供(同盟罷業)又は不完全な提供(怠業)」という態様の行為は、労働者が労務を提供せず又は不完全にしか提供せず、使用者にその労働力を利用させず又はその労働力の利用を制限するという、労働契約を締結している労働者が労働義務を負う相手方である使用者との関係でなしうる行為で、かつ、使用者に直接業務上の影響を与え業務の運営を阻害しうる行為であり、他の行為とは明確に区別され異なる性質を有する。

　したがって、団体行動権により保障されうる行為のうち、「労務の不提供(同盟罷業)又は不完全な提供(怠業)、及び、これを維持強化するための行為(ピケティング、職場占拠等)」を「争議行為」と定義し、それ以外の行為と区別することには意義がある[*8]。

---

[*8]　東京労委(大成観光)事件・最三小判昭57・4・13民集36巻4号659頁／労判383号19頁で伊藤正己裁判官はその補足意見で「争議行為」とは一般的には労働組合がその主張の示威又は貫徹のためにその団体の意思によって労務を停止すること(不完全な労務停止を含む)で、いわゆる「リボン闘争」は争議行為ではないと述べており、支持しうる。

(3) 「内部運営・組織拡大的」行為と「対抗的」行為の区別の要否

　第三に、「内部運営・組織拡大的」行為と「対抗的」行為の区別の要否であるが、争議行為以外の行為を、団結の運営や団結の維持・強化のための「内部運営・組織拡大的」行為と、団結体の要求の示威、実現等のための情宣活動・圧力活動といった「対抗的」行為に区別し、前者は「団結権」により保障され、後者は「団体行動権」により保障されるという位置づけに関しては、基本的には支持しうる。

　しかし、「内部運営・組織拡大的」行為と「対抗的」行為の区別は、相対的である。例えば、「ビラ配布」という活動でも、同じ一枚のビラに、①組合員への次の組合総会のお知らせと、②組合員以外の労働者への組合加入の呼びかけと、③使用者に対する賃金引上げ要求が記載されることがあり、これが、「内部運営・組織拡大的」行為か「対抗的」行為かの明確な区別は困難である。

　また、当該行為が団結権又は団体行動権のどちらにより保障されるかによって正当性の判断に相違があるわけではなく、団結権保障と団体行動権保障の法的効果は同じである（→後記4）。

　したがって、争議行為以外の行為を「内部運営・組織拡大的」行為と「対抗的」行為に区別することは有用な場合もあるが、その正当性の判断にあたり、当該行為を「内部運営・組織拡大的」行為と「対抗的」行為のいずれかに分類することは必ずしも必要ではない。

図21.1　憲法28条と保障される行為

| 団結活動 | | 争議行為 | 団体交渉 | 保障される行為 |
|---|---|---|---|---|
| 団結の結成・加入 | 対内的団結活動 ¦ 対外的団結活動 | （同盟罷業・怠業、ピケッティング等） | | |
| 団結活動権 | | 争議権 | 団体交渉権 | 憲法28条 |
| | | 団体行動権 | | |
| 団　　結　　権 | | | | |

(4) 結論—「団結活動」と「争議行為」

　そこで、本書では、第一に、団結権・団体行動権により保障されうる労働者又は団結体の行為のうち、①「労務の不提供又は不完全な提供、及び、これを維持強化するための行為」を「争議行為」と定義し、②「争議行為以外の行為」（団結体の結成・運営、ビラ貼り、ビラ配布、集会、演説、情宣活動等）を「団結活動」と定義し、区別する。

第二に、これに対応して、①争議行為をする権利を「争議権」、②団結活動を行う権利を「団結活動権」と定義する。「争議権」は、憲法28条の定める「団体行動権」の一部であり、「団結活動権」は、憲法28条の定める「団結権」と「団体行動権」の一部を合わせたものである。[*9]

### 3　団結権・団体交渉権・団体行動権保障の意義

憲法28条による団結権・団体交渉権・団体行動権保障は、労働者の雇用保障と労働条件の維持・向上、その他経済的地位の向上を目的とするものであるが、具体的には、次のような意義を有する。

(1) 対等決定の実現と雇用保障・労働条件等の維持・向上

第一は、労働条件に関する対等決定の実現と労働者の雇用保障・労働条件等の維持・向上である。

労働者個人では使用者等と対等に交渉することが困難であるので、労働者が団結し、その団結力を背景として、団体交渉により使用者等と集団的なレベルで対等な立場で交渉することを保障し、もって労働者の雇用・労働条件その他の待遇の維持改善等を要求し実現することを可能にする。これは、当該労働者集団に共通の雇用・労働条件その他の待遇（集団的利益紛争）について要求し実現することを可能にするという面もあるが、個別労働者の雇用・労働条件（個別的利益紛争）について、要求し実現することを可能にするという面もある。

(2) 労働関係法規と労働者の権利の実効性確保

第二は、労働関係法規違反の是正と権利紛争の自主的解決による、労働関係法規と労働者の権利の実効性確保である[*10]。

労働関係法規違反の是正は、行政機関や司法機関によっても行われ、また、

---

[*9] 「団結権」の中には、団結体の構成員に対する統制権も含まれるが、統制権と統制処分については、後記第22章「団結の結成と運営」第2節7。

[*10] 日雇労働者の不退去罪（市役所）の肯否の判断につき、労働組合の失業対策事業を行う市に対する団体交渉権の有無と正当な団体交渉権の行使か否かが問題となった事案で、舞鶴自由労組事件・京都地舞鶴支判昭25・12・22刑事裁判資料102号676頁は、「例えば、市が法令に定められた失業対策事業を営まず或いは不当にその事業又は人員を縮小したような場合、日々の就労において、法定の賃金を支給せず或いは法定の安全及び衛生施設を設けず或いは法定の労働時間を守らないような場合（もっとも斯様な労働基準法違反の場合には労働基準監督官がその監督権を行使し、又使用者に労基法違反の刑事責任を生ずべきことは勿論であるがこのことの故に労働者の自救権としての団体交渉権、団結権を否定すべきではないと考える）その他労働組合員である故をもって雇用を拒否したような場合には組合は其の組合員である労働者の利益を擁護する為に」市に対し団体交渉権を有すると判示し、「労働者の自救権としての団体交渉権」と位置づけている。

使用者と労働者、あるいは、使用者と労働組合の権利義務関係についての紛争は、最終的には裁判所による解決に委ねられるが、その法的救済が現実かつ迅速に行われるとは限らない。しかし、労働者が団結し、団体交渉により自主的に解決されれば、現実かつ迅速に、また、特別な費用がかからずに、違法状態が是正され紛争が解決される。したがって、団体交渉は、労働関係法規と労働者の権利の実効性確保という観点から重要な紛争解決手段である。

　(3) 個別的労働関係及び集団的労使関係に関するルールの設定

　第三は、労使自治に基づく個別的労働関係及び集団的労使関係に関するルールの設定である。労働者が団結し、団体交渉を行うことにより、個別的労働関係に関する紛争が起こったときの処理システム(苦情処理手続、相談窓口の設置等)、集団的労使関係に関するルール(団体交渉・団結活動・争議行為等に関する手続、使用者の労働組合に対する便宜供与等)等を設定することが可能となる。

　(4) 労働市場における公正競争の実現

　第四は、労働市場における公正競争の実現である。特に、企業横断的な団体交渉により、各企業に共通の雇用・労働条件基準を設定し、労働者間の労働条件引下げ競争と使用者間の労働力コスト引下げ競争を抑制し、公正な取引条件を整備することが可能となる。

　(5) 労働関係立法の整備・促進

　第五は、労働関係立法の整備・促進である。特に、企業横断的な団体交渉により、労働関係立法に先行してその制定や改善を促したり[11]、あるいは、立法を補完しその実施条件を準備する役割を果たすことができる。また、労働者の団結体がその団結活動により、労働者の雇用・労働条件と経済的地位の向上のために、労働関係立法の整備を目指し多様な活動を展開することも可能となる。

　(6) 団結権等を行使する労働者の雇用・労働条件保障

　そして全体として、団結権・団体交渉権・団体行動権の保障は、自ら団結権等を行使する労働者の雇用保障と労働条件等の維持・向上を目的とするものである。なぜなら、自ら団結権を行使する労働者の雇用を保障し労働条件を維持・向上させなければ、労働者が自ら団結権を行使する意欲を減退させ、労働者の団結活動が低下し、労働者全体の雇用・労働条件も低下するからである。

---

*11　全電通(現在のNTT労働組合)は、1965(昭40)年3月に育児休職に関する労働協約(子の生後2年以内の休職く(無給・定昇停止)の後に原職復帰する権利を認めるもの)を締結、その後、同様の労働協約が広がり、勤労婦人福祉法(昭47法113)11条の育児休業等の育児に関する便宜供与の努力義務規定の制定を経て、「育児休業等に関する法」(平3法76、現在の育介法)の制定に至った。

したがって、「団結権・団体交渉権・団体行動権の保障の目的は、自ら団結権等を行使する労働者の雇用を保障し労働条件の維持・向上を図ることである」と解することは、自ら団結権を行使する労働者の増大、団結活動の活発化・強化、労働者全体の雇用保障と労働条件の維持・向上へとつながるのであって、労働者全体の雇用保障と労働条件の維持・向上という労働法全体の目的と矛盾するものではない。

### 4 団結権・団体交渉権・団体行動権保障の法的効果と法的救済

憲法28条による団結権・団体交渉権・団体行動権の保障、及び、労組法における労働組合、労働協約、不当労働行為救済制度等の定めの法的効果と求めうる法的救済は、以下の通りである。

第一に、団結権・団体行動権により保障される団結活動と争議行為（正当な団結活動と争議行為）、及び、団体交渉権により保障される団体交渉又はこれを求める行為（正当な団体交渉又はこれを求める行為）については、①刑事免責（刑罰を科されないこと）、②民事免責（損害賠償責任等を負わないこと）、③不利益な取扱いからの保護が認められる（→(1)～(3)）。

ただし、「正当でない」団結活動・争議行為・団体交渉が全て、刑事責任・民事責任を問われ、また、当該行為を理由とする当該労働者に対する不利益な取扱い（解雇、契約更新拒否、懲戒処分等）が有効、適法となるわけではなく、刑事・民事責任を問い、また、当該行為を理由とする不利益な取扱いが有効、適法であるためには、それぞれの要件の充足が必要である[*12]。

第二に、労働組合と使用者又は使用者団体との間で締結された労働協約は、債務的効力のみならず規範的効力を有し、一定の要件の下で、労働契約の内容を規律する（→(4)）。

第三に、労働者及び団結体の団結権等を侵害する使用者の一定の行為は、不当労働行為として禁止され、使用者の行為が「不当労働行為」に該当する場合は、労働者及び一定の団結体は、労働委員会、及び、裁判所において、救済を求めることができる（→(5)）。

#### (1) 刑事免責

正当な団結活動・争議行為は、強要罪（刑223条）、脅迫罪（刑222条）、威力業

---

*12 正当な理由のない団結活動・争議行為の法的責任については、後記第24章「団結活動と争議行為」第4節。また、解雇・契約更新拒否が有効となる要件については、前記第18章「労働契約の終了」第2節・第3節、懲戒処分が有効となる要件については、前記第17章「懲戒処分」第2節・第3節。

務妨害罪(刑234条)、住居侵入罪(刑130条)、公務執行妨害罪(刑95条)等の構成要件に該当しない場合はもちろんのこと、該当しても違法性が阻却され、刑罰を科されない。

また、正当な団体交渉、又はこれを求める行為であれば、団体交渉開催の要求、団体交渉での賃金引上げ等の要求、使用者の施設内での滞留等は、強要罪(刑223条)や住居侵入罪(刑130条)等の構成要件に該当しない場合はもちろんのこと、該当しても違法性を阻却され、刑罰を科されない[*13]。

刑法35条は、「法令又は正当な業務による行為は、罰しない」と定め、労組法1条2項は、刑法35条の規定は「労働組合の団体交渉その他の行為であって前項に掲げる目的を達成するためにした正当なものについて適用があるものとする」と定める[*14]が、正当な団結活動・争議行為、正当な団体交渉又はこれを求める行為の場合、刑事責任を負わないことは、憲法28条から直接導かれる効果であり、労組法1条2項はその確認規定である[*15]。

したがって、労組法1条2項は、刑罰を科されないのは「労働組合の団体交渉その他の行為」と規定しているが、ここでの「労働組合」には、労組法上の労働組合のみならず、憲法28条を享受する憲法組合や憲法上の保護を受ける一時的な団結体も含まれ[*16]、また、団結体の結成等に向けた未組織労働者の行為も含まれると解するのが、憲法28条と労組法1条2項の整合的な解釈である。

それゆえ、労組法上の労働組合、憲法組合、憲法上の保護を受ける一時的な団結体、未組織労働者の、正当な団結活動・争議行為、正当な団体交渉又はこれを求める行為については、労組法1条2項の適用により、また、憲法28条の法的効果により、刑罰は科されない。

(2) 民事免責

団結活動・争議行為のうち、同盟罷業及び怠業は、労働義務の不履行(民415条)に該当しうるし、これを誘致する指導者の行為は債権(使用者の労務給付請求権)侵害の不法行為(民709条)に該当しうるし、同盟罷業、怠業、職場占拠、

---

[*13] 多数の勢威を背景に実力を行使して団体交渉を迫った行為が正当ではなく住居侵入罪(刑130条)に該当すると判断された例として、全日自労岡山県支部事件・広島高岡山支判昭52・10・13刑集33巻7号1059頁、同事件・最一小判昭54・12・19刑集33巻7号966頁/判時953号134頁。

[*14] 労働組合の団体交渉その他の行為について無条件に刑法35条の適用があることを規定するものではなく、正当な行為についてのみ同条の適用を認めるものである(旧東京第一陸軍造兵廠事件・大判昭24・5・18刑集3巻6号772頁)。

[*15] 全逓東京中郵事件・最大判昭41・10・26刑集20巻8号901頁/判時460号10頁。

[*16] 「労組法上の労働組合」、「憲法組合」、「憲法上の保護を受ける一時的な団結体」の概念については、後記第22章「団結の結成と運営」第1節2・1(3)イ・1(2)イ。

ピケッティング等は使用者の操業する権利を故意に侵害する不法行為等に該当しうる。しかし、正当な団結活動・争議行為については、債務不履行や不法行為に該当しない場合はもちろんのこと、該当する場合であっても、違法性が阻却され、債務不履行・不法行為責任を負わない。

また、正当な団体交渉又はこれを求める行為であれば、不法行為（民709・710条）に該当しない場合はもちろんのこと、該当する場合でも、違法性が阻却され、損害賠償責任を負わない。

労組法8条は、「使用者は、同盟罷業その他の争議行為であって正当なものによって損害を受けたことの故をもって、労働組合又はその組合員に対し賠償を請求することができない」と定めるが、正当な団結活動・争議行為、及び、正当な団体交渉又はこれを求める行為の場合、損害賠償責任を負わないことは憲法28条から直接導かれる効果であり、労組法8条はその確認規定である[17]。

したがって、労組法8条は、損害賠償責任を負わないのは「労働組合又はその組合員」の「同盟罷業その他の争議行為」と規定しているが、ここでの「労働組合又はその組合員」には、労組法上の労働組合とその組合員のみならず、憲法組合とその組合員、憲法上の保護を受ける一時的団結体の構成員、未組織労働者も含まれ、また、「同盟罷業その他の争議行為」には、争議行為以外の団結活動、及び、団体交渉又はこれを求める行為も含まれるというのが、憲法28条と労組法8条の整合的な解釈である。

それゆえ、労組法上の労働組合、憲法組合、及び、労働者は、正当な団結活動・争議行為、及び、団体交渉又はこれを求める行為については、労組法8条の適用により、また、憲法28条の法的効果により、使用者に対し損害賠償責任を負わない。

また、労組法8条は「使用者」は損害賠償を請求できないと定めているが、正当な団結活動・争議行為、及び、正当な団体交渉又はこれを求める行為についての民事免責は憲法28条から直接導かれる効果であるから、使用者以外の第三者が損害を被った場合でも、第三者に対し損害賠償責任を負わない[18]。

(3) 不利益な取扱いからの保護

憲法28条の団結権・団体交渉権・団体行動権保障は、国がこれを侵害してはならないという自由権のみならず、労使間において、労働者及び団結体の団結

---

[17] 全逓東京中郵事件・最大判昭41・10・26刑集20巻8号901頁／判時460号10頁。
[18] 王子製紙苫小牧事件・札幌地室蘭支判昭43・2・29労民19巻1号295頁／判時522号6頁、中村商店・川中島自動車労働組合事件・長野簡判昭43・8・1判時535号84頁、東急電鉄事件・横浜地判昭47・8・16判タ286号274頁。

権・団体交渉権*19・団体行動権を尊重すべき公序(民90条)を形成する。

また、労組法7条の不当労働行為禁止規定は、憲法28条の団結権・団体交渉権・団体行動権を保障する規定であり、不当労働行為の成立要件を定めるとともに、私法上の強行規定であり、使用者(労組7条)の信義則上の義務(民1条2項、労契3条4項)の内容となっている*20と解すべきである。

したがって、正当な団結活動・争議行為、又は、正当な団体交渉の要求・団体交渉への参加を理由とする、使用者その他労働関係当事者による労働者に対する不利益な取扱い(解雇、配転、嫌がらせ等)は、第一に、労働者及び団結体の団結権・団体交渉権・団体行動権を侵害するものとして、公序に反し、不法行為となりうるもので、信義則違反でもある。それゆえ、労働者及び労働組合は、裁判所において、それぞれの権利侵害につき、損害賠償を請求することができる。また、第二に、当該不利益な取扱いが法律行為であれば、労組法7条等違反で無効となりうる*21。それゆえ、不利益な取扱いを受けた労働者は、裁判所において、当該法律行為の無効を前提として救済を求めることができる*22。

また、第三に、当該不利益な取扱いは、労組法7条の不当労働行為にも該当しうるものであり、労働者(労組3条)及び法適合認証組合*23は、労働委員会において、救済を求めることができる。

(4) 労働協約

労働組合と使用者又はその団体との間で締結された労働協約(労組14条)は、第一に、協約当事者間の契約としての効力(債務的効力)を有し、協約当事者の権利義務関係を規律する。また、第二に、その規範的効力により、労働契約の内容を規律する(労組16・17・18条)。労働者は、労働協約により規律された労働

---

*19 団体交渉権につきこのように述べるものとして、新聞之新聞社事件・東京高決昭50・9・25労民26巻5号723頁/労判238号52頁、国鉄(団交応諾義務確認請求)事件・東京地判昭61・2・27労民37巻1号123頁/労判469号10頁、同事件・東京高判昭62・1・27労民38巻1号1頁/労判505号92頁(最三小判平3・4・23集民162号547頁/労判589号6頁も維持)等。

*20 日本メール・オーダー事件・東京地判平21・4・13労判986号52頁は、労基法3条、労組法7条により、使用者は労働組合員であることを理由として不平等・不利益に取り扱ってはならない信義則上の義務を負うと判示しており、支持しうる。

*21 医療法人新光会事件・最三小判昭43・4・9民集22巻4号845頁/労判74号79頁(労組法7条に違反する法律行為は法の趣旨から当然に無効と判示)。新聞之新聞社事件・東京高決昭50・9・25労民26巻5号723頁/労判238号52頁は民法違反で無効とする。

*22 正当な争議行為を企画・指令したことを理由とする懲戒解雇又は解雇を無効とし労働契約上の権利を有する地位確認請求を認容したものとして、順天堂病院事件・東京地判昭40・11・10労民16巻6号909頁/判時428号29頁、日本航空事件・東京地決昭41・2・26労民17巻1号102頁/判時440号11頁、興国人絹パルプ事件・大分地判昭41・10・25労民17巻5号1280頁、全日空事件・東京地判昭42・4・24判時483号71頁等。

*23 「法適合認証組合」の概念については、後記第22章「団結の結成と運営」第1節3。

契約に基づき、使用者に対し権利を有し義務を負う*24。

(5) 不当労働行為に対する法的救済

使用者(労組7条)の行為が労組法7条の定める不当労働行為に該当する場合は、第一に、それを受けた労働者(労組3条)(労組7条2号の団体交渉拒否を除く)及び法適合認証組合は、労働委員会において救済を求めることができる*25。

第二に、労組法7条の不当労働行為に該当する行為は、団結権侵害の不法行為(民709・710条)にも該当しうるもので、法律行為であれば労組法7条違反で無効であり、それを受けた労働者(労組3条)(労組7条2号の団体交渉拒否を除く)及び労働組合は、裁判所において、損害賠償請求、あるいは、当該行為が無効であることを前提とする法的救済を裁判所において求めることもできる*26。また、団体交渉拒否(労組7条2号)については、団体交渉を拒否された労働組合は、当該団体交渉事項について当該使用者(労組7条2号)に対して団体交渉を求めうる地位にあることの確認を裁判所において求めることができる*27。

## 5 集団的労使紛争と紛争解決制度

(1) 集団的労使紛争の類型

労働者の団結体と使用者等との間の集団的労使関係において生じた紛争である「集団的労使紛争」は、①権利義務関係の有無と内容に関する紛争である「権利紛争」と、②新たな権利義務関係の形成に関する紛争である「利益紛争」に区別することができる*28。

①「権利紛争」で、紛争の対象となる権利義務関係としては、当該団結体と使用者等の集団的労使関係ルールに関わるもの(例:労働組合が掲示板を使用する権利)、労働者に共通の雇用・労働条件(例:時間外労働に対する賃金請求権)のみならず、個別の労働者の雇用・労働条件(例:解雇の効力と労働契約上の権利を有する地位)も含まれる。また、②「利益紛争」で、紛争の対象となる新たな権利義務関係の形成の中にも、当該団結体と使用者等の関係に関わるもの(例:労働組合への事務所の貸与)、労働者に共通の雇用・労働条件(例:労働者全体の賃金の引上げ)のみならず、個別労働者の雇用・労働条件(例:昇進・昇格)が含まれる。

---

*24 後記第25章「労働協約」。
*25 後記第26章「不当労働行為と法的救済」第4節第1款。
*26 後記第26章「不当労働行為と法的救済」第4節第2款。
*27 後記第23章「団体交渉」第3節2(1)。
*28 個別労働紛争(個々の労働者と使用者間の個別的労働関係に生じた紛争)も、権利紛争と利益紛争に区別される(→前記第6章「個別的労働関係法総論」第2節1(1))。

(2) 解決方法

集団的労使紛争は、権利紛争であれ利益紛争であれ、当事者による自主的な解決（団体交渉）が可能であり、第三者による解決もありうるが、当事者間又は第三者の援助により解決できない場合は、公的機関により解決される。

権利紛争は、最終的には裁判所で解決される。

しかし、憲法28条の団結権・団体交渉権・団体行動権保障の実効性を確保し、集団的労使紛争（権利紛争及び利益紛争）を解決するために、裁判所（司法機関）とは別に、独立・専門行政委員会である「労働委員会」（行政機関）が設置されている。そこで以下では、労働委員会の組織と権限を確認する（→(3)〜(5)）。

(3) 労働委員会

独立・専門行政委員会である「労働委員会」の組織・機能等については、労組法4章（19条〜27条の26）及び労働委員会規則に規定されている。

労働委員会には、①中央労働委員会（中労委）（全国に一つ）と、②都道府県労働委員会（都道府県労委）（各都道府県に一つ）がある（労組19条2項）。

労働委員会は、いわゆる「三者構成」であり、それにより、独自の専門性を有している。具体的には、①公益を代表する「公益委員」、②労働者を代表する「労働者委員」、③使用者を代表する「使用者委員」の三者各同数をもって組織され（労組19条1項）、中労委の委員は各15名である。

中労委の委員は、労働者委員は労働組合の推薦に基づいて、使用者委員は使用者団体の推薦に基づいて、公益委員は労働者委員と使用者委員の同意を得て作成された名簿の中から、両議院の同意を得て、内閣総理大臣が任命する（労組19条の3第2項）。

都道府県労委の委員は、労働者委員は労働組合の推薦に基づいて、使用者委員は使用者団体の推薦に基づいて、公益委員は使用者委員及び労働者委員の同意を得て、知事が任命する（労組19条の12第3項）。

中労委の委員及び都道府県労委の委員のいずれも非常勤であるが、公益委員のうち2人以内は常勤とすることができる（労組19条の3第6項、19条の12第6項）。

労働委員会の委員の任期は2年であり（再任可）、中労委の公益委員は特別職の国家公務員、都道府県労委の委員は特別職の地方公務員、中労委の労使委員は一般職の国家公務員である（国公2条3項9号、地公3条3項2号、国公2条2項）。

労働委員会は、独立の行政委員会であり（国家行政組織3条2項・4項、地方自治138条の4第1項・180条の5第2項2号・202条の2第3項）、労組法及び労調法に規定する権限を独立して行う（労組法施行令16条）。すなわち、所轄機関たる厚生労働省や都道府県知事の指揮命令を受けずに独立して権限を行使する。

### (4) 労働委員会の権限

労働委員会の主な権限は、以下のとおりである。

第一は、不当労働行為の審査と救済である(労組20条・27条〜27条の18)。労組法は、団結権・団体交渉権・団体行動権の実効性を確保するため、使用者の一定の行為を「不当労働行為」として禁止し(労組7条)、労働委員会による不当労働行為の審査と救済制度を定めている[*29]。

第二は、労働組合の資格審査である(労組5条1項)。労働組合は、労働委員会に証拠を提出して、労働組合の定義(労組2条)及び組合規約の必要記載事項(労組5条2項)の規定に適合することを立証しなければ、労組法に規定する手続に参与する資格を有せず、かつ、労組法に規定する救済を与えられない(労組5条1項)。この規定に基づき、労働委員会が、労働組合が労組法2条及び5条2項に合致する「法適合組合」か否か判断するために行う審査を「資格審査」という(労委則22条)[*30]。

第三は、労働協約の地域的拡張適用の決議である(労組18条1項)。労働協約の地域的拡張適用の申立て(労組18条1項)があった場合、労働委員会は、労組法18条1項所定の要件を充足しているかどうかを審査し、充足しているときは拡張適用の決議を行う(労組18条1項)。この決議に基づき、厚生労働大臣又は都道府県知事が、拡張適用の決定を公告により行う(労組18条1項・3項)[*31]。

第四は、労働争議の調整である(労組20条、労調8条の2〜35条)(→(5))。

第五は、規則の制定である。中労委は、その行う手続及び都道府県労委が行う手続に関する規則を定めることができ(労組26条1項)、この権限に基づき労働委員会規則を制定し、詳細な規定をおいている。また、都道府県労委は、中労委の定める規則に違反しない限りにおいて、その会議の招集その他政令で定める事項に関する規則を定めることができる(労組26条2項、労組法施行令26条の3)。

第六は、強制権限である、労働委員会は、その事務を行うために必要があると認めたときは、使用者又はその団体、労働組合その他の関係者に対して、出頭、報告の提出若しくは必要な帳簿書類の提出を求め、又は委員若しくは労働委員会の職員に関係工場事業場に臨検し、業務の状況若しくは帳簿書類その他の物件を検査させることができる(労組22条)。これらの出頭、報告、書類の提出又は検査を拒んだり、虚偽の報告又は検査の妨害をした者は30万円以下の罰金に処せられる(労組30条)。

---

[*29] 後記第26章「不当労働行為と法的救済」第4節第1款。
[*30] 後記第22章「団結の結成と運営」第1節3(3)。
[*31] 後記第25章「労働協約」第4節第2款2(2)。

### (5) 労働争議の調整

　労働者と使用者等の集団的労使紛争（労働争議）は、労働者の団結権・団体交渉権・団体行動権保障を前提とした集団的労使関係の下で、労使の自主的な努力によって解決されるのが原則である。しかし、労働争議は労使間の感情的対立等により解決が困難となる場合もあり、また、争議行為を伴う労働争議は、労使双方の不利益のみならず社会や国民生活に多大な影響をもたらしうる。

　そこで、労働関係調整法〈労調法〉は、労働争議の自主的解決を基本原則としつつ、労働関係の公正な調整、労働争議の予防・解決、産業平和の維持と経済の興隆への寄与を目的として（労調1条）、労働委員会による、「労働争議調整制度」を定めている。

　第一に、争議調整手続の対象となるのは「労働争議」であり、「労働関係の当事者間において、労働関係に関する主張が一致しないで、そのために争議行為が発生してゐる状態又は発生する虞がある状態」（労調6条）と定義されている。ここでいう「争議行為」は、「同盟罷業、怠業、作業所閉鎖その他労働関係の当事者がその主張を貫徹することを目的として行ふ行為及びこれに対抗する行為であって、業務の正常な運営を阻害するもの」（労調7条）である。

　第二に、争議調整機関は労働委員会である。中労委は、特定独立行政法人職員の労働関係についての事件のあっせん、調停、仲裁及び処分について専属的に管轄し、二つ以上の都道府県にわたり、又は全国的に重要な問題に係る関するあっせん、調停、仲裁及び処分について優先して管轄する（労組25条1項）。

　第三に、争議調整の手続としては、①斡旋、②調停、③仲裁の三種類がある。①斡旋は、当事者の双方若しくは一方の申請又は労働委員会の会長の職権に基づき、斡旋員が関係当事者間を斡旋し事件の解決に努める手続である（労調10〜16条）。②調停は、当事者双方からの申請、当事者双方又は一方からの労働協約の定めに基づく申請等に基づき、労働委員会に設けられる調停委員会が関係当事者から意見を徴して調停案を作製しその受諾を両当事者に勧告する手続である（労調17〜28条）。③仲裁は、当事者双方からの申請又は労働協約の定めに基づく双方若しくは一方からの申請に基づき、労働委員会に設けられる仲裁委員会が両当事者に仲裁裁定を下す手続であり、仲裁裁定は労働協約と同一の効力を有する（労調29〜35条）。

# 第22章　団結の結成と運営

　憲法28条の保障する「団結権」は、労働者が、雇用・労働条件の維持改善その他経済的地位の向上を図ることを主たる目的として、一時的又は継続的な団結体を結成し又はこれに加入し、これを運営し、強化・拡大する権利である。
　したがって、労働者は一時的に団結することも可能であるが、労働者の雇用・労働条件の維持改善その他経済的地位の向上を図るためには、一定期間の存続を予定する継続的な団結体である労働組合[*1]の存在が特に重要であり、労働組合の結成と組織・運営は団結権の重要な内容である。
　そこで、本章では、労働組合を中心として、①団結体の概念と権利（→第1節）、②労働組合の組織と運営（→第2節）、③労働組合の組織変動（→第3節）の順に検討する。

## 第1節　団結体の概念と権利

　労働者の団結体として、憲法又は労組法上の法的保護を受ける団結体は、その有する権利の相違に着目するならば、三つに大別することができる。①憲法28条を享受する団結体、②労組法上の労働組合、③法適合認証組合である。
　①憲法28条を享受する団結体は、「憲法上の労働組合」及び「憲法上の保護を受ける一時的団結体」に区分され、「憲法上の労働組合」は、「労組法上の労働組合」と、「憲法組合（自主性不備組合）」に区分されるので、②「労組法上の労働組合」は、「憲法上の労働組合」の一部である。
　②「労組法上の労働組合」は「法適合組合」と「規約不備組合」に区別され、「法適合組合」のうちその旨の労働委員会の決定を受けた労働組合が「法適合認証組合」であるので、③「法適合認証組合」は、②「労組法上の労働組合」の一部である（図22-1参照）。
　本節では、①憲法28条を享受する団結体、②「労組法上の労働組合」、③「法適合認証組合」はいかなるものであり（→1～3）、また、それぞれがどのよう

---

[*1]　近年の論考として、木南直之「労働組合の概念、意義、機能」再生(1)(2017)139-158頁、富永晃一「労働組合の法理」再生(5)(2017)45-64、同論文引用文献等。

な権利を有するか(→4)を検討する。

なお、本書で、単に「労働組合」という場合、特にことわりのない限り、「憲法上の労働組合」を意味する。

図22-1　労働組合等の概念と団結権・団体交渉権・団体行動権

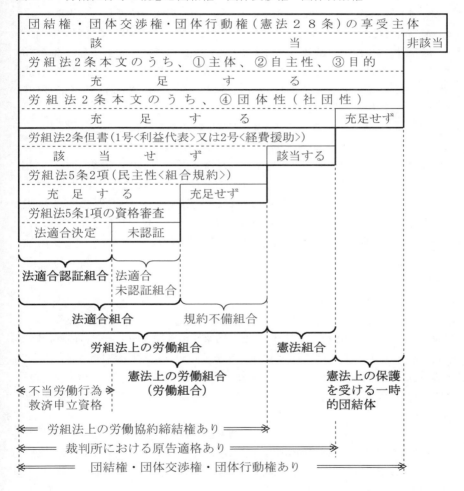

## 1　憲法28条を享受する団結体

憲法28条の享受主体は、第一次的には「勤労者」（憲法28条）であり、労組法

上の労働者(労組3条)は「勤労者」と同じと解される[*2]。

しかし、団結の結成・加入を除く団結権、団体交渉権、団体行動権は、その権利の性質上、集団的に行使される。したがって、第二次的には、労働者の団結体も憲法28条の享受主体となりうると解される。

(1) 要件

憲法28条の享受主体となる団結体は、第一に、憲法28条の第一次的享受主体が勤労者(労働者)であること、第二に、憲法28条による団結権、団体交渉権、団体行動権保障は、労働者の雇用保障と労働条件の維持・向上、その他経済的地位の向上を目的とするものであること、第三に、権利の享受主体たる労働者の団結体としての団結性が求められると解すべきことに鑑みれば、その要件は以下のように解すべきであろう。

すなわち、第一に、勤労者(労働者)が主体である組織であること(①主体の要件)、第二に、労働者が自主的に組織したものであること(②自主性の要件)、第三に、労働者の雇用保障と労働条件の維持・向上、その他経済的地位の向上を主たる目的とするものであること(③目的の要件)、第四に、社団性を有する継続的な団結体、すなわち、規約を有しその運営のための組織(意思決定機関、業務執行機関、役員、財政)を有している団結体、又は、統一した意思決定のもとに統一した行動をとることができる一時的な団結体であること(④団結性の要件)である。

(2) 分類

　　ア　「憲法上の労働組合」

憲法28条を享受する団結体のうち、①勤労者(労働者)が主体である、②自主的な組織で、③労働者の雇用保障と労働条件の維持・向上、その他経済的地位の向上を主たる目的とし、④社団性を有する継続的な団結体を、「憲法上の労働組合」と呼ぶ。結果として、「憲法上の労働組合」は、労組法2条の定める「労組法上の労働組合」(→後記2)の要件のうち、同条本文の定める要件を充足するものである。

　　イ　「憲法上の保護を受ける一時的団結体」

憲法28条を享受する団結体のうち、①勤労者(労働者)が主体である、②自主的な組織で、③労働者の雇用保障と労働条件の維持・向上、その他経済的地位の向上を目的とするもので、④統一した意思決定のもとに統一した行動をとることができる一時的な団結体(一時的な争議団等)を「憲法上の保護を受ける一

---

[*2] 前記第4章「労働法の主体」第1節4(3)参照。

時的団結体」と呼ぶ。
　　(3)　「憲法上の労働組合」の分類
　「憲法上の労働組合」は、さらに、「労組法上の労働組合」と「憲法組合（自主性不備組合）」に分類される。
　　　ア　「労組法上の労働組合」
　「労組法上の労働組合」は、労組法2条の定める要件を全て充足する労働組合である（→後記2）。
　　　イ　「憲法組合（自主性不備組合）」
　「憲法組合（自主性不備組合）」は、労組法2条の定める要件の一部を充足しない労働組合である。具体的には、労組法2条本文の要件、すなわち、①主体の要件、②自主性の要件の一部（自主的に組織する団体）、③目的の要件、④団体性の要件は充足するが、労組法2条但書1号（「使用者の利益を代表する者」の参加を許すもの）と2号（「使用者の経理上の援助」を受けるもの）のいずれか又は双方に該当し、労組法2条の定める自主性の要件の一部を充足しない労働組合である。

## 2　労組法上の労働組合

　労組法2条は、労組法でいう労働組合とは、①労働者が主体となって、②自主的に、③労働条件の維持改善その他経済的地位の向上を図ることを主たる目的として組織される、④団体又はその連合団体をいうと定め（労組2条本文）、その但書で、②と③に関連して、労働組合に該当しない四つの場合を規定している（労組2条但書1～4号）。
　したがって、労組法2条の定める「労組法上の労働組合」に該当する要件は、①主体の要件（→(1)）、②自主性の要件（→(2)(3)）、③目的の要件（→(4)）、④団体性の要件（→(5)）の四つに整理することができる。
　また、「労組法上の労働組合」は、「規約不備組合」と「法適合組合」に分類することができる（→(6)）。
　　(1)　主体の要件
　第一の、主体の要件は、「労働者」が主体となる組織であることである（労組2条本文）。ここで言う「労働者」とは、労組法3条が「職業の種類を問わず、賃金、給料その他これに準ずる収入によって生活する者」と定義しているところの「労組法上の労働者」[*3]である。

---

[*3]　前記第4章「労働法の主体」第1節4・5(4)・6・7(4)参照。私見では、「自ら他人に有償で労務を供給する自然人で、労務の供給を受ける者との関係で独立事業者又は独立労働者でない者（失業者を含む）」である。

労組法の適用される労働者と地公法の適用される公務員の双方を組合員とする「混合組合」については、その法的性格が問題となるが、その他の要件を充足している限り、労組法上の労働組合と地公法上の職員団体としての複合的な法的性格を有し、労組法適用組合員に関する問題については、労組法上の労働組合であり、それとして労組法上の権利を行使することができる[*4]。

(2) 自主性の要件

第二の、自主性の要件は、①労働者が「自主的に…………組織する」団体又はその連合団体であること(労組2条本文)である。そして、労働組合の自主性確保の観点から、さらに、②「使用者の利益を代表する者」の参加を許すもの(労組2条但書1号)に該当しないこと、③「使用者の経理上の援助」を受けるもの(労組2条但書2号)に該当しないことが要件とされている。①は積極的要件、②・③は消極的要件とも呼ばれる。

上記①の「自主的に」組織するとは、労働者が「自発的に」組織し、特に使用者及び国家から独立し、実質的支配を受けていないことを意味する。

上記②の「使用者の利益を代表する者」について、労組法2条但書1号は、1) 役員[*5]、2) 雇入解雇昇進又は異動に関して直接の権限を持つ監督的地位にある労働者、3) 使用者の労働関係についての計画と方針とに関する機密の事項に接し、そのためにその職務上の義務と責任とが当該労働組合の組合員としての誠意と責任とに直接にてい触する監督的地位にある労働者、4) その他使用者の利益を代表する者[*6]と定めている。

上記③の「使用者の経理上の援助」を受けるものにつき、労組法2条但書2号は、「団体の運営のための経費の支出につき使用者の経理上の援助を受けるもの。但し、労働者が労働時間中に時間又は賃金を失うことなく使用者と協議し、又は交渉することを使用者が許すことを妨げるものではなく、且つ、厚生資金又は経済上の不幸若しくは災厄を防止し、若しくは救済するための支出に実際に用いられる福利その他の基金に対する使用者の寄附及び最小限の広さの事務所の供与を除くものとする」と定める。

---

[*4] 中労委(大阪府教委・大阪教育合同労組)事件・東京地判平25・10・21労判1083号5頁/判時2217号122頁、同事件・東京高判平26・3・18労旬1814号59頁、大阪労委(大阪教育合同労組)事件・大阪高判平27・1・29労判1114号161頁〈ダイジェスト〉、大阪労委(泉佐野市)事件・大阪地判平28・5・18労判1143号35頁、同事件・大阪高判平28・12・22労判1157号5頁。

[*5] 取締役、監査役、理事、監事等が該当しうる。

[*6] 例えば、社長秘書、従業員を取り締まる会社警備の守衛等が含まれうる。

(3) 自主性の要件をめぐる論点
　ア　憲法28条との関係
　自主性の要件については、労組法2条但書1号の「使用者の利益を代表する者」の多くは、憲法28条の「勤労者」であり「労組法上の労働者」であるところ、労組法2条但書1号は、労組法上の労働組合の要件を定めるものではあるが、事実上、「使用者の利益を代表する者」に該当する労働者の労働組合の結成・加入を制限するものであり、労働者の団結権を実質的に制限している点、及び、本来労働組合が自主的に決定すべき組合員の範囲を制限している点で、労働者及びその団結体の団結権を保障する憲法28条との整合性が問題となる。
　「使用者の利益を代表する者」の加入する労働組合は「労組法上の労働組合」ではないが、憲法上の労働組合の要件（労組法2条本文の要件と重なる）を充足している場合は「憲法組合」（→前記1(3)）に該当し、憲法28条の定める団結権等を享受する。換言すれば、「使用者の利益を代表する者」に該当する労働者は、憲法上の労働組合である憲法組合を結成しこれに加入することはできるので、労組法2条但書1号が憲法28条に違反するとは言えないであろう。
　しかし、労働者の団結権及び労働組合の団結権（組合員の範囲を決定する権利）を最大限保障するために、「使用者の利益を代表する者」該当性は、労組法2条但書1号の趣旨に照らし合理的限定的に解釈されるべきである。すなわち、同号は、労働組合の自主性の確保を目的とする規定であるから、当該人が「使用者の利益を代表する者」に該当するかどうかは、その形式的該当性に加えて、当該人が当該労働組合に参加することにより当該労働組合の自主性が損なわれるかどうかという観点から、当該人の職務内容、当該労働組合の組織対象者等に照らし、実質的な自主性阻害の有無を個別具体的に判断し[*7]、形式的該当性及び実質的該当性（実質的な自主性の阻害）が肯定される場合にのみ、「使用者の利益を代表する者」に該当すると判断すべきである。
　イ　労組法2条本文と但書の関係と内容
　自主性の要件については、①労組法2条本文の自主性の要件と、②労組2条但書1号（使用者の利益を代表する者の参加）に該当しないという要件、及び、③労組2条但書2号（使用者の経費援助）に該当しないという要件との関係も問題となるが、これについては、以下のように解すべきであろう。
　②・③の要件は、①に付加された独立した要件である。なぜなら、たとえ実

---

[*7]　東京労委（日本アイ・ビー・エム）事件・東京地判平15・10・1労判864号13頁、同事件・東京高判平17・2・24労判892号29頁（当該組合員については「使用者の利益代表者」に該当しないと判断）。

質的に自主性を保っていても、使用者の利益代表者の参加を許すものや使用者からの経費援助を受けるものは、自主性を失い御用組合化する危険性があり、その自主性を確保するためには使用者の利益代表者の参加や経費援助を排除すべきだからである*8。

しかし、②の要件については、先に述べたように、当該人が「使用者の利益を代表する者」該当するかどうかは、形式的該当性及び実質的該当性(実質的な自主性阻害)により判断すべきである(→前記ア)。

これに対して、③の要件については、使用者の経費援助は使用者及び労働組合の意図にかかわらず労働組合の自主性と独立性を侵食する危険があり、労働組合は使用者から財政的に独立しているべきであるから、その自主性の確保を確実にするために、実質的な自主性阻害の有無という観点からではなく、形式的該当性で判断すべきである。使用者の経費援助が自主的な労働組合の活発な活動の成果である場合もあろうが、財政に関し、自主的で活発な団結活動によって行うべきは、経費援助の要求ではなく、例えば賃金引上げの獲得や組合員の増加を通じての組合費の増収と組合の財政基盤の確立であろう。

具体的には、労組法2条但書2号の中の但書は例示規定と解されるので、労組法2条但書2号に列挙された例外、及び、これに準ずる組合事務所の光熱費負担、掲示板の貸与等が禁止される「経費援助」に該当しないと解すべきである。なお、在籍専従(労働者が組合役員等に従事する一定期間無給で休職すること)や組合休暇(労働者が組合の活動を行うために無給の休暇を取得すること)の承認は、単に当該労働者の労働義務を免除しその代わりに賃金を支払わないものであるから、「経費援助」には該当せず、チェック・オフ(→第2節8(2))も、組合員の支払う組合費を労働組合に引き渡すだけであり使用者が労働組合にお金を支払うものではないから、「経費援助」には該当しない。

　　　　ウ　管理職組合

自主性の要件については、いわゆる「管理職」を組合員として含む「管理職組合」がその要件を充足するかどうかも論点となる。

当該管理職が労組法2条但書1号の定める「使用者の利益を代表する者」に形式的・実質的に該当しない場合*9は、その他の要件を充足すれば当該管理職組

---

*8　厚労省労組法・労調法コンメ(2006)260頁。
*9　当該管理職組合に「使用者の利益代表者」が含まれないと判断した事案として、セメダイン事件・東京労委平8・5・28労判698号78頁、同事件・中労委平10・3・4労判734号81頁、中労委(セメダイン)事件・東京地判平11・6・9労判763号12頁、同事件・東京高判平12・2・29労判807号7頁(最一小決平13・6・14労判807号5頁で確定)。

合は「労組法上の労働組合」に該当する。

また、当該管理職組合が、「使用者の利益を代表する者」に形式的に該当する者のみで組織されている場合は、それにより当該労働組合の自主性を阻害することにならず、当該組合員が実質的に「使用者の利益を代表する者」に該当しないという場合も多いであろう。そうであれば、その他の要件を充足すれば、当該管理職組合は「労組法上の労働組合」に該当する

これに対して、当該管理職(の一部)が形式的・実質的に「使用者の利益を代表する者」に該当する場合は、当該管理職組合は「労組法上の労働組合」ではないが、憲法上の労働組合の要件(労組法2条本文の要件と重なる)を充足している場合は、「憲法組合」(→前記1(3))に該当する。

(4) 目的の要件

第三の、目的の要件は、「労働条件の維持改善その他経済的地位の向上を図ること」を主たる目的とすることである(労組2条本文)。

「共済事業その他福利事業のみを目的とするもの」、及び、「主として政治運動又は社会運動を目的とするもの」は労働組合に該当しないことが明記されている(労組2条但書3号・4号)。ただし、「労働条件の維持改善その他経済的地位の向上を図ること」を主たる目的としていれば、付随的に福利事業、政治運動、社会運動を目的としていても、労組法上の労働組合に該当しうる。

(5) 団体性の要件

第四の、団体性の要件は、労働者が主体となって組織する「団体又はその連合団体」であることである(労組2条本文)。

ここでいう「団体」とは、①複数人の結合であって(したがって、少なくとも二人の構成員が必要であり[10])、②規約を有し、その運営のための組織(意思決定機関、業務執行機関、役員、財政)を有していること(社団性)が必要と解される[11]。したがって、社団性のない一時的な争議団は、この要件を充足しない。

また、労組法2条が予定する「団体又はその連合団体」は、後述のように労組法上の労働組合が労働協約締結権を有することを考慮するならば(→4(2))、③団体交渉や団体行動に必要な統制力を組合員に対して有していることが必要と解される。したがって、そのような統制力を有しない、労働組合の連絡・協

---

[10] ただし、当初複数人組合員がおり、その後使用者の不当労働行為等により組合員が1人となってしまったが、組合員が増加する可能性がある場合は団体性を失わないと考えられる(菅野・労働法(2017)792頁、西谷・労組法(2012)86頁等)。

[11] 菅野・労働法(2017)792頁、西谷・労組法(2012)86頁等。

議組織にとどまる連合体組織は、この要件を充足せず「労働組合」ではない[*12]。

なお、労働者個人と労働組合の双方を構成員とする(個人加入も団体加入も可能である)「混合組合」も、混合組合であるからといって格別の弊害はなく、①複数人の結合、②社団性、③統制力を有しているならば、労組法2条本文の「団体又はその連合団体」に該当する[*13]。

(6) 労組法上の労働組合の分類

労組法上の労働組合は、①「法適合組合」と、②「規約不備組合」とに区分することができる。

「法適合組合」とは、労組法2条の労働組合の定義に該当し、かつ、組合規約の必要記載事項(労組5条2項)の規定に適合する労働組合である。

「法適合組合」のうち、労働委員会の資格審査(当該団体が労働組合の定義〈労組2条〉及び組合規約の必要記載事項〈労組5条2項〉の規定に適合する「法適合組合」かどうかの審査)の手続(労委則22条〜27条以下)を経て、「法適合組合」である旨の労働委員会の決定(労委則25条)を受けた労働組合を、「法適合認証組合」という(労組5条1項参照)(→3)。

これに対して、「規約不備組合」とは、労組法2条の労働組合の定義に該当するが、組合規約の必要記載事項(労組5条2項)に不備がある労働組合である[*14]。

## 3　法適合認証組合

「法適合認証組合」とは、1)労組法2条の定義に該当する「労組法上の労働組合」であり、また、2)労組法5条2項の組合規約の必要記載事項の規定にも適合する「法適合組合」であり、かつ、3)労働委員会の資格審査の手続(労委則22条〜27条以下)を経て、労働組合の定義(労組2条)及び組合規約の必要記載事項(労組5条2項)の規定に適合する「法適合組合」である旨の労働委員会の決定(労委則25条)を受けた労働組合である(労組5条1項参照)。

したがって、法適合認証組合は、「労組法上の労働組合」に該当する四つの要件(①主体の要件、②自主性の要件、③目的の要件、④団体性の要件)を充足していること(→前記2)に加えて、「法適合組合」の要件である、⑤民主性の要件(労

---

[*12]　菅野・労働法(2017)793頁、西谷・労組法(2012)86頁等。
[*13]　中労委(エスエムシー)事件・東京地判平8・3・28労判694号43頁。
[*14]　ただし、「規約不備組合」が労働委員会に不当労働行為の救済の申立てをした場合、一般に、労働委員会が資格審査において組合規約の補正を指導し当該労働組合がこれに応ずるので、労働委員会の命令前に法適合組合となり、その旨の決定を受けて法適合認証組合となる。

組5条2項の定める必要記載事項を組合規約に定めていること)(→(1)(2))を充足し、かつ、⑥労働委員会の資格審査を経て、労働組合の定義(労組2条)及び規約の必要記載事項(労組5条2項)の規定に適合している「法適合組合」である旨の決定を受けること(→(3))をその要件とする。

なお、労働委員会による資格審査と法適合組合である旨の決定は、労組法の定める手続に参与し、又は、救済を受けるたび毎に受ける必要がある(労委22条1号参照)。それゆえ、当該手続に参与し又は救済を受ける時点で法適合組合である旨の決定を受けても、その時点でのみ法適合認証組合であることに留意する必要がある。

(1) 民主性の要件

第五の、民主性の要件は、組合規約に、労組法5条2項の定める必要的記載事項[*15]を含むことである。

この必要的記載事項には、名称(労組5条2項1号)、主たる事務所の所在地(労組5条2項2号)という、団体の特定性に関する事項の他、労働組合の公正で民主的な運営を確保するための事項が必要記載事項とされている(労組5条2項3〜9号)。それゆえ、この要件は民主性の要件と呼ばれている。

(2) 民主性の要件をめぐる論点

　ア　宗教

前記(1)の④の「人種、宗教、性別、門地又は身分により組合員たる資格を奪われないこと」(労組5条2項4号)は、憲法14条1項及び労基法3条とは異なり、「信条」ではなく「宗教」という文言を使用しているところ、特定の思想・信条を有する労働者の排除は公序に反するから「宗教」に政治的な思想・信条が含まれるとの見解[*16]もある。

しかし、労働組合が一定の思想・信条(例えば生産技術の平和的利用)をその方針として掲げそれに賛同する者に組合員資格を限定するということも組合自治として許容されていると解すべきであり、「宗教」とは宗教的信仰に限定されると解すべきである[*17]。

　イ　性別

また、前記(1)の④の「人種、宗教、性別、門地又は身分により組合員たる資格を奪われないこと」(労組5条2項4号)は、憲法28条の団結権保障と整合的に解釈されるべきであるから、「性別」については、一般に差別的取扱を受ける

---

*15　前記第5章「権利義務関係の決定システムと法源」第2節第4款3参照。
*16　西谷・労組法(2012)88頁。
*17　同旨・厚労省労組法・労調法コンメ(2006)345頁。

ことが多い女性労働者が、労働条件における女性差別の是正を特に重要な運動方針として「女性ユニオン」を設立し、組合規約で加入資格を女性に限定する場合は、労組5条2項4号に違反しないと解すべきであろう[*18]。

　　ウ　混合組合の手続

労組法5条2項にいう「単位労働組合」とは、労働者個人が組合員である労働組合、「連合団体である労働組合」とは、単位組合が組合員である労働組合である。労働者個人と単位組合の双方が組合員となりうる「混合組合」は、いずれに区分されるのか明記はされていないが、実際の手続を考慮するならば、「連合団体である労働組合」に該当し、したがって、代議員の直接無記名投票による役員選挙や同盟罷業の開始決定が可能であると解するのが妥当であろう[*19]。

(3)　労働委員会における資格審査と適合決定

第六の要件は、労働委員会における「資格審査」(労組法5条1項の規定に基づき労働委員会によって行われる、労働組合が労組法2条及び5条2項の両規定に合致するか否かの審査)(労委則22条)により、法適合組合である旨の決定(労委則25条)を受けることである。

　　ア　手続

資格審査の手続の詳細は、労委則22～27条に規定されている。労組法5条2項の適合性については、形式審査で足りると解されている[*20]。

　　イ　資格審査が行われる場合

資格審査が行われる場合は、1)労働組合が労組法に規定する手続に参与しようとする場合、具体的には、①労働委員会の労働者委員の推薦(労組19条の3第2項、19条の12第3項)、②不当労働行為の救済の申立て(労組27条1項)、③労働協約の地域的拡張適用の申立て(労組18条1項)を行おうとする場合、2)労働委員会が労働組合に不当労働行為の救済(労組27条の12第1項)を与える場合、3)労働組合が法人登記(労組11条1項)のため資格証明書の交付を求める場合、4)労働組合が労働者を代表する地方調整委員(労組19条の10第1項)の候補者を推薦するための資格

---

[*18]　シドニー・ウェッブ、ビアトリス・ウェッブ著荒畑寒村監訳『労働組合運動の歴史』日本労働協会(1973)には、イギリスの主要な労働組合において、長年にわたり女性の組合加入を認めず、その理由は男性の職域に女性を進出させないためであったことが繰り返し記述されている(同書は、日本において最初に1920(大正9)年に荒畑勝三・山川均訳『労働組合運動史』として刊行され、古典的名著として知られている文献である)。したがって、労組法の制定時点では、かかる女性に対する差別的排除を禁止する趣旨で、組合員資格に関する条文に「性別」が加えられたと解される。

[*19]　菅野・労働法(2017)792頁等は混合組合を単位労働組合と位置づけるが、疑問である。

[*20]　北海道労委(北日本倉庫港運)事件・札幌地判昭56・5・8労判372号58頁。

証明書の交付を求める場合等である(労組5条1項、労委則22条)[*21]。

資格審査は、労働組合が労組法に規定する手続に参与しようとしたり、不当労働行為の救済を求めようとする度毎に行われ、一度労組法2条及び5条2項に適合しているとの決定を受けても、また、次に手続に参与しようとしたり不当労働行為の救済を求めようとする場合は、改めて資格審査を受ける必要がある。

　　ウ　資格審査の決定の時期

労働組合が労組法2条及び5条2項の両規定に適合することは、労働委員会が不当労働行為の救済命令を発するための要件であって、不当労働行為についての審査手続に入るための要件ではないので、不当労働行為の申立てや救済命令との関係では、救済命令を発する時までに資格審査の決定がされていればよいと解され[*22]、労働委員会が労働組合の資格審査について、いわゆる「併行審査主義」をとることは違法ではない[*23]。

　　エ　資格審査における瑕疵と審査結果の誤り

また、労組法5条1項の立法趣旨は、労働委員会をして労組法2条及び5条2項の要件を欠く組合の救済申立てを拒否させることにより、間接的に、組合がこれらの要件を具備するように促進するものであるので、労組法5条1項は、労働委員会に、申立組合がこれらの要件を具備するかどうかを審査し、この要件を具備しないときはその申立てを拒否する義務を課しているが、この義務は直接国家に負う責務で、使用者に対して負う義務ではないので、使用者は、単に審査の方法ないし手続に瑕疵があること又は審査の結果に誤りがあることのみを理由として救済命令の取消を求めることはできない[*24]。

## 4　労働組合・一時的団結体・労働者の権利

(1) 憲法28条を享受する団結体

　　ア　憲法上の労働組合

「憲法上の労働組合」は、第一に、憲法28条の団結権、団体交渉権、団体行動権を享受するので、その侵害に対しては、裁判所における法的救済、すなわ

---

[*21] 労調法に定める、労働委員会による斡旋、調停、仲裁(→前記第21章「集団的労使関係法総論」5(5))を求める場合には、資格審査を受ける必要はない。
[*22] 東京労委(東京光の家)事件・東京地判昭61・2・27労判471号26頁。この判断を、東京高判昭61・6・18労判500号38頁、最二小判昭62・3・20労判500号32頁も維持。
[*23] 中労委(エスエムシー)事件・東京地判平8・3・28労判694号43頁。
[*24] 福島労委(日通会津若松支店)事件・最三小判昭32・12・24民集11巻14号2336頁/判時136号29頁、中労委(阪神観光)事件・最一小判昭62・2・26集民150号263頁/労判492号6頁。

ち、不法行為に基づく損害賠償を求めることができる[*25]。

　第二に、労組法1条2項の刑法35条(正当行為)の準用規定(刑事免責)、及び、労組法8条の損害賠償に関する規定(民事免責)は、憲法28条が団結権、団体交渉権、団体行動権を保障していることから直接発生する法的効果の確認規定と解されるので、両規定の適用を受ける。

　第三に、憲法上の労働組合は、労組法7条2号の「労働者の代表者」に含まれると解される[*26]ので、労組法7条2号違反の団体交渉拒否については、裁判所における法的救済、すなわち、不法行為に基づく損害賠償請求と当該事項につき団体交渉を求めうる地位にあることの確認を求めることができる。

　第四に、労調法の定める労働委員会による斡旋、調停、仲裁[*27]については、特にこれを求めうる者の資格は制限されていないので、これを利用することは可能である。

### イ　憲法上の保護を受ける一時的団結体

　憲法上の保護を受ける一時的団結体は、憲法上の労働組合と同様、①憲法28条の団結権、団体交渉権、団体行動権を享受し、②労組法1条2項の刑法35条(正当行為)の準用規定(刑事免責)、及び、労組法8条の規定(民事免責)の適用を受け、③労組法7条2号の「労働者の代表者」に含まれる(→前記ア)。

　しかし、社団性がないので、①の権利の侵害又は③に関し労組法7条2号違反の団交拒否について、当該一時的団結体が原告となって裁判所に法的救済を求めることはできず、また、法適合認証組合ではないので、③に関し労組法7条2号違反の団交拒否について不当労働行為の救済を受けることはできない。

　ただし、④労調法の定める労働委員会による斡旋、調停、仲裁については、特にこれを求めうる者の資格は制限されていないので、これを利用することは可能であろう。

### (2)　労組法上の労働組合

　労組法上の労働組合は、憲法上の労働組合に含まれるので、第一に、憲法上の労働組合としての権能(→前記(1))を有する。

　これに加えて、第二に、労組法上の労働組合として、労組法の定める労働協約締結権を有し(労組14条)、労働協約の期間・規範的効力・一般的拘束力(工場

---

[*25]　法人でなくても社団性があり代表者の定めがあれば、その名において訴え、又は訴えられることができる(民訴29条)。
[*26]　後記第26章「不当労働行為と法的救済」第3節第2款1。
[*27]　前記第21章「集団的労使関係法総論」5(5)。

事業場単位の労働協約の拡張適用)に関する規定の適用を受ける(労組15〜17条)[*28]。

なお、憲法上の労働組合であるが労組法上の労働組合ではない「憲法組合(自主性不備組合)」は、前記の労働協約(労組14条)締結権等は有しない[*29]。

(3) 法適合認証組合

法適合認証組合は、憲法上の労働組合であるので、第一に、憲法上の労働組合としての権能(→前記(1))を有し、労組法上の労働組合(労組2条)でもあるので第二に、労組法上の労働組合としての権能(→前記(2))も有する。

また、これに加えて、第三に、法適合認証組合(労組5条1項参照)として、その前提として法適合決定を受けた、手続への参与又は救済を受けること等が可能である。具体的には、①法人登記と法人格の取得(労組11条1項)、②労働協約の地域単位の拡張適用(地域的の一般的拘束力)の申立て(労組18条)、③労働委員会への不当労働行為の救済の申立て(労組27条1項)、④労働委員会への労働者委員の推薦(労組19条の3第2項、19条の12第3項)、⑤労働者を代表する地方調整委員(労組19条の10第1項)の候補者の推薦、⑥労働委員会による不当労働行為の救済(労組27条の12第1項)を受けることである(労組5条1項、労委則22条)[*30]。

なお、憲法上の労働組合であるが労組法上の労働組合でも法適合組合でもない「憲法組合」、労組法上の労働組合であるが法適合組合ではない「規約不備組合」、法適合組合であるが労働委員会での決定を受けていない労働組合は、前記の労組法が規定する手続への参与又は救済を受けること等はできない。

(4) 労働者

憲法28条の「勤労者」(「労組法上の労働者<労組3条>」も同じ概念である)は、言うまでもなく、憲法28条の保障する団結権・団体交渉権・団体行動権の第一次的な享受主体であり、労組法7条による法的保護を受ける。

したがって、その権利侵害(例えば組合員であることを理由とする解雇、嫌がらせ等)については、裁判所において、不法行為に該当するとして損害賠償を請求し、また、それが法律行為である場合はその無効を前提とする法的救済を求めることができる。また、労組法7条1・3・4号の不当労働行為に該当する行為を受けた場合は、労働委員会において、救済を求めることができる。

---

[*28] この他、労基法等にいう「労働組合」も労組法上の労働組合と同じと解されるので、例えば、「過半数組合」(当該事業場の労働者の過半数を組織する労働組合)は、労組法上の労働組合でなければならないと解される。

[*29] ただし、「労働協約」ではない単なる「契約」を締結することは可能である。

[*30] 労調法に定める斡旋、調停、仲裁を求める場合には、資格審査を受ける必要ない。

### (5) その他の団体

前記(1)の憲法28条を享受する団結体以外の団体は、①憲法28条の団結権、団体交渉権、団体行動権を享受せず、したがって、②労組法1条2項の刑法35条（正当行為）の準用規定（刑事免責）、及び、労組法8条の規定（民事免責）の適用を受けず、③労組法7条2号の「労働者の代表者」に含まれない[*31]。

## 第2節　労働組合の組織と運営

労働組合は、労働者が自主的に組織する団体であり、その組織運営は、原則として、組合規約と多数決原則等に基づく組合自治に委ねられている。

しかし、労働組合は労働者の利益を代表する団体であり、憲法又は労組法上の特別な権利と保護を享受し、また、労働者の権利・利益に重大な影響を与えるので、労働者・組合員の平等取扱原則、及び、組合員の組織運営への参加権保障と基本的人権保障の観点からの規制も行われる。また、労働組合の財産所有や取引処理の便宜を図り、権利義務を明確化することも重要である。

本節では、労働組合の組織と運営について、①法人である労働組合の組織・運営・管理・清算（→1）、②労働組合の設立と組織（→2）、③労働組合の機関（→3）、④組合員資格の得喪と組合員の権利義務（→4）、⑤ユニオン・ショップ（→5）、⑥労働組合の財政（→6）、⑦統制処分（→7）、⑧使用者の労働組合に対する便宜供与（→8）の順に検討する。

### 1　法人である労働組合の組織・運営・管理・清算

#### (1) 労組法における法整備

労組法は、労働組合の財産所有や取引処理の便宜を図り、権利義務を明確化するために、労働組合が法人格を取得することを可能とした上で（労組11条）、民法の社団法人の権利・義務や内部組織に関する諸規定と法人の清算に関する諸規定を準用していた（労組旧12条）。

しかし、2006（平18）年に、一般社団法人及び一般財団法人に関する法律＜一

---

[*31] 終戦間もない1945（昭20）年末に、元第一陸軍造兵廠退職従業員の一部その他の有志が結成した生活擁護同盟の委員が、財団法人共榮會十條支部所属御代臺倉庫内の大豆その他の物資を隠匿物資と推断し、これを摘発し一般大衆に公正に分配するために、約二千人の民衆とともに、前記共榮會十條支部長に対し諸物資を譲渡するよう交渉した行為は、勤労者の団体行動権の行使ではないと判示し、同委員を有罪（刑60条・223条1項）とした原判決を維持した最高裁判決として、旧東京第一陸軍造兵廠事件・最大判昭24・5・18刑集3巻6号772頁。

般法人〉(平18法48)と、公益社団法人及び公益財団法人の認定等に関する法律(平18法49)が制定され、法人の設立、組織、運営及び管理については、民法33～37条で基本事項を定める他は、それぞれの法人に関する法律によることとなった。

そこで、労組法において、法人格の取得に関する規定(労組11条)に続いて、法人である労働組合の組織、運営、管理、清算に関する規定がおかれることになった(労組12条～13条の13)。

　(2) 法人格の取得

労組法2条と5条2項の要件を充足する旨の証明を労働委員会より受けた労働組合は、事務所所在地において登記することにより法人となる(労組11条1項)。但し、登記をすることは義務付けられておらず、登記するか否かの判断は当該労働組合に委ねられている。

　(3) 法人である労働組合の組織・運営・管理

法人である労働組合は、1人又は数人の代表者を置かなければならず(労組12条1項)、代表者が数人である場合において、規約に別段の定めがないときは、法人である労働組合の事務は、代表者の過半数で決する(労組12条2項)。

代表者は、法人である労働組合のすべての事務について、法人である労働組合を代表する。ただし、規約の規定に反することはできず、また、総会の決議に従わなければならない(労組12条の2)。

法人である労働組合の管理については、代表者の代表権に加えた制限は、善意の第三者に対抗することができない(労組12条の3)。

法人である労働組合の管理については、代表者は、規約又は総会の決議によって禁止されていないときに限り、特定の行為の代理を他人に委任することができる(労組12条の4)。

法人である労働組合が代表者の債務を保証することその他代表者以外の者との間において法人である労働組合と代表者の利益が相反する事項については、代表者は代表権を有しない。この場合においては、裁判所は、利害関係人の請求により、特別代理人を選任しなければならない(労組12条の5)。

法人である労働組合は、代表者がその職務を行うについて第三者に与えた損害を賠償する責任を負う(労組12条の6、一般法人78条)。

　(4) 法人である労働組合の清算

解散した法人である労働組合は、清算の目的の範囲内において、その清算の結了に至るまではなお存続するものとみなされる(労組13条)。

法人である労働組合が解散したときは、代表者がその清算人となる。ただし、規約に別段の定めがあるとき、又は総会において代表者以外の者を選任したと

きは、その者が清算人となる(労組13条の2)。
　この他、裁判所による清算人の選任、清算人の解任、清算人及び解散の登記、清算人の職務及び権限、債権の申出の催告等、期間経過後の債権の申出、清算中の法人である労働組合について破産手続の開始、残余財産の帰属、特別代理人の選任等に関する事件の管轄、不服申立ての制限、裁判所の選任する清算人の報酬について、労組法13条の3～13条の13に規定されている。

## 2　労働組合の設立と組織

### (1)　労働組合の設立－自由設立主義

　労働組合は、労働者が自主的に設立する団体である。

　労働組合の設立は、設立に携わる労働者の合同行為であり、設立された労働組合と設立に携わった労働者は、労働組合の設立と同時あるいはその後に、組合員契約を締結し、組合規約等をその内容とする権利義務関係(詳細は後記4(1))にあると解することができよう。

　労働組合の設立については、特に規制はなく、労働者は自由に労働組合を設立することができる。行政官庁への届出や許可を受ける必要もなく、使用者の承認も必要ではない。

　また、労働組合の組織対象者の範囲(組合加入資格を有する者の範囲)等についての規制もなく、労働組合を結成する労働者は、基本的に、その利益を代表するために効果的と考える組織形態を選択することができる。

### (2)　労働組合の組織形態

#### ア　組織対象範囲による分類

　労働組合の組織形態は多様であるが、第一に、組織対象者の範囲(組合加入資格を有する者の範囲)により、①職種(職業)別労働組合、②産業別労働組合[32]、③一般労働組合、④企業別労働組合、⑤地域労働組合等に分類される(それ以外の組織形態も可能である)。

　①「職種(職業)別労働組合」は、企業の枠を越えて、同一の職種(職業)の労働者(船員、港湾荷役作業員等)を組織する横断的労働組合である[33]。

　②「産業別労働組合」は、企業の枠を越えて、同一の産業(建設業、港湾運送

---

[32]　職種(職業)別労働組合と産業別労働組合の区別は困難な場合も多いが、どちらであるかにより、労働組合の権限等が異なるわけではない。

[33]　全日本海員組合、全日本港湾労働組合(全港湾)、日本介護クラフトユニオン(NCCU)等。

業、電機産業等)に従事する労働者を組織する横断的組合である[*34]。

③「一般労働組合」は、職種、産業の如何を問わず、しかも企業の枠を越えて広く労働者を対象とする労働組合である[*35]。

④「企業別労働組合」は、特定の企業で働く労働者を職種の別なく組織対象とする労働組合である。

⑤「地域労働組合」は、中小企業に働く労働者を一定の地域において企業の枠を越えて組織対象とする労働組合である。

　　イ　構成員による分類

労働組合の組織形態は、第二に、構成員が個人か労働組合かにより、①単位組合(単位労働組合)、②連合組合、③混合組合に分類される。

①「単位組合」は、構成員が労働者個人である労働組合である。このうち、その内部にそれ自体独自の労働組合といえる下部組織を有しない労働組合を「単位組織組合」と呼び、その内部にそれ自体独自の労働組合といえる下部組織を有する労働組合を「単一組織組合」(「単一組合」)[*36]と呼んでいる。

②「連合組合」は、構成員が労働組合である労働組合である[*37]。その中には、事業所毎に結成された単位組合が企業毎に結集する「企業連」、企業連や企業単位の単位組合が産業規模毎に結集する「全国単産」[*38]、企業グループ内の企業別組合が連合する「企業グループ労組」等がある。

③「混合組合」は、構成員が労働者個人と労働組合の双方である労働組合である[*39]。

　　(3)　労働組合の協議会・全国的中央組織(ナショナルセンター)

労働組合の上部団体としては、それ自体は労働組合ではない(すなわち労組法2条本文を充足していない)産業別の協議会[*40]も組織され、全国単産が加入してい

---

[*34] 全国建設労働組合総連合(全建総連)、全国港湾労働組合連合会(全国港湾)、全日本電機・電子・情報関連産業労働組合連合会(電機連合)、日本基幹産業労働組合連合会(基幹労連)、日本音楽家ユニオン等。
[*35] 例として、全国繊維化学食品流通サービス一般労働組合(ＵＡゼンセン)。
[*36] 単一組織組合の例として、全日本港湾労働組合(全港湾)等。
[*37] 連合組合の例として、全国建設労働組合総連合(全建総連)、全国繊維化学食品流通サービス一般労働組合(ＵＡゼンセン)等。
[*38] 全国単産の例として、全日本電機・電子・情報関連産業労働組合連合会(電機連合)、日本基幹産業労働組合連合会(基幹労連)等。
[*39] 適用法が異なる労働者を組織している労働組合、例えば、地公法が適用される労働者と労組法が適用される労働者を組織対象とする組合、あるいは、地公法が適用される労働者と地公労法が適用される労働者を組織する組合も、混合組合とよばれている。
[*40] 金属産業労働組合協議会(金属労協)、全日本交通運輸産業労働組合協議会(交運労協)等がある。

る場合もある。

また、労働組合の全国的な中央組織（ナショナルセンター）として、日本労働組合総連合会（連合）、全国労働組合総連合（全労連）、全国労働組合連絡協議会（全労協）があるが、いずれも、それ自体は労働組合ではなく（すなわち労組法2条本文を充足しておらず）、労働組合の協議・連絡組織である。

図22.2　労働組合の組織形態　組合構成員による分類

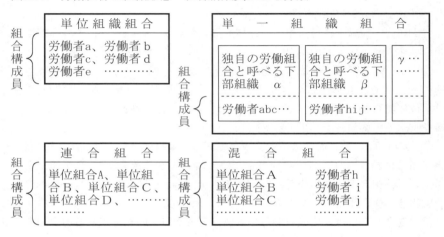

### 3　労働組合の機関

(1)　労働組合の機関の種類

労働組合の機関について、法人である労働組合には代表者をおく必要があり（労組12条1項）、法人格取得のために労組法2条及び5条2項に適合している旨の決定を労働委員会から得るには、組合規約中に「総会」についての定めが置かれている必要がある（労組5条2項6号）。

実際には、①意思決定機関（最高意思決定機関としての総会又は代議員会、中間議決機関としての代議員会、中央委員会等）、②業務執行機関（委員長、副委員長、書記長、執行役員等の執行委員会が担う場合が多い）、③代表機関（一般的には委員長）、④監査機関（監査委員、監事等）、⑤事務処理機関（書記局、職場委員等）、⑥特別機関（選挙管理委員会、苦情処理委員会等）等が置かれている。

(2)　組合に権利義務の帰属すべき行為の範囲

法人である労働組合は、法令の規定に従い、定款その他の基本約款で定めら

れた目的の範囲内において権利を有し義務を負う(民34条)。

法人格のない社団たる労働組合も同じであると解される[*41]。

(3) 組合の業務執行と代表行為

前記1(3)のように、法人である労働組合においては、組合の代表者が数人である場合その事務は代表者の過半数で決し(労組12条2項本文)、組合の代表者は組合の全ての事務について組合を代表する(労組12条の2)。ただし、規約の定めや総会の決議に反することはできない(労組12条の2但書)。

法人である労働組合の管理において、代表者の代表権に加えた制限は、善意の第三者に対抗することはできない(労組12条の3)[*42]。

(4) 労働組合の不法行為責任

執行委員会や執行委員の不法行為による責任は、理事の不法行為による一般社団法人の責任の規定(労組12条の6が準用する一般社団法人及び一般財団法人に関する法律78条)によって処理され、その他の組合役員や組合員の不法行為による責任は、被用者の不法行為による使用者責任の規定(民715条)により処理される。

(5) 組合機関の労働組合に対する責任

組合機関を構成する者がその任務遂行にあたり、組合規約、上級機関の指令、任務の本旨に反した行為をした場合は、その者の労働組合に対する責任(対内的責任)が生じる。

この違反については、組合規約に基づく統制処分(→7)も行われうるが、組合財産に損害を与えた場合は、当該者が損害賠償責任を負う場合もある[*43]。

(6) 組合規約違反の会議運営に基づく決議の効力

組合規約上定められた議事進行手続又は議決方法に違反してなされた決議は、原則として無効である。

しかし、規約所定以外の採決方法でなされた決議も、①あらかじめ決議参加者全員がその採決方法によることを同意していたと認められるとき、又は、②客観的にみてその採決方法によらざるをえないと認めるに足りるだけの特段の事

---

[*41] 菅野・労働法(2017)803頁。
[*42] 同条は、法人格のない労働組合にも準用されると解されるところ、同条にいう「管理」には労働協約は含まれないと解すべきであり、労働組合の代表者が労働協約の締結に際し組合規約所定の手続を履践しなかった場合、善意の使用者は労働協約が有効であることを主張できないと解すべきである(後記第25章「労働協約」第2節1(1)ウ)。
[*43] 損害賠償責任を肯定した事案として、国労南近畿地本天王寺分会事件・東京高判昭42・3・20労民18巻2号189頁/労判42号13頁、全逓東京逓信病院支部事件・東京地判平2・3・27労判559号7頁等。

(7) 組合規約所定の大会を執行委員会が招集しない場合

　組合規約に定められた大会を執行委員会が招集しない場合、組合員は執行委員長に対して組合大会の招集手続を求めることができる[*45]。

## 4　組合員資格の得喪と組合員の権利義務

　　　(1) 加入

　労働者は、労働組合に「加入」することにより、構成員(組合員)としての資格を取得する。

　労働者の労働組合への「加入」は、労働者と労働組合との間の申込みと承諾からなる契約の締結と位置づけられる[*46]。この契約を「組合員契約」と呼ぶこともできよう。

　労働組合に加入するかどうか(組合員契約を締結するかどうか)は、労働者の自由である。加入の手続についても、法令上の規制はない。

　問題は、労働組合が加入資格を制限し、労働者の加入申込みに対して承諾しない(加入を拒否する)ことが適法かどうかである。労働組合は、労働者が主体となって自主的に労働者の雇用・労働条件の維持改善その他経済的地位の向上を図ることを主たる目的として組織する団体である。それゆえ、具体的状況において、組織対象の範囲をどのようにし、組合加入資格をどのように設定すれば、その目的を効果的に達成することができるかは、労働組合が判断し、組合自治に委ねられるのが原則である。

　しかし、労働組合は、他の私的団体とは異なり、労働者の利益を代表する団体として、憲法上又は労組法上の特別の権利を享受し保護を受ける団体であるから、労働組合が組合加入資格あるいは組合加入の可否を決定するにあたり、憲法14条の定める平等取扱原則を尊重することは、民法90条の公序あるいは民法1条2項の信義則上の義務であると解される。

　したがって、労働組合が、職種、産業、企業、雇用形態等、労働者の利害関

---

[*44] 名古屋ダイハツ労組事件・最一小判昭49・9・30集民112号819頁／労判218号44頁(同事案においては、例外の要件を充足せず、決議は無効)。

[*45] 一部の組合員の執行委員長に対する大会招集手続を求める仮処分申請を認容した裁判例として、全金光洋シカゴローハイド事件・徳島地決昭58・10・11労民34巻5=6号868頁。

[*46] 全ダイエー労組事件・横浜地判平元・9・26労判557号73頁。労働組合を結成した労働者についても、労働組合の結成自体は合同行為であるが、労働組合結成後、労働組合との間で組合員契約を締結したと解することができる。

係の違いを基準として、加入資格を特定の職種、産業、企業、雇用形態、地位・職位、資格の労働者に限定することは、組合自治の領域に属する[*47]。しかし、労組法5条2項4号の定める労働者の人種、宗教、性別、門地又は身分を基準として組合加入資格を限定し、あるいは、組合加入を拒否することは、憲法28条の団結権保障の趣旨に照らし正当な理由のある場合[*48]を除き、公序あるいは信義則に反し、違法と解すべきである。

また、組合加入資格があり所定の手続を経て加入を申し込んでいる労働者の加入を拒否することは、正当な理由[*49]がある場合を除き、当該労働者の団結権を侵害するものであり違法と解すべきである。

違法な加入拒否を受けた労働者の救済について、現行法上、組合員たる資格の地位確認はできないであろうが、加入拒否が不法行為に該当するとして損害賠償を請求することは可能である。また、労働組合が正当な理由なく加入を拒否した労働者に対してはユニオン・ショップ協定(→後記5)は適用されず、同協定に基づく解雇は少なくとも解雇権濫用で無効である[*50]。

(2) 二重加入

労働者が同時に複数の労働組合に加入することを「二重加入」という。

特に法令上の制限はないので、関係労働組合の組合規約に抵触しない限り、二重加入は可能である。

これに対して、労働組合が、組合員に対する統制権の一元化や情報の漏洩等の防止その他の理由で、組合規約において他の労働組合への同時加入を禁止する場合もあるが、当該規定は、特段の事情がない限り組合自治の範囲内であり、適法であると解される。

したがって、労働者が、組合規約に反して二重加入した場合、例えば、A労働組合に加入している労働者が二重加入を禁止するA組合規約に反してB労働組合に加入した場合、A労働組合は、組合規約に基づいて当該労働者との組合員契約を解約し、あるいは、統制処分として解約(除名)することができる[*51]。

---

[*47] これを理由に副主事以上の者を組合員の除外資格とする労働協約を適法と判断した裁判例として、全ダイエー労組事件・横浜地判平元・9・26労判557号73頁。

[*48] 前記第1節3(2)イで述べたように、女性労働者が、女性差別の是正を特に重要な運動方針として「女性ユニオン」を設立し加入資格を女性に限定することは、労組法5条2項4号違反ではなく、公序違反でもなく適法であろう(西谷・労組法(2012)91頁)。

[*49] 例えば、近い過去に除名された者等。

[*50] 東邦亜鉛事件・東京地判昭31・5・9労民7巻3号462頁/判時82号20頁。

[*51] 西谷・労組法(2012)92頁は、複数組合が組織的な競合関係にない場合は、二重加入について労働組合は組合員の責任を追及しえないとするが、組合規約での二重加入禁止は組合自治の範囲内であり、少なくとも違反者との組合員契約を解約できる。

また、例えば、甲労働組合に加入している労働者が、二重加入を組合規約により禁止している乙労働組合に加入しようとした場合、乙労働組合は当該労働者の加入を拒否することができる。

(3) 組合員の権利と義務

労働組合と組合員との権利義務関係の主な法源は、法令と組合規約である。

組合規約は、それに従うという労働組合と労働者の合意がある場合はもちろんのこと、そのような合意がなくても、労働者の労働組合への加入(組合員契約の締結)により、労働組合と労働者の契約(権利義務関係)の内容となると解される[*52]。また、労働組合は、法人格がない場合であっても、社団性があるので、権利義務関係の当事者となりうる。

労働組合の組合員は、法適合組合の組合員である場合は、組合規約に基づき、少なくとも、①労働組合の全ての問題に参与する権利、②均等の取扱を受ける権利、③人種・宗教・性別・門地・身分により組合員資格を剥奪されない権利、④組合役員の選出又は選出する代議員についての直接無記名投票権、⑤少なくとも毎年一回の総会への出席権、⑥会計監査報告を受ける権利、⑦同盟罷業開始の決定又は決定する代議員についての直接無記名投票権、⑧規約改正の決定又は決定する代議員についての直接無記名投票権を有し(労組5条2項3号〜9号)、その他、組合規約記載の権利を有する。

また、法適合組合の組合員でなくても、当該組合の組合規約に上記①〜⑧の規定があればその権利を有する。

問題は、組合規約に上記①〜⑧のような均等取扱いや組合運営への参加権に関する規定がない場合であるが、組合員が労働組合において均等の取扱を受ける権利や組合運営に参加する権利は、労働者の団結権の一部であると位置づけられる。また、労働組合は、他の私的団体とは異なり、労働者の利益を代表し、憲法上又は労組法上の特別の権利を享受し保護を受ける団体である。したがって、労働組合が、組合員を均等に取扱い、また、組合員の組合運営への参加権を保障し、組合を民主的に運営することは、民法90条の公序であるとともに、民法1条2項の信義則上の義務であると解される。したがって、組合員は、上記①〜⑧のような均等取扱いを受ける権利及び組合運営への参加権を有する。

また、労働者は、組合規約に基づき、組合費納付義務、労働組合の決議・指令に従う義務その他労働組合の統制に服する義務、綱領・組合規約の遵守義務

---

[*52] 前記第5章「権利義務関係の決定システムと法源」第2節第4款2。

等を負う*53。また、組合規約に特に規定がなくとも、民法1条2項の信義則上、組合の活動を妨害するような行為を避止する義務等も負うと解される。

(4) 組合役員等の被選挙権

組合役員等の被選挙権の要件を組合規約又は別規定（選挙規定等）で設定する場合、一定期間の組合員資格の保持、組合大会への出席率、より下位の役員の経験、合理的な数の組合員の推薦等を要件とすることは、組合員の組合運営への参加権と平等な被選挙権（労働者の団結権の一部と位置づけられる）を合理的な理由なく制限するものとは言えず、有効であろう*54。

しかし、推薦の基準や不服申立手続を設定せずに一定の機関（中央委員会や職場委員会等）による推薦を要件とすること、あるいは、全支部の一定数以上の組合員の推薦といった著しく困難なものを要件とすること等は、当該規定の合理性と必要性が具体的に主張・立証されない限り、組合員の組合運営への参加権と平等な被選挙権の合理的な理由のない制限である。したがって、当該規定は、民法90条の公序又は民法1条2項の信義則に違反し*55、無効と解すべきであろう。

被選挙権を有し組合役員に立候補した組合員は、労働組合に対し、自己を立候補者として取り扱うよう請求し、裁判所において立候補者たる地位を仮に定める仮処分を求めることができ*56、また、無効な選挙規定に基づく役員選挙の差止めを求めることができる*57。

(5) 脱退

労働者は、労働組合を「脱退」することにより、組合員資格を喪失する。

---

*53 国労広島地本〈組合上告〉事件・最三小判昭50・11・28民集29巻10号1698頁/労判240号22頁①事件は、「労働組合の組合員は、組合の構成員として留まる限り、組合が正規の手続に従って決定した活動に参加し、また、組合の活動を妨害するような行為を避止する義務を負うとともに、右活動の経済的基礎をなる組合費を納入する義務を負う」と判示し、これらの義務を「協力義務」と呼んでいる。
*54 結論同旨・菅野・労働法(2017)808頁。
*55 組合規約に組合員の均等取扱を受ける権利が規定されている場合（少なくとも法適合組合であれば労組法5条2項3号に基づき規定されているはずである）は、組合規約違反で無効とも言える。
*56 選挙管理委員会が、被選挙権につき選挙規則制定権限の範囲を超える要件（支部組合員の大方の同意を基にした支部の推薦と地域の同意を得た者）を付加し、これを充足していないことを理由に立候補届出の受理を拒否した事案で、当該組合員の立候補者たる地位仮保全処分申請を認容した決定として、雪印乳業労働組合事件・東京地決昭61・8・7労判481号46頁。
*57 各支部10人以上の組合員の推薦（組合三役等）と中央委員会の推薦（専従派遣役員）を立候補の要件とする選挙規定を無効と判断し、当該選挙規定に基づく組合役員選挙の差止請求を認容した事案として、ダイハツ労組事件・大阪地決昭56・7・9判タ450号136頁。

労働者の労働組合からの「脱退」は、労働者からの労働組合との「組合員契約」の解約であり、労働者による形成権の行使と位置づけられる。
　組合員契約は、一般に期間の定めのないものとして締結されるので、期間の定めのない契約の一般原則に基づき、労働者は解約権(脱退の自由)を有する。
　また、労働組合は労働者の自発的結合に基づく団結体であるから、組合員契約においては、信義則上、労働者の解約権が留保されている[58]。
　それでは、組合規約に労働者の脱退(解約権の行使)を制限する規定(脱退には執行委員会の承認を要する等)がある場合、これにより労働者の脱退は制限されるであろうか。
　労働者の組合員契約の解約権は、新たに労働組合を結成し又は他の労働組合に加入する前提であり、労働者の団結権の重要な内容である、「労働組合選択の自由」の一部である。したがって、労働組合による除名処分審査中の解約[59]や、争議行為中の解約等、信義則違反(民1条2項)又は権利濫用(民1条3項)に該当しうる解約の制限を除いては、労働者の解約権の行使を実質的に制限する組合規約は、労働者の団結権(労働組合選択権)を侵害するという点から公序に反し無効であり[60]、労働者は解約権を行使することができる[61]。
　また、労働者は、労働組合に加入し組合員である間は、労働組合の統制に服し組合費納付義務等を負うものであり、組合員契約は基本的には労働者の自発的意思に基づき継続されるものである。したがって、信義則違反(民1条2項)又は権利濫用(民1条3項)に該当しうる解約の制限を除いては、労働者の解約権の行使を実質的に制限する組合規約は、民法1条2項の信義則違反でもあり、無効

---

[58] 西谷・労組法(2012)は、憲法28条の保障する団結権に消極的団結自由(団結しない自由)が保障されていると解する場合にのみ脱退の自由を根拠づけうると述べるが、脱退の自由(解約権)は、契約法の一般原則と信義則により根拠付けられる。したがって、団結権の中に団結しない自由が含まれていると解する必要はない。

[59] 除名処分と脱退とでは、闘争積立金の返還の有無等、労働者の経済的利益が異なるので、除名される前に労働者が脱退する場合がある。懲戒解雇のときは退職金が支払われない場合、懲戒解雇される前に労働者が辞職した場合の辞職の効力と退職金請求権の有無が問題となるのと同様の問題である。

[60] 積極的団結権を脱退の自由の根拠とするものとして、日本鋼管鶴見製作所事件・東京高判昭61・12・17労判487号20頁(同事件・最一小判平元・12・21集民158号659頁/労判553号6頁もこの判断を支持)。

[61] ただし、労働者が解約権を行使し脱退した後、労働組合選択権を行使しない場合(別組合を結成せず、別組合に加入もしない場合)、脱退した労働組合が当該労働者と労働契約を締結している使用者とユニオン・ショップ協定(→後記5)を締結している場合は、その適用を受け解雇される可能性がある。

と解すべきである*62。

　ただし、解約に関する手続的規制（要式行為、予告の必要性）や効力の発生時期に関する規定は、解約権の行使を不当に制限しない合理的な規制であれば有効である*63。

　また、労働者の解約権の行使は、信義則違反（民1条2項）又は権利濫用（民1条3項）であってはならず、組合規約に定めがなくても、これに該当する場合（先に述べたように、労働組合による除名処分審査中の解約や、争議行為中の解約等が該当しうる）は、解約権の行使は無効であり、解約（脱退）の効力は生じない*64。

### (6) 脱退の間接的制限

　後記5で検討するユニオン・ショップ協定は、労働者の脱退の自由を間接的に制限する機能を有するが、一定の範囲で有効と解される。

　また、例えば、脱退した組合員には闘争資金積立金を直ちには支払わない旨の組合規約は、脱退の自由に対する間接的な制限とはなりうるが、団結の維持等のために合理性があり、公序違反とはいえないであろう*65。

### (7) 除籍

　「除籍」とは、労働組合からの組合員契約の解約であって、「除名」のような統制処分としての性質を持たないものをいう。

　先に述べたように、組合員契約は一般に期間を定めずに締結されるので、労働組合も、期間の定めのない契約の一般原則に基づき解約権を有する。

　しかし、除籍が組合員に大きな不利益をもたらすものであることに鑑み、労働組合の解約権の行使は、組合規約違反、又は、信義則違反（民1条2項）若しくは権利濫用（民1条3項）であってはならず、これらに該当する場合は当該解約（除

---

*62　組合規約ではないが、所属労働組合から脱退する権利を行使しないことを労働者に義務づける使用者と労働者の合意について、脱退の自由という重要な権利を奪い、組合の統制への永続的な服従を強いるもので公序に反し無効であると判断した判例として、東芝労働組合小向支部・東芝事件・最二小判平19・2・2民集61巻1号86頁/労判933号5頁。

*63　日本鋼管鶴見製作所事件・東京高判昭61・12・17労判487号20頁。脱退の意思表示は中央執行委員会がその意思を確認したときに効力を生ずる旨の組合規約は違法ではないとした裁判例として、全逓神戸港支部事件・神戸地判昭63・12・23労判547号74頁。ただし、脱退の意思表示は書面によるとの組合規約は有効であるとしても、労働者が別組合を結成・通知する等、脱退意思が明確に看取されるときは脱退の効力は肯定されよう（エッソ石油事件・大阪地判平元・10・19労判551号31頁）。

*64　脱退が組合の団結を乱し使用者に利益を与える目的のもとでなされたものであり、権利の濫用で無効とした決定例として、全金協和精工支部事件・大阪地決昭55・6・21判時982号148頁/判タ427号112頁。

*65　脱退した労働者の組合に対する闘争資金積立金返還請求を認容しなかった裁判例として、神奈川都市交通労組事件・東京高判平12・11・30判時1735号140頁。

籍）は無効である。具体的には、除籍には、「正当な理由」、すなわち、客観的に合理的な理由と社会通念上の相当性が必要であると解すべきであろう。

除籍は、組合費不払を理由とする場合が多いが、組合費の不払は労働者の債務不履行であり、解約の正当な理由となりうる[*66]。

(8) 除名・資格停止

労働組合の労働者に対する統制処分として、「除名」又は「資格停止」が行われることがある。この統制処分が有効であれば、労働者は組合員としての資格を喪失し、あるいは、組合員資格が停止されることになる。

これらの統制処分の効力については、後記7「統制処分」で検討する。

## 5　ユニオン・ショップ

(1)　「組織強制」とユニオン・ショップ

「組織強制」とは、労働組合がその組織拡大のため、当該組合の組合員であることを労働契約締結の条件とすること等により組合員の地位の取得や維持を強制する労働協約上の制度である。

組織強制の形態としては、①クローズド・ショップ、②ユニオン・ショップ、③エイジェンシー・ショップ、④プレファレンシャル・ショップ等がある。

①「クローズド・ショップ」は、使用者が、労働組合に対して、当該労働組合の組合員とのみ労働契約を締結し、自己と労働契約を締結している労働者が当該労働組合の組合員でなくなったときは当該労働者を解雇する義務を負う制度である。

②「ユニオン・ショップ」は、使用者が、労働組合に対し、自己が労働契約を締結している労働者のうち、当該労働組合に加入しない者又は当該組合員ではなくなった者を解雇する義務を負う制度である。

③「エイジェンシー・ショップ」は、使用者が、労働組合に対して、自己と労働契約を締結している労働者が、当該労働組合に加入しないか、当該労働組合の組合員でなくなったときは、当該労働者が組合費と同額の金員を当該労働

---

[*66] 組合費不払を理由とする除籍（脱退扱い）の効力を肯定した裁判例として、全日自労建設農林一般労組事件・東京地判平5・5・10労判634号49頁。これに対し、組合費を2か月以上滞納したときは除籍されるという組合規約の定めは、従来2か月以上滞納しても除籍された者がいないことを理由に、2か月の組合費滞納により当然に除籍の効力を発生させるものではないとした決定例として、関西職別労供労働組合事件・大阪地決平10・8・17労判745号13頁。他にも組合費を滞納していた組合員がいたのに当該労働者のみを組合費滞納を理由に除籍したことを違法とした裁判例として、関西職別労供労働組合（除籍）事件・大阪地判平12・5・31労判811号75頁。

組合に支払う場合を除き、当該労働者を解雇する義務を負う制度である。

④「プレファレンシャル・ショップ」は、使用者が、当該労働組合の組合員を労働条件その他の待遇につき優遇する制度である。

日本において最も普及しているのは、ユニオン・ショップであるので、以下、それに関する問題を検討する。

(2) 「ユニオン・ショップ協定」の定義と論点

「ユニオン・ショップ」は、具体的には、使用者と労働組合が、「使用者が、労働組合に対し、自己が労働契約を締結している労働者のうち当該労働組合に加入しない者又は当該組合員ではなくなった者を解雇する義務を負う」という内容の労働協約を締結し、使用者が労働協約上労働組合に対して、当該解雇義務を負う制度である。

この「使用者が、労働組合に対し、自己が労働契約を締結している労働者のうち当該労働組合に加入しない者又は当該組合員ではなくなった者を解雇する義務を負う」という内容の労働協約を、「ユニオン・ショップ協定」と呼ぶ。この「ユニオン・ショップ協定」は、労働協約締結当事者である使用者と労働組合との権利義務関係のみを設定する労働協約であるから、債務的部分[*67]に属する労働協約である。

ユニオン・ショップ協定については、①ユニオン・ショップ協定を締結しうる労働組合、②ユニオン・ショップ協定の効力、③ユニオン・ショップ協定に基づく解雇の効力が問題となる(→(3)～(8))。

(3) ユニオン・ショップ協定を締結しうる労働組合

ユニオン・ショップは、ユニオン・ショップ協定を締結している労働組合の組織拡大に資するものであるが、使用者がその意のままにできる、いわゆる御用組合を一部の労働者に結成させてユニオン・ショップ協定を締結し、御用組合を拡大する危険性も含まれている。したがって、その危険を防ぐためには、ユニオン・ショップ協定を締結しうる労働組合は、一定の労働者を組織し代表性を有するものでなければならない。

労組法7条1号但書は、「労働組合が特定の工場事業場に雇用される労働者の過半数を代表する場合において、その労働者がその労働組合の組合員であることを雇用条件とする労働協約を締結すること」は労組法7条1号の禁止している不当労働行為ではないと定めている。すなわち、「特定の工場事業場に雇用される労働者の過半数を代表している労働組合」は、既に過半数の労働者を代表

---

*67 後記第25章「労働協約」第3節1(2)。

し一定の代表性を有しているから、使用者が当該労働組合とユニオン・ショップ協定を締結することは不当労働行為には該当せずこれを禁止しないが、使用者が「特定の工場事業場に雇用される労働者の過半数を代表していない労働組合」とユニオン・ショップ協定を締結することは不当労働行為に該当し、これを禁止していると解される。

したがって、ユニオン・ショップ協定を締結しうる労働組合は、「特定の工場事業場に雇用される労働者の過半数を代表している労働組合（労組法上の労働組合）」である。

「特定の工場事業場」の範囲は、ユニオン・ショップ協定締結当事者が自由に選択できるので、一つの事業場でも、全ての事業場でも、複数の事業場でも可能である。

　(4) ユニオン・ショップ協定の効力

ユニオン・ショップ協定は、労働者がユニオン・ショップ協定締結組合の組合員たる資格を取得せず又はこれを失った場合に使用者をして当該労働者を解雇させることにより、労働者に対しユニオン・ショップ協定締結組合への加入と組合員資格の維持を間接的に強制するものである。

したがって、ユニオン・ショップ協定締結組合の団結を強化し、その組織の拡大に資するものであるが、1) 労働者の、①組合に加入しない自由、②組合選択の自由、③雇用保障と抵触し、また、2) 他の労働組合の団結権とも抵触しうるものであるから、ユニオン・ショップ協定の効力をどのように解するかが問題となる。

　ア　憲法28条の「団結権」の内容

この点について、まず前提として、憲法28条の保障する団結権の内容を確認する必要がある。

第一に、団結権は、「労働者」個人の団結権のみならず、「労働組合」の団結権（労働者を組織する権利を含む）の双方を含むものである。

第二に、団結権は、全ての労働者に平等に保障されるとともに、全ての労働組合に平等に保障されるものである。

第三に、労働者個人の団結権として憲法28条が保障しているのは、「積極的団結権」、すなわち、①労働組合を結成する権利、②労働組合に加入する権利、③労働組合を選択する権利（組合選択の自由）のみであって、「消極的団結権（団結しない自由）」は憲法28条の保障する団結権には含まれない。けだし、労働者の経済的地位の向上につながるのは、「積極的団結権」の行使であって、「団結しない自由」ではなく（団結しなければ労働者の経済的地位は向上しない）、憲法に

より結社の自由等とは別に特別に保障する価値があるのは、「積極的団結権」のみであるからである。

　　イ　ユニオン・ショップ協定の効力の範囲
　以上の憲法28条の保障する団結権の内容に鑑みるならば、ユニオン・ショップ協定は、労働者個人の組合選択の自由、及び、ユニオン・ショップ協定を締結している労働組合以外の労働組合の団結権を侵害することはできず、かかる侵害が生じない限りで効力を有する。
　具体的には、第一に、ユニオン・ショップ協定締結組合に加入しない労働者又は組合員資格を失った労働者が、別の労働組合を結成したり別の労働組合に加入したりせず、未組織労働者である場合、団結しない自由は憲法28条の保障する団結権に含まれないから、当該労働者を対象として使用者の解雇義務を定める規定は、憲法28条(及び民法90条)に違反せず、有効である。
　それに対して、第二に、ユニオン・ショップ協定締結組合に加入しない労働者又は組合員資格を失った労働者が、別組合に既に加入しているか、又は、組合員資格喪失後、別の労働組合を結成するか若しくは別の労働組合に加入した場合、当該労働者を対象として解雇義務を定める規定は、憲法28条の定める団結権(労働者の組合選択の自由及びユニオン・ショップ協定締結組合以外の労働組合の団結権)を侵害し、民法90条の公序違反で無効である。
　最高裁判決[68]も、「労働者には、自らの団結権を行使するため労働組合を選択する自由があり、また、ユニオン・ショップ協定を締結している労働組合(以下「締結組合」という。)の団結権と同様、同協定を締結していない他の労働組合の団結権も等しく尊重されるべきであるから、ユニオン・ショップ協定によって、労働者に対し、解雇の威嚇の下に特定の労働組合への加入を強制することは、それが労働者の組合選択の自由及び他の労働組合の団結権を侵害する場合には許されないものというべきである。したがって、ユニオン・ショップ協定のうち、締結組合以外の他の労働組合に加入している者及び締結組合から脱退し又は除名されたが、他の労働組合に加入し又は新たな労働組合を結成した者について使用者の解雇義務を定める部分は、民法90条の規定により、これを無効と解すべきである(憲法28条参照)」と判示しており、支持しうる。

---

[68]　三井倉庫港運事件・最一小判平元・12・14民集43巻12号2051頁/労判552号6頁、日本鋼管鶴見製作所事件・最一小判平元・12・21集民158号659頁/労判553号6頁。大阪白急タクシー事件・大阪地判昭56・2・16労判360号56頁等も同旨であり、本四海峡バス事件・神戸地判平13・10・1労判820号41頁も同判例を引用している。

ウ　ユニオン・ショップ協定の有効期間

　ユニオン・ショップ協定は、協定締結組合が「特定の工場事業場に雇用される労働者の過半数を代表している労働組合（労組法上の労働組合）」という要件を充足している限りにおいて効力を有すると解されるから、例えば組合員の大量脱退によりこの要件を充足しなくなった場合は、その時点で効力を失う。

　　(5)　ユニオン・ショップ協定に基づく解雇の効力

　使用者が、ユニオン・ショップ協定締結組合に加入しない労働者又は組合員資格を失った労働者を、ユニオン・ショップ協定に基づき解雇した場合、第一に、当該労働者がどの労働組合にも所属しておらず未組織労働者であるときは、ユニオン・ショップ協定の中の未組織労働者を解雇の対象者とする部分は有効であるから、ユニオン・ショップ協定に基づく労働組合に対する使用者の解雇義務が発生しており、解雇の客観的に合理的な理由と社会通念上の相当性を是認することができる。したがって、解雇が有効となる他の要件[*69]を充足していれば、当該解雇は有効である（当然に解雇が有効となるわけではない）。

　これに対して、第二に、当該労働者が、別組合に既に加入しているか、又は、組合員資格喪失後、別の労働組合を結成するか若しくは別の労働組合に加入したときは、ユニオン・ショップ協定の中の別組合員を解雇の対象者とする部分は無効であるので、ユニオン・ショップ協定に基づく解雇義務が発生していないにもかかわらず行われた解雇である。したがって、他に解雇の客観的に合理的な理由と社会通念上の相当性がない限り、少なくとも、期間の定めのない労働契約であれば信義則違反（労契3条4項）、解雇権濫用であり（労契16条）、期間の定めのある労働契約であれば「やむを得ない事由」（労契17条1項）がなく信義則違反（労契3条4項）、解雇権濫用でもあり（労契16条）、当該解雇は無効である[*70]。また、当該解雇は、労働者の雇用を保持する利益・名誉、団結権（組合選択の自由）を侵害する不法行為に該当しうるもので、損害賠償（慰謝料）を請求しうる[*71]。

---

　*69　解雇が有効となる要件については、前記第18章「労働契約の終了」第2節・第3節第1款。例えば、就業規則作成義務のある事業場においてはユニオン・ショップ協定締結組合の組合員でも別組合員でもないことが解雇事由として記載されていなければ解雇は無効であり、思想信条等差別的取扱禁止事由に該当する解雇も無効である。

　*70　三井倉庫港運事件・最一小判平元・12・14民集43巻12号2051頁／労判552号6頁、日本鋼管鶴見製作所事件・最一小判平元・12・21集民158号659頁／労判553号6頁、本四海峡バス事件・神戸地判平13・10・1労判820号41頁も、この場合、ユニオン・ショップ協定に基づく解雇は無効としている。

　*71　本四海峡バス事件・神戸地判平13・10・1労判820号41頁。

図22.3 ユニオン・ショップ

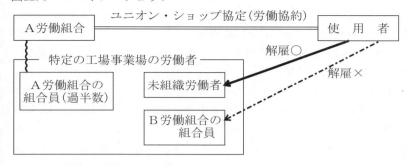

(6) 除名が無効である場合のユ・シ協定に基づく解雇の効力

それでは、ユニオン・ショップ協定締結組合を除名され、どの労働組合にも所属していない労働者を使用者がユニオン・ショップ協定に基づき解雇したところ、当該除名が無効と判断された場合、当該解雇は有効であろうか。

当該除名が無効であれば、当該労働者はユニオン・ショップ協定締結組合の組合員資格を有しているところ、ユニオン・ショップ協定は、協定締結組合の組合員資格を有していない労働者に対する使用者の解雇義務を発生させるものであり、当該労働者に対する使用者の解雇義務は発生していない。

したがって、当該解雇は、ユニオン・ショップ協定に基づく解雇義務が発生していないにもかかわらず行われた解雇であり、他に解雇の客観的に合理的な理由と社会通念上の相当性がない限り、少なくとも、期間の定めのない労働契約であれば信義則違反（労契3条4項）、解雇権濫用で（労契16条）、期間の定めのある労働契約であれば「やむを得ない事由」（労契17条1項）がなく信義則違反（労契3条4項）、解雇権濫用（労契16条）で、無効である[*72]。そして、使用者は除名が

---

[*72] 日本食塩製造事件・最二小判昭50・4・25民集29巻4号456頁／労判227号32頁（「ユニオン・ショップ協定に基づき使用者が労働組合に対し解雇義務を負うのは、当該労働者が正当な理由がないのに労働組合に加入しないために組合員たる資格を取得せず又は労働組合から有効に脱退し若しくは除名されて組合員たる資格を喪失した場合に限定され、除名が無効な場合には、使用者は解雇義務を負わない」ところ、「労働組合から除名された労働者に対しユニオン・ショップ協定に基づく労働組合に対する義務の履行として使用者が行う解雇は、ユニオン・ショップ協定によって使用者に解雇義務が発生している場合にかぎり、客観的に合理的な理由があり社会通念上相当なものとして是認することができるのであり、右除名が無効な場合には、前記のように使用者に解雇義務が生じないから、かかる場合には、客観的に合理的な理由を欠き社会的に相当なものとして是認することはできず、他に解雇の合理性を裏付ける特段の事由がないかぎり、解雇権の濫用として無効である」と判示）。労契法制定前の事案であるので、当時の解雇権濫用の根拠規定は民法1条3項である。

無効である場合に被る不利益も含めて協定を締結したのであるから、当該解雇と就労拒否は信義則上故意又は過失と同視できる事由に基づくもので、民法536条2項により解雇期間中の賃金支払義務を負う[*73]。

また、使用者が除名処分が無効であることを認識し、あるいは十分に認識しえたのにそれを看過して解雇を行ったときは、当該解雇は不法行為である[*74]。

(7) 組合加入資格のない労働者に対する解雇の効力

ユニオン・ショップ協定締結組合に加入する資格のない労働者は、当該組合に加入しないことに正当な理由があり（加入したくても加入できない）、また、使用者による解雇義務の対象としても組織強化にはつながらず協約締結組合の団結権擁護に資するものではない。したがって、使用者による解雇義務の対象とはならず、仮に解雇義務の対象としても当該ユニオン・ショップ協定の規定は公序（民90条）違反で無効であり、解雇義務は発生しない。それゆえ、当該労働者に対する解雇は、少なくとも、期間の定めのない労働契約であれば信義則違反（労契3条4項）、解雇権濫用（労契16条）であり、期間の定めのある労働契約であれば「やむを得ない事由」（労契17条1項）がなく信義則違反（労契3条4項）、解雇権濫用でもあり（労契16条）、無効である。

(8) 組合加入を拒否された労働者に対する解雇の効力

ユニオン・ショップ協定締結組合に加入する資格があり加入を申し込んだのに合理的な理由なく加入を拒否された労働者については、協約締結組合がユニオン・ショップ協定により担保される団結権を自ら放棄するものといえよう。したがって、使用者による解雇義務の対象とする必要性がなく、仮に解雇義務の対象としても当該ユニオン・ショップ協定の規定は、ユニオン・ショップ協定による解雇の目的（当該協約締結組合の団結の強化）の範囲を逸脱しているから公序（民90条）違反で無効であり、解雇義務は発生しない。それゆえ、当該労働者に対する解雇は、少なくとも、期間の定めのない労働契約であれば信義則違反（労契3条4項）、解雇権濫用（労契16条）であり[*75]、期間の定めのある労働契約であれば「やむを得ない事由」（労契17条1項）がなく信義則違反（労契3条4項）、解

---

[*73] 山梨貸切自動車事件・甲府地判昭55・2・27労民31巻1号252頁/労判347号53頁、同事件・東京高判昭56・1・29労民32巻3=4号363頁/判タ442号142頁。

[*74] 東海カーボン事件・福岡地小倉支判昭52・6・23労民28巻3号196頁/労判284号、同事件・福岡高判昭55・12・16労民31巻6号1265頁/労判355号34頁（労働者の賃金支払請求に加え慰謝料請求を認容）。

[*75] 正当な理由なく加入を拒否された労働者に対するユニオン・ショップ協定に基づく解雇を権利濫用で無効とした裁判例として、東邦亜鉛事件・東京地判昭31・5・9労民7巻3号462頁/判時82号20頁。

雇権濫用でもあり(労契16条)、無効である。

## 6 労働組合の財政
### (1) 組合費納付義務

労働組合の組合員は、労働組合の財政を支えるために、組合規約の定める基準と手続に従って組合費を納付する義務を負う。また、組合規約に定めがあれば、労働組合は、所定の手続を経て、通常の組合費の他に臨時組合費の徴収を決定し、組合員にその納付を義務づけることも可能である。

しかし、労働組合は、組合規約があり所定の手続を経ていれば、いかなる目的のためでも組合費納付を組合員に義務づけることができるのであろうか。特に、他の労働組合への支援資金、政治活動や社会活動を目的とする場合は、組合費納付を義務づけることができるかどうかが問題となる。

この点につき、組合規約があり所定の手続を経ていても、当該組合費徴収の決定・支払請求が公序(民90条)に反する場合、又は、信義則違反(民1条2項)若しくは権利濫用(民1条3項)に該当する場合は、労働組合は組合費請求権を有するものではなく、組合員は当該組合費支払義務を負わないと解すべきである。

### (2) 組合費納付義務の有無の一般的判断基準

組合費納付義務の有無について、最高裁判決[76]は、①組合員の協力義務(組合費納付義務を含む)は、労働組合の目的達成のために必要な団結活動の範囲(経済的活動のみならず、政治的活動、社会的活動、文化的活動など広く組合員の生活利益の擁護と向上に直接間接に関係する活動を含む)に限定されるが、②労働組合の活動の多様化により組合員の自由や権利と衝突する場合が増大し、組合脱退の自由も事実上大きな制約を受けていることを考えると、労働組合の活動として許されるというだけで組合員の協力義務を肯定することはできず、問題とされている具体的な組合活動の内容・性質、これについて組合員に求められる協力の内容・程度・態様等を比較考量し、多数決原理に基づく組合活動の実効性と組合員個人の基本的利益の調和という観点から、組合の統制力とその反面としての組合員の協力義務の範囲に合理的な限定を加えることが必要であると判示する。

上記の判決は支持しうるものであり、これを参考にすれば、労働組合の組合員に対する組合費支払請求が公序違反(民90条)又は信義則違反(民1条2項)若しくは権利濫用(民1条3項)か否かの一般的判断基準は、以下のように設定される。

---

[76] 国労広島地本〈労働者上告〉事件・最三小判昭50・11・28民集29巻10号1634頁/労判240号22頁②事件、国労広島地本〈組合上告〉事件・最三小判昭50・11・28民集29巻10号1698頁/労判240号22頁①事件。

すなわち、①当該組合費が、労働組合の目的達成のために必要な活動（対使用者との関係において有利な労働条件を獲得するための活動のみならず、政治的活動、社会的活動、文化的活動など広く組合員の生活利益の擁護と向上に直接間接に関係する活動を含む）のために徴収されるものではない場合、又は、②労働組合の目的達成のために必要な活動のために徴収されるものであっても、問題とされている具体的な組合活動の内容・性質、これについて組合員に求められる組合費納付の内容等を比較考量し、多数決原理に基づく組合活動の実効性と組合員個人の基本的利益の調和という観点から、組合員が受忍すべき程度を超える不利益を組合員に被らせる場合は、公序違反（民90条）又は信義則違反（民1条2項）若しくは権利濫用（民1条3項）と判断される（どれに該当するかはその内容による）。

(3) 組合費納付義務の有無の具体的判断基準

最高裁判決[*77]は、組合費納付義務の有無に関し、具体的に組合費徴収の目的毎に以下のような判断基準を示しており、支持しうる。

　　　ア　他組合の闘争支援

第一に、他組合の闘争支援のための組合費徴収について。労働組合ないし労働者間における連帯と相互協力の関係からすれば、労働組合の目的とする組合員の経済的地位の向上は、当該組合限りの活動のみによってではなく、広く他組合との連帯行動によって実現することが予定されているので、その支援活動は当然労働組合の目的と関連性をもつものであり、また組合員の一般的利益に反するものではない。したがって、労働組合において所定の手続に基づき決定された場合は、組合員は支払義務を負う。

　　　イ　政治活動

第二に、政治活動のための組合費徴収について。労働組合が労働者の生活利益の擁護と向上のために、経済的活動の他に政治的活動も行い、そのための費用を組合基金のうちから支出すること自体は法的に許されるところ、①労働者の権利利益に直接関係する立法や行政措置の促進又は反対の活動は、組合員の政治的思想との関連性は希薄で、労働組合の本来の目的を達成するための広い意味での経済的活動ないし付随的活動といえるので、組合員の政治的自由に対

---

[*77] 国労広島地本〈組合上告〉事件・最三小判昭50・11・28民集29巻10号1698頁／労判240号22頁①事件（本文ア〜エに関して）、国労四国地本事件・最二小判昭50・12・1集民116号759頁／労判240号52頁（本文ア、オ、及び、カの①に関して）、及び、国労広島地本〈労働者上告〉事件・最三小判昭50・11・28民集29巻10号1634頁／労判240号22頁②事件（本文カの①②に関して）。いずれも、労働組合が脱退組合員に対し組合費の支払請求をした事案である。

する制約の程度は軽微であり、組合員は組合費支払義務を負う。

しかし、②日米安全保障条約反対闘争のような活動は、直接的には国の安全や外交等の問題を対象とするもので、各人がその思想に基づいて判断すべきであり、組合の多数決で組合員に金銭の支払を強制することは、一定の政治的立場に対する支持の表明を強制するに等しく許されない。

　　ウ　組合員の救援

第三に、政治的活動に参加し違法行為をしたために民事上又は刑事上の不利益処分を受けた組合員の救援のための組合費徴収について。労働組合が共済活動として行う救援の主眼は、組織の維持強化を図るために、被処分者の受けている生活その他の回復を経済的に援助することにあり、処分の原因たる政治的活動に対する積極的な支持表明ではないので、組合員の政治的思想に関係する程度は極めて軽微であり、組合員は組合費支払義務を負う。

　　エ　特定の立候補者支援・政党への寄附

第四に、選挙に際し特定の立候補者を支援しその所属政党に寄附するための組合費徴収について。政党や選挙による議員の活動は、各種の政治的課題の解決のために労働者の生活利益とは関係のない広範な領域に及ぶものであるから、選挙においてどの政党又はどの候補者を支持するかは、投票の自由と表裏をなすものとして、組合員各人が市民としての個人的な政治的思想等に基づいて決定すべき事柄であり、労働組合が組織として支持政党又はいわゆる統一候補を決定し、その選挙運動を推進すること自体は自由であるが、組合員に対して協力を強制することは許されず、組合費支払義務はない。

　　オ　社会的活動

第五に、社会的活動のための組合費徴収について。労働組合が水俣病患者救済のような活動を行うことは、今日における組合の社会的役割に照らして是認されるべきであり、間接的ではあるが組合の目的遂行に必要なものとして、組合員は組合費支払義務を負う。

　　カ　違法な争議闘争

第六に、違法な争議行為が含まれている闘争のための組合費徴収について。違法な争議行為への直接の協力（争議行為への参加）を組合員に強制することはできず、また、違法な争議行為の費用負担はその実行に対する積極的な協力であるから強制することは原則としてできない。

しかし、①単に将来の情況いかんによっては違法な争議行為の費用に充てられるかもしれないという程度の未必的可能性があるにとどまる場合には、その資金と違法目的との関連性が微弱で違法行為の実行に積極的に協力するもので

はなく、資金徴収決議に対する組合員の協力義務は肯定される。

　また、②違法な争議行為の実施が確実な場合でも、それが闘争の一部で闘争全体としては違法性のない行為を主体として計画され遂行されるときは、組合員が基本的には組合の多数決に服することを予定して組合に加入するものであることと、組合の闘争によって獲得される有利な労働条件は全ての組合員が享受するものであることを考慮すれば、組合員の組合費納付義務は肯定される。

　　(4)　組合のなしうる支出の範囲

　労働組合のなしうる支出の範囲については、最高裁判決[*78]は、政治的活動（日米安保条約反対のような労働者の権利利益に直接関係のない政治活動や、特定の候補者支援と政党への寄附も含まれると解される）のため、組合基金（当該目的のために特に集めたものではなく過去の組合費等が積み立てられたもの）から支出することは、適法であると判示している。

　しかし、組合員個人の政治的自由に鑑みれば、支出の範囲も前記(3)の組合費納付義務の範囲と同じであり、労働者の権利利益に直接関係のない政治活動や、特定の候補者支援と政党への寄附に対する組合基金からの支出も、信義則違反又は権利濫用であるように思われる。

　ただし、所定の手続に基づきなされた労働組合の支出が違法であるとして、反対する組合員は、①納付した組合費につき原則として持分を持たないから、自己の納付した組合費のうち違法目的に使用された部分を自己に返還するよう請求することはできず、また、②株式会社の代表訴訟（会社360条・847条）のような規定は存在しないから、労働組合基金へ違法支出額を返還するよう請求することもできないということになろう[*79]。

　　(5)　組合財産の所有形態

　　　ア　法人である労働組合

　法人である労働組合の財産は、組合の単独所有である。

　法人である労働組合が解散したときは、その財産は、①組合規約で指定した者に帰属し、②組合規約で権利の帰属すべき者を指定せず、又は指定する方法を定めなかったときは、代表者は、総会の決議を経て、当該法人である労働組合の目的に類似する目的のために、その財産を処分することができ、③上記①

---

[*78]　国労広島地本〈組合上告〉事件・最三小判昭50・11・28民集29巻10号1698頁／労判240号22頁①事件。

[*79]　菅野・労働法(2017)814-815頁。反対の組合員が労働組合に対して支出の違法性の確認を求めうる権利（法的地位）を有するか、これを被保全権利として違法支出の差止めの仮処分をなしうるかを検討すべきとしている。

②により処分されない財産は、国庫に帰属する（労組13条の10）。

　　イ　法人格のない労働組合

　法人格のない労働組合の財産について法令上の規定はないところ、最高裁判決[*80]は、法人格のない労働組合は権利能力なき社団であり、権利能力なき社団の財産は総社員の「総有」に属し、総社員の同意をもって総有の廃止その他財産の処分に関する定めのなされない限り、現社員及び元社員は、当然には、その財産に関し共有の持分権又は分割請求権を有するものではないと判示する。

　同判示のうち、組合員個人の共有持分（組合財産の分割・払戻あるいは相続）を否定する点については、組合の財産は原則的には組合員（過去及び将来の組合員も含まれうる）全員の労働条件その他の待遇の向上のために集められた財産であること、組合員の出資は持分保持を期待した出資ではなく組合運営のための必要経費の分担であることから、妥当である[*81]。

　しかし、「総有」については、財産を総有する主体は解散時点での当該社団の構成員となるところ、労働組合の財産には過去の組合員の支払った組合費等の蓄積も含まれており、現在の組合員の「総有」との判断は妥当ではない。したがって、法人格のない労働組合についても、労働組合の単独所有と解すべきである[*82]。

　なお、組合規約上特別の定めをすれば、組合員の持分権（一定事由に該当する場合の払戻請求権）を留保した積立金等を設置することは可能であり、そのような性質のものと認められれば、組合員は払戻請求権を有する[*83]。

　　(6)　福利事業基金の流用

　労働組合は、共済事業その他福利事業のために特設した基金を他の目的のために流用しようとするときは、総会の決議を経ることが必要とされている（労組9条）。手続を厳格にすることにより、組合員の経済的利益を保護するとともに、流用を総会の決議事項とすることにより、その決定手続を公正なものとするための規定である。

---

[*80]　品川白煉瓦岡山工場事件・最一小判昭32・11・14民集11巻12号1943頁／判時131号23頁、国労大分地本事件・最一小判昭49・9・30民集28巻6号1382頁／判時754号26頁。これに対し、全金徳島三立電機支部事件・徳島地判昭62・4・27労民38巻2号148頁／労判498号50頁、菅野・労働法(2017)815頁は、組合員全員の同意がなくても、組合の解散に準じて組合員の4分の3以上の賛成があれば組合財産を処分しうるとする。

[*81]　菅野・労働法(2017)816頁。

[*82]　単独所有説をとるものとして、西谷・労組法(2012)129頁等。

[*83]　脱退組合員の闘争資金積立金の返還請求を肯定した事案として、全金大興電機支部事件・最三小判昭50・2・18集民114号139頁／判時777号92頁。

## 7 統制処分

### (1) 「統制処分」の定義と論点

労働組合における組合員の基本的義務は、組合費の納付義務、労働組合の決議・指令に従う義務その他組合の統制に服する義務、綱領・組合規約の遵守義務等であり、通常、組合規約に明記される。

「統制処分」とは、組合員の労働組合に対する義務違反や、組合員が労働組合の統制を乱したこと等を理由として、労働組合が組合員に対して行う制裁であり、その内容として、除名、組合員の権利停止、制裁金、けん責、戒告、始末書提出等がある。

労働組合の統制処分については、その法的根拠、対象事項、制裁内容、手続等について、法律上の具体的明文規定は存在しない。それゆえ、①統制権の法的根拠と、②その行使の適法性をどのように解し、統制処分の効力と適法性をどのように判断するかが問題となる[*84]（→(2)～(9)）。

### (2) 統制権の法的根拠

最高裁判決[*85]が判示するように、労働組合が団結活動・争議行為をするにあたり、労働組合の統一と一体化を図りその団結力の強化を期するためには、労働組合が、合理的な範囲において、組合員の行動を規制することが許されなければならない。したがって、労働組合は、憲法28条が団結権を保障していることの効果として、その目的（労働者の労働条件の維持改善その他経済的地位の向上を図ること）を達成するために必要かつ合理的な範囲内において、組合員に対する統制権を有し、その内容の一つとして、統制違反者に対する制裁（統制処分）をなしうる（団結権説）。

### (3) 統制権の行使の適法性

しかし、労働組合が統制権を有するとしても、統制権の行使（統制処分）は適法であることが必要である。

具体的には、①統制事由（懲戒事由と定められている場合もある）と統制処分の内

---

[*84] 統制処分が司法審査の対象となることについては争いはないと思われる。同盟昭和ロック労組事件・大阪地判昭56・1・26労判357号18頁、関西職別労供労働組合（除名）事件・大阪地判平12・5・31労判811号80頁等も、団結権の国家による保障、労働組合の公共性、統制処分により組合員の受ける不利益性等を理由に、統制処分の適否について司法判断が及ぶと判示している。ただし、組合員としての資格、地位ないし利益に直接具体的影響を及ぼさない戒告処分の無効確認を求める訴えは確認の利益を欠く不適法なものとして却下を免れない（下津井電鉄労組事件・広島高岡山支判平元・10・31労判591号86頁）。

[*85] 三井美唄労組事件・最大判昭43・12・4刑集22巻13号1425頁/労判74号8頁。以後、判例・裁判例はこの見解を踏襲している。

容について組合規約に定めがあること、②統制事由の必要性と合理性、③統制事由に該当する事実の存在、④統制処分の組合規約適合性と相当性、⑤適正手続の履践が必要と解すべきである。

　(4)　行使の適法性①－組合規約の定めと周知

　労働組合が組合員に対し統制権を行使し、制裁処分である統制処分を行うためには、第一に、罪刑法定主義的観点から、予め、組合規約に、統制事由（統制処分の対象となる行為）、及び、統制処分の内容（具体的にどの統制事由に該当するとどのような統制処分が行われるのか）を定め、組合員に周知することが、信義則（民1条2項）上必要と解すべきである。

　したがって、特段の事情がある場合を除き、組合規約に規定されている統制事由に該当する行為以外の行為について統制処分をすること、又は、統制事由に該当する行為であっても組合規約に規定されている統制処分以外の処分を行うことは、信義則違反（権利濫用でもある）であり、無効である[86]。

　最高裁判決[87]も、再登録制（単位組合の下部組織において本部への批判が高まり本部の指令が遵守されなくなった場合、本部がその下部組織の組合員の地位を停止し、本部の方針に従うことを誓約して組合にとどまることを確認した者についてのみ組合員の地位を再確認すること）において、再登録申請をしなかった者を組合員資格を喪失したものと取り扱うことは、実質的に組合員資格の剥奪であるところ、組合規約に定められた組合員資格の剥奪事由は除名のみであるので、労働組合が、除名の手続によらず組合員資格を剥奪することは許されないと判示している。

　(5)　行使の適法性②－統制事由の必要性・合理性

　労働組合は、その目的（労働者の労働条件の維持改善その他経済的地位の向上を図ること）を達成するために必要かつ合理的な範囲内においてのみ、組合員に対する統制権を行使することができる[88][89]。

　したがって、組合規約の定める統制事由（統制処分の対象となる行為）は、それを統制処分の対象とすることが、労働組合の目的を達成するために必要かつ合理的なものでなければならず、必要かつ合理的な範囲を超える統制事由を定めた組合規約は、統制権の限界（内在的制約）を超えるものとして、公序（民90条）又

---

[86]　ただし、統制処分ではない単なる組合員契約の解約（除籍）は、正当な理由があれば可能である（前記4(7)）。
[87]　全逓福岡中央支部事件・最一小判昭62・10・29集民152号63頁／労判506号7頁。
[88]　ヤンマー滋賀労組事件・大津地判昭54・10・31労判346号68頁。
[89]　仮に、労働組合と労働者との合意に基づき統制権が設定されたとしても、信義則上、統制権の範囲は、労働組合の目的のために必要かつ合理的な範囲に限定される。

は信義則(民1条2項)に反し、無効である。そして、これに該当することを理由とする統制処分も、統制事由に該当する事実が存在しないから、無効である。

統制事由は、綱領・組合規約に違反したこと、決議・指令に従わなかったこと、組合の統制秩序を乱したこと、組合の運営を妨害したこと等、一般的・抽象的に規定されることも多いが、これらの抽象的な統制事由の内容は、労働組合の目的を達成するために必要かつ合理的な範囲という観点から合理的に解釈することになる。

統制事由については、特に、①組合員の政治的活動又は政治的活動への参加拒否、②組合員の言論・批判活動、③組合の方針と異なる活動、④違法な指令に服従しないこと等を、統制処分の対象とすることができるかどうか、その必要性と合理性が問題となる。以下、ア〜エで順に検討する。

　　　ア　組合員の政治的活動・政治的活動への参加拒否

組合員の政治的活動又は政治的活動への参加拒否を統制事由とすることは、組合員の政治的自由を直接侵害するものであり、統制権の限界を超える。したがって、当該統制事由を定めた組合規約は、公序(民90条)又は信義則(民1条2項)に反し無効であり、また、当該統制事由に基づく統制処分も無効である。ただし、労働者の権利利益に直接関係する立法や行政措置の促進又は反対の活動のための組合費については、組合員に支払義務があると解される[*90]ので、これを拒否することは統制事由となしえよう。

最高裁判決[*91]も、組合の方針(地方議会議員選挙における統一候補の擁立)に反して独自に立候補した組合員に対する統制処分について、①労働者の公職選挙に立候補する自由は、憲法15条1項の保障する重要な基本的人権の一つであること、②労働組合は、地方議会議員の選挙で統一候補を決定し組合を挙げて選挙運動を推進することとし、統一候補以外の組合員で立候補しようとする者に立候補を思いとどまるよう勧告又は説得することは政治活動の一環として許されるが、勧告又は説得の域を越えて立候補をとりやめることを要求し、これに従わないことを理由に当該組合員を統制違反者として処分することは、組合の統制権の限界を超え、違法と判断している。

また、組合の支持する候補者以外の候補者の選挙支援活動を行った組合員に対し統制処分すべきとする組合大会決議につき、労働組合の統制権と組合員の立候補の自由との関係に関する理は、立候補者のためにする組合員の政治活動

---

[*90]　国労広島地本〈組合上告〉事件・最三小判昭50・11・28民集29巻10号1698頁/労判240号22頁①事件。前記6 (3)イ参照。

[*91]　三井美唄労組事件・最大判昭43・12・4刑集22巻13号1425頁/労判74号8頁。

の自由との関係にも妥当するとして、同決議を無効と判断している[*92]。　また、下級審裁判例でも、組合の指示に反し特定政党の参院選公認候補の選挙対策委員会と行動委員会に入ることを拒否した組合員に対する統制処分[*93]、組合の特定政党支持決議を批判するビラを配布した組合員に対する統制処分[*94]、特定政党への加入等を勧誘した組合員に対する統制処分[*95]を無効としている。

　　　イ　組合員の言論・批判活動
　労働組合の健全な運営にとって、組合員の活発な発言・批判は、組合民主主義の観点から不可欠の要素であり、言論、批判の自由の保障がなければ組合の存立及び発展はないから、最大限保障される必要がある。したがって、組合員による労働組合や組合執行部に対する批判活動も原則として自由であり[*96]、労働組合や組合執行部を批判するビラ配布、独自の学習会の開催、アンケートの実施、独自の支援活動等も、組合民主主義のため最大限許容されるべきである。
　ただし、組合員の言論、批判の自由も、労働組合の統一と団結の保障の観点から制約を受ける。それゆえ、①当該ビラの内容、配布の時期及び配布の対象等を総合判断して、一般に組合の団結、秩序維持に影響を及ぼすおそれがある場合[*97]、②ビラ等の内容が事実をことさらに歪曲し、徒に誹謗・中傷にわたる攻撃を目的としている場合[*98]、③労働組合が正式の手続を経て運動方針や決議を決定した後に、これに反して独自の活動を行う場合[*99]等は、統制処分の対象となる。

---

[*92]　中里鉱業所事件・最二小判昭44・5・2集民95号257頁。
[*93]　動労広島地本事件・広島地決昭48・11・7判時733号35頁。
[*94]　東京交通労組自動車部渋谷支部事件・東京地決昭49・3・6労経速844号3頁。
[*95]　厚木自動車部品・全日産自動車労組事件・横浜地判昭62・9・29労判505号36頁。
[*96]　厚木自動車部品・全日産自動車労組事件・横浜地判昭62・9・29労判505号36頁。
[*97]　特に争議時は執行部の組合員に対する指導・指令の徹底が団結のために重要であるので、使用者との闘争がストライキ態勢を整えた団体交渉の大詰めに向かう段階で、闘争を指導する組合執行部が他の情報提供及び指導を規制し、他団体（民青・共産党）名義の執行部批判のビラ配布を統制処分の対象としうるとした裁判例として、ヤンマー滋賀労組事件・大津地判昭54・10・31労判346号68頁。
[*98]　同盟昭和ロック労組事件・大阪地判昭56・1・26労判357号18頁（当該組合執行部批判等を内容とするビラ配布は統制違反ではなく、これを理由とする除名処分は無効と判断）、新産別運転者労組東京地本事件・東京地判平7・11・30労判686号30頁（組合支部長が経理上の不正を行ったとの言動が事実に基づかず手段方法も相当でなく当該除名処分は有効と判断）。
[*99]　厚木自動車部品・全日産自動車労組事件・横浜地判昭62・9・29労判505号36頁、名古屋・東京管理職ユニオン事件・名古屋地判平12・6・28労判795号43頁（組合の決定には反対者も協力すべき義務があるから、いったん決定されたことに対する批判活動は、組合内部の統一と団結の維持が特に侵害されるおそれがない特段の事情がない限り、統制処分の対象となると判示）。

ウ　労働組合の方針に反する活動
　労働組合の決議・決定に反する活動も、当該決議・決定自体が労働組合の団結権保障の趣旨に鑑み法的保護に値しないあるいは妥当ではないときは、決議違反を理由とする統制権の行使は、統制権の限界を超え、信義則違反（権利濫用とも言いうる）で無効である。
　裁判例では、懲戒解雇者を支援しないとの決議に反して解雇撤回闘争を支援したことを理由とする統制処分[*100]、労働協約上の特別災害補償規定につき、会社側に故意又は重大な過失等のない限り損害賠償請求できないとの解釈を前提として、労災で死亡した労働者の遺族の損害賠償請求訴訟を支援しないとする決議に反したことを理由とする統制処分[*101]等が無効と判断されている。
　　　エ　違法な指令
　労働組合の指令に違反したことは統制事由となしうるが、違法な指令に従う義務はない[*102]。したがって、違法な指令に従わなかったとしても、「指令違反」はなく統制事由に該当する事実は存在しないので、これを理由とする統制処分は違法・無効である。
　(6)　行使の適法性③－統制事由該当事実の存在
　統制権の行使のためには、第三に、統制事由に該当する事実の存在が必要である[*103]。これは、形式的に統制事由該当事実が存在するだけでなく、労働組合の団結維持のために統制処分の対象とすることが必要な事実が存在すること、すなわち、実質的に統制事由該当事実が存在することが必要である。
　(7)　行使の適法性④－統制処分の組合規約適合性と相当性
　第四に、統制処分としては、除名、権利停止、制裁金（罰金）、譴責（戒告）等がありうるが、組合規約に定められた統制処分の範囲内で選択されなければな

---

[*100]　泉自動車労組事件・東京地決昭53・2・24労判293号48頁。
[*101]　東海カーボン事件・福岡地小倉支判昭52・1・17労判273号75頁。
[*102]　国労広島地本〈労働者〉上告事件・最三小判昭50・11・28民集29巻10号1634頁／労判240号22頁②事件（労働組合は公労法違反の争議行為への参加を組合員に強制することはできないと判示）、大日本鉱業発盛労組事件・秋田地判昭35・9・29労民11巻5号1081頁（指令あるいは指令に基づく行動が客観的に違法であれば服従義務はないとして、ロックアウト中の組合の強行就労指令を拒否した組合員に対する除名処分を無効と判断）。
[*103]　下津井電鉄労組事件・広島高岡山支判平元・10・31労判591号86頁（組合との協議のない労基署への労基法違反申告に対する戒告処分は「組合の統制秩序を乱した」という統制事由の定めの解釈を誤ったもので違法〈不法行為〉と判断）、新産別運転者労組東京地本事件・東京地判平25・12・25労判1091号5頁（組合役員選挙期間中の対立候補者に関する発言等を理由とする権利停止2年の処分は選挙規程違反に該当せず統制事由を欠き無効と判断）。

らない。定められた範囲外の統制処分は、組合規約違反で、無効である。

また、統制処分は、統制事由に該当する事実（統制違反の内容）、及び、他の違反者との均衡に照らし、相当な内容の処分でなければならない。重すぎる処分、あるいは、他の違反者との均衡を欠く処分は、信義則違反（民1条2項）、又は、統制権濫用（権利濫用）（民1条3項）で、無効である[*104]。

(8) 行使の適法性⑤－手続

第五に、統制処分を行うにあたっては、組合規約所定の手続が履践されなければならない。履践していない場合は、緊急やむをえない事態等、特段の事情がない限り、組合規約違反で違法・無効である[*105]。

また、組合規約の規定の有無・内容にかかわらず、最小限の適正手続（当該組合員に弁明の機会を与えること、除名は特に慎重な手続をとること等）の履践が必要である。履践していない場合は、特段の事情がない限り、信義則違反（民1条2項）、又は、統制権濫用（権利濫用）（民1条3項）で違法・無効である。

(9) まとめ－統制処分が有効となる要件

第一に、統制権の法的根拠は憲法28条の団結権にあり、労働組合はその団結権の一部として統制権を有する。ただし、統制事由（統制処分の対象となる行為）は、労働組合の目的を達成するために必要かつ合理的でなければならない。

第二に、統制権の行使は適法でなければならない。具体的には、①組合規約における統制事由・統制処分の種類と程度に関する定めと周知、②統制事由の必要性と合理性、③統制事由に該当する事実の存在、④統制処分の組合規約適合性と相当性、⑤組合規約の定める手続の履践と適正手続の履践が必要である。

これらの要件を充足しない統制処分は無効であり、また、不法行為に該当しうる[*106]。

---

[*104] 姫路合同貨物自動車事件・大阪地決昭49・3・4労判208号60頁（組合を通さず使用者に直接要求書を提出したことを理由とする除名は重すぎて統制権の濫用で無効と判断）、全日本建設運輸連帯労組近畿地本事件・大阪地判平19・1・31労判942号67頁（除名処分につき理由の相当性、手続の瑕疵等を理由にき無効と判断）。

[*105] 山梨貸切自動車事件・甲府地判昭55・2・27労民31巻1号252頁/労判347号53頁、同事件・東京高判昭56・1・29労民32巻3=4号363頁/判タ442号142頁（組合規約所定の無記名投票によらずに行われた除名処分等を無効と判断）。全日本建設運輸連帯労組近畿地本事件・大阪地判平19・1・31労判942号67頁（有効に選任されていない統制委員会の委員による執行権停止処分を無効と判断）。

[*106] 慰謝料請求を認容した事案として、下津井電鉄労組事件・広島高岡山支判平元・10・31労判591号86頁、全日本建設運輸連帯労組近畿地本事件・大阪地判平19・1・31労判942号67頁、新産別運転者労組東京地本事件・東京地判平25・12・25労判1091号5頁等。

図22.4　統制権の法的根拠と行使の適法性

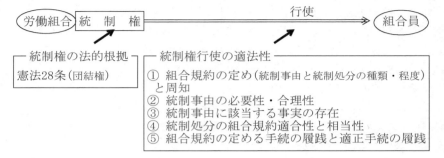

## 8　労働組合に対する使用者の便宜供与

（1）便宜供与の適法性と法的根拠

使用者の労働組合の活動に対する援助を「便宜供与」と言う。

団体の運営のための経費の支出につき使用者の経理上の援助（労組2条但書2号）を受ける団結体は、労組法上の労働組合（→前記第1節1）ではなく、また、使用者が労働組合の運営のための経費の支払につき経理上の援助を与えることは不当労働行為として禁止されている（労組7条3号）。

しかし、いずれも、①労働者が労働時間中に時間又は賃金を失うことなく使用者と協議し、又は交渉すること、②厚生資金又は経済上の不幸若しくは災厄を防止し、若しくは救済するための支出に実際に用いられる福利その他の基金に対する使用者の寄附、③最小限の広さの事務所の供与は明文で許容されている（労組2条但書2号但書・労組7条3号但書）。また、①～③は例示規定と解されるので、これに準ずる、④組合事務所の光熱費負担、⑤掲示板の貸与等は、禁止される「経費援助」に該当せず、禁止されていないと解される。また、⑥無給の在籍専従（労働組合の役員が従業員たる地位を保持したまま組合業務に専従すること）の承認や、⑦無給の組合休暇（勤務時間中に組合の会合への出席や教宣活動等に従事すること）の承認は、単に当該労働者の労働義務を一定期間免除しその代わりに賃金を支払わないものであるから、「経費援助」には該当せず、⑧チェック・オフ（→後記(2)）も組合員の支払う組合費を労働組合に引き渡すだけで使用者が労働組合にお金を支払うものではないから、禁止されている「経費援助」には該当しない。したがって、①～⑧等の便宜供与を行うことは可能である。

しかし、これらの便宜供与は、法的根拠（労働協約、就業規則、労働契約、使用者の同意等）とその合理的解釈に基づき行われるものであり、これらの便宜供与

を行うかどうか(同意するかどうか)は、原則として使用者の自由であるので、労働者や労働組合が、憲法28条の団結権に基づき当然に便宜供与を求める権利を有するわけではなく[107]、労組2条但書2号但書・労組7条3号但書も当該便宜供与の請求権の根拠となるわけではない[108]。

ただし、ある労働組合に対する便宜供与を合理的な理由なく他の労働組合に行わないことは、支配介入の不当労働行為(労組7条3号)[109]や団結権侵害の不法行為に該当しうるし、継続して行われてきた便宜供与の廃止は、①使用者に当該便宜供与を廃止する合理的な理由があり、②合理的理由を示して当該便宜供与廃止について労働組合と交渉を行い労働組合の了解を得るよう努力し、③了解を得られない場合は労働組合側に不測の混乱を生じさせないよう準備のための適当な猶予期間を与えるなど相当の配慮を行ったのでなければ、不当労働行為[110]や不法行為[111]に該当しうる。

(2) 「チェック・オフ」の定義と論点

「チェック・オフ」とは、労働組合と使用者が、使用者が当該労働組合の組合員である労働者の賃金から組合費相当額を控除し、それらを一括して当該労働組合に支払う旨の「協定」(「チェック・オフ協定」と呼ばれる)を締結し、使用者が当該組合費相当額の控除と支払を行うことであり、労働組合の組合費徴収方法の一つである[112]。チェック・オフは、労働組合から見れば、費用と労力をかけずに組合費を確実に徴収する方法であり、組合の組織運営に有益な制度といえよう。

このチェック・オフに関する主な法的論点は、①チェック・オフ協定を締結

---

[107] 全造船三菱重工長崎造船所支部事件・最一小判昭48・11・8集民110号407頁/労判190号29頁(在籍専従をなしうることは、憲法28条の団結権等に内在するあるいはそれから当然に派生する固有の権利ではなく、使用者が従業員の在籍専従を認めるか否かは自由であると判示)。

[108] 太陽自動車事件・東京地判平21・3・27労判986号68頁。

[109] 後記第26章「不当労働行為と法的救済」第3節第4款2。

[110] 東京流機製造事件・東京地判昭58・1・20労民30巻1号31頁/労判404号47頁、大阪労委(泉佐野市)事件・平28・5・18労判1143号35頁、同事件・大阪高判平28・12・22労判1157号5頁(いずれもチェック・オフの廃止を労組法7条3号の支配介入と判断)。

[111] 太陽自動車・北海道交運(便宜供与廃止等)事件・東京地判平17・8・29労判902号52頁/判時1909号105頁(チェック・オフと組合事務所の賃料肩代わりの廃止を団結権侵害の不法行為として、損害賠償請求認容)。

[112] 使用者がチェック・オフした組合費相当額を別のA組合に支払った事案で、当該組合員の所属するB組合の使用者に対する組合費相当額支払請求は認容したが、A組合が当該チェック・オフ金を受領してもB組合の使用者に対する請求権は失われないから損害が発生せず損失が生じないとして、A組合への不法行為又は不当利得に基づく請求は否定した裁判例として、東洋シート事件・広島高判昭63・6・28労判529号87頁。

しうる労働組合、②チェック・オフに関する対象組合員の同意の要否、③チェック・オフ協定の及ぶ範囲である(→(3)～(5))。

図22.5 チェック・オフ

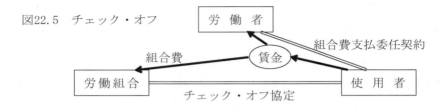

(3) チェック・オフ協定を締結しうる労働組合
　　ア 「過半数組合」
　使用者が賃金から組合費相当額を控除した残りを労働者に支払うことは、労基法24条1項本文の定める賃金の全額払原則に抵触する。
　しかし、労基法24条1項但書は、過半数代表と使用者との労使協定があれば、全額払原則の例外として、使用者が賃金の一部を控除して支払うことを許容する。具体的には、労使協定があれば、①使用者が賃金の一部を控除しても、労基法24条1項違反を理由とする刑罰(労基120条1号)を科されず(免罰的効果)、また、②使用者と労働者との間の賃金の一部控除に関する合意も有効である(強行性排除効)[*113]。
　したがって、当該労働組合が、「過半数組合」(当該事業場の労働者の過半数を組織する労働組合<労組法上の労働組合>)[*114]であれば、当該労働組合と使用者が締結するチェック・オフ協定は、「労働協約」であるとともに、「過半数代表」と使用者との「労使協定」(賃金の全額払原則の例外として、使用者が賃金の一部を控除して支払うことを許容する労使協定)にも該当するから、使用者がチェック・オフ協定が対象とする組合員の賃金から組合費相当額を控除して支払っても、労基法24条1項違反とはならない。
　　イ 「過半数組合」ではない労働組合
　それでは、当該事業場の「過半数組合」ではない労働組合(労組法上の労働組合、及び、憲法組合)がチェック・オフ協定を締結した場合、使用者が当該協定が対象とする組合員の賃金から組合費相当額を控除して支払うことは労基法

---

[*113] 前記第10章「賃金」第4節4(2)。
[*114] 労基法上「労働組合」の定義はないが、労組法上の労働組合と概念を異にする理由は特にないから、労基法上の「労働組合」は、労組法上の労働組合であると解される。

24条1項違反となるのであろうか。

　この点について、最高裁判決[*115]は、労基法24条1項本文の趣旨は、賃金を労働者に確実に受領させその生活に不安のないようにするものであるところ、チェック・オフも労働者の賃金の一部を控除するものにほかならないから、労基法24条1項但書の要件を具備しない限り、これをすることはできない（したがって、過半数組合以外の労働組合がチェック・オフ協定を締結しても、免罰的効力・強行性排除効はなく、当該チェック・オフは労基法24条1項違反である）と判示している。

　しかし、この見解は支持できない。同判決の反対意見[*116]が述べるように、第一に、憲法28条は、全ての労働組合に平等な団結権を保障しているところ、過半数組合はチェック・オフ協定の締結によりチェック・オフによる組合費徴収ができるがそれ以外の労働組合はできないとすると、過半数組合とそれ以外の労働組合の団結権が平等に保障されているとは言えず、過半数組合以外の労働組合の団結権の実質的保障が損なわれることになる[*117]。

　また、第二に、労基法24条1項但書を含め、労基法等が労使協定の締結主体を「過半数代表」としているのは、労使協定の免罰的効力と強行性排除効が当該事業場の労働者全員に及びうるものであるため、事業場の労働者の「過半数」を代表している者の同意を要求するからであるところ、チェック・オフ協定は、協定締結組合の組合員以外にはその効力は及ばないから、当該組合員を代表する者、すなわち、労働組合が締結主体であればよく、当該労働組合が過半数組合である必要性は全くない。

　　　　ウ　まとめ
　したがって、チェック・オフについては、労基法24条1項但書の文言に関わらず、「過半数組合」との書面による協定がなくても、「労働組合」（憲法組合を含む）との書面による協定[*118]（チェック・オフ協定）があれば、当該労働組合の組合員の賃金を一部控除して支払っても、労基法24条1項に違反しない（換言すれば、「労働組合」とのチェック・オフに関する書面による協定は、免罰的効力と強行性排

---

[*115] 中労委（済生会中央病院）事件・最二小判平元・12・11民集43巻12号1786頁／労判552号10頁。
[*116] 奥野久之裁判官の反対意見。
[*117] この他、奥野久之裁判官は、労基法24条1項本文は、使用者の恣意的な控除や一方的相殺等を抑制し労働者の保護を図ることを目的とするところ、チェック・オフは、労働組合の活動資金を確保するもので、当該組合員すなわち労働者の利益に合致し、使用者に利益をもたらすものではないことも指摘している。
[*118] 奥野久之裁判官は、組合費は種類が単一で控除額がおおむね一定している等の理由で書面性も不要とされているが、対象労働者と控除額を明確化するために書面性は要すると解すべきであろう。

除効を有する)と解するのが、憲法28条と労基法24条1項の整合的解釈、及び、労基法24条1項の合理的解釈であろう。

　(4)　対象組合員の同意の要否

　労働組合(判例によれば過半数組合)との書面によるチェック・オフ協定があり、チェック・オフが労基法24条1項違反とならないとしても、チェック・オフ協定は、免罰的効力と強行性排除効を有するだけであるから、チェック・オフの法的根拠、すなわち、組合員が使用者に対し賃金の一部を組合費として労働組合に支払うことを委任する組合費支払委任契約が必要である。

　チェック・オフについて組合員の同意があれば、使用者と当該組合員との間に組合費支払委任契約が締結されたと解することができ、それに基づき使用者はチェック・オフをなしうる。

　それでは、組合員の同意がなくても(組合費支払委任契約がなくても)、使用者はチェック・オフを行うことができるであろうか。この点につき、最高裁判決[119]は、労基法24条1項但書の要件を具備するチェック・オフ協定は、免罰的効力を有するにすぎず、それが、労働協約の形式により締結された場合であっても、当然に使用者がチェック・オフをする権限を取得し組合員がチェック・オフを受忍すべき義務を負うものではなく、対象となる組合員の委任が必要であり、組合員から中止の申入れがなされた場合は使用者はチェック・オフを中止しなければならないと判示するが、その理由は明示していない。

　思うに、組合費支払委任契約は、組合員が労働組合に対して負う義務(組合費支払義務)を履行するために締結されるものであるから、労働者と使用者の権利義務関係を規律する労働契約とは別個の契約である。そして、労働協約の規範的部分(「労働条件その他の労働者の待遇に関する基準」:労組16条)[120]は労働者と使用者の労働契約を規律するものであるから、チェック・オフ協定は、労働協約として締結されても、規範的部分ではなく、債務的部分である。使用者は、組合員と組合費支払委任契約を締結した場合は、組合費相当額を控除し労働組合に支払う義務を当該委任契約に基づき組合員に対して負うとともに、当該チェック・オフ協定(労働協約)に基づき労働組合に対しても負うが、それにとどまり、労使間でチェック・オフ協定を締結することにより労働者の同意なく労

---

[119]　エッソ石油事件・最一小判平5・3・25集民168号下127頁/労判650号6頁(同事件・大阪高判平3・2・26労判615号55頁も同旨)、中労委(ネスレ日本〈東京・島田〉)事件・最一小判平7・2・23民集49巻2号281頁/労判686号15頁、中労委(ネスレ日本〈霞が浦工場〉)事件・最一小判平7・2・23労判670号10頁。

[120]　後記第25章「労働協約」第3節1(1)。

働者と使用者との間の組合費支払委任契約を創設することはできない*121。

したがって、使用者がチェック・オフを行うためには、組合員の同意（黙示の同意を含む）により組合員と組合費支払委任契約を締結することが必要である。それゆえ、組合員がチェック・オフを拒否している場合（委任契約の締結拒否）、又は、民法651条（各当事者はいつでも委任を解除できる）により委任が解除されたときは、労働組合との間でチェック・オフ協定が成立していても、チェック・オフを拒否する組合員に対するチェック・オフは許されない。

たしかに、組合規約は、強行法規違反等でなければ、労働者の労働組合の「結成」又は労働組合への「加入」により、労働者（組合員）と労働組合との組合員契約の内容になると解されるところ、組合規約に組合費の支払はチェック・オフによるとの定めがあれば、当該規定は有効と解されるから、組合員は労働組合に対して「チェック・オフによる組合費支払義務」を負う。

しかし、「チェック・オフによる組合費支払義務を労働組合に対して負っている」ことと、それを履行するために「使用者と組合費支払委任契約を締結すること」は当然別であり、組合員が組合費支払委任契約を締結しない、あるいは、解約した場合は、労働組合に対するチェック・オフによる組合費支払義務の不履行に該当するが（したがって、除籍や統制処分の対象とはなりうるが）、使用者がチェック・オフをすることはできないというのが論理的帰結であろう。

(5) チェック・オフ協定の効力の及ぶ範囲

それでは、チェック・オフ協定は、チェック・オフ協定締結組合を脱退した労働者にもその効力が及ぶであろうか。

チェック・オフ協定は、その性質上、協定締結組合の組合員を対象とするものであるので、脱退、除名等により、当該労働協約締結組合の組合員資格を喪失した労働者には適用されない。したがって、当該労働組合の組合員の資格を喪失した労働者については、その時点からチェック・オフを行うことはできない（行った場合は労基法24条1項違反となる）。

また、チェック・オフ協定締結組合を脱退した労働者は、当該チェック・オフを拒否するであろうから、その意思表示が脱退の法的効力発生前に行われた場合は、その時点で当該労働者と使用者の間の組合費支払委任契約は終了し、チェック・オフを行うことはできない。

いずれの場合も、チェック・オフが行われた場合は、労働者は使用者に対し

---

*121 荒木・労働法(2016)591頁は、労働協約として締結されたチェック・オフ協定は規範的部分であり規範的効力を有するとするが、支持できない。

当該額の賃金支払請求が可能である[*122]。

## 第3節　労働組合の組織変動

労働組合にも組織変動は起こりうる。労働組合の組織変動は、①解散（→1）、②組織変更（→2）、③合同（→3）、④分裂（→4）の四つに大別しうるので、以下順に検討する。

### 1　解散
#### (1)　解散事由

労働組合は、①組合規約で定めた客観的な解散事由（例えば当該労働組合に対する破産手続開始決定[*123]）が発生した場合（労組10条1号）、あるいは、②組合員又は構成団体の4分の3以上の多数による総会の決議があった場合（労組10条2号）に、解散する（労組10条）。

労組10条2号が強行規定かどうか（例えば組合規約に3分の2以上の多数による総会の決議が解散事由として定められていた場合、当該規定は有効か）が問題となるが、労働組合の解散は組合員にとって大きな影響を与えること、過去の組合員の労力と費用によってもその組織と財産が形成されてきたこと、組合規約の定めにより解散に伴って現在の組合員に財産を分配することも可能であること（→前記第2節6(5)）（労組13条の10第1項）等に鑑み、現在の組合員の決議による解散について4分の3以上という特別多数を必要とする当該規定は、強行規定であると解しておきたい[*124]。

#### (2)　残余財産の帰属

労働組合が解散した場合の残余財産の帰属については、前記第2節6(5)で検討したとおりである。

### 2　組織変更
#### (1)　構成員の範囲の変更

構成員の範囲（組合員資格を有する者の範囲・組織対象者の範囲）の変更は、それ

---

[*122]　消滅時効との関係か、賃金ではなく不法行為に基づく損害賠償を請求し認容された事案として、エッソ石油事件・大阪地判平元10・19労判551号31頁。
[*123]　当該労働組合の違法な争議行為により多額の損害賠償を請求され支払不能となった場合等が想定される。
[*124]　強行規定と解する見解として、西谷・労組法(2012)136～137頁等。

に関する組合規約の改正（労組5条2項9号）により可能である。

(2) 単一組織組合から連合体への改組

「単一組織組合（単一組合）」（労働者個人を構成員とする労働組合である「単位組合」のうち、その内部にそれ自体独自の労働組合といえる下部組織を有する労働組合）（→前記第2節2(2)イ）からその下部組織を構成組合とする連合組合への改組は、当該組合（及び独自の組合規約を有する下部組織であれば当該下部組織）の総会での決定と組合規約改正（労組5条2項9号）が必要である。

組合規約上特別の規定がなければ、規約改正に準じて直接無記名投票による過半数の支持により決定しうると解される[*125]。

(3) 連合組合から単一組織組合への改組

連合組合からその各構成組合を下部組織とする単一組織組合への改組は、当該連合組合及び各構成組合の総会での決定と規約改正（労組5条2項9号）が必要である。

組合規約上特別の規定がなければ、規約改正に準じて直接無記名投票による過半数の支持により決定しうると解される[*126]。

(4) 単位組合の連合組合への加入

単位組合の連合組合への加入は、当該単位組合の総会での決定と規約改正（労組5条2項9号）（組合規約上特別の規定がなければ、規約改正に準じて直接無記名投票による過半数の支持により決定しうる）、及び、当該連合団体で規約に従い当該単位組合の受入れを決定する必要がある。

(5) 単位組合の連合組合からの離脱

単位組合の連合組合からの離脱[*127]は、当該単位組合や連合組合の規約上特別の定めがなければ、当該単位組合の総会での決定（組合規約上特別の規定がなければ、規約改正に準じて直接無記名投票による過半数の支持により決定）と規約改正（労組5条2項9号）で足りると解される[*128]。

(6) 単位組合から別の単位組合の下部組織への改組

単位組合から別の単位組合の下部組織への改組は、当該単位組合としての組

---

[*125] 菅野・労働法（2017）823頁。
[*126] 菅野・労働法（2017）823頁。
[*127] 単位組合の連合組合からの離脱か、それ自体労働組合である下部組織の単一組織組合からの離脱（→後記(7)）か不明な部分があるが、離脱が問題となった組合の規約所定の手続が履践されていないことを理由に、上部団体からの脱退を承認する大会決議を無効と判断した事案として、東洋シート事件・広島地判昭59・2・21労判437号57頁、同事件・広島高判昭63・6・28労判529号89頁。
[*128] 菅野・労働法（2017）824頁等。

織の解消となるので、解散（労組10条2号）に準じた手続（組合員の4分の3以上の多数による総会の決議）が必要と解される。

　　(7)　下部組織の単一組織組合からの離脱

　単一組織組合（前記第2節2(2)イ）から下部組織（地方本部、支部、分会等）が上部組織の意に反して離脱できるかどうかについては、まず、単一組織組合の規約において、下部組織の改廃（分離を含む）の決定権限をどのように定めているかにより判断される。

　下部組織の改廃に関する決定権限を上部機関が有する場合において、当該上部機関の決定を得ることなく下部組織が離脱（独立）を決定しても、それは、下部組織の構成員たる個人のうち当該決定に賛成する者が当該単一組織組合から集団脱退することの宣言以上の意味は持たない。

　これに対し、下部組織の改廃に関する決定権限を上部機関が有していない場合においては、当該下部組織の独自性（それ自体が労働組合であること）と、単一組織組合が労働者個人を構成員としていることとの調和の観点から、①当該下部組織は、総会の4分の3以上の多数決（労組10条2号準用）により、組織自体を単一組織組合から離脱させることができるが、②離脱に同意していない当該下部組織の組合員の単一組織組合からの脱退という「引きさらい効果」は生じず、③他方、当該下部組織の積極・消極財産は当該下部組織に帰属し、組合規約上特段の定めがない限り、これに反対する者は財産の分割を請求できない[129]と解しておきたい。

　　(8)　組織変更の効果

　組織変更後の労働組合は変更前の労働組合と同一性を有し、変更前の労働組合の財産、労働協約等を承継する。

　また、現存労働組合の解散及び新労働組合の結成という形式がとられた場合も、実質的に同一性が認められる場合は、財産や労働協約の承継を肯定すべきであろう[130]。

## 3　合同

　労働組合の合同（合併）は、2つ以上の労働組合がその存続中に1つの労働組合

---

[129]　損害保険ジャパン労働組合事件・東京地判平16・3・24労判883号47頁。
[130]　朝日新聞小倉支店事件・最大判昭27・10・22民集6巻9号857頁（解散前の労働組合と新たに設立された当該労働組合は、思想立場、組織・綱領・規約・構成員等に相当重要な変更があり法律上同一性のない別個の組合で労働協約を承継しないと判断）、菅野・労働法（2017）824-825頁等。

に統合されることであり、会社の合併と同じく、A労組とB労組が合同してC労組となる「新設合同」と、甲労組が乙労組を吸収し甲労組として存続する「吸収合同」がある。

合同について、法令上の定めはないが、関係労働組合間での合同協定の締結、各労働組合における合同の決議が必要であり、この決議は解散決議（労組10条2号）に準ずることが必要と解されている[*131]。

合同により、特段の意思表示がない限り、財産（積極・消極）[*132]、組合員との権利義務関係、労働協約等は、合同後の新労働組合に承継される[*133]。

### 4 分裂

(1) 問題の所在

労働組合の財産は、法人格のある労働組合の場合も法人格のない労働組合の場合も単独所有であると解され（→前記第2節6(5)）、組合員個人の共有持分権や共有物分割請求権はない。また、法人格のない労働組合の場合は組合財産は総有であるとの判例[*134]の立場でも、組合員個人の持分請求権がないことに変わりはない。

したがって、労働組合の内部で方針の異なる集団間の対立が厳しくなり、ある集団に属する組合員が組合から集団的に離脱して新たな組合を結成し、残った組合員による元の組合と対立する状況となった場合、現象的には、1つの労働組合が2つ以上の組合に分解し「分裂」したように見えるが、組合の財産は元の組合がそのまま承継することになる。

そこで、法的にも労働組合の「分裂」概念を導入し、組合財産の分割を肯定すべきかどうかが問題となる。

(2) 「分裂」概念導入の是非

組合財産は、過去の組合員の拠出金の蓄積でもあり、当該労働組合の財産である。また、組合内部で意見対立がある場合でも、民主的な討論を経て多数の支持を得た方針に従うべきであり、組合の方針に反対する者が脱退し新たな組合を結成するのは自由であるが、元の組合が存続している以上、財産の分割は

---

[*131] 西谷・労組法(2012)134頁等。
[*132] 損害保険ジャパン労働組合事件・東京地判平16・3・24労判883号47頁（消極財産の承継を肯定）。
[*133] 菅野・労働法(2017)828頁等。
[*134] 品川白煉瓦岡山工場事件・最一小判昭32・11・14民集11巻12号1943頁/判時131号23頁、国労大分地本事件・最一小判昭49・9・30民集28巻6号1382頁/判時754号26頁。

請求できないと解すべきである。したがって、法的な労働組合の「分裂」概念を導入し財産の分割を認めるべきではない。

最高裁判決[*135]も、一般的には、旧組合は、組織的同一性を損なうことなく残存組合として存続し、新組合は、旧組合とは組織上全く別個の存在であるとみられるのが通常であり、「ただ、旧組合の内部対立によりその統一的な存続・活動が極めて高度かつ永続的に困難となり、その結果旧組合員の集団的離脱及びそれに続く新組合の結成という事態が生じた場合に、はじめて、組合の分裂という特別の法理の導入の可否につき検討する余地を生ずる」と判示し、ごく例外的な場合を除き、「分裂」概念の導入を否定している[*136]。

---

[*135] 名古屋ダイハツ労組事件・最一小判昭49・9・30判時760号97頁。
[*136] 裁判例で組合「分裂」を肯定したのは、ネッスル日本労働組合事件・神戸地判昭62・4・28労判496号41頁のみであると思われる。同事件・大阪高判平元・6・14労判557号77頁は組合「分裂」を否定した。

# 第23章　団体交渉

　憲法28条は、労働者（勤労者）に対し、「団体交渉権」[*1]を保障し、労組法は、これを具体化し実効性を確保するための規定をおいている。

　本章では、団体交渉権と、団体交渉権により保障される団体交渉について、①団体交渉権と団体交渉の機能・形態（→第1節）、②団体交渉権により保障される団体交渉（→第2節）、③正当な理由のない団体交渉拒否と法的救済（→第3節）について、順に検討する。

## 第1節　団体交渉権と団体交渉の機能・形態

### 1　団体交渉権

(1)　「団体交渉」の定義

　憲法28条は、労働者（勤労者）に対し「団体交渉する権利」を保障している。

　「団体交渉」は、「労働者が、その代表者（団結体）を通じて、雇用・労働条件その他の待遇や集団的労使関係の運営（ルール）等について、使用者その他の労働関係の当事者と交渉を行うこと」と定義することができる。

　労働者の団結体と使用者その他労働関係の当事者との交渉は、「労使協議」「苦情処理手続」といった呼称で行われる場合もあるが、呼称はなんであれ、憲法28条の団体交渉権に含まれるものは、それとしての保護を受けうる。

(2)　権利主体

　団体交渉権の第一次的な権利主体は、労働者（勤労者）（憲28条）であり、労組法3条の定める「労組法上の労働者」[*2]である。

　しかし、団体交渉権は、その権利の性質上、集団的に行使される。したがって、憲法28条を享受する団結体（①憲法上の労働組合＜労組法上の労働組合・憲法組合＞、及び、②憲法上の保護を受ける一時的団結体）[*3]も、二次的に団体交渉権の権利

---

[*1]　近年の論考として、三井正信「団体交渉権の構造」65-86頁、同論文引用文献等。
[*2]　前記第4章「労働法の主体」第1節4・5(4)・6・7(4)参照。私見では「自ら他人に有償で労務を供給する自然人で、労務の供給を受ける者との関係で独立事業者又は独立労働者でない者（失業者を含む）」である。
[*3]　前記第22章第1節1参照。

主体となり、これら団結体の全てが平等に憲法28条の団体交渉権を享受する。

なお、団体交渉権の享受主体は、「労働者」であって、「使用者」等は含まれない。したがって、使用者その他労働関係の当事者は、団体交渉に応じる「義務」を負う場合があるが、団体交渉を求める「権利」は有しない。

## 2 団体交渉の機能

団結権・団体交渉権・団体行動権保障の意義[*4]に照らし、団体交渉は、①労働条件に関する労働者と使用者等の対等決定の実現と労働者の雇用保障・労働条件等の維持・向上(集団的利益紛争と個別的利益紛争の双方を含む)、②労働関係法規違反の是正と権利紛争の自主的解決による、労働関係法規と労働者の権利の実効性確保、③労使自治に基づく個別的労働関係及び集団的労使関係に関するルールの設定、④労働者間の労働条件引下げ競争と使用者間の労働力コスト引下げ競争を抑制することによる、労働市場における公正競争の実現、⑤労働関係立法の整備・促進等の機能を有する。

## 3 団体交渉の形態

団体交渉の形態及び団体交渉を行いうるレベルについて、特に法的規制はなく、①企業内交渉、②企業横断的交渉、③企業別交渉と企業横断的交渉の中間的形態、④企業横断的な労働者代表と個別使用者との交渉等、いずれも可能である[*5]。

### (1) 企業内交渉

企業内交渉としては、①企業レベルで、当該企業の従業員の雇用・労働条件その他の事項について労働者の代表者が当該企業(使用者)と行う団体交渉である「企業別交渉」、②企業の事業場レベルで、当該事業場の従業員の雇用・労働条件その他の事項について労働者の代表が事業場の責任者等と行う団体交渉である「事業場別交渉」、③事業場の職場レベルで、当該職場の従業員の雇用・労働条件その他の事項について労働者の代表が職場の管理者等と行う団体交渉である「職場交渉」等がある。

### (2) 企業横断的交渉

企業横断的交渉としては、①産業部門レベル、職種・職業レベル、企業グループレベルで、当該産業、職種・職業、企業グループの労働者に共通の労働条

---

[*4] 前記第21章「集団的労使関係法総論」3。
[*5] ②から④の具体的実例については、川口・産業別労使交渉(2014)参照。

件その他の事項について労働者の代表がそれぞれの使用者団体又は複数の使用者との間で行う団体交渉である「産業別交渉」「職種別・職業別交渉」「企業グループ別交渉」、②地域レベル、地方レベル、全国レベルで、当該地理的範囲の労働者に共通の労働条件その他の事項について労働者の代表がそれぞれの使用者団体又は複数の使用者との間で行う団体交渉である「地域交渉」「地方交渉」「全国交渉」、③上記①と②を組み合わせた交渉（例えば産業別の地方交渉等）がある。

　産業別単一労働組合（単産）や企業別労働組合の連合体と使用者団体又は複数の使用者との間で行われる交渉は、「統一交渉」と呼ばれる場合もある。

　　（3）企業別交渉と企業横断的交渉の中間形態

　また、企業別交渉の交渉力を強化するため、企業別交渉と企業横断的交渉の中間的な形態もとられている。例えば、①企業別交渉への上部団体役員の参加（企業別組合の上部団体の役職員が当該企業別組合から交渉権限の委任を受けて企業別交渉に参加する交渉形態）、②「共同（連名）交渉」（企業別組合とその上部団体とがそれぞれの団体交渉権に基づいて共同で使用者と交渉にあたる形態）、③「集団（連合）交渉」（産業別組合の統制下にいくつかの企業別組合と各企業との交渉を同一テーブルで同時に行う交渉形態、単に産業別組合の統制下にそのスケジュールにあわせて企業別組合が一斉に企業別交渉を行う方式をさす場合もある）、④「対角線交渉」（産業別上部団体が単独で個々の使用者と交渉する方式）、⑤「対角線集団交渉」（対角線交渉の相手方使用者を一堂に会させて同交渉を集団的に行う方式）等がある。

　　（4）企業横断的な労働者代表と個別使用者の交渉

　企業横断的な労働者代表と個別使用者の交渉としては、地域レベル・地方レベル・全国レベルあるいは産業部門別・職種別で労働者を組織している労働組合（ユニオンという名称のものが多い）が組合員のために当該組合員が労働契約を締結している使用者等と行う団体交渉等がある。

# 第2節　団体交渉権により保障される団体交渉

　団体交渉権により保障される団体交渉（「正当な団体交渉」とも言いうる）の範囲は、「誰が、何について、誰に対して、どのような手続で、どのような行為を、いつ、求めることができるのか」により画定される。

　すなわち、①団体交渉の主体（→第1款）、②団体交渉の対象事項と相手方（→第2款）、③団体交渉の手続（→第3款）、④求めうる団体交渉（団体交渉義務）の内容（→第4款）、⑤団体交渉を求めうる時期（→第5款）の大別五点から画定される。

## 第1款　団体交渉の主体

### 1　団体交渉権の権利主体と団体交渉の主体

団体交渉権の第一次的な権利主体は「労働者(勤労者)」であるが、団体交渉権はその権利の性質上集団的に行使される。

したがって、第二次的な団体交渉権の権利主体であり、具体的に団体交渉権を行使し、「団体交渉の主体」となるのは、一定の要件を充足する、労働者の団結体である(→3)。

なお、団体交渉の主体を検討する前に、「団体交渉の主体」と「交渉権限を有する者」の違いを確認しておきたい(→2)。

### 2　団体交渉の主体と交渉権限を有する者

「団体交渉の主体」は、団体交渉権の第二次的権利主体である、労働者の団結体である

これに対し、「交渉権限を有する者」は、実際に団体交渉において交渉する権限を有する者である。

交渉権限を有する者は、団体交渉の主体が労働組合(労組法上の労働組合)である場合は、「労働組合の代表者又は労働組合の委任を受けた者」(労組6条)であり、団体交渉の主体が憲法組合又は憲法上の保護を受ける一時的団結体である場合も同様と解される。

委任を受けることができる者(交渉権限を認められる者)は、特に制限はなく、当該労働組合の役員で休職処分中の者[*6]、当該労働組合の組合員(あるいは団結体の構成員)以外の者、上部団体の役員でもよい。また、自然人に限るとする見解[*7]もあるが、①労組法6条の受任者は文言上自然人に限られないこと、②労働組合の運動は団体相互の協力体制を通常の運動形態とすること、③団体交渉権を他団体に委譲することも可能であることから、団体(上部団体等)でもよいと解すべきである[*8]。ただし、労働協約に、労働組合が団体交渉権を当該組合の組合員以外の第三者へ委任することを禁止する条項(「第三者委任禁止条項」)を規定した場合は、当該定めに従い、団体交渉の交渉権限を有する者は組合員

---

[*6] 福岡労委(あけぼのタクシー)事件・福岡地判昭62・4・28労判496号50頁。
[*7] 菅野・労働法(2017)848頁等。
[*8] 兵庫労委(姫路赤十字病院)事件・神戸地判昭56・2・9労民32巻1号44頁/労判364号68頁、同事件大阪高判昭57・3・17労民33巻2号321頁。栃木労委(栃木化成)事件・東京高判昭34・12・23集民16巻10号2112頁/判時217号33頁も労組法6条により委任を受けた上部団体の交渉権限を肯定する。西谷・労組法(2012)294頁も同旨。

に限定される[*9]。

なお、交渉権限と、妥結権限、労働協約締結権限は区別され、交渉権限を有する者は、妥結権限や労働協約締結権限を有している必要はない[*10]。

## 3　団体交渉の主体となる団結体

団体交渉の主体となる団結体は、憲法28条を享受する団結体であり、当該団結体が、その組織対象者の点で、a)職種別労働組合、b)産業別労働組合、c)一般労働組合、d)企業別労働組合、e)地域労働組合等のいずれか、また、その構成員の点で、1)単位組合（労働者を構成員とする労働組合）、2)連合組合（労働組合を構成員とする労働組合）、3)混合組合（労働者と労働組合の双方を構成員とする労働組合）[*11]のいずれかに関わりなく、団体交渉の主体となる。

しかし、その中で、①憲法28条を享受する団結体、②労組法上の労働組合、③法適合認証組合組合[*12]が、それとして享受する権利と求めうる法的救済は異なるので、以下順に検討する。

(1) 憲法28条を享受する団結体

　　ア　憲法上の労働組合

憲法上の労働組合は、団体交渉の主体となることができ、当該組合及び組合員は、憲法28条の団体交渉権（刑事・民事免責、正当な理由のない団交拒否の違法性、不利益な取扱いからの保護）を享受する。

また、正当な理由のない団交拒否については、裁判所において、不法行為に基づく損害賠償、及び、当該事項につき団体交渉を求め得る地位の確認請求等をなしうる。

　　イ　憲法上の保護を受ける一時的団結体

憲法上の保護を受ける一時的団結体（労働者が主体となって自主的に労働条件の維持改善その他経済的地位の向上を図ることを主たる目的として組織され、構成員に対し統制力をもちそこに統一的な団体意思が形成されている一時的な団結体）は、団体交渉の主体となることができ、当該団結体及びその構成員たる労働者は、憲法28条の団体交渉権（刑事・民事免責、正当な理由のない団交拒否の違法性、不利益な取扱いか

---

[*9]　この条項が憲法28条違反、民法90条違反で無効とは言えない。
[*10]　組合規約で、労働協約締結について、大会等の機関承認事項と定める例もある。
[*11]　混合組合に対する団交拒否につき、当該混合組合の労働委員会への救済申立資格を肯定した裁判例として、中労委(エスエムシー)事件・東京地判平8・3・28労判694号43頁。
[*12]　労働組合及び憲法上の保護を受ける一時的団結体の概念の詳細等については、前記第22章「団結の結成と運営」第1節1～4参照。

らの保護)を享受する[*13]。但し、正当な理由のない団交拒否の場合、社団性がないので、裁判所において救済を求めることはできない。

(2) 労組法上の労働組合

労組法上の労働組合(労組2条)は、第一に、憲法上の労働組合であるから、団体交渉の主体となることができ、当該組合及び組合員は、憲法28条の団体交渉権(刑事・民事免責、正当な理由のない団交拒否の違法性、不利益な取扱いからの保護)を享受する。また、正当な理由のない団交拒否については、裁判所において、不法行為に基づく損害賠償、及び、当該事項につき団体交渉を求め得る地位の確認請求等をなすことができる。

そして、第二に、労組法上の労働組合として、団体交渉の結果、労働協約を締結することもできる。

(3) 法適合認証組合

法適合認証組合(労組5条1項)は、第一に、憲法上の労働組合であるから、団体交渉の主体となることができ、当該労働組合及び組合員は、憲法28条の団体交渉権(刑事・民事免責、正当な理由のない団交拒否の違法性、不利益な取扱いからの保護)を享受する。また、正当な理由のない団交拒否については、裁判所において、不法行為に基づく損害賠償、及び、当該事項につき団体交渉を求め得る地位の確認請求等をなすことができる。

第二に、労組法上の労働組合であるから、団体交渉の結果、労働協約を締結することもできる。

そして、第三に、法適合認証組合として、労働委員会でその救済の前提として資格審査により法適合決定を受けた団交拒否については、不当労働行為の救済を求めこれを受けることができる。

## 4 団体交渉の主体に関する論点

団体交渉の主体に関しては、①連合組合(労働組合を構成員とする労働組合)、

---

[*13] 東京労委(旭ダイヤモンド)事件・東京地判昭54・12・20労民30巻6号1287頁/労判334号32頁参照(憲法28条及び労組法7条2号により団体交渉権を保障される労働者の団体は、団結力を保持するものでなければならず、構成員に対し統制力をもちそこに統一的な団体意思が形成されていることが必要であるとし、その理由として、内部的な統制力を欠き統一的団体意思が形成されていない団体は、その構成員の意見の相違により使用者との団体交渉を斉一的かつ円滑に進め交渉結果の統一を図ることが困難であり、また、仮に交渉により労働協約その他合意に達したとしてもその履行の確保の保障がなく交渉の成果が無に帰するおそれが強いので、法がかかる団体との団体交渉まで使用者に強制していると解することはできないと判示)。

②適用法の異なる労働者を組織する労働組合、③単位組合の下部組織、④企業内に複数労働組合が存在する場合、⑤共同交渉等について論点となるので、以下順に検討する。
　(1) 連合組合
　連合組合(労働組合を構成員とする労働組合)も、組織対象者の範囲にかかわらず、全て団体交渉の主体となる*14。
　これに対し、労組法2条本文を充足せず、加盟組合に対して独自の統制力を持たない(社団性のない)単なる連絡組織・協議組織は、労働組合(連合組合)ではなく、団体交渉の主体となりえない。
　連合組合は、①連合組合固有の団体交渉権として、その団体に独自の事項(当該連合組合との交渉手続等)、及び、加盟組合に共通の事項(労働条件の統一的要求等)に関する団体交渉権を有し、②加盟組合(単位組合又はその連合体)との競合的団体交渉権として、規約の定め又は慣行があれば、加盟組合のみに関連する事項(当該組合員の労働条件等)についても加盟組合と競合して団体交渉権を持つ。
　連合組合の競合的団体交渉権は、通常は、加盟組合と共同で使用者又は使用者団体に交渉を申し入れる形で行使され、使用者は、この共同交渉を、両団体間で交渉権限が統一されている限り、原則として拒否できない*15。
　(2) 適用法の異なる労働者を組織する労働組合
　適用法の異なる労働者を組織している労働組合(これも「混合組合」と呼ばれる)、例えば、地公法の適用を受ける労働者と労組法の適用を受ける労働者を組織している労働組合は、それぞれの労働者について団体交渉の主体となる*16。
　(3) 単位組合の下部組織
　単位組合(労働者を構成員とする労働組合)の中には、その内部にそれ自体独立

---

*14　当該連合組合(上部団体)から企業内単位組合(支部組合)が脱退した後も、新たな支部組合を再建し当該連合組合に加入している組合員がいるときは、当該組合員の使用者は当該連合組合に対し団体交渉義務を負うと判断した裁判例として、中労委(東洋シート)事件・東京地判昭58・10・21労判420号58頁、同事件・東京高判昭59・11・28労判447号31頁〈カード〉(最一小判昭61・5・29労判484号38頁もこれを維持)。
*15　これに対し、いずれかの団体が交渉を申し入れ、同一事項について二重交渉のおそれが強い場合は、使用者は団体交渉権の統一・調整まで一時的に団体交渉を拒否しうる(団体交渉拒否の正当な理由となりうる)。
*16　中労委(大阪府教委・大阪教育合同労組)事件・東京地判平25・10・21労判1083号5頁/判時2217号122頁、同事件・東京高判平26・3・18労旬1814号59頁/中労委DB:H-H26-030、大阪労委(泉佐野市)事件・大阪地判平28・5・18労判1143号35頁、同事件・大阪高判平28・12・22労判1157号5頁(労組法適用組合員に関する問題については、労働組合として、労組法上の権利を行使することができ、労組法7条各号につき救済命令の申立人資格を有する)。

した労働組合といえる組織を備えている下部組織を有する「単一組織組合」(「単一組合」)が存在するところ、単一組織組合の中で、それ自体で独立した労働組合としての組織を備えている下部組織は、当該単一組織組合全体の中での団体交渉権の配分の範囲内で、その下部組織限りの事項については、団体交渉の主体となりうる[17][18]。

これに対し、それ自体で独立した労働組合としての組織を備えていない職場組織等は、固有の団体交渉権をもたないので、通常は団体交渉の主体とはなりえない[19]。ただし、組合規約や労働協約により特定の事項につきその所属する労働組合から団体交渉権を付与された場合は、団体交渉の主体となる[20]。

(4) 複数の労働組合の存在

企業内に団体交渉の当事者となりうる労働組合が複数存在する場合もありうるが、それぞれの労働組合が平等に団体交渉権を有し、団体交渉の主体となりうるので、使用者はそれぞれの労働組合と団体交渉する義務を負う。

したがって、使用者が、どれか一つの労働組合と、「唯一交渉団体条項」(使用者が、当該労働組合を唯一の団体交渉相手と認め、他の労働組合とは交渉しない義務を負う条項)を定めた労働協約を締結しても、唯一交渉団体条項は他の労働組合の団体交渉権を侵害するもので、民法90条違反で無効である。それゆえ、使用者は、唯一交渉団体条項の存在を理由に、他の労働組合との団体交渉を拒否することはできない(団体交渉拒否の正当な理由とはならない)[21]。

---

[17] 三井鉱山三池鉱業所事件・福岡高判昭48・12・7労判192号44頁/判時742号103頁は、単位組合の支部、分会であっても、独自の規約を有して一定の組織体を形成し、統一的団体意思に支配された統制ある行動をとることができ、財産的基盤として構成員が拠出した資金を有し、もって独自の活動をなす社団的組織体で、労働組合としての実体を有するものであれば、当該職場組織固有の事項について、独自の団体交渉権の主体たり得ると判示し、支持しうる(当該事案における下部組織についてはこれを否定)。

[18] 当該下部組織がそれ自体独立した労働組合で団体交渉の主体たりうることを肯定した裁判例として、中労委(オリエンタルモーター)事件・東京高判昭62・5・26労民38巻3=4号344頁/労判503号89頁、大阪労委(文祥堂)事件・大阪地判平2・10・26労判675号9頁、同事件・大阪高判平4・3・5労判675号8頁、中労委(エスエムシー)事件・東京地判平8・3・28労判694号43頁。

[19] 国際電信電話事件・大阪地判昭36・5・19労民12巻3号282頁。

[20] 三井鉱山三池鉱業所事件・福岡高判昭48・12・7労判192号44頁/判時742号103頁(労働組合から団体交渉権や協約締結権を付与された下部機関は、使用者と団体交渉をし協約を締結することはでき、また、職場の団体行動も、組合の争議行為と認められる限り正当な行為と評価されると判示)。

[21] 住友海上火災保険事件・東京地判昭43・8・29労民19巻4号1082頁/労判67号87頁、中労委(アヅミ)事件・東京地判昭63・8・8労判524号19頁。

(5) 共同交渉

　企業内において団体交渉の主体となりうる複数の労働組合が存在する場合、各労働組合が個別で交渉を求めるのではなく、共同で団体交渉（「共同交渉」）を申し入れた場合、当該複数の労働組合が団体交渉の主体となることはできるだろうか。

　この場合は、当該複数の労働組合間において、統一された意思決定のもとに統一した行動をとることのできる団結の条件、すなわち、統一意思と統制力の確立が必要である。けだし、この条件が確立していない場合は、交渉の斉一的かつ円滑な進行、交渉結果の統一、及び交渉成果の確保等の保障がなく、また、複数の労働組合の組合員に共通する具体的要求事項の統一的かつ画一的解決という、共同交渉の目的の主要な部分を達成する基礎を欠くものであり、使用者に対し、このような形態の団体交渉を強制する理由がないからである[22]。

## 第2款　団体交渉の対象事項と相手方

### 1　団体交渉権により保障される交渉事項

　団体交渉権を享受し団体交渉の主体となりうる団結体が、団体交渉権により団体交渉の対象となしうる事項（交渉事項）として保障される事項は、団体交渉権の意義に照らして画定されるところ、その意義は、労働者がその代表者である団結体による団体交渉を通じて、①労働関係法規違反の現実かつ迅速な是正と実効性の確保、②労働関係上の権利紛争の自主的解決と労働者の権利の現実かつ迅速な実現（未払賃金の支払、安全配慮義務の履行等）、③雇用・労働条件の維持改善等の要求と実現、④集団的労使関係ルール（手続・便宜供与等）についての紛争解決と要求の実現等を図ることである[23]。

　したがって、当該団結体が団体交渉権により保障される交渉事項は、その構成員である労働者に関する、①労働関係法規上の義務（公法上の義務・努力義務を含む）に関する事項、②労働関係上の権利義務に関する事項、③労働者の雇用・労働条件の維持改善等に関する事項、及び、④当該団結体との集団的労使関係ルールに関する事項である。

---

[22]　東京労委（旭ダイヤモンド）事件・東京地判昭54・12・20労民30巻6号1287頁/労判334号32頁、同事件・東京高判昭57・10・13労民33巻5号891頁（最二小判昭60・12・13労判465号6頁も維持）。

[23]　前記第21章「集団的労使関係総論」3参照。

## 2 団体交渉権を行使しうる相手方

(1) 「団体交渉権を行使しうる相手方」の判断基準

団体交渉権により保障される交渉事項(→前記1)は、前記①～④の類型毎にその性質・内容を異にするので、団体交渉の主体となりうる団結体が、団体交渉権を行使し団体交渉を求めうる相手方(「団体交渉権を行使しうる相手方」)に該当するかどうかの判断基準は、交渉事項の類型毎に設定されるべきである。

　　ア　労働関係法規上の義務に関する事項

①団結体の構成員である労働者の「労働関係法規上の義務に関する事項」については、a「当該労働関係法規上の義務を負う者」[*24]が「団体交渉権を行使しうる相手方」である。

　　イ　労働関係上の権利義務に関する事項

②団結体の構成員である労働者の「労働関係上の権利義務に関する事項」については、b「当該労働関係上の権利義務を有する者」[*25]が「団体交渉権を行使しうる相手方」である。

　　ウ　雇用・労働条件の維持改善等に関する事項

③団結体の構成員である労働者の「雇用・労働条件の維持改善等に関する事項」[*26]は、その要求を実現するためには、c「当該雇用・労働条件の維持改善等に関する事項を支配又は決定することができる地位にある者」[*27]を「団体交渉権を行使しうる相手方」と解する必要がある。支配又は決定することができる地位にあるのは「当該事項」についてで足り、「当該労働者の基本的労働条件全般」である必要はない。また、「当該事項を支配又は決定することができる地位」の根拠は、当該労働者との現在の労働契約のみならず、将来の労働契約、当該労働者の労働契約上の使用者との契約(労働者派遣契約、業務委託契約等)、法律上の権限(会社法等)、定款、資本・人的関係等も肯定される。

---

[*24] 現在の労働契約上の使用者(出向元・出向先を含む)、過去の労働契約上の使用者(労基22条1・3・4項、23条等)、派遣先(派遣44条～47条の2、39条、40条、40条の4、40条の5、41条、42条、49条の3等)、元方事業者〈定義：安衛15条1項〉(安衛29条1・2項、30条の3第1項)、建設業の元方事業者(安衛29条の2)、特定元方事業者〈定義：安衛15条1項〉(安衛30条)、製造業の元方事業者(安衛30条の2)、発注者〈定義：安衛30条2項〉(安衛30条2項)、鉱業権者〈定義：鉱山保安法2条1項〉(鉱山保安法5条～12条等)等。

[*25] 現在の労働契約上の使用者(出向元・出向先を含む)、当該団結体との労働協約締結当事者、過去の労働契約上の使用者、賃金支払義務の重畳的債務引受者、当該労働者と「特別の社会的接触の関係」にある者、派遣先、親会社等。

[*26] 契約更新、定年後の継続雇用等、実質的には労働契約の「維持・継続」であるものを含む。

[*27] 現在の労働契約上の使用者(出向元・出向先を含む)に加えて、合併・事業譲渡・会社分割等による将来の労働契約上の使用者、派遣先、親会社等。

ただし、③'団結体の構成員である労働者の「採用を含む新たな雇用の確保、経済的保障等」については、誰でもなしうるところ、契約締結の自由等と団体交渉権との調整に鑑みれば、c'1「違法派遣・偽装請負の派遣先・注文企業等(違法状態の是正要求)」(前記①の労働関係法規上の義務の履行を求めることになる)、c'2「当該労働者に対しその雇用保障に配慮する信義則上の義務を負う者[*28](配慮義務の履行要求)」(前記②の労働関係上の義務の履行を求めることになる)、c'3「当該労働者の労働契約の終了を支配又は決定した者で当該労働者の雇用の維持又は確保につき信義則上団体交渉義務を負う者」[*29]に限り、団体交渉を求めうると解される[*30]。

エ 集団的労使関係ルールに関する事項

④当該団結体との「集団的労使関係ルールに関する事項」については、権利紛争は、d1「当該労働協約等に基づく権利義務を有する者」が、利益紛争は、d2「前記①〜③の事項いずれかに団体交渉義務を負う者」が「団体交渉権を行使しうる相手方」と解されよう。

オ まとめ

以上のように、団体交渉の主体となりうる団結体が「団体交渉権を行使しうる相手方」は、当該交渉事項に対応して決定されるが、1)当該労働者につき、団体交渉権を行使しうる相手方が複数存在する場合や、2)当該労働者につき、ある労働関係法規上の義務を負う者[*31]、安全配慮義務を負う者[*32]、ある雇用・労働条件等を支配又は決定することができる地位にある者[*33]が、それぞれ複数存在し、一つの交渉事項につき、団体交渉権を行使しうる相手方が複数存在する場合もある。

(2) 「団体交渉権を行使しうる相手方」該当性

当該交渉事項について「団体交渉権を行使しうる相手方」に該当するのは、

---

[*28] 現在の労働契約上の使用者、過去労働契約の締結を繰り返していた等労働者が新たな労働契約の締結に合理的な期待を有している者、派遣先、親会社等。
[*29] 現在の労働契約上の使用者、派遣先、親会社等。
[*30] c'2の場合は「雇用保障への配慮」義務を負うので団体交渉だけではなく義務違反についての損害賠償請求が可能であるが、c'3の場合は「団体交渉」義務を負うだけで、誠実に団体交渉をすれば雇用確保措置がなされなくても損害賠償請求はできない。
[*31] 例えば、セクシュアル・ハラスメント防止対策義務(均等11条1項)は、派遣元と派遣先の双方に適用される(派遣47条の2)。
[*32] 例えば、下請労働者に対する安全配慮義務を、下請企業及び発注企業・元請企業・上位の請負人が負う場合もある。
[*33] 例えば、派遣労働者の一定の雇用・労働条件については派遣元と派遣先、子会社等の労働者の雇用・労働条件については子会社等と親会社の双方が、支配又は決定しうる地位にある。

使用者その他労働関係の当事者のうち具体的に誰であるかは、労組法7条2号の不当労働行為(団体交渉拒否)の成否の判断において、労組法7条2号の「使用者」(→後記(3)ウ)に該当するかどうかとして論じられることが殆どであるので、後記第26章「不当労働行為と法的救済」第2節第1款～6で検討する。

(3) 他の概念との異同

「団体交渉権を行使しうる相手方」は、「団体交渉の担当者」、「団体交渉・労働協約の当事者となりうる者」とは異なる概念であり、「労組法7条2号の使用者」とは同じ概念である。

ア 団体交渉の担当者

当該団結体が「団体交渉権を行使しうる相手方」は、当該団結体に対し、団体交渉を行う義務を負う者である[*34]。

これに対し、「団体交渉の担当者」は、団体交渉を実際に担当する者(自然人と解される)である。

団体交渉の担当者について、法令上規定はない。個人企業における個人(事業主)、会社企業における代表権限を有する者(代表権を有する社員、取締役)は、担当者となることができ、これを妥結させ、労働協約を締結することが可能であるが、代表者以外の者(労務担当役員、人事部長、工場長、事業所長等)であっても、当該企業組織内において団体交渉を担当する権限を付与されている者であれば可能である[*35]。

しかし、誠実に団体交渉を行い、合意の達成に向けて努力し、実りある団体交渉とするためには、担当者は、団体交渉の対象事項について実質的な決定権限を有するものであることが必要である。したがって、誠実に団体交渉を行う上で適切でない者が担当者であった場合は、誠実交渉義務(→第4款1)に違反し、また、労組法7条2号の団交拒否の不当労働行為に該当することになろう。

また、労働者側が支店、支社の下部組織の長等を担当者として指名して団体交渉を申し入れた場合、団体交渉対象事項につき当該組織の長が団体交渉を担当する権限を付与されているのであれば、当該下部組織の長が担当者として団体交渉に応じるべきであり、仮に妥結権限、協約締結権限がなくても、交渉に

---

[*34] 団体交渉の使用者側の「当事者」と呼ばれることもあるが、次に述べる「団体交渉・労働協約の当事者となりうる者」と混同しやすいので、「当事者」という表現はあまり適切ではない。

[*35] 労働協約上、当該団交対象事項につき使用者側担当者として交渉権限を付与されているかどうかを判断したものとして、秋田労委(JR東日本)事件・秋田地判平5・3・1労民44巻2号201頁/労判644号52頁(支店長・肯定)、公労委(都城郵便局)事件・最一小判昭51・6・3集民118号31頁/労判254号20頁(郵便局長・肯定)。

応じ、合意が成立した場合は、協約締結権限者に具申して労働協約とするよう努力すべきある[*36]。したがって、その担当者による団体交渉の拒否は、正当な理由のない団体交渉拒否に該当する。

　　　イ　団体交渉・労働協約の当事者

　労組法は、団体交渉の当事者(労組6条)及び労働協約の締結当事者(労組14条)として「使用者又はその団体」を定めている。

　当該労働者の団結体に対し団体交渉義務を負わない「使用者又はその団体」であっても、任意に団体交渉開催の要求に応じ、あるいは、団体交渉開催を申し入れることは可能であるし(ただし労働者の団結体は団交応諾義務を負わない)、当該団結体に対し団体交渉義務を負わない「使用者又はその団体」が労働協約を締結することは可能である。

　したがって、当該団結体との団体交渉・労働協約の当事者となりうる「使用者又はその団体」は、当該団結体が団体交渉権を行使しうる相手方(団体交渉義務を負う者)に限定されず、労組法上の労働者と労働契約を締結している者・締結していた者・締結する可能性がある者、及び、その団体を含む概念であり、「団体交渉権を行使しうる相手方」と団体交渉・労働協約の当事者となりうる「使用者又はその団体」は異なる概念である。

　　　ウ　労組法7条2号の「使用者」

　労組法7条2号は、「使用者」が「使用者が雇用する労働者の代表者と団体交渉をすることを正当な理由がなくて拒むこと」を不当労働行為(団体交渉拒否)として禁止している[*37]。

　労組法7条2号は、法体系上、憲法28条の団体交渉権保障の実効性を確保するための規定と位置づけられるものであり[*38]、憲法28条と表裏一体の関係にある。

　したがって、労組法7条2号にいう「労働者の代表者」は、団体交渉権の享受主体であり、団体交渉の主体となりうる団結体(憲法上の労働組合<労組法上の労働組合・憲法組合>と憲法上の保護を受ける一時的団結体)(→前記第1款3)である。

　そして、労組法7条2号により、当該労働者の代表者(団結体)に対して正当な理由のない団体交渉拒否を禁止されている「使用者」(当該団結体の構成員である労働者を「雇用する」使用者)は、当該団結体が「団体交渉権を行使しうる相手方」

---

[*36]　公労委(都城郵便局)事件・最一小判昭51・6・3集民118号31頁/労判254号20頁。
[*37]　後記第26章「不当労働行為と法的救済」第3節第2款。
[*38]　したがって、憲法28条の団体交渉権の範囲がまず憲法の解釈として行われ、それに基づき労組法7条2号の解釈が行われるべきであり、労組法7条2号の「使用者」から憲法28条の「団体交渉権を行使しうる相手方」を画定するのは順序が逆である。

である。

### 3　団体交渉権を行使しうる相手方と義務的団交事項

(1)　「義務的団交事項」と「任意的団交事項」

団体交渉権を行使しうる相手方から見て、憲法28条に基づき団体交渉に応じる義務を負う事項を「義務的団交事項」と呼び、団体交渉に応じる義務を負わない（応じるかどうかは任意である）事項を「任意的団交事項」と呼ぶ。

なお、義務的団交事項に該当しなくても、労働協約に基づき団体交渉の対象とされている事項については、当該労働協約の締結当事者である相手方は労働協約に基づき団体交渉義務を負う。

(2)　「義務的団交事項」の定義

団体交渉権により保障される交渉事項は、当該団結体の構成員である労働者に関する、①労働関係法規上の義務（公法上の義務・努力義務を含む）に関する事項、②労働関係上の権利義務に関する事項、③労働者の雇用・労働条件の維持改善等に関する事項、及び、④当該団結体との集団的労使関係の運営（ルール）に関する事項であり（→前記1）、団体交渉権を行使しうる相手方は、交渉事項に応じて決定される（→前記2）。

したがって、当該相手方の「義務的団交事項」は、相手方によりその内容は異なるが、1) 当該団結体の構成員である労働者に関する、①労働関係法規上の義務（公法上の義務・努力義務を含む）に関する事項で当該相手方が義務を負うもの、②労働関係上の権利義務に関する事項で当該相手方が有する（負う）もの、③雇用・労働条件の維持改善等に関する事項で当該相手方が支配・決定することができる地位にあるもの、及び、2) 前記①〜③が存在する場合は、当該団結体との集団的労使関係の運営（ルール）に関する事項である。

これをまとめれば、「団体交渉を申し入れた団結体の構成員である労働者の雇用・労働条件その他の待遇、又は、当該団結体と相手方との間の集団的労使関係の運営に関する事項で、かつ、当該相手方が決定又は対応しうる（すべき）もの」と定義することもできる。

最高裁判決[*39]も、団体交渉を申し入れた労働組合の構成員である労働者の労

---

[*39]　中労委（INAXメンテナンス）事件・最三小判平23・4・12集民236号327頁／労判1026号27頁。従来の裁判例、例えば、中労委（エス・ウント・エー）事件・東京地判平9・10・29労判725号15頁、本四海峡バス（本訴）事件・神戸地判平13・10・1労判820号41頁、中労委（根岸病院）事件・東京高判平19・7・31労判946号58頁等も、ほぼこの内容で義務的団交事項を定式化している。

働条件その他の待遇、又は、当該労働組合との間の団体的労使関係の運営に関する事項で、かつ、使用者(労組7条)が決定することができるものを、義務的団交事項と判断している。

(3) 義務的団交事項の具体的内容

義務的団交事項の具体的内容については、①構成員である労働者、②雇用・労働条件その他の待遇、③集団的労使関係の運営(ルール)の内容が問題となる。

　　ア　構成員である労働者

義務的団交事項となりうるものは、当該団結体の「構成員である労働者」の雇用・労働条件その他の待遇に関する事項である。

義務的団交事項は、構成員である労働者の全体又は一部に共通の雇用・労働条件の基準(定年年齢、労働時間の上限、賃金体系、配転の基準や手続*40等)や集団的な紛争に限られるわけではなく、構成員である労働者の個別的な雇用・労働条件(例えば、特定の労働者の解雇*41、定年後の継続雇用*42、懲戒処分*43、配転・出向等)や個別的な紛争も義務的団交事項となる。

また、当該団結体の「構成員である労働者」かどうかは、紛争発生時ではなく、団体交渉を申し入れた時点で判断される。それゆえ、いわゆる「駆け込み訴え」(紛争<例えば解雇>発生後に、労働者が紛争解決を求めて労働組合に加入すること)の場合も、労働組合は、当該紛争解決を団交事項として、団体交渉を要求することができる。

また、構成員でない労働者の労働条件も、構成員の労働条件・待遇に影響を与える場合は義務的団交事項となる*44。

　　イ　雇用・労働条件その他の待遇

義務的団交事項となりうるものは、当該団結体の構成員である労働者の「雇用・労働条件その他の待遇」に関する事項である。

「雇用・労働条件その他の待遇」に含まれうるものは、労働関係法規の遵守、

---

*40　中労委(NTT西日本)事件・東京地判平22・2・25労判1004号24頁、同事件・東京高判平22・9・28労判1017号37頁。
*41　神奈川労委(日本鋼管鶴見造船所)事件・東京高判昭57・10・7労判406号69頁。
*42　中労委(ブックローン事件)東京地判平22・2・10労判1002号20頁/判タ1342号153頁(当該労働組合が高年法9条2項<当時>の定める継続雇用協定の締結資格がないことは団交を拒否する正当な理由とはならないと判示)。
*43　中労委(医療法人光仁会)事件・東京高判平21・8・19労判1001号94頁。
*44　中労委(根岸病院)事件・東京高判平19・7・31労判946号58頁(まだ組合に入っていない新規採用者の初任給の引下げは、在職中の組合員の賃金を抑制する影響を及ぼすおそれがあり、その後新規採用者が組合に加入すれば組合員間で賃金格差を生じさせる要因となるので、義務的団交事項と判断)。

労働関係上の義務の履行、裁判所の判決・決定や労働委員会の命令の履行等の他、①採用の基準・手続、特定の労働者の採用等、②賃金、労働時間、休憩・休日・休暇、安全衛生、災害補償、教育訓練、労働の内容・密度・方法・場所・環境、③労働条件の変更(配転・出向、昇進・昇格・昇給、降職・降格・降給等)[*45]、懲戒、労働契約の終了(解雇、契約更新拒否、定年制等)等の雇用・労働条件に関する、権利紛争、及び、利益紛争である。

紛争の対象となっている使用者等の行為(例えば解雇)が有効であっても、その撤回を求めることは可能であるから、当該行為の有効性・適法性は、義務的団交事項かどうかの判断には直接関係がない。

また、経営・生産に関する事項、例えば、機械の導入、設備の更新、生産の方法、工場事務所の移転[*46]、事業譲渡[*47]、会社組織の変更、職場の組織変更、業務の下請け化[*48]等に関する事項であっても、その多くは、労働者の雇用・労働条件に影響を与えるものであり、労働者の雇用・労働条件に影響を与える限りにおいては義務的団交事項である。

　　　ウ　集団的労使関係の運営

義務的団交事項には、団体交渉を申し入れた団結体との間の「集団的労使関係の運営」に関する事項も含まれうる。

具体的には、ユニオン・ショップ、便宜供与、団体交渉の手続・ルール、組合活動や争議行為に関する手続・ルール、苦情処理手続、事前協議手続等に関する、権利紛争及び利益紛争が含まれる。

　　(4)　義務的団交事項に関する論点

　　　ア　「労働協約に既定の事項」

既に合意され労働協約に既定の事項は、労働協約の有効期間中は、原則として、義務的団交事項ではない[*49]。けだし、そうでなければ、当該事項について、協議し、合意し、ルールとして安定化した意味がなくなるからである。

しかし、労働協約に既定の事項の改廃についても、それを正当化しうる事情変更がある場合、期間の定めのない労働協約で一定の時間が経過した場合、又

---

[*45]　職場再編成の人事異動を義務的団交事項と判断したものとして、栃木労委(栃木化成)事件・宇都宮地判昭33・2・25民集16巻10号2091頁、同事件・東京高判昭34・12・23民集16巻10号2112頁/判時217号33頁。
[*46]　中労委(エスエムシー)事件・東京地判平8・3・28労判694号43頁。
[*47]　ドルジバ事件・神戸地決昭47・11・14労判164号36頁、日本プロフェッショナル野球組織事件・東京高決平16・9・8労判879号90頁〈ﾀﾞｲｼﾞｪｽﾄ〉等。
[*48]　明治屋事件・名古屋地判昭38・5・6労民14巻5号1081頁。
[*49]　菅野・労働法(2017) 855頁。

は、次期の労働協約の締結時期である場合は、義務的団交事項となる。

また、労働協約の規定の解釈適用問題は、協約上別個の手続に委ねられていない限り、義務的団交事項である*50。

### イ 裁判等で係争中の事項・確定した事項

裁判所若しくは労働委員会で争われている紛争、又は、判決で確定した事項についても、特段の事情のない限り、義務的団交事項と解すべきである。

裁判所と労働委員会と団体交渉は、それぞれ目的・機能を異にし、①裁判所は当事者間の現在の権利義務関係ないし法律関係を確定し、②労働委員会は使用者の行為の不当労働行為該当性と救済方法を判断するが、③団体交渉は、団結体の団結権・団体行動権等を背景に、政策的な考慮も加えて将来にわたる権利義務関係を形成する目的及び機能も有し、また、迅速かつ費用負担の少ない解決方法として、労働者の労働権保障の点からも重要な意義を有する。

したがって、裁判所又は労働委員会による救済を選択するとともに、団体交渉による解決も選択する意味は十分に存在するから、団体交渉権を行使しうる相手方は、単に裁判所若しくは労働委員会で係争中の事項であること、又は、判決若しくは命令で確定した事項であるということのみを理由として、団体交渉を拒否することはできず、団体交渉義務を負うと解すべきである*51。

ただし、労使双方の意見が対立し団体交渉継続の余地がなくなったという理由で団体交渉の打切りが認められる場合はあろう(→後記第4款2(2))。

## 第3款　団体交渉の手続

第一に、団体交渉の手続について、法令上の規定はないが、労働協約の定めがある場合、又は、当該団結体と使用者等との契約内容となっている労使慣行等が存在する場合は、当該手続に従って団体交渉が行われる。

第二に、団体交渉を申し入れる団結体は、集団的労使関係上の信義則上の義務として、憲法28条により保障された団体交渉権の行使であることを明確化するために、団体交渉の主体、交渉権限を有する者、団体交渉の対象事項を明確化し、また、団体交渉の主体となりうることや義務的団交事項であることを明

---

*50　菅野・労働法(2017)855頁。
*51　救済申立や訴訟継続中であることを理由に団体交渉を拒否できないと判示するものとして、中労委(石塚証券)事件・東京地判平5・1・21労民44巻1号1頁/労判626号83頁、太陽自動車事件・東京地判平21・3・27労判986号68頁、特に解雇についてこのように述べ、解雇有効の判決後の団体交渉義務を肯定した裁判例として、神奈川労委(日本鋼管鶴見造船所)事件・東京高判昭57・10・7労判406号69頁(最三小判昭61・7・15労判484号21頁もこれを維持)。

確化するために必要であれば、組合員の人数や氏名(の一部)を示す義務を負う。したがって、それが明確化されない場合は、団体交渉を申し入れられた者は、団体交渉義務を負わず、団体交渉を拒否することができる。

　第三に、団体交渉の日時・場所・時間・交渉参加者等については、当該団結体と使用者等との間で調整し決定されることになるが、合理的理由なく使用者等が当該条件に固執し団体交渉を拒否した場合は、団体交渉義務違反となる[*52]。

## 第4款　求めうる団体交渉(団体交渉義務)の内容

### 1　誠実交渉義務

　団結体が、団体交渉権を行使しうる相手方に求めうる団体交渉の内容、換言すれば、相手方の負う団体交渉義務は、「誠実交渉義務」である。すなわち、相手方は、誠実な対応を通じて合意達成の可能性を模索し、また、団結体の団体交渉権を平等に尊重して団体交渉を行う義務を負う。

　(1)　誠実な対応を通じて合意達成の可能性を模索する義務

　誠実交渉義務は、具体的には、第一に、単に団体交渉の場に出席し、あるいは、単に労働者代表の要求や主張を聞くだけでなく、それらの要求や主張に対しその具体性や追求の程度に応じた回答や主張をなし、その論拠を示したり必要な資料を提示する義務であり、合意達成の可能性を追求する義務である。

　多くの下級審裁判例[*53]も、誠実交渉義務は、具体的には、自己の主張を労働組合等が理解し納得することを目指して、誠意をもって団体交渉に当たること

---

[*52]　当該団体交渉拒否を労組法7条2号の不当労働行為と判断した裁判例として、中労委(商大自動車教習所)事件・東京高判昭62・9・8労判508号59頁(使用者が団交ルール〈時間：2時間以内、場所：教習所の施設の外、人員：組合側5人以内、使用者側4人以内〉の設定の後でなければ団体交渉に応じないとしたこと〈最三小判平元・3・28労判543号76頁もこれを維持〉)、中労委(亮正会)事件・東京地判平2・11・8労民41巻6号913頁/労判574号14頁(団体交渉員3名以内に固執して団体交渉に応じなかったこと)、奈良労委(奈良学園)事件・大阪高判平3・11・29労判603号26頁(上部団体の役員参加を理由とする団体交渉拒否)、中労委(函館厚生院)事件・東京地判平20・3・26労判969号77頁(団体交渉の方式として「組合員参加型団体交渉」が労使慣行として成立していたのに当該方式での団体交渉に応じなかったこと)。不当労働行為該当性を否定した裁判例として、大阪労委(四條畷カントリー娯楽部)事件・大阪地判昭62・11・30労判508号28頁(使用者が就業場所以外を団交場所に指定しても合理的理由があり労働者に格別の不利益をもたらさない場合は不当労働行為に該当しないと判示)。

[*53]　東京労委(カール・ツァイス)事件・東京地判平元・9・22労判548号64頁/判時1327号145頁、中労委(エス・ウント・エー)事件・東京地判平9・10・29労判725号15頁、中労委(日本アイ・ビー・エム)事件・東京地判平14・2・27労判830号66頁、中労委(モリタほか)事件・東京地判平20・2・27労判967号48頁、中労委(旧社会法人ひまわりの会)事件・東京地判平27・11・27労判1145号41頁、同事件・東京高判平28・4・21労判1145号34頁、香川労委(詫間港運)事件・高松地判平27・12・28労判1137号15頁等。

であり、労働組合等の要求や主張に対する回答や自己の主張の根拠を具体的に説明し必要な資料を提示するなどし、労働組合等の要求に譲歩できないとしてもその論拠を示して反論するなどの努力をすべき義務であり、誠実な対応を通じて合意達成の可能性を模索する義務であると判示している。

したがって、合意達成の意思のないことを最初から明確にした態度、合理性を疑われる回答に説明なく固執すること、交渉権限のない者に団体交渉を担当させること、回答・説明・資料提示などの具体的対応を十分にしないこと[54]、直接会見せず文書の往復や電話により協議することや[55]、団体交渉以外の方式[56]に固執すること、団交中に勝手に個別の労働者と交渉すること、団交対象となっている労働条件を団交継続中に一方的に決定・変更すること[57]等は、誠実交渉義務に違反する。

また、団体交渉において合意したにもかかわらず、これを対象とする労働協約の締結を拒否することも、相当の理由がある場合を除き、誠実交渉義務に違反することになろう[58]。

(2) 平等取扱義務・中立保持義務

第二に、当該使用者等が団体交渉に応ずべき団結体が複数存在する場合、使用者等は、各団結体との対応において、平等取扱義務、中立保持義務を負うから、それぞれの団結体に対し、誠実交渉義務を尽くし、実質的に平等な取扱い

---

[54] 青森労委(東北測量)事件・青森地判平元・12・19労判557号60頁、同事件・仙台高判平4・12・28労判637号43頁(最二小判平6・6・13労判656号15頁も維持)、中労委(黒川乳業)事件・東京地判平元・12・20労判554号30頁、大和交通事件・奈良地判平12・11・15労判800号31頁。中労委(日本アイ・ビー・エム)事件・東京地判平14・2・27労判830号66頁は、賃金制度の公開、資料の提示要求も団体交渉事項であるから、会社は要求に応じられない場合はその理由を具体的に説明する義務があると判示している。

[55] 中労委(浦和電器産業)事件・東京地判平2・4・11労判562号83頁/判時1352号151頁(団体交渉は、その制度の趣旨からみて、特段の事情がない限り労使が直接話し合う方式によるのが原則であるとして、書面の交換による交渉に固執し直接話し合うことを拒否したことが団交義務に反し不当労働行為であると判断)。

[56] 東京流機製造事件・東京地判昭58・1・20労民30巻1号31頁(使用者・労働組合・一般従業員の三者構成の委員会方式に固執し、団体交渉で具体的審議を尽くさなかったことが労組法7条2号の団体交渉拒否に該当すると判断)。

[57] 当該労働条件変更の効力を判断するにあたり、使用者の信義則上の義務違反として理論構成することも可能である。

[58] 大阪労委(文祥堂)事件・大阪地判平2・10・26労判675号9頁、同事件・大阪高判平4・3・5労判675号8頁、同事件・最三小判平7・1・24労判675号6頁(同事案では合意の成立が否定され、当然不当労働行為該当性も否定された)、中労委(石塚証券)事件・東京地判平5・1・21労民44巻1号1頁/労判626号83頁(当該事案では団体交渉が怒号と罵声の中で一方的に進められる等誠実な団体交渉の結果としての合意ではなく労働協約の締結拒否の相当な理由が存すると判示)。

を確保しなければならない。

　したがって、それぞれの団結体との団体交渉において、使用者等からの提案の時期・内容、資料の提示、説明の内容等に関し、合理的な理由のない差異を設けることは許されない。例えば、A労働組合とは合意に基づき経営協議会を設置しB労働組合とは経営協議会を設定していない場合、経営協議会での説明・協議及びその中での資料提示が、A・B組合のそれぞれと並行して行われている同一事項に関する団体交渉のうちA組合との交渉において使用者等の説明・協議の基礎とされているとき、使用者等は、B組合から同様の資料提示や説明を求められれば、必要な限りで同様の資料提示や説明を行う必要がある[*59]。

　　(3) 誠実交渉義務違反とならない場合

　団体交渉権を行使しうる相手方は、団結体に対し譲歩する義務はないので、十分な協議の後、合意に至らなくても誠実交渉義務違反とはならない。

　また、団体交渉において、吊し上げ、暴行、脅迫、監禁などが許されないことはいうまでもなく、団体交渉が社会的相当性をこえてそのような態様にいたった場合、それが労働者側によるものであれば、相手方は団体交渉を拒否することができる[*60]。

## 2　論点

　　(1) 統一集団交渉義務の有無

　団結体が個々の使用者等に対して団体交渉を申し入れることができる場合、それぞれの使用者等に統一集団交渉という形での団体交渉を義務づけることができるかどうかも問題となるが、統一集団交渉という形での団体交渉を義務づけるためには、使用者等が統一集団交渉の当事者となるべき使用者団体に交渉を委任したり、他の使用者等と連携・協力したりするなど、使用者側に統一集団交渉をすることができる体制が整っていることを要する[*61]。

　　(2) 団体交渉の打ち切りと再開

　団体交渉権を行使しうる相手方が誠実団交義務を尽くし、十分な協議が行われた後、団体交渉事項に関し労使双方の主張が対立し、いずれかの譲歩により

---

[*59]　中労委(NTT西日本)事件・東京地判平22・2・25労判1004号24頁/判時2079号128頁、同事件・東京高判平22・9・28労判1017号37頁。

[*60]　東京労委(マイクロ精機)事件・東京地判昭58・12・22労判424号44頁は、将来の団体交渉においても暴力的行動が繰り返される蓋然性が高いときは暴力的行動をしない旨を約束しない限り交渉に応じないという態度をとりうると判示した(当該事案では団交拒否できないと判断)。

[*61]　本四海峡バス事件・神戸地判平13・10・1労判820号41頁。

交渉が進展する見込みがなく、団体交渉を継続する余地がなくなった場合は、相手方は団体交渉を拒否することができる[*62]。

しかし、事情の変更があれば、相手方は再び団体交渉に応じる義務がある。そして、いったん決裂した団体交渉であっても、その後相当の日時が経過すれば、特別の事情がない限り、主観的・客観的な事情の変化が生じ、団体交渉の再開が有意義なものとなるのが通常であるので、相当の日時が経過すれば、事情の変更が推認される[*63]。

## 第5款　団体交渉を求めうる時期

### 1　争議行為中の団体交渉

ストライキ等の争議行為中であっても、それが団体交渉義務を免除し又は軽減させる理由は見い出せない。また、争議行為は、使用者等との交渉を有利に進めるための労働者の圧力手段であるので、争議行為中に使用者等が団体交渉義務を負わないと解することは、団体行動権保障の趣旨に反する。したがって、争議行為中でも、団体交渉権を行使しうる相手方は団体交渉義務を負う。

### 2　過去の行為についての団体交渉

団体交渉の対象事項が団体交渉の相手方の過去の行為等に関わるもの(解雇、賃金未払、安全配慮義務違反)である場合は、団結体は、信義則上、合理的な期間の範囲内でその団体交渉権を行使し、団体交渉を求めることになり、著しく時機を逸するような場合は、相手方は団体交渉義務を負わない。

しかし、アスベスト被災による癌の発症など、長期間を経て問題が顕在化する場合もあり、団体交渉を求める時期が過去の相手方の行為から長期間経過した後であることに合理的な理由がある場合もあるので、相当時間が経過したから団体交渉を求めることができないというわけではないことに留意する必要がある。

また、解雇は、日常の作業条件等から生ずる苦情等と同一に解することがで

---

[*62] 団交拒否の正当な理由を肯定した事案として、徳島労委(池田電器〈船井電機〉)事件・最二小判平4・2・14労判614号6頁、東京労委(寿建築研究所)事件・東京地判昭50・9・30労民26巻5号748頁/労判235号18頁、同事件・東京高判昭52・6・29労民28巻3号223頁/労判281号64頁(最二小判昭53・11・24集民125号709頁/労判312号54頁もこれを維持)、中労委(旧モービル石油)事件・東京地判平25・10・30労判1087号28頁。否定した事案として、中労委(黒川乳業)事件・東京地判平元・12・20労判554号30頁。

[*63] 東京労委(寿建築研究所)事件・東京高判昭52・6・29労民28巻3号223頁/労判281号64頁(当該事案では団交再開の意義を否定)。

きず、解雇後長期間を経過した後の団体交渉申入れであっても、解雇された労働者が漫然とこれを放置していたのではなく、解雇の効力を争い裁判所において地位確認請求の訴訟を提起し、その後組合を結成し又は組合に加入し、その後直ちに団体交渉の申入れをしたような場合は、団体交渉の申入れが時機に遅れたものということはできない[*64]。

### 3　懲戒処分前の団体交渉

特定の労働者の懲戒処分も労働者の労働条件その他の待遇に関する事項であり、義務的団交事項に該当するから、特段の事情がない限り、当該労働者の団結体は懲戒処分を決定する前に団体交渉を求めることができる[*65]。

## 第3節　正当な理由のない団体交渉拒否と法的救済

憲法28条が団体交渉権を保障し、労組法がこれを具体化し実効性を確保する規定をおいていることの法的効果として、1)団体交渉権により保障される団体交渉又はこれを求める行為については、①刑罰を科されないこと、②損害賠償責任を負わないこと、③不利益な取扱いからの保護が認められる[*66]が、2)正当な理由のない団体交渉拒否については、以下のように解される。

第一に、団体交渉権を行使しうる相手方である使用者その他労働関係の当事者が、団体交渉権により保障される団体交渉を行わないこと（正当な理由のない団体交渉拒否）は違法であり、不法行為、及び、不当労働行為に該当しうる（→1）。ただし、両者は異なる概念であるから、それぞれの成立要件が検討される。

第二に、団体交渉の主体である労働組合と、団体交渉権を行使しうる相手方である使用者その他労働関係の当事者との関係について、労働組合が具体的団体交渉請求権を有していると解することは困難であるが、団体交渉を求める法的地位にあると解される（→2）。

それゆえ、正当な理由のない団体交渉拒否については、労働組合は裁判所において救済を求めることができ、法適合認証組合は、労働委員会においても救済を求めることが可能である（→3）。

---

[*64]　神奈川労委（日本鋼管鶴見造船所）事件・東京高判昭57・10・7労判406号69頁（最三小判昭61・7・15労判484号21頁もこれを維持）。

[*65]　中労委（光仁会）事件・東京地判平21・2・18労判981号38頁（懲戒処分後に応ずるとして処分前の団交を拒否したことにつき労組法7条2号の不当労働行為と判断）。

[*66]　前記第21章「集団的労働関係法総論」4(1)～(3)。

## 1　正当な理由のない団体交渉拒否の違法性

憲法28条の団体交渉権保障は、労使間において労働者及び団結体の団体交渉権を尊重すべき公序(民90条)を形成する[*67]。

したがって、正当な理由のない団体交渉拒否(誠実団体交渉義務違反を含む)は、第一に、労働者及び団結体の団結権・団体交渉権を侵害し、公序に反するものであり、不法行為の成立要件(①権利侵害、②故意又は過失、③損害の発生、④①と③の因果関係)を充足すれば不法行為となる[*68]。その場合、労働組合は、使用者又は使用者団体に対し、当該団体交渉拒否により、当該団結体の信用の失墜や社会的評価の毀損という損害(非財産的損害・無形の損害)を被ったことにつき、賠償請求しうる[*69]。

また、第二に、正当な理由のない団体交渉拒否は、労組法7条2号の「団体交渉拒否」に該当し、同条3号の「支配介入」にも該当しうるものであり、法適合認証組合は、労働委員会に救済を求めることができる[*70]。

## 2　私法上の法律関係

労働組合と使用者その他労働関係当事者との間の私法上の法律関係については、当該労働組合は、使用者その他労働関係当事者に対し、①団体交渉を求めうる法的地位にあるか、②団体交渉請求権(団体交渉を行うことを請求する権利)を有するかが問題となる。換言すれば、当該労働組合は、労働委員会による救済とは別に、裁判所において、使用者その他労働関係当事者に対し、①当該事項について団体交渉を求めうる法的地位にあることの確認を請求しうるか、②団体交渉に応ずべきことを請求できるかが問題となる。

(1)　団体交渉を求めうる法的地位と確認請求の可否

下級審裁判例も述べるように、団体交渉に関する権利義務関係が存するとす

---

[*67]　新聞之新聞社事件・東京高決昭50・9・25労民26巻5号723頁/労判238号52頁等。
[*68]　本四海峡バス(本訴)事件・神戸地判平13・10・1労判820号41頁、スカイマーク事件・東京地判平19・3・16労判945号76頁/判時1963号147頁等。
[*69]　不法行為に基づく損害賠償請求を認容したものとして、日野車体工業事件・金沢地判昭51・10・18労判272号44頁、エス・ジー・エス事件・神戸地判昭61・12・5労判487号36頁、佐川急便事件・大阪地判平10・3・9労判742号86頁、本四海峡バス(本訴)事件・神戸地判平13・10・1労判820号41頁、神谷商事件・東京地判平15・6・16労判865号58頁、同事件・東京高判平15・10・29労判865号34頁等、スカイマーク事件・東京地判平19・3・16労判945号76頁/判時1963号147頁、太陽自動車事件・東京地判平21・3・27労判986号68頁、三和機材事件・千葉地判平22・3・19労判1008号50頁、名古屋自動車学校事件・名古屋地判平24・1・25労判1047号50頁、エクソンモービル事件・東京高判平24・3・14労判1057号114頁。
[*70]　後記第26章「不当労働行為と法的救済」第3節第2款、第4節第1款。

れば労働組合と使用者等の間にあること、労組法7条に反する法律行為は無効であること、労組法6条、27条等の関連規定や労組則35条及び40条に規定する審問手続の当事者主義的構造、労組法と憲法28条の密接な関係を総合的に考慮すると、労組法7条の規定は、単に労働委員会が不当労働行為救済命令を発するための要件を定めたものにとどまらず、労働組合と使用者（労組7条）との間でも私法上の効力を有するものであり、労働組合が使用者（労組7条2号）に対して団体交渉を求めうる法律上の地位を有し、使用者（労組7条2号）はこれに応ずべき地位にあることを定めたものであり[*71]、これを前提として、その侵害に対して労働委員会に対する救済申立権が発生するものと解される。

そして、労働組合が使用者（労組7条2号）に対して一定の事項につき団体交渉を求めうる地位について、判決により確定されるその地位の内容は不明確、不特定ではなく、また、この点が判決で確定されれば、その限りで当事者間の紛争が解決されることになるから、確認の利益も認められる。

したがって、労働組合は、裁判所において、団体交渉権を行使しうる相手方（労組法7条2号の使用者）に対して当該事項について団体交渉を求めうる法的地位にあることの確認請求又はその地位を仮に定める仮処分申請をなしうる[*72]。

(2) 団体交渉請求権と給付請求の可否

団体交渉請求権については、下級審裁判例[*73]も述べるように、団体交渉については誠実交渉義務の履行が求められ、給付内容の特定は困難であることから、団体交渉の履行を裁判上強制しても実効性の確保が困難であること等も考慮するならば、憲法28条及び労組法7条が労働組合の団体交渉「請求権」を定めていると解することは困難であるように思われる。

したがって、裁判所において、労働組合は、団体交渉権を行使しうる相手方に対して当該事項について団体交渉を求めうる法的地位にあること（団体交渉の主体、相手方、及び、義務的団交事項の範囲）については、確認ないし保全を求めう

---

[*71] 国鉄（団交応諾義務確認請求）事件・東京地判昭61・2・27労民37巻1号123頁／労判469号10頁、同事件・東京高判昭62・1・27労民38巻1号1頁／労判505号92頁（最三小判平3・4・23集民162号547頁／労判589号6頁も維持）参照。

[*72] これを認容したものとして、国鉄（団交応諾義務確認請求）事件・東京地判昭61・2・27労民37巻1号123頁／労判469号10頁、同事件・東京高判昭62・1・27労民38巻1号1頁／労判505号92頁（最三小判平3・4・23集民162号547頁労判589号6頁も維持）、本四海峡バス事件・神戸地決平12・3・14労判718号31頁、同事件（本訴）・神戸地判平13・10・1労判820号41頁等。日本プロフェッショナル野球組織事件・東京高決平16・9・8労判879号90頁〈ダイジェスト〉は、選手会が日本プロ野球組織に対して労組法7条2号の団体交渉をする権利を有すると認めたが仮処分の必要性は否定。

[*73] 新聞之新聞社事件・東京高決昭50・9・25労民26巻5号723頁／労判238号52頁。

るが、それ以上に、憲法28条又は労組法7条に基づき、団体交渉を行うこと（給付）を求めることはできない。

ただし、労働協約や労使慣行により、具体的な団体交渉義務の内容（団交事項、手続、提出すべき資料等）が定められているときは、労働組合は労働協約等に基づき具体的給付内容の定まっている団体交渉請求権を有しているから、当該団体交渉義務の履行を求めることができる[*74]。

### 3 法的救済

前記1・2で検討したように、正当な理由のない団体交渉拒否については、裁判所における救済、又は、労働委員会における救済のいずれか、あるいは、双方を求めることができる。

(1) 裁判所における救済

団体交渉を拒否された団結体が、憲法上の労働組合（労組法上の労働組合・憲法組合）である場合は、裁判所において、団体交渉権を行使しうる相手方に対し、①当該団体交渉拒否により、当該労働組合の信用の失墜や社会的評価の毀損という損害（非財産的損害・無形の損害）を被ったことにつき、不法行為に基づき賠償請求が可能であり、②団体交渉の主体、相手方、交渉事項のいずれかにつき争いがある場合は、当該事項について団体交渉を求め得る法的地位にあることの確認請求又はその地位を仮に定める仮処分申請をなしうる。また、③憲法28条や労組法7条等に基づき団体交渉を行うことを請求することはできないが、労働協約等に基づき団体交渉請求権を有しているときは、当該労働協約上の団体交渉義務の履行を求めることができる。

(2) 労働委員会における救済

団体交渉を拒否された団結体が、労働委員会における資格審査により法適合決定を受けて法適合認証組合（労組5条1項）となった場合は、当該組合は、当該団体交渉拒否が労組法7条2号（及び3号）の不当労働行為であるとして、労働委員会に救済を申立て、救済を受けることができる。

労組法7条2号の不当労働行為の場合、求める救済命令の主な内容が、団交を拒否された団結体との団体交渉であるので、救済の申立人は当該団結体のみであって、労組法上の労働者個人は申立人になれないと解される。

求める救済命令は、当該労働組合の求める当該事項に関し誠実に団交に応じるよとの団体交渉命令や、使用者による謝罪文の掲示・交付等である。

---

[*74] エス・ジー・エス事件・神戸地判昭61・12・5労判487号36頁。

# 第24章　団結活動と争議行為

　憲法28条は、労働者(勤労者)に対し「団結権」及び「団体行動権」を保障し、一定の活動(団結活動と争議行為)を行う権利を保障している[*1]。そして、労組法は、これを具体化し実効性を確保するための規定をおいている。

　本章では、団結権及び団体行動権により保障される行為(団結活動及び争議行為)について、①団結権・団体行動権と法律上の制限(→第1節)、②団体行動権により保障される争議行為(正当な争議行為)(→第2節)、③団結権・団体行動権により保障される団結活動(正当な団結活動)(→第3節)、④正当性のない団結活動・争議行為と法的責任(→第4節)、⑤団結活動・争議行為中の労働関係と賃金(→第5節)、⑥使用者の対抗行為(→第6節)の順に検討する。

## 第1節　団結権・団体行動権と法律上の制限

### 1　団結権・団体行動権と権利主体・概念

　(1) 団結権と団体行動権

　憲法28条の保障する「団結権」は、広い意味では、団体交渉や団体行動を含め、労働者又はその団結体が団結活動を行う権利と位置づけられるが、狭義の「団結権」は「労働者が雇用・労働条件の維持改善その他経済的地位の向上を図ることを主たる目的として、一時的又は継続的な団結体を結成又はこれに加入し、これを運営し、強化・拡大する権利」と定義することができる(以下、特に断りのない限り「団結権」という場合は狭義の団結権を意味する)。

　「団体行動権」は「労働者が、雇用・労働条件の維持改善その他経済的地位の向上等に関する要求の示威・実現等を主たる目的として、一定の団体行動をする権利」と定義することができる。

　(2) 権利主体

　団結権と団体行動権の第一次的な享受主体は、労働者(勤労者)(憲28条)であ

---

[*1] 近年の論考として、中窪裕也「団体行動権の意義と構造」再生(5)(2017)141-156頁、石井保雄「争議行為の意義と正当性－序論的考察」再生(5)(2017)157-176頁、國武英生「争議行為の法的効果」再生(5)(2017)177-190頁、渡邊絹子「組合活動の法理」再生(5)(2017)191-213頁、同論文引用文献等。

り、労組法3条の定める「労組法上の労働者」である[*2]。

しかし、「団結権」のうち、「団結体を結成し、又はこれに加入する権利」は個人的に行使することが可能である[*3]が、「団結体を運営し、強化・拡大する権利」は、権利の性質上、集団的に行使される。また、団体行動権も、その権利の性質上、集団的に行使される。したがって、団結権及び団体行動権は、憲法28条を享受する団結体(①憲法上の労働組合〈労組法上の労働組合・憲法組合〉、及び、②憲法上の保護を受ける一時的団結体)も、第二次的に享受主体となる[*4]。

(3) 団結権と団体行動権により保障されうる行為と概念

本書では、第一に、団結権又は団体行動権により保障されうる行為のうち、①「労務の不提供(同盟罷業)又は不完全な提供(怠業)、及び、これを維持強化するための行為」を「争議行為」と定義し、②「争議行為以外の行為」(団結体の結成・運営、ビラ貼り、ビラ配布、集会、演説、情宣活動等)を「団結活動」と定義し、区別する[*5]。

第二に、これに対応して、①争議行為をする権利を「争議権」、②団結活動を行う権利を「団結活動権」と定義する。「争議権」は、憲法28条の定める「団体行動権」の一部であり、「団結活動権」は、憲法28条の定める「団結権」及び「団体行動権」の一部を合わせたものである。

そして、団結権及び団体行動権により保障される労働者又は団結体の行為の範囲の画定、すなわち、当該行為の「正当性」については、「争議行為」(→第2節)と「団結活動」(→第3節)の二つに大別して検討する。

## 2 争議行為の法律による制限

「争議行為」(その定義は、それぞれの法律の条文により異なる)については、法律上、公務労働者の争議行為が全面的に禁止されている[*6]他、①労調法、②スト規制法、及び、③船員法がその規制を行っている。

(1) 労調法

労働関係調整法〈労調法〉(昭21法25)は、「同盟罷業、怠業、作業所閉鎖その他

---

[*2] 前記第4章「労働法の主体」第1節4・5(4)・6・7(4)参照。私見では、「自ら他人に有償で労務を供給する自然人で、労務の供給を受ける者との関係で独立事業者又は独立労働者でない者(失業者を含む)」である。
[*3] 単位組合、争議団等の結成が典型的である。それに対し、連合組合の結成は、団結体(単位組合等)自体が団結権を行使し新たな団結体(連合組合)を結成することになる。
[*4] 前記第3章「労働法の位置づけと体系」第1節4(3)参照。
[*5] その理由については、前記第21章「集団的労使関係法総論」2参照。
[*6] 前記第3章「労働法の位置づけと体系」第2節5(5)。

労働関係の当事者が、その主張を貫徹することを目的として行ふ行為及びこれに対抗する行為であって、業務の正常な運営を阻害するもの」を「争議行為」と定義し(労調7条)、労働関係の調整と労働争議の予防・解決、安全、公衆の日常的生活への配慮等の観点から、以下のような争議行為の制限を行っている。

第一に、調停において、関係当事者の調停案受諾後その解釈・履行につき意見の不一致が生じた場合、一定期間それに関する争議行為は禁止されている(労調26条)。

第二に、工場事業場の安全保持の施設の正常な維持・運行の停廃又はこれを妨げる争議行為は禁止されている(労調36条)。「安全保持の施設」とは、人命・身体に対する危害予防又は衛生上必要な施設であり[*7]、例えば、炭鉱におけるガス爆発防止施設、落盤防止施設、通信施設等である[*8]。このような争議行為をしないことは、団体行動権の内在的制約からも導かれ、あるいは、労働者及び団結体の信義則上の義務であるとも言えよう。

第三に、「公益事業」(公衆の日常生活に欠くことのできない、運輸事業、郵便・信書便又は電気通信事業、水道・電気・ガス供給事業、医療・公衆衛生事業)(労調8条)における争議行為は、労働委員会及び厚生労働大臣又は都道府県知事への少なくとも10日前の予告が必要とされている[*9](労調37条1項)。違反については、労働委員会の請求により10万円以下の罰金が科される(労調42・39条)。

第四に、内閣総理大臣が、公益事業又は規模が大きい若しくは特別の性質の事業であるために、争議行為による当該業務の停止が国民経済の運行を著しく阻害し、又は国民の日常生活を著しく危うくする虞が現実に存するとして緊急調整の決定(労調35条の2)をしたときは、その公表の日から50日間、関係当事者の争議行為は禁止される(労調38条)。違反については、20万円以下の罰金が科される(労調40条)。

　(2) スト規制法

電気事業及び石炭鉱業における争議行為の方法の規則に関する法律〈スト規制法〉(昭28法171)は、電気事業及び石炭鉱業の特殊性と国民経済・国民の日常生活に対する重要性に鑑み(スト規制1条)、これらの事業における争議行為の方法につき、以下のように規定している。なお、同法違反に罰則はない。

---

[*7] 昭22・10・2労発57号。
[*8] 中労委(青山信愛会)事件・最三小判昭39・8・4民集18巻7号1263頁/判時380号6頁。
[*9] 予告通知が争議行為の当事者の上部団体や関係団体から行われても、当事者の意図を体してなされたものであれば労調法37条の適法な通知がなされたものとみることができる(順天堂病院事件・東京地判昭40・11・10労民16巻6号909頁/判時428号29頁)。

第一に、電気事業(一般の需要に応じ電気を供給する事業又はこれに電気を供給することを主たる目的とする事業：スト規制1条)の事業主又は電気事業に従事する者は、争議行為として、電気の正常な供給を停止する行為その他電気の正常な供給に直接に障害を生ぜしめる行為をしてはならないとされている(スト規制2条)。

第二に、石炭鉱業の事業主又は石炭鉱業に従事する者は、争議行為として、鉱山保安法(昭24法70)に規定する保安の業務の正常な運営を停廃する行為であって、鉱山における人に対する危害、鉱物資源の滅失若しくは重大な損壊、鉱山の重要な施設の荒廃又は鉱害を生ずるものをしてはならない(スト規制3条)。

(3) 船員法

船員法30条は、①船舶が外国の港にあるとき、又は、②その争議行為に因り人命若しくは船舶に危険が及ぶようなときは、労働関係に関する争議行為をしてはならないと定めている。①の制限は、憲法28条の団体行動権保障に違反しないのか問題となるところであろう。

## 第2節　団体行動権により保障される争議行為

団体行動権により保障される争議行為(「正当な争議行為」とも言いうる)の範囲[10]は、「誰が、どのような内部意思形成を経て、何を目的として、どのような手続で、どのような行為をなしうるか」により画定される。すなわち、第一に、団体行動権の権利主体であるかどうかという観点から、①主体が問題となり、第二に、権利の行使の適法性という観点から、②集団的意思の形成、③目的、④手続、⑤手段・態様が問題となり、大別五つの点から画定しうる。

したがって、当該行為が正当な争議行為かどうか、すなわち、「争議行為の正当性」も、①主体(→1)、②集団的意思の形成(→2)、③目的(→3)、④手続(→4)、⑤手段・態様(→5)の五つの点から判断される[11]。以下、順に検討する。

---

[10] これを画定する法律上の規定はなく、解釈に委ねられている。労調法7条は「この法律において争議行為とは、同盟罷業、怠業、作業所閉鎖その他労働関係の当事者がその主張を貫徹することを目的として行ふ行為及びこれに対抗する行為であつて、業務の正常な運営を阻害するものをいふ」と定めるが、これは同法にいう「争議行為」の定義を定めたものであって争議行為の正当性の判断基準ではなく、これに該当するから正当な争議行為となるわけではない(山田鋼業事件・最大判昭25・11・15刑集4巻11号2257頁/判タ9号53頁)。

[11] 例えば火薬工場における争議行為についても特別の制限はないから、その危険性に配慮しつつ一般労働争議の法理に照らして検討する(日本化薬事件・山口地判昭30・10・13労民6巻6号916頁、同事件・広島高判昭34・5・30労民10巻3号531頁)。

## 1 主体

### (1) 一般的基準

団体行動権の第一次的な享受主体は、労働者(勤労者)個人であるが、団体行動権はその権利の性質上集団的に行使される。

したがって、争議行為の主体として争議権(団体行動権の一部)を行使しうるのは、団体行動権の第二次的な享受主体、すなわち、憲法28条を享受する団結体(①憲法上の労働組合＜労組法上の労働組合・憲法組合＞、及び、②憲法上の保護を受ける一時的団結体)である(→前記第1節1(2))。

憲法28条を享受する団結体が主体となる争議行為は、争議権の行使であり主体の点で正当性を有するが、それ以外の者は争議権を行使することができないので、その争議行為は争議権の行使ではなく正当な争議行為ではない。

以上の一般的基準に照らし、争議行為の主体の正当性について、以下、①部分スト・指名スト、②山猫スト、③非公認ストを検討する(→(2)～(4))。

### (2) 部分スト・指名スト

労働組合の一部の組合員の労務不提供である部分スト・指名スト(→5(2))は、それが当該労働組合の方針に基づいて行われるものであれば、当該争議行為の主体は労働組合であり、主体の点で正当である。

### (3) 山猫スト

①労働組合の組合員の一部の集団、あるいは、②それ自体として労働組合としての組織を備えていない下部組織・職場組織が、組合所定の機関の承認を受けないで行う「山猫スト」の場合、当該争議行為の主体は労働組合ではない。また、組合員個人は、団体行動権の享受主体ではあるが、組合員である限りはその所属する労働組合(自ら団結権を行使して結成・参加した団結体)の統制に従わなければならず、当該労働組合の行為の範囲内でなければ団体行動をすることはできない。また山猫ストが正当であるとすると、使用者は、団体交渉権を有さず団体交渉によって問題を解決することのできない相手方によるストライキを受忍しなければならず不当な不利益を強いられることになる[12]。したがって山猫ストは主体の点で正当ではない[13]。

---

[12] 明治乳業事件・東京地判昭44・10・28労民20巻5号1415頁/労判90号45頁。

[13] 日本製鉄事件・福岡地小倉支判昭25・5・16労民1巻3号301頁、国際電信電話事件・大阪地判昭36・5・19労民12巻3号282頁、西日本鉄道事件・福岡高判昭37・10・4労民13巻5号1036頁、川崎重工業事件・大阪高判昭38・2・18労民14巻1号46頁、明治乳業事件・東京地判昭44・10・28労民20巻5号1415頁/労判90号45頁。北海道急行トラック事件・札幌地決昭53・6・9労判307号40頁も山猫ストは正当でないことを前提としている。

また、争議行為の正当性は争議行為時に確定されるので、山猫ストの後に労働組合の正式な機関が当該労働組合の同盟罷業として追認しても、それにより正当な争議行為とはならない[*14]。

(4) 非公認スト

①単位組合が規約上必要な上部団体の承認を得ないで独自に行うか、あるいは、②単位組合内でそれ自体も労働組合としての組織と実体を有する下部組織（支部・分会等）が組合所定機関の承認を得ないで行う「非公認スト」[*15]の場合、当該争議行為の主体は労働組合である。しかし、単位組合や下部組織は、上部団体や単位組合に所属している限りは、その組合規約と統制に従ってのみ団体行動権を行使しうるものであり、非公認ストは主体の点で正当ではない。

## 2 集団的意思の形成

(1) 一般的基準

争議行為は、労働者の団結体がその集団的意思に基づきなす行為である。

したがって、当該団結体が団体行動権の一部である争議権を行使し、争議行為をするためには、その行為の性質上、当該団結体において民主的な手続により争議行為の集団的意思を形成し、争議行為の開始を決定することを要する。

(2) 同盟罷業の開始手続

労組法は、同盟罷業の開始には組合員又は代議員の直接無記名投票の過半数による決定を必要とする旨を組合規約として定めることを求め（労組5条2項8号）、かかる定めを不当労働行為の救済を受けることができる労働組合の資格要件としている（労組5条1項）。しかし、かかる定めの遵守を争議行為の正当性要件と定めているわけではないので、労組法5条2項8号所定の手続が履践されていなくてもそれを理由に集団的意思の形成が否定されるわけではない[*16]。

しかし、組合規約に同盟罷業あるいは争議行為の開始手続として、労組法5条2項8号所定の手続又は（及び）それ以外の手続（組合大会への付議、中央執行委員会

---

[*14] 日本製鉄事件・福岡地小倉支判昭25・5・16労民1巻3号301頁。
[*15] 当該争議行為は、単位組合内でそれ自体も労働組合としての組織と実体を有する下部組織（支部）が、本部から派遣されたオルグの指導の下、組合全体の意思に添うと認められる支部の命令により行った争議行為であり（ここでいう非公認ストではない）、正当と判断した裁判例として、日本化薬事件・広島高判昭34・5・30労民10巻3号531頁。
[*16] 興国人絹パルプ事件・大分地判昭41・10・25労民17巻5号1280頁（ストライキが事実上全組合員の過半数により、ストライキであることの明確な認識ないし理解のもとに自由かつ民主的な方法態様により形成された意思により支持され実行された場合は、投票による過半数の意思集約を経たものでなくても団結意思形成の要請は満たされ正当であると判示、当該事案につき正当性を肯定）。

の決定等)が定められている場合*17は、当該労働組合における民主的な意思形成のため、その遵守が必要であり、組合規約所定の手続が履践されなかった場合は、集団的意思形成における手続上の瑕疵が存在し、その正当性が否定されうる。ただし、手続上の瑕疵が存在する場合でも、集団的意思の存在を肯定しうる特段の事情が存在する場合(その証明責任は当該争議行為の正当性を主張する者が負う)は、正当性が肯定されると解すべきであろう*18。

### 3　目的
#### (1)　一般的基準
##### ア　原則－労働契約上の使用者に対する要求の実現

団体行動権は、労働者の雇用・労働条件の維持改善その他経済的地位の向上を具体的に実現するために労働者に保障された権利である。したがって、「団体行動」のうち、「団結活動」については、その主体である団結体の構成員である労働者の雇用・労働条件の維持改善その他経済的地位の向上が主たる目的であれば、目的の点で正当性を認めることができる。

しかし、団体行動のうち、「争議行為」は、「労務の不提供(同盟罷業)又は不完全な提供(怠業)、及び、これを維持強化するための行動(ピケッティング等)」であり、その行為の性質上、当該労務の提供を受ける権利を有する者、すなわち、参加労働者が労働契約を締結し労務を提供する義務を負う労働契約上の使用者の業務を阻害しうる行為である。それゆえ、争議行為は、それ以外の団体行動(団結活動)とは異なり、その目的とする雇用・労働条件の維持改善等が、争議行為の相手方である労働契約上の使用者によって決定又は対応しうる(すべき)ものであって、かつ、当該労働契約上の使用者に対する要求を実現する圧力手段として行われることが、信義則上要求される。

したがって、争議行為は、原則として、「『その主体である団結体の構成員である労働者の雇用・労働条件の維持改善その他経済的地位の向上に関する事

---

*17　同盟罷業の開始につき組合員の直接無記名投票の投票総数の3分の2以上で全組合員の2分の1条の賛成を要すると定めた組合規約について、純然たる同盟罷業のみを対象としいわゆる遵法闘争は含まれないとして、同規定によらない遵法闘争を組合規約違反ではないと判断した裁判例として、日本化薬事件・山口地判昭30・10・13労民6巻6号916頁、同事件・広島高判昭34・5・30労民10巻3号531頁。

*18　西神テトラパック事件・神戸地判平10・6・5労判747号64頁(組合規約の定める組合大会の決議は経ていないが職場大会での9割の挙手による決議等から、当該争議行為が組合員の統一的意思に基づく統一的行動であることは明らかとして、正当性を肯定)。

項で、かつ、当該労働契約上の使用者が決定又は対応しうる(すべき)事項』[*19]
に関する要求の実現」を主たる目的[*20]とすることが必要である。

　この「雇用・労働条件の維持改善その他経済的地位の向上に関する事項」は、具体的には、1)団結体の構成員である労働者に関する、①労働関係法規上の義務に関する事項(労働関係法規の遵守等)、②労働関係上の権利義務に関する事項(裁判所の判決・決定や労働委員会の命令の履行も含む)、③雇用・労働条件の維持改善等に関する事項、及び、2)当該団結体との集団的労使関係の運営(ルール)に関する事項(労働協約の解釈[*21]も含まれる)であり、権利紛争、及び、利益紛争[*22]の双方が含まれ、労働者全体に共通の事項のみならず、個別の労働者に関わる事項も含まれる。

　また、その「要求」は、労働者の経済的地位の向上を目的としている限り、必ずしも客観的に実現可能な経済的要求である必要はない[*23]。

### イ　例外①－派遣労働者の争議行為

　しかし、第一に、労働者派遣[*24]における派遣労働者の場合、労働契約上の使用者は派遣元であるが、派遣労働者は、派遣労働契約上、派遣先に労務を提供する義務を派遣元に対して負うものであり、派遣労働者の労務の提供を受けているのは派遣先である[*25]。それゆえ、派遣労働者がストライキを行った場合、それは、派遣元に対する債務不履行でその業務(労働者派遣業務)を阻害しうるが、派遣先に対する労務不提供でもありその業務を阻害しうるものである。

　また、派遣労働者の、①労働関係法規上の義務に関する事項、②労働関係上の権利義務に関する事項、③雇用・労働条件の維持改善等に関する事項の中には、派遣元が決定・対応しうる(すべき)ものとして団交義務を負う事項のみならず、派遣先が決定・対応しうる(すべき)ものとして団交義務を負う事項や、

---

[*19]　義務的団交事項(→前記第23章「団体交渉」第2節第2款3)と類似するが、団体交渉権を行使しうる相手方は交渉事項に応じて決定され、労働契約上の使用者に限定されない(→前記第23章「団体交渉」第2節第2款2)。

[*20]　主たる目的がこれに該当すれば、国に対する政治的要求も兼ねていても正当である(順天堂病院事件・東京地判昭40・11・10労民16巻6号909頁/判時428号29頁)。

[*21]　日本航空事件・東京地決昭41・2・26労民17巻1号102頁/判時440号11頁、同事件・東京地判昭44・9・29労民20巻5号1043頁/判時577号28頁(労働協約の解釈が労使で一致しない場合、労働組合がその解釈に関する主張の貫徹のためにする争議行為は目的の点で正当と判示)。

[*22]　岩田屋事件・福岡地判昭36・5・19労民12巻3号347頁(賞与を各人の考課に基づいてではなく全員一律に支給せよとの要求を掲げての争議行為を目的の点で正当と判断)。

[*23]　和光純薬工業事件・神戸地決昭25・6・8労民1巻4号505頁/判タ5号47頁。

[*24]　詳細は、前記第20章「非典型労働契約」第3節参照。

[*25]　前記第20章「非典型労働契約」第3節1 (1)参照。

派遣元・派遣先の双方が決定・対応しうる（すべき）ものとして団交義務を負う事項も存在する[*26]。

したがって、派遣労働者については、その団体交渉権の実効性を確保するために、労働契約上の使用者である派遣元のみならず、派遣先を（も）相手方として、派遣先が（も）決定・対応しうる（すべき）ものとして団体交渉義務を負う事項に関する要求の実現も争議行為の目的としうると解すべきであり、「『争議行為の主体である団結体の構成員である派遣労働者の雇用・労働条件の維持改善その他経済的地位の向上に関する事項で、かつ、派遣元又は派遣先が決定・対応しうる（すべき）事項』に関する要求の実現」を目的とする争議行為は、目的の点で正当であると解すべきであろう。

この場合、派遣先が決定・対応しうる事項に関する要求の実現を目的とする争議行為は、派遣元の業務も阻害しうることになるが（逆もありうるが）、それは、労働者派遣制度の構造から生じる問題であり、下位の法律から生じる問題を理由に上位の憲法28条の保障する団体交渉権・団体行動権を実質的に制約する帰結を導くことは妥当ではなく、団体交渉事項の多くは派遣元と派遣先の双方が決定・対応しうる（すべき）事項であることも考慮するならば、そのリスクは憲法28条の享受主体である労働者ではなく、労働者派遣制度を利用することにより利益を得ている派遣元と派遣先が負担すべきである。

　　ウ　例外②－子会社等の労働者の争議行為

第二に、企業グループ[*27]における子会社等（会社2条3号の2）の労働者の場合、労働者の労務の提供を受けているのは労働契約上の使用者である子会社等ということになるが、当該労働者の労務は親会社（会社2条4号・会社則3条2項）及び企業グループ全体の事業に組み入れられている。それゆえ、子会社等の労働者がストライキを行った場合、それは、形式的には子会社等に対する労務不提供・債務不履行であるが、実質的には親会社及び企業グループの業務を阻害しうる。

また、子会社等の労働者の、②労働関係上の権利義務に関する事項、③雇用・労働条件の維持改善等に関する事項の中には、子会社等が決定・対応しうる（すべき）ものとして団交義務を負う事項のみならず、親会社が決定・対応しうる（すべき）ものとして団交義務を負う事項や子会社等・親会社の双方が決定・

---

[*26]　前記第23章「団体交渉」第2節第2款2(1)・3、後記第26章「不当労働行為と法的救済」第2節第1款2・4参照。

[*27]　詳細は、前記第19章「企業再編・企業グループと労働契約」5参照。

対応しうる(すべき)ものとして団交義務を負う事項が存在する[*28]。

したがって、子会社等の労働者については、その団体交渉権の実効性を確保するために、労働契約上の使用者である子会社等のみならず、親会社を(も)争議行為の相手方として、親会社が(も)決定・対応しうる(すべき)ものとして団体交渉義務を負う事項に関する要求の実現も争議行為の目的としうると解すべきであり、「『争議行為の主体である団結体の構成員である、子会社等の労働者の、雇用・労働条件の維持改善その他経済的地位の向上に関する事項で、かつ、子会社等又は親会社が決定・対応しうる（すべき）事項』に関する要求の実現」を目的とする争議行為は、目的の点で正当であると解すべきであろう。

以上の一般的基準に照らして、以下、①人事・生産・経営に関する要求の実現、②抗議、③非組合員の雇用・労働条件に関する要求の実現、④政治的主張・要求の示威・実現、⑤他組合への支援、⑥労働組合の業務等への従事等が目的の点で正当かどうかを検討する(→(2)〜(7))。

(2) 人事・生産・経営に関する要求

人事[*29]・生産・経営[*30]に関する要求を実現するための争議行為は、要求事項が争議行為の主体たる団結体の構成員である労働者の雇用・労働条件や待遇に影響を与え、争議行為の相手方である労働契約上の使用者等(以下、本節で、「使用者」という。)が決定・対応しうる事項であれば、目的の点で正当である。

(3) 抗議

正当な理由のない団体交渉拒否、不当労働行為、労働協約違反、労働災害の発生等に抗議して行われる「抗議スト」等の争議行為は、仮にその要求が明確なものとして掲げられていないとしても、団体交渉の応諾、不当労働行為を今後しないこと、労働協約の遵守、労働災害発生の防止等を要求するものと位置づけることができる。したがって、当該抗議が、争議行為の主体たる団結体の構成員である労働者の雇用・労働条件や集団的労使関係の運営に関するもので、争議行為の相手方である使用者がなしたもの又は対応すべき事項である限

---

[*28] 前記第23章「団体交渉」第2節第2款2(1)・3、後記第26章「不当労働行為と法的救済」第2節第1款2・5参照。

[*29] 大濱炭鑛事件・最二小判昭24・4・23刑集3巻5号592頁(鉱業所長の追放を主張してのストライキも、それが同所長の追放自体を直接の目的とするものではなく、労働者の労働条件の維持改善その他の経済的地位の向上を図るための必要的手段として主張する場合は正当と判示)。

[*30] 日本航空事件・東京地決昭41・2・26労民17巻1号102頁/判時440号11頁(パイロットの乗員編成は経営権に属する事項ではあるが組合員の労働量・労働安全等に直接影響を与えるものであり、乗員編成の変更に反対する争議行為は目的の点で正当と判示)。

り、目的の点で正当である[*31]。

(4) 非組合員の雇用・労働条件に関する要求

当該労働組合の組合員ではない労働者(非組合員)の雇用・労働条件に関する要求であっても、それが、組合員の雇用・労働条件に影響を及ぼしうるものであり、組合員の雇用・労働条件の維持改善その他経済的地位の向上を目的とするもので、争議行為の相手方である使用者が決定・対応しうる(すべき)事項に関する要求であれば、目的の点で正当である。

例えば、非組合員の解雇撤回の要求も、労働組合がその解雇の理由・手続に不安を覚え、将来組合員に対しても同様の事態が発生することを懸念し、公正な人事機構の確立という組合員その他従業員の労働条件の改善ないし経済的地位の向上を図るための要求の一環として争議目的に加えられている場合は、目的の点で正当である[*32]。

(5) 政治的主張・要求の示威・実現

労働者の政治的主張・要求の示威・実現が労働者の雇用・労働条件その他経済的地位の向上にとって重要であることはいうまでもなく、労働者の経済的地位の向上を目的として行われる政治的活動も、団結活動として行われる場合は目的の点で正当である(→後記第3節3)。

しかし、国又は地方公共団体を名宛人として労働者の政治的主張・要求の示威・実現を目的として行われる「政治スト」等の争議行為は、①労働条件、団結権、社会保障など労働者の経済的利益に直接関係ある立法や政策に関する要求の示威・実現を目的とする「経済的政治スト」等と、②労働者の経済的利益に直接関係しない政治問題に関する要求の示威・実現を目的とする「純粋政治スト」等に区分されるが、いずれも、争議行為の相手方である使用者が決定又は対応しうる事項の実現を目的とする争議行為ではない。したがって、目的の

---

[*31] 明治乳業事件・東京地判昭44・10・28労民20巻5号1415頁/労判90号45頁(抗議も、使用者に対し今後再びこのような行為をしたりあるいは事態を惹起したりするなという要求〈当該事案では再び感電事故が起こらないような職場環境にせよとの要求〉であるとも受け取られ、広い意味では労働条件の維持向上を目的とするものであるから、使用者の支配内に属する事項について、使用者に対し向けられたものである限り、抗議のためのストライキも正当と判示)、国鉄千葉動労事件・千葉地判平12・7・14労判797号75頁/判時1747号161頁(抗議ストライキであっても、それが広い意味での労働条件の向上ないし経済的地位の向上に関係している限り、直ちにその目的が違法であるということはできないと判示)。

[*32] 高知新聞社事件・最三小判昭35・4・26民集14巻6号1004頁/判時223号28頁。

点で、その正当性は否定される*33。

(6) 他組合の支援

他組合の支援を目的とする争議行為、例えば、Ａ会社の従業員で組織されるａ労働組合が、Ｂ会社の従業員で組織されているｂ労働組合のＢ会社に対する要求（例：ｂ組合員の賃金の引上げ）の実現を支援する目的で、Ａ会社に対して行う「支援スト（同情スト）」（ａ組合員にストライキをさせること）等は正当か。

ａ労働組合がＡ会社に対して行った支援スト（同情スト）は、第一に、ｂ労働組合のＢ会社に対する要求の実現が、ａ労働組合員の雇用・労働条件又はａ労働組合とＡ会社との集団的労使関係ルールに影響を与えるものでなければ、支援ストの主体たるａ労働組合の組合員の雇用・労働条件又はａ労働組合の集団的労使関係ルールに関する要求の実現を目的とするものでもない。また、第二に、Ａ会社とＢ会社が実質的に同一であるとかＡ会社がＢ会社の親会社でその事業方針の決定を支配しているといった支配関係にある場合でなければ、ａ労働組合の争議行為の相手方であるＡ会社が支配・決定することができる地位にない事項（Ｂ会社の従業員であるｂ組合員の賃金はＢ会社しか決定できない）の実現を目的とする争議行為である。

したがって、支援スト等の争議行為は、①支援スト等の主体たる団結体の構成員の雇用・労働条件や当該団結体の集団的労使関係ルールに関する要求の実現を目的とするものでない場合、又は、②支援スト等の主体たる団結体の構成員である労働者の争議行為の相手方である使用者が決定又は対応できない事項

---

*33　全農林警職法事件・最大判昭48・4・25刑集27巻4号547頁／労判175号10頁（私企業の労働者たると、公務員を含むその他の勤労者たるとを問わず、使用者に対する経済的地位の向上の要請とは直接関係がない警職法の改正に対する反対のような政治的目的のために争議行為は、憲法28条の保障とは無関係であると判示）、三菱重工長崎造船所事件・最二小判平4・9・25労判618号14頁（前記最高裁判決を引用し、使用者に対する経済的地位の向上の要請とは直接関係のない政治的目的のために争議行為をすることは、憲法28条の保障とは無関係なものと判示し、原子力船「むつ」の佐世保入港等に抗議してなされたストライキの正当性を否定した原審の判断を維持）。下級審裁判例も、政治ストの正当性を肯定するものもあるが（七十七銀行事件・仙台地判昭45・5・29労民21巻3号689頁／判時616号37頁〈政治的暴力行為防止法案反対〉）、否定するものが多い（日本検数協会事件・名古屋高判昭46・4・10労判127号15頁〈日韓条約批准反対〉、国労宮原操車場事件・大阪高判昭51・10・5判時841号107頁／判タ345号309頁〈日韓条約批准反対、最三小決昭53・2・28判タ361号227頁もこれを維持〉、三菱重工広島精機製作所事件・広島地判昭54・1・24労判314号52頁／判時929号129頁〈日米安保条約反対・三菱の侵略兵器製造抗議〉、三菱重工長崎造船所事件・長崎地判昭60・9・24労判460号38頁〈原子力船「むつ」の佐世保入港等に抗議〉、同事件・福岡高判平4・3・31労判611号52頁）。

の実現を目的とする場合は、目的の点で、その正当性は否定される[*34]。

(7) 労働義務の免除

労働者を労働組合の業務に従事させること[*35]、又は、職場離脱に対する制裁を免れること[*36]を目的として、当該労働者を指名して行う指名ストは、単に当該労働者の労働義務の免除と自由時間の確保又は制裁の回避が目的で、労働組合の要求の実現を目的とするものではないから、目的の点で正当ではない。

ただし、当該争議行為が労働組合の要求の実現を目的として行われたものであれば、争議期間中、争議参加労働者が労働組合の用務を行っても、それを理由に当該争議行為の正当性が否定されるわけではない[*37]。

## 4　手続

(1) 一般的基準

争議行為は、争議行為の相手方である使用者に対する要求を実現するために、労務を全部又は一部提供せず、その労働力の利用を全部又は一部制限する行為であり、直接争議行為の相手方である使用者の業務に影響を与える圧力手段である。

したがって、結論を先に述べるならば、当該団結体が争議権を行使し争議行為をするためには、①まずは団体交渉による要求の実現を図り、③争議行為の開始時に、争議行為の内容、争議行為対象部門・対象労働者、開始時期・終了時期等を通告し、④労働協約所定の手続を履践すること等が、集団的労使関係上の信義則上、原則として必要であり、場合により、②相当な期間をおいた予

---

[*34] 炭労杵島争議事件・東京地判昭50・10・21労民26巻5号870頁/労判237号29頁(争議行為は、労働関係の当事者が特定の要求を実現することを目的としてする行為及びこれに対抗する行為であるから、その特定の要求は、当事者が自己の能力及び責任において自主的に決定して紛争の解決をはかることができる事項を対象とするものでなければならないと判示し、産業別労働組合〈炭労〉が原スト〈杵島炭礦会社の企業別組合である杵島炭礦労組が杵島炭礦会社の会社再建計画に反対して行ったスト〉を支援するため他の炭礦会社の企業別労組に産業別統一支援ストライキを指令し実行させたことにつき、これは杵島炭鉱の労働者のみに関わる要求〈杵島炭礦会社のみが決定でき他の炭礦会社は決定できない事項〉であるとして、当該支援ストの正当性を否定し、他の炭礦会社のそれぞれの企業別組合及び炭労に対する損害賠償請求を認容)。
[*35] 当該労働者を中国で開催された世界平和・民主主義の確立と中国アジア諸国の親善を図る委員会に出席させるために行われた指名ストの正当性を否定した裁判例として、中村屋事件・東京地判昭46・5・25労民22巻3号548頁/労判129号30頁。
[*36] 国光電機事件・東京地判昭41・3・29労民17巻2号273頁/労判22号9頁。
[*37] 駿河銀行事件・静岡地沼津支判昭60・4・24労判531号41頁、同事件・東京高判昭63・12・12労判531号35頁(当該指名ストは賃金引上げ、組合組織防衛を目的とするもので、専ら被指名者を組合用務に従事させることが目的とは断定できないと判示)。

告義務を負うと解される。

　これらの手続を履践していない場合、信義則違反と判断されうるが、争議行為の正当性は、義務違反の内容・程度や争議行為に至る経緯、争議行為の相手方である使用者の法令・労働協約違反の有無等、さらに、目的、手段・態様等の他の視点も踏まえて総合的に判断される[*38]。

　以下、①団体交渉を経ること、②相当な期間をおいた予告、③争議行為開始の通知、④労働協約所定の手続の履践の要否を検討する（→(2)～(5)）。

　（2）団体交渉を経ること

　争議行為は争議行為の相手方である使用者に対する要求を実現するための圧力手段であるから、争議行為の主体である団結体に対しては、原則として、争議行為を開始する前に、争議行為の相手方である使用者に対してその要求を伝え、かつ、団体交渉による要求の実現を試みることが信義則上の義務として求められる[*39]。

　したがって、争議行為を開始するためには、争議行為の相手方である使用者が、当該要求を議題とする正当な団体交渉の要求に対し、①団体交渉に応じることを拒否したこと、②団体交渉に応じることなくその要求を拒否したこと、③相当な期間内に回答しないこと、④団体交渉に応じた上で、当該団結体の要求を拒否したこと[*40]のいずれかが、原則として必要である[*41]。

　上記④の「使用者による要求の拒否の拒否」については、必ずしも団体交渉

---

[*38] 争議行為の通告は、労働協約の平和条項として規定されている場合又は労使間の慣行的事実と認められる場合でなければ、使用者に対する手続上のことにすぎず、正当な争議行為の要件をなす本質的なものではないから、通告がなかったということから直ちに争議行為が正当性を失うということはできないと判示する裁判例として、日本化薬事件・広島高判昭34・5・30労民10巻3号531頁（争議通告のなかった遵法闘争及び怠業を正当と判断）。

[*39] 日本検数協会事件・名古屋高判昭46・4・10労判127号15頁（労働組合がなんら要求もせず団体交渉も申し入れずに突如争議行為をするのは、信義誠実の原則に反し争議権の濫用と判示）。

[*40] この点につき、高知新聞社事件・最三小判昭35・4・26民集14巻6号1004頁/判時223号28頁は、会社が団体交渉において労働組合の解雇撤回要求を拒否し、後に労働組合が争議において人事機構の確立を要求した事案について、解雇撤回の要求と人事機構の確立の要求は基礎を同じくし密接な関連を有するので、団体交渉時に明確に人事機構の確立の要求を掲げていなかったというだけで違法な抜打争議に当たるとは言えないとしている。

[*41] 最初の団体交渉開催要求直後に使用者から何らの回答もないうちに行われた争議行為の正当性を否定した裁判例として、富士文化工業事件・浦和地判昭35・3・30労民11巻2号280頁。

が行き詰まって最終的に打切りになるまで待つ必要はなく[*42]、使用者が拒否した一定の段階で、あるいは、使用者が回答を引き延ばしている場合等に、交渉を有利に進めるために争議行為を開始することは認められる。

しかし、使用者の度重なる法令・労働協約違反や不当労働行為、労働災害発生についての抗議・是正等を目的とする争議行為である場合、又は、使用者が従来から正当な理由なく団体交渉拒否を繰り返し団体交渉による紛争解決が期待できない等の特段の事情がある場合等については、使用者は既に労働者の要求（法令・労働協約の遵守、不当労働行為をしないこと、労働災害の防止）や団体交渉を拒否しているとも位置づけることができ、信義則あるいは衡平の見地に照らし、当該争議行為の前に団体交渉を経ないで開始された争議行為も、手続の点での正当性が肯定されるべきである。

(3) 相当な期間をおいた予告

争議行為をするにあたっては、労調法37条1項に定める公益事業（労調8条1項）の労働委員会等への10日前の予告義務（→前記第1節2 (1)）を除き、法律上、争議行為の予告は義務づけられていない。そして、労調法37条1項の予告制度は、予め当該争議行為を公表し公衆の損害を防止する等の公益保護を目的とするもので、使用者ないし公益事業自体の利益の保護が目的ではなく、同条違反の争議行為が直ちに使用者との関係で正当性を欠くものとなるわけではない[*43]。

また、争議行為は事業の運営を阻害することにより使用者に圧力をかける手段であるから、事業運営の混乱を避け使用者が対応できるように当然にその具体的内容を予告する信義則上の義務があるとはいえないであろう[*44]。

また、争議行為の予告は、使用者に再考を促し、争議行為開始前の紛争解決に資する場合も多いと思われるが、争議行為の予告により使用者に再考の機会を付与することが当該団結体の信義則上の義務であるとまで言うことはでき

---

[*42] 日本航空事件・東京地決昭41・2・26労民17巻1号102頁／判時440号11頁、同事件・東京地判昭44・9・29労民20巻5号1043頁／判時577号28頁。

[*43] 日本航空事件・東京地決昭41・2・26労民17巻1号102頁／判時440号11頁、同事件・東京地判昭44・9・29労民20巻5号1043頁／判時577号28頁、花園病院事件・甲府地判昭47・3・31労民23巻2号206頁、きょうとユニオン（iWAiコーポレーション）事件・大阪高決平28・2・8労判1137号5頁。国際電信電話事件・大阪地判昭36・5・19労民12巻3号282頁は、労調法37条1項は公衆保護のみならず使用者に公衆の被害防止策を講ずることを目的とし、これに違反する争議行為は使用者に通常の経済的損害に加えて社会的義務を尽くさなかったという精神的社会的重圧を与えるもので使用者との関係でも違法と判示するが、支持できない。

[*44] 全日空事件・東京地判昭42・4・24判時483号71頁（労調法所定のスト10日前の一般的な争議予告しかなされなかったことにつき正当性を肯定）、白井運輸事件・東京地判平18・12・26労判934号5頁（ストを行うか否かを回答する信義則上の義務もないと判示）。

ず、使用者は団体交渉又は要求を拒否した時点で、争議行為のリスクを負担すべきであろう。さらに、使用者は予告のない争議行為を回避するために、争議行為の予告を義務づける労働協約を締結することも可能である。

したがって、一般に、争議行為をする団結体が、争議行為の内容及び開始時期を相当な期間をおいて予告する義務を負い、相当な予告期間のない争議行為が直ちに正当性を欠くと解することはできないであろう[*45]。

しかし、第一に、関係者の生命・身体・健康に対する危険防止と安全確保の措置をとるため、あるいは、施設や機械の損壊を防ぐため等、信義則上、相当な期間の争議行為の予告が必要とされる場合は、当該団結体は必要な予告期間をおく義務があり、予告のない争議行為はその正当性を否定されうる。

第二に、争議行為の予告義務が、労働協約に定められている場合、事実たる慣習(民92条)として労働組合と使用者との間の権利義務となっている場合、又は、当該労使関係における信義則上の義務となっている場合[*46]は、当該労働組合は争議行為を予告する義務を負い、予告のない争議行為はその正当性を否定されうる。ただし、予告がなくても争議行為が予測可能である場合や、使用者の法令・労働協約違反や労働災害発生への抗議・是正等を目的とする争議行為で使用者が予告を求めることが信義則に反する場合等は、正当性を失わない。

第三に、争議行為の内容及び開始時期等をいったん予告した後、十分な猶予期間をおかずに当該争議行為を前倒し実施した場合、当該具体的事情において、信義則に反し、正当性を否定されうる場合もあろう[*47]。

---

[*45] 日本化薬事件・山口地判昭30・10・13労民6巻6号916頁(対象者を15分前に通告した指名ストを正当と判断)、日本航空事件・東京地決昭41・2・26労民17巻1号102頁/判時440号11頁、同事件・東京地判昭44・9・29労民20巻5号1043頁/判時577号28頁(労調法37条に基づき10日後以降航空会社の全路線につき紛争が解決するまでストを含む争議行為の一部又は全部を実施すると通知し、指名ストの対象者を直前又はスト開始10分以内に通告してなされた指名ストを正当と判断)、東京厚生年金病院事件・東京地判昭41・9・20労民17巻5号1134頁/判時477号43頁(病院の給食部門で開始直前に使用者に通告されたストを正当と判断)。

[*46] 国鉄千葉動労事件・千葉地判平12・7・14労判797号75頁/判時1747号161頁(争議行為の予告に関する労働協約は締結していないが、従前は当該労働組合は28時間以上前にその内容と実施時期について具体的な通告をしていきたことから、労使間にある程度ストライキの予告に関する信頼関係が築かれている状態であり、当該大規模なストを予告よりも前倒しで実施するに際しては、信義則上十分な猶予期間をおいた事前通告義務があると判示し、ストライキの正当性を否定)。

[*47] 国鉄千葉動労事件・千葉地判平12・7・14労判797号75頁/判時1747号161頁、同事件・東京高判平13・9・11労判817号57頁/判時1764号131頁(従来は遅くとも28時間以上前に争議通告をし通告どおりストライキが開始されていたが、予告時間よりも12時間前倒しで開始5分前の通告により実施されたストライキにより、鉄道列車の249本が運休し215本が遅延した事案で、その正当性を否定し労働組合の損害賠償義務を肯定)。

(4) 争議行為開始の通告

争議行為は、同盟罷業（労務の不提供）、怠業（労務の不完全な提供）、ピケッティング（事業場の出入口の封鎖等）等の手段・態様を採るところ、それらは、単なる欠勤（労務の不提供）、さぼりや体調不良（労務の不完全な提供）、単なる妨害（事業場の出入口の封鎖）と必ずしもその区別は明確ではない。したがって、当該行為が当該労働者及び団結体の団体行動権の行使としての争議行為であることを明らかにするために、争議行為開始時又は開始後遅滞なく、争議行為の内容、対象部門・労働者、開始・終了時期等を使用者に通告することが信義則上必要であろう[*48]。

しかし、争議行為の予告時点ですでに争議行為の内容、対象部門・労働者、開始・終了時期等が示され、予定通り争議行為が開始された場合、あるいは、具体的事情のもとで使用者が争議行為の開始を明確に認識しうる場合は、争議通告のない争議行為も正当性は否定されない。

また、当該争議行為が「順法（遵法）闘争」や「定時出勤・定時退勤闘争」（法規や労働時間を平常時よりも厳格に遵守する態様で労務を遂行することにより、平常時に比し事業の能率を低下させる）であり、それが法規や労働契約が客観的に要求している程度の遵守であれば、「労務の完全な提供」であるので、争議通告の欠如により正当性は否定されない[*49]。

(5) 平和義務・平和条項違反の争議行為

団結権を行使し争議行為をするにあたっては、集団的労使関係における信義則上の義務である「相対的平和義務」（労働協約当事者が、労働協約の有効期間中に当該労働協約で既定の事項の改廃を目的とした争議行為をしない義務、ただし、労働協約の有効期間中であっても、次期協約の交渉期間に入れば、次期協約の内容をめぐって争議行為をすることはできる）を遵守することが必要である。

また、労働協約上、「絶対的平和義務」を定める規定（当該労働協約の有効期間中は、協約で定められた事項のみならず一切の事項について争議行為をしない旨の規定）、

---

[*48] 争議行為の通知義務を肯定する裁判例として、日本航空事件・東京地決昭41・2・26労民17巻1号102頁/判時440号11頁（時期は遅くともスト開始後遅滞なくとし、当該事案では正当性を肯定）、同事件・東京地判昭44・9・29労民20巻5号1043頁/判時577号28頁（時期はスト開始時とし、当該事案では正当性を肯定）、日本テキサス・インスツルメンツ事件・浦和地判昭49・12・6労民25巻6号552頁/労判216号28頁（無通告のスローダウンにつき正当性を否定）。これに対し、争議通告のない怠業を正当と判断した裁判例として、日本化薬事件・広島高判昭34・5・30労民10巻3号531頁。

[*49] 争議通告のない遵法闘争を正当と判断した裁判例として、日本化薬事件・広島高判昭34・5・30労民10巻3号531頁。

又は、「平和条項」（労使間で紛争が生じた場合に、労使の経営協議会への付議や労働委員会へのあっせん申請等の一定の手続を行った後、あるいは、一定の期間を経過しなければ争議行為を行わないこと等を定める規定）がおかれる場合、これらの条項が公序違反で無効とは解されないので、労働組合は労働協約上これを遵守する義務を負う[*50]。

したがって、これらの平和義務・平和条項に違反する争議行為は、正当性を否定されうる[*51]が、違反の内容・程度、具体的状況等も踏まえて総合的に判断されることになろう。

(6) 労働委員会の調停中の争議行為

前記(5)で述べたように、労働組合は、労働協約に平和条項が定められた場合はこれを遵守する義務を負い、労働委員会の調停手続中は争議行為を行わない旨の定めがあればこれを遵守する義務を負う。しかし、そのような平和条項がなければ、労働委員会の調停手続中に争議行為を行わない義務を負うわけではなく、法律上これを禁止する規定もないから、調停手続中に実施された争議行為であるということだけで正当性を欠くことにはならない[*52]。

### 5 手段・態様

(1) 一般的基準

　ア　暴力の不行使

争議行為の手段・態様として、第一に、言うまでもなく、暴力の行使はしてはならない。刑事免責については、労組法1条2項但書が、念のために、「いかなる場合においても、暴力の行使は、労働組合の正当な行為と解釈されてはならない」と定めている。

---

[*50] ただし「絶対的平和義務条項」が使用者が整理解雇や労働条件の不利益変更等を行わないことを前提としている場合は、使用者が前提条件を遵守し続けている限りにおいて、労働組合は絶対的平和義務を負うことになる。

[*51] 弘南バス事件・最三小判昭43・12・24民集22巻13号3194頁／判時546号17頁も、平和義務違反の争議行為への参加は「たんなる契約上の債務の不履行であつて」と述べているところ、正当な争議行為への参加は「債務の不履行」とはならないから、平和義務・平和条項に違反する争議行為は正当でないことを前提としていると解される。但し、正当性のない争議行為に参加した労働者に対する懲戒処分が直ちに有効となるわけではなく、懲戒処分が有効となる要件の充足が必要であるところ（前記第17章「懲戒処分」）、同判決も、当該事案における平和義務違反の争議行為への参加は「たんなる契約上の債務の不履行」「企業秩序の侵犯にあたるとすることはできず」、「当該労働者を懲戒処分に付しえない」と判断している。

[*52] 日本航空事件・東京地決昭41・2・26労民17巻1号102頁／判時440号11頁、同事件・東京地判昭44・9・29労民20巻5号1043頁／判時577号28頁。

### イ　生命・身体・健康に対する配慮

　第二に、関係者の生命・身体・健康に対する十分な配慮が必要である。同盟罷業又は怠業は基本的に正当な争議行為であるが、業務の性質上その停廃が関係者の生命・身体・健康に対する危険を生ぜしめる事業場・施設では、争議行為に際し危険防止と安全確保のために配慮をしなければ正当性を有しない。

　この点に関し、①工場事業場の安全施設の正常な維持・運行の停廃・妨害、②鉱山保安法に規定する保安の業務の正常な運営を停廃する行為であって、鉱山における人に対する危害等を生ずるもの、③船員の争議行為で人命若しくは船舶に危険が及ぶものは、法律上明文で禁止されている（労調36条、スト規制法3条、船員法30条）（→前記第1節2）。

　また、病院の従業員による争議行為について、予告の必要性（労調37条1項）（→前記第1節2(1)）以外に法律による制限はなく、従業員の争議行為により患者の治療に支障を来す事態が発生したというだけの理由で直ちにそれが正当性を欠くものとなるわけではない。しかし、生命・身体の安全を脅かし、患者の病状に相当の悪影響を及ぼす行為をなしえないことは、条理上当然であり、治療の停廃もある程度の期間継続すれば患者の病状が悪化することになるから、病院の従業員の争議行為は、予め患者の生命・身体の保全に十分に配慮することが必要である。また、患者の身体・精神の回復を図るべき病院の使命に対する管理者側の真摯な努力にも拘わらず、緊急事態発生の客観的危険性が現れた場合には、その善後措置に協力すべき義務があり、これを正当な理由なく拒否すれば正当性を失うことになる[*53]。

---

[*53] 中労委（青山信愛会）事件・最三小判昭39・8・4民集18巻7号1263頁／判時380号6頁（同事案では、第一波ストライキの時は治療等は概ね平常通り行われ、第二波のストライキも患者の治療にある程度の支障を来したとはいえその病状に相当の悪影響を及ぼしたものとは認められないとして、同盟罷業の正当性を肯定）。順天堂病院事件・東京地判昭40・11・10労民16巻6号909頁／判時428号29頁は前記最高裁判決を引用し「争議行為が患者の病状に相当な悪影響を及ぼし、その生命・身体の安全を脅かすに至る客観的危険性が認められる場合に限って争議行為が制限される」と判示して当該事案では正当性を肯定、中労委（亮正会）事件・東京高判平3・7・15労民42巻4号571頁も、総合病院における当直薬剤師及び病棟の深夜勤務看護婦を含む従業員の一日の指名ストライキにつき、労調法37条1項の予告手続を履践し、ストライキに入る従業員の氏名及び罷業時間を組合及び本人が上長及び責任者に通告し、ストライキに入る当直薬剤師及び病棟の深夜勤務看護婦はスト中病院構内に待機しいつでも職場に戻れるようにしていたこと等に鑑みると、労働組合は予め患者の生命・身体の安全確保に十分な配慮をし、かつ、患者の容体に顕著な影響を与えるなどの著しい支障や混乱は生じていないとして、その正当性を肯定。

第2節　団体行動権により保障される争議行為

　　ウ　団体行動権の保障と使用者等の自由権・財産権等の調和
　第三に、争議行為の正当性の限界は、団体行動権の保障と使用者等の自由権・財産権等の調和の中に求められるところ*54、労働者が、一定期間、労務を全部又は一部提供しないことにより、使用者の労働力の利用を制限するという手段・態様（同盟罷業又は怠業）は、基本的に正当な争議行為であり、この点に異論はないであろう*55。

　しかし、「労務の不提供又は不完全な提供」（同盟罷業又は怠業）という争議行為を維持・強化するために、さらにどのような手段・態様の行為をなしうるかは、見解が分かれるところである。以下、判例を検討し（→エ）、私見を述べ（→オ）、具体的な類型として、①同盟罷業（ストライキ）、②怠業（サボタージュ）、③順法（違法）闘争、④ボイコット、⑤ピケッティング、⑥職場占拠、⑦生産管理（自主管理）、⑧争議行為に伴うビラ配布等の正当性を検討する（→(2)～(9)）。

　　エ　判例・裁判例
　最高裁は、第一に、使用者は労働者が同盟罷業を行っている期間中も操業を継続することができ*56、操業阻止を目的とする労働者側の争議手段に対しては操業を継続するために必要な対抗措置をとることができ、操業継続のために必要な業務は威力業務妨害罪により保護されるべき業務である*57と判示する。

　第二に、同盟罷業は必然的に業務の正常な運営を阻害するものではあるが、その本質は労働者が労働契約上負担する労務提供義務の不履行にあり、その手段方法は労働者が団結してその持つ労働力を使用者に利用させないことにあるので、使用者側がその対抗手段の一種として自らなそうとする業務の遂行行為に対し暴行脅迫をもって妨害する行為は、同盟罷業の本質と手段方法を逸脱し

---

*54　山田鋼業事件・最大判昭25・11・15刑集4巻11号2257頁/判タ9号53頁（自由権、財産権等の一般的基本的人権と労働者の団結権・団体交渉権・団体行動権の調和を破らないことが争議権の正当性の限界であり、その調和点を何処に求めるべきかは、法律制度の精神を全般的に考察して決すべきと判示）。
*55　労務の不提供がその手段・態様として正当であることは、朝日新聞小倉支店事件・最大判昭27・10・22民集6巻9号857頁/判タ25号42頁、羽幌炭鉱事件・最大判昭33・5・28刑集12巻8号1694頁/判時150号4頁、御國ハイヤー事件・最二小判平4・10・集民166号1頁/2労判619号8頁等の判示から明らかである。
*56　朝日新聞小倉支店事件・最大判昭27・10・22民集6巻9号857頁/判タ25号42頁、羽幌炭鉱事件・最大判昭33・5・28刑集12巻8号1694頁/判時150号4頁、駐留軍横浜陸上部隊事件・最二小判昭33・6・20刑集12巻10号2250頁/判時156号33頁。
*57　山陽電機軌道事件・最二小決昭53・11・15刑集32巻8号1855頁/労判308号38頁（旅客運送業を営む会社がバスの車両を保全看守する行為は威力業務妨害罪により保護されるべき業務であり、回送中或いは駐車中のバスを奪いあるいは預託中のバスを搬出するために看守者の意思に反して建造物に侵入した被告人の車両確保行為は威力業務妨害罪又は建造物侵入罪に該当すると判示）。

たものであって正当な争議行為ではなく*58、また、不法に使用者側の自由意思を抑圧しあるいはその財産に対する支配を阻止する行為も正当な争議行為ではない*59と判示する。そして、この理は、非組合員等により操業を継続してストライキの実効性を失わせるのが容易であると考えられるタクシー等の運行を業とする企業の場合でも基本的には異なるものではなく、労働者側がスト期間中、非組合員等による営業用自動車の運行を阻止するために、説得活動の範囲を超えて、当該自動車等をその排他的占有下に置き自動車運行を阻止する行為は正当な争議行為ではないとしている*60。

　　オ　私見

　団体行動権のみならず、使用者等の自由権・財産権も保障されていることに照らせば、労働者が争議行為によって使用者側の自由意思を極度に抑圧し、財産に対する支配を阻止することが全面的に許されるわけではない。また、使用者が労働者の争議行為中も操業の自由を有することは否定されない。

　しかし、労働者は団体行動権の一部である争議権の行使として、同盟罷業・怠業を行いその労働力の利用を制限しうることに異論はないところ、使用者が、代替労働者（管理職や臨時に雇い入れた労働者等）を同盟罷業・怠業を行っている労働者の業務に従事させ、あるいは、代替製品を搬入すれば、当該労働者の労働

---

　　*58　朝日新聞小倉支店事件・最大判昭27・10・22民集6巻9号857頁/判タ25号42頁（スキャップ禁止協定（労働協約）〈→後記(6)エ〉の失効後、新聞社において非組合員職員の版組作業を暴行脅迫により妨害した行為は違法な争議行為であると判断）、羽幌炭鉱事件・最大判昭33・5・28刑集12巻8号1694頁/判時150号4頁、駐留軍横浜陸上部隊事件・最二小判昭33・6・20刑集12巻10号2250頁/判時156号33頁。

　　*59　山田鋼業事件・最大判昭25・11・15刑集4巻11号2257頁/判タ9号53頁（いわゆる生産管理〈→後記(8)〉を正当な争議行為ではないと判断）、羽幌炭鉱事件・最大判昭33・5・28刑集12巻8号1694頁/判時150号4頁（百余名の者と共に、炭鉱鉄道の電車軌道上及びその附近に座り込み又は立ち塞がり或いはスクラムを組み且つ労働歌を高唱する等の行為により電車の運行を阻止し会社の出炭業務を妨害した被告人の行為は正当な争議行為ではないと判示し、有罪（刑234条〈威力業務妨害〉）とした原判決を維持）、駐留軍横浜陸上部隊事件・最二小判昭33・6・20刑集12巻10号2250頁/判時156号33頁（被告人が、ストライキ中、通用門附近で、他の組合員とともに、スト不参加労働者が運転するバスの前面の道路上に寝転んでバスの運行を停止させ運転手をバスの外に押し出し同バス及びそれに続くバスの出門を不能としその運転業務を妨害した行為は正当な争議行為ではないと判示し、有罪（刑234条〈威力業務妨害〉）とした原判決を維持）、御國ハイヤー事件・最二小判平4・10・2集民166号1頁/労判619号8頁。

　　*60　御國ハイヤー事件・最二小判平4・10・2集民166号1頁/労判619号8頁（ストライキを行っている組合員に配車されているタクシー6台のみを対象としその稼働を阻止するため、倉庫に格納されている当該車両の傍らに座り込みあるいは寝転び、当該車両の搬出・稼働を阻止した行為は正当な争議行為ではないと判示し、正当な争議行為と判断して会社側の損害賠償請求を棄却した同事件・高松高判平元・2・27労判537号61頁/判時1313号158頁を破棄差し戻し）。

力の利用の制限による業務の正常な運営の阻害という実効性は失われ、同盟罷業・怠業を行っている労働者が賃金請求権を喪失するだけという結果になり、労働者の争議権は、実質的には保障されないに等しい[*61]。

したがって、争議権の中には、単に同盟罷業・怠業を行い当該労働者の労働力の利用を制限する権利のみならず、参加労働者の分の労働力の減少という効果を実質的に維持するために必要かつ相当な手段をとる権利も含まれ、言論による平和的説得や団結の示威により相手側の自由意思に訴えることに加えて、暴行、脅迫に至らない程度の人垣やスクラム等の物理的な阻止や心理的的抑圧[*62]により、同盟罷業・怠業に参加している労働者が通常従事している業務に代替労働者が従事すること（スト破り）、あるいは、通常生産している製品の外部からの搬入等を一定の限度で阻止することもできると解すべきである[*63]。

換言すれば、使用者は、争議行為中も操業を継続することができるが、同盟罷業・怠業に参加している労働者の業務に代替労働者を従事させあるいは代替製品を搬入することにより操業を継続する自由（スト破りによる操業継続の自由）等は一定の制限を受ける場合があり、このように解することが、労働者の団体行動権と使用者等の自由権・財産権等との調和を図るものと言えよう[*64]。

(2) 同盟罷業（ストライキ）

「同盟罷業（ストライキ）」とは、労務の不提供という態様の争議行為である。

---

[*61] 御國ハイヤー事件・高松高判平元・2・27労判537号61頁／判時1313号158頁は、「特にタクシー業においては、ストライキ中といえども車両をいったん使用者の占有下に置けば、代替要員によって操業の継続が極めて容易で、ストライキの実効性を失わせることができるのであるから、ストライキ中の労働者がその実効性を確保するためピケあるいは座り込みをもって使用者による車両の搬出を阻止しようとすることは必要・不可欠とも言うべき戦術であり、これを厳しく制限することはこのような業種の労働者の争議権を奪うに等しく妥当とは言い難い」と判示しており、首肯しうる。

[*62] ミツミ電機事件・東京高判昭63・3・31労判516号5頁／判タ682号132頁（平和的説得の範囲を超えた、暴行・脅迫に至らない程度の人垣や障壁等による物理的な阻止や有形力の示威による心理的抑圧などが諸般の事情により正当と判断されることがある旨を判示）。

[*63] 御國ハイヤー事件・高松高判平元・2・27労判537号61頁／判時1313号158頁は、「争議中であっても使用者に操業の自由があることは言うまでもないが、労働者にもスト破りのための臨時雇入れによる操業の継続を阻止し、管理職を含む適法な代替要員による操業の継続をも一定の限度で阻止する権利を有する」と判示しており、首肯しうる。

[*64] 職安法20条1項が、公共職業安定所が同盟罷業又は作業所閉鎖の行われている事業所に求職者を紹介することを禁止し、職安法20条を準用する派遣法24条が、派遣元事業主が同盟罷業又は作業所閉鎖の行われている事業所に新たに労働者派遣をすることを禁止しているのは、使用者が当該労働者を雇用又は受け入れることによりスト破りを行うことを防止するためであり、これらの条文も、使用者による操業の継続の自由を間接的に制限するものと位置づけられよう。

同盟罷業は、1）参加者の範囲の点から、①全面スト（団結体の構成員全員によるスト）、②部分スト（団結体の構成員の一部によるスト）、③指名スト（指名された特定の労働者によるスト）、④波状スト（参加者が順番に波状的に参加するスト）等に分類され、2）実施期間の点から、①無期限スト（スト終了時を定めずに行われるスト）、②時限スト（時間を区切って行われるスト）等に分類される。

同盟罷業は、労務の不提供により業務運営に支障を生ぜしめることを目的とする争議行為であるところ、参加者の範囲、開始時点[*65]、実施期間については、法令の定め、労働協約、又は、信義則等に反しない限り、争議行為の主体たる団結体がその実効性を配慮して自由に決定することができ、上記のいずれも手段・態様の点で正当である[*66]。

また、労働組合が使用者の労働者に対する配転命令を不当として争議行為を実施するに際し、争議手段として配転対象者の労務不提供という手段を選択し、当該労働者がこの指令に従い配転命令を拒否して新勤務に従事しないという争議行為をしたときは、当該争議行為は労務不提供にとどまる限り正当である[*67]。

(3) 怠業（サボタージュ、スローダウン）

「怠業（サボタージュ、スローダウン）」は、労務の不完全な提供という態様の争議行為である。怠業は、1）参加者の範囲、及び、2）実施期間の点から、前記(2)の同盟罷業と同様に分類されるとともに、3）方法の点で、作業能率を低下させたり、作業の速度を落とすという方法[*68]、職務の一部を履行しないという

---

[*65] 航空会社のパイロット等の乗務員のストライキ開始時点を飛行機の出発35分ないし1時間半前としたストライキを態様の点で正当と判断した裁判例として、日本航空事件・東京地判昭44・9・29労民20巻5号1043頁/判時577号28頁。

[*66] 正当と判断した裁判例として、日本化薬事件・山口地判昭30・10・13労民6巻6号916頁、同事件・広島高判昭34・5・30労民10巻3号531頁（指名スト・部分スト・時限スト）、日本航空事件・東京地決昭41・2・26労民17巻1号102頁/判時440号11頁、同事件・東京地判昭44・9・29労民20巻5号1043頁/判時577号28頁（指名スト）、興国人絹パルプ事件・大分地判昭41・10・25労民17巻5号1280頁（時限スト）、全日空事件・東京地判昭42・4・24判時483号71頁（時限スト・指名スト）。

[*67] 新興サービス事件・東京地判昭62・5・26労判498号13頁/判時1232号147頁（配転後の勤務にストライキにより従事しない労働者に対する懲戒解雇を正当な争議行為を理由とする不利益な取扱いで労組法7条1号に該当し無効と判断）。

[*68] 裁判例として、手作業で行われる紙筒の生産を低下させる「減産闘争」（日本化薬事件・山口地判昭30・10・13労民6巻6号916頁、同事件・広島高判昭34・5・30労民10巻3号531頁〈消極的な怠業で正当と判断〉）、新幹線の運転士の一部区間の減速運転（JR東海事件・東京地判平10・2・26労判737号51頁/判タ979号154頁〈当該就労の申入れは債務の本旨に従った労務の提供ではないとして就労拒否した会社に対する当該運転士の賃金請求を棄却〉）。

方法[*69]等、多様なものがありうる。

いずれも、労務の不完全な提供という消極的な態様に留まる限り（意図的に不良品を生産したり機械を破壊したりしない限り）、手段・態様の点で正当である[*70]。

また、怠業に際し、組合役員等が怠業中の職場に立ち入りその指導統制に当たることも、それが使用者側の施設に対する占有の余地を残しその管理運営権を一方的に排除しない限り、怠業に附随する正当な行為である[*71]。

しかし、いわゆる「納金スト」、すなわち、電力料金の集金人やタクシー、バスの運転手等、労務として集金業務を伴う労働者が集金した料金を使用者に納入せず労働組合名義等で預金する等して保管する行為は、労務のうち使用者への納付業務を拒否するという点で労務の不完全な提供ではあるが、使用者の意思に反してその金銭を抑留するものであるから、単なる労務の不完全な提供という消極的な態様ではなく、その正当性が問題となる。

下級審裁判例には、料金の保管の確実性、安全性が担保される限り正当であると判断するもの[*72]、これに加え使用者の資金運営への支障等の危険と労働者の主張貫徹により得べき利益との権衡を失するものでなければ正当とするもの[*73]がある。しかし、使用者の財産に対する支配を阻止する行為であり、また、労務の不提供又は不完全な提供及びその実効性を確保するために必要かつ相当な範囲を超える行為であるので、賃金の未払が続いている等、特段の事情がない限り、正当性を欠くものと思われる。ただし、正当性を否定される場合でも、当該料金の保管方法が使用者のため安全且つ確実で自ら利用処分する意思はな

---

[*69] 裁判例として、課長に対し報告書、稟議書を提出しない等の「上部遮断」（関西電力事件・京都地判昭30・3・17労民6巻2号218頁〈上部遮断期間中の参加労働者の賃金支払請求認容〉）、タクシーの運転手の無線による配車依頼の拒否、乗客の少ない場所での待機（東洋タクシー事件・釧路地帯広支判昭57・11・29労判404号67頁〈怠業対応部分の賃金カットを肯定〉）、内勤業務以外の出張・外勤の拒否（水道機工事件・最一小判昭60・3・7集民144号141頁/労判449号49頁〈事前に出張・外勤以外の労務の受領を拒否した会社に対する労働者の賃金支払請求を棄却〉）。

[*70] 日本化薬事件・山口地判昭30・10・13労民6巻6号916頁、日本テキサス・インスツルメンツ事件・浦和地判昭49・12・6労民25巻6号552頁/労判216号28頁。

[*71] 日本化薬事件・山口地判昭30・10・13労民6巻6号916頁、同事件・広島高判昭34・5・30労民10巻3号531頁。

[*72] ユニヴァーサルタクシー事件・神戸地判昭45・11・11労民21巻6号1500頁/労判114号86頁（料金は労働金庫に保管し組合は一切使用せず争議収束後元利を含めて会社に納金しており正当であるとし、これを理由とする組合幹部の懲戒解雇を無効と判断）。

[*73] ユニヴァーサルタクシー事件・大阪高判昭47・2・10労判153号21頁/判タ276号187頁（組合員全体で2万4千円の夏期賞与の追加配分を目的として310万円の運賃収入を長期にわたり抑留したことが権衡を失することなきや即断を許さないとしつつ、仮に争議行為が全体として違法でも組合幹部が当然に懲戒責任を負わないとの理由でその懲戒解雇を無効と判断）。

く争議解決まで使用者のために一時保管の意味で単に形式上自己名義の預金となしたにすぎないと認められる場合は、不法領得の意思を否定され、業務上横領罪の成立は否定されよう[*74]。

(4) 順法(遵法)闘争

「順法(遵法)闘争」とは、法規を平常時よりも厳格に遵守する態様で労務を遂行することにより、平常時に比し事業の能率を低下させるという態様の争議行為である[*75]。

労働契約上の始業時間・終業時間等を平常時よりも厳格に遵守することにより、平常時に比し事業の能率を低下させる「定時出勤・定時退勤闘争」[*76]「所定時間外労働拒否闘争」[*77]等もこれに類似するものといえよう。

順法(遵法)闘争等は、それが法規又は労働契約が客観的に要求している内容を遵守するものであれば「労務の完全な提供」であり、業務の運営を阻害する目的であるにせよ「争議行為」に該当するかどうか疑問であるが、いずれにせよ当然正当である。

それに対して、法規又は労働契約が客観的に要求している程度を超える態様で、平常時に比し事業の能率を低下させる場合は「怠業」(→前記(3))であり、

---

[*74] 関西配電湊川事件・最二小判昭33・9・19刑集12巻13号3047頁/判時162号11頁(電力料金の集金人の納金ストにつき不法領得の意思を否定して無罪として原判決を維持)、関西配電熊野事件・最二小判昭33・9・19刑集12巻13号3127頁/判時162号12頁(電力料金の集金人の納金ストにつき、使用者の負うべき危険及び失いうる利益と労働者の主張貫徹により得べき利益との間で社会通念上権衡を失するので労組法1条2項の正当な行為の限界を逸脱しその保護を受けないが、横領罪の成否については不法領得の意思の有無を審究するよう原判決を破棄差し戻し)。

[*75] 日本化薬事件・山口地判昭30・10・13労民6巻6号916頁、同事件・広島高判昭34・5・30労民10巻3号531頁(充電場にある作業所の製品原材料を運搬する電動車<電源は蓄電池>を作業現場に出発させるにあたり、安衛則所定の警鈴が取り付けられた電動車のみを発車させ、警鈴がないもの又は故障しているものは取り付け又修理をしてから発車させ、結果、当日運行すべき全車輌の発車が通常よりも30分ほど遅れたという行為を正当な「遵法闘争」と判断)、大東洋生コン事件・大阪地判平3・11・14労民42巻6号817頁/労判598号37頁(生コンクリート車への法定積載量以上の積載及び重量規制がある道路への無許可乗入を拒否する闘争を正当とし、それに対する不利益取扱い<出荷割り当ての減少、残業指示せず>を労組法7条1号・3号の不当労働行為と判断)。

[*76] 日本化薬事件・山口地判昭30・10・13労民6巻6号916頁、同事件・広島高判昭34・5・30労民10巻3号531頁(8時半に入門すれば遅刻扱いとはならないが通常は従業員は8時から8時15分までに入門し8時半から作業を開始していたところ、8時20分から8時30分の間に入門する「定時出勤闘争」<結果として実際の作業は8時40分～50分頃から開始された>を正当な争議行為と判断)。

[*77] 岡惣事件・新潟地長岡支判平13・2・15労判815号20頁、同事件・東京高判平13・11・8労判815号14頁(当該所定時間外労働拒否闘争を「順法闘争」で怠業類似の消極的態様の争議行為として正当と判断)。

それとして判断される。

(5) ボイコット

「ボイコット」とは、「同盟罷業・怠業を行っている労働者等が、使用者に対する圧力手段として、相手方である使用者、又は、使用者の親会社、取引先、融資銀行等の製造・販売する商品を買わないように一般消費者に求めること」と一応定義することができ、使用者の商品の不買運動を第一次ボイコット、使用者以外の者の商品の不買運動を第二次ボイコットと呼ぶ。

第一次ボイコットは、それが言論による説得に留まり、かつ、虚偽の事実や誤解を与えかねない事実を述べない限り、正当である[78]。

これに対し、第二次ボイコットは、直接的には使用者以外の者に対し経済的打撃を与える手段であるが、言論による説得に留まり、かつ、虚偽の事実や誤解を与えかねない事実を述べない限り、言論の自由の範囲内で正当と言えよう。

(6) ピケッティング

ア　定義と問題の所在

「ピケッティング」とは、「同盟罷業・怠業を行っている労働者等が、それを維持・強化し業務の運営の阻害という効果を確保・拡大するために、労務を提供しようとする争議行為不参加労働者、操業継続のために必要な行為をしようとする使用者側の者、出入構しようとする取引先・顧客等に対し、それをしないよう、呼びかけ、説得、実力阻止その他の働きかけをする行為」と定義することができる。

このような行為は、労働者が同盟罷業・怠業の実効性を確保・拡大するために重要な行為であるが、使用者の業務の運営を阻害し、その自由権・財産権等と抵触しうる行為であるから、どこまでが正当な争議行為の範囲内であるのか、具体的には、①言論による説得(平和的説得)、②団結の示威(鉢巻・ゼッケンの着用、人垣、スクラム、労働歌の高唱等)による訴えかけ、③一定の実力行使(出入口での座込みやスクラムによる封鎖等)のどこまでが許されるかが問題となる。

イ　判例・裁判例

最高裁は、使用者側がその対抗手段の一種として自らなそうとする業務の遂

---

[78] 岩田屋事件・福岡地判昭36・5・19労民12巻3号347頁(ストライキ中、使用者<岩田屋：百貨店>の商品を買わないよう顧客に呼びかける際の「岩田屋の食料品は高い、腐っている、赤痢菌が入っている」等の言葉は正当性を逸脱していると判断)。福井新聞社事件・福井地判昭43・5・15労民19巻3号714頁／労判70巻11号(ストライキ中、使用者(福井新聞社)の発行する新聞を読まない運動に協力してほしい旨のビラを一般公衆に配布し呼びかける等の方法での新聞の不買運動は第一次ボイコットの範囲内で正当と判断)。

行行為に対し暴行脅迫をもって妨害する行為は、同盟罷業の本質と手段方法を逸脱したものであって正当な争議行為ではなく[79]、また、不法に使用者側の自由意思を抑圧しあるいはその財産に対する支配を阻止する行為も正当な争議行為ではない[80]としている(→前記(1)エ)。

また、多くの下級審裁判例も、争議行為参加労働者の、①争議行為に参加しない労働者に対する労務を提供しないよう求める働きかけやその業務の阻害[81]、出入構の阻止[82]、②原材料や製品・半製品等その他の物品の搬入・搬出・移動の阻止[83]、③タクシーやミキサー車その他の業務で使用する車両・機材・

---

[79] 朝日新聞小倉支店事件・最大判昭27・10・22民集6巻9号857頁/判タ25号42頁、羽幌炭鉱事件・最大判昭33・5・28刑集12巻8号1694頁/判時150号4頁、駐留軍横浜陸上部隊事件・最二小判昭33・6・20刑集12巻10号2250頁/判時156号33頁。

[80] 山田鋼業事件・最大判昭25・11・15刑集4巻11号2257頁/判タ9号53頁、羽幌炭鉱事件・最大判昭33・5・28刑集12巻8号1694頁/判時150号4頁、駐留軍横浜陸上部隊事件・最二小判昭33・6・20刑集12巻10号2250頁/判時156号33頁、御國ハイヤー事件・最二小判平4・10・2集民166号1頁/労判619号8頁。

[81] 岩田屋事件・福岡地判昭36・5・19労民12巻3号347頁(百貨店の従業員の組合のストライキ中、①店外で就業前の説得ではなく、店内で就業中の別組合員に対し就業をやめてスト組合に加入するよう話しかける行為、②仮の買物をし社長印の正式の領収書を執拗に要求しこれに応じないときは返品を迫る行為は、従業員の事務効率を低下させる積極的な業務妨害行為で正当ではないと判断)。

[82] 白井運輸事件・東京地判平18・12・26労判934号5頁(廃棄物の運搬車の運転手の組合が運搬車の出入口正門でスクラムを組み人垣を作り非組合員の入構を阻止し運搬車全車を出庫できない状況においたことは、不法に使用者側非組合員運転手らの自由意思を抑圧し使用者の財産に対する支配を実力で阻止したもので正当でないと判断)。

[83] 日本化薬事件・山口地判昭30・10・13労民6巻6号916頁(作業所の他の生産部門で使用する紙筒の生産職場での怠業期間中に、使用者側の職制等が外注した紙筒を作業所の倉庫に搬入しようとしたことに対し、これを阻止し怠業の実効を挙げるために、紙筒職場の従業員の一部が部分ストに入り、30数名が倉庫の前で人垣を作り搬入しないよう呼びかけたこと、又、別の日時に、紙筒の倉庫搬入について交渉している間に組合員30数名が倉庫前でスクラムを組み労働歌を高唱していたこと等は、平和的説得乃至団結力の示威の範囲内のもので正当と判断)、同事件・広島高判昭34・5・30労民10巻3号531頁(暴行、脅迫を以て搬入行為を阻止するが如きの行為は勿論、搬入作業に従事する者の行動をその意思に反して拘束することは許されないが、搬入しようとする者を見張り、言論によって説得し或いは団結による示威その他組合側の威力行使が諸般の事情からみて正当な範囲を逸脱したと認められない手段により搬入者の意思に働きかけて搬入を思い止まらせることは違法ではないと述べて、上記行為を正当と判断)、国光電機事件・東京地決昭41・3・29労民17巻2号273頁/労判22号9頁(いわゆる平和的説得の範囲を超え実力を行使して使用者の出荷を阻止することは争議行為として許されないと判示して、在庫製品の出荷をスクラム、職員からの取上げ・つきまといによる実力行使で阻止したことは正当でないと判断)。

道具等の出入庫や搬出の阻止[*84]、④取引先・顧客に対し出入構しないようにする働きかけ[*85]が、平和的説得又は団結の示威等による相手方の自由意思への訴えかけに留まるかどうかを正当性の判断基準としている。ただし、病院の外来患者及び面会人については平和的説得も許されない場合があるとしている[*86]。

　　ウ　私見

　私見では、争議権は、単に同盟罷業・怠業を行い当該労働者の労働力の利用を制限する権利のみならず、参加労働者の分の労働力の減少という効果を実質的に維持するために必要かつ相当な手段をとる権利も含む(→前記(1)オ)。

　したがって、①スト不参加労働者による労務提供、②使用者側の者による操業継続のための行為、③取引先・顧客の出入構を阻止するために、それらの者に対し、1)言論による説得(平和的説得)を行い、また、2)団結の示威その他団結体の威力行使が諸般の事情からみて正当な範囲を逸脱したと認められない手

---

[*84]　サンデン交通事件・山口地下関支判平6・3・29労判657号71頁(ストライキの開始前に使用者側の者がバスを倉庫から移動させようとするのをバス運転手らが前方にふさがるなどして阻止した行為を正当でないと判断)、大和交通事件・奈良地判平12・11・15労判800号31頁(ストライキの期間中、別組合の運転手や管理職がタクシーを車庫から搬出しようとするのを前方に佇立したりしゃがみこんだりして阻止した行為は正当な争議行為ではないとして、これを企画・決定・実行した組合の委員長の損害賠償責任を肯定したが、同人に対する懲戒解雇は労組法7条1号・3号の不当労働行為で無効と判断)、岡惣事件・新潟地長岡支判平13・2・15労判815号20頁、同事件・東京高判平13・11・8労判815号14頁(ストライキ中、生コンのバッチャープラント附近にミキサー車を停止させてその中に滞留し会社側の者が移動させようとするのを多数の者が阻止することにより、同施設の使用を6時間40分阻害した行為は、不法に使用者側の自由意思を抑圧しあるいはその財産に対する支配を阻止する行為で正当な争議行為ではないと判断)。

[*85]　岩田屋事件・福岡地判昭36・5・19労民12巻3号347頁(百貨店の顧客に対するピケティングは原則として平和的説得に限られ、顧客の出入口を完全に阻止し顧客の購買行為を不可能にすることは許されないが、顧客に対し心理的威圧を感じさせずまた顧客の出入りの妨害にならない程度の人数が出入口に人垣を作ることは説得の手段として正当であると判示し、入口の左右両側に顧客の通れる幅をおいて組合員が建ち並び縦のピケラインを作りピケラインを通って入店しようとする顧客に入店しないよう求めることは言論による平和的説得の範囲で正当と判断、しかし、ストに協力を求める趣旨のプラカードを身体の前後につけサンドイッチマンとして店内を歩き回り執拗に顧客に話しかけて購買を思いとどまらせることは、顧客に不当な圧迫を加えて購買行為を妨害するもので正当でないと判断)、書泉事件・東京地判平4・5・6労判43巻2=3号540頁/労判625号44頁(書店の入口の前に組合員及び支援労働者が腕章、ゼッケン等をして佇立あるいは座り込み顧客に入店しないよう呼びかけ入店を試みた顧客には罵声を浴びせ取り囲んで押し戻す等実力をもって入店を阻止する行為は平和的説得の範囲を超えて違法とし、使用者の当該組合及び組合員・支援労働者に対する損害賠償請求を認容)。

[*86]　順天堂病院事件・東京地判昭40・11・10労民16巻6号909頁/判時428号29頁(インターンや学生に対するピケも含め詳細に判示)。

段により、相手方が自由意思による労務提供・操業継続・出入構をなしうる余地を残す程度に働きかけることは許容される。

そして、3) スクラムや座込みにより、相手側の意思に反して、争議行為不参加労働者の労務提供、使用者側の者による操業継続のための行為、外注した製品の搬入等を妨げても、それが、同盟罷業・怠業を実質的に維持するため、すなわち、同盟罷業・怠業を行っている労働者の業務に代替労働者が就労すること(スト破り)又は代替製品の搬入等を阻止するために、必要最小限の範囲でかつ相当な手段であれば、正当な争議行為と解すべきであろう。

例えば、ストライキ参加労働者がその乗務予定のタクシーの車両のみを対象として格納庫の前に座り込みその搬出を妨げても、それが代替労働者が当該タクシーに乗務しスト参加労働者の業務に従事することを阻止するために必要な措置であり、タクシーの破壊や安全管理上の措置の拒否により使用者の営業財産の所有権を全面的に侵害したり車のエンジンキーや車体検査証を組合の占有管理下に置いたりせず、スト不参加労働者が当該人が乗務予定のタクシーに乗務して就労するのを妨げず、脅迫ないし暴力の行使に及んでいない場合は、正当な争議行為である[87]。

エ　スキャブ禁止条項が存在する場合

「スキャブ禁止条項」とは、使用者が、争議行為中の労働者の業務に別の労働者を従事させて、操業を継続することを禁止又は制限する条項である。同条項が労働協約に定められている場合、又は、そのような内容の労使慣行が事実たる慣習(民92条)として労働組合と使用者との間の権利義務となっている場合は、使用者は、争議行為中、操業は継続しうるが、代替労働者を争議行為中の労働者の業務に従事させない義務を負う。

したがって、使用者がこれに違反して代替労働者を争議行為中の労働者の業務に従事させようとしたときは、争議行為参加労働者がこれを一定の実力行使により妨害しても、それが座込みやスクラム等、諸般の事情からみて正当な範囲を逸脱したと認められない手段による限りは正当な争議行為である。また、当該違反について使用者に対し債務不履行を理由とする損害賠償請求をすることも可能である。

(7) 職場占拠

「職場占拠」とは、「争議行為に参加している労働者が、団結を維持し又は同盟罷業中の操業を妨害・阻止するために、使用者の施設・事業場等を占拠し

---

[87] 御國ハイヤー事件・高松高判平元・2・27労判537号61頁/判時1313号158頁。

争議行為参加者以外の出入構を阻止・制限する行為」と定義することができる。「ピケッティング」と重なる行為である場合もあろう。

最高裁は、不法に使用者側の自由意思を抑圧しあるいはその財産に対する支配を阻止する行為は正当な争議行為ではないという立場であるので（→前記(1)エ）、使用者の施設を排他的に占有し使用者の財産支配を阻止する態様の争議行為はその正当を否定することになろう。また、下級審裁判例も、そのような態様の正当性を否定している[*88]。

私見でも、職場占拠は前記(6)ウ・エで述べた場合を除き正当性を否定される。ただし、使用者の占有を排除せずその操業を妨害しない単なる「職場滞留」[*89]は正当である。

(8) 生産管理（自主管理）

「生産管理（自主管理）」とは、「労働者の団結体が使用者の意に反して使用者の工場・事業場や設備資材等をその占有下に置き、使用者の指揮命令を排除して自己の手により企業経営を行うこと」と定義することができる[*90]。

これは、使用者の所有権・営業権・経営権等を全面的に排除しその権利を労

---

[*88] 正当でないと判断した例として、田原製作所事件・東京地決昭34・8・10労民10巻4号729頁/判時195号11頁（会社構内の出入口を全て閉塞して会社の支配を完全に排除し就労を希望する労働者の就業を実力で阻止する行為）、成光電機工業事件・東京地決昭34・8・12労民10巻4号734頁/判時195号12頁（会社の工場の敷地建物を占拠し組合員等以外の出入りを阻止し工場内の物品搬出を許さない行為、使用者の妨害排除請求を認容）、国光電機事件・東京地判昭41・3・29民17巻2号273頁/労判22号9頁（会社の主要な建物・施設の長期間にわたる排他的占有〈職場占拠、物品搬出阻止等〉、企画・指導・実行した組合役員の解雇を有効と判断）、みすず豆腐事件・長野地判昭42・3・28労民18巻2号237頁/労判46号18頁（工場を内部から閉塞して出入りを不可能にし工場を占拠した行為、使用者の損害賠償請求を認容）、ミツミ電機事件・東京高判昭63・3・31労判516号5頁/判タ682号132頁（工場の生産のための操業を数日間停止させ工場の施設全体を占拠・支配した行為、企画・指導した組合役員の一部につき懲戒解雇を有効と判断）、本山製作所（争議行為損害賠償）事件・仙台地判平15・3・31労判858号141頁（会社の施設を損壊し実力で職場占拠しようとした行為、使用者からの修理代及び警備体制に当たった従業員の操業停止期間中の賃金相当の損害賠償請求を認容）、三一書房事件・東京地判平15・12・26労判893号163頁（使用者の建物の排他的占有、使用者の建物明渡請求は認容したが経緯に照らし損害賠償請求は棄却）、八興運輸事件・宮崎地延岡支判平16・11・25労判902号117頁（船員労働者が船舶を全面的かつ排他的に占有支配し使用者の船舶及び貨物に対する財産支配を完全に阻止し停船させる行為、当該船員の解雇を有効と判断）。

[*89] きょうとユニオン（iWAiコーポレーション）事件・大阪高決平28・2・8労判1137号5頁（ストライキに伴う職場滞留を、連絡のとれない使用者との団体交渉継続のためやむを得ない手段で、占有の完全排除ではなく業務も停止していたとして正当と判断）。

[*90] 山田鋼業事件・大阪高判昭23・5・29刑集4巻11号2305頁/判タ9号53頁参照。

働者が行使するものであり、特段の事情がある場合を除き正当ではない[*91]。

(9) 争議行為に伴うビラ配布等

同盟罷業・怠業等に伴い行われる、ビラ貼り・ビラ配布・情宣活動等は「団結活動」であり、それとして正当性が判断される（→第3節）。

## 第3節　団結権・団体行動権により保障される団結活動

団結権及び団体行動権により保障される団結活動（「正当な団結活動」とも言いうる）の範囲[*92]は、「誰が、どのような内部意思形成を経て、何を目的として、どのような手続で、どのような行為をすることができるのか」により画定される。すなわち、第一に権利の主体であるかどうかという観点から、①主体が問題となり、第二に、権利の行使の適法性という観点から、②集団的意思の形成、③目的、④手続、⑤手段・態様が問題となり、大別五つの点から画定される。

したがって、当該行為が正当な団結活動かどうか、すなわち、「団結活動の正当性」も、①主体（→1）、②集団的意思の形成（→2）、③目的（→3）、④手続（→4）、⑤手段・態様（→5）の五点により判断される。以下順に検討する。

### 1　主体

(1) 未組織労働者

労働者が、労働条件の維持向上その他経済的地位の向上のために、労働組合や一時的団結体を組織したり、あるいは、それに加入する行為は、いうまでもなく団結権により保障される行為であり、また、個別的に行使されうる。したがって、団結体の組織又は加入については、未組織労働者は、団結活動の主体となることができ、主体の点で正当性を有する。

(2) 憲法28条を享受する団結体

団結権及び団体行動権の第一次享受主体は労働者であるが、二次的に、憲法28条を享受する団結体（①憲法上の労働組合〈労組法上の労働組合・憲法組合〉、及び、②憲法上の保護を受ける一時的団結体）がこれを享受する（→前記第1節1(2)）。

したがって、憲法28条を享受する団結体が主体となる団結活動は、主体の点で正当性を有する。

---

[*91] 山田鋼業事件・最大判昭25・11・15刑集4巻11号2257頁/判タ9号53頁（生産管理中に労働者の賃金に充てるために会社の許可なく売却しようとして鉄板を工場外に搬出した労働者を有罪〈窃盗罪：刑235条〉とした原判決を維持）。

[*92] これを画定する法律上の規定はなく、解釈に委ねられている。

### (3) 組合員・構成員の自発的な活動

労働者は団結権及び団体行動権の第一次享受主体であるが、労働組合の組合員又は一時的団結体の構成員となった場合は、その団結権及び団体行動権は当該団結体に集約され、労働者は、当該団結体の組合規約や統制に従い、当該団結体の行為の範囲内でのみ団結活動を行いうる[*93]。ただし、団結体の統制には、団結体の目的と民主的運営という点から内在的制約がある[*94]。

したがって、①団結体の機関決定や指令に基づく行為は、たとえ一部の組合員・構成員による行為であっても、主体は当該団結体である。また、それ以外の自発的な行為であっても、労働者の雇用・労働条件の維持改善その他の経済的地位の向上を目指して行うもので、所属団結体の自主的・民主的運営を志向するものであれば、②団結体の運動方針の遂行行為と目しうる行為、③団結体の運動方針に反しない行為、④労働組合の役員・代議員選挙における選挙活動、⑤団結体の方針決定過程での言論活動等については、主体は当該団結体であり、団結体の行為と解すべきであり、当該団結体が団結権・団体行動権の享受主体であれば、主体の点で正当性を有する[*95]。

これに対して、⑥団結体の方針決定後のその方針に反する行為は、当該団結体の行為ではなく、主体の点で正当性を有しない。

## 2 集団的意思の形成

団結活動は、未組織労働者による団結体の結成や団結体への加入等を除き、労働者の団結体がその集団的意思に基づきなす行為である。

したがって、当該団結体が団結活動権を行使し、団結活動を行うためには、当該団結体において民主的手続により団結活動の集団的意思を形成し、団結活動の実施を決定することが必要である。

ただし、特に法令上の規定はなく、組合規約や当該団結体の民主的手続による決定に委ねられる。また、当該団結体において明示的に決定されたものでなくても、黙示的に許容されている、あるいは、許容されるべき行為は、集団的意思に基づく行為と解すべきである。

---

[*93] 三井鉱山三池鉱業所事件・福岡高判昭48・12・7労判192号44頁/判時742号103頁は、労働者は固有の団体交渉権・団体行動権を有するが、労働組合に団結した以上勝手にこれらの権利を行使することはできず、組合組織を通じその力によりこれを行使すべきと判示しており、支持しうる。
[*94] 労働組合の統制処分については、前記第22章「団結の結成と運営」第2節7参照。
[*95] 千代田化工建設事件・東京高判平7・6・22労判688号15頁(最一小判平8・1・26労判688号14頁も維持)参照。

## 3　目的

　団結権及び団体行動権は、労働者の雇用・労働条件の維持改善その他経済的地位の向上を具体的に実現するために労働者に保障された権利である。

　したがって、その一部である団結活動権の行使である団結活動は、その主体である団結体の構成員である労働者の雇用・労働条件の維持改善その他経済的地位の向上が主たる目的であれば、目的の点で正当性を認められる。

　そして、この「労働者の雇用・労働条件の維持改善その他経済的地位の向上」という目的は、労働契約上の使用者又は団体交渉権を行使しうる相手方との関係において有利な雇用・労働条件を獲得することだけで達成されるものではなく、雇用・労働条件に影響を与えうる地位にある企業、会社役員、使用者団体等への働きかけ、さらには、立法、行政、経済・労働政策等に対する多様な働きかけ等により達成されるものであり、その組織拡大のためには不特定多数の人に対する働きかけ（労働組合への加入を勧誘するビラの配付等）も必要である。

　したがって、団結活動権により保障される活動は、「労働者の雇用・労働条件の維持改善その他経済的地位の向上」が目的であれば、必ずしも労働契約上の使用者又は団体交渉権を行使しうる相手方との関係において有利な雇用・労働条件等を獲得することを目的とする活動のみに限定されず、それ以外の企業、会社役員、使用者団体等への働きかけ[96]や、組織拡大のための不特定多数の人に対する働きかけも含まれる。また、経済的活動を超えた、政治的活動、社会的活動、文化的活動であっても、広く労働者の生活利益の擁護と向上に直接又は間接に関係する事項を目的とする活動を含むと解すべきである[97]。

## 4　手続

　団結活動を行うにあたり、団結体内部での集団的意思形成は必要であるが、対外的な手続は法令上定められておらず、特に必要ではない。

---

[96]　東海商船事件・東京地判平10・2・25労判743号49頁／判時1659号124頁、同事件・東京高判平11・6・23労判767号27頁（国際運輸労連に加盟する全日本海員組合が海上運送会社に対し、国際運輸労連の承認する労働条件を満たす労働協約の適用等一定の要件を充足する便宜置籍船に発行される青色証明書の取得を求めて交渉し、これを受諾しない会社の荷役ボイコットキャンペーンをすることについて、全日本海員組合と当該運送会社との間に団体交渉の行われるべき労使関係はないが、間接的に当該組合員の労働条件の維持・改善を目的とするものであるから、主体、目的の点で正当と判断）。

[97]　三井美唄労組事件・最大判昭43・12・4刑集22巻13号1425頁／労判74号8頁、国労広島地本<労働者上告>事件・最三小判昭50・11・28民集29巻10号1634頁／労判240号22号②事件、国労広島地本<組合上告>事件・最三小判昭50・11・28民集29巻10号1698頁／労判240号22頁①事件。

しかし、当該団結体が、労働協約、あるいは、労使慣行により、当該使用者に対して一定の手続（施設使用の届出や通知等）を履践する義務を負っている場合は、当該手続を行う必要がある。

### 5 手段・態様
(1) 問題の所在

団結活動は、参加労働者が、①就業時間（労働義務のある時間）外に、②事業場外で行い、また、③情報宣伝活動・要請活動・抗議活動等については、相手方・その情報宣伝の内容・行われる場所・方法等について特に問題がない場合は、一般に、手段・態様の点についての正当性が肯定される。

これに対して、当該団結活動が、①参加労働者の就業時間内に行われる場合（集会に参加、労働組合の業務に従事、ゼッケン・ワッペン・リボン・バッジ等を着用しての就労等）は、参加労働者の労働契約上の労働義務と抵触する可能性があり、②事業場内で又は使用者の施設・物品等を利用して行われる場合（ビラ貼付、ビラ配布、集会、情宣活動等）は、使用者の所有権や施設管理権等と抵触する可能性がある。また、③情報宣伝活動・要請活動・抗議活動等については、働きかけをなしうる相手方が制限される場合もあり、その内容・場所・方法等によっては、相手方の名誉・信用・営業権、経営者等のプライバシー・自己の住居の平穏・地域社会における名誉・信用等の、権利・利益を侵害し、企業秩序を乱し、労働者の誠実義務等に抵触する可能性がある。

したがって、以下、①就業時間内の団結活動（→(2)）、②事業場内での又は使用者の施設・物品等を利用した団結活動（→(3)）、③情報宣伝活動・要請活動・抗議活動等の団結活動（→(4)）について、その正当性を検討する。

(2) 就業時間内の団結活動
　　ア　一般的基準

労働者は、労働義務のある時間は、労働契約の本旨に従ってその労務を提供する義務を負う。

就業時間内の団結活動は、団結活動を行っている時間は労務を提供していないからその点は同盟罷業と同じであるところ、労務不提供という行為が団結権・団体行動権により保障されるためには、前記第2節で検討した争議行為の正当性の要件を充足することが必要である。

したがって、労働者がストライキを行いその時間中に団結活動（例えばビラの作成）を行うことは、争議行為の正当性の要件を充足する限り正当であるが、

そうでなければ、就業時間内の団結活動は原則として正当ではない[*98]。

しかし、就業時間内の団結活動であっても、①労働契約上の根拠又は使用者の同意がある場合、②労働者の団結権等の保障のため不可欠である等の特段の事情がある場合、③労働義務の履行としてなすべき身体的精神的活動と矛盾せず、かつ、業務に支障を及ぼすおそれがなく、労働義務に違反しない場合は、正当性を認められる。具体的には、下記のイ～エの通りである。

　　　イ　労働契約上の根拠又は使用者の同意

就業時間内であっても、労働契約上の根拠がある場合(就業規則や労働協約上の許容規定がある場合、若しくは、労使慣行上許容されておりそれが合意あるいは事実たる慣習<民92条>により労働契約の内容となっている場合)、又は、使用者の承諾(同意)がある場合[*99]は、当該労働者の労働義務は免除され、その時間中は、団結活動を行うことができる[*100]。

したがって、労働者及び団結体が、憲法28条により保障された団結権・団体交渉権、団体行動権を行使して、使用者と交渉し、労働協約を締結し、あるいは、使用者の承諾を得れば、就業時間内の団結活動を行うことができる。

　　　ウ　特段の事情がある場合

就業時間内の団結活動は、労働契約上の根拠又は使用者の同意がない場合であっても、①当該団結活動が団結権を確保するために不可欠であること、②当該活動をするにいたった原因が専ら使用者側にあること、③当該団結活動によって会社業務に具体的支障を生じないことという事情があるときは、就業時間中の団結活動であっても正当な団結活動として許容される[*101]。

例えば、使用者が労働組合の承認を拒否し、団体交渉を拒否しているため、それに対する抗議行動、対策協議のための職場離脱が組合運営に不可欠であり、またその職場離脱は使用者に原因があり、特に業務への具体的支障はなかったような場合、当該団結活動は正当である[*102]。

---

[*98]　判例・裁判例も労働時間中の団結活動は原則として正当性がないとする。中労委(済生会中央病院)事件・最二小判平元・12・11民集43巻12号1786頁/労判552号10頁、千葉労委(オリエンタル・モーター)事件・千葉地判昭62・7・17労判506号98頁等。

[*99]　昼休みに開かれた組合大会が延長されたため参加者が約30分就業時間に就労しなかったことにつき、組合大会の延長につき使用者の同意があり、組合役員の責任を問うことはできないと判断した裁判例として、日本化薬事件・山口地判昭30・10・13労民6巻6号916頁、同事件・広島高判昭34・5・30労民10巻3号531頁。

[*100]　千葉労委(オリエンタル・モーター)事件・千葉地判昭62・7・17労判506号98頁。

[*101]　千葉労委(オリエンタル・モーター)事件・千葉地判昭62・7・17労判506号98頁。

[*102]　千葉労委(オリエンタル・モーター)事件・千葉地判昭62・7・17労判506号98頁。

エ　労働義務に違反しない態様

　就業時間内の団結活動であっても、労働義務の履行としてなすべき身体的精神的活動と矛盾せず、かつ、業務に支障を及ぼすおそれのない団結活動は、労働義務に違反せず、正当である[*103]。

　したがって、就業時間中に、労働者の要求や労働組合名を記載したリボン・ワッペン・腕章・鉢巻等を着用したり、労働組合のバッジをつけたりする団結活動(服装闘争)は、使用者の業務の内容、当該労働者の職務の性質・内容、当該活動の態様など諸般の事情を勘案し、労働者の労務の提供に支障を与えず、業務に支障を及ぼすおそれがないと判断される場合は、労働義務に違反せず、憲法28条により保障される正当な団結活動である[*104]。

　それゆえ、労働義務に違反しない団結活動としてのリボン、ワッペン、バッジ等の着用を禁止する就業規則の規定は、公序(民90条)違反、信義則(労契3条4項)違反で法的効力を有さず、また、同内容の労働契約があっても、公序違反、信義則違反で無効である。

　この点につき、公務労働者について、最高裁判決[*105]・下級審裁判例[*106]は、その職務専念義務を「勤務時間中はその肉体的、精神的活動を職務の遂行にのみ集中しなければならない義務」と解しており、民間部門の労働者についても、下級審裁判例の中には、労働者は「職務専念義務」を負い、「職務専念義務」とは「勤務時間及び職務上の注意力のすべてをその職務遂行のために用い職務にのみ従事しなければならない義務」であるとして、労働組合員のバッジ着用行為は、職務に特段の支障を生じなかったとしても、職務専念義務に違反し正

---

[*103]　菅野・労働法(2017)924頁、西谷・労組法(2012)254〜255頁等も同旨。
[*104]　JR東日本(本荘保線区)事件・仙台高秋田支判平4・12・25労判690号13頁(JR職員の組合マーク入りのベルト着用について、実質的違法性がなく職務専念義務に違反しないと判断〈最二小判平8・2・23労判690号12頁も維持〉)、神奈川労委(JR東日本〈神奈川・国労バッジ〉)事件・横浜地判平9・8・7労判723号13頁/判タ957号114頁(就業時間中の組合バッジ着用を正当な組合活動と判断)。
[*105]　目黒電報電話局事件・最三小判昭52・12・13民集31巻7号974頁/労判287号26頁(当時法律により職務専念義務が規定されていた電電公社の職員につき、その職務専念義務を「勤務時間及び職務上の注意力のすべてをその職務遂行のために用い職務にのみ従事しなければならない義務」と解し、当該事案におけるプレート着用を職務専念義務違反と判断)。
[*106]　国鉄鹿児島自動車営業所事件・鹿児島地判昭63・6・27労民39巻2=3号216頁/労判527号38頁、同事件・福岡高宮崎支判平元・9・18労民40巻4=5号505頁/労判582号83頁(最二小判平5・6・11集民169号117頁/労判632号10頁もこの点は維持)(当時公務員とみなされていた国鉄職員につき、その職務専念義務を「勤務時間中はその肉体的、精神的活動を職務の遂行にのみ集中しなければならない義務」と解し、当該事案におけるバッジ着用を職務専念義務違反と判断)。

当ではないと判断するものがある*107。また、最高裁判決も、ホテル職員のリボン闘争（労務を停止することなく、就業時間中に労働組合員である労働者が組合の決定に基づき一定のリボンを着用する形態をとるもの）は就業時間中に行われた組合活動であって組合の正当な行為に当たらないとした原審の判断を是認している（特に理由は述べず）*108。

しかし、労働者は人間であり、労働時間中、瞬時の間もなくその肉体的精神的活動力の全てを職務にのみ完全に傾注させるということはおよそ不可能である。また、労働者の労働義務の内容は、憲法13条の人格権保障の趣旨に照らし、公序又は信義則により合理的な内容に限定される。

したがって、「職務専念義務」は、労働者が労働契約に基づきその職務を誠実に履行する義務であり、この義務と何ら支障なく両立し、使用者の業務を具体的に阻害することのない行動は、職務専念義務に違背せず、正当な団結活動である。そして、職務専念義務に違背する行動に当たるかどうかは、使用者の業務や労働者の職務の性質・内容、当該行動の態様など諸般の事情を勘案して判断されるべきである*109。

(3) 使用者の施設等を利用した団結活動

　ア　一般的基準

使用者は、職場環境を適正良好に保持し規律ある業務の運営体制を確保しうるようにその所有又は管理する物的施設を管理利用するという、施設管理権を有している。そして、争議行為ないしその準備行為時であることから、当然に使用者の施設管理権が制限されるわけではない*110。

しかし、使用者の施設等を利用する団結活動でも、①労働協約、就業規則、労働契約上の根拠や使用者の同意がある場合、又は、②労働者若しくは団結体

---

*107　東京労委（JR東海〈新幹線支部〉）事件・東京高判平9・10・30労判728号49頁（最二小判平10・7・17労判744号15頁も維持）、神奈川労委（JR東日本〈神奈川・国労バッジ〉）事件・東京高判平11・2・24・労判763号34頁（ただし、当該バッジ着用は正当な組合活動ではないがそれに対する懲戒処分等は労働組合に対する嫌悪が決定的動機であるとして当該懲戒処分等を支配介入と判断〈最一小決平11・11・11労判770号32頁も維持〉）。
*108　東京労委（大成観光〈ホテルオークラ〉）事件・最三小判昭57・4・13民集36巻4号659頁／労判383号19頁。
*109　東京労委（大成観光〈ホテルオークラ〉）事件・最三小判昭57・4・13民集36巻4号659頁／労判383号19頁における伊藤正己裁判官の補足意見。
*110　国鉄札幌運転区事件・最三小判昭54・10・30民集33巻6号647頁／労判329号12頁、御國ハイヤー事件・最二小判平4・10・2集民166号1頁／労判619号8頁（争議行為時であることが、特段の事情の存否を判断するにあたり一事情として考慮されることがあるとしても、施設管理権に関する一般論自体が修正されるべきものということはできないと判示）。

が使用者に利用の許可を求めたにもかかわらず使用者がそれを拒否し、かつ、使用者が労働者又は団結体にその所有あるいは管理する物的施設の利用を許諾しないことが、労組法7条違反[111]又は施設管理権の行使における信義則(民1条2項)違反若しくは権利濫用(民1条3項)である場合は、当該団結活動は、その正当性を認められると解すべきである。具体的には、下記のイ・ウの通りである。

　　イ　労働協約・就業規則・労働契約上の根拠又は使用者の同意

　団結活動のための施設利用の許可に関する事項は、義務的団交事項であるから、労働組合等は、団体交渉権を行使して使用者と交渉し、場合により団結活動や争議行為により使用者に圧力をかけ、労働協約を締結し又は使用者の同意を得て、使用者の物的施設を利用する権利を取得することができる。

　使用者の施設利用等について、労働協約、就業規則、若しくは、労働契約上の根拠がある場合、又は、使用者が同意した場合[112]は、当然のことながら、労働組合等は、使用者の施設等を利用して団結活動を行うことができる。

　　ウ　労組法7条違反、信義則違反又は権利濫用である場合

　最高裁判決[113]が述べるように、労働者及び労働組合等の団結権・団体行動権の中に、使用者の物的施設を利用して団結活動を行う権利が当然に含まれているとまでは解することはできない。また、企業別組合は、その活動につき当該企業の物的施設を利用する必要性は大きいが、利用の必要性が大きいが故に、当然に、労働組合が当該企業の物的施設を団結活動のために利用する権利を有する(「受忍義務説」)と解することはできないであろう。

　しかし、使用者は、施設管理権の行使にあたり、集団的労使関係における信義則上の義務として、労働者及び労働組合等の団結権等を尊重することが必要である。それゆえ、施設利用の承認を求められたときその利用を許さないことが、①労組法7条に違反する場合、すなわち、当該団結体の弱体化を図る目的で行われたとき、又は、他の団結体には利用を許諾するが当該団結体には合理的な理由なく許諾せず、中立保持義務に反するとき(いずれも労組法7条3号に該当)、②当該物的施設につき使用者が有する施設管理権の濫用であると認めら

---

[111]　詳細は、後記第26章「不当労働行為と法的救済」第3節第3款1(3)ウ。
[112]　労働組合の支部役員が組合活動のために作業所の各工室に立ち入ることは使用者も黙認していたのが慣行と判断した裁判例として、日本化薬事件・広島高判昭34・5・30労民10巻3号531頁。
[113]　国鉄札幌運転区事件・最三小判昭54・10・30民集33巻6号647頁/判例329号12頁(ビラの貼付)、中労委(済生会中央病院)事件・最二小判平元・12・11民集43巻12号1786頁/労判552号10頁(集会)、中労委(オリエンタルモーター・〈会社上告〉)事件・最二小判平7・9・8集民176号699頁/労判679号11頁(集会)。

れる特段の事情がある場合[*114]のみならず、③労働者又は団結体の側に当該施設を利用する必要性と合理性があり、使用者が施設の利用を拒否することに合理的な理由があると認められない場合は、当該拒否は信義則違反であり、許可なく使用者の施設等を利用した団結活動も正当と解すべきである[*115]。そして、③の「使用者が施設利用を拒否する合理的理由」の有無については、施設の場所、利用する時間、利用する労働者(当該企業の労働者以外の労働者の参加の有無等)、利用方法・団結活動の態様(ビラ貼付[*116]、ビラ配布、集会等)、使用者側の業務上の支障の有無・程度等に照らして判断すべきである[*117]。

(4) 情報宣伝活動・要請活動・抗議活動等の団結活動

　　ア　一般的基準

　団結活動としての情報宣伝活動・要請活動・抗議活動等[*118]は、就業時間内又は事業場内・使用者の施設を利用して行われる場合は、その観点からも正当性が問題となるが(→前記(2)(3))、それ以外にも、①働きかけをなしうる相手方が問題となる場合があり、また、②活動場所、③内容、④方法等の点から正当性が判断される。具体的には、下記のイ〜オの通りである。

---

[*114]　国鉄札幌運転区事件・最三小判昭54・10・30民集33巻6号647頁/労判329号12頁、中労委(済生会中央病院)事件・最二小判平元・12・11民集43巻12号1786頁、中労委(オリエンタルモーター〈会社上告〉)事件・最二小判平7・9・8集民176号699頁/労判679号11頁(いずれも「特段の事情」の存在を否定)。無許可の会社構内(正門近く)でのビラ配布につき、特段の事情を肯定し、正当な組合活動としてそれに対する使用者の警告を労組法7条3号の支配介入と判断した例として、中労委(日本チバガイギー)事件・東京地判昭60・4・25労民36巻2号237頁/労判452号27頁。

[*115]　国鉄札幌運転区事件・最三小判昭54・10・30民集33巻6号647頁/労判329号12頁等は「権利濫用」を使用者の施設管理権と労働者の団結権等との調整手法としているが、「集団的労使関係上の信義則」という観点から判断すべきであろう。

[*116]　ビラ貼りは、剥離後も施設に汚損を残す方法や社屋外で常用される乗用車への貼付などその方法や場所によっては正当性を否定される(否定例として、国光電機事件・東京地判昭41・3・29労民17巻2号273頁/労判22号9頁、ミツミ電機事件・東京高判昭63・3・31労判516号5頁/判タ682号132頁)。

[*117]　神奈川労委(池上通信機)事件・最三小判昭63・7・19集民154号373頁/労判527号5頁において、伊藤正巳裁判官の補足意見は、「施設の利用を許さないことが当該物的施設につき使用者が有する施設管理権の濫用であると認められる特段の事情」の有無の判断要素としてこれらを挙げている。

[*118]　フジビグループ分会組合員ら(富士美術印刷)事件・東京高判平28・7・4労判1143号16頁は、「労働条件の改善を目的として労働組合が直接には労使関係に立たない者に対して行う要請等の団体行動も憲法28条の保障の対象となりうる」が「集団的な労務の不提供を中心的内容とする争議行為とは異なり」「団体行動を受ける者の有する権利、利益を侵害することは許されない」として、「主体、目的、態様等の諸般の事情を考慮して社会通念上相当と認められる行為に限りその正当性を肯定すべき」とする(当該事案では正当性を否定)。

#### イ　働きかけをなしうる相手方

　情報宣伝活動は、団結体の内部運営のために行われたり（組合員への組合ニュースの配付等）、団結体の見解についての理解を求めたり組織を拡大するために不特定多数の人に対して行われる場合（労働関係法規の改正の必要性等の訴え、労働組合への加入を勧誘するビラの配付等）もある。

　しかし、当該団結体の要求を示威・実現するために、特定の外部の者に対して、情報宣伝活動・要請行動・抗議活動が行われることもあるところ、特にそれが労働契約上の使用者以外の者に対して行われるときは、働きかけをなしうる相手方という点からその正当性が問題となる場合がある。

　この点につき、下級審裁判例では、情報宣伝活動や要請活動の相手方が、「団体交渉の相手方である使用者」あるいは「労組法7条の使用者」である場合に限り、団結活動としての保護を受けうると解するものがある[119]。

　しかし、第一に、団結権及び団体行動権は、労働者の雇用・労働条件の維持改善その他経済的地位の向上を具体的に実現するために労働者に保障された権利であり、団結活動権により保障される活動は、「労働者の雇用・労働条件の維持改善その他経済的地位の向上」が目的であれば、労働契約上の使用者又は団体交渉権を行使しうる相手方との関係において、労働法規の遵守、労働関係上の義務の履行、雇用・労働条件の維持改善等を要求する活動のみに限定されるものではなく、それ以外の者への働きかけも含まれる（→前記3）。

　第二に、「団体交渉の相手方（団体交渉権を行使しうる相手方）」は「団体交渉義務」という作為義務を負う者であり、正当な理由のない団体交渉拒否は、不当労働行為となり不法行為となりうるが、「街頭宣伝活動や要請行動の相手方」は、単に団結体から「働きかけ」を受ける者であり、両者が一致しなければならない理由はない。

　したがって、情報宣伝活動・要請活動・抗議活動は、労働契約上の使用者又

---

[119]　教育社労働組合事件・東京地判平25・2・6労判1073号65頁（労働組合が労働契約上の使用者である会社と密接に関連する会社及びその役員等に対し未払賃金の支払を求めて行った街頭宣伝活動の正当性を判断するにあたり、当該会社及びその役員等が「団体交渉の相手方である使用者」かどうかを判断）、眞壁組事件・大阪地判平8・5・27労判699号64頁（当該労働者と運送契約を締結している生コン運送会社の取引先である生コン販売会社に対する要請行動につき、当該生コン販売会社が「労組法7条の使用者」かどうかを判断）、大学生協労働組合事件・東京地決平21・9・10判時2056号99頁/判タ1314号292頁（当該労働者の使用者である大学生協の取引先である大学に対する情宣活動につき、当該大学が「労組法7条の使用者」かどうかを判断）、いずれもその該当性と当該活動の正当性を否定。

は団体交渉権を行使しうる相手方[*120]以外の者（雇用・労働条件を支配・決定することができる地位にあるとまでは言えないが影響を与えうる地位にある者、国・地方自治体等）に対しても行うことができ、働きかけをなしうる相手方の範囲は、当該行為の目的と要求の内容に照らし、その者に働きかける客観的に合理的な理由と社会通念上の相当性の有無により画定すべきである。また、「団体交渉権を行使しうる相手方」は、団体交渉義務を負う者であり、法人の場合、法人自体であって法人の役員等は含まれないが、情報宣伝活動等の働きかけは法人に限定する必要がなく、法人の役員等も含まれうる。

　　ウ　活動場所

　労使関係の場で生じた問題は、基本的には労使関係の領域である職場領域で解決すべきであり、また、企業経営者といえども、個人として、人格権の一部としての住居の平穏や地域社会における名誉・信用が保護、尊重されるべきであるから、労働者及び団結体の団結権等は一般的には企業経営者の私生活の領域までは及ばない。したがって、団結活動が企業経営者の私生活の領域において行われた場合には、特段の事情がある場合を除き、当該活動は団結活動であることの故をもって正当化されるものではなく、それが経営者の住居の平穏や地域社会における名誉・信用という具体的な法益を侵害しないものである限りにおいて、表現の自由の行使として相当性を有し容認されることがあるにとどまる。そして、企業経営者の自己の住居の平穏や地域社会における名誉・信用等が侵害される場合は、当該情宣活動は不法行為に該当し、今後も侵害される蓋然性があるときには、当該経営者等はこれを差し止める権利を有する[*121]。

　ただし、多額の賃金を支払わず確定判決にも従わず当該経営者の対応に誠実さが全くなく、あるいは、当該企業が消滅して職場領域がないなど、特段の事情がある場合は、私生活の領域においても団結活動権を行使しうると解すべき

---

[*120] 　前記第23章「団体交渉」第2節第2款2(1)参照。

[*121] 　東京・中部地域労働者組合事件・東京地判平16・11・29労判887号52頁/判時1883号128頁、同事件・東京高判平17・6・29労判927号67頁（自宅付近での拡声器を使ってのシュプレヒコール、付近住民への会社批判のビラ配布等の街宣活動、不法行為に基づく損害賠償と差止請求認容）、石原産業事件・大阪地決平20・3・28労判959号164頁〈ダイジェスト〉（自宅付近での拡声器を使ってのシュプレヒコール、付近住民への会社批判のビラ配布等の街宣活動、差止請求を認容）、ミトミ建材センター他事件・大阪地決平24・9・12労経速2161号3頁（自宅付近の駅前ロータリーでのシュプレヒコール、差止請求を認容）、教育社労働組合事件・東京地判平25・2・6労判1073号65頁参照（自宅前での横断幕・立て看板の設置、拡声器を使用しての演説、シュプレヒコール等の街宣活動、不法行為に基づく損害賠償と差止請求を認容）。

であろう*122。

　　エ　内容

　ビラ配布・情報宣伝等におけるビラや情報宣伝の内容について、団結体がその構成員の雇用・労働条件その他経済的地位の向上を図る目的で、使用者等の経営方針や企業活動を批判することは正当な団結活動の範囲に属するものであり、それが一般の第三者に理解と支援を得るために行われる場合であっても、この目的の範囲内にある場合は、文書の表現が激しかったり多少の誇張が含まれていても、正当な団結活動であり、そのために使用者等が多少の不利益を受けたり社会的信用が低下することがあっても、使用者はこれを受忍すべきである。しかし、団結活動としてなされる文書活動・宣伝活動であっても、虚偽の事実や誤解を与えかねない事実を記載して、使用者等の利益を不当に侵害したり、名誉、信用を毀損、失墜させたり、あるいは企業の円滑な運営に支障を来したりするような場合には、団結活動としての正当性の範囲を逸脱すると解すべきである*123。

　内容の正当性は全体として判断されることになるから、枝葉の点で客観的な真実に反した部分があったり、評価の点で偏りがあったり、表現方法で穏当でない部分があっても、個人を不当に攻撃するためではなく、全体の趣旨が真実

---

*122　教育社労働組合事件・東京地判平25・2・6労判1073号65頁は、このように解すべき事案と思われる。
*123　中国電力事件・山口地判昭60・2・1労判447号21頁／判時1152号166頁、同事件・広島高判平元・10・23労判583号49頁／判時1345号128頁（当該事案のビラは主要な部分について虚偽で使用者の社会的評価の低下と業務の重大な支障が生じたとして正当性を否定し、ビラ配布・発行した組合の役員に対する休職・減給の懲戒処分を有効と判断、最三小判平4・3・3集民164号153頁／労判609号10頁もこれを維持）。当該事案のビラの内容の正当性を肯定する裁判例として、国光電機事件・東京地判昭41・3・29労民17巻2号273頁／労判22号9頁、駿河銀行事件・静岡地沼津支判昭60・4・24労判531号41頁、同事件・東京高判昭63・12・12労判531号35頁、サンケイ開発事件・大阪地判平12・12・18労経速1768号3頁、エイアイジー・スター生命保険事件・東京地判平17・3・29労判894号54頁／判時1894号143頁、スカイマーク事件・東京地判平19・3・16労判945号76頁／判時1963号147頁。否定例として、福井新聞社事件・福井地判昭43・5・15労民19巻3号714頁／労判70号11頁（事実無根の内容と判断）、フジビグループ分会組合員ら（富士美術印刷）事件・東京地判平28・2・10労判1149号24頁。これに対し、東京・中部地域労働者組合事件・東京地判平16・11・29労判887号52頁、同事件・東京高判平17・6・29労判927号67頁は、街宣活動が正当で違法性がないというためには、街宣活動に係る表現の内容がいずれも公共の利害に関する事実に係り、専ら公益を図る目的に出たものであって、摘示事実がいずれも真実であるか、真実であると信じたことに相当な理由がある場合に限ると判示しているが、かかる判断方法は名誉毀損の成否の判断基準をそのまま団結活動の正当性判断基準として用いるもので失当であり、このように限定する必要はない。

を伝えるものであり、真実でなくてもそのように理解し表現することに無理からぬ事情がある場合は、正当と判断すべきであろう[*124]。

　　　オ　方法

情宣活動・要請活動・抗議活動等[*125]は、私生活の領域以外で行われた場合も、その態様・方法（街宣車・拡声器の使用、シュプレヒコール、面会を求める行為、出荷・搬入の阻止、業務妨害等）が、目的、相手方、態様、内容、相手方が受ける不利益、従来の経緯等諸般の事情を考慮して、社会通念上相当なものと認められない場合は、正当な団結活動ではない。そして、当該活動が、相手方の名誉・信用の毀損、営業権、平穏な営業活動を営む権利等を侵害している場合は、不法行為に該当しうるし、また、その差止請求が認容されうる[*126]。

## 第4節　正当性のない団結活動・争議行為と法的責任

憲法28条が団結権・団体行動権を保障し、労組法がこれを具体化し実効性を確保するための規定をおいている法的効果として、団結権又は団体行動権により保障される団結活動・争議行為、すなわち、「正当な」団結活動・争議行為については、①刑罰を科されないこと、②損害賠償責任を負わないこと、③不利益取扱いからの保護が認められる[*127]。

これに対して、正当性のない団結活動・争議行為[*128]が行われた場合は、誰

---

[*124]　港タクシー事件・広島地判昭58・9・29判時1116号136頁。
[*125]　同盟罷業・怠業の実効性確保を目的としてそれに伴い行われるものではないが、ピケッティング・職場占拠等に該当する要請活動・抗議活動も、争議行為ではなく、団結活動に含まれる行為であり、それとして正当性が判断される。
[*126]　正当性が否定され損害賠償（及び差止請求）が認容された例として、大沢生コン事件・東京地判平8・1・11労経速1611号22頁（街宣車を伴い取引先等の事務所や施行現場での面会を強要し使用者の生コン使用中止を要求）、東海商船事件・東京地判平10・2・25労判743号49頁/判時1659号124頁、同事件・東京高判平11・6・23労判767号27頁（国際運輸労連の承認する労働条件を求めてなされた海上運送会社への荷役ボイコットキャンペーンにもかかわらず荷役会社が行おうとした作業を実力で妨害・阻止）、トクヤマ・エムテック事件・大阪地判平23・9・21労判1039号52頁（業務妨害を意図した抗議活動、街宣活動、出荷業務妨害）、ミトミ建材センター他事件・大阪地決平24・9・12労経速2161号3頁（使用者の関連工事現場での街宣車による大音量の街宣活動）、大谷生コン事件・大阪地判平25・3・13労判1078号73頁（使用者の取引先に対する契約解除の要請行動、製品納入先現場での街宣行動、業務妨害活動）、丙川産業ほか事件・大阪地判平25・10・30労判1086号67頁（会社本店付近、取引先周辺での街宣活動）、関西宇部事件・大阪地判平25・11・27労判1087号5頁（ミキサー車による出荷や材料搬入等の妨害）。
[*127]　前記第21章「集団的労使関係法総論」4 (1)～(3)。
[*128]　研究書として、菅野和夫『争議行為と損害賠償』東京大学出版会（1978）等。

がどのような法的責任を負うのかが問題となる。具体的には、刑事責任[*129]の他、①使用者等に対する損害賠償責任の有無(→1)、②解雇・懲戒処分等の不利益な取扱いの可否(→2)、③差止請求の当否(→3)、④第三者に対する不法行為責任の有無(→4)等が問題となる。

なお、正当性のない団結活動・争議行為の全てにつき、刑事責任・民事責任があり、また、当該行為を理由とする労働者に対する不利益な取扱いが有効、適法となるわけでは無論なく[*130]、刑事責任・民事責任を問い、また、不利益な取扱いが有効、適法であるためには、それぞれの要件の充足が必要である[*131]。

## 1 損害賠償責任

(1) 問題の所在

正当性のない団結活動・争議行為において損害賠償責任が問題となるのは、1)団結活動については、ビラ貼付等による備品・施設の損傷、情宣活動等による使用者の名誉・信用の毀損、平穏に営業活動を営む権利の侵害、業務妨害、企業経営者の自己の住居の平穏の侵害や地域社会における名誉・信用の毀損、プライバシー侵害等、2)争議行為については、会社の備品・施設等の損傷、操業の停止に伴う製造工程の仕掛品の腐敗・品質低下や売上の減少等の損害があった場合等である。

いずれも、責任主体としては、①団結活動・争議行為の主体たる団結体、②参加者、③争議行為の企画・指令・指導者(組合役員等)が想定されるところ、団結活動・争議行為の集団的性質から、基本的には①の団体責任のみを肯定する[*132]か、それとも、①の団体責任のみならず、②の個人責任、及び、③の幹部

---

[*129] 国労久留米事件・最大判昭48・4・25刑集27巻3号418頁/労判176号41頁(集団的ピケを強化するため関係者以外立入り禁止の信号所に立ち入った行為の刑事責任につき、「勤労者の組織的集団行動としての争議行為に際して行われた犯罪構成要件該当行為について刑法上の違法性阻却事由の有無を判断するにあたっては、その行為が争議行為に際して行われたものであるという事実をも含めて、当該行為の具体的状況その他諸般の事情を考慮に入れ、それが法秩序全体の見地から許容されるべきものであるか否かを判定しなければならない」と判示し、刑事責任を肯定)。

[*130] 例えば、三友炭鉱事件・最三小判昭31・12・11刑集10巻12号1605頁/判時96号1頁(被告人が、ストライキ期間中脱落労働者が貯炭場から炭車で出炭しようとしたのに対し線路上に座り込んで「ここを通るなら自分たちを轢き殺して通れ」と怒号した行為は、組合内部の出来事で、既に多数の組合員が線路上に立ち塞がり座り込むなどして進行を阻止していたところに後から参加したに止まるから、いまだ違法に刑法234条にいう威力を用いて人の業務を妨害したものというに足りないと判示)。

[*131] 解雇・契約更新拒否が有効となる要件は、前記第18章「労働契約の終了」第2節・第3節、懲戒処分が有効となる要件は、前記第17章「懲戒処分」第2節・第3節参照。

[*132] 盛・労使関係法(2000)415頁、西谷・労組法(2012)442-445頁等。

責任も肯定する[*133]かどうかが重要な論点である。
　(2)　従来の裁判例

　従来の裁判例は、第一に、団結活動について、①その主体たる労働組合に対する不法行為責任を認める[*134]とともに、②参加労働者の不法行為責任も認めている[*135]。

　第二に、争議行為に関しても、組合員等の行為は社団たる労働組合の行為であるとともに個人の行為でもあるとして、①の団体責任のみならず、②個人責任、及び、③幹部責任も肯定している。具体的には、①正当性のない争議行為の主体たる労働組合（法人又は法人格なき社団）は、使用者の債権侵害、操業権侵害、所有権侵害等の不法行為責任を問われうるし（労組12条の6を準用する一般法人78条又はその類推適用、民709条・715条1項）[*136]、②正当性のない同盟罷業・怠業に参加した労働者は、債務不履行責任（民415条）を、正当性のないピケッティングや職場占拠等に参加した労働者や支援者は、使用者の債権侵害等の不法行為責任（民709条）を問われうるし[*137]、③正当性のない争議行為を企画・指令・指導した者も、使用者の債権侵害等の不法行為責任（民709条）を問われうる[*138]。

　不法行為責任の主体が労働組合と労働者である場合、その損害賠償責任の関係は不真正連帯責任とされている[*139]。

　(3)　私見

　団結活動及び争議行為は、団結体が主体であり、かつ、集団的意思に基づき

---

[*133]　菅野・労働法(2017)933-935頁等。
[*134]　動労甲府支部事件・東京地判昭50・7・15労民26巻4号567頁／労判229号35頁、エッソ石油事件・東京地判昭63・1・28労判515号53頁、東海商船事件・東京地判平10・2・25労判743号49頁／判時1659号124頁、同事件・東京高判平11・6・23労判767号27頁、トクヤマ・エムテック事件・大阪地判平23・9・21労判1039号52頁、大谷生コン事件・大阪地判平25・3・13労判1078号73頁。
[*135]　動労甲府支部事件・東京地判昭50・7・15労民26巻4号567頁／労判229号35頁、東京・中部地域労働者組合事件・東京地判平16・11・29労判887号52頁、同事件・東京高判平17・6・29労判927号67頁、トクヤマ・エムテック事件・大阪地判平23・9・21労判1039号52頁。
[*136]　みすず豆腐事件・長野地判昭42・3・28労民18巻2号237頁／労判46号18頁、炭労杵島争議事件・東京地判昭50・10・21労民26巻5号870頁／労判237号29頁、書泉事件・東京地判平4・5・6労民43巻2=3号540頁／労判625号44頁、岡惣事件・新潟地長岡支判平13・2・15労判815号20頁、同事件・東京高判平13・11・8労判815号14頁、国鉄千葉動労事件・東京高判平13・9・11労判817号57頁。
[*137]　書泉事件・東京地判平4・5・6労民43巻2=3号540頁／労判625号44頁、本山製作所事件・仙台地判平15・3・31労判858号141頁等。
[*138]　大和交通事件・奈良地判平12・11・15労判800号31頁、岡惣事件・新潟地長岡支判平13・2・15労判815号20頁、同事件・東京高判平13・11・8労判815号14頁。
[*139]　本山製作所（争議行為損害賠償）事件・仙台地判平15・3・31労判858号141頁。

行われている限り、当該団結体の行為であり、集団的性質を有する行為である。また、団結活動及び争議行為に関する企画・指令・指導者の行為は、この集団的意思に基づくもので、個人的な意思に基づくものではなく、一般の参加労働者は、企画・指令・指導者の判断と指示に基づき参加するもので、個人的な判断に基づき行動することは禁止されているのが通例である。

したがって、損害賠償については、当該団結体が法人又は社団性を有している限り、すなわち、労働組合(労組法上の労働組合又は憲法組合)である限り、賠償金の支払義務を負うのは、当該労働組合であり、当該労働組合だけであると解すべきである。ただし、企画・指令・指導者が集団的意思から逸脱して個人的な判断に基づき指揮を行った場合、あるいは、当該団結活動又は争議行為中に、参加労働者が団結体の集団的意思に反する行為により(例えば自分の意思で勝手に器物を損壊して)損害を与えた場合は、当該損害については、当該労働者が不法行為責任を負うと解すべきである。

これに対して、当該団結活動又は争議行為が、組合員が労働組合の方針に反して行う団結活動、「山猫スト」のように労働組合ではなく組合員の一部が主体である争議行為、又は、集団的意思に基づかずに行われたものであれば、当該行為に基づく損害賠償の主体は、当該行為参加労働者、及び、企画・指令・指導者であると解すべきである[*140]。

また、当該団結体が一時的な団結体であり、社団性を有しない場合は、損害賠償責任の主体となりえないので、当該行為に基づく損害賠償の主体は、当該行為参加労働者、及び、企画・指令・指導者であるとせざるをえないであろう。

## 2 不利益取扱い

(1) 問題の所在

正当性のない団結活動・争議行為については、その参加者や指導者が、当該団結活動・争議行為の相手方たる使用者と労働契約を締結している労働者である場合は、当該労働者に対する不利益な取扱い(懲戒処分、解雇等)が有効、適法であるかどうかも重要な論点である。

(2) 不利益取扱いの可否

不利益な取扱いにつき、労働者が労働組合の活動としてした行為及び労働組合の幹部が機関としてする行為については懲戒処分をなしえないとして労働者

---

[*140] 以上、結論は西谷・労組法(2012)442-445頁と同旨である。

の個人責任を否定する裁判例*141・学説*142もあるが、最高裁は、正当でない団結活動に参加した労働者に対する懲戒処分を肯定し*143、正当でない争議行為についても、争議行為の集団性の故に参加者個人の行為としての面が当然に失われるものではなく、違法な争議行為に参加して服務上の規律に違反した者は懲戒処分を免れないとしている*144。また、多くの下級審裁判例も、正当性のない団結活動・争議行為の参加者・指導者に対し懲戒処分等をなしうることを肯定する*145。

　団結活動及び争議行為は、団結体が主体であり、かつ、集団的意思に基づき行われている限り、当該団結体の行為であり、集団的性質を有する行為であるが、正当でない団結活動・争議行為を指令した者はもちろんのこと、単なる参加者も、正当でない行為への参加指令に従わないことは統制処分の対象とはならない（したがって参加を拒否することが可能である）*146ことに鑑みれば、これを指令しあるいはこれに参加したことにつき個人としての責任を一切否定することはできない。したがって、入口の問題として、正当でない団結活動・争議行為に参加あるいはこれを指導した労働者に対して、懲戒処分や解雇等を一切行うことはできないと解することは困難であろう。

　(3) 正当性の判断基準と懲戒・解雇等が有効となる要件

　しかし、正当性のない団結活動や争議行為に参加しあるいは指導したからといって直ちに懲戒処分や解雇等が有効となるわけではなく、懲戒処分又は解雇等が有効となる要件を充足することが必要である*147。

　第一に、正当性のない団結活動や争議行為への参加・指導が、直ちに、企業秩序を乱し又は乱すおそれがあり就業規則所定の懲戒事由に該当する事実となるとは限らず*148、また、解雇の客観的に合理的な理由と社会通念上の相当性が認められ就業規則所定の解雇事由に該当する事実となるわけではなく、この

---

*141　七十七銀行事件・仙台地判昭45・5・29労民21巻3号689頁/判時616号37頁。
*142　西谷・労組法(2012) 445-448頁等。
*143　国鉄札幌運転区事件・最三小判昭54・10・30民集33巻6号647頁/労判329号12頁。
*144　全逓東北地本事件・最三小判昭53・7・18民集32巻5号1030頁/労判302号33頁。
*145　国光電機事件・東京地判昭41・3・29労民17巻2号273頁/労判22号9頁、三菱重工広島精機製作所事件・広島地判昭54・1・24労判314号52頁/判時929号129頁、ミツミ電機事件・東京高判昭63・3・31労判516号5頁、サンデン交通事件・山口地下関支判平6・3・28労判657号71頁等。
*146　前記第22章「団結の結成と運営」第2節7 (5)エ。
*147　前記第17章「懲戒処分」第2節・第3節、第18章「労働契約の終了」第2節・第3節。
*148　弘南バス事件・最三小判昭43・12・24民集22巻13号3194頁/判時546号17頁は、平和義務に違反する争議行為への参加は労働契約上の債務不履行にすぎず、これのみを理由として当該労働者を懲戒処分に付すことはできないと判示しており、支持しうる。

第4節　正当性のない団結活動・争議行為と法的責任

点を明確に区別して判断する必要がある。

　第二に、特に一般の組合員・労働者は、正当性の欠如を認識していない、あるいは、認識することが困難である場合も多く、これらの事情もふまえて、当該懲戒処分や解雇等の可否を判断すべきである。

　最高裁判決でも、例えば懲戒処分につき、就業時間外の会社の正門と歩道の間の広場でのビラ配布につき、会社の敷地内ではあるが事業場外であり、当時一般人も自由に立ち入ることのできる場所で、作業秩序や職場秩序を乱されるおそれのない場所であったことを理由として、当該ビラ配布が正当な組合活動であるかどうかを判断するまでもなく当該懲戒処分を無効とした原審の判断は正当として是認できると判示し[*149]、また、就業時間前の学校の職員室の中の教員の机上のビラ配布につき、ビラの配布が形式的には就業規則所定の禁止事項に違反するようにみえる場合でも、ビラの内容、ビラの配布の態様等に照らして、その配布が学校内の職場規律を乱すおそれがなく、また、生徒に対する教育的配慮に欠けることとなるおそれのない特別の事情が認められるときは、実質的に当該規定の違反になるとはいえず、これを理由として就業規則所定の懲戒処分をすることは許されないとして、ビラ配布を理由とする懲戒処分を無効としており[*150]、支持しうる判断である。

## 3　差止請求

　団結活動としての情宣活動が、使用者の名誉・信用毀損、平穏に営業活動を営む権利の侵害、経営者の名誉・信用毀損、自己の住居の平穏の侵害、プライバシーの侵害等に該当し、正当性を否定され、かつ、将来もそのような活動が行われる蓋然性が高い場合は、不法行為に基づく損害賠償のみならず、当該活動の差止請求も認容されることになる[*151]。

---

[*149]　住友化学事件・最二小判昭54・12・14集民128号201頁/労判336号46頁。
[*150]　香川労委（倉田学園）事件・最三小判平6・12・20民集48巻8号1496頁/労判669号13頁。同判決は、目黒電報電話局事件・最三小判昭52・12・13民集31巻7号974頁/労判287号26頁を引用している。
[*151]　認容例として、大沢生コン事件・東京地判平8・1・11労経速1611号22頁、東京・中部地域労働者組合事件・東京地判平16・11・29労判887号52頁、同事件・東京高判平17・6・29労判927号67頁、石原産業事件・大阪地決平20・3・28労判959号164頁〈ダイジェスト〉、トクヤマ・エムテック事件・大阪地判平23・9・21労判1039号52頁、ミトミ建材センター他事件・大阪地決平24・9・12労経速2161号3頁、教育社労働組合事件・東京地判平25・2・6労判1073号65頁、大谷生コン事件・大阪地判平25・3・13労判1078号73頁、丙川産業ほか事件・大阪地判平25・10・30労判1086号67頁、関西宇部事件・大阪地判平25・11・27労判1087号5頁。

また、争議行為についても、争議行為の通告を受けた使用者が、当該争議行為が正当ではなく、かつ、当該争議行為によって回復することができず償うことができない損害等が発生し、これを差し止める必要性があることにつき主張立証した場合は、差止請求も認容されることになろうが、その判断は慎重に行われるべきであろう[*152]。

### 4 第三者に対する不法行為責任

労働組合の正当でない争議行為により、使用者と取引関係にある第三者が損害を被った場合、例えば、元請企業における労働組合の正当でないピケッティングにより、当該企業で修理等を請け負う下請業者がその労働者を入構させることができず、請負業務を履行できなかったが待機している労働者に賃金を支払わなければならなかったために損害を被った場合、労働組合又は組合員が、当該第三者に対し不法行為に基づく損害賠償責任を負うかどうかが問題となる。

この点につき、争議行為の正当性が使用者との関係で判断されること、使用者と取引のある第三者との関係においては、労働者は使用者の履行補助者たる地位を有するに止まり、第三者と直接の法律関係に立つ者ではないことからすれば、当該使用者との契約関係から生ずべき利益の侵害により第三者が被った損害については、使用者が契約責任を負担するにとどまり、労働組合及び組合員は直接第三者に対し責任を負担しないと解される。ただし、使用者から求償権を行使されることはある[*153]。

## 第5節　団結活動・争議行為中の労働関係と賃金

団結活動・争議行為中の労働関係と賃金については、①就業時間中の団結活動参加労働者の団結活動中の賃金請求権（→1）、②団結活動・争議行為を理由

---

[*152] 平和義務違反を理由とするストライキ禁止仮処分申請を却下した例として、ノースウエスト航空事件・東京地決昭48・12・26労民24巻6号666頁／労判193号22頁（平和義務違反ではないと判断）、同事件・東京高決昭48・12・27労判193号24頁（平和義務違反の判断をおき、仮処分の必要性の疎明がないとの理由で抗告棄却）、認容した例として、パン・アメリカン航空事件・東京地決昭48・12・26労民24巻6号669頁／労判193号23頁。
[*153] 王子製紙苫小牧工場事件・札幌地室蘭支判昭43・2・29労民19巻1号295頁／判時522号6頁。なお、非破壊検査事件・大阪地判昭54・3・29判時317号52頁は、労働組合の正当でない争議行為により新幹線を利用できず航空機を利用した者による当該労働組合に対する運賃差額の賠償請求につき、国民が国鉄（当時）に運送の申込みができるというのは法的保護に値する利益ではないとして、その保護法益侵害自体を否定している。

として使用者が当該労働者の労務の受領を拒否した場合の当該労働者の賃金請求権(→2)、③争議行為に参加した労働者の争議行為期間中の賃金請求権(→3)、④争議行為に参加しなかった労働者の争議行為期間中の賃金請求権・休業手当請求権(→4)の有無が主な論点である。

## 1 就業時間中の団結活動参加労働者の賃金請求権

就業時間中に団結活動に参加した労働者の団結活動中の賃金請求権は、以下のように解される。

第一に、労働者が労働契約上の根拠又は使用者の同意により労働義務を免除された場合(正当な団結活動)、労務を履行していないので、異なる定めがある場合を除き、労働者は賃金請求権を有しない。なお、この時間につき使用者が賃金を支払うこと(賃金を控除しないこと)は、当該時間の長さ等にもよるが、労組法7条3号の「経費援助」に該当する可能性がある[*154]。

第二に、労働者の団結権等の保障のため不可欠である等の特段の事情があり職場を離脱した場合(正当な団結活動)(→前記第3節5(2)ウ)、労務を履行していないので一般に労働者は賃金請求権を有しないが、職場離脱にいたる経緯(使用者が不当労働行為をした等)や時間(業務に影響を与えない短い時間等)によっては、信義則上使用者の賃金支払義務が肯定される場合もあると解される。

第三に、労働者の団結活動(リボン着用等)が、労働義務の履行としてなすべき身体的精神的活動と矛盾せず、かつ、業務に支障を及ぼすおそれがなく、労働義務に違反しない場合(正当な団結活動)(→前記第3節5(2)エ)は、労務が履行されているので、労働者は賃金請求権を有する。

第四に、上記以外の労働義務に抵触する就業時間中の団結活動については、労務不履行又は不完全履行であるので、異なる定めがある場合を除き、労働者はその時間につき、賃金請求権を全部又は一部有しない[*155]。

## 2 労務の受領を拒否された労働者の賃金請求権

(1) リボン着用等を理由とする労務の受領拒否

団結活動としてリボン、バッジ、腕章、鉢巻、ゼッケン等を着用した労働者

---

[*154] 後記第26章「不当労働行為と法的救済」第3節第3款2。
[*155] 沖縄米軍基地事件・福岡高那覇支判昭53・4・13労民29巻2号253頁/労判297号18頁は、基地労働者の幅5センチ長さ80センチの赤い鉢巻着用が債務の本旨に従った労務提供ではないとし、米軍が鉢巻着用の就労には賃金を払わないと事前に通知したことを理由に就労者の賃金請求権を全部否定したが、少なくともその一部は肯定すべきであろう。

の労務の受領を使用者が拒否した場合、当該労働者の賃金請求権の有無は、当該受領拒否による労務の履行不能が民法536条2項前段[156]の「債権者の責めに帰すべき事由による履行不能」に該当し、同項に基づき反対給付(賃金)請求権を有するかどうかにより決定される。

第一に、リボン等の着用が労働義務に違反せず、労働者が労働契約の本旨に従った履行の提供をしていると判断される場合は、使用者の労務受領拒否は「債権者の責めに帰すべき事由」に該当し、当該労働者は民法536条2項により賃金支払を請求しうる。

「労働義務」は、労働者が労働契約に基づきその職務を誠実に履行する義務であり、「勤務時間及び職務上の注意力のすべてをその職務遂行のために用い職務にのみ従事しなければならない義務」ではなく[157]、また、労働者の団結活動権は最大限尊重されるべきであるから、リボン等の着用が客観的にみて会社の業務の運営に実質的、具体的な支障を及ぼし、労働者の労働義務と両立し得ない特段の事情が認められる場合を除き、リボン等の着用のみをもって債務の本旨に従った労務の提供ではないと解すべきではない[158]。

第二に、労働者が労働契約の本旨に従った履行の提供をしていないと判断される場合であっても、直ちに使用者による労務の受領拒否が正当化されるわけではない。使用者は、場合により、その労務を受領した上で労務の不完全な部分・程度に対応する賃金を支払わないという方法をとることも可能である。

したがって、労務受領拒否が正当であるかどうかは、その背景をなす労使関係、着用の目的・態様、それが職務の遂行に及ぼす影響の程度・範囲、労使双方の受ける利害得失等の諸事情に照らし、衡平の見地から客観的に判断すべき

---

[156] 民法現536条2項前段は「債権者の責めに帰すべき事由によって債務を履行することができなくなったときは、債務者は、反対給付を受ける権利を失わない」と定めているところ、2017(平29)民法改正によって、新536条2項前段として「債権者の責めに帰すべき事由によって債務を履行することができなくなったときは、債権者は、反対給付の履行を拒むことはできない」と定めることとされたが、要件と効果は実質的には同じである。

[157] 前記第3節5 (2)エ参照。

[158] ノースウエスト航空事件・東京地判昭44・11・11労民20巻6号1451頁/労判91号36頁(航空会社の従業員の「団結」又は「要求貫徹」等の文字を染め抜いた腕章着用について、整備、倉庫、貨物等の職務の性質上飛行機の一般乗客と直接関係を持たない従業員については業務に障害があるとは考えられず、旅客課及び営業所の従業員についても一般乗客の信頼喪失や営業を阻害するものではないとして、債務の本旨に従った労務の提供があったと判断)。

である*159。

　労務受領を拒否する正当な理由があるときは、使用者の労務受領拒否は「債権者の責めに帰すべき事由」に該当せず、当該労働者は賃金支払を請求できないが、正当な理由がないときは、「債権者の責めに帰すべき事由」に該当し、当該労働者は民法536条2項前段により賃金を請求しうる。

　(2) 怠業の通告を理由とする労務の受領拒否

　怠業を通告した労働者の労務の受領を使用者が拒否した場合も、当該労働者の賃金請求権の有無は、当該受領拒否が民法536条2項前段の「債権者の責めに帰すべき事由」に該当し、同項に基づき反対給付(賃金)請求権を有するかどうかにより決定される。

　第一に、通告された怠業がいわゆる順法闘争等で客観的に法規又は労働契約が要求している内容の労務履行である場合は、使用者の労務受領拒否は「債権者の責めに帰すべき事由」に該当し、当該労働者は民法536条2項により賃金支払を請求しうる。

　第二に、通告された怠業の内容が労働契約の本旨に従った履行の提供ではない場合、先に述べたように、使用者は、場合により、その労務を受領した上で労務の不完全な部分・程度に対応する賃金を支払わないという方法をとることも可能であるから、労務の瑕疵の内容、程度、それが職務の遂行に及ぼす影響の程度等に照らし、提供された労務が賃金支払を一切拒否するに足りる程度に不十分と言えるときは、使用者の労務受領拒否は「債権者の責めに帰すべき事由」に該当しないと解すべきであろう*160。

　なお、出張・外勤業務の拒否という形態の怠業の通告に対し、使用者が出張・外勤の業務命令を発したので、その間の労働者の内勤業務従事は債務の本旨に従った労務の提供ではなく、また、使用者は労務を受領したとはいえないの

---

*159　第一交通事件・福岡高判昭58・7・28労判422号58頁/判時1104号41頁。沖縄米軍基地事件・福岡高那覇支判昭53・4・13労民29巻2号253頁/労判297号18頁もほぼ同旨。第一交通事件では、タクシー運転手の幅10センチの腕章着用は債務の本旨に従った労務提供ではないが、労務受領拒否は正当ではないと判断した。沖縄米軍基地事件では、基地労働者の幅5センチ長さ80センチの赤い鉢巻着用が債務の本旨に従った労務提供ではないとし、一部労働者に対する労務受領拒否は正当と判断した。三井鉱山三池鉱業所事件・福岡地判昭46・3・15労民22巻2号268頁/労判124号6頁は、炭鉱労働者の白布のゼッケン着用が労働協約に反し、他の組合員等との紛争が生じ会社の業務遂行が阻害されかねない具体的危険が存在したことを理由に、労務受領拒否は正当と判断した。

*160　JR東海事件・東京地判平10・2・26労判737号51頁/判タ979号154頁(新幹線運転士が一定区間新幹線を減速走行させるという形態の怠業を予告して就労を申し入れたのに対し、使用者が労務の受領を拒否し乗車させなかったことにつき、当該減速運行は重大な労務の瑕疵であるとして賃金支払請求を棄却)。

で、使用者はその間の賃金支払義務を負わないとの下級審判決[161]を維持した最高裁判決[162]があるが、労働者は、なした内勤業務に関し、不当利得返還請求が可能と解すべきであろう。

(3) 争議行為終了後の労務の受領拒否

争議行為終了後、労働者が債務の本旨に従った労務を提供しているにもかかわらず、使用者が一定期間労務の受領を拒否した場合、労務の履行不能は使用者の労務受領拒否によるものであるところ、当該受領拒否による履行不能は「債権者の責めに帰すべき事由」（民536条2項前段）によるものとして、労働者は、民法536条2項に基づき、賃金支払を請求することができるか。

第一に、当該労働者の労働が、社会観念上不能又は無価値ではないときは、正当なロックアウト（→後記第6節2）を除き、債権者（使用者）の責めに帰すべき事由による履行不能に該当し、労働者は賃金請求権を有する。そして、その前に行われた争議行為が原因で、当該労働者が通常の業務に従事することができなくなった場合でも、別の業務に従事させることができる場合は、当該労働者の労働は「社会観念上不能又は無価値」ではないと判断すべきである[163]。

これに対し、第二に、当該労働者の労働が争議行為が原因で社会観念上不能又は無価値となったときは、原則として「債権者の責めに帰すべき事由」による履行不能には該当せず、この理は、当該労働者の当該争議行為への参加の有無や争議行為の正当性にかかわらない[164]。しかし、当該争議行為が、使用者による争議行為組合との労働協約の重大な違反、不当労働行為、労働関係法規違反に対し、その是正や抗議として行われた場合は、使用者がそのような違法行為をしなければ争議行為は行われなかったのであるから、当該労働者は賃金請求権を有すると解すべきである。

---

[161] 水道機工事件・東京高判昭54・9・25労民30巻5号929頁。第一審は東京地判昭53・10・30労民29巻5=6号682頁/労判308号73頁。

[162] 水道機工事件・最一小判昭60・3・7集民144号141頁/労判449号49頁。

[163] エスエイロジテム事件・東京地判平12・9・25労判796号49頁（争議行為終了後、スト参加トラック運転手に乗車業務をさせなかったことにつき労務受領拒否の合理的理由の主張立証がないとして賃金支払請求を認容）、岡惣事件・新潟地長岡支判平13・2・15労判815号20頁、同事件・東京高判平13・11・8労判815号14頁（争議行為終了後、生コンの出荷ができなくても車両整備や翌日の出荷作業の準備等の業務が存在していたとして、当日終業時刻までの2時間分の賃金支払請求認容）。

[164] ただし、当該労働者が当該争議行為の主体である団結体の構成員でない場合は、争議行為不参加労働者の争議行為期間中の休業手当（労基26条）請求権（→後記4(2)）と同様、休業手当請求権は有することになろう。

## 3　争議行為参加労働者の賃金請求権

### (1) 同盟罷業参加労働者の賃金請求権

同盟罷業(ストライキ)参加労働者の賃金請求権の有無と内容は労働契約の内容により定まる。しかし、労務の履行と賃金請求権は対価関係にあり、スト参加者は当該ストの正当性の有無にかかわらず労務を提供・履行していないので、労働契約上、スト期間中は賃金請求権を有しない場合も多いであろう。

ただし、異なる約定は可能であり、純然たる月給制(労務を履行しない日や時間があっても賃金は減額されない)、出来高給制(売上げや成果により賃金が決定され、労働時間と賃金が連動しない)等が定められている場合は、その定めに従って賃金額が算定され、当該賃金請求権を有する。

### (2) 怠業参加労働者の賃金請求権

怠業参加労働者の賃金請求権の有無と内容も労働契約の内容により定まるが、怠業参加者は当該怠業の正当性の有無にかかわらず労務を不完全にしか提供・履行していないので、純然たる月給制や出来高給制である場合を除き、労働契約上、労務の履行割合でのみ賃金請求権を有する場合も多いであろう。

その場合、使用者が労務を受領し、質又は(及び)量の点で不完全ながら労務の履行があったと認められるときは、使用者は、不完全であった労働の割合に応じて賃金の一部を減額することができるが、その不完全な部分に対応する賃金は使用者が主張立証することになる[165]。

### (3) 生活保障的な賃金部分の請求権

同盟罷業・怠業期間中については、家族手当・住宅手当等、労務と直接対応せず生活保障的な賃金部分の請求権の有無も問題となるが、生活保障的な賃金であっても当然に請求権が発生するのではなく、労働契約の解釈の問題であり、請求権の発生する賃金部分の有無と範囲は労働契約の内容により定まる[166]。

### (4) 賞与

賞与額の算定方法は、労働契約の内容により決定され、強行法規に反しない

---

[165] 関西電力事件・京都地判昭30・3・17労民6巻2号218頁(課長に対し報告書、稟議書を提出しない等の「上部遮断」につき、不完全ながら労務の履行はあったとし、使用者が不完全な部分に相当する賃金部分を立証しなかった者につき、上部遮断期間中の賃金全額支払請求認容)、東洋タクシー事件・釧路地帯広支判昭57・11・29労判404号67頁(怠業不参加労働者で一番運賃収入の低かった者の運賃収入を20%減額した額と怠業参加労働者の運賃収入の差額を怠業分としたことを相当と判断)。

[166] 三菱重工長崎造船所事件・最二小判昭56・9・18民集35巻6号1028頁/労判370号16頁(ストライキ期間中の家族手当の削減は労使慣行となっていたとして、その削減を違法無効とした原判決を破棄自判し家族手当支払請求を棄却)。

限り自由であるので、賞与の額の算定において出勤率を用い、出勤率は賞与の支給対象期間中の労働の量に応じて機械的に定められ、通常の欠勤と同様に同盟罷業・怠業期間中の不就労部分を欠勤扱いとする合意や就業規則、労働協約の規定は適法である。

しかし、正当な同盟罷業・怠業を理由としてその不就労を欠勤扱いすることは、労働組合の正当な行為等を理由とする不利益取扱い・支配介入(労組7条1号・3号)の不当労働行為に該当し[*167]、また、団体行動権尊重の公序(民90条)違反、信義則(労契3条4項)違反であり、当該欠勤扱いによる賞与の減額部分については、不法行為又は債務不履行に基づく損害賠償を請求しうる。

また、賞与の額の算定において勤務成績評価が用いられる場合、正当な同盟罷業・怠業期間中の不就労をマイナス評価することは、不利益取扱い・支配介入(労組7条1号・3号)の不当労働行為に該当し、また、公序違反、信義則違反であり、当該評価による賞与の減額部分については、不法行為又は債務不履行による損害賠償を請求しうる。

### 4　争議行為不参加労働者の賃金・休業手当請求権

(1)　賃金請求権

　　ア　使用者が労務を受領した場合

争議行為不参加労働者について、使用者が当該労働者の労務を受領し当該労働者が労務を履行した場合は、当然賃金請求権が発生する[*168]。これは、当該不参加労働者が争議行為実施組合の組合員で、当該争議行為(部分スト等)を容認している場合も同様である[*169]。

　　イ　使用者が労務の受領を拒否した場合

それでは、争議行為不参加労働者が債務の本旨に従った労務を提供しているにもかかわらず使用者が受領を拒否した場合[*170]、労働義務の履行不能は使用者の労務受領拒否によるものであるところ、当該受領拒否による履行不能は「債権者の責めに帰すべき事由」(民536条2項前段)によるものであるとして、労働者は、民法536条2項前段に基づき、賃金支払を請求することができるか。

---

[*167]　福岡労委(西日本重機)事件・最一小判昭58・2・24集民138号235頁/労判408号50頁。
[*168]　高知県ハイヤータクシー労組事件・高松高判昭51・11・10労民27巻6号587頁/労判277号106頁。
[*169]　東武鉄道事件・東京地判昭41・9・20労民17巻5号1100頁/労判32号11頁。
[*170]　労務の提供だけでは賃金請求権は発生しない(明星電気事件・前橋地判昭38・11・14労民14巻6号1419頁)。

第一に、当該労働者の労働が、社会観念上不能又は無価値ではないときは、正当なロックアウト（→後記第6節2）を除き、債権者（使用者）の責めに帰すべき事由による履行不能に該当し、労働者は賃金請求権を有する。

　そして、企業ないし事業場の労働者の一部によるストが原因で、スト不参加労働者が通常行っていた業務に従事することができなくなった場合でも、別の業務に従事させることができる場合は、当該労働者の労働は「社会観念上不能又は無価値」ではないと判断すべきである[171]。

　これに対し、第二に、企業ないし事業場の労働者の一部によるストが原因でスト不参加労働者の労働が社会観念上不能又は無価値となったときは、「債権者の責めに帰すべき事由」による履行不能に該当するであろうか。

　最高裁判決[172]が述べるように、ストライキは労働者に保障された争議権の行使であり使用者がこれを制御することはできず、また、どの程度譲歩するかは使用者の自由であり団体交渉の決裂の結果ストライキが行われても使用者に帰責されるべきものではないから、「特別の事情がある場合」[173]を除き、債権者（使用者）の責めに帰すべき事由による履行不能に該当せず、ストライキ不参加労働者は賃金請求権を有しないであろう。そして、この理は、賃金を請求するスト不参加労働者が、ストライキを行っている組合の組合員か否か[174]、また、当該ストライキの正当性にかかわらない。

　しかし、当該争議行為が、使用者による争議行為組合との労働協約の重大な違反、不当労働行為、労働関係法規違反に対し、その是正や抗議として行われた場合は、使用者がそのような違法行為をしなければ争議行為は行われなかっ

---

[171] 日本油脂王子工場事件・東京地判昭26・1・23労民2巻1号67頁/判夕10号34頁（争議行為をしている組合の組合員以外の休業措置につき、容易に別の仕事を与えることができたとして、その賃金請求権を肯定）。

[172] ノースウエスト航空〈労働者上告〉事件・最二小判昭62・7・17民集41巻5号1350頁/労判499号6頁②事件。パインミシン製造事件・宇都宮地判昭35・11・22労民11巻6号1344頁もほぼ同旨。

[173] 同判決は、「使用者が不当労働行為の意思その他不当な目的をもってことさらストライキを行わしめた等の『特別の事情』がある場合」と述べる。

[174] ノースウエスト航空〈労働者上告〉事件・最判昭62・7・17民集41巻5号1350頁/労判499号6頁②事件は、賃金を請求するスト不参加労働者がストライキを行った労働組合の組合員である事案だが、「労働者の一部によるストライキが原因でストライキ不参加労働者の労働義務の履行が不能となった場合」と述べ、「組合員」という表現を用いてないので、当該労働者がストライキを行った労働組合の組合員でなくても同じ判断基準をとるものと解される。また、賃金を請求するスト不参加労働者が争議行為をした労働組合の組合員でない事案で同様に判示するものとして、明星電気事件・前橋地判昭38・11・14労民14巻6号1419頁、高槻交通事件・大阪地判平元・5・15労民40巻2=3号340頁/労判556号62頁。

たのであるから、「特別の事情がある場合」に該当し、スト不参加労働者は賃金請求権を有すると解すべきである[*175]。

　　　ウ　ピケにより就労できなかった場合

　争議行為不参加労働者が債務の本旨に従った労務を提供しているにもかかわらず、争議行為参加者のピケッテイングにより就労できなかった場合（使用者が労務を受領できなかった場合）は、スト不参加者の労働が社会観念上不能又は無価値で使用者が労務の受領を拒否した場合と同様の理由で、原則として、債権者の責めに帰すべき事由による履行不能に該当せず、ストライキ不参加労働者は賃金請求権を有しない[*176]が、当該争議行為が、使用者による違法行為の是正や抗議として行われた場合等、「特別の事情がある場合」は、スト不参加労働者は賃金請求権を有すると解すべきである。

　　　エ　まとめ

　企業あるいは事業場の労働者の一部がストライキを行った場合、スト不参加者が賃金請求権を有するのは、①使用者がスト不参加者の労務を受領したとき、②スト不参加者が債務の本旨に従った労務の提供をし、労働義務の履行が可能（スト不参加者の労働が社会観念上不能又は無価値ではない）であるにもかかわらず使用者が労務の受領を拒否したとき（正当なロックアウトの場合を除く）、③スト不参加者の労働が社会観念上不能又は無価値で使用者が労務の受領を拒否した場合、又は、争議行為参加者のピケにより就労できなかった場合で、当該争議行為の原因が使用者の違法行為にある等、「特別の事情」がある場合である。

　（2）休業手当請求権

　それでは、争議行為不参加労働者が賃金請求権（→前記(1)）を有しないとき、当該労働者は休業手当（労基26条）請求権を有するか。

　労基法26条の「使用者の責に帰すべき事由」は、労働者の生活保障のために使用者に平均賃金の6割の負担を要求するのが社会的に正当かという、過失責任主義とは異なる観点の概念であり、民法536条2項の「債権者の責に帰すべき事由」よりも広く、使用者側に起因する経営・管理上の障害を含む[*177]。

---

[*175] 高知県ハイヤータクシー労組事件・高松高判昭51・11・10労民27巻6号587頁／労判277号106頁は、当該ストが労働協約違反、不当労働行為等の是正・撤回を求めるもので、かつ、当該ストを予見しえたという特別の事情があるときは賃金請求権が肯定されるとし当該事案では肯定したが、当該ストを予見しえたという要件は不要であろう。
[*176] 高槻交通事件・大阪地判平元・5・15労民40巻2=3号340頁。
[*177] ノースウエスト航空〈会社上告〉事件・最二小判昭62・7・17民集41巻5号1283頁／労判499号6頁①事件。日本油脂王子工場事件・東京地判昭26・1・23労民2巻1号67頁／判タ10号34頁は、「経営者として不可抗力を主張し得ない一切の場合」と表現する。

鑑みるに、争議行為不参加労働者が争議行為をした労働組合の組合員である場合、当該労働者の所属する労働組合が自らの主体的な判断と責任に基づいて行ったストは、当該労働者から見て会社側に起因する事象ではなく、スト不参加者は休業手当請求権を有しない[*178]。

これに対して、争議行為不参加労働者が争議行為をした労働組合の組合員以外（未組織労働者・別組合員）である場合は、争議行為を理由とする休業は、当該労働者から見て使用者側に起因する経営・管理上の障害であり、その生活保障を考慮し休業手当請求権が認められると解すべきであろう[*179]。

## 第6節　使用者の対抗行為

労働者の団結活動・争議行為への使用者の対抗行為については、①争議行為中の操業継続・操業確保措置の可否（→1）、②使用者がロックアウトを行った場合の労働者に対する賃金支払義務の有無（→2）が主な論点である。

### 1　争議行為中の操業・操業確保措置

使用者は、労働者側の正当な争議行為によって業務の正常な運営が阻害されることは受忍しなければならないが、争議行為中であっても業務の遂行自体を停止しなければならないものではなく、操業阻止を目的とする労働者側の争議手段に対し操業継続のために必要な対抗措置をとることができる[*180]。

それゆえ、使用者が操業を継続するために必要とする業務は、それが労働者側の争議手段に対する対抗措置として行われたものであるからといって、威力

---

[*178] ノースウエスト航空〈会社上告〉事件・最二小判昭62・7・17民集41巻5号1283頁／労判499号6頁①事件。

[*179] 明星電気事件・前橋地判昭38・11・14労民14巻6号1419頁。また、前記ノースウエスト航空〈会社上告〉事件・最判昭62・7・17民集41巻5号1283頁／労判499号6頁①事件は、当該労働者がスト組合の組合員である事案で、当該ストが当該労働者の所属する組合が自らの主体的な判断と責任に基づいて行ったもので使用者側に起因する事象ではないことを理由に休業手当請求権を否定しており、当該労働者がスト組合の組合員でなければ休業請求権を認めるという判断枠組みと同判決は矛盾しないと思われる。

[*180] 山陽電機軌道事件・最二小決昭53・11・15刑集32巻8号1855頁／労判308号38頁。国鉄千葉動労事件・東京高判平13・9・11労判817号57頁は、争議行為時でも施設管理権は制限されないとする国鉄札幌運転区事件・最三小判昭54・10・30民集33巻6号647頁／労判329号12頁、御國ハイヤー事件・最二小判平4・10・2集民166号1頁／労判619号8頁を引用し、JRが予定されたスト前日になした組合役員の運転区構内の入講・庁舎立入り制限、組合事務所前のフェンス設置は、本件スト時の操業継続のために必要かつ相当な対抗措置で、施設管理権を濫用したというような特段の事情はないと判示した。

業務妨害罪によって保護されるべき業務としての性格を失わない[*181]。

しかし、労働者は、参加労働者の分の労働力の減少という効果を実質的に維持するために、スト不参加労働者による労務提供や使用者側の者の操業継続のための行為につき、言論による平和的説得や団結の示威により相手側の自由意思に訴えることに加えて、暴行、脅迫に至らない程度の人垣やスクラム等の物理的な阻止や心理的抑圧により、同盟罷業・怠業に参加している労働者が通常従事している業務に代替労働者が従事すること(スト破り)、あるいは、通常生産している製品の外部からの搬入等を一定の限度で阻止することもできる[*182]。

また、労働組合と使用者との間で、争議行為期間中の代替労働者の雇用を禁止したり、操業継続のために使用できる労働者の範囲を制限する労働協約(スキャップ禁止協定)が締結された場合は、使用者はこれを遵守する義務を負う[*183]。

### 2　ロックアウト

(1)　問題の所在

「ロックアウト」は、「使用者が、労働争議を自己に有利に導く手段として、労働者の提供する労務の受領を拒否する行為」と定義しうる。

ロックアウトに関する主な論点は、ロックアウト期間中の使用者の労働者に対する賃金支払義務の有無、すなわち、いかなる要件を充足すれば、ロックアウトによる労働者の労務不能は民法536条2項前段の「債権者の責めに帰すべき事由」による履行不能に該当しないこととなり、使用者は賃金支払義務を免れるかにある。また、休業手当(労基26条)支払義務の有無も問題となりうる。

(2)　判例法理－争議行為としての正当性と相当性

この点につき、最高裁判決[*184]は、第一に、対抗防衛手段としてという限定

---

[*181]　山陽電機軌道事件・最二小決昭53・11・15刑集32巻8号1855頁/労判308号38頁。
[*182]　前記第2節5(1)ウ～オ。
[*183]　前記第2節5(6)エ。
[*184]　丸島水門事件・最三小判昭50・4・25民集29巻4号481頁/労判227号12頁(正当性肯定)。第一小型ハイヤー事件・最二小判昭52・2・28集民120号185頁/労判278号61頁(一定の日以降は正当性否定)、山口放送事件・最二小判昭55・4・11民集34巻3号330頁/労判340号25頁(正当性否定)、日本原子力研究所事件・最二小判昭58・6・13民集37巻5号636頁/労判410号18頁(正当性否定)、安威川生コンクリート事件・最三小判平18・4・18民集60巻4号1548頁/労判915号6頁(正当性肯定)等も同旨。三重ホーロー事件・津地四日市支判昭61・6・10判時1218号138頁(正当性肯定)、杉之井ホテル事件・大分地決平元・12・1判時1341号154頁(正当性否定)、中労委(教育社)事件・東京地判平8・10・24労判707号50頁(正当性肯定)、本山製作所事件・仙台地判平15・3・31労判849号42頁(正当性肯定)、日光産業ほか1社事件・大阪地堺支判平22・5・14労判1013号127頁(正当性肯定)もこの要件に照らし判断している。

付きではあるが、使用者の争議権を肯定し、争議行為の正当性の判断基準を提示する。すなわち、憲法28条、及び、労組法等は、労働者の争議権を明文で保障しているが、民間企業における使用者の争議権については規定がないところ[*185]、争議権を認めた法の趣旨が争議行為の一般市民法による制約からの解放にあり、労働者の争議権について特に明文化した理由が専らこれによる労使対等の促進と確保の必要に出たもので、窮極的には衡平の原則に立脚するものであるので、力関係において優位に立つ使用者に対し一般的に労働者に対すると同様の意味において争議権を認める理由も必要もないが、「個々の具体的な労働争議の場において、労働者側の争議行為によりかえって労使間の勢力の均衡が破れ、使用者が著しく不利な圧力を受けることになるような場合には、衡平の原則に照らし、使用者側においてこのような圧力を阻止し、労使間の勢力均衡を回復するための対抗防衛手段として相当性を認められる限りにおいては、使用者の争議行為も正当なものとして是認される」と判示する。

そして、第二に、ロックアウトの争議行為としての正当性の判断基準として、対抗防衛手段としての相当性の要件、すなわち、「個々の具体的な労働争議における労使間の交渉態度、経過、組合側の争議行為の態様、それによって使用者側の受ける打撃の程度等に関する具体的諸事情に照らし、衡平の見地から見て労働者側の争議行為に対する対抗防衛手段として相当と認められる」ことを提示する。このロックアウトの相当性の要件は、ロックアウトの開始の要件であるとともに継続の要件でもある[*186]。

そして、第三に、当該ロックアウトにこのような相当性が認められる場合は、当該ロックアウトは正当な争議行為であり、使用者は正当な争議行為をしたものとして、対象労働者に対する賃金支払義務を免れるとしている。当該ロックアウトが正当な争議行為であれば、当該ロックアウトによる労働者の労務不能は民法536条2項前段の「債権者の責めに帰すべき事由」による履行不能とは評価されないので、使用者は賃金支払義務を負わないということであろう。

また、正当な争議行為であれば、当該ロックアウトによる労働者の労務不能は労基法26条の「使用者の責に帰すべき事由」による休業とは評価されず、使用者は休業手当支払義務も負わない[*187]ことになろう。

---

[*185] 行政執行法人及び地方公営企業では、使用者が作業所閉鎖を行うことは禁止されている(行労17条2項、地公労11条2項)。
[*186] 第一小型ハイヤー事件・最二小判昭52・2・28集民120号185頁/労判278号61頁。
[*187] 昭23・6・17基収1953号、石井・新版(1973)394頁。

### (3) 私見－休業としての正当性と相当性

判例法理の提示するロックアウトの相当性の要件と結論自体は否定しない。しかし、憲法上争議権が保障されているのは労働者だけであることに鑑みれば、あえて、使用者の「争議権」を認め、使用者が賃金支払義務を負わないロックアウトを「正当な争議行為」と評価する必要があるのか疑問である。

経営上の理由による休業（労務の受領拒否）[188]や、争議行為に伴い争議行為不参加者の労働が不能又は社会的に無価値となった場合の休業（労務の受領拒否）（→前記第5節4）の場合も一定の要件を充足すれば、民法536条2項前段の「債権者の責めに帰すべき事由」による履行不能とは評価されず、使用者は賃金支払義務を負わないのであるから、理論的整合性と結果の妥当性を共に図るのであれば、端的に、労働者の争議行為に対する対抗防衛手段として相当である使用者の労務受領拒否による労務不能は、「債権者の責めに帰すべき事由」による履行不能に該当しないと評価すれば良いであろう。また、労基法26条の「使用者の責に帰すべき事由」による休業ではないと評価すれば良いであろう。

---

[188] 前記第16章「労働契約内容の設定と変更」第3節第7款5(2)イ参照。

# 第25章　労働協約

　憲法28条は、労働者(勤労者)に対し「団体交渉権」を保障しており、団体交渉の結果、労働者の団結体が使用者又は使用者団体と合意に至る場合も当然あるが、労組法は、その合意の一形態である「労働協約」に関し、同法第3章「労働協約」で、これを具体的に法制度化している。

　本章では、労働協約制度[*1]について、①労働協約の定義・意義・機能・法的性質(→第1節)、②労働協約の成立要件と期間(→第2節)、③労働協約の効力と法的救済(→第3節)、④労働協約の拡張適用制度(→第4節)、⑤労働協約による労働契約内容の変更(→第5節)、⑥労働協約の終了・承継と権利義務関係(→第6節)の順に検討する。

## 第1節　労働協約の定義・意義・機能・法的性質

### 1　定義

　「労働協約」とは、「労働組合と使用者又はその団体との間の労働条件その他に関する合意であって、書面に作成され両当事者が署名又は記名押印したもの」(労組14条参照)と定義することができる。

　労基法等所定の「労使協定」(当該事業場の過半数代表と使用者との書面による協定)も、「過半数代表」が「過半数組合」であって労組法14条の要件を充足すれば、労組法上の「労働協約」にも該当し[*2]、その法的性質を併せ持つ。

### 2　意義

　労働協約は、労働協約を締結した労働組合の組合員であり、当該労働組合のために費用(組合費)を負担し、労力(労働組合の組織運営に参画し、団結活動をなし、団体交渉に出席し、組合役員として活動する等)を提供する労働者の雇用を保障し、その労働条件を維持・向上させることを、その直接の目的とする。

---

[*1]　近年の論考として、水島郁子「労働協約の法的構造」再生(5)(2017)87-103頁、桑村裕美子「労働協約の規範的効力」再生(5)(2017)105-122頁、小嶌典明「労働協約の一般的拘束力」再生(5)(2017)123-138頁、同論文引用文献等。

[*2]　九州自動車学校事件・福岡地小倉支判平13・8・9労判822号78頁。

そして、労働協約が、協約締結組合の組合員の雇用・労働条件を維持・向上させれば、自ら団結権を行使して労働組合を結成・加入する労働者が増大し、団結活動が強化され、団体交渉が活発に行われ、さらによりよい労働条件を定める労働協約の締結へと結実していくのであり、労働協約の定める労働条件が高くなり、労働協約の適用される労働者（組合員）の範囲が拡大されれば、やがて、労働者全体の雇用の保障と労働条件の維持・向上、経済的地位の向上へと発展していくことになる。

したがって、労働協約は、協約当事者組合の組合員の雇用・労働条件の維持・向上を直接の目的とすることにより、労働者全体の雇用・労働条件の維持・向上と経済的地位の向上を目的とするものと位置づけることができる。

### 3 機能

従来、労働協約が果たしてきた機能の分析をふまえて検討するならば、労働協約の機能は、①雇用・労働条件保障と福利厚生の補充、②団結の強化、③集団的労使関係ルールの設定、④紛争処理システムの補充、⑤事業相互間及び労働者相互間の公正競争の実現の五つに大別することができる。

(1) 雇用・労働条件保障と福利厚生の拡充

労働協約は、①具体的な労働条件及び福利厚生について、法律上定められた労働条件の上積み・詳細化を行い（個別的労働関係法及び社会保障法の領域の法律の上積み・補充）、②労働契約内容の変更、懲戒、労働契約の終了等について、要件と手続を明確化し（労契法の上積み・補充）、③工場・事業場の新設・移転、新しい生産設備の導入、外注等、労働条件にも影響を与える経営判断・方針について、使用者が労働組合と協議すること等を定め（経営判断・方針への関与）、もって、労働者の雇用・労働条件を保障する。

(2) 団結の強化のための措置の拡大・具体化

労働協約は、組合事務所・掲示板の貸与、チェック・オフなどの便宜供与、組合専従休職などの団結活動、ユニオン・ショップなどの組織強化等、労働組合の団結を強化するための措置を定めることにより、憲法28条の団結権保障の内容を具体化し、労組法で定められた団結権保障の内容について上積みを行い、具体化する（労組法の上積み・補充）。

(3) 集団的労使関係ルールの具体化

労働協約は、団体交渉や労使協議、争議行為の開始の手続等、法律で定められていない集団的労使関係のルールを具体化する（労組法等の補充）。企業を超えたレベルでの労働協約においては、使用者団体と労働組合の集団的労使関係

(4) 労使紛争処理システムの補充

　労働協約は、個別の労使紛争や集団的労使紛争の処理のための手続等を定めることにより、法律の定める労使紛争処理システム（裁判所、労働審判、労働委員会、紛争調整委員会等）に加えて、労使の紛争処理システムを整備する（紛争処理システムの補充）。企業を超えたレベルでの労働協約では、使用者団体と労働組合の集団的紛争処理システムの設定も可能である。

　(5) 公正競争の実現

　労働協約は、労働協約の適用対象となる労働者の労働条件基準等を設定することにより、労働者間の労働条件引下げ競争と、使用者間の人件費等のコスト引下げ競争を阻止し、労働者間及び使用者間の公正競争を実現する。

## 4　法的性質

　(1) 債務的効力と規範的効力

　労働協約は、①労働協約の当事者である労働組合と、使用者又はその団体との間の一種の契約であるが、②労働協約の中の「労働条件その他の労働者の待遇に関する基準」を定めた部分は、労働協約の当事者ではない第三者である労働者の労働契約を規範的効力により規律することが労組法に定められている（労組法16条）。したがって、現行法において、労働協約は、①当事者間の「契約」であるが、②「労働条件その他の労働者の待遇に関する基準」を定めた部分については、一種の「法規範」でもあるという二重の法的性質を有する。

　(2) 規範的効力の意義

　規範的効力については、「労働協約がその規範的効力により労働契約の内容を規律する」ことと、「労働協約が定めた基準と同じ基準が労働契約の内容となる」ことを、区別する必要がある。

　「労働協約が定めた基準と同じ基準が労働契約の内容となる」という法的効果は、仮に労働協約に規範的効力がなくても、次の①から③のいずれかの合意又は意思を媒介とする法的根拠により導くことができる。

　①　労働契約の内容は労働協約の定めによるという民法92条の「事実たる慣習」が存在する。

　②　労働協約を使用者と労働組合の「第三者のための契約（民537条）」と解する。

　③　労働協約の定めと同じ定めを労働契約の内容とする労働者と使用者の「合意」が存在する。

上記①の場合には、当該慣習によるという労働者と使用者の合意、上記②の場合には、利益享受の労働者の意思、上記③の場合には、労働者と使用者の合意を媒介に、労働協約の定めと同じ内容を労働契約の内容とすることができる。しかし、これらは、あくまで、労働契約当事者の合意又は意思を媒介として労働協約の定めと同じ内容が労働契約の内容となるものである。

　また、上記①の「事実たる慣習」については、労働契約の当事者はこれと異なる合意が可能であり、上記②の「第三者のための契約」については、労働者はこれを享受しないことが可能であり、上記③の「合意」については、労働者と使用者は、合意しないことも、また、労働協約の定めとは異なる合意をすることも可能であり、いずれにせよ、労働契約当事者の合意又は意思により、労働協約の定めを労働契約の内容としないことが可能である。

　これに対して、「労働協約がその規範的効力により労働契約の内容を規律する」ということは、労働協約の規範的効力が、労働協約自身が労働契約当事者の合意又は一方当事者の意思による逸脱を認めない限り（労働協約自身が逸脱を認めた場合は、それが労働協約の定める基準となるから、労働協約の規範的効力と矛盾しない）、労働契約当事者の合意又は意思とは無関係に、労働契約の内容を規律することである。

　(3)　規範的効力の法的根拠

　労働協約の規範的効力は、労組法16条により創設されたものか、それとも、別の法的根拠から導き出すことが可能なのか。換言すれば、労組法16条は、A)労働協約の規範的効力を創設する規定であろうか（「創設規定説」）[*3]、それとも、B)労働協約の規範的効力を確認する規定であろうか（「確認規定説」）。

　B)確認規定説としては、規範的効力の法的根拠を何に求めるかにより、①労働協約は強行的・直律的効力を有する法律と同一の効力を有する慣習（法例2条〈現行法では法の適用に関する通則法3条〉）であるという「慣習説」[*4]、②労働協約の規範的効力は憲法28条から導かれるという「憲法28条説」[*5]等がある。

　しかし、①「慣習説」につき、当該労働協約が関係当事者（使用者及び労働者）にとって「強行的・直律的効力を有する法律と同一の効力を有する慣習」といえるかどうかは、事実認定の問題であるところ、特に、人的・地理的適用範囲が狭い労働協約について「慣習」かどうかは疑問である。

---

[*3]　創設規定説（名称は論者により異なる）として、西谷・労組法(2012)328-330頁、菅野・労働法(2017)869頁、荒木・労働法(2016)615頁等。

[*4]　末弘厳太郎『労働法研究』改造社(1926)318・334〜338頁。

[*5]　盛・労使関係法(2000)325頁等。

また、②「憲法28条説」につき、労組法は憲法28条の団結権等の保障を具体化するもので、憲法28条が労働協約の規範的効力を認める労組法16条の根底にあることは疑いない。しかし、労働協約の規範的効力は、それが協約当事者ではない労働者の労働契約をその意思とは無関係に規律するという重大な効力であることに鑑みると、憲法28条の団結権・団体交渉権保障から直ちに導かれるものではなく、労組法14条の主体や要式等の要件を充足した「労働協約」について、労組法16条により認められる法的効力であると考えるべきであろう。

したがって、労働協約の規範的効力は、憲法28条を根底に有し、憲法28条の団結権・団体交渉権を具体化するものであるが、憲法28条から直ちに導かれるものではなく、労組法所定の要件を充足した「労働協約」について、労組法16条が創設した法的効力であると考えるべきであろう。

## 第2節　労働協約の成立要件と期間

労働協約は、契約の一種であるので、その成立要件として当事者の合意が必要であるが、「労働協約」として成立するためには、それに加えて、労組法14条（「労働組合と使用者又はその団体との間の労働条件その他に関する労働協約は、書面に作成し、両当事者が署名し、又は記名押印することによってその効力を生ずる」）の定める、①当事者、②内容、③要式を充足することが必要であり、「労働協約」の期間については、労組法15条が特別の定めをおいている。

以下、労働協約の成立要件(→1～3)、及び、その期間(→4)を検討する。

### 1　当事者

(1)　「労働組合と使用者又はその団体」

労働協約として成立するためには、その当事者が「労働組合」と「使用者又はその団体」（労組14条）であることが必要である。

　　ア　「労働組合」

労組法における「労働組合」という文言は、同法2条を充足する「労組法上の労働組合」である。したがって、労働協約の当事者となり得るのは、「労組法上の労働組合」である[*6]。

これに対し、「憲法組合」は、憲法28条の保障する団結権・団体交渉権等の

---

[*6] 労組法17条により拡張適用の対象となる労働協約の締結主体も同様である（大輝交通事件・東京地判平7・10・4労判680号34頁）。

享受主体ではあるが、労働協約の当事者にはなり得ない。

また、労働組合内の社団的組織を整えていない職場集団や、憲法上の保護を受ける一時的団結体も、労働協約の当事者にはなり得ない。

　　　イ　「使用者又はその団体」

労働協約の当事者たる「使用者」は、個人企業であればその個人事業主、法人企業であればその法人である。

労働協約の当事者たる「使用者団体」は、構成員たる使用者のために統一的な団体交渉を行い協約を締結し得ることが規約又は慣行上予定されている団体である[*7]。このような団体以外の使用者団体が、一時的に交渉権限・協約締結権限を委任され代理人として労働協約書を作成し、署名又は記名押印した場合は、協約当事者は個々の使用者となる[*8]。

団体交渉は任意に行うことができ、また、労働協約も任意に締結することができるので、労働協約の当事者となることができる「使用者又は使用者団体」は、労働協約当事者組合が団体交渉権を行使することができる相手方（労働協約当事者組合に団体交渉義務を負う者）[*9]に限定されない。

　　　ウ　協約締結権限と手続

労働協約は、使用者側[*10]についても、労働組合側についても、協約締結権限を有する者により締結されることが必要である。

労働組合の代表者は、交渉権限は有している（労組6条）が、協約締結権限を有しているとは限らない。労働協約が協約当事者以外の第三者である労働者（組合員）の労働契約に対する規範的効力（→後記第3節3）を含む法的効力を有することに鑑みれば、協約締結権限は代表者の代表権の中に当然に含まれるものではなく[*11]、代表者が協約締結権限を有するためには、組合規約又は総会の決議

---

[*7] 大阪地区生コンクリート協同組合事件・大阪地判平元・10・30労民40巻4=5号585頁。同事案では、生コン業者団体が労働組合と締結した同団体の従業員で同組合員である労働者の就職を斡旋する旨を定めた確認書を、同団体の当事者性の欠如と確認書の内容から、労働協約ではなく、第三者のための契約（同団体が諾約者、同組合が要約者、労働者が受益者）と判断した。
[*8] 菅野・労働法(2017)871頁。
[*9] 前記第23章「団体交渉」第2節第2款参照。
[*10] 使用者側の者の権限が否定され当該協約・協定を無効と判断した事案として、国鉄・池袋電車区・蒲田電車区事件・東京地判昭63・2・24労民39巻1号21頁/労判512号22頁、香川県農協事件・高松地判平13・9・25労判823号56頁。
[*11] 法人である労働組合については、労組法12条の2における「事務」には労働協約の締結は含まれないと解するか、同条の「組合規約に反することはできず」は制限がなければ締結権限を有するのではなく根拠規定がなければ協約締結権限はないと解すべきであろう。

に基づき協約締結権限を付与されていることが必要であると解すべきであり*12、また、組合規約や総会の決議により労働協約の締結手続について定めがおかれ(組合大会での決議や職場会での意見聴取の必要性等)、代表者の代表権(協約締結権限)を制限している場合は、これに従い当該手続を履践することが必要である*13。所定の手続を経ずに労働協約が締結された場合は、労働組合の協約締結権限に瑕疵があり無効である*14。

　労組法12条の3は「法人である労働組合の管理については、代表者に加えた制限は、善意の第三者に対抗できない」と定め、法人以外の労働組合についても準用されると解されるので、労働組合の代表者が組合規約所定の手続を履践せずに労働協約を締結した場合、善意の使用者は労働協約が有効であると主張できるかどうかが問題となる。労働協約は、通常の契約と異なり、規範的効力を有し協約当事者以外の組合員の労働契約の内容を規律するので、協約締結権限に瑕疵のある労働協約の規律を受けるという結論は妥当ではない。したがって、労働協約は、労組法12条の3の「管理」には含まれず(少なくとも労働協約の中の規範的部分は含まれない)、協約締結権限に瑕疵のある労働協約は、善意の使

---

*12 労組法12条の2参照。山梨県民信用組合事件・最二小判平28・2・19民集70巻2号123頁/労判1136号6頁は、組合規約で組合の機関として大会及び執行委員会、役員として執行委員長等が置かれ、執行委員長は当該組合を代表しその業務を統括するものと定められ、執行委員長が協約を締結した事案で、当該組合規約が執行委員長に当該労働協約締結権限を付与するものと解することはできず、大会又は執行委員会による当該権限の付与が必要であるが原審はこれを審理判断していないとして差し戻し、同(差戻審)事件・東京高判平28・11・24労判1153号5頁は、当該権限付与の事実はないとして当該労働協約の効力を否定した。
*13 法人である労働組合の代表者については労組法12条の2を(類推)適用することもでき、法人でない労働組合の代表者についても同様に解される。
*14 労働組合の協約締結権限に瑕疵があるとした事案として、中根製作所事件・東京高判平12・7・26労判789号6頁(①組合規約上、労働協約の締結と改廃は全組合員が参加する最高の決議機関である大会の付議事項とされていたこと、②昭和50年代以降、労働協約締結も含め、職場における意見聴取と代議員会における決議により組合の意思決定がなされてきたが、従来の労働協約は重要な労働条件を不利益に変更するものではなく、労働条件の不利益変更を内容とする当該労働協約につき、組合大会の付議事項としない扱いは肯定できないことを理由に、当該労働協約を無効と判断、最三小決平12・11・28労判797号12頁もこれを維持)、鞆鉄道事件・広島高判平16・4・15労判879号82頁(労働協約の締結は組合大会の付議事項であるのに組合大会が開催されず協約締結権限に瑕疵があり、内容的にも合理性を欠くとして、労働協約による労働条件の不利益変更効を否定)。これに対し、箱根登山鉄道事件・横浜地小田原支判平16・12・21労判903号22頁、同事件・東京高判平17・9・29労判903号17頁は、組合規約上労働協約の締結は組合大会の決議によると定められているが過去45年間にわたり定期大会以外は大会を開かずその間の意思決定は中央委員会の決議によることが慣例となっているとして、同決議及び各職場で組合員の意見聴取をした等の事情により、労働協約の効力を肯定した。

用者に対しても無効と解すべきであろう*15。
　　(2)　「労組法上の労働組合」以外の組織と使用者の合意
　労組法上の労働組合以外の、憲法組合、一時的団結体は、労働協約の当事者にはなり得ないので、使用者又は使用者団体との合意は、書面によるかどうかにかかわらず、「労働協約」ではない。
　しかし、当該合意については、労働協約としての効力が認められなくても、代表者が各労働者から代理権を付与され一括して労働契約を締結したと解されるときは、その合意の内容は各労働契約の内容となる。
　また、労働者側に社団性がある場合（憲法組合）は、当該合意に当事者間の「契約」としての効力を肯定することはできる。
　　(3)　団体交渉の当事者と労働協約の当事者
　憲法28条の団結権・団体交渉権等の享受主体は、労組法上の労働組合のみならず、憲法組合、及び、憲法上の保護を受ける一時的団結体も含まれるから、憲法組合、及び、憲法上の保護を受ける一時的団結体は、団体交渉の当事者となることはできるが、労働協約の当事者となることはできない。
　しかし、団体交渉は、個別労働者と使用者との紛争も対象とし得るし（労働者の解雇撤回等）、労働協約化しなくても紛争が解決する場合もある。また、前記(2)で検討したように、憲法組合又は一時的団結体と使用者の合意は、代表者が各労働者から代理権を付与され一括して労働契約を締結したと解してその合意の内容を各労働契約の内容とすることも可能であるし、憲法組合については協定当事者間の「契約」としての効力を肯定できる。
　したがって、団体交渉の当事者となりうる憲法組合、及び、憲法上の保護を受ける一時的団結体が、労働協約の当事者となれないとしても、憲法28条の団体交渉権を享受していることの意義がなくなるわけではない。

## 2　内容
　　(1)　「労働条件その他」
　労組法は、労働協約の内容について「労働条件その他」（労組14条）とのみ定めているので、何についての合意であれば、労働協約として成立するのかが問題となる。

---

　*15　淀川海運事件・東京地判平21・3・16労判988号66頁は、労組法旧12条が準用していた民法旧54条（理事の代表権に加えた制限を善意の第三者に対抗し得ない）についてであるが、団体交渉について取引の安全に配慮する必要はないから「使用者」は同条の「善意の第三者」に当たらないとする。

労働協約は、①雇用・労働条件の保障（労働条件に影響を与える経営判断・方針への関与を含む）と福利厚生の拡充、②団結の強化のための措置（便宜供与、ユニオン・ショップ協定等）の拡大・具体化、③集団的労使関係ルールの設定、④労使紛争処理システムの補充、⑤事業相互間及び労働者相互間の公正競争の実現等により、労働者の雇用保障と労働条件の維持・向上及び経済的地位の向上を目的とする（→前記第1節2・3）。

したがって、労働協約の内容は、「労働者の雇用・労働条件と福利厚生、労働組合の団結の強化のための措置、集団的労使関係ルール、労使紛争処理システムに関するもの」とその範囲を画定することができ、これについての合意であれば、労働協約として成立しうる。そして、労働協約の内容は義務的団交事項である必要はないから、「労働者の雇用・労働条件と福利厚生、労働組合の団結の強化のための措置、集団的労使関係ルール、労使紛争処理システムに関するもの」であれば、直ちに義務的団交事項とはいえないもの、例えば、株主総会での報告事項を開示すること、会社の生産計画や、建物・施設の改廃、合併等の組織変更等について一定期日までに情報を開示すること等も、労働協約の内容とすることができる。

これに対して、労働組合と使用者又は使用者団体との合意であっても、純然たる商品の購入に関する契約（売買契約）や賃貸借契約等は「労働協約」ではなく、労働協約に関する規定（期間に関する労組法15条）は適用されない。

(2) 労働協約締結権限の限界（協約自治の限界）

しかし、労働者の雇用・労働条件に関わる事項については、労働組合の労働協約締結権限には一定の限界（協約自治の限界）がある。

　　　ア　労働者の既得の権利・訴権の行使

労働組合は、労働者の既得の権利について管理処分権を有するものではないから、すでに発生している労働者の賃金請求権を減額・放棄したり[*16]、期限の猶予を与える定め[*17]は無効である。

また、労働災害が発生した場合労働協約で定めた補償以上の請求を制限する

---

[*16] 香港上海銀行事件・最一小判平元・9・7集民157号433頁/労判546号6頁（すでに発生した具体的な権利としての退職金請求権を事後に締結された労働協約の遡及適用により処分・変更することは許されないと判示）、室井鉱業事件・福岡地飯塚支判昭32・6・7労民8巻3号363頁（労働組合は組合員の授権がない限り既に具体的に個々の組合員に帰属している賃金債権の放棄その他の処分をなす権限を有しないと判示）。
[*17] くろがね工業事件・横浜地判昭38・9・14労民14巻5号1149頁（労働組合は組合員の既得の権利に管理処分権を持つものでないから、退職金の支払期限に猶予を与える協定は組合員の権利に当然には影響を及ぼさないと判示）。

といった、労働者の訴権の行使の制約を定めることもできず[*18]、そのような定めも無効である。

### イ　特定の労働者の労働条件と労働契約の終了

労働協約は、基本的には、適用対象となる労働者の具体的労働条件の「基準」（賃金の決定方法等）、及び、使用者の形成権行使の「基準」（配転・出向等や解雇等を行うことができる事由、対象者の選定基準、手続等）を設定・変更し、もって、労働者の雇用と労働条件を保障することを目的とする。

したがって、特定の労働者の労働条件の設定・変更及び労働契約の終了は、当該労働者の同意又は委任がある場合でなければ、労働協約の内容とはできないと解すべきである[*19]。また、協約上、労働組合の同意があれば対象労働者の労働契約の設定・変更・終了の効力が生じる旨の定めも、特定の労働者の労働契約の設定・変更・終了を労働協約に定めることと等しい結果となるから、労働協約の内容とはできないと解すべきである[*20]。

### ウ　企業内の政治的活動の制限の可否

労働者の企業内政治活動の制限に関する規定は、労働者の政治活動の自由に関わるものではあるが、職場規律に関する事項で労組法16条の「労働者の待遇に関する基準」に包含されるところ、労働協約で適当かつ一般的基準を設定することを認める方が労働者の利益保護の観点と他の労働者の待遇に関する諸基準との総合的調整を図る点からも合理的であるから、労働協約の内容としうると解すべきである。ただし当該制限は合理的な理由がある限りにおいて効力を

---

[*18]　東海カーボン事件・福岡地小倉支判昭52・6・23労民28巻3号196頁／労判284号21頁、同事件・福岡高判昭55・12・16労民31巻6号1265頁／労判355号34頁（労働者個人の有する私法上の権利である損害賠償請求権を労働協約により有効に放棄しうるかどうか多分に疑問の存するところと判示）。ただし、損害賠償請求権を放棄して労働協約の定める上積み補償を受領することについて使用者と合意するか、それとも、使用者に損害賠償を請求するかを被災労働者又は遺族に選択させる労働協約の定めは、その訴権を制限するものではないから、労働協約の内容としうると解される。

[*19]　特定の労働者に関するものでも、労働条件の有利な変更（昇格・昇給）や、配転命令、解雇、懲戒処分の撤回等についての確認（地位確認、義務の不存在確認等）は、今後の他の労働者の雇用と労働条件保障にも資するものであり、労働協約の内容とすることに意義があるが、当該労働者の同意なしに労働協約の内容とすることはできない。

[*20]　経営悪化した会社において、一人を除き労働者全員の同意により締結された全労働者が退職する旨の協約は、当該一人の労働者の労働契約を終了させる労働協約に等しく、無効である（松崎建設事件・東京高判昭28・3・23労民4巻3号210頁〈もっぱら労働者個人の利害に関する事項は労働者は処分権を失わず、労働者は労働協約に拘束されないと判示〉）。

有することになる[*21]。

　　　エ　退職金・定年年齢の不利益変更の可否

　退職金の計算方法の不利益変更や定年年齢の引下げについては、長期の期間にわたって成立・定着した期待的利益の侵害として、既得権の侵害と同じく労働組合の労働協約締結権限を否定する見解[*22]も存在する。

　しかし、退職金の計算方法の不利益変更や定年年齢の引下げも、労働者全体の雇用の維持等のためにやむをえず必要な場合もある。また、不利益の程度を緩和させるために、労働組合が交渉し労働協約において確認する必要がある場合もある。したがって、これらについて労働組合の労働協約締結権限を否定するべきではなく、労働協約の内容とし得るとした上で、労働協約の効力の肯否を判断すべきである[*23]。

　　　オ　労働条件変更権創設の可否

　使用者の配転・出向命令権や時間外労働命令権[*24]等の、労働条件変更権を創設する規定については、使用者の一方的な変更権と労働者の義務を創設するものであるから、労働組合の労働協約締結権限を否定する見解[*25]も存在する。

　しかし、労働契約上の根拠があれば、使用者は労働条件変更権を有するところ[*26]、現行法においては、労働条件変更権に関する就業規則の規定は、所定の要件（労契7条・10条等）の充足により労働契約の内容となる。したがって、合理性・手続等の要件が付されているとはいえ、使用者が一方的に作成・変更できる就業規則が創設し得る権利を、労働組合と使用者の合意に基づく労働協約が

---

[*21]　日本パルプ事件・広島高松江支判昭52・4・27労判278号35頁（企業施設の維持・保全と直接関わりのある行為や職場の物理的客観的環境を乱すおそれのある行為〈ビラ貼り、集会、示威更新等〉は一般にこれを禁止する合理的理由があるが、単に企業施設でなされたというビラ配布については、他の従業員の執務や休憩を妨げるとか従業員間の感情的対立を招くとか企業秩序に具体的に好ましくない影響を与える場合に限り禁止の合理的理由があると判示）。

[*22]　西谷・労組法(2012)356頁等。

[*23]　朝日火災海上保険（石堂）事件・神戸地判平5・2・23労判629号88頁、同事件・大阪高判平7・2・14労判675号42頁。労働協約による労働契約内容の不利益変更の肯否については、後記第5節参照。

[*24]　日立製作所事件・最一小判平3・11・28民集45巻8号1270頁／労判594号7頁の味村治裁判官の補足意見は、労基法36条所定の要件が充足されている場合、労働協約の使用者の法定労働時間を超える時間外労働命令権の定めは規範的効力を有すると述べている。

[*25]　西谷・労組法(2012)358-359頁、盛・労使関係法(2000)358頁等。

[*26]　出向については、民法625条1項との関係が問題となるが、同項にいう労働者の「承諾」は、包括的な事前の「承諾」も含み、かつ、それと同一視し得る場合も含むものと解され（新日本製鐵（日鐵運輸）事件・福岡高判平12・11・28労判806号58頁）、労働契約上の根拠があれば使用者は出向命令権を有する。

創設できないと解することに論理的整合性はなく、また、労働組合の労働条件全体についての交渉力・規制力を弱め、労働協約の意義を減殺することになる。

また、たしかに、労働協約の意義は、使用者の労働条件変更権の行使を合理的な範囲に限定することにあるが、労働協約が、使用者の労働条件変更権を創設する代わりに、他の労働条件を引き上げ[*27]、あるいは、権利の行使を限定する規定（労働条件変更を命じ得る事由、手続、不利益緩和措置等）をおき、使用者の労働条件変更権を実質的に制限することも想定される。

したがって、使用者の労働条件変更権の創設も、労働協約の内容とし得るとした上で、労働協約の効力の肯否について判断すべきである。

### 3　要式

(1) 書面作成と署名又は記名押印

労働協約の成立は、①書面により作成され、②両当事者（労働組合と使用者又は使用者団体）が署名し又は記名押印することを要件とする（労組14条）[*28]。書面により作成されていれば、その書面の表題、形式を問わない。しかし、書面の内容は当事者の合意内容が明確でなければならない[*29]。

(2) 書面性・署名又は記名押印を欠く労使合意の規範的効力

労働組合と使用者との間に労働条件その他に関する合意が成立したとしても、書面性や両当事者の署名又は記名押印（のいずれか）を欠く場合は、最高裁判決[*30]が判示するように、当該合意に労働協約としての規範的効力を付与することはできないと解すべきである。けだし、判決がその理由として述べるように、労働協約は、①規範的効力（労組16条）、②一般的拘束力（労組17条、18条）、

---

[*27] 東海旅客鉄道事件・大阪地決平6・8・10労判658号56頁（定年を55歳から60歳に引き上げる代わりに54歳以降は原則出向とし出向命令権を定めた労働協約は協約自治の限界を超えないと判断）。

[*28] 労組法14条は、労使間の慣行によっても排除できない強行規定である（医療法人南労会事件・大阪地判平9・5・26労判720号74頁、エフ・エフ・シー事件・東京地判平16・9・1労判882号59頁）。

[*29] 労使の合意内容が明記されていない「確認書」につき労働協約の成立を否定した裁判例として裁判例として、一橋出版事件・東京地判平15・4・21労判850号38頁。

[*30] 都南自動車教習所事件・最三小判平13・3・13民集55巻2号395頁／労判805号23頁（合意によるベースアップの支給を拒否する理由として労組法14条所定の書面が作成されていないことを主張することは信義に反し当該合意は労働協約として成立し規範的効力を具備すると判断した同事件・東京高判平11・11・22労判805号23頁を破棄差戻し）。裁判例として、安田生命保険事件・東京地判平4・5・29労判615号31頁、秋保温泉タクシー事件・仙台高決平15・1・31労判844号5頁、エフ・エフ・シー事件・東京地判平16・9・1労判882号59頁、中労委（旧モービル石油）事件・東京地判平25・10・30労判1087号28頁等。

③就業規則に対する規制(労基92条)等の法的効力を付与されているので、その存在及び内容は明確でなければならないところ、労働協約は複雑な交渉過程を経て最終的に妥結した事項につき締結されるものであり、口頭による合意又は必要な様式を備えない書面による合意のままでは後日合意の有無及びその内容につき紛争が生じやすいからである。

(3) 同一書面に記載されていない労使合意の規範的効力

労組法14条に言う「書面」については、「同一の書面」であることが必要かどうか、具体的には、労使の合意内容が同一書面に記載されていない場合(往復文書等)の労使合意の効力も問題となるところ[*31]、書面性の趣旨は、妥結内容の明確化のみならず、労働協約の効力の重要性に鑑み、慎重な判断の下での協約の締結の手続面からの担保にもあるので、往復文書による協約締結は労組法14条の予定しないものであるとして、その労働協約としての規範的効力を否定する下級審裁判例[*32]もある。

しかし、労使間の妥結内容が当事者間で明確化され、かつ、書面の形式上も合意が成立した事実及びその合意内容を記した文言が一義的に明らかである場合は(ただし、その証明責任は規範的効力を主張する側が負う)[*33]、労働協約としての規範的効力を肯定すべきであろう[*34]。

(4) 規範的効力を否定される労使合意の法的効力

それでは、法所定の要式を欠くために労働協約としての規範的効力を否定される「労使合意」には、どのような法的効力を認めることができるであろうか。

まず第一に、当該「労使合意」は、契約の成立要件を充足していれば、当事者である労働組合と使用者との間の契約としての効力が認められる。

第二に、労働組合が各労働者から代理権を付与され一括して使用者と労働契約を締結したと解されるときは、その労使合意と同じ内容が労働契約の内容となる。また、当該労使合意に労働協約としての効力が認められなくても、当該労使合意による一時金支払の約定等について、労働協約が締結されていないとの理由による使用者の支払拒絶の主張が信義則違反と解される場合もある[*35]。

---

[*31] 前記都南自動車教習所事件・最三小判平13・3・13民集55巻2号395頁/労判805号23頁は、この点は判断していない。

[*32] 医療法人南労会事件・大阪地判平9・5・26労判720号74頁。

[*33] 具体的には、労働協約締結の申込である旨が書面上明記され、これに対する承諾が別文書でなされる場合が想定される。

[*34] 労働組合と使用者間の文書による質疑と回答により労働協約の締結を認めた裁判例として駐留軍労務者事件・東京地判昭42・6・23労民18巻3号660頁/判タ209号229頁。

[*35] 秋保温泉タクシー事件・仙台高決平15・1・31労判844号5頁。

### 4　労働協約の有効期間

労働協約は、第一に、有効期間の定めをする場合は、3年を限度とし、3年を超える有効期間の定をした労働協約は3年の期間の定めをした労働協約とみなされる（労組15条1・2項）。

第二に、有効期間の定めがない労働協約[*36]は、当事者の一方が署名又は記名押印した文書により、少なくとも90日前に相手方に予告することによって、解約することができる。一定の期間を定める労働協約で、その期間経過後も期限を定めず効力を存続する旨の定があるものについて、その期間経過後も同様である[*37]（労組15条3・4項）。

労働協約に協約当事者のいずれか又は双方から協約を終了させる旨の意思表示がなければ協約を更新する旨の「自動更新条項」があり、自動更新後の協約の有効期間を定める場合、更新後の協約の有効期間の上限は3年である。自動更新条項に再更新条項がない場合には自動更新は1回のみである。自動更新条項に再更新条項（例「1回目の自動更新期間の満了時までに協約当事者の一方又は双方から協約を終了させる意思表示がない場合には、さらに〇年間自動的に更新されるものとし、2回目以降も同様とする。」）があれば、自動更新を反復させることが可能である。

これに対して、期間が満了しても新協約の締結に至らない場合に、新協約の締結に至るまでの暫定的措置として、一定期間、協約の有効期間を更新するのではなく延長する旨の「自動延長条項」がある場合は、協約の有効期間は自動延長される期間を併せて3年が上限となる。

なお、合意による解約はいつでも可能である。

## 第3節　労働協約の法的効力と法的救済

労働協約の定めは、その有する効力により、規範的部分と債務的部分（→1）に分類することができる。労働協約の法的効力は、債務的効力（→2）と、規範的効力（→3）があり、規範的効力については、規範的効力の及ぶ労働契約の範

---

[*36]　新労働協約締結まで効力を有するとの定めがあるときは、いずれかが新労働協約の締結に応じない限り、当該労働協約の効力が無期限に延長され得ることになるから、当該労働協約は、労組法15条3項にいう有効期間の定めがないものである（鈴蘭交通事件・札幌地判平11・8・30労判779号69頁）。

[*37]　有効期間中に改訂協約が成立しなかった場合は成立するまで有効とする旨規定されている場合は、労使一方の恣意により期間が無期限に延長されうるので、労組法15条3項後段の「期限を定めず効力を存続する旨の定」に該当する（国光電機事件・東京地判昭41・3・29労民17巻2号273頁／労判22号9頁）。

囲(→4)が問題となる。また、労働協約違反については、どのような法的救済を求めることができるかが問題となる(→5)。

## 1 規範的部分と債務的部分

### (1) 規範的部分

労働協約の定めのうち、「労働条件その他労働者の待遇に関する基準」(労組16条)を定めた部分は、債務的効力のみならず、規範的効力も有するので、一般に「規範的部分」と呼ばれている。

「労働条件その他労働者の待遇に関する基準」は、労働契約関係を規律するに足りる明確な準則[38]、あるいは、労働者の処遇に関する具体的で客観的な準則[39]でなければならないが、そうであれば、賃金額や労働時間等の具体的労働条件に関する一定の「水準」のみならず、労働条件の設定・変更、懲戒処分、労働契約の終了に関するルールや使用者の権利の行使要件等、労働者の労働条件・労働環境・処遇に関するもの全てを含むものである。

したがって、第一に、特定の労働者の処遇に関する具体的取扱いも、労働協約の対象としうる場合[40]は、これに該当する。

第二に、配転・出向、懲戒、解雇等を行うにあたって、使用者が労働組合と事前協議をすること(事前協議条項)、あるいは、労働組合の同意を得ること(同意条項)が労働協約に定められている場合、当該事前協議条項・同意条項が規範的部分かが論点となる。これらの事前協議条項・同意条項の充足は、使用者の配転・出向命令権、懲戒権、解雇権の行使要件であるから、「労働条件その他労働者の待遇に関する基準」に該当すると解すべきであろう[41]。それゆえ、当該条項は、規範的効力(→後記3)を有し、労働契約の内容を規律するので、事前協議条項・同意条項の定めを充足しない配転・出向、懲戒、解雇等は、配転命令権等の行使につき労働契約の定める要件(効力発生要件)を充足せず、特

---

[38] 日本運送事件・神戸地判昭60・3・14労判452号60頁(同事案における将来の春闘時に賃金の改善を行う旨の合意をするという労使間の合意は明確な準則ではないと判示)。
[39] ノースウエスト航空事件・東京高判平20・3・27労判959号18頁(同事案のフライトアテンダントの職位確保努力義務に関する規定は労働者の処遇に関する具体的で客観的な準則に該当しないと判示)。
[40] 前記第2節2(2)イ。
[41] 規範的効力を肯定する見解として、西谷・労組法(2012)351頁等、否定する見解として、菅野・労働法(2017)882頁、荒木・労働法(2016)622頁等。労働協約の協議・合意条項の規範的効力を肯定する近年の裁判例として、エコスタッフ(エムズワーカース)事件・東京地判平23・5・30労判1033号5頁。

別の事情が存する場合[*42]を除き、労働契約違反で無効である。

(2) 債務的部分

労働協約の定めのうち、債務的効力のみを有する部分は、一般に「債務的部分」と呼ばれる。労働協約の全ての定めは債務的効力を有するから、「債務的部分」は、労働協約の定めのうち、「規範的部分」以外の全ての定めである。

「債務的部分」に該当する事項としては、集団的労使関係に関するルール等がある。具体的には、①ユニオン・ショップ協定[*43]、②組合事務所・掲示板の貸与[*44]、在籍専従、チェック・オフ協定等の便宜供与[*45]、③団体交渉の手続、④相対的平和義務(協約当事者が労働協約の有効期間中に当該労働協約で既定の事項の改廃を目的とした争議行為をしない義務)[*46]・絶対的平和義務(労働協約の有効期間中に当該労働協約で既定の事項のみならず一切の事項につき争議行為をしない義務)に関する条項、平和条項(労使間で紛争が生じた場合一定の手続を経なければ争議行為をしないという条項)、⑤争議行為の手続、⑥苦情処理手続等が挙げられる。

## 2　債務的効力

労組法には、労働協約の法的効力と効力の及ぶ範囲についての一般的な規定はない。しかし、労働協約は、協約当事者である労働組合と使用者又は使用者団体との間の「契約」である。

したがって、労働協約の全ての定めは、協約当事者である労働組合と使用者又は使用者団体との間では、契約としての効力を有する[*47]。この労働協約の「契約としての効力」が、「債務的効力」である。

---

[*42] 化学工業日報社事件・東京地判昭51・2・13労判247号48頁/判時812号108頁(同意条項につき、当該配転についての労働組合の反対に合理的理由はなく同意権の濫用であるとして、組合の同意のない配転を有効と判断)。

[*43] 前記第22章「団結の結成と運営」第2節5参照。

[*44] 大学が大学教職員組合に対し労働協約で無償で組合事務所を貸与した場合の契約の法的性質を「使用貸借契約」(民593条)と判断した近年の裁判例として、芝浦工大事件・東京地判平16・1・21判タ1155号226頁。

[*45] 前記第22章「団結の結成と運営」第2節8参照。

[*46] 相対的平和義務は、労働協約に明記されていなくても、労働協約に内在する信義則(民1条2項)上の義務であると解される。ただし、協約有効期間中でも協約終了の合理的な期間前に次期の労働協約の内容について争議行為をすることは可能であり、また、期間の定めのない労働協約の場合、合理的な期間経過後に争議行為をすることは可能である。

[*47] 例えば、債務的部分に属する平和義務に違反する争議行為は、労働組合の使用者に対する契約上の債務不履行となる(弘南バス事件・最三小判昭43・12・24民集22巻13号3194頁/判時546号17頁)。

### 3 規範的効力

(1) 労組法16条の定め

労組法16条は、労働協約の定めのうち、「労働条件その他労働者の待遇に関する基準」を定めた部分は、①それに違反する労働契約の部分に対しては、これを無効とし、無効となった部分は基準の定めるところによることとなり（強行的直律的効力）、②労働契約に定めがない部分についても、基準の定めるところによる（直律的効力）と定めている。

すなわち、「労働条件その他労働者の待遇に関する基準」を定めた部分は、①違反する労働契約の部分については、強行的直律的効力により、労働協約の定める基準へと修正し、②労働契約に定めがない部分については、直律的効力により、労働協約の定める基準がこれを補充することを定めている。

このように、労働協約が、①強行的直律的効力により、労働協約の定めに違反する労働契約の部分を修正する効力、及び、②直律的効力により、労働契約に定のない部分を補充する効力が、「規範的効力」である。

図25.1 労働協約と法的効力

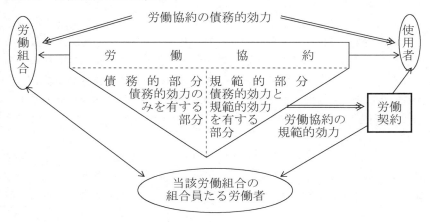

(2) 規範的効力の内容

ア　論点－設定しうる「基準」の内容

労働協約の規範的部分の規範的効力については、労働協約の定める基準の「効力」について、①最低基準効であるのか、それとも、②両面的規範的効力であるのか、換言すれば、①労働協約の定めよりも有利な労働契約は有効であるのか（有利原則の肯定）、あるいは、②労働協約の定めよりも有利な労働契約も無効であるのか（有利原則の否定）という論点設定が一般になされる。近年の学説

は、両面的規範的効力を肯定する根拠と肯定しうる要件は異なるものの、労働協約が両面的規範的効力を有する（場合がある）ことを肯定している[*48]。

しかし、労組法16条は、「労働協約に定める労働条件その他の労働者の待遇に関する基準」に「違反する」労働契約の部分に対する強行的直律的効力と、「定めがない」労働契約部分に対する直律的効力を定めているところ、労働協約当事者が定める「基準」は、①「最低基準」であって、協約の定めよりも不利な労働契約は許容しないが有利な労働契約を許容する場合、②「統一的基準」であって、協約の定めよりも不利な労働契約も有利な労働契約も許容しない場合があり、③「任意法規的な基準」であって、労働契約に定めがなければ契約内容を補充して規律するが、労働契約当事者がこれと異なる定めをし特約により逸脱することを認める場合もありうる。

したがって、問題は、労働協約当事者が設定し得る「基準」の内容であって、労働条件その他の労働者の待遇に関して、①最低基準のみを設定することができるのか、それとも、②上回ることも下回ることも許容しない統一的基準等も設定することができるのかが、正確な論点設定である。

イ　協約当事者による選択－労使自治・協約自治

結論を先に述べるならば、協約自治の限界（→前記第2節2(2)）を超えない限り、労働協約当事者は、労働条件その他の労働者の待遇に関して、①最低基準を設定するか、②統一的基準を設定するか、③それ以外の任意法規的な基準を設定するかを、自由に選択することができ、その結果、労働協約の規範的効力を、最低基準効とするか、両面的規範的効力とするか、任意法規的効力とするかを自由に選択することができ、この点は労使自治・協約自治に委ねられていると解すべきである。

けだし、労使自治・協約自治は最大限尊重されるべきであるし、また、労働協約でどのような基準を設定することが労働者の雇用・労働条件の維持・向上に資するかを具体的事情を考慮した上で判断しうるのは労働組合であるからで

---

[*48] 盛・労使関係法(2000)335-337頁は、労働協約よりも有利な労働契約内容が許容されるかそれとも労働契約内容が労働協約の基準まで引き下げられるかは、個々の労働協約基準の内容や性質、協約当事者の意思等にしたがって個別的に判断されるとする。西谷・労組法(2012)343-346頁は、協約当事者の意思が有利原則を排除する趣旨であることが明確でない場合は有利原則を肯定し、協約当事者の意思が有利原則を否定する趣旨であったとしても、有利な条件に関する個別合意が合理的根拠をもつ場合には協約当事者はそれを否定する趣旨ではないとする。荒木・労働法(2016)617頁は、当該協約の意思解釈の問題として処理すべきであるとする。菅野・労働法(2017)877頁は、企業別協約の場合、協約は一般的には両面的に規範的効力をもつが、最低基準の設定もありうるとする。

ある。そして、この結論は、当該労働協約が、企業別・事業場別労働協約であっても、企業横断的労働協約であっても同じである。

　　ウ　設定される基準と法的効力

　したがって、第一に、協約当事者が、「最低基準」を設定した場合、最低基準を下回る労働契約の部分は当該基準に「違反」し、労働協約の強行的直律的効力により労働協約の定める基準と同じ内容に修正される。これに対し、最低基準を下回らない労働契約は当該基準に違反しないので、有効である。また、労働契約に定めがない場合は、労働協約の直律的効力により労働協約の定める基準が労働契約を補充する。いずれの場合も、労働協約よりも有利であれば、労働契約の内容を変更することが可能である。この場合、当該労働協約の定めは「最低基準効」を有する。

　第二に、「統一的基準」を設定した場合、当該基準と異なる労働契約の部分は当該基準に「違反」し、労働協約の強行的直律的効力により労働協約の定める基準と同じ内容に修正される。また、労働契約に定めがない場合は、労働協約の直律的効力により労働協約の定める基準が労働契約を補充する。いずれの場合も、労働協約の効力が及ぶ限り、労働契約の内容を変更することはできない。この場合、当該労働協約の定めは「両面的規範的効力」を有する。

　第三に、「任意法規的基準」を設定した場合、これと異なる労働契約の部分は、当該基準に違反していないから有効である。また、労働契約に定めがない場合は、労働協約の定めが労働契約を補充する。いずれの場合も、契約当事者の合意により労働契約の内容を変更することができる。この場合、当該労働協約の定めは「任意法規的効力」を有する。

　(3)　規範的効力の肯否

　　ア　論点

　労働協約の成立(→前記第2節)により、労働協約の規範的部分については、規範的効力(→前記(2))が発生することになるが、それでは、どのような場合にその効力の発生が否定されることになるであろうか。

　　イ　強行法規・公序違反

　労働協約の定めが、労働条件の最低基準を定める強行法規(労基法、均等法、育介法等)や公序(民90条)に反する場合、当該定めは無効である[*49]。

---

[*49] 有給休暇取得を理由とする不利益取扱いについては、前記第11章「労働時間と自由時間」第4節第2款6、生理休暇、産前産後休業、育児時間、育児・介護休業取得等を理由とする不利益取扱いについては、前記第13章「労働と生活の調和」第4節参照。

ウ　労働組合の目的の逸脱

　また、当該労働協約の定める労働条件が強行法規や公序違反でなくても、当該労働協約が統一的基準を設定しその両面的規範的効力により労働条件が不利益に変更されることになる場合は、当該労働協約が「特定の又は一部の組合員を殊更不利益に取り扱うことを目的として締結されたなど労働組合の目的を逸脱して締結されたとき」は、労働協約の規範的効力を当該労働者に及ぼすことは信義則上できないと解すべきである。そして、「労働組合の目的を逸脱して締結されたとき」に該当するかどうかは、①当該労働協約が締結されるに至った経緯、②当時の使用者の経営状態、③同協約に定められた基準の全体としての合理性に照らして判断すべきであり[*50]、①の「経緯」においては、労働組合と使用者又は使用者団体の交渉の経緯のみならず、労働組合内部で民主的手続と不利益を被る労働者の意思の反映を経て全体の意思形成がなされたかどうかも、検討することが必要である（不利益変更については、後記第5節第1款3）。

　(4)　労働協約の定めと労働契約の関係

　　　ア　論点－外部規律説と内容化体説

　それでは、労働協約の規範的効力は、①労働協約の定めが外部から労働契約を規律する効力であろうか（外部規律説）、それとも、②労働協約の定めが労働契約の内部に入ってその内容となる効力であろうか（内容化体説）。

　この両説の違いは、特に、労働協約の失効後の労働契約の内容の帰結に見られ、①外部規律説であれば、労働協約の規律はなくなるので、協約失効後の労働契約の内容は、労働契約の合理的意思解釈等に委ねられることになるが、②内容化体説であれば、労働協約が失効しても、労働協約の定めは労働契約の内容として残ることになる。

　　　イ　外部規律説と契約の合理的解釈

　内容化体説[*51]をとると、賞与や退職金に関する定めであれば、労働協約失効後も労働者は労働契約上の請求権を維持することになり、妥当な結論となる場合も多いように思われる。しかし、使用者の時間外労働命令権についての定めや、配転・出向命令権、降格・降給命令権についての定めであれば、労働組合が使用者の権利を消滅させるために労働協約を解約したり更新を拒否して労働

---

[*50]　朝日火災海上保険（石堂）事件・最一小判平9・3・27集民182号673頁／労判713号27頁参照。「信義則上」は筆者が説明として付加したものである。

[*51]　内容化体説と思われる裁判例として、香港上海銀行事件・大阪地判昭58・3・28労民36巻1号48頁／労判407号28頁、三菱重工長崎造船所事件・長崎地判昭60・6・26労民36巻3号494頁／労判456号7頁。

協約を終了させても、労働契約上使用者の権利が残ることになり[*52]、労働組合は、当該使用者の権利を終了させることを使用者に対する交渉の武器とすることができず、妥当な結論とはならない場合も多い。

したがって、最高裁判決[*53]・一定の下級審裁判例[*54]のように、外部規律説をとり、労組法16条の定める規範的効力は、労働協約が労働契約の内容を外部から規律する効力であって、規範的部分がそのまま労働契約の内容となるという効力ではない（ただし、協約の定めが、労働契約当事者の合意、事実たる慣習、同じ定めの就業規則の効力により、労働契約の内容となる場合はある[*55]）と解した上で、労働協約失効後の労働契約の内容については、信義則に則した労働契約の解釈により決定し、結果的妥当性を図るべきであろう（→第6節3）。

## 4　規範的効力の及ぶ労働契約の範囲

(1) 問題の所在

労働協約の適用対象とする労働契約は、協約自治の原則により労働協約当事者が決定することになるが、労組法16条は、労働協約の規範的効力が及ぶ「労働契約」の範囲を定めていない。

そこで、労働協約当事者が、①協約締結時に協約当事者である使用者（又は使用者団体の構成員である使用者）と協約締結時に協約当事者組合の組合員である労働者との間で締結された労働契約、②協約締結後に協約当事者組合に加入した労働者の労働契約又は協約締結後に協約を締結した使用者団体に加入した使用者の労働契約、③協約締結時又は有効期間中に協約当事者組合の組合員であったが脱退等により組合員の資格を喪失した労働者の労働契約、④協約当事者である使用者（又は使用者団体の構成員である使用者）以外の使用者の労働契約・協約当事者組合の組合員以外の労働者の労働契約〈但し、前記①〜③に該当するものを除く〉、を適用対象とした場合、規範的効力はこれに及ぶか、以下、順に(2)

---

[*52] 使用者の労働条件変更権を創設することは労働組合の労働協約締結権限を越えるという立場であれば、この点については問題とならないが、個別的労働条件変更権の創設も労働協約締結権限の範囲内である（→前記第2節2(2)オ）。
[*53] 香港上海銀行事件・最一小判平元・9・7集民157号433頁／労判546号6頁。
[*54] 日本製鉄事件・福岡地小倉支判昭25・5・16労民1巻3号301頁、安田生命保険事件・東京地判平7・5・17労判677号17頁、佐野第一交通事件・大阪地岸和田支決平14・9・13労判837号19頁、京王電鉄事件・東京地判平15・4・28労判851号35頁等。
[*55] 明石運輸事件・神戸地判平14・10・25労判843号39頁、音楽之友社事件・東京地判平25・1・17労判1070号104頁は、労働協約が失効する前の段階で労働協約の定めが労働契約当事者の合意又は事実たる慣習により労働契約の内容となっていたと判断していると思われる。

〜(5)で検討する。
　(2)　協約当事者である使用者等と協約当事者組合員の労働契約
　協約当事者が、協約締結時に協約当事者である使用者（又は使用者団体の構成員である使用者）と協約当事者組合の組合員である労働者との間で締結された労働契約を労働協約の適用対象とし規範的効力を及ぼすことは、当然、労使自治・協約自治の範囲内であり、可能である。
　また、労働協約の定めを協約当事者組合の組合員の一部のカテゴリーの労働者とする必要性と合理性が認められる場合も当然ありうるから（例：現業労働者にのみ支払われる手当、事務職員にのみ適用される始業・終業時刻等）、対象とする労働契約を、協約当事者組合の組合員の一部と協約当事者である使用者（又は使用者団体の構成員である使用者）との間で締結された労働契約に限定することも、労使自治・協約自治の範囲内であり、可能である。
　(3)　協約締結後加入した使用者・組合員の労働契約
　労働協約締結後に、協約当事者である使用者団体に加入した使用者、及び、協約当事者組合に加入した労働者は、労働協約の内容決定に関与したわけではなく、また、その利益を考慮して労働協約が締結されたわけでもないが、当該労働協約の存在を前提とし、当該組織の統制（労働協約の適用を受けることを含む）に服することを約して、当該使用者団体又は労働組合に加入したものである。
　したがって、労働協約当事者である使用者団体に新たに加入した使用者が協約当事者組合の組合員と労働契約を締結し（あるいは締結しており）、協約当事者組合に新たに加入した労働者が協約当事者である使用者（若しくは使用者団体の構成員である使用者）と労働契約を締結し（あるいは締結しており）、当該労働契約が、協約当事者が労働協約の適用対象とする労働契約の範囲に含まれていれば、当該労働契約に規範的効力が及ぶ。
　(4)　組合員資格を喪失した労働者の労働契約
　協約当事者が、協約締結前又は協約締結時に協約当事者組合の組合員であったが、脱退、除名、あるいは、退職、配転・昇進等のため組合加入資格を喪失[56]したことにより組合員でなくなった労働者について、その労働契約を規律することは、特段の事情がない限り、協約自治の限界を超えると思われる。
　したがって、労働協約の規範的効力は、特段の事情がない限り、労働協約締結前に組合員資格を喪失した労働者の労働契約には及ばず[57]、労働協約締結時

---

[56]　例えば、課長以上は組合加入資格を有しない労働組合において、当該労働者が昇進し課長となった場合。
[57]　阪和銀行事件・和歌山地判平13・3・6労判809号67頁。

は組合員であったがその後組合員資格を喪失した労働者の労働契約に対しては、組合員資格を喪失した時点から及ばない*58。その後の当該労働者の労働契約の内容は、外部規律説により合理的に解釈される（→前記3（4））*59。

ただし、協約当事者は、労働者のために、当該労働協約に、第三者のためにする契約（民537条）としての性質を付与することは可能であり、その場合は、第三者（組合員以外の労働者で、当該使用者と労働契約を締結し、当該第三者のためにする契約の対象とされている者）は、当該利益を享受する意思表示をすれば当該利益を享受する（→前記(3)）*60。

　(5)　協約当事者以外の使用者・協約締結組合員以外の労働者の労働契約

第一に、協約当事者組合への加入資格を有していない労働者（例えば組合加入資格が「教員」である場合の事務職員）は、当該労働組合が組織対象から除外している労働者であるから、その労働契約を規律する正当化根拠はなく、労使自治・協約自治の限界を超え、規範的効力は及ばない。

第二に、協約当事者組合への加入資格を有しているが別組合の組合員である者については、別組合及び別組合員の団結権、団体交渉権を尊重しなければならないから、規範的効力は及ばないと解するのが労組法16条と憲法28条の整合的な解釈である。

第三に、協約当事者組合への加入資格を有している未組織労働者、及び、協約当事者である使用者（又は使用者団体の構成員である使用者）以外の使用者についても、これらの者は、当該労働協約の締結に関与する機会がなく、また、協約締結においてこれらの者の利益が配慮されているわけでもないから、その労働契約を規律する正当化理由が存在しない。したがって、労働協約の拡張適用が肯定される場合（→第4節）を除き、規範的効力は及ばない。

ただし、協約当事者は、労働者のために、当該労働協約に、第三者のためにする契約（民537条）としての性質を付与することは可能であり（例えば賃金額）、その場合は、第三者（組合員以外の労働者で、当該使用者と労働契約を締結し、当該第三者のためにする契約の対象とされている者）は、当該利益を享受する意思表示をす

---

[*58]　北港タクシー事件・大阪地判昭55・12・19労判356号9頁／判時1001号121頁、安田生命保険事件・東京地判平7・5・17労判677号17頁、NTT西日本事件・大阪地決平15・4・7労判853号42頁、京王電鉄事件・東京地判平15・4・28労判851号35頁。

[*59]　昇進等により組合加入資格を喪失し組合員でなくなった管理職労働者の退職金・企業年金等については、労働協約の規範的効力が及ばなくなった後もその労働契約の内容は労働協約の規定によるとの合理的意思解釈等により妥当な結論を導きうる。

[*60]　昇進等により組合加入資格を喪失し組合員でなくなった管理職労働者の退職金・企業年金等については、このように処理して当該労働者を保護することも可能である。

れば当該利益を享受する。
　　(6)　まとめ
　以上をまとめると、労組法16条に基づき、労働協約の規範的効力が及ぶ「労働契約」は、協約当事者が適用対象として選択した労働契約であって、かつ、協約当事者組合の組合員と協約当事者である使用者（又は使用者団体の構成員である使用者）との間で締結された労働契約である。ただし、当該組合員が組合員資格を喪失した場合は、その時点から規範的効力は及ばない。

　**5　求めうる法的救済**
　　(1)　規範的部分についての違反
　　　ア　規範的効力に基づく救済
　規範的部分には、規範的効力があり、労働契約の内容を規律する。したがって、労働契約の一方当事者が規範的部分に属する条項につき違反した場合、労働契約の他方当事者は、規範的部分に属する条項が労働契約の内容を規律していることを前提として、裁判所において法的救済を求めることができる。
　例えば、労働者は、労働協約で定めた賃金が支払われない場合、未払賃金の支払を請求することができる。また、労働協約で定めた手続を履行せずに解雇や懲戒処分が行われた場合、労働協約で定めた手続の履行は解雇権や懲戒権の行使要件となっているので、当該解雇や懲戒処分が労働契約違反で無効であることを前提とした法的救済を求めることができる[61]。
　　　イ　債務的効力に基づく救済
　規範的部分については、労働者が労働協約の規範的効力により直接具体的権利を取得するため、具体的な権利義務に関する紛争は労働者と使用者の間で生じることになり、労働協約の効力は労働者と使用者の具体的な権利義務関係を巡る紛争の前提として争われれば足りるようにも思われる。
　しかし、規範的部分には、債務的効力があり、労働協約当事者はこれを誠実に履行すべき義務を負う。したがって、使用者が規範的部分について違反した場合、労働組合は、労働者個人による請求権の行使では実現を期しえない場合

---

[61]　事前協議条項は規範的効力を有しこれに違反する解雇は無効とする裁判例として、東京金属ほか1社事件・水戸地下妻支決平15・6・16労判855号70頁。当該事案で労働協約上の協議義務違反を否定した例として、池貝鉄工事件・最一小判昭29・1・21民集8巻1号123頁／判時21号21頁、洋書センター事件・東京高判昭61・5・29労民37巻2=3号257頁／労判489号89頁（当該解雇は3人しかいない組合の2人が社長を長時間軟禁し暴行傷害したことを理由とする解雇で会社と組合との間に事前協議を行う信頼関係が欠如していることを理由に、事前協議を履践しなかった解雇を有効と判断）。

(職場環境、作業体制などの従業員の集団的取扱い等)に限らず、その履行を求める給付請求をなすことができ*62、又は、不履行(違反)によって生じた損害賠償(団結権侵害による無形の損害等)を請求できると解すべきである。

また、労働協約の効力の存否を裁判所の判決により公権的に確定することが労使紛争の解決に直截的であり有効である場合は、労働組合による労働協約の規定の効力の確認請求も認めることができる*63。

(2) 債務的部分についての違反

債務的部分は、債務的効力を有する。したがって、労働協約の一方当事者が債務的部分について違反した場合、労働協約の他方当事者は、その履行の請求*64、不履行(違反)によって生じた損害賠償の請求*65、不作為義務については差止請求を行うことができる*66。

# 第4節　労働協約の拡張適用制度

労働協約の債務的効力が及ぶのは、協約当事者である使用者(又は使用者団体の構成員である使用者)と協約当事者組合の間の権利義務関係だけであり(→前記第3節2)、規範的効力を及ぼし得るのは、協約当事者が適用対象とし、かつ、協約当事者である使用者(又は使用者団体の構成員である使用者)と協約当事者組合の組合員との間で締結された労働契約だけであり(→前記第3節4)、その適用範囲には限界がある。

---

*62　佐野安船渠事件・大阪高判昭55・4・24労民31巻2号524頁/労判343号50頁。
*63　佐野安船渠事件・大阪高判昭55・4・24労民31巻2号524頁/労判343号50頁(所定労働時間と始業終業時刻を変更した就業規則の効力をめぐる紛争の前提として、労働協約の定める所定労働時間と始業終業時刻の効力の確認の訴えに確認の利益があると判断)、黒川乳業事件・大阪高判平18・2・10労判924号124頁。これに対し、音楽之友社・東京地判平25・1・17労判1070号104頁は、組合員も労働協約の規定が有効であることを前提とする訴訟を実際に提起していることも理由に当該事案における労働組合による労働協約の効力確認の訴えの利益を否定している。
*64　エム・ディー・エス事件・東京地決平14・1・15労判819号81頁〈ダイジェスト〉(企業閉鎖等を行うときは組合と事前に協議し同意を得る旨の事前同意条項に基づく労働組合の履行請求権を肯定)。
*65　山手モータース労働組合事件・神戸地判昭48・7・19判タ299号387頁(夏期冬期一時金の構成要素中運賃収入配分部分の最高額と最低額の差を1万円以内とする旨の労働協約に違反して2万円以上の差をつけた使用者に対し、協約債務不履行により組合の名誉・団結権を侵害し無形の損害が生じたとして20万円の慰謝料支払を命じた)。
*66　東京金属ほか1社事件・水戸地下妻支決平15・6・19労判855号12頁(労働協約の債務的効力に基づき、使用者が不作為義務に違反して労働組合の同意なしに生産設備等を搬出しようとした場合の差止請求を肯定)。

したがって、協約当事者組合の組合員の雇用保障と労働条件の維持・向上のためには、さらに、労働協約の適用対象を拡大し、使用者相互間及び労働者相互間の公正競争の基盤を拡大することが必要となる場合がある。

労組法においては、労働協約の適用対象を拡大する拡張適用制度として、①工場事業場単位の拡張適用制度(労組17条)(→第1款)、及び、②地域的拡張適用制度(労組18条)(→第2款)が定められている。以下順に検討する。

## 第1款 工場事業場単位の拡張適用制度

労組法17条の定める工場事業場単位の拡張適用制度は、「一の工場事業場に常時使用される同種の労働者の四分の三以上の数の労働者が一の労働協約の適用を受けるに至ったとき」に、「当該工場事業場に使用される他の同種の労働者に関しても、当該労働協約が適用される」という制度である。

以下、制度の趣旨・目的(→1)、拡張適用の要件(→2)、拡張適用事項(→3)、拡張適用の法的効力(→4)、規範的効力の及ぶ範囲(→5)、拡張適用の終了と権利義務関係(→6)を順に検討する。

### 1 制度の趣旨・目的

労働協約は協約当事者組合の組合員の雇用・労働条件保障を目的とするものであるところ(→前記第1節2)、労働協約制度の一環である工場事業場単位の拡張制度も、基本的には、協約当事者組合の組合員の雇用・労働条件保障という観点から位置づけられる。結果として、協約当事者組合の組合員以外の労働者の労働条件が引き上げられ、当該労働協約の恩恵を受けることもあろうが、それは、あくまで結果であって直接の目的ではない[*67]。

したがって、労組法17条の定める工場事業場単位の拡張適用制度は、当該労働協約が一定の要件を充足する場合に、その規範的効力を協約当事者組合の組合員以外の労働者の労働契約にも及ぼし、協約の定める基準による当該工場事業場における同種の労働者の労働条件の統一を可能にすることにより、①協約当事者組合の団結権を維持強化し、②当該工場事業場における同種の労働者の公正労働基準を設定し[*68]、労働者相互間の公正競争を実現し、もって、③協約

---

[*67] 富士重工業事件・宇都宮地判昭40・4・15労民16巻2号256頁/労判40号15頁。それゆえ、制度の趣旨・目的は、組合員以外の労働者にも組合員と同じ労働条件を保障することによりこれを保護することにあるのではない。

[*68] 工場事業場単位の拡張適用制度は同種の労働者の間に公正労働基準を実現する公益的政策であるとの見解(注釈労組法(下)(1982)844頁・860頁等)もあるが、これは制度目的の一部と位置づけるべきである。

当事者組合の組合員の雇用保障と労働条件の維持・向上を図ることを主たる目的とするものである。

最高裁判決[*69]も、労組法17条の「規定の趣旨は、主として一の事業場の四分の三以上の同種労働者に適用される労働協約所定の労働条件によって当該事業場の労働条件を統一し、労働組合の団結権の維持強化と当該事業場における公正妥当な労働条件の実現を図ることにある」と判示し、工場事業場単位の拡張適用制度の趣旨・目的を、①協約当事者組合の団結権の維持強化と、②当該事業場における公正妥当な労働条件の実現としている。支持しうるが、前記③の協約当事者組合の組合員の雇用保障と労働条件の維持・向上を補充した方がより正確であるように思われる。

### 2　拡張適用の要件

労組法17条は、工場事業場単位の拡張適用の要件として、「一の工場事業場に常時使用される同種の労働者の四分の三以上の数の労働者が一の労働協約の適用を受けるに至ったとき」と定める。

労組法17条が定めるのは、実質的要件だけであって、手続的要件はない。したがって、拡張適用の法的効力は、17条所定の実質的要件の充足により、特別の手続を要せず自動的に発生する。

以下、実質的要件に関して、順に、①「一の工場事業場」、②「常時使用される」、③「同種の労働者」、④「四分の三以上の数の労働者」が「一の労働協約」の「適用を受けるに至ったとき」の内容を検討する。

#### (1)　「一の工場事業場」

事業場単位の拡張適用の場所的範囲は、「一の工場事業場」である。

同一企業でも、工場事業場毎に、地理的気候的条件、経営・生産活動の内容、労働環境等は異なり、労働条件も異なりうる。そのため、労組法17条の拡張適用の場所的範囲は、「企業」ではなく「一の工場事業場」とされている。したがって、「一の工場事業場」とは、個々の工場事業場であって、一つの企業に複数の工場事業場がある場合は、個々の事業場の各々が労組法17条にいう「一の工場事業場」である[*70]。支店毎に特有の労働条件が存在しない銀行のような

---

[*69] 朝日火災海上保険（高田）事件・最三小判平8・3・26民集50巻4号1008頁／労判691号16頁。
[*70] 註釈労組法(1949)160頁、昭29・4・7労発111、注釈労組法（下）(1982)845-845頁、朝日火災海上保険（高田）事件・最三小判平8・3・26民集50巻4号1008頁／労判691号16頁、都市開発エキスパート事件・横浜地判平19・9・27労判954号67頁等。

業種では企業全体が単位であるとする裁判例[*71]が存在するが支持できない。

「一の工場事業場」は、労基法及び労契法にいう「事業場」と同じ概念であり[*72]、法文の解釈により客観的に定まる。けだし、「一の工場事業場」は、「一の労働協約」の定める基準が公正基準として法的効力を及ぼす場所的範囲であり、労基法及び労契法上の「事業場」は、就業規則が作成・変更され、就業規則の定めが法的効力を及ぼす場所的範囲であるところ、いずれも、一つの統一的基準が法的効力を及ぼすべき場所的範囲という観点から決定されるものであり、基本的にその場所的範囲は異ならないと解されるからである。

したがって、「一の工場事業場」は一定の場所において相関連する組織の下に業として継続的に行われる作業の一体であり、原則として場所的観念により決定されるが、同一の場所でも業務・労務管理が独立した部門で別個の事業場として扱われる場合もあり、場所的に分散していても一の事業としての独立性がないものは直近上位の機構が一括して事業として取り扱われる[*73]。

(2) 「常時使用される」

「常時使用される」とは、職員、日雇、臨時夫等、当該労働者の名称の如何を問わず、実質的に常時使用される者をいうと解される[*74]。

(3) 「同種の労働者」

　ア　協約の適用対象労働者

「同種の労働者」とは、当該労働協約が適用対象とする労働者である。そして、労働協約の適用対象とする労働者は、協約当事者の合意により労働協約において定められるので、当該労働協約が「教員」という職種の労働者を全て対象としているのであれば「教員」、当該工場事業場の「組合加入資格を有する従業員」全てを対象としているのであれば当該工場事業場の「組合加入資格を有する従業員」、当該工場事業場の「工員」を対象としているのであれば当該工場事業場の「工員」、「旋盤工」を対象としているのであれば当該工場事業場の「旋盤工」が、それぞれ「同種の労働者」である。

---

*71　第四銀行事件・新潟地判昭63・6・6労判519号41頁/判時1280号25頁

*72　都市開発エキスパート事件・横浜地判平19・9・27労判954号67頁（労組法17条の「一の工場事業場」は労基法の適用単位である事業又は事業場を前提としていると判示）。

*73　都市開発エキスパート事件・横浜地判平19・9・27労判954号67頁（出向労働者につき、当該出向元はその大半の従業員を同一の出向先に出向させて出向負担金を受領し、出向元の業務は相関連する組織の下に業として継続的に行われるべき作業の一体で事業として取り扱われるべきとして、その所属する「一の工場事業場」は出向先の事務所ではなく出向元の本社であると判断）。

*74　註釈労組法(1949)161-162頁、昭24・10・24労収8180、注釈労組法（下）(1982)846頁等。

労働協約において、適用対象労働者の範囲が明記されていない場合は、当該労働協約の内容、労働協約の締結に至る経緯等を考慮して、協約当事者の意思を合理的に解釈することになるが、労組法17条の要件が充足され当該労働者が同条の拡張適用の対象となると主張することに利益を有する側が「同種の労働者」の範囲と当該労働者が「同種の労働者」であることの証明責任を負う[*75]。

　　イ　問題の所在

「同種の労働者」は、協約当事者が労働協約の適用対象とする労働者である（→前記ア）が、これについては、①労組法2条但書1号が定める「使用者の利益代表者」、及び、それ以外の者で組合加入資格を有しないとされている労働者を労働協約の適用対象者に含めることができるか、②協約の適用対象労働者の中に別組合の組合員が含まれている場合、当該別組合員は「同種の労働者」であるか、等が主な論点である。

　　ウ　「使用者の利益代表者」と組合加入資格を有しない労働者

労組法2条但書1号が定める「使用者の利益代表者」は、これに該当する間は、当該労働者は、労働協約を締結できる労組法上の労働組合への加入資格を有しておらず（厳密に言えば、当該労働者が加入している組織は労組法上の労働組合ではなく、労働協約を締結することはできない）、組合加入資格を有する労働者とは異なるカテゴリーの労働者である。

また、労組法2条但書1号が定める「使用者の利益代表者」に該当しなくても、協約当事者である労働組合において組合加入資格を有しないこととされている労働者[*76]は、組合加入資格の内容が、職種、職務内容、職位、雇用形態その他何であれ、組合加入資格を有する労働者とは異なるカテゴリーの労働者である[*77]。例えば、当該労働組合において、組合加入資格が「教員」とされている場

---

[*75]　したがって、協約当事者の意思を合理的に解釈しても「同種の労働者」の範囲を確定できない場合は、「同種の労働者」は同じ工場事業場に勤務している全労働者であるとの見解（注釈労組法（下）(1982) 848頁）は支持できない。

[*76]　労働組合は原則として組合加入資格を自由に決定することができる（→前記第22章「団結の結成と運営」第2節4(1)）。また、企業別労働組合でも、組合規約又は労働協約の中には、①社長室・役員室の秘書、②警備保安要員、③消防要員、④労務課・人事課の職員などにつき、「使用者の利益代表者」か否かという実体的審査を行わずに、一律に組合加入資格を有しないものと定めている例がある。

[*77]　行政解釈（昭25・9・29労収6184）は、労組法2条但書1号の使用者の利益代表者は「同種の労働者」ではなく労組法17条の拡張適用の対象とならないが、労組法2条但書1号に該当しない者は、労働協約においてその者を組合加入資格を有しない者としていても、その者が常時使用され、かつ、「組合員たる従業員と同種の労働者である限り」労組法17条の拡張適用の対象となるとするが、組合加入資格を有しない者が「組合員たる従業員と同種の労働者である」ことはありえない。

合、組合加入資格を有していない「事務職員」は、組合加入資格を有する「教員」とは異なるカテゴリーの労働者である。また、組合加入資格が「Ａ企業の従業員で係長以下の者」とされている場合、組合加入資格のない「Ａ企業の従業員で係長より上の地位の者」は、「Ａ企業の従業員で係長以下の者」とは異なるカテゴリーの労働者である。

　ところで、協約当事者が労働協約の適用対象労働者としうるのは、協約当事者組合への加入資格を有する労働者に限定される。けだし、労働組合が組織から排除している労働者の労働契約を、労働協約の適用対象として当該労働者の意思に関係なく契約内容を決定する正当化理由は存在せず、労使自治・協約自治の限界を超えるからである（→前記第3節4(5)）[78]。

　したがって、「使用者の利益代表者」及び組合加入資格を有しない労働者は、これを労働協約の適用対象者とすることはできず、適用対象者ではないから「同種の労働者」ではなく、「同種の労働者」でなければ当然「他の同種の労働者」にも含まれないから、拡張適用の対象とはならない。

　ただし、当該労働協約に第三者のための契約としての法的性質を付与し、組合加入資格のない労働者がその利益を享受する意思を表示した場合（民537条2項）は当該労働協約の定めを享受しうるようにすることは可能である。

#### エ　別組合員

　協約当事者組合の組合加入資格が「Ａ企業の従業員で係長以下の者」とされており、当該労働協約がそのうち「事務職員」を適用対象労働者とした場合、当該「事務職員」の中には、①協約当事者組合の組合員、②未組織労働者、③協約当事者組合以外の別組合に加入している別組合員が存在しうるが、全て「同種の労働者」であり、別組合員も「同種の労働者」に含まれうる[79]。

　ただし、別組合員は、拡張適用の「要件」である「同種の労働者の四分の三以上」の中の「同種の労働者」に含まれても、拡張適用の「対象」である「他の同種の労働者」には含まれず、拡張適用の対象とはならない（→後記4(2)）。

---

[78] 第四銀行事件・新潟地判昭63・6・6労判519号41頁／判時1280号25頁は、被告銀行の管理職であって従業員組合への資格資格のない原告に対し、従業員組合との労働協約が拡張適用されるか否かという論点に関し、当該労働協約は被告銀行の全行員を対象とするものであるとの理由で、拡張適用を肯定しているが、かかる判断は失当である。

[79] そうでなければ、別組合員は、一の工場事業場に常時使用される同種の労働者の「四分の三以上」の労働者が一の労働協約の適用を受けるに至ったときという要件を充足するかどうかを判断する上で分母に含まれないことになり、不合理な結果となる。

## 第4節　労働協約の拡張適用制度

(4)　「四分の三以上の数の労働者」が
　　　　「一の労働協約の適用を受けるに至ったとき」

　「四分の三以上の数の労働者が一の労働協約の適用を受けるに至ったとき」は、協約当事者組合員、未組織労働者、別組合員を全て含めて分母となる「一の工場事業場に常時使用される同種の労働者」の中で、その四分の三以上の労働者が、協約当事者組合の組合員として、一つの労働協約の適用を受けるに至ったときである[80]。

　協約当事者組合の組合員以外の労働者が「事実上当該労働協約の適用を受けるに至った」場合、すなわち、当該労働協約の定めが、使用者と当該労働者の合意若しくは事実たる慣習(民92条)により労働契約の内容となっている場合、又は、就業規則に同じ定めがありそれが労働契約の内容となっている場合は、「適用を受けるに至ったとき」に該当しない[81]。けだし、工場事業場単位で拡張適用された労働協約の規範的効力は両面的規範的効力も含む(→後記5(2))ものであり、当該効力を組合員以外の労働者に及ぼすことを肯定するためには、協約当事者組合が、同種の労働者の4分の3以上を組織し、4分の3以上の労働者を代表しているという正当化根拠が必要だからである[82]。

　また、「一の労働協約」は、単一の労働協約(労組14条)であることが必要である。けだし、「一の労働協約」は少なくとも同一内容の労働協約であることが必要とされるところ、工場事業場単位の拡張適用の場合は、労組法18条の地域的拡張適用とは異なり、実質的要件の充足により自動的に拡張適用の効果が発生し、申立人の申立による「一の労働協約」の特定や労働委員会による「一の労働協約」該当性の審査という手続が存在しないので、労組法17条にいう「一の労働協約」は、同一内容の労働協約であることが客観的に明らかな単一の労働協約に限定されると解すべきだからである。

　したがって、労働組合側の協約当事者が複数の労働組合であっても、一つの労働協約に協約当事者として連署している単一の労働協約である場合は、「一の」労働協約の要件を充足するが、複数の労働組合が別々に労働協約を締結し複数の労働協約が存在している場合は、各労働協約に共通の定めを「一の」労

---

[80]　大輝交通事件・東京地判平7・10・4労判680号34頁もこれを前提とする。
[81]　結論が同じものとして、注釈労組法(下)(1982)850頁。
[82]　福井放送事件・福井地判昭46・3・26労民22巻2号355頁、香港上海銀行事件・大阪高判昭60・2・6労民36巻1号35頁/労判462号142頁は、協約当事者組合員の組合員だけでなく当該労働協約が現に適用されている非組合員も含めて4分の3以上であればよいと判示するが支持できない。

働協約と解すことはできない[*83]。

(5) 存続要件

労組法17条所定の「一の工場事業場に常時使用される同種の労働者の四分の三以上の数の労働者が一の労働協約の適用を受けるに至ったとき」という要件は、拡張適用の「発生要件」であるとともに「存続要件」でもあると解される。

したがって、拡張適用後、組合員として労働協約の適用を受ける同種の労働者の比率が下がり、「四分の三以上」という要件を充足しなくなった場合は、その時点で拡張適用は終了し、労働協約は、拡張適用の対象者との関係では失効する[*84]。

## 3 拡張適用の対象事項

(1) 規範的部分

工場事業場単位の拡張適用制度は、労働協約の適用される「労働者」の適用範囲を拡張するものであって、協約当事者組合以外の「労働組合」や協約当事者である使用者（又は使用者団体の構成員である使用者）以外の「使用者」に適用範囲を拡張適用するものではない。

したがって、拡張適用の対象事項は、当該労働協約の「債務的部分」ではなく、「労働条件その他労働者の待遇に関する基準」（労組16条）を定めた「規範的部分」である[*85]。

(2) 協議・同意条項

労働協約の「規範的部分」には、具体的な労働条件（賃金、労働時間等）のみならず、配転・出向、懲戒、解雇等を行うにあたって、使用者が労働組合と事前協議をすること、あるいは、労働組合の同意を得ること等を定めた事前協議条項・同意条項も含まれる（→前記第3節1(1)）。

このような事前協議・同意条項を拡張適用の対象としないという見解もありうるが、協議・同意条項は、配転・出向、懲戒、解雇を行いうる事由、その他の手続等とともに、使用者の権利の行使要件の一環をなすものであり、これだけ拡張適用の対象から除外することは合理的ではないこと、また、拡張適用の対象となる労働者は、協約当事者組合への加入資格を有する未組織労働者に限定される（→後記4）ところ、未組織労働者について、協約当事者組合との協議

---

[*83] 結論が同じものとして、注釈労組法（下）（1982）850頁。
[*84] 註釈労組法（1949）164頁、注釈労組法（下）（1982）851頁等。
[*85] 全造船三菱重工長崎造船所支部事件・最一小判昭48・11・8集民110号407頁／労判190号29頁。

・同意等を配転・出向等が有効となる要件とすることは、特に未組織労働者の団結権を侵害したり、不利益を被らせるものではないから、拡張適用の対象事項となると解しておきたい。

### 4 拡張適用の規範的効力の及ぶ労働契約
(1) 問題の所在

拡張適用された労働協約の規範的効力の及ぶ労働契約は、「当該工場事業場に使用される他の同種の労働者」の労働契約である。すなわち、「当該労働協約が適用対象とする労働者であって、協約当事者組合の組合員でない労働者」の労働契約である。

これについては、①組合加入資格を有しない労働者に規範的効力が及ぶか、②協約当事者組合以外の労働組合の組合員(別組合員)に規範的効力が及ぶか、③協約当事者は、労働協約の適用対象を協約当事者組合の組合員に限定することができるか(その結果拡張適用の効果を発生させないことができるか)等が重要な論点である(→(2)～(4))。

(2) 組合加入資格を有しない者

協約当事者組合の加入資格を有しない労働者は、労組法2条但書1号が定める「使用者の利益代表者」であれ、それ以外の労働者であれ、当該組合加入資格を有する労働者とは異なるカテゴリーの労働者であり、労働協約の適用対象とすることはできないから、労組法17条の「同種の労働者」となることはない(→前記2(3)ウ)。

「同種の労働者」ではないということは、当然、「他の同種の労働者」にも含まれないということであるから、組合加入資格を有しない労働者は拡張適用の対象とはならず、拡張適用された労働協約の規範的効力が及ぶことはない[86]。

(3) 別組合員

　ア　結論

別組合員への拡張適用の可否について、結論を先に述べるならば、別組合員は、その職種・地位・職務内容等に照らして、拡張適用された労働協約の適用対象(例えば事務職員)に含まれ、労組法17条の定める「同種の労働者」に含ま

---

[86] 第四銀行事件・新潟地判昭63・6・6労判519号41頁/判時1280号25頁は、当該労働協約が従業員全員を対象とするものであるとして組合加入資格のない管理職を「他の同種の労働者」であると判断したが、支持できない。

れる場合[87]であっても、労働協約の拡張適用の対象とすることはできず、したがって、同条の定める「他の同種の労働者」の中には含まれず、拡張適用された労働協約の規範的効力は、最低基準効であれ、両面的規範的効力であれ、一切及ばないと解するのが、憲法28条及び労組法17条の整合的な解釈であり[88]、一定数の裁判例[89]の採用する見解でもある。その理由は次のイの通りである。

　　　イ　理由

　第一に、別組合及び別組合員は、憲法28条により独自の団結権・団体交渉権を保障されているところ、多数組合の労働協約を拡張適用することは、当該拡張適用により労働条件が不利益に変更されることもあることに鑑みれば、別組合及び別組合員の団結権・団体交渉権の実質的な侵害であり、許されない。

　第二に、別組合員に対しては、①別組合員の労働条件よりも有利な部分のみ拡張適用する[90]、②有利な別協約を締結していない場合にのみ拡張適用する[91]、③その規範的効力を最低基準効に限定する、又は、④その適用を別組合員が選択した場合は適用できると解すると、別組合及び別組合員の団結権等は侵害されないが、別組合の組合員は、拡張適用される労働協約締結組合の組合員よりも常に有利な労働条件を享受しうることになる。このような帰結は、協約締結組合からの労働者の脱退と別組合への加入という、協約締結組合の弱体化につながりうるものであり、協約締結組合とその組合員の団結権等を侵害する。

　したがって、拡張適用される労働協約の協約締結組合及びその組合員の団結権・団体交渉権、並びに、別組合とその組合員の団結権・団体交渉権を共に尊重し保障するためには、別組合員の労働契約には、いかなる場合でも労働協約

---

[87]　別組合員であっても、協約当事者組合の組合加入資格を有し、当該協約の適用対象者（同種の労働者）に含まれることはある（→前記2（3）エ）。

[88]　同じ結論として、西谷・労組法（2012）382頁、菅野・労働法（2017）893〜894頁、荒木・労働法（2016）630頁等。

[89]　佐野安船渠事件・大阪地判昭54・5・17労民30巻3号661頁／判時322号60頁、同事件・大阪高判昭55・4・24労民31巻2号524頁／判時343号50頁、北港タクシー事件・大阪地判昭55・12・19労判356号9頁／判時1001号121頁、大輝交通事件・東京地判平7・10・4労判680号34頁、中労委（ネスレ日本）事件・東京地判平12・12・20労判810号67頁／判時1753号149頁等）。桂川精螺製作所事件・東京地判昭44・7・19労民20巻4号813頁／労判83号55頁、黒川乳業事件・東京地判平元・12・20労判554号30頁は、当該少数組合が固有の労働協約を締結していた事案であるが、前者は労組法17条は少数の「未組織労働者」に拡張適用するもの、後者は労組法17条は別組合員には及ばないと判示し、同旨と解される。

[90]　中労委（黒川乳業）事件・大阪地判昭57・1・29労判380号25頁。

[91]　福井放送事件・福井地判昭46・3・26労民22巻2号355頁、吉田鉄工所事件・大阪地判昭49・3・6労判209号25頁、香港上海銀行事件・大阪高判昭60・2・6労民36巻1号35頁／労判462号142頁（いずれも前記①②のどちらの立場か微妙だが一応②と解しておく）。

を拡張適用できないと解すべきである。

そして、使用者が協約締結組合とは労働協約を締結し、別組合とは別組合が求めているにもかかわらず労働協約を締結しない場合、未組織労働者は労働協約を拡張適用されるのに別組合員には拡張適用されず、未組織労働者よりも低い労働条件となることもありうるという問題については、別組合及び別組合員は、使用者が合理的な理由なく別組合と労働協約を締結しないことは、1)労組法7条1号の「不利益取扱い」及び3号の「支配介入」の不当労働行為に該当するとして労働委員会において救済を求めるという方法で対応する[92]か、2)それぞれの団結権を侵害する不法行為であるとしてそれぞれ損害賠償を裁判所において請求するという方法で対応することになろう。

(4) 適用対象を組合員に限定することの可否

　ア　論点の整理

「同種の労働者の四分の三以上」に適用される労働協約において、その適用対象を組合員に限定する定めを置くことにより、組合員以外の者には組合に加入しない限り拡張適用の効力が及ばないこととすることの可否について、まず確認しなければならないのは、①労組法17条は強行規定であるから、同条が適用されない旨を労働協約に定めても当該定めは無効であること[93]、及び、②「同種の労働者」に含まれる者でも一定の者については適用対象から除外する旨を労働協約に定めても労組法17条違反で無効であることである[94]。

しかし、労組法17条の定める「同種の労働者」は労働協約の適用対象となる労働者であるところ、協約当事者が協約の適用対象となる労働者、すなわち、「同種の労働者」を組合員に限定することができるかどうかは、労組法17条の解釈の問題であり、労使自治・協約自治の限界を超えるかどうかが問題となる。

　イ　結論

結論を先に述べるならば、協約当事者は、労働協約の対象労働者の範囲（人的適用範囲）を画する基準として、職種、職務内容、職位、雇用形態等を定めることができるだけでなく、「協約当事者組合の組合員であること」を基準として設定し、当該労働協約の適用対象を協約当事者組合の組合員に限定するか、

---

[92] 菅野・労働法(2017)894頁。
[93] 注釈労組法(下)(1982)860頁等。
[94] 昭25・5・8労発第153号は、「同種の労働者として協約の適用を受くべき労働者について、労働協約によってその者については協約を適用しない旨を規定し、協約の適用範囲を限定しても、法第17条の規定に基づき、協約はその者に対して当然に適用される」とする。

877

それともしないかを選択し、その旨を労働協約に定めることができる。

その結果、協約当事者が、労働協約の人的適用範囲を協約当事者組合の組合員に限定しない場合は、未組織労働者は、当該労働協約が定める人的適用範囲の基準(職種・地位・職務内容等)に照らして、当該労働協約の定める人的適用範囲に含まれ「同種の労働者」に該当すれば、「他の同種の労働者」として、拡張適用の対象となる。

しかし、協約当事者が、労働協約の人的適用範囲を「協約当事者組合の組合員」に限定している場合は、未組織労働者は、「協約当事者組合の組合員」ではなく、当該労働協約の定める人的適用範囲に含まれないから、労組法17条の定める「同種の労働者」ではなく、当然「他の同種の労働者」にも含まれず、拡張適用の対象とはならない。また、別組合の組合員は、いずれにせよ拡張適用の対象とすることはできないから、結局、拡張適用は行われない。

ただし、労働協約はそれ全体が一つのまとまりであり、特に規範的部分は、例えば賃金と労働時間のように複数の項目が全体として一つの労働条件となっているので、一つの労働協約の規範的部分の中で一部の条項は適用対象を協約当事者組合の組合員に限定し、一部の条項は組合員のみならず未組織労働者も適用対象とするということはできないと解すべきである。

その理由は次のウで述べるとおりである。

　　　ウ　理由

有利な労働条件を定めた労働協約を未組織労働者に拡張適用すると、自ら団結権を行使せず、当該労働協約を締結した労働組合に対して費用も、労力も負担しない未組織労働者の「ただ乗り」を許し、労働組合の組織化を妨げ、団結活動を停滞させる危険性がある。

他方、統一的基準を定めた労働協約については、未組織労働者にも拡張適用しないと、未組織労働者が協約当事者組合の組合員よりも有利な労働条件を享受することを許容し、使用者が未組織労働者を優遇することを可能にし、労働組合の組織化を妨げ、団結活動を停滞させる危険性がある。

したがって、労働組合は、使用者との合意により、当該労働協約の適用対象を組合員に限定するかしないかを選択し、労働協約に定めることができる。

このように解すると、未組織労働者は労働条件を不利益に変更する労働協約だけ拡張適用の対象とされることにもなりかねず、妥当ではないという批判もありうるが、労働条件の不利益変更の場合、組合員と同じく不利益に変更され

るだけで、組合員よりもさらに不利益に変更されるわけではない[*95]。

また、協約の拡張適用の対象を組合員に限定することができず、有利な労働条件の場合も不利な労働条件の場合も未組織労働者に拡張適用されると解すると、未組織労働者の労働条件は常に組合員と同じになる。すなわち、労働協約が統一的基準を定めている場合は、組合員と同様、労働協約と同じ労働条件となり、労働協約が最低基準を定めている場合は、組合員と同様、労働協約よりも有利な労働条件を定めうる。にもかかわらず、未組織労働者は組合員と異なり、組合費を払い団結活動等に時間を費やす必要がないから、不公平であるとともに、「ただ乗り」を増大させ、労働組合への団結の抑止的効果を有する。このような解釈は、憲法28条と労組法の趣旨・目的と矛盾するであろう。

図25.2　工場事業場単位の拡張適用

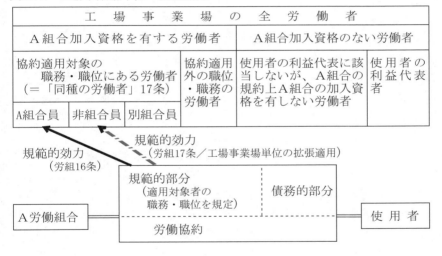

(5)　まとめ

以上をまとめると、拡張適用の対象となる労働者は、協約締結組合の組合加入資格を有し、協約対象労働者の範囲に含まれる、未組織労働者である。ただし、当該労働協約が、その適用対象労働者を協約締結組合の組合員に限定している場合は、拡張適用の対象となる労働者は存在せず、拡張適用は行われない。

---

[*95]　ただし、労働協約の拡張適用による未組織労働者の労働条件の不利益変更は、例外的にその効力が否定される場合もある（後記第5節第2款3(2)）。

### 5　拡張適用の法的効力

　工場事業場単位の拡張適用において、拡張適用の対象事項は規範的部分であるので(→前記3)、①債務的効力(→(1))、及び、②規範的効力(→(2))を有する。

#### (1)　債務的効力

　規範的部分の債務的効力により、協約当事者である使用者は、協約当事者組合に対し、拡張適用の対象となった労働者(「他の同種の労働者」)との間の「労働契約」についても、労働協約で定めた基準を遵守する義務を負う。

#### (2)　規範的効力

　規範的部分の規範的効力は、協約当事者である使用者と「他の同種の労働者」との間の「労働契約」に及ぶ。したがって、①強行的直律的効力により、労働協約の定めに違反する労働契約の部分を修正し、②直律的効力により、労働契約に定めのない部分を補充する(労組16条)。

##### ア　問題の所在

　労組法16条が定める労働協約の規範的部分については、労働協約当事者は、労働条件その他の労働者の待遇に関して、①最低基準を設定するか、②統一的基準を設定するか、③任意法規的な基準を設定するかを、自由に選択することができ、その結果、労働協約の規範的効力を、最低基準効とするか、両面的規範的効力とするか、任意法規的効力とするかを、自由に選択することができ、この点は労使自治・協約自治に委ねられている(→前記第3節3(2))。

　それでは、労働協約の規範的部分が、労組法17条に基づき工場事業場単位で拡張適用される場合、拡張適用される基準と規範的効力の内容は、当該労働協約の定める基準と規範的効力の内容と同じであろうか。それとも、拡張適用される事項は、拡張適用対象労働者にとって有利な基準を定めるものに限定されるのであろうか、あるいは、最低基準を設定するものに限定され、あるいは、拡張適用の対象事項の規範的効力は最低基準効しか有しないのであろうか、

##### イ　結論

　結論を先に述べるならば、労組法17条は、労働協約の規範的部分の規範的効力の適用範囲を組合員以外の労働者にも拡大する規定であり、拡張適用される基準と規範的効力の内容は、拡張適用される労働協約の定める基準及び規範的効力の内容と同じである。

　したがって、当該労働協約が定める基準が強行法規又は公序違反で無効である場合は、当然拡張適用もされないが、そうでなければ、拡張適用対象者にと

って不利な基準を設定するものでも、拡張適用されうる[*96]。

そして、当該労働協約の定める基準が、①最低基準として設定されている場合は、当該基準は最低基準効を有し、②労働者にとって有利な定めも不利な定めも許容されない統一的基準として設定されている場合は、当該基準は両面的規範的効力を有し(したがって、当該労働協約が定める基準が拡張適用対象者にとって不利な基準であれば労働条件が引き下げられる)、③任意法規的な基準として設定されている場合は、当該基準は任意法規的効力を有する。ただし、例外的に、特段の事情がある場合は、両面的規範的効力による労働契約内容の引下げは否定される。その理由は、次のウ～カで述べるとおりである。

　　ウ　拡張適用制度の意義

工場事業場単位の拡張適用制度は、協約の定める基準による当該工場事業場における同種の労働者の労働条件を統一することにより、①協約当事者組合の団結権を維持強化し、②当該工場事業場の公正労働基準を設定し、労働者相互間の公正競争を実現し、もって、③協約当事者組合の組合員の雇用保障と労働条件の維持・向上を図ることを主たる目的とするものであり、未組織労働者の保護が直接の目的ではない(→前記1)。したがって、労働協約の定める基準と規範的効力が、そのまま、協約当事者組合の組合員以外の労働者に拡大される。

最高裁判決[*97]も、①労組法17条は、労働協約の規範的効力が及ぶ範囲について何らの限定もしていないこと、②労働協約の締結に当たっては、その時々の社会的経済的条件を考慮して総合的に労働条件を定めていくのが通常であるから、その一部をとらえて有利、不利をいうことは適当でないこと、③労組法17条の趣旨は、主として一の事業場の4分の3以上の同種労働者に適用される労働協約所定の労働条件によって当該事業場の労働条件を統一し、協約当事者組合の団結権の維持強化と当該事業場における公正妥当な労働条件の実現を図ることにあるから、「未組織の同種労働者の労働条件が一部有利なものであることの故に、労働協約の規範的効力がこれに及ばないとするのは相当でない」と判示しており、支持しうる。

　　エ　拡張適用対象労働者の限定

拡張適用の対象となるのは、協約当事者組合の組合加入資格を有しているが当該労働組合にも別組合にも加入していない未組織労働者に限定され、別組合

---

[*96]　朝日火災海上保険(高田)事件・最三小判平8・3・26民集50巻4号1008頁/労判691号16頁。
[*97]　朝日火災海上保険(高田)事件・最三小判平8・3・26民集50巻4号1008頁/労判691号16頁。

の組合員、及び、協約当事者組合の組合加入資格を有していない労働者は除外される(→前記4(2)～(4))。したがって、拡張適用により、別組合員、あるいは、協約当事者組合の組合加入資格を有していない労働者の労働条件が引き下げされることはない。

オ　拡張適用事項と効力を限定することの問題点

「拡張適用される事項は、拡張適用対象労働者にとって有利な基準を定めるもの、又は、最低基準を設定するものに限定され、あるいは、拡張適用の規範的効力は最低基準効しか有しない(したがって拡張適用により労働条件を引き下げることはできない)」との見解もある[*98]。しかし、そうすると、協約締結組合の組合員は、労働協約の両面的規範的効力により労働条件が不利益に変更される場合もあるのに対し、拡張適用の対象となる未組織労働者は労働協約による労働条件の有利変更のみを享受することになり、常に協約締結組合の組合員よりも有利な労働条件を享受することになる。

「同種の労働者」であるのに、団結権を行使し費用と労力を負担している組合員よりも、団結権を行使せず何の費用も労力も負担していない未組織労働者の方が常に有利な労働条件を享受するという帰結は、当該労働組合からの労働者の脱退と当該労働組合の弱体化につながるものであり、協約締結組合とその組合員の団結権等を侵害する。協約締結組合とその組合員の団結権は、当該労働組合の組合加入資格があるのに組合員とならず、別組合の組合員でもなく、団結権を行使しようとしない未組織労働者の自己決定よりも尊重されるべきであり、それが、憲法28条と労組法16条・17条の整合的な解釈である。

カ　例外

しかし、最高裁判決[*99]が述べるように、組合員以外の労働者は、労働組合の意思決定に関与する機会を有さず、当該労働協約の内容について関与する機会はない。また、労働組合は、組合員の雇用保障と労働条件の維持・向上を目的とする組織であるから、組合員以外の労働者の労働条件や利益のために活動す

---

[*98]　山口・労組法(1996)198頁(拡張適用労働者はより低い労働条件を定める協約の拘束から免れる手段がない)、外尾・団体法(1975)647頁(労組法17条の立法趣旨は、協約の適用を受けない未組織労働者による不当な労働力の安売りを防止することにより団結の維持強化を図ることにあり、統一的な労働条件の設定が直接的な目的でない)、下井・労使関係法(1995)162頁(協約当事者組合の組合員以外の労働者は、当該組合の意思形成に参加しておらず、労働協約の締結に関与する可能性がない)、西谷・労組法(2012)381頁(自ら全く関与する可能性のない他人相互の協定により労働条件の引下げを甘受せねばならないという結論は、労働者の自己決定＝契約意思を軽視するもの)等。

[*99]　朝日火災海上保険(高田)事件・最三小判平8・3・26民集50巻4号1008頁/労判691号16頁。都市開発エキスパート事件・横浜地判平19・9・27労判954号67頁もこれを引用。

る立場にはなく、当該労働協約が組合員以外の労働者に適用された場合の帰結について組合員に対する考慮と同等の考慮をしていないこともありうる。

したがって、同判決を一部修正し、例外として、「当該労働協約を特定の未組織労働者に適用することが著しく不合理であると認められる特段の事情のあるとき」は、信義則上、労働協約の規範的効力を当該労働者に及ぼすことはできないと解すべきであり、「当該労働協約を特定の未組織労働者に適用することが著しく不合理であると認められる特段の事情」の有無については、①労働協約により特定の未組織労働者にもたらされる不利益の程度・内容、②労働協約が締結されるに至った経緯等に照らし、判断すべきであろう[*100]。

### 6 拡張適用の終了と権利義務関係

(1) 拡張適用の終了事由

労組法17条に基づく工場事業場単位の拡張適用は、同条所定の「一の工場事業場に常時使用される同種の労働者の四分の三以上の数の労働者が一の労働協約の適用を受けるに至ったとき」という要件を充足しなくなった時点、あるいは、当該労働協約自体が終了し失効した時点で終了する。

(2) 拡張適用終了後の権利義務関係

拡張適用された労働協約の定める労働条件が、労働契約当事者の合意若しくは事実たる慣習（民92条）により労働契約の内容となっている場合、又は、就業規則に同じ定めがあり労働契約の内容となっている場合は、拡張適用終了後も、労働協約の定めと同じ労働条件が労働契約の内容として残る。

しかし、そうでなければ、労働協約の規範的効力は労働契約を外部から規律する効力（外部規律説）なので、拡張適用終了後は、当該労働協約により規律されていた労働契約は規律されていた部分については空白となり、空白部分の内容は、信義則に則した労働契約の解釈により決定される（→後記第6節3）。

---

[*100] 同判決は、「①労働協約により特定の未組織労働者にもたらされる不利益の程度・内容、②労働協約が締結されるに至った経緯、③当該労働者が労働組合の組合員資格を認められているかどうか等に照らし、当該労働協約を特定の未組織労働者に適用することが著しく不合理であると認められる特段の事情のあるときは労働協約の規範的効力を当該労働者に及ぼすことはできないと解する」と判示し（①〜③は筆者）、③で組合加入資格を有しない労働者も拡張適用の対象となりうることを前提としているが、前記4(3)で検討したように、組合加入資格を有しない労働者は「同種の労働者」ではなく、そもそも拡張適用の対象となしえない。また、同判決は規範的効力を及ぼすことのできない法的根拠を述べていないが、信義則を根拠とすべきであろう。

## 第2款　地域的拡張適用制度

　労組法18条の定める地域的拡張適用制度[*101]は、「一の地域において従業する同種の労働者の大部分が一の労働協約の適用を受けるに至ったとき」に、「当該労働協約の当事者の双方又は一方の申立てに基づき」、「労働委員会の決議により」、「厚生労働大臣又は都道府県知事」が、「当該地域において従業する他の同種の労働者及びその使用者をも当該労働協約の適用を受けるべきことの決定をする」制度である。

　以下、制度の趣旨・目的(→1)、拡張適用の要件(→2)、拡張適用の期間(→3)、拡張適用の対象事項(→4)、拡張適用の法的効力(→5)、規範的効力の及ぶ範囲(→6)を順に検討する。

### 1　制度の趣旨・目的

　労組法18条の定める地域的拡張適用制度は、当該労働協約の定める労働条件を、「一の地域」における「同種の労働者」の最低基準としてその労働条件を維持・向上させることによって、「一の地域」の使用者相互間及び労働者相互間の公正競争を実現させ、労働協約当事者である使用者(又は使用者団体の構成員である使用者)の経営の維持・安定化を図り、もって、当該労働協約を保護し、協約当事者組合の組合員の雇用保障と労働条件の維持・向上及び経済的地位の向上を図るものである。

### 2　拡張適用の要件

#### (1) 実質的要件

　地域的拡張適用の実質的要件は、「一の地域において従業する同種の労働者の大部分が一の労働協約の適用を受けるに至ったこと」である[*102]（労組18条1項）。

　第一に、労働協約の締結主体のうち、労働者側は、後に労働委員会の決定を受けて地域的拡張適用の申立てを行いうる労働組合、すなわち、法適合組合である必要がある（労組5条1項参照）。

　第二に、「一の労働協約」とは、単一の労働協約又は同一内容の複数の労働協約である。工場事業場単位の拡張適用（労組17条）とは異なり、拡張適用の対象は決定・公示され明確化されるので、同一内容の複数の労働協約を対象とす

---

[*101]　詳細は、古川＝川口・労働協約(2011)第2部第2～5章。
[*102]　詳細は、古川＝川口・労働協約(2011)第2部第3章。

ることもできる。

第三に、「一の地域」（地理的範囲）とは、当該労働協約の地理的適用範囲の全部又は申立人が選択したその一部である。

第四に、「同種の労働者」（人的適用範囲）とは、当該労働協約の人的適用範囲の全部又は申立人が選択したその一部である。

第五に、「大部分」とは、概ね4分の3程度と解されているが、70％程度でもよいと思われる。

第六に、地域的拡張適用制度は、「一の労働協約」の定める基準が「大部分」の労働者の労働条件となっている場合、これを公正基準として、当該地理的・人的範囲における全ての使用者相互間及び労働者相互間の公正競争の実現を目的とする。それゆえ、どのような経緯で当該基準が労働契約の内容を規律するようになったかを考慮する必要がない。したがって、「適用を受ける」労働者は、①労組法16条により協約当事者組合の組合員として適用を受ける労働者、②労組法17条の工場事業場単位の拡張適用により適用を受ける労働者、及び、③合意、事実たる慣習、就業規則により当該労働協約の定める労働条件が労働契約の内容となり、事実上当該労働協約が適用されている労働者全てを含む。

(2) 形式的要件

地域的拡張適用の形式的要件は、①労働協約の当事者の双方又は一方により、厚生労働大臣又は都道府県知事に対し、拡張適用決定の申立てがあったこと（労組18条1項）、②申立てについて、労働委員会の拡張適用すべき旨の決議があったこと（修正可）（労組18条1・2項）、③労働委員会の決議を受けて、厚生労働大臣又は都道府県知事による拡張適用の決定とその公告があったことである[103]（労組18条1・3項）。

### 3　拡張適用の期間

地域的拡張適用の期間は、厚生労働大臣又は都道府県知事の決定・公告により定められた期間である。ただし、実質的要件を充足しなくなった時点、又は、当該労働協約自体が終了し失効した時点で、拡張適用の効力は終了する。

### 4　拡張適用の対象事項

地域的拡張適用の対象事項は、労働協約の「規範的部分」である[104]。

---

[103] 詳細は、古川＝川口・労働協約(2011)第2部第4章。
[104] 債務的部分も対象としうるという理論構成も可能ではあるが、少なくとも規範的部分が対象となることに異論はない。

労働協約の条項の一部のみを拡張適用の対象とすることも可能である。

ただし、地域的拡張適用は、協約当事者である使用者（又は使用者団体の構成員である使用者）以外の使用者の締結する労働契約を労働協約の定める水準に引き上げることによって公正競争を実現することを主たる目的とするものであるので、「規範的部分」の中の最低基準を定めた条項のみを適用対象とすることができる。また、特定の争議や紛争を個別的に解決するために締結された協約条項など、「客観的に拡張適用が不能な条項」は対象とすることができない[105]。

### 5 拡張適用の法的効力

拡張適用の対象となしうる規範的部分には、債務的効力と規範的効力がある。

したがって、第一に、その債務的効力により、協約当事者である使用者（又は使用者団体の構成員である使用者）及び拡張適用の対象となった使用者は、協約当事者である労働組合に対して、拡張適用の対象となった労働契約についても、労働協約で定めた基準を遵守する義務を負う。

第二に、地域的拡張適用においては、拡張適用される事項は、労働条件の最低基準を設定する条項のみであるから、その規範的効力は最低基準効である。したがって、拡張適用された労働協約の定めが当該労働契約よりも労働者にとって有利であれば、労働者と使用者の合意の有無にかかわらず、労働契約の内容は労働協約の定める基準と同じ内容へと有利に修正され、あるいは、労働協約の定める基準により補充される。また、労働協約の規範的効力（最低基準効）が及んでいる期間中、契約当事者が合意により、労働協約よりも有利に労働契約の内容を変更することも可能である。

### 6 拡張適用の効力（最低基準効）の及ぶ範囲

(1) 労働者

拡張適用の対象となる労働者は、「一の地域において従業する他の同種の労働者」である[106]（労組18条1項）。

「一の地域」（地理的適用範囲）、「同種の労働者」（人的適用範囲）は、前述の通りである（→前記2(1)）。

「他の同種の労働者」について、第一に、地域的拡張適用の場合、拡張適用される規範的部分は労働条件の最低基準を定めたものだけであり、最低基準効

---

[105] 詳細は、古川＝川口・労働協約(2011)第2部第5章第1節。
[106] 詳細は、古川＝川口・労働協約(2011)第2部第5章第3節。

しかないので、別組合の組合員に適用しても当該別組合及び別組合員の団結権侵害とはならない。したがって、「他の同種の労働者」には、協約当事者組合の組合員、未組織労働者のみならず、別組合の組合員も含まれる。

　第二に、労組法2条1号但書の「使用者の利益代表者」、及び、協約当事者への組合加入資格を有しない者については、労組法17条の工場事業場単位の拡張適用の場合と同様、労働協約の適用対象としうる労働者ではなく、「同種の労働者」に該当することはないので、当然「他の同種の労働者」（拡張適用の対象となる労働者）に含まれることはなく、拡張適用の対象とはならない。

図25.3　地域的拡張適用

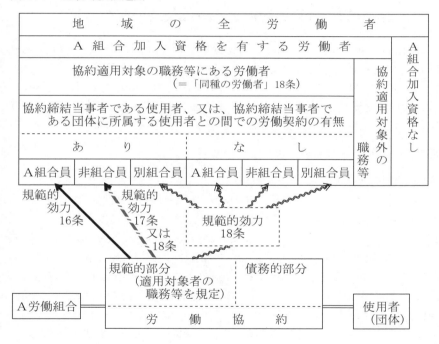

　第三に、労働協約の適用対象を「協約当事者組合の組合員」に限定すれば、「同種の労働者」は「協約当事者組合の組合員」だけであるから、拡張適用の対象となるのは、協約当事者組合の組合員であって、協約当事者である使用者（又は使用者団体の構成員である使用者）以外の使用者と労働契約を締結している労働者となる。

### (2) 使用者

拡張適用の対象となる使用者は、「一の地域において従業する他の同種の労働者」の使用者、すなわち、拡張適用の対象となる労働者と労働契約を締結している使用者である。

拡張適用の対象となる使用者には、協約締結当事者である使用者（又は使用者団体の構成員である使用者）（協約当事者組合の組合員以外の労働者と労働契約を締結している場合）とそれ以外の使用者（協約当事者組合の組合員と労働契約を締結している場合、及び、協約当事者組合の組合員以外の労働者と労働契約を締結している場合）の双方が含まれうる。

## 第5節　労働協約による労働契約内容の変更

労働協約の規範的効力により、労働契約の内容を変更しうるかどうかは、①協約当事者組合の組合員（労組16条）の労働契約内容の変更の場合（→第1款）、②工場事業場単位の拡張適用（労組17条）による労働契約内容の変更の場合（→第2款）、③地域的拡張適用（労組18条）による労働契約内容の変更の場合（→第3款）のいずれかにより、根拠条文と要件が異なる。以下、順に検討する。

### 第1款　組合員の労働契約内容の変更

#### 1　問題の所在

労働契約に対する、労働協約の規範的効力（労組16条）を肯定するためには、①当該労働協約が、労組法14条所定の当事者・内容・要式の要件を充足して労働協約として成立していること（→前記第2節1～3）、②当該労働契約が、規範的効力の及ぶ労働契約、すなわち、当該労働協約の適用対象とされ、かつ、協約当事者組合の組合員と協約当事者である使用者（又は使用者団体の構成員である使用者）の間で締結された労働契約であること（→前記第3節4）、③当該労働協約の定めが強行法規、公序違反でないこと（→前記第3節3(3)イ）が必要である。

それでは、上記①～③を充足する場合、労働協約の新たな締結又は改訂により規範的部分の定めが新設又は変更されたときは、協約当事者組合の組合員の労働契約の内容は当然に変更されるのであろうか。

以下、①組合員にとって有利な労働条件変更（→2）と、②組合員にとって不利な労働条件変更（→3）に区別して検討する。

## 2　組合員である労働者にとって有利な労働条件変更

(1)　最低基準として設定されている場合

労働協約の定める基準が最低基準であるときは、その最低基準効により、労働者と使用者の合意の有無にかかわらず、労働契約の内容は労働協約の定める基準と同じ内容へと有利に修正され、あるいは、労働協約の定める基準により補充される。その後、労働者にとって有利であれば、契約当事者が合意によりさらに労働契約の内容を変更することもできる。

(2)　統一的基準として設定されている場合

労働協約の定める基準がこれを上回ることも下回ることも許容しない統一的基準として設定されているときは、その両面的規範的効力により、労働者と使用者の合意の有無にかかわらず、労働契約の内容は労働協約の定める基準と同じ内容へと有利に修正され、あるいは、労働協約の定める基準により補充される。ただし、労働協約の規範的効力（両面的規範的効力）が及んでいる期間は、契約当事者が合意により労働契約の内容を変更することはできない。

## 3　組合員である労働者にとって不利な労働条件変更

(1)　最低基準として設定されている場合

労働協約の定める基準が最低基準として設定されているときは、労働協約の定めは最低基準効しか有しないから、労働協約よりも労働者にとって有利な労働契約の内容は修正又は補充を受けず、労働協約の規範的効力（最低基準効）によっては変更されない。

ただし、労働協約の定めを労働契約の内容とすることについて労働契約当事者の合意がある場合は、労契法8条により、労働契約の内容は変更される。

(2)　統一的基準として設定されている場合

労働協約の定める基準がこれを上回ることも下回ることも許容しない統一的基準であるときは、その両面的規範的効力により、労働者と使用者の合意の有無にかかわらず、労働契約の内容は、原則として、労働協約の定める基準と同じ内容へと不利に修正され、あるいは、その定める基準により補充される。

すなわち、統一的基準が設定された場合の労働協約の両面的規範的効力は、有利変更効だけではなく不利益変更効も含むものであり、労働協約による労働条件の不利益変更も、例外的な場合を除き、肯定されると解すべきである。

そして、労働協約の両面的規範的効力が及んでいる期間は、契約当事者が合意により労働契約の内容を変更することはできない。

労働協約による労働条件の不利益変更を原則として肯定する理由と例外、及

び、証明責任は、次のア〜ウで述べるとおりである。

判例[*107]もほぼ同様の見解であり、また、多くの下級審裁判例もそのように解している[*108]。

　　　ア　原則－労使自治・協約自治の必要性

労働協約当事者は、労働条件その他の労働者の待遇に関する基準について両面的規範的効力を有する基準を設定し、労働者の労働条件を不利益に変更することが可能であるという見解は、一見すると、労働組合が労働者の「労働条件の維持改善その他経済的地位の向上を図ること」を主たる目的とすること（労組2条本文）と矛盾しているようにも思われる。

しかし、長期的・全体的・総合的視点から、当該労働組合員の雇用保障と労働条件の維持・向上のために、ある労働条件について不利益に変更することが必要となる場合もあり、企業の倒産を回避し労働者の雇用を確保するために、労働条件の不利益変更を受け入れる場合もあり得る。そして、その判断をなしうるのは、基本的には、当該産業又は企業の置かれている経済・社会環境や歴史的経緯、今後の産業動向等を熟知している労働組合である。それゆえ、労働協約の内容につき、短期的視点や個々の労働条件の変更のみに着目して有利・不利を問題とすべきではない。また、団体交渉を通じた労働条件決定は、一般に個別交渉による労働条件決定よりも有利であるから、団体交渉と労働協約により、労働条件の不利益変更の度合いが軽減される場合もある。

したがって、労働組合が、組合規約等所定の手続を履践して労働協約を締結した場合は、その内容は尊重されるべきであり、労働協約の両面的規範的効力

---

[*107]　朝日火災海上保険（石堂）事件・最一小判平9・3・27集民182号673頁/労判713号27頁。同判決は、労働協約に定める基準が組合員である労働者の労働条件を不利益に変更するものであることの一事をもってその規範的効力を否定することはできないし（朝日火災海上保険（高田）事件・最三小判平8・3・26民集50巻4号1008頁/労判691号16頁を引用）、また、組合員である労働者の個別の同意又は組合に対する授権がない限り、その規範的効力を認めることができないものと解することもできないと判示している。

[*108]　例外的な場合を除き不利益変更効を肯定する裁判例として、日本トラック事件・名古屋地判昭60・1・18労判457号77頁/判時1157号232頁、同事件・名古屋高判昭60・11・27労民36巻6号691頁/労判476号92頁、神姫バス事件・神戸地姫路支判昭63・7・18労判523号142頁/判時1300号142頁、朝日火災海上保険（石堂）事件・神戸地判平5・2・23労判629号88頁、同事件・大阪高判平7・2・14労判675号42頁、東海旅客鉄道事件・大阪地決平6・8・10労判658号56頁、安田生命保険事件・東京地判平7・5・17労判677号17頁、茨木高槻交通事件・大阪地判平11・4・28労判765号29頁、日本鋼管事件・横浜地判平12・7・17労判792号74頁、鞆鉄道事件・広島地福山支判・平14・2・15労判825号66頁、箱根登山鉄道事件・横浜地小田原支判平16・12・21労判903号22頁、同事件・東京高判平17・9・29労判903号17頁、日本郵便逓送事件・大阪地判平17・9・21労判906号36頁、中央建設国民健康保険組合事件・東京高判平20・4・23労判960号25頁。

により組合員の労働条件を不利益に変更することも、原則として、労使自治・協約自治の範囲内と評価されるべきである。

　　　イ　例外－労働組合の目的を逸脱して締結された場合

　しかし、最高裁判決が判示するように、例外的に、当該労働協約が「特定の又は一部の組合員を殊更不利益に取り扱うことを目的として締結されたなど労働組合の目的を逸脱して締結されたとき」は、当該労働者にその両面的規範的効力を及ぼすことはできず、不利益変更効は否定されると解すべきであり[109]、その根拠は信義則に求めるべきであろう。

　そして、「労働組合の目的を逸脱して締結されたとき」に該当するかどうかは、同判決が判示するように、①当該労働協約が締結されるに至った経緯、②当時の使用者の経営状態、③同協約に定められた基準の全体としての合理性に照らして判断すべきであり、①の「経緯」においては、特に不利益を被る組合員の意見を十分くみ上げる真摯な努力をし、内部での十分な民主的議論がなされたかどうかも検討されるべきである。

　　　ウ　証明責任

　前記ア・イで検討したように、労働協約当事者が「労働条件その他の労働者の待遇に関する基準」として、統一的基準を設定した場合、原則として、その不利益変更効による組合員の労働条件の不利益変更は肯定される。したがって、例外的に不利益変更効を否定する要件である「当該労働協約が、特定の又は一部の組合員を殊更不利益に取り扱うことを目的として締結されたなど労働組合の目的を逸脱して締結されたものであること」の証明責任は、当該労働条件変更の効果を否定する労働者が負担する。

## 第2款　工場事業場単位の拡張適用による労働契約内容の変更

### 1　問題の所在

　労働契約に対する、労組法17条の工場事業場単位の拡張適用に基づく労働協約の規範的効力を肯定するためには、①当該労働協約が、労組法14条所定の当事者・内容・要式の要件を充足して労働協約として成立していること（→前記第2節1～3）、②労組法17条の拡張適用の要件が充足されていること（→前記第

---

[109]　朝日火災海上保険（石堂）事件・最一小判平9・3・27集民182号673頁／労判713号27頁（結論として不利益変更効肯定）。同旨の裁判例として、日本鋼管事件・横浜地判平12・7・17労判792号74頁、箱根登山鉄道事件・横浜地小田原支判平16・12・21労判903号22頁、同事件・東京高判平17・9・29労判903号17頁、日本郵便逓送事件・大阪地判平17・9・21労判906号36頁、中央建設国民健康保険組合事件・東京高判平20・4・23労判960号25頁（いずれも、結論として不利益変更効肯定）。

4節第1款2)、③当該労働契約が「他の同種の労働者」、すなわち、「協約対象労働者(協約当事者組合への加入資格を有する労働者の全部又は一部)で未組織労働者」の労働契約であること(→前記第4節第1款5)、④当該労働協約の定めが強行法規・公序違反でないこと(→前記第3節3(3)イ)が必要である。

それでは、上記①〜④を充足する場合、当該拡張適用された労働協約の規範的効力により、拡張適用の対象となる労働契約の内容は当然に変更されるのか。

拡張適用の対象となる未組織労働者にとって、①有利な労働条件変更(→2)と、②不利な労働条件変更(→3)に区別して検討する。

## 2 未組織労働者にとって有利な労働条件変更

(1) 最低基準として設定されている場合

労働協約の定める基準が最低基準であるときは、その最低基準効により、労働者と使用者の合意の有無にかかわらず、労働契約の内容は労働協約の定める基準と同じ内容へと有利に修正され、あるいは、労働協約の定める基準により補充される。

労働協約の規範的効力(最低基準効)が及んでいる期間は、労働協約よりも労働者にとって有利であれば、契約当事者が合意によりさらに労働契約の内容を変更することも可能である。

(2) 統一的基準として設定されている場合

労働協約の定める基準がこれを上回ることも下回ることも許容しない統一的基準として設定されているときは、その両面的規範的効力により、労働者と使用者の合意の有無にかかわらず、労働契約の内容は労働協約の定める基準と同じ内容に有利に修正され、あるいは、労働協約の定める基準により補充される。

ただし、労働協約の規範的効力(両面的規範的効力)が及んでいる期間は、契約当事者が合意により労働契約の内容を変更することはできない。

## 3 未組織労働者にとって不利な労働条件変更

(1) 最低基準として設定されている場合

労働協約の定める基準が最低基準として設定されているときは、労働協約の定めは最低基準効しか有しないから、労働協約よりも労働者にとって有利な労働契約の内容は修正又は補充を受けず、労働協約の規範的効力(最低基準効)によっては変更されない。

ただし、労働協約の定めを労働契約の内容とすることについて労働契約当事者の合意がある場合は、労契法8条により、労働契約の内容は変更される。

## (2) 統一的基準として設定されている場合

労働協約の定める基準がこれを上回ることも下回ることも許容しない統一的基準であるときは、その両面的規範的効力により、労働者と使用者の合意の有無にかかわらず、労働契約の内容は、原則として、労働協約の定める基準と同じ内容に不利に修正され、あるいは、労働協約の定める基準により補充される。

すなわち、拡張適用された労働協約の両面的規範的効力は、不利益変更効も含むものであり、労働協約の拡張適用による労働条件の不利益変更も、例外的な場合を除き、肯定される[*110]。そして、労働協約の規範的効力(両面的規範的効力)が及んでいる期間は、契約当事者が合意により労働契約の内容を変更することはできない。その理由と例外、証明責任、組合員の労働条件の不利益変更との関係は、次のア～エで述べるとおりである。

### ア　原則－協約自治と団結権の尊重

組合員の雇用保障と労働条件の維持・向上のために、労働協約の定める基準(と法的効力)をどのようなものとするかは、協約当事者の自治に委ねられる(→前記第3款3(2))。そして、工場事業場単位の拡張適用制度は、①協約当事者組合の団結権を維持強化し、②当該工場事業場の公正労働基準を設定し、労働者相互間の公正競争を実現し、もって、③協約当事者組合の組合員の雇用保障と労働条件の維持・向上を図ることを主たる目的とするものであり、未組織労働者の保護が直接の目的ではない(→前記第4節第1款1)。

したがって、労働協約が工場事業場単位で拡張適用される場合、拡張適用事項と規範的効力に変更はなくそのまま拡張適用され、労働協約の定めが未組織労働者にとって不利であり、かつ、労働協約の定めが統一的基準であるときは、その労働契約の内容は、原則として、労働協約の定める基準と同じ内容へと不利に修正され、あるいは、その基準により補充される(→前記第4節第1款5(2))。

### イ　例外－特段の事情があるとき

しかし、最高裁判決[*111]が判示するように、例外的に、「当該労働協約を特定の未組織労働者に適用することが著しく不合理であると認められる特段の事情のあるとき」は、当該未組織労働者の労働契約に対する不利益変更効は否定され、その根拠は信義則に求められる。そして、「特段の事情があるとき」に該当するかどうかは、同判決を一部修正し、①労働協約により特定の未組織労働

---

[*110] 朝日火災海上保険(高田)事件・最三小判平8・3・26民集50巻4号1008頁/労判691号16頁。
[*111] 朝日火災海上保険(高田)事件・最三小判平8・3・26民集50巻4号1008頁/労判691号16頁。

者にもたらされる不利益の程度・内容、②労働協約が締結されるに至った経緯等に照らして判断すべきである（→前記第4節第1款5(2)カ）。

　　　ウ　証明責任

　前記ア・イで検討したように、拡張適用された労働協約の定める基準が統一的基準であるときは、原則として、その不利益変更効による未組織労働者の労働条件の不利益変更は肯定される。したがって、例外的に不利益変更の効力を否定する要件である「当該労働協約を特定の未組織労働者に適用することが著しく不合理であると認められる特段の事情のあること」の証明責任は、当該労働条件変更の効果を否定する労働者が負担する。

　　　エ　組合員の労働条件の不利益変更との関係

　①労働協約による組合員の労働条件の不利益変更（労組16条）と、②工場事業場単位の労働協約の拡張適用による未組織労働者の労働条件の不利益変更（労組17条）は、いずれも原則として肯定される。

　しかし、①（組合員）については、組合員は労働協約の内容決定に関与する機会を有し、また、労働組合も組合員の雇用保障と労働条件の維持・向上のための組織であるから、組合員に適用される労働協約の内容の合理性が担保されている可能性は高い。

　これに対して、②（未組織労働者）については、未組織労働者は労働協約の内容決定に関与する機会がなく、また、労働組合も組合員以外の労働者の雇用保障と労働条件の維持・向上を目的とする組織ではないから、未組織労働者に拡張適用される場合の内容の合理性は、組合員への適用ほどは担保されていない。

　したがって、①（組合員）については、「特定の又は一部の組合員を殊更不利益に取り扱うことを目的として締結されたなど労働組合の目的を逸脱して締結されたとき」に限定して、その不利益変更効が否定されるのに対し、②（未組織労働者）については、「当該労働協約を特定の未組織労働者に適用することが著しく不合理であると認められる特段の事情のあるとき」にその不利益変更効が否定され、不利益変更効が否定される範囲は、組合員の労働条件の不利益変更の場合と比較してより広く解される。

## 第3款　地域的拡張適用による労働契約内容の変更

　地域的拡張適用においては、拡張適用の対象となる規範的部分は、労働条件の最低基準を設定する条項のみであるから、その規範的効力は最低基準効である（→前記第4節第2款4・5）。

　したがって、拡張適用された労働協約の定めが、当該労働契約よりも労働者

にとって有利であれば、労働者と使用者の合意の有無にかかわらず、労働契約の内容は労働協約の定める基準と同じ内容へと有利に修正され、あるいは、労働協約の定める基準により補充されるが、労働者にとって不利であれば、当該労働契約の内容は変更されない。

## 第6節　労働協約の終了・承継と権利義務関係

### 1　労働協約の終了

(1)　労働協約の終了事由

労働協約は、①有効期間の満了、②目的の達成（当該年の昇給・一時金の支払[112]、合理化・人員整理に関する協約等、一時的問題の処理のための協約）、③当事者の消滅（使用者＜自然人＞の死亡・企業の解散＜清算終了時＞、労働組合の解散）、④これと抵触する内容の労働協約の新たな締結[113]、⑤労働協約の解約により、終了する。

合意による労働協約の解約はいつでも可能である。また、期間の定めのない労働協約、又は、期間を定めずに自動延長された労働協約は、一方が署名又は記名押印した文書によって相手方に少なくとも90日前に予告すれば解約することができる（労組15条3項・4項）[114]。

ただし、信義則（民1条2項）違反、解約権の濫用（民1条3項）[115]、不当労働行為（労組7条3号）[116]に該当する場合は、当該解約は無効である。

また、事情変更を理由とする、期間の定めのある労働協約の期間の途中の解約、又は、期間の定めのない労働協約の解約予告を経ない解約も理論的にはあ

---

[112]　大阪経済法律学園事件・大阪地判平20・11・20労判981号124頁。
[113]　九州自動車学校事件・福岡地小倉支判平13・8・9労判822号78頁。
[114]　ニチバン事件・東京地決昭54・6・7労判322号27頁/判時944号111頁（労組法15条3項所定の適式な解約の予告を行っていないとして労働協約の終了を否定）。
[115]　岩井金属工業事件・東京地判平8・3・28労判694号65頁（使用者が便宜供与を与えたことにより、掲示板や組合事務所等が組合の維持・運営ひいては団結権の確保のための手段となる機能を果たしている場合、使用者が合理的な理由なくその返還請求ないし撤去をすること又はその根拠となる労働協約を解約することは権利濫用であると判示し、当該事案は権利濫用と判断）、黒川乳業事件・大阪地判平17・4・27労判897号43頁（事務所貸与協約等の解約を解約権濫用、不当労働行為で無効と判断）。
[116]　布施自動車教習所事件・大阪地判昭57・7・30労判393号35頁/判時1058号129頁（事前協議条項を含む労働協約の使用者による解約が反組合的動機によりなされ労組法7条3号に該当するとして無効と判断）。その他協約終了の効力ではなく不当労働行為該当性が争われた事案として、駿河銀行事件・東京地判平2・5・30労判563号3頁/判時1362号123頁（組合専従者協定の解約を専ら組合に打撃を与える目的でなされた労組法7条3号の不当労働行為と判断）。

り得る*117。

(2) 一部解約の可否

労働協約の解約の要件（労組15条3項・4項）を充足すれば、一方当事者は労働協約を解約することができる。

しかし、一つの労働協約に複数の事項が協定されている場合、各合意事項は相互に関連を有し、又ある事項についての一方の譲歩と他の事項についての他方の譲歩により全体の合意が成立するなど、労働協約全体が一体をなすものとして成立するのが通例である。

したがって、特約がある場合を除き、当事者は、労働協約の一部の条項のみを取り出して解約するという部分解約権は有しておらず、相手方の同意がない限りその一部のみを解約することはできないが*118、①解約される条項が、労働協約の締結に至る経緯やその内容自体にかんがみて他の条項と対比して独立しており、②一部を解約することによって他方の当事者に労働協約締結当時に予想していなかった不利益を与えないなどの特段の事情がある場合は、労組法15条3項又は信義則上、部分解約権を有し、解約権の濫用でなければ解約は有効と判断するべきであろう*119。

---

*117 ニチバン事件・東京地決昭54・6・7労判322号27頁/判時944号111頁（当該事案では適式な解約の予告を行っていないとして労働協約の終了を否定）、中労委(黒川乳業)事件・東京地判平元・12・20労判554号30頁（当該事案では解約予告も困難な極めて緊急かつ逼迫した事態はなく、労組法15条3項所定の適式な解約の予告も行っていないとして労働協約の終了を否定）。

*118 別々の書面に記載されている複数の労働協約も不可分一体のものである場合は、特別規定又は相手方の同意がない限りその一つのみを解約することはできない（東京都自動車整備振興会事件・東京地判平21・3・6労判983号91頁〈ダイジェスト〉）。

*119 黒川乳業事件・大阪地判平17・4・27労判897号43頁、同事件・大阪高判平18・2・10労判924号124頁参照。その他の判断基準として、ソニー事件・東京高決平6・10・24労判675号67頁/判時1583号144頁（協約自体の中に客観的に他と分別することのできる部分があり、かつ分別して扱われることもあり得ることを当事者としても予想し得たと考えるのが合理的であると認められる場合には、協約の一部分を取り出して解約することも、解約権の濫用に該当しない限りできる）、東京労委(日本アイ・ビー・エム)事件・東京高判平17・2・24労判892号29頁（部分解約が、①その条項の労働協約の中での独立性の程度、②条項が定める事項の性質をも考慮したとき、協約締結後の予期せぬ事情変更によりその条項を維持することができなくなり、又はこれを維持させることが客観的に著しく妥当性を欠くに至っているか否か、③その合意解約のための十分な交渉を経たが相手方の同意が得られず、しかも協約全体の解約よりも労使関係上穏当な手段であるか否か等に照らし、信義則違反又は解約権濫用でなければ有効）、同事件・東京地判平15・10・1労判864号13頁（上記①〜③の全てが必要）。

## 2　労働協約の承継

合併の場合は、被合併会社の協約は合併会社の協約として承継される。これに対し、事業譲渡の場合は、譲渡会社の労働協約は特約なしには譲受会社に承継されない。会社分割の場合は、分割会社の労働協約の承継会社等への承継については承継法6条がこれを定めている[*120]。労働組合の組織変更、合同の場合は、当該労働組合の労働協約は変更後の労働組合に承継される。

## 3　労働協約終了後の権利義務関係

### (1) 債務的部分

労働協約の終了により、債務的部分は失効し、労働組合への便宜供与、事業場内の団結活動の取扱い、団交の手続・ルール等は法的根拠を失うことになる。ただし、合理的理由のない従来の取扱いの廃止、変更は不当労働行為（労組7条3号）と判断されることがあり得る[*121]。

### (2) 規範的部分

当該労働協約の定める労働条件が、労働契約当事者の合意、事実たる慣習（民92条）により労働契約の内容となっている場合、又は、就業規則に同じ定めがあり労働契約の内容となっている場合は、規範的部分の失効後も、労働協約の定めと同じ労働条件が労働契約の内容として残る[*122]。

しかし、そうでなければ、労働協約の規範的効力は労働契約を外部から規律する効力である（外部規律説）ので、規範的部分の失効後は、当該労働協約により規律されていた労働契約は規律されていた部分については空白となる。この場合、空白となった労働契約の内容については、信義則に則した労働契約の解釈により決定されることになる[*123]。

賃金や賞与の支給基準については、労働協約失効後も、就業規則等の補充規

---

[*120]　前記第19章「企業再編・企業グループと労働契約」4(6)。
[*121]　後記第26章「不当労働行為と法的救済」第3節第3款1(3)カ。
[*122]　香港上海銀行事件・最一小判平元・9・7集民157号433頁/労判546号6頁は、就業規則に退職金は支給時の退職金協定（労働協約）によると定められ、退職日に退職金協定が失効している場合は、労働契約、就業規則等の合理的な解釈により退職時にその額が確定されるべきものと判示し、就業規則の届出時に添付された退職金協定は就業規則の一部となっており、その支給基準は退職金協定が有効期間の満了により失効しても当然には効力を失わず、よるべき退職金協定のない労働者については、その支給基準により退職金額が決定されると判示している。
[*123]　内容化体説をとれば、協約の規範的部分は契約内容となるのでこの内容が協約失効後も存続することになる。ただし、労働協約失効後は労働協約の規範的効力が労働契約に及ばないので、個別労使の合意により労働契約内容の変更が可能である。

範たり得る合理的な基準がない場合は、新たな労働協約や就業規則や使用者と労働者の合意による労働契約内容の変更が行われない限り、従来の労働協約の定めが労働契約を補充し労働契約の内容を規律するというのが、当事者の合理的意思であると解されよう[*124]。

なお、制定時に強行法規や労働協約に違反する就業規則はもともと法的効力を有しないから、労働協約有効期間中に制定された、労働協約に違反する就業規則は、労働協約が失効してもその法的効力が復活することはありえず、労働契約の内容を規律しない[*125]。

(3) 単年度の労働協約

賞与については毎年会社の経営状況に照らして支給基準を異にする労働協約が締結され、昨年までは労働協約が締結されたが、今年は労働協約が締結されなかったというような場合、従来労働協約に基づき賞与を支給されていた労働者は、今年の賞与につき、請求権を有しないのであろうか。

この点については、①賞与につき労働協約が締結されない場合は、前回の労働協約の支給基準で支給する、若しくは、従来の労働協約で同じような経営状況であった場合の支給基準に基づき賞与を支給する、又は、②賞与につき労働協約が締結されない場合は、少なくとも従前の労働協約の支給基準の一定部分に該当する額が支給される（例えば、必ず一定額は支給しそれに上積みするかどうかは経営状況による）ということについて、労働契約上の合意を認定できる場合、又は、事実たる慣習として労働契約の内容となっていると解される場合は、労働契約に基づく賞与請求権を肯定することができる。

(4) 労働協約失効後の労働契約内容の変更

労働協約失効後、以前の労働協約の内容が労働契約の内容となっているときに、その変更が可能かどうかは、以前の労働協約が存在しない（規範的効力がない）状態での労働契約内容の変更一般の問題、すなわち、①労働者と使用者の合意による変更の可否、②使用者による一方的な個別的労働条件変更の可否、③就業規則による変更の可否、④新たな労働協約の締結又は労働協約の変更による労働条件変更の可否に帰着する[*126]。

---

[*124] 鈴蘭交通事件・札幌地判平11・8・30労判779号69頁、九州自動車学校事件・福岡地小倉支判平13・8・9労判822号78頁、佐野第一交通事件・大阪地岸和田支決平14・9・13労判837号19頁は、賃金と賞与の支給基準につき、就業規則等の補充規範たり得る合理的基準がない場合、新たな労働協約や就業規則改訂までは従来の労働協約により規律される（と解するのが当事者の合理的意思である）と判示している。

[*125] 佐野第一交通事件・大阪地岸和田支決平14・9・13労判837号19頁。

[*126] 前記第16章「労働契約内容の設定と変更」第3節・第4節、前記本章第5節。

# 第26章　不当労働行為と法的救済

　憲法28条による団結権・団体交渉権・団体行動権保障の実効性を確保するため、労組法は、「使用者」の一定の行為を「不当労働行為」として禁止し（労組7条）、裁判所による救済とは別に、労働委員会による救済制度を設けている（労組20条・27条〜27条の21、労委則29条〜56条の3）[*1]。
　本章では、不当労働行為と法的救済について、①概要と趣旨・目的[*2]（→第1節）、②不当労働行為の主体である「使用者」（→第2節）、③不当労働行為の成立要件（→第3節）、④不当労働行為の法的救済（→第4節）の順に検討する。

## 第1節　概要と趣旨・目的

### 1　不当労働行為

　「不当労働行為」とは、労組法7条により、「使用者」が行うことを禁止される行為である。
　不当労働行為の具体的内容は、労組法7条1〜4号に規定されており、これを類型化するならば、1）「不利益取扱い等」（労組7条1号・4号）、2）「団体交渉拒否」（労組7条2号）、3）「支配介入・経費援助」（労組7条3号）の三つに大別される。
　そして、1）「不利益取扱い等」には、①「不利益取扱い」（労組7条1号）、②「黄犬契約」（労組7条1号）、③「報復的不利益取扱い」（労組7条4号）が含まれ、3）「支配介入・経費援助」には、①「支配介入」（労組7条3号）と、②「経費援助」（労組7条3号）が含まれる。
　旧労組法（昭20法51）においては、上記の1）①「不利益取扱い等」及び②「黄犬契約」のみを禁止し（11条）、その違反を刑事罰の対象としていた（33条）のに対し、現行労組法（昭24法174）は、上記1）から3）を「不当労働行為」として禁止し、かつ、労働委員会による「不当労働行為救済制度」を設けた。

---

[*1]　研究書として、岸井貞男『不当労働行為の法理論』総合労働研究所（1978）、同『団結活動と不当労働行為』総合労働研究所（1978）、山川隆一『不当労働行為争訟法の研究』信山社（1990）、道幸哲也『不当労働行為の行政救済法理』信山社（1998）、同『不当労働行為法理の基本構造』北海道大学図書刊行会（2002）等。
[*2]　近年の論考として、中窪裕也「不当労働行為制度の趣旨・目的」再生(5)(2017)217-236頁、同論文引用文献等。

図26.1　不当労働行為の各類型の関係

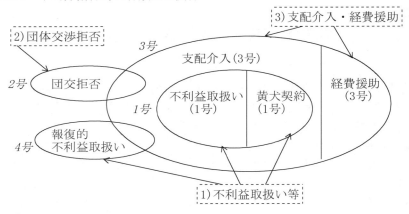

## 2　不当労働行為の救済方法

不当労働行為を受けた労働者又は団結体が求めうる法的救済は、①労働委員会による救済と、②裁判所による救済の大別二つがある。

(1)　労働委員会による不当労働行為救済制度

第一は、「労働委員会」（労組19条〜26条）という独立・専門行政委員会による、「不当労働行為救済制度」（労組20条・27条〜27条の21、労委則29条〜56条の3）である。労働委員会は、労組法上の労働者（労組3条）又は法適合認証組合[*3]から申立てのあった使用者の行為につき不当労働行為の成否を審査し、不当労働行為が成立する場合は、適切な救済命令を発する。

(2)　裁判所による救済

法的救済の第二は、裁判所による救済である。労組法7条は、労働委員会による救済の対象となる不当労働行為の成立要件を定めているだけでなく、私法上の効果も有する。すなわち、労組法7条に該当する使用者の行為は、法律行為であれば無効であり、また、不法行為に該当しうるものであり、労働者又は労働組合は、それを前提として裁判所に救済を求めることができる。

## 3　不当労働行為救済制度の趣旨・目的

憲法28条による団結権・団体交渉権・団体行動権保障の法的効果として、正当な団結活動、団体交渉とその要求、争議行為等については、刑事責任・民事

---

[*3]　前記第22章「団結の結成と運営」第1節3参照。

責任は免除される（憲28条、労組1条2項・8条）。

また、労働者又は労働組合の団結権・団体交渉権・団体行動権を侵害する使用者の行為は、憲法28条と民法90条を媒介として、無効又は不法行為となりうるものであり、労働者又は労働組合は、それを前提として裁判所において法的救済を求めることができる。

しかし、それだけでは、労働者及び労働組合の団結権・団体交渉権・団体行動権保障の実効性を確保するためには必ずしも十分ではない。

そこで、労組法は、第一に、労働者又は団結体の団結権等を侵害する使用者の一定の行為を「不当労働行為」という独自の概念により明確化してこれを禁止し、団結権等の保障を強化している。

第二に、労組法7条の定める不当労働行為禁止規定の実効性を確保するために、裁判所による救済とは別に、労働委員会という行政機関による救済命令制度を創設した。その趣旨・目的は、①使用者による団結権等への侵害行為によって生じた状態を、救済命令により使用者に公法上の義務を課し直接是正することにより、正常な集団的労使関係秩序の迅速な回復、確保を図ること、②使用者の多様な不当労働行為に対してあらかじめその是正措置の内容を具体的に特定しておくことは困難かつ不適当であるため、労使関係について専門的知識経験を有する労働委員会に対し、その裁量により、個々の事案に応じた適切な是正措置を決定し、これを命ずる権限を委ねることにある[*4]。

このように、労働委員会による不当労働行為救済制度は、①労働委員会という労使関係に専門的な行政委員会が不当労働行為の成否について審査を行い、不当労働行為であれば救済命令を発し、使用者に公法上の義務を課して、正常な集団的労使関係秩序の迅速な回復、確保を図り、団結権等の保障を強化すること、②労働委員会は、多様な事案に応じた適切な救済命令の内容を決定する裁量を有していることをその特徴とする制度である。

## 第2節　不当労働行為の主体である「使用者」

不当労働行為の主体である「使用者」については、①労組法7条の「使用者」（→第1款）、②「使用者の行為」か否かの判断基準（→第2款）が主な論点である。

---

[*4] 東京労委（第二鳩タクシー）事件・最大判昭52・2・23民集31巻1号93頁／労判269号14頁。

## 第1款　労組法7条の「使用者」

### 1　問題の所在

(1)　「使用者」概念の意義

憲法28条の保障する労働者及び団結体の団結権・団体交渉権・団体行動権の侵害は、全ての者が行いうるものであり、団結権等を侵害する「不法行為」は全ての者がその主体となりうる。また、その侵害の態様も多種多様であろう。

しかし、労組法7条は、「使用者」が「不当労働行為」を行うことを禁止し、「使用者」が「不当労働行為」を行った場合に限り、不当労働行為救済制度の対象とする。したがって、労組法7条の「使用者」は誰かが問題となる[*5]。

(2)　労組法7条の「使用者」概念－「個別類型説」

労組法7条の「使用者」は、その「使用者」概念を、A）労組法7条各号に共通の概念と考えるか（「共通説」）、それとも、B）不当労働行為の類型毎に異なると考えるか（「個別類型説」）により、その判断基準が異なる。

学説上は、「共通説」を前提に、「労組法7条の使用者」の判断基準として、①労働契約基準説[*6]、②支配力説[*7]等[*8]が提示されている。また、（中労委）朝日放送事件・最高裁判決[*9]も、「共通説」と解される。

しかし、第一に、労組法には「使用者」の定義規定がなく、同法に規定され

---

[*5]　近年の論考として、池田悠「不当労働行為における使用者」再生(1)(2017)115-138頁、同論文引用文献等。

[*6]　「労働契約関係ないしはそれに近似ないし隣接した関係を基盤として成立する団体的労使関係の一方当事者」（菅野・労働法（2017）954頁）。土田道夫「労働法の解釈方法についての覚書－労働者・使用者概念の解釈を素材として－」菅野和夫他編『労働法の目指すべきもの－渡辺章先生古稀記念』信山社（2011年）174頁、土田・概説（2014年）422頁、荒木・労働法（2016）673頁等も同旨。

[*7]　「労働関係に対して、不当労働行為法の適用を必要とするほどの実質的な支配力ないし影響力を及ぼす地位にある者」（西谷・労組法（2012）150頁）。本多淳亮他著『不当労働行為論』法律文化社(1969)30頁、岸井貞男『不当労働行為の法理論』総合労働研究所(1978年)148頁等も同旨。

[*8]　「労働者の自主的な団結と、団結目的に関連して対抗関係に立つもの」（対抗関係説）（外尾健一『労働団体法』筑摩書房(1975)209頁）等。

[*9]　最三小判平7・2・28民集49巻2号559頁（雇用主から労働者の派遣を受けて自己の業務に従事させ、その労働者の基本的な労働条件等について、雇用主と部分的とはいえ同視できる程度に現実的かつ具体的に支配、決定することができる地位にある場合には、その限りにおいて労組法7条の「使用者」に当たると判示し、当該事案では、注文企業は請負企業から派遣された労働者の勤務時間の割り振り、労務提供の態様、作業環境等を決定し、当該労働者の基本的な労働条件等について雇用主と部分的とはいえ同視できる程度に現実的かつ具体的に支配、決定することができる地位にあるから、その限りにおいて労組法7条の「使用者」に当たると判断し、上記事項に関して団交義務を肯定、3号事件は、労組法7条の使用者であることを前提として原審に差し戻している。

ている「使用者」は各条文・各号毎に合理的に解釈することが可能であり、少なくとも条文により異なる[*10]。第二に、労組法7条の定める不当労働行為は、類型毎にその性質・内容を異にするので、結論として各類型の「使用者」の範囲は同じということもありえるが、アプローチとしては、「使用者」は類型毎に判断すべきである。したがって、労組法7条の「使用者」は、不当労働行為の類型毎に検討されるべきであり、「個別類型説」[*11]が妥当である。

そこで以下では、労組法7条の「使用者」について、不当労働行為の類型毎に、①「団交拒否」を禁止されている「労組法7条2号の使用者」(→2～6)、②「不利益取扱い」等を禁止されている「労組法7条1・4号の使用者」(→7)、③「支配介入・経費援助」を禁止されている「労組法7条3号の使用者」(→8)の順に検討する。

なお、労組法7条の「使用者」は、救済命令の名宛人ともなり、不当労働行為の責任主体として公法上の義務を負担する者であるから、法律上独立した権利義務の帰属主体であることを要し、法人であれば法人企業に限定され、その構成部分（工場・支社等）、あるいは、役員・労働者等は「使用者」ではない[*12]。

## 2　「労組法7条2号の使用者」の判断基準

### (1)　労組法7条2号の意義

労組法7条2号は、「使用者」が、「使用者が雇用する労働者の代表者と団体交渉をすることを正当な理由がなくて拒むこと」を禁止している。

これを団体交渉を求める側である労働者の「代表者（団結体）」から見れば、

---

[*10]　例えば、労組法6条の「使用者」（団体交渉の当事者）及び労組法14条の「使用者」（労働協約の締結当事者）は、任意に団体交渉を行い労働協約を締結しうることに鑑みれば、当該労働組合に対して団体交渉義務を負う者に限定されず、労組法7条の「使用者」とは異なる（→前記第23章「団体交渉」第2款2(2)）。したがって、労組法7条のみならず労組法全体の使用者概念が同一であるとの菅野・労働法(2017)952・955頁、土田・概説(2014)173頁等の見解は支持できない。

[*11]　緒方節郎「不当労働行為の主体」大系(4)(1963)1-15頁、注釈労組法(上)(1980)336頁、古西信夫「使用者」現代講座(7)(1982)146-178頁、西谷敏『労働組合法（第2版）』有斐閣(2006年)149-150頁（第3版は共通説）、矢野昌浩「集団的労使関係法における使用者概念」日本労働法学会誌114号(2009)42頁、竹内（奥野）寿「企業再編と親会社の『使用者』性・団体交渉義務」毛塚勝利他編『企業組織再編における労働者保護－企業買収・企業グループ再編と労使関係システム』中央経済社(2010)133頁、本久洋一「第三者労働力利用と集団的労使関係－派遣先の団交応諾義務」毛塚勝利編『事業再構築における労働法の役割』中央経済社(2013年)234頁、水町・労働法（第6版）』有斐閣(2016)407頁等。

[*12]　中労委（済生会中央病院）事件・最三小判昭60・7・19民集39巻5号1266頁/労判455号4頁。

労組法7条2号により当該団結体に対して正当な理由のない団体交渉拒否を禁止されている「使用者」とは、当該団結体の構成員である労働者(労組3条)を「雇用する」者である。

　この点を検討するに、労組法7条2号は、憲法28条の団体交渉権保障の実効性を確保するための規定であり、憲法28条と表裏一体の関係にある。

　したがって、労組法7条2号にいう、①「労働者」（労組3条)は、団体交渉権の一次的享受主体、②「労働者の代表者」は、団体交渉権の二次的享受主体であり、団体交渉の主体となりうる団結体(憲法上の労働組合＜労組法上の労働組合・憲法組合＞、及び、憲法上の保護を受ける一時的団結体)であり[*13]、③労組法7条2号により当該労働者の代表者(団結体)に対して正当な理由のない団体交渉拒否を禁止されている「使用者」（当該団結体の構成員である労働者を「雇用する」者)は、当該団結体が「団体交渉権を行使しうる相手方」である。

　(2) 交渉事項の類型と「使用者」の判断基準

　団体交渉の主体となりうる団結体が団体交渉権により保障される交渉事項は、その構成員である労働者に関する、①労働関係法規上の義務(公法上の義務・努力義務を含む)、②労働関係上の権利義務、③雇用・労働条件の維持改善等、及び、④当該団結体との集団的労使関係ルールに関する事項であるところ、「団体交渉権を行使しうる相手方」かどうかの判断基準は、交渉事項の類型毎に設定される[*14]。

　したがって、「労組法7条2号の使用者(団体交渉権を行使しうる相手方)」かどうかの判断基準も交渉事項の類型毎に設定され、当該判断基準に従い、交渉事項毎に、団体交渉義務を負うかどうかが判断される[*15]。

　具体的には、①「当該労働者に関わる労働関係法規上の義務(労組7条2号は

---

[*13]　前記第23章「団体交渉」第2節第1款3参照。

[*14]　前記第23章「団体交渉」第2款1・2(1)。

[*15]　交渉事項毎に使用者性を判断する見解として、竹内（奥野）寿「企業再編と親会社の『使用者』性・団体交渉義務」毛塚勝利他編『企業組織再編における労働者保護―企業買収・企業グループ再編と労使関係システム』中央経済社(2010)133頁、水町・労働法(2016)407頁、朝日放送事件・中労委昭61・9・17中労委DB:M-S61-030、中労委(朝日放送)事件・東京地判平2・7・19労判566号17頁等。近年の命令として、富士通・高見澤電機製作所事件・長野労委平17・3・23中労委DB:M-H17-135、日本製箔事件・滋賀労委平17・4・1労判893号185頁/中労委DB:M-H17-128、協立ハイパーツ・住友電装事件・宮城労委平19・6・22別冊中央労働時報1363号44頁等。

除外)」については、a「当該労働関係法規上の義務を負う者」[*16]が「使用者」として団体交渉義務を負う。

②「当該労働者の労働関係上の権利義務」については、b「当該権利義務を有する者」[*17]が「使用者」として団体交渉義務を負う。

③「当該労働者の雇用・労働条件の維持改善等」[*18]については、その要求を実現するためには、c「当該事項を支配又は決定することができる地位にある者」[*19]を「使用者」と解する必要がある。

支配又は決定することができる地位にあるのは「当該事項」についてで足り、「当該労働者の基本的な労働条件全般」である必要はない[*20]。また、「当該事項を支配又は決定することができる地位」の根拠としては、当該労働者との現在の労働契約のみならず、将来の労働契約、労働契約上の使用者との契約(労働者派遣契約、業務委託契約等)、法律上の権限(会社法等)、定款、資本・人的関係等も肯定される。

ただし、③'「採用を含む新たな雇用の確保、経済的保障等」については、誰でもなしうるところ、契約締結の自由等と団体交渉権との調整に鑑みれば、c'1違法派遣・偽装請負の派遣先・注文企業等(違法状態の是正要求：前記①)、c'2当該労働者に対しその雇用保障に配慮する義務を負う者[*21](配慮義務の履行要求：前記②)、c'3当該労働者の労働契約の終了を支配又は決定した者で当

---

[*16] 現在の労働契約上の使用者、過去の労働契約上の使用者(労基22条1・3・4項、23条等)、派遣先(→後記4)、元方事業者〈定義：安衛15条1項〉(安衛29条1・2項、30条の3第1項)、建設業の元方事業者(安衛29条の2)、特定元方事業者〈定義：安衛15条1項〉(安衛30条)、製造業の元方事業者(安衛30条の2)、発注者〈定義：安衛30条2項〉(安衛30条2項)、鉱業権者〈定義：鉱山保安法2条1項〉(鉱山保安法5条～12条等)等。

[*17] 現在の労働契約上の使用者、当該団結体との労働協約締結当事者、過去の労働契約上の使用者、出向先、賃金支払義務の重畳的債務引受者、当該労働者と「特別の社会的接触の関係」にある者、派遣先(→後記4)、親会社(→後記5)等。

[*18] 契約更新、定年後の継続雇用等、実質的に労働契約の「維持・継続」であるものを含む。

[*19] 現在の労働契約上の使用者、出向先、合併・事業譲渡・会社分割等による将来の労働契約上の使用者(将来の労働条件)、派遣先(→後記4)、親会社(→後記5)等。

[*20] 中労委(朝日放送)事件・最三小判平7・2・28民集49巻2号559頁/労判668号11頁も「部分的とはいえ」と述べ、基本的な労働条件「全般」を支配、決定する地位まで要しておらず、これを要求する高見澤電機製作所・富士通コンポーネント・富士通事件・中労委平20・11・12中労委DB：M-H20-023、中労委(高見澤電機製作所・富士通コンポーネント・富士通)事件・東京地判平23・5・12判時2139号108頁、同事件・東京高判平24・10・30中労委DB：H-H24-014等は支持できない。

[*21] 現在の労働契約上の使用者、過去労働契約の締結を繰り返していた等労働者が新たな労働契約の締結に合理的な期待を有している者、派遣先、親会社等。

該労働者の雇用の維持又は確保につき信義則上団体交渉義務を負う者[22]に限り、団体交渉を求めうると解される[23]。

④集団的労使関係に関する事項については、権利紛争は、ｄ１「当該労働協約等に基づく権利義務を有する者」が、利益紛争は、ｄ２「前記①〜③の事項いずれかに団体交渉義務を負う者」が「使用者」と解されよう。

図26.2　労組法7条2号の使用者

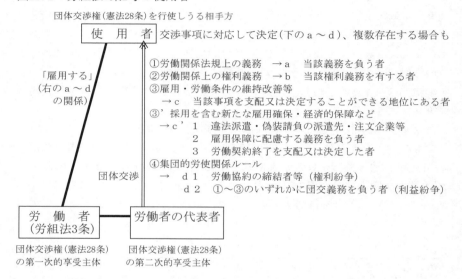

(3)　「労組法7条2号の使用者」該当性

以上のように、労組法7条2号の使用者は、当該交渉事項に対応して決定され、1)当該労働者につき、その代表者が団体交渉を求めうる「使用者」が複数存在する場合や、2)当該労働者につき、ある労働関係法規上の義務を負う者[24]、安全配慮義務を負う者[25]、その雇用・労働条件等を支配又は決定することができ

---

[22]　現在の労働契約上の使用者、派遣先、親会社等。

[23]　ｃ'２の場合は「雇用保障への配慮」義務を負うので団体交渉だけではなく義務違反についての損害賠償請求が可能であるが、ｃ'３の場合は「団体交渉」義務を負うだけで、誠実に団体交渉をすれば雇用確保措置がなされなくても損害賠償請求はできない。

[24]　例えば、セクシュアル・ハラスメント防止対策義務(均等11条1項)は派遣元と派遣先の双方に適用される(派遣47条の2)。

[25]　例えば、下請労働者に対する安全配慮義務を下請企業及び発注企業・元請企業・上位の請負人が負う場合もある。

る地位にある者*26が、それぞれ複数存在し、一つの交渉事項につき「使用者」が複数存在する場合もある。

以下では、特に問題となる、①労働契約上の使用者(→3)、②派遣先(派遣2条4号)(→4)、③親会社(会社2条4号・会社則3条2項)*27(→5)、④使用者団体(→6)について*28、交渉事項のいずれかについて「労組法7条2号の使用者」として団体交渉義務を負うかどうかを検討する。

### 3 「労組法7条2号の使用者」該当性①－労働契約上の使用者

(1) 現在の労働契約上の使用者

当該団結体の構成員である労働者の現在の労働契約上の使用者(派遣労働者については派遣元、出向労働者については出向元)*29は、いうまでもなく、労働関係法規上の義務を負い、当該労働者と労働関係上の権利義務関係を有し、その雇用・労働条件を決定することができる立場にある。したがって、これらに関する交渉事項については、労組法7条2号の使用者である。

(2) 出向先

出向先は、労働時間、安全衛生等の労働関係法規上の義務を負い、労務請求権を含む労働契約上の権利・義務の一部を譲受・引受し、その事業場で労務に従事させていることにより労働条件を支配・決定することができる地位にあるので、これらに関する交渉事項については、労組法7条2号の使用者である。

(3) 過去の労働契約上の使用者

過去に当該労働者の労働契約上の使用者であった者は、①過去の労働契約関係から生じる権利紛争(未払賃金の有無、損害賠償義務の有無等)*30、又は、利益紛

---

*26 派遣労働者の一定の雇用・労働条件等(派遣元と派遣先)、子会社等の労働者の雇用・労働条件等(子会社等と親会社)等。
*27 従来労組法7条の使用者性が問題となったほとんどの「親会社」がこれに該当する。
*28 この他、バス会社へのバスガイド紹介・派遣企業が、職業紹介の範囲を超えて、バスガイドに対して業務の割振りや賃金等の重要かつ基本的な労働条件を決定する立場にあったとして当該企業の使用者性を肯定した例として、フジ企画事件・中労委平24・1・11別冊中央労働時報1424号27頁/中労委DB：M-H24-143。
*29 「派遣先」(→後記4)・「親会社」(→後記5)が、労働契約締結の申込みのみなし(派遣40条の6)、法人格否認の法理、黙示の労働契約の成立等により「労働契約上の使用者」と認められる場合もある。
*30 松浦塩業事件・高松地丸亀支決昭34・10・26労民10巻5号982頁(被解雇者が未払賃金等の支払を求めている場合は被解雇者の団体は使用者に団体交渉を要求しうると判示)。中労委(ネスレ日本霞ヶ浦工場)事件・東京高判平21・5・21労判988号46頁は、当該労働者の退職前に申し入れていた団体交渉につき、退職に関連した退職金や未払賃金等の問題について団体交渉権は消滅しないと判示し支持しうるが、退職後に団体交渉を申し入れた場合も団体交渉権は存在すると解される。

争*31で当該使用者が処理することが可能かつ適当なものについては、労組法7条2号の使用者である。ただし、団体交渉権の行使(団体交渉の申入れ)は、信義則上合理的な期間内であることが必要である*32。

また、②労働契約の終了の肯否自体が争われている場合(解雇、雇止め、合意解約の効力等)、すなわち、当該労働者の現在の労働契約上の使用者か否かが争われている場合は、当該権利紛争については、労組法7条2号の使用者である*33。ただし、団体交渉権の行使(団体交渉の申入れ)は、信義則上合理的な期間内であることが必要である*34。

(4) 将来労働契約上の使用者となる可能性のある者

　ア　新規採用の抽象的可能性しかない者

当該労働者と労働契約を締結する抽象的可能性はほぼ全ての者にあるので、「採用」を決定しうる地位にある者はほぼ全ての者となるが、労働契約を締結するかどうかは原則として当事者の自由に委ねられ、また、団体交渉義務はこれを課せられた者にとって大きな負担であることに鑑みれば、全くの新規採用で単に労働契約締結の抽象的な可能性しかない場合に、当該労働者が労働契約の締結を望む者に対し、労働契約の締結等を交渉事項とする団体交渉義務を負わせることは、特段の事情がない限り、団体交渉権の範囲を超える。

---

*31　中労委(日本育英会)事件・東京地判昭53・6・30労民29巻3号432頁/労判301号19頁(使用者側の原因により、当該期間の定めのある労働者の労働契約期間中に団体交渉が尽くされないまま労働契約が終了したという特別の事情が認められるときは、当該労働者の労働契約終了後も当該利益紛争についての団体交渉義務が認められると判示)。

*32　兵庫労委(住友ゴム工業)事件・大阪高判平21・12・22労判994号81頁/判時2084号153頁(最一小決平23・11・10労判1034号98頁<要旨>で維持)、中労委(ニチアス)事件・東京地判平24・5・16別冊中央労働時報1427号3頁/中労委DB:H-H24-047は、過去の労働契約上の使用者に団体交渉義務を負わせる要件(判決は、当該労働者が労組法7条2号の「使用者が雇用する労働者」に該当する要件と表現している)として、①当該紛争が過去の雇用関係と密接に関連して発生し、②使用者が当該紛争を処理することが可能かつ適当であり、③団体交渉の申入れが雇用関係終了後社会通念上合理的といえる期間内にされたことを挙げているが、本文のように整理した方がわかりやすいであろう。

*33　肯定例として、中労委(オンセンド)事件・東京地判平20・10・8労判973号12頁/判時2057号154頁。ティアール建材・エルゴテック事件・東京地判平13・7・6労判814号53頁は、当該労働契約が雇止めにより終了したと判断した上で、当該企業の従業員である組合員がいなくなったのでその組合は当該企業に対し団体交渉を求めることはできないとしたが、支持できない。

*34　神奈川労委(日本鋼管鶴見造船所)事件・東京高判昭57・10・7労判406号69頁(解雇後長期間経過後の団体交渉申入れでも、解雇された労働者が漫然とこれを放置していたのではなく、解雇の効力を争い裁判所において地位確認請求の訴訟を提起し、その後組合を結成し又は組合に加入し、その後直ちに団体交渉の申入れをした場合は、団体交渉の申入れが時機に遅れたものということはできないと判示)。

また、当該労働者が組合員であること等を理由とする採用拒否は、労組法7条1・3号の不当労働行為に該当し、採用拒否した者は労組法7条1・3号により不利益な取扱い・支配介入を禁止されている「使用者」に該当する（→後記7）。しかし、採用拒否された労働者が、当該採用拒否が組合員であること等を理由とするものだと主張して採用拒否した者に対して団体交渉を求めることはできない。けだし、これを認めると、事実上、当該労働者が労働契約の締結を望む者に対し、労働契約の締結等を交渉事項とする団体交渉義務を負わせるのに等しいからである。ただし、当該採用拒否が労組法7条1・3号の不利益取扱い・支配介入であると労働委員会において認定された場合、労働委員会がその救済命令として、採用拒否した者に対し、当該労働者の代表者との団体交渉を命じることは可能であろう。

　　イ　過去労働契約を締結していた者

日々又は季節的な労働契約の締結を繰り返している企業[*35]等、当該労働者の過去の労働契約上の使用者で、かつ、一旦過去の労働契約が終了し過去の労働契約関係や過去の労働契約終了自体には争いがないが、当該労働者が新たな労働契約の締結に合理的な期待を有している場合は、当該合理的期待を保護する必要があり、当該企業には信義則上当該労働者の雇用に配慮する義務を負うと解されるから、新たな労働契約の締結や損害賠償請求等に関する事項については、「労組法7条2号の使用者」と解すべきである。

　　ウ　労働契約成立の現実的かつ具体的な可能性のある者

合併・事業譲渡・会社分割[*36]における設立会社・存続会社等、近い将来、労働契約上の使用者となる現実的かつ具体的な可能性のある者[*37]は、以下に述べる事項については労組法7条2号の使用者と解される。

第一に、合併の場合、消滅会社の全ての権利義務関係が設立会社又は存続会

---

[*35] 高知労委（土佐清水鰹節水産加工業協同組合）事件・高知地判昭44・4・4労民20巻2号350頁、同事件・高松高判昭46・5・25労民22巻3号536頁／判時646号87頁（日々又は季節的な雇用が恒常的に繰り返され特別の事情がない限り将来雇用されることが確実で、雇用関係に準ずる関係にあると判示）。

[*36] 前記第19章「企業再編・企業グループと労働契約」1〜4。

[*37] クボタ事件・中労委平21・9・2中労委DB：M-H21-043/別冊中央労働時報1386号42頁、中労委（クボタ）事件・東京地判平23・3・17労判1034号87頁は、近い将来、労働契約上の使用者となる現実的かつ具体的な可能性のある者は、労組法7条2号の使用者であると判示し、派遣先が派遣労働者の直接雇用を決定したが実施されていない段階でこの判断基準により派遣先の派遣労働者に対する使用者性を肯定したが、同事件・東京高判平23・12・21中労委DB：H-H23-002は、労働契約が成立していたという理由で使用者性を肯定した。

社に包括的に承継される(会社750条1項、752条1項、754条1項、756条1項)ので、消滅会社の労働者の労働契約は当然に設立会社又は存続会社に承継される[*38]。

したがって、設立会社又は存続会社は、遅くとも消滅会社との合併合意後は、合併後の当該労働者の労働条件については労組法7条2号の使用者である。

第二に、事業譲渡の場合、特定承継であるから、譲渡会社の労働者の労働契約は譲渡会社・譲受会社・労働者の三者の合意がある場合に承継され、労働契約承継後の労働契約の内容は譲受会社と労働者の合意により決定される。また、譲受会社と譲渡会社の労働者との間で個別に労働契約が締結される場合もある。したがって、当該労働者の労働契約の承継につき三者の合意がある場合[*39]又は当該労働者と譲受会社との間で労働契約が締結された場合は、譲受会社は、遅くとも当該合意又は労働契約締結後、事業譲渡後の当該労働者の労働条件については労組法7条2号の使用者である。

これに対し、労働者は譲受会社による労働契約の承継を望んでいるが譲受会社が労働契約の承継を決定していない場合又は同意がない場合、当該労働者の労働契約の承継及び承継後の労働条件等について労組法7条2号の使用者かどうかが問題となる。労働契約が承継されないと、全部譲渡又はこれに近い事業譲渡の場合は、当該労働者は譲渡会社の解散又は大幅な人員整理により解雇される可能性が高く、当該労働者が業務に従事している事業の譲渡である場合は、当該労働者は少なくとも配転を余儀なくされ譲渡会社から解雇される危険性もある。したがって、この場合、譲受会社は、当該労働者の雇用に配慮する信義則上の義務を負い、遅くとも譲渡会社との事業譲渡合意後、当該雇用配慮義務については労組法7条2号の使用者と解すべきであろう。

第三に、会社分割の場合、承継法により、①承継事業に主として従事する労働者(承継2条1項1号、承継則2条)については、分割契約等(新設分割においては新設分割計画、吸収分割においては吸収分割契約)に承継会社等(新設分割においては新設分割設立会社、吸収分割においては吸収分割承継会社)がその労働契約を承継する旨の定めがある場合、又は、分割契約等に承継会社等がその労働契約を承継する旨の定めはないが当該労働者が異議申立をした場合は、その労働契約は承継会社等に承継され(承継3条、4条1項・4項)、②その他の労働者については、分割契約等に、承継会社等がその労働契約を承継する旨の定めがあり、異議申立をしな

---

[*38] 前記第19章「企業再編・企業グループと労働契約」2(2)。
[*39] 「合意」は、黙示の合意の推認、公序による修正、信義則に則した解釈等によっても認められる、詳細は、前記第19章「企業再編・企業グループと労働契約」3(5)参照。

ければ、承継会社等にその労働契約が承継される*40。

したがって、承継会社等は、①の承継事業に主として従事している労働者との関係では遅くとも分割会社との会社分割合意後、②のその他の労働者との関係では遅くとも分割契約等の締結・作成後、労働契約承継後の当該労働者の労働条件については、労組法7条2号の使用者である。

## 4 「労組法7条2号の使用者」該当性②－「派遣先」

### (1) 労働関係法規上の義務に関する事項

派遣先(「労働者派遣の役務の提供を受ける者」〈派遣2条4号〉)は、派遣労働者に関し、労基法、安衛法、じん肺法、作業環境測定法、均等法、育介法の規定の一部に基づく義務を負い(派遣44条〜47条の3)、また、派遣法上、派遣労働者の均等待遇(教育訓練・施設利用等)・雇用保障への配慮、適正な派遣就業の確保等のための様々な義務を負う*41。

したがって、派遣先は、「派遣労働者に関し労働関係法規上負う義務(公法上の義務・努力義務も含む)の内容・履行の確認、履行要求、違反の場合の損害賠償請求等」については、「使用者」として団体交渉義務を負う*42。

なお、当該事項についての派遣先の使用者性は、労働関係法規上の義務を負っていることにより肯定され、「法違反の存在」や「当該事項につき派遣先が現実的かつ具体的に支配していること」*43を要件とする必要はない。

### (2) 労働関係上の権利義務に関する事項－信義則上の義務

派遣先は、第一に、派遣労働者に関し多くの労働関係法規上の義務を負い(→前記(1))、第二に、労働者派遣契約に基づき、派遣労働者の役務の提供を受ける権利を有し、その労務を事業に利用して利益を享受するものであり、①かかる義務、及び、②かかる権利と利益享受の地位は、派遣先と派遣労働者の「特別な社会的接触の関係」を基礎付ける。

それゆえ、派遣先は、派遣労働者に対し、信義則上の義務(民1条2項)として、

---

*40 前記第19章「企業再編・企業グループと労働契約」4(4)ア。
*41 前記第20章「非典型労働契約」第3節3(2)・7参照。
*42 直接雇用申込義務(派遣旧40条の4、平27法73により削除)の発生を理由に派遣先に直接雇用や金銭補償の団体交渉を求めた事案(ショーワ事件・中労委平24・9・19別冊中央労働時報1436号16頁/中労委DB:M-H24-048、兵庫労委(川崎重工業)事件・神戸地判平25・5・14労判1076号5頁、パナソニックホームアプライアンス事件・中労委平25・2・6中労委DB:M-H25-124等)は、このように解し団交義務を肯定すべきであった。
*43 これを要求する見解(菅野・労働法(2017)402-403頁、中労委(阪急交通社)事件・東京地判平25・12・5労判1091号14頁等)は支持できない。

①労働関係法規上の義務をその具体的内容の最低基準とする配慮義務、及び、②安全配慮義務、職場環境調整義務[*44]、雇用・労働条件保障に配慮する義務[*45]等を負う[*46]。

したがって、派遣先は、「前記①・②の信義則上の義務の内容・履行の確認、履行要求、違反の場合の損害賠償請求等」については、「使用者」として団体交渉義務を負う。

(3) 雇用・労働条件の維持改善等に関する事項

派遣労働者の労働条件等は、派遣元との派遣労働契約により決定・変更され、派遣労働契約は派遣元による解雇又は契約更新拒否等により終了する[*47]。

しかし、第一に、派遣労働契約の内容の多くは労働者派遣契約に基づき決定され（派遣26条1項・派遣則22条参照）、派遣労働者の賃金は労働者派遣契約所定の派遣料を基礎として決定されるので、派遣先は、a「労働者派遣契約に基づき決定される派遣労働者の労働条件及び賃金」については、派遣元と共同で、支配又は決定することができる地位にある。

第二に、労働者派遣契約の終了又は派遣労働者の交代により、直ちに派遣労働契約の終了又は内容の変更（休業若しくは他の派遣先への就労）が招来されるので、派遣先は、b「労働者派遣契約の解除・更新拒否、派遣労働者の交代要請等」により、派遣労働契約の終了又は内容の変更について、単独で又は派遣元と共同で、支配又は決定することができる地位にある。

したがって、派遣先は、「①前記aの維持改善等、②前記bの説明・撤回、③前記bにより派遣労働契約が終了した場合の雇用確保・経済的保障等」について、「使用者」として団体交渉義務を負う[*48]。

---

[*44] 派遣労働者のセクシュアルハラスメント問題につき派遣先の使用者性を肯定したものとして、日本製箔事件・滋賀労委平17・4・1労判893号185頁／中労委DB:M-H17-128。

[*45] 具体的には、労働者派遣契約の終了は派遣労働契約の終了又は契約内容の変更（休業・派遣先の変更）を招来するので、「労働者派遣契約の中途解除はやむを得ない場合に行い、労働者派遣契約の契約更新拒否は、派遣労働者が労働者派遣契約と労働者派遣契約の更新に合理的な期待を有する場合はやむを得ない場合に行い、労働者派遣契約の中途解除又はやむを得ない事由がない更新拒否の場合は派遣労働者の雇用確保や経済的保障等に配慮する義務」である。

[*46] ただし、義務違反の効果は損害賠償となろう。

[*47] そのため、就業条件の変更についても団交義務を負うのは派遣元で派遣先ではないとの見解（菅野・労働法(2017)402頁等）も存在するが、以下本文で述べる理由により支持できない。

[*48] なお、派遣先が派遣労働者の将来の労働契約上の使用者となる現実的かつ具体的な可能性がある場合（直接雇用の決定等）は、派遣先は将来の労働条件につき団交義務を負う。

最高裁判決[*49]も、派遣法制定前の事案であるが、また、労組法7条の「使用者」につき労組法7号各号に共通の概念を解する「共通説」の立場であるが、「雇用主以外の事業主であっても、雇用主から労働者の派遣を受けて自己の業務に従事させ、その労働者の基本的な労働条件等について、雇用主と部分的とはいえ同視できる程度に現実的かつ具体的に支配、決定することができる地位にある場合」には、その限りにおいて、当該事業主は労組法7条の「使用者」に当たると判示し、当該事案において、発注企業が実質的にみて請負3社から派遣される従業員の勤務時間の割り振り、労務提供の態様、作業環境等を決定していたという事実関係から、発注企業が労組法7条の「使用者」に該当し、当該事項につき団体交渉義務を負うと判断しており、結論としては支持しうる。

なお、派遣先の使用者性は、当該労働条件・派遣労働契約の終了等につき支配・決定することができる地位（前記①②）、又は、派遣労働契約終了を支配・決定したことに伴う信義則上の義務（前記③）により肯定され、前記③についての使用者性を肯定するにあたり、「当該労働者の一連の雇用管理（採用、配置・雇用の終了）に関し雇用主と同視できる程度の現実的かつ具体的な支配力」や「近い将来当該労働者との間に雇用関係が成立する現実的かつ具体的な可能性」[*50]を要件とする理由はない。

また、憲法の下位にある派遣法の立法趣旨により、労組法7条2号の「使用者」の範囲を縮減し団体交渉権を実質的に限定することはできず[*51]、派遣法上の苦情処理手続（派遣40条）を団体交渉に代替させることはできない[*52]。

(4) 集団的労使関係ルールに関する事項

派遣先は、①派遣労働者の代表者と労働協約を締結している場合等は、当該

---

[*49] 中労委(朝日放送)事件・最三小判平7・2・28民集49巻2号559頁/労判668号11頁。
[*50] 違法な労働者派遣の事案でこれを要件とするものとして、中国・九州地方整備局事件・中労委平24・11・21中労委DBM-H24-018、中労委(中国・九州地方整備局)事件・東京地判平27・9・10判時2295号35頁、同事件・東京高判平28・1・14中労委DBM-H28-039。
[*51] ショーワ事件・中労委平24・9・19別冊中央労働時報1436号16頁/中労委DB：M-H24-048等の見解（派遣法の枠組みで行われる労働者派遣の派遣先は立法趣旨に照らし原則として労組法7条の使用者ではないが、例外的に、①労働者派遣が派遣法の枠組み又は労働者派遣契約所定の基本的事項を逸脱して行われ、派遣先が当該労働者の基本的な労働条件等につき雇用主と部分的とはいえ同視できる程度に現実的かつ具体的な支配力を有している場合、又は、②派遣法の枠組みに従って行われているが派遣法上の責任・義務違反があり、当該事項について現実的かつ具体的な支配力を有している場合は使用者である）（菅野・労働法(2017)402-403頁、中労委(阪急交通社)事件・東京地判平25・12・5労判1091号14頁もほぼ同旨）は、このように限定する理由がなく支持できない。
[*52] 西谷・労組法(2012)152頁注13（苦情処理手続が尽くされない限り派遣先を使用者とする救済申立てはできないとの山口・労組法(1996)82頁を批判）等。

労働協約の解釈・履行等(権利紛争)について、団体交渉義務を負う。また、派遣労働者に関する事項につきし団体交渉義務を負うので(→前記(1)〜(3))、②集団的労使関係ルールの新たな設定・変更(利益紛争)についても、「使用者」として団体交渉交義務を負う。

図26.3 「派遣先」と「労組法7条2号の使用者」性

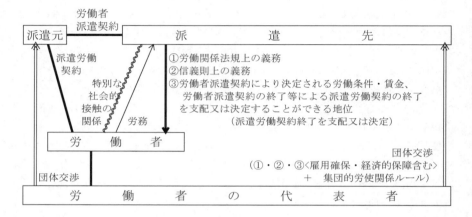

(5) 派遣元の使用者性(団体交渉義務)との関係

派遣労働者については、労働契約上の使用者である派遣元も、前記2の判断基準に基づき団体交渉義務を負うところ、派遣法31条及び信義則上、派遣労働者の派遣先での法違反のない就労と雇用・労働条件保障に配慮する義務を負うので、派遣先の労働関係法規上・信義則上の義務及び派遣先のみが支配・決定しうる雇用・労働条件の維持改善等についても団体交渉義務を負う。

したがって、①派遣元と派遣先、又は、派遣先のみが義務を負う労働関係法規、②派遣先が負う信義則上の義務、③労働者派遣契約に基づき決定される労働条件・賃金の維持改善、派遣先による労働者派遣契約の終了等とそれに伴う派遣労働者の雇用確保・経済的保障等については、派遣元と派遣先の双方が、労組法7条2号の使用者として、団体交渉義務を負う[*53]。

また、労働者派遣制度の複雑さから、当該交渉事項の「使用者」を特定する

---

[*53] 1)派遣元のみが団体交渉義務を負うのは、①派遣元のみが負う労働関係法規上の義務、②派遣元のみが有する労働関係上の権利義務、③派遣元のみが支配又は決定することができる雇用・労働条件の維持改善等、④派遣元との集団的労使関係ルールで、2)派遣先のみが団体交渉義務を負うのは、派遣先との集団的労使関係ルールである。

ことが困難な場合も多いが、団体交渉権の実質的保障、及び、制度の複雑さのリスクは労働者ではなく労働者派遣を利用する派遣先と派遣元が負担すべきことから、派遣労働者の代表者は、当該事項について又は前提となる交渉配分等の説明を求めて、派遣元、派遣先、又は双方に対し団体交渉を求めることができ、相手方は誠実に対応し交渉する義務を負う。

## 5 「労組法7条2号の使用者」該当性③－「親会社」

(1) 労働関係上の権利義務に関する事項－信義則上の義務

「親会社」（会社2条4号・会社則3条2項）は、子会社等の財務及び事業の方針の決定について、支配し、親会社の利害関係者に責任を負い、その支配権を行使して子会社等の労働者の労務を親会社又は企業グループの事業に組み入れるものであり、かかる地位は、親会社と子会社等の労働者との「特別な社会的接触の関係」を基礎付ける。それゆえ、親会社は、信義則上、企業グループや子会社等の財務及び事業の方針の決定を支配するにあたり、当該子会社等の労働者の雇用・労働条件保障に配慮する義務を負う[*54]。

したがって、親会社は、「信義則上の義務の履行要求（子会社等の労働者の雇用・労働条件に関わる財務及び事業の方針の説明・協議・撤回・変更、雇用・労働条件の維持改善、雇用確保・経済的保障）、信義則違反に基づく損害賠償請求等」につき、労組法7条2号の使用者として団体交渉義務を負う。

なお、親会社の使用者性は、信義則上の義務を負うことにより肯定され、子会社等の労働者の採用や労働条件の具体的な決定が子会社等の業務執行機関に委ねられていたとしても、使用者性を否定する理由とはならない。

(2) 雇用・労働条件の維持改善等に関する事項

子会社等の労働者の労働条件は子会社等との労働契約により決定・変更され、その労働契約は子会社等による解雇又は契約更新拒否等により終了する。

しかし、親会社は、子会社等の財務及び事業の方針の決定について支配し、利害関係者に責任を負い、その労働者の雇用・労働条件の決定も支配している。

したがって、親会社は、「①子会社等の労働者の雇用・労働条件の維持改善等、及び、②労働契約終了の場合の当該労働者の新たな雇用確保・経済的保障等」については、労組法7条2号の使用者として、団体交渉義務を負う。

なお、当該事項についての親会社の使用者性は、「親会社」としての子会社等の財務及び事業の方針の決定の支配（前記①）、及び、労働契約終了の決定の

---

[*54] 前記第19章「企業再編・企業グループと労働契約」5参照。

支配に伴う信義則上の義務(前記②)により肯定され、子会社等の労働者の採用や労働条件の具体的な決定が子会社等の業務執行機関に委ねられていても使用者性を否定する理由とはならず、「子会社等の労働者の基本的な労働条件等について雇用主と(部分的とはいえ)同視できる程度に現実的かつ具体的に支配、決定することができる地位にあること」[55]を判断基準とする理由はない。

(3) 集団的労使関係ルールに関する事項

親会社は、①子会社等の労働者の代表者と労働協約を締結している場合等は、当該労働協約の解釈・履行等(権利紛争)について、団体交渉義務を負う。また、子会社等の労働者に関し団体交渉義務を負うので(→前記(1)(2))、②集団的労使関係ルールの新たな設定・変更(利益紛争)についても、当該代表者との団体交渉義務を負う。

(4) 子会社等の使用者性(団体交渉義務)との関係

子会社等の労働者については、労働契約上の使用者である子会社等も、前記Ⅱの2の基準に基づき団体交渉義務を負うところ、信義則上、子会社の労働者の雇用・労働条件保障に配慮し親会社に対応する義務を負うと解されるので、親会社の信義則上の義務及び親会社のみが支配又は決定することができる雇用・労働条件の維持改善等についても、団体交渉義務を負う。

したがって、当該子会社等の労働者の雇用・労働条件に配慮する義務、及び、雇用・労働条件の維持改善等(雇用確保・経済的保障を含む)については、親会社と子会社等の双方が、労組法7条2号の使用者として団体交渉義務を負う[56]。また、雇用・労働条件の決定の具体的な権限配分やプロセス等は、当該企業グループにより多様なので、子会社等の労働者の代表者は、当該交渉事項の団体

---

[55] これを判断基準とするものとして、中労委(大阪証券取引所)事件・東京地判平16・5・17労判876号5頁、東京労委(ブライト証券・実鋭)事件・東京地判平17・12・7労経速1929号3頁/中労委DB:H-H17-003、中労委(シマダヤ)事件・東京地判平18・3・27労判917号67頁、中労委(高見澤電機製作所・富士通コンポーネント・富士通)事件・東京地判平23・5・12判時2139号108頁/中労委DB:H23-029、同事件・東京高判平24・10・30別冊中央労働時報1440号47頁/中労委DB:H-H24-014等。土田道夫「フランチャイズ・システムにおける労働組合法上の使用者」季刊労働法255号(2016年)121頁は、「親会社がその地位を超えて(逸脱して)労働条件を実質的に決定していると評価できるほどの強度の支配力を行使している場合は、朝日放送事件が説く『雇用主と同視できる程度の現実的かつ具体的な支配・決定』を肯定し、労組法上の使用者性(部分的使用者性)を肯定すべき」とするが支持できない。

[56] 1)子会社等のみが団体交渉義務を負うのは、①子会社等のみが負う労働関係法規上の義務、②子会社等のみが有する労働関係上の権利義務、③子会社等との集団的労使関係ルール等、2)親会社のみが団体交渉義務を負うのは、親会社との集団的労使関係ルール等。

交渉の有益な進め方を判断するために、具体的な権限配分・決定システム等の説明につき、親会社、子会社等、又は双方に団体交渉を求めうる。

　また、会社法制の複雑さ、親会社が複数存在しあるいは親会社が派遣先でもある可能性等から、当該交渉事項の「使用者」を特定することが困難な場合も多いが、団体交渉権の実質的保障、及び、制度の複雑さのリスクは労働者ではなく企業グループにより事業展開する親会社と子会社等が負担すべきことから、子会社等の労働者の代表者は、当該事項について又は前提となる制度等の説明を求めて、親会社、子会社等、又は双方に対し団体交渉を求めることができ、相手方は誠実に対応し交渉する義務を負う。

図26.4　「親会社」と労組法7条「2号」「1・4号」「3号」の使用者性

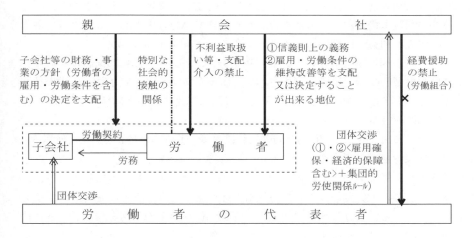

## 6　「労組法7条2号の使用者」該当性④－「使用者団体」

　使用者団体については、労組法6条・14条は「使用者又は使用者団体」と規定しており、団体交渉・労働協約の当事者となりうることは明らかであるが、労組法7条は「使用者」としか規定していないので、使用者団体は、当該交渉事項につき「団体交渉権行使の相手方」として団体交渉義務を負う場合であっても、労組法7条2号の「使用者」には含まれず、その団体交渉拒否については、裁判所に救済を求めることはできるが「不当労働行為」ではない（したがって労働委員会における救済を求めることはできない）との見解もありうる。

　しかし、労組法には「使用者」の定義規定がなく、「使用者」概念は各条文

毎に異なりうるところ、例えば企業別団体交渉では、個別使用者の正当な理由のない団体交渉拒否は不当労働行為となるのに、産業別団体交渉[*57]では、使用者団体の正当な理由のない団体交渉拒否は不当労働行為とならないという見解は、整合性を欠くように思われる。したがって、使用者団体も、労組法7条2号の「使用者」に含まれうると解すべきであろう[*58]。

### 7　「労組法7条1・4号の使用者」の判断基準

労組法7条1・4号は、「使用者」が、①不利益取扱い(労組7条1号)、②黄犬契約(労組7条1号)、③報復的不利益取扱い(労組7条4号)を行うことを禁止している。

①「不利益取扱い」は、労働組合の組合員であること等の故をもって、労働者に解雇その他の不利益な取扱いをすること、②「黄犬契約」は、労働者が労働組合に加入せず又は労働組合から脱退することを雇用条件とすること、③「報復的不利益取扱い」は、労働委員会への申立て等を理由として、労働者に解雇その他の不利益な取扱いをすることである(→後記第3節第1款)。

①〜③の適用段階について、最高裁判決[*59]は、①は労働契約締結後の段階、②は労働契約締結の段階に適用されるとするが、①〜③のいずれも、労働契約締結時、及び、労働契約締結後の双方の段階に適用されると解すべきである(→後記第3節第1款(6)ア)。

したがって、第一に、労働契約の締結段階で、①〜③を禁止される「使用者」は、当該労働者と労働契約締結過程にある者全てである。

第二に、労働契約の締結後において、①と③を禁止される「使用者」は、当該労働者との労働関係において不利益取扱いをなしうる者全てを対象とする必要があるから、当該労働者に関し、a 労働関係法規上の義務を負う者、b 労働関係上の権利義務を有する者、c 雇用・労働条件等について支配又は決定することができる地位にある者を含む。また、②を禁止される「使用者」は、当該労働者の雇用の継続につき支配又は決定することができる地位にある者全てで

---

[*57]　日本の産業別労使交渉の具体例については、川口・産業別労使交渉(2014)。
[*58]　事業協同組合も定款に規定がある場合又は組合員(事業者)から委任があった場合は定款の規定又は委任の範囲内においてその組合員の雇用する労働者の代表と団体交渉をなすことができると判示し、当該事案では黙示の委任があったとして当該事業協同組合の使用者性を肯定した裁判例として、高知労委(土佐清水鰹節水産加工業協同組合)事件・高知地判昭44・4・4労民20巻2号350頁、同事件・高松高判昭46・5・25労民22巻3号536頁/判時646号87頁。
[*59]　中労委(JR東海・JR貨物)事件・最一小判平15・12・22民集57巻11号2335頁/判時1847号8頁。同判決は、当該事案は新規採用の事案であり、当該採用拒否は労組法7条1号に該当しないと判断した。

ある。

## 8　「労組法7条3号の使用者」の判断基準

労組法7条3号は、「使用者」の、①「支配介入」と、②「経費援助」を禁止している。「支配介入」は、「労働者が労働組合を結成し、若しくは運営することを支配し、若しくはこれに介入すること」、「経費援助」は、「労働組合の運営のための経費の支払につき経理上の援助を与えること」である。

### (1)　「支配介入」と「使用者」の判断基準

「使用者」が「支配介入」（労組7条3号）を行うことを禁止されている相手方である「労働者」は、労組法上の労働者（労組3条）であるが、労組法7条2号とは異なり、特に「雇用する」労働者に限定されておらず、したがって、当該労働者に支配介入を行うことを禁止される「使用者」は、当該労働者を「雇用する」使用者に限定されていない。

しかし、労組法7条3号は、特に、当該労働者が代表者を通じて団体交渉権を行使しうる相手方が、当該労働者に対して支配介入を行い可能性が高く、かつ、その支配介入が重大な団結権侵害となるので、これを不当労働行為として禁止した（それ以外の者の支配介入行為は不法行為等としてのみ処理する）ものと解される。

したがって、当該労働者に対して「支配介入」を行うことを禁止されている「使用者」は、「労組法7条2号の使用者」（→前記2）に含まれうる者である[*60]。

ただし、組合員であること等を理由とする採用拒否、及び、労働契約締結時の黄犬契約は、労組法7条1号とともに3号にも該当するから、当該労働者と労働契約締結過程にある者も含まれる。

### (2)　「経費援助」と「使用者」の判断基準

「使用者」が「経費援助」（労組7条3号）を行うことを禁止されている「労働組合」は、労組法上の労働組合（労組2条）である（ただし、法の趣旨に照らし、他の要件は充足するが労組法2条但書2号に該当する＜経費援助を受けている＞労働組合は含まれると解される）が、それ以上は特に限定されていない。

しかし、労組法7条3号は、特に、当該労働組合が団体交渉権を行使しうる相手方が当該労働組合に経費援助する可能性が高く、かつ、その経費援助が重大な団結権侵害となるので、これを不当労働行為として禁止したものと解される。

したがって、「経費援助」を行うことを禁止されている「使用者」は、「労

---

[*60]　会社更生手続開始決定後は、更生管財人が更生会社の労働者の労働契約上の使用者としての地位を有し、労組法7条の使用者であるとしてその代理人の発言を支配介入と判断した裁判例として、東京労委＜日本航空＞事件・東京地判平26・8・28労判1106号5頁。

組法7条2号の使用者」(→前記2)に含まれうる者である。

### 9 まとめ

1)「団体交渉拒否」(労組7条2号)を禁止される「使用者」は、当該交渉事項に応じて決定され、2)「不利益取扱い等」(労組7条1・4号)を禁止されている「使用者」は、①労働契約締結過程にある者、及び、②労働関係において不利益取扱いをなしうる者であり、3)「支配介入」(労組7条3号)を禁止されている「使用者」は、①労働契約締結過程にある者、及び、②労組法7条2号の使用者に含まれうる者、「経費援助」(労組7条3号)を禁止されている「使用者」は、労組法7条2号の使用者に含まれうる者である。

## 第2款 使用者の行為

### 1 「使用者」と「現実の行為者」

「不当労働行為」に該当する行為には、法律行為以外の行為も含まれるから、「使用者」と「現実の行為者」は異なる場合がある。

例えば、法人企業において、労働者に労働組合の脱退を促す行為(労組7条3号の不当労働行為に該当しうる)を行った者が、管理職、別組合員、一般従業員、企業外の第三者等である場合、「使用者」は当該法人企業であるが、「現実の行為者」は、管理職、別組合員、一般の従業員、企業外の第三者等である。また、「使用者」が自然人である場合も、第三者に労働組合脱退を促す行為をさせた場合、「現実の行為者」は当該第三者である。

この場合、「現実の行為者」の行為を「使用者」に帰責できるか、すなわち、当該行為は「使用者の行為」と評価できるかどうかが問題となる[*61]。「使用者の行為」でなければ、労働委員会による不当労働行為救済制度の対象とはならないからである。ただし、「使用者の行為」でなくても、当該行為が不法行為に該当すれば、裁判所において救済を求めることは可能である。

### 2 「使用者の行為」か否かの判断

現実の実行者の行為が「使用者の行為」と評価される場合としては、①会社の役員としての行為、②使用者又は会社の機関等の指示・命令、意思を受けて

---

[*61] 中労委(JR東日本大宮支社)事件・東京地判平26・4・16労判1105号11頁、同事件・東京高判平26・9・25労判1105号5頁(常務の発言、支配介入該当性は否定)。

行われた行為*62、会社内での統一した意思に基づいて行われた行為*63、③使用者の代理人としての行為*64等がある。②の「指示・命令」「意思」は、明示的なもののみならず、黙示的なものも含まれる。

問題は、④代理人や会社の役員以外の者が、使用者又は会社の機関等の指示・命令、意思を受けて行ったと評価できない行為であるが、不当労働行為救済制度は、団結権等侵害の意思・意図に基づく使用者の行為に対する制裁制度ではなく、客観的に団結権等を侵害する行為を排除し団結権等保障の実効性を確保する制度であり、不当労働行為の成立要件として、どの類型についても、団結権等を侵害する意思・意図は不要であると解されることとの整合性を図るならば、判断基準は、使用者又は会社の機関等の団結権等侵害の意思・意図を具現しているかどうかではなく、使用者の事業の執行について行われた行為と評価できるかどうかであろう*65。

最高裁判決*66は、労組法2条1号所定の使用者の利益代表者に近接する職制上の地位にある者が、使用者又は会社の機関等の意を体して行った行為は、使用者との間で具体的な意思の連絡がなくとも、使用者の行為と評価できると判示するが、「意を体して」を前記③の黙示的な指示と位置づけているか、あるいは、当該行為は使用者の事業の執行について行われた行為と解しているのであれば妥当であろう。

## 第3節　不当労働行為の成立要件

不当労働行為は、①「不利益取扱い等」（労組7条1号・4号）、②「団体交渉拒否」（労組7条2号）、③「支配介入・経費援助」（労組7条3号）の三つに大別される。

---

*62　北海道労委(北日本倉庫港運)事件・札幌地判昭56・5・8労判372号58頁(営業部次長の発言を使用者の行為と判断)、中労委(オンセンド)事件・東京地判平20・10・8労判973号12頁/判時2057号154頁(人事部長の発言を使用者の行為と判断)。
*63　中労委(朝日火災海上)事件・東京地判平13・8・30労判816号27頁、同事件・東京高判平15・9・30労判862号41頁(課所長、別グループ組合員の言動)。
*64　東京労委(日本航空)事件・東京地判平26・8・28労判1106号5頁(会社更生手続開始決定後の更生管財人は更生会社の労働者の労働契約上の使用者であるとした上で、その代理人又は幹部の発言を労組法7条の使用者の行為と判断)。
*65　西谷・労組法(2012)148-149頁、荒木・労働法(2016)679頁は、使用者は職制がその権限を利用して不当労働行為をしないよう監督する義務を負うので、職制が独自に(使用者の意に反して)行った場合を除き、使用者に帰責しうるとしており、このように立論することも可能であろう。
*66　中労委(JR東海〈新幹線・科長脱退勧奨〉)事件・最二小判平18・12・8集民222号585頁労判929号5頁(当該事案では使用者の行為であることを肯定)。

また、講学上、④「複数組合間差別」という類型があり、上記①～③のいずれかに該当すればそれとして、労組法7条の不当労働行為に該当する。

そこで以下、不当労働行為の成立要件[*67]につき、①不利益取扱い等（→第1款）、②団体交渉拒否（→第2款）、③支配介入・経費援助（→第3款）、④複数組合間差別（→第4款）の順に検討する。

なお、一つの行為が同時に複数の類型の不当労働行為に該当する場合もある。例えば、「不利益取扱い」（労組7条1号）に該当する行為（例：労働組合の役員であることを理由とする解雇）の多くは「支配介入」（労組7条3号）にも該当し[*68]、「団体交渉拒否」（労組7条2号）に該当する行為も「支配介入」（労組7条3号）に該当しうる[*69]。

## 第1款　不利益取扱い等

「不利益取扱い等」[*70]には、①「不利益取扱い」（労組7条1号）（→1）、②「黄犬契約」（労組7条1号）（→2）、③「報復的不利益取扱い」（労組7条4号）（→3）の三つの不当労働行為の類型が含まれる。

### 1　不利益取扱い

「使用者」は、労働者（労組3条）に対して、「労働組合の組合員であること、労働組合に加入し、若しくはこれを結成しようとしたこと若しくは労働組合の正当な行為をしたこと」「の故をもって」、「解雇し、その他これに対して不利益な取扱いをすること」を禁止されている（労組7条1号本文）。

労働者に対する不利益な取扱いは、国籍・信条・社会的身分（労基3条）、性別（均等5・6条）等を理由とするものも禁止されているが、労組法7条は憲法28条の団結権保障等の実効性を確保する規定であるので、上記のような理由の不利益取扱いを禁止している。

「不利益取扱い」（労組7条1号）の成否については、1)使用者（→(1)）、2)労働

---

[*67] 近年の論考として、小宮文人「不当労働行為の認定基準」21世紀(8)(2000)86-102頁、古川景一「不当労働行為意思の要否」日本労働法学会誌130号(2017)74-82頁、同「不利益取扱い・支配介入の認定要件と不当労働行為意思」労旬1905号21-35頁、同論文引用文献等。

[*68] 中労委（旧社会福祉法人ひまわりの会）事件・東京地判平27・11・27労判1145号41頁、同事件・東京高判平28・4・21労判1145号34頁、中労委（学校法人明泉学園S高校）事件・東京地判平28・6・29労判1150号33頁等。

[*69] 肯定例として、中労委（黒川乳業）事件・東京地判平元・12・20労判554号30頁、香川労委（詫間港運）事件・高松地判平27・12・28労判1137号15頁等。

[*70] 近年の論考として、野田進「不利益取扱いの禁止－行政救済固有の解決法理のあり方」再生(5)(2017)237-264頁、同論文引用文献等。

者に対する不利益取扱いの理由（原因）となる事実である、①労働組合の組合員であること、②労働組合に加入し若しくは労働組合を結成しようとしたこと、③労働組合の正当な行為をしたことの内容（→(2)～(4)）、3)「解雇その他不利益な取扱い」の内容（→(5)）、4)「故をもって」の意義（→(6)）、及び、5)主張・立証方法（→(7)）が主な論点となる。

(1)　「使用者」

労組法7条1号により、当該労働者に対して「不利益取扱い」を禁止されている「使用者」は、前記第2節第1款7記載のとおりである。

(2)　不利益取扱いの理由①－「労働組合の組合員であること」

　　ア　「労働組合」

労組法7条1号に言う「労働組合」は、労組法上の労働組合（労組2条）である。憲法組合、及び、憲法上の保護を受ける一時的な団結体は含まれない。

憲法組合の組合員、又は、憲法上の保護を受ける一時的な団結体の構成員であることを理由とする不利益な取扱いは、「労働組合の組合員であること」を理由とする不利益な取扱いには該当しない[*71]が、憲法28条・民法90条に反し、法律行為であれば無効となり、また、不法行為又は信義則違反に基づき損害賠償請求をなしうる。

　　イ　「組合員であること」

労組法7条1号に言う「組合員であること」の中には、①労働組合の組合員であることのみならず、②特定の労働組合の組合員であること、③労働組合の役員であること、④労働組合の中の一部のグループに属していること[*72]、労働組合の執行部批判派グループであること等も含まれる。

(3)　不利益取扱いの理由②
　　　　－「労働組合に加入し、若しくはこれを結成しようとしたこと」

労組法7条1号に言う、「労働組合に加入し、若しくはこれを結成しようとしたこと」の中には、文字通りの行為の他、一時的な団結体の構成員の労働者や未組織労働者の団結活動等もこれに含めて考えることができる場合がある。

---

*71　後記(3)の「労働組合に加入し若しくは労働組合を結成しようとしたこと」に該当し、労働者が労働委員会に救済を求めることができる場合はある。

*72　東京労委（北辰電機製作所）事件・東京地判昭56・10・22労民32巻5号312頁/労判374号55頁（労働組合の内部に特定の傾向を有する組合活動を行う集団が存在するとき、使用者が組合員が当該集団に属して特定の傾向の組合活動を行う故をもって不利益な取扱いを行う場合は、当然労組法7条1号の不当労働行為に該当し、同条3号の不当労働行為にも該当すると判示＜当該事案では一部を除き不当労働行為該当性を否定＞）。

### (4) 不利益取扱いの理由③－「労働組合の正当な行為をしたこと」

#### ア 「労働組合」の行為

　当該労働者の行為が、「労働組合」の行為か、それとも、「労働者個人」の行為かが問題となるが、①労働組合の機関の決定に基づく行為、労働組合の役員の組合代理人としての行為、労働組合の事前の明示又は黙示の授権に基づく行為のみならず、自発的な行為であっても、②労働組合の運動方針の遂行行為と目しうる行為、③労働組合の運動方針に格別反しない行為、④労働組合の役員・代議員選挙における選挙活動、⑤労働組合の方針決定過程での言論活動等は、当該労働組合の行為と解すべきであり、「労働組合」の行為に含まれる[*73]。

#### イ 労働組合の「行為」

　労働組合の「行為」としては、労働組合の団体交渉、団結活動[*74]、争議行為、労働協約の締結等が含まれる。

#### ウ 「正当な」行為

　団体交渉、団結活動、争議行為の正当性については、前記第23章「団体交渉」第2節、第24章「団結活動と争議行為」第3節・第2節を参照されたい。

#### エ 当該行為が正当でない場合

　労働者が参加した団結活動、争議行為等が正当でない場合、当該行為を理由とする不利益な取扱い（懲戒、解雇等）は、「労働組合の正当な行為を理由とする不利益な取扱い」ではない。

　しかし、当該不利益取扱いの理由が、当該正当でない行為にあるのではなく、例えば当該労働組合を嫌悪し当該労働組合の組合員であることにあれば、当該不利益取扱いは、「労働組合の組合員であること」を理由とする不利益な取扱いであり、労組法7条1号の不利益取扱いに該当する[*75]。

---

[*73] 前記第24章「団結活動と争議行為」第3節1(3)参照。

[*74] 団結活動は、労働者の雇用・労働条件の維持改善その他経済的地位の向上を主たる目的とするものであるが、対使用者との関係において有利な労働条件を獲得することを目的とする活動のみならず、政治的活動、社会的活動、文化的活動であっても、広く労働者の生活利益の擁護と向上に直接又は間接に関係する事項を目的とする活動を含む（前記第24章「団結活動と争議行為」第3節3参照）。

[*75] 神奈川労委（JR東日本〈国労バッジ〉）事件・東京高判平11・2・24労判763号34頁（最一小決平11・11・11労判770号32頁も維持）は、組合バッジ着用は正当な組合活動ではないが、組合バッジ取り外し命令と懲戒処分は、当該労働組合への嫌悪と弱体化を決定的な動機として行われたもので、労組法7条3号の支配介入に該当すると判断し、中労委（光仁会）事件・東京地判平21・2・18労判981号38頁は、病院正門横の組合旗設置は正当な組合活動ではないが、過重な懲戒処分は当該労働組合及びその組合活動への嫌悪を主たる動機として行われたもので、労組法7条3号の支配介入に該当すると判断したが、いずれも、労組法7条1号の不利益取扱いにも該当すると言えよう。

(5) 解雇その他の「不利益な取扱い」の内容

労組法7条1号が禁止する解雇その他の「不利益な取扱い」は、①解雇、②退職勧奨、③懲戒処分、④休職、⑤賃金(賞与・退職金)・福利厚生に関する不利益な取扱い[*76]、⑥降職・降格・降給すること、⑦昇進・昇格・昇給させないこと[*77]、⑧人事考課における低査定、⑨配転[*78]・出向、⑩業務内容上の差別[*79]、⑪身体的・精神的に不利益な職務内容(単純作業、雑作業をさせる等)[*80]、⑫労働条件以外の不利益な取扱い(懇親会、スポーツ大会等の会社の行事に参加させない等)、⑬採用拒否、⑭契約を更新しないこと・労働契約を承継しないこと等、雇用・労働条件及びこれに関わる経済的・身体的・精神的不利益を広く含み[*81]、また、労働者の団結活動に対し不利益を与える場合も含むと解される[*82]。

---

[*76] 福岡労委(西日本重機)事件・最一小判昭58・2・24集民138号235頁/労判408号50頁(賞与算定基礎となる出勤率を計算するに当たりストライキによる不就労を欠勤扱いとしたことが、当該労働組合を嫌悪しストライキに対する制裁として行われたもので、労働組合の正当な行為等を理由とする不利益取扱い・支配介入に該当すると判断)、中労委(黒川乳業)事件・東京地判平元・12・20労判554号30頁(賞与の不支給)。

[*77] 北海道労委(渡島信用金庫)事件・札幌地判平26・5・16労判1096号5頁。

[*78] 中労委(旧社会福祉法人ひまわりの会)事件・東京地判平27・11・27労判1145号41頁、同事件・東京高判平28・4・21労判1145号34頁(生活相談員から非正規職員が担当していた送迎・清掃等の職務への配転が職務上・精神上の不利益を伴う扱いと判断)。

[*79] 奈良労委(奈良学園)事件・奈良地判平2・4・25労判567号42頁(短大教員の高校訪問の任を解いたこと)、サンデン交通事件・最三小判平9・6・10労判718号15頁(タクシーの新車の配車対象をA組合員のみとしB組合員を排除)、若松運輸・鉄構運輸事件・千葉地判平12・9・13労判795号15頁(運転手の担当車両の変更・車両乗務外としそれに伴うトレーラー乗務・長距離手当の減少等)、中労委(学校法人明泉学園S高校)事件・東京地判平28・6・29労判1150号33頁(クラス担任外し)、中労委(東急バス)事件・東京地判平28・12・21労判1157号17頁(バス乗務員への増務割当を短時間としたこと)等。

[*80] 千葉労委(オリエンタル・モーター)事件・千葉地判昭62・7・17労判506号98頁。

[*81] 大濱炭鑛事件・最二小判昭24・4・23刑集3巻5号592頁は、旧労組法11条1項(「使用者ハ労働者ガ労働組合ノ組合員ナルコト労働組合ヲ結成セントシ若ハ之に加入セントスルコト又ハ労働組合ノ正當ナル行爲ヲ爲シタルコトノ故ヲ以テ其ノ労働者ヲ解雇シ其ノ他之ニ不利益ナル取扱ヲ爲スコトヲ得ズ」)及び労調法40条(当時)(「使用者は、この法律による労働争議の調整をなす場合において、労働者がなした發言又は労働者が争議行為をなしたことを理由として、その労働者を解雇し、その他これに対し不利益な取扱をすることはできない」)についてであるが、「不利益な取扱とは、たとえば、減俸昇給停止等の経済的待遇に関して不利な差別待遇を与えるのみではなく広く精神的待遇等について不利な差別的取扱をなすことをも含む」と判示している(同事案では、出勤停止処分につき、本給は支給されるが家族手当、炭鉱の入坑料は受けられないという経済的不利益もあり「不利益な取扱」に該当すると判断)。

[*82] 関東醸造事件・東京高判昭34・4・28民10巻2号257頁/判時193号30頁(当該転勤を正社員への昇格を伴うが組合活動に不利益を与えるもので労組法7条1号に該当するとし、転勤拒否を理由とする解雇を無効と判断)、中央相互銀行事件・名古屋地判昭47・2・9判時663号92頁(組合活動家を労働協約で組合加入資格がないとされている銀行支店長代理に昇格配転したことを労組法7条1号・3号の不当労働行為と判断)。

これらについては、特に、⑬採用しないこと、⑭契約を更新しないこと・労働契約を承継しないこと、⑨配転で経済的な不利益を伴わないもの等が「不利益な取扱い」に該当するかどうかが論点となる。

### ア　採用拒否

労働組合の組合員であること等を理由とする「採用拒否」が労組法7条1号の「不利益取扱い」に該当するかどうかにつき、最高裁判決[*83]は、労組法7条1号の「不利益取扱い」は労働契約締結後（雇入れの後）の段階に適用され、「黄犬契約」は労働契約締結（雇入れ）の段階に適用されるとし、労働組合の組合員であること等を理由とする「採用拒否」は、それが従前の雇用契約関係における不利益な取扱いにほかならないとして不当労働行為の成立を肯定することができる場合に当たるなどの特段の事情がない限り、労組法7条1号の「不利益取扱い」に当たらないと判示している。

しかし、「不利益取扱い」と「黄犬契約」の適用段階を区別し、「不利益取扱い」は労働契約締結段階に適用されないとの見解は支持できない。

第一に、労働者の団結権等と労働権保障という観点からは、労働契約締結時に不利益取扱い（採用拒否等）を受けないことは不可欠である。

第二に、「黄犬契約」は、労働組合不加入又は労働組合からの脱退を拒否したことを理由とする採用拒否も含むと解されるところ、当該労働者が「労働組合不加入あるいは労働組合からの脱退を約定しないこと」を理由とする採用拒否は不当労働行為として禁止されているが、当該労働者が「労働組合に加入していること等」を理由とする採用拒否は不当労働行為として禁止されていないという見解は、論理整合性を欠く。また、仮に、「黄犬契約」は、労働組合への不加入又は労働組合からの脱退を雇用条件として提示したこと又は約定させたことのみを含むとしても、単に労働組合への不加入又は労働組合からの脱退を雇用条件として提示又は約定させただけでも不当労働行為となるのに、当該労働者が労働組合に加入していること等を理由とする採用拒否は不当労働行為として禁止されていないという見解は、論理整合性を欠く。

---

[*83] 中労委（JR北海道・JR貨物）事件・最一小判平15・12・22民集57巻11号2335頁／判時1847号8頁。同判決は、当該事案は新規採用の事案であり、当該採用拒否は労組法7条1号に該当しないと判断した。これに対し、反対意見は、雇主は採用の自由を有するが、事業譲渡や新会社設立により旧会社の主たる資産を譲り受け労働者を承継するといったような、雇主が労働者の従前の雇用関係と密接な関係があると認められる事情がある場合には採用の自由が制限されるところ、当該事案は事業譲渡類似の事案であり、当該採用拒否は労組法7条1号に該当すると述べた。法廷意見と反対意見の相違は、当該事案の評価（新規採用か事業譲渡か）である。

したがって、労組法7条1号の「不利益取扱い」は、労働契約の締結に関する不利益な取扱いについて、実質的には契約の終了に関する不利益取扱いに該当するもの（労働契約の更新の拒否、季節労働者の再採用の拒否、定年後の再雇用の拒否、事業譲渡等における労働契約の承継拒否[84]等）のみならず、新規採用の拒否も含め全て対象としこれを禁止していると解すべきであり[85]、これは使用者の「採用の自由」に関する法律による制限である。
　また、団結活動等を理由とする採用拒否は、憲法28条の団結権等を侵害するもので、民法90条の公序違反であり、不法行為でもあると解すべきである。
　　　イ　契約の更新拒否・定年後の再雇用の拒否・契約承継拒否等
　労働契約の更新拒否、季節労働者の再採用の拒否、定年後の再雇用の拒否、事業譲渡の際の譲受会社による労働契約の承継拒否等も、全て禁止される「不利益な取扱い」に含まれる。
　これらは、形式的には、労働契約締結の拒否（採用拒否）であるが、実質的には解雇であり、判例の立場でも、禁止される「不利益な取扱い」に含まれると解されるであろう[86]。
　　　ウ　経済的な不利益を伴わない配転等
　賃金等の経済的な不利益は伴わないが、従来の職務に比べて簡単で当該労働者の経験や技術を要しない職務に配転された場合、当該配転が「不利益」か否かは、当該職場の労働者の一般的認識に照らして不利益なものと受け止められ、それによって当該職場における組合員らの組合活動意思が萎縮し、組合活動一般に対して制約的効果が及ぶかという観点から判断される[87]。
　（6）　「故をもって」の意義
　　　ア　「因果関係」の存在
　前記(5)で検討した「不利益な取扱い」は、前記(2)～(4)の理由以外の理由

---

[84]　中労委（青山会）事件・東京高判平14・2・27労判824号17頁（事業譲渡に類似した事案における労働者の不採用につき、採用の実態は、新規採用というよりも雇用関係の承継に等しいものであり、労組法7条1号本文前段が雇入れについて適用があるか否かについて論ずるまでもなく、本件不採用については同規定の適用があると判示して、労組法7条1号・3号に該当すると判断〈最三小決平16・2・10中央労働時報1032号61頁／中労委DB：H-H16-042もこれを維持〉）。

[85]　中労委（青山会）事件・東京地判平13・4・12労判805号51頁／判時1754号160頁（労組法7条1号は雇入れに対しても適用があると判示）。

[86]　中労委（青山会）事件・東京高判平14・2・27労判824号17頁〈最三小決平16・2・10中央労働時報1032号61頁／中労委DB：H-H16-042もこれを維持〉）。

[87]　中労委（西神テトラパック）事件・東京高判平11・12・22労判779号47頁（当該配転は不利益取扱いであると判断）。

でも行われる可能性がある(例えば、欠勤が多いことを理由とする解雇)。

したがって、労組法7条1号の不当労働行為の成立は、前記(2)～(4)の事実「の故をもって(を理由として)[*88]」前記(5)の不利益な取扱が行われたこと、すなわち、「使用者が、組合員であること等の事実を認識し、そのことの故に不利益取扱いをしようと意欲し、不利益取扱いを実現したこと」により肯定され[*89]、「前記(2)～(4)の事実(組合員であること等)」と「前記(5)の不利益な取扱い」との間に「因果関係」が存在することが必要である[*90]。

この「因果関係」は、原因と結果の関係、「AなければBなし」の関係を意味するものである[*91]。そして、使用者の反組合的意思・意図・嫌悪等は、因果関係の存在(組合員であること等の事実の認識・不利益取扱いをしようとの意欲・不利益取扱いの実現)の存否を判断するにあたり、使用者の「意欲」[*92]を推認させる間接事実の一つである[*93]が、その存在自体が、不当労働行為の成立要件として位置づけられるわけではない[*94]。

　　イ　理由の競合

それでは、いわゆる「理由の競合」の場合、すなわち、当該不利益な取扱い(例：解雇)につき、労働組合の組合員である等の理由と、正当な理由(例：欠勤が多い)が競合している場合、労組法7条1号の不当労働行為の成否はどのよう

---

*88　労組法7条1号の条文中の「の故をもって」は同条4号の「を理由として」と同義である(古川景一「不当労働行為意思の要否」日本労働法学会誌130号(2017)74頁)。

*89　中労委(オリエンタル・モーター)事件・東京地判平14・4・24労判831号43頁、同事件・東京高判平15・12・17労判868号20頁、菅野・労働法(2017)968頁、野田進「不利益取扱いの禁止－行政救済固有の解決法理のあり方」季刊労働法(5)(2017)261頁等。

*90　大濱炭鑛事件・最二小判昭24・4・23刑集3巻5号592頁は、旧労組法11条1項及び労調法40条(当時)についてであるが、当該事案では、不当怠業行為の責任をも併せて問う意図があったにせよ、労働組合員であること等と労働者に対する不利益取扱との間には「因果関係」が存することが明らかであり同条に違反すると判示している。

*91　例えば、昇格が、①人事考課と②学科・論文試験により決定され、①の人事考課が組合員であること等を理由とする低査定でも、②の試験の得点が低く、①の人事考課の低査定がなくても合格の可能性がない場合は、②の試験が公平に行われている限り、組合員であること等と昇格試験不合格の間には因果関係がなく、不当労働行為は成立しない(中労委(芝信用金庫)事件・東京高判平12・4・19労判783号36頁)。

*92　この使用者の「意欲」を「不当労働行為意思」と呼ぶことも可能であろうが、「不当労働行為意思」という概念において意味する内容は論者により多様で議論の混乱の原因となるので、本書では「不当労働行為意思」という概念は用いない。

*93　中労委(オリエンタル・モーター)事件・東京地判平14・4・24労判831号43頁、同事件・東京高判平15・12・17労判868号20頁、菅野・労働法(2017)968頁等。

*94　以上及び後記イにつき、古川景一「不当労働行為意思の要否」日本労働法学会誌130号(2017)74-79頁、同「不利益取扱い・支配加入の認定要件と不当労働行為意思」労旬21-27頁も参照。

に判断すべきであろうか。

　この点につき、①組合員である等の理由と正当な理由のいずれが不利益な取扱いの決定的理由であったかで判断する見解（決定的動機説）[*95]もあるが、労組法7条1号の「故をもって」は、因果関係の存在を意味するものと解されるから（→前記ア）、「組合員であること等の理由」と「正当な理由」の軽重や理由全体に占める割合の比率が判断に影響を与えるものではなく、②組合員である等の理由がなければ不利益な取扱いが行われなかったかどうか（「AなければBなし」の関係か）で判断する見解（因果関係説）[*96]が妥当である。

　したがって、第一に、組合員であること等がなければ不利益な取扱いが行われなかったと判断される場合は、組合員であること等と不利益取扱いとの間の因果関係が存在し、労組法7条1号に該当すると解すべきである。

　第二に、組合員であること等がなくても当該不利益な取扱いが行われたと認定される場合は、組合員であること等と不利益取扱いとの間の因果関係が存在せず、労組法7条1号には該当しないが、当該取扱いが有効・適法かどうかは、別途、当該取扱いが有効となる要件・適法となる要件を充足しているかどうかが判断され、要件を充足していなければ、無効あるいは違法となる。

　　ウ　第三者の強要

　それでは、使用者が、当該労働者が労働組合の組合員であること等を嫌った取引先会社等の第三者により要求され、やむなく不利益な取扱い（例えば解雇）を行った場合、当該不利益な取扱いは、当該労働者が組合員であること等を理由とする不利益な取扱いとなるであろうか。それとも、第三者に強要されたことを理由とする不利益な取扱いであって、組合員であること等との因果関係は存在しないことになるのであろうか。

　このような場合、組合員であること等を理由として当該労働者を排除しようとする第三者の意図は、使用者が第三者の意図を知りつつその要求に応じたこ

---

[*95] 国光電機事件・東京地判昭41・3・29労民17巻2号273頁/労判22号9頁（当該解雇は当該労働者の組合活動への嫌悪もあるが違法な組合活動が支配的理由で不当労働行為ではないと判断）、中労委（東京燒結金属）事件・東京高判平4・12・22労判622号6頁（反組合活動の意思と業務上の必要性の競合事案で、当該配転が不当労働行為に該当するためには、反組合活動の意思が業務上の必要性よりも優越し決定的動機であったことを要すると判示、当該配転の不当労働行為該当性を否定）。ただし、決定的動機説でも不当労働行為が肯定される場合は結論としては問題を生じない（福井新聞社事件・福井地判昭43・5・15労民19巻3号714頁/労判70号11頁〈当該解雇は素行不良等の責任もあるが当該労働者の正当な組合活動が決定的理由で不当労働行為に該当し無効と判断〉）。

[*96] 大濱炭鑛事件・最二小判昭24・4・23刑集3巻5号592頁。八幡製鉄所事件・最一小判昭36・4・27民集15巻4号974頁、菅野・労働法（2017）969頁も因果関係説と思われる。

とにより、使用者の意思に直結し使用者の意思内容を形成する[*97]。したがって、組合員であること等を理由とする不利益な取扱いとなり、因果関係の存在が肯定されることになる。

　（7）　査定差別と主張・立証

　労働組合の組合員であること等を理由として、賞与額や昇給・昇格・昇進等の決定において低く査定される「査定差別」については、査定（人事考課）は特に企業内部の微妙な判定手続であるので、「査定差別」であることをどのように主張・立証すべきかが問題となる。

　　　ア　全体的査定差別

　ある労働組合の組合員全体や組合内の特定の組合員集団全体について査定差別が主張される場合は、「大量観察方式」という立証方法を採用することができる場合がある。

　ただし、「大量観察方式」を採用するためには、その前提として、①差別されたと主張する組合員集団とそれ以外の従業員集団又は別組合員集団等、比較されるべき集団の構成員数が、量的比較を可能ならしめる相当程度のものであり、②両集団が、入社時期、学歴、職歴、在籍年数、勤務実績ないし成績等において、相当程度の共通性があることが必要である[*98]。

　大量観察方式においては、第一に、申立人組合あるいは申立人労働者が、「差別の外形的立証」を行う。具体的には、①当該労働組合の組合員の査定が他組合の組合員又は他の労働者に比して全体的に低位であることを立証し（全体的低位性の立証）、②その低位さは当該労働組合の組合員であることを推認させる間接事実（当該労働組合に対する嫌悪、弱体化意図等）の一応の立証を行う。この①と②が立証されれば、当該低査定は不当労働行為であると「推定」される。

　これに対して、第二に、被申立人である使用者が、「個別立証」を行う。具体的には、当該組合員の一人一人につき、その査定が公平であることを立証す

---

[*97]　山恵木材事件・最三小判昭46・6・15民集25巻4号516頁（取引先会社の強要による組合活動家の解雇につき、組合活動家を排除しようとの第三者の意図は、使用者が第三者の意図を知りつつその要求に応じたことにより、使用者の意思に直結し使用者の意思内容を形成すると判示）。

[*98]　中労委（芝信用金庫）事件・東京高判平12・4・19労判783号36頁（当該事案では二つの組合の組合員の業務能力等に格差がありかつ組合員数も圧倒的差異があり、大量観察方式はその前提を欠くと判断）。民事訴訟の事案であるが、同様に判示するものとして、日本メール・オーダー事件・東京地判平21・4・13労判986号52頁（当該事案では比較対象として抽出されたものにつき規模の相当性と共通性を否定）。

## 第3節　不当労働行為の成立要件

る。これによって「推定」が覆らなければ不当労働行為が成立する[*99]。

　　イ　小規模・部分的査定差別

　労働組合・組合員集団の全体についての査定差別が、量的比較を可能ならしめる規模でない場合、あるいは、労働組合・組合員集団の一部の者について査定差別が主張される場合でも、申立人労働組合あるいは申立人組合員の主張・立証責任は緩和すべきである。

　すなわち、第一に、申立人労働組合・組合員と被申立人使用者の主張・立証について、1) 申立人労働組合・組合員が、①当該組合員に対する低査定の事実と、②当該組合員が組合員以外の者と能力、勤務実績において同等であること（能力主義的人事考課の場合は、資料は使用者が保有しているので、当該組合員が自己の把握しうる限りにおいて具体的根拠を挙げて立証すれば足りる）、③その低位さは当該労働組合の組合員であること等を推認させる間接事実（当該組合や組合員に対する嫌悪、弱体化意図等）の主張・立証をすれば、組合員であること等が理由の低査定と推認され、2) 被申立人使用者が、当該労働者に対する人事考課の正当性等、不利益取扱いの合理的理由を主張・立証しない限り、不当労働行為が成立する。第二に、労働委員会や訴訟の審理における具体的な立証方法としては、まず、1) 使用者に対し、人事考課の正当さを具体的事実に基づき主張・立証させ、2) これに対し、当該組合員にこれを否定する具体的根拠を主張・立証させる方が実際的・効率的であろう[*100]。

---

[*99]　中労委（紅屋商事）事件・最二小判昭61・1・24集民147号23頁/労判467号6頁（A組合員の賞与に関する人事考課をB組合員及び非組合員より低位に査定したことにつき、①A組合結成以前の査定では、A組合員となった者とB組合員との間の平均考課率に差がなく、当該人事考課率の査定時においても勤務成績等に全体として差異がなかった、②当該賞与の人事考課率において、A組合員とB組合員との間に全体として顕著な差異がある、③A組合が結成されこれが公然化された後、会社はA組合を嫌悪しA組合員をB組合員と差別する行動を繰り返している、④A組合を脱退し非組合員又はB組合員となった者の平均人事考課率は、A組合員以外の労働者の平均人事考課率に近い数字に回復しているとして、労組法7条1号及び3号の不当労働行為であると判断）。

[*100]　中労委（オリエンタル・モーター）事件・東京地判平14・4・24労判831号43頁、同事件・東京高判平15・12・17労判868号20頁。中労委（昭和シェル石油）事件・東京高判平22・5・13労判1007号5頁/判時2095号136頁は、低い格付におかれた組合員6人と同期・同性・同学歴者の勤務成績と能力との間には全体的に同質性ないし同等性があると認定した上で、労組法7条1号の不利益取扱いの証明責任は労働者側が負担するが、活発な組合活動を行っていた当該組合員が同期・同性・同学歴者の中で著しく低い職能資格等級と賃金に置かれていた場合は、経験則上、組合活動が故の不合理な人事考課（著しく低位に位置づけられた）との推認（事実上の推定）が働き、会社が反証に成功しない場合は、組合活動が故の不合理な人事考課との事実が認定されると判示している。

## 2　黄犬契約

「使用者」は、労働者（労組3条）に対し、「労働組合に加入せず、若しくは労働組合から脱退することを雇用条件とすること」（労組7条1号）を禁止される。

ただし、労働組合が特定の工場事業場に雇用される労働者の過半数を代表する場合において、その労働者がその労働組合の組合員であることを雇用条件とする労働協約を締結することを妨げるものではない（労組7条1号但書）。

「黄犬契約」の成否については、①「使用者」、②「労働者が労働組合に加入せず、若しくは労働組合から脱退することを雇用条件とすること」の内容、③労組法7条1号但書により許容される場合が主な論点となる。

(1)　「使用者」

「使用者」は、前記第2節第1款7記載のとおりである。

(2)　内容

「労働組合に加入せず、若しくは労働組合から脱退することを雇用条件とすること」は、具体的には、「労働者が労働組合に加入しないこと（特定の労働組合への不加入を含む）、又は、労働組合から脱退すること（特定の労働組合からの脱退を含む）」[101]を、①雇用条件として提示したこと、②雇用条件として労働者に約定させること、③約定しない労働者の採用又は雇用の継続を拒否することを含むと解される。「労働組合」は、労組法上の労働組合（労組2条）である。

最高裁判決[102]は、労組法7条1号の「黄犬契約」禁止は、労働契約締結時に適用されると判示するが、労働契約締結時のみならず、労働契約締結後も適用されると解すべきである。けだし、黄犬契約は労働契約締結後も行われうるものであり、労働契約締結後も禁止されるべきところ、①と②は「不利益取扱い」（労組法7条1号）に含まれないからである。

(3)　労組7条1号但書により許容される場合

特定の工場事業場に雇用される労働者の過半数を代表する労働組合と、その労働者がその労働組合の組合員であることを雇用条件とする労働協約を締結すること、すなわち、クローズド・ショップ協定（現在当該労働組合の組合員であることを雇用条件とする労働協約）、又は、ユニオン・ショップ協定（現在又は採用後当該労働組合の組合員であることを雇用条件とする労働協約）を締結することは許容されている（労組7条1号但書）。

---

[101]　労働組合に加入しても積極的な活動はしないことも含まれると解される（石川・労組法(1978)335頁、山口・労組法(1996)91頁、菅野・労働法(2017)972頁等）。

[102]　中労委（JR北海道・JR貨物）事件・最一小判平15・12・22民集57巻11号2335頁／判時1847号8頁。

したがって、特定の工場事業場に雇用される労働者の過半数を代表する労働組合とクローズド・ショップ協定又はユニオン・ショップ協定を締結している場合は、現在又は将来当該労働組合の組合員であることを雇用条件とすることが許容される。

### 3　報復的不利益取扱い

「使用者」は、労働者（労組3条）に対して、労働者が労働委員会に対し不当労働行為の申立てをしたこと若しくは再審査の申立てをしたこと、又は、労働委員会における不当労働行為の審査手続（調査・審問・和解）若しくは労調法による労働争議の調整手続において証拠を提示し若しくは発言をしたことを理由として、その労働者を解雇し、その他これに対して不利益な取扱いをすること（労組7条4号）を禁止されている[103]。

「使用者」は、前記第2節第1款7記載のとおりである。

「解雇その他不利益な取扱い」の内容は、労組法7条1号の「不利益な取扱い」の内容と同じであり（→前記1 (5)）、「理由として」の意義・内容は、労組法7条1号の「故をもって」と同じである（→前記1 (6)）。

## 第2款　団体交渉拒否

「使用者」は、「使用者が雇用する労働者（労組3条）の代表者と団体交渉をすることを正当な理由がなくて拒むこと」（労組7条2号）を禁止されている。

「団体交渉拒否」（労組7条2号）[104]の成否については、①労働者の「代表者」（→1）、②当該代表者との正当な理由のない団体交渉拒否を禁止されている「使用者」（→2）、③「団体交渉をすることを正当な理由がなくて拒むこと」の内容（→3）が主な論点となる。

### 1　「労働者の代表者」

労組法7条2号は憲法28条の団体交渉権保障の実効性を確保する規定であり、

---

[103]　使用者が、被申立人（使用者）申請証人として労働委員会の審問に出頭した労働者については当該時間を有給として取り扱い、申立人申請証人として出頭した申立人本人である労働者について当該時間を無給として取り扱うことは、当該申立人労働者が不当労働行為の申立てをしたことを理由とする不利益な取扱いで労組法7条4号の不当労働行為に該当すると判断した裁判例として、大阪労委（日本貨物鉄道）事件・大阪高判平11・4・8労判769号72頁（同事件・大阪地判平10・10・26労判755号32頁/判タ1010号262頁は、労働委員会での証拠の提示・発言を理由とする不利益な取扱いと判断）。

[104]　近年の論考として、戸谷義治「団交拒否」再生(5) (2017) 265-286頁、同論文引用文献等。

憲法28条と表裏一体の関係にある。したがって、団体交渉を求める側である労働者の「代表者」[105]は、団体交渉権の享受主体であり、団体交渉の主体となりうる団結体(憲法上の労働組合〈労組法上の労働組合・憲法組合〉と憲法上の保護を受ける一時的団結体)である[106]。

労働者の「代表者」は、労組法2条(定義)と5条2項(組合規約)を充足する労働組合(法適合組合)でなければならないという見解[107]は、そのように限定する理由がなく支持できない。確かに、労働委員会における申立人となりうるのは法適合認証組合のみであるが、当該団結体に対する団交拒否が不当労働行為かどうかと当該団結体が労働委員会における申立人となりうるかどうかは別の論点である。また、法適合組合でなくても、労組法上の労働組合又は憲法組合であれば、労組法7条2号違反につき裁判所に救済を求めることは可能であるし、一時的団結体を含め、団体交渉拒否の後に法適合組合となり、労働委員会の資格審査でその旨の決定を受け法適合認証組合となれば、労働委員会への申立て及び救済を受けることが可能と解すべきである。

### 2　「使用者」

労組法7条2号により当該労働者の「代表者」(団結体)に対して正当な理由のない団体交渉拒否を禁止されている「使用者」(当該団結体の構成員である労働者を「雇用する」者)は、前記第2節第1款2〜6記載のとおりであり、交渉事項毎に決定される。

### 3　「団体交渉をすることを正当な理由がなくて拒むこと」

(1)　「団体交渉をすることを拒むこと」

「団体交渉をすることを拒むこと」には、①団体交渉に参加しないことのみならず、②誠実交渉義務[108]に違反していることも含まれる。

(2)　「正当な理由」

団体交渉を拒否する「正当な理由」は、①団交申入事項が義務的団交事項[109]

---

[105]　当該労働者が加入している労働組合であることで足り、使用者の雇用する労働者の大部分が加入している労働組合であることを要しない(大阪労委〈大藤生コン三田〉事件・大阪地判平8・9・30労判708号67頁)。
[106]　前記第2節第1款2(1)、第23章「団体交渉」第2節第1款3参照。
[107]　菅野・労働法(2017)646〜647頁、772頁。
[108]　前記第23章「団体交渉」第2節第4款1参照。
[109]　前記第23章「団体交渉」第2節第2款3参照。

ではないこと、②団交打切り又は再開拒否の正当な理由があること[*110]、③団交の手続・態様、時期等に関連して団交に応じない正当な理由があること[*111]等である。

## 第3款　支配介入・経費援助

「支配介入・経費援助」[*112]には、①「支配介入」（→1）と、②「経費援助」（→2）の二つの不当労働行為の類型が含まれる。

### 1　支配介入

「使用者」は、「労働者が労働組合を結成し、若しくは運営することを支配し、若しくはこれに介入すること」を禁止されている(労組7条3号)。

「支配介入」の成否については、①「使用者」（→(1)）、②「労働組合を結成し、若しくは運営すること」の内容（→(2)）、③「支配・介入すること」の内容（→(3)）、④因果関係、団結権侵害の意思・意図等の要否（→(4)）が主な論点となる。

(1)　「使用者」

当該労働者に対して「支配介入」を行うことを禁止されている「使用者」は、前記第2節第1款8(1)記載のとおりである。

(2)　労働組合の結成・運営

労組法7条3号に言う、「労働組合」は、労組法上の労働組合(労組2条)である[*113]。「労働組合を結成し、若しくは運営すること」の中には、文字通りの行為の他、一時的な団結体の構成員の労働者や未組織労働者の団結活動等もこれに含めて考えることができる場合がある。

(3)　支配・介入すること

ア　定義と具体的態様

労組法7条3号は、憲法28条の団結権保障等の実効性を確保するための規定である。したがって、「支配・介入すること」とは、端的に言えば、憲法28条の

---

[*110]　前記第23章「団体交渉」第2節第4款2(2)参照。
[*111]　前記第23章「団体交渉」第2節第3款・第5款参照。
[*112]　近年の論考として、山本陽大「支配介入」再生(5)(2017)287-305頁、同論文引用文献等。
[*113]　菅野・労働法(2017)975頁は労組法5条1項も充足する必要があるとするが、労組法上の「労働組合」の文言は、特段の理由がない限り、労組法上の労働組合(労組2条)と解すべきであるところ、組合規約に関して労組法5条2項を充足しない不備があることをもって、使用者の支配介入を許容する根拠とはなし得ない。

趣旨に照らし、客観的に、労働者による労働組合の結成・運営という、労働者及び労働組合の団結権・団体交渉権・団体行動権を侵害する行為と定義することができる[*114]。ただし、現実に、労働組合の結成や運営に影響を及ぼしたり損害を与えたことは必要ではない[*115]。

「不利益取扱い等」（労組7条1号・4号）は基本的に「支配介入」にも該当し、また、「団体交渉拒否」（労組7条2号）も「支配介入」に該当しうる。ただし、「支配介入」が全て「不利益取扱い等」や「団交拒否」に該当するわけではなく、「不利益取扱い等」や「団交拒否」に該当しない「支配介入」も存在する（例：労働組合不加入の働きかけ、労働組合への掲示板貸与の拒否）。

「支配介入」の具体的態様としては、労働組合結成への批判、労働組合の組合員や役員・中心人物の解雇・配転[*116]・懲戒処分[*117]、労働者への組合脱退や不加入の働きかけ、役員選挙や組合内部運営への介入、別組合の結成援助・優遇、別組合への組合費の支払、組合の会合の監視、組合幹部懐柔のための買収・供応、便宜供与の中止・廃止、経営状況・経営方針に関する虚偽の情報提供等、様々なものがありうる。

以下、特に論点となるものとして、①使用者の言論、②使用者による施設利用の不許可、③無許可の施設利用・就業時間内団結活動に対する使用者の解散命令・警告等、④掲示物の撤去、⑤便宜供与の中止・廃止、⑥会社解散・会社再編と解雇、⑦ストライキ期間中のスト不参加者に対する特別手当の支払が「支配介入」に該当するかどうかを検討する。

---

[*114] 近年の裁判例（中労委〈学校法人明泉学園S高校〉事件・東京地判平28・6・29労判1150号33頁労判1150号33頁）は、「支配介入とは、使用者の組合結成ないし運営に対する干渉行為や諸々の組合を弱体化させる行為など労働組合が使用者との対等な交渉主体であるために必要な自主性、独立性、団結力、組織力を損なうおそれのある使用者の行為を広く含むもの」とし、「ある行為が支配介入に当たるか否かについては、当該行為の内容や態様、その意図や動機のみならず、行為者の地位や身分、当該行為がされた状況、当該行為が組合の運営や活動に及ぼし得る影響を総合考慮し、組合の結成を阻止したり妨害したり、組合を懐柔し、弱体化したり、組合の運営・活動を妨害したり、組合の自主的決定に干渉したしする効果を持つものといえるかにより判断すべき」と判示している。

[*115] 東京労委（日本航空）事件・東京地判平26・8・28労判1106号5頁。

[*116] 中労委（朝日火災海上保険）事件・東京地判平13・8・30労判816号27頁、同事件・東京高判平15・9・30労判862号41頁（支配介入肯定）。

[*117] 神奈川労委（JR東日本〈神奈川・国労バッジ〉）事件・東京高判平11・2・24労判763号34頁（正当でない組合活動に対する懲戒処分等は労働組合に対する嫌悪が決定的動機であるとして当該懲戒処分等を支配介入と判断〈最一小決平11・11・11労判770号32頁も維持〉）、中労委（光仁会）事件・東京地判平21・2・18労判981号38頁（正当でない組合活動に対する懲戒処分の主たる動機は当該労働組合及び当該労働者の組合活動に対する嫌悪であるとして当該懲戒処分を支配介入と判断）。

### 第3節 不当労働行為の成立要件

イ 使用者の言論

使用者にも憲法21条の言論の自由はあるが、憲法28条の団結権を侵害してはならないという制約を受けることを免れず、使用者の言論がこれを侵害する場合は、「支配介入」が成立する。

問題はその具体的な判断基準であるが、使用者側の言論の内容が、(a)労働組合の結成・加入・脱退や労働組合の組織・運営・活動方針、役員選挙等の、労働者又は労働組合が自主的に決定すべき事項についての意見表明である場合[118]は、労働者又は労働組合の団結活動・争議行為に対して妨害ないし干渉し影響力を与える可能性がある。また、(b)企業内に複数労働組合が存在する場合にいずれか一方を支持し又は批判すること[119]は、全ての労働組合の団結権等を平等に尊重する中立保持義務に違反し、いずれかの労働組合及びその組合員の団結権等を侵害するものである。

したがって、言論の具体的な内容、方法、時期等に照らし、①使用者の言論の内容が、前記(a)又は(b)に該当する場合は、許された言論の自由の範囲を超えるものであるので、②威嚇、不利益の示唆、利益の誘導の有無、③労働者又は労働組合の団結活動等への具体的影響の有無、④使用者の主観的意図に関わらず、支配介入が成立すると解すべきである[120]。

---

[118] 支配介入と判断した裁判例として、中労委(プリマハム)事件・東京地判昭51・5・21労判254号42頁/判時832号103頁(社長の組合員に対する声明文)、北海道労委(北日本倉庫港運)事件・札幌地判昭56・5・8労判372号58頁(営業部次長のストライキに関する発言〈威嚇効果を肯定〉)、中労委(日本チバガイギー)事件・東京地判昭60・4・25労民36巻2号237頁/労判452号27頁(工場長の労働組合への誹謗と脱退を勧める発言)、中労委(朝日火災海上保険)事件・東京地判平13・8・30労判816号27頁、同事件・東京高判平15・9・30労判862号41頁(営業本部長の上部団体批判並びに部課長及び組合内一部グループ組合員の別グループ組合員の代議員選出を阻む言動)、中労委(オンセンド)事件・東京地判平20・10・8労判973号12頁/判時2057号154頁(人事部長の組合脱退を働きかける言動)、東京労委(日本航空)事件・東京地判平26・8・28労判1106号5頁(更生管財人の代理人又は幹部の、争議権が確立した場合管財人が出資しない旨の発言)。

[119] 中労委(吉田鉄工所)事件・東京地判昭48・6・19判夕298号302頁(会社のA労組批判が、対立するB労組の勢力拡大助長とA組合の弱体化を図る意図のもとになされた支配介入と判断)。

[120] 中労委(朝日火災海上保険)事件・東京高判平15・9・30労判862号41頁参照。中労委(オンセンド)事件・東京地判平20・10・8労判973号12頁/判時2057号154頁も、言論の内容に、威嚇、報復ないし利益の約束の要素があれば不当労働行為が認定されやすいがそれが不可欠ではないと判示。中労委(プリマハム)事件・東京地判昭51・5・21労判254号42頁/判時832号103頁は「言論の内容、発表の手段、方法、発表の時期、発表者の地位、身分、言論発表の与える影響などを総合して判断し、当該言論が組合員に対し威嚇的効果を与え、組合の組織、運営に影響を及ぼすような場合は支配介入となる」と判示する(当該事案では支配介入を肯定)が、威嚇効果と実際の影響がなくても支配介入と判断すべきであろう。

最高裁判決[*121]は、会社社長が長浜工場労働組合の大阪連合会への加入を非難する趣旨及びそれにより同組合員が従前享有していた利益（社長の郷里である長浜工場の従業員は人員整理の対象としない）を失うことを暗示する発言をし、その結果、同組合が連合会から脱退するに至った事案において、①客観的に組合活動に対する批判と、②組合活動を理由とする不利益取扱いの暗示を含む発言があり、③組合の運営に影響を及ぼした事実がある以上、④発言者にこの点につき主観的認識ないし目的がなくても支配介入が成立すると判示し、結論自体は支持しうるが、②と③がなくても支配介入は成立すると解すべきである[*122]。

ただし、活動方針等を自主的に決定するためには会社の経営状況等使用者からの情報提供が必要な場合もあり[*123]、特に団体交渉においては、使用者からの情報提供の必要性と支配介入禁止を整合的に判断する基準が必要であろう。

　　ウ　使用者による施設利用の不許可

労働協約等の施設利用の法的根拠がない場合の使用者による施設利用の不許可につき、最高裁判決[*124]は、「使用者が労働組合による企業施設の利用を拒否する行為を通して労働組合の弱体化を図ろうとする場合に不当労働行為が成立し得ることはいうまでもない」が、「使用者が組合集会等のための企業施設の利用を労働組合又はその組合員に許諾するかどうかは、原則として、使用者の自由な判断にゆだねられており、使用者がその利用を受忍しなければならない義務を負うものではないから、権利の濫用であると認められるような特段の事情がある場合を除いては、使用者が利用を許諾しないからといって、直ちに団結権を侵害し、不当労働行為を構成するということはできない」と判示し、当

---

[*121] 滋賀労委（山岡内燃機）事件・最二小判昭29・5・28民集8巻5号990頁／判時29号21頁。
[*122] これに関連して、公労委（新宿郵便局）事件・最三小判昭58・12・20民集140号685頁／労判421号20頁は、「労使間に対立の見られるような時期に、使用者又はその利益代表者が労働者に個別に接触し、労使関係上の具体的問題について発言をすることは、一般的にいって公正さを欠く」と判示している（当該事案では支配介入を否定）。
[*123] 地神亮佑「使用者の意見表明と支配介入」阪大法学67巻3・4号（2017）578頁はこの点を指摘し、労働組合の運営や組合員の自由な意思決定に対する中立性を担保しつつ労使間コミュニケーションを促進するため「使用者の意見表明が自らの意思にかかわりなく決まる事実についての情報を提供し、協力を求めるようなものである場合は支配介入に該当しない」との基準を提示する。
[*124] 中労委（オリエンタルモーター〈中労委上告〉）事件・最二小判平7・9・8労判679号11頁。神奈川労委（池上通信機）事件・最三小判昭63・7・19民集154号373頁／労判527号5頁、中労委（日本チバガイギー）事件・最一小判平元1・19民集156号65頁／労判533号7頁（組合集会のための食堂使用又は屋外開催につき5時からは不許可・6時からは許可としたことの支配介入該当性を否定）も同旨。下級審裁判例でも、中労委（日本チバガイギー）事件・東京地判昭60・4・25労民36巻2号237頁／労判452号27頁、同事件・東京高判昭60・12・24労民36巻6号785号は同旨。

該施設利用の不許可の「支配介入」該当性を、「当該不許可が権利の濫用であると認められる特段の事情の有無」により判断する。

たしかに、労働者及び団結体の団結権・団体行動権の中に使用者の物的施設を利用して団結活動を行う権利が当然に含まれるとまでは、解することはできない。しかし、使用者は、施設管理権（職場環境を適正良好に保持し規律のある業務の運営体制を確保しうるように物的施設を管理・利用しうる権限）*125の行使にあたり、集団的労使関係における信義則（民1条2項）上の義務として、労働者及び労働組合等の団結権等を尊重することが必要である。

それゆえ、施設利用の承認を求められたとき、それを拒否することが、①当該団結体の弱体化を図る目的であるとき、②他の団結体には利用を許諾するが当該団体には正当な理由なく許諾しないなど、中立保持義務に違反するとき、③施設の利用を許さないことが当該物的施設につき使用者が有する施設管理権の濫用であると認められる特段の事情があるとき*126は、当該拒否は「支配介入」となるが、それに加えて、④労働者又は団結体が当該施設を利用する必要性と合理性があるときは、使用者が施設の利用を拒否することに合理的な理由がある場合を除き、当該拒否は信義則違反であり*127、信義則違反に該当する特段の事情がある場合も、「支配介入」が成立すると解すべきである。

　　エ　解散命令・警告等

無許可の施設利用又は就業時間内の団結活動に対する使用者の解散命令・警告等について、最高裁判決*128は、使用者の許諾がないときは、許諾しないこと、又は、中止を求め若しくは将来同様の行為を禁止することが権利の濫用であると認められるような特段の事情がある場合を除き、当該活動は正当な団結活動ではないので、解散命令や警告書の送付等は、労働者又は団結体に対し、労働契約上の義務に反し企業秩序を乱す行為の是正を求めるものにすぎず、支配介入に当たらないと解していると思われる。

たしかに、当該無許可の施設利用又は就業時間内の団結活動が正当でない場

---

*125　中労委（日本チバガイギー）事件・東京地判昭60・4・25労民36巻2号237頁／労判452号27頁は「施設管理権」をこのように定義する。
*126　国鉄札幌運転区事件・最三小判昭54・10・30民集33巻6号647頁／労判329号12頁、中労委（済生会中央病院）事件・最二小判平元・12・11民集43巻12号1786頁／労判552号10頁、中労委（オリエンタルモーター〈中央委上告〉）事件・最二小判平7・9・8労判679号11頁。
*127　前記第24章「団結活動と争議行為」第3節5(3)ウ参照。
*128　公労委（新宿郵便局）事件・最三小判昭58・12・20集民140号685頁／労判421号20頁、中労委（済生会中央病院）事件・最二小判平元・12・11民集43巻12号1786頁／労判552号10頁。

合は、その解散命令や警告等は直ちには支配介入に該当しないであろう[*129]。

　しかし、問題は、当該無許可の施設利用又は就業時間内の団結活動の正当性の判断であり、①使用者が施設利用を許諾しないこと、又は、中止を求め若しくは将来同様の行為を禁止することが、信義則（民1条2項）違反又は権利濫用（民1条3項）である場合は、無許可の施設利用の団結活動は正当である[*130]。また、②特段の事情がある場合や、労働義務に違反しない場合は、無許可の就業時間内の団結活動は正当である[*131]。

　また、無許可の施設利用又は就業時間内の団結活動のいずれについても、団体交渉に直接関連して行われる団結活動（労働者の集会等）については、組合員の意思を集約するために必要であり、かつ、労働組合ないしその組合員のした義務違反ないし使用者の権利に対する侵害の内容、態様及び程度その他の諸般の事情をも総合して、団結権・団体行動権の実質的保障の見地から相当と判断される場合には、正当な団結活動として取り扱うべきである[*132]。

　　オ　掲示物の撤去

　労働協約に基づき労働組合が掲示した掲示物の使用者による撤去は、労働協約における撤去要件に該当しない場合は団結活動に対する支配介入であり、撤去要件に該当する場合は支配介入に当たらない。

　そして、撤去要件の趣旨が、正当な団結活動でないものを撤去することにある場合は、形式的に撤去要件に該当する場合でも、当該掲示物の掲示が実質的に会社の運営等に与える支障の内容、程度、当該記載内容が真実であるかどうかなどの事情に照らし、当該掲示物の掲示が正当な団結活動であるときは、この掲示物を撤去する行為は支配介入の不当労働行為に該当する[*133]。

　　カ　便宜供与の中止・廃止

　使用者の施設使用、チェック・オフ、組合掲示板・組合事務所等の貸与、在

---

[*129] ただし、他の労働組合への対応と異なる等、中立保持義務に違反する場合や、当該団結体の弱体化を図る目的でそのような対応をした場合は、支配介入に該当しうる。

[*130] 前記第24章「団結活動と争議行為」第3節5（3）ウ参照。

[*131] 前記第24章「団結活動と争議行為」第3節5（2）ウ・エ参照。

[*132] 中労委（済生会中央病院）事件・最二小判平元・12・11民集43巻12号1786頁／労判552号10頁における奥野久之裁判官の反対意見参照。同裁判官は、同事案で、組合として外来看護婦の職場集会を開いて対策を協議する緊急の必要性があるところ、できるだけ多くの外来看護婦を協議に参加させるため事実上の休憩時間帯を選び、しかもいつでも急患業務に対応できる元空腹時血糖室を使用し、業務に支障のある者は中座するなどの配慮をしていたので、本件職場集会は正当な組合活動に当たると述べている。

[*133] 中労委（JR東海〈大阪第一車両所・掲示物撤去第一〉）事件・東京高判平19・8・28労判949号35頁、中労委（JR東海〈大阪第一車両所・掲示物撤去第二〉）事件・東京高判平19・5・30労判949号83頁〈ﾀﾞｲｼﾞｪｽﾄ〉。

籍専従等の、団結活動に対する便宜供与が、労働協約に定められ、又は、長期間反復継続して行われ民法92条の事実たる慣習として労働組合と使用者の契約内容となっている場合、使用者が、労働協約の更新拒否若しくは解約又は労使慣行の破棄により便宜供与を廃止することは、「支配介入」であろうか。

使用者は、当然に便宜供与を行うことを義務付けられているわけではないが、労働組合の団結権等を尊重する信義則上の義務を負う（民1条2項）。したがって、①使用者に当該便宜供与を廃止する合理的な理由があり、②合理的理由を示して当該便宜供与廃止について労働組合と交渉を行い労働組合の了解を得るよう努力し、③了解を得られない場合は労働組合側に不測の混乱を生じさせないよう準備のための適当な猶予期間を与えるなど相当の配慮を行った場合は、信義則上の義務を尽くしたものとして、当該便宜供与廃止は信義則違反とはならないが、①～③に該当しない場合は信義則違反であり、信義則違反に該当する特段の事情がある場合は当該労働組合の団結権等を侵害する支配介入に該当すると解すべきであり[*134]、また、不法行為にも該当しうる[*135]。

キ　会社解散・企業再編と解雇

使用者が自己の会社における労働組合の存在又は労働運動を嫌悪し、労働組合を壊滅又はその結成を阻止するために、会社解散（及びその後の実質的同一会社設立）や会社分割・事業譲渡といった企業再編を行い、それに伴い組合員・労働者の解雇を行う場合、当該解雇は、労組法7条1号の「不利益取扱い」に該当するとともに、労組法7条3号の「支配介入」に該当する[*136]。

ク　争議行為不参加労働者への特別手当の支払

使用者は、争議行為中も操業の自由を有しており[*137]、争議行為不参加者が就労した場合は所定の賃金支払義務を負い、また、争議行為不参加者が所定時

---

[*134] 東京流機製造事件・東京地判昭58・1・20労民30巻1号31頁/労判404号47頁、大阪労委（泉佐野市）事件・平28・5・18労判1143号35頁参照（いずれもチェック・オフの中止・廃止を労組法7条3号の支配介入と判断）。

[*135] 太陽自動車・北海道交運（便宜供与廃止等）事件・東京地判平17・8・29労判902号52頁/判時1909号105頁（本文①～③の要件を充足しない場合は、便宜供与廃止は不法行為に該当すると判示）。

[*136] 中労委（東京書院）事件・東京地判昭48・6・28判タ298号314頁、西野物流事件・千葉労委平21・2・10中労委DB:M-H21-106/労判977号95頁〈ダイジェスト〉等。不法行為責任が問題となった事案で、会社分割・事業閉鎖とそれに伴う組合員の解雇を不当労働行為と判断したものとして、生コン製販会社経営者ら事件・大阪地判平27・3・31労判1135号39頁、同事件・大阪高判平27・12・11労判1135号29頁、整理解雇の効力が問題となった事案で会社解散と整理解雇の不当労働行為性を否定したものとして、帝産キャブ奈良事件・奈良地判平26・7・11労判1102号18頁。

[*137] 山陽電気軌道事件・最二小決昭53・11・15刑集32巻8号1855頁/労判308号38頁。

間外労働・所定休日労働を行った場合は、割増賃金を含め当該時間に対応する所定の賃金支払義務を負う。これらの賃金は労働に対する所定の対価であり、その支払はスト参加者に対する不利益取扱いや支配介入に該当しない。

しかし、これ以外の特別手当・褒賞金等が争議行為不参加者に支払われる場合は、支給対象者（就労者か否か）、特別手当支払の合理的理由（通常とは異なる労働密度の高いあるいは身体的精神的苦痛の大きい労働への対価等）の有無、支給額、従来の慣行、特別手当支払の経緯、従来の労使関係等、諸般の事情に照らし、それが当該労働組合の争議行為の効果を減殺してそのけん制又は抑制をし当該労働組合の弱体化を図るものと評価される場合[*138]は、支配介入に該当すると解すべきである。

(4) 因果関係、団結権侵害の意思・意図等の要否

労組法7条3号の「支配介入」は、労組法7条1号「不利益取扱い」とは異なり、一定の事実（組合員であること等）を理由とした行為であること（「因果関係」の存在）を要件としていない。団結権侵害の意思・意図等も要件としていない。

また、「支配介入」も、他の類型の不当労働行為と同様、「不当労働行為」であることによる民事制裁や刑事制裁はないので[*139]、使用者の主観的意思や意図を成立要件として付加しなくても、その妥当性は肯定されよう。

したがって、客観的に、「労働者又は団結体の団結権・団体交渉権・団体行動権を侵害する行為」に該当するならば、「支配介入」が成立する。

具体的には、第一に、労働者又は団結体が自主的に決定すべき、団結の結成・組織運営・方針に働きかける行為（複数の労働組合の中の一部の労働組合の支持又は批判等も含む）は、特段の事情がある場合を除き、労働者又は団結体の団結権等を侵害する行為であり、「支配介入」が成立する。

第二に、便宜供与（使用者の施設を利用させること、就業時間中の団結活動の容認、組合事務所や組合掲示板の貸与、チェック・オフ等）の拒否又は中止・廃止、労働協約の解約等は、団結権が当然に使用者に便宜供与を要求する権利を含むとは言えないので、当然に団結権を侵害する行為とは言えず、また、使用者の所有権

---

[*138] 肯定例として、中労委（JR東日本）事件・東京高判平19・5・17労判948号23頁、大分タクシー事件・大分労委昭47・4・27労判157号70頁等。否定例として、中労委（JR東日本）事件・東京地判平18・9・27労判948号23頁、放送映画製作所事件・中労委昭59・4・4労判431号144頁等。

[*139] 当該行為が不法行為等の要件を充足すれば損害賠償責任を負うが、それは、「不法行為」が理由で「不当労働行為」が理由ではない。また、確定した労働委員会の救済命令に従わなければ刑事制裁の対象となるが、それは、「確定した命令に従わなかったこと」が理由で「不当労働行為」が理由ではない。

・施設管理権、解約権、諾否の自由等と団結権等の調整が必要であるから、それが労働者や団結体の団結権等の保障に配慮する信義則上の義務に違反し、信義則違反又は権利濫用と評価しうる特段の事情がある場合は、「団結権を侵害する行為」と評価しうるものとして、「支配介入」が成立すると解すべきである。この場合、「信義則違反や権利濫用に該当する特段の事情のある場合」の典型例は、労働組合の弱体化等を目的とする場合*140であろうが、労働組合の弱体化等の意図・目的が要件として付加されるわけではなく、労働組合の弱体化等の意図・目的を含む特段の事情がある場合に、「団結権等を侵害する行為」と評価されることになる*141。

第三に、労働者に対する不利益な取扱いは、多様な理由により行われる行為であるから、労働組合の結成・運営という労働者の団結権等の行使を理由とする不利益取扱いである場合、すなわち、労組法7条1号の「不利益取扱い」が成立する場合に、「団結権等を侵害する行為」として「支配介入」が成立する。この場合、「組合員であること等を理由とするもの」が要件として付加されるわけではなく、組合員であること等を理由とする不利益な取扱いである場合に、「団結権等を侵害する行為」と評価されることになる*142。

以上のように、組合員であること等との「因果関係」や団結権侵害の意思・意図等は、支配介入の成立要件ではない。しかし、支配介入と判断された場合の救済命令の内容(団結権回復のために必要な措置)を決定するにあたり、使用者の主観的な意思・意図の存在、内容、程度は考慮されるべきである*143。

## 2 経費援助

「使用者」は、「労働組合の運営のための経費の支払につき経理上の援助を与えること」を禁止されている(労組7条3号本文)。ただし、労働者が労働時間

---

*140 大阪労委(泉佐野市)事件・大阪地判平28・5・18労判1143号35頁は、当該チェック・オフ中止を労働組合の弱体化を意図してされたものと判断している。

*141 中労委(済生会中央病院)事件・最二小判平元・12・11民集43巻12号1786頁/労判552号10頁は、当該チェック・オフの中止が労基法24条1項違反解消を目的とするものであることは明らかであり「不当労働行為意思に基づくものであるともいえない」として不当労働行為に該当しないと判示するが、同判決は「不当労働行為意思」(具体的内容の判示はない)を本文で述べたように位置づけていると理解すべきであろう。

*142 以上、古川景一「不当労働行為意思の要否」日本労働法学会誌130号(2017)79-82頁、同「不利益取扱い・支配介入の要件と不当労働行為意思」労旬1905号(2018)27-33頁を参考にした。

*143 古川景一「不利益取扱い・支配介入の要件と不当労働行為意思」労旬1905号(2018)33頁参照。

中に時間又は賃金を失うことなく使用者と協議し、又は交渉することを使用者が許すことを妨げるものではなく、かつ、厚生資金又は経済上の不幸若しくは災厄を防止し、若しくは救済するための支出に実際に用いられる福利その他の基金に対する使用者の寄附及び最小限の広さの事務所の供与は許容される(労組7条3号但書)。

「経費援助」(労組7条3号)の成否については、①労働組合(→(1))、②使用者(→(2))、③許容される経費援助(→(3))、④団結権侵害の意思・意図等の要否(→(4))が主な論点となる。

(1) 「労働組合」

労組法7条3号にいう「労働組合」は、労組法上の労働組合(労組2条)である。ただし、法の趣旨に照らし、他の要件は充足するが労組法2条但書2号に該当する(既に経費援助を受けている)労働組合は含まれると解される。

(2) 「使用者」

労組法7条3号により労働組合に対して経費援助を行うことを禁止される「使用者」は、前記第2節第1款8(2)記載のとおりである。

(3) 許容される経費援助

経費援助は、使用者及び労働組合の意図にかかわらず労働組合の自主性と独立性を浸食する危険性があり、労働組合は使用者から財政的に独立しているべきであるから、禁止されている経費援助は形式的該当性で判断すべきである。

労組7条3号但書は例示規定と解されるので、労組7条3号但書に列挙された例外、及び、これに準ずる掲示板の貸与、組合事務所の光熱費負担等が、不当労働行為に該当する「経費援助」に該当しないと解すべきである。

なお、無給の在籍専従や組合休暇の承認は、単に当該労働者の労働義務を免除し賃金を支払わないものであるから、「経費援助」には該当せず、チェック・オフも組合員の支払う組合費を労働組合に引き渡すだけであり使用者が労働組合にお金を払うものではないから、「経費援助」には該当しない。

(4) 団結権侵害の意思・意図等の要否

経費援助は、使用者及び労働組合の意図にかかわらず労働組合の自主性と独立性を浸食する危険性があり、労働組合は使用者から財政的に独立しているべきであるから、当該使用者の団結権等を侵害する意思の有無にかかわらず、「経費援助」に該当すると解すべきである。

## 第4款　複数組合間差別

使用者は、企業・事業場に複数の労働組合が併存する場合、ある労働組合(組

合員)を合理的理由なく不利益に取り扱ったりあるいは優遇したりする場合があり、これらの使用者の行為は「複数組合間差別」と呼ばれる。「複数組合間差別」は、講学上の類型であり、労組法7条に独自の不当労働行為の類型として規定されてはおらず、労組法7条1～4号に該当すれば、不当労働行為となる。

「複数組合間差別」としては、①査定・昇格・昇給等における差別(→1)、②便宜供与差別(→2)、③団体交渉における説明・協議内容の相違(→3)、④併存組合との団体交渉を操作しての不利益な取扱い(→4)、⑤別組合との労働協約を適用しての不利益な取扱い(→5)等がある。

### 1　査定差別、昇格・昇給差別等

査定・昇格・昇給等における複数組合間差別は、査定・昇格・昇給等において、特定の労働組合の組合員を差別するものである。これは、特定の労働組合の組合員であることを理由とする不利益な取扱いであり、労組法7条1号の「不利益取扱い」に該当するとともに、労組法7条3号の「支配介入」にも該当する[144]。

### 2　便宜供与差別

便宜供与における複数組合間差別とは、ある組合に与えた便宜供与(例えば組合事務所の貸与等)を合理的理由なく他の組合に与えないものである。

労働組合による企業の物的施設の利用は、本来、使用者との団体交渉等による合意に基づき行われるべきものであり、使用者は、労働組合に対し、企業施設の一部を組合事務所等として貸与すべき義務を当然に負うものではない[145]。

しかし、同一企業内に複数の労働組合が併存している場合には、使用者は、全ての場面で各組合に対し中立的な態度を保持し、その団結権を平等に承認、尊重すべきであり、各組合の性格、傾向や従来の運動路線等のいかんによって、一方の組合をより好ましいものとしてその組織の強化を助けたり、他方の組合の弱体化を図るような行為をしたりすることは許されない[146]。使用者がこの

---

[144] 典型的な例として、中労委(紅屋商事)事件・東京地判昭54・3・15労民30巻2号426頁／判時941号131頁、同事件・最二小判昭61・1・24集民147号23頁／労判467号6頁。

[145] ただし、施設管理権は信義則に則して行使されるべきである。これに対し、国鉄札幌運転区事件・最三小判昭54・10・30民集33巻6号647頁／労判329号12頁、中労委(済生会中央病院)事件・最二小判平元・12・11民集43巻12号1786頁／労判552号10頁、中労委(オリエンタルモーター〈中労委上告〉)事件・最二小判平7・9・8労判679号11頁は、貸与するかどうかは原則として使用者の自由に任されていると判示する。

[146] 中労委(日産自動車〈残業差別〉)事件・最三小判昭60・4・23民集39巻3号730頁／労判450号23頁。

ような意図に基づいて両組合を差別し、一方の組合に対して不利益な取扱いをすることは、同組合に対する支配介入となる[*147]。

　この使用者の中立保持義務は、組合事務所等の貸与等のいわゆる便宜供与の場面においても異なるものではなく、組合事務所等が組合にとってその活動上重要な意味を持つことからすると、使用者が、一方の労働組合に組合事務所等を貸与しておきながら、他方の労働組合に対して一切貸与を拒否することは、そのように両組合に対する取扱いを異にする合理的な理由[*148]が存在しない限り、他方の組合の活動力を低下させその弱体化を図ろうとする意図を推認させるものとして、労組法7条3号の支配介入の不当労働行為に該当する[*149]。

### 3　団体交渉における説明・協議

　当該使用者が団体交渉に応ずべき団結体が複数存在する場合、労組法上の労働組合、憲法組合、憲法上の保護を受ける一時的団結体は固有の団体交渉権を有し、労組法上の労働組合は固有の労働協約締結権を有しているから、使用者はいずれの団結体との関係においても誠実に団体交渉を行う義務を負い、各団結体との対応において、平等取扱義務、中立保持義務を負う[*150]。

　したがって、それぞれの団結体との団体交渉において、使用者からの提案の時期・内容、資料の提示、説明の内容等に関し、合理的な理由のない差異を設

---

[*147]　東京労委(日産自動車〈便宜供与差別〉)事件・最二小判昭62・5・8集民151号1頁/労判496号6頁、中労委(モリタほか)事件・東京地判平20・2・27労判967号48頁。

[*148]　中労委(日本チバガイギー)事件・東京地判昭60・4・25労民36巻2号237頁/労判452号27頁、同事件・東京高判昭60・12・24労民36巻6号785頁、同事件・最一小判平元・1・19集民156号65頁/労判533号7頁(使用者が便宜供与にあたり複数の組合に対して同一の条件を提示し、一方がそれを受諾し一方がそれを拒否した結果差異が生じた場合は、使用者が一方の組合の弱体化を意図して付した条件である等、特段の事情が存する場合を除き、不当労働行為ではないとし、掲示板の貸与につき、①掲示事項の許可制及び掲示物の届出、②施設内でのビラ配布をしないこと、③施設内で政治活動を行わないことを条件としたことは不合理ではなくその差異は不当労働行為ではないと判断)。

[*149]　東京労委(日産自動車〈便宜供与差別〉)事件・最二小判昭62・5・8集民151号1頁/労判496号6頁、中労委(灰孝小野田レミコン)事件・東京地判平5・2・4労民44巻1号36頁/労判636号73頁、同事件・東京高判平5・9・29労民44巻4＝5号789頁/労判650号71頁、中労委(日本郵政公社小石川郵便局等)事件・東京地判平19・3・1労判946号45頁、同事件・東京高判平19・9・26労判946号39頁、中労委(モリタほか)事件・東京地判平20・2・27労判967号48頁(いずれも合理的理由の存在を否定)。中労委(東洋シート)事件・東京地判平7・6・8労判683号65頁、同事件・東京高判平8・10・24労判737号23頁(最一小判平9・4・24労判737号23頁も維持)も組合事務所を別組合に無償で貸与し申立人組合に貸与しなかったことは労組法7条3号の支配介入と判断。

[*150]　中労委(日産自動車〈残業差別〉)事件・最三小判昭60・4・23民集39巻3号730頁/労判450号23頁参照。

けてはいけない。また、A労働組合とは合意に基づき経営協議会を設置し、B労働組合とは経営協議会を設置していない場合、経営協議会での説明・協議及びその中での資料提示が、A・B組合のそれぞれと並行して行われている同一事項に関する団体交渉におけるA組合との交渉において使用者の説明・協議の基礎とされているときは、使用者は、B組合から同様の資料提示や説明を求められたときは、必要な限りで同様の資料提示や説明を行う必要がある[151]。

このような平等取扱義務に違反した場合は、当該使用者の行為は、労組法7条2号の団交拒否に該当し、また、労組法7条3号の支配介入にも該当する。

### 4 併存組合との団体交渉を操作しての不利益な取扱い

一つの会社に労働組合が複数併存している場合、使用者がほぼ同一時期に同一の労働条件（例えば賞与、賃金引上げ額）を提示して、ある労働組合とは合意し、当該組合の組合員には賞与が支給され、別の労働組合とは合意が成立せず、その結果当該組合の組合員には賞与が支給されなかった場合、あるいは、ある労働組合とは4月に妥結し4月から賃金が引き上げられ、別の労働組合とは5月に妥結し5月から賃金が引き上げられた場合、その組合員間の差異は、各組合との団体交渉の結果生じたもので、特段の事情がある場合を除き、当該賞与の不支給・賃金引上げ時期の相違は、不利益取扱い（労組7条1号）・支配介入（同3号）には該当しない[152]。

また、使用者は各団結体の団結権等を平等に承認・尊重する中立保持義務を負うが、団体交渉義務を負う複数の労働組合の組織人員に大きな相違がある場合、使用者が多数派組合と合意した労働条件で職場の労働条件を統一しようとすることには合理性があり、少数派組合に当該労働条件の受諾を求め、少数派組合がこれを拒否したため合意が成立せず、少数派組合又はその組合員に不利益が招来しても、それだけでは中立保持義務違反ではなく、不利益取扱い（労組7条1号）・支配介入（同3号）ではない[153]。

---

[151] 中労委（NTT西日本）事件・東京地判平22・2・25労判1004号24頁／判時2079号128頁、同事件・東京高判平22・9・28労判1017号37頁。

[152] 不当労働行為であることを否定した例として、愛知労委（名古屋放送）事件・名古屋高判昭55・5・28労民31巻3号631頁／労判343号32頁（賃金引上げの妥結月実施による組合員間の相違）、中労委（日本チバガイギー）事件・東京地判昭60・4・25労民36巻2号237頁／判時452号27頁、同事件・東京高判昭60・12・24労民36巻6号785頁、同事件・最一小判平元・1・19集民156号65頁／労判533号7頁（交渉の経過によりA労働組合の賞与の支給日がB労働組合の支給日より4日遅れたこと）。

[153] 中労委（日産自動車〈残業差別〉）事件・最三小判昭60・4・23民集39巻3号730頁／労判450号23頁。

しかし、ある労働組合との合意不成就とそれによる当該労働組合又は組合員への不利益招来が、使用者が当該労働組合の弱体化を図るべく併存組合との団体交渉を操作して行われたという場合は、不利益取扱い（労組7条1号）又は（及び）・支配介入（同3号）に該当する[*154]。

例えば、企業に併存する複数組合との一時金に関する団体交渉において、使用者が、合理性を肯認できず少数組合の受け入れることができない「生産性向上に協力すること」という前提条件を、少数組合が受諾しないことを予測しえたにもかかわらずあえて提案しこれに固執して、多数組合とは団体交渉において妥結しその組合員には一時金を支給し、少数組合とは団体交渉において少数組合が妥結を拒否したためその組合員には一時金を支給しなかった場合、当該前提条件に固執した理由が少数組合の組合員を不利益な状態に置き当該少数組合の動揺や弱体化を来す意図に基づくものであるときは、当該一時金不支給は、①不利益取扱い（労組7条1号）（少数組合員であるが故の不利益な取扱い）、及び、②支配介入（同3号）に該当する[*155]。

また、少数組合の強制残業反対・夜勤反対の見解を理由に、多数派組合とは交替制・時間外労働協定を締結しながら、少数組合とは協議を行わないまま残業に関する協定が成立しないことを理由として少数組合の組合員に一切残業を命じずその後誠意ある団体交渉を行わなかったところ、それが、当該組合員を長期間経済的に不利益な状態に置くことにより当該組合の組織の動揺や弱体化を生ぜしめんとの意図に基づくものであるときは、残業を命じなかったことは、①不利益取扱い（労組7条1号）（少数組合員であるが故の不利益な取扱い）、及び、②支配介入（同3号）に該当する[*156]。

---

[*154] 東京労委（済生会中央病院）事件・東京地判昭52・12・22労民28巻5=6号767頁／労判291号22頁、同事件・昭61・7・17労民37集4=5号307頁（賃金引上げ額と妥結月実施条項に同意した組合の組合員の賃金を引き上げ、賃金引上げ額には同意したが妥結月実施条項に同意しない組合の組合員の賃上げをしなかったことにつき、妥結月実施条項に固執した理由が当該組合とその組合員を差別して不利益に取り扱う意図に基づくものとして、当該賃上げを行わなかったことが不利益取扱い・支配介入に該当すると判断）。
[*155] 東京労委（日本メール・オーダー）事件・最三小判昭59・5・29集38巻7号802頁／労判430号15頁。
[*156] 中労委（日産自動車〈残業差別〉）事件・最三小判昭60・4・23民集39巻3号730頁／労判450号23頁。同判決は、支配介入（7条3号）のみを判断・肯定したが、不利益取扱い（7条1号）にも該当すると解される。これに対し、高知労委（高知県観光）事件・最二小判平7・4・14集民175号23頁／労判679号21頁では、使用者が、労働組合の団結権の否認・弱体化を主な意図とする主張に終始し、団体交渉が形式的に行われたと認められる特段の事情のない限り不当労働行為ではないとし、使用者が併存組合の一つが賃金計算方法変更を承認しないことを理由に三六協定の締結を拒否し当該組合員に法定時間外労働を禁止した行為は、不利益取扱い・支配介入には該当しないと判断している。

### 5　別組合との労働協約の適用

労働協約が労組法17条の工場事業場単位の拡張適用の要件を充足している場合であっても、協約当事者組合及びその組合員の団結権等、並びに、別組合及び別組合員の団結権等をともに尊重するために、当該労働協約は協約当事者組合以外の別組合員には拡張適用されない[157]。

にもかかわらず、例えば、使用者がA組合の存在を否認し、B組合の役員の組合休暇は認めるがA組合の役員には認めずこれを無断欠勤とし、A組合員の抗議行動を無断職場離脱としている状況で、B組合と締結した新たな労働協約の賞与の新控除基準をA組合員に適用すれば、A組合員の賞与額からの控除額が従来より著しく大きくなるにもかかわらず、これをA組合員にも適用することは、不利益取扱い(労組7条1号)及び支配介入(同3号)に該当する[158]。

## 第4節　不当労働行為の法的救済

不当労働行為については、①労働委員会による不当労働行為救済制度(→第1款)が存在するが、当該行為が無効又は不法行為・債務不履行に該当するとして、②裁判所による救済(→第2款)を求めることも可能である。

当事者適格があれば、どちらの救済制度を選択してもよく、また、双方の法的救済を求めることもできる。

### 第1款　労働委員会による不当労働行為救済制度

#### 1　初審における申立人

労組法7条各号に該当する不当労働行為が行われた場合、誰が労働委員会に救済を申し立てることができるのか、労組法は明記していない。

しかし、①不当労働行為救済制度が、憲法28条における労働者及び団結体の団結権・団体交渉権・団体行動権保障を具体化し、侵害された団結権等を回復するための制度であること、②団結体のうち、不当労働行為救済制度の申立てを行い救済を与えられるものは、法適合認証組合のみであること(労組5条1項参照)に鑑みれば、申立人となりうるのは、当該不当労働行為により団結権等を侵害された、1)労組法上の労働者(労組3条)、及び、2)労働委員会における資

---

[157]　前記第25章「労働協約」第4節第1款4 (3)参照。
[158]　中労委(ネスレ日本・賞与差別)事件・東京地判平12・12・20労判810号67頁/判時1753号149頁。

格審査において法適合組合である旨の決定[*159]を受けた法適合認証組合（労組法5条1項）[*160]であると解される。ただし労組法7条2号については、その権利回復方法と求める救済内容に鑑み、救済を求めることができる者は、法適合認証組合のみである。具体的には以下の通りである。

(1) 不利益取扱い

「不利益取扱い」（労組7条1号）の場合、当該不利益取扱いを受けた労働者は団結権等を侵害されているので、それを回復するため、申立人となることができる。また、当該労働者の所属する団結体があればそれもその団結権等を侵害されているので、法適合認証組合となれば申立人となることができる。

(2) 黄犬契約

「黄犬契約」（労組7条1号）の場合、当該行為を受けた労働者は団結権を侵害されているので、それを回復するため、申立人となることができる。また、脱退又は不加入の対象とされた団結体も、その団結権を侵害されているので、法適合認証組合となれば申立人となることができる。

(3) 団体交渉拒否

「団体交渉拒否」（労組7条2号）の場合、団体交渉を拒否された団結体の団体交渉権が侵害されているので、当該団結体が法適合認証組合となれば申立人となることができる。これに対し、当該団結体の構成員である労働者の団体交渉権（代表者を通じて団体交渉を求める権利）も侵害されているが、その回復方法（労働委員会において求める救済）は当該団結体に対し団体交渉を行わせることであるから、当該団結体（法適合認証組合）のみが申立人適格を有することになろう。

---

[*159] 労働組合が法適合認証組合であることは、労働委員会が不当労働行為の救済命令を発するための要件で、不当労働行為の審査手続に入るための要件ではないので、救済命令を発する時までに資格審査の決定があればよいと解され（東京労委〈東京光の家〉事件・東京地判昭61・2・27労判471号26頁〈東京高判昭61・6・18労判500号38頁、最二小判昭62・3・20労判500号32頁も維持〉）、労働委員会がいわゆる「併行審査主義」をとることは違法ではない（中労委〈エスエムシー〉事件・東京地判平8・3・28労判694号43頁）。また、労組法5条1項は、労働委員会に、申立組合が法適合組合でないときはその申立てを拒否する義務を課しているが、この義務は直接国家に負う責務で使用者に対して負う義務ではないので、使用者は、単に資格審査の方法ないし手続に瑕疵があること又は結果に誤りがあることのみを理由として救済命令の取消しを求めることはできない（福島労委〈日通会津若松支店〉事件・最三小判昭32・12・24民集11巻14号2336頁/判時136号29頁、中労委〈阪神観光〉事件・最一小判昭62・2・26民集150号263頁/労判492号6頁）。

[*160] 前記第22章「団結の結成と運営」第1節3参照。これに対して裁判所における法的救済は、社団性のある労組法上の労働組合又は憲法組合であれば求めることができる（→後記第2款）。

### (4) 支配介入

「支配介入」(労組7条3号)の場合、それにより結成・運営を妨害された団結体は、その団結権等を侵害されているので、法適合認証組合となれば申立人となることができる。また、団体の構成員である労働者の団結権等を侵害するものでもあり、労働者も申立人となることができる[*161]。

### (5) 経費援助

「経費援助」(労組7条3号)の場合、経費援助を受けた労働組合は、団結権を侵害されているので、法適合認証組合となれば申立人となることができる(ただし、実際には、現に経費援助を受けている労働組合自らがそれを不当労働行為と申し立てることはあまりないであろう)。また、労働組合の組合員も、それにより当該労働組合が御用組合化する危険性があり、その団結権を侵害されているから、申立人となることができる。

### (6) 報復的不利益取扱い

「報復的不利益取扱い」(労組7条4号)の場合、当該不利益取扱いを受けた労働者は、団結権(労働委員会に救済を求める権利等も含まれる)を侵害されているので、それを回復するため、申立人となることができる。また、関係する団結体で団結権等が侵害されたものがあり、それが法適合認証組合となれば申立人となることができる。

### (7) 組合員が組合員資格を喪失した場合

労組法7条1号の「不利益取扱い」は、当該労働者に不利益を与え、当該労働者の団結権等を侵害するのみならず、当該労働者がその所属する労働組合の組合員であること又はその労働組合の正当な行為をしたことを理由として不利益な取扱いを受けることにより、その所属する労働組合の団結権等も侵害する。

また、当該組合員に生ずる不利益を通じ、その所属する労働組合の組合員の団結活動意思を萎縮させ団結活動一般を抑圧ないし制約し、所属労働組合の運営に支配介入するという効果を必然的に伴うものであり、労組法7条3号の「支配介入」にも該当し、当該組合員及び労働組合の団結権等を侵害する。

それゆえ、組合員に対する不利益な取扱い(例:ストに参加した時間に対応する賃金を超える賃金カット)であっても、労働組合は固有の救済利益を有しており、

---

[*161] 京都労委(京都市交通局)事件・最二小判平16・7・12集民214号739頁/労判875号5頁(労働者の団結権及び団体行動権の保護を目的とする不当労働行為救済制度の趣旨に照らし、労組法7条3号について、当該労働組合のほかその組合員も申立適格を有すると判示し、特段の事情がある場合を除き組合員個人に申立て適格はないとした原判決<大阪高判平15・1・29労判875号12頁>を破棄)。

組合員がその後組合員資格を喪失しても労働組合に対する侵害的効果は消失せずその救済利益は残る。しかし、労働組合の求める救済内容が組合員個人の雇用関係上の権利利益の回復（例：賃金支払）である場合は、当該組合員の意思を無視して実現させることはできない。したがって、組合員資格を喪失した労働者が積極的に雇用関係上の権利利益を放棄する旨の意思表示をなし、又は、権利利益の回復を図る意思のないことを表明しない限り、労働組合（法適合認証組合）は救済を求めることができる[*162]。

## 2　初審における被申立人

初審における被申立人は、労組法7条の「使用者」である（労組27条参照）。ただし、不当労働行為の類型により「使用者」は異なる（→前記第2節第1款）。

被申立人は、救済命令の名宛人となり、不当労働行為の責任主体として公法上の義務を負担し過料制裁の対象となりうる者であるから、権利義務の主体であることを要し、法人であれば法人企業に限定され、その構成組織（工場、事業場）や、役員・労働者等は被申立人とはならない（これらを名宛人として発出された救済命令は法人を名宛人とするものと読み替えられる）[*163]。

当該労働者の「使用者」としての法的地位が承継される場合は、「使用者」としての不当労働行為責任も承継される。したがって、合併により、不当労働行為をした消滅会社の当該労働者に対する「使用者」としての法的地位を承継した設立・存続会社は、その不当労働行為責任を承継し、被申立人となりうる。また、会社分割[*164]、事業譲渡により、不当労働行為をした分割会社、譲渡会社の当該労働者に対する「使用者」としての法的地位を承継した承継会社等や譲受会社は、その不当労働行為責任を承継し、被申立人となりうる。この場合、不当労働行為をした分割会社や譲渡会社も残存しているところ、その法人格に変動はなく、当該会社が不当労働行為をしたのであるから、会社分割・事業譲渡後も不当労働行為責任は消滅せず、これらの会社も被申立人とすることがで

---

[*162]　神奈川労委（旭ダイヤモンド工業）事件・最三小判昭61・6・10民集40巻4号793頁／判時1196号158頁、中労委（黒川乳業）事件・東京地判平元・12・20労判554号30頁。
[*163]　中労委（済生会中央病院）事件・最三小判昭60・7・19民集39巻5号1266頁／判時455号4頁。
[*164]　会社分割後、分割会社と当該労働者の労働契約を承継した新設会社が分割会社の不当労働行為責任を承継したと判断したものとして、中労委（モリタほか）事件・東京地判平20・2・27労判967号48頁。

きる*165。

また、労働組合を消滅させるために事業を解散して事業を別会社に承継させ、かつ、解散会社と事業承継会社が実質的に同一である場合は、事業承継会社は、解散会社の不当労働行為責任を承継し、被申立人となりうる*166。

### 3 審査・救済機関－労働委員会

不当労働行為の審査と救済を行うのは、独立・専門行政委員会である「労働委員会」である。その組織・機能等については、労組法4章（19条〜27条の26）、及び、労委則に規定されている*167。

### 4 救済手続の枠組み

(1) 概要

不当労働行為の審査と救済手続（労組20条・27条〜27条の26、労委則）は、概略以下の通りである。

①「初審」は、各都道府県にある「都道府県労働委員会」で行われるのが通例である*168。その救済又は棄却命令に不服がある者は、②東京にある「中央労働委員会」に「再審査」を申し立てるか、あるいは、③当該都道府県の地方裁判所に初審の救済又は棄却命令（行政処分）の「取消訴訟」を提起することができる（この判決に不服がある場合は、高裁－最高裁へと進むことになる）。②の中央労働委員会の救済又は棄却命令に不服がある場合は、④東京地裁にその救済又は棄却命令の「取消訴訟」を提起することができる（この判決に不服がある場合は、東京高裁－最高裁へと進むことになる）。

---

*165 中労委（モリタほか）事件・東京地判平20・2・27労判967号48頁は、分割会社は、会社分割前後で法人格に変動はなく、当該労働者との間で分割前に労働契約関係が存在し、労働契約関係が存在した時期に不当労働行為（事務所の不貸与：支配介入と誠実団交義務違反：団交拒否）が生起したので、分割後も当該労働者の労組法7条の「使用者」たる地位を失わないと判示し、新設分割設立会社に事務所の貸与と団体交渉、分割会社に不当労働行為を繰り返さない旨の文書交付を命じた。

*166 肯定例として、吾妻自動車交通事件・中労委平21・9・16中労委DB：M-H21-037/命令集145号890頁。

*167 前記第21章「集団的労使関係法総論」5(3)参照。

*168 労組法施行令27条1〜4項。同条5項は、「中央労働委員会において全国的に重要な問題であると認めた事件」に関しては中労委が審査をする旨を規定している。労使問題研究会編『改訂五版 労働委員会の知識』（公報資料センター2001）48頁によれば、中労委が初審となった先例として、全国的単産の団交拒否事件（①全鉱事件・中労委昭31・3・20命令集14集57頁、②合化労連事件・中労委昭35・4・1命令集22=23集89頁）があり、これ以降、中労委が初審となった事件は民放労連事件（昭43申立て、その後取下げ）だけであるとされている。

以下、①初審（→(2)）、②再審査（→(3)）、③④の取消訴訟（→(4)）を検討する。
　(2)　初審－都道府県労働委員会
　初審は、都道府県労働委員会で行われるのが通例である。
　不当労働行為救済の申立人は、労組法上明文規定がないが、①労組法上の労働者（労組3条）、又は、②法適合認証組合（労組5条1項）のいずれか又は双方である（→前記1参照）。
　被申立人は、労組法7条にいう「使用者」である（→前記2参照）。
　申立期間は、不当労働行為であると申し立てられている行為の日（「継続する行為」はその終了した日）から一年以内である（労組27条2項）。
　「継続する行為」とは、一連の支配介入行為や不利益取扱い行為であり、「査定差別とそれに基づく昇給の決定と昇給額の支払」、「査定差別と不昇格（昇進）決定と昇格（昇進）がなされていない状態」[169]、「残業割当差別と残業手当の不支給」[170]等が継続する行為となる。例えば、使用者が組合員について組合員であることを理由として他の従業員より低く査定した場合、その賃金上の差別的取扱いは賃金の支払により具体的に実現されるので、当該査定とこれに基づく毎月の賃金の支払は一体として一個の不当労働行為をなす。そうすると、当該査定に基づく賃金が支払われている限り不当労働行為は継続することになるから、当該査定に基づく賃金上の差別的取扱いの是正を求める救済の申立てが当該査定に基づく賃金の最後の支払の時から一年以内にされたときは、救済の申立ては、労組法27条2項の定める期間内にされたものとして適法である[171]。
　審査は、調査、審問、労使の委員の意見聴取、公益委員会議における合議の順に行われる。申立ては、一定の事由があるときは却下される（労委則33条）。また、この間、申立ての取下げ、申立ての却下、和解による審査手続の終了がありうる（審査手続については、労組27条～27条の14、労委則第5章第2節）。労働委員会における調査・審問手続においては民事訴訟と同様の弁論主義が当然に適用されるわけではないが、不当労働行為を構成する具体的事実が当事者双方に知らされ、事実の認定につき当事者に十分な防御の機会を付与することが要請さ

---

[169]　中労委（芝信用金庫）事件・東京地判平10・10・7労判748号37頁/判時1662号38頁、同事件・東京高判平12・4・19労判783号36頁（当該事案で昇進させない旨の決定は年度毎に異なる一個の行為でかつ次の昇進時期までの1年間継続する行為と判断）。
[170]　中労委（東急バス）事件・東京地判平28・12・21労判1157号17頁（除斥期間の起算点は残業割当てがなかった日ではなく残業支給日とした中労委の判断を維持）。
[171]　青森労委（紅屋商事〈会社上告〉）事件・最三小判平3・6・4民集45巻5号984頁/判時1407号118頁。同事件・青森地判昭61・2・25労民37巻1号70頁/労判475号119頁、同事件・仙台高判昭63・8・29労判532号99頁も同旨。

れ、一方当事者の防御権行使の機会を不当に奪うことは許されない[*172]。

申立事実の全部又は一部が不当労働行為に該当する場合は、救済命令が発せられ、申立事実が不当労働行為に該当しない場合、又は、救済利益が失われている場合は、棄却命令が発せられる(労組27条の12第1項)。

(3) 再審査－中央労働委員会

都道府県労委の処分(却下決定、棄却・救済命令)に対して不服がある場合、申立人又は被申立人は、中央労働委員会に対し、再審査を求めることができる。再審査は、初審と同様の手続で行われる(再審査の申立て・手続については、労組法27条の15～27条の17、労委則第5章第3節)。

(4) 労働委員会の命令に対する司法審査(行政訴訟)

都道府県労働委員会又は中央労働委員会の処分(却下決定、棄却・救済命令)に対して、申立人又は被申立人は、不服がある場合は、当該処分の取消しを求めて行政訴訟を提起することが可能である。

ア　事情の変更と命令の適法性

取消訴訟における当該命令の適法性の判断基準時は、行政処分のなされた時点(命令発出時)であって、取消訴訟の口頭弁論終結時ではない[*173]。したがって、命令発出後、事情の変更(例えば、A組合に組合事務所を貸与しB組合に貸与しないことが支配介入でB組合にも貸与せよとの救済命令が出された後、A組合が事務所を返還したとき)があっても、命令の適法性判断は変わらない。

イ　事情の変更と命令の拘束力

しかし、救済命令発出後、事情の変更により、当該命令が使用者に課す義務の履行が客観的に不可能となった場合[*174]、又は、救済命令の趣旨、目的から

---

[*172] 東京労委(北辰電機製作所)事件・東京地判昭56・10・22労民32巻5号312頁/労判374号55頁(当該事案では手続違背を否定)。その他、審査手続の違法性を否定した例として、東京労委(日本航空)事件・東京地判平26・8・28労判1106号5頁。

[*173] 中労委(灰孝小野田レミコン)事件・東京高判平5・9・29民44巻4=5号789頁/労判650号71頁(最三小判平7・10・3労判694号26頁も維持)、広島労委(熊谷海事工業)事件・広島地判平20・9・3労判1052号19頁、広島労委(熊谷海事工業)事件(差戻審)・広島高判平25・4・18労判1080号51頁等。

[*174] 救済命令の拘束力の喪失を肯定した例として、中労委(朝日火災海上)事件・東京地判平13・8・30労判816号27頁、同事件・東京高判平15・9・30労判862号41頁(原職相当職への復帰命令につき当該労働者が定年退職した場合)。否定例として、中労委(ネスレ日本島田工場)事件・東京高判平20・11・12労判971号15頁(①団交応諾、②会社団交方式でなければならないとの理由で団交を拒否することの禁止、③ポスト・ノーティスを内容とする命令につき、少なくとも団体交渉により金銭解決が可能な事項については、命令発出後組合員が退職し現に雇用されている組合員がいなくなったという事情により拘束力を失うことはないとして、拘束力を失ったと判断し取消しの訴えを却下した原判決〈東京地判平20・6・19労判971号21頁〉を取り消し差戻し)。

して、義務の履行が救済の方法としての実質的意義を失った場合[*175]においては、その時点以降は当該命令はその起訴を失ってその拘束力を失い、使用者は同命令に従うべき公法上の義務がなくなる。

　したがって、使用者が当該救済命令の取消しを求める法律上の利益（訴えの利益）は存在しないことになり、当該救済命令の取消しを求める訴えは却下されることになる[*176]（行訴法9条1項参照）。

　　　ウ　緊急命令
　使用者が労働委員会の救済命令等の取消しの訴えを裁判所に提起した場合において、受訴裁判所は、救済命令等を発した労働委員会の申立てにより、救済命令の実効性を確保するため、決定をもって、使用者に対し判決の確定に至るまで暫定的に救済命令等の全部又は一部に従うべき旨の「緊急命令」[*177]を出すことができる（労組27条の20）。裁判所は、緊急命令の申立ての許否を決するにあたって、救済命令の適否及び「即時救済の必要性」の有無について審査することができる[*178]。

---

[*175]　拘束力の喪失の肯定例として、北海道労委（ネスレ日本〈日高工場〉）事件・最一小判平7・2・23民集49巻2号393頁/労判671号14頁（労働組合への金員の支払命令は、当該労働組合が自然消滅し清算法人となったときは、拘束力は失われたと判断）。否定例として、広島労委（熊谷海事工業）事件・最二小判平24・4・27民集66巻6号3000頁/労判1052号5頁（①当該労働組合員の乗務する船舶の使用、②従前の労働協約に従った労使関係、③団交応諾、④組合員への特別手当の支払、⑤ポスト・ノーティスを内容とする命令につき、使用者に雇用されている組合員がいなくなった等の事情変更の後においても、使用者が船舶運送事業を営む会社として存続し、労働組合も多数の船員等を組合員とする産業別労働組合として存続しているので、拘束力は失われていないと判示、拘束力を失ったと判断した原判決〈広島高判平21・9・29労判1052号12頁〉を破棄差戻し）、中労委（ネスレ日本霞ヶ浦工場）事件・東京高判平21・5・21労判988号46頁（①団交応諾、②会社団交方式でなければならないとの理由で団交を拒否することの禁止、③ポスト・ノーティスを内容とする命令につき、命令発出後組合員の退職により現に雇用されている組合員がいなくなったが、①については組合員が退職後も団体交渉事項として相当な未解決の問題については意義があり、②と③についても今後在籍組合員を獲得する可能性があり意義があるので、拘束力は失われていないとして、拘束力を失ったと判断した原判決〈東京地判平20・11・19労判980号44頁〉を取り消し差戻し））。
[*176]　救済命令が存在することは使用者にとっては不名誉なことであるが、それは単なる事実上の利益であり法律上の利益ではない（広島労委（熊谷海事工業）事件・広島高判平21・9・29労判1052号12頁）。
[*177]　緊急命令の意義と内容、沿革、実務運用の動き等については、古川景一「緊急命令の意義と運用改善の兆し」季刊労働者の権利322号（2017）32-51頁。
[*178]　中労委（吉野石膏）事件・東京地判昭54・2・1労民30巻1号101頁/労判313号27頁、同事件・東京高決昭54・8・9労民集30巻4号826頁/労判324号20頁。近年、労働委員会の緊急命令の申立てを認容した例として、香川労委（詫間港運）事件・高松地決平27・1・15労判1137号15頁、中央委（社会福祉法人ひまわりの会）事件・東京地決平27・3・25労判1145号74頁、中労委（明星学園）事件・東京地決平28・3・31中労委DB：H-H28-037等。

## 5 救済命令の発出・内容と適法性

### (1) 救済命令の発出

労働委員会による救済命令[179]は、使用者の不当労働行為により生じた事実上の状態を命令により是正することにより、正常な集団的労使関係秩序の回復・確保を目的とするものであって、申立人に私法上の損害の救済を与えることや使用者に対し懲罰を科すことを目的とするものではない[180]。また、司法救済は、過去(弁論終結時点)における権利義務関係の確定を目的とするものであり、将来に向けて新たな権利義務関係を作り出したり変更する形成判決を言い渡すことは法律に特別の定めがない限りなし得ないのに対し、労働委員会による救済命令は、将来に向けて労使関係上の新たな事実状態や秩序を形成するために発せられる行政処分である。

したがって、不当労働行為が成立する場合であっても、それによって生じた状態が既に是正され、正常な集団的労使関係秩序が回復されたため(例えば団体交渉拒否があったがその後団体交渉が正常に行われるようになった場合)、救済の必要性が消滅したときは、労働委員会は救済申立てを棄却することになる[181]。

### (2) 救済命令の内容

#### ア 救済の対象

労働委員会は申立人の申立てに基づき不当労働行為に対する救済を与えるもので(労組27条1項参照)、不当労働行為救済の申立書[182]に「不当労働行為を構成する具体的事実」の記載が求められ(労委則32条2項3号)、申立人が申し立てていない事実を不当労働行為と認め救済を与えることはできないが、申立人がいかなる事実を不当労働行為と主張し救済を求めているかは合理的に判断される[183]。

#### イ 救済の内容

労働委員会は、労組法27条に基づく救済の申立てがあった場合、使用者の行

---

[179] 近年の論考として、森戸英幸「労働委員会の救済命令」再生(5)(2017)305-326頁、同論文引用文献等。

[180] 中労委(在日米軍調達部)事件・最三小判昭37・9・18民集16巻9号1985頁/判時321号7頁、東京労委(第二鳩タクシー)事件・最大判昭52・2・23民集31巻1号93頁/判時269号14頁。大阪労委(日本貨物鉄道)事件・大阪地判平10・10・26労判755号32頁/判タ1010号262頁、同事件・大阪高判平11・4・8労判769号72頁も同旨。

[181] 公労委(新宿郵便局事件)・最三小判昭58・12・20集民140号685頁/労判421号20頁、中労委(黒川乳業)事件・東京地判平元・12・20労判554号30頁。

[182] 申立ては口頭によっても行うことができる(労委則32条3項)。

[183] 東京労委(北辰電機製作所)事件・東京地判昭56・10・22労民32巻5号312頁/労判374号55頁。

為の「不当労働行為該当性」を裁量により判断し救済命令を発することができるわけではない[*184]。しかし、労働委員会は、使用者の行為が不当労働行為に該当する場合、これによって生じた侵害状態を是正、除去し、正常な集団的労使関係秩序の回復、確保を図るために必要かつ適切と考えられる是正措置を決定し、これを命ずる権限を有するものであって、かかる「救済命令の内容」の決定については、裁量権を有する[*185]。それゆえ、不当労働行為救済の申立書には「請求する救済の内容」の記載が要求されている（労委則32条2項4号）が、これは申立人の趣旨を理解し参考にするためのものであり、当該救済内容の当否という形で救済内容が決定されるわけではなく[*186]、また、救済命令の内容は申立書記載の「請求する救済の内容」に限定されない[*187]。

具体的な救済命令の内容としては、原職復帰（不利益取扱い・支配介入前の地位への復帰）、バックペイ（不利益な取扱いがなければ得られたであろう賃金相当額の支払）、昇進・昇格・昇給における差別を是正させる命令、団交応諾命令、誠実団交応諾命令（具体的な資料の提出等）、将来同種の行為をすることを禁止する命令、ポスト・ノーティス（謝罪文の掲示・手渡し）等がある。

(3) 救済命令の適法性

労働委員会は、使用者の行為の「不当労働行為該当性」の判断については、裁量を有するものではなく、裁判所は、労働委員会の判断が誤りであると認めるときは、当該命令を違法なものとして取り消すことができる[*188]。

しかし、労働委員会は、使用者の行為が不当労働行為に該当する場合、救済命令の内容の決定については裁量権を有するので、労働委員会の「救済命令の内容」の適法性の判断については、裁判所は、労働委員会の救済命令の内容に関する裁量権を尊重し、その行使が、労働委員会制度の趣旨、目的に照らして是認される範囲を超え、又は、著しく不合理であって濫用にわたると認められ

---

[*184] 東京労委（寿建築研究所）事件・最二小判昭53・11・24集民125号709頁／労判312号54頁。

[*185] 東京労委（第二鳩タクシー）事件・最大判昭52・2・23民集31巻1号93頁／労判269号14頁、中労委（日産自動車〈残業差別〉）事件・最三小判昭60・4・23民集39巻3号730頁／労判450号23頁。

[*186] それゆえ、具体的に決定された救済の内容が申し立てられた救済の内容の一部である場合は、救済申立ての一部棄却があったとしてその取消しを求めるのではなく、救済の内容についての裁量権の濫用として取消しを求めることになる（中労委〈黒川乳業〉事件・東京地判平元・12・20労判554号30頁）。

[*187] 東京労委（北辰電機製作所）事件・東京地判昭56・10・22労民32巻5号312頁／労判374号55頁。

[*188] 東京労委（寿建築研究所）事件・最二小判昭53・11・24集民125号709頁／労判312号54頁。

るものでない限り、当該命令を違法とすべきではない[*189]。

それでは、どのような場合に、労働委員会の救済命令は裁量権の濫用で違法と評価されるのか、以下、①バックペイと中間収入の控除、②査定差別、昇給・昇格・昇進差別における再査定・直接是正命令、③チェック・オフした組合費の組合への交付命令、④不作為命令、⑤ポスト・ノーティス、⑥条件付救済命令、⑦損害補償命令、⑧過小救済について検討する(→(4)〜(11))。

(4) バックペイと中間収入の控除

　ア　問題の所在

労働委員会が、不当労働行為に該当すると判断した解雇の救済として、使用者に対し、解雇された労働者の原職復帰とバックペイ(解雇がなされなければ得られたであろう賃金相当額の支払)を命じるにあたり、被解雇者が解雇から原職復帰までの間に他に就職して得た収入(中間収入)があった場合、労働委員会は当該中間収入額をバックペイの額から除外しなければならないか、すなわち、「中間収入を控除しないで賃金相当額全額の支払を命ずる労働委員会の救済命令は、裁量権の濫用にあたるかどうか」が論点である。

　イ　判例

この論点についての最高裁判決[*190]の判示は以下の通りである[*191]。

第一に、救済命令の内容は、①被解雇者の団結権に対する侵害に基づく個人的被害を救済するという観点、及び、②組合活動一般に対する侵害状態を除去、是正して法の所期する正常な集団的労使関係秩序を回復、確保するという観点から決定されなければならない。

第二に、①被解雇者の個人的な経済的被害の救済という観点からは、バックペイにより中間収入の部分までの支払を命ずることは実害の回復以上のものを使用者に要求するものとして救済の範囲を逸脱するものであるが、労務の性質及び内容もまた労働者にとって重要な意味をもつものであるので、例えば被解雇者に中間収入をもたらした労務が、従前の労務と比較して、より重い精神的、肉体的負担を伴うようなものであるとき、これを無視して機械的に中間収入の額をそのまま控除することは、被害の救済としては合理性を欠く。

---

[*189] 東京労委(第二鳩タクシー)事件・最大判昭52・2・23民集31巻1号93頁/労判269号14頁、中労委(日産自動車〈残業差別〉)事件・最三小判昭60・4・23民集39巻3号730頁/労判450号23頁。
[*190] 東京労委(第二鳩タクシー)事件・最大判昭52・2・23民集31巻1号93頁/労判269号14頁。
[*191] 他に、岸盛一裁判官の反対意見、団藤重光、本林譲、服部高顕、環昌一裁判官の反対意見がある。

第三に、②組合活動一般に対する侵害の除去という観点からは、解雇による被解雇者に対する加害が結局において加害としての効果をもちえなかったとみられるような事実上の結果を形成するため、当該労働者が解雇によって現実に受ける打撃の軽重、すなわち、再就職の難易、就職先における労務の性質、内容及び賃金額の多少等を勘案し、組合活動一般について生じた侵害の程度に応じ合理的かつ適切と認められる救済措置を定めなければならない。

　上記に照らして、同判決は、当該事案について、労働委員会が中間収入を控除せず全額バックペイを命令したことは違法と判断した。なぜなら、①被解雇者の救済という観点からすれば、被解雇者の得た中間収入は、いずれも従前の労務と同じくタクシー運転手として稼働したことによって得たものであり、また、②組合活動一般に対する侵害的効果の除去という観点からは、被解雇者のうち、一人が約半年後であるほかは、早い者は解雇の日の翌日、遅い者でも約一か月後には他のタクシー運転手として雇用され、従前の賃金額に近い金額の収入を得ていたからである。

　　　ウ　私見
　しかし、前記イの最高裁判決の判断基準は支持できない。

　第一に、労働者が解雇されることによって被る損害は、経済的損害のみならず精神的損害もあり団結権に与える影響は重大であり、労働者及び労働組合の侵害された団結権等を回復するためには、少なくとも使用者が本来支払うべきであった賃金相当額を支払わせることが必要である。第二に、使用者に賃金全額相当のバックペイを命じても、それは使用者が本来支払うべき賃金の支払を命じるにすぎず、それ以上の負担を負わせるものではないから、単なる原状回復である。第三に、不当労働行為を受け解雇された労働者の多くは生活のために労働し収入を得ることを余儀なくされるところ、労働者が労働し収入を得ればそれだけ不当労働行為をした使用者が利益を得るという救済内容は、不当労働行為救済制度の趣旨に反する。したがって、労働委員会が中間収入を控除せずバックペイを命じることはその裁量の範囲内であり適法であり、むしろ、特段の事情がない限り、中間収入を控除せずバックペイを命じるべきである。

　　(5)　再査定・直接是正命令
　賞与等決定のための人事考課において査定差別が行われた場合、又は、これと重なる場合もあるが、昇給、昇格（賃金格付の上昇）、昇進（職位の上昇と権限・責任の拡大）において差別がなされた場合、労働委員会は、①一定の基準を示して、再査定若しくは昇給・昇格・昇進の再検討を命じる場合（再査定命令）、又は、②具体的な査定内容、昇給額、昇格・昇進した地位を特定して、そのよう

に取り扱うことを命じる場合（直接是正命令）がある。

　労働委員会は、不当労働行為に関する事実（不利益の内容・程度）、及び、合理的な是正措置を決定するために職権で調査した事実を総合考慮し、裁量により、個々の事案に応じた適切な是正措置を決定することができるから、いずれの方法による場合も、その内容が裁量権の範囲を逸脱ないし濫用したものでなければ適法であり[*192]、昇進についても、使用者の裁量・人事権を著しく不当に制限し、裁量権の範囲を逸脱ないし濫用したものでなければ、適法と解すべきである[*193]。

　(6)　組合費の組合への交付命令

　最高裁判決[*194]は、B組合の組合員の組合費をチェック・オフしA組合に交付した使用者に対し、チェック・オフした組合費をB組合に交付するよう命じた労働委員会の命令については、①組合費はB組合の組合員に交付するよう命ずれば不当労働行為により生じた侵害状態は除去されること、②B組合は過半

---

[*192]　適法と判断された直接是正命令として、青森労委（紅屋商事）事件・青森地判昭61・2・25労民37巻1号70頁／労判475号119頁、同事件・仙台高判昭63・8・29労判532号99頁（具体的な賃金格付と賃金差額の支払命令）、中労委（紅屋商事）事件・東京地判昭54・3・15労民30巻2号426頁／判時941号131頁、同事件・最二小判昭61・1・24集民147号23頁／労判467号6頁（具体的な人事考課率に基づく賞与差額の支払命令）、東京労委（国民生活金融公庫）事件・東京地判平12・2・2労判783号116頁（昇格差別において、使用者が差別是正のために必要な比較対象となる同期同学歴の職員の能力、勤務実績等を開示せず資料を得られないときは、労働委員会は諸般の事情を総合考慮して中位者と同等の処遇を行うよう命ずることができると判示）、北海道労委（渡島信用金庫）事件・札幌地判平26・5・16労判1096号5頁（不当労働行為がなければ昇格していたであろう特定の職位に昇格させ同格付けに対応する職位を付与したものとして取り扱えとの命令）。

[*193]　適法と判断した例として、中労委（芝信用金庫事件）・東京高判平12・4・19労判783号36頁（店舗長代理又は店舗長代理待遇の推進役に昇進したものとして取り扱うべきとの命令）、中労委（朝日火災海上保険）事件・東京地判平13・8・30労判816号27頁／判時1771号16頁（職能資格格付けと職位が対応している企業でそれらにつき「同年同期入社者に遅れないように取り扱わなければならない」旨の命令）、同事件・東京高判平15・9・30労判862号41頁（前記事案で課長職を上限とするまでは裁量権の範囲内〈副部長以上は裁量権の逸脱と判断〉）。違法と判断した例として、北海道労委（第一小型ハイヤー）事件・札幌高判昭52・10・27労民28巻5＝6号476頁／労判291号59頁（昇進〈昇格という言葉を使っているが内容は昇進〉が勤続年数、勤怠、勤務成績、強調性等によりその適格性を総合的に判断することになっている場合、従業員総数に占める当該組合の組合員数の比率を唯一の基準として当該組合員を優先的に昇進させよという労働委員会の命令〈使用者の人事権の不当な制約であり、当該組合員であることを理由に別組合員より不利益に取り扱ってはならない旨命じれば足りると判示〉）、青森労委（紅屋商事）事件・青森地判昭61・2・25労民37巻1号70頁／労判475号119頁、同事件・仙台高判昭63・8・29労判532号99頁（役職手当の支払命令〈役職への昇任差別については、組合員であることを理由に差別してはならないと命じるのが限度と判示〉）。

[*194]　中労委（ネスレ日本〈東京・島田〉）事件最一小判平7・2・23民集49巻2号281頁／労判686号15頁、中労委（ネスレ日本〈霞ヶ浦工場〉）事件最一小判平7・2・23労判670号10頁。

数組合ではなく本来チェック・オフ協定を締結することはできないのに、Ｂ組合員の組合費をＢ組合に直接交付すれば、使用者とＢ組合とがチェック・オフ協定と締結しているのと同じ効果を与えるのに等しく、私法的法律関係から著しくかけ離れ、労基法24条1項（賃金全額払い原則）の趣旨にも抵触するとの理由から、労働委員会の裁量権の合理的行使の限界を超えると判断している。

行政処分といえども同じ国法体系の中で行われるものであるから、労働委員会の救済命令の内容は強行法規には違反しえず、また、救済命令が私法的法律関係から著しくかけ離れる場合は、裁量権の合理的行使の限界を超えるという判示自体は支持しうる。ただし、チェック・オフ協定は、過半数組合でなくても締結しうると解すべきであり[*195]、これを前提とすれば、当該命令は、私法的法律関係から著しくかけ離れるものではなく、適法であろう。

(7) 不作為命令

労働委員会は、将来も使用者が同種又は類似の行為を繰り返す虞があると判断したときは、当該同種の行為を将来にわたって禁止する不作為命令を発することができる[*196]。不当労働行為が命令発出時点では終了していても、再び繰り返される虞が多分にあると認められるある場合は同様である[*197]。

命令主文において将来禁止される行為は、できるだけ具体的に特定されるべきであり、「今後労働組合の結成又はその運営を支配し又は介入してはならない」といった、具体的内容を規定しない労組法7条3号の規定そのままの命令は、制裁の裏付けをもった法規の設定に等しく、申立てにより不当労働行為の有無を判定しその是正と原状回復を命ずるという労働委員会の権限を越え違法である[*198]。ただし、理由を含めて救済命令全部を見ればその命令の趣旨を具体的なものとして理解することができ、適法である場合もある[*199]。

(8) ポスト・ノーティス

ポスト・ノーティスは、かかる行為を今後繰り返さないことを「誓約」します、あるいは、かかる行為をしたことを「陳謝」します、という内容である場

---

[*195] 前記第22章「団結の結成と運営」第2節8(3)イ参照。
[*196] 中労委(東急バス)事件・東京地判平28・12・21労判1157号17頁(バス乗務員に対する増務〈残業扱いとなる業務〉割当てについて差別して取り扱ってはならないとの救済命令を履行不能ではなく適法と判断)。
[*197] 栃木労委(栃木化成)事件・最三小判昭37・10・9民集16巻10号2084頁/判時322号6頁(会社は従業員の賃金支払について申立人組合の組合員と臨時工たる非組合員との間に自今遅速の差別を付けてはならない旨の労働委員会の命令を適法と判断)。
[*198] 京都労委(日本食料倉庫)事件・京都地判昭28・4・3民4巻2号95頁。
[*199] 北海道労委(第一小型ハイヤー)事件・札幌高判昭47・10・17民23巻5=6号575頁/判タ286号257頁、奈良労委(奈良学園)事件・奈良地判平2・4・25労判567号42頁。

合、良心の自由（憲19条）の侵害ではないかという論点がある。

しかし、これは、同種の行為を繰り返さない旨の約束文言を強調する意味を有するにすぎず、使用者に対し反省・陳謝の意思表明を要求するところではないので、良心の自由の侵害ではないと解される[*200]。

(9) 条件付救済命令

申立人の一定の行為（例えば、組合の行為に行きすぎがあったことを認める等の文書を組合が交付すること）を停止条件とする救済命令も、将来の労使関係の正常化を図るという制度目的に合致する場合があり、また、名宛人は使用者であって、労働者側に一定の行為を命令するものではない（労働者側が条件とされた行為をしなくても命令違反として制裁が課されるわけではない）から、労働委員会の裁量の範囲内であると解される[*201]。

(10) 損害補償命令

使用者の不当労働行為により労働者又は労働組合の被った損害（脱退組合員の組合費、不当労働行為からの防衛費用等）の金銭的補償命令はできないとの見解もあるが、侵害された団結権等を回復し、正常な労使関係の回復のために、経済的損害の回復が必要な場合もあるので、「損害賠償」はもちろん命じられないが経済的侵害の回復のために必要な「金銭支払」命令は、労働委員会の裁量権の範囲内であると解される[*202]。また、バックペイにつき、遅延損害金に相当する利息付与もできると解される[*203]。

(11) 過小救済

労働委員会の救済命令が裁量権の濫用で違法かどうかは、従来は「過大な救済」かどうかその「上限」が論じられることが多かった。しかし、「法の所期

---

[*200] 神奈川労委（亮正会）事件・最三小判平2・3・6集民159号229頁／労判584号38頁、千葉労委（オリエンタルモーター）事件・最二小判平3・2・22集民162号123頁／労判586号12頁。

[*201] 公労委（延岡郵便局）事件・東京高判昭53・4・27労民29巻2号262頁／労判298号32頁（同事件・東京地判昭46・8・6労民22巻4号731頁／労判134号6頁は違法と判断）。

[*202] 支配介入（労組7条3号）と判断されたチェック・オフ中止の期間中、労働組合が組合費徴収のために口座振替を利用し振替手数料を支払っていたため振替手数料の支払を命じた労委命令につき、大阪労委（泉佐野市）事件・大阪地判平28・5・18労判1143号35頁は、団結権侵害（経済的侵害）を回復するものとして労働委員会が有する裁量権の範囲に適法と判断し、同事件・大阪高判平28・12・22労判1157号5頁は、実質的に不法行為による損害賠償を命じるに等しく裁量権の範囲を超えるとしてその部分を取り消したが、地裁判決が妥当であろう。

[*203] 神奈川労委（亮正会）事件・最三小判平2・3・6集民159号229頁／労判584号38頁、中労委（亮正会）事件・東京地判平2・11・8労民41巻6号913頁／労判574号14頁、中労委（東急バス）事件・東京地判平28・12・21労判1157号17頁（いずれも支払を命じた救済命令を維持）、肯定説として、山川・紛争処理法（2012）98頁。

する正常な集団的労使関係の回復・確保」という不当労働行為救済制度の趣旨・目的に照らし、不当労働行為であることを認定しながら、「不当労働行為であることの単なる確認命令」「文書手交のみ」といった命令は、事案によっては、侵害された団結権等を回復できず、不当労働行為の結果がそのまま残り、救済の実効性がほとんどない「過小な命令」として、裁量権の限界（「下限」）を逸脱する違法なものとして取消しの対象とすべきであろう[204]。

## 第2款　裁判所による救済

### 1　救済を求めうる者（原告）

不当労働行為に該当する行為が行われた場合、裁判所において救済を求めることができるのは、①労働者（労組3条）、及び、②社団性を有する団結体、すなわち、労働組合（憲法上の労働組合：労組法上の労働組合及び憲法組合）である（民訴29条）[205]。ただし、労組法7条2号の団体交渉拒否に該当する行為は、直接的には団体交渉の主体である団結体の団体交渉権が侵害されているので、原告となりうるのは労働組合のみであろう。

### 2　相手方（被告）

不当労働行為に該当する行為が行われた場合、裁判所においてそれについて訴えられるのは、労組法7条の使用者である。なお、不当労働行為に該当しない不法行為については、当然被告は労組法7条の使用者に限定されない。

### 3　労組法7条1・4号又は3号に該当する行為

労組法7条の1・4号（不利益取扱い等）又は3号（支配介入・経費援助）に該当する行為は、公序（民90条）に違反する行為である。

また、労組法7条の不利益取扱い等の禁止規定、及び、支配介入・経費援助の禁止規定は、憲法28条の団結権・団体交渉権・団体行動権を保障する規定であり、不当労働行為の成立要件を定めるとともに、私法上の強行規定であり、当該行為をしないことは使用者又は使用者団体の信義則上の義務（民1条2項、労

---

[204]　「過小救済」の違法性につき詳細に論じるものとして、田中誠「労委救済命令の実効性と過小救済の裁量権逸脱－「原状回復」の意義の再確認－」日本労働法学会誌130号（2017）83-92頁、同「労委救済命令と救済裁量権の限界－実効性なき「過小救済」の違法性と原状回復の意義」労旬1905号（2018）36-49頁。

[205]　この点、労働委員会の申立人資格は法適合認証組合のみが有するのとは異なる。

契3条4項)の内容となっている*206と解すべきである。

したがって、労組法7条の1・4号又は3号に該当する使用者の行為は、第一に、法律行為(解雇、懲戒処分、労働条件変更権の行使、労働協約の解約等)であれば、労組法7条違反(又は民法90条違反)で無効であり*207、労働者又は労働組合は、それを前提とする法的救済を求めることができる。また、第二に、当該行為は、団結権等を侵害し公序に反し不法行為を構成しうるものであり、また、信義則違反にも該当しうるものであり、労働者及び労働組合は、それぞれ、自らの団結権等を侵害されたことについて、損害賠償を請求することができる*208。

### 4　労組法7条2号に該当する行為

労組法7条2号の団体交渉拒否に該当する行為は、公序(民90条)に違反する行為である。　また、労組法7条の団体交渉拒否の禁止規定は、労働組合が使用者又は使用者団体に対して団体交渉を求める法律上の地位を有し、使用者はこれに応ずべき地位にあることを定めたものである。

したがって、労組法7条2号に該当する使用者の行為は、第一に、団体交渉権等を侵害し公序(民90条)に反し不法行為を構成しうるものであり、労働組合は、損害賠償を請求することができる。また、第二に、労働組合は、当該使用者又は使用者団体に対して一定の事項につき団体交渉を求めうる法的地位にあるこ

---

*206　日本メール・オーダー事件・東京地判平21・4・13労判986号52頁(労基法3条、労組法7条により、使用者は労働組合員であることを理由として不平等・不利益に取り扱ってはならない信義則上の義務を負うと判示)。
*207　新光会事件・最三小判昭43・4・9民集22巻4号845頁/労判74号79頁。
*208　損害賠償請求を認容したものとして、サンデン交通事件・山口地下関支判平3・9・30労判606号55頁、同事件・広島高判平6・3・29労判669号74頁/判タ868号189頁(タクシーの新車の配車をA組合の組合員のみとしB組合の組合員に配車しなかったことは労組法7条1・3号所定の不当労働行為に該当し不法行為を構成するとして、民法709条に基づきB組合及びその組合員の損害賠償請求を認容<最三小判平9・6・10労判718号15頁も維持>)、岡惣事件・新潟地長岡支判平13・2・15労判815号20頁、同事件・東京高判平13・11・8労判815号14頁(組合の正当な活動を理由とする懲戒処分及び組合員であることを理由とする一時金支給格差につき、組合員の格差分及び精神的損害に対する賠償請求、及び、組合の不当労働行為等への直接対策費及び団結権侵害に対する賠償請求を認容)、渡島信用金庫事件・札幌地判平13・9・17労判826号9頁、同事件・札幌高判平14・3・15労判826号5頁(組合の正当な活動を理由とする懲戒処分等につき、労働組合の組合員減少や不当労働行為対策等の無形損害に対する賠償請求認容)、生コン製販会社経営者ら事件・大阪地判平27・3・31労判1135号39頁、同事件・大阪高判平27・12・11労判1135号29頁(会社分割及び事業所閉鎖は労働組合を排除するための不当労働行為・不法行為であるとして、組合員の財産的・精神的損害と労働組合の非財産的損害につき賠償請求を認容)。

との確認請求又は保全を求めうる*209。

### 5　労働委員会による救済との相違

不当労働行為に関して、司法救済は、過去(弁論終結時)における権利義務関係を確定させる役割を担う。これに対し、労働委員会による救済命令は、過去の権利義務関係の存否や内容を確定させる機能を持たず、法の所期する正常な労使関係を将来に向けて回復・確保する目的で、新たな事実状態や秩序を形成することを命ずる行政処分である。

それでは、例えば労働組合員であることを理由として解雇された場合、当該労働者は、労働委員会において不当労働行為の救済を申し立てるとともに、裁判所において救済を求めることもできるところ、労働委員会による救済と裁判所による救済はどのように異なるであろうか。

第一に、労働委員会は、当該解雇が労組法7条1号の不利益取扱いと3号の支配介入に該当する不当労働行為であるとして、侵害された団結権等を回復するために、通常、解雇した使用者に対して、当該労働者の原職復帰、解雇期間中の賃金のバックペイ、ポスト・ノーティス等を命じるが、権利義務関係を確認するものではない。これに対し、裁判所は、①当該解雇が労組法7条違反等により無効であると判断して、それを前提に労働契約上の権利を有する地位にあることを確認し、②民法536条2項に基づき解雇期間中の賃金及び遅延損害金の支払を使用者に命じ、また、③解雇が団結権等侵害の不法行為(民法709・710条)又は信義則(労契3条4項)違反に該当するとして、発生した損害について賠償を命じることができる*210。

第二に、労働委員会は原職復帰命令を行うことができ、同命令が確定したにもかかわらず原職復帰させなければ、使用者は刑罰を科せられる。これに対し、裁判所は、労働契約上労働者が就労請求権を有し使用者が労務受領義務を負う場合を除き、労働契約上の権利を有する地位の確認にとどまる。

第三に、労働委員会は、バックペイを命じるにあたり、中間収入を控除するかどうかについて裁量権を有する(ただし、裁量権濫用と判断される場合もある)。これに対し、裁判所が解雇期間中の賃金支払を命じる場合、中間収入の控除の可否と限度は、民法536条2項及び労基法26条の解釈により定まり、裁判所に裁

---

*209　法的救済の詳細は、前記第23章「団体交渉」第3節2・3(1)参照。
*210　仮処分申請に対しては、保全の必要性に応じて、労働契約上の権利を有することにつき仮の地位を定める仮処分、及び、賃金の全部又は一部の仮払いを求める仮処分を行うことができる。

量権があるわけではない。

　第四に、労働委員会は、信義則違反又は不法行為に基づく「損害賠償」を命じることはできないが(ただし、侵害された団結権等を回復するために必要な「金銭支払命令」は可能である)、裁判所は信義則違反又は不法行為に基づく損害賠償を命じることができる。

　第五に、労働委員会はその裁量としてポスト・ノーティスを命じることができるが、裁判所は命じることはできない。

## 総括表　要件と効果

表 1　解雇が有効となる要件と判断基準(労働契約終了の肯否)
表 2　期間の定めのある労働契約の契約更新拒否の効力
　　　　　　　　　　　　　　　(労働契約終了の肯否)
表 3　試用期間中・試用期間満了時の本採用拒否の効力
　　　　　　　　　　　　　　　(労働契約終了の肯否)
表 4　労働契約内容の個別的な変更が有効となる要件と判断基準①
　　　　　　　　　　　－配転・出向
表 5　労働契約内容の個別的な変更が有効となる要件と判断基準②
　　　　　　　　　　　－降職・降格・降給
表 6　労働契約内容の個別的な変更が有効となる要件と判断基準③
　　　　　　　　　　　－労働義務のある時間の変更
表 7　休職・休業の場合の賃金請求権・休業手当請求権
表 8　就業規則が設定・変更される(最低基準が設定・変更される)要件
表 9　就業規則が労働契約の内容を設定・変更する要件
表10　懲戒処分が有効となる要件
表11　労働協約が労働契約の内容を設定・変更する要件
　　　　　　　　　　　(地域的拡張適用を除く)
表12　労働基本権の内容と労働者・団結体の行為の正当性
表13　統制処分が有効となる要件

# 総括表　要件と効果

## 表 1　解雇が有効となる要件と判断基準（労働契約終了の肯否）

〈18章2節・　3節1款〉

| 検討項目＼契約類型 | 期間の定めのない労働契約 | 期間の定めのある労働契約 |
|---|---|---|
| Ⅰ　解雇権の法的根拠 | 期間の定めのない契約の一般原則 | 【権利発生要件の充足】<br>「やむを得ない事由」の存在<br>（労契17条1項） |
| Ⅱ　解雇権行使の適法性 | 【効力発生要件の充足】<br>① 就業規則作成義務のある事業場においては、労基法所定の意見聴取と添付・届出・周知（労基90・89・106条1項）の手続を履践した就業規則に合理的な内容の解雇事由の定めがあり、かつ、就業規則所定の解雇事由に該当する事実が存在すること<br>② 労働協約、就業規則、労働契約の定める要件の充足<br>③ 信義則（労契3条4項）上の義務の履行<br><br>【効力障害要件の不充足】<br>④ 解雇権濫用（労契16条）ではないこと<br>⑤ その他の強行法規（産前産後・労災の場合の解雇制限〈労基19条〉、妊娠中の女性及び出産後1年を経過しない女性労働者に対する解雇制限〈均等9条4項〉、解雇予告又は予告手当の支払〈労基20条・21条〉、差別的取扱禁止等）違反ではないこと | |
| Ⅲ　「やむを得ない事由」の存在（期間の定めのある労働契約の場合）・就業規則所定の解雇事由該当事実の存在・信義則上の義務の履行・解雇権濫用でないことの判断基準 | ○　解雇に、客観的に合理的な理由と社会通念上の相当性があること<br>　　ただし、期間の定めのある労働契約の解雇の場合は、契約期間満了まで待てない「解雇の高度の必要性・相当性」が必要 | |

## IV Ⅲの具体的判断基準

| 解雇類型＼契約類型 | 期間の定めのない労働契約 | 期間の定めのある労働契約 |
|---|---|---|
| 1．懲戒解雇 | 後述（→後記表10） | |
| 2．普通解雇 | ① 解雇の必要性・相当性（解雇回避義務の履行）<br>② 労働者に対する説明・協議と解雇理由の通知<br>　　（不利益緩和措置→解雇が有効となる要件ではなく、損害賠償請求の法的根拠） | |
| 3．労働者の人的理由による使用者による労働条件の変更申し込みに労働者の承諾がないことを理由とする解雇 | ① 労働条件変更の客観的に合理的な理由の存在と変更後の労働条件の相当性<br>② 解雇の必要性・相当性（解雇回避義務の履行）<br>③ 労働者に対する説明・協議と解雇理由の通知<br>　　（不利益緩和措置→解雇が有効となる要件ではなく、損害賠償請求の法的根拠） | |
| 4．整理解雇 | ① 雇用の廃止・削減を行う経営上の必要性（人員削減の必要性）<br>② 解雇の必要性・相当性（一般的・個別的解雇回避義務の履行）<br>③ 解雇の対象者の選定基準と適用の合理性・客観性<br>④ 労働者・労働組合等に対する説明・協議と労働者に対する解雇理由の通知<br>　　（不利益緩和措置→解雇が有効となる要件ではなく、損害賠償請求の法的根拠） | |
| 5．経営上の理由による使用者による労働条件の変更申し込みに労働者の承諾がないことを理由とする解雇 | ① 労働条件変更の客観的に合理的な理由の存在と変更後の労働条件の相当性<br>② 労働条件変更の対象者の選定基準と適用の合理性・客観性<br>③ 当該解雇の必要性・相当性（個別的解雇回避義務の履行）<br>④ 労働者・労働組合等に対する説明・協議と労働者に対する解雇理由の通知<br>　　（不利益緩和措置→解雇が有効となる要件ではなく、損害賠償請求の法的根拠） | |

## 表 2　期間の定めのある労働契約の契約更新拒否の効力
##                          （労働契約終了の肯否）

原則：労働契約は期間満了により当然に終了する
例外：一定の要件を充足する労働契約については、期間満了により当然に終了しない

〈18章3節2款〉

| | |
|---|---|
| Ⅰ　労契法19条により使用者が契約の更新又は締結の申込みを承諾したとみなされる要件（有期労働契約が更新・締結される要件） | 1．有期労働契約の法的性質の要件：労契法19条1号又は2号に該当すること<br>2．申込みの要件：契約期間満了日までの間に労働者が当該有期労働契約の更新の申込みをしたこと、又は、当該契約期間の満了後遅滞なく有期労働契約の締結の申込みをしたこと<br>3．申込みの拒絶の違法性要件：使用者が当該申込みを拒絶することが、客観的に合理的な理由を欠き、社会通念上相当であると認められないこと<br>　→　具体的判断基準は解雇の客観的に合理的な理由と社会通念上の相当性の判断（前記「第1　使用者による解雇が有効となる要件」のⅢ・Ⅳ）と同じ、強行法規（雇止め予告、差別的取扱い禁止等）違反ではないことを含む |
| Ⅱ　上記Ⅰ2の要件を充足しない場合（判例） | 1．当該労働契約の法的性質に関する要件<br>　契約当事者のいずれかから契約更新拒否の意思表示がなければ当然更新されるべき労働契約（雇用の継続が予定されている労働契約）であって、<br>①　期間の定めのない労働契約と実質的に異ならない状態となっている場合、又は、<br>②　期間満了後も使用者が雇用を継続すべきものと労働者が期待することに合理性（合理理由）が認められる場合<br>　→　契約更新拒否の意思表示に解雇規制法理を類推適用<br>------<br>2．解雇規制法理が類推適用される場合の契約終了の肯否の判断基準<br>①　労働協約、就業規則、労働契約の定める要件の充足<br>②　信義則（労契3条4項）上の義務の履行<br>③　解雇権濫用（労契16条）ではないこと<br>④　その他強行法規（労基14条2項、有期労働契約の締結、更新及び雇止めに関する基準1条に基づく雇止め予告、差別的取扱禁止等）違反ではないこと |

総括表　要件と効果

## 表 3　試用期間中・試用期間満了時の本採用拒否の効力
　　　　　　　　　　　　　　　　　　　　（労働契約終了の肯否）

〈15章4節〉

(1) 試用期間＝契約期間である場合

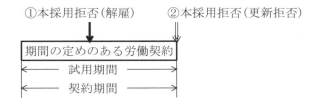

①：期間の定めのある労働契約における期間途中の解雇⇒前記**表1**
②：期間の定めのある労働契約の契約更新拒否⇒前記**表2**

(2) 試用期間付期間の定めのない労働契約である場合

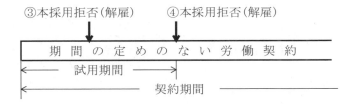

③④：期間の定めのない労働契約における解雇⇒前記**表1**

(3) 試用期間付期間の定めのある労働契約である場合

⑤⑥：期間の定めのある労働契約における期間途中の解雇⇒前記**表1**

## 表 4　労働契約内容の個別的な変更が有効となる要件と判断基準①
　　　　　　　　　　　　　　　　　　　　　　　　　　　－配転・出向

　＊「転籍」は転籍時点での労働者の同意がなければ効果が生じない

〈16章4節2・3款〉

| 検討項目＼変更類型 | 配　　　転 | 出　　　向 |
|---|---|---|
| Ⅰ　労働条件変更権の法的根拠 | 【権利発生要件の充足（①～③のいずれか）】<br>① 事前の合意<br>② 就業規則（労働契約の内容となるもの）<br>　＊判例の労契法7条の合理性の判断は緩やか<br>③ 労働協約（労働契約の内容を規律するもの） | 【権利発生要件の充足（①～③のいずれか）】<br>① 事前の合意<br>② 就業規則（労働契約の内容となるもの）<br>　＊判例の労契法7条の合理性の判断は厳しい<br>③ 労働協約（労働契約の内容を規律するもの）<br>　＊「雇用」の場合は、民法625条1項との関係に注意 |
| Ⅱ　労働条件変更権の行使の適法性 | 【効力発生要件の充足】<br>① 労働協約、就業規則、労働契約の定める要件の充足<br>② 信義則（労契3条3・4項）、育介26条所定の配慮義務の履行<br>- - - - - - - - - - - - - - - - - - - - - - - - - - - - - - - - - - - -<br>【効力障害要件の不充足】<br>③ 権利濫用（労契3条5項）ではないこと<br>④ その他の強行法規（差別的取扱禁止等）違反ではないこと | |

| 変更類型 / 検討項目 | 配　転 | 出　向 |
|---|---|---|
| III　信義則上の義務の履行・権利濫用でないことの判断基準 | 〈判例〉<br>：「権利濫用」の判断基準<br><br>1) 業務上の必要性が存在しない場合、<br>　又は、<br>2) 業務上の必要性が存在する場合であっても、<br>　① 不当な動機・目的をもってなされたとき、若しくは、<br>　② 労働者に通常甘受すべき程度を著しく越える不利益を負わせるものであるとき等、特段の事情が存する場合<br><br>〈私見〉<br>：「信義則上の義務の履行」の判断基準<br><br>1．人的理由による配転<br>① 配転の必要性があり、配転後の労働条件が労働者の被る不利益等に照らし相当であること<br><br>② 説明・協議<br><br>2．経営上の理由による配転<br>① 配転の必要性があり、<u>対象労働者の選定基準と適用に合理性があり</u>、配転時期、配転後の労働条件等が労働者の被る不利益等に照らし相当であること<br><br>② 説明・協議 | 〈労契法14条＋判例＋補足〉<br>：「権利濫用でないこと」の判断基準<br><br>① 出向の必要性<br>② 労働者の被る不利益等に照らし出向に関連する労働条件の相当性<br>③ 対象労働者の選定基準と適用の合理性（経営上の理由による出向）<br>④ 説明・協議<br><br><br><br><br>〈私見〉<br>：「信義則上の義務の履行」の判断基準<br><br>1．人的理由による出向<br>① 出向の必要性があり、出向後の労働条件、出向期間の取扱いや復帰後の労働条件等が労働者の被る不利益等に照らし相当であること<br><br>② 説明・協議<br><br>2．経営上の理由による出向<br>① 出向の必要性があり、<u>対象労働者の選定基準と適用に合理性があり</u>、出向時期、出向後の労働条件、出向期間の取扱いや復帰後の労働条件等が労働者の被る不利益等に照らし相当であること<br><br>② 説明・協議 |

表 5　労働契約内容の個別的な変更が有効となる要件と判断基準②
　　　　　　　　　　　　　　　　　　　　　　－降職・降格・降給

〈16章4節5款〉

| 変更類型<br>検討項目 | 降　　職 | 降　格・降　給 |
|---|---|---|
| Ⅰ　労働条件変更権の法的根拠 | 〈裁判例〉：固有権<br>〈私見〉：法的根拠が必要<br>【権利発生要件の充足<br>　　　　（①～③のいずれか）】<br>①　事前の合意<br>　＊就業規則作成義務のある事業場では就業規則の定め（労基89条2号）<br>②　就業規則（労働契約の内容となるもの）<br>③　労働協約（労働契約の内容を規律するもの） | 【権利発生要件の充足<br>　　　　（①～③のいずれか）】<br>①　事前の合意<br>　＊就業規則作成義務のある事業場では就業規則の定め（労基89条2号）<br>②　就業規則（労働契約の内容となるもの）<br>　＊判例の労働法7条の合理性の判断は厳しい<br>③　労働協約（労働契約の内容を規律するもの） |
| Ⅱ　労働条件変更権の行使の適法性 | 【効力発生要件の充足】<br>①　労働協約、就業規則、労働契約の定める要件の充足<br>②　信義則（労契3条4項）上の義務の履行<br>【効力障害要件の不充足】<br>③　権利濫用（労契3条5項）ではないこと<br>④　その他の強行法規（差別的取扱禁止等）違反ではないこと | |
| Ⅲ　信義則上の義務の履行・権利濫用でないことの判断基準 | 1) 人的理由による降職<br>①　降職の必要性、降職後の職務内容、賃金等の相当性<br>②　説明・協議<br>2) 経営上の理由による降職<br>①　降職の必要性、<u>対象労働者の選定基準と適用の合理性</u>、降職後の労働条件の相当性<br>②　説明・協議 | 1) 人的理由による降格・降給<br>①　降格・降給の必要性、降格・降給後の職務内容、賃金等の相当性<br>②　説明・協議<br>2) 経営上の理由による降格・降給<br>①　降格・降給の必要性、<u>対象労働者の選定基準と適用の合理性</u>、降格・降給後の労働条件の相当性<br>②　説明・協議 |

## 表 6 労働契約内容の個別的な変更が有効となる要件と判断基準③
### 一労働義務のある時間の変更

〈16章4節8款〉

| 検討項目＼変更類型 | 法内所定時間外労働 法定外休日労働 | 法定時間外(所定外)労働 法定休日労働 |
|---|---|---|
| Ⅰ　労基法32条・35条違反［効力障害要件（強行法規違反）の一部］の有無　＊繰り上げて先行判断 | （もともと労基法32・35条違反ではないので確認すべき要件はない） | 【効力障害要件の一部（労基法32条・35条違反）の不充足】<br>① 労基法33条所定の要件の充足、又は、<br>② 労基法36条所定の労使協定の締結・届出と労使協定の定め（対象労働者・対象事由・許容される時間数等）の充足 |
| Ⅱ　労働条件変更権の法的根拠 | 【権利発生要件の充足（①～③のいずれか）】<br>① 事前の合意<br>　＊就業規則作成義務のある事業場では就業規則の定め（労基89条1号）<br>② 就業規則（労働契約の内容となるもの）<br>③ 労働協約（労働契約の内容を規律するもの） ||
| Ⅲ　労働条件変更権の行使の適法性 | 【効力発生要件の充足】<br>① 労働協約、就業規則、労働契約の定める要件の充足<br>② 信義則（労契3条3・4項）上の義務の履行<br>---<br>【効力障害要件の不充足】<br>③ 権利濫用（労契3条5項）ではないこと<br>④ その他の強行法規（上記ⅠとⅢ③以外の差別的取扱禁止等）違反ではないこと ||
| Ⅳ　信義則上の義務の履行・権利濫用でないことの判断基準 | ＊経営上の理由による変更<br>① 労働義務のある時間の変更の必要性、対象労働者の選定基準と適用の合理性、変更後の労働条件の相当性<br>② 説明・協議 ||

## 表7　休職・休業の場合の賃金請求権・休業手当請求権

〈16章4節7款4～6〉

| 検討項目＼労務受領拒否類型 | 休職・休業命令権の行使 | 労務の受領拒否 |
|---|---|---|
| Ⅰ　賃金請求権の有無 | 民法536条2項前段該当性<br>→　休職・休業命令の効力 | 民法536条2項前段該当性 |
| Ⅱ　賃金請求権の有無の判断枠組み | 1)　休職・休業命令権の法的根拠<br><br>【権利発生要件の充足<br>　　　　　（①～③のいずれか）】<br>①　事前の合意<br>　　＊　就業規則作成義務のある事業場では就業規則の定め(労基89条2号)<br>②　就業規則(労働契約の内容となるもの)<br>　　＊　賃金の全部・一部不支給を伴う休職・休業については、判例の労契法7条の合理性の判断は厳しい<br>③　労働協約<br>　　（労働契約の内容を規律するもの）<br>----------------------------------------<br>2)　休職・休業命令権の行使の適法性<br><br>【効力発生要件の充足】<br>①　労働協約、就業規則、労働契約の定める要件の充足<br>　　＊判例は、就業規則所定の休職・休業事由と該当事実の存否を合理的限定的に解釈<br>②　信義則(労契3条4項)上の義務の履行<br><br>【効力障害要件の不充足】<br>③　権利濫用(労契3条5項)ではないこと<br>④　その他の強行法規(差別的取扱禁止等)違反ではないこと | 1.　債務の本旨に従った労務提供の有無<br>　＊労働者の傷病等の場合、判例は緩やかに解する<br><br>2.　当該労務受領拒否の「債権者(使用者)の責めに帰すべき事由」該当性<br><br>1)　人的理由による労務受領拒否<br>→　債務の本旨に従った労務提供がある場合は、「使用者の責めに帰すべき事由」<br><br>2)経営上の理由による労務受領拒否<br>→　信義則上の義務の履行の有無<br>　　合理性の有無 |

| 検討項目＼労務受領拒否類型 | 休職・休業命令権の行使 | 労務の受領拒否 |
|---|---|---|
| Ⅲ　信義則上の義務の履行・権利濫用でないことの判断基準 | 1）人的理由による休職・休業<br>①　休職・休業の必要性、休職・休業期間、賃金減額幅等の相当性<br>②　説明・協議<br><br>2）経営上の理由による休職・休業<br>①　休職・休業の必要性、<u>対象労働者の選定基準と適用の合理性</u>、休職・休業期間、賃金減額幅等の相当性<br>②　説明・協議 | 2）経営上の理由による労務受領拒否<br>①　休職・休業の必要性、<u>対象労働者の選定基準と適用の合理性</u>、休職・休業期間、賃金減額幅等の相当性<br>②　説明・協議<br>＊裁判例には、労契法10条を参考に、判断要素を提示するものもある |
| Ⅳ　休業手当請求権の有無 | 労基法26条の「使用者の責に帰すべき事由による休業」該当性 ||
| Ⅴ　休業手当請求権の有無の判断基準 | ・債務の本旨に従った労務の提供がない場合<br>　　→　請求権はない<br>・債務の本旨に従った労務の提供がある場合<br>　　→　労働者の人的理由による休職・休業は「使用者の責に帰すべき休業」（請求権あり）<br>　　　　経営上の理由による休職・休業は、不可抗力等に該当する場合を除き、「使用者の責に帰すべき休業」（請求権あり） ||

### 表 8　就業規則が設定・変更される(最低基準が設定・変更される)要件

〈16章3節3(2)〉

| 規定の新たな設定<br>(最低基準の設定) | 労働者に有利な変更<br>(最低基準の引き上げ) | 労働者に不利な変更<br>(最低基準の引き下げ) |
|---|---|---|
| ① 手続要件<br>　実質的周知又は行政官庁への届出 | | ① 手続要件<br>　労基法所定の意見聴取と添付・届出・周知全て(90・89・106条1項)<br>② 合理性の要件<br>　最低基準の引き下げに一定の合理性があること |

　　＊　強行法規違反、労働協約違反でないことを前提とする

### 表 9　就業規則が労働契約の内容を設定・変更する要件

1 ) **最低基準効**(労契12条)により、労働者に有利な契約内容を設定し、又は、契約内容を労働者に有利に変更する要件〈5章2節3款8〉　→　次頁表左列
2 ) **非有利設定効**(労契7条)により、労働者に不利な契約内容を設定する要件〈5章2節3款9〉　→　次頁表中列
3 ) **不利益変更効**(労契10条)により、契約内容を労働者に不利益に変更する要件〈5章2節3款10〉　→　次頁表右列
4 ) 定年延長に伴い従来の定年年齢から新たな定年年齢までの労働条件を就業規則で新たに設定した場合、労働契約の内容となる要件〈16章3節4(3)〉
　　　＊就業規則の規定内容を労働契約の内容とする旨の労働者の同意がない場合　(同意がある場合はそれにより労働契約の内容となる)
　① 労基法所定の手続要件：意見聴取と添付・届出・周知(90・89・106条1項)
　② 合理性の要件：合理的な労働条件が定められていること
　　　・職務内容、労働時間、賃金等が全体として変更されている場合
　　　　　→　労契法7条を準用して判断
　　　・職務内容、労働時間は同じだが、賃金のみ減額されている場合
　　　　　→　労契法10条を準用して判断(不利益変更よりは緩やかに解すべき)

| 最低基準効<br>(労契12条) | 非有利設定効<br>(労契7条) | 不利益変更効<br>(労契10条) |
|---|---|---|
| ① 有利性要件<br>（就業規則の定めが労働契約の定め＜又は労働契約に定めのない状態＞よりも労働者に有利であること） | ① 非有利性要件<br>（労働者に有利な労働条件ではないこと）<br>② 時期の要件<br>（労働契約締結時に存在する就業規則であること）<br><br>③ 合理性要件<br>（合理的な労働条件が定められていること） | ① 不利益性要件<br>（労働者に不利益な労働条件の変更であること）<br>② 時期の要件<br>（労働契約締結後に変更されたこと）<br>③ 就業規則の変更の要件<br>（「就業規則の変更」により変更されたこと）<br>④ 合理性要件<br>（就業規則の変更が労契法10条所定の判断要素及び従来の判例法理に照らし合理的なものであること） |
| ② 手続要件<br>（実質的周知又は行政官庁への届出） | ④ 労契法所定の手続要件<br>（労働契約締結時に労働者＜事業場の労働者全体と労働契約を締結しようとする労働者＞に周知されていたこと）<br>⑤ 労基法所定の手続要件<br>（労基法所定の意見聴取と添付・届出・周知＜労基90・89・106条1項＞）<br>⑥ 異なる合意の不存在<br>（使用者と労働者との間に就業規則と異なる合意が存在しないこと） | ⑤ 労契法所定の手続要件<br>（就業規則の変更とその内容につき事業場の労働者全体に対して説明し、かつ、就業規則の全文をいつでも事業場の外でも見ることが可能な状態にしたこと）<br>⑥ 労基法所定の手続要件<br>（労基法所定の意見聴取と添付・届出・周知＜労基90・89・106条1項＞）<br>⑦ 特約の不存在<br>（当該労働条件につき就業規則の変更により変更されないとの合意が存在しないこと） |

### 表10　懲戒処分が有効となる要件

〈17章2・3節〉

| 　　　　懲戒類型<br>検討項目 | 懲戒解雇以外の<br>懲戒処分 | 懲　戒　解　雇 |
|---|---|---|
| Ⅰ　懲戒(解雇)権<br>　　の法的根拠 | 固有権説／法的根拠不要<br>契約説／法的根拠必要<br>【権利発生要件の充足<br>　　　　　　　　(①～③のいずれか)】<br>①　事前の合意<br>　＊就業規則作成義務のある事業場では<br>　　就業規則の定め(労基89条2号)<br>②　就業規則(労働契約の内容となるもの)<br>③　労働協約<br>　　(労働契約の内容を規律するもの) | 懲戒権の法的根拠＋<br>解雇権の法的根拠 |
| Ⅱ　懲戒(解雇)権<br>　　の行使の適法性 | 【効力発生要件の充足】<br>①　就業規則の定めと内容・手続：就業規則に懲戒事由と懲戒処分の種類・程度の定めが存在し、規定内容が法令・労働協約に反せず(労基92条)かつ合理的な内容であり、規定内容が実質的に周知され、労基法所定の意見聴取と添付・届出・周知も履践されていること<br>　＊就業規則作成義務のない事業場でも書面作成と周知が必要<br>　＊不遡及の原則 | ①　就業規則の定めと内容・手続：就業規則に<u>懲戒(解雇)事由と懲戒解雇の定め</u>が存在し、規定内容が法令・労働協約に反せず(労基92条)かつ合理的な内容であり、規定内容が実質的に周知され、労基法所定の意見聴取と添付・届出・周知も履践されていること<br>　＊就業規則作成義務のない事業場でも書面作成と周知が必要<br>　＊不遡及の原則 |
| | ②　就業規則所定の懲戒事由該当事実の存在(形式・実質)<br>③　労働協約、就業規則、労働契約の定める要件の充足 | |
| | ④　信義則(労契3条4項)上の義務の履行<br>　＊一時不再理、相当性、平等取扱、適正手続 | ④　信義則(労契3条4項)上の義務の履行<br>　＊一時不再理、相当性、平等取扱、適正手続 |
| | 【効力障害要件の不充足】<br>⑤　懲戒権濫用(労契15条)ではないこと<br><br>⑥　その他の強行法規(差別的取扱禁止等)違反ではないこと | ⑤　懲戒権濫用(労契15条)、<u>解雇権濫用(労契16条)</u>ではないこと<br>⑥　その他の強行法規(<u>解雇制限、解雇予告又は解雇予告手当の支払</u>、差別的取扱禁止等)違反ではないこと |

## 表11　労働協約が労働契約の内容を設定・変更する要件
### （地域的拡張適用を除く）

① 労働協約締結組合の組合員（労組16条）
② 未組織労働者（労組17条）
③ 別組合員（労組17条）

〈25章2節・3節・4節1款・5節〉

| 組　合　員 | 未 組 織 労 働 者 | 別 組 合 員 |
|---|---|---|
| **＜労働者に有利な内容＞**<br>　労組法14条・16条・組合規約所定の手続等の充足 | **＜労働者に有利な内容＞**<br>　労組法14条・16条・組合規約所定の手続等並びに17条の拡張適用の要件及び「他の同種の労働者」該当性要件の充足 | **＜労働者に有利な内容、及び不利な内容のいずれの場合も＞**<br>　協約締結組合及び組合員、並びに、別組合及び別組合員の団結権・団体交渉権保障の観点から、労組法14条・16条、17条の拡張適用の要件等を充足しても拡張適用の対象とならず、その契約内容を規律しないと解するのが、憲法28条と労組法17条の整合的解釈 |
| **＜労働者に不利な内容＞**<br>① 労組法14条・16条・組合規約所定の手続等の充足<br><br>② 統一的基準として設定<br>③ 当該労働協約が締結されるに至った経緯、当時の使用者の経営状態、同協約に定められた基準の全体としての合理性に照らし、「特定の又は一部の組合員を殊更不利益に取り扱うことを目的として締結されたなど労働組合の目的を逸脱して締結されたもの」ではないこと | **＜労働者に不利な内容＞**<br>① 労組法14条・16条・組合規約所定の手続等並びに17条の拡張適用の要件及び「他の同種の労働者」該当性要件の充足<br>② 統一的基準として設定<br>③ 労働協約により特定の未組織労働者にもたらされる不利益の程度・内容、労働協約が締結されるに至った経緯等に照らし、「当該労働協約を特定の未組織労働者に適用することが著しく不合理であると認められる特段の事情」がないこと | |

### 表12　労働基本権の内容と労働者・団結体の行為の正当性

① 団体交渉権により保障される「**団体交渉**」
② 団結活動権(団結権及び団体行動権の一部)により保障される「**団結活動**」
③ 争議権(団体行動権の一部)により保障される「**争議行為**」

〈23章2節・24章3節・24章2節〉

|  | 団体交渉<br>〈団体交渉権〉 | 団結活動<br>〈団結権・団体行動権〉 | 争議行為<br>〈団体行動権〉 |
|---|---|---|---|
| 主体 | 憲法上の保護を受ける一時的団結体、憲法組合・労組法上の労働組合 | ① 未組織労働者<br>② 憲法上の保護を受ける一時的団結体・憲法組合・労組法上の労働組合(構成員の自発的活動含む) | 憲法上の保護を受ける一時的団結体、憲法組合・労組法上の労働組合 |
| 相手方 | 交渉事項毎に決定される(現在・過去・将来の労働契約上の使用者、派遣先、親会社等が該当しうる)<br>＊労組法7条2号の「使用者」と同じ |  |  |
| 集団的意思の形成 |  | 当該団結体の明示的な決定がある場合のみならず黙示的に許容されているものを含む | 民主的な手続<br>(組合規約〈労組5条2項8号〉所定の手続等) |
| 義務的団交事項／目的 | 当該団結体の構成員である労働者の雇用・労働条件その他の待遇又は当該団結体と団体交渉の相手方との間の集団的労使関係の運営に関する事項であって、かつ、当該団体交渉の相手方が決定・対応しうる(すべき)事項 | 労働者の雇用・労働条件の維持改善その他の経済的地位の向上(集団的労使関係の運営に関する事項も含む) | 「当該団結体の構成員である労働者の雇用・労働条件その他の待遇又は当該団結体と労働契約上の使用者等との間の集団的労使関係の運営に関する事項であって、かつ、当該使用者等が決定・対応しうる(すべき)事項」に関する要求の実現 |

総括表　要件と効果

| | 団体交渉<br>〈団体交渉権〉 | 団結活動<br>〈団結権・団体行動権〉 | 争議行為<br>〈団体行動権〉 |
|---|---|---|---|
| 手続 | ① 労働協約所定又は労使慣行に基づく手続<br>② 当事者、担当者、対象事項等の明確化 | 労働協約所定又は労使慣行に基づく手続（存在する場合） | ① 団体交渉を経ること<br>(② 相当な期間をおいた予告)<br>③ 争議行為の内容、対象部門・労働者、開始・終了時期等を明らかにした開始の通告<br>④ 労働協約上の手続 |
| 手段・態様 | | 〈論点〉<br>① 就業時間内の団結活動<br>② 使用者の施設・物品等利用の団結活動<br>③ 情宣・要請・抗議活動等の団結活動 | 〈論点〉<br>① 同盟罷業・怠業<br>② ボイコット<br>③ ピケッティング<br>④ 職場占拠<br>⑤ 生産管理　等 |

| 求めうる団体交渉 | 誠実団体交渉 |
|---|---|
| 時期 | 信義則上合理的な期間 |

**表13　統制処分が有効となる要件**

〈22章2節7〉

| Ⅰ | 統制権の法的根拠 | 憲法28条（団結権） |
|---|---|---|
| Ⅱ | 統制権の行使の適法性 | ① 組合規約での統制事由・統制処分に関する定めと周知<br>② 統制事由の必要性と合理性<br>③ 組合規約所定の統制事由に該当する事実の存在<br>④ 統制処分の組合規約適合性と相当性<br>⑤ 組合規約の定める手続の履践と適正手続の履践 |

# 判 例 等 索 引

## 最高裁（大審院を含む）

大審院第一民事部判 大 7・5・24民録24輯1010頁　　8
大審院第一民事部判 大10・11・8民録27輯1948頁　　505
最二小判 昭24・4・23刑集3巻5号592頁［大濱炭鑛］　　791, 925, 928, 929
最 大 判 昭24・5・18刑集3巻6号772頁［旧東京第一陸軍造兵廠］　　46, 695, 716
最 大 判 昭25・11・15刑集4巻11号2257頁［山田鋼業］　　785, 801, 802, 808, 812
最 大 判 昭27・10・22民集6巻9号857頁［朝日新聞小倉支店］　　754, 801, 802, 808
最一小判 昭29・1・21民集8巻1号123頁［池貝鉄工］　　866
最二小判 昭29・5・28民集8巻5号990頁［滋賀労委(山岡内燃機)］　　938
最二小判 昭29・11・26民集8巻11号2075頁［正木土建］　　384
最三小判 昭30・11・22民集9巻12号1793頁［日本紡績］　　215
最一小決 昭31・3・29刑集10巻3号415頁　　171
最二小判 昭31・11・2集2巻10巻11号1413頁［関西精機］　　266
最三小判 昭31・12・11刑集10巻12号1605頁［三友炭鉱］　　825
最一小判 昭32・11・14民集11巻12号1943頁［品川白煉瓦岡山工場］　　739, 755
最 大 判 昭32・11・27刑集11巻12号3113頁　　153, 335
最三小判 昭32・12・24民集11巻14号2336頁［福島労委(日通会津若松支店)］　　713, 950
最三小判 昭33・5・6刑集12巻7号1297頁　　178
最 大 判 昭33・5・28刑集12巻8号1694頁［羽幌炭鉱］　　801, 802, 808
最一小判 昭33・6・19刑集12巻10号2236頁　　178
最二小判 昭33・6・20刑集12巻10号2250頁［駐留軍横浜陸上部隊］　　801, 802, 808
最二小判 昭33・9・19集12巻13号3047頁［関西配電湊川］　　806
最二小判 昭33・9・19集12巻13号3127頁［関西配電熊野］　　806
最一小決 昭34・6・4刑集13巻6号851頁　　153, 335
最三小判 昭35・1・12集民39号1頁　　622
最三小判 昭35・3・11民集14巻3号403頁［細谷服装］　　148, 149, 551
最三小判 昭35・4・26民集14巻6号1004頁［高知新聞社］　　792, 795
最一小判 昭35・7・14刑集14巻9号1139頁［小島撚糸］　　288, 292, 295
最一小判 昭36・4・27集15巻4号974頁［八幡製鉄所］　　99, 603, 929
最一小判 昭36・5・25民集15巻5号1322頁［山崎証券］　　66
最 大 判 昭36・5・31民集15巻5号1482頁［日本勧業経済会］　　265, 266
最一小判 昭37・4・26民集16巻4号975頁［山崎・荒瀬］　　410
最二小判 昭37・5・18民集16巻5号1108頁［大平製紙］　　65
最二小判 昭37・7・20民集16巻8号1656頁［米軍山田部隊<労働者上告>］　　259, 260, 261, 609
最二小判 昭37・7・20民集61号737頁［米軍山田部隊<国上告>］　　261
最三小判 昭37・9・4民集16巻9号1834頁［大分県(国道管理瑕疵)］　　405
最三小判 昭37・9・18集集16巻9号1985頁［中労委(在日米軍調達部)］　　957
最三小判 昭37・9・25民集16巻10号2084頁［栃木労委(栃木化成)］　　962
最二小判 昭37・12・14民集16巻12号2368頁［小池組］　　409
最三小判 昭38・6・4集17巻5号716頁［小野運送］　　414
最二小判 昭38・6・21民集17巻5号754頁［十和田観光電鉄］　　180, 181, 527
最三小判 昭39・5・12集18巻4号597頁　　97, 601
最三小判 昭39・8・4民集18巻7号1263頁［中労委(青山信愛会)］　　784, 800
最二小判 昭40・3・26民集19巻2号83頁　　153, 335
最 大 判 昭40・9・22民集19巻6号1600頁　　626
最 大 判 昭41・2・23民集20巻2号302頁　　626
最 大 判 昭41・10・26刑集20巻8号901頁［全逓東京中郵］　　46, 47, 695, 696
最一小判 昭41・12・1民集20巻10号2017頁［伸栄製機］　　410
最三小判 昭43・3・12民集22巻562頁［日本電信電話公社］　　264
最三小判 昭43・4・9民集22巻4号845頁［医療法人新光会］　　697, 965
最三小判 昭43・5・28集民91号133頁［住友化学工業］　　243, 264
最二小判 昭43・8・2集民22巻8号1603頁［西日本鉄道］　　184, 531

987

最 大 判　昭43・12・ 4刑集22巻13号1425頁［三井美唄労組］　　740, 742, 814
最三小判　昭43・12・24民集22巻13号3050頁［電電公社千代田丸］　　226, 239, 346
最三小判　昭43・12・24民集22巻13号3194頁［弘南バス］　　799, 828, 858
最 大 判　昭43・12・25民集22巻13号3459頁［秋北バス］　　107, 116, 121, 460, 518
最一小判　昭44・ 2・27民集23巻2号551頁［山世志商会］　　87
最二小判　昭44・ 5・ 2集民95号257頁［中里鉱業所］　　743
最一小判　昭44・12・18民集23巻12号2495頁［福島県教組］　　266
最二小判　昭45・ 7・28民集24巻7号1220頁［横浜ゴム］　　539
最一小判　昭45・10・30民集24巻11号1693頁［群馬県教組］　　266
最三小判　昭46・ 6・15集民25号4号516頁［山恵木材］　　930
最二小判　昭48・ 1・19民集27巻1号27頁［シンガー・ソーイング・メシーン］　　101, 267
最二小判　昭48・ 3・ 2民集27巻2号191頁［林野庁白石営林署］　　322, 326, 330
最二小判　昭48・ 3・ 2民集27巻2号210頁［国鉄郡山工場］　　322, 326, 330
最一小判　昭48・ 4・25刑集27巻3号418頁［国労久留米］　　825
最 大 判　昭48・ 4・25刑集27巻4号547頁［全農林警職法］　　47, 54, 793
最一小判　昭48・11・ 8集民110号407頁［全造船三菱重工長崎造船所支部］　　747, 874
最 大 判　昭48・12・12集民27巻11号1536頁［三菱樹脂］　　216, 421, 422, 423, 441, 444, 445, 446
最一小判　昭49・ 2・28民集28巻1号66頁［国鉄中国支社］　　533, 542
最一小判　昭49・ 3・15民集28巻2号265頁［日本鋼管］　　539
最一小判　昭49・ 7・22民集28巻5号927頁［東芝柳町工場］　　556, 581, 584, 586
最一小判　昭49・ 9・30判時760号97頁［名古屋ダイハツ労組］　　756
最一小判　昭49・ 9・30民集28巻6号1382頁［国労大分地本］　　739, 755
最一小判　昭49・ 9・30集民112号819頁［名古屋ダイハツ労組］　　722
最三小判　昭50・ 2・18集民114号139頁［全金大興電機支部］　　739
最三小判　昭50・ 2・25民集29巻2号143頁［自衛隊車両整備工場］　　133, 345, 398, 399, 404
最一小判　昭50・ 4・25民集29巻4号481頁［丸島水門］　　840
最二小判　昭50・ 4・25民集29巻4号456頁［日本食塩製造］　　555, 733
最一小判　昭50・ 7・17集民115号525頁［江東ダイハツ自動車］　　148, 151
最三小判　昭50・11・28民集29巻10号1634頁［国労広島地本＜労働者上告＞］　　735, 736, 744, 814
最三小判　昭50・11・28民集29巻10号1698頁［国労広島地本＜組合上告＞］　　725, 735, 736, 738, 742, 814
最一小判　昭51・ 1・ 1集民116号759頁［国労四国地本］　　736
最一小判　昭51・ 5・ 6集民30巻4号437頁［愛知労委（CBC管弦楽団）］　　68
最 大 判　昭51・ 5・21刑集30巻5号1178頁［岩手県教組］　　54
最一小判　昭51・ 6・ 3集民118号31頁［公労委（都城郵便局）］　　768, 769
最一小判　昭51・ 7・ 8民集30巻7号689頁［茨城石炭商事］　　167, 229, 230
最一小判　昭51・ 7・ 9集民118号249頁［新井工務店］　　148, 149, 151
最一小判　昭51・11・12集民119号189頁［国（裁判所事務官）］　　386
最二小判　昭52・ 1・31民集120号23頁［高知放送］　　561
最 大 判　昭52・ 2・23民集31巻1号93頁［東京労委（第二鳩タクシー）］　　901, 957, 958, 959
最二小判　昭52・ 2・28集民120号185頁［第一小型ハイヤー］　　840, 841
最 大 判　昭52・ 5・ 4刑集31巻3号182頁［全逓名古屋中郵］　　54
最三小判　昭52・ 5・27民集31巻3号427頁［仁田原・中村］　　410, 411
最二小判　昭52・ 9・ 9集民121号225頁［三晃社］　　286
最三小判　昭52・10・25集民31巻6号836頁［三共自動車］　　409, 410, 411
最三小判　昭52・12・13民集31巻7号974頁［目黒電報電話局］　　227, 319, 530, 538, 817, 829
最三小判　昭52・12・13民集31巻7号1037頁［富士重工業］　　532
最一小判　昭53・ 3・28民集32巻2号259頁［国立新潟療養所］　　53
最三小判　昭53・ 7・18民集32巻5号1030頁［全逓東北地本］　　828
最三小決　昭53・11・20民集32巻8号1855頁［山陽電機軌道］　　801, 839, 840, 941
最二小判　昭53・11・24集民125号709頁［東京労委（寿建築研究所）］　　777, 958
最一小判　昭54・ 7・20民集33巻5号582頁［大日本印刷］　　431, 433, 435, 436, 437
最三小判　昭54・10・30民集33巻6号647頁［国鉄札幌運転区］　　518, 532, 818, 819, 820, 828, 839, 939, 945
最一小判　昭54・12・14集民128号201頁［住友化学］　　829
最一小判　昭54・12・19刑集33巻7号966頁［全日自労岡山県支部］　　695
最一小判　昭55・ 4・11集民34巻3号330頁［山口放送］　　840
最二小判　昭55・ 5・30民集34巻3号464頁［電電公社近畿電通局（機械職）］　　431, 434, 436, 438

988

判例等索引

最一小判　昭55・ 7・10集民130号131頁［下関商業高校］　　604
最一小判　昭55・12・18民集34巻7号888頁［鹿島建設・大石塗装］　　405, 411
最一小判　昭56・ 2・16集民35巻1号56頁［航空自衛隊芦屋分遣隊］　　399, 403
最二小判　昭56・ 9・18民集35巻6号1028頁［三菱重工業長崎造船所］　　835
最一小判　昭57・ 3・18民集36巻3号366頁［電電公社此花局］　　328
最三小判　昭57・ 4・13民集36巻4号659頁［東京労委(大成観光〈ホテルオークラ〉)］227, 228, 530, 690, 818
最一小判　昭57・10・ 7集民137号297頁［大和銀行］　　256
最一小判　昭58・ 2・24民集138号235頁［福岡労委(西日本重機)］　　836, 925
最三小判　昭58・ 3・ 1集民137巻3号321頁［東都観光バス］　　410
最三小判　昭58・ 5・27民集37巻4号477頁［陸上自衛隊三三一会計隊］　　399
最一小判　昭58・ 6・13民集37巻5号636頁［日本原子力研究所］　　840
最二小判　昭58・ 7・15集民139号293頁［御國ハイヤー］　　459
最二小判　昭58・ 9・ 8集民139号393頁［関西電力］　　518, 533, 534
最二小判　昭58・ 9・16集民139号503頁［ダイハツ工業］　　521
最二小判　昭58・10・27集民140号207頁［あさひ保育園］　　567
最三小判　昭58・11・ 1集民140号259頁［明治乳業］　　538
最三小判　昭58・12・20集民140号685頁［公労委(新宿郵便局)］　　938, 939, 957
最三小判　昭59・ 4・10民集38巻6号557頁［川義］　　239, 399
最三小判　昭59・ 5・29民集38巻7号802頁［東京労委(日本メール・オーダー)］　　948
最一小判　昭59・ 7・ 7集民144号141頁［水道機工］　　805, 834
最一小判　昭60・ 4・ 5民集39巻3号675頁［古河電気工業・原子燃料工業］　　486
最三小判　昭60・ 4・23民集39巻3号730頁［中労委(日産自動車〈残業差別〉)］　　945, 946, 947, 948, 958, 959
最三小判　昭60・ 7・16民集39巻5号1023頁［エヌ・ビー・シー工業］　　353, 370, 372
最三小判　昭60・ 7・19民集39巻5号1266頁［中労委(済生会中央病院)］　　903, 952
最一小判　昭60・11・28民集146号165頁［京都新聞社］　　255
最一小判　昭61・ 1・24集民147号23頁［中労委(紅屋商事)］　　931, 945, 961
最一小判　昭61・ 3・13集民147号237頁［帯広電報電話局］　　185, 347
最三小判　昭61・ 6・10民集40巻4号793頁［神奈川労委(旭ダイヤモンド工業)］　　952
最二小判　昭61・ 7・14集民148号281頁［東亜ペイント］　　474, 476, 497
最一小判　昭61・12・ 4集民149号209頁［日立メディコ］　　581, 584
最一小判　昭61・12・18集民149号341頁［南夕張高校］　　330
最三小判　昭61・12・18集民149号359頁［陸上自衛隊朝霞駐屯地］　　399
最一小判　昭62・ 2・26集民150号263頁［中労委(阪神観光)］　　713, 950
最一小判　昭62・ 4・ 2集民150号527頁［あけぼのタクシー］　　610
最一小判　昭62・ 5・ 8集民151号1頁［東京労委(日産自動車〈便宜供与差別〉)］　　946
最二小判　昭62・ 7・10集民41巻5号1202頁［青木鉛鉄］　　410
最二小判　昭62・ 7・10集民41巻5号1229頁［弘前電報電話局］　　326, 327
最二小判　昭62・ 7・17民集41巻5号1283頁［ノースウエスト航空〈会社上告〉］　258, 260, 261, 262, 838, 839
最二小判　昭62・ 7・17民集41巻5号1350頁［ノースウエスト航空〈労働者上告〉］　　837
最三小判　昭62・ 9・18労判504号6頁［大隅鉄鋼所］　　99, 603
最三小判　昭62・ 9・22集民151号657頁［横手統制電話中継所］　　326, 327
最一小判　昭62・10・29集民152号63頁［全逓福岡中央支部］　　741
最二小判　昭63・ 2・ 5労判512号12頁［東京電力(塩山営業所)］　　220
最二小判　昭63・ 2・16民集42巻2号60頁［大曲市農協］　　120, 459
最二小判　昭63・ 3・15民集42巻3号170頁［宝運輸］　　253
最三小判　昭63・ 7・19集民154号373頁［神奈川労委(池上通信機)］　　820, 938
最一小判　昭63・12・ 8民集42巻10号739頁［福岡労委(北九州市交通局)］　　54
最一小判　平元・ 1・19集民156号65頁［中労委(日本チバガイギー)］　　946, 947
最一小判　平元・ 4・11民集43巻4号209頁［田辺・吉村］　　411
最三小判　平元・ 7・ 4民集43巻7号767頁［電電公社関東電気通信局］　　327
最一小判　平元・ 9・ 7集民157号433頁［香港上海銀行］　　262, 851, 863, 897
最一小判　平元・12・11民集43巻12号1786頁［中労委(済生会中央病院)］
　　　　　　　　　　　　　　　　　　　　　　　　749, 816, 819, 820, 939, 940, 943, 945
最一小判　平元・12・14民集43巻12号1895頁［日本シェーリング］　　331, 372
最一小判　平元・12・14民集43巻12号2051頁［三井倉庫港運］　　731, 732
最一小判　平元・12・21集民158号659頁［日本鋼管鶴見製作所］　　726, 731, 732

989

最三小判 平 2・ 3・ 6集民159号229頁［神奈川労委(亮正会)］　963
最二小判 平 2・ 4・20集民159号485頁［林野庁高知営林局］　401
最二小判 平 2・ 5・ 5民集44巻4号668頁［神戸弘陵学園］　441, 583
最二小判 平 2・11・26民集44巻8号1085頁［日新製鋼］　101, 267
最三小判 平 3・ 2・22集民162号123頁［千葉労委(オリエンタルモーター)］　963
最一小判 平 3・ 4・11集民162号295頁［三菱重工神戸造船所］　345, 407
最三小判 平 3・ 6・ 4民集45巻5号984頁［青森労委(紅屋商事＜会社上告＞)］　954
最三小判 平 3・11・19民集45巻8号1236頁［津田沼電車区］　331
最一小判 平 3・11・28民集45巻8号1270頁［日立製作所］　279, 294, 509, 510, 511, 853
最三小判 平 4・ 2・14労判614号6頁［徳島労委(池田電器・船井電機)］　777
最三小判 平 4・ 2・18集民164号67頁［エス・ウント・エー］　323, 332
最三小判 平 4・ 3・ 3集民164号153頁［中国電力］　534, 823
最三小判 平 4・ 6・23民集46巻4号306頁［時事通信社］　328
最一小判 平 4・ 7・13集民165号185頁［第一小型ハイヤー］　459
最二小判 平 4・ 9・ 9労判618号14頁［三菱重工長崎造船所］　793
最一小判 平 4・10・ 2集民166号1頁［御國ハイヤー］　802, 808, 818, 839
最一小判 平 5・ 3・25集民168号下127頁［エッソ石油］　750
最一小判 平 5・ 4・ 8労判639号12頁［福岡県教組・高教組］　54
最二小判 平 5・ 6・11集民169号117頁［国鉄鹿児島自動車営業所］　184, 817
最三小判 平 5・ 6・25民集47巻6号4585頁［沼津交通］　331
最三小判 平 6・ 2・22民集48巻2号441頁［日鉄鉱業(労働者上告)］　129, 401, 402, 404
最一小判 平 6・ 4・22民集48巻3号944頁［東京エグゼクティブ・サーチ］　419
最一小判 平 6・ 5・16集民172号509頁［地公災基金岡山県支部長(倉敷市)］　386
最二小判 平 6・ 6・13集民172号673頁［高知観光］　299
最一小判 平 6・ 6・ 8労判657号12頁［敬愛学園］　561
最三小判 平 6・12・20集民48巻8号1496頁［香川労委(倉田学園)］　538, 829
最一小判 平 7・ 1・24労判675号6頁［大阪労委(文祥堂)］　775
最一小判 平 7・ 2・23民集49巻2号281頁［中労委(ネスレ日本＜東京・島田＞)］　750, 961
最一小判 平 7・ 2・23民集49巻2号393頁［北海道労委(ネスレ日本＜日高工場＞)］　956
最一小判 平 7・ 2・23労判670号10頁［中労委(ネスレ日本＜霞ヶ浦工場＞)］　750, 961
最三小判 平 7・ 2・28民集49巻2号559頁［朝日放送］　902, 905, 913
最三小判 平 7・ 4・14集民175号23頁［高知労委(高知県観光)］　948
最一小判 平 7・ 9・ 5集民176号563頁［関西電力］　185, 220
最三小判 平 7・ 9・ 8集民176号699頁［中労委(オリエンタルモーター＜会社上告＞)］　819, 820
最二小判 平 7・ 9・ 8労判679号11頁［中労委(オリエンタルモーター＜中労委上告＞)］　938, 939, 945
最三小判 平 8・ 1・23民集178号83頁［地公災基金東京都支部長(町田高校)］　386
最一小判 平 8・ 2・23労判690号12頁［JR東日本(本荘保線区)］　184, 228, 817
最三小判 平 8・ 2・ 2民集50巻2号249頁［コック食品］　410
最一小判 平 8・ 3・ 5集民178号621頁［地公災基金愛知県支部長(瑞鳳小学校)］　386
最三小判 平 8・ 3・26民集50巻4号1008頁［朝日火災海上保険(高田)］　262, 869, 881, 882, 890, 893
最一小判 平 8・ 9・26集民180号473頁［山口観光］　540
最二小判 平 8・11・28民集180号857頁［横浜南労基署長(旭紙業)］　61, 66, 379
最三小判 平 9・ 1・28集民51巻1号78頁［改進社］　400, 410
最二小判 平 9・ 2・28民集51巻2号705頁［第四銀行］　119, 458
最一小判 平 9・ 3・27集民182号673頁［朝日火災海上保険(石堂)］　862, 890, 891
最三小判 平 9・ 4・25集民183号293頁［大館労基署長(四戸電気工事店)］　386, 391
最三小判 平 9・ 6・10労判718号15頁［サンデン交通］　925, 965
最一小判 平10・ 4・ 9民集188号1頁［片山組］　228, 506
最一小判 平11・ 4・22労判760号7頁［日鉄鉱業(伊王島鉱業所)］　402
最一小判 平12・ 1・28集民196号285頁［ケンウッド］　476
最一小判 平12・ 3・ 9民集54巻3号801頁［三菱重工崎造船所(一次訴訟・会社上告)］　76, 280, 281, 282
最一小判 平12・ 3・ 9集民197号75頁［三菱重工崎造船所(一次訴訟・組合上告)］　280, 282, 283
最一小判 平12・ 3・ 9労判778号14頁［三菱重工崎造船所(二次訴訟)］　280, 282
最二小判 平12・ 3・17民集197号465頁［全農林人勧スト］　54
最二小判 平12・ 3・24民集54巻3号1155頁［電通］　402, 404
最二小判 平12・ 3・31民集54巻3号1255頁［日本電信電話］　328

990

# 判例等索引

最一小判 平12・ 7・17集民198号461頁[横浜南労基署長(東京海上横浜支店)] 386,390,391
最一小判 平12・ 9・ 7民集54巻7号2075頁[みちのく銀行] 459
最三小判 平12・ 9・12集民199号501頁[羽後銀行(北都銀行)] 460
最一小判 平12・ 9・22集民199号665頁[函館信用金庫] 460
最二小判 平12・12・15労判803号5頁[熊本県教組・高教組] 54
最一小決 平13・ 2・22集民201号201頁[レンゴー] 385
最三小判 平13・ 3・13民集55巻2号395頁[都南自動車教習所] 854,855
最一小判 平13・ 4・26集民202号173頁[愛知県教委(減給処分)] 341
最一小判 平13・ 6・22労判808号11頁[トーコロ] 90,293,508
最三小判 平14・ 1・22労判823号12頁[崇徳学園] 531
最一小判 平14・ 2・28民集56巻2号361頁[大星ビル管理] 284,285,286,301,302
最一小判 平15・ 4・11集民209号469頁[エーシーシープロダクション制作スタジオ] 241
最二小判 平15・ 4・18民集209号495頁[新日本製鐵(日鐵運輸第2)] 479,480,481,483
最三小判 平15・ 4・22集民57巻4号477頁[オリンパス光学工業] 240,241
最一小判 平15・10・10集民211号1頁[フジ興産] 518,526,527
最一小判 平15・12・ 4集民212号87頁[東朋学園] 356,370,372
最一小判 平15・12・18労判866号14頁[北海道国際航空] 267
最一小判 平15・12・22民集57巻11号2335頁[中労委(JR北海道・JR貨物)] 422,918,926,932
最三小判 平16・ 4・27集民214号119頁[筑豊じん肺] 345,402,404
最一小判 平16・ 7・12集民214号739頁[京都労委(京都市交通局)] 951
最三小判 平16・ 9・ 7集民215号41頁[神戸東労基署長(ゴールドリングジャパン)] 391
最一小判 平16・12・20集民215号987頁 412
最三小判 平17・ 1・25民集59巻1号64頁[荒川税務署長<日本アプライド・ストックオプション>] 243
最二小判 平17・ 6・ 3民集59巻5号938頁[関西医科大学] 65
最二小判 平18・ 3・ 3民集219号657頁[地公災基金鹿児島県支部長(内之浦町教育委員会)] 386,392
最一小判 平18・ 3・28集民219号1033頁[いずみ福祉会] 610
最三小判 平18・ 4・18民集60巻4号1548頁[安威川生コンクリート] 840
最一小判 平18・10・ 6集民221号429頁[ネスレ日本] 518,521,541,543
最二小判 平18・12・ 8集民222号585頁[中労委(JR東海<新幹線・科長脱退勧奨>)] 921
最一小判 平19・ 1・18集民223号5頁[神奈川信用農業協同組合] 598
最二小判 平19・ 2・ 2民集61巻1号86頁[東芝労働組合小向支部・東芝] 727
最一小判 平19・ 6・28集民224号701頁[藤沢労基署長(H木材)] 61,66,379
最二小判 平19・ 7・13集民225号117頁[朝日学園] 517
最二小判 平19・10・19民集61巻7号2555頁[大林ファシリティーズ] 280,281,283,284
最三小判 平19・12・18集民226号539頁[福岡雙葉学園] 253
最一小判 平20・ 1・24労判953号5頁[神奈川都市交通] 229,506
最二小判 平21・12・18民集63巻10号2754頁[松下PDP] 176,178,581,683,684
最一小判 平21・12・18集民232号825頁[ことぶき] 315
最一小判 平22・ 3・25民集64巻2号562頁[三佳テック] 235
最三小判 平22・ 5・25集民234号99頁[小野リース] 612
最一小判 平22・ 7・12民集64巻5号1333頁[日本IBM] 636
最一小判 平22・ 9・13民集64巻6号1626頁[春田・高橋] 410,412,413
最二小判 平22・10・15集民235号65頁 410,412,413
最三小判 平23・ 4・12集民65巻3号943頁[中労委(新国立劇場運営財団)] 68
最三小判 平23・ 4・12集民236号327頁[中労委(INAXメンテナンス)] 68,69,770
最三小判 平24・ 2・21民集66巻3号955頁[中労委(ビクターサービスエンジニアリング)] 68,69
最一小判 平24・ 3・ 8集民240号121頁[テックジャパン] 267,299
最一小判 平24・ 4・27民集66巻6号3000頁[広島労委(熊谷海事工業)] 956
最二小判 平24・ 4・27集民240号237頁[日本ヒューレット・パッカード] 539
最一小判 平24・11・29集民242号51頁[津田電気計器] 595
最一小判 平25・ 6・ 6集民67巻5号1187頁[八千代交通] 323
最一小判 平26・ 1・24集民246号1頁[阪急トラベルサポート(派遣添乗員・第2)] 309
最一小判 平26・ 3・24集民246号89頁[東芝] 402,404
最一小判 平26・10・23民集68巻8号1270頁[広島中央保健生協] 101,209,210
最一小判 平27・ 2・26集民249号109頁[L館] 189
最 大 判 平27・ 3・ 4民集69巻2号178頁[フォーカスシステムズ] 410,412,413

991

最二小判　平27・　6・　8民集69巻4号1047頁［専修大学］　　　549
最二小判　平28・　2・19民集70巻2号123頁［山梨県民信用組合］　　　101, 125, 456, 849
最二小判　平28・　7・　8集253号47頁［行橘労基署長（テイクロ九州）］　　　388
最一小判　平28・12・　1集民254号21頁［福原学園（九州女子短期大学）］　　　441
最三小判　平29・　2・28集民255号1頁［国際自動車］　　　299, 300
最三小判　平29・　3・21集民255号55頁［地公災基金大阪支部長（市立中学校）］　　　380
最二小判　平29・　7・　7裁判所DB平成28（受）222［医療法人社団Y］　　　299

## 高等裁判所

大阪高判　昭23・　5・29刑集4巻11号2305頁［山田鋼業］　　　811
東京高判　昭28・　3・23労民4巻3号210頁［松崎建設］　　　852
東京高決　昭33・　8・　2労民9巻5号831頁［読売新聞社］　　　230
東京高判　昭34・　4・28労民10巻2号257頁［関東醸造］　　　925
広島高判　昭34・　5・30労民10巻3号531頁［日本化薬］　　　785, 787, 788, 795, 798, 804, 805, 806, 808, 816, 819
東京高判　昭34・12・23民集16巻10号2112頁［栃木労委（栃木化成）］　　　760, 772
福岡高判　昭37・10・　4労民13巻5号1036頁［西日本鉄道］　　　786
大阪高判　昭38・　2・18労民14巻1号46頁［川崎重工業］　　　786
東京地判　昭40・11・10労民16巻6号909頁［順天堂病院］　　　697, 784, 789, 800, 809
東京高判　昭42・　3・20労民18巻2号189頁［国労南近畿地本天王寺分会］　　　721
東京高判　昭43・　6・12労民19巻3号791頁［三菱樹脂］　　　423
東京高判　昭43・　8・　9労民19巻4号940頁［日立製作所横浜工場］　　　489
名古屋高判　昭46・　4・10労判127号15頁［日本検数協会］　　　793, 795
高松高判　昭46・　5・25労民22巻3号536頁［高知労委（土佐清水鰹節水産加工業協同組合）］　　　909, 918
大阪高判　昭47・　2・10労判153号21頁［ユニヴァーサルタクシー］　　　805
東京高判　昭47・　4・26労判189号58頁［日東タイヤ］　　　482
札幌高判　昭47・10・17労民23巻5＝6号575頁［北海道労委（第一小型ハイヤー）］　　　962
大阪高判　昭48・　8・30判タ304号270頁［植村魔法瓶工業］　　　351
福岡高判　昭48・12・　7労判192号44頁［三井鉱山三池鉱業所］　　　764, 813
東京高決　昭48・12・27労判193号24頁［ノースウエスト航空］　　　830
東京高決　昭50・　9・25労民26巻5号723頁［新聞之新聞社］　　　697, 779, 780
東京高判　昭50・10・28労判238号39頁［日本貨物検数協会］　　　460
東京高判　昭51・　9・30労判261号23頁［三田労基署長］　　　391
大阪高判　昭51・10・　4労民27巻5号531頁［大日本印刷］　　　433
大阪高判　昭51・10・　5判時841号107頁［国労宮原操車場］　　　793
高松高判　昭51・11・10労民27巻6号587頁［高知県ハイヤータクシー労組］　　　836, 838
東京高判　昭52・　3・31労判274号43頁［東箱根開発］　　　164
広島高松江支判　昭52・　4・27労判278号35頁［日本パルプ］　　　853
東京高判　昭52・　6・29労判28巻3号223頁［東京労委（寿建築研究所）］　　　777
広島高岡山支判　昭52・10・13刑集33巻7号1059頁［全日自労岡山県支部］　　　695
札幌高判　昭52・10・27労民28巻5＝6号476頁［北海道労委（第一小型ハイヤー）］　　　961
福岡高那覇支判　昭53・　4・13労民29巻2号253頁［沖縄米軍基地］　　　831, 833
東京高判　昭53・　4・25労民29巻2号262頁［公労委（延岡郵便局）］　　　963
東京高判　昭53・　6・20労判309号50頁［寿建築研究所］　　　556
大阪高判　昭53・　6・29労民29巻3号371頁［関西電力］　　　517
福岡高判　昭53・　8・　9労判318号61頁［昭和自動車］　　　99, 603
東京高決　昭54・　8・　9労民集30巻4号826頁［中労委（吉野石膏）］　　　956
東京高判　昭54・　8・25労民30巻5号929頁［水道機工］　　　834
東京高判　昭54・10・29労民30巻5号1002頁［東洋酸素］　　　565, 567
大阪高判　昭55・　3・28判時967号121頁［日本製麻］　　　485
大阪高判　昭55・　4・24労民31巻2号524頁［佐野安船渠］　　　867, 876
名古屋高判　昭55・　5・28労民31巻3号631頁［愛知労委（名古屋放送）］　　　947
名古屋高決　昭55・12・　4労民31巻6号1172頁［三愛作業］　　　446
福岡高判　昭55・12・16労民31巻6号1265頁［東海カーボン］　　　734, 852
東京高判　昭56・　1・29労民32巻3＝4号363頁［山梨貸切自動車］　　　734, 745
札幌高判　昭56・　7・16労民32巻3＝4号502頁［旭川大学］　　　166, 429, 430

名古屋高判　昭56・11・30判時1045号130頁［大隅鉄工所］　　99, 603
大阪高判　昭57・ 3・17労民33巻2号321頁［兵庫労委(姫路赤十字病院)］　760
東京高判　昭57・10・ 7労判406号69頁［神奈川労委(日本鋼管鶴見造船所)］　771, 773, 778, 908
東京高判　昭57・10・13労民33巻5号891頁［東京労委(旭ダイヤモンド)］　765
東京高判　昭58・ 4・26労民34巻2号263頁［社会保険新報社］　181
東京高判　昭58・ 5・25労民34巻3号441頁［アール・エフ・ラジオ日本］　473
福岡高判　昭58・ 6・ 7労判410号29頁［サガテレビ］　683, 684
福岡高判　昭58・ 7・28労判422号58頁［第一交通］　833
東京高判　昭58・12・19労判421号33頁［八洲測量］　420, 426
大阪高判　昭59・ 3・30判時1122号164頁［布施自動車教習所・長尾商事］　87
東京高判　昭59・ 3・30労民35巻2号140頁［フォード自動車］　562
大阪高判　昭59・ 8・21労判477号15頁［東亜ペイント］　476
仙台高秋田支判　昭59・11・28労判450号70頁［大曲市農協］　459
東京高判　昭59・11・28労判447号31頁［中労委(東洋シート)］　763
大阪高判　昭59・11・29労民35巻6号641頁［日本高圧瓦斯工業］　599
大阪高判　昭60・ 2・ 6労民36巻1号35頁［香港上海銀行］　873, 876
大阪高判　昭60・ 7・31労判457号9頁［名村造船所］　567
名古屋高判　昭60・11・27労民36巻6号691頁［日本トラック］　890
東京高判　昭60・12・24労民36巻6号785頁［中労委(日本チバガイギー)］　946, 947
東京高判　昭60・12・26労判489号8頁［王子労基署長(凸版城北印刷)］　381
東京高判　昭61・ 5・29労民37巻2＝3号257頁［洋書センター］　519, 550, 551, 573, 866
東京高判　昭61・12・17労判487号20頁［日本鋼管鶴見製作所］　726, 727
東京高判　昭62・ 1・27労民38巻1号1頁［国鉄(団交応諾義務確認請求)］　697, 780
東京高判　昭62・ 5・26労民38巻3＝4号344頁［中労委(オリエンタルモーター)］　764
東京高判　昭62・ 9・ 8労判508号59頁［中労委(商大自動車教習所)］　774
東京高判　昭62・11・30労判523号14頁［小里機材］　296, 299, 300
東京高判　昭62・12・24労判538巻5＝6号681頁［日産自動車村山工場］　475, 477
東京高判　昭63・ 3・31労判516号5頁［ミツミ電機］　803, 811, 820, 828
広島高判　昭63・ 6・28労判529号89頁［東洋シート］　753
仙台高判　昭63・ 8・29労判532号99頁［青森労委(紅屋商事)］　954, 961
東京高判　昭63・12・12労判531号35頁［駿河銀行］　794, 823
高松高判　平元・ 2・27労判537号61頁［御國ハイヤー］　802, 803, 810
福岡高判　平元・ 3・31労判541号50頁［日鉄鉱業］　239, 400, 401, 402
大阪高判　平元・ 6・14労民557号77頁［ネッスル日本労働組合］　756
福岡高宮崎支判　平元・ 9・18労民40巻4=5号505頁［国鉄鹿児島自動車営業所］　184, 227, 817
広島高判　平元・10・23労判583号49頁［中国電力］　533, 823
広島高岡山支判　平元・10・31労判591号86頁［下津井電鉄労組］　740, 744, 745
大阪高判　平 2・ 8・ 9労判575号59頁［千代田工業］　420
大阪高判　平 2・ 7・10労判580号42頁［ネッスル(専従者復職)］　184
東京高判　平 2・ 7・19労判580号29頁［立川バス］　517
名古屋高判　平 2・ 8・31労民41巻4号656頁［中部日本広告社］　243, 257
札幌高判　平 2・12・25労判630号9頁［第一小型ハイヤー］　459
大阪高判　平 3・ 1・16労判581号36頁［龍神タクシー］　582
東京高判　平 3・ 2・ 4労民42巻1号40頁［向島労基署長(渡辺工業)］　391
東京高判　平 3・ 2・20労判592号77頁［炭研精工］　528
大阪高判　平 3・ 2・26労判615号55頁［エッソ石油］　750
名古屋高判　平 3・ 4・24労民42巻2号335頁［大垣労基署長(山林労働者)］　385
東京高判　平 3・ 7・15労判42巻4号571頁［中労委(亮正会)］　800
大阪高判　平 3・ 9・24労判42巻5号752頁［関西電力］　185
大阪高判　平 3・11・29労判603号26頁［奈良労委(奈良学園)］　774
仙台高判　平 4・ 1・10労民43巻1号1頁［岩手銀行］　196, 197
大阪高判　平 4・ 3・ 5労判675号8頁［大阪労委(文祥堂)］　764, 775
福岡高判　平 4・ 3・31労判611号52頁［三菱重工長崎造船所］　793
東京高判　平 4・ 8・28労判615号18頁［第四銀行］　458
福岡高判　平 4・ 9・24労判702号30頁［国鉄直方自動車営業所］　330
東京高判　平 4・12・22労判622号6頁［中労委(東京熔結金属)］　929

仙台高判秋田支判 平 4・12・25労判690号13頁[JR東日本(本荘保線区)]　　184, 228, 817
仙台高判　平 4・12・28労判637号43頁[青森労委(東北測量)]　　775
東京高判　平 5・ 3・31労判629号19頁[千代田化工建設(本訴)]　　567
福岡高判　平 5・ 4・28労判648号82頁[大分労基署長(大分放送)]　　388
大阪高判　平 5・ 6・25労判679号32頁[商大八戸の里ドライビングスクール]　　137
東京高判　平 5・ 9・29労民44巻4=5号789頁[中労委(灰孝小野田レミコン)]　　955
福岡高判　平 6・ 3・24労民45巻1=2号123頁[三菱重工長崎造船所]　　329
広島高判　平 6・ 3・29労判669号74頁[サンデン交通]　　965
東京高決　平 6・10・24労判675号67頁[ソニー]　　896
大阪高判　平 7・ 2・14労判675号42頁[朝日火災海上保険(石堂)]　　853, 890
東京高判　平 7・ 5・30労判683号73頁[横浜南労基署長(東京海上横浜支店)]　　391
東京高判　平 7・ 6・22労判688号15頁[関千代田化工建設]　　813
東京高判　平 7・ 9・28労民46巻1=2号27頁[ケンウッド]　　476
仙台高判　平 8・ 4・24労民47巻1=2号135頁[みちのく銀行]　　459
東京高判　平 8・ 8・26労民47巻4号378頁[アール・エフ・ラジオ日本]　　593
東京高判　平 8・10・24労判737号23頁[中労委(東洋シート)]　　946
仙台高秋田支判 平 9・ 5・28労民48巻3号186頁[羽後銀行(北都銀行)]　　460
札幌高判　平 9・ 9・ 4労民48巻4号362頁[函館信用金庫]　　460
東京高判　平 9・10・30労判728号49頁[東京労委(JR東海〈新幹線支部〉)]　　227, 818
東京高判　平 9・11・17労民48巻5=6号633頁[トーコロ]　　90, 293, 508
東京高判　平 9・11・20労判728号12頁[横浜SH]　　189, 190, 486
大阪高判　平 9・11・25労判729号39頁[光洋精工]　　498
大阪高判　平10・ 5・29労判745号42頁[日本コンベンションサービス]　　234, 527
仙台高秋田支判 平10・ 9・30判タ1014号220頁[秋田経済法科大学]　　231
大阪高判　平10・10・23労判758号76頁[眞壁組]　　68
東京高判　平10・10・12・10労判761号118頁[直源会相模原南病院]　　472
東京高判　平11・ 2・24労判763号34頁[神奈川労委(JR東日本〈神奈川・国労バッジ〉)]　　924, 936
大阪高判　平11・ 4・ 8労判769号72頁[大阪労委(日本貨物鉄道)]　　180, 933, 957
東京高判　平11・ 4・27労判759号15頁[片山組]　　506
東京高判　平11・ 6・23労判767号27頁[東海商船]　　814, 824, 826
高松高判　平11・ 7・19労判775号15頁[徳島南海タクシー]　　299
東京高判　平11・ 7・28労判770号58頁[システムコンサルタント]　　399, 402
東京高判　平11・ 8・17労判772号35頁[ユニ・フレックス]　　323
大阪高判　平11・ 9・ 1労判862号94頁[大阪労働衛生センター第一病院]　　570
東京高判　平11・ 9・30労判780号80頁[日本中央競馬会]　　322
福岡高判　平11・11・ 2労判790号76頁[古賀タクシー]　　475
東京高判　平11・11・22労判805号23頁[都南自動車教習所]　　854
東京高判　平11・11・22労判779号47頁[中労委(西神テトラパック)]　　927
東京高判　平12・ 2・29労判807号7頁[中労委(セメダイン)]　　708
東京高判　平12・ 4・19労判783号36頁[中労委(芝信用金庫)]　　928, 930, 954, 961
東京高判　平12・ 4・19労判787号35頁[日新火災海上保険]　　427
東京高判　平12・ 7・26労判789号6頁[中根製作所]　　849
大阪高判　平12・ 7・27労判792号70頁[川崎製鉄]　　483
東京高判　平12・ 8・31労判795号28頁[JR東日本]　　329
福岡高判　平12・11・28労判806号58頁[新日本製鐵(日鐵運輸)]　　480, 853
東京高判　平12・11・30労時1735号140頁[神奈川都市交通労組]　　727
東京高判　平12・12・22労判796号5頁[芝信用金庫]　　202
東京高判　平12・12・25労判812号71頁[済生会・東京都済生会中央病院]　　108
東京高判　平12・12・27労判809号82頁[更生会社三井埠頭]　　101, 466, 467
大阪高判　平13・ 3・ 6労判818号73頁[わいわいランド]　　432, 551, 552, 613
大阪高判　平13・ 3・14労判809号61頁[全日本空輸]　　563, 604
大阪高判　平13・ 4・11労判825号79頁[K興業]　　229
広島高判　平13・ 5・23労判811号21頁[マナック]　　495, 498
東京高判　平13・ 6・27労判810号21頁[カンタス航空]　　582
大阪高判　平13・ 6・28労判811号5頁[京都銀行]　　281
福岡高判　平13・ 7・19判時1785号89頁[筑豊じん肺訴訟]　　345, 407

福岡高判　平13・ 8・21労判819号57頁[新日本製鐵]　　475, 476
大阪高判　平13・ 8・30労判816号23頁[ハクスイテック]　　118, 459
東京高判　平13・ 9・11労判817号57頁[国鉄千葉動労]　　797, 826, 839
東京高判　平13・ 9・12労判816号11頁[富士見交通]　　540
東京高判　平13・ 9・12労判817号46頁[ネスレ日本]　　602
東京高判　平13・11・ 8労判815号14頁[岡惣]　　806, 809, 826, 834, 965
東京高判　平13・11・28労判819号18頁[日本電信電話]　　328
福岡高那覇支判　平13・12・ 6労判825号72頁[M運輸]　　229
東京高判　平13・12・11労判821号9頁[八王子信用金庫]　　458
福岡高宮崎支判　平14・ 1・25労判919号10頁[地公災基金鹿児島県支部長(内之浦町教育委員会)]　　391
仙台高判　平14・ 2・12労判822号52頁[みちのく銀行]　　459
東京高判　平14・ 2・27労判824号17頁[中労委(青山会)]　　629, 927
札幌高判　平14・ 3・15労判826号5頁[渡島信用金庫]　　965
東京高判　平14・ 3・26労判828号51頁[中央労基署長(三井東圧化学)]　　392
東京高判　平14・ 5・23労判834号56頁[つばさ証券]　　229
大阪高判　平14・ 6・19労判839号47頁[カントラ]　　228, 506
広島高判　平14・ 6・25労判835号43頁[JR西日本]　　301, 302, 511
東京高判　平14・ 7・11労判832号13頁[新宿労基署長(青銅プロダクション)]　　65
東京高判　平14・ 7・23労判852号73頁[三洋電機サービス]　　402
福岡高決　平14・ 9・18労判840号52頁[安川電機八幡工場]　　656
東京高判　平14・11・26労判843号20頁[日本ヒルトンホテル〈本訴〉]　　570, 582, 616
福岡高判　平14・12・13労判848号68頁[明治学園]　　504
仙台高判　平14・12・18労判843号13頁[地公災岩手県支部長(平田小学校)]　　394
大阪高判　平15・ 1・30労判845号5頁[大阪空港事業]　　87, 683
仙台高決　平15・ 1・31労判844号5頁[秋保温泉タクシー]　　854, 855
東京高判　平15・ 2・ 6労判849号107頁[県南交通]　　459
高松高判　平15・ 3・14労判849号90頁[徳島生活協同組合]　　168
東京高判　平15・ 3・25労判849号87頁[川崎市水道局]　　402
東京高判　平15・ 4・24労判851号48頁[キョーイクソフト]　　459
大阪高判　平15・ 5・29労判858号93頁[榎並工務店]　　402
大阪高判　平15・ 6・26労判858号69頁[大阪証券取引所]　　623, 624
名古屋高判　平15・ 7・ 8労判856号14頁[豊田労基署長(トヨタ自動車)]　　394
東京高判　平15・ 9・24労判864号34頁[東京サレジオ学園]　　475, 477
東京高判　平15・ 9・30労判862号41頁[中労委(朝日火災海上保険)]　　921, 936, 937, 955, 961
東京高判　平15・10・29労判865号34頁[神谷商事]　　779
大阪高判　平15・11・13労判886号75頁[大森陸運ほか]　　622, 623, 624
大阪高判　平15・11・27労判865号13頁[御船運輸]　　402
東京高判　平15・12・11労判867号5頁[小田急電鉄]　　257, 515, 533, 537, 543
東京高判　平15・12・17労判868号20頁[中労委(オリエンタル・モーター)]　　928, 931
東京高判　平16・ 1・22労経速1876号24頁[新日本製鐵]　　432
広島高判　平16・ 4・15労判879号82頁[鞆鉄道]　　849
大阪高判　平16・ 5・19労判877号41頁[NTT西日本]　　120, 121, 459
広島高判　平16・ 9・ 2労判881号29頁[下関SH(食品会社営業所)]　　191
広島高決　平16・ 9・ 8労判879号90頁[日本プロフェッショナル野球組織]　　772, 780
広島高岡山支判　平16・10・28労判884号13頁[内山工業]　　197, 200
東京高判　平16・11・16労判909号77頁[エーシーニールセン・コーポレーション]　　628
東京高判　平17・ 1・19労判890号58頁[横浜市学校保健会]　　562
大阪高判　平17・ 1・25労判890号27頁[日本レストランシステムズ]　　471, 473, 479, 482, 495
東京高判　平17・ 1・25労判940号22頁[藤沢労基署長(H木材)]　　65
名古屋高判　平17・ 2・23労判909号67頁[O法律事務所]　　600
東京高判　平17・ 2・24労判892号29頁[東京労委(日本アイ・ビー・エム)]　　707, 896
東京高判　平17・ 3・23労判893号42頁[労働政策研究・研修機構]　　532
東京高判　平17・ 3・30労判905号72頁[神代学園ミューズ音楽院]　　316
大阪高決　平17・ 4・12労判894号14頁[藤沢薬品工業]　　201
東京高判　平17・ 4・20労判914号82頁[A保険会社上司(損害賠償)]　　192
東京高判　平17・ 4・27労判897号19頁[関西保湿工業]　　401, 402, 410

東京高判 平17・ 4・27労判896号86頁［グリーンキャブ］　　500
東京高判 平17・ 5・31労判898号16頁［勝栄自動車(大船自動車興業)］　627, 629
名古屋高判 平17・ 6・23労判951号74頁［名古屋国際芸術文化交流財団］　454, 459
東京高判 平17・ 6・29労判927号67頁［東京・中部地域労働者組合］　534, 822, 823, 826, 829
東京高判 平17・ 7・13労判899号19頁［東京日新学園］　627, 628
東京高判 平17・ 9・29労判903号17頁［箱根登山鉄道］　849, 890, 891
福岡高宮崎支判 平17・11・30労判953号71頁［牛根漁業協同組合］　592
大阪高判 平17・12・ 1労判933号69頁［ゴムノイナキ］　150
名古屋高判 平18・ 1・17労判909号5頁［山田紡績］　565, 566
大阪高判 平18・ 2・10労判924号124頁［黒川乳業］　867, 896
大阪高判 平18・ 4・14労判915号60頁［ネスレ日本］　476
札幌高判 平18・ 5・11労判938号68頁［サン石油］　561, 598
福岡高判 平18・ 5・18労判950号73頁［栄光福祉会］　460
高松高判 平18・ 5・18労判921号33頁［伊予銀行・いよぎんスタッフサービス］　582, 678, 683, 684
大阪高判 平18・ 5・30労判928号78頁［日建設計］　682
東京高判 平18・ 6・22労判920号5頁［ノイズ研究所］　118, 459, 495
東京高判 平18・ 6・29労判921号5頁［マイスタッフ・一橋出版］　87, 678, 682, 683
大阪高決 平18・10・ 5労判927号23頁［A特許事務所］　234
大阪高判 平18・11・28労判930号13頁［松下電器産業］　464
大阪高判 平18・11・28労判930号26頁［松下電器産業グループ］　464
大阪高判 平19・ 1・19労判937号135頁［クリスタル観光バス］　459
東京高判 平19・ 2・22労判937号175頁［マッキャンエリクソン］　494
大阪高判 平19・ 4・18労判937号14頁［羽曳野労基署長(B建材店)］　397
東京高判 平19・ 5・17労判948号23頁［中労委(JR東日本)］　942
東京高判 平19・ 5・30労判949号83頁［中労委(JR東海＜大阪第一車両所・掲示物撤去第二＞)］　940
東京高判 平19・ 6・28労判946号76頁［昭和シェル石油］　200, 202
東京高判 平19・ 7・31労判946号58頁［中労委(根岸病院)］　770, 771
東京高判 平19・ 8・28労判949号35頁［中労委(JR東海＜大阪第一車両所・掲示物撤去第一＞)］　940
広島高判 平19・ 9・ 4労判952号33頁［杉本商事］　148, 149
東京高判 平19・ 9・26労判946号39頁［中労委(日本郵政公社小石川郵便局等)］　946
東京高判 平19・10・11労判959号114頁［さいたま労基署長(日研化学)］　394
大阪高判 平19・10・26労判975号50頁［第一交通産業(本訴)］　87, 623, 624
東京高判 平19・10・30労判963号54頁［協和出版販売］　461, 462
東京高判 平19・10・30労判964号72頁［中部カラー］　120
名古屋高判 平19・10・31労判954号31頁［名古屋南労基署長(中部電力)］　394
東京高判 平19・11・ 7労判955号32頁［磐田労基署長(ヤマハ)］　65
名古屋高判 平19・11・16労判978号87頁［ラポール・サービス］　677
東京高判 平20・ 1・24労経速1994号29頁［新日本製鐵］　502
東京高判 平20・ 3・25労判959号61頁［東武スポーツ］　465
東京高判 平20・ 3・26労判959号48頁［NTT東日本(首都圏配転)］　475, 476
東京高判 平20・ 3・27労判959号18頁［ノースウエスト航空］　471, 474, 475, 857
東京高判 平20・ 4・ 9労判959号6頁［日本システム開発研究所］　492, 494
東京高判 平20・ 4・23労判960号25頁［中央建設国民健康保険組合］　890, 891
大阪高判 平20・ 4・25労判960号5頁［松下PDP］　683, 684
福岡高判 平20・ 6・25労判1004号134頁［光仁会病院］　543
東京高判 平20・ 6・26労判963号16頁［日本IBM］　633
仙台高判 平20・ 7・25労判968号29頁［Aラーメン］　150
東京高判 平20・ 8・ 7労判966号13頁［渡辺工業(住友重機横須賀工場)］　587
東京高判 平20・ 9・ 9労判970号17頁［大林ファシリティーズ(オークビルサービス)］　150
東京高判 平20・ 9・10労判969号5頁［東京SH(T菓子店)］　190
東京高判 平20・11・12労判971号15頁［中労委(ネスレ日本島田工場)］　955
東京高判 平20・12・25労判975号5頁［ショウ・コーポレーション(魚沼中央自動車学校)］　630
東京高判 平21・ 3・25労判981号13頁［中労委(新国立劇場運営財団)］　68
福岡高判 平21・ 5・19労判989号39頁［河合塾］　583
東京高判 平21・ 5・21労判988号46頁［中労委(ネスレ日本霞ヶ浦工場)］　907, 956
東京高判 平21・ 7・28労判990号50頁［ニコン・アテスト］　402

仙台高判 平21・7・30労判1018号9頁[小野リース] 612
東京高判 平21・8・19労判1001号94頁[中労委(医療法人光仁会)] 771
東京高判 平21・9・15労判991号153頁[ニュース證券] 442
東京高判 平21・9・16労判989号12頁[中労委(INAXメンテナンス)] 68
広島高判 平21・9・29労判1052号12頁[広島労委(熊谷海事工業)] 956
東京高判 平21・10・29労判995号5頁[早稲田大学] 464
大阪高判 平21・11・27労判1004号112頁[NTT西日本] 592,593
東京高決 平21・12・21労判1000号24頁[アンフィニ(仮処分)] 578,582
大阪高判 平21・12・22労判994号81頁[兵庫労委(住友ゴム工業)] 908
高松高判 平22・3・12労判1007号39頁[NTT西日本] 592
大阪高判 平22・3・18労判1015号83頁[協愛] 125,453,455
東京高判 平22・4・27労判1005号21頁[三田エンジニアリング] 257
東京高判 平22・5・13労判1007号5頁[中労委(昭和シェル石油)] 931
大阪高判 平22・6・2労判1008号15頁[東亜交通] 167
東京高判 平22・8・26労判1012号86頁[中労委(ビクターサービスエンジニアリング)] 68
東京高判 平22・9・28労判1017号37頁[中労委(NTT西日本)] 771,776,947
大阪高判 平22・10・27労判1020号87頁[郵便事業] 185
東京高判 平23・2・23労判1022号5頁[東芝] 548,608
福岡高判 平23・3・10労判1020号82頁[コーセーアールイー(第二)] 432
大阪高判 平23・7・15労判1035号124頁[泉州学園] 565,566
東京高判 平23・8・2労判1034号5頁[ジェイアール総研サービス] 284
東京高判 平23・8・31労判1035号42頁[オリンパス] 475
東京高判 平23・12・20労判1044号84頁[H会計] 150
東京高判 平23・12・21中労委DB:H-H23-002[中労委(クボタ)] 417
東京高判 平23・12・27労判1042号15頁[コナミデジタルエンタテインメント] 368
仙台高秋田支判 平24・1・25労判1046号22頁[東奥義塾] 575,578
大阪高判 平24・2・10労判1045号5頁[日本基礎技術] 445
札幌高判 平24・2・16労判1123号121頁[三和交通] 149
東京高判 平24・3・7労判1048号6頁[阪急トラベルサポート(派遣添乗員・第2)] 309
東京高判 平24・3・14労判1057号114頁[エクソンモービル] 779
大阪高判 平24・4・6労判1055号28頁[日能研関西ほか] 326
大阪高判 平24・4・12労判1050号5頁[日本郵便輸送] 460
大阪高判 平24・7・27労判1062号63頁[エーディーディー] 310
東京高判 平24・9・20労経速2162号3頁[本田技研工業] 587
東京高判 平24・10・30別冊中央労働時報1440号47頁[中労委(高見澤電機製作所)] 916
東京高判 平24・10・31労経速2172号3頁[日本アイ・ビー・エム] 604,605
大阪高判 平24・12・13労判1072号55頁[アイフル] 548,608
東京高判 平25・1・23労判1070号87頁[中労委(ビクターサービスエンジニアリング)] 68
大阪高判 平25・3・14労判1075号48頁[天満労基署長(CSK)] 394
広島高判 平25・4・18労判1080号51頁[広島労委(熊谷海事工業)] 955
東京高判 平25・4・25労経速2177号16頁[淀川海運] 565,566
大阪高判 平25・4・25労判1076号19頁[親和産業] 497
大阪高判 平25・6・21労判1089号56頁[清恵会] 582
東京高判 平25・11・13労判1090号68頁[ザ・キザン・ヒロ] 568
大阪高判 平25・12・20労判1090号21頁[東レエンタープライズ] 191
札幌高判 平26・2・14労判1093号74頁[日本郵便苫小牧支店(A雇止め)] 582
東京高判 平26・2・26労判1098号46頁[シオン学園(三共自動車学校)] 112,118,119,459
東京高判 平26・2・27労判1086号5頁[レガシィほか1社] 311
札幌高判 平26・3・13労判1093号5頁[日本郵便苫小牧支店(B雇止め)] 582
東京高判 平26・3・18労判旬1814号59頁[中労委(大阪府教委・大阪教育合同労組)] 47,63,706,763
東京高判 平26・5・21労判1123号83頁[ソクハイ(契約更新拒絶)] 65,67
東京高判 平26・6・12労判1127号43頁[石川タクシー富士宮ほか] 622
大阪高判 平26・7・18労判1104号71頁[医療法人稲門会(いわくら病院)] 373
東京高判 平26・8・29労判1111号31頁[島田労基署長(静岡県生活科学センター)] 392
広島高判 平26・9・24判時2243号119頁[三菱重工下関造船所] 407
福岡高判 平26・12・12労判1122号75頁[福原学園(九州女子短期大学)] 588

福岡高判 平27・1・15労判1115号23頁[西日本鉄道(B自動車営業所)]　466
大阪高判 平27・1・29労判1114号161頁[大阪労委(大阪教育合同労組)]　706
福岡高判 平27・1・29労判1112号5頁[社会医療法人A会]　186,500
大阪高判 平27・6・19労判1125号27頁[地公災基金大阪支部長(市立中学校)]　380
東京高判 平27・9・10労判[1135号68頁[日産自動車ほか]　683
大阪高判 平27・9・11労判1130号22頁[NHK神戸放送局]　67
広島高判 平27・11・17労判1127号5頁[広島中央保健生協(差戻審)]　209
大阪高判 平27・11・19労判1144号49頁[テーエス運輸ほか]　475,477
東京高判 平27・12・3労判1134号5頁[市進]　588
大阪高判 平27・12・11労判1135号29頁[生コン製販会社経営者ら]　941,965
名古屋高決 平28・1・11労判1156号18頁[ゴールドルチル]　548
東京高判 平28・1・14中労委DBH-H28-039[中労委(中国・九州地方整備局)]　913
大阪高決 平28・2・8労判1137号5頁[きょうとユニオン(iWAiコーポレーション)]　796,811
大阪高判 平28・3・24労判1167号94頁[日本航空(客室乗務員)]　566,567
東京高判 平28・4・21労判1145号34頁[中労委(旧社会福祉法人ひまわりの会)]　774,922,925
名古屋高金沢支判 平28・4・27LLIDB:L07120178[東和工業]　197
東京高判 平28・7・4労判1143号16頁[フジビグループ分会組合員ら(富士美術印刷)]　820
東京高決 平28・7・7労判1151号60頁[コンチネンタル・オートモーティブ]　561
大阪高判 平28・7・26労判1143号5頁[ハマキョウレックス(差戻審)]　650,651,652
大阪高判 平28・7・29労判1154号67頁[NHK堺営業センター]　67,578
東京高判 平28・8・3労判1145号21頁[空調服]　445
東京高判 平28・11・2労判1144号16頁[長澤運輸]　650,651
東京高判 平28・11・24労判1153号5頁[山梨県民信用組合(差戻審)]　456,849
大阪高判 平28・12・22労判1157号5頁[大阪労委(泉佐野市)]　706,747,763,963
名古屋高決 平29・1・11労判1156号18頁[ゴールドルチル]　600
東京高判 平29・2・23労判1158号59頁[地公災基金東京都支部長(市立A小学校教諭)]　393
大阪高判 平29・3・3労判1155号5頁[鳥伸]　300
名古屋高判 平29・3・16労判1162号28頁[半田労基署長(医療法人B会D病院)]　386,387,390,393
東京高判 平29・4・12労判1162号9頁[航空自衛隊自衛官]　189
名古屋高判 平29・5・18労判1160号5頁[ジャパンレンタカー]　299,584

## 地方裁判所

東京地決 昭25・5・11民集5巻5号220頁[東京急行電鉄]　215
福岡地小倉支判 昭25・5・16労民1巻3号301頁[日本製鉄]　786,787,863
神戸地決 昭25・6・8労民1巻4号505頁[和光純薬工業]　789
東京地判 昭26・1・23労民2巻1号67頁[日本油脂王子工場]　837,838
京都地判 昭28・4・3労民4巻2号95頁[京都労委(日本食料倉庫)]　962
京都地判 昭30・3・17労民6巻2号218頁[関西電力]　805,835
山口地判 昭30・10・13労民6巻6号916頁[日本化薬]　785,788,797,804,805,806,808,816
東京地判 昭31・5・9労民7巻3号462頁[東邦亜鉛]　723,734
福岡地飯塚支判 昭32・6・7労民8巻3号363頁[室井鉱業]　851
宇都宮地判 昭33・2・25民集16巻10号2091頁[栃木労委(栃木化成)]　772
神戸地判 昭34・2労民10巻6号741頁[東亜パルプ]　429
東京地決 昭34・8・10労民10巻4号729頁[田原製作所]　811
東京地決 昭34・8・12労民10巻4号734頁[成光電機工業]　811
高松地丸亀支決 昭34・10・26労民10巻5号982頁[松浦塩業]　907
浦和地判 昭35・3・30労民11巻2号280頁[富士文化工業]　795
宇都宮地判 昭35・11・22労民11巻6号1344頁[パインミシン製造]　837
大阪地判 昭36・5・19労民12巻3号282頁[国際電信電話]　764,786,796
福岡地判 昭36・5・19労民12巻3号347頁[岩田屋]　789,807,808,809
名古屋地判 昭38・5・6労民14巻5号1081頁[明治屋]　772
横浜地判 昭38・9・14労民14巻5号1149頁[くろがね工業]　851
前橋地判 昭38・11・14労民14巻6号1419頁[明星電気]　836,837,839
宇都宮地判 昭40・4・15労民16巻2号256頁[富士重工業]　868
大阪地判 昭40・5・22労民16巻3号371頁[橘屋]　287,295
東京地判 昭40・11・10労民16巻6号909頁[順天堂病院]　697,784,789,800,809

東京地決　昭41・ 2・26労民17巻1号102頁［日本航空］　　608, 697, 789, 791, 796, 797, 798, 799, 804
東京地判　昭41・ 3・29労民17巻2号273頁［国光電機］　　794, 808, 811, 820, 823, 828, 856, 929
東京地判　昭41・ 3・31労民17巻2号368頁［日立電子］　　480
東京地判　昭41・ 9・20労民17巻5号1100頁［東武鉄道］　　267, 836
東京地判　昭41・ 9・20労民17巻5号1134頁［東京厚生年金病院］　　797
大分地判　昭41・10・25労民17巻5号1280頁［興国人絹パルプ］　　697, 787, 804
長野地判　昭42・ 3・28労民18巻2号237頁［みすず豆腐］　　811, 826
東京地判　昭42・ 4・24判時483号71頁［全日空］　　697, 796, 804
東京地判　昭42・ 6・23労民18巻3号660頁［駐留軍労務者］　　855
東京地判　昭43・ 1・19労民19巻1号1頁［三宝商事］　　251
札幌地室蘭支判　昭43・ 2・29労民19巻1号295頁［王子製紙苫小牧］　　696, 830
福井地判　昭43・ 5・15労民19巻3号714頁［福井新聞社］　　807, 823, 929
長野簡判　昭43・ 8・ 1判時535号84頁［中村商店・川中島自動車労働組合］　　696
東京地決　昭43・ 8・29労民19巻4号1082頁［住友海上火災保険］　　764
高知地判　昭44・ 4・ 4労民20巻2号350頁［高知労委（土佐清水鰹節水産加工業協同組合）］　　909, 918
東京地判　昭44・ 7・19労民20巻4号813頁［桂川精螺製作所］　　876
東京地判　昭44・ 9・29労民20巻5号1043頁［日本航空］　　789, 796, 797, 798, 799, 804
東京地判　昭44・10・28労民20巻5号1415頁［明治乳業］　　786, 792
東京地判　昭44・11・11労民20巻6号1451頁［ノースウエスト航空］　　832
大阪地判　昭44・12・26労民20巻6号1806頁［日中旅行社］　　214
仙台地判　昭45・ 3・26労判99号42頁［川岸工業］　　87
仙台地判　昭45・ 3・26労民21巻2号330頁［川岸工業］　　623
仙台地判　昭45・ 5・29労民21巻3号689頁［七十七銀行］　　610, 793, 828
名古屋地判　昭45・ 9・ 7労判110号42頁［レストランスイス］　　230, 231
東京地判　昭45・10・15労判113号46頁［国立京都病院］　　391
奈良地判　昭45・10・23判時624号78頁［フォセコ・ジャパン・リミテッド］　　235
神戸地判　昭45・11・11労民21巻6号1500頁［ユニヴァーサルタクシー］　　805
福岡地判　昭46・ 3・15労民22巻2号268頁［三井鉱山三池鉱業所］　　833
福井地判　昭46・ 3・26労民22巻2号355頁［福井放送］　　873, 876
東京地判　昭46・ 5・25労民22巻3号548頁［中村屋］　　794
東京地判　昭46・ 6・26労民22巻4号731頁［公労委（延岡郵便局）］　　963
名古屋地判　昭47・ 2・ 9判時663号92頁［中央相互銀行］　　925
甲府地判　昭47・ 3・31労民23巻2号206頁［花園病院］　　796
名古屋地判　昭47・ 4・28判時680号88頁［橘元運輸］　　257
横浜地判　昭47・ 8・16判タ286号274頁［東急電鉄］　　696
大阪地判　昭47・10・13判時697号93頁［日通大阪支店］　　259, 261
津地上野支決　昭47・11・10判時165号36頁［高北農機］　　231
神戸地決　昭47・11・14労判164号36頁［ドルジバ］　　772
函館地判　昭47・12・21労判171号59頁［国鉄青函船鉄道管理局］　　99, 603
東京地判　昭48・ 6・19判タ298号302頁［中労委（吉田鉄工所）］　　937
東京地判　昭48・ 6・28判タ298号314頁［中労委（東京書院）］　　941
神戸地判　昭48・ 7・19判タ299号387頁［山手モータース労働組合］　　867
広島地決　昭48・11・ 7判時733号35頁［動労広島地本］　　743
福岡地小倉支判　昭48・11・27労民24巻6号569頁［安川電気］　　478, 480
東京地決　昭48・12・26労民24巻6号666頁［ノースウエスト航空］　　830
東京地決　昭48・12・26労民24巻6号669頁［パン・アメリカン航空］　　830
神戸地尼崎支判　昭49・ 2・ 8労判199号50頁［関西電力］　　517
大阪地決　昭49・ 3・ 4労判208号60頁［姫路合同貨物自動車］　　745
大阪地判　昭49・ 3・ 6労判209号25頁［吉田鉄工所］　　876
東京地決　昭49・ 3・ 6労経速844号3頁［東京交通労組自動車部渋谷支部］　　743
横浜地判　昭49・ 6・19労民25巻3号277頁［日立製作所］　　213, 431, 433, 435, 436
大阪地判　昭49・11・ 1労民213号48頁［電電公社近畿電通局（電信外務職）］　　431, 434, 438
横浜地横須賀支決　昭49・11・26労判225号47頁［富士電機］　　214, 218, 220
浦和地判　昭49・12・ 6労民25巻6号552頁［日本テキサス・インスツルメンツ］　　798, 805
札幌地室蘭支判　昭50・ 3・14労民26巻2号148頁［新日本製鐵室蘭製鉄所］　　243
秋田地判　昭50・ 4・10労民26巻2号388頁［秋田相互銀行］　　197, 202

山口地下関支判 昭50・5・26労判228号29頁[林兼造船・宝辺商店]　　403, 406
東京地判 昭50・7・15労民26巻4号567頁[動労甲府支部]　　826
徳島地判 昭50・7・23労民26巻4号580頁[船井電機]　　87, 623
東京地判 昭50・7・28労民26巻4号692頁[東箱根開発]　　164
東京地判 昭50・9・30労民26巻5号748頁[東京労委(寿建築研究所)]　　777
東京地判 昭50・10・21労民26巻5号870頁[炭労杵島争議]　　794, 826
長崎地大村支判 昭50・12・24労判242号14頁[大村野上]　　555, 567
東京地判 昭51・2・13労判247号48頁[化学工業日報社]　　858
東京地判 昭51・4・19労判255号58頁[東洋酸素]　　559, 565
東京地判 昭51・5・21労判254号42頁[中労委(プリマハム)]　　937
東京地決 昭51・7・23労判257号23頁[日本テレビ放送網]　　473
金沢地判 昭51・10・18労判272号44頁[日野車体工業]　　779
東京地判 昭51・10・29判時841号102頁[高野メリヤス]　　599
東京地判 昭51・12・14判時845号112頁[東洋ホーム]　　259
東京地判 昭51・12・24判時841号101頁[プラス資材]　　552
福岡地小倉支判 昭52・1・17労判273号75頁[東海カーボン]　　744
福岡地小倉支判 昭52・6・23労民28巻3号196頁[東海カーボン]　　734, 852
東京地判 昭52・12・22労民28巻5=6号767頁[東京労委(済生会中央病院)]　　948
東京地決 昭53・2・24労判293号48頁[泉自動車労組]　　744
静岡地判 昭53・3・28労民29巻3号273頁[静岡銀行]　　316
高知地判 昭53・4・20労判306号48頁[ミロク製作所]　　488
札幌地決 昭53・6・9労判307号40頁[北海道急行トラック]　　786
東京地判 昭53・6・30労民29巻3号432頁[中労委(日本育英会)]　　908
旭川地判 昭53・12・26労民29巻5=6号957頁[旭川大学]　　166, 429, 430
広島地判 昭54・1・24労判314号52頁[三菱重工広島精機製作所]　　793, 828
東京地決 昭54・2・1労民30巻1号101頁[中労委(吉野石膏)]　　956
東京地判 昭54・3・15労民30巻2号426頁[中労委(紅屋商事)]　　945, 961
大阪地判 昭54・3・29労判317号52頁[非破壊検査]　　830
東京地判 昭54・3・30労判324号56頁[女子学院]　　611
大阪地判 昭54・5・17労民30巻3号661頁[佐野安船渠]　　876
東京地決 昭54・6・7労判322号27頁[ニチバン]　　895, 896
神戸地決 昭54・7・12労判325号20頁[ブックローン]　　473
神戸地判 昭54・9・21労判328号47頁[中本商事]　　87
大津地判 昭54・10・31労判346号68頁[ヤンマー滋賀労組]　　741, 743
東京地判 昭54・12・20労民30巻6号1287頁[東京労委(旭ダイヤモンド)]　　762, 765
東京地判 昭55・2・15労判335号23頁[スーパーバッグ]　　528
甲府地判 昭55・2・27労民31巻1号252頁[山梨貸切自動車]　　734, 745
浦和地判 昭55・3・7労民31巻2号287頁[社会保険新報社]　　181
横浜地判 昭55・3・28労民31巻2号431頁[三菱重工横浜造船所]　　512
大阪地決 昭55・6・21判時982号148頁[全金協和精工支部]　　727
佐賀地判 昭55・9・5労判352号62頁[サガテレビ]　　683
岡山地判 昭55・11・26労民31巻6号1143頁[津山郵便局]　　328, 329
東京地判 昭55・12・15労民31巻6号1202頁[イースタンエアポートモータース]　　537
東京地判 昭55・12・19労判356号9頁[北港タクシー]　　865, 876
大阪地判 昭56・1・26労判357号18頁[同盟昭和ロック労組]　　740, 743
神戸地判 昭56・2・9労判32巻1号44頁[兵庫労委(姫路赤十字病院)]　　760
大阪地判 昭56・2・16労判360号56頁[大阪白急タクシー]　　731
大阪地判 昭56・3・24労経速1091号3頁[すし処「杉」]　　284
札幌地判 昭56・5・8労判372号58頁[北海道労委(北日本倉庫港運)]　　712, 921, 937
千葉地判 昭56・5・25労判372号49頁[日立精機]　　488
奈良地判 昭56・6・26労判372号41頁[壺坂観光]　　296
大阪地決 昭56・7・9判タ450号136頁[ダイハツ労組]　　725
東京地判 昭56・10・22労判32巻5号312頁[東京労委(北辰電機製作所)]　　923, 955, 957, 958
大阪地判 昭57・1・29労判380号25頁[黒川乳業]　　876
東京地判 昭57・2・25労判33巻1号175頁[フォード自動車]　　562
横浜地判 昭57・2・25判タ477号167頁[東京プレス工業]　　528

# 判例等索引

大阪地判 昭57・3・29労判386号16頁［大阪淡路交通］ 284
大阪地判 昭57・7・30労判393号35頁［布施自動車教習所］ 624, 895
秋田地大曲支判 昭57・8・31労判450号76頁［大曲市農協］ 459
大阪地判 昭57・10・25労判399号43頁［東亜ペイント］ 476
東京地決 昭57・11・19労民33巻6号1028頁［小川建設］ 232, 534
釧路地帯広支判 昭57・11・29労判404号67頁［東洋タクシー］ 805, 835
名古屋地判 昭57・12・20判時1077号105頁［名古屋鋳鋼所］ 398
東京地判 昭58・1・20労民30巻1号31頁［東京流機製造］ 747, 775, 941
大阪地判 昭58・2・14労判405号64頁［八尾自動車興産］ 283
大阪地判 昭58・3・28労民36巻1号48頁［香港上海銀行］ 862
大阪地判 昭58・7・12労判414号63頁［サンド］ 316
大津地判 昭58・7・18労民34巻3号508頁［森下製薬］ 181, 504
広島地判 昭58・9・29判時1116号136頁［港タクシー］ 824
徳島地決 昭58・10・11労民34巻5=6号868頁［全金光洋シカゴローハイド］ 722
東京地判 昭58・10・21労判420号58頁［中労委（東洋シート）］ 763
東京地判 昭58・12・22労判424号44頁［東京労委（マイクロ精機）］ 776
広島地判 昭59・2・21労判437号57頁［東洋シート］ 753
名古屋地判 昭59・3・23労判439号64頁［ブラザー工業］ 440
福島地いわき支判 昭59・3・31労判429号22頁［三洋海運］ 446
神戸地判 昭59・5・18労民35巻3=4号301頁［関西電力］ 185
東京地判 昭59・5・29労判431号57頁［ケー・アンド・エル］ 316
神戸地判 昭59・7・20労判440号75頁［三菱重工業］ 346
大阪地判 昭59・7・25労民35巻3=4号451頁［日本高圧瓦斯工業］ 599
名古屋地判 昭60・1・18労判457号77頁［日本トラック］ 890
山口地判 昭60・2・12労判447号21頁［中国電力］ 533, 823
神戸地判 昭60・3・14労判452号60頁［日本運送］ 857
静岡地沼津支判 昭60・4・24判531号41頁［駿河銀行］ 794, 823
東京地判 昭60・4・25労民36巻2号237頁［中労委（日本チバガイギー）］ 820, 937, 938, 939, 946, 947
長崎地判 昭60・6・26労民36巻3号494頁［三菱重工長崎造船所］ 862
長崎地判 昭60・9・24労判460号38頁［三菱重工長崎造船所］ 793
前橋地判 昭60・11・12労判463号26頁［前田建設工業］ 405
東京地判 昭60・11・20労判464号17頁［雅叙園観光］ 440
青森地判 昭61・2・25労判37巻1号70頁［青森労委（紅屋商事）］ 954, 961
東京地判 昭61・2・27労判471号26頁［東京労委（東京光の家）］ 713, 950
東京地判 昭61・2・27労判37巻1号123頁［国鉄（団交応諾義務確認請求）］ 697, 780
横浜地判 昭61・3・20労判473号42頁［日産自動車］ 477, 478
浦和地判 昭61・5・30労民37巻2=3号298頁［サロン・ド・リリー］ 167
津地四日市支判 昭61・6・10判時1218号138頁［三重ホーロー］ 840
東京地判 昭61・7・17労判37巻4=5号307頁［東京労委（済生会中央病院）］ 948
大阪地判 昭61・7・30労判481号51頁［レストラン・ビュッフェ］ 316
東京地決 昭61・8・7労判481号46頁［雪印乳業労働組合］ 725
大阪地決 昭61・10・17労判486号83頁［ニシムラ］ 602
新潟地高田支判 昭61・10・31労判485号43頁［日本ステンレス］ 483
神戸地判 昭61・12・5労判487号36頁［エス・ジー・エス］ 779, 781
東京地判 昭62・3・10判時1265号103頁［エム・シー・エル］ 233, 236
那覇地判 昭62・3・27労判497号101頁［浦添交通］ 252
那覇地判 昭62・3・27労判497号110頁［浦添タクシー］ 252
大阪地判 昭62・3・31労判497号65頁［徳洲会］ 316
徳島地判 昭62・4・27労民38巻2号148頁［全金徳島三立電機支部］ 739
神戸地判 昭62・4・28労判496号41頁［ネッスル日本労働組合］ 756
福岡地判 昭62・4・28労判496号50頁［福岡労委（あけぼのタクシー）］ 760
東京地判 昭62・5・26労判498号13頁［新興サービス］ 804
千葉地判 昭62・7・17労判506号98頁［千葉労委（オリエンタル・モーター）］ 816, 925
名古屋地判 昭62・7・27労民38巻3=4号395頁［大隅鉄工所］ 230
東京地決 昭62・8・24労判503号32頁［持田製薬］ 562
横浜地判 昭62・9・29労判505号36頁［厚木自動車部品・全日産自動車労組］ 743

横浜地判　昭62・10・15労判506号44頁[池貝鉄工]　　565, 568
大阪地判　昭62・11・30労判508号28頁[大阪労委(四條畷カントリー娯楽部)]　　774
東京地判　昭63・1・28労判515号53頁[エッソ石油]　　826
東京地判　昭63・2・24労民39巻1号21頁[国鉄・池袋電車区・蒲田電車区]　　848
函館地判　昭63・2・29労判518号70頁[相互交通]　　259, 261
東京地判　昭63・4・27労判517号18頁[日本プレジデントクラブ]　　316
東京地判　昭63・5・27労判519号59頁[三好屋商店]　　297, 300
新潟地判　昭63・6・6労判519号41頁[第四銀行]　　458, 870, 872, 875
鹿児島地判　昭63・6・27労民39巻2=3号216頁[国鉄鹿児島自動車営業所]　　184, 227, 817
神戸地姫路支判　昭63・7・18労判523号142頁[神姫バス]　　890
東京地判　昭63・8・8労判524号19頁[中労委(アヅミ)]　　764
大阪地判　昭63・10・26労判530号40頁[関西ソニー販売]　　300
神戸地判　昭63・12・23労判547号74頁[全運神戸港支部]　　727
東京地判　平元・1・26労民40巻1号1頁[日産自動車]　　196
大阪地決　平元・3・3労判536号41頁[山崎保育園]　　99, 603
大阪地決　平元・3・27労判536号16頁[澤井商店]　　602
神戸地判　平元・4・25労判542号54頁[ネッスル(専従者復職)]　　184
大阪地判　平元・5・15労民40巻2=3号340頁[高槻交通]　　837, 838
高松地判　平元・5・25労民40巻2=3号364頁[倉田学園高松高]　　519, 536
横浜地判　平元・5・30労判540号22頁[千代田化工建設]　　487
大阪地決　平元・6・23労判545号15頁[大阪造船所]　　568
福岡高宮崎支判　平元・9・18労民40巻4=5号505頁[国鉄鹿児島自動車営業所]　　184, 227, 817
東京地判　平元・9・22労判548号64頁[東京労委(カール・ツァイス)]　　774
横浜地判　平元・9・26労判557号73頁[全ダイエー労組]　　722, 723
大阪地判　平元・10・19労判551号47頁[エッソ石油]　　727
大阪地判　平元・10・30労民40巻4=5号585頁[大阪地区生コンクリート協同組合]　　848
大分地決　平元・12・1判時1341号154頁[杉之井ホテル]　　840
青森地判　平元・12・19労判557号60頁[青森労委(東北測量)]　　775
東京地判　平元・12・20労判554号30頁[中労委(黒川乳業)]　　775, 777, 876, 896, 922, 925, 952, 957, 958
旭川地判　平元・12・27労判554号17頁[繁機工設備]　　537
東京地八王子支判　平2・2・1労判558号68頁[東芝]　　192
東京地判　平2・3・23労判559号15頁[ナショナルシューズ]　　531
東京地判　平2・3・27労判559号7頁[全逓東京通信病院支部]　　721
東京地判　平2・4・11労判562号83頁[中労委(浦和電器産業)]　　775
東京地判　平2・4・17労判581号70頁[東京学習協力会]　　236
奈良地判　平2・4・25労判567号42頁[奈良労委(奈良学園)]　　925, 962
東京地決　平2・4・27労判565号79頁[エクイタブル生命保険]　　491
東京地判　平2・5・30労判563号3頁[駿河銀行]　　895
東京地判　平2・7・19労判566号17頁[中労委(朝日放送)]　　904
東京地判　平2・9・25労判569号28頁[東京芝浦食肉事業公社]　　323
大阪地判　平2・10・26労判675号9頁[大阪労委(文祥堂)]　　764, 775
東京地判　平2・11・8労民41巻6号913頁[中労委(亮正会)]　　774, 963
秋田地判　平2・12・14労判690号22頁[JR東日本(本荘保線区)]　　184
神戸地判　平2・12・27労判596号69頁[内外ゴム]　　239, 346, 405
神戸地判　平3・3・14労判584号61頁[星電社]　　491, 495
東京地判　平3・4・8労判590号45頁[東京メデカルサービス・大幸商事]　　528
大分地判　平3・6・25労判592号6頁[佐伯労基署長(トンネル工)]　　393
東京地判　平3・8・27労判596号29頁[国際情報産業]　　300
山口地下関支判　平3・9・30労判606号55頁[サンデン交通]　　965
大阪地判　平3・10・15労判596号21頁[新大阪貿易]　　236
大阪地判　平3・10・22労判595号9頁[三洋電機住道工場]　　582, 656
大阪地判　平3・11・14労民42巻6号817頁[大東洋生コン]　　806
和歌山地判　平3・11・20労判598号17頁[和歌山労基署長(東商)]　　385
浦和地判　平3・11・22労判624号78頁[日立物流]　　532
東京地決　平4・1・31判時1416号130頁[三和器材]　　489
京都地判　平4・2・4労判606号24頁[彌榮自動車]　　150, 316

東京地決　平4・2・6労判610号72頁[昭和女子大]　　601
大分地判　平4・3・2労判613号63頁[大分労基署長(大分放送)]　　388
福岡地判　平4・4・16労判607号6頁[福岡SH]　　189, 190
東京地判　平4・5・6労民43巻2=3号540頁[書泉]　　809, 826
東京地判　平4・5・29労判615号31頁[安田生命保険]　　854
秋田地判　平4・7・24労民43巻4号662頁[羽後銀行(北都銀行)]　　460
東京地判　平4・8・27労判611号10頁[日ソ図書]　　197, 202
東京地判　平4・9・28労判617号31頁[吉村・吉村商会]　　612
東京地判　平4・12・25労判650号87頁[勧業不動産販売・勧業不動産]　　526
東京地判　平5・1・21労民44巻1号1頁[中労委(石塚証券)]　　773, 775
東京地判　平5・1・28労判651号161頁[チエスコム秘書センター]　　235
東京地判　平5・2・4労民44巻1号36頁[中労委(灰孝小野田レミコン)]　　946
神戸地判　平5・2・23労判629号88頁[朝日火災海上保険(石堂)]　　853, 890
秋田地判　平5・3・1労判44巻2号201頁[秋田労委(JR東日本)]　　768
横浜地判　平5・3・23労判628号44頁[横浜南労基署長(東京海上横浜支店)]　　391
青森地判　平5・3・30労民44巻2号353頁[みちのく銀行]　　459
東京地判　平5・5・10労判634号49頁[全日自労建設農林一般労組]　　728
福井地武生支判　平5・5・25労判634号35頁[福井鉄道]　　218
東京地判　平5・6・11労民44巻3号515頁[生協イーコープ・下馬生協]　　488
前橋地判　平5・8・24労民44巻4=5号567頁[東京電力(群馬)]　　214
大阪地判　平5・8・27労判643号64頁[黒川乳業]　　509, 512
東京地判　平5・9・28労判635号11頁[ケンウッド]　　476
甲府地判　平5・12・22労判651号33頁[東京電力(山梨)]　　214, 218, 220
福岡地判　平6・2・9労判649号18頁[福岡県労働福祉会館]　　565, 569
山口地下関支判　平6・3・29労判657号71頁[サンデン交通]　　809
大阪地決　平6・3・30労判668号54頁[シンコーエンジニアリング]　　565, 567
長野地判　平6・3・31労判660号73頁[東京電力(長野)]　　218
千葉地判　平6・5・23労判661号22頁[東京電力(千葉)]　　214, 218, 220
東京地判　平6・6・16労判651号15頁[三陽物産]　　196, 197, 202
仙台高秋田支判　平6・6・27労判722号15頁[大館労基署長(四戸電気工事店)]　　391
大阪地決　平6・8・5労判668号48頁[新関西通信システムズ]　　623
大阪地決　平6・8・10労判658号56頁[東海旅客鉄道]　　483, 854, 890
東京地判　平6・9・7判時1541号104頁[丸山宝飾]　　230
東京地判　平6・9・29労判658号13頁[アール・エフ・ラジオ日本]　　593
東京地判　平6・10・25労民45巻5=6号369頁[トーコロ]　　508, 611
東京地判　平6・11・15労判666号32頁[小暮釦製作所]　　252
横浜地判　平6・11・15労判667号25頁[東京電力(神奈川)]　　214, 218, 220
岡山地判　平6・12・20労判672号42頁[真備学園]　　346
函館地判　平6・12・22労判665号33頁[函館信用金庫]　　460
名古屋地判　平7・3・24労判678号47頁[ダイフク]　　587
東京地判　平7・3・30労判667号14頁[HIV感染者解雇]　　186
東京地決　平7・3・31労判680号75頁[マリンクロットメディカル]　　475
東京地決　平7・4・13労民46巻2号720頁[スカンジナビア航空]　　570
東京地決　平7・5・17労判677号17頁[安田生命保険]　　863, 865, 890
東京地判　平7・6・8労判683号65頁[中労委(東洋シート)]　　946
大阪地堺支判　平7・7・12判判682号64頁[大阪府コロニー事業団]　　460
東京地判　平7・9・25労判683号30頁[国民金融公庫]　　316
東京地判　平7・10・4労判680号34頁[大輝交通]　　847, 873, 876
東京地決　平7・10・16労判690号75頁[東京リーガルマインド]　　234, 235, 236
大阪地決　平7・10・20労判685号49頁[大阪暁明館]　　559, 565, 567
横浜地決　平7・11・8労判701号70頁[徳心学園]　　602
東京地判　平7・11・30労判686号30頁[新産別運転者労組東京地本]　　743
東京地判　平7・12・4労判685号17頁[バンク・オブ・アメリカ・イリノイ]　　184, 471, 491, 495, 606
東京地判　平7・12・12労判688号33頁[旭商会]　　257, 515, 537
東京地判　平7・12・25労判689号31頁[三和機材]　　489
東京地判　平8・1・11労経速1611号22頁[大沢生コン]　　824, 829

名古屋地判 平 8・ 3・13判時1579号3頁[中部電力]　　214, 218, 220
長野地上田支判 平 8・ 3・15労判690号32頁[丸子警報器]　　215, 648, 656
浦和地判 平 8・ 3・22労判696号56頁[藤島建設]　　398
東京地判 平 8・ 3・28労判694号43頁[中労委(エスエムシー)]　　710, 713, 761, 764, 772, 950
盛岡地一関支判 平 8・ 4・17労判703号71頁[岩手県交通]　　529, 543
神戸地判 平 8・ 4・26労判695号31頁[加古川労基署長(神戸製鋼所)]　　394
大阪地判 平 8・ 5・27労判699号64頁[眞壁組]　　821
東京地判 平 8・ 6・24判時1601号125頁[パソナ・基礎地盤コンサルタント]　　672
東京地判 平 8・ 7・26労判699号22頁[中央林間病院]　　541
仙台地判 平 8・ 9・24労判705号69頁[JR東日本(東北地方自動車部)]　　475, 476
大阪地判 平 8・10・ 2労判706号45頁[共立メンテナンス]　　150, 317
東京地判 平 8・10・24労判707号50頁[中労委(教育社)]　　840
東京地判 平 8・10・29判タ938号130頁[カツデン]　　255
東京地判 平 8・11・27労判704号21頁[芝信用金庫]　　202
東京地決 平 8・12・11判判711号57頁[アーク証券(第一次仮処分)]　　491, 493
東京地決 平 9・ 1・24判時1592号137頁[デイエフアイ西友]　　497
東京地判 平 9・ 2・ 4労判713号62頁[朋栄]　　600
仙台地判 平 9・ 2・25労判714号35頁[大河原労基署長(JR東日本白石電力区)]　　396
大阪地判 平 9・ 3・24労判715号42頁[新日本通信]　　474
釧路地帯広支判 平 9・ 3・24労民48巻1=2号79頁[北海道厚生農協連合会]　　490, 497, 509
佐賀地武雄支決 平 9・ 3・28労民48巻1=2号133頁[センエイ]　　683
京都地判 平 9・ 4・17労判716号49頁[京都SH(呉服販売会社)]　　191, 613
大阪地判 平 9・ 5・19労判725号72頁[松原交通]　　252
大阪地判 平 9・ 5・26労判720号74頁[医療法人南労会]　　854, 855
東京地判 平 9・ 5・26労判717号14頁[長谷工コーポレーション]　　167
大阪地決 平 9・ 6・10労判720号55頁[ヤマトセキュリティ]　　473
札幌地決 平 9・ 7・23労判723号62頁[北海道コカ・コーラボトリング]　　475, 476
東京地判 平 9・ 8・ 1労判722号62頁[ほるぷ]　　316
東京地判 平 9・ 8・26労民48巻4号349頁[ペンション経営研究所]　　261, 505
大阪地判 平 9・ 8・29労判725号40頁[白頭学院]　　99, 603
大阪地判 平 9・10・29民48巻5=6号584頁[岸和田労基署長(廣道興産)]　　385, 393
東京地判 平 9・10・29労判725号15頁[中労委(エス・ウント・エー)]　　770, 774
東京地判 平 9・10・29労民48巻5=6号510頁[日本交通ほか]　　326
東京地決 平 9・10・31労判726号37頁[インフォミックス]　　431, 435, 437, 438
津地判 平 9・11・ 5労判729号54頁[三重SH(厚生農協連合会)]　　189, 191
東京地判 平 9・11・11労判729号49頁[エキスパートスタッフ]　　675
東京地判 平 9・11・18労判728号36頁[東京厚生会(大森記念病院)]　　495
東京地判 平 9・11・26判時1646号106頁[バイエル三共・ホクトエンジニアリング]　　668, 672, 674
東京地判 平 9・12・ 1労判729号26頁[国際協力事業団]　　332
神戸地姫路支判 平 9・12・ 3判判730号40頁[本譲]　　267
福岡地小倉支決 平 9・12・25労判732号53頁[東谷山家]　　527, 529
大阪地判 平10・ 1・28労判733号72頁[ダイエー(朝日セキュリティーシステムズ)]　　531
東京地判 平10・ 2・25労判743号49頁[東海商船]　　814, 824, 826
東京地判 平10・ 2・26労判737号51頁[JR東海]　　804, 833
大阪地判 平10・ 3・ 9労判742号86頁[佐川急便]　　779
東京地判 平10・ 3・17労判734号15頁[富士重工業]　　168
東京地判 平10・ 3・19労判736号54頁[システムコンサルタント]　　399, 402
大阪地判 平10・ 3・23労判736号39頁[関西フエルトファブリック]　　528
大阪地判 平10・ 4・13労判744号54頁[幸福銀行]　　464
神戸地判 平10・ 6・ 5労判747号64頁[西神テトラパック]　　788
東京地判 平10・ 6・12労判745号16頁[日本貨物鉄道]　　284
大阪地決 平10・ 7・ 7労判747号50頁[グリン製菓]　　566
札幌地判 平10・ 7・16労判744号29頁[協成建設工業ほか]　　402, 486
大阪地判 平10・ 7・29労判747号45頁[茨木労基署長〈豊中管材〉]　　275
大阪地決 平10・ 8・17労判745号13頁[関西職別労供労働組合]　　728
大阪地判 平10・ 8・31労判751号38頁[大阪労働衛生センター第一病院]　　570

東京地判 平10・ 9・25労判746号7頁[新日本証券]　　168
大阪地判 平10・ 9・30労判748号80頁[全日本空輸]　　329
東京地判 平10・10・ 7労判748号37頁[中労委(芝信用金庫)]　　954
大阪地判 平10・10・26労判755号32頁[大阪労委(日本貨物鉄道)]　　180,933,957
大阪地判 平10・10・30労判750号29頁[丸一商店]　　252,604
横浜地判 平10・11・17労判754号22頁[七葉会]　　543
大阪地判 平10・12・21労判756号26頁[大阪SH(S運送)]　　190
奈良地決 平11・ 1・11労判753号15頁[日進工機]　　628
東京地判 平11・ 2・15労判760号46頁[全日本空輸(起訴休職)]　　504
大阪地決 平11・ 3・12労経速1701号24頁[ヤマヨ運輸]　　537
東京地判 平11・ 3・12労判760号23頁[東京セクハラ(M商事)]　　604,612
東京地判 平11・ 3・26労判771号77頁[ソニー生命保険]　　531
大阪地判 平11・ 3・29労判761号58頁[JR西日本]　　460
大阪地判 平11・ 3・31労判765号57頁[日証]　　566
大阪地判 平11・ 3・31労判767号60頁[アサヒコーポレーション]　　531
大阪地判 平11・ 4・28労判765号29頁[茨木高槻交通]　　890
東京地判 平11・ 5・28判時1727号108頁[協立物産]　　234,236
大阪地判 平11・ 5・31労判772号60頁[千里山生活協同組合]　　294,300
東京地判 平11・ 6・ 9労判763号12頁[中労委(セメダイン)]　　708
水戸地下妻支判 平11・ 6・15労判763号7頁[エフピコ]　　606,613
東京地判 平11・ 7・ 7労判766号25頁[エイ・ケイ・アンドカンパニー]　　608
大阪地判 平11・ 7・28労判770号81頁[塩野義製薬]　　197,200
札幌地判 平11・ 8・30労判779号69頁[鈴蘭交通]　　856,898
大阪地判 平11・ 9・20労判778号73頁[近鉄百貨店]　　490,495,509
東京地判 平11・10・ 4労判771号25頁[JR東海]　　563
東京地決 平11・10・15労判770号34頁[セガ・エンタープライゼス]　　557
大阪地判 平11・10・18労判772号9頁[全日本空輸]　　563,604
大阪地判 平11・10・29労判777号54頁[毅峰会]　　252
東京地判 平11・10・29労判774号12頁[上州屋]　　495
鹿児島地判 平11・11・19労判777号47頁[ケイエスプラント]　　566,567
東京地決 平11・11・24労旬1482号31頁[日本ヒルトンホテル<仮処分>]　　570,582,616
東京地決 平11・11・29労判780号67頁[角川文化振興財団]　　166,429,430
大阪地判 平11・12・ 8労判777号25頁[タジマヤ]　　628,630
東京地判 平11・12・15労経速1759号3頁[日本エマソン]　　561
東京地判 平11・12・17労判778号28頁[日本交通事業社]　　526
大阪地判 平12・ 1・21労判780号37頁[峰運輸]　　473
神戸地判 平12・ 1・28労判778号16頁[川崎製鉄]　　483
東京地判 平12・ 1・31労判785号45頁[アーク証券(本訴)]　　459
東京地判 平12・ 2・ 2労判783号116頁[東京労委(国民生活金融公庫)]　　961
東京地判 平12・ 2・ 8労判787号58頁[シーエーアイ]　　461
大阪地判 平12・ 2・23労判783号71頁[シャープエレクトロニクスマーケティング]　　198,200
東京地判 平12・ 2・23労判784号58頁[最上建設]　　259
神戸地決 平12・ 3・14労判718号31頁[本四海峡バス]　　780
大阪地判 平12・ 4・17労判790号44頁[三和銀行]　　534
京都地判 平12・ 4・18労判790号39頁[ミロク情報サービス]　　477
鹿児島地判 平12・ 4・21労判919号13頁[地公災基金鹿児島県支部長(内之浦町教育委員会)]　　392
札幌地判 平12・ 4・25労判805号123頁[北海道交運事業協同組合]　　565,566
東京地判 平12・ 4・27労判782号6頁[JR東日本]　　302
大阪地判 平12・ 4・28労判787号30頁[キャスコ]　　316
大阪地判 平12・ 4・28労判789号15頁[大阪観光バス]　　530
大阪地判 平12・ 5・ 8労判787号18頁[マルマン]　　566
大阪地判 平12・ 5・31労判811号75頁[関西職別労供労働組合(除籍)]　　728
大阪地判 平12・ 5・31労判811号80頁[関西職別労供労働組合(除名)]　　740
千葉地判 平12・ 6・12労判785号10頁[T工業(HIV)]　　186
大阪地判 平12・ 6・19労判791号8頁[キョウシステム]　　235
大阪地判 平12・ 6・23労判786号16頁[シンガポール・デブロップメント]　　566

東京地八王子支判 平12・6・28労判821号35頁[八王子信用金庫]　458
名古屋地判 平12・6・28労判795号43頁[名古屋・東京管理職ユニオン]　743
大阪地判 平12・6・30労判793号49頁[わいわいランド]　552, 612, 613
千葉地判 平12・7・14労判797号75頁[国鉄千葉動労]　792, 797
横浜地判 平12・7・17労判792号74頁[日本鋼管]　890, 891
大阪地判 平12・8・28労判793号13頁[フジシール]　497
千葉地判 平12・9・13労判795号15頁[若松運輸・鉄構運輸]　925
大阪地判 平12・9・22労判794号37頁[ジャクパコーポレーション]　234, 235
東京地判 平12・9・25労判796号49頁[エスエイロジテム]　834
津地判 平12・9・28労判800号61頁[松坂鉄工所]　214, 218, 219
東京地判 平12・11・10労判807号69頁[東京貨物社]　530, 542
秋田地判 平12・11・10労判800号49頁[能代労基署長(日動建設)]　395
奈良地判 平12・11・15労判800号31頁[大和交通]　775, 809, 826
東京地判 平12・11・24労判802号45頁[エスエイジロム]　296
大阪地判 平12・11・29労判793号38頁[大阪厚生信用金庫]　459
大阪地判 平12・12・1労判808号77頁[ワキタ]　565, 566, 656
横浜地判 平12・12・14労判802号27頁[池貝]　508
大阪地判 平12・12・18労経速1768号3頁[サンケイ開発]　823
東京地判 平12・12・18労判807号32頁[東京貨物社]　234, 235
東京地判 平12・12・20労判810号67頁[中労委(ネスレ日本・賞与差別)]　876, 949
京都地判 平12・12・22労判806号43頁[日本郵便逓送]　284
東京地判 平13・1・25労判802号10頁[新宿労基署長(青銅プロダクション)]　61, 65
東京地判 平13・1・29労判805号71頁[ユナイテッド航空]　214, 215
盛岡地判 平13・2・2労判803号26頁[滝澤学園]　441, 445
新潟地長岡支判 平13・2・15労判815号20頁[岡惣]　806, 809, 826, 834, 965
盛岡地判 平13・2・23労判810号56頁[地公災岩手県支部長(平田小学校)]　394
東京地判 平13・2・27労判809号74頁[テーダブルジェー]　445
和歌山地判 平13・3・6労判809号67頁[阪和銀行]　864
東京地判 平13・3・15労判818号55頁[東京国際学園]　213
大阪地判 平13・3・23労判806号30頁[大誠電気工業]　565, 566
大阪地判 平13・3・26労判810号40頁[風月荘]　316
京都地判 平13・3・30労判804号19頁[NTT西日本]　459
東京地判 平13・4・12労判805号51頁[中労委(青山会)]　629, 927
岡山地判 平13・5・23労判814号102頁[内山工業]　197, 200, 201
東京地判 平13・7・2労経速1784号3頁[三井倉庫]　445
東京地判 平13・7・6労判814号53頁[ティアール建材・エルゴテック]　582, 908
東京地判 平13・7・17労判816号63頁[月島サマリア病院]　459
東京地判 平13・7・25労判813号15頁[黒川建設]　87, 682
福岡地小倉地判 平13・8・9労判822号78頁[九州自動車学校]　138, 460, 843, 895, 898
東京地決 平13・8・10労判820号74頁[エース損害保険]　561
東京地判 平13・8・30労判816号27頁[中労委(朝日火災海上保険)]　921, 936, 937, 955, 961
東京地判 平13・8・31労判820号62頁[アメリカン・スクール]　491, 495
京都地判 平13・9・10労判818号35頁[全国社会保険協会連合会]　582
札幌地判 平13・9・17労判826号9頁[渡島信用金庫]　965
京都地判 平13・9・20労判813号87頁[京ガス]　197, 202
高松地判 平13・9・25労判823号56頁[香川県農協]　848
神戸地判 平13・10・1労判820号41頁[本四海峡バス(本訴)]　261, 505, 607, 731, 732, 770, 776, 779, 780
大阪地判 平13・10・19労判820号15頁[松山石油]　150
東京地判 平13・12・3労判826号76頁[F社Z事業部(電子メール)]　186
東京地判 平13・12・19労判817号5頁[ヴァリグ日本支社]　565, 566
東京地判 平13・12・25労判824号36頁[カジマ・リノベイト]　561
東京地判 平13・12・25労経速1789号22頁[ブレーンベース]　445
東京地決 平14・1・15労判819号81頁[エム・ディー・エス]　867
東京地判 平14・1・31労判825号88頁[上野労基署長(出雲商会)]　551
広島地福山支判 平14・2・15労判825号66頁[鞆鉄道]　890
和歌山地判 平14・2・19労判826号67頁[みくまの農協]　402

東京地判　平14・ 2・26労判825号50頁[日経クイック情報]　　185,529
大阪地判　平14・ 2・27労判826号44頁[大阪証券取引所]　　623
東京地判　平14・ 2・27労判830号66頁[中労委(日本アイ・ビー・エム)]　　774,775
東京地判　平14・ 2・28労判824号5頁[東京急行電鉄]　　282
東京地判　平14・ 3・11労判825号13頁[日本ヒルトンホテル(本訴)]　　582,616
大阪地堺支判　平14・ 3・13労判828号59頁[今川学園木の実幼稚園]　　600,604
大阪地判　平14・ 3・22労判832号76頁[森下仁丹]　　561
神戸地判　平14・ 3・22労判827号107頁[地公災神戸支部長(長田消防署)]　　394
東京地判　平14・ 3・29労判827号51頁[全国信用不動産]　　459
東京地判　平14・ 4・ 9労判829号56頁[ソニー]　　602
東京地判　平14・ 4・16労判827号40頁[野村證券]　　167
札幌地判　平14・ 4・18労判839号58頁[育英舎]　　316
東京地判　平14・ 4・22労判830号52頁[日経ビーピー]　　528
東京地判　平14・ 4・24労判828号22頁[岡田運送]　　550,551,552,613
東京地判　平14・ 4・24労判831号43頁[中労委(オリエンタル・モーター)]　　928,931
岡山地判　平14・ 5・15労判832号54頁[岡山SH(労働者派遣会社)]　　189,190
大阪地判　平14・ 5・17労判828号14頁[創栄コンサルタント]　　252,300
大阪地判　平14・ 5・22労判830号22頁[日本郵便逓送]　　215
東京地決　平14・ 6・20労判830号13頁[S社(性同一性障害者解雇)]　　542
東京地判　平14・ 7・ 9労判836号104頁[国際信販]　　566,604
東京地決　平14・ 7・31労判835号25頁[杉本石油ガス]　　460
東京地判　平14・ 8・ 9労判836号94頁[オープンタイドジャパン]　　445
仙台地決　平14・ 8・26労判837号51頁[鐘淵化学工業]　　565,566
東京地判　平14・ 8・30労判838号32頁[ダイオーズサービシーズ]　　233,235,236
大阪地判　平14・ 9・11労判840号62頁[フレックスジャパン]　　237
大阪地岸和田支決　平14・ 9・13労判837号19頁[佐野第一交通]　　863,898
大阪地判　平14・10・25労判844号79頁[システムワークス]　　295,296,299,300
神戸地判　平14・10・25労判843号39頁[明石運輸]　　111,863
大阪地判　平14・11・ 1労判840号32頁[和幸会]　　168
岡山地判　平14・11・ 6労判845号73頁[岡山SH(リサイクルショップ)]　　189,191
仙台地決　平14・11・14労判842号56頁[日本ガイダント仙台営業所]　　496
千葉地決　平14・11・19労判841号15頁[ノース・ウエスト航空]　　252
名古屋地判　平14・11・29労判846号75頁[サン・ファイン(サンファインテキスタイル)]　　87
東京地判　平14・12・17労判846号49頁[労働大学]　　565,566,568
東京地判　平14・12・25労判845号33頁[日本大学]　　137
東京地決　平14・12・27労判861号69頁[明治図書出版]　　476
横浜地川崎支決　平14・12・27労判847号58頁[東洋水産川崎工場]　　566
名古屋地決　平15・ 1・14労判852号58頁[名古屋セクハラ(K設計)]　　475
富山地判　平15・ 1・16労判849号121頁[新富自動車]　　459
大阪地判　平15・ 1・22労判846号39頁[新日本科学]　　235
東京地判　平15・ 1・29労判846号10頁[昭和シェル石油]　　198,200,202
名古屋地決　平15・ 2・ 5労判848号43頁[日本オリーブ]　　561
東京地判　平15・ 2・12労判848号27頁[三田労基署長(ローレルバンクマシン)]　　394
神戸地判　平15・ 2・12労判853号80頁[コープ神戸]　　256
東京地判　平15・ 2・21労判847号45頁[中央労基署長(大島町診療所)]　　317
名古屋地判　平15・ 3・24判時1830号108頁　　411
神戸地判　平15・ 3・26労判857号77頁[大森陸運ほか]　　622,623,624
東京地判　平15・ 3・28労判850号48頁[アール企画]　　167
仙台地判　平15・ 3・31労判849号42頁[本山製作所(別棟就労命令拒否)]　　261,505,840
仙台地判　平15・ 3・31労判858号141頁[本山製作所(争議行為損害賠償)]　　811,826
東京地判　平15・ 3・31労判849号75頁[日本ポラロイド(サイニングボーナス等)]　　164,167
大阪地堺支判　平15・ 4・ 4労判854号64頁[南大阪マイホームサービス]　　402
大阪地決　平15・ 4・ 7労判853号42頁[NTT西日本]　　865
大阪地決　平15・ 4・16労判849号35頁[大建工業]　　563
東京地判　平15・ 4・21労判850号38頁[一橋出版]　　854
大阪地判　平15・ 4・25労判850号27頁[愛徳姉妹会]　　441

東京地判　平15・　4・25労判853号22頁[エープライ]　　236
東京地判　平15・　4・28労判851号35頁[京王電鉄]　　863, 865
東京地判　平15・　4・28労判854号49頁[モーブッサンジャパン]　　611
東京地判　平15・　5・　6労判857号64頁[東京貨物社]　　257
東京地判　平15・　5・　9労判858号117頁[金融経済新聞社]　　543
大阪地判　平15・　5・14労判859号69頁[倉敷紡績]　　214, 218, 220
大阪地判　平15・　5・16労判857号52頁[弥生工芸]　　656
松山地判　平15・　5・22労判856号45頁[伊予銀行・いよぎんスタッフサービス]　　678
東京地判　平15・　5・23労判854号30頁[山九]　　500, 504
東京地判　平15・　5・27労判852号26頁[大林ファシリティーズ(オークビルサービス)]　　150
東京地判　平15・　5・28労判852号11頁[東京都(警察学校・警察病院HIV検査)]　　186, 423
東京地判　平15・　6・　9労判859号32頁[加部建材・三井道路]　　68
東京地判　平15・　6・16労判865号38頁[神谷商事]　　779
水戸地下妻支決　平15・　6・16労判855号70頁[東京金属ほか1社]　　866
大阪地堺支判　平15・　6・18労判855号22頁[大阪いずみ市民生活協同組合]　　535
水戸地下妻支決　平15・　6・19労判855号12頁[東京金属ほか1社]　　867
東京地判　平15・　6・20労判854号5頁[B金融公庫]　　423
京都地判　平15・　6・30労判857号26頁[京都エステート]　　566
東京地判　平15・　6・30労判851号90頁[プロトコーポレーション]　　433
東京地判　平15・　7・　7労判860号64頁[東京SH(破産出版会社)]　　189, 190
東京地判　平15・　7・　7労判862号78頁[カテリーナビルディング(日本ハウズイング)]　　485
東京地決　平15・　7・10労判862号66頁[ジャパンエナジー]　　565, 566, 567, 568
大阪地判　平15・　7・16労判857号13頁[大阪第一信用金庫]　　462
和歌山地判　平15・　7・22労判860号43頁[和歌山労基署長(NTT和歌山設備建設センター)]　　392
東京地判　平15・　8・27労判865号47頁[ゼネラル・セミコンダクター・ジャパン]　　559, 565, 566
大阪地岸和田支判　平15・　9・10労判861号11頁[第一交通産業(仮処分)]　　622
大阪地判　平15・　9・12労判864号63頁[NTT西日本]　　598
東京地判　平15・　9・17労判858号57頁[メリルリンチ・インベスト・マネージャーズ]　　535
東京地判　平15・　9・22労判870号83頁[グレイワールド]　　561
東京地判　平15・　9・25労判863号19頁[PwCフィナンシャル・アドバイザリー・サービス]　　565, 566
名古屋地判　平15・　9・30労判871号168頁[トヨタ車体]　　531
東京地判　平15・10・　1労判864号13頁[東京労委(日本アイ・ビー・エム)]　　707, 896
東京地判　平15・10・　2労判874号71頁[テンプロス・ベルシステム24]　　672
東京地判　平15・10・29労判867号46頁[N興業]　　230
東京地八王子支判　平15・10・30労判866号20頁[日本ドナルドソン青梅工場]　　496
東京地判　平15・11・10労判870号72頁[自警会東京警察病院]　　166, 429, 430
東京地判　平15・12・12労判869号35頁[イセキ開発工機]　　495
東京地判　平15・12・12労判870号42頁[株式会社G]　　230
横浜地判　平15・12・16労判871号108頁[勝栄自動車(大船自動車興業)]　　627, 629
東京地判　平15・12・19労判873号73頁[タイカン]　　566
東京地判　平15・12・22労判871号91頁[日水コン]　　561
東京地判　平15・12・26労判893号163頁[三一書房]　　811
東京地判　平16・　1・14労判878号78頁[パワーテクノロジー]　　561
東京地判　平16・　1・21判タ1155号226頁[芝浦工大]　　858
東京地判　平16・　1・26労判872号46頁[明治生命保険]　　167
横浜地川崎支判　平16・　2・26労判875号65頁[ノイズ研究所]　　459
長野地上田支判　平16・　2・27労判871号14頁[高見澤電気製作所]　　137
大阪地判　平16・　3・22労判883号58頁[喜楽鉱業]　　346, 400
東京地判　平16・　3・24労判883号47頁[損害保険ジャパン労働組合]　　754, 755
東京地判　平16・　3・26労判883号56頁[独立行政法人N]　　228, 506, 563
東京地判　平16・　3・31労判873号33頁[エーシーニールセン・コーポレーション]　　491, 495
横浜地判　平16・　3・31労判876号41頁[藤沢労基署長(H木材)]　　61, 65
熊本地判　平16・　4・15労判878号74頁[九州日誠電氣]　　565, 566, 568
東京地判　平16・　4・21労判880号139頁[ジ・アソシエーテッド・プレス]　　566
東京地判　平16・　5・17労判876号5頁[中労委(大阪証券取引所)]　　916
静岡地判　平16・　5・20労判877号24頁[静岡フジカラーほか]　　628, 630

横浜地川崎支判 平16・ 5・28労判878号40頁［昭和電線電纜］　　602
大阪地判 平16・ 6・ 9労判878号20頁［パソナ(ヨドバシカメラ)］　　432, 438, 677
東京地判 平16・ 6・23労判877号13頁［オプトエレクトロニクス］　　431, 433, 435, 437, 438
東京地判 平16・ 6・30労判879号37頁［ハネウェル・ラーボチャージング・システムズ・ジャパン］　495
東京地判 平16・ 7・29労判882号75頁［日本メール・オーダー］　　402
大阪地判 平16・ 8・30労判881号39頁［ジェイ・シー・エム］　　402
神戸地判 平16・ 8・31労判880号52頁［プロクター・アンド・ギャンブル・ファー・イースト・インク］　497
東京地判 平16・ 9・ 1労判882号59頁［エフ・エフ・シー］　　854
東京地判 平16・ 9・16労判882号29頁［関西保湿工業・井上冷熱］　　401
鹿児島地判 平16・10・21労判884号30頁［牛根漁業協同組合］　　592
津地判 平16・10・28労判883号5頁［第三銀行］　　459
宮崎地延岡支判 平16・11・25労判902号117頁［八興運輸］　　811
東京地判 平16・11・29労判887号52頁［東京・中部地域労働者組合］　　534, 822, 823, 826, 829
東京地判 平16・12・17労判889号52頁［グラバス］　　516, 528, 551
横浜地小田原支判 平16・12・21労判903号22頁［箱根登山鉄道］　　849, 890, 891
さいたま地判 平16・12・22労判888号13頁［東京日新学園］　　627
東京地判 平16・12・27労判887号22頁［名糖健康保険組合］　　200, 202
大阪地判 平17・ 1・13労判893号150頁［近畿コカ・コーラボトリング］　　587
東京地判 平17・ 1・25労判890号42頁［Ｓ社(派遣添乗員)］　　612
東京地判 平17・ 1・28労判890号5頁［宣伝会議］　　433, 439
水戸地判 平17・ 2・22労判891号41頁［土浦労基署長(土浦協同病院)］　　394
名古屋地判 平17・ 2・23労判892号42頁［山田紡績］　　565, 566
東京地判 平17・ 2・25判時1897号98頁［わかば］　　233
東京地判 平17・ 2・25労判893号113頁［ビル代行］　　282, 284
東京地判 平17・ 2・25労判895号76頁［太平洋セメント・クレオ］　　485
大阪地判 平17・ 3・10労判933号82頁［ゴムノイナキ］　　150
大阪地判 平17・ 3・11労判898号77頁［互光建物管理］　　284
東京地八王子支判 平17・ 3・16労判893号65頁［ジャムコ立川工場］　　239, 346, 403, 535, 548
京都地判 平17・ 3・25労判893号18頁［エージーフーズ］　　402
東京地判 平17・ 3・29労判894号54頁［エイアイジー・スター生命保険］　　823
東京地判 平17・ 3・29労判897号81頁［ジャパンタイムズ］　　213
大阪地判 平17・ 3・30労判892号5頁［ネスレコンフェクショナリー］　　600
東京地判 平17・ 3・31労判894号21頁［ニコン・アテスト］　　402
和歌山地判 平17・ 4・12労判896号28頁［中の島］　　402
岐阜地判 平17・ 4・21労判894号5頁［高山労基署長(千代田生命)］　　395
大阪地判 平17・ 4・27労判897号26頁［アワーズ(アドベンチャーワールド)］　　535
大阪地判 平17・ 4・27労判897号43頁［黒川乳業］　　460, 895, 896
神戸地姫路支判 平17・ 5・ 9労判895号5頁［ネスレ日本］　　476
札幌地判 平17・ 5・26労判929号66頁［全国建設国保北海道支部］　　514
東京地判 平17・ 5・26労判899号61頁［CSFBセキュリティーズ・ジャパン・リミテッド］　　565, 566
岡山地判 平17・ 7・12労判901号31頁［玉野労基署長(三井造船玉野事業所)］　　394
東京地判 平17・ 7・12労判899号47頁［Ｔ］　　230
神戸地明石支判 平17・ 7・22労判901号21頁［ナブテスコ(ナブコ西神工場)］　　683
京都地判 平17・ 7・27労判900号13頁［洛陽総合学院］　　459
東京地判 平17・ 8・29労判902号52頁［太陽自動車・北海道交運(便宜供与廃止等)］　　747, 941
東京地判 平17・ 8・30労判902号41頁［井之頭病院］　　284
大阪地判 平17・ 9・ 1労判906号70頁［大阪医科大学］　　475, 477
大阪地判 平17・ 9・21労判906号36頁［日本郵便逓送］　　890, 891
甲府地判 平17・ 9・27労判904号5頁［社会保険庁］　　402
東京地判 平17・11・30労判908号26頁［Ｙ工業］　　403
東京地判 平17・12・ 7労経速1929号3頁［東京労委(ブライト証券他)］　　916
仙台地決 平17・12・15労判915号152頁［三陸ハーネス］　　566
大阪地判 平18・ 1・ 6労判913号49頁［三都企画建設］　　676
東京地決 平18・ 1・13判時1935号168頁［コマキ］　　566
東京地判 平18・ 1・25労判911号24頁［文化学園ほか］　　498
東京地判 平18・ 1・25労判912号63頁［日音］　　515

東京地判 平18・ 1・27労経速1933号15頁［フジスタッフ］　　440, 677
東京地判 平18・ 2・ 3労判916号64頁［新日本管財］　　281, 284
東京地判 平18・ 3・27労判917号67頁［中労委（シマダヤ）］　　916
大阪地判 平18・ 4・12労判920号77頁［羽曳野労基署長（B建材店）］　　397
京都地判 平18・ 4・13労判917号59頁［近畿建設協会］　　581
那覇地沖縄支判 平18・ 4・20労判921号75頁［おきぎんビジネスサービス］　　346, 402
東京地判 平18・ 4・26労判930号79頁［協和エンタープライズ・協和企業］　　402
東京地決 平18・ 5・17労判916号12頁［丸林運輸］　　519, 527, 540, 542
東京地判 平18・ 5・26労判918号5頁［岡部製作所］　　316, 493
京都地判 平18・ 5・29労判920号57頁［ドワンゴ］　　311, 512
大阪地判 平18・ 6・15労判924号72頁［大虎運輸］　　284, 300
東京地判 平18・ 7・14労判922号34頁［精電舎電子工業］　　471, 475
東京地判 平18・ 8・30労判925号80頁［アンダーソンテクノロジー］　　65
大阪地判 平18・ 9・20労判928号58頁［フットワーク物流ほか］　　627, 628, 630
東京地判 平18・ 9・29労判948号23頁［中労委（JR東日本）］　　942
札幌地判 平18・ 9・29労判928号37頁［NTT東日本（北海道・配転）］　　471, 475, 476
東京地判 平18・ 9・29労判930号56頁［明治ドレスナー・アセットマネジメント］　　495, 604
大阪地判 平18・10・ 6労判930号43頁［昭和観光］　　281, 299
東京地判 平18・10・ 6労判934号69頁［日本システム開発研究所］　　138, 493
東京地判 平18・10・25労判928号5頁［マッキャンエリクソン］　　495
東京地判 平18・11・22労経速1966号3頁［シティバンク、エヌ・エイ］　　607
東京地判 平18・11・29労判935号35頁［東京自転車健康保険組合］　　566, 611
宇都宮地決 平18・12・18労判932号14頁［東武スポーツ］　　474
東京地判 平18・12・26労判934号5頁［白井運輸］　　796, 808
横浜地判 平19・ 1・23労判938号54頁［日本オートマチックマシン］　　197, 198, 200
大阪地判 平19・ 1・31労判942号67頁［全日本建設運輸連帯労組近畿地本］　　745
宇都宮地判 平19・ 2・ 1労判937号80頁［東武スポーツ］　　465
東京地判 平19・ 2・14労判938号39頁［住友重機械工業］　　460
東京地判 平19・ 3・ 1労判946号45頁［中労委（日本郵政公社小石川郵便局等）］　　946
東京地判 平19・ 3・16労判945号76頁［スカイマーク］　　779, 823
横浜地判 平19・ 3・20労判940号47頁［魚沼中央自動車学校］　　630
東京地判 平19・ 3・26労判943号41頁［中山書店］　　296
東京地判 平19・ 3・26労判937号54頁［日本航空インターナショナル］　　363
東京地判 平19・ 3・26労判941号33頁［東京海上日動火災保険］　　473, 474
岡山地判 平19・ 3・27労判941号23頁［セントラル・パーク］　　316
大阪地判 平19・ 3・28労判946号130頁［NTT西日本（大阪・名古屋配転）］　　471, 476, 477
東京地判 平19・ 3・29労判937号22頁［NTT東日本（首都圏配転）］　　475, 476
東京地判 平19・ 3・30労判942号52頁［日本瓦斯（日本瓦斯運輸整備）］　　484
東京地判 平19・ 4・24労判942号39頁［ヤマダ電機］　　235
大阪地判 平19・ 4・25労判963号68頁［大阪労委（アサヒ急配）］　　68
大阪地判 平19・ 4・26労判941号5頁［松下PDP］　　683
東京地判 平19・ 4・26労判955号37頁［磐田労基署長（ヤマハ）］　　65
東京地判 平19・ 5・17労判949号66頁［国際観光振興機構］　　495
横浜地判 平19・ 5・17労判945号59頁［横浜商銀信用組合］　　565, 566, 568
東京地判 平19・ 5・28労判942号25頁［積善会］　　402
さいたま地川越支判 平19・ 6・28労判944号5頁［協同商事］　　475
横浜地判 平19・ 7・31労経速1982号3頁［新日本製鐵］　　502
大阪地判 平19・ 8・30労判957号65頁［豊中市不動産事業協同組合］　　550
横浜地判 平19・ 9・27労判954号67頁［都市開発エキスパート］　　869, 870, 882
静岡地判 平19・10・15労判950号5頁［静岡労基署長（日研化学）］　　387, 394
大阪地判 平19・11・29労判956号16頁［オフィステン］　　150
東京地判 平19・11・29労判957号41頁［インフォーマテック］　　612
名古屋地判 平19・11・30労判951号11頁［豊田労基署長（トヨタ自動車）］　　392
東京地判 平19・11・30労判960号63頁［阪急交通社］　　200, 202
横浜地判 平19・12・20労判966号21頁［渡辺工業（住友重機横須賀工場）］　　587
大阪地判 平20・ 1・11労判957号5頁［丸栄西野］　　316

大阪地判　平20・ 1・25労判960号49頁［キャノンソフト情報システム］　　　563
東京地判　平20・ 1・25労判961号56頁［日本構造技術］　466
東京地判　平20・ 1・28労判953号10頁［日本マクドナルド］　　150,316
東京地判　平20・ 2・13労判955号13頁［テクノアシスト相模・大和製罐］　407
東京地判　平20・ 2・27労判967号48頁［中労委（モリタほか）］　　774,946,952,953
東京地判　平20・ 2・29労判968号124頁［スリムビューティーハウス］　495
大阪地判　平20・ 3・ 7労判971号72頁［ハイクリップス］　309
仙台地判　平20・ 3・18労判968号32頁［Aラーメン］　150
東京地判　平20・ 3・21労判967号35頁［藤ビルメンテナンス］　　150
東京地判　平20・ 3・24労判963号47頁［全日本空輸］　267
東京地判　平20・ 3・26労判969号77頁［中労委（函館厚生院）］　　774
東京地判　平20・ 3・27労判964号25頁［大道工業］　284
神戸地尼崎支判　平20・ 3・27労判968号94頁［エイテイズ］　316
大阪地決　平20・ 3・28労判959号164頁［石原産業］　　822,829
東京地判　平20・ 4・22労判965号5頁［東芝］　548
福岡地判　平20・ 5・15労判989号50頁［河合塾］　583
東京地判　平20・ 6・ 4労判973号67頁［コンドル馬込交通］　167
東京地判　平20・ 6・27労判971号46頁［インターネット総合研究所］　433
東京地判　平20・ 7・31労判967号5頁［中労委（新国立劇場運営財団）］　68
大阪地判　平20・ 8・28労判975号21頁［旭運輸］　　550,551
広島地判　平20・ 9・ 3労判1052号19頁［広島労委（熊谷海事工業）］　955
大阪地判　平20・ 9・17労判976号60頁［新生ビルテクノ］　284
東京地判　平20・ 9・30労判977号74頁［ゲートウェイ21］　　315,316
東京地判　平20・10・ 8労判973号12頁［中労委（オンセンド）］　　908,921,937
さいたま地川越支判　平20・10・23労判972号5頁［初雁交通］　460
大阪地判　平20・11・20労判981号124頁［大阪経済法律学園］　895
仙台地判　平20・12・24労判1018号12頁［小野リース］　612
東京地判　平20・12・25労判981号63頁［立教女学院］　582
大阪地判　平21・ 1・15労判985号72頁［南海大阪ゴルフクラブほか］　　627,628
徳島地判　平21・ 2・13労判1007号45頁［NTT西日本］　592
東京地判　平21・ 2・18労判981号38頁［中労委（光仁会）］　　778,924,936
東京地判　平21・ 3・ 6労判983号91頁［東京都自動車整備振興会］　896
東京地判　平21・ 3・ 9労判981号21頁［東和システム］　　315,316
東京地判　平21・ 3・16労判988号66頁［淀川海運］　850
大阪地判　平21・ 3・25労判1004号118頁［NTT西日本］　　592,593
東京地判　平21・ 3・27労判986号68頁［太陽自動車］　　747,773,779
大阪地判　平21・ 3・30労判987号60頁［ピアス］　258
横浜地決　平21・ 3・30労判985号91頁［ニューレイバー］　678
東京地判　平21・ 4・13労判986号52頁［日本メール・オーダー］　　697,930,965
東京地判　平21・ 4・22労判982号17頁［中労委（INAXメンテナンス）］　68
東京地判　平21・ 4・24労判987号48頁［Y社<セクハラ・懲戒解雇>］　189
宇都宮地栃木支決　平21・ 4・28労判982号5頁［プレミアライン］　　575,578,678
宇都宮地栃木支判　平21・ 5・12労判984号5頁［いすゞ自動車］　　507,508
福岡地小倉支判　平21・ 6・11労判989号20頁［ワイケーサービス（九州定温輸送）］　639
福井地決　平21・ 7・23労判984号88頁［ワークプライズ］　678
東京地判　平21・ 8・ 6労判986号5頁［中労委（ビクターサービスエンジニアリング）］　68
東京地決　平21・ 9・10判時2056号99頁［大学生協労働組合］　821
横浜地決　平21・10・ 9労判1000号30頁［アンフィニ（仮処分）］　578
東京地判　平21・10・15労判999号54頁［医療法人財団健和会］　193
東京地判　平21・10・21労判1000号65頁［ボス］　316
鳥取地米子支判　平21・10・21労判996号28頁［富国生命保険］　192
東京地判　平21・11・ 4労判1001号48頁［UBSセキュリティーズ・ジャパン］　　252,604
広島地判　平21・11・20労判998号35頁［キャリアセンター中国］　677
神戸地判　平21・11・20労判997号27頁［三井倉庫］　402
大阪地決　平22・ 1・20労判1002号54頁［東大阪市環境保全公社］　　578,582
大阪地判　平22・ 1・25労判1012号74頁［エックスヴィン］　236

東京地判 平22・ 2・ 2労判1005号60頁［東京シーエスピー］　282
大阪地判 平22・ 2・ 3労判1014号47頁［大阪京阪タクシー］　458
東京地判 平22・ 2・10労判1002号20頁［中労委（ブックローン）］　771
東京地判 平22・ 2・25労判1004号24頁［中労委（NTT西日本）］　771, 776, 947
東京地判 平22・ 3・18労判1011号73頁［西濃シェンカー］　563
千葉地判 平22・ 3・19労判1008号50頁［三和機材］　498, 779
東京地判 平22・ 3・24労判1008号35頁［J学園］　563
神戸地判 平22・ 3・26労判1006号49頁［郵便事業］　185
札幌地判 平22・ 3・30労判1007号26頁［日本ニューホランド］　595
大阪地判 平22・ 4・23労判1009号31頁［NTT西日本ほか］　281
東京地判 平22・ 4・28労判1010号25頁［ソクハイ］　65
大阪地堺支判 平22・ 5・14判1013号127頁［日光産業ほか1社］　840
大阪地判 平22・ 5・21労判1015号48頁［大阪府板金工業組合］　495
福岡地判 平22・ 6・ 2労判1008号5頁［コーセーアールイー（第二）］　432
札幌地判 平22・ 6・ 3労判1012号43頁［ウップスほか］　87
大阪地判 平22・ 7・15労判1014号35頁［医療法人大正会］　150, 611
東京地判 平22・ 8・26労判1013号15頁［東京大学出版会］　594
大阪地判 平22・ 9・30労判1019号49頁［津田電気計器］　595
長崎地判 平22・10・26労判1022号46頁［諫早労基署長（ダイハツ長崎販売）］　394
東京地判 平22・10・29労判1018号18頁［新聞輸送］　493
津地判 平22・11・ 5判1016号5頁［アウトソーシング］　575, 578, 678
京都地判 平22・11・26労判1022号35頁［エフプロダクト］　596
東京地判 平22・12・ 1労判1021号5頁［本田技研工業（SF中部）］　402
東京地判 平23・ 1・18労判1023号91頁［東芝ファイナンス］　189
神戸地姫路支判 平23・ 2・28労判1026号64頁［マツダ］　402
東京地判 平23・ 3・17労判1034号87頁［中労委（クボタ）］　909
大阪地判 平23・ 4・ 7労判1045号10頁［日本基礎技術］　445
東京地判 平23・ 4・18労判1031号16頁［足立労基署長（クオーク）］　387, 392
東京地判 平23・ 5・12時2139号108頁［中労委（高見澤電機製作所）］　905, 916
東京地判 平23・ 5・17労判1033号42頁［技術翻訳］　466
青森地弘前支判 平23・ 5・18労判1046号29頁［東奥義塾］　578
札幌地判 平23・ 5・20労判1031号81頁［ザ・ウインザー・ホテルズインターナショナル］　467
東京地判 平23・ 5・30労判1033号5頁［エコスタッフ（エムズワーカース）］　623, 857
福岡地決 平23・ 7・13労判1031号5頁［トーホーサッシ］　594
大阪地判 平23・ 8・12労経速2121号3頁［フジタ］　593, 595, 596
京都地判 平23・ 9・ 5労判1044号89頁［仲田コーティング］　472, 474
大阪地判 平23・ 9・21労判1039号52頁［トクヤマ・エムテック］　824, 826, 829
大阪地判 平23・ 9・29労判1038号27頁［エヌ・ティ・ティ・コムチェオ］　582
神戸地判 平23・10・ 6労判1055号43頁［日能研関西ほか］　326
京都地判 平23・10・31労判1041号49頁［エーディーディー］　229, 310
東京地判 平23・10・31労判1041号20頁［日本航空］　604
名古屋地判 平23・11・ 2判1040号5頁［三菱電機ほか］　683
東京地判 平23・11・10労判1042号43頁［三田労基署長（ヘキストジャパン）］　392
東京地判 平23・11・18労判1044号55頁［テイケイ］　612
東京地判 平23・11・25労判1045号39頁［三枝商事］　550, 611, 612
大分地判 平23・11・30労判1043号54頁［中央タクシー］　284
東京地判 平23・12・ 6労判1044号21頁［デーバー加工サービス］　81, 213
東京地判 平23・12・28労経速2133号3頁［日本アイ・ビー・エム］　604
東京地判 平24・ 1・23労判1047号74頁［クレディ・スイス証券］　561
名古屋地判 平24・ 1・25労判1047号50頁［名古屋自動車学校］　779
東京地判 平24・ 2・27労判1048号72頁［NEXX］　101, 466, 561
静岡地判 平24・ 3・23労判1052号42頁［中部電力ほか］　401, 407
京都地判 平24・ 3・29労判1053号38頁［立命館大学］　137, 138
東京地判 平24・ 3・29労判1055号58頁［日本航空］　544, 555, 566
神戸地尼崎支決 平24・ 4・ 9労判1054号38頁［阪神バス］　224
東京地判 平24・ 4・16労判1054号5頁［いすゞ自動車］　582

東京地判 平24・5・16別冊中央労働時報1427号3頁[中労委(ニチアス)] 908
東京地判 平24・5・16労判1057号96頁[スカイピュアルネッサンス] 316
京都地判 平24・7・13労判1058号21頁[マンナ運輸] 232
東京地判 平24・8・23労判1061号28頁[ライトスタッフ] 445
東京地判 平24・8・28労判1058号5頁[アクティリンク] 296
札幌地判 平24・9・5労判1061号5頁[NTT東日本－北海道ほか1社] 100, 581
大阪地決 平24・9・12労経速2161号3頁[ミトミ建材センター他] 822, 824, 829
高松地判 平24・9・26労判1063号36頁[リゾートソリューション高松工場] 402
秋田地判 平24・10・12労判1066号48頁[ノースアジア大学] 582
神戸地姫路支判 平24・10・29労判1066号28頁[兵庫県商工会連合会] 479, 483, 604
大阪地判 平24・11・1労判1070号142頁[ダイキン工業] 588
東京地判 平24・12・5労判1068号32頁[トルコ航空・TEI] 672, 678, 683, 684
東京地判 平24・12・25労判1068号5頁[第一興商] 548, 563
東京地判 平24・12・28労判1121号81頁[アイガー] 430, 431
東京地判 平25・1・17労判1070号104頁[音楽之友社] 863, 867
東京地判 平25・2・6労判1073号65頁[教育社労働組合] 821, 822, 823, 829
名古屋地判 平25・2・7労判1070号38頁[ナルコ] 81, 213, 400
大分地判 平25・2・20労経速2181号3頁[K化粧品販売] 184
東京地判 平25・2・28労判1074号47頁[イーライフ] 257, 300
東京地判 平25・3・8労判1075号77頁[J社ほか1社] 74
大阪地判 平25・3・13労判1078号73頁 824, 826, 829
山口地判 平25・3・13労判1070号6頁[マツダ防府工場] 683
札幌地判 平25・3・28労判1082号66頁[日本郵便苫小牧支店(A雇止め)] 582
岡山地判 平25・4・16労判1078号20頁[山陽断熱・クラレ] 402
横浜地判 平25・4・25労判1075号14頁[東芝ライテック] 582, 587
神戸地判 平25・5・14労判1076号5頁[兵庫労委(川崎重工業)] 911
横浜地判 平25・6・20労判1098号56頁[シオン学園(三共自動車学校)] 112, 118, 119, 459
大阪地判 平25・6・21労判1081号19頁[乙山商会] 536, 573
東京地判 平25・7・23労判1080号5頁[ファニメディック] 445
札幌地判 平25・7・30労判1082号24頁[日本郵便苫小牧支店(B雇止め)] 582
さいたま地判 平25・7・30労判1090号72頁[ザ・キザン・ヒロ] 568
札幌地判 平25・8・23労判1099号33頁[国立大学法人北海道大学] 585
福岡地判 平25・9・19労判1086号87頁[社会保険労務士法人パートナーズほか] 445
静岡地沼津支判 平25・9・25労判1127号57頁[石川タクシー富士宮ほか] 622
東京地判 平25・9・26労判1086号12頁[レガシィほか1社] 311
東京地判 平25・9・26労判1123号91頁[ソクハイ(契約更新拒絶)] 65
東京地判 平25・10・21労判1083号5頁[中労委(大阪府教委・大阪教育合同労組)] 706, 763
東京地判 平25・10・24労判1084号5頁[東陽ガス] 65
東京地判 平25・10・30労判1087号28頁[中労委(旧モービル石油)] 777, 854
大阪地判 平25・10・30労判1086号67頁[丙川産業ほか] 824, 829
大阪地判 平25・11・25労判1088号32頁[地公災基金大阪支部長(市立中学校)] 380
大阪地判 平25・11・27労判1087号5頁[西宇部] 824, 829
東京地判 平25・12・5労判1091号14頁[中労委(阪急交通社)] 911, 913
大分地判 平25・12・10労判1090号44頁[ニヤクコーポレーション] 584, 588, 590, 656, 659
東京地判 平25・12・25労判1091号5頁[新産別運転者労組東京地本] 744, 745
名古屋地判 平26・1・15労判1096号76頁[メイコウアドヴァンス] 192
熊本地判 平26・1・24労判1092号62頁[熊本信用金庫] 454, 455, 459
福岡地小倉支判 平26・2・27労判1094号45頁[福原学園(九州女子短期大学)] 588
京都地判 平26・2・27労判1092号6頁[エム・シー・アンド・ピー] 604
東京高判 平26・3・18労旬1814号59頁[中労委(大阪府教委・大阪教育合同労組)] 47, 706, 763
横浜地判 平26・3・25労判1097号5頁[日産自動車ほか] 683
静岡地判 平26・4・18労判1111号37頁[島田労基署長(静岡県生活科学センター)] 387, 392
神戸地尼崎支判 平26・4・22労判1096号44頁[阪神バス(本訴)] 224
福井地判 平26・5・2労判1105号91頁[カワサ] 433
札幌地判 平26・5・16労判1096号5頁[北海道労委(渡島信用金庫)] 925, 961
神戸地判 平26・6・5労判1098号5頁[NHK神戸放送局] 67

岐阜地判 平26・ 6・27労判1106号35頁[三井金属鉱業・神岡鉱業]　402
横浜地判 平26・ 7・10労判1103号23頁[資生堂・アンフィニ]　575, 578, 582
奈良地判 平26・ 7・11労判1102号18頁[帝産キャブ奈良]　941
東京地判 平26・ 7・17労判1103号5頁[社団法人東京都医師会(A病院)]　541
東京地判 平26・ 7・29労判1105号49頁[国立大学法人東京医科歯科大学]　582
福岡地久留米支判 平26・ 8・ 8労判1112号11頁[社会医療法人A会]　186, 500
福岡地判 平26・ 8・ 8労判1105号78頁[プロミックスほか]　623
東京地判 平26・ 8・28労判1106号5頁[東京労委(日本航空)]　919, 921, 936, 937, 955
東京地判 平26・11・ 4労判1109号35頁[サン・チャレンジほか]　192
東京地判 平26・11・12裁判所DB平成25ワ32921[東京エムケイ]　600
東京地判 平26・11・26労判1112号47頁[アメックス]　460
東京地判 平26・11・26労判1115号68頁[公益財団法人えどがわ環境財団]　475
福井地判 平26・11・28労判1110号34頁[暁産業ほか]　192
福岡地判 平26・12・25労判1111号5頁[環境施設・東部興産]　398, 407
静岡地判 平26・12・25労判1109号15頁[東京電力ほか]　407
高松地決 平27・ 1・15労判1137号15頁[香川労委(詫間港運)]　956
東京地判 平27・ 1・23労判1117号50頁[日本ボクシングコミッション]　541, 542
大阪地判 平27・ 1・28労判1126号58頁[日本航空(客室乗務員)]　566
東京地判 平27・ 2・18労判1130号83頁[出水商事]　326, 330
秋田地判 平27・ 3・ 6労判1119号35頁[秋田労基署長(ネッツトヨタ)]　394
神戸地判 平27・ 3・ 9労判1144号60頁[テーエス運輸ほか]　475
東京地決 平27・ 3・25労判1145号74頁[中央委(社会福祉法人ひまわりの会)]　956
金沢地判 平27・ 3・26労判1128号76頁[東和工業]　197
大阪地判 平27・ 3・31労判1135号39頁[生コン製販会社経営者ら]　610, 941, 965
京都地判 平27・ 5・ 7労判1138号74頁[国立大学法人京都大学]　454
東京地判 平27・ 5・28労判1120号5頁[大田労基署長(羽田交通)]　390
東京地判 平27・ 7・15労判1145号136頁[ビジョン]　602
東京地判 平27・ 7・29労判1124号5頁[日本電気]　506, 563
東京地判 平27・ 7・31労判1121号5頁[シャノアール]　584
東京地判 平27・ 9・10判時2295号35頁[中労委(中国・九州地方整備局)]　913
岐阜地判 平27・ 9・14労判1150号61頁[ニチアス(羽島工場)]　401, 402
大津地彦根支判 平27・ 9・16労判1135号59頁[ハマキョウレックス(差戻審)]　650, 651, 652
東京地判 平27・10・ 2労判1138号57頁[社会福祉法人全国重症心身障害児(者)を守る会]　369, 373
横浜地判 平27・10・15労判1126号5頁[エヌ・ティ・ティ・ソルコ]　584, 590, 608, 656
岐阜地判 平27・10・22労判1127号29頁[穂波]　316
東京地判 平27・10・30労判1132号20頁[L産業]　472, 497
名古屋地判 平27・11・18労判1133号16頁[岐阜労基署長(アピコ関連会社)]　394
東京地判 平27・11・20労判1145号41頁[中労委(旧社会福祉法人ひまわりの会)]　774, 922, 925
大阪地判 平27・11・30労判1137号61頁[NHK堺営業センター]　67, 578
東京地判 平27・12・22労経速2271号23頁[税理士事務所]　600
東京地判 平27・12・25労判1133号5頁[東京メトロ]　533
高松地判 平27・12・28労判1137号15頁[香川労委(詫間港運)]　774, 922
東京地判 平28・ 1・14労判1140号68頁[大王製紙]　529
福井地判 平28・ 1・15労判1132号5頁[ナカヤマ]　475
東京地判 平28・ 2・10労判1149号24頁[フジビグループ分会組合員ら(富士美術印刷)]　823
京都地判 平28・ 2・12労判1151号77頁[石長]　602
東京地判 平28・ 3・ 8労判1145号28頁[空調服]　445
東京地判 平28・ 3・16労判1141号37頁[ネットワークインフォメーションセンターほか]　486
東京地判 平28・ 3・22労判1142号40頁[日本アイ・ビー・エム]　561
東京地決 平28・ 3・31中労委DB:H-H28-037[中労委(明星学園)]　956
東京地判 平28・ 5・10労判1152号51頁[学校法人尚美学園(大学専任教員A)]　597
東京地判 平28・ 5・13労判135号11頁[長澤運輸]　650, 651, 652
大阪地判 平28・ 5・18労判1143号35頁[大阪労委(泉佐野市)]　706, 747, 763, 941, 943, 963
神戸地判 平28・ 5・26労判1142号22頁[学校法人須磨学園ほか]　604
東京地判 平28・ 5・30労判1149号72頁[無洲]　148, 287, 299, 602
東京地判 平28・ 6・29労判1150号33頁労判1145号6頁[中労委(学校法人明泉学園S高校)]　922, 925

東京地判　平28・ 7・ 1労判1149号35頁[Agape]　561
東京地判　平28・ 7・ 7労判1148号69頁[元アイドルほか(グループB)゜]　80
東京地判　平28・ 7・20労判1156号82頁[ユニデンホールディングス]　466, 492
津地決　平28・ 7・25労判1152号26頁[ジーエル(保全異議)]　575, 578
東京地決　平28・ 8・ 9労判1149号5頁[国際自動車]　584
東京地判　平28・ 8・25労判1144号25頁[L社]　225
京都地判　平28・ 9・30労判1155号12頁[鳥伸]　300
津地判　平28・10・25労判1160号5頁[ジャパンレンタカー]　299, 584, 590
大阪地判　平28・11・21労判1157号50頁[川越労基署長(C工務店)]　65
大阪地判　平28・11・25労判1156号50頁[山essay]　402
東京地判　平28・11・25労経速2306号22頁[ソクハイ]　600
東京地判　平28・11・30労判1152号13頁[学校法人尚美学園(大学専任教員B)]　597
東京地判　平28・12・21労判1158号91頁[厚木労基署長(ソニー)]　393
東京地判　平28・12・21労判1157号17頁[中労委(東急バス)]　925, 954, 962, 963
東京地立川支判　平29・ 1・31労判1156号11頁[TRUST]　600
東京地判　平29・ 3・23労判1154号5頁[メトロコマース]　649, 650, 651, 652
東京地判　平29・ 3・28労判1164号71頁[エイボン・プロダクツ]　636
大分地判　平29・ 3・30労判1158号32頁[プレナス]　316
仙台地判　平29・ 3・30労判1158号18頁[ヤマト運輸]　650, 651
京都地判　平29・ 4・27LLIDB:L072506[K工房]　311
札幌地判　平29・ 5・15労判1166号106頁[札幌中央労基署長(札幌交通A営業所)]　392
千葉地判　平29・ 5・17労判1161号5頁[イオンディライトセキュリティ]　282, 284
京都地判　平29・ 9・20労判1167号34頁[京都市立浴場運営財団ほか]　660

## 中央労働委員会

中労委　昭31・ 3・20命令集14集57頁[全鉱]　953
中労委　昭35・ 4・ 1命令集22=23集89頁[合化労連]　953
中労委　昭35・ 8・17中央労働時報357号43頁[東京ヘップサンダル工組合資格審査]　67
中労委　昭59・ 4・ 4労判431号144頁[放送映画製作所]　942
中労委　昭61・ 9・ 4中労委DB:M-S61-030[朝日放送]　904
中労委　平10・ 3・ 4労判734号81頁[セメダイン]　708
中労委　平20・11・12中労委DB:M-H20-023[髙見澤電機製作所・富士通コンポーネント・富士通]　905
中労委　平21・ 9・ 2中労委DB:M-H21-043[クボタ]　909
中労委　平21・ 9・16中労委DB:M-H21-037[吾妻自動車交通]　953
中労委　平22・ 7・ 7別冊中央労働時報1395号11頁[ソクハイ]　68
中労委　平24・ 9・19別冊中央労働時報1436号16頁[ショーワ]　911, 913
中労委　平24・11・21中労委DB:M-H24-018[中国・九州地方整備局]　913
中労委　平25・ 2・ 6中労委DB:M-H25-124[パナソニックホームアプライアンス]　911

## 都道府県労働委員会（地方労働委員会）

京都労委　昭40・ 7・ 9季刊労働法57号(1965)156頁[東映俳優クラブ組合資格審査]　67
大分労委　昭47・ 4・27労判157号70頁[大分タクシー]　942
東京労委　平 8・ 5・28労判698号78頁[セメダイン]　708
長野労委　平17・ 3・23中労委DB:M-H17-135[富士通・髙見澤電機製作所]　904
滋賀労委　平17・ 4・ 1労判893号185頁[日本製箔]　904, 912
宮城労委　平19・ 6・22別冊中央労働時報1363号44頁[協立ハイパーツ・住友電装]　904
福岡労委　平22・ 8・20中労委DB:M-H22-048[河合楽器]　80
東京労委　平22・ 9・21中労委DB:M-H22-038[プラグ・イン]　80
岡山労委　平26・ 3・13中労委DB:M-H26-086[セブン-イレブン・ジャパン]　81
東京労委　平27・ 1・20中労委DB:M-H27-031[日本放送協会(水戸局)]　80
東京労委　平27・ 3・17中労委DB:M-H27-005[ファミリーマート]　81

# 事　項　索　引

[あ]
ILO　18
　　第1号条約　23
　　第2号条約　20
　　第5号条約　23
斡旋　701
新たな労働条件設定効　461
安全委員会　338
安全衛生委員会　338
安全衛生管理体制　337
安全衛生教育　340
安全衛生推進者　337
安全衛生責任者　338
安全管理者　337
安全配慮義務　238, 397, 398
安全保持の施設　784

[い]
育児休業　35, 358
育児休業給付金　52, 362
育児休業、介護休業等育児又は家族介護を
　　　行う労働者の福祉に関する法律　35, 358
育児休業等に関する法律　35
育児時間　356, 372
医師による面接指導　341
意思の自由　99
意思の不存在　98, 601
意思表示　97
　　瑕疵　98, 601
　　成立　97, 600
　　撤回　98, 603
いじめ・嫌がらせ　191
　　雇用管理上の義務　192
　　法的救済　192
遺族給付　380
遺族固有の慰謝料　405
遺族特別一時金　381
遺族特別支給金　381
遺族特別年金　381
遺族補償　377
遺族補償給付　380
委託募集　172, 418
一事不再理の原則　541
一年単位の変形労働時間制　303
一部譲渡　626
一か月単位の変形労働時間制　301
一週間単位の非定型的変形労働時間制　305
一斉休暇闘争　330
一定の事業の完了に必要な期間　427
一般社団法人及び一般財団法人に関する法律
　　　　　　　　　　　　　　716, 721
一般条項　130
一般職　54, 55, 56

一般地方独立行政法人　56
一般被保険者　52
一般労働組合　719
違法な指令　744
違法派遣　174, 682
違約金　166
入口規制　580, 640
因果関係説　216, 929

[う]
ヴェルサイユ条約　18
請負給　246
請負制　250, 298
打切補償　378, 549
上積み補償制度　414

[え]
営業権　824
エイジェンシー・ショップ　728
衛生委員会　338
衛生管理者　337
衛生推進者　337

[お]
黄犬契約　918, 932, 950
公の職務　180
親子会社　86

[か]
介護休暇　368
介護休業　365
介護休業給付金　52, 366
介護給付　380
戒告　514
外国人の技能実習の適正な実施及び
　　技能実習生の保護に関する法律　41
外国人労働者　53
解雇　547, 574
　　解雇制限　548
　　解雇の禁止　549
　　解雇予告　435, 444, 549
　　解雇予告手当　435, 444, 549, 613
　　解雇権濫用　36, 542, 555, 559
　　解雇理由証明書　553
　　期間の定めのない労働契約　547
　　期間の定めのある労働契約　574
　　信義則　554
　　有効となる要件　557
介護補償給付　380
解散命令　939
会社解散　87, 621, 941
会社更生法　272
会社分割　36, 87, 630, 897

# 事項索引

　　　　5条協議　634, 635
　　　　　手続　634
　　　　7条措置　634, 636
会社分割に伴う労働契約の承継等に関する法律
　　　　　　　　　　　　　　　　　　36
　　　　労働協約の承継　634
　　　　労働契約の承継　631
会社役員　79
海上保安庁職員　56
外部規律説　862
解約合意　598
化学物質の審査及び製造等の規制に関する法律
　　　　　　　　　　　　　　　　　343
確定給付企業年金制度　463
確定拠出年金制度　463
核燃料物質及び原子炉の規制に関する法律　343
駆け込み訴え　771
過失責任の原則　376
過失相殺　376, 403
過重な負担　224
家族的責任への配慮　358
　　　　育児責任への配慮　359
　　　　介護責任への配慮　365
　　　　配転　358
合併　87, 624, 897
家内労働者　250
家内労働法　31, 250
過半数代表　89
　　　　過半数組合　89
　　　　過半数代表者　89
仮眠時間　284
過労死　389
過労自殺　389
過労死等防止対策推進法　35
官営事業　8
看護休暇　364
監視に従事する者　317
間接差別　207
監督若しくは管理の地位にある者(管理監督者)
　　　　　　　　　　　　　　　　　315
幹部責任　825
官吏　8
管理職組合　708

## [き]

機械等による危険の防止　338
企画業務型裁量労働制　312
期間途中の解雇　574
企業横断的交渉　758
企業グループ(集団)　86, 621, 637
企業グループ別交渉　759
企業財産への損害　531
企業再編　621
企業施設・業務費　243
企業秩序遵守義務　231
企業内交渉　758
企業年金(自社年金)の減額・廃止　463

企業別交渉　758
企業別労働組合　719
帰郷旅費　352, 547
危険・健康障害防止措置　338
危険の防止　338
寄宿舎　181
基準外(所定外)賃金　247
基準内(所定内)賃金　246
偽装請負　174, 682
偽装解散　621
起訴休職　499
基礎疾患　390
規範的効力　105, 845, 859, 863, 880
規範的部分　105, 857, 866, 897
基本給　246
基本手当　52
機密の事務を取り扱う者　316
義務的団交事項　770
記名押印　854
規約不備組合　710
休業・休職　499
休業給付　380
休業手当　258
休業手当請求権　258, 260, 508, 675
休業特別支給金　381
休業補償　377
休業補償給付　380
休憩　283, 317
　　　　一斉付与の原則　318
　　　　自由利用の原則　318
　　　　適用除外　319
　　　　長さと位置　318
休日　319
　　　　適用除外　320
　　　　休日振替　320
吸収合併　624
吸収分割　630
休職(懲戒処分)　515
求職者給付　52
求職者支援　41
休息時間　278
給付基礎日額　381
旧民事訴訟法　14
旧労働組合法　26, 38
教育訓練給付　52
競業避止義務　234, 256
強行規定(法規)　129, 146
強行性排除効　141, 292, 293, 307, 312, 313
強行的効力　147
強行的直律的効力　147, 859
行政官庁　156
行政執行法人　54
行政執行法人の労働関係に関する法律　54
強制貯金の禁止　169
強制適用事業　378, 379
強制保険制度　25
強制労働の禁止　164
共働原因説　391

共同交渉　765
共同使用　85
共同(連名)交渉　759
兇徒聚衆罪　14
強迫　98, 602
業務過誤　528
業務起因性　387
業務災害　380
業務上　377, 386
　　事故による負傷・死亡　387
　　自殺　393
　　疾病　388
　　判断基準　386
　　業務上の負荷と基礎疾患等の競合　390
業務処理請負　173
業務遂行上の指揮監督　71
業務遂行性　387
業務の阻害　530
業務命令　183, 468
業務命令違反　529
協約自治　860, 890, 893
協約自治の限界　851
緊急調整　784
緊急命令　956
均等待遇の理念　648, 656
勤務間インターバル　278
勤務割(シフト表)　327
勤労義務　45
勤労権　44
勤労者　47, 715
勤労条件の基準の法定　45
勤労婦人福祉法　29, 34

[く]
苦情処理手続　858
組合員　722, 888
組合員契約　718
組合員資格　722
　　加入　722
　　組合加入資格　722
　　権利と義務　724
　　資格停止　728
　　除名　728
　　脱退　725
　　二重加入　723
組合活動　690
組合規約　127
組合休暇　746
組合財産の所有形態　738
組合費　735
組合役員　725
　　推薦の基準　725
　　被選挙権　725
グループ企業　86
クローズド・ショップ　728, 932

[け]
軽易業務　353
計画年休制度　329
傾向経営(事業)　214
経済的政治スト　792
警察職員　56, 57
刑事施設職員　56
刑事免責　694
継続雇用　591
継続雇用制度　594
けい肺及び外傷性せき髄障害に関する
　　特別保護法　34
けい肺及びせき髄障害の療養等に関する
　　臨時措置法　34
経費援助　708, 746, 831, 919, 943, 951
刑法　14
契約期間の上限　165
契約更新拒否　580
　　有期労働契約締結・更新の承諾みなし制度　584
契約更新(締結)申込権　585
契約の原則　8, 93
契約内容の一方的・定型的決定　73
経歴詐称　527
結果回避義務　401
結社の自由　13
決定的動機説　215, 929
減給　514
研究開発システムの改革の推進等による
　　研究開発能力の強化及び研究開発等の
　　効率的推進等に関する法律　644
兼業　232, 534
健康管理に関する措置　354
健康障害の防止　338
健康情報　187
健康診断　337, 341
健康保険法　21, 26, 27
原職復帰　958, 966
譴責　514
建設業法　343
憲法・法令　129
憲法組合(自主性不備組合)　705
憲法上の保護を受ける一時的団結体
　　704, 714, 757, 761
憲法上の労働組合　704, 713, 757, 761
憲法28条の保障する団結権　730
憲法28条を享受する団結体　703, 713, 761
　　憲法上の保護を受ける一時的団結体　704
　　憲法上の労働組合　704
権利の第三者への譲渡　480
権利濫用　36, 134, 135

[こ]
コアタイム　307
雇員　8
合意　97
　　労契法9条における　124

事項索引

労契法8条における　124
合意相殺　267
公益委員　699
公益事業　784
公益社団法人及び公益財団法人
　　　　　　　　の認定等に関する法律　717
公益通報　535
降格　489
抗議活動　820
降給　489
鉱業警察規則　13,17
鉱業条例　13,16
公共職業安定所　51
鉱業法　17,25
鉱業法施行細則　17
工業労働者最低年齢法　23
航空法　343
後見人　349,350
鉱山監督署長　17
鉱山保安法　31,333,344
工場危害予防及衛生規則　24
工場寄宿舎規則　24
工場事業場単位の拡張適用　868,891
工場職工　17
交渉の非対等性　5
工場法　17,25
工場法施行規則　13,18
工場法施行令　13,18
降職　489
公序良俗　36,130,135
契約更新拒否　574
更新限度合意　586
公正競争　5,693,845,868
更生手続　272,274
厚生年金保険制度　26
厚生年金保険法　26,27
公正労働基準　868
高度の専門的知識等を有する労働者　165,428
坑内業務　353
坑内労働　285
高年齢求職者給付金　52
高年齢継続被保険者　52
高年齢雇用継続基本金　52
高年齢再就職給付金　52
高年齢者等の雇用の安定等に関する法律　40
鉱夫ノ使役規則　13,17
鉱夫労役扶助規則　17,24
公民権行使の保障　179
公民としての権利　179
公務員労働法　53
公立大学法人　56
合理的期待　581,585
合理的な経路　395
合理的な配慮　223
効力始期付労働契約　434,438
高年齢者等の雇用の安定等に関する法律　52
国籍　213
国立大学法人　55

個人情報　186
国家公務員　54,333
国家公務員災害補償法　54,379
国家公務員法　27,54,344
国家総動員法　26
個別的労働関係法　48,145
個別労働関係紛争　157
　あっせん　159
　援助又は調停の対象　159
　調停　159
個別労働関係紛争の解決の促進
　　　　　　　　　　　に関する法律　42
雇用・労働条件保障　4,844
雇用管理区分　203
雇用継続給付　52
雇用契約　102,103
雇用対策　40
雇用対策法　30,51
雇用の分野における男女の均等な機会
　　　　及び待遇の確保等女子労働者の
　　　　福祉の増進に関する法律　29
雇用の分野における男女の均等な機会及び
　　　　待遇の確保等に関する法律　29
雇用保険制度　39
雇用保険法　40,52
雇用保障　39
雇用保障法　50
婚姻・妊娠・出産　208
混合組合　706,712,719
　団体交渉　763

［さ］
災害扶助　25
災害扶助制度　11
債権者の責めに帰すべき事由　253,506,840
再更新条項　856
再就職支援　51
再生手続　272
在籍出向　478
在籍専従　746
最低基準　861,889,892
最低基準効　112,122,859,861
最低工賃　250
最低賃金　248
最低賃金審議会　248
最低賃金法　31,247
最低年齢　348
債務者交替の更改　485
債務的効力　105,845,858,880
債務的部分　105,857,858,867,897
債務の本旨に従った履行（労務）の提供　228,505
採用　420
採用拒否　420,926
採用内定　430
採用内定取消　432
　法的性質・法的効果　432
　内定期間中の法的関係　438

1019

裁量労働制　　310
詐欺　　98,602
先取特権　　270
作業環境測定　　337
作業主任者　　338
作業場　　339
作業場所　　338
作業服・防護具の着脱　　283
作業方法　　338
錯誤　　98,601
差止請求　　829
査定差別　　930,945
差別的取扱いの禁止　　194
　　組合員・団結活動等　　220
　　権利行使　　221
　　国籍・信条・社会的身分　　212
　　雇用形態（契約類型）　　194
　　障害　　221
　　人的理由　　194
　　性別　　195
　　年齢　　225
差別の外形的立証　　930
サボタージュ　　804
参加する権利　　336
産業医　　337
産業別交渉　　759
産前産後の休業　　354
暫定任意適用事業　　378,379

[し]
支援スト　　793
資格審査　　700,712
資格停止　　728
時間的場所的拘束性　　72
指揮監督下の労働　　70
時季指定権　　325
時季変更権　　326
事業者　　82,334
事業者性　　75
事業場外労働のみなし労働時間制　　309
事業譲渡　　87,626,897
事業場別交渉　　758
事業組織への組入れ　　71
事業主　　82
事業主のために行為をするすべての者　　83
事業の経営担当者　　83
事業の正常な運営を妨げる場合　　326
事業の附属寄宿舎　　182
時限スト　　804
時効　　202,220
仕事と生活の調和　　358
自殺　　393
事実上の支配関係　　176
事実たる慣習　　137
自主的な団結　　88
事情の変更　　955
辞職（退職）　　598

私生活上の非行　　533
次世代育成支援対策推進法　　35
施設管理権　　813,818,939,943
施設利用の不許可　　938
事前協議条項　　857
下請負人　　83
失業手当法　　27,39
失業等給付　　52
失業保険法　　27,39
実効性の確保　　146
実労働時間　　278,288
児童　　348
自動延長条項　　856
自動更新条項　　856
児童労働　　17,22
支配介入　　919,935,951
　　具体的態様　　935
司法警察員（官）　　155
私法上の強行性　　146
事務所衛生基準規則　　339
事務所の供与　　746
指名スト　　786,794
社会的身分　　215
社会復帰促進等事業　　274,381
社団性　　709
社内預金　　170,275
週休一日制　　319
就業環境の整備　　357
就業規則　　106,449
　　意見書添付　　109
　　過半数代表の意見聴取　　109
　　規律対象事項　　108
　　最低基準効　　112,449
　　作成・届出　　109
　　周知　　110
　　定義　　106
　　適用対象労働者　　108
　　と法令の効力関係　　110
　　不利益変更効　　117
　　不利益変更制限効　　113
　　有利設定効　　113
　　有利変更効　　113
　　と労働協約の効力関係　　110
　　の労働契約に対する法的効力　　111
　　必要記載事項　　109
　　非有利設定効　　114,450
就業制限　　353
自由時間　　276,317
就職促進給付　　52
自由設立主義　　718
集団的意思の形成　　787,813
集団的労使関係法　　49
集団（連合）交渉　　759
就労始期付労働契約　　434,438
就労請求権　　230
受診義務（命令）　　185,341
出勤停止　　515
出向　　86,478

# 事項索引

出向期間中の権利義務関係　484
出向元の復帰命令　486
出向先　478, 526
出向元　478, 525
出産育児一時金　356
出産手当金　356
出入国管理及び難民認定法　53
受働喫煙防止対策助成金　381
純粋政治スト　792
順法(遵法)闘争　798, 806
障害　221
障害給付　380
障害者雇用調整金　224
障害者雇用納付金　224
障害者雇用率制度　224
障害者の雇用の促進等に関する法律　30、52
障害等級区分　378
障害特別支給金　381
障害特別年金　381
障害補償　377
紹介予定派遣　662
昇格・昇給差別　945
昇格　497
試用期間　439
　　延長　440
　　中断　446
　　と契約期間　440
　　長さ　439
　　有期労働契約への設定　440
試用期間付労働契約　582
昇給　497
昇給停止・延伸　514
消極的団結権　730
条件付救済命令　963
条件付承諾　615
商工省　31
使用者　81, 848, 901
使用者委員　699
使用者責任　401
使用者団体　848
使用者による一方的な労働契約終了　545
使用者の経理上の援助　706
使用者の言論　937
使用者の責に帰すべき事由　258, 508, 838, 841
使用者の対抗行為　839
使用者の利益を代表する者　706, 871, 887
使用者又はその団体　769
昇進　497
傷病休職　499
傷病特別支給金　381
傷病特別年金　381
傷病年金　380
傷病補償年金　380
情報収集　422
　　職安法上の規制　423
　　対象事項と方法　422
消防職員　57
消防法　343

情報宣伝活動　820
証明書の備え付け　349
消滅時効　404
賞与　247, 835
　　在籍条項　255
条理　129
障害補償給付　380
職員団体　56, 57
職業安定機関　51, 419
　　公共職業安定所(ハローワーク)　419
　　職業安定局　419
　　職業安定主管局　419
　　都道府県労働局　419
職業安定行政　20
職業安定法　27, 51
職業訓練　40
職業訓練の実施等による特定求職者
　　　の就職の支援に関する法律　41, 52
職業訓練法　40
職業指導　419
職業紹介　172, 419
職業紹介法　20
職業選択の自由　257
職業能力　51
職業能力開発　40
職業能力開発促進法　40, 51
職種(職業)別労働組合　718
職種別・職業別交渉　759
職能給　246
職場環境　333
職場環境調整義務　190, 192
職場規律違反　530
職場交渉　758
職場占拠　690, 810
職場滞留　811
職場の風紀・秩序　537
職務給　246
職務懈怠　528
職務上知り得た秘密　155
職務専念義務　227, 817
職務著作　241
職務等級制　246
職務発明　240
女子に対するあらゆる形態の
　　　差別の撤廃に関する条約　32
所持品検査　184, 531
女性の職業生活における活躍の
　　　推進に関する法律　41, 52, 206
女性ユニオン　712
除籍　727
職工規則　10
職工募集取締規則　20
所定休憩　318
所定休日　319
所定時間外労働　289
所定時間外労働拒否闘争　806
所定時間外労働の制限　363, 367
所定年休　321

1021

所定労働時間　278
所定労働時間短縮　362, 367, 372
所得保障　51
処分証書　97
除名　728
知る権利　336
新会社設立　87, 621
人格権保障　163
人格権保障に配慮する義務　238
信義誠実の原則（信義則）　35, 132, 135
親権者　349, 350
人権保障規定　163
人事委員会　57
人事院　57
真実解散　621
信条　213
人身拘束の防止　163
新設合併　624
新設分割　630
心臓疾患　380
身体障害者雇用促進法　30
じん肺法　34, 342
深夜業　193
深夜労働　288, 351, 354
心裡留保　98, 601

[す]
スキャップ禁止協定（条項）　810, 840
スト規制法　784
ストック・オプション　243
スト破り　803, 810, 840
ストライキ　330, 803, 835
スライド制　381
スローダウン　804

[せ]
性差別禁止　29, 195
生産管理（自主管理）　811
清算期間　306
政治スト　792
誠実交渉義務　768, 774
誠実団交応諾命令　958
青少年の雇用の促進等に関する法律　41, 53
精神障害　393
正当な争議行為　785
正当な団結活動　812
正当な団体交渉　756
生命・身体・健康　800
西洋形商船海員雇入雇止規則　15
整理解雇　565
生理休暇　353, 371
政令201号　28
石炭鉱業　785
セクシュアル・ハラスメント　187
　　環境型　188
　　雇用管理上の義務　188
　　対価型　188

法的救済　189
積極的団結権　730
絶対的平和義務　798, 858
船員手帳　16
船員法　16, 333, 344, 378, 785
船員労働法制　15
全国交渉　759
全国的中央組織　719
前借金　168
船舶安全法　343
全部譲渡　626
全面スト　804
専門業務型裁量労働制　310
専門的知識等を有する有期雇用労働者等
　　　　に関する特別措置法　644

[そ]
総括安全衛生管理者　337
争議権　692, 783
争議行為　690, 691, 782, 783, 785
争議行為中の操業　839
操業確保措置　839
操業継続の自由　803
総合給　246
相殺契約（合意）　267
葬祭料　378, 380
騒擾罪　14
相対的平和義務　798, 858
相対的有力原因説　391
相当性の原則　541
相当の利益　240
総有　739
即時解雇　550
組織強制　728
組織的同一性　756
損益相殺　411
損益相殺的な調整　409
損害賠償額の予定　166

[た]
第一次ボイコット　807
対角線（集団）交渉　759
大学の教員等の任期に関する法律　644
怠業　690, 804, 835
第三者委任禁止条項　760
第三者による損害賠償　413
第三者の強要　929
退職勧奨　604
退職金　247
　　減額・不支給条項　256
　　功労報償的性格　256
退職金制度　11
退職時等の証明書　546
退職手当　275
退職年金　247
代替労働者　810
対等決定・合意原則　146

事項索引

第二次ボイコット　807
大日本帝国憲法　13
退避させる義務　342
大量観察方式　930
諾否の自由　70
脱退　725
立替払制度　274
単位組合　719
単位組織組合　719
単一組合　719
単一組織組合　719, 754
単位労働組合　712
短期雇用特例被保険者　52
団結　702
団結活動と争議行為　782
　　正当性のない—　824
団結活動　691, 782, 783, 812
　　正当性　812
団結活動権　692, 783
団結権・団体交渉権・団体行動権　46, 692, 694
　　権利の主体　47
　　内容　46
　　の意義　692
　　不利益な取扱いからの保護　696
　　法的救済　694
　　法的効果　47, 694
団結権　692, 702, 730, 782
団結権説　740
団結権と団体行動権　690, 782
団結しない自由　730
団結体　702
団交応諾命令　958
短時間労働者　653, 654
　　通常の労働者と同視すべき短時間労働者　659
短時間労働者の雇用管理の改善等に関する法律　37
単純労務職員　55, 57
男女同一賃金原則　29, 195
断続的労働に従事する者　317
団体交渉　757
団体交渉拒否　778, 933, 950
　　違法性　779
　　裁判所における救済　781
　　賠償請求　779
　　労働委員会における救済　781
団体交渉権　757
　　相手方　765
　　権利主体　757, 760
　　交渉権限を有する者　760
　　誠実交渉義務　774
　　対象事項　765
　　手続　773
　　求めうる時期　777
団体交渉請求権　780
団体交渉を求めうる法的地位　779
団体行動権　692, 782
団体責任　825

[ち]
治安警察法　14, 21
地域交渉　759
地域的拡張適用　700, 884
地域別最低賃金　248
地域労働組合　719
チェック・オフ　747
チェック・オフ協定　748, 858
　　強行性排除効　748
　　組合員の同意　750
　　効力の及ぶ範囲　751
　　締結しうる労働組合　748
　　免罰的効果　748
　　中止の申入れ　750
　　による組合費支払義務　751
遅延損害金の起算点　405
遅延利息　275
地方公営企業　55, 57
地方公営企業等の労働関係に関する法律　54
地方交渉　759
地方公務員災害補償法　54, 379
地方公務員法　28, 54
地方公務員　55
中央労働委員会　699
中間規制　640
中間搾取の排除　171
中間事業者　405
中間収入の控除　608, 959
中高年齢者等の雇用の促進に関する特別措置法　40
仲裁　701
中断　396
中立保持義務　775, 946, 947
懲戒解雇　515, 572, 579
　　普通解雇への転換　573
懲戒権　517
　　契約説　518
　　行使の適法性　520, 523
　　固有権説　518
　　法的根拠　518, 520, 522
懲戒権濫用　542
懲戒事由　527
懲戒処分　513
　　効力　517, 526
　　出向労働者に対する　525
　　種類　513
調査協力の拒否　532
調停　162, 701
直接差別　203
　　募集・採用　203
　　募集・採用以外の労働条件　204
直律的効力　147
貯蓄金の保全措置　170

賃金　242
　　構成要素　246
　　最低額の保障　247

1023

賃金債権の放棄　267
賃金支払義務　237
賃金請求権　252, 370, 500, 675
　　債務の本旨に従った労務(履行)の提供　253
　　時効　263
　　事後的処分・変更　262
　　発生要件　252, 255
　　民法536条2項　253
　　労働義務の履行　253
　　割合的賃金請求権　254
賃金の支払の確保等に関する法律　34, 274
賃金の支払方法　263
　　全額払の原則　265
　　相殺　266
　　調整的相殺　266
　　直接払の原則　264
　　通貨払の原則　264
　　非常時払　269
　　法定時間外労働　298
　　毎月一回以上・一定期日払の原則　268
　　労基法上の労働時間　285

[つ]
通勤　395
通勤災害　380, 394
通算契約期間　643
通帳保管　170

[て]
定額給　246
定期自主検査　337, 340
定期昇給　247
定時出勤・定時退勤闘争　798, 806
定年(制)　591
　　定年解雇制　591
　　定年退職制　591
　　継続雇用制度　592
　　雇用確保措置　592, 593
適合決定　712
適正手続　542
出来高給　246
出来高払制　250, 298
出口規制　641
手待時間　283
電気事業　785
電気事業及び石炭鉱業における争議行為の
　方法の規制に関する法律　39, 784
電気事業法　343
典型労働契約　418, 640
店社安全衛生管理者　338
転籍　487
　　解約型　487
　　契約上の地位の移転　488
　　譲渡型　488

[と]
同一(価値)労働同一賃金原則　648

統一交渉　759
統一集団交渉　776
統一的基準　861, 889, 892, 893
統括安全衛生責任者　338
特定政党支持決議　743
倒産手続　271
当事者の消滅　598
同情スト　793
統制権　740
　　行使の適法性　740
　　法的根拠　740
統制事由　741
統制処分　740
同盟罷業　330, 690, 787, 803, 835
特定化学物質障害予防規則　339
特定求職者支援　52
特定最低賃金　248
特定事業　335
特定承継　626
特定地方独立行政法人　55
特定元方事業者　335
毒物及び劇物取締法　343
特別加入　379
特別司法警察職員　155
特別職　54, 55
特別清算手続　272
特別な社会的接触の関係　406
独立行政法人　55
独立行政法人通則法　55
独立事業者　6, 79
独立労働者　6, 79
特例一時金　52
土石採取場安全及び衛生規則　24
都道府県労働委員会　699
土木建築工事場安全及び衛生規則　24

[な]
内部告発　535
内務省社会局　19
内容化体説　862
ナショナルセンター　719

[に]
二次健康診断等給付　380
二重加入　723
二重就職　534
日本坑法　16
日本国憲法　27
任意的・恩恵的給付　243
任意的団交事項　770
任意的貯蓄金管理　169
妊産婦　353

[ぬ]

[ね]
年休権　322

年休権の内容　324
年休権の発生要件　322
年次有給休暇　321, 654
　　買上げ　332
　　繰り越し　332
　　時季指定権　325
　　時季の特定方法　325
　　時季変更権　326
　　使途(利用目的)　329
　　取得単位　325
　　年休日数　324
　　不利益取扱い　331
　　有給　324
年少者　348, 547
年俸制　268, 492
年齢　225
年齢階層別最低限度額　381

[の]
納金スト　805
脳血管疾患　380
農商務省　19
農薬取締法　343

[は]
パートタイム労働契約　37, 653
　　不合理な待遇の相違　657
賠償予定の禁止　166
配転　470, 496, 514
派遣労働契約　36, 661, 673, 677
　　期間途中の解雇　677
　　期間の定めのない派遣労働契約への転換
　　　　　　　　　　　　　　　　675
　　休業手当請求権　675
　　契約更新拒否　678
　　団体交渉義務　667
　　賃金請求権　675
派遣労働者　663, 665
　　常用型　663
　　登録型　663
　　特定有期雇用派遣労働者　663
　　特定有期雇用派遣労働者等　663, 674
　　無期雇用派遣労働者　663
　　有期雇用派遣労働者　663
破産手続　272, 273
破産法　272
波状スト　804
バックペイ　958
　　中間収入の控除　959
発注者　405
パパ・ママ育休プラス　360
パワー・ハラスメント　191

[ひ]
非違行為　256
ピケッティング　690, 807
非公認スト　787

非典型労働契約　36, 418, 640
秘密保持義務　232, 256
日雇労働求職者給付金　52
日雇労働被保険者　52
非有利設定効　114, 122
平等原則　194
平等取扱義務　238, 775, 946
ビラ貼付(貼り)　532, 533, 820
ビラ配布　532, 533, 812, 820

[ふ]
不可抗力　508
付加金支払制度　148
不活動仮眠時間　284
不活動時間　283
複数組合間差別　944
服装闘争　817
服務規律　184
福利厚生給付　243
不更新合意　586
不作為命令　962
不遡及の原則　520, 523
普通解雇　560
普通解雇への転換　580
不当労働行為　899
　　使用者　902
　　使用者の行為　920
　　成立要件　921
　　法的救済　949
不当労働行為救済制度　949
　　棄却命令　955
　　救済命令　955
　　再審査　955
　　司法審査(行政訴訟)　955
　　初審　954
　　審査　954
　　中央労働委員会　955
　　調査・審問手続　954
　　都道府県労働委員会　954
不買運動　807
部分スト　786, 804
部分的包括承継　631
不利益取扱い　918, 922, 950
不利益変更効　117
フレキシブルタイム　307
フレックスタイム制　300, 306, 307
プレファレンシャル・ショップ　729
紛争解決制度　41
争調整委員会　159
　　あっせん　159
　　調停　159

[へ]
平均賃金　244, 371
併存組合　947
併存的債務引受　485
平和義務　799

平和条項　799, 858
平和的説得　803, 807, 809
ベースアップ　247
別組合員　872, 875, 887
便宜供与　746, 858
便宜供与の中止・廃止　940
変形週休制　320
変形労働時間制　300, 307
変更解約告知　614

[ほ]
ボイコット　807
法外所定時間外労働　289
包括承継　625
法源　93, 94, 95
放射性同位元素等による放射線障害の
　　防止に関する法律　343
報酬（賃金）支払義務　237
法人格否認の法理　87, 623, 643
　　法人格の形骸化　87, 623, 643, 682
　　法人格の濫用　87, 623, 643, 683
法人である労働組合　716
法定外休憩　318
法定外休日　319
法定外年休　321
法定休憩　318
法定休日　319
法定休日労働　320, 354
法定時間外労働・深夜労働の制限　363, 367
法定時間外労働　289, 302, 304, 306, 307, 308, 354
　　延長限度基準　291
　　行わせることのできる要件　290
　　災害等による臨時の必要性　290
　　支払う賃金額　297
　　賃金の支払方法　298
　　労使協定の締結と届出　290
　　労働義務　292, 293
　　割増賃金の支払　294
　　割増率　296
法定代理人　349, 350
法定年休　321
法定労働時間　286
　　特例　287
　　法的効果　287
法適合組合　710
法適合認証組合　710, 715, 762
法内所定時間外労働　289
報復的不利益取扱い　918, 933, 951
暴力行為等処罰ニ関スル法律　21
保険関係成立届　379
保険利益　412
保護職工　17, 23
ポジティブ・アクション　205
募集　418
　　方法　418
　　明示された労働条件と労働契約　419
保障給　251

ポスト・ノーティス　962
母性保護　352
本採用拒否　442
　　「解雇」の場合の効力　442
　　具体的判断基準　444
　　法的性質・法的効果　442

[ま]

[み]
未成年者　348
　　労働契約の締結　349
　　労働契約の解除・取消し　350
未組織労働者　731, 812, 892
みなし制度　424
　　期間の定めのない労働契約への転換　424
　　派遣先と派遣労働者との間の労働契約締結
　　　　　425
　　有期労働契約の更新・締結　424
みなし労働時間制　308
　　労働時間規制の適用除外との相違　314
民営職業紹介機関　419
　　無料職業紹介事業　419
　　有料職業紹介事業　419
民事再生法　272
民事執行法　14
民事免責　695
民法　14
民法改正　35, 42

[む]
無過失責任　377
無期限スト　804
無期転換申込権　645
無料職業紹介所　20

[め]
メリット制　380
免責的債務引受　485
メンタル・ヘルス　341
免罰的効果（効力）　139, 141, 292, 307, 312, 313

[も]
黙示の労働契約の成立　87, 628, 683
元請負人　83, 378
元請事業者　405
元方安全衛生管理者　338
元方事業者　335, 339, 405

[や]
雇止め（契約更新拒否）　580
山猫スト　786
やむを得ない事由　575, 599

[ゆ]
唯一交渉団体条項　764

有害な業務　353
有害物　340
有害物質　338
有害物ばく露作業報告　337
有期労働契約　37, 640
　　解雇　574
　　期間の定めのない労働契約への転換　642
　　契約期間　642
　　契約更新拒否　580
　　辞職　648
　　締結　641
　　不合理な労働条件の相違　648
有期労働契約締結・更新の承諾みなし制度　584
有期労働者　641
　　高度な専門的知識等を持つ
　　　　　　　　　有期雇用労働者　644
有効な労働契約の枠の設定効果　293, 307
有利原則　859
有利設定効　113
有利変更効　113
有料職業紹介事業　20
諭旨解雇　515
ユニオン・ショップ　728
ユニオン・ショップ協定　727, 858, 932
　　解雇の効力　732
　　締結しうる労働組合　729
　　有効期間　732

[よ]
傭人　8
要介護状態　365
要請活動　820
予見可能性　401
四週四休制　320

[ら]

[り]
リボン闘争　818
留学・研修等の費用　167
理由の競合　215, 928
両罰規定　152, 153, 334
両面的規範的効力　106, 859, 861
療養給付　380
療養補償　377
療養補償給付　380

[る]

[れ]
連合組合　719
連合団体　712

[ろ]
労役者募集取締規則　20
労基研報告　64
労基法上の使用者　82
労基法上の労働時間　278, 279

労契法上の使用者　84
労災保険制度　378
　　再審査請求　384
　　審査請求　384
労災補償・労災保険と損害賠償の調整　409
労災補償制度　375, 377
労災民訴　397
労使委員会　90
労使委員会の決議　91, 140
労使慣行　137
労使協定　138, 290, 748, 843
　　効力　139
　　周知義務　139
　　有効期間　139
労使研報告　69
労使自治　860, 890
労使紛争処理システム　845
労組法上の労働組合　705, 714
労働安全衛生　333
労働安全衛生法　31, 333
労働委員会　699, 953
　　権限　700
　　資格審査　700, 712
　　組織・機能　699
労働委員会規則　700
労働関係調整法　29, 39, 701, 783
労働関係の基本原則　145
労働基準　226
労働基準監督官　336
労働基準監督行政　153
　　厚生労働省　153
　　女性主管局（雇用均等・児童家庭局）　154
　　都道府県労働局　153
　　都道府県労働局長　154
　　労働基準監督官　153, 155
　　労働基準監督署　153
　　労働基準監督署長　154
　　労働基準主管局（労働基準局）　153
　　労働基準主管局長（労働基準局長）　154
労働基準法　27
労働基本権　28, 57
労働義務　45, 226
労働義務のある（を履行した）時間　280
労働義務のある時間の変更　508
労働協約　103, 697, 843
　　規範的効力　105, 859
　　規範的部分　105, 857
　　債務的効力　105, 858
　　債務的部分　105, 858
　　成立要件　104, 847
労働協約の拡張適用　867
　　工場事業場単位の拡張適用　868
　　地域的拡張適用　884
労働組合　88, 704, 714, 752, 847
労働組合の組織変動　752
　　解散　752
　　合同　754
　　組織変更　752

分裂　755
労働組合法　29, 38
労働組合法案　22
労働契約　95, 416
　　　期間　427
　　　成立　417
　　　締結に関する法規制　418
　　　締結の拒否と法的救済　424
労働契約終了後の権利義務　546
労働契約上の使用者　85
労働契約の内容　447
　　　経営上の理由による変更　448
　　　合意による変更　453, 465
　　　個別的な変更　464
　　　就業規則による変更　453
　　　集合的な変更　452
　　　人的理由による変更　448
　　　設定　449
　　　労働協約による変更　888
労働契約の終了　544
　　　救済方法　606
労働契約法　36
労働権　44
労働災害　334, 374
労働債権の確保　270
　　　賃確法　274
　　　先取特権　270
　　　倒産手続　272
　　　労基法における履行確保　270
労働時間　276, 350
　　　概念　278
　　　計算方法　285
　　　労働基準法上の　279
　　　労働契約上の　278, 288
労働時間規制・自由時間保障　276
　　　3歳未満の子を養育する労働者　363
　　　児童　350
　　　長さ・配分方法　286
　　　長さ・配分方法規制の適用除外　315
　　　長さ・配分方法の規制対象となる
　　　　　　　時間の例外　308
　　　長さに関する例外　289
　　　妊産婦　354
　　　年少者　350
　　　配分方法に関する例外　300
　　　労働時間帯　288
労働市場　39, 693
労働者　7, 9, 47, 59
　　　労基法上の　60, 64, 75, 76
　　　労契法上の　62, 66, 77
　　　労組法上の　63, 67, 77
　　　労働法の対象　7
労働者委員　699
労働者供給　172
労働者供給事業　173
労働者災害扶助責任保険法　25
労働者災害扶助法　25
労働者災害補償保険審査官　384

労働者災害補償保険特別会計法　33
労働者災害補償保険法　33
労働者死傷病報告　337
労働者代表　88
労働者年金保険法　26
労働者の代表者　769, 904, 933
労働者の引き抜き　236
労働者の募集　172
労働者派遣　36, 172, 173, 661
　　　関係派遣先　669
　　　対象業務　667
　　　派遣可能期間　668
　　　派遣先　662, 666, 671, 679
　　　派遣元　662, 666, 671, 673
　　　派遣元事業主　667, 675
　　　派遣労働契約　662
　　　派遣労働者　662, 673, 679
　　　日雇労働者　670
　　　法規制の実効性の確保　684
　　　離職した労働者　670
　　　労働契約締結の申込みのみなし制度　680
　　　労働者派遣契約　662, 671
　　　労働争議　670
　　　労働者派遣事業　662, 667
労働者派遣事業の適正な運営の確保及び派遣
　　　労働者の就業条件の整備等に関する法律　36
労働者派遣事業の適正な運営の確保及び派遣
　　　労働者の保護等に関する法律　37
労働条件変更権　468
労働審判　160
　　　労働審判委員会　161
　　　労働審判員　162
　　　労働審判官　162
労働審判法　42
労働争議の調整　701
労働争議調停法　22
労働と生活の調和　348
労働の対償　243
労働法　3
　　　位置づけ　44
　　　体系　48
労働保険審査会　384
労働保険審査官及び労働保険審査会法　384
労務受領義務　230
労務の受領拒否　505, 831
　　　休業手当請求権　508, 836
　　　賃金請求権　505, 831
ロックアウト　840

[わ]
ワーク・ライフ・バランス　348

〈著者紹介〉

川口美貴（かわぐち みき）
　1961 年　大阪府高槻市で生まれる
　1985 年　大阪大学法学部卒業
　1990 年　大阪大学大学院法学研究科博士課程単位取得修了
　1990 年　静岡大学人文学部法学科助教授　2003 年に教授
　2004 年　関西大学大学院法務研究科（法科大学院）教授　現在に至る
　2005 年　弁護士登録（第二東京弁護士会）

［主な著書］
『国際社会法の研究』信山社(1999 年)
『建設産業の労働条件と労働協約』旬報社(2003 年)（共著）
『労働協約と地域的拡張適用』信山社(2011 年)（共著）
『労働者概念の再構成』関西大学出版部(2012 年)
『レクチャージェンダー法』法律文化社(2012 年)（共著）
『アクチュアル労働法』法律文化社(2014 年)（共著）
『労働法演習』信山社(2016 年)
『基礎から学ぶ労働法』信山社(2016 年)


労　働　法〔第 2 版〕

2015(平成27)年11月30日　　第 1 版第 1 刷発行
2016(平成28)年 1 月20日　　第 1 版第 2 刷発行
2018(平成30)年 3 月20日　　第 2 版第 1 刷発行

3652：P1072　￥5000E-012-012-003

著　者　　川　口　美　貴
発行者　　今井貴　稲葉文子
発行所　　株式会社　信　山　社
〒113-0033　東京都文京区本郷6-2-9-102
Tel 03-3818-1019　Fax 03-3818-0344
henshu@shinzansha.co.jp
笠間才木支店 〒309-1611 茨城県笠間市笠間515-3
Tel 0296-71-9081　Fax 0296-71-9082
笠間来栖支店 〒309-1625 茨城県笠間市来栖2345-1
Tel 0296-71-0215　Fax 0296-72-5410
出版契約 2018-3652-1-01020　　Printed in Japan

Ⓒ川口美貴, 2018　印刷・製本／東洋印刷・渋谷文泉閣
ISBN978-4-7972-3652-1 C3332　　分類328.600-a001 労働法

JCOPY 〈㈳出版者著作権管理機構 委託出版物〉
本書の無断複写は著作権法上での例外を除き禁じられています。複写される場合は、
そのつど事前に、（社）出版者著作権管理機構（電話03-3513-6969，FAX 03-3513-6979，
e-mail: info@jcopy.or.jp）の許諾を得てください。

## 法律学の森シリーズ
変化の激しい時代に向けた独創的体系書

戒能通厚　イギリス憲法
新　正幸　憲法訴訟論〔第2版〕
大村敦志　フランス民法
潮見佳男　新債権総論Ⅰ　民法改正対応
潮見佳男　新債権総論Ⅱ　民法改正対応
小野秀誠　債権総論
潮見佳男　契約各論Ⅰ
潮見佳男　契約各論Ⅱ　（続刊）
潮見佳男　不法行為法Ⅰ〔第2版〕
潮見佳男　不法行為法Ⅱ〔第2版〕
藤原正則　不当利得法
青竹正一　新会社法〔第4版〕
泉田栄一　会社法論
小宮文人　イギリス労働法
高　翔龍　韓国法〔第3版〕
豊永晋輔　原子力損害賠償法

信山社

## 講座 政治・社会の変動と憲法　編集代表：辻村みよ子
　―フランス憲法からの展望―〔全2巻〕

◆ 第Ⅰ巻 ◆ 政治変動と立憲主義の展開
　編集：山元一・只野雅人・新井誠

◆ 第Ⅱ巻 ◆ 社会変動と人権の現代的保障
　編集：糠塚康江・建石真公子・大津浩・曽我部真裕

---

### ◆ 講座 憲法の規範力 ◆
〔全5巻〕

第1巻　**規範力の観念と条件**
　編集代表　古野豊秋・三宅雄彦

第2巻　**憲法の規範力と憲法裁判**
　編集代表　戸波江二・畑尻 剛

第3巻　**憲法の規範力と市民法**〔続刊〕
　編集代表　小山 剛

第4巻　**憲法の規範力とメディア法**
　編集代表　鈴木秀美

第5巻　**憲法の規範力と行政**
　編集代表　嶋崎健太郎

---

信山社

本書と合わせて学習効果抜群！
司法試験早期合格へ、必携の書
## 労働法演習 – 司法試験問題と解説
川口美貴 著

労働法の初学者向けテキスト
## 基礎から学ぶ労働法
川口美貴 著

## 労働協約と地域的拡張適用
―UIゼンセン同盟の実践と理論的考察
古川景一・川口美貴 著

## 国際社会法の研究
川口美貴 著

信山社